著作权合同登记号

图字：01-2022-5084

被害人学

[日]诸泽英道　著
张　凌　于秀峰　译

VICTIMOLOGY

法律出版社
LAW PRESS·CHINA

图书在版编目(CIP)数据

被害人学 / (日) 诸泽英道著 ; 张凌, 于秀峰译
. -- 北京 : 法律出版社, 2023
ISBN 978-7-5197-7215-4

Ⅰ. ①被… Ⅱ. ①诸… ②张… ③于… Ⅲ. ①被害人-研究 Ⅳ. ①D915.12

中国版本图书馆 CIP 数据核字(2022)第 193703 号

被害人学
BEIHAIRENXUE

[日]诸泽英道 著
张 凌 于秀峰 译

责任编辑 赵明霞 魏艳丽
装帧设计 汪奇峰

出版发行 法律出版社
编辑统筹 法商出版分社
责任校对 王 丰 郭艳萍
责任印制 胡晓雅
经 销 新华书店

开本 A5
印张 35.375 字数 887 千
版本 2023 年 11 月第 1 版
印次 2023 年 11 月第 1 次印刷
印刷 永清县金鑫印刷有限公司

地址:北京市丰台区莲花池西里 7 号(100073)
网址:www.lawpress.com.cn
投稿邮箱:info@lawpress.com.cn
举报盗版邮箱:jbwq@lawpress.com.cn

销售电话:010-83938349
客服电话:010-83938350
咨询电话:010-63939796

书号:ISBN 978-7-5197-7215-4
定价:178.00 元

凡购买本社图书,如有印装错误,我社负责退换。电话:010-83938349

作 者 介 绍

诸泽英道

出生于1942年，庆应义塾大学法学部研究生院法学研究科博士研究生，任庆应义塾大学法学院讲师（1974—2012年），常磐大学校长（1991—2002年），常磐大学理事长（2003—2012年），常磐大学研究生院教授（1989—2016年），常磐大学国际被害人学研究所教授（2006—2016年）；世界被害人学会理事（2006年—现在），日本被害人学会理事（1990—2013年），亚洲刑政财团学术顾问（1992年—现在），男女共同参与会议及对女性暴力专门调查委员会委员（2004—2011年）、法务省从被害人视角规划教育研究委员会委员（2004—2012年），全国犯罪被害人会（明日之会）顾问（2000年—现在），茨城被害人支援中心顾问（1995年—现在）；受世界被害人学会表彰（1997年）；在国际学会上进行主旨演讲28次，在国内参加学会报告及演讲会158次。

【著作】

Victimology and Human Security：New Horizons（wolf legal publishers, 2012）.

《为被害人的正义》，成文堂2003年版；《岩波小册子·被害人支援组织的成立》，岩波书店1999年版；《为了从创伤中恢复》，讲谈社1999年版；《新版被害人学入门》，成文堂1998年版；《现代的精神：犯罪被害人及其权利和对策》，至文堂1995年版；《现代的精神：非法营销》，至文堂1994年版等24部。

【论文 · 著作】

Position of Victims in the Criminal Justice System of Japan, *in Establishing Victimology*, *Festschrift for Prof. dr. Gerd Ferdinand Kirchhoff*(2014);《被害者补偿制度的世界动向——“损害赔偿填补型”从“恢复损失型”的转换》,载《宫泽浩一先生追悼论文集:被害人学理论的确立和今后的课题》(2011 年);藤本哲也先生古稀纪念论文集(2011 年);《社区的犯罪加害人及其家人——从国家到地方的观念转换》,载《刑政》第 121 卷第 11 号(2010 年)。The Study of Victimology;Basic Considerations for the Study of Theoretical Victimology, in Victimization in a Multidisciplinary Key:Recent Advances in Victimology. Wolf Legal Publishers(2009). The Long – Awaited Enactment of a Victim's Rights Law in Japan, in Festschrift in Honour of Iren Melup, United Nation(2005);《被害人支援制度的课题》,载日本社会保障法学会编:《讲座 · 社会保障法》第 6 卷(2001 年);《被害人的权利保护》,载《临床精神医学》第 30 卷第 4 号(2001 年)等 201 篇。

序　　言

这次我决定出版一本系统的被害人学著作。我对被害人学的基本观点在《被害人学入门》(1992年初版,成文堂)及《新版被害人学入门》(1998年初版,成文堂)中已经阐述,因此这一理论框架在本书中没有改变。

进入21世纪后,日本国内也开始完善有关保护和支援被害人的法律,出台了新的被害人政策。已出版的几部介绍这些制度的书籍,促进了人们对被害人政策的理解。不过,这些著作并没有提到有关被害人学的基本理论,而且,这些著作也没有从整体上揭示制定这些政策的目的和努力推进上述政策的目标。

半个世纪以前,世界的被害人学由中田修先生、宫泽浩一先生等人介绍到日本,现在的被害人学有了很大发展。遗憾的是,在日本很少有研究人员长期坚持研究被害人学。这既有语言障碍的问题,也有最近日本被害人学正处于青黄不接状态的问题。多年担任世界被害人学会理事和国际组织委员,我有责任填补这一空白。这是撰写本书的理由之一。本书在正文的很多地方都附加了英语和德语的原文,这对于促进许多研究者尽快接近世界研究水平,是一个十分必要的途径。

关于被害人学的历史,汉斯·冯·亨蒂希(Hans von Hentig)在1947年出版了《犯罪:原因和条件》(*Crime: Causes and Conditions*),第二年出版了《犯罪及其被害人》(*The Criminal & His Victim*),最早指出了研究被害人的必要性。但是,此后的研究也出现了一些有力的反对说。

其中之一就是恩迪克特大学的罗伯特·耶林(Robert Jerin)的观点。耶林认为,在犯罪学领域最先关注被害人的是H.萨瑟兰(Edwin H. Sutherland)。萨瑟兰在1924年出版的《犯罪学》(*Criminology*)由25章(643页)组成,其中第三章就是“犯罪的被害人”(The Victims of Crime)。这部书的初版大部分在第二次世界大战期间被烧毁,现在留存下来的很少(幸运的是,我在耶林的热情帮助下获得了该书初版的复印件)。在此后修改的第2版中,重要的第三章已经消失了,所以几乎没人知道1924年版本的第三章。

萨瑟兰的《犯罪学》大部分内容集中于政策论,包括警察、法庭、少年法庭、刑罚、监狱、强制劳动、释放、假释等,共17章。第一章是“犯罪学:法律与犯罪”;第二章是“犯罪统计”;第三章是“犯罪的被害人”。这部著作比汉斯·冯·亨蒂希的著作早了20多年。

在犯罪学中,专门设立一章论述被害人的是萨瑟兰和汉斯·冯·亨蒂希,但在更早的犯罪学文献中也有不少提及被害人的著作(主要集中在18世纪到19世纪)。不过,找出谁是最早在犯罪学文献中论述被害人的人,这在学术上可以说是没有意义的工作。从这个意义上说,本杰明·门德尔松一直把被害人作为一般研究对象,他应该是被害人学创始人。

关于门德尔松,我通过之后的研究对他的情况不断有所了解。首先是他的名字,在日本一般标记为“本杰明·门德尔松”(Benjamin Mendelsohn),但这是英语的标记,不是正式的名称。其次,德国学者将他名字发音混浊为“门德尔松”(在德语发音中,s是日语的zo,ss或B是日语的so)。门德尔松是以色列的律师,但他原本是罗马尼亚人,名字也应该写成“本尼明·门德尔松”(Beniamin Mendelsohn)。另外,他有不少著作是用罗马尼亚语写成的。

然而,通说认为,“被害人学”(victimology)这一术语,最早是门德尔松在1958年发表的论文中提出的。但是,霍夫曼和法塔赫认为,最早使用"被害人学"一词的是1949年的沃瑟姆(Wertham, Frederik)。

还有人指出,汉斯·冯·亨蒂希在20世纪30年代接受《科隆城新闻报刊》(Koelner Stadtanzeiger)采访时,就已经使用了"被害人学"一词。不过,该报纸在第二次世界大战期间一次空袭中被烧毁,尚未得到确认。

也有人指出,门德尔松在1958年首次提出了"被害人学"的名称,但这一说法并不正确。门德尔松于1947年在罗马尼亚布加勒斯特的科尔奇亚医院演讲中就已经使用了"被害人学"的术语。当时的文章是用罗马尼亚语写的,只在会场分发,并没有印刷,因此没有留下原稿,但科尔奇亚医院的讲演稿在1958年被印刷成册,这个1958年讲演稿就是被广泛引用的门德尔松最早提倡被害人学的论文。

在日本,人们一般所指的门德尔松最早阐述被害人学的论文,是1956年刊登在法国《国际犯罪心理社会学杂志》上的论文。在此之前,门德尔松还在几篇论文中提出了研究被害人的必要性。其中之一是1937年论述犯罪人人格的调查方法的论文(*Method to be used by Counsel for the Defense in the Researches made into the Personality of the Criminal*)。他在该论文中指出:"好的犯罪预防不能建立在虚假的基础之上,应当了解真正的被害人。为了推进犯罪预防的研究,就必须研究被害人。"

门德尔松在1940年发表的《犯罪学中的强奸》中也指出,需要从生物学、心理学、社会学的视角了解被害人(bio – psycho – social point of view)。另外,他于1946年撰写了题为《新的生物学、心理学、社会学视角的被害人学》(*New bio – psycho – social horizons: Victimology*)的论文,并寄给了布加勒斯特的多位专家。

但是,被害人学现在取得飞跃发展的原点,是由美国大学司法执行中心的埃米利奥·维亚诺筹划的、1975年7月在北意大利贝莱乔(Bellagio)召开的国际被害人学研究会(International Advanced Study

Institute on Victimology)。

在贝莱乔研究会上,讨论了"被害人学"这一术语的定义,确定了被害人(victim)的相对应概念不是犯罪人(offender,criminal),而是加害人(victimizer),并且确认了表示被害的词语"victimize"(动词)和表示其结果的被害(或被害化)的词语"victimization"(名词)。

在犯罪学中,犯罪人的对象(接受方)是被害人;但在被害人学中,被害人的对象(造成损害的人)不是犯罪人,而是加害人。

1979 年在德国明斯特举行的国际研讨会上成立了"世界被害人学会"(World Society of Victimology),并依据德国法登记为法人,从此被害人的保护和支援对策论研究取得了进展,并获得了世界各国的广泛援助。此后,该组织作为联合国犯罪防止会议的非政府组织(NGO),为确立被害人的权利和完善支援体制做了许多努力。

本书全面介绍了有关被害人学的国际动向。这些信息大部分是在世界被害人学会(WSV)、国际被害人学研讨会(ISV)、联合国犯罪防止会议、联合国国际学术专业委员会(ISPAC)、联合国犯罪防止会议被害人问题专家会议等会议上的信息或讨论的内容。但是,介绍世界动向时无法对世界 200 多个国家和地区一一介绍,而是基于基督教文化的价值观和日本战后民主主义价值观进行论述。

以色列前驻联合国大使罗恩·普拉萨(Ron Prosor)曾在 2015 年 4 月 1 日《纽约时报》上就这一价值观发表文章。他评论道,根据联合国统计,联合国于 1945 年由 51 个国家组成,2015 年是联合国成立 70 周年。1949 年以色列被允许加入联合国时,只有 58 个会员国,其中一半以上是民主主义国家。目前联合国成员国增加到 193 个,而标榜民主主义的国家还不到一半。不仅如此,以不结盟运动(Non - Aligned Movement)而闻名的 120 个国家紧密团结在一起,在那里欧美各国的民主主义原理是行不通的。

本书《被害人学》立足于在联合国和国际学会等领域产生巨大影响的欧美国家的理论。决定一个国家的正义的是国民的价值观,它往往受到宗教的极大影响。在日本，佛教、道教等宗教的价值观中存在一些不同于基督教文化的东西，第二次世界大战70多年后的今天，依照政教分离（政治必须与宗教隔绝）的原则，以法律为核心的制度中，日本传统的价值观与西方基督教文化的价值观重合起来构建了新的价值观。

日本文化自古以来立足于户主制度，一家之主的权力十分强大。但是现在的情况不同了，父母以教育或指导的名义殴打子女、丈夫殴打妻子的行为是反社会行为，是犯罪行为。从一个世纪前的日本文化来看，这发生了180度的转变。可以说，“法律不能进入家庭”的原则，已完全被放弃了。

如果深究被害人学，就会涉及这种民族和文化问题，有些人甚至没有思考这个问题。我们应当认识到，为了被害人学的未来发展就要与这种惰性作斗争，我们需要深入探讨今后日本社会应有的面貌。

最后，本书的出版得到株式会社成文堂阿部成一社长以及编辑部小林等先生的大力支持，我在此表示深深的感谢。关于注解和图表等，出版社最大限度地接受了我的意见，按照国际惯例进行标注；他们对装帧也提出了许多方案，并对50多万字的原稿进行了细致的校对。如果没有他们的理解和协助，本书就不会问世。再次向成文堂的各位表示感谢！

2016年3月

诸泽英道

凡　例

一、组织和文献的简称

1. 联合国预防犯罪会议

United Nations Congress on the Prevention of Crime and Criminal Justice(联合国预防犯罪和刑事司法大会)的简称。在2005年该组织创立50周年的曼谷会议上开始改用现在的名称。此前的名称是United Nations Congress on the Prevention of Crime and the Treatment of Offenders(联合国预防犯罪及犯罪人待遇会议)。参照本书卷末的资料3。

2. 联合国被害人问题专家会议

The Expert Group Meeting on Victims of Crime and Abuse of Power。该组织是1993年5月在西班牙奥尼亚蒂举行的“预防被害、保护和援助被害人以及解决争端的研讨会”(the Workshop on the Prevention of Victimization, Protection and Assistance for Victims and Conflict Resolution)上,根据专家的建议而成立的。1995年12月在维也纳、1996年8月在德乌尔萨、1997年3月在海牙、1998年2月在华盛顿分别举行了会议,此后根据需要还举行过其他会议。

3. ISPAC

联合国国际学术专业委员会(International Scientific Professional Advisory Council of the United Nations Crime Prevention and Criminal Justice Programme)的简称。这是学者和专家为支持联合国预防犯罪会议而成立的组织。在意大利政府的资助下,以意大利的科迈耶

(Courmayeur Mont Blanc, Italy)为中心召开会议。

4. 联合国被害人人权宣言*

1985年8月26日至9月6日在米兰举行的第7届联合国预防犯罪会议上讨论、同年11月联合国大会通过的《关于为遭受犯罪和滥用权力侵害的被害人伸张正义的基本原则宣言》(United Nations Declaration of Basic Principles of for Victims of Crime and Abuse of Power, General Assembly Resolution 40/34, annex.)的简称。参见本书卷末资料2。

5. 联合国被害人人权宣言手册

United Nations Office for Drug Control and Crime Prevention (1999). *Handbookon Justice for Victims*, CICP Publications.

这本手册的全文翻译收录在诸泽英道译《联合国被害人人权宣言相关文献——为被害人的正义》,成文堂2003年版。

这部手册和政策指南是在美国联邦司法部犯罪被害人办公室和荷兰司法部的赞助下完成的。该英文版的出版获得了维也纳联合国办公室、国际预防犯罪中心、药物控制及预防犯罪办公室的协助和美国联邦司法部犯罪被害人办公室的支持,可以通过互联网下载。

另外,有世界29个国家/地区(美国、加拿大、奥地利、英国、荷兰、澳大利亚、法国、挪威、芬兰、葡萄牙、匈牙利、北爱尔兰、日本、中国、印度、印度尼西亚、菲律宾、以色列、哥伦比亚、墨西哥、巴西、阿根廷、南非、尼日利亚、卢旺达、科威特、乌干达、贝宁、博茨瓦纳)的55名专家参与该手册的起草和编撰。

6. 联合国被害人人权宣言政策指引

United Nations Office for Drug Control and Crime Prevention (1999). Guide for Policy Makers. CICP Publications.

---

* 该宣言的中译本为《为罪行和滥用权力行为受害者取得公理的基本原则宣言》,参见程味秋、[加]杨诚、杨宇冠编:《联合国人权公约和刑事司法文献汇编》,中国法制出版社2000年版,第207-210页。——译者注

这份政策指引的全文翻译,收录于诸泽英道《联合国被害人人权宣言相关文献——为被害人的正义》,成文堂2003年版。

7. 联合国被害人人权宣言实施手册

Manual on the Implementation of the United Nations Declaration of Basic Principles of Justice for Victims of Crime and Abuse of Power. the Hague, 6 March 1997.

8. 联合国被害人援助手册

International Victim Assistance Handbook. Draft. april 1997.

9. 世界被害人学会

World Society of Victimology = WSV

1979年根据德国法律成立,在德国登记为法人。参见本书卷末资料4。

10. 国际被害人学研讨会

International Symposium on Victimology = ISV

1973年在以色列召开了第一届研讨会。此后,国际被害人学研讨会每3年在世界各地举行一次。参见本书卷末资料4。

11. 1996年美国被害人权利集

The 1996 Victims Rights Sourcebook: A Compilation and Comparison of Victim's Rights Laws. presented by National Victim Center.

12. 司法制度改革审议会

该审议会在小渊内阁期间设置,由小泉内阁继承。1999年7月27日至2001年6月12日共举办了63次会议,内容涉及:①快速审判;②裁判员制度;③法学院改革等。2001年11月16日制定了《司法制度改革推进法》(法律119号,2001年12月10日施行)。

13. 以被害人为视角的教育研究会

法务省矫正局于2004年成立的"探讨从被害人的视角对刑事设施收容人员进行教育的研究会"。第一次研究会于2004年6月召开,到2006年1月止举办了多次会议。

把被害人问题引入了教育计划，主要是考虑这种方法可以使犯罪人认识到自己的罪行轻重和被害人的心情等，以真诚的态度对待被害人。在2014年的时点，已有77个羁押场所的964名在押人员听课。

14. 犯罪被害人救援基金

1981年5月21日成立的财团法人犯罪被害人救援基金。

15. 法律阳台

依据《综合法律支援法》(2004年6月2日法律74号，2007年11月1日施行)设立的日本司法支援中心的爱称。

16. 明日之会

2000年1月23日成立的“犯罪被害人会”的简称。此后，正式名称变更为“全国犯罪被害人会”。

二、统计和调查的简称

1. 1995年联合国预防犯罪会议调查

这是根据联合国预防犯罪和刑事司法委员会的建议通过的1993年联合国经济社会理事会的决议(1993/34)，由维也纳的预防犯罪和刑事司法部门实施的调查。这份调查分析了截至1995年12月15日41个国家的情况。

2. 国际犯罪被害调查(ICVS)

International Crime Victimization Survey.

Criminal Victimization in Eleven Industrialized Countries. Onderzoek en beleid162. Wetenschappelijk Onderzoek – en Documentatie – centrum. 根据荷兰的范·戴克(Jan J. m. van Dijk)等人的计划，从1996年开始在40多个国家开展调查。

3.《犯罪白皮书》

法务省法务综合研究所根据各省厅的数据制作该白皮书，经内阁会议批准，每年秋季公布日本的犯罪数据。

4. 刑法犯罪

刑法犯罪除《刑法》(1907 年)以外还包括以下十个特别法中的犯罪。《爆炸物取缔罚则》(1884 年)、《关于决斗罪之件》(1907 年)、《印花税犯罪处罚法》(1927 年)、《暴力行为处罚法》(1926 年)、《盗犯等预防与处罚的法律》(1930 年)、《劫机犯罪处罚法》(1970 年)、《关于处罚有关人体健康的公害犯罪的法律》(1970 年)、《关于处罚实施航空危险行为的法律》(1974 年)、《处罚绑架人质实施犯罪行为的法律》(1978 年)、《关于处罚有组织犯罪及规制犯罪收益等的法律》(1999 年)。*

5. 案发确认件数

根据被害人的报案、告诉、揭发检举等线索,警察等司法机关确认已发生的犯罪案件的件数。

在日本,案发确认件数也称为“案发件数”,正式统计也标记为案发件数,但有研究人员认为这是不正确的,因此 1981 年版《犯罪白皮书》开始改为“案发确认件数”。

6.《警察白皮书》

国家公安委员会和警察厅编辑的有关警察活动和处理犯罪事务的年鉴,每年夏季公布。

7. 全美犯罪被害调查(NCVS)

National Crime Victimization Survey.

由美国联邦司法部司法程序办公室出版的对美国犯罪被害(criminal victimization in the united states)进行的调查。

8. 德国联邦刑事局犯罪统计

Polizeiliche Kriminalstatistik. Bundesrepublik Deutschland.

---

* 日本刑法以及相关特别法的中文翻译,参见张凌、于秀峰编译:《日本刑法及特别刑法总览》,人民法院出版社 2017 年版。——译者注

9. 1994 年全国犯罪被害人现状调查

日本被害人学会于 1992 年至 1994 年在全国范围内开展的犯罪被害人现状调查。该调查分四个部分：A 调查（重伤害的被害人的调查）；B 调查（遗属的调查）；C 调查（诈骗、盗窃等财产犯罪的被害人的调查）；D 调查（法律工作者调查）。调查结果收录于宫泽浩一等编的《犯罪被害人研究》，成文堂 1996 年版。

10. 法务省对无期徒刑案件的死者遗属调查

1983 年 7 月 8 日至 1994 年 9 月 30 日，对被害人死亡案件中 382 名被判无期徒刑的案件所涉及的 382 名被害人遗属进行的调查。刊登在 1996 年版《犯罪白皮书》第 348—359 页。

11. 法务省对死刑犯和无期徒刑犯的调查

1983 年 7 月 8 日至 1994 年 9 月 30 日，对因杀人等罪被判处死刑或无期徒刑的 449 人进行的调查。刊登在 1996 年版《犯罪白皮书》第 272—300 页。

12. "明日之会"第一次欧洲调查（被害人参加制度）（2002 年）

为了解德国、法国等被害人参与制度，于 2002 年 9 月 15 日到 22 日进行的调查。

参加人员有冈村勋、诸泽英道、垣添诚雄、白井孝一、酒井宏幸、河野敬、守屋典子、高桥正人、小山美希 9 人。调查结果于 2002 年 12 月 7 日由"明天之会"以《欧洲调查报告书——被害人参加刑事程序的目标》（共 186 页）为题印发。

13. "明日之会"第二次欧洲调查（被害人补偿制度）（2005 年）

为了解德国、英国的被害人补偿制度，2004 年 10 月 1 日到 25 日进行的调查。参加人员共 10 人。英国组有诸泽英道、白井孝一、守屋典子、池田刚志、小山美希 5 人；德国组有诸泽英道、高桥正人、宫田逸江、白井美奈子、松畑靖朗、基希霍夫 6 人。

调查结果于2005年1月23日由“明日之会”以《欧洲调查报告书——犯罪被害人补偿制度》(共492页)为题印发。

三、法律、判例、评论的简称

1. 1990年最高法院判例

关于被害人的法律地位,1990年2月20日最高法院第三小法庭作出了判决,收录于民集第159号第161页。该判决指出,“犯罪的侦查及检察官行使公诉权,应当充分考虑维持国家及社会秩序这一公益,其目的并不是恢复犯罪被害人及其遗属的被侵害利益或者损害”。

2.《犯罪被害人基本法》[①]

犯罪被害人基本法(2004年法律161号,2005年4月1日施行)。参见本书卷末资料6。

3.《犯罪被害人等基本计划》

2005年12月27日(12月26日由推进会议提交议案,12月27日内阁会议决定)。

4.《犯罪被害人保护法》[②]

全称为《关于保护犯罪被害人权利和利益的刑事程序附带措施的法律》(2000年法律75号,2000年11月1日施行)。

5.《犯罪被害人给付金支付法》[③]

该法名称的变化情况:《犯罪被害人给付金支付法》(1980年法律36号);《关于犯罪被害人等给付金支付的法律》(2001年法律30

---

① 中文翻译,参见张凌、于秀峰编译:《日本刑事诉讼法律总览》,人民法院出版社2017年版,第664页。

② 中文翻译,参见张凌、于秀峰编译:《日本刑事诉讼法律总览》,人民法院出版社2017年版,第646页。

③ 中文翻译,参见张凌、于秀峰编译:《日本刑事诉讼法律总览》,人民法院出版社2017年版,第671页。

号）;《关于通过支付犯罪被害人给付金等支援犯罪被害人的法律》（2008 年法律 15 号）。

另外，为了配合该法的施行，还颁布了下列法令：《关于通过支付犯罪被害人给付金等支援犯罪被害人的法律施行令》（1980 年颁布，最后修改日 2008 年 5 月 2 日政令第 170 号）;《关于通过支付犯罪被害人给付金等支援犯罪被害人的法律施行规则》（1980 年 12 月 19 日国家公安委员会规则第 6 号，最后修改日 2009 年 9 月 11 日国家公安委员会规则第 8 号）;《关于犯罪被害人等早期支援团体的规则》（2002 年 1 月 31 日国家公安委员会规则第 1 号，最后修改日 2008 年 6 月 13 日国家公安委员会规则第 12 号）。

6.《刑法》①

刑法（1907 年法律 45 号）。

7.《刑事诉讼法》②

刑事诉讼法（1948 年法律 131 号）。

8.《检察审查会法》③

检察审查会法（1984 年法律 147 号）。

9.《裁判员法》④

全称为《关于裁判员参加刑事审判的法律》（2004 年法律 63 号，2007 年 4 月 1 日施行）。

---

① 中文翻译，参见张凌、于秀峰编译：《日本刑法及特别刑法总览》，人民法院出版社 2017 年版，第 1 页。

② 中文翻译，参见张凌、于秀峰编译：《日本刑事诉讼法律总览》，人民法院出版社 2017 年版，第 1 页。

③ 中文翻译，参见张凌、于秀峰编译：《日本司法制度法律规范总览》，人民法院出版社 2017 年版，第 144 页。

④ 中文翻译，参见张凌、于秀峰编译：《日本刑事诉讼法律总览》，人民法院出版社 2017 年版，第 320 页。

10.《警察职务执行法》[①]

1984年7月12日法律第136号。

11.《嫖宿儿童及儿童色情禁止法》[②]

也称为《儿童色情及卖春处罚法》，全称为《关于处罚嫖宿儿童及儿童色情等行为和保护儿童的法律》（1999年法律52号，1999年11月1日施行）。

12.《跟踪纠缠规制法》[③]

也称为《跟踪狂规制法》《跟踪尾随纠缠行为规制法》等，全称为《关于规制跟踪尾随纠缠行为的法律》（2000年法律81号，2000年11月24日施行）。

13.《儿童虐待防止法》

全称为《关于防止儿童虐待等的法律》（2000年法律82号，2000年11月20日施行）。

14.《配偶暴力防止法》[④]

全称为《关于防止配偶暴力和保护被害人的法律》（2001年法律31号，2001年10月13日施行，其中部分内容于2002年4月1日施行）。

15.《虐待老人防止法》

全称为《关于防止虐待老人和支援老人养护者的法律》（2005年法律124号，2006年4月1日施行）。

---

① 中文翻译，参见张凌、于秀峰编译：《日本司法制度法律规范总览》，人民法院出版社2017年版，第352页。

② 中文翻译，参见张凌、于秀峰编译：《日本刑法及特别刑法总览》，人民法院出版社2017年版，第164页。

③ 中文翻译，参见张凌、于秀峰编译：《日本刑法及特别刑法总览》，人民法院出版社2017年版，第175页。

④ 中文翻译，参见张凌、于秀峰编译：《日本刑法及特别刑法总览》，人民法院出版社2017年版，第139页。

16.《自杀基本法》

全称为《自杀对策基本法》(2006 年法律 85 号,2006 年 10 月 28 日施行)。

17.《欺凌防止法》

全称为《防止欺凌对策推进法》(2013 年法律 71 号)。

18.《危险驾驶致人死伤行为处罚法》①

全称为《关于处罚因驾驶机动车致人死伤等行为的法律》(2013 年法律 86 号,2014 年 5 月 20 日施行)。

19.《个人信息保护法》

全称为《关于保护行政机关保有的个人信息的法律》(法律 58 号,2003 年 5 月 30 日、2005 年 4 月 1 日施行;修改:2003 年法律 119 号、2005 年法律 102 号。

20.《信息公开法》

全称为《关于公开行政机关保有的信息的法律》(1999 年法律 42 号,2001 年 4 月 1 日施行),修改:1999 年法律 102 号、法律 160 号,2001 年法律 140 号,2002 年法律 98 号,2003 年法律 61 号、法律 119 号,2004 年法律 84 号,2005 年法律 102 号,2009 年法律 66 号。

---

① 中文翻译,参见张凌、于秀峰编译:《日本刑法及特别刑法总览》,人民法院出版社 2017 年版,第 256 页。

目　　录

第一编　被害人学的理论

第二编　各种被害的现状和对策

第三编　被害人的尊严和权利

第四编 对被害人的支援和安全、安心的社会

第一编
被害人学的理论
Theories of Victimology

第一章

被害人学的历史

Histories of Victimology

一、范式转换

两个多世纪以来，相对于犯罪学（Criminology）①通过犯罪人（criminal/offender）研究犯罪（crime）现象，犯罪被害人学（Criminal Victimology）提出从被害人（victim）的侧面研究犯罪，由此研究思路发生了巨大转变。但值得关注的是犯罪被害人学后来的发展，被害人学（Victimology/General Victimology）完全从被害人的视角看待社会现象（案件、事故、灾害等），这正是托马斯·库恩（Thomas S. Ku-

① 犯罪学的古典文献记载的犯罪人是被收容在刑事设施中的服刑人员，或者是受到裁判的犯罪人（准确地说是被告人）或是被侦查机关拘留的犯罪人（准确地说是犯罪嫌疑人）。这些犯罪嫌疑人、被告人、服刑者是刑事司法制度选出的，先被送到监所的人们，他们不能反映犯罪人的全貌。这种系统被称为选择性执法（Selective Law Enforcement）。另外，从 2013 年版《犯罪白皮书》描述的日本现状来看，案发确认件数为 2,015,347 件，其中检察机关新受理的 1,417,400 人（占确认案件的 70.3%，下同），移送审判的有 96,263 人（4.8%），判处徒刑、禁锢等（包括缓期执行）有 64,363 人，新关进刑事设施的有 24,780 人（1.2%）。也就是说，服刑人员在实际发生犯罪的警方确认的案件中，仅占 1%—2%。另外，日本的《犯罪白皮书》并没有公布案件的件数和人员数量，因此这里是按 1 人 1 件来计算的。

hn)所说的“范式转换”(Transformation of Paradigms)。[1]

库恩指出,如果标榜自己的教材书是汇集了事实、理论及方法论的科学,那么这样的科学家无论是否成功,他都只不过是把某种要素或者其他特定相似集合体(particular constellation)拼凑在一起(have striven to contribute)。[2]

4 如果说这种知识的积累就是科学的历史,那么确定是谁在什么时候发现了科学的事实、法则和理论的工作就是科学史。同时,消除和说明现在的教科书中的错误、迷信、俗语等也是重要的研究。

但是,库恩还指出,人们逐渐发现,“积累式发展”(development - by - accumulation)这一理念毕竟不是科学研究史者的使命。[3] 科学家为了解释知识积累的过程制定了年表,但回答氧气何时被发现的、谁发现了能量守恒定律等问题越来越困难了。因此,他们意识到,科学并不是由一个个发明和发现的积累而发展起来的。[4]

对于科学是知识的积累这一论点,库恩提出了疑问。他认为,在各种科学提出的疑问受到压制的情况下得出的唯一普遍的结论(a unique substantive conclusion),这种方法论的指导也是不充分的(the insufficiency of methodological directives)。[5] 在科学发展的初级阶段,有很多不同的想法和观点,这些想法和观点的一部分是通过科学观察方法获得的。关于同一件事往往存在多个学派或学说,但它们

---

① “paradigm”一词通常是指范例、模范、典型等意思,但在这里是指理论框架的意思。另外,“范式”这一词经常被误解,所以在修订版中,使用库恩的 disciplinary - matrix(研究领域的基础)一词来代替。Kuhn. Thomas S. (1996). (Third edition). *The Structure of Scientific Revolution*. The University of Chicago Press, p. 182ff.

② Kuhn, Thomas S. (1962). *The Structure of Scientific Revolution*, The University of Chicago Press, p. 1.

③ Kuhn, Thomas S. (1962). op. cit. p. 2.

④ 库恩认为,在这里,越是深入研究亚里士多德的力学(Aristotelian dynamics)、燃素化学(phlogistic chemistry)、卡路里热力学(caloric thermodynamics)等,就不能认为曾经流行的自然观(views of nature)相对于现在的观念是非科学的愚蠢的产物。

⑤ Kuhn, Thomas S. (1962). op. cit. p. 3.

都是科学的，其方法并没有错。因为不能用同一的标准测量不同的世界观（incommensurable ways of seeing the world）。[1]

使用根据某一假设设计和组装的机器，优秀的专家在实验时，如
果经过多次实验都没有取得预期的结果，那么就会使专家产生混乱。 5
在这种情况下，库恩把推翻前提的非常规性称为“科学革命”（scientific revolution）。[2] 哥白尼（Copernicus）、牛顿（Newton）、拉瓦锡（Lavoisier）、爱因斯坦（Einstein）等科学家导致科学巨变，就是这里所说的科学革命的最后例证。

与从日动说转变为地动说，或者与爱因斯坦的相对论使之前的理论发生了巨大变革一样，科学通过观念转变开辟了新的领域。这不仅仅发生在自然科学领域。在社会科学领域，如果人们的意识发生变化、理论框架（paradigm）发生变化，社会规律也会发生变化。这并不是说某一天就把现有的理论全部推翻了，而是说随着原则的改变，原有的理论转变为新的理论（transform）。[3] 重新构建以被害人为中心的法律制度和社会制度的理论，这恰恰是一种范式转换（transformation of the paradigms）。

二、被害人学提出以前有关被害人的描述

被害人学（Victimology）是20世纪中叶被倡导和发展起来的科学。有人认为，人们最初只在传统的犯罪学中通过犯罪人来考察犯罪这一现象，在此之前的研究中几乎没有提到过被害人。但是，这种理解是错误的，后来的研究发现，在此之前的犯罪学（Criminology）文

---

① Kuhn, Thomas S. (1962). op. cit. p. 4.

② Kuhn, Thomas S. (1962). op. cit. p. 6.

③ 在日本，依照2007年12月修改的《刑事诉讼法》规定，被害人参加刑事案件庭审的制度从2008年12月1日开始实施。该制度就是转变了刑事裁判，是指检察与被告及辩护方相互提出主张的两极制度理论，被害人也可以参与其中，这就是一个较小的范式转换。而且，如果转变为被害人作为独立于检察机关的第三极参与裁判制度，那就是巨大的范式转换。

献中，有不少关于被害人（victim）的记载。例如，从18世纪到19世
6 纪，贝卡利亚（Cesare Bonesana – Beccaria）①、龙勃罗梭（Cesare Lombroso）②、菲利（Enrico Ferri）③、加罗法洛（Raffaelle Garófalo）④等人的著作中，也提及了被害人。

记述被害人的古老文献之一，是1743年皮塔瓦尔（de Pitaval，F. G.）所著的《著名犯罪的原因》（Causes Célebres et Interessants）和年代不详的《著名犯罪录集》（Der Sammlung berühmter Kriminalberichte）。⑤ 这两本书中收录了"温克尔曼谋杀案"，但其中只是说明因被害人的过错减轻了犯罪人的责任问题，而没有提出被害人学的观点。

---

① 切萨雷·贝卡利亚（Cesare Bonesana – Beccaria，1738 – 1794），18世纪后期法国大革命的理论先驱、启蒙思想家之一。代表作有《论犯罪与刑罚》[Beccaria，C. B.（1764）. Dei dellitti e delle pene. Livorno]。该书的初版没有标明作者姓名、出版社、印刷厂等，也没有分章节。第二年增补修订的1765年洛桑版，分为45章。此后还有1766年（哈莱姆）版、1769年（洛桑）版、1774年（伦敦）版等，到1800年为止共出版了24版。现在经常被引用的是1774年的伦敦版。贝卡利亚和当时很多思想家一样，站在卢梭的社会契约论立场上。贝卡利亚认为，刑罚权的根据是，在每个人缔结社会契约形成社会时，每个人互相让渡出来的一部分自由的总和。行使超过这个总和的刑罚权就是权力滥用，是不正当的。因此，费尔巴哈后来据此确定了罪刑法定原则，"什么是犯罪，应当处以何种刑罚，必须由法律事先规定"。

② 龙勃罗梭（Cesare Lombroso，1835 – 1909），以人类学（antropologico）方法研究犯罪人而闻名。代表作是《天生犯罪人论》，共3卷1900页，其因该巨著而闻名于世。他认为，有些人先天就具有犯罪人的素质。Lombroso，C.（1876）. L'Uomo Delinquente. Torino. Italy：Fratelli Bocca，Editori.

③ 恩里科·菲利（Enrico Ferri，1856 – 1929），意大利犯罪学家。Ferri，Enrico（1883），Socialismoe criminalità；Ferri，Enrico（1892）. Sociologia Criminale，3ed. Torino，Fratelli Bocca，Editori；Ferri，Enrico（1894），Sociologia Criminale 等。

④ 拉斐尔·加罗法洛（Raffaelle Garófalo，1851 – 1934），意大利犯罪学家。Garófalo，Raffaelle（1885）. Criminologia：Studio sul Delitto，Sulle sue Cause e sui Mezzi di Repressione，Torino，Fratelli，Bocca.

⑤ 皮塔瓦尔（de Pitaval，F. G. 1743）. Causes Célebres et Interessants. 20 vol. Paris. 另外，宫泽浩一在《被害人学的基础理论》（世界书院1966年版）第99页引用了年代不详的德语版：Pitaval（ohne Jahr）. Der Sammlung berühmter Kriminalberichte. Ausgewählt und eingeleit von E. Brautlacht. 2. Aufl，p. 36。

温克尔曼谋杀案发生在 1768 年 6 月 8 日意大利的里雅斯特(Trieste)。温克尔曼博士对有过几次前科的阿尔坎杰里毫无戒心,在他下榻的酒店里与他亲密相处,最后不仅勋章和宝石被夺走,而且被杀害。对于这个案件,皮塔瓦尔写道:“在一周的时间里,每天都能见到这种无事可做的赖汉,真是不可思议。”①被害人温克尔曼博士 7
也存在过错。如果被害人能够及时察觉对方的恶意,并采取行动防止被害,也许就能防止案件的发生。但是,指责被害人没有察觉到对方的恶意,这是不合理的。这种理论是为了减轻犯罪人罪行的理论,并不是被害人学的观念。

费尔巴哈(von Feuerbach, A. R.)在《来自著名犯罪记录的叙述》②中收录了 1817 年 8 月 9 日发生的“吉丁塔尔磨坊谋杀案”(Der Vatermord auf der Schwarzmühle im Sittenthale),这也是严厉指出被害人过错的文献。

在这个案件中,被害人弗里德里希·克拉因斯洛特是一个粗暴的家庭“暴君”,也是一个很难缠的男人。对妻子和孩子使用暴力,妻子因此头部受伤,记忆力衰退,其中一个儿子的一只手腕被打,几个月无法使用。这个父亲找了一个名声不好的妓女,最后还让她生了孩子,并把家里的财产都拿出去了。家人觉得这样下去会家破人亡,儿子们同情母亲的处境,于是与妹妹们共谋,给用人一大笔钱,让用人将其杀害,大家齐心协力掩埋尸体,妻子报警称丈夫失踪了。

案件发生了数年也没有被发现,几年后警方从村民的传言中得知情况,在 1821 年 12 月 7 日发现了尸体,案件终于浮出水面。

关于这个案件,费尔巴哈指出:“他(父亲)本人对自己犯下了值

---

① 日语翻译出自[日]宫泽浩一:《被害人学的基础理论》,世界书院 1966 年版,第 99 页以下。

② von Feuerbach, Anselm Ritter(1828). Aktenmäßige Darstellung merkwürdiger Verbrechen. S. 358ff. 另外参见[日]宫泽浩一:《被害人学的基础理论》,世界书院 1966 年版,第 101 – 102 页以下。

得处以所有刑罚的行为。在道德层面上，他应当共同承担谋杀的主要责任。在他身上发生的事情，正义的报应行为。他虐待、殴打自己的父亲，现在成为几个儿子雇佣杀手的根源。”①

8 该案件是平时使用暴力虐待家人的人被他的家人杀害的案件，与在没有察觉到对方恶意的情况下被杀害的温克尔曼谋杀案的被害人截然不同。被杀的父亲（丈夫）确实存在让家人产生杀意的某种因素，这也是被害人学要研究的问题。

如上所述，在很多案件中，当时的被害人被认为是引发犯罪的原因之一。“被害人过错论”认为：其中有的是“被害人为什么没有注意到对方的杀意（因为没有注意到而有过错）”，有的是“被害人被杀是理所当然的（报应的正义）”，等等。也就是说，被害人是为了减轻犯罪人的刑罚而登场的。可怜的被害人或邪恶的犯罪人之类的人，并没有引起当时研究人员的关注。更没有从某一案件中萌生预防同类案件再次发生的智慧和社会应该如何对待被害人的思想。

不过，早就有人指出，被害人因案件导致经济状况恶化，需要金钱补偿。例如，边沁（Jeremy Bentham, 1748 – 1832）很早就指出，被害人与犯罪人相比经济状况极为恶劣。另外，19 世纪后半期，意大利实证学派的加罗法洛和菲利也提议对被害人进行金钱补偿。

到了 20 世纪，研究者开始收集一些同类案件，并探索从数量上分析案件的方法。例如，勒斯纳（Roesner, E.）在 1938 年出版的《杀人犯和被害人》②（*Mörder und ihre Opfer*）中，整理了加害人和被害人的性别、共犯关系、已婚和未婚的区别等，进而阐明了两者的关系。

维塞尔（Wessel, G.）在 1939 年出版的《波恩地方法院管辖范围

---

① von Feuerbach, A. R. (1828). Aktenmäßige Darstellung merkwürdiger Verbrechen. S. 376ff. 另外参见［日］宫泽浩一：《被害人学的基础理论》，世界书院 1966 年版，第 101 – 102 页以下的译文。

② Roesner, E. (1938). Mörder und ihre Opfer. *Monatschrift für Kriminologie und Strafrechtsreform*, p. 161ff.

内的奸淫幼儿研究》①(Das Delikt der Kinderschädung im Landesgerichtsbezirk Bonn)中,分析了612名犯罪人和921名被害人的关系,并认为在多数案件中两者相互认识,而且住在彼此附近。

另外,克伦普勒(Krempier, K.)1939年出版的《爱森纳赫地方法
院管辖内1905年至1936年的淫乱犯罪》(Die Sittlichkeitsdelikte im 9
Bezirk des Landgericht Eisenach in den Jahren 1905 - 1936)②中,指出
受到猥亵等性侵害的女性,12—14岁占48.8%,9—11岁占24.6%,约四分之三集中在9—14岁的少女;另外,老年人也遭受侵害,而且受害的年龄层的幅度相当宽泛。虽然从被害人学的角度不能完全赞同这些研究,但被害人的存在是犯罪成立的重要因素这一点是值得关注的,这些研究表明了提倡被害人学的背景。

三、研究被害人必要性的提出

汉斯·冯·亨蒂希(Hans von Hentig)③1947年出版了《犯罪:原因和条件》(*Crime. Causes and Conditions*)④,次年1948年又出版了《犯罪及其被害人》(*The Criminal and His Victim*)⑤,令人关注的是他在上述两部书中都指出了研究被害人的必要性。但是,对于亨蒂希第一次指出的研究被害人必要性的观点,有人提出了异议。例如,基希霍夫(Gerd Ferdinand Kirchhoff)于1991年在里约热内卢举行的第八届国际被害人学研讨会上的演讲中指出,Fugora, J. R. 和 Tejera.

---

① Wessel, G. (1939). Das Delikt der Kinderschädung im Landesgerichtsbezirk Bonn.

② Krempier, K. (1939). Die Sittiichkeitsdelikte im Bezirk des Landgericts Eisenach in den Jahren 1905 - 1936, 1939.

③ 关于亨蒂希的简历,请参考第17页脚注②。

④ von Hentig, Hans, (1947). *Crime. Causes and Conditions.*

⑤ von Hentig, Hans, (1948). *The Criminal and His Victim: Studies in the Sociology of Crime*, Kansas City, Mo. 该书于1948年由耶鲁大学出版社出版,后来1967年由康涅狄格的阿康出版社再版。现存的版本是亨蒂希去世后,1979年由朔肯出版社重新出版的。

F. Pla[①] 早在1929年就已经提出了研究被害人的必要性。[②]

10 另外，美国恩迪克特大学的罗伯特·耶林（Robert Jerin）2003年在南非的斯特伦伯什举行的第11届国际被害人学研讨会上指出，埃德温·萨瑟兰在1924年就提出了“犯罪学”研究被害人的必要性。

但是，追溯被害人学根源的工作，重要的不是谁最早对被害人进行了论述，谁最早独立设置了有关被害人的章节。这是明确提出被害人学观点的时期。从这个意义上说，罗马尼亚的门德尔松（Beniamin，Mendelsohn）1937年用法语[③]、德国的汉斯·冯·亨蒂希（Hans von Hentig）1948年用英语发表的论文[④]备受关注。这些论文实现了从犯罪学构思到被害人学构思的转变期，有必要对作者的观点进行学术分析。

此后，欧美国家很多研究人员都对被害人产生了兴趣。荷兰犯罪学家亨德里克·纳格尔（Willem Hendrik Nagel）1949年在格罗宁根发表的犯罪学讲义中，对被害人进行了论述。[⑤] 这本书出版是1949年，亨蒂希的书是1948年，这在当时是相当早的。1959年他又

---

① Fugora，J. R. & Tejera，F. Pla.（1929）. La Proteccion de La Victima del Delito. Habana，Cuba：Julio Arroyo & Ca.

② Kirchhoff，Gerd Ferdinand.（1994）. “Victimology – History and Basic Concepts.” in Gerd Ferdinand Kirchhoff，Ester Kosovski and Hans Joahim Schneider. International Debates of Victimology. Papers and Essays Given at the 8th International Symposium on Victimology in Rio de Janeiro 1991. Moenchengladbach：参见 WSV Publishing. 1994. pp. 1 – 81。请特别参见：“The State of Affairs at the End of the Nineteenth Century and the First Quarter of the Twentieth Century.” pp. 6 – 9。另外，基希霍夫在1991年从埃利亚斯·纽曼那里得到了这篇为数不多的论文。

③ Mendelsohn，B.（1937）. “Methods to be used by Counsel for the Defense in the Researches made into the Personality of the Criminal.” Revue de Droit Penal et de Criminologie. Bruxelles，a oǔt – sept – oct.

④ von Hentig，Hans，（1948）. *The Criminal and His Victim*：*Studies in the Sociology of Crime*.

⑤ Nagel，W. H.（1949）. *De Criminaliteit van Oss*（diss. Groningen）. Den Haag：Damen.

在《刑法杂志》上发表了题为《被害人学》(*Victimologie*)的论文。① 这篇论文是在1958年12月20日召开的比利时—德国犯罪学研究会发言的基础上修改而成的。

1954年瑞士的亨利·艾伦伯格(Henri Ellenberger)、1958年美国的马尔温·沃尔夫冈(Marvin Wolfgang)、1967年美国的韦尔特·雷克利斯(Walter Reckless)、1968年美国的斯蒂芬·谢弗(Stephan Schafer)等相继发表了有关被害人的研究成果。但是,这些学者除门 11
德尔松外,都是站在犯罪学的视角上研究问题,因此早期有关被害人学的文献是存在问题的。只有门德尔松指出"被害人学"独立于犯罪学的必要性,在这个意义上,他才是最早的、真正的被害人学学者。

四、埃德温·萨瑟兰的被害人学

埃德温·萨瑟兰②(Edwin H. Sutherland)1924年任美国伊利诺伊大学社会学的副教授时,著有《犯罪学》(*Criminology*)一书。③ 该犯罪学教科书是第一本真正全面介绍犯罪学中被害人作用的著作,被称为"被害人学的经典"。该书初版的第3章是"犯罪的被害人",但后来的第2版中这个第3章消失了,因此1924年版的"犯罪学"并

---

① Nagel, W. H. (1959). Victimologie; discourse at the Belgian - Dutch crimonology meeting, 20Dec1958, *Tijdschrift voor Strafrecht*, 68, pp. 1 - 26.

② 萨瑟兰(Edwin H. Sutherland, 1883 - 1950)是著名的犯罪学学者,1883年8月13日生于美国内布拉斯加,1950年10月11日在印第安纳州去世。

③ Sutherland, Edwin H. (1924). Criminology. In: Lippincott Sociological Series, edited by dward Cary Hayes. Philadelphia and London, J. B. Lippincott Company. 但在1934年第2版和1937年第3版中没有这一章。

不被大众所熟悉。① 萨瑟兰著作的初版对被害人学的创立发挥了重要作用,至今仍值得高度评价。美国恩迪克特大学的罗伯特·耶林认为这部书是最早研究被害人学的著作。②

萨瑟兰的《犯罪学》由 25 章组成,其中第 3 章是“犯罪的被害人”,用 10 页纸的篇幅阐述了被害人在犯罪中的作用,内容涉及被害人的分类、杀人的被害人、因被害造成的经济损失,社会对犯罪被害人付出的代价。

12 萨瑟兰对犯罪被害进行基本分类时提醒人们注意,个人被害和作为个人整体的社会被害之间存在差异。萨瑟兰论述道:“和反叛或破坏公共财物的情况一样,公众也可能直接成为犯罪的被害人,并必须间接地承担处理犯罪和犯罪分子的公共费用,而且还会对犯罪是不是会发生在自己身上而产生不安,这也是犯罪的被害人。”③萨瑟兰还表示,个别的被害会以直接被害或间接被害的形式发生,如杀人或强奸等直接被害,而伴随被害结果的间接被害,其形式是多种多样的。

萨瑟兰不仅关注犯罪的直接被害人,而且把受到案件影响的周围人们也纳入被害人的定义范围。例如,他认为,被鲁莽驾驶汽车撞伤的行人、沉迷赌博及饮酒的人的家属、遭受社会谴责不光彩的卖淫者的家属、在违法的雇佣者雇佣下工作的儿童等,为了他人利益而被卷入被害人的行列。这里关注一个新视角就是经济的、精神的、社会

---

① 萨瑟兰所著的《犯罪学》第 2 版中,并没有 1924 年初版中的被害者这一章节。该书的初版大部分在世界大战中灭失了,直到 2003 年罗伯特·耶林(Jerin, R.)指出以前,人们并不知道该书初版的第三章。宫泽浩一指出,萨瑟兰在 1937 年的《职业性盗窃犯》中最早提及了被害人的内容([日]宫泽浩一:《被害人学的基础理论》,世界书院 1966 年版,第 105 页)。另外,诸泽英道还有幸从耶林教授那里获得了该书初版的复印版。

② Jerin, Robert A. (2004). “The Status of Victimological Research and Victim's Rights in the United States.” International Perspectives in Victimology, Vol. 1 No. 1, Tokiwa International Victimology Institute. Japan. December, p. 129ff.

③ Sutherland, Edwin H. (1926). op. cit. p. 62.

的被害人，他们存在于犯罪人的周围，并没有成为犯罪的直接被害人，这类被害人超越了传统犯罪学的范畴。这也是耶林把萨瑟兰定位为“最早提出被害人研究重要性”的论据。

萨瑟兰还认为，在犯罪造成损失时，不仅要重视生命和经济损失等基本价值，还要重视其他价值。正是因为他们的社会地位会受到损害，因而被害人被称为被害人。强奸的被害人、暴行的被害人、卖淫女的亲属、杀人犯的亲属经常会遭受这种损失。比起报纸上大肆报道的抢劫银行等案件，违反《童工法》而被雇佣的孩子们，他们的损失更大。

萨瑟兰还确认，根据人种、性别、年龄的不同，被害率也有差异。他提到了家庭内部杀人的问题，他还第一次提出了杀人有人种的差异，“被害人和犯罪人在肤色、国籍、年龄方面，一般属于同一种 13
群”①。杀人的被害人人群有非洲黑人、男性、成人、意大利人等。据说 1911 年至 1920 年被杀的黑人死亡率是白人的 7 倍左右。

另外，萨瑟兰还以警察和保险公司等资料为基础，推算每年到底有多少财产损失。例如，“1920 年，30 个保险公司每年向抢劫的被害人支付 1000 万美元，向侵占的被害人支付 500 万美元”。他还主张，真正的损失额还应该包括用于建立和维持刑事司法制度的费用，包括破坏财物、监狱、少年院、警察署、拘留所、法院等。这些用于犯罪对策上的费用，在 1900 年时，史密斯（Smith）推算为 6 亿美元，后来威特（Weier）推算为 13.7 亿美元，利德斯坦（Lydston）推算为 50 亿美元，布什内尔（Bushnell）推算为 60 亿美元。萨瑟兰认为这些推算都太少了，如果考虑教育费用 10 多亿美元，可以说犯罪是给现代文明带来了巨大的经济负担。②

---

① Sutherland, Edwin H. (1926). op. cit. p. 64.

② Sutherland, Edwin H. (1926). op. cit. p. 65.

五、被害人学的倡导者本杰明·门德尔松

门德尔松[1]的第一篇论文是 1937 年发表的关于犯罪人人格调查
14 法的论文[2],文中写道:“好的犯罪防止不是基于虚假。有必要理解
真正的被害人。如果能够进行这项研究,理所当然必须研究被害
人。”[3]

门德尔松在 1940 年发表的《犯罪学中的强奸》一文中指出,需要从生物学、心理学、社会学的视角研究被害人(bio - psycho - social point of view)。[4] 1956 年刊登在法国《国际犯罪心理社会学杂志》的论文[5]中主张,应该利用生物学、心理学、社会学的知识,科学地研究被害人的问题[6]。其中,门德尔松也论述了强奸中的攻击者(aggressor)和被害人(victim)之间的关系,他认为女性体内的女性器官结构特征(topography)几乎是无坚不摧的(inexpugnable)状态。门德尔松

---

① 门德尔松的名字是本杰明·门德尔松(Beniamin, Mendelsohn),但在日本表述的英语介绍是本杰明·门德尔松(Benjamin, Mendelsohn)。[日]宫泽浩一:《犯罪被害人》,成文堂 1970 年版,第 3 页。门德尔松出生于罗马尼亚,在大学学习法学,1934 年在布加勒斯特取得律师资格。Viano, Emilio, C. (1976). (edt.) Pioneers in victimology. In: Victimology: An International Journal, Vol. 1, No. 2, Visage Press, Inc. pp. 210 - 215. 1973 年在以色列耶路撒冷召开了第一届国际被害人学研讨会(International Symposium on Victimology)。他也是世界被害人学会(World Society of Victimology)的名誉会员。

② Mendelsohn, Beniamin. (1937), Method to be used by Counsel for the Defense in the Researches made into the Personality of the criminal. In: *Revue de Droit Penal e t de Criminologie.* France, aoǔt - sept. - oct. p. 877.

③ Mendelsohn, B. (1937). op. cit. p. 883.

④ Mendelsohn, Beniamin. (1940). Ⅱ Stupro dentro la Criminologia, In: Giustizia Penale parte Ⅰ - a - Ⅰ presupposti del diritto Penale, Ⅵ della 5 - a serie, Fase. Ⅰ - Ⅱ - Ⅲ - Ⅳ, Roma.

⑤ Mendelsohn, Beniamin. (1956). Une nouvelle branche de la science bio - psycho - sociale, la victimologie. In: *Etudes Internatinales de Psycho - Sociologie Criminelle.* France. July - September.

⑥ Karmen, A. (2004). Crime Victims: An Introduction to Victimology. 5th ed. Belmont, CA: Thomson/Wadsworth.

1963 年发表的《被害人学理论的原点》[1]（*The Origin of the Doctrine of Victimology*），在分析强奸案和杀人案件时关注到被害人的观点，萌生了被害人学的想法。

门德尔松在 1945 年关于谋杀妻子和情人的案件的审判（the trial of Stephan Codreanu）意见书中详细地阐述了被害人学。

1946 年门德尔松撰写的题为《新的生物学、心理学、社会学视角的被害人学》（*New bio - psycho - social horizons: Victimology*）论文，寄给了布加勒斯特的专家。

1947 年门德尔松在罗马尼亚布加勒斯特的一家医院进行演讲
时，提出把对被害人的研究称为“被害人学”（victimology）。[2] 当时
论文是用罗马尼亚语写成的，没有印刷成册，也没有留下原稿。但 15
是，1958 年被认为是科尔奇亚的原稿被装订成书，这篇 1958 年的原
稿就是人们经常引用的门德尔松最初提出被害人学的论文。[3]

与此相对，霍夫曼[4]和法塔赫[5]认为最早使用被害人学名称的是 1949 年的沃瑟姆。[6]

还有人指出，亨蒂希在此之前就已经使用了“被害人学”一词。亨蒂希 1948 年的著作《犯罪及其被害人》中并没有被害人学的表述，

---

① Mendelsohn, B. (1963). The Origin of the Doctrine of Victimology. Excerpta Criminologia, 3, pp. 239 - 245. In: Rock Paul (1994). The International Library of Criminology, Criminal Justice & Penology; Victimology. Dartmouth, USA, pp. 3 - 8.

② Kirchhoff, Gerd Ferdinand. (2005). What is Victimology, Monograph Series No. 1: p. 43. Tokiwa International Victimology Institute. Mito. Japan. Dijk, J. Van. (1997) Introducing Victimology. 9th International Symposium on Victimology in Amsterdam.

③ 宫泽浩一也采用这个立场，参见［日］宫泽浩一：《被害人学的基础理论》，世界书院 1966 年版，第 148 页。

④ Hoffmann, Hanoch. (1992). “What Did Mendelsohn Really Say?” in Sara Ben David. Gerd Ferdinand Kirchhoff. International Faces of Victimology. Moenchengladbach: WSA Publishing, pp. 89 - 104.

⑤ Fattah, E. (1992) Victims and Victimology: the Facts and the Rhetoric, in E. Fattah (ed.) Towards a Critical Victimology. New York Macmillan, pp. 29 - 56.

⑥ Wertham, F. (1949) The Show of Violence. New York Doubleday.

但20世纪30年代在《科隆城新闻报》(Koelner Stadtanzeiger)的一篇采访报道中“被害人学”一词已经被使用了,但第二次世界大战时,这篇文章在空袭中被毁了,已经无法确认。①

被害人学“victimology”一词,是由拉丁语的vittima和希腊语的logos合成的。②

门德尔松认为,被害人现象因国家和法律制度、社会情况、国民性不同而呈现多样化,需要对各国情况进行比较研究,因此提出了一系列创意:在各个国家建立中央文献中心,收集和交换各国的信息,举行国际会议,援助被害人,建立治疗身体被害和心理被害的中央诊所等。

门德尔松的代表作是《性犯罪学中的强奸与女性法官的重要
16 性》。该论文指出,实行强奸是非常困难的,“通常的事例中,一般不使用暴力,只用一只手臂、胸部、腿部排除对方的反击,用另一只手实现加害人意图追求的目的,本来就是很难实现的”。

门德尔松进一步论述道,如果要排除这种“贞操的守望者”的反击,实现目的,就需要符合下列条件之一:①加害人和被害人之间,体力上有物理差异;②被害人处于失去意识的状态;③产生十分强烈的恐惧心理;④存在家人、权威等社会影响力的关系;⑤被害人方面产生激情或热情;⑥被害人处于放纵的生活环境;⑦加害人和被害人之间的社会地位有优劣之分。

上述对强奸的认识,即只要女性认真抵抗强奸就会被排除的观点,现在很难获得支持,但在20世纪50年代,是不难理解的。与其说门德尔松对强奸有偏见,不如说时代就是这样。门德尔松还强调,在类似强奸案的情况下,营造一个能让被害人安心倾诉的环境,就需

---

① Kirchhoff, Gerd Ferdinand. (2005). op. cit.

② Mendelsohn, B. (1956). “Une nouvelle branche de la science bio – psycho – sociale, la victimologie.” Etudes Internationale de Psycho – Sociologie Criminelle. France. July – September.

要设置专门的女司法官(包括女警官、女检察官等)。

除此之外,门德尔松还提出了“容易被害的潜在能力”假说,即在被害状态下个人无意识地适应的能力。“容易被害的潜力”就是人们容易受到侵害的因素。

容易受到侵害的人包括:幼儿、老人、妇女、残疾人、精神不安的人、暴躁的人、劣等感强烈的人、贪婪的人、轻浮的人、失意的人、孤独的人、中毒的人、陷入窘境的人等。

另外,门德尔松还主张对“有责性”进行 5 个阶段的评价:①
(1)完全没有责任的被害人;(2)责任较少的被害人;(3)与加害人有 17
同等程度责任的被害人;(4)比加害人责任较大的被害人;(5)完全有责任的被害人。

这 5 个阶段的评价仅仅是门德尔松作为法律专家在理论上对责任程度的划分,但面对现实发生的具体案件,如何评价加害人和被害人对被害这一结果具有的有责性,有时是很难的。

六、汉斯·冯·亨蒂希的被害人学

汉斯·冯·亨蒂希(Hans von Hentig)②因强调科学地研究被害人的必要性而闻名,但他的观点主要集中在作为犯罪发生主要因素的被害人上,特别是 20 世纪二三十年代发表的论文,主要研究被害人的过错问题。

---

① 详细内容请参见本书第七章“被害人的角色与有责性”。

② 亨蒂希(Hans von Hentig,1887 – 1974),1887 年 6 月 9 日出生于德国柏林,1974 年 7 月 6 日死于巴德·蒂尔茨(Bad Tölz)。亨蒂希的第一篇论文发表在 1912 年月刊杂志犯罪学·刑事法修正杂志(Monatschrift für Kriminologie und Strafrechtsreform),之后到 1922 年为止他一直担任该杂志的编辑。直到 1933 年,他在德国基尔大学和波恩大学担任教授,1935 年政治流亡,在美国多所大学执教,15 年后他回到德国,重新回到波恩大学担任教授。Viano, Emilio, C. (1976). (edt.) Pioneers in victimology. In: Victimology: An International Journal, Vol. 1, Nr. 2, Visage Press, Inc. p. 227ff. Viano, Emilio, C. (1976). op. cit. p. 227ff.

例如，1925 年亨蒂希与菲恩斯坦合著的《近亲通奸研究》（*Untersuchung über den Inzest*）指出："近亲性交中，以强奸形式实现的，不到 1/5。经过详细的调查，有半数的被害人在没有发生近亲性交关系以前就已经堕落或品德不良，其中有私生子的 3 例、有职业卖淫行为前科的 1 例、希望当妓女的 1 例、有情夫的 1 例。顺从、神经质、有一般感情的女性约占 1/4，但粗暴、残忍地强迫可怜的女儿，这种典型的父亲形象，是犯罪心理学创造出来的童话。"①

18 亨蒂希还在德国《犯罪学月刊》上就杀害父母的问题发表了论文。② 亨蒂希在论文中指出："在文明国家，杀害亲属将被处以重刑，但随着文化的发展出现了各种各样的问题。在农民家庭，随着生活越来越安定，父亲让儿子参加工作的时间就会变晚，成长中的儿子在经济上依赖父母。你让他自己独立，他就会产生不满，处于隶属状态之下的子女一旦拒绝同意父母提起婚事，心灵上的隔阂就会爆发，就可能发生悲剧。"

亨蒂希在第二次世界大战期间逃亡到美国。他在战后 1948 年所著的《犯罪及其被害人》③中，大约 1/6 的篇幅是论述被害人是犯罪发生的主要原因。④ 亨蒂希提出了"犯罪的二重结构"⑤（The Duet Frame of Crime）的假说，并主张，为了正确掌握犯罪的实际情况，有必要将实行人（doer）和受害人（sufferer）理解为搭档关系。亨蒂希认

---

① von Hentig & Viernstein (1925). Untersuchung über den Inzest. S. 207.

② von Hentig, Hans (1929). Zur Problematik des Vatermords. Monatschrift für Kriminologie. S. 629ff. 此外，亨蒂希还以巴伐利亚研究所的资料为基础撰写了这篇论文：von Hentig, Hans (1930). Drei Vatermord – Fälle. Monatschrift für Kriminologie. S. 613ff。

③ von Hentig, Hans (1948). *The Criminal and His Victim: Studies in The Sociology of Crime.* New Haven, CT: Yale University Press.

④ von Hentig, Hans. (1979). op. cit. Chapter xⅡ: The Contribution of The Victim to the Genesis of Crime, pp. 383 – 450.

⑤ von Hentig, Hans (1979). op. cit. p. 383. 另外参见［日］宫泽浩一：《被害人学的基础理论》，世界书院 1966 年版，第 122 页翻译的"犯罪的双重结构"。

为，加害人和被害人之间在广义上既相互依存，又互相排斥。

被害人的"同意"①(consent)是决定是否构成犯罪的重要因素。对成年女性实施的强奸或伤害身体的行为，暂且不提道德问题，只要获得同意，在法律上就不构成犯罪。虽然双方有时存在男人与女人、年轻人与老人、富人与穷人、有魅力的人与令人讨厌的人这种对应关系，但在加害人和被害人之间还有同意与不同意的问题。法律上并没有根据实行者和被实行者以外的标准区分主体与客体、加害人与被害人，而实际上这是无法明确区别的。根据案件的不同，加害人和 19
被害人的立场会发生逆转，在长久的因果力中，有时被害人会起到决定性作用。② 亨蒂希指出，哪些类型的人特别容易成为被害人，在什么社会条件和精神状态下的人更容易受到伤害。

摆脱危机可以用英语表达为"out of the woods"，而在德国有35%的杀人案件是在森林里发生的。③ 犯罪人要想方设法寻找对方处于无防备的状态，或瞄准那些处于无防备状态的人。关于这一点，萨瑟兰认为，任何人都是有欲望的，如果使用甜言蜜语说好话，大多数人都会被骗，成为诈骗的被害人。④

从造成这种被害的社会因素和易被害因素这两方面进行研究，后来这些问题被艾伦伯格(Ellenberger)、门德尔松(Mendelsohn)等许多研究者所继承，并得到了很大的发展。

---

① von Hentig，Hans(1979). op. cit. p. 383.

② von Hentig，hans(1979). op. cit. p. 384. 亨蒂希在这里用韦费尔(Werfel)的著名小说《被杀害的人也有责任》(Der Ermordete ist schuld)，并引用该小说中道德上的转换(the moral transposition)这一表述，但现在来看在法律上也是有意义的。

③ von Hentig，Hans(1979). op. cit. pp. 385－386. 亨蒂希是根据1931年版德国犯罪统计(Kriminalstatistik)的数据得出的结论。

④ Sutherland，E. H. (1937). The Professional Thief by a Professional Thief，p. 69ff. 关于这一点，宫泽浩一(《被害人学的基础理论》，世界书院1966年版，第126页)指出："作为诱惑手段的诱饵在每个强烈冲动面前呈现，被害人扑向这个诱饵，其结果就是将他置于不体面的境地，然后利用这种情况进行犯罪。从这一点看，被害人往往也有见不得人的理由。"

七、亨利·艾伦伯格的被害人学

亨蒂希的著作主要使用社会学和社会心理学的方法进行研究，但在精神医学、心理学、精神分析学方面存在不足。对此，1955 年，瑞士精神医学家亨利·艾伦伯格（Henri Ellenberger）提出了关于被害人—加害人之间的心理学关系的假说。①

20 艾伦伯格担任过瑞士沙夫豪森州立精神病院院长，后来成为加拿大蒙特利尔大学教授。关于加害人和被害人的关系问题，他引用了《旧约全书》的该隐和亚伯的对立、婆罗门教中的罪业概念，还引用了韦费尔小说中的一段话：“有罪的不是杀人者，而是那个被害人。”②他从心理学、精神医学的角度论述了被害人在犯罪成立过程中的作用。③

艾伦伯格提出假说的背景是，弗洛伊德（Freud, Sigmund）的“潜意识的欲望”和荣格（Yung, Carl Gustav）的“阴影理论”，即人们内心深处的欲望和劣等倾向，会随着情况的变化、朦胧状况、半意识状态、盲目、迷惑等情况的突然出现，时而可能成为被害的原因（时而成为实施犯罪的原因）。这种观点对后来的研究产生了很大影响。

艾伦伯格受亨蒂希的影响，用不同语言将基本概念进行了如下表述：

---

① Ellenberger, Henri. (1955). Relations psychologiques entre le criminel et la victime. In: *Revue International de riminologie et de Police Technique* Vol. 8: pp. 757 – 790.

② Werfel (1920). Nicht der Morder, der Ermördete ist schuldig, S. 269.

③ Ellenberger, Henri. (1954). Relations psychologiques entre le criminel et la victime, In: *Revue International de riminologie et de Police Technique*. p. 104ff.

亨蒂希的概念	艾伦伯格的概念
doer - sufferer(实行者·被害者)	criminel - victime
the potential victim(潜在的被害人)	la victime latente
subject - object relation (主体·客体关系)	la ralatin specifique criminel - victime

艾伦伯格指出,被害人和加害人的关系问题有下列情况:①由加害人转变为被害人;②个人既是加害人也是被害人;③隐藏极深的性格突然显现,有时是加害人有时是被害人。[①]

①的例子有,职业性犯罪人在实施犯罪后被同伙敲诈。②的例子,如自杀等。正如梅宁格(Menninger, K. A.)所说,所谓自杀是 21
"想死""想杀""想被杀"这三种心情的交错。[②]

艾伦伯格认为,平时人们没有注意到的性格突然出现,有时会遭受被害,他列举了五种情况:①机会因素;②朦胧状况;③反射性行动;④无辨别能力或迷惑(原始冲动的反作用);⑤视野盲点。

①机会因素的例子有,在革命、内乱、外敌入侵等社会动乱之际,发生平时难以想象的事情。

在现实社会中有很多这样的例子,同一个人物随着环境的变化,有时是英雄有时成为犯罪人。在动乱等情况下,既有在表面活跃的人也有在幕后操纵的人(string - pulling),这是被害人学感兴趣的课题。

②朦胧状态,是指癫痫发作、病理性醉酒、神魂颠倒状态等"一过性意识混乱"状态。例如,因巨大冲击而导致暂时失忆就是朦胧状态。

③反射性行动的例子,艾伦伯格列举了汉斯·格罗斯在《论反射

① Ellenberger, H. (1954). op. cit. p. 104ff.

② Menniger, K. A. (1938). Man against himself, S. 81ff.

性行为的问题》[1]一文中的例子。儿子被继父欺负后,乘继父打扫大炉灶之际,突然把继父塞进大炉灶里面并堵住出口,将继父杀死。据悉,这名儿童在《海恩塞尔和格雷特尔》的童话故事中,记住了杀害使用魔法的老奶奶的方法,病情发作时就做出了这种行动。

我们有时会发现,人们把讨厌的东西集中起来一股脑扔进垃圾
22 桶里,智力和精神上不成熟的人也容易做出反射性的行动。

④无辨别能力或迷惑是根据费尔巴哈的所谓“激情战胜理性”[2]为基础形成的,因激情而一时失去了理性,作出了一般人不能理解的行动。

⑤视野盲点,是广为人知的盲点(Scotome)假说中的“负投影”现象。对于人来说,想要隐藏在自己内心的东西,有时在别人身上也看不到。自己意识不到的东西如果存在于他人之中,精神上就会变得极其不定,所以就要无意识地否定它。这个盲点假说有时被用于解释“想骗别人的时候更容易被骗”。

艾伦伯格提出了“潜在被害人”(Lavictime latente, potential victim)的概念:①陷入自我厌恶,有自罚倾向的人;②患忧郁症的人;③患亚伯综合征的人。[3]

①有自罚倾向的人,是指性格封闭,认为自己能力低下,有自卑感因而总是烦恼,有时也指经常对自己施加高压、自我压抑的人。俗话说,“骄傲是自卑感的反证”,但如果这种性格引起人们的反感,最终会招致被害。

②忧郁症的人,对自己的健康和精神没有自信,其结果是对自己

---

① Gross, Hans. (1901) Zur Frage des Rflektorischen Handelns. Archiv für Kriminal - Anthropologie und Kriminalistik. Bd. 7. S. 154ff.

② Feuerbach A. V. (1828). Aktenmäßige Darstellung merkwürdiger Verbrechen, S. 228ff.

③ Ellenberger. H. (1954). op. cit. p. 111ff. Pinatel, B. (1963). Bouzat - Pinatel: Traitė de Droit Pėnal et de Criminologie, p. 346f. 这里全面引用了艾伦伯格的概念。

的存在持怀疑态度，只以自我为中心考虑问题，对接近自己进行攻击的人察觉迟钝。这类人目光短浅，只顾眼前问题，即使眼前的问题解决了，他还会制造出下一个烦恼，所以总是闷闷不乐。不能同时应对周围涌来的各种刺激，常常会慌慌张张。

③患亚伯综合征的人，这个概念来自《旧约全书》第 4 章的故事。 23
亚当和夏娃有一对兄弟叫亚伯和该隐，哥哥亚伯成了“牧羊的人”（游牧民族），弟弟该隐成了“种地的人”（农耕民族）。亚伯因有能力而受到照顾，所以被该隐杀死。

艾伦伯格从这个故事中得到启发提出了假说：有能力而被疼爱的人，往往会成为嫉妒的对象。这样的人对某些事有“亏心事”，常常想为别人做点什么，但未必获得对方愉悦，反而会招致反感。

八、斯蒂芬·谢弗的被害人学

斯蒂芬·谢弗（Stephan Schafer）[①]在 20 世纪 60 年代发表了一系列关于被害人学的论文，他作为肩负美国被害人学未来使命的学者而备受关注。1976 年确定他以波士顿东北大学教授身份主持第二届国际被害人学研讨会，但他在研讨会将要举行之前的 1976 年 7 月 29 日逝世。

---

① 谢弗（Stephan Schafer，1911 – 1976），1911 年 2 月 15 日出生于匈牙利布达佩斯，1976 年 7 月 29 日逝世于波士顿。1933 年，他在布达佩斯大学获得法学博士学位后，成为一名律师。1947 年，他在法国获得了犯罪学教授资格（habilitation），成为布达佩斯大学教授。第二次世界大战期间受到迫害，1956 年匈牙利革命时与家人流亡英国，从事过多种工作。此后，在马里兰大学和伦敦理工大学讲授犯罪学，1960 年发表了关于对犯罪被害人的赔偿命令的论文。1961 年，51 岁的他被佛罗里达州立大学聘请为助教（assistant professor），4 年后成为奥西奥州立大学雅典分校的副教授（associate professor），1966 年就任东北大学刑事司法教授。谢弗用匈牙利语写了 21 本书和多篇论文，用英语写了 13 本书和 30 篇论文。其中一部分被翻译成意大利语和日语。Viano，Emilio，C.（1976）.（edt.）Pioneers in victimology. In：Victimology：An International Journal，Vol. 1，No. 2，Visage Press，Inc. pp. 222 – 225.

谢弗在1960年论文《对犯罪被害人的损害赔偿》[1]和1965年论文《近代化中的传统矫正计划》[2]中强调了对犯罪被害人给予损害赔偿(restitution)的必要性。

24 被害人类型论(victim typologies)认为被害人学的基本内容就是责备被害人,谢弗对这种观点持有异议;[3]相反,他在多种类型论责任上提出了被害人的功能性责任(functional responsibility)的概念。谢弗对各种类型理论进行分析并得出结论:被害人学是单一的、概括性的概念,应该从犯罪人、被害人、社会这三个方面进行考察。

早期的被害人学关注作为犯罪成立因素的被害人,因此常常为追究被害人的责任提供了借口。谢弗对这种观点持怀疑态度,并认为应该公正地确定被害人的地位。瓦拉斯对此表示:"谢弗认为,应该抛弃只把危险因素强加给被害人的评价方法,让犯罪人和被害人都承担起刑事司法制度的责任。"[4]谢弗还主张,应承认被害人的基本权利,通过刑事司法制度给予被害人公正待遇,他们可以要求赔偿损失等。[5] 可以说这是"刑事司法制度的历史性转变"(an historic shifting of the focus of the criminal justice system)。[6]

---

① Schafer, Stephan(1960). Restitution to Victims of Crime. Chicago: Quadrangle Books.

② Schafer, Stephan(1965). Restitution to Victims of Crime: An Old Correctional Aim Modernized. Minnesota Law Review50, pp. 243 – 254.

③ Schafer, Stephan(1969). The Victim and His Criminal. New York: Random House.

④ Wallace H. (1998). Victimology: Legal, psychological, and social perspectives. Needham Heights, MA: Allyn and Bacon.

⑤ Schafer, Stephan(1977). Victimology: The Victim and His Criminal. Reston, VA: Reston Publishers.

⑥ Jerin, Robert A. (2004). The Status of Victimological Research and Victims Rights in the United States. International Perspectives in Victimology. Vol. 1, No. 1. p. 131.

九、被害人学发展时期的研究者

下文介绍20世纪后半期对被害人学做出了贡献的学者:马格里·弗来依、伊斯雷尔·德拉普金、伊扎特·费塔、玛琳·杨、艾琳·梅洛普、扬·冯·戴克。

1. 马格里·弗来依(Margery Fry,Sara,英国人)

他在谈到被害人的时候,一定会使用“为被害人的正义”(Justice 25
for Victims)这一表述。1985年11月29日联合国大会通过的《联合国被害人人权宣言》(总会决议,40/34),在名称中也使用了“Justice for Victims”的表述。[①] 最初使用“为被害人的正义”一词的就是马格里·弗来依。[②]

2. 伊斯雷尔·德拉普金(Israel Drapkin,以色列人)

伊斯雷尔·德拉普金[③] 1906年出生于阿根廷。1923年在智利大学获得学士学位,1929年获得硕士学位。1936年到1959年担任智利司法部犯罪学研究所所长。1950年到1971年担任国际犯罪学会理事。1957年,以色列犯罪学会成立。1965年以后,他成为美国犯罪学会特别会员。1959年到1975年任希伯来大学法学院犯罪学教授、犯罪学研究所所长。1973年任第一届国际被害人学研讨会组织委员会主席。1976年任圣保罗大都会大学名誉教授。1982年,他获得了世界被害人学会颁发的汉斯·冯·亨蒂希奖(Hans von Hent-

---

① 联合国被害人人权宣言的正式名称是《关于为遭受犯罪和滥用权力侵害的被害人的正义的基本原则宣言》(the United Nations Declaration of Basic Principles of Justice for Victims of Crime and Abuse of Power,1985)。

② Viano,Emilio,C. (1976). (edt.) Pioneers in victimology. In:Victimology:An International Journal,Vol. 1,No. 2,Visage Press,Inc. pp. 204 – 209. Hodgkin,T. (1958). “Margery Fry” In:Williams. E. P,& Palmer,E,M. (edt.). Directory of National Biographies1951 – 1960. Oxford University Press, New York, pp. 381 – 384. Jones, E. H. (1966). Margery Fry:In:The Essential Amateur,Oxford University Press,London.

③ Viano,Emilio,C. (1976). op. cit. pp. 194 – 197.

ig Award)。

3. 伊扎特·费塔(Ezzat Fattah,加拿大人)

伊扎特·费塔[①] 1929 年生于埃及一个医生家庭。父亲在第一次世界大战参加过反英活动,费塔后来由担任埃及最高法院法官的叔叔抚养长大。1944 年,他考入开罗大学法学院。毕业后,在司法部工作到 1961 年,之后成为开罗检察院检察长。

26 4. 玛琳·杨(Marlene Young,美国人)

玛琳·杨在 1985 年获得了世界被害人学会颁发的汉斯·冯·亨蒂希奖(Hans von Hentig Award)。2003 年至 2006 年担任世界被害人学会理事长,2006 年在美国佛罗里达州的奥兰多(Hollando)召开了第 12 届国际被害人学研讨会。

5. 艾琳·梅洛普(Irene Melup,美国人)

艾琳·梅洛普在 1988 年因对被害人学的发展做出的贡献而被授予感谢状(Certificates of Appreciation),并在 1994 年被世界被害人学会授予汉斯·冯·亨蒂希奖(Hans von Hentig Award)。

6. 扬·冯·戴克(Jan van Dijk,荷兰人)

戴克于 1997 年主持了在阿姆斯特丹举办的第 9 届国际被害人学研讨会,1997 年至 2000 年担任世界被害人学会理事长。2003 年被世界被害人学会授予汉斯·冯·亨蒂希奖(Hans von Hentig Award)。

十、被害人学在全球范围的传播

1966 年在美国成立的“关于执法和司法运营的总统委员会”(the President's Commission on Law Enforcement and Administration of Justice)成为重视被害人学的里程碑。该委员会首次对全美犯罪被害人进行了调查,该调查的最初结果令人震惊。例如,“实际发生的强奸

---

① Viano, Emilio, C. (1976). op. cit. pp. 198 – 202.

案数量高达统一犯罪报告书(Uniform Crime Report)的4倍”。[1]

根据这项调查的结果,全部犯罪中只有一小部分向警察报案了。这个调查是在1972年以后,由人口普查办公室(the Bureau of the 27
Census)继续进行,当初被称为“全国犯罪调查”[2](the National Crime Survey = NCS)。调查选取了7000多个家庭作为样本,对12岁以上约10万人的调查对象进行了听证。这项全国犯罪调查的规模很大,调查内容包括对个人和家庭已实施的犯罪和未遂犯罪,多数数据被储存起来。但重点是为了增加调查数量,埃米利奥·比亚纳对此批评道:“这个调查并没有获得每一个被害人的详细信息。”[3]

20世纪70年代被害人学得到很大发展的另一个背景是,1973年国际被害人学研讨会[4](International Symposium on Victimology)开始举办,每3年举行一次。第一个成立的国内学会是1984年的巴西被害人学会,在10年前隶属于国际学会的组织。这反映了从事跨

---

① Jerin, Robert A. and Moriatry, L. J. (1998). Victims of Crime. Chicago, IL: Nelson – Hall Publishers.

② NCS在1994年以后更名为“全美犯罪被害调查”(National Crime Victimization Survey = NCVS)。

③ Viano, Emilio(1983). “Victimology: The Development of a New Perspective.” Victimology8(1 – 2):17 – 30.

④ 第一届国际被害人学研讨会的记录,参见Drapkin, Israel/Viano, Emilio, (eds.) 1975/76. Victimology: A New Focus. 5 vols., (proceedings of 1st International Symposium on Victimology)。

学科研究的被害人学当时所处的状况。①

在 1973 年第一届国际被害人学研讨会上,关于基本概念显然存在很大的差异。为了解决这个问题,1976 年在波士顿召开第二届国
28 际被害人学研讨会之前,就于 1975 年召开了"国际被害人学研究会"(International Advanced Study Institute on Victimology)。②

该研究会由美国大学的埃米利奥·维亚诺策划,在北意大利科莫湖畔的疗养地贝莱乔举行。在这里经过约 2 周的研讨,对被害人学的基本概念和专业术语进行了确认,这项工作对后来被害人学的迅速发展做出了重大贡献。参加该研究会的研究人员后来被称为"贝莱乔之家"(Bellagio Family),他们在各国被害人学的发展中起到了主导作用。1979 年在明斯特举行的第三届国际被害人学研讨会上,组建了"世界被害人学会"(World Society of Victimology)组织,世界被害人学会的会长、副会长、监事、秘书长均对被害人学的发展做出了贡献,他们都是贝莱乔之家的成员包括欧文·韦勒、格尔德·基希霍夫、约翰·杜西奇等。

另外,维亚诺除主持召开了国际被害人学研究会以外,从 1976

---

① 第一个国内被害人学会是 1984 年 7 月 28 日成立的巴西被害人学会(Sociedade Brasilien De Vitimologia,首任会长:Heber Vargas),此后成立的国内学会有:1986 年的希腊被害人学会(Greek Society of Victimology,首任会长:Andrianakis)、20 世纪 80 年代末成立的澳大利亚被害人学会(Australasian Society of Victimology,首任会长:Chris Sumner)、1989 年的克罗地亚被害人学会(Hrvatsko Zrtvoslovno Drustvo = Croatian Society of Victimology,首任会长:Zvonimir Paul Separovic)、1990 年的日本被害人学会(Japanese Association of Victimology,首任会长:宫泽浩一)、1991 年的波兰被害人学会(Polish Society of Victimology,首任会长:Ewa Bienkowska)、1992 年的印度被害人学会(Indian Society of Victimology,首任会长:K. Chockalingam)、1993 年的韩国被害人学会(首任会长:闵健植)、1996 年波斯尼亚和黑塞哥维那被害人学会(Victimology Society of Bosnia and Herzegovina,首任会长:Muharcm Kreso)、1997 年的法国被害人学会(Societe Franchise de Victimologie = French Society of Victimology)。

② 关于这个研究会的情况,参见[日]诸泽英道:《国际被害人学研究会》,载《法学家》1975 年第 595 号,第 86 - 89 页。

年开始还主编了《国际被害人学杂志》,[①]并于1980年召开了第一届被害人学世界会议,[②]为被害人学的发展做出了巨大贡献。

关于被害人学的国际发展目标,存在一些分歧。其起因是1979年研讨会成立大会上决定成立世界被害人学会的讨论。当时,对被害人学学者来说,被害人学是"犯罪被害人学"还是"(普通)被害人学",面临巨大的争议。当时国际被害人学研讨会的核心成员都是犯罪学学者,多数会员都主张称为"犯罪被害人学"。

在成立大会上,对这个问题展开了激烈的争论,结果主张使用"犯罪被害人学"名称的学者操控世界被害人学会的运营,而主张使用"普通被害人学"名称的会员在埃米利奥·维亚诺的领导下独立组
织了"世界被害人会议"。但是,情况慢慢发生了变化。世界被害人 29
学会进行了新老交替,在该学会主办的国际被害人学研讨会上,大幅增加了犯罪原因以外的研究被害人的议题。

但促进被害人学发生变化的最大原因是,1985年通过的《联合国被害人人权宣言》明确规定了"滥用权力的被害人"。该宣言第18条规定:"滥用权力的被害人是指,无论个人还是集体,无论是否违反国内刑法,但因违反国际社会认可的人权准则的作为或不作为,导致身体上或精神上的伤害、感情上的痛苦、重大经济损失或基本人权受到侵害的人。"

该条款的表决在联合国预防犯罪会议上引起了长时间的争论。滥用权力的表述是"abuse of power",其中包括政治、经济、社会、文化等各种形式的滥用权力。战争和内战等通过使用武力将许多国民卷入战祸、跨国企业在发展中国家进行经济剥削、国际上的种族歧视等问题都属于滥用权力的现象。这些滥用权力的被害人也应该成为被

---

① Viano Emilio (1976). (edt.) Victimology: An International Journal, Visage Press.

② [日]诸泽英道:《被害人学的最近动向——以第一次被害人学世界会议上的研究报告为中心》,载《法学家》1981年第734号,第86-89页。

害人学的研究对象。

因此,很多学者认为,国内发生的药物被害、医疗过失、自然灾害等被害人也应该成为被害人学的对象。但很难说这个问题在国际学会上已经达成共识,但认为这些问题也应该成为被害人学的研究对象的被害人学学者在不断增加。

第二章 30

被害人学的范式和基本概念

The Paradigm and Basic Concepts of Victimology

一、跨学科的被害人学

被害人学（Victimology）是从各种不同领域研究被害人（victim）和被害（victimization）的跨学科的科学，是人类科学（humansciences）的一个分支。被害人学的研究方法是跨学科（inter - disciplinary）、[①]超学科（trans - disciplinary）、[②]多学科（multi - disciplinary）的，[③]期待各个学科领域共同进行综合性研究（integrated）。当时涉及的学科有法学、社会学、社会心理学、临床心理学、咨询学、精神医学、生理学、

---

① 1991 年 9 月在巴西里约热内卢召开的第七届国际被害人学研讨会上，统一主题确定为"被害人学的跨学科研究"，积极地讨论了犯罪被害以外的被害。详细内容请参考［日］诸泽英道：《从犯罪被害人学到一般被害人学》，载《法学家》1981 年第 991 号，第 113 页以下。另外，宫泽浩一在《被害人学的基础理论》（世界书院 1966 年版，第 24 页）一书中，把"inter - disciplinary"翻译成综合学科，"统一的体系即所谓的综合学科的存在是有意义的"。

② 跨学科研究需要各学术领域的融合和深化，这意味着需要有多个相邻领域的许多研究人员围绕一个主题进行合作研究；超学科研究，意味着每个研究人员超出自己的学科领域掌握了相邻领域的知识和技能，具有广阔的视野。

③ 2006 年在美国奥兰多召开的第十二届国际被害人学研讨会的研究题目是，"Victimization in a multi - disciplinary Key"。参见 Winkel, F. W., Friday, p. c., Kirchhoff, G. F. & Letschert, R. M. (eds.) (2009). *Victimization in a Multidisciplinary Key: Recent Advances in Victimology*. Wolf Legal Publishers, The Netherlands。

生物学、人类学、法医学、护理学、教育学、行政学、经济学、统计学、社会调查法等。

被害人学在历史上是以独立于犯罪学的形式成立的。因此,被害人学属于犯罪学的一个分支的观点至今仍然存在。事实上,被害人学的研究成果并不一定只在被害人学学术大会或被害人学相关学术杂志上发表,在犯罪学(Criminology)、犯罪社会学(Criminal Sociology)、犯罪心理学(Criminal Psychology)等领域的学术会议、研究
31 会、学术杂志也有发表。如后所述,犯罪的被害人当然也是犯罪学的研究对象,其背景就在于此。

但是,在被害人学领域,作为独立科学的“被害人学”确实稳步地向前发展。犯罪人研究的悠久历史中,法医学、骨骼人类学、犯罪人类学、犯罪心理学、犯罪社会学、犯罪精神医学、刑事法学、刑事政策学等领域,都从不同角度研究犯罪人。而由于被害人学形成的历史较浅,所以对于被害(victimization,遭受损失)研究从原因论扩大到对策论,其研究范围十分广阔。为了研究被害化因素(factor of victimization)即人类被害的原因,社会学、社会心理学、统计学、社会调查法等知识和技能发挥了重要作用。研究被害人的权利(rights of victim)和法律地位(legal status)时,则需要掌握刑法、刑事诉讼法、民法、民事诉讼法、宪法、行政法等法学知识。此外,为了研究被害人回归社会和支援被害人问题,还需要临床心理学、咨询学、精神医学、行政学、社会学、法学等知识。

这样转换的角度就是,从被害人方面来看待犯罪。视角转换之后,不仅以前未被发现的犯罪现象的阴影部分,包括已被看到的围绕被害人的社会现象,都不断因新的被害人显露出来。这正是托马斯·库恩所说的“范式转换”(Transformation of the Paradigms)。库恩在1962年出版了《科学变革的结构》(*The Structure of Scientific Revolu-*

tion)，①此后关于学科的争论扩展到世界各国，现在世界上许多大学都把这本书作为教科书使用。

库恩认为，从15世纪的宇宙观到16世纪转换为哥白尼主张的日心说，科学历史的理论框架发生了变迁，但长达两个世纪使得以犯罪为中心研究犯罪现象的学科转换为以被害人为中心，这一转换表明不仅人们看到的东西发生了变化，而且能够看到的范围也更大了。对这种变化合适的表述就是范式的转换。②

在被害人学的研究领域，需要运用相关的科学知识和技能。虽 32
然各个领域的研究人员共同合作是重要的，但更重要的是每个研究人员都要超越自己的专业领域，掌握相邻学科的知识和技能，即超学科(trans－disciplinary)的研究。这样一来，思考方法就会变得更加灵活，能够高屋建瓴地分析问题。

在对被害人的研究中，虽然也有被害人心理学、被害人精神医学、被害人社会学等研究领域，但在强调综合性研究的情况下，学科细分的动向却很少。

最初提出被害人学这一名称的是罗马尼亚的本杰明·门德尔松

---

① Kuhn，Thomas S.(1962). The Structure of Scientific Revolution. The University of Chicago Press，Chicago and London，p. 12ff.

② Fattah，Ezzat A.(1991). From Crime Policy to Victim Policy；The Need for a Fundamental Policy Change. In：McShane，Marilyn & williams Ⅲ，Frank P.(edts.)(1997). Series：Criminal Justice；Contemporary Literature in Theory and Practice，p. 78ff. 该论文指出，被害人参与刑事司法制度是刑事司法从旧范式向新范式的转换。该论文是1991年4月2日至4日依据曼谷举行的被害人学和被害人权利国际研讨会(International Workshop on Victimology and Victims Rights)上的演讲整理而成的。

(Beniamin Mendelsohn)。① 门德尔松在 1937 年②和 1940 年③发表的论文,以及 1956 年在法国《国际犯罪心理社会学杂志》发表的论文④中,主张用生物学、心理学、社会学的知识,科学地研究被害人问题。20 世纪 30 年代到 40 年代,门德尔松以及许多研究人员都指出了研究被害人的必要性。

门德尔松还指出来“被害人学”这一学科的名称。他是将拉丁语
33 表示“牺牲”的“vittima” 和希腊语的“logos”结合起来,创造出“被害人学”(Victimology)一词。⑤ 有很多研究人员关注被害人学是“logy”的名称。1976 年在波士顿举行的第二届国际被害人学研讨会开幕式上,大会主席代替斯蒂芬 · 莎费尔(Stephan Schaffer)⑥在大会上致辞时表示:“对于学问来说,重要的是理论(logic),- logy 是学问的表象。被害人学(Victimology)与社会学(Sociology)、心理学(Psychology)、犯罪学(Criminology)等学科一样,都是带有‘ - logy’的独立科学。”⑦

---

① 门德尔松,在日本通常称为本杰明 · 门德尔松(Benjamin Mendelsohn),这个拼写是引自英语论文。门德尔松是罗马尼亚人,正式的名字是本尼明 · 门德尔松。

② Mendelsohn. Beniamin(1937). Methods to be used by Counsel for the Defense in the Researches made into the Personality of the Criminal. Revue de Droit Penal et de Criminologie. France. August - October.

③ Mendelsohn, Beniamin(1940). “Ⅱ Stupro dentro la Criminologia. ”Giustizia Penale. Italy.

④ Karmen, A. (2004). Crime Victims: An Introduction to Victimology. 5th edt. Belmont, CA: Thomson/Wadsworth.

⑤ Mendelsohn Beniamin. (1956). Une nouvelle brauche de la science bio - psycho - sociale, la victimologie. Etudes Internationale de Psycho - Sociologie. France. July - September.

⑥ 第二届国际被害人学研讨会的主办人斯蒂芬 · 谢弗在会议召开前夕病逝,研讨会由筹备委员和他的弟子们主持。

⑦ [日]宫泽浩一、诸泽英道、大谷实:《第二届国际被害人学研讨会》,载《刑法杂志》1987 年第 22 卷 2 号,第 257 - 279 页。

二、从犯罪学分离独立出来的被害人学

如果追溯被害人的研究根源，如上一章所述，在犯罪学的古典文献中已有很多关于被害人的记述。如 18 世纪至 19 世纪有切萨雷·贝卡利亚(1764 年)、[①]切萨雷·龙勃罗梭(1876 年)、[②]恩里科·菲利(1892 年)、[③]拉斐尔·加罗法洛(1885 年)；[④]20 世纪有威廉·纳格尔(1949 年)、[⑤]亨利·艾伦伯格(1954 年)、[⑥]马尔温·沃尔夫冈(1958 年)、[⑦]韦尔特·雷克利斯(1967 年)、[⑧]斯蒂芬·谢弗(1969 年)[⑨]等人——都留下了有关被害人的论著。但是，这些研究人员都是犯罪学学者。

最早提出研究被害人必要性的学者是汉斯·冯·亨蒂希(Hans 34
von Hentig)，但对此也有不同意见。亨蒂希在 1948 年的著作《犯罪及其被害人》[⑩]中指出，犯罪发生的重要因素是被害人[⑪]，要准确把握犯罪的实际情况，就必须把实行者(doer)和受害者(sufferer)结合起来。亨蒂希认为，行为人和受害者之间，既存在广义上的相互关系，也存在对立关系。但他仍然认为研究有关犯罪问题应以行为者为中心，因此他的观点没有超出犯罪学的领域。

---

① Beccaria Cesare(1764). Dei dellitti e delle pene. Livorno.

② Lombroso, Cesare(1876). L'Uomo Delinquente. Turin, Italy: Fratelli Bocca Edition.

③ Ferri Enrico. 1892.

④ Garófalo Raffaelle(1885). Criminologia. Torino, Italia: Bocca Editori.

⑤ Nagel, Willem. 1949.

⑥ Ellenberger, Henri. 1954.

⑦ Wolfgang, Marvin. 1958.

⑧ Reckless, Walter. 1967.

⑨ Schafer Stephan. (1969). *The Victim and His Criminal*, New York: Random House.

⑩ von Hentig, Hans(1948). *The Criminal & His Victim: Studies in the Sociology of Crime*. New Haven, CT: Yale University Press.

⑪ von Hentig Hans. (1948). op. cit. Chapt. 4, pp. 383 – 450.

最初提出被害人学是独立科学的学者，是罗马尼亚律师本杰明·门德尔松(Beniamin Mendelsohn)，①他于1937年用法语写成了一篇有关被害人研究重要性的论文。门德尔松强调对交通事故、家庭破裂、民族谋杀等被害进行研究的必要性②，他在1975年意大利贝莱乔举行的“国际被害人学研究委员会”(International Advanced Study Institute on Victimology，以下简称贝莱乔研究会)的特别演讲中指出，能源的被害人、产业造成的被害人、自然界中的被害人等，都是今后重要的研究课题。③ 但是，门德尔松当时的观点属于少数派。

20世纪80年代以后被害人学得到迅猛发展，犯罪现象以外的被害人问题也成为主要研究课题，“被害人学也包括犯罪被害人以外的被害人”这一主张成为多数派，现在只研究犯罪被害人的科学称为“犯罪被害人学”(Criminal Victimology)，而研究全体被害人的学科称为“被害人学”(Victimology)或“普通被害人学”(General Victimology)。

犯罪概念和被害概念的关系，不是事物的表里关系，而是如图2.a中两个轴心不同的圆形。

35 **图2.a 犯罪学与被害人学的关系**

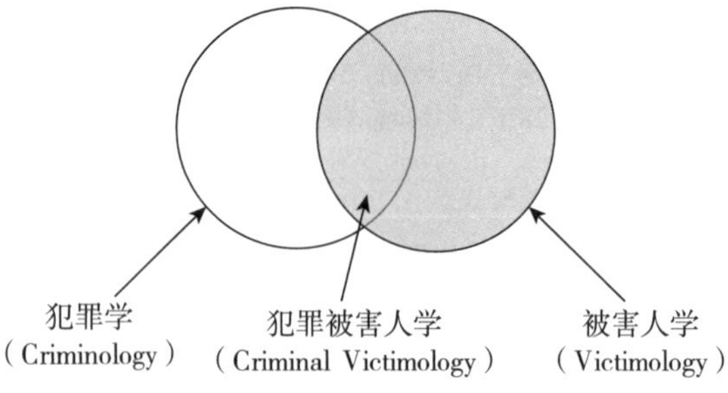

---

① Mendelsohn Beniamin(1937). op. cit.

② [日]宫泽浩一编：《犯罪与被害人——日本的被害人学》，成文堂1970年版，卷首“序言”。

③ [日]诸泽英道：《国际被害人学研究会》，载《法学家》1975年第595号，第86-89页。

在图 2. a 中，左边的圆圈表示犯罪学研究领域，右边的圆圈表示被害人学研究领域。两个圆圈重叠的部分是犯罪被害人学。对于这一部分，既可以从被害人学也可以从犯罪学来研究。但是，被害人学在研究犯罪以外的被害方面，与犯罪学有根本差别。这也是被害人学被定位为独立科学的生命线。

像现代社会中，如果每个人的尊严都受到尊重，就不能对那些遭受犯罪的被害之苦的人置之不理。被害人学的重要作用就是要求政府对那些生存在阴影下的被害人采取措施，呼吁社会人士对他们进行支援。

在通常情况下，引起被害的行为会成为人们谴责的对象，也被称为反道义行为（immoral behavior）或反社会行为（anti – social act）。如果被谴责的程度进一步加大，就会被称为越轨行为或不法行为（misconduct），也就是广义的犯罪。但是，如果要将这种行为视为“法律上的犯罪”（crime in law）（狭义上的犯罪），则需要国民的共识和经过立法程序。

36

三、确定被害人学基本概念的贝莱乔研究会

犯罪被害人学是从犯罪学研究分离出来的学问，因此早期的被害人学在基本概念和专业术语上（特别是犯罪的定义和被害人的定义），原封不动地直接使用了犯罪学的用语。如前一章所述，这也成为被害人学寻根溯源的一大障碍。[①]

1973 年在以色列耶路撒冷召开的第一届国际被害人学研讨会[②]（International Symposium on Victimology）上，提出了与犯罪学不同的

---

① “被害人”（victim）一词，无论是在犯罪学还是被害人学中，多年来都使用同一个定义。因此，不能说犯罪学文献中首次出现“被害人”一词时就是被害人学开始使用的用语。在论及被害人学的起源时，应当以不同于犯罪学的“被害人”定义和理论框架（paradigm）被提出的时候为基础。

② ［日］诸泽英道：《新版被害人学入门》，成文堂 2001 年版，第 35 页以下。

被害人学独有的基本概念和专业术语。在这次国际研讨会上，对基本的概念和术语并没有达成一致，只是强烈指出了统一专业术语的必要性。

因此，1975 年 7 月在北意大利召开了贝莱乔研究会。① 贝莱乔研究会是美国大学司法执行中心（Center for the Administration of Justice）的埃米利奥 · 维亚诺（Emilio C. Viano）在 NATO 的研究资助下筹划的，本杰明 · 门德尔松（Beniamin Mendelsohn）、伊斯雷尔 · 德拉普金（Israel Drapkin）、伊扎特 · 费塔（Ezzat Fattah）等被害人学初创时期的代表性研究者几乎全部参加。这个研究会汇集了世界上有代表性的被害人学学者和新一代年轻研究人员共 40 多名，他们成为后来被害人学发展的原动力。聚集在这里的研究人员被称为贝莱乔之家（Bellagio Family）。

37 贝莱乔研究会从 7 月 1 日到 12 日举行了 12 天的会议，设立了 4 个特别委员会（task force）。召集者（convenor）主持了 2 周的讨论，最后一天由委员会提出了统一的概念。各委员会的组成如下，这里列举的成员只包括后来继续从事被害人学研究的学者。

第一特别委员会（理论的视角）：

召集者：伊斯雷尔 · 德拉普金（Israel Drapkin，以色列人）、本杰明 · 门德尔松（Beniamin Mendelsohn，以色列人）、斯坦利 · 约翰斯顿（Stanley Johnston，澳大利亚人）、莫利 · 施特劳斯（Murray Straus，美国人）；

成员：库尔特 · 魏斯（Kurt Weis，德国人）、戴维 · 斯密（David Smith，美国人）、帕特里夏 · 弗朗西斯（Patricia Francis，美国人）、埃里克 · 吉布卡（Eric Kibuka，乌干达人）、查尔斯 · 奥赫利（Charles Ohaeri，尼日利亚人）、黛安娜 · 沃恩（Diane Vaughan，美国人）。

第二特别委员会（研究方法）：

---

① ［日］诸泽英道：《新版被害人学入门》，成文堂 2001 年版，第 86－89 页。

召集人：欧文·韦勒（Irvin Waller，加拿大人）、罗伊（K. K. Roy，印度人）；

成员：格尔德·基希霍夫（Gerd Kirchhoff，德国人）、约瑟夫·斯科特（Joseph Scott，美国人）、伦纳德·比克曼（Leonard Bickman，美国人）、扬·福塞利尔（Jan Fiselier，荷兰人）、哈泽尔·盖恩（Hazel Genn，英国人）。

第三特别委员会（司法）：

召集人：伊扎特·费塔（Ezzat Fattah，加拿大人）、勒罗伊·兰博（Leroy Lamborn，美国人）；

成员：安东尼·斯肯布里（Anthony Schembri，美国人）、海兹尔·米恩霍斯特（Hazel Meenhorst - Blok，荷兰人）、博科查·恩帕（Nwokocha Nkpa，尼日利亚人）、布兰卡·马瑞（Blanca Marin，阿根廷人）。 38

第四特别委员会（处遇）：

召集人：阿尔文·科恩（Alvin Cohn，美国人）、玛丽·基夫（Mary Keefe，美国人）；

成员：约翰·杜西奇（John Dussich，美国人）、诸泽英道（日本人）、大卫·弗里德曼（David Friedman，美国人）、康塞塔·阿德尔曼（Concetta Adleman，美国人）。

贝莱乔研究会上讨论了作为被害人学基本概念的“被害”“被害人”“加害”“加害人”等学术用语。通过研究最后得出结论是：与被害人（victim）相对应的概念不是犯罪人（offender / criminal），而是加害人（victimizer）；表述遭受被害的词语是“victimize”（动词），表述结果被害（或被害化）的词语是“victimization”（名词）。

在犯罪学中，犯罪人（criminal, offender）对应的对象（接受者）是被害人，而在被害人学中，被害人的对象（造成被害的人）不是犯罪人，而是加害人。表示其关系如下所示：

被害人学的概念
Basic Concept of Victimology
victim ⇒ victimizer
（被害人）（加害人）

犯罪学的概念
Basic Concept of Criminology
criminal ⇒ victim
（犯罪人）（被害人）

并不是所有造成被害的加害行为都是犯罪。如果加害行为成为人们谴责的对象、成为“反社会行为”，而且反社会性较高，就会成为所谓的“犯罪”。由此可见，如果有“被害人”，他的对方必定有“加害人”，但该“加害人”是否被认为是“犯罪人”，取决于该国家的规范性意识。关于犯罪的定义，应当交给犯罪学及刑事法学来下定义。

贝莱乔研究会上，被确定下来的被害人学基本概念的学术用语如表 2. a 所示。①

39 **表 2. a　贝莱乔研究会确定的被害人学用语**

学术用语	含义
victim	被害人
victimhood	被害人的立场、被害人的
victimizable	容易被害
victimization	被害的、遭受被害、遭受被害的行为
victimize	成为被害人
victimizer	加害人、对他人施加伤害行为的人
victimless	无被害人的

四、有关被害和被害人的传统代表性学说

关于被害概念，许多观点认为应当采用对犯罪概念的理解方式。

① Viano, Emilio, C. (1976). From the Editor: Victimology: the Study of the Victim, Victimology: *An International Journal*, Vol. 1, No. 1. Visage Press, Inc. p. 2.

一般来说,持所有的被害都是犯罪被害这种观点的人,或者从广义上理解犯罪概念或者从狭义上理解被害概念。例如,前者的观点主张“犯罪学所说的犯罪并不局限于法律上规定的犯罪”;后者则认为被害概念近似于法益的概念(法律应当保护的利益)。

德国的亨德里克·纳格尔(Nagel, Hendrik)认为被害概念与法
益概念是相同概念。纳格尔将法律上的被害人定义为“应受法律制
裁的行为人实施的,并对本国国民造成重大损害,而承受该不法侵害
的人就是被害人”。[①] 但是,这一定义是在刑事法学框架内对被害人
作出的定义,现在几乎没有得到支持。加害行为是否就是法律上的
犯罪,这仅仅是在法律框架内对被害人下定义,如果这样理解就会偏
离这门学问的本质。另外,在现在的国际争议中,国家之间和不同民 40
族之间的被害已经成为重要的课题,国际刑事法院中的被害人权利
也成为联合国预防犯罪会议[②]的重要议题。讨论上述定义时,在定义
中增加了“本国国民”的要件,这在当时的国际化社会中,属于小的时
代错误。

此外,将法益的概念和被害的概念分开讨论的学者有,海因茨·齐普夫(Zipf, Heinz)和弗里茨·帕施(Paasch, Fritz)。齐普夫认为“与犯罪行为有关的所有被害人,并不限于法益被侵害的人或者诉讼法上应被起诉的人”,被害人与法益不是同一概念。[③] 另外,帕施认为:“犯罪学中的被害人是指法律秩序应当保护的法益受到侵害的

---

① Nagel, W. Hendrik. (1974). Structural Victimisation. In: *International Journal of Crimonology and Penology* 2. p. 103.

② 2005年5月在泰国曼谷举行的第十一届联合国预防犯罪会议上,讨论的主要议题就是被害人在国际刑事法院中的法律地位。

③ Zipf, Heinz(1970). Die Bedeutung der Viktimologie für Die Strafrechtspflege. *Monatschrift für Kriminologie und Strafrechtsreform* 53. S. 1–13. Schwind, Hans–Dieter (2003). *Kriminologie: Eine Praxisorientierte Einfuhrung mit Beispeilen.* Kriminalistik Verlag, Heidelberg, p. 373.

人;而被害人学中的被害人是指他人切身利益遭受损失的人。"①早期的学说一般都认为刑法条文中设定的"客体"或"保护法益"与被害人的定义密切相关,但帕施提出的"他人的切身利益"这一定义,是向被害人学的方向迈进了一步。但是,帕施还没有认识到,受到了什么样的"被害"的才是被害人这一问题。

汉斯·冯·亨蒂希把主观要素纳入了侵害法益的范围。他强调主观要素,认为"在客观上被保护的法益受到侵害,在主观上对这种侵害感到不快和痛苦的人,就是被害人"②。

亨蒂希等早期学者的定义共同点是,被害人是法律制度中的被
41 害人。被害或被害人本来应当从社会现象的角度去理解和下定义,而这些德国派系学者一般仅从法律上给犯罪概念下定义,并在此基础上,把被害人定义为犯罪人的接受者。现在几乎没有人使用这些定义。

五、被害人学研究领域有影响的被害人定义

20 世纪 70 年代多次被讨论的问题是,联合国在 1985 年《联合国被害人人权宣言》③上,对"滥用权力的被害人"(victims of abuse of power)的概念进行了界定,还在国际社会上承认被害人问题不仅仅限于犯罪被害人。

世界被害人学会(World Society of Victimology)主办的"国际被害人学研讨会"(International Symposium on Victimology)中,积极地推进犯罪被害人以外的被害人问题研究,到目前为止,不仅犯罪的被害人,犯罪被害人以外的所有被害人都纳入了学术研究领域。

---

① Paasch, Fritz R. (1965). Grundprobleme der Viktimologie, Diss. jur., Münster, s. 4. Schwind, Hans - Dieter (2003). op. cit. p. 373.

② von Hentig, Hans(1962). *Das Verbrechen* Ⅱ. S. 488.

③ The United Nations Declaration of Basic Principles of Justice for Victims of Crime and Abuse of Power, 1985, General Assembly resolution 40/34.

《联合国被害人人权宣言》第1条把被害人定义为："被害人是指，由个人或者集体实施违反成员国正在执行的包括禁止滥用权力在内的刑事法的作为或不作为，导致身体上或精神上的伤害，感情痛苦，经济上的损失，或基本人权等遭受重大损失的人"；第18条将"权力滥用的被害人"定义为："滥用权力的被害人是指，无论个人还是集体，无论是否违反国内刑法，但因违反国际社会认可的人权准则的作为或不作为，导致身体上或精神上的伤害、感情上的痛苦、重大经济损失或基本人权受到侵害的人。"

联合国的被害人定义为，"因违反刑事法的作为或不作为，以及违反国际社会认可的人权标准的作为或不作为，而对基本人权遭受 42
严重侵害的人"。而且，被害的内容不仅包括身体上或精神上的伤害，还包括感情上的痛苦和经济上的损失。

诸泽英道在1976年1月出版的《青柳文雄教授退休纪念论文集》发表了《被害人的权利与被害人学：新被害人学的尝试》的论文，论文中的定义为："所有国民在法律下的自由、安全生活的权利受宪法保障，该权利被侵害的人就是被害人。"①

这篇论文提出的基本观点如下：

1. 权利受到侵害的人是被害人（被害人的定义）；

2. 应当保护权利可能被侵害的潜在被害人的权利（预防被害）；

3. 被害人被侵害的权利必须得到恢复（被害的恢复和处遇）；

4. 被害恢复的过程中，被害人有被保障的权利（被害人的法律地位）。

这篇论文认为，被害人定义的基础是宪法上保障的基本人权，保护国民的安全是国家的义务，被害人有权要求被害得到恢复，恢复被害的过程中应该保障被害人的各种权利。

---

① ［日］诸泽英道：《国际被害人学研究会》，载《法学家》1975年第595号，第86-89页；［日］诸泽英道：《被害人的权利与被害人学：新被害人学的尝试》，载《青柳文雄教授退休纪念论文集》1976年（《法学研究》第49卷第1号），第207页。

组建日本被害人学会(Japanese Association of Victimology)的发起人会议①对日本的被害人学下了定义。该学会于1990年11月17日成立,同年8月23名发起人起草了“日本被害人学会成立的宗旨”。

43 根据这份意见书,通过筹备委员会和发起人会议的讨论,确认日本被害人学会的性质包括以下三点:

1.学会上选定的大会主题不限于犯罪被害,还包括不法行为等“违法行为引起的被害”。

2.被害人学的定位是跨学科的、综合性的学科,鼓励研究人员以各个学科为基础研究被害人。

3.被害人学的方向性目的,不仅包括理论研究,还包括对被害的实际情况以及处理被害的实务的研究,实现理论和实践相结合。

值得注意的是,学会将被害人视为因犯罪等某种非法行为而被害的人,同时强调被害人学将动员相关学科在理论和实践方面进行一体化研究。

另外,2004年12月通过的《犯罪被害人基本法》,在第2条第1款规定,“本法中的犯罪等,是指犯罪及与此相当的对身心产生有害影响的行为”;第2款规定,“本法中的犯罪被害人等,是指因犯罪等而遭受伤害的人及其遗属”。也就是说,《犯罪被害人基本法》中的“犯罪等”是指与犯罪相当的对身心产生有害影响的行为,同时又规定了遭受该行为侵害的被害人的权利。

日本被害人学会确定的被害人是因犯罪等某种非法行为遭受伤害的人,而《犯罪被害人基本法》规定的是与犯罪相当的对身心产生有害影响的行为的被害人。“某种非法”这一表述具有模糊性,而且

---

① 发起会议由代表人宫泽浩一、秘书局诸泽英道、安富洁策划,于1990年8月3日在庆应义塾大学召开。另外,发起人会议同时决定,将于11月17日在庆应义塾大学召开日本被害人学会成立大会,学会的英文名称定为“Japanese Association of Victimology”。

还停留在根据社会评价下界定的层面。与此相对,《犯罪被害人等基本法》以“对身心产生有害影响”为由,站在被害人的角度进行定义。但是,两者的共同点在于,无论是研究领域的问题,还是国家保护政策的对象问题,仅局限于犯罪被害人这一点是不够的。

六、有关被害定义的四种立场

围绕被害人的定义,在理论上有四种观点。[①] 特别是,基本的分 44
歧在于,“被害”是仅指犯罪被害,还是包括其他被害。仅把被害限于犯罪被害是狭义的被害概念,而不限于犯罪被害的观点,将“被害整体”视为被害是广义的被害概念。这种关系如图 2. b 表示。

图 2. b　被害的概念

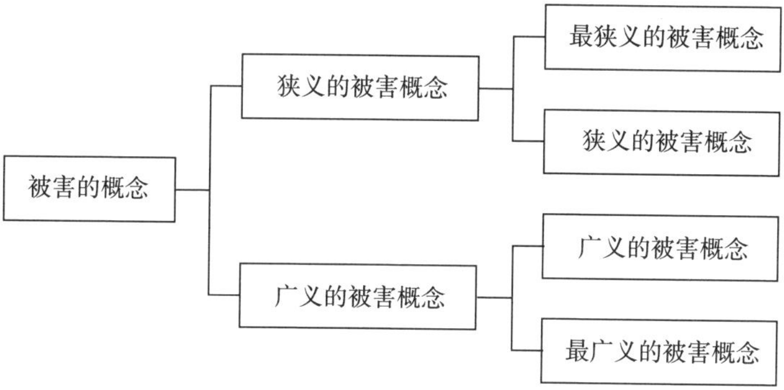

关于被害的定义,无论是广义还是狭义,因学者的不同,其范围也不同。广义的定义通常范围较宽,外延能扩展到其价值观、人生观等影响因素。关于狭义的概念,虽说称为“犯罪被害”,但从犯罪学上来说,毕竟什么是犯罪并没有得出统一的意见,因此在犯罪与犯罪被害的关系上,对犯罪被害的定义当然也有不同的理解。

站在犯罪被害人学立场上,汉斯 · 约阿希姆 · 施耐德(Schnei-

---

① [日]诸泽英道:《被害人的权利与被害人学:新被害人学的尝试》,载《青柳文雄教授退休纪念论文集》1976 年(《法学研究》第 49 卷第 1 号),第 205 - 225 页。

der, Hans Joachim），当然也使用狭义的被害概念，但他同时认为狭义被害和广义被害的关系等同于“犯罪”和“社会越轨行为”的关系。[1]但是，由于他将广义的社会越轨行为与被害概念放在一起考虑，因此可以认为施耐德是犯罪学家，而且他从犯罪学的立场上给被害下定义。所谓的“广义”就是指在“犯罪以外”的意思，当然这比社会越轨行为的概念更广。社会脱离行为这一概念可以成为思考被害问题的线索，而不是古典犯罪学，从行为人角度考察被害。

一直以来，在犯罪学中存在把犯罪限定在法律上的犯罪，还是其
45 他“所有的犯罪”的争论，例如，这里涉及是否包括越轨行为或反社会行为的问题。施耐德的观点是在上述争论的背景下产生的。

不过，这种争论毕竟涉及的是法律上的犯罪，但争论的观点完全超出了这个范围。人们并没有充分地理解说谎或出轨为什么不构成犯罪，必须深入研究医生使用手术刀切开身体这种行为是否构成伤害罪，需要研究因受到紧迫的不正当行为的侵害而为保护自己刺伤对方的行为是否具有违法性等。也就是说，所谓的“法律上”构成犯罪，不仅仅指条文上的犯罪，而是指“这是法律意义上的犯罪”。

但是，突破了这几个关键因素之后，认为只有真正意义上的犯罪才是犯罪学的研究对象这种观点，是难以想象的。尽管如此，毕竟犯罪学是以法律上的犯罪定义为线索进行研究的，因此这一问题还是比较模糊的。从过去的历史完全可以推测出这样的事实，即犯罪学研究的对象是在监狱被关押的人，但是不满足这个研究范围的研究人员会把被报案者和被判有罪者也作为研究对象。

处理有关犯罪和被害的数据时，必须正确理解该数据是哪个层面的数据和该数据的真正含义。分析服刑人员的问题就是探讨“犯罪人”的问题，但研究“犯罪人”（世界上存在的所有犯罪人）以外的

---

[1] Schneider, Hans Joachim. (1975). *Viktimologie: Wissenschaft vom Verbrechensopfer*. Tübingen. S. 1.

问题是没有价值的,因此犯罪学可以引用的数据是极其有限的。

20 世纪 60 年代以后,在美国发展起来的新犯罪学(New Criminology)正确地抓住这一点,对以前的研究方法提出了质疑,但古典犯罪研究,简单地说,就是研究“被执法机构挑选出的犯罪人”(selective law enforcement)。值得注意的是,当时研究“纯”犯罪人和被害人的学者是非常少的。

如上所述,如果以犯罪概念为前提考虑被害概念,“狭义的被害概念”就是指犯罪被害,由此就可以搞清各种相关问题。这个想法的 46
前提是,被害人学是犯罪学的一个分支,“犯罪”是否属于法律上的犯罪这一点并不重要。事实上,最近,从广义上理解犯罪概念的研究者正在增加,研究以“原本”犯罪的学者也在增加。

认为被害是指犯罪被害这种“狭义被害”的概念,在理论上也有两种立场:限定在法律上犯罪的被害的立场,这是“最狭义的被害概念”;而从所谓一般犯罪的角度认定被害的观点,则是“狭义的被害概念”。

另外,广义的被害概念也有相当大的范围。例如,有人受噪声的困扰,晚上睡不着觉,因法律不健全,此时加害方不是犯罪人,在这种情况下如果把该行为也作为被害人学的对象,那么这就是通常所说的“广义概念的被害”。但如果把被害人的范围扩大到因铁路罢工而失去了合同的营业员,或者以结婚为前提交往但因吵架分手而悲伤的人,显然存在疑问。① 也就是说,正如广义的犯罪概念一样,主张广义被害概念的人也必须同时具有划分其界限的标准。

主张最广义概念的学者是本杰明·门德尔松。门德尔松强调研

---

① 关于一般被害人学的问题,基希霍夫指出,“这个范畴是否应当扩大到病毒和细菌感染的被害人,抑或只是说这是被害人学以外的学问,还不是令人满意的解释”。Kirchhoff, Gerd Ferdinand (2005). “*What is Victimology.*” *Monograph Series* No. 1: p. 51. Tokiwa International Victimology Institute. Mito. Japan.

究交通事故、家庭崩溃、民族谋杀等被害的必要性①，并指出能源造成的被害人、产业造成的损失、自然界中的被害人也是今后应当研究课题。②

47 七、被害概念的客观性和主观性

相对于“无被害人的犯罪”（crime without victim）概念，亦有“无犯罪人的被害”（victimization without criminal/offender）概念。被害概念和犯罪概念的关系可以画成两个不同的圆，其中每个圆的一部分重叠在一起。③ 重叠的部分就是“犯罪被害”（victimization by crime / criminal victimization），犯罪概念一侧的圆形不重合部分有“无被害人的犯罪”；被害概念一侧的圆形不重合部分有“无犯罪人的被害”。

在很多情况下，加害人（victimizer）不被认为是犯罪人（criminal/offender）。在现代社会中，法律的完善需要反复地修改，“不应制定过多的带有处罚罚则的法律”，这种观点根深蒂固，犯罪化（criminalization = 以前不认为是犯罪行为，现在认为是犯罪）也需要谦抑，出现了很多“无犯罪人的被害”的例子。

但是，最近的被害人学和犯罪学围绕被害概念和犯罪概念，互相之间就研究领域展开了激烈的竞争。例如，被害人学的重要课题之一是性骚扰（sexual harassment），以前犯罪学把这种情况作为强奸、强制猥亵行为进行研究，也不把性骚扰视为整体的研究对象。但是，最近犯罪学的很多研究者都对这个课题展开研究。

性骚扰成为值得研究的课题是因为，很多“被害人呼吁”性骚扰

---

① ［日］宫泽浩一编：《犯罪与被害人——日本的被害人学》，成文堂1970年版，卷首“序言”。

② ［日］诸泽英道：《国际被害人学研究会》，载《法学家》1975年第595号，第86－89页。

③ 详细内容请参见第三章“被害人学的研究领域和研究课题”。

没有受法律保护,引起人们的关注,于是有人主张应当对性骚扰行为进行规制、应当追究行为人的责任。但是,这种“应该追究责任”的主张,从那时起,其中的被害问题实际上仍然是犯罪学的主题,这种研究领域之争,在被害人学和犯罪学之间,经常反复地发生。在某种意义上,被害人学把“无犯罪人的被害”作为研究对象,和犯罪学一样可 48
以推动将该类行为纳入法律制度的规制对象。

但是,与犯罪学交叉较少的被害是“广义的被害概念”,但广义的被害概念应当扩大到何种程度的“被害”这是值得研究的问题。从形式上说,对于某种行为或现象的结果,对其违法性或反社会性没有达成共识的被害是广义的被害,是没有犯罪人的被害。

《联合国被害人人权宣言》将“滥用权力的被害人”(victims of abuse of power)也定义为犯罪的被害人,但滥用权力的被害人中仍然包括很多“没有犯罪人的被害人”。

广义的被害概念的问题之一,是在采取主观被害概念的立场时,是否应当把主张“自己是被害人”的人无条件地认为是被害人。为了调查犯罪的黑数往往要进行被害人调查,但请不要忽视的是,通过被害人调查获取的被害数量是基于“主观被害概念”的数字。

加害人一方的意识和被害人一方的意识之间的差距成为特殊问题。例如诈骗或非法营销那样的案件,在“是否有诈骗意图”“被害人是否注意到加害人的意图”这一点上,加害人和被害人是对立的。在这些案件中,加害人和被害人的认识当然不同,如何客观地进行判断,评价是不同的。

诸泽英道于 1988 年在日本全国进行了关于非法营销被害的普通居民调查,以此为基础推算,日本每年大约有 412 万人受到非法营销的侵害。但是,在被害人调查中,一般情况下由回答者作出是否受到了被害的判断,因此这个数字是基于主观被害概念得出的,不能保证结果的客观性。

关于欺凌(bullying)也是如此,欺凌的一方(加害人)和被欺凌的

一方（被害人）在认识上存在很大的偏差（perception gap）。[1] 即使被
49 害人自杀是由于严重的欺凌所导致的，加害人通常也会解释说“只是开了个玩笑”“只不过是玩耍而已”。不了解被害人心情的少年们确实正在增加。欺凌自杀等案件发生后，学校有关人士和教育委员会有关人士往往会发表评论说“没有欺凌”“没有任何证据表明欺凌是自杀的原因”等。这种情况下的判断标准大部分不是基于被害人的诉求，而是基于施加欺负学生的主张和视而不见的同学提供的证言。

在特殊案件中，加害方有时也无法充分预测结果的走向，但形成“欺凌”这种社会现象的案件中，加害方辩解说“我并没有想欺负他”“我不认为会有这样的结果”，如果相信这种借口就是没有头脑，也有失教育工作者的身份。

在分析案件时，应当分析：因为什么？在什么意图下实施的？对加害人的心理进行分析时，如果在这个核心问题上模糊不清、偷换概念，那是很危险的。在“欺凌”等案件中，重要的是理解被害人一方是如何受伤的、如何被讨厌的（从被害人学的视点）。有人认为，对于“为什么欺负人”这种提问，会引发“只要有理由就可以欺负”的信息，所以确定这种加害人真实想法的工作只能交由刑事审判法庭，除此以外的场所都应该避免。特别是担任辅导工作的专门教职员工如果从这一观点开展工作，就存在很大的问题。

这样，为了接近案件（被害）的本质，有必要关注作为接受者的被害人一方的心情，但越是这样，在对被害概念下定义时，就越需要有客观的标准。从这个意义上说，合理的界限是，对基本的部分需要客观地进行定义，并结合主观因素。

50

八、作为结果的被害和作为原因的被害

被害和加害行为之间存在各种各样的关系，既有被害人受到伤

---

① 1997 年 5 月 5 日《朝日新闻》晨报第 12 版第 9 页介绍了千叶县一所专门学校的学生，对中学时代经常“欺负”自己的原同班同学及其父母提出了索赔的诉讼。

害的原因在于被害一方，也有在于加害行为一方。被害和加害之间，理论上有以下 4 种类型。

①由于遭受了被害而导致再次遭受被害（反复被害、再被害等）；①

②因遭受了被害而实施加害行为；②

③因实施了加害行为而导致遭受被害；③

④因实施加害行为，而实施下一加害行为。④

在上述类型中，①是再次被害的类型，在遭受被害后进而遭受下一个被害。也就是说，如果没有第一次被害，就不会有下一次被害。20 世纪 60 年代在日本，土地买卖的二次被害（这与被害人学的定义不同）曾经成为社会问题。不法销售的手段是，加害人拿到北海道等地他人所有的土地或荒地后，谎称该地已纳入城市计划，将来地价必定飞涨而以高价出售。当时发生了许多类似案件，很多人被这种谎言所欺骗并遭受巨大损失，但这些被害人被盯上了，他们想方设法挽回土地的损失，于是加害人让他们交付一些保证金，或者与廉价土地进行交换或者把他人所有的土地高价卖掉。

②最典型例子就是非法传销，是基于被害体验而实施加害行为。 51
被劝诱入会（加入加害人集团）的人，又通过拉进其下面的子会员（新的被害人）来回收自己的负担。在多数会员都会受到损失的传销中，成为会员就是“被害”，拉他人成为在自己手下的新会员就是“加

① 这类例子有，土地买卖的被害人被“我帮你挽回损失”这种虚构的挽回损失劝诱，再次被骗、再次遭受损失。

② 被害人转变为加害人的例子有：因被勒索而受到损失的少年，没能在限定的期限前准备好钱，所以通过偷窃或恐吓等手段夺回钱；自己带的伞却被别人拿走了，一气之下把另一人的伞拿走了。

③ 基于加害行为而被害的例子有，进行扒窃（加害行为）的人，因扒窃行为被目击而以此为由被他人猥亵。另外，也有因强盗团伙的分裂而互相残杀的例子。

④ 实施了加害行为后再次实施加害行为的例子有，在实施诈骗（最初的加害行为）时，因担心暴露而将对方杀害（下一个加害行为）。但是，在这种情况下，必须确认最初的加害和之后的加害之间的某种因果关系。

害行为”。

传销组织中只有处于传销顶端的一部分人能赚到钱，而绝大多数的人都是被害人。因此，传销组织的存在本身就是违法的，但日本的消费者行政部门制定了“好的传销”和“坏的传销”这样不可理解的概念，对许多善良市民的被害“睁一只眼闭一只眼”。

最近，不断有一些研究结果表明，幼年时期的被害经历会成为此后加害行为的重要因素。受父母虐待长大的孩子去学校，或者对其他孩子进行“欺负行为”，或者结婚生子后无意识地虐待自己的孩子。这些情况在广义上也属于②类型的“基于被害而实施的加害行为”。

有很多例子表明少年时代的被害经历会成为实施加害行为的原因。有一项研究分析了被害体验在多大程度上影响了少年的失足倾向。① 1974 年 1 月至 1975 年 3 月，对被送进山口少年鉴别所的具有被害体验的 62 名少年（其中，2 名女性）进行了调查，被害体验对后来的不良行为没有影响或有间接影响的仅占 2/3，有直接且积极影响的占全体的 1/3。这一研究得出的结论是，在被害体验之前尚未形成不法行为的雏形，那么这种被害体验与后来的不良行为关系不大。

实施或参与欺凌的少年中，有很多人以前都有过被欺凌的被害体验。田渊伊绪在日本首次证明了这种欺凌现象：有欺凌被害经历的少年，或者成为欺凌的加害人，或者实施违法行为。② 以这项研究
52 为开端，日本开始研究欺凌的加害者是如何被欺凌的，即开始研究加害人的被欺凌经历。

各种调查表明，不仅被欺凌的少年不久会实施欺凌行为，而且还会做出各种不正当行为。例如，旭川少年鉴别所的佐藤伸一对 1994

① [日]武井横次：《关于被害体验对之后不良行为产生的影响》，载《犯罪心理学研究》1976 年第 11 卷第 2 号。

② 当时在最高法院调查官研修所任教的田渊伊绪，在 1991 年 6 月日本被害人学会第二次学术大会及 1991 年 8 月第七届国际被害人学研讨会上指出，有很多欺凌者都有过被欺凌的经历。

年 4 月到 1997 年 1 月在该少年鉴别所接受观护措施的 28 个少年的 34 起案件进行了分析，得出的结果是：对被欺凌进行报复而实施非行的有 2 例（5.9%）、被欺凌后为出气而实施非行的有 5 例（14.7%）、因被欺凌体验导致心理创伤而实施非行的有 19 例（55.9%），欺凌行为本身就是非法的有 8 例（23.5%）。[1]

人们一方面想要遵守社会规则地生活，另一方面如果有人打破了规则而只有自己遵守规则就会感到吃亏了，于是就会轻松地打破规则。只要有一个人插队加塞，队伍就会被挤得不成样子。被插队加塞的人（被害人）转过来也加入插队加塞的人（加害人）一边。

另外，考场上，有时会出现集团考试作弊的情况，但事前没有共谋的 1 人只是偶然在考试中作弊，其他人看到后就可能去模仿，考试作弊就会不断扩散。

在高速公路"应急车道"[2]上行驶也是出于同样的心理。应急车道是为了应对非常情况而备用的车道，平时也不能占用，为了防止万一必须空着。但是，如果道路堵塞，有些司机就想在这条车道上行驶，进而也会出现模仿的人。他们的逻辑是"有效地利用空着的空间，可以减少拥堵"，但这是完全自私自利的逻辑。

1990 年 9 月 30 日傍晚在大阪举行的"国际花卉和绿植博览会" 53
（花的世博会）闭幕式最后阶段发生的"花卉盗窃案"，也是出于同样的心理。据报道，该案件的起因是，沿着大街放置着巨大种植箱，一名中年女性对她带来的女性说，"把这带回去，可以吧？"对方漫不经心地回答"嗯，应该可以吧。""我也要！""我也要！"突然之间从周围伸出无数只手，转眼之间 13,000 株花就消失了。[3] 很多案件犯罪或

---

① ［日］佐藤伸一：《犯罪心理学研究》1998 年第 35 卷第 1 号，第 26 页。

② 这个问题是，因无法改变道路的构造而让警察感到头疼。试图抓住恶意违章司机有一系列计划和对策，如从 1996 年度开始用直升飞机对主要高速公路进行监视、配备警车巡逻、临时设置"禁止行驶"路标等，但效果甚微。

③ 关于该案件，参见《朝日新闻》晚报 1990 年 10 月 23 日报道。

越轨行为都是因为这样细小的事情导致。

九、被害人学中被害的分类法

被害分类法首先需要考虑的问题是，国家和社会如何看待被害人。在学者中，也有人像纳格尔一样，认为法益是被害的实质，被害人是国家和社会的问题。[①] 另外，亨蒂希的观点和纳格尔的观点很接近，他认为"被害人就是在客观上保护法益受到侵害，在主观上对该侵害产生不愉快和痛苦的人"[②]。

但是，如果把被害人理解为基本人权受到侵害的人，就不能从国家和社会的角度把握被害人。

被害人学分论从各个不同的角度讨论各种各样的被害，但并不是按照刑法学的分类把犯罪分为"对国家法益的犯罪""对社会法益的犯罪""对个人法益的犯罪"；按照犯罪学的分类方法，有的分为凶残犯罪的被害人、暴力犯罪的被害人、财产犯罪的被害人、性犯罪的被害人等，也有的划分为暴力团犯罪（涉黑犯罪）的被害人、公务员犯罪的被害人、女性犯罪的被害人等，这些分类都是不合适的。这些分类首先是确定了犯罪，然后在此基础上才研究被害人，并没有跳出传
54 统的犯罪学和刑法的思路。应该根据如何对待受侵害的被害人来设定分类标准。

关于被害的分类，有以下根据被害性质的分类和根据被害人属性的分类。

1. 根据被害性质的分类：

①与生命有关的被害（故意杀人、故意致死、过失致死等）；

②与身体有关的被害（伤害、暴行、刑讯逼供、虐待、交通案件等）；

---

① Nagel, W. H. (1974). Structural Victimisation. In: *International Journal of Criminology and Penology*, 2, p. 103.

② von Hentig, Hans (1962). Das Verbrechen. S. 488.

③与自由有关的被害(逮捕、监禁、诱拐等);

④与人的尊严有关的被害(名誉损害、侵害私生活、强奸、强制猥亵、性骚扰、偷拍等);

⑤与发育成长有关的被害(近亲通奸、虐待儿童、体罚、有害图书等);

⑥与生活环境有关的被害(生活环境的平稳性、安全性、舒适性不能保障);

⑦与健康有关的被害(噪声、药物被害、水质污染、烟雾等);

⑧经济被害(抢劫、盗窃、特殊诈骗、结婚诈骗、入学诈骗、非法营销、放火、火灾等)。

2. 根据被害人属性的分类:

①因年龄原因遭受的被害(老人、孩子等);

②因性别原因遭受的被害(女性、男性等);

③因残疾原因而遭受的被害(盲、聋、肢体残疾人等);

④因职业原因遭受的被害(警官、狱警、列车员、空姐等);

⑤与组织有关的被害。

这两种分类法可以说是纵向关系和横向关系的分类,可以采用任意一种方法。但是,通过这些分类,有时可以发现以前未被觉察的被害。

无论强奸、强制猥亵,还是近亲通奸、同性恋、性骚扰等,如果违背本人的意愿,都是被害,不必对这些内容分别进行讨论。

少年非行不是犯罪,而应认为是被害。一直以来,少年非行是犯罪学的主要研究课题,但也是被害人学的主要课题。实施非行是健全发育和成长受到阻碍的结果。非行的原因既包括素质也包括环境,对少年来说这些都是十分重要的。

人们应有的生活环境得不到保障时,也存在某种被害。噪声、公害、日照不足、周围的看法(偏见和流言)等,这些都是传统犯罪概念中没有的,是新的被害人学的观点。 55

十、激进的被害人学

从20世纪70年代到80年代,激进的观点不仅受到犯罪学的关注,而且也受到被害人学的关注。[1] 即使不能说激进的被害人学(Radical Victimology)是受犯罪学的影响产生的,但可以肯定的是,这两个观点在同一时期是先后出现的。[2]

激进的犯罪学视角和激进的被害人学视角,反映了从根本上对世界重大案件进行的改革。因此,这种思潮是作为社会学乃至相关教义的范式危机(a paradigm crisis)的结果表现出来的。[3] 激进的研究人员关注多数人被害这一残酷的结构性状况,这正是采用积极方法的研究人员所忽略的问题。

例如,施文丁格(Schwendinger,H.)等人主张,"主流的犯罪学家,聚焦在由国家对犯罪下的定义,而忽略了掌握权力的人们实施的有害实务(这是极其有害的,但在实务上国家和社会都没有将这种行为定义为犯罪)"。[4]

56 同样,奎尼(Quinney, R.)对被害人学发展领域的主要集中在传统和习惯性犯罪的被害人身上进行了批判。[5] 他主张,这是资本主义导致的现实结果,传统研究限制了被害的理念。

带有积极主义被害人学和犯罪学的立场(positivist victimological/criminological stance)的调查研究没有关注被害人的标签

---

① Spalek,Basia(2006). *Crime Victims;Theory,Policy and Practice*,p.38.

② Friedrichs,D.(1983). Victimology:A Consideration of the Radical Critique, *Crime & Delinquency*, Vol. 29(1), pp. 283 – 293. Jones, T., Maclean, B. & Young, J.(1986). *The Islington Crime Survey*, Aidershot, Gower.

③ Friedrichs,D.(1983). op. cit. p. 283ff.

④ Schwendinger, H. & Schwendinger, J.(1975). Defenders of Order or Guardians of Human Rights? In: Ian Taylor, Paul Walton & Jock Young(eds.). Critical Criminology, Routledge, London, pp. 27 – 58.

⑤ Quinney, R.(1980). *Class, State & Crime*, second edition, Longman, New York.

(victim's label)问题。显然应当通过被贴上"被害人"标签的人们的个人性格和生活方式,来分析被害。[①] 与此形成鲜明对比的是从激进的视角研究被害的社会结构的研究者,一定要问是谁轻易地给被害人贴上了标签,应当贴上标签的是谁。[②]

---

① Miers, D. (1989). Positivist Victimology: A Critique. In: *International Review of Victimology*, Vol. 1(1), pp. 3 – 22.

② Mawby, R. I. & Walklate, S. (1994). *Critical Victimology*, Sage, London, pp. 9 – 17.

57

第三章

被害人学的研究领域和研究课题

Research Areas Subjects of Victimology

一、被害人学的研究领域与犯罪学的研究领域

犯罪学(Criminology)是关于犯罪人(offender/criminal)和被害人(victim)的学问,而被害人学(Victimology)是关于被害人(victim)和加害人(victimizer)的学问。这里重要的问题是,与被害人(victim)相对应的概念不是犯罪人(offender/criminal),而是加害人(victimizer)。①

从这个角度可以说,即使是造成了被害,有时加害人也不能被作为犯罪人受到处罚,这种情况称为"无犯罪人的被害"(victimization without offender / criminal)。表示该关系的概念如图3.a所示。

---

① 在被害人学中,遭受被害称为victimize(动词),造成被害的人(加害人)称为victimizer。另外,被害人学中作为结果的被害(或被害化)称为victimization(名词)。

图 3.a　犯罪学的研究领域与被害人学的研究领域的关系

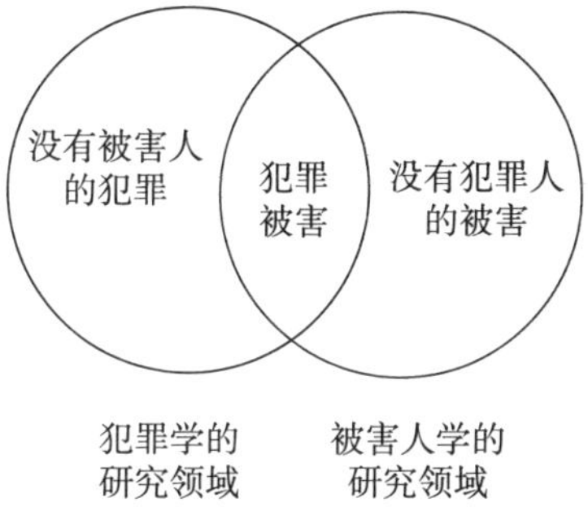

在图 3.a 中,左边的圆圈表示犯罪学的研究领域,右边的圆圈表示被害人学的研究领域。中央的两个领域重叠的部分表示犯罪被害(victimization of crime),这是被害人学和犯罪学的共同领域。另外, 58
左侧不重叠的部分表示没有被害人的意思,也称为"无被害人的犯罪"(crime without victim/victimless crime),这原本就是犯罪学的固有领域。但是,有人指出在这个领域存在很多法律没有规定的其他(在某些情况下是真正的)被害人,因此这部分内容需要被害人学进行研究。

另外,在不重叠的右侧部分,虽然发生了被害,但加害人不被认为是犯罪,因此称为"没有犯罪人的被害",这是被害人学固有的领域。被害人学能否发展成为独立科学,取决于对"没有犯罪人的被害"的研究如何发展。从这个意义上说,需要注意的是,在世界被害人学会(World Society of Victimology)主办的国际被害人学研讨会(International Symposium on Victimology)上,积极地讨论了不构成犯罪的被害问题。①

在两个圆的重叠部分,被害人学和犯罪学的视角也是不同的。以杀人案为例,犯罪学研究关注的重点是,犯罪人是在什么环境中长

---

①　[日]诸泽英道:《被害人学的新领域:从"犯罪被害人学"到"被害人学"》,载《被害人学研究》2005 年第 15 号,第 49 页以下。

大的、犯罪人是如何实施犯罪的、如何使犯罪人改过自新。而被害人学关注的重点是,被害人是由于什么原因、如何卷入案件的,被害人因不同类型案件其身心受到何种影响、他们是如何摆脱被害回归以前的生活的,行政机关和社会人士是如何对待被害人的。

从 20 世纪末开始,被害人学确立了与犯罪学不同的固有领域和研究方法。如果分析一下从 20 世纪 70 年代到 80 年代以被害人为题材的著作或论文,就可以发现当时新领域的研究还没有那么活跃。①

在被害人学发展的前期阶段,被害人研究大多是由犯罪学者完
59 成的,被害的分类也是依据犯罪学的分类。也就是说,局限于"杀人的被害人""强奸的被害人"这些题目。当时研究的课题集中在性被害、杀伤被害方面,这一点与犯罪学的研究情况很相似。当时被害人学与犯罪学还处于未分化的状态,在被确认构成杀人罪和被确认为犯罪人之后,才能间接地确定被害人,当时的被害人学并没有自己独立的观点。

被害人学的研究是从被害人的角度看待加害人和犯罪者,研究的课题主要是被剥夺生命的被害人、被剥夺性自由的被害人、被摒弃的被害人等。

到了 20 世纪末,被害人学的新课题不断出现。骚扰(harassment)、跟踪纠缠(stalking)、家庭暴力(domestic violence)、虐待儿童(child abuse)、虐待老人(elderly abuse)等,这些身边人际关系中反复发生的行为,会被视为犯罪。在这些反复型犯罪(repetitious crime)中,每一个行为并没有造成重大的伤害,但反复地实施就会被认为是造成重大的被害,也构成犯罪。

---

① [日]诸泽英道:《欧美被害人学的动向》,载《法律广场》1986 年第 39 卷第 3 号,第 34 页以下。[日]诸泽英道:《新版被害人学入门》,成文堂 2001 年版,第 37 页以下。

二、所谓“无被害人的犯罪”的概念

在20世纪70年代的新犯罪学研究中，提出了“无被害人的犯罪”(victimless crime, crimes without victims)的概念。“无被害人的犯罪”是作为所谓的“非犯罪化”(de－criminalization)主张的一部分被提出的，当时有人主张将这部分“犯罪”从法律规定的犯罪目录中删除掉，使这类行为合法化。这种观点是20世纪70年代美国新犯罪学(New Criminology)提出的思想，其主要社会背景是犯罪急剧增加和刑事司法制度开始崩溃。

但是，如果说这种观点是基于“刑事法与其说是维护国家和社会的利益，不如说更应优先保护个人的利益”①这一主张的话，那么这
种观点的转变就是为了重新构建刑事法律体系，但事实并非如此。 60
相反，强调刑事法“谦抑主义”的人们则主张应当尽量减少法律上规定的犯罪。

刑事法的谦抑主义，现在得到广泛的支持。谦抑主义的基本思想是：“刑罚是剥夺人的自由、财产乃至生命的制裁，应当尽可能地抑制。刑事法即使是为了保护个人生活利益，也不能因此而立即发动刑罚权。”

这种观点与普通人的一般感觉有很大差距。当然，刑法适用的前提是在责任范围内，而且在任何情况下都不能出现误判。但传统的观念认为，“刑罚是发动国家刑罚权，应该极力避免”这一思想，与国家刑罚权是为了国民利益这一理念产生了对立。

的确，在社会有权有势者滥用权力的时代，我们应当尽可能限制国家刑罚权，监督刑罚的执行。但是，随着民主主义的发展，还不能单纯地把国家理解为是权力者与市民的对立结构。与此相反，值得

---

①　刑事法应该保护的利益，包括国家的法益、社会的法益、个人的法益。其中，侵害个人法益的犯罪中有被害人的存在，但前两者中一般都是没有被害人的犯罪。

思考的问题是,为了抑制犯罪、建立有利于被害人生存的社会,国家到底应该发挥什么样的作用,应该建立什么样的体系。刑事法的谦抑主义是民主主义尚不成熟时代的历史产物,我们不能忘记“只有对犯罪进行严正的审判,才能维持法治国家的秩序”。刑罚绝不是“必要的恶”,侵害他人权利的人必须通过努力恢复他人被侵害的利益,并接受与其责任相符的制裁,来实现社会的正义(justice)。

有人指出,在法律上被认为是犯罪但并没有被害人,这种情况是道德通过法律途径使之实现正当化。舒尔(Schur, Edwin M.)指出:“犯罪的概念和被害人的概念,本来含义是相同的。但是,有人为实现道德的正当化而利用法律的力量,把道德纳入法律的犯罪化之中,于是出现了无被害人犯罪的法律条文。”①

61 无被害人犯罪在欧美文献中经常列举的事例有,卖淫(prostitution)、同意堕胎(abortion)、滥用药物(drug abuse)、赌博(gambling)、同性恋(homosexuality)等。另外的例子虽然不多,但常见的有,受贿(bribery)、决斗(private fighting)、在公众面前酩酊大醉(public drunkenness)、流浪和乞讨(vagrancy)、自杀(suicide)、在公众面前裸体(public nudity)等。②

日本也有无被害人犯罪,如卖淫(《卖淫防止法》1956 年法律 118 号)、贿赂(《刑法》第 197 条、第 198 条等)、赌博(《刑法》第 185 条)、同意堕胎(《刑法》第 213 条)等。如果按照这样的标准,散发、贩卖淫秽文书(《刑法》第 174 条)、发行彩票(《刑法》第 187 条)③等、收购

---

① Schur, Edwin M. (1965). Crime Without Victims: Deviant Behavior and Public Policy: Abortion, Homosexuality and Drug Addiction, Prentice Hall, inc. Chapter 5. 另外参见[日]畠中宗一、畠中郁子译:《无被害人犯罪——堕胎、同性恋、毒品的社会学》,新泉社 1981 年版,第 221 页以下。

② Fletcher, J. D. (2003). Victims of Victimless Crimes. In: Sgarzi, J. & McDevitt, J. (ed.). *Victimology; A Study of Crime Victims and their Roles*, Prentice Hall, New Jersey, p. 310.

③ 《刑法》第 187 条的发售彩票罪,对发售者、转手者、授受者都给予处罚。

赃物(《刑法》第 256 条)、与未满 13 岁儿童协议的性行为(《刑法》第 176 条后段、《刑法》第 177 条后段)、[1]通奸(《刑法》第 183 条,于 1947 年删除)、近亲通奸、[2]同性恋、[3]滥用药物(drug abuse)[4]等,也是“无被害人的犯罪”。

但是,这种观点是站在犯罪学或者刑事法学的角度提出的,如果 62
从被害人学的视点看,这些观点存在许多疑问。

舒尔认为,世界上有很多女性是在违背自己意愿的情况下怀孕的,若将堕胎视为犯罪,无异于把道德强加给国民。[5] 认为堕胎所失去的利益就是堕胎的女性,这是有说服力的。至少在怀孕女性的意识中,医生实施堕胎手术的行为是没有违法性的。但是,如果认为与其说堕胎(接受堕胎手术的)的母亲是被害人,不如说失去生命的胎儿才是被害人,那么得出的结论就完全不同了。还有人主张,父亲也

---

① 根据《刑法》第 177 条的强奸罪和《刑法》第 176 条的强制猥亵罪的规定,以未满 13 岁女子为对象,即使不使用暴力或威胁(即使该女子同意或者该女子主动邀请)也构成犯罪。除此之外,各都道府县制定的所谓《青少年成长保护条例》也规定了处罚条款,对未满 18 岁女子实施淫乱行为(不限于强奸、强制猥亵的广义概念)给予刑罚处罚。另外,国家层面的法律有,1999 年 5 月 26 日制定的《嫖宿儿童及儿童色情禁止法》(法律 52 号),同年 11 月 1 日开始施行(该法的全称《关于处罚嫖宿儿童及儿童色情等行为和保护儿童的法律》)。

② 长久以来,日本近亲之间发生的性行为(性交)被称为“近亲通奸”,并被规定为犯罪行为。因为人们普遍认为,即使彼此自愿,也是违背道德的反社会行为。但是,近年来,特别是性行为的另一方是未成年人(特别是女儿和父亲、儿子和母亲),很多例子是未成年人不理解性行为的意义而同意对方实施;有些案件是因处于弱者地位的人没有拒绝而反复实施,因此“近亲通奸”一词就是为了避免使用互有所求的“相奸”的表述。

③ 在日本,同性恋不被视为犯罪。另外,随着人们对性同一性障碍的认知不断改变,现在已不认为同性恋是反社会行为。

④ 除了《刑法》第 136 条至第 141 条的关于鸦片的犯罪,还有《兴奋剂取缔法》(1951 年法律 252 号)、《麻药及精神性药物管制法》(1953 年法律 14 号)、《毒物及剧毒物取缔法》(1950 年法律 303 号)、《国际社会合作下为防止助长管制药物的不法行为等麻药及精神性药物取缔法的特例法》(1991 年法律 94 号)等。

⑤ Schur, Edwin M. (1965). op. cit. Chapter 2.

是被害人。日本《刑法》第212—216条规定了堕胎罪,[1]根据《母体保护法》[2]规定经医生认定的人工流产已经合法化。因此,一般认为合法的堕胎手术是人工流产;非法的堕胎手术才称为堕胎。

关于卖淫、赌博、贿赂,在多数情况下所有当事人对被害发生都是同意的,这是这类行为的前提。但相关人士认为,即便我们都是同意的,这种行为也是无视现实的行为。在日本,虽说卖淫受强制和剥削的情况已经很少了,但并没有被根除。放眼世界,仍然有很多卖淫行为是被强制的、被剥削的。[3] 特别是后面谈到的贩卖人口(human trafficking, trafficking in human)与剥削性卖淫有着密切的关系,被害人也被称为性奴隶(sexual slave)。[4] 值得研究的问题是,涉世不深的
63 未成年人有时会被卷入这样的社会圈其理由只是"当事人都是同意的"。

另外,对于卖淫、赌博、受贿等问题,暂且不谈法学和犯罪学,如果被害人学仅仅研究有直接关系的当事人,那无异于对问题视而不见。在实施这些非法行为的人的周边,存在各种各样的被害人。至于行贿受贿,这是对全体纳税人的背信弃义行为,而被害人是被不正之风牵扯的市民。在卖淫、赌博、吸毒的阴影下,很多家庭陷入了困境。

---

① 堕胎罪(《刑法》第212条)1年以下惩役;同意堕胎(《刑法》第213条前段)2年以下惩役;同意堕胎致死(《刑法》第213条后段)3个月以上5年以下惩役;不同意堕胎(《刑法》第215条)6个月以上7年以下惩役;不同意堕胎致死(《刑法》第216条)是与伤害罪比较适用较重的刑罚(伤害致死是3年以上20年以下惩役)。

② 《母体保护法》原是1948年制定的《优生保护法》(1948年7月13日法律156号),经1996年修改,该法律的名称改为《母体保护法》,同时根据优生学的思想删除了强制节育等条文,"优生手术"的用语也改为"不孕不育手术"。

③ 联合国非政府组织的 Frida Spiwak 以南美哥伦比亚为中心就地取材制作的纪录片 DVD《被迫卖淫》(Prostituda),是一部描写剥削型卖淫的悲剧作品。从该 DVD 中可以看出,暴力、监禁、贩卖人口、卖淫、剥削等联系在一起。

④ 有关旧日本军的从军慰安妇问题,在世界上被广泛报道,其被定性为"性奴隶"(sexual slave)。

萨瑟兰(Sutherland, Edwin H.)早在1924年出版的《犯罪学》中就已经指出了。[①] 萨瑟兰认为,不仅与犯罪有直接关系的当事人是被害人,受到案件影响的周围的人也应当被认为是被害人。萨瑟兰指出,鲁莽驾驶汽车的受伤者、因赌博或饮酒而使家庭陷入崩溃的人的家庭成员、受到社会谴责的不光彩的卖淫者的家属、违法被雇佣而从事劳动的儿童等,他们是为了他人利益而被卷入的被害人。

在犯罪学中,卖淫、赌博、滥用药物等被认定为"无被害人的犯罪",其背景是因为犯罪学中的犯罪定义是以法律定义为标准的。

但是,如果灵活地思考,将犯罪理解为社会现象,那么在每一个犯罪的背后,都能看到被犯罪人逼入困境的现实的被害人。虽然很难将这些被害人定型化,但在被害人学中,他们也是重要的"被害人",成为被害人学研究的对象。

如果这样考虑,"无被害人的犯罪"的概念就应当有所改变。被害人学中的"无被害人的犯罪"包括一系列犯罪,如非法持有枪炮刀剑、非法持有爆炸物、非法使用毒品(进口、制造、持有)、不携带驾驶
执照、伪造货币(行使伪造货币除外)、伪造有价证券(行使的除外)、 64
伪造印章(行使除外)、污染企业违反申报义务、未经厚生大臣许可开设优生保护咨询所、分期付款销售企业不记账簿等,这些都是形式犯或者不存在具体被害人的犯罪。[②] 这些都是由行政管理类法律规定的犯罪和违法行为,其目的是维持法律秩序,确保法律执行,使行政管理能够顺利运行。如果说有被害人或者潜在被害人,那就是行政负责人、社会秩序以及人们的"不安"情绪。

有些被害人学学者认为,社会秩序、风土、风俗、文化等也有可能成为被害人。例如,汉斯·约阿希姆·施耐德(Hans Joachim Schnei-

---

① Sutherland, Edwin H. (1924). Criminology. Lippincott Sociological Series, Edited by Edward Cary Hayes. Philadelphia and London, J. B. Lippincott Company, p. 62.

② [日]诸泽英道:《非犯罪化和非刑罚化》,载[日]宫泽浩一等编:《新犯罪学》,青林丛书1978年版,第33页以下。

der)认为,被害人除了是自然人,还包括组织、道德、法律秩序等,在这个前提下,他们可以成为下列违法行为或人物的抽象被害人,如在公共场所醉酒、裸露癖、鲁莽驾驶、携带赃物、不携带驾驶证、超速驾驶、堕胎、同性恋、使用兴奋剂等。[1]

正如施耐德主张的一样,把被害人扩大到社会秩序、风俗、文化固然存在问题,但另外,在公共场所醉酒、裸露、堕胎等问题上,也有很多具体的被害人。鲁莽驾驶、使用兴奋剂、同性恋可能也有被害人的存在。被害的定义,不仅包括生命、身体、财产等具体被害,也包含人的尊严、人的感情等抽象的被害,由此可以看出在法律规定的被害人之外还有被害人的存在。

如上所述,无被害人犯罪概念,考虑的出发点是非犯罪化,其视角是限定地理解被害或者被害人。但是,另外,也有学者从广泛意义上把握被害。例如,纳格尔(Nagel,W. H.)在1974年发表的论文《结构性被害》中主张:“被害人不仅指个人,国家和社会也是被害人。”[2]这种主张与新犯罪学同时出现并非偶然。

65 20世纪70年代是被害人学和新犯罪学互相影响的时期。但是,如果冷静地分析这些动向就会发现,“被害人”的视角已成为犯罪论和刑罚论的好题材。

三、被害人学的新研究领域

有许多加害人不被认定为犯罪人,这似乎是“法律制度不健全”的例子。从一般市民的感情出发,如果侵犯他人的权利,当然应当受到相应的制裁。但立法论、政策论的专家一直强调,“刑事惩罚应当尽量谦抑”,而不主张“从被害人对策出发,尽量使用刑罚和行政处

---

① Schneider Hans. J. (1975). *Viktimologie – Wissenschaft vom Verbrechensopfer*, J. C. B. Mohr UTB(Paul Siebeck)S. 11.

② Naget W. H. (1974). Structural Victimization. In: *International Journal of Criminology and Penology*, 2. p. 103.

罚”。结果显示，在日本，很多案件即使有被害人的存在，也不把加害人作为犯罪人进行处罚。

当然，对造成损失的加害人进行法律制裁并不是唯一的解决问题的方法。通过行政介入让加害人停止加害行为也很重要，根据行政命令或法院命令，要求加害人放弃加害等方法也具有意义。如骚扰、跟踪纠缠、欺凌、虐待、家庭暴力(DV)一样，即使一个个单独的行为并没有对权利造成重大侵害，但如果反复实施，在整体上就应当被视为严重的反复型犯罪，需要有效地使用行政介入手段，抑制其向严重侵害权利的方向发展。

随着被害人学的发展，刑事司法的方法也被修正并推向世界。事实上，联合国预防犯罪会议从1955年成立以来专门讨论了犯罪对策，2005年迎来了成立50周年纪念日，并在当年的曼谷会议上把名称改为“联合国预防犯罪和刑事司法大会”(The United Nations Congress on Crime Prevention and Criminal Justice)。[①] 半个世纪以来人们一直认为，处遇和改造犯罪人，消灭犯罪这一预防犯罪的基本方针发生了改变，这意味着人们认识到了刑事司法制度改革的重要性。

在法律上什么是犯罪，因国家的法律体系不同而有所差异，不过 66
最近的1/4世纪里，发达国家把完善法律的重点放在安全(security)[②]和安心(safety, relief, peace)方面。不仅把对生命、身体等造成明确侵害的行为视为犯罪，而且对威胁人们平静生活的各种行为也进行了规制。这与进入20世纪后出现的“建立尽可能少规制社会”的“谦抑主义”理念是背道而驰的。

---

① 联合国预防犯罪和刑事司法大会(The United Nations Congress on Crime Prevention and Criminal Justice)：http://www.un.org/en/conf/crimecongress。

② 2009年在日本水户召开了第十三届国际被害人学研讨会，会议主题是“被害人学与人类安全”(Victimology and Human Security: New Horizons)。另外请参见：Morosawa H., Dussich, J., P. & Kirchhoff, G. F. (2012). (eds.) Victimology and Human Security: New Horizons, Wolf Legal Publishers, The Netherlands。

有关犯罪和被害的国际性会议，特别是在联合国预防犯罪会议的讨论中，对骚扰（harassment）、损害名誉（defamation of character）、侵犯隐私（invasion of privacy）、滥用权力（abuse of power）、贩卖人口（human trafficking，trafficking in human）、剥削（exploitation）、卖淫（prostitution）、暴力（violence）、有组织犯罪（organized crime）、网络犯罪（cyber crime）、刑讯逼供（torture）[1]等问题，研究了采取对策的重要性，特别是对儿童、女性、残疾人等弱势群体（minority）保护对策的必要性。

在这种动向之下，人们不仅关注新型被害（因此也关注新型犯罪），而且还关注传统犯罪中的新型被害。贝斯特（Joel Best）使用了“新型被害人”（new victims）这个词，进一步扩大了被害人的范围，给人们留下了深刻印象。[2] 被害人的支持者，一般来说不谈及新类型的被害人，而是关注被害的特定范围和类型。许多的分类包括婚内强奸（marital rape）、熟人强奸（acquaintance rape）、约会强奸（date rape）、虐待老人（elder abuse）、兄弟姐妹间虐待（sibling abuse）、同事
67 之间虐待（peer abuse）、在职场的虐待（work abuse）、情绪性虐待（emotional abuse）、电话虐待（telephone abuse）、语言虐待（verbal abuse）、神职人员虐待（clergy abuse）、恶魔崇拜仪式虐待（satanic ritual abuse）、性虐待（sexual abuse）、性骚扰（sexual harassment）、仇恨型犯罪（hate crimes）、连环杀人（serial murder）、高速公路暴力（freeway violence）、欺凌（bullying）、跟踪（stalking）、饮酒驾驶（drunk driving）等，都属于加害人直接剥削型的被害。

另外，其他形式的被害有性依赖症（sexual addiction）、爱情依赖症（love addiction）、食物依赖症（food addiction）、节食障碍（eating

---

① An Amnesty International report(1984). *Torture in the Eighties*. Amnesty International Publications, UN.

② Best, Joel(1999). *Random Violence: How We Talk about New Crimes and New Victims*. University of California Press, p. 95.

disorders)、创伤后应激障碍(post – traumatic stress disorder = PTSD)、多重人格障碍(multiple – personality disorder = MPD)、虚假记忆综合征、①信用卡依赖症(credit – card dependency)、共生依赖症(codependency)②等与精神有关的被害。

日本也逐渐认识到“被害人视角”的重要性，开始完善保护被害人的法律。按照新型被害人问题完善的法律如下所示：

1. 隐私侵害(privacy, personal information)⇒《关于保护行政机关保有的个人信息的法律》(2003 年 5 月 30 日法律 57 号)；

2. 骚扰(harassment)⇒未完善；

3. 跟踪纠缠(stalking)⇒《关于规制跟踪尾随纠缠行为的法律》(2000 年 5 月 24 日法律 81 号)；

4. 欺凌(bullying)⇒《防止欺凌对策推进法》(2013 年 6 月 28 日法律 71 号)；

5. 家庭暴力(domestic violence, family violence)⇒《关于防止配偶暴力和保护被害人的法律》(2001 年 10 月 13 日法律 31 号)；

6. 婚内强奸(marital rape)；

7. 约会暴力(dating violence)；

8. 儿童虐待(child abuse)⇒《关于防止儿童虐待等的法律》 68
(2000 年 5 月 24 日法律 82 号)；

9. 儿童性侵害(sexual victimization of children)⇒《关于处罚嫖宿儿童及儿童色情等行为和保护儿童的法律》(1999 年 5 月 26 日法律 52 号)，《关于规制利用互联网介绍异性业务而引诱儿童行为的法律》(2003 年 6 月 13 日法律 83 号)；

10. 虐待老人(elder abuse, elderly abuse)⇒《关于防止虐待老人

---

①　虚假记忆综合征是指，在幼儿时期受到虐待这类无意识地产生不存在的记忆的症候群。

②　共生依赖症是指，只有依赖他人才能感到生存的意义、无法建立平等人际关系的症状。

和支援老人养护者的法律》(2005 年);

11. 网络被害(cyber victimization,cyber crime)⇒《关于禁止不正当访问行为等的法律》(1999 年法律 128 号);

12. 消费者被害(consumer's victimization)、非法营销(dishonest sales)⇒《消费者基本法》(1968 年法律 78 号)、《消费者合同法》(2000 年法律 61 号)等二十多部法律;①

13. 滥用权力(abuse of power);

14. 人身交易(human trafficking, trafficking in human)⇒《刑法》第 226 条之 2(人身买卖罪)(2005 年《刑法》修正);

15. 剥削(exploitation)、剥削性交易(prostituted person, prostitution)⇒《卖淫防止法》(1956 年法律 118 号);②

16. 医疗过失(medical mistake)、药物被害(chemical damage);

17. 流浪者(homeless);

18. 隔离麻风病人(victims of Hansens Disease control);

19. 自杀(suicide)⇒《自杀对策基本法》(2006 年 6 月 21 日法律 85 号);

20. 刑讯逼供(torture)、私刑(lynch)。

随着社会的发展,也出现了新的被害问题,高度信息化带来的电脑社会存在潜在的被害。随着媒体的发展新出现的被害问题包括人

---

① 此外,防止消费者被害的法律有:《消费者安全法》(2009 年法律 50 号)、《制造物责任法》(1994 年法律 85 号)、《金融借贷业法》(1983 年法律 25 号)、《限制利息法》(1954 年法律 100 号)、《分期付款销售法》(1961 年法律 159 号)、《金融商品交易法》(1948 年法律 25 号)、《关于防止无限连锁传销的法律》(1978 年法律 101 号)、《关于特定商业交易的法律》(1976 年法律 57 号)、《关于利用存款账户等涉及犯罪的资金支付被害恢复分配金的法律》(2007 年法律 133 号)等。

② 涉及问题比较多的是《卖淫防止法》,从该法施行 33 年后的 1989 年开始经过了多次修改:1993 年、1995 年、1999 年、2001 年、2002 年、2005 年、2007 年,该法律为了符合实际情况而发生了很大变化。有关规制剥削型性侵害的条文有:第 7 条(因被欺骗而导致卖淫)、第 10 条(让女子签订卖淫契约)、第 11 条(提供卖淫场所)、第 12 条(让他人以卖淫为业)。

格权受到威胁(隐私权、名誉权等)、不尊重他人尊严的干扰行为(骚 69
扰、跟踪尾随等)、环境破坏带来的生存权利的侵害、不同文化之间的纠纷、老年人被害、迅速而复杂的经济交易带来的消费者被害等。

一方面,权利意识的高涨使被害的概念发生了变化。如果是以前,说一句“没关系”就可以握手言和,但在现代社会却可能发生纠纷(被害)。从这个意义上说,被害人学的研究成果为我们提供了一种有用的素材,可以通过这些素材去判断——是应该按“被害”处理还是应该忍受。

另一方面,即使是同样的被害,其内容和性质也有变化。绑架的被害人几乎都是年幼的孩子,但最近出现了针对银行职员、企业高管、政府要人等进行绑架的倾向。[①] 在诈骗、盗窃等财产犯中,“传统型”的犯人先把目标锁定在可怜被害人身上,然后花费时间和精力去实行,但随时随地作案的“现代型”犯罪[②]越来越多。在现代型的犯罪中,不断地向多人打招呼进行劝说,偶尔中招的人就成了被害人,但人均损失金额很少。

日常生活中经常发生的被害还有噪声(noise)、污染(pollution)、异臭(foul smell, nasty smell)、放养宠物(left pets free)、恶作剧电话、骚扰电话(wiretapping, prank call)、香烟污染(smoke damage, air pollution)等,这些也是被害人学研究的课题。

---

① 如1984年3月18日发生的“固力果·森永案件”。当时江崎固力果的江崎濑胜久总经理正在兵库县西宫市自己家中洗澡时被绑架,第二天在高槻市被指定的公用电话亭中发现了恐吓信,要求支付10亿日元现金和100公斤金条。但是,江崎社长在3天后逃出了大阪府的防汛仓库。此后的4月10日,固力果的总公司被纵火;9月12日森永制果公司收到恐吓信要求支付1亿日元;10月7日到9日大量氰化钠被投入森永公司的产品中。之后,11月7日和12月7日家庭食品和不二家也分别收到恐吓信。但1985年8月12日,在发出第28封挑战书后宣布结束。后来这个案件因时效而终止了。

② 现代型的非法营销和诈骗案件有,流窜推销、电话约定登门销售、问卷销售、邮寄广告销售(DM)、研讨会式销售、代收货款送货销售、传销、老鼠繁殖传销、牛郎俱乐部诈骗等。

在日本，到了 20 世纪 90 年代末，对人的尊严的认识大大提高了，法律也得到进一步完善，制定了《关于公开行政机关保有的信息的法律》(1999 年法律 42 号)、《关于禁止不正当访问行为等的法律》
70 (1999 年法律 128 号)、《关于推进人权教育和人权启发的法律》(2002 年法律 147 号)、《关于保护行政机关保有的个人信息的法律》(2003 年法律 57 号)、《关于保护行政机关保有的个人信息的法律》(2003 年法律 58 号)、《信息公开及个人信息保护审查委员会设置法》(2003 年法律 60 号)、《关于裁判员参加刑事审判的法律》(2004 年法律 63 号)、《综合法律援助法》(2004 年法律 74 号)、《犯罪被害人基本法》(2004 年法律 161 号)等。

汽车暴走族(飞车党)行为带来的危险和噪声，现在已经成为都市生活的严重问题。《噪音防止条例》和《道路交通法》上的禁止共同危险行为(《道路交通法》第 68 条)等规制是不够的。

1984 年 5 月 24 日，一名非全日制高中生无视“禁止进入”的告示牌在东京都葛饰区水元公园的人行道上跑步，结果被公园内吊挂的绳索绊倒，当场死亡。很多人都知道在公园拉绳子是危险的行为，可以适用杀人罪(未必的故意)。

该案件引起了人们的极大关注，媒体也大肆报道。① 但是，随着调查和媒体采访的不断深入，各种事实浮出水面。当地人们要求在公园管理区域，对暴走族采取手段防止他们进入公园，同时请求警察加强管制。包括居民在内的一般人都不希望抓捕犯人。

1985 年 7 月，一名 16 岁少年驾驶摩托车在和歌山市的国道上行驶，当地沿道路居民因讨厌暴走族的噪声向道路扔来一些方木，结果该少年驾车撞到方木，翻车身亡。② 如果对饱受噪声困扰的居民的情绪和死亡少年的生命进行一下比较，可以说这是一个非常棘手的问

---

① 1984 年 5 月 26 日《每日新闻》首都圈版。

② 1985 年 7 月 15 日共同通信。

题。日本社会长期以来对噪声漠不关心，直到1980年才开始有人指出噪声问题。①

放养宠物（特别是狗）的问题，对于幼儿、老年人、病人来说也是很严重的问题。带着狗去散步的人，一到公园就像事先约定好了一 71
样，马上就把狗的锁链解开。公园是人们可以安全放心休息的场所，多数情况下都有婴幼儿，绝对不能解开狗的锁链，但在现实中，直到现在还有很多粗心的饲主。很多公园都挂着“禁止放养狗”或“谢绝携带动物入内”等招牌，但没有效果。因此有必要督促饲养者提高觉悟，明确认识到自己的社会责任。

行人在道路交通上的被害也越来越严重。关于道路交通，可以说日本是比较成功的国家，但是还有一个问题，就是行人的问题。特别是，自行车在人行道上行驶，其结果殃及行人。为了保护自行车不受汽车的伤害，却将行人逼入危险状态，这种管理的行政责任也不能忽视。有必要尽快重新考虑自行车可通行的地带。将汽车、自行车、行人三者分开，这才是行政机关应采取的措施。

四、贩卖人口的被害人

古老而又新的犯罪之一是贩卖人口（human trafficking，trafficking in human）。② 典型的贩卖人口是在经济、文化发展落后的国家，收买妇女和儿童卖给发达的国家，其目的是多种多样的，如为了性产业、单纯劳动、提供器官等。另外，贩卖人口还涉及剥削（exploitation）、暴力（violence）、有组织犯罪（organized crime）等问题。

联合国毒品及犯罪事务办公室（United Nations Office on Drug

---

① 1988年1月23日《朝日新闻》制作了一部特殊节目：“想办法没有？扩音器公害：通勤电车。”被害人的呼声接连不断，读者对此却产生了巨大反响。

② 关于人口贩卖的定义及世界的现状，参见ISPAC策划编辑的：Savona，Ernesto，U. & Stefanizzi，Sonia（2007）.（eds.）*Measuring Human Trafficking：Complexities and Pitfalls*. Springer。

and Crime, UNODC) 2014 年 11 月 24 日发表的调查报告显示, 2010—2012 年因贩卖人口而被定罪的贩卖者(traffickers)中,有 28% 是女性。[①] 她们中有很多人为了得到女性被害人的信赖而充当看守人、招募人、收钱人等角色。另外,据联合国毒品及犯罪事务办公室介绍,有很多被查获的案件是由参与贩卖人口人的丈夫、父亲、兄弟
72 等人提供的帮助。[②]

在东欧和中亚国家,2010—2012 年因贩卖人口而被定罪的人,女性多于男性。在北美和南美国家,走私贩卖人口者近 40% 是女性。南亚、东亚、非洲、中东约 30% 是女性,西欧和中部欧洲超过 20% 。

此外,重大犯罪被判有罪者的 10%—15% 是女性。UNODC 所长康加斯丰塔(Kristiina Kangaspunta,2014 年 11 月在任)称:"涉及贩卖人口的女性数量之多令人震惊。他们可能是被走私团伙(trafficking rings)强行招募的。"[③]被救出的被害人有 33% 是儿童,他们中的 2/3 由被拐卖的女性陪同。

另据 2014 年 11 月上旬公布的《2014 年世界奴隶目录》(the 2014 Global Slavery Index)透露,世界上大约有 3600 万人是某种形式的奴隶。其中包括以性剥削(sexual exploitation)或强制劳动(forced labour)目的被贩卖的人员。

五、事故的被害人

所谓事故(accident)是指,既不是因犯罪(crime),也不是因灾害(disaster),而是因人的过失(negligence)或无过失(liability without fault)引起的事件。也就是说,在是否由人实施这一点,事故与灾害

---

① 根据 2014 年 11 月 24 日发自伦敦的路透社(Reuters)电。

② 据 UNODC 2014 年的报告,白俄罗斯(Belarus)一家夜总会女老板因向其他欧洲国家贩卖了 6 名妇女而被定罪,她和丈夫一起被判处 5 年有期徒刑。

③ 2014 年 11 月 26 日 THE JAPAN TIME 第 5 版"Females play prominent role in human trafficking: U. N. report"。

是不同的；在没有故意这一点上，事故与通常的犯罪不同。日本的刑法原则上处罚故意犯，但因过失致人死伤的，也受刑罚的制裁。

在日本，交通犯罪/案件（traffic crime，traffic incident）多数被称为交通事故（traffic accident）。交通关系中，如果致人死伤或财物损坏，当然构成犯罪并给予刑罚的处罚，不过用“事故”来表述，就会让人有不可避免的感觉。

铁路、飞机等事故的被害人与故意或过失犯罪的被害人应当区 73
别对待。引起事故的加害人一般不承担刑事责任，所以这经常引发一些争议，认为应当追究国家、地方公共团体、公司等组织负责人的责任。特别是在该组织以前就发生过同类事故的情况下，人们自然会觉得这类事故是事先能够预见到的。

除飞机、舰船、铁路、道路交通等外，煤矿、工厂、庆典集会、推介活动等场合也会发生事故。

2001 年 7 月 21 日在明石焰火大会过街天桥发生的踩踏事件，其规制的方式存在问题，备受社会质疑。焰火大会时，明石市和兵库县警察本部（明石警察署）、保安公司之间就事前警备计划没有进行充分的沟通，所以在警备问题上被追究责任。① 作为刑事责任，在制订当天的计划和警备这两个方面都存在问题，兵库县警察局、明石警察署、明石市政府、西看公司负责人等共 12 人因业务上过失致死伤犯罪被移送检察院，当天担任警备任务的 5 人被神户地方检察院起诉。② 明石警察署的署长和副署长被移送检察院后，作出不起诉决定，但被害人等人向神户检察审查会提出了两次不服申请，署长于

---

① 明石步道桥焰火大会事件的 9 名死者遗属，他们以明石市政府、兵库县警察、西看（nishiken）公司为对象提起了损害赔偿诉讼，神户地方法院命令三被告赔偿 56，800 万日元。原告和被告均未上诉，最终判决确定下来。

② 神户地方法院于 2004 年 12 月 17 日对 1 名警察和 1 名西看公司职员判处 2 年 6 个月的实刑，对 3 名市政府职员判处 2 年 6 个月惩役缓刑 5 年。全体被告人提出了上诉，但明石市副市长在 2005 年 2 月撤回了上诉。2007 年 4 月 6 日，大阪高等法院支持一审判决，驳回四被告的上诉，维持原判。

2007年7月死亡。

该案件发生后,根据2009年5月21日施行的《检察审查会法》,被害人重新提出了审查申请。[①] 检察审查会对副署长作出起诉决议,被强制起诉,但2016年7月14日最高法院驳回了上诉,确定副署长无罪。

74 六、灾害的被害人

日本是地震、台风等灾害频发的国家,因灾害造成的损失也绝不是小问题。1995年1月17日发生的阪神淡路大地震和2011年3月11日发生的东日本大地震是发生的最大灾害,造成了重大人员伤亡。另外,1996年2月10日发生的北海道古平町丰滨隧道坍塌事故,造成20人死亡。[②]

无论是犯罪、事故还是灾害的原因,被害带来的影响有很多共同点,尤其是精神上的影响,如精神压力障碍等的表现方式非常相似。但是,对于造成被害的原因,被害人及其遗属的心情有时显得有些无奈,在无奈这一心理上,灾害重于事故,事故重于犯罪。

一般来说,所谓的灾害都是由自然界力量造成的,往往难以避免,正因如此,被害人才会苦于没有发泄不满的出处。在灾害中,有时会说"这不是人祸吗?"——将灾害的原因指向行政机关等,但在这种情况下,指责行政机关的语气会变得非常沉重。北海道古平町丰滨隧道坍塌事故留下很多经验教训,行政机关在灾害发生后的应对办法受到严厉的指责。例如,解救的方法和手段、对被害人家属(包括说明、解释)的接待方式、媒体采访的方法,被害人和死者家属对这些问题的反应,在灾害发生后会持续一段时间,有时会越来越严重。

---

① 业务过失致死伤罪的公诉时效于2006年7月21日结束,根据《刑事诉讼法》第254条规定,共犯者的审判过程中公诉停止。

② 2001年4月,札幌地方法院判决要求国家向原告7名遗属支付共计约45,000万日元。到4月9日为止,原告和被告都决定不上诉,判决生效。

阪神淡路大地震发生在冬季1月，很多人被感冒和神经性疾病所困扰。失去家人的心灵创伤、生活在没有隐私的避难所、对今后生活的不安感等叠加在一起，导致很多人失眠，焦躁情绪越来越严重。阪神淡路大地震中，很多志愿者进入灾害现场，积极参加对当地灾民的援助活动，他们大部分都是参加急救活动和支援财物。其中最引人注目的是美国NOVA（美国被害人援助机构）高级反应小组的活 75
动。最值得关注的是，以这项活动为契机，建立了灾害心理支援网络（Japanese Organization for Crisis Response，理事长是诸泽英道）和精神健康支援团体（Mental Health Sopport Team，代表人：安德鲁·拉斯卡姆），并以此开展活动。

阪神淡路大地震以前，日本的精神医学和临床心理学的专家在被害人精神压力护理的知识和临床方面几乎没有经验。现在使用的"PTSD"（创伤后心理障碍）一词，媒体也经常提到，一般市民也耳熟能详，但在当时，就连专家也不了解，更谈不上满怀自信地治疗了。以外语为媒介从外国专家那里学到了应激障碍，从这个意义上讲，我们从NOVA的高级反应小组学到了很多东西。

如果出现创伤后应激障碍再次受到同样的伤害，应激障碍反应的不安程度也会越来越大。众所周知，强奸、抢劫等犯罪的被害人中，很多人都会担心加害人会不会马上回来。在平时生活中，面对别人的不幸和困难时，许多人会认为与他人相比"自己更不幸"，但在被害人的情况下，与他人的被害进行比较的人很少。被害人受到的"心灵创伤"是绝对的，和别人比较是相对的。

七、自杀的被害人

日本被称为"自杀的天堂"。2013年因普通刑法犯罪[①]造成的死

① 日本的犯罪统计中，普通刑法犯罪是指，全部刑法规定的犯罪，但不包括驾驶汽车过失致死伤等犯罪。

伤者，死亡人数为 819 人，重伤人数为 3021 人，[①]同年交通犯罪造成
76 的死亡人数为 4373 人，[②]而自杀的死亡人数则维持在 3 万人左右。[③]在这个意义上，自杀是被害人学的重要研究课题。

也有人认为，在这个世界上，自杀的人是随随便便死去的人。但是，实施自杀的人一定会基于某种理由和因素。有很多情况是周围的人、社会体制把这些人推向自杀的境地。

自杀、他杀、殉情这些是非常接近的概念，殉情通常是他杀和自杀的组合。两个人并不一定分别自杀或者被杀害。很多情况是一方杀害另一方，随后自杀。日本自古以来就有强迫自杀（无理心中）一词，特别是养育儿女已经精疲力尽的母亲，苦于不能获得丈夫和亲人的理解，在悲痛之下杀死孩子，然后母亲自杀气绝。

关于自杀，弗洛伊德心理学提出了独到的理论。弗洛伊德理论的继承者梅宁格（Menninger，K.）阐述道，自杀是“想死”“想杀”“想被杀”三种欲望交织在一起的结果。[④] 梅宁格认为，想要杀他人的人会无意识地感到自己应接受与杀死他人的欲望相对应的惩罚。这种压抑变成了罪恶感，又刺激“被杀的欲望”，最终出现了“想死的欲望”。这三个欲望，换句话说就是冲动。布朗贝格尔（Bromberg，W.）指出，“不想杀他人的人，也不会自杀”，这是精神分析学上的公理，从犯罪学的角度反过来（reverse）看也是正确的，即可以说“想杀别人的

---

① 2014 年版《犯罪白皮书》，第 195 页。

② 2014 年版《犯罪白皮书》，第 21 页。

③ 2015 年 6 月 22 日发表的《自杀白皮书》显示，2014 年自杀人数为 25，427 人，比上年减少了 1856 人。连续 5 年减少。但是，40 岁以下自杀者的减少率很低。男女比例为，男性 68%，女性 32%。自杀的第一位原因是经济原因（12，920 人），其次是家庭关系。40 岁以下的自杀者约占全体总数的 26%，即 6581 人。对 1972 年到 2013 年自杀的分析显示，最多的是老年男子，在深夜里自杀。另外，年轻人自杀集中在 4 月上旬和 9 月上旬，由此可见他们自杀的主要原因是对新生活的烦恼。信息来源于 2015 年 6 月 22 日共同通信社的日本时间栏目。

④ Menninger，K.（1938）. *Man against Himself*，Harcourt Brace & Comp.，New York，pp. 23 – 24，50.

人，就会自杀”。①

布朗贝格尔的观点对理解日本的跟踪狂杀人案件有参考价值。 77
如果将日本的跟踪狂杀人案件与其他国家进行比较的话，就会发现在日本有一个很大的关键词叫“自杀”。1998 年至 2014 年发生的 16 起跟踪狂杀人案件中，至少有 6 起案件跟踪狂在犯罪后自杀（包括未遂）。这就好像一个人带着另一个人一起自杀一样。另外，其动机与阿部定案件罪犯的心理是相通的。阿部定案件的犯罪人于 1936 年在东京荒川区的出租房杀害了情夫石田吉藏，被捕前一直随身携带着他的生殖器，她“不想让别人把他偷去而杀了他”。

亨利·朗德律（Hesire Landru，1869—1922）有一句名言，“妓女和失望的老处女、生活拮据的女勤杂工、无儿无女的寡妇，在水深火热的人生挣扎，她们的生活处境和生活状况与人道主义无缘”，②与世隔绝产生孤独，孤独萌生自杀意念。但至少在日本的自杀，各有各的背景。

上野正彦等人通过一系列的研究确认一个事实：告别这个世界的理由，比起孤独一人生活或没有家庭形式的原因，精神上的孤独感更为重要。③ 这项研究是从 1976 年到 1978 年，对东京都 23 区 994 例自杀事件进行分析，结果表明，每 10 万人的自杀率是，三代同居为 5.45 人，独立生活的 3.33 人，夫妻共同生活的只有 1.65 人，与 2 名

---

① Bromberg, W. (1961). The Mold of Murder: A Psychiatric Study of Homicide, Grune & Stratton, Inc., New York, p. 195.

② 据说卓别林 1947 年制作的《杀人狂时代》被认为是以 1920 年法国真实存在的杀人狂兰德鲁为原型的电影。卓别林在兰德鲁的故事中设计出了主人公“安·凡尔杜”，他把一个叫韦恩·赖特的英国杀人魔与其结合在一起。该片于 1947 年 4 月在纽约首映，但票房成绩并不理想。这部作品在美国得到正当的评价是在 20 世纪 70 年代以后。另外，作为纯粹以兰德鲁为主人公的电影，1962 年制作的法国电影《蓝胡子》（日本剧场未公开，视频名为《蓝胡子》），导演是高度评价《杀人狂时代》的克劳德·夏布罗尔。夏布罗尔曾说过：“虽然兰德鲁只是个怪人，但凡尔杜是哲学家。”

③ ［日］上野正彦等：《老年人自杀》，载《日大医学杂志》1981 年第 40 卷第 10 号，第 109 页以下。

孩子共同生活的有0.39人。这项研究结果表明,同居的人越多,自杀的概率就越高。

松本寿昭等人在新潟县松之山町进行的调查中也得到了同样的
78 结论。① 松之山町因老年人自杀率高而闻名,例如,1973—1984 年的 12 年间,65 岁以上老年人的自杀率为每 10 万人有 382.1 人,约是全国平均人数 47.8 人的 8 倍。根据对这里 135 名老年人自杀案例的分析,自杀者多为两代以上同居的家庭,独居者为零。对于这一结果,松本寿昭等人分析说:“其背景是人们认为只有工作的人才是人,身体不好会给家人带来麻烦,不如死了为好。”

对于人来说,“幸福”“满足”“寂寞”之类的心灵问题,多数人感觉与其和他人比较,不如思考自己应该怎么做。与儿孙在一起生活,周围都是看起来很幸福的人,如果现实不是这样,就会感到自己特别不幸。相反,独自生活的人有时会感到自己很幸福。

---

① [日]松本寿昭等:《农村老年人自杀及其家庭背景》,载日本社会病理学会编:《现代社会病理》,垣内出版社 1989 年版,第 104 - 139 页,特别是其中的第 128 - 134 页。

第四章

发现被害人和研究方法

Research Methods in Victimology

一、传统研究方法的确立

凡是学问都有自己的研究领域，为了形成独立的学科，必须确立固有的研究方法。从这个意义上说，被害人学学者（victimologist）有责任确立被害人学固有的研究方法。

为了研究被害及被害人，研究者需要什么样的素质、在什么样的环境中、有什么样的生活经历，他们需要在什么情况下，从什么视角看待什么样的人受到了什么被害（被害原因论）。

同时，遭受被害以后，该人对被害有什么感觉、采取了什么样的行动、有多少人遭受被害而没有报案、人们以什么眼光看待该被害人、国家和社会对被害人提供了什么援助，这些都是必须研究的问题（被害对策论）。

关于被害人学固有的研究方法，由于被害人也是人，人文科学的研究方法在被害人学中也是有效的。统计学、社会调查法、社会学、法学、心理学、社会心理学、临床心理学、心理咨询学、精神医学、生理学、生物学、人类学、法医学、护理学、教育学、行政学、政治学、经济学等学科的知识和研究方法，在被害人学的研究中也是有效的。[1]

---

① 详细内容请参见本书第二章“被害人学的范式和基本概念”。

关于人的研究方法，有宏观研究方法（macro – approach）和微观研究方法（micro – approach）。

宏观方法是从社会环境和自然环境中把握和阐释人类。因此，需要社会学、人类学、社会心理学、法学、行政学、经济学等知识。另外，微观方法把人作为个体来把握，近似于用显微镜进行观察。因
80 此，生物学、精神医学、心理学、生理学、法医学、人类学等知识会起到帮助作用。

被害人学的视角是从犯罪学的研究中产生的。也就是说，在很多犯罪中都有被害人，但一直没有对被害人进行研究。因此，被害人学初期的研究直接使用了犯罪学的研究方法（也可以说是犯罪学研究的一个分支领域）。但是，如果把被害人作为研究对象，就会发现用以往的犯罪学方法无法获得完整的数据。

特别是，使用像对待犯罪人那样的方法，被害人很难对你说出真实的内容，研究人员也几乎得不到真实的数据。如果不理解被害人的心理、不理解社会和刑事司法承办人对被害人的偏见，那就不可能取得良好的研究成果。只是发发问卷让人填写，或见一面听听他们的意见，这样获得的数据究竟有多大意义和价值，还是个很大的疑问。

二、被害的报案和黑数

没有报案的案件是指没有正式报案记录的案件，也被称为黑数（darknumber）。

这个黑数到底有多少，以前做过各种各样的调查。美国联邦司法部每年都对犯罪被害状况进行调查，即“全美犯罪被害调查”，并公布的调查结果。该调查包括对12岁以上普通市民调查和家庭调查。1994年的被害报案率是：全部暴力犯罪的平均报案率为41.6%（包括强奸在内的性暴力为31.7%，抢劫为55.4%），全部财产犯罪的平均报案率为33.9%，全部犯罪的整体报案率为35.9%。

但是,在进行大规模被害调查的同时,也有人对其中数据的正确性提出了质疑。虽然对普通居民的被害经历调查和对被害人的累计被害(其他被害体验)调查非常多,但存在的问题是没有正确地解释这些调查结果。基于被害经历调查和累计被害调查的黑数统计不一定正确,有些人即使遭受被害,也没有认识到这就是被害,此外,有些 81
老年被害人无法正确记忆被害的经过。

被害调查的代表性例子是,1967 年 2 月美国总统咨询委员会发表了《关于执法和司法运营情况的总统委员会报告》。这是在芝加哥大学舆论研究中心、华盛顿 D. C. 社会科学调查局、芝加哥大学调查中心等共同合作下完成的报告。该报告显示,在美国,真实数据要比统一犯罪统计中报告的犯罪高数倍。

在英国,L. 拉斯诺维奇在 1964 年所著的《社会中的犯罪人》一书中指出,“只有全部犯罪的约 15%(强奸为 5%)”被正式记录下来。另外,H. 琼斯在 1965 年所著的《变动社会中的犯罪》①认为,公布的犯罪仅占全部犯罪的约 25%。

在德国,麦耶尔和维尔纳推算,堕胎是官方统计的 100—500 倍、诈骗是 8—12 倍、杀人是 3—6 倍。此外,在荷兰,C. N. 佩奇斯特提供的数据显示,堕胎是官方统计的 250 倍、偷窃是 5 倍、扒窃是 3 倍。

1989 年“国际犯罪被害调查”(International Crime Victimization Survey,ICVS)开始实施,日本于 2000 年开始参与。这个国际调查基本上每 4 年进行一次。在日本,2004 年进行了第 2 次调查,2008 年进行了第 3 次调查。

第 3 次调查是 2008 年 1 月到 3 月通过二阶段随机调查方式进行的。② 调查的对象是从全国选出 16 岁以上男女共 6000 人,调查的方式是由调查员用纸质问卷方式、听取意见和被调查者自己填写问卷。

---

① [英]琼斯:《犯罪的条件:其心理和对策》,西村克彦译,纪伊国屋书店 1966 年版。

② 2008 年版《犯罪白皮书》,第 185 页以下。

作为调查对象的犯罪被害包括两类：在家庭被害中包括，汽车被盗、汽车物品被盗、汽车损坏、摩托车被盗、非法入侵、非法入侵未遂；在个人被害中包括，抢劫、盗窃（车辆被盗除外）、暴行、胁迫、性犯罪。

82 根据这项调查结果，2007 年上述犯罪中的被害人的比例为 9.4%（2000 年调查为 14.6%，2004 年调查为 12.2%）。另外，2004—2008 年，遭受某种被害的人占 32.3%（2000 年调查为 41.2%；2004 年调查为 37.4%）。

在家庭被害中，自行车被盗为 3.4%（2004—2008 年共 17.5%）、汽车损坏为 3.4%（同期为 12.7%）、摩托车被盗为 1.2%（同期为 6.8%）、非法入侵住宅为 1.0%（同期为 4.0%）、汽车被盗为 0.8%（同期为 5.2%）等；在个人被害中，性被害为 0.9%（2.0%）、个人的盗窃被害为 0.5%（1.7%）、暴行胁迫为 0.5%（1.5%）、抢劫及未遂为 0.2%（0.9%）。

扬·冯·戴克在欧洲进行的有关报案率及其理由的调查结果，如表 4.a 所示。①

表 4.a 报案率及其理由

资料来源：van Dijk, J. J. M.（2000）. Implications of the International Crime Victims Survey for a Victim Perspective。

	第一次被害	多次被害
回答人数	5437	3419
向警察的报案率	42.0%	37.7%

① van Dijk, J. J. M. (2000). Implications of the International Crime Victims Survey for a Victim Perspective. In: Craeford, A. & Goodey, J. (eds.), *Integrating a Victims Perspective within Criminal Justice*, p. 97, Burlington, USA, Ashgate.

续表

		第一次被害	多次被害
向警察报案的理由	归还财产	43.0%	39.7%
	保险	23.5%	20.7%
	认为应当报案	32.2%	31.8%
	希望惩罚犯罪人	37.6%	41.6%
	想阻止犯罪人	24.1%	30.5%
	希望获得帮助	12.4%	14.3%
没有报案的理由	不是什么重大案件	33.3%	24.8%
	自己解决了	11.1%	15.6%
	警察不合适	11.9%	14.6%
	警察什么也做不了	25.6%	22.5%
	完全没想到警察	20.5%	27.8%
	讨厌警察、害怕警察	6.3%	8.0%
	不敢报案	4.9%	6.9%

从表4.a可以看出，初次遭受被害的人和多次遭受被害的人对 83
报案的想法有些差异。遭受二次以上被害的被害人报案率会降低，这意味着，很多被害人第一次被害以后，感到即使报案也无法挽回损失。另外，关于报案的理由，第一次被害人与多次被害人也不一样。一般认为，二次以上被害的被害人报案率会下降，尽管如此，报案的被害人还是强烈希望惩罚犯罪人，阻止犯罪人实施犯罪。另外，在没有报案的理由中，认为“警察什么也做不了”的被害人正在增加。这说明，被害人在第一次报案对警方产生失望后，第二次被害也就不再报案了。

在日本，1970年警察厅对全国13,372个家庭采取了个别会面听取法调查。根据原始调查结果数据统计，黑数高于确定发案数的倍数是:毁坏公物罪为25倍、侵入住宅罪和挪用公款罪为4倍、诈骗罪为2.4倍、偷窃罪为0.8倍。

在日本,黑数最大的犯罪之一是堕胎。堕胎罪的确定案发件数和举报件数非常少,很难从各种犯罪统计中找出堕胎罪的件数。但没有人认为在日本没有堕胎的人。相反,大多数专家认为,不适用《母体保护法》[1](刑法上的堕胎罪)而节育的案件数每年数量应该以10万件计算。

关于被害的报案率,岩井弘融等人于1977年1月在神户市等地进行了“人们对犯罪化、非犯罪化的认识调查”,调查的结果值得关注。[2] 这项调查的目的是分析,因犯罪的性质不同报案率是否有差
84 异。调查选取的刑法犯罪有,暴力犯罪、盗窃、性犯罪;特别法犯罪有,违反《道路交通法》《公职选举法》《轻犯罪法》的犯罪。报案率较高的犯罪有:敲诈勒索(92.4%)、违反《暴力行为取缔法》行为(91.5%)、暴行(87.9%)、3万日元的偷窃(84.7%)。没有报案人的犯罪有:选举期间接受吃请(46.5%)、偷窥浴室(53.1%)、醉酒驾驶(60.3%)、骚扰电话(63.0%)。另外,报案率低的犯罪有:加塞插队(21.3%)、乱扔垃圾(22.6%)。

被害人不报案的理由主要有:太费时间、手续麻烦、反正也不能恢复、害怕加害人报复、损失小不会被起诉、不想伤害加害人、自己也有责任、加害人是朋友或家人、讨厌警察、警察靠不住等。

一般来说,被害人会权衡报警带来的利弊,如果报案的利益较大,他就会报警,但也有人不考虑比较得失的大小。因为自己也有过

---

① 《母体保护法》源自1940年的《国民优生法》。1948年改名为《优生保护法》,1996年又改为《母体保护法》。该法从根本上重新审视了持续多年的优生学思想,删除了强制绝育等条文,优生手术也改为不孕不育手术。无论《优生保护法》还是《母体保护法》都是通过议员提案立法制定的。关于人工流产与刑法中的堕胎罪有何关系的争论,至今仍然存在。

② [日]岩井弘融等:《犯罪观的研究》,大成出版社1979年版,第103页以下。

错、对方是熟人难以诉说、不想伤害对方等都是不报案的理由。

麦岛文夫等人对暴力团的被害进行了一系列调查（调查①1970年在郡山；调查②1971年在广岛；调查③1985年在广岛；调查④1985年在高知）。[1] 在这项研究中，选择的研究地点是与暴力团有关的、暴力团对市民造成危害的城镇。

根据调查，遭受暴力团伤害的被害经历者，在③的调查中为5.6%，在④的调查中为6.5%。另外，关于是否报案的问题，已经报案的①为39%，②为16%，③为9.9%，④为21.2%，远远低于一般犯罪的报案率。这里值得注意的问题是市民为什么没有报案：认为被害较小的，③占21.2%，④占35.7%；认为警方不会处理（或侦查）的，③占15.9%，④占31.0%；害怕报复的，③为8.0%，④为23.8%。由此可见，市民是否信赖警察与报案率有着密切的关系。

对于这一点，警察厅在1989年以全国3000名普通居民为对象 85
进行了调查。[2] 据该项调查，即使受到暴力团的欺负或被害也没有报警的人占全体被害人的5.9%，超过报警人的3.4%。

在防止被害对策中，加害人是否预料到被害人会报案也成为一个重要的问题。关于这个问题，法务综合研究所进行了调查。[3] 这项调查是对服刑人员进行的。从杀人、伤害、抢劫、敲诈勒索、盗窃、诈骗、性犯罪7个犯罪来看，加害方预想报案可能性较高的是抢劫（72.1%）和盗窃（66.2%），预想被害人报案可能性较低的是敲诈勒索（16.9%）和伤害（30.4%）。另外，值得注意的是，估计被害人不会报案的理由，在敲诈勒索和伤害中是“因为被害人也有过错”（63.4%，54.1%）。

---

① ［日］麦岛文夫等：《警察学论集》1986年第39卷1号。

② 1989年版《警察白皮书》，第56－63页。

③ 1986年版《犯罪白皮书》，第349－350页。

三、多种多样的研究方法

被害人学是跨学科的科学，研究方法多样化，从社会科学到各种实验方法。根据不同的研究主题和问题意识，采取不同的研究方法，如建立假设模型进行验证的方法、实验的方法、文献研究的方法等。主要的研究方法有以下几种。

1. 假说验证型

设定假说后进行调查，对调查得到的回答深入分析，对没有回答的问题查找原因。为了能够判断出全体回答是否一致、是否回答了真实的问题，有必要进行检查。假说验证型是寻找一般规律的工作，如果不能从收集到的数据得出一般性结论，实施的意义就会减半。因此，采样是非常重要的。在不能进行多步骤随机抽取的情况下，要
86 根据调查的宗旨来决定进行定量抽取或者有计划提取。

2. 实证调查型

这是为了正确掌握被害人的情况而进行的调查。至少在日本，由于无法通过对普通居民直接调查找到足够分析数量的被害人，所以有必要寻找能够给予协助的被害人组织。被害人团体、被害人支援团体、警察处等聚集一定数量的被害人信息，因此应当寻求这些组织的协助。但获得这些组织的协助也是不容易的。

3. 意识调查型

这种类型分为被害人意识调查和普通居民意识调查。另外，还有调查志愿者、警察、检察官、律师等与被害人相关的工作人员等的意识，甚至把这些数据与被害人调查的数据进行对比研究。总之，这种调查不是随机取样，因此具有一定局限性。意识调查的方法包括问卷调查的方法和听取回答的方法，这两种方法并用。

4. 参与观察型

上述 1、2、3 主要是数量化研究，而这种参与观察的方法适用于限定某些案件进行观察并从中发现问题。在很多情况下，可以从较

少的事例中发现事实真相,因此设定研究主题时可以采用这种手法。不过,这种方法需要研究人员具有一定经验和较高技能。

5. 外国制度介绍型

在制度论和对策论方面,使用的调查方法有:调查外国的制度,并与日本的制度及实际情况进行比较研究。很早以前,特别是在社会科学领域这种方法就一直被采用,在信息化的现代社会也受到重视。外国的制度是如何运行的,引入日本时应当注意哪些问题,对此 87
不仅可以依靠网络等信息,必要时也可以派遣调查负责人去该国进行调查。

6. 研究方法开发型

这种研究方法的目的是探索被害人学独有的研究方法,因此对于学科的发展是至关重要的。对被害人进行研究存在各种各样的困难,想方设法厘清重点问题进行研究是非常难能可贵的。

四、假说验证型的研究

所谓假说(hypothesis),是指阐述概念间(概念与概念之间)和变量间(变量与变量之间)的关系,形成定式化的规则,而且需要证明的“假定性说明”。即使假说的内容不被确定也是可以的,也就是说,只要证明是相反的关系或者完全没有关系即可。

假说意在阐述现实的事物和现象。因此,判断所观察的现象正确与否,被称为命题(proposition)。也就是说,假说是需要被证明的命题。假说的例子可以列举以下情况:

1. 成绩不好的人比成绩好的人,更倾向于要求组织和社会解决欺凌的原因。

2. 能够自己决定工作时间的人比不能自己决定的人,期待向高阶层升迁的意识更强。

3. 希望用正式方式解决与别人纠纷的人,比希望用非正式方式解决纠纷的人,对组织的归属感更高。

4. 人们的消费行为与收入成正比、与资产成反比。

5. 对地区归属感高的人,对当地政策和国家政策的关注度更强烈。

88 在此,1 的假说试图说明学业成绩与“欺凌”原因之间的规律。关于欺凌的原因,通常包括被害人自身的因素和组织或社会的因素,但该假说认为成绩不好的人比成绩好的人,更希望强调从组织或社会的因素寻找欺凌的原因。

同样,3 的假说涉及的问题是关于如何解决与他人的纠纷,组织归属感高的人倾向于用正式的方法解决问题。独立性越强的人,越是寻求自己解决各种事情。

假说包括一般假说、特殊假说、工作假说等。一般假说是被假定的普遍性规律,在任何时间、任何地点都适用;特殊假说是对一般假说的限定和具体化;工作假说是在进行调查时想方设法让回答者作出正确的回答。在通常情况下进行调查时,需要制定工作假说。

从一般假说推导出特殊假说和工作假说,如果通过社会调查可以证明特殊假说和工作假说,就形成了“规则”。但是,严格地说,对社会现象进行调查很难达到正确而客观的程度,而且也很难在相同条件下反复进行调查。也就是说,在人文科学领域为了找出规律,不能像自然科学那样,在相同条件下反复进行调查和实验。可以说,这也是人文科学的局限性所在。

迪尔凯姆(Durkheim,Émile)①提出了理论假说(模型),即“社会

---

① Durkheim,Émile,1858 年出生在法国洛林的犹太教士家庭,在法国理论社会学中发挥指导作用。1887 年,他成为波尔多(Bordeaux)大学文学系哲学教授,对社会现象的科学研究和学科发展做出了贡献。他陆续发表了一系列关于理论社会学的研究成果,例如 1895 年关于社会规则方法论的研究,1893 年关于劳动领域问题的研究,1897 年关于自杀的研究,1912 年关于宗教的研究。在这里引用的假说请参见以下文献:Durkheim Émile(1897). On Suicide。引用的是 2006 年的英语版:Durkheim Émile. On Suicide. Translated by Robin Buss with an Introduction by Richard Sennett and Notes by Alexander riley. penguin classics。

凝聚对高度紧张和不安的社会成员起到心理支撑作用”,“自杀率是人们无法消除的不安和紧张与社会凝聚之间存在比例关系”。在此 89
基础上的经验事实是,天主教组织比新教组织的凝聚力更高。因此,该假说认为,天主教教徒的自杀率比新教教徒低。①

同样,一个经验事实是,居住在农村的人比居住在城市的人具有更高的凝聚力,因此假说理论可以推测的结论是,居住在农村的人比居住在城市的人自杀率低。另一个经验事实表明,和家人在一起生活的人比一人单独生活的人凝聚力高,因此和家人一起生活的人自杀率比独居生活的人低,这一推测也是成立的。

但是,如果说独居生活的人容易自杀或者容易被害的话,日本有很多相反的调查结果。② 迪尔凯姆的模型显示,家庭组织归属感的程度与自杀有关系,但在日本,与其说家庭人口多少这一形式要素重要,不如说是否有幸福感这一因素的影响更大。

所谓假说是表示一个因素 A(独立变量)和另一个因素 B(从属变量)之间存在一定的规律。独立变量是假说的基本变量,也就是所谓的“支撑点”。如果移动该独立变量,那么相应同时移动的变量是从属变量。根据研究的目的,决定将什么因素作为独立变量。例如,在调查老龄化问题如何变化时,通常将年龄划分设为独立变量,随着年龄的增长而变化的变量被设为从属变量。

一般来说,居住在城市的人受到犯罪侵害的不安感会比较强。于是在设计假说时涉及的问题就是将被害不安作为独立变量,还是

---

① Durkheim Émile (1897). On Suicide, p. 74ff. 文章指出,关于当时瑞士的自杀情况显示,德国天主教的自杀有 87 件,德国新教的自杀有 293 件。另外,法国的情况是,天主教有 83 件,新教有 456 件。

② 根据 1981 年上野正彦等人的研究和 1989 年松本寿昭等人的研究,独居者的自杀率低,家族越多自杀率越高。详细内容请参见第三章“被害人学的研究领域和研究课题”。另外,1989 年诸泽英道等人对非法营销的被害人进行了研究,该研究也显示,5 口之家的被害率最高,独居者最低。详细内容参见本书第二十章“经济被害和消费者被害”。

将居住地区作为独立变量。也就是说，这时出现两个变量：对犯罪被
90 害感到强烈不安的人有居住在城市的趋势，还是住在城市的人因某种被害体验而对犯罪被害具有强烈的不安。这些问题类似于“鸡和蛋”的关系。[①] 如果有一份调查问卷设计的提问是，有关被害不安的提问和有关居住地区的提问，这种提问是否能证明上述两种假说的任何一项，这是不能确定的。作为研究人员，如果没有明确从理论假说角度设定什么是独立变量，那么调查的结果就是无意义的。

五、调查方法和研究者伦理

对调查的应答者（被害人、被害人家属、援助者、刑事司法职员等）提问时，一般需要发放事先制作的调查表，注明填写方法（问卷发放法），但另外还可以把访谈法（问答法或采访法）组合在一起进行（一般经常使用的方法是对问卷中记载的内容进行问询）。此外，还有许多调查方法，如观察应答者的言行等进行评价的方法（参与观察）、电话问答法、网络问询法、街头提问法等。但是，这些调查方法的基本原则是，事先决定需要调查的事项，并根据该事项进行记录和听证。如果只是沿着回答者感兴趣的话题毫无目的地倾听，则不是科学的方法。

问询事项应该根据调查研究的基本理念（理论、假设）来确定。有时研究人员也会犯错误，例如好不容易获得了对方的配合，什么都想问一下，准备了一大堆问题，对方本来对调查很感兴趣，但现在却感到茫然。有时甚至会出现无视应答者人权的有害行为。另外，有些研究人员对获得的数据进行各种统计学分析时，有时也会偏离研
91 究的目的。并不是每个人都有义务协助调查，即使是为了被害人、为了社会而进行调查，也要抓住最基本的问题。

---

① 如果没有鸡就下不了蛋，同时如果没有蛋就孵不了鸡。同样地，是因居住在散落的山村就感到不安而搬到城市，还是因住在城市经历了被害后变得不安。总之这一切都是真实的。

在调查时，事先应当明确调查的宗旨，并获得被调查者的同意。心理学和社会心理学的实验，有时隐藏实验的宗旨，使被调查者回答问题不出现偏差。原则上说，研究人员的这种调查是违背伦理的，因此需要在调查时想些办法避免这个问题。另外，有很多研究者为了救济被害人，或为了科学的发展，在没有获得任何允许的情况下就贸然进行调查。然而，不论有多么崇高的目的，应答者和被实验者完全没有义务必须回答问题，研究人员需要在如何让他们配合方面想办法。

进行调查时下面三点非常重要：

1. 采样是否合适？

2. 提问的方式（文字）是否恰当？

3. 发放法是否合适？

取样因希望获得的数据的不同，方法也不同。如想要对杀人案件的遇难者家属进行调查、想要对大学生的想法进行调查、想要对普通人的意识（舆论）进行调查等，需要根据调查的具体目的选择取样。与其他国家相比，日本被害人数量是非常少的，因此对被害人及其家属进行调查时，为了采集到可达分析数量的样本，就要依靠处置被害人问题的警察和被害人支援中心等。但是，从被害人的信任关系角度，上述各方应当保护被害人的隐私，如果没有获得被害人的同意他们是不能介入的。

调查受到的诸多制约中，如何发现作为研究对象的被害人、如何面对被害人学，是一个重大课题。犯罪学学者在研究被害人时也经常发生纠纷，究其原因就是对被害人没有足够的认识。

此外，表达方法也是调查的核心。在提问中不能加入对应答者
可能产生影响的信息。例如，“……制度是……的问题，你是怎么想 92
的？”，避免这种诱导式的问询。另外，“您如何看待……制度”的问
题和“你如何看待反对……制度的观点”的问题，在统计的数据含义

方面是完全不同的。①

文字表达的问题也可以说是有关回答的选项问题。特别是听取赞成、反对的情况下，对于“完全赞成”“赞成哪些”的问题，和“反对哪些”“完全反对”一样，对于赞成和反对需要设定同等数量的选项。另外，“不得已”选项可以作为“赞成哪些？”来处理，但是“不得已”的言外之意就是包括“反对”了；如果考虑到被调查者的心理，应当统计为“反对哪些”。

六、抽样

抽样是调查的生命。如何正确地进行采样，将决定着获得的数据能否实现一般化。抽样大致分为有意采用法、定量抽样法和随机抽样法。

1. 有意采用法

有意采用法是根据进行调查者的主观意愿，任意选择可以代表母集团的对象进行调查的方法。例如，在与电脑相关的杂志上夹带明信片，听取人们对软件的意见，或对丈夫孤身在外地工作的妻子询问家庭问题等。有意采用法是为了特定目的而进行的调查，所以只要调查限定在符合该目的的范围内就没有问题。只以交通事故的被害人为对象，问询交通事故保险的现状和交通警察处理的方法，就没有问题。但这些调查得出的一般化结论，无法推断出交通事故保险本来就存在问题。

93 2. 定量抽样法

定量抽样法（quota method）是根据性别、年龄、职业、学历、居住地等自然状况，使标本的构成比例与母集团（全体日本人还是东京市民等）比例一致，进行有意抽样的方法。为了进行男女的比较，要把

---

① 这种情况经常出现在关于死刑制度的问卷调查中。“您是怎么看待死刑制度的？”和“对于反对死刑制度的意见，您是怎么看待的？”，这两种提问方式的统计结果的意义完全不同。

男女的数量设为相同;为了进行各年龄段的比较,要把年龄结构设定得与一般社会结构相一致。需要注意的是,这种方法只有在与母集团属性相一致的情况下,才可以得出一般化结论,除此以外都是有意抽样。

3.随机抽样法

随机抽样法(random sampling)就是随意(at random)抽样的方法,但并不是胡乱地提取样本,而是按照一定规则进行采样的方法。随机抽样必须保证提取其母集团各单位标本的可能性(概率)是相等的。该方法包括单纯随机抽样法、系统抽样法、多步骤抽样法等。

(1)单纯随机抽样

这种方法是指以调查对象的组成单位的全部名单为基础,以相等的概率对各组独立单位进行选择的方法。在各组成单位中,从第1号开始按顺序排列序号,只在标本数内任意设定一定数量或掷骰子,完全根据偶然性进行抽样。但是,如果无法得到与调查对象相关的所有构成单位的名单(抽取名单),或者需要花费过多的时间和金钱等,这种方法就存在一定困难。例如,从全国8900万名选民中单纯随机抽样5000名标本时,就很难对全国的选民名单按顺序编号。

(2)系统抽样法(等间隔抽样法) 94

依次罗列所有的组成单位这一点与单纯随机抽样法相同,但因为在标本的数量中进行随机挑选是非常困难的,所以只随机选取1号样本后,进行等间隔挑选。例如,要在有20,000名学生的大学中选拔1000人时,将20,000除以1000后,决定间隔抽样(间隔20),然后从1到20的名册中随机选择一个,以这个数字作为等间隔提取的数字。例如,最初的随机抽取是“13”的情况下,接下来就选取“33”“53”“73”“93”……

(3)多步骤抽样

如果把所有的标本按顺序排列存在困难,且提取的对象太多又无法登门问询(如从全国选出几千人),这时采用单纯随机抽样是很困难的，于是就需要使用分段抽样法。

具体来说，经常使用的方法是，第一阶段选择的对象是都道府县，第二阶段选择的对象是市区町村。在这种情况下，第一阶段从城市、农村地区选择几个区域，或者从犯罪发生率高的地区和低的地区分别选择几个区域组合起来。这个方法的优点是，对被选定的每个地区都能进行比较，但我们需要深入研究划定目标区域的标准。

在被害人调查中，使用调查公司等进行调查时，一般都得用两阶段随机抽取法对普通居民进行调查。除预算充足的情况，通常都以1000—3000 人为对象进行调查。分发问卷法对普通居民进行调查时，如果问卷回收率在 30%—60%，那么发放了 1000 人份问卷，有效的回答就是 300—600 人。

七、表述方式

从一般假设推导业务假设，这个问题就是如何转换成调查问卷表中的提问方式。例如，生活富裕的数据证明包括①年收入、②纳税额、③工作、④家庭结构、⑤资产等，但每一项内容的含义又不尽相
95 同。常见的问题是表述方式，可以用应答者的年收入作为预测其经济富裕程度的指标。关于这种情况的选择项，下面是典型的不好例子。

问：您的年收入属于下列哪项？请在适用的号码处画“○”。

1. 年收入不到 500 万日元

2. 年收入 500 万日元以上未满 1000 万日元

3. 年收入 1000 万日元以上未满 2000 万日元

4. 年收入 2000 万日元以上未满 1 亿日元

5. 年收入 1 亿日元以上

这个世界上，确实有年收入超过 1 亿日元的人。但是，从国民的年收入分布来看，多数人处于第 1 项的范围，达到第 3 项以上收入的国民也不到一成。7 成到 9 成的回答者都属于中间层（称为中产阶

级），所以这种区分是没意义的。

八、发放问卷法

发放问卷法往往被轻视，但对于回答者来说是一个重大的问题。无论邮寄分发还是登门分发，分发问卷的调查者的态度，会对回答者产生影响。

邮寄法备受关注，由于回答者和调查者不直接见面，所以这些回答被认为是准确的，但这种方法的回收率很低，也很难看出回答者的内心世界。使用问卷留置法，有时根本就不知道是谁回答的。如果是在家庭调查中是没有问题的，但如果要获得家族内特定人员的回答，有些原则就无法保证。

以前的调查一般主要是寄送调查表（问卷）或者直接递送，但最近从电话调查变为网络调查。①

劳动政策研究机构、研修机构发布的 2005 年调查报告《网络调 96
查能否用于社会调查——根据实验调查得出的验证结果》，出现了值得关注的结论。这项研究验证了网络调查和当面调查的区别，网络调查回答者的满意度较低，不公平感较强，内心富足的倾向较弱，对金钱、物质的向往较强。应征到监视器进行网络调查的回答者，其特点是，正式职员多于非正式职员，且多为高学历的专业技术人员。报告书分析指出，在网络调查的世界，多数参加者可能是为了拿到眼前的那点儿礼金。

在最近的选举中，媒体竞相预测开票结果。刚开始计票，就有媒体马上（1—2 分钟）报出“确定中选”结果。为什么会这样呢？从 20 世纪 90 年代后半期开始的出口民意调查，是把调查票交给刚投票完

---

① 备受瞩目的是，2010 年 9 月民主党代表选举的网络调查中，支持小泽一郎的人很多；电话调查中，支持菅直人的人很多。但结果是电话调查获胜。根据结果分析，回答电话调查的数量多，而偏向网络调查的人主要是二三十岁的年轻人。因此，这个调查法也提出了应答者分布情况的问题。

的人填写，这种方法经常会出现预测意外的结果。有人指出，其原因是出口调查存在偏见。现在在投票日期前进行调查的人正在增加，有3成的人是投票日期之前投票的，而且今后有增加趋势。还有人指出，协助出口调查的人员和不协助出口调查的人员之间在投票行为方面可能存在差异，即支持的政党可能不同。

九、用调查普通居民的方法难以对被害人进行调查

为了使调查结果得出一般性结论，需要对普通居民进行随机抽样调查，但存在的问题是，用普通居民调查的方法很难找出可供分析的被害人。

例如，从某一母集团提取出1000人，问询他们的被害经历，那么在这些被提取的人中到底有多少有被害经历的？如果每10万人的
97 被害率是1000(1%)，那么在2000名回答者中，被害人就只有20人。而且，向2000人分发的问卷是不可能获得全部有效回答的。如果获得1200人的有效回答，都已经非常成功了。

在通常情况下，可供分析的数据最少需要100人，因此为了得到100个被害人，如果被害率为1%，则需要获得10,000人的有效回答，为此需要向16,000—17,000个人发放问卷。

被害人调查中经常出现问题的是强奸被害，2013年的强奸案件为1240件。① 这是每10万人口约为“1.2”个被害人。因此，在普通居民调查中找出强奸的被害人100人，则需要830万人的有效回答。如果问卷回收率为60%，那么就要向1390万人发放问卷，这是不现实的调查。此外，强奸的被害人对调查问卷几乎没有诚实的回答。在日本，可以说通过普通居民调查的方式对强奸被害进行调查是不可能的。

---

① 2014年版《犯罪白皮书》，第4页。

2013 年版《犯罪白皮书》表明，关于每 10 万人中①被害率高的主要犯罪，为了获得被害经验者 100 人而需要的有效回答数，如表 4. b 表示。例如，被害最多的盗窃是每 10 万人，有 812 件的发生率，推算的结果是，如果有 100 名盗窃的被害人，就需要调查 1232 人。

表 4. b　主要犯罪的每 10 万人的发生频率和必要回答数

资料来源：2013 年版《犯罪白皮书》

罪名	确定发案件数	每 10 万人	必要回答数
1. 盗窃	1,040,447 件	812 件	1232 人
2. 驾驶汽车过失致人死伤	632,857 件	494 件	20,243 人
3. 损害财物	114,129 件	89 件	112,360 人
4. 侵占	41,433 件	32 件	312,500 人
5. 诈骗	34,678 件	27 件	370,370 人
6. 暴行	31,807 件	24 件	416,667 人
7. 伤害	27,962 件	22 件	454,545 人
8. 侵入住宅	20,360 件	16 件	625,000 人

* 必要回答数是指，在回答者中，有 100 名被害人时所需要的有效回答数。

从表 4. b 可以看出，用普通居民调查方法可以获得 100 名以上 98
被害人的，只是盗窃罪。如果是其他犯罪，没有几万人或者几十万人规模的调查，想要发现 100 名被害人几乎是不可能的。也就是说，在日本，通过普通居民调查这种方式进行被害人调查，实际上是不可行的。

十、值得注意的调查策略

从社会上的问卷调查结果看，诱导型的调查非常多。这类调查多数由调查公司承担，但研究人员进行学术调查中，也经常进行诱导性调查。暗地里期待假设被调查结果所证实而在表述上做了手脚

① 以 2010 年人口普查总人口 128,057,352 人为基础计算得出。

(诱导),由于人们对调查法的知识和意识较低,结果出现了诱导型的提问。

在1997年上调消费税之际,报社于1997年4月进行了有关消费税问题的问卷调查,显示的内容如下。①

> 4月1日,消费税的税率从3%提高到了5%。在老龄化急速进展中,如果现在不上调消费税,财政状况就会进一步恶化,加重下一代的负担,导致福利资金来源不足等。您认为这次提高消费税是,当然应当提高,不得不提高,还是不理解?请您从下列回答中选择与您的想法最接近的想法。
>
> 1.理所当然　2.不得已　3.不能理解　4.不能回答

调查结果显示:理所当然为5.4%,不得已为50.7%,不能理解为42.6%,不能回答为1.2%。

该调查有两个问题。首先,提问中"老龄化急速进展中,如果现在不上调消费税,财政状况就会进一步恶化,加重下一代的负担,导
99 致福利资金来源不足",报社的这一意见是一种诱导,②因此回答者根据他们提供的信息把不得已上调消费税的观念铭刻在心。

其次,这项调查的选项是不恰当的。选项原则上有这5种情况:完全赞成;基本赞成;不表态;基本反对;完全反对。但是,在这个调查中,赞成的选项有两个,而反对的选项只有一个。

一般情况下的选项	该调查的选项
1.完全赞成。	1.理所当然。
2.基本赞成。	2.不得已。
3.都不好说。	3.不能理解。
4.基本反对。	
5.完全反对。	4.不能回答。

① 《读卖新闻》1997年5月2日版。

② 在这篇文章中附加了"认可消费税提高56%"的意见。

这里把“不得已”处理为赞成。在舆论调查中,既不赞成也不反对的中间态度是非常多的。这里的“都不好说”应当如何理解?对于经常发生的事情,既不赞成也不反对的中间层很多,很多人的回答是“都不好说”。对于新发生的事情,很多回答都是消极否定的,如觉得很奇怪但又说不清反对的理由。这种“都不好说”的回答,往往按照消极赞成进行处理。如果在此基础上增加了新制度上的“不得已”因素时(被引导),应当按照赞成来处理。

十一、从被害人处获得信息的难度

社会科学调查研究的困难有共通之处,如能否获得协助调查,获得协助后回答的问题是否正确等。被害人与普通人不同,不愿意协助调查的情况是多种多样的。不能正确理解这一特殊情况,想要轻易地进行调查,往往会得到错误的结果。

如果被害人实施了反社会行为,他们不仅会因逃避社会而不报 100
警,而且不会协助调查。

科学警察研究所的安倍北夫等人,1962 年就东京都大井警察署管辖区内的娱乐餐饮街发生的暴力犯罪,对商贩们进行了集体会面调查。结果显示,商贩们有各种各样的弱点,加害方一使用威胁手段,他们就默不作声了。① 实际上,很少有完全没有违反法律的人,或者绝对没有做过受社会道义谴责的事情的人。有些人对此感到内疚,不愿向警方求助。因此,想要从社会上挖掘出特定的被害,需要表现出对违法行为“睁一只眼闭一只眼”的姿态。

不被同情的被害人也是难以调查的例子。例如,有的具有反社会性、有的对被害结果表示同意、有的存在重大过错,这些都得不到社会的同情。社会经常以批判的眼光看待这些得不到同情的被害

① [日]安倍北夫等:《粗暴犯的被害人特性》,载《科学警察研究所报告》第 4 卷 2 号。另外,在此次调查中,除企业集团外,还对个人小组和监管当局进行了会面。

人,有时还将其刊登在报纸上,使这些被害人经常处于有口难辩的焦躁状态。如果向这些人提出调查,调查就会变成“辩解的场所”。媒体为了进行更详细的报道,对其刊登照片或使其谈论自己的成长经历、生活环境等,有时反而会把被害人推向反面。

如果把被害化的原因归结于被害人,一般来说被害人不会得到同情。典型的例子是诈骗的被害人。大多数有关诈骗的研究,对被害人都持批判态度,这也是导致报案变少的原因之一。诈骗被害人中也可分为应受谴责的被害人(如考试诈骗的被害人)和值得同情的被害人(如婚姻诈骗的被害人)。

对受到精神打击(心灵创伤)的被害人进行调查也是非常困难的。虽然人们经常指责无情的媒体把麦克风对准被害人,但不理解被害人心情的不仅仅是媒体。

在制定《犯罪被害人给付金支付法》之前,为了证明犯罪被害人
101 补偿制度的必要性,同志社大学法学部的大谷实教授试图组织学生对杀人等犯罪的遗属进行调查。第一次调查完全可以用“惨淡”来形容,据说几乎所有的死者家属都改变了居住地。① 一般人都知道,加害人及其家人容易搬家,但实际上,被害人及其家人也不得不搬家。

一般来说,凶杀案的被害人本来应该得到社会的同情,得到某种心理上的安慰,但事实上并非如此。他们被世俗偏见所折磨,被记忆的重现所折磨,他们为重新找回生活而苦苦煎熬。如果用不友好的方式对待他们,他们就会用“希望你不要管我”来掩饰无奈的心境。

在 1994 年全国犯罪被害人现状调查中,向重残被害人和死亡案件的遗属询问案件发生后一般需要怎样的接触方式(援助和服务)。重度残障被害人和遗属的回答中,排在前几位的是:报警、安排医院(包括救护车)、准备和安排葬礼等,而遗属的回答中占第 5 位的是

---

① ［日］大谷实:《我国犯罪被害人的现状》,载《法学家》1974 年第 575 号,第 37 页以下。但是,第二次调查收到了邮寄给 144 户家庭中 92 户家庭的调查问卷。

“请不要管我”(回答者为41.2%)。另外,重伤害被害人中也有23.9%的人回答说,“你们最好别管我”。

十二、提高数据可信度的技巧

怎样才能从被害人那里获得正确的回答？对于调查研究来说,这是一个最为重要、看似简单实则不易的问题。

关于数据的可靠性,至少需要检查以下三个问题:

(1)本人对自己遭受的被害是否有正确的认识?

(2)本人对被害的认识,到调查时为止是否有正确的记忆?

(3)被害人能否按照记忆正确地回答?

1.被害的认识

认识可以进一步分为知觉和意识两个层面。

知觉是是否察觉的问题,也是感知度的问题。例如,被站在旁边 102
的人踩了脚,而没有注意到被踩,当然就没有感知到被害,这就不能说是被害。人们所说的被害,必须是该人感知到了被害。被害人的定义中包含这个主观因素。

感知到的信息是通过记忆这一机制来维持的,在这种情况下,信息量在最初阶段到底有多少,这是需要研究的问题。人们对平时接触到的信息只能察觉到其中的极少部分。一个很好的例子是,不看手表在纸上画一下你平时戴着的手表的表盘形状。[①] 即使是一天看好几次,从开始到现在看了几万次的手表,也几乎没有正确的记忆。因为看手表的目的是确认时间,而不是欣赏表盘文字和表链。

---

① 1995年6月,对东京都内某大学听被害人学课程的613人(男性397人,女性216人)进行了调查。让他们在分发的白纸上把当天戴的手表的表盘文字写出来,结果是描绘基本接近实物的人,男性为0.7%(3人),女性为1.9%(4人)。其他人虽然写得有错误,但对于手表的外形、指针、数字等重要部分,回答基本正确的人,男性为29.2%(116人),女性为36.1%(78人)。很多人对手表的重要部分完全记错,男性为5.8%(23人),女性为7.9%(17人)。

2. 记忆的不确定

记忆会随着时间而被遗忘(forgetfulness),但另外,一种嵌入式(telescoping)的“记忆”也在进行。人之所以能够记住信息,是因为在很多情况下,人们在此期间进行了学习(唤醒记忆)。但是,与计算机不同,人类的情况是,通过回忆记忆,被记忆的东西很可能变成了别的记忆。因此,如果记忆量大或有整合性,则有必要怀疑“加功”的程度。

霍德(Hood,R.)和斯帕克斯(Sparks,R.)对遗忘与记混的关系做了实验,图 4. a 是实验得出的结果。①

103 **图 4. a 遗忘和记混的关系**

资料来源:霍德 · R、斯帕克斯 · R:《犯罪学的核心问题》(Hood,R./Sparks,R., Key Issues in Criminology,p. 33)

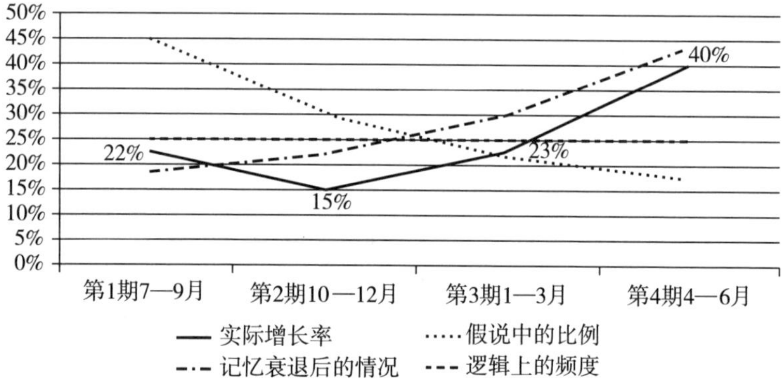

点线表示的是在记混后的情况下假说上的概率,一点线表示的是与时间同步的记忆衰退时的比例。第一期在 1 年前的 7—9 月,此后每 3 个月进行第二期、第三期的实验。对于 1 年前的事情只记忆了 20% 左右,而对于 1 年前发生的事情有 45% 左右是混记。实验结

① Hood,Roger & Sparks,Richard (1970). *Key Issues in Criminology*, World University Library,New York. p. 33.

果表明，如黑实线所示，第三期和第四期在记忆衰退图表上的距离很近，但在第一期和第二期则受到记混的影响。

人的记忆随着时间的推移会被遗忘。这项实验花费了 1 年的时间，作为假设的比例是，旧事情的记忆量越少，记混的量就越多。发生的事情随着时间的流逝，形成混记层，记忆就出现了不正确现象。所以在听取被害经历时，要非常重视遗忘和记混的问题。

人们是为了维持记忆，必须根据需要重复回想，但提取数据工作，有时存在混杂新信息的危险。计算机读取数据完全不会修改数据，可以直接返回再次记录，而人类记忆是同时调取数据和修正数
据。[1] 霍德等人得出的结论是：混记一般为 10%，越是久远的事情混 104
杂就越多。[2]

在记忆有问题的情况下，通常把被害经历时的记忆量假定为 100，但即使同样是 100，根据每个人的情况不同也会有相当大的差异。而且必须考虑在认识阶段的信息取舍问题。但是，在现实中很难进行如此准确的调查。被害后对被害经历到底能记忆到什么程度？对此，霍德等人认为，最能令人满意的被害人调查是在 3 个月以内发生的案件，在现实生活中如果有可能的话，最好限定在 1 年以内发生的案件。

霍德（Hood，R.）等人指出，抢劫（robbery）、严重暴力（aggravated violence）、入室抢劫（burglary）等最严重的犯罪中，报案率低于正式统计，其原因是被害人没有意识到犯罪。[3] 在通常情况下，被害人虽然意识到自己受到了侵害，但无法准确地举报被害的内容。

3. 善意的谎言和恶意的谎言

关于回答的正确性，要特别注意“善意的谎言”。周日早上，本来

---

① 人们在向朋友讲述恐怖的经历时，为了让他们产生共鸣，有时会夸大事实。例如，与车的距离实际上是 1m，但却说不到半米。

② Hood，Roger & Sparks，Richard（1970）. op. cit. p. 32.

③ Hood，Roger & Sparks，Richard（1970）. op. cit. p. 32.

想好好睡一觉,这时调查员突然冒昧来访,有的人会敷衍了事地作出回答(恶意的谎言),这种情况一般是可以看出来的。但是,如果遇到连回答者都没有意识到的无意识谎言(善意的谎言),就很难被看穿。

“您在家里看什么电视节目?请从多到少依次给 3 个回答。”对于这个提问,平时只看娱乐节目的人,有时会在第 3 位左右无意识地加入新闻节目和教育节目等。当然,该人有时也确实会看新闻节目和教育节目,但是,要说这是看得最多的第三个节目,就存在疑点了。

105 很多被害人都因受到非法传销或诈骗的被害而感到羞耻。通过调查获取了宝贵的数据也确认了这一事实。1994 年警察厅委托调查了非法传销状况进行,其中部分内容对此也予以证实。这项调查确认了国外期货交易的被害人和主会场非法营销的被害人在多大程度上能够正确回答问题。①

海外期货交易被害人调查,包括 85 名被害人(被害群)和 299 名被诱惑但没签约的人(被劝诱者)等数百名普通消费者。问卷回收率为被害人群 17.6%(15 人),被劝诱群 23.1%(69 人)。除虚假回答的外,对被害人群和被劝诱群在调查之后进行了访问听证。其结果如表 4.c 所示。

表 4.c　海外期货交易被害人的隐蔽率

	发出数	收回数 收回率	本人的回答			无效
			有被害	有诱惑	无接触	
被害群	85 人	15 人 17.6%	6 人 (11 人)	3 人 (4 人)	5 人 (0 人)	1 人
被诱惑群	299 人	69 人 23.1%	2 人	17 人	35 人	15 人

* 表中括号内,表示在听证调查时的回答。

通过邮寄法进行回答(第一次调查)中,被害群内诚实回答被害

① 该调查是在犯罪团伙那里的资料还原为被害群和被诱导。

事实的有6人(40.0%);其他9人都说谎了,其中包括回答受到诱惑但没签约的(3人),和回答既没有受到诱惑也没有受到损害的(5人)。

对于虚假回答的8人加上无效的1人共计9人,进行了访问听证调查。结果如表4.c所示,如果加上第一次调查中承认被害的人,就是11人确认了被害的事实,另外4名的回答是受到诱惑但没有签协议。这样看来,可以推测至少2成到3成的被害人在回答时歪曲了事实。①

该隐蔽率的研究是对家庭聚会式推销进行的,调查的对象包括139名被害人(被害群)和受劝诱但没签协议的233人(被劝诱群),再加上数百名普通消费者。收回率是:被害群为33.8%(47人),被劝诱群为23.6%(55人)。除虚假回答外,对被害群和被劝诱群通过采访的方式进行了调查。其结果如表4.d所示。

表4.d　家庭聚会式推销的被害人隐蔽率 106

	发出数	收回数 收回率	本人的回答			无效
			有被害	有劝诱	无接触	
被害群	139人	47人 33.8%	24人 (33人)	13人 (11人)	9人 (2人)	1人
被劝诱群	233	55人 23.6%	0	51	2	2

*表中括号内,表示在听证调查中的回答。

家庭聚会式推销中,通过邮寄法进行的回答(第一次调查)中,被害群内诚实回答被害事实的是24人(51.1%);其他人员23人没有正确回答,其中包括回答受劝诱但没签协议的(13人)、回答既没受劝诱也没签协议的(9名)。

① 该项研究不是侦查结论,而是调查研究报告,因此无法确认以上事实真相。另外,没有直接听证询问被诱导的群体。

关于虚假回答的22名加上无效回答的1人共计23人，对他们通过访问的方式进行了调查。其结果如表4.d所示，如果加上第一次调查中承认被害事实的人，就是33人承认了被害的事实，但仍有11人声称受到劝诱但没签约，2人声称既没有受劝诱也没有签约。

家庭聚会式推销比海外期货交易推销的隐蔽率要低（第1次调
查中承认被害，海外期货交易推销为40.0%，家庭聚会式推销为
51.1%），但追踪调查后仍有3成的被害人没有正确回答事实。其理
由是，他们强烈地意识到人们对诈骗和非法传销的被害人存有偏见，
107 于是他们对侦查、调查研究和媒体采访都不说实话。如何从这些被
害人那里获取正确的信息，是今后需要研究的一大课题。

第五章

被害化因素和被害人特征

Contributing Factors in Victimization and Victim Characteristics

一、被害原因论的结构

为了弄清楚人在什么情况下、被什么人、受到什么伤害的原因，在被害人学中出现了被害化因素（factors in victimization）①的概念。

关于被害原因论，从被害人学独立于犯罪学发展的过程看，早期的被害人学者（victimologist）的观点并没有超出犯罪学理论的应用和修正的范围。在早期的被害人学中，很多研究者都认为被害人学是犯罪学的一个分支，这也是其独特研究方法发展缓慢的原因之一。

但是，如果想通过被害人来理解加害行为或者犯罪行为的话，就会发现有些因素是无法用犯罪学的方法来理解的。当然，被害发生机制的研究和犯罪发生机制的研究，在很多方面是共通的，并不是说犯罪学的方法在被害人学中没有意义。

为了查明被害化的原因，就必须查明被害人的素质、身世、生活经历等属于被害人自己的因素（狭义的被害人特性）和环境、人际关

---

① victimization 是“victimize”一词的动名词，表示“被害化”“成为被害人”，通常被翻译为“被害”或“被害化”。表示查明被害的原因时，这时的被害则使用“victimization”。

系等因素(广义的被害人特性),同时还要再加上案件发生的当时、当场存在的因素即状况因素也很重要。

为什么刺杀、为什么骗人这些是从加害人角度阐述发生机制,一般需要从加害人与生俱来的特性和成长环境影响这两方面着手。同
109 样地,为什么被刺杀、为什么被骗,这些是从被害角度的要因(被害化要因)进行分析,也需要从被害人的特性和环境方面进行研究。但是,更重要的是,加害人(在多数情况下是犯罪人)导致被害人被害的过程中,使加害人走上犯罪的道路(或使他们没有走上犯罪之路)周边的人们,还有当时正好在现场的人们(既是目击者,也是看热闹的人)也是促进被害化的因素。

加害人花言巧语地接近被害人,向他讲述有风险但很诱人的赚钱故事,让被害人相信并产生错觉,在这个过程中,不能忽视被害人在周围环境的影响下相信了加害人的话。被害人其实在被害之前就和朋友商量过,朋友对他说"这不是什么好事!",但他认为朋友的态度只不过是对与己无关事情的反应而已,这再正常不过了。还有,被害人可能偶然在新闻中听到过类似的新型投资正在增加,所以就没有怀疑加害人的危险投资劝诱行为。

被害人学就是要研究,如何期待被害人采取何种行动避免被害,为何对加害人施加的危险察觉得如此之晚;因此不仅要研究被害人的特性、加害人巧妙的手法以及与周围人的关系,还要综合分析和研究社会状况对案件发生产生的影响。

当然,犯罪学也关注被害人方面的问题,有时可以通过被害人遭遇来分析实施犯罪的原因。有分析表明,当心情非常糟糕的时候,偶然有一个使他不愉快的人从面前路过,就会引发行凶行为。但是,被害人学中关注的,不仅是被攻击的原因和被害人不可回避的原因,也要关注现场的状况,例如天气、场所、季节、第三者的言行等。

在被害人学中,被害人(victim)的相对概念不是犯罪人(offender),而是包括犯罪人在内的加害人(victimize);因此需要研究的对象

是相当广泛的，考察方法也是动态的。

遭受被害即导致被害化的因素，包括季节、时间、天气、场所、灾
害、景气、政治形势等，这些因素一般作为影响被害化的直接因素，从 110
某种意义上可以称为“直接被害化因素”（direct factor of victimization）。与此相对，被害人自身的问题称为“间接被害化因素”（indirect factor of victimization）；这些因素虽然不是被害的直接原因，但在某种程度上对被害会产生影响。

这种间接被害化因素，分为狭义的被害人特性和广义的被害人特性。被害人的性别、年龄、身体脆弱性、精神脆弱性、疾病、身世、生活经历等被害人自身存在的问题是狭义的被害人特性；而被害人周围的情况，如家人、朋友、熟人、同事、大众媒体等的影响，是广义的被害人特性。

由于被害人学的兴起，一度出现了夸大评价被害人特性的倾向。例如，因为转学而被欺负、背负债务很容易受到暴力犯罪的侵害、穿着华丽的衣服会受到性侵害、经常使用社交媒体的人容易受到诈骗等。

当然不能忽视“不可回避被害”或“容易受到被害”这种被害人的脆弱性（vulnerability）。人们的行为具有反复性、习惯性特征，因此容易被加害人钻空子；为了避免重复被害，具有上述性格和倾向的人确实有必要改变自己的习惯。

但是，即使说在被害化的过程中被害人特性有重大意义，但这也不是“全部”，具有重要意义的还有与加害人之间的关系、被卷入案件的周围的人和物的因素；如果过分地关注被害人特性，反而会有忽视事物本质原因的危险。

二、隐藏在背后的作为被害化因素的嫉妒和怨恨

被害人学主要是从被害人的方面考察容易导致加害人实施犯罪的原因，但这当然也不能忽视加害人的动机。一个案件中既有加害

人也有被害人，加害人的动机是查明原因的最重要因素。

111　关于加害人的动机，在过去的犯罪学研究中有很多数据。但是，其中大部分数据都是用传统的犯罪学方法取得的，例如对犯罪人（准确地说是加害人中的犯罪人）当面访谈，听取他们的说法（辩解）。

但是，在很多情况下，加害人的辩解和被害人的主张是不同的。正确的研究方法是听取双方的主张，客观、公正地进行分析，但很少有研究方法做到如此细致的分析。犯罪学经历了长达两个半世纪的漫长发展，时至今日，几乎所有的研究都是对监狱服刑人员的研究，就连对警察阶段的犯罪嫌疑人的研究都很少。本来，犯罪学的主要研究对象应该是隐藏在这个世界上的犯罪人，但这种研究存在很多困难。在犯罪原因的研究中，必须从客观、中立的角度进行分析，既不忽视犯罪人一方也不忽视被害人一方。

从这个意义上说，用“正义”作为核心分析人类行为的研究方法备受关注。约翰·罗尔斯（John Rawls）从正义（justice）的角度论述了人类的行动。[1] 康德指出：“在人世间他人所拥有的利益成为令人羡慕的诱因。”[2]对此，罗尔斯说：“我们有时会流露出羡慕他人婚姻生活和家庭和谐幸福的感情。同样，人们也坦白羡慕他人有更大的机会或取得更大功绩。但是，这些我们称为无害嫉妒，他们没有任何仇恨的企图。”另外，对向性嫉妒与此有些不同。“看到他人获得很多利益时，激发自己决心用有益于社会的方法，依靠自己的努力去获得同样的利益。因此，与我们自由表明的无害嫉妒不同，在严格意义上说，嫉妒是指对客体和主体双方都带来危害倾向的一种怨恨形态。

---

① John Rawls (1999). *A Theory of Justice*, revised edition, Harvard University Press.

② Gregor, M. J. (1964). (edit, and trans.) *The Metaphysics of Morals*, pt. Ⅱ, p. 127. 井上正义译：《康德全集》第 11 卷（2002 年），第 345 – 346 页。

对向性嫉妒是这种怨恨的变形,是在失败和挫折等特定状况下的流 112
露。”①

正如这里所说的,嫉妒有时会因失败和挫折而转变为怨恨。如果对加害人本人追问加害人的动机,有时可能听到加害人说被害人伤害过加害人,其在这种仇恨下实施了犯罪。在这种情况下,即使被害人并没有做出什么特别的事情,但有时会出现加害人靠自己力量无法超越对方的情况,于是对对方产生了仇恨,嫉妒变成了仇恨,进而攻击对方。这种情况是经常发生的。

三、嫉妒生恨引发的报复犯罪

有很多案件都是加害人出于自私动机实施的。有人因早上睡懒觉起来晚了,且公共汽车长时间不来导致上班迟到了,于是埋怨公共汽车司机,向公司做了虚假投诉。再如,本来朋友说好了借钱给自己,但却不借了,于是对朋友产生怨恨而动手打人。这类案件的背景多数存在加害人自私动机。

怨恨的根源有时是嫉妒。因怨恨对方的正当行为而实施的犯罪,称为所谓“嫉妒生恨犯罪”。到了和平时代,越来越多的人不认为自己所处的状况值得感激,出于自私动机的犯罪行为越来越多。

有时交往的对象突然说要停止交往,于是询问断交的理由,试图说服对方打消念头,这是谁都有的行为。但尽管如此,如果对方还说“不”的话,就只好放弃。因为任何人都必须尊重对方的人格尤其是尊严。

在这种情况下,却有很多人无法放弃,其中有人就会对对方进行骚扰和纠缠。这就是所谓的报复型骚扰(revenge-harassment)、报复

① [美]约翰·罗尔斯:《正义论》(修订版),川本隆史等译,纪伊国屋书店 2010 年版,第 698 页。

型纠缠(revenge-stalking)。① 这种行为是最近很多国家在法律修改
113 时确认的反复型犯罪。在这种犯罪动机支配下纠缠对方或故意刁难对方的行为,被称为报复犯罪。

在报复犯罪中,如果对方做了不讲理的事情,行为人就会作出表示愤怒的行为进行报复;但在现实中,即使对方的行为明明有正当理由,行为人也会对此怀恨在心,并进行报复。

1997 年 4 月 18 日,东京江东区某社区公寓的电梯里发生了一起杀人案件,加害人因 8 年前的 1989 年 12 月实施强奸而被被害人起诉,并被判有罪,该男子在刑满释放后,因被害人以强奸罪对自己起诉被判刑而产生仇恨,因此引发杀人案。这起案件被称为报复杀人案或怨恨杀人案。

1997 年 10 月 10 日在东京发生的律师夫人被杀案,也是报复杀人案。一男子(当时 66 岁)与证券公司决定股票交易时发生纠纷,律师作为公司的代理人负责处理该纠纷,该男子对律师产生怨恨,想要杀死该律师,闯入了律师的家中,但恰巧律师不在,于是杀死了接待他的律师妻子。②

2007 年 4 月 17 日,长崎市市长被枪杀。在市长选举期间黑社会干部向市长候选人用手枪开枪射击,导致市长死亡;2008 年 5 月 26 日的判决中,审判长认定"杀害市长的动机是该干部向市里提出不正当要求而被拒绝",按照检察官的量刑建议判处被告人死刑。③

---

① 根据 2007 年 10 月以荷兰为中心在欧洲对 356 名跟踪纠缠被害人进行的调查,跟踪纠缠者的动机是报仇为 44.4% (n = 158)。Van der Aa, Suzan (2010). Stalking in the Netherlands. Apeldoorn/Antwerpen, p. 116. 另外,详细内容请参见第十六章"跟踪尾随纠缠的被害"。

② 检察机关对被告人的量刑建议是判处死刑,但东京地方法院宣告无期徒刑。虽然检察机关提出了上诉,但 2001 年 6 月 12 日东京高等法院驳回上诉,最终维持无期徒刑。

③ 对于被告的二审上诉,2009 年 9 月 29 日福冈高等法院认为事实认定正确,但撤销一审的判决,改判无期徒刑。

2009 年 8 月 3 日发生的东京西新桥骚扰杀人案件，当时采耳器具专卖店的女员工（当时 21 岁）和其祖母（当时 78 岁），被一名经常出入女性用品店的男子（当时 41 岁）杀害，其动机是该男子多次要求女员工在店外与其进行交往均被拒绝，因此产生怨恨杀害了女员工和她的祖母。这就是因怨恨实施的骚扰犯罪。①

2000 年 8 月 14 日，大分县大野郡发生一起高中一年级男生（当 114
时 15 岁）杀害 6 名邻居的案件，杀害的动机是因被怀疑偷看被害人家的浴室，被父亲严格看管而产生怨恨，于是实施了犯罪。但其本人只承认抽烟而非偷看。对杀人动机的另一种推测是，隔壁邻居家里的高中二年级女生（当时 16 岁，轻伤）拒绝与其交往，但真正的动机至今不明。

这里举出的例子，即因向警方报案产生怨恨、对律师的正当业务产生怨恨、不当要求被市政府拒绝而产生怨恨、要求和女生交朋友被拒绝而产生怨恨、因偷看洗澡被严厉责备而产生怨恨等，加害人的这些动机都是极其自私的、无法接受的。但是，一般来说，说明“动机是因怨恨产生”，往往会在社会上产生很大的误解——似乎是被害人做了被人怨恨的事。令人不可思议的是，“怨恨”一词有时会让人觉得被怨恨的一方才有问题。

四、被害化因素的分类

被害化因素可以分为直接被害化因素（direct factor of victimization）和间接被害化因素（indirect factor of victimization）。

【直接被害化因素】

1. 案件发生时的情况因素

· 与场所相关的因素（农山、渔村、城市、繁华街道、住宅区、拥挤

---

① 该案件于 2009 年 8 月 24 日向东京地方法院起诉，并由裁判员进行审理。检察机关的量刑建议是死刑，最后法院宣告无期徒刑。

的人群等)；

·与时间相关的因素(季节、月份、星期、日期等)；

·与发生场所的气候有关的因素(风、雨、雪、雷、台风等)；

·现场附近人们的行动；

·现场的突发事件(火灾、地震、雪崩、案件等)；

·特殊的社会状况(经济不稳定、政局不稳定、恶性案件频发等)。

115 2. 加害人方面实施案件的因素

·加害人的规范意识、守法意识、罪恶感、道德观、伦理观、人生观；

·加害人对社会的满意度、对生活的满意度、对晚年生活的不安；

·加害人的再犯可能性、前科劣迹；

·加害人的性格异常、精神异常；

·加害人的手法巧妙程度；

·加害人饮酒、酩酊大醉、使用毒品；

·与被害人的相识关系。

3. 促进被害人的被害化因素(precipitation factor)

·被害人的诱发、挑衅、疏忽；

·被害人饮酒、酩酊大醉、使用毒品。

【间接被害化因素】

1. 狭义的“被害人特性”(素质、属性、身世、生活经历等)

·性别；

·年龄；

·身体脆弱性(体格、体力、身体障碍等)；

·精神脆弱性(性格、性取向、精神异常等)；

·疾病、既往症；

·药物依赖、酒精依赖、烟草依赖；

· 规范意识、价值观、道德观、伦理观、人生观；

· 学历、转学经历；

· 职业、职务、职位、社会地位、收入、资产、贷款、债务；

· 社会活动经历；

· 成功体验、失败体验、对生活的满意度、对晚年生活的不安。

2. 广义的“被害人特性”（环境、人际关系等）

· 被害经历；

· 反社会行为的前科劣迹；

· 家庭结构、有无配偶、离婚经历、与家人的关系、与亲属的关系；

· 与熟人及朋友的关系、与单位同事的人际关系、与邻居的关系；

· 周围人士的被害体验、规范意识；

· 居住地区特点、住宅环境、迁居经历； 116

· 社交媒体的影响。

所谓直接被害化因素，是指在遭受被害时，直接影响其被害化的因素。其中，加害人的守法精神、精神状态、饮酒、使用毒品等，是促进实施犯罪行为（被害化）的因素，此外还包括季节、月份、日期等有关时间的因素，被害现场存在的因素，甚至天气、第三人介入，偶然事件等与现场有关的因素。

另外，被害人自己的言行有时也会促进被害化。被害人对对方（加害人等）进行的挑衅、诱发甚至是轻视疏远等，也会像“火上加油”一样，成为现实中被害的主要因素和直接被害化因素。

在被害人和加害人之间的对立关系中，情况比较复杂，有时很难区分哪些是被害人一方的问题，哪些是加害人一方的问题。被害人和加害人的认识关系，是需要特别考虑被害化的重要因素之一。在日本，如果受到熟人（认识的人之间）的侵害，往往会受到被害人一方肯定有过错这种偏见(prejudice toward victims)[1]的影响。为了从学术上客观地分析被害化的因素,有必要消除这种偏见。如后所述,在过去专家的研究数据中,根据什么标准评价被害人的过错,往往是模糊不清的。[2]

间接被害化因素,包括被害人的素质、属性、身世、生活经历等狭义的被害人特性,此外还包括导致被害人卷入案件的环境因素,以及长期积累下来的过去被害经历等;这些因素是间接的,但也是影响被害化的因素。

117 性格、体格、价值观等被害人特性,是间接因素。虽然在很多情况下,被害人的特点会对被害化产生影响,但不能说这是被害化的主要因素。早期被害人学提出过被害人的性格会招致被害、被害人的言行也会招致被害等极端观点,现在的被害人学已经不再采用了。另外,加害人的行为是被害化的重要因素。造成被害结果的是加害人,没有加害人的存在(加害人是导致结果发生的原因力)就不会发生案件。

被害人学不是从加害人的角度而是从被害人的角度来观察被害化因素的学问。相对于主要从加害人方面进行研究的犯罪学,被害人学主要是从被害人方面进行考察。当然,即使遭受了被害也要考虑被害人的性格有没有问题、在频繁调转工作方面有没有问题、在居住的地方有没有问题、人际关系有没有问题等。但是,被害化的主要原因在于加害人,讨论被害化时决不能忽视加害人的问题。不过,从被害人的角度分析加害人,这一点与犯罪学有很大的差异。

---

① 关于偏见的详细内容,请参见第八章“对被害人的偏见”。

② 日本关于被害人的有责性研究中,没有给出判断有责性的标准,多数观点模糊不清。例如,[日]樋口幸吉:《近亲杀人的被害人特性》,载《犯罪学杂志》1960 年第 25 卷第 6 号;[日]佐藤欣子等:《强奸犯的实际情况》,载《法务综合研究所研究部纪要》1978 年第 21 号等。详细内容请参见第七章“被害人的角色与有责性”。

五、案件发生时的状况因素

状况因素是在被害现场促进被害化的因素,查明状况因素对于解释被害的原因非常重要。

状况因素主要是有关场所和时间的因素。从被害实际情况统计来看,案件的发生有时集中在一定的季节、时间、地点等,如高中生遭受恐吓、暴行等被害的时间多在8—10月,入室盗窃的时间多发生在上午。也就是说,在这些季节、时间、场所更容易被害(同时容易发生犯罪)。

事发当天的天气也是重要因素。根据犯罪的种类不同,有的避开雨天,有的则选择雨天。自古以来,下雨不仅能消除犯罪的声音,
而且还能消除脚印等痕迹,所以犯人有意识地选择在下雨天实施犯 118
罪。

是否有目击者等当时在场的人,也是重要的因素。例如,有的被害人是为了保护恋人挺身而出却遭受重伤,有的被害人是因为他知道事实真相却口无遮拦、到处乱说。

1. 与场所有关的因素

被害的地点对于查明被害化的原因具有重要意义。亨蒂希在1948年的著作《犯罪及其被害人》(*The Criminal and His Victim*)中指出,德国有35%的杀人案(der Mord und der Totschlag)发生在森林中,“被害人处于被自然和社会孤立的状态,这是犯罪顺利实施的环境”。①

遭受被害的场所,随着人们生活方式的变化而变化。其典型的例子是盗窃。以前一提起盗窃就会联系到入室盗窃,被害的场所多数在室内,但现在的盗窃主要是盗窃自行车和盗窃摩托车,在室外的

---

① von Hentig, Hans. (1948). *The Criminal and His Victim: Studies in The Sociology of Crime*. New Haven, CT: Yale University Press.

盗窃占了压倒性的多数。① 2012 年盗窃犯罪有 1,040,447 件，按照犯罪手法区分，自行车盗窃为 29.2%、扒窃为 13.0%、盗窃车内物品为 9.9%、盗窃摩托车为 5.7%，多数都是所谓的非侵入盗窃。侵入盗窃在 1986 年占 39.1%，1996 年占 14.1%，2012 年占 11.1%，这个比例正在减少。② 有分析认为，盗窃者为了避开侵入带来的危险，采用了简单易盗的方法。另外，入室抢劫的情况也在减少，转变为在公司、事务所、银行甚至在路上抢劫等接近式方法。

强奸和性侵害的被害场所与此形成了明显的差异。以前对强奸

119 的表述有“户外奸”，意思是在光天化日之下实施强奸，因此强奸被认定为是在户外实施的犯罪。的确，那时的日本居住条件较差，宾馆等设施不完备，无论什么地方都可能发生强奸案件。但是，现在的情况发生了很大变化。

表 5.a 反映的是伤害、暴行、胁迫在何处实施的数据。由此可见，伤害和暴行多发生在路上，而胁迫则多发生在住宅内。

表 5.a　已确认的伤害、暴力、胁迫的发生地点

数据来源：2011 年《犯罪白皮书》第 13 页

	路上	住宅	服务场所	停车场	交通工具	商店	学校	其他
伤害 26,547	8038	5928	3358	2130	1068	1014	1154	3857
	30.3%	22.3%	12.6%	8.0%	4.0%	3.8%	4.3%	14.5%
暴行 29,593	1098	5065	3584	1915	2526	2172	390	2954
	37.1%	17.1%	12.1%	6.5%	8.5%	7.3%	1.3%	10.0%

① 根据 2014 年版《犯罪白皮书》第 213 页介绍，2003 年以后入室盗窃一直在减少，2013 年入室盗窃为 107,313 件，是 2002 年入室盗窃 338,294 件的 1/3 以下。另外，2013 年破案率是：扒窃 71.1%、抢夺 52.9%、入室盗窃 50.2%、盗窃汽车 36.5%。

② 参见 1997 年版《犯罪白皮书》第 414 页及 2013 年版《犯罪白皮书》第 7 页。

续表

	路上	住宅	服务场所	停车场	交通工具	商店	学校	其他
胁迫 2298	336	1029	193	91	27	106	62	454
	14.6%	44.8%	8.4%	4.0%	1.2%	4.6%	2.7%	19.8%

*“服务场所”是指从事服务行业的营业场所，包括生活环境服务、金融机构、公共竞技场、体育设施、娱乐设施等。

*“交通工具”是指公共交通工具，包括火车、飞机、船舶、公共汽车、铁路设施、机场、海港。

随着出国人员的增加，被害的地点发生在海外的情况也在增加。日本最大的旅行社 JTB 和伤害火灾保险公司的分析显示，海外旅行者每 75 人中就有 1 人会经历纠纷。[①] 到越是遥远的国家越容易遭受被害：①欧洲（每 55 人中有 1 人）；②美国（每 72 人中有 1 人）；③大洋洲（每 93 人中有 1 人）；④亚洲（每 103 人中有 1 人）。这可能是因为长时间的旅行和时差会导致身体出现不良状态，从而导致注意力散漫。

2. 与时间有关的因素

根据被害的种类不同，有的季节更容易遭受被害。特别是，年初因入学和入职等搬家的人数会增多，因此以财产犯为中心的被害人数也会增加。另外，性犯罪或暴力犯罪的被害，在夏天会增加；此外，也有在冬天容易遭受的被害。 120

重森幸雄对遭受强奸的季节进行了研究。[②] 虽然这是一项早在 20 世纪 60 年代比较久远的研究，但这项研究对东京都、宇都宫县、熊本县、山形县进行了比较。结果表明，东京的强奸被害比例与季节变化的关系不大；但以“雪国”著称的山形县在冬天的被害却很少，主要集中在 6 月到 9 月的夏季；而在熊本县，冬季的 12 月和 1 月的被害比例特别高。

---

① ［日］诸泽英道：《新版被害人学入门》，成文堂 2001 年版，第 194 页以下。

② 详细内容请参见第十三章“性被害”。

季节与人的行动有一定关系;从春天到夏季,人们的情绪会变得高昂和易动。当然,犯罪的发生也有增加的倾向。另外,在暑假等季节,学生的违法行为和被害也很多;这种情况除季节原因外,脱离学校控制的孩子们获得了解放感,对此也有很大的影响。

桥本重三郎对于高中生遭受被害的情况进行了调查,备受人们的关注。[①] 1966 年 10 月 10 日,以全国高中在籍学生为对象,通过多级分层随机抽签的方式选出了 47 所学校,1967 年 10 月 10 日对这些高中在籍学生进行了调查。根据对 27,093 名有效回答进行的分析,高中生被害最多的是 8 月,占全部被害人数的 16.3%。其次是 10 月为 15.6%,9 月为 13.2%。关于被害的内容,性犯罪占 37.3%,财产犯占 23.0%,暴力犯占 20.0%,这些被害约占全体被害的 80%。

在一天之中也有被害较多的时间段和被害较少的时间段。根据犯罪要避人耳目这一规律分析,凶杀犯罪多发生在夜间,财产犯和暴力犯多发生在白天(特别是午后)。关于时间段需要重视的问题是,考虑被害人的责任。例如,凌晨 3 时左右在繁华街道后面的小巷被袭击,人们会问"为什么这么晚还出来闲逛",有时被害人是有责任的。[②]

121 警察厅对 1987 年犯罪案件中的 157 万件(不包括交通事故)的发生时间进行了分析。该调查结果显示,犯罪较少的时间段是上午 4 时到 10 时(4—6 时最少,47,346 件),而犯罪较多的时间段是下午 2 时到 6 时(下午 2—4 时最多,199,487 件)。这一数据表明,占犯罪 2/3 以上的盗窃,案发最少的是上午 6—8 时,最多的是下午 2—4 时。

---

① [日]桥本重三郎等:《关于高中生遭受被害的研究:从三个刑事学的角度进行分析和考察》,载《法务综合研究所研究部纪要》1968 年第 1 分册。另外,该论文收录在[日]宫泽浩一编:《犯罪和被害人》第 2 卷,成文堂 1970 年版,第 29 - 82 页。

② 实际的例子是,1998 年 11 月某日晚 10 时左右,一名高中生在东京都江东区回家途中的路上被袭击,一位刑事政策专家在电视节目中评论道,"晚上 10 时回家的高中生被袭击,是不可思议的"。

不同类型的犯罪在发生的时间段上有不同的特点。调查显示，杀人、抢劫、放火、强奸等暴力犯罪，实施的时间多在凌晨2—4时，占14.9%；其次是凌晨0—2时，占12.8%；晚上10—12时，占12.4%。

六、加害人实施案件的因素

研究关于加害人向被害人接近的方法和获得掌握主导权的方法，在查明被害化因素时具有重要意义。

加害人利用被害人疏忽之际悄悄接近被害人并夺取财物，这在实施抢劫时是很重要的，这取决于加害人的接近方法和被害人持有物品的方式。根据警视厅1984年的分析，抢夺通常是从被害人后方下手的(89.0%)。如果在道路右侧通行时携带的物品也在右侧，或者在道路左侧通行时携带的物品也在左侧，被害比例则很低，为16.7%；因为加害人很清楚，从有水沟一侧抢东西是相当危险的。

这个数据非常符合实际，日本是车辆靠左侧通行的国家，"物品应当拿在左边"。如果左手挎着背包走在道路的右侧，就等于说"请来抢我吧"。多数人挎包都使用右侧，但在日本不应当是"人用右车走左"，而应当像国外那样，"人用左车走右"。

加害人通常从后方骑着自行车等悄悄地接近过来，抢下物品就一溜烟地逃跑了。很少有从前方靠近被害人的，也很少有使用摩托车等发出声音的交通工具靠近被害人的。但是，最近这种倾向也在逐渐改变。与是否有声音相比，重要的是尽快逃走，现在这类加害人有所增加，现在约4成的加害人使用摩托车。

内山绚子对实施强奸和强制猥亵的犯罪过程进行了分析。[1] 调 122
查是针对1997年10月到1998年1月末，全国警察处置的703起强

① [日]内山绚子：《性犯罪被害人的情况(1)性犯罪被害人调查为基础》，载《警察学论集》2000年第53卷第3号，第76-98页；[日]内山绚子：《性犯罪被害人的情况(2)性犯罪被害人调查为基础》，载《警察学论集》2000年第53卷第4号，第146-156页。

奸和强制猥亵案件进行的，年满18岁以上的被害人中有29%即204名被害人（强奸的被害人110人，强制猥亵的被害人87人）对调查进行了回答。调查的内容是在什么样的情况下遭受被害，并结合案件经过的分析，结果如表5.b所示。

表5.b　性犯罪的犯罪经过

资料来源：内山绚子：《性犯罪被害实况》，载《警察学论集》2000年第53卷第3号，第83页

	强奸	强制猥亵	总计
从身后实施	14.0%	24.0%	19.7%
埋伏	11.7	13.6	12.8
突然袭击	30.3	31.4	31.0
在约会期间	3.0	0.7	1.7
在车上	10.3	3.7	6.5
花言巧语	12.0	10.6	11.2
其他	20.3	16.3	18.0

强奸和强制猥亵，使用最多的方法是“突然袭击”，达到3成，而强制猥亵排在第二位的手段是从对方的背后下手，多数是在没人的地方实施。与强制猥亵不同，强奸也有很多时候是在车内实施。

秋江孝吉对于实施性犯罪的少年加害人，从接近被害人到实施之间有何特征进行了调查。① 该调查的对象（实验组）是1963年札幌家庭法院岩见泽分院处理的46起强奸案、2起强奸未遂案以及11
123 起强制猥亵案，共计59起少年案件。把这些案件与从一般少年案件中抽取的26件作为对照组进行比较。把实验组的少年分为由31名中学生组成的中学生组，和由5名高中生、14名在职少年、9名无业

① ［日］秋江孝吉：《少年保护案件中性犯罪的研究》，载《调研纪要》（家庭法院调查官研修所）1966年第9号，第87–110页。

少年共计28人组成的社会人组。结果如表5.c所示，中学生和社会人有相当大的差异。

表5.c　从加害少年看性犯罪的被害情况

资料来源：秋江孝吉：《少年保护案件中性犯罪的研究》，载《调研纪要》1966年第9号，第98－99页

方 法	中学生组	社会人组
在行走的场所当场	19人（61.3%）	10人（35.7%）
见面后被带走	11人（35.5%）	5人（17.9%）
从被害人住处诱骗出去	1人（3.2%）	6人（21.4%）
在与被害人交友的过程中	0	4人（14.3%）
从浴池回家的路上	0	3人（10.7%）
	31人（100%）	28人（100%）

该分析显示，无论是中学生组还是社会人组，“在行走的当场”进行袭击是最多的，中学生组为61.3%（19件），社会人组为35.7%（10件），但并不是很高。此外，使用“诱骗出去”和“带走”等其他方法的也很多。对此，秋江孝吉指出，“在诱骗的情况下，如果把中学生和社会人分开来看待，那么从被害人家里诱骗出来的，在7件中有6件是社会人所为；使用会面后将被害人带走的方法，16件中有11件，半数以上是中学生所为。也就是说，从被害人家里诱骗被害人，需要有较高的技术和心理上的优势，对于尚未成熟的中学生来说还是难以实施的”。①

七、熟人关系与关系犯罪

被害人和加害人这两个当事人之间如果认识，就称为熟人关系。

---

① ［日］秋江孝吉：《少年保护案件中性犯罪的研究》，载《调研纪要》（家庭法院调查官研修所）1966年第9号，第99页。

两位当事人相互认识的，称为“熟人”；单方面认识的，称为“不熟
124 悉”。有些案件是利用熟人关系实施的犯罪；而且，为了迅速完成犯罪，也有先建立关系，然后利用关系再着手实施犯罪。熟人关系影响被害化的事例很多。特别是，家庭、学校、工作单位的人际关系，由于在一起的时间长，而且还会持续下去，所以有时会因产生矛盾而引发案件。

熟人之间发生的犯罪包括，暴行罪、伤害罪、杀人罪、强奸罪等与人身有关的犯罪。[1] 另外，先建立熟人关系，然后利用这种关系实施犯罪的，有诈骗罪（不仅是商业交易的诈骗，还有结婚诈骗、考试诈骗、土地诈骗等）和非法传销。[2]

“关系犯罪”（Beziehungs－Verbrechen）一词，在20世纪50年代被用于犯罪学。特别是德国犯罪学者，把熟人之间发生的犯罪定义为关系犯罪。[3] 关于关系犯罪，著名的争论发生在舒尔茨（Schulz，H.）和纳格尔（Nagel，W. H.）之间。[4]

关于被害人和加害人的熟人关系，争议的重大问题是被害人的过错论。如上所述，这个问题也是对被害人的偏见问题。如果熟人之间发生伤害等案件，有人就会推测“人不会因小事发怒，也不会因小事而伤害别人。被害人被刺伤，是不是由于被害人做了过分的事情”。这就是典型的“如果没做什么，就不会被伤害”的偏见。但是，现实的很多案件是无论你没做什么还是做什么都会遭受被害，这对被害人来说简直就是晴天霹雳。

---

① 格宾格指出，在谋杀、故意杀人、伤害、胁迫、侮辱及对儿童的性虐待等犯罪中不可思议的现象是，行为人和被害人很早就相互认识。Göppinger（1980）. Die Tat und Ihr Opfer，In：Krimonologie. Munchen，S. 283－294.

② 请参见第二十章“经济被害和消费者被害”有关诈骗的内容。

③ 例如，凯泽认为，与诈骗和盗窃相比，人身犯罪和性犯罪在熟人之间实施的情况更多。Kaiser，Göunther（1985）. Krimonologie；Eine Einführung indie Grundlagen，7 Auflage，C. F. Müller Juristischer Verlag GmbH，Heidelberg.

④ Schultz，H.（1956）. Kriminologische und strafrechtliche Bemerkung zur Beziehung zwischen Täter und Opfer，*Schweize Zeitschrift* 71，Jg. S. 171ff；Nagel，W. H.（1959）. Victimologie，*Tijdschrift voor Strafrecht*，Deel 68，p. 7ff.

在以儿童为对象的犯罪中，例如诱拐、猥亵等，在大多数情况下是对正在公园等地玩耍的孩子下手。他们首先以稳重、温柔的大哥哥、大叔的亲和气氛接近儿童，用“给你买……”等话术吸引儿童的注 125
意力，然后把他们引导到没人地方，即从素不相识的状态制造十分亲近的关系，并利用这种关系实施犯罪。

在日本被侦破的主要犯罪案件中，加害人（犯罪嫌疑人）和被害人的熟人关系如图5.a所示。

这项分析对“熟人关系”和“亲属”等分别进行统计。但一般来说，“亲属”等也是“熟人关系”，所以两项结合起来就是以往所说的“财产犯瞄准的是不认识的人，侵犯人身的犯罪人瞄准的是认识的人”。

但是，这个统计中对“熟人关系”的定义是不正确的。狭义的熟人关系，是指家人、亲戚、同学、同事等一定程度上的亲密关系；广义的熟人关系，是指邻居、同一学校的人、同一公司的人等仅仅存在的认识关系，有时会点头问候，但没有特别交往。这种广义的熟人关系对于查明被害化具有重要意义，但日本这方面的数据很少。

强奸的熟人关系比例率为49.9%（亲属关系为4.6%，其他熟人关系为45.3%），比例并不高。这个数据是分析报案情况得出的，还 126
有很多没报案的案件（黑数）也需要考虑进来。很多人没有报案，可能是因为被害人有“都是熟人，不好意思告发他”的心理，从而导致分析的报案数量中“熟人关系”有所降低。

表5.d是2008年德国联邦刑事局筛选出来的犯罪统计，从既遂、未遂的角度分析了一些犯罪的认识关系。① 因为这个分析不是抽样调查，所以关于关系“不明”的比例变高了，但是对于全部调查来说，是宝贵的数据。

---

① Bundeskriminalamt (2008). Polizeiliche Kriminalstatistik Bundesrepublik Deutschland. Berichtsjahr 2008. Wiesbaden, p. 40.

图 5.a　被害人和加害人的熟人关系

资料来源: 2014年版《犯罪白皮书》第196页

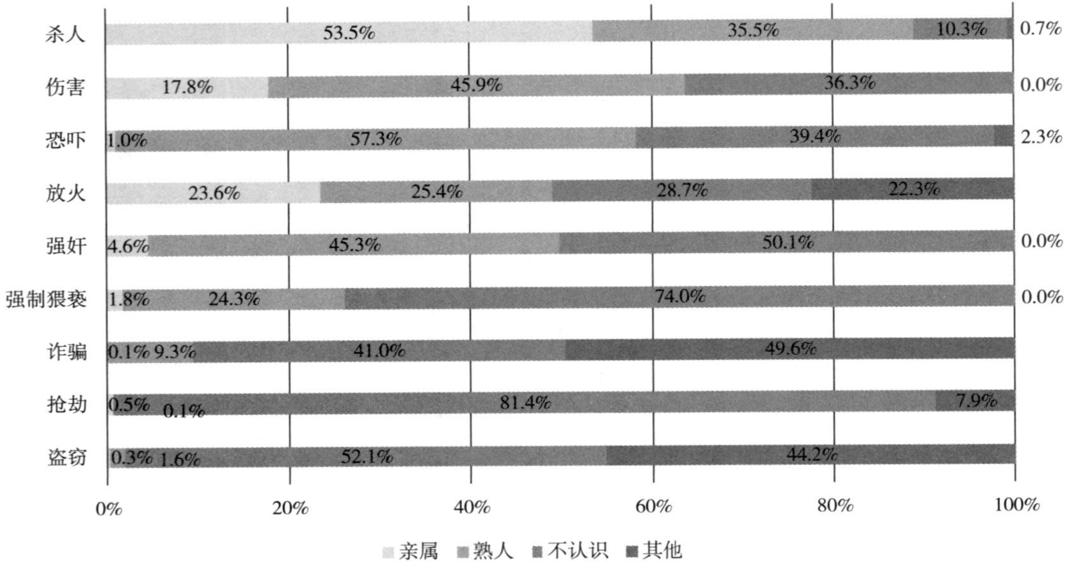

表 5. d　德国的被害人和犯罪嫌疑人的熟人关系

资料来源：2008 年德国联邦刑事局犯罪统计

		件数	亲属	熟人	当地人	以前熟人	生人	不明
杀人	既遂	722	43.8%	25.1%	2.4%	8.9%	10.4%	9.6%
	未遂	2021	21.0	27.7	2.6	12.1	26.8	9.8
性犯罪	既遂	13,329	25.0	37.0	0.3	14.5	16.6	6.6
	未遂	2368	14.1	25.1	0.2	12.4	37.7	10.5
抢劫等	既遂	45,655	1.6	8.6	0.3	8.2	63.7	17.3
	未遂	11,112	2.2	9.7	0.6	9.2	62.7	15.5
伤害	既遂	576,099	17.7	22.6	0.7	12.3	35.5	11.3
	未遂	32,060	13.4	18.5	0.5	11.8	45.1	10.7
侵害自由	既遂	217,650	18.3	24.3	0.7	12.9	30.2	13.6
	未遂	5360	12.2	24.4	0.7	14.9	34.3	13.6

这一年德国的犯罪案件共有 6,114,128 件，其中 54.8% 的案件已经被侦破。另外，暴力犯罪（gewaltkriminalität）是 210,885 件。其中，杀人（Mord，Totschlag）是 2266 件，强奸（Notzucht）等性犯罪 7292 件，抢劫（Raubdelikte）是 49,913 件，过失伤害、重伤害（gefährliche und schwere Körperverletzung）是 151,208 件。

2000 年德国联邦刑事局犯罪统计，从男女的分类分析了被害人与犯罪嫌疑人的熟人关系，如表 5. e 所示。①

① Bundeskriminalamt （2000）. Polizeiliche Kriminalstatistik Bundesrepublik Deutschland. Berichtsjahr 1999. Wiesbaden，pp. 62 – 63.

127 **表 5. e　德国的男性和女性被害人与犯罪嫌疑人的熟人关系**

资料来源:德国联邦刑事局 2000 年犯罪统计

罪名	性别	件数	亲属	熟人	当地人	前熟人	生人	不明
杀人	男	1889	15.1%	28.4%	6.2%	13.7%	23.1%	13.4%
	女	1000	48.5	30.5	1.4	3.9	8.5	7.2
性犯罪	男	1315	17.3	40.3	0.5	11.3	23.0	7.6
	女	14,354	18.2	33.9	0.7	12.0	27.8	7.4
抢劫等	男	45,935	0.4	9.9	1.1	10.1	61.1	17.4
	女	22,311	1.8	5.6	0.5	3.3	70.1	18.7
伤害	男	278,084	4.9	22.4	1.8	13.4	42.6	14.9
	女	142,752	24.1	35.8	1.0	8.6	22.0	8.4
侵害自由	男	86,518	5.3	21.6	1.8	13.3	41.4	16.6
	女	59,438	19.8	33.2	1.1	9.4	24.5	12.0

该分析显示,根据犯罪的种类不同,男女之间有明显的差异。如果被害人是女性,与男性的情况相比,遭受亲戚等亲密关系人的侵害比例较高,这个差距尤其是伤害、侵害自由和杀人更为明显。

八、狭义的被害人特性(素质、属性、身世、生活经历等)

狭义的被害人特性是该被害人与生俱来的属性和人生中身上具有的特性。特别是作为人的属性,往往就是人们常说的素质,人们天生就具有的容易被害的倾向(vulnerability)与素质之间有何相关,是需要研究的问题。

128 考虑到人的发育、成长、行为等各种问题时,必须考虑素质和环境的问题。人的素质在发育、成长过程中,随着环境的影响而变化,而且反过来又影响环境、改变环境。因此,如果把素质和环境理解为单纯的对立概念,就无法理解全貌。相反,有必要根据素质和环境之间的相互作用(interaction),动态地进行理解。从这个意义上说,作为被害化因素的素质和环境,不是固定不变的概念。

被害人特性发端于素质。但是,所谓的素质,一方面它是与生俱来完全没有变化的东西或者几乎没有变化的东西;另一方面,随着环境的变化,它有时很容易变化,有时又很难变化。因此,在这里把素质中基本固有不变的内容称为“与素质有关的因素”,把因环境影响可能变化的因素称为“与现在属性有关的因素”。

当然,并不是说现在属性是全部素质都发生了变化。其中必要考虑的是由素质而形成的现在状态。例如,现在所拥有的资格或职位等,与其说是由素质而形成的现在状态,不如说是因环境和努力而产生的,虽然他们与素质并非毫无关系。

另外,在被害人特性中,变化的过程也很重要,它是与生活经历有关的因素。当然,这些因素也与素质和现在属性有关。例如,现在的职业(现在的属性)和工作经历(生活经历)、体质(素质)和病历(生活经历)、精神疾病(素质/现在属性)和精神状态(现在属性)和精神疾病经历(生活经历)等。这些并不重叠,素质、现在属性、生活经历在各种场合,都有各自的意义。

在犯罪原因论中,人种问题是既古老又崭新的课题。很多人都相信这样的观点,即“白人多数被黑人杀害”,但在任何一个社会中,少数民族有时会因违反该社会主体民族的规则(文化),而被贴上“犯罪人”的标签。我们的立场是用环境论来讨论犯罪和被害,但这样存在的问题就容易把少数民族的价值观理解为亚文化,用大集团 129
的价值观指责小集团的价值观。[①]

亨蒂希(Hans von Hentig)在1947年出版的《犯罪:原因和条件》[②]中,引用了美国孟菲斯市的统计,“黑人是被害人时,加害人80%是黑人;白人是被害人时,加害人最多的是白人,占47%(黑人占

① 人们认为,亚文化包括儿童社会、暴力团体、女性社会等。

② Hans von Hentig (1947). Crime, Causes and Conditions.

21%)”。不过,亨蒂希使用之前 1926 年和 1927 年芝加哥市的统计分析中,“加害方被认定为正当化事由的比例,白人是被害人的,为 15.4%;而黑人是被害人的,多达 29.7%,黑人被杀的原因多数是因为被害人”。

1. 性别

比较一下男性和女性,有时男性容易遭受被害,有时女性容易遭受被害。男人和女人的差异,在有关素质因素的意义上,首先是生物学上的性别差异,但也不能忽视社会和文化上的性别差异(gender)。

在这个世界上,男女基本各占一半,所以加害人(犯罪人)和被害人都占一半也是很自然的;但实际上,男女的差别是显而易见的。从加害人的性别差异来看,2013 年被查获的刑法犯罪中女性所占比例为,盗窃 30.9%(其中扒窃为 41.4%)、放火 25.1%、伪造 24.2%、杀人 22.7%(其中杀害婴儿为 100%)。[1] 女性占全部被查获人员的 20.9%。

在全部犯罪人中,女性的比例常年保持在 4%—5%。1946 年达到 7.6%;1963 年首次超过 10%,达到 11.3%;此后逐年增加,1988 年首次达到 20.8%。此后,一直处于平稳状态。

另外,仅从杀人罪中杀害婴儿来看,2013 年 19 件中有 18 件是女性实施的,如果按百分比计算是 94.7%。盗窃中的扒窃,女性比例为 44.1%。

130 女性和男性哪个更容易遭受被害,这个问题不能从全部被害人的男女构成来分析。例如,可以按照每 1000 人被害率等因素进行比较,但日本没有这方面的数据。

根据美国联邦司法部的全美犯罪被害调查,1994 年全部犯罪的被害人,每 1000 人中男性为 61.7 人,女性为 45.1 人。按主要犯罪分类,全部暴力犯罪的被害,男性为 59.6 人,女性为 42.5 人;抢劫被

---

① 2014 年版《犯罪白皮书》,第 7 页。

害,男性为8.1人,女性为4.1人;性犯罪被害,男性为0.2人,女性为3.7人。

2008年的德国犯罪统计显示[①],2008年主要犯罪的被害人的男女比例是:杀人罪中,男性为66.6%,女性为33.4%;伤害罪中,男性为67.4%,女性为32.6%;侵害自由的犯罪中,男性为51.6%,女性为48.4%;性犯罪中,男性为8.0%,女性为92.0%等。

日本女性被害比例率高的犯罪是强奸。《日本刑法》第177条规定,“奸淫妇女的……”,只有女性才是被害人。

1992年版《犯罪白皮书》增设了“女子与犯罪”专项。[②] 这项数据显示,除交通业务过失外的刑法犯罪的女性被害人的比例,1991年是32.7%(505,478件)。另外,女性被害人比例较高的有,强奸(100.0%)、强制猥亵(96.4%)、抢劫(38.0%)、杀人(36.0%)、诈骗(35.7%)、盗窃(33.8%)、伤害(18.1%)等。

另外,1986年版《犯罪白皮书》显示了女性在刑法犯罪的死伤人员中所占的比例。女性在死者中所占比例是35.6%,女性在伤者中的比例是21.9%。

其中,被杀害的女性与被杀害的男性相比较也有一些特点。女性被男性杀害时,男性加害人的年龄多为30多岁,其次是20多岁;
而男性被男性杀害时,男性加害人的年龄多为40多岁,其次是30多 131
岁。另外,男性会被各种各样的人杀害,而女性往往被亲人或亲戚(55.0%)、恋人或情人(35.0%)杀害。

关于交通案件中女性的情况,1986年版《犯罪白皮书》进行了分析。该分析显示,女性的死亡率较低,而受伤率较高。从每10万人的事故发生率来看,发生死亡的情况是,女性为3.7人(未成年人为6.0人、老年人为13.2人);受伤的情况是,女性为371.9人(未成年

---

① Bundeskriminalamt (2008). Polizeiliche Kriminalstatistik Bundesrepublik Deutschland. Berichtsjahr 2008. Wiesbaden, p. 39.

② 1992年版《犯罪白皮书》,第277页。

人为493.1人、老年人为316.8人)。从法医学角度看,女性身体的柔软性可以保护其生命;除此之外,从社会学、文化人类学的解释尚未得到证实。

非法营销的被害人中女性所占的比例很高,消费者被害防止对策研究会于1988年10—11月对全国3000名普通居民进行了调查研究,[①]受非法营销劝诱且遭受实际损失的1530人中,女性为18.0%,男性为8.5%,女性是男性的两倍。另外,从遭受被害的次数看,“只有一次”的,男性为61.8%,女性为49.1%。女性反复遭受被害的情况很多。

2. 年龄

日本普通刑事犯的被害人年龄,如图5.b所示。从该图可以看出,尽管进入了老龄化时代,但被害人的年龄一般较低。40岁以下的被害人是57.5%,50岁以下的被害人是71.7%。

132 **图5.b 普通刑法犯罪中被害人的年龄**

资料来源:2011年版《犯罪白皮书》第185页。总数为1,256,644件

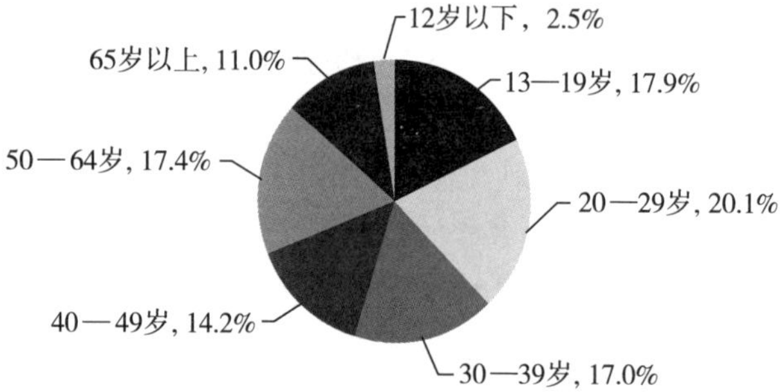

对被害人的年龄与2012年被查获的加害人的年龄构成进行比较:在50—65岁年龄段,两者均为17.4%;而65岁以上年龄段,被害

① 消费者被害防止对策研究会:《非法营销被害人的被害化因素的调查研究》,载《警察厅保安部生活经济课》1989年,第26页。研究会的成员有:安部哲夫、内山绚子、胜股美代子、铃木真悟、高桥良彰、户崎义文、西村春夫、诸泽英道。

人所占比重为 11.0%，加害人所占比重为 17.6%。①

年龄和被害的关系，是比较容易研究的课题之一，以《犯罪白皮书》为主的各类犯罪调查和统计，基本都对被害人的年龄进行了分析。

表 5.f 是德国的主要犯罪中被害人年龄的组成情况。在这份资料中，年龄层的区分与日本不同，因为不是按年龄段进行比较的，所以对比是困难的。杀人方面，18—21 岁和 21—60 岁的被害率较高；性犯罪方面，14—18 岁和 18—21 岁的被害率较高。此外，抢劫的高发被害人群为 14—18 岁，伤害的高发被害人群为 18—21 岁。

表 5.f　德国主要犯罪的被害人年龄结构 133

资料来源：2008 年《德国联邦刑事局统计》第 39 页

罪种/年龄	0—14	14—18	18—21	21—60	60—
杀人(2743)	6.5%	4.0%	7.5%	70.0%	11.9%
性犯罪(15,697)	10.6	26.9	14.5	46.7	1.3
抢劫等 (56,767)	6.5	15.9	12.6	54.8	10.3
伤害(608,159)	7.4	13.1	13.9	61.2	4.4
侵害自由(223,010)	4.6	6.9	8.0	73.3	7.3

法务综合研究所佐藤欣子等人，对 1973 年以前地方法院生效判决中的杀人犯 352 人、伤害犯 565 人进行了分析。② 据该调查，死伤的被害人大多集中在 20 多岁和 30 多岁（死亡的，20 多岁占 31.3%，30 多岁占 27.6%；受伤的，20 多岁占 39.0%，30 多岁占 25.0%），加害人半数是 20 多岁的年轻人。

① 关于加害人的年龄，参见 2014 年版《犯罪白皮书》第 6 页中的普通刑事犯被查获犯罪人员数据。

② ［日］佐藤欣子等：《关于侵害生命·身体的被害人等的实况调查(1)(2)》，载《法务综合研究所研究部纪要》(1976 - 1977) 第 19 - 20 号。

根据警察厅的统计(1991 年版《警察白皮书》),盗窃的被害人集中在 30 岁以上 60 岁以下,占 58.4%。不过,在入室盗窃中,户主也按被害人处理。在伤害、暴行、威胁、恐吓等方面,14 岁以上 29 岁以下的被害人占 48.8%,可以说这是人数最多的年龄段。

同样,根据 1991 年版《警察白皮书》的统计,从 60 岁以上老人遭受被害的情况看,盗窃占 87.2%,诈骗占 6.1%,损坏财物占 2.2%,伤害占 0.9%,侵占占 0.5%,放火占 0.3%。另外,从这些罪名与各个年龄段比较看,老年人不容易遭受身体上的被害,但容易遭受与居住和财产有关的被害。

也有高龄者和年少者特别容易遭受的被害。例如,从步行中遭遇交通事故的死亡率来看,老年人明显较高。从每 10 万人中死亡人数来看,死亡人数最少的是 13—15 岁为 0.1 人,16—24 岁为 0.4 人;最多的是 80 岁以上老人为 16.6 人,70—79 岁为 9.8 人,65—69 岁为 4.7 人。①

134 3. 身体脆弱性(体格、体力、身体残疾等)

实施加害行为需要体力,因此当然要选择体力小的人。攻击他人(特别是杀害他人)的行为是非常重的体力劳动。

行为人策划了完整的犯罪但因“手脚不听使唤”而失败,这类例子不胜枚举。1967 年 10 月,在东京都大井町车站前的宾馆里发生的杀人案件就是一个例子:过了中午客人还没有退房,服务员打开房间,发现了脖子上缠着腰带的年轻女子的尸体,且有亲笔遗书,上面写着女性因贪污巨款正在潜逃之中。但是,根据一些可疑的线索,经过不懈的侦查,这起案件最终确定是他杀,凶手很快被逮捕。

这个案件一开始制订了周密的计划,几乎应该顺利地完成犯罪,但由于意想不到的事情,没有按照计划进行,犯罪完全以失败告终。据犯人交代,他本来计划把安眠药掺在啤酒里让被害人喝,在脖子上

---

① 1996 年版《警察白皮书》,第 397 页。

系上像是自杀的绳索，然后把腰带缠在被害人的脖子后再吊到门梁上，但凶手的身体发抖，手脚不听使唤，再加上被害人的体重，怎么也吊不上去，最后只好放弃。自杀还是他杀，一般是通过脖子上的绞索来识别的，但在这个案件中，验尸的结果却无法判定自杀还是他杀。如果按照预定计划把腰带挂在门梁上，就有可能按自杀处理。

在人们的想象中，体格、体能较差的人容易成为凶杀犯和暴力犯猎取的对象，但也有体力强壮的人被刺杀。还有这样的例子，如果被害人没有多少反抗，杀伤行为在中途就可能停下来，如果激烈地反抗反而会被杀掉。有时会发生暴力团的干部引起成员的仇恨而被刺杀的案件。在这种情况下，明知道对方的体力比自己强但仍然进行攻击，开始时的攻击非常激烈，且超过抵抗，因为他知道一旦对方起死回生，自己的生命就有危险，于是刺了无数刀，尸检的结果实在是惨不忍睹。

4. 精神脆弱性（性格、倾向、精神障碍等） 135

对于被害人的性格，即使利用性格诊断测试和观察法进行分析，也是比较困难的。但是，使用性格自我诊断的方法，虽然在正确性上有些问题，但应用的频率还是比较高的。不过，心理学上的性格测试本身在客观性上就存在问题，因为回答者如何看待自己这一点是无法确定的。

对于智力发育迟滞的孩子，有时父母可能会盲目地爱护，最后导致带着孩子一起寻死。在盲目爱护的情况下，如果让孩子携带太多的金钱，可能导致孩子被袭击，也可能导致孩子永远也不能自立，最后遭受意想不到的被害。例如，所谓的“白痴美”女孩，她们在风俗场所接待客人，最终成为变态男性发泄欲望的牺牲品。[1] 日本与其他国家相比，据说有很多智力发育迟滞的孩子被父母带去一起自杀，与其说是因讨厌“智障”而杀人，不如说多数是因为家人对未来感到悲观

---

① ［日］宫泽浩一：《被害人学的基础理论》，世界书院1966年版，第203页。

而一起去死。

亨蒂希1929年发表了论文《杀父的问题》①,对父亲被孩子杀害的案件及其原因进行了分析。文章指出,如果孩子在精神上或肉体上存在缺陷,父亲往往会认为孩子永远也无法独立,孩子对这种严格的管制状态心怀不满,在经济上无法自立自主,久而久之酿成悲剧。这是由于缺陷引起实施加害行为的例子,但在相同背景下,主要的原因是父母对能力低下儿童的行为。

克雷奇默(Kretschmer E.)对体型与精神病及犯罪的关系阐述道,"有精神分裂症因素的分裂性气质,细长型体型的人很多,从患病早期就开始犯罪;有癫痫因素的黏着性气质,斗士型体型的人很多,很多人都是不良少年;带有循环性抑郁气质,很少是肥胖体型的人,
136 实施犯罪的人也较少"。② 现在已经没有人支持这种观点了,但这里提出了精神障碍与犯罪可能存在某种关系,这仍然受到很多研究人员的关注。

精神障碍、血型、体型与犯罪的关系是一个古老而又新颖的问题。现代科学从任何角度对此都是否定的,但这又是引起科学家好奇心的课题。也许是受到这种情况的影响,有关精神障碍与犯罪之间关系的文献特别多。

2014年版《犯罪白皮书》对有精神障碍的犯罪人进行了分析。③分析显示,普通刑法犯罪被查获人员262,486人中,精神障碍者等④

---

① von Hentig, Hans (1929). Zur Problematik des Vatermordes. *Monatschrift für Kriminologie und Strafrechtsreform*. S. 629ff.

② Kretschmer Ernst(1888 – 1964)是德国蒂尤文根大学精神医学教授。Kretschmer. E. (1955). Körperbau und Charakter, 21/22. Auflage.

③ 2014年版《犯罪白皮书》,第188页以下。

④ "精神障碍者等",是指精神障碍(如精神分裂症)、中毒性精神病、智力障碍、精神病质及其他精神疾病,以及根据精神保健医生的诊断给予医疗及保护的人;这里的"等"是指,根据《关于精神保健及精神障碍者福利的法律》(1950年法律123号)第24条规定,应当向都道府县知事通报的"精神障碍疑似人员"。

有3701人（占1.4%）；精神障碍者等的比例较高的犯罪有，放火（19.5%）、杀人（15.1%）、抢劫（3.3%）、胁迫（3.3%）等。另外，比例虽然并不高但件数较多的犯罪有，盗窃（1476人）、伤害及暴行（838人）。

法务综合研究所对1983年到1987年5年间不起诉处分的犯罪嫌疑人中被确诊的3520名精神障碍者进行了分析研究。该项研究表明，其犯罪案件中最多的罪名是杀人罪，占比为22.4%；其次是伤害罪为14.8%，放火罪为13.9%。

另外，从精神障碍的症状看，杀人罪约6成是精神分裂症，其次是抑郁症（14.0%）。因酒精中毒实施犯罪的较多的罪名是抢劫（10.0%）、伤害（11.8%）、伤害致死（20.2%）、放火（15.8%）等[①]。

对此，现在还没有涉及精神障碍与被害关系的数据。和IQ一样，调查被害人的精神障碍是不可能的。不过，"抑郁症""癫痫"患者多数是消极的被害人；精神分裂症患者反而是积极（攻击性的）被害人，他们的被害比例可能较高。

关于精神病质问题，学术界对概念本身有很大争议。克雷奇默 137
对精神病质提出的16项标准，包括暴力、不诚实、没有罪恶感、冲动、寻求刺激、人际关系难以持续、性放纵、叛逆症状等。如果这个定义正确的话，那么这些标准就应当被认为是值得关注的被害化因素。

5. 毒品依赖、酒精依赖、香烟依赖

很多学者指出，毒品依赖症、酒精依赖症与加害和被害都有关系。持有、使用毒品本身就构成犯罪，为了得到毒品而实施犯罪，使用毒品后产生幻觉而实施犯罪，因此毒品在很多方面与犯罪结合在一起。

许多调查都证实，很多被害人是在酩酊大醉状态下被害的。但是，现在还没有关于"酒精依赖症和被害化之间关系的研究"。

---

① 1996年版《犯罪白皮书》，第424页。

在研究毒品依赖症与犯罪及被害的关系时，首先要重新认识什么是毒品。一般所说的“毒品”，是指麻药、冰毒、鸦片、大麻等，但毒品还包括其他物质。例如，德国联邦刑事局关于毒品的研究报告中，除尼古丁、酒精、稀释剂、LSD、安眠药、吗啡、海洛因、可卡因等外，将可待因等代用品也纳入毒品中。① 香烟和酒精没有理由从毒品中分离出去，而且它们有很多共同点。

法医学者伊藤顺通分析了因交通犯罪而死亡的驾驶员、同乘人员、行人的血液中酒精浓度。② 据调查，无论是司机还是行人，浓度达到Ⅳ（1.5—2.5mg）的人最多。从血液中酒精含量高的交通事故死
138 亡者的年龄来看，司机多数是10多岁、20多岁的年轻人，行人的年龄则是以40多岁中年人居多。不过，60岁以上老年人很少醉酒驾车，但因醉酒在步行中遭遇事故的老年人居多。

九、广义的被害人特性（人际关系、环境等）

相对于素质和现在属性等狭义的被害人特性，成长经历、人际关系、生活经历等被称为广义的被害人特性。

广义的被害人特性包括有无配偶、与配偶或家人的人际关系、家庭（同代人）的构成、与朋友的关系、职场人际关系、邻居关系、周围人的被害体验等。另外，与规范意识低的人同居、工作单位破产、家庭成员突发意外等，也对被害化产生很大影响。

经常会发生这样的事件，很多居民非法倾倒垃圾，垃圾纠纷最后演变成了案件。③ 由于想法不同而引起的纠纷，也很可能发展成暴力

---

① Arthur Kreuzer, usw (1991). Beschaffungskriminalität Drogenabhängiger, *BKA - Forschungsreihe*, *Band.* 24, Bundeskriminalamt, 特别是第129页以下。

② ［日］伊藤顺通等：《酒精与法医学》，载《治疗》1983年第65卷第5号，第101-106页。

③ 很多重大案件是因垃圾场居民与周边居民之间的纠纷等演变而成的。1998年7月25日发生的和歌山毒物混入咖喱案件的背景就是因日常垃圾处理而引发的纠纷。

性犯罪。

在考虑被害化的原因时，不应局限于某一时间点的被害人特性，而应按照时间序列把被害人特性放在“时间流程”中加以理解。广义的被害人特性中除了年龄、学历、工作经历，还包括社会活动经历、前科劣迹、被害经历、毒品依赖史、酒精依赖史、结婚经历、离婚经历、性经验、近亲性交经历、被虐待经历、搬家经历、转学经历、跳槽经历、失败体验、成功体验等。

有些人不停地改变工作，从而形成人生的恶性循环，但在这种情况下，不能从 A 公司变为 B 公司这一个断面来分析，而要认真地分析变化工作对生活有何影响。实现了目的又改变环境的人生与遭受挫折而改变环境的人生，两者有天壤之别。

艾伦伯格指出，加害人有时可能转变为被害人，被害人有时也可能转变为加害人。无论加害还是被害，既是结果同时也是原因。例 139
如，主妇偷东西时被保安抓住，保安对家庭主妇进行猥亵（加害人的被害化）；被敲诈勒索的少年为了不损失钱财而敲诈他人（被害人的加害化）等。

很多文献都指出，一个人如果有过违背意愿的被迫的性体验，往往会走上不正当的道路，而受到性侵害的人往往会再次受到同样的被害。因为想要实施性犯罪的人，他们的目标主要是有过性经验的人或者不明确拒绝的人。

一般来说，人离开父母后开始独立，到了一定年龄就要结婚。因此，社会上对不结婚的人或离婚的人存在偏见。对于已婚的人一般不说“有结婚史”，但只要离过一次婚也被称为“有离婚史”，该人再次结婚时，则被称为“再婚”。也就是说，社会上多数人认为结婚的经历是通常的生活履历，而没有结婚的人、离婚的人、再次结婚的人都是有特别经历的人。但是，在分析结婚与被害化的关系时，应该像分析工作经历一样，以孤立的个人为前提，分析有关结婚、离婚的经历。

在家庭中，配偶的存在具有重大意义。如果夫妻关系良好，能够保持有效的沟通，就有助于预防被害；即使遭受被害，也能顺利得到恢复。这一结论在一般情况下是正确的。但是，最近在日本，出现了一些与此相反的现象。[①] 诸泽英道研究小组对非法营销的被害人进行了一系列的研究。该研究显示：与有配偶的人相比较，没有配偶的人不容易被骗（有配偶的比例是，被害组为 81.3%，普通组为 78.7%）；与配偶在劝诱现场相比，配偶不在现场的不容易被骗（登门销售的情况下，有配偶陪同的被害率为 58.3%，比其他所有情况都高出很多）。这完全是违反常识的，因为配偶的存在并没有发挥预防被害的作用。

有人认为，其原因可能是夫妻间交流的性质有问题。有些夫妻
140 的交流形同虚设。还有人认为，在不注重结果只注重过程的现代社会，偏重程序的现象已经深入到家庭。即使发生了被骗等问题，只要经过夫妻之间的意思确认程序，就可以放心地维持信赖关系。

关于同居家庭的人数，与配偶问题基本相同。家庭人数越多，商量的机会也增加，似乎可以起到被害预防功能，但事实上恰恰相反，在登门销售导致的被害案件中，3 人以上家庭成员的被害发生率最高。豊田商事案件中，遭受被害的多数是独居老人，因此有人指出独居与被害的关系，但是，豊田商事案件本来就是集中瞄准独居老人实施的案件。

常言道，物以类聚人以群分，被害人往往和被害人聚集在一起。熟人、朋友聊起“赚钱的话题”（被害的话题），而加害方则集中针对某个园区，列出某种职业的名单，因为被害人的周围可能存在类似的被害人。消费者被害防止对策研究委员会的调查研究显示，非法营销被害人的周围人的被害率达到 51.8%。[②] 被非法企业劝说而拒绝的人群是 29.2%，没有被非法企业劝诱的非接触人群是 16.5%。与其他群体相比，被害群体很明显高于其他群体。

---

① ［日］诸泽英道：《新版被害人学入门》，成文堂 1998 年版，第 353 页。

② 消费者被害防止对策研究会：《非法营销被害人的被害化因素的调查研究》，载《警察厅保安部生活经济课》1989 年，第 16 页。

从另一个调查中,也可以看到同样的趋势,即你是从谁那里听到“非法营销”一词的,对于这一提问的回答为“熟人、朋友”的人群中,被害群的比例为 33.6%,被诱导群为 30.2%,非接触群为 19.6%。这一差距不仅仅是因为和受到被害的熟人、朋友商量时,他们说“那是非法营销”。非法营销中最巧妙的传销或庞氏骗局都是利用现有的人际关系逐渐扩大被害的范围。现代已经到了“不要和朋友说赚钱的话题”的程度,应该注意的是现在已经到了熟人和朋友没有感情的时代。

考虑预防被害的时候,不能忽视媒体的存在。为了使预防被害的信息传播更快更广,有效的方法就是利用媒体,但媒体也可能成为
向加害人预备群体传授手法和技巧的工具。大众媒体不能只向善良 141
的市民传达信息,而不向想做坏事的人传达信息(媒体没有这种功能)。

随着媒体的发达,新出现的现象是模仿犯。使用以前没有的新手法作案的犯罪一发生,媒体就开始大量报道。结果,模仿这种新手法的模仿犯就出现了。有时也就只有一件,但时间长了,就一个接一个地开始模仿,半年或一年的时间全国就会出现数件到数十件的模仿犯案件。经常被模仿的案件有,诱拐儿童、劫机、放火、投掷炸弹、在食品中投毒等。

1984 年 3 月 18 日发生的固力果森永案件(警察厅挂牌督办第 114 号),是一起以食品投毒为手段恐吓企业的案件。在那个时候,模仿犯频繁出现。1986 年,共发生模仿犯案件 73 件,被查获 22 件。此后,由于警察等的业界指导,且制定了《关于防止在流通食品中混入毒物等的特别措施法》(1987 年 9 月 26 日法律第 103 号),案件数量达到顶峰后即 1988 年为 36 件(其中侦破 3 件)以后慢慢稳定下来了。[①] 由此可见,媒体有时会“制造”模仿犯,从而不断地“制造”被害人。

---

① 关于敲诈企业的案件,出处是警视厅刑事部搜查第一课的资料。

第六章

被害的弱点与反复被害

Vulnerability and Repeated Victimization

一、反复被害的被害弱点

被害人学的一个重要问题是，遭受被害的人有可能再次遭受同样的被害。在被害人中，有些人会因为性格和品行的原因无意识地接受被害。这种容易遭受被害的性格和品行，称为被害弱点（vulnerability of victimization）。① 这也意味着抵抗对方攻击（成为被害人）的潜在能力程度（a dimension that refers to a potential targets ability）。②

一般来说，被害人与加害人相比，无论是在能力上、经验上，还是在知识上都处于劣势。诡计多端的人欺骗那些心地善良的市民，靠力量取胜的人攻击处于弱势地位的人，这就是犯罪。容易被害的弱点，是指容易招致这种毫无防备的被害的性格（vulnerable character）。一般来说，具有这种容易被害弱点的人包括老年人、儿童（从幼儿到青春期后期左右的人）、女性、残疾人、伤病者、少数民族等，除此之外

---

① Doerner. William, G. & Lab Steven P. (2005). *Victimology* (4th Edition). Lexis Nexis & Anderson Publishing, NJ. pp. 283 – 284.

② Karmen, Andrew (2004). *Crime Victims: An Introduction to Victimology* (5th edition), Belmont, CA: Wadsworth, p. 89.

还包括只能逆来顺受的人。①

容易被害因素较高的例子是高龄者。各种调查数据表明,和老 143
年人一起受伤后去医院就诊的比例很高。② 美国国情调查办公室的报告也指出,2/3 以上老年人回答在健康方面没有问题,但老年人中患有慢性疾病的比例要比年轻人多。③ 很少有人认为老年人的被害容忍度较高,但有时他们对他人的危险性诱惑毫无防备。特殊诈骗、汇款诈骗等诈骗的被害人基本都是老年人。

容易被害的典型例子,除老年人外就是儿童。正在发育过程中的少年在父母的庇护下,选择行动的范围受到限制。林奇(Lynch,J. P.)指出,儿童的被害的高风险源于被害的弱点较高,但选择的余地非常窄。④ 特别是小学入学后,他们基本上处于家长和成人的看护状态下,进入了自立的前期,从加害人角度看,他们是“美味佳肴”。这就像狼和羊的比喻。再加上,日本的小学新生都戴着黄帽子,背着有黄色标志的书包,这不仅是守护孩子们的大人注视的目标,而且也成为加害人猎取的目标。⑤

即使是普通人,性格有弱点(脆弱、易受诱惑、易受伤害)的话也不易避免被害,还可能反复多次遭受被害。因此,对于有容易被害的

---

① 如果拒绝对方,就不能接受辅导,父亲就会失业,就会被调到艰苦部门等,因此很多人是处于不能说“不”的弱者地位。

② Bachman,R. (1992). “Elderly Victims. ”*Bureau of Justce Statistics Special Report*. Washington, D. C. US Government Printing Office. Cook, R. F. , Skogan, W. G. , Cook,T. D. ,& Antunes G. F(1978). “Criminal Victimization of the Elderly:The Physical and Economic Consequences. ” *the Gerontologist* 18,pp. 338 – 349.

③ Bureau of the Census(1995). *Current Population Report Series*, US Department of Commerce,Washington,D. C. pp. 25 – 1104.

④ Lynch,J. P. (1991). Victim behavior and the risk of victimization:Implication of activityspecific victimization rates. In:Kaiser,G. ,Kury,H. & Albrecht,H. J. (eds.). *Victims and Criminal Justice*,Max Planck Institute,Freiburg,pp. 543 – 566.

⑤ 野木笔记中记载,黄色帽子会给犯人留下好印象(2005 年 2 月 10 日),参见第十八章“儿童被害”。野木巨之是 2004 年 3 月 11 日高崎小学一年级女生谋杀案的凶手。

性格和品行的人，在他们的被害弱点较高时，应当提醒他们。一般来说，对强悍的对手不进行反驳的人、亲和且不轻易说“不”的人，平时对身边发生的事情无法集中注意力的人等，他们的被害弱点较高。

人们往往会无意识地重复同样的行动，加害人也经常分析人们
144 （被害人）的行动模式，预测他们下一个行为，使他们顺应加害人的意思行动。在只要注意就能预防被害的情况下，存在的问题主要是疏忽大意的行为模式。因忘记上锁把自行车停在停车场而被盗的被害人，他们可能再次重复同样的行为。在这类事例中，通过改变忘记上锁这种粗心大意的行为模式，当然就能防止再次被盗，而且为了防止被盗可以采取一系列对策，如换一个停车场、改变一下钥匙的结构等。

事实上，有一种人反复遭受被害，另一种加害人也反复实施加害行为。特别是财产犯罪、毒品犯罪、性犯罪、暴力犯罪等犯罪的再犯率较高。这些犯罪的相同背景是，被害人因其所具有的被害人特性而反复遭受被害。

米利沃耶维奇（Milivojevic）等人认为，被害的背景除了易被害性因素（vulnerability），还有机会性因素（opportunity）。[①] 机会性因素，是指犯罪人为了成功实施犯罪而将他所喜好的场所和时间等重要状况连接起来（the union of material circumstances）。而易被害性因素是指，犯罪者为了逃避法官和更生保护委员会对自己的处罚而从被害人性格上寻找有利于自己的理由。欣德朗（Hindelang，M. J.）等人指出，生活模式（Lifestyle Model）中的易被害性因素，就如同履行职务和娱乐活动这样，是被害人的生活方式与潜在的犯罪人（potential

---

① Milivojevic，Sanja & Copic，Sanja（2010）. Victims of Sex Trafficking：Gender，Myths and Consequences. In：Shoham，Knepper and Kett（edts），International Handbook of Victimology. CRC Press，p. 304ff.

offenders)之间的互动。①

另外,科恩(Cohen,L. E.)等人的沙盘活动模型(Routine Activity Model)列举了没能保护目标(被害人)的保护者(guardians)的情况。② 对于因性格等弱点而遭受被害的人来说,需要让他注意自己的弱点并给予支持。

二、无意识的重复动作 145

关于容易发生犯罪和事故的时间、场所和状况(Time,Place and Occasion,TPO),多年的犯罪学和被害人学的研究有很多积累。在遭受这种犯罪或事故被害的可能性较高的状态下,对此没有意识的人被害可能性自然较高,因此也会反复遭受被害。

人类的行动,越是日常的行动就越容易形成一定的模式。早上起床后的行动,例如换衣服、洗脸、吃饭、上厕所、看电视、查看邮件等,很多人都是按顺序进行的。这种模式往往是无意识形成的。乘坐电车或公共汽车时所站的位置,所坐的位置,在大厅或教室等所坐的位置,这些都是人们在日常生活中自然重复形成的模式。

这种人类的行为模式,常常成为被害的原因。对于哪只手臂提手提袋或手提包及其所在位置,很多人已经养成一种习惯。日本社会有"行人在右,车辆在左"的规则。并不是哪里都完全遵守这一规则,道路的情况也不一样,但是警方的分析显示,在一般道路上走在右侧的人用左手拿行李时,被抢的概率会增加。

日本的抢劫多是骑自行车进行的,抢劫犯一边骑自行车从行人的左侧擦过,一边抢夺行人的背包。如果对走在道路右侧的人从其

---

① Hindelang,M. J. ,Gottfredson,M. R. &Garofalo,J. ,(1978). *Victims of personal Crimes:An Empirical Foundation for a Theory of personal Victimization.* Cambridge,MA:Ballinger.

② Cohen,L. E. & Felson,M. (1979). Social Change and Crime Rate Tends:A Routine Activity Approach. American Sociological Review 44,pp. 588 -608.

右侧擦身而过,抢夺背包并逃走是很难的。如果差点被抢走背包的被害人撞上从右侧擦身而过的车辆,实施抢夺的犯人就会夹在墙壁和建筑物之间,甚至会有被抓住的危险。[①] 当然,抢劫犯是知道这一点的,于是他们静静地来到被害人的左侧。

146 很多人坐电车习惯于站在出入口的周围。但出入口周围是危险最高的地方,几乎没有人认为这是安全的安身之地。在各种被害案件中,导致危险发生的无意识行为往往是主要原因之一,但人们却没有意识到这一点,反复地做出危险的行为。

犯罪人反复实施犯罪,很难使他们改恶从善,被害人的习惯也很难改变。人们经常谈起犯罪的“手法”,通过手法进行侦查是重要的侦查手段之一。[②] 常习性的犯罪人具有的倾向是:①固定的类型;②不容易改变;③反复实施;④具有个人习惯性特征等。因为有些人用平时惯用的手法犯罪就可以安心、快速、可靠地实施犯罪,所以他们就自然而然地使用这个平时惯用的手法犯罪。但是,从侦查一方来看这恰恰是一件好事,是查获犯人的线索。

三、反复实施的犯罪和反复遭受的被害

在被害人学提出反复被害这一问题之前,在犯罪学中的犯罪者反复犯罪就已成为研究的重要问题。这意味着通过刑罚执行不能对犯罪人进行有效的改造,特别是在刑事设施的处遇远远没有取得进展的情况下更是如此。

预防犯罪和犯罪人的处遇是人类永恒的课题,许多国家都长期致力于此。在联合国犯罪防止会议上发挥中心作用的是美国,其联

---

① 对于从后面悄悄地接近的抢夺犯来说,最重要的是在抢夺前的瞬间不被被害人注意到,所以他们通常使用声音较为安静的运载工具——自行车;使用汽车或摩托车进行抢夺是特殊情况。

② 根据日本警察厅刑事局侦查第一课对犯罪手法的解说,将犯罪手法定义为,犯罪时间、场所以及犯罪行为实施时出现的手段方法等的类型。

邦监狱①被认为是理想的犯罪人处遇系统的典范。其基本理念是："在社会上，不能把犯罪人当作孤立的个体对待。监狱处置时要尊重 147 服刑人员的尊严，感动他们，给他们重新站起来的机会。"②也就是说，在尊重服刑人员的人权的同时，对他们进行必要的改造。然而，这一理念过于理想了，在现实中，服刑人员的人权和改过自新是很难两全的，在半个世纪后的今天，两者处于必须择一的境地（或者选择人权或者选择教育）。

犯罪人不会轻易改过自新，他们反复实施犯罪，再次回到监狱，这是一个有世界共性的问题。但是，日本的再犯率很高，引起世界各国刑事政策学者的关注。图 6. a 表示 1985 年到 1994 年被执行惩役刑、禁锢刑或拘役刑的人到 1994 年再次被关押到监狱等刑事羁押场所的比例。

图 6. a　惩役、禁锢、拘役的人再次被拘押的比例

资料来源：根据 1994 年《矫正统计年报》第 164 页数据制作

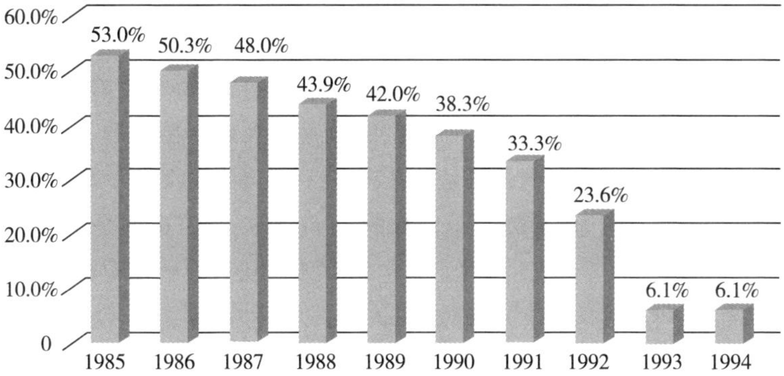

① 美国在联邦（federal）、州（state）、郡（county）分别设有监狱。

② 美国联邦的刑事设施有，联邦监狱（United States Penitentiaries）、联邦矫正设施（Federal Correctional Institutions）、联邦监狱基地（Federal Prison Camps），在 71 处矫正设施内，笔者访问了隆波克（Lompoc，加利福尼亚州）、孟菲斯市（Memphis，田纳西州）、摩根敦（Morgantown，西弗吉尼亚州）、布特纳（Butner，北卡罗来纳州）、丹伯里（Dt-mbury，康涅狄格州）等十多所设施，并取得了资料及说明。现在的联邦刑事设施是 1930 年创设的，每年的预算为 66 亿美元（约 7000 亿日元），有 38,000 名职员在这里工作。

根据图 6.a 的统计,1989 年到 1994 年年底的 5 年里出狱人员有
148 43.9% 再次被羁押在刑事设施中。另外 1985 年出狱的人到 1994 年为止,有 53.0% 再次被关押在刑事设施中。再犯率较高的原因,一般来说有以下几点:①在日本被判实刑并送到监狱,是在抑制性、谦抑性的法思想支配下确定的(也就是说,司法实务尽量避免适用实刑,只有具有继续犯罪倾向的人被判实刑);②在监狱的处遇依然以监狱工作为中心,并没有为了使罪犯改恶从善的各种教育性处遇环境。

特别是刑事司法制度是在谦抑性原则指导下运行的,这对被害人来说是一个很大的问题。正如本书第二十五章"为被害人利益的侦查与刑事追诉的权利"所论述的一样,被送进监狱这类刑事设施的人,占警察发现案件的 1% 左右、不到被查获人员的 2%。在日本,从某种意义上说,只有被严格筛选出来的犯罪人才会被关押在监狱中,所以其出狱后再犯率高是必然的结果。

2013 年被查获的 262,486 人刑法犯罪中,再犯者为 122,638 人(46.7%)。[①] 成人被查获者(不包括违反《道路交通法》的犯罪)中有前科的,从前科的次数看,前科一次的只有 39.2%,很多人有多次前科,有 5 次前科的人占 22%。[②]

有资料显示,犯罪者没有放弃犯罪,而是反复实施犯罪,有数据分析新进入监狱的服刑人员是第几次入狱。[③] 根据该数据,调查当时是初次入狱的人为 41.5%,第二次的是 17.8%,第三次的是 1.9%,第四次的是 8.4%,第五次以上的是 20.4%。从这个数据可以看出,60% 的服刑人员是多次入狱的。

另外,2009 年《矫正统计年报》显示,再次入狱的人员中,罪名与以前刑罚相同的比例是,盗窃为 73.0%(5518 人)、违反《冰毒取缔法》为 72.2%(4067 人)、诈骗为 46.8%(1155 人)、违反《道路交通

---

① 2014 年版《犯罪白皮书》,第 142 页。

② 2014 年版《犯罪白皮书》,第 143 页。

③ 2013 年版《犯罪白皮书》,第 129 页。

法》为42.0%（746人）、伤害为25.8%（744人）、强奸为24.4%（82
人）、违反《暴力行为处罚法》为23.3%（180人）、强制猥亵为20.0%
（120人）、非法侵入住宅为17.2%（291人）等。[1] 财产犯罪[2]、毒品犯 149
罪、性犯罪、暴力犯罪的再犯率也很高。

四、反复被害的四种类型

关于是否遭受被害，显然受加害方的巧妙手段和强度的影响，但随着被害情况研究的不断深入，资料显示被害人中的一些人反复遭受被害。[3] 这种反复遭受的被害也称为“重复被害”（repeated – victimization）或“再被害”（re – victimization）。

反复被害的类型有，被同一加害人反复被害和被各类加害人的被害。即使反复遭受同一加害人的被害，也不一定是同种的被害，也可能是不同种的被害。

另外，遭受新的加害人实施的被害中，反复遭受同种的被害是常习被害，遭受各种各样不同的被害是累积被害。具体来说，例如，对性侵害行为忍气吞声，加害人就会认为这是安全的被害人，日后就会反复实施性侵害行为。这些没有报案的被害人称为“沉默的被害人”（silent victim）。相对而言，对遭受的被害向加害人提出抗议，或者向警方报案，或者请求赔偿损失的被害人，称为“斗争的被害人”（fighting victim）。

在有些案件中，遭受强奸的被害人向警方报案，加害人因此被逮

---

① 2009年版《犯罪白皮书》，第209页。

② 法务综合研究所于2011年对生效判决的2421名盗窃犯进行了分析。该分析显示，再犯率较高的是，盗窃自行车为31.9%、扒窃为24.8%、偷香火钱为24.0%、盗窃摩托车为23.1%、盗窃汽车为16.2%。另外，请参见2014年版《犯罪白皮书》第270页。

③ United Nations Office for Drug Control and Crime Prevention (1999). Handbook on Justice for Victims. ,CICP Publications, p. 5.

捕、审判、服刑而产生仇恨，他们出狱之后杀死了被害人[1]。当被害人
150 被非法营销企业骗走物品而强烈要求解除协议时，有些非法营销企业会突然变脸对被害人进行恐吓。

需要注意的另一个要点是，与反复被害相似但又不同的概念是二次被害（secondary victimization）。二次被害是因遭受了某种被害而受到的被害。最初的被害即第一次被害（primary victimization）作为原因，引发了其他的痛苦和困难又降临到被害人身上。为了说明二次被害，在最初的被害和接下来所引发的痛苦和困难之间必须存在某种因果关系。二次被害的例子有：由于警察像对待犯人一样的态度对待他们从而使他们遭受痛苦；因遭受的被害被单位同事周知而不得不辞职；警察本来约定对被害人的名字进行匿名处理，但警察违背了承诺，被害人被公之于众，遭到债权人追赶讨债等。

非法营销中有一种叫作原野营销的手法。这种“销售法”是把地价极低的原野伪装成有开发计划，以此为借口高价出售。不法商家往往会伪造土地登记簿副本，而后向这种原野营销的被害人谎称“可以恢复损害”，于是收取被害人的定金。这种新的出售手法在媒体和业界称为“原野营销的二次被害”说，这也是被害人学上反复被害的例子。

五、反复遭受同一加害人的被害

对于反复遭受同一加害人的被害需要引起特别的注意。因为在很多情况下，被害人是无法挽回被害损失的。这种反复遭受同一人的被害，其主要的例子有，在同一工作单位、同一学校、同一小区等平时相同的生活圈，经常在同一个生活环境中发生的被害。此外，加害人和被害人的人际关系（特别是力量关系）可能重复出现，多数是基

---

① 这种类型的例子有，1997 年 4 月 18 日发生的 JT 香烟女职员被杀案（俗称仇恨报复杀人案）。加害人在 1989 年 12 月强奸了被害人，被判 7 年有期徒刑。杀人凶手怨恨被害人向警方报案，出狱后找到被害人并杀害了她。

于特殊的情况。

骚扰(harassment)、跟踪纠缠(stalking)、欺凌(bullying)、家庭暴 151
力(domestic violence)、虐待儿童(child abuse)等,往往会反复出现。这些行为本来只要实施一次就会触犯法律,但现实生活中很多情况是,在被确认反复实施之后,行政机关或司法机关才开始启动。特别是跟踪纠缠,人们往往不认为这是多么恶劣的加害行为,所以作为犯罪构成要件往往要求“重复多次”。①

以同一被害人为对象的加害人,正是抓住了被害人的弱点,这是极其恶劣的。但是,在现实中,这样的被害人往往被置之不理,很难得到救济。从难以开口的被害人立场考虑,有必要建立一套独立于警方且被害人也可以申诉的系统。例如建立“××中心”“××咨询室”等系统,使被害人在早期就能进行咨询,必要时还可以接触加害人。

菩兰蒂(Planty)等人指出:“根据全美犯罪被害调查,同一犯罪分子对同一被害人反复实施犯罪的案件,占所有暴力犯罪的60%。”②另外,法雷尔(Farrell)等人以英国被害人调查(British Crime Survey,BCS)为基础,对英国也得出了同样的结论。③

六、反复被害的现状

反复被害之所以成为问题,是因为通过对被害经历者的各种调查,发现被害人中有很多人是再次被害。④

---

① 关于跟踪纠缠的详细内容,请参见第十六章“跟踪尾随纠缠的被害”。

② Planty, M. & Strom, K. (2007). Understanding the Role of Repeat Victims in the Production of Annual US Victimization Rates. *Journal of Quantitative Criminology*, 23, pp. 179 – 200.

③ Farrell, G. & Pease, K. (2007). The Sting in The Tail of the British Crime Survey: Multiple Victimization. *Surveying Crime in the 21st Century*, (ed.) Hough, M. & Maxfield, M. 33 – 54. Cullompton, U. K. Willan.

④ Spalek, Basia (2006), *Crime Victims: Theory, Policy and Practice*, p. 12.

152 欧洲理事会(Council of Europe)在2006年6月14日举行的第967届成员国主管部长会议上采纳了一个建议[Recommendation Rec (2006) 8 of the Committee of Ministers to member state on assistance to crime victims],该建议重审了再次被害(repeated victimization)问题,并将再次被害定义为"被某一犯罪案件所伤害过的同一人,经过特定期间,再次被其他犯罪行为侵害的状况"(a situation when the same person suffers from more than one criminal incident over a specific period of time)。[①]

福里斯特(D. Forrester)等人1998年的调查研究显示,抢劫(robbery)的被害人遭受被害的可能性,比没有被害经历的人高出9倍多,他们可能再次成为抢劫的被害人;性暴力的被害人再次遭受被害的可能性比没有被害经历的人高出35倍。[②] 另外,福里斯特等人还认为,在英国受到过入室抢劫(burglary)被害的人比没有受到被害的人有4倍的再被害可能性。

根据法雷尔等人的研究,再被害率高的是家庭暴力(DV)、入室抢劫(burglary)、汽车犯罪、商品零售犯罪(retail crime)。[③]

特别是,很多人指出,入室抢劫的被害情况将会更加严重。梅休(Mayhew)[④]在采洛尼等人对欧洲8个国家调查分析的基础上[⑤],指

---

① Council of Europe (2006). *Victims Support and Assistance*, p. 73. Council of Europe Publishing, Strasburg.

② Forrester, D., Chatterton, M. & Pease, K. (1998). *The Kirkholt Burglary Prevention Project*, Rochdale Crime Preventin Unit Paper 13, London, p. 22.

③ Farrell, G. & Pease, K. (1993). "Once Bitten, Twice Bitten: Repeat Victimization and its Implication for Crime Prevention", Crime Prevention Unit Paper, No. 46, London.

④ Mayhew, P. (1987). R*esidential Burglary: A Comparison of the United States, Canada and England and Wales.* Washington DC: National Institute of Justice.

⑤ Tseloni, A. & Farrell, G. (2002). Burglary Victimization across Europe: The Roles of Prioe Victimisation, micro and macro - level Routine Activities. *Crime Victimisation in Comparative Perspective: Results from the International Crime Victims Survey*, 1989 - 2000, ed. P. Nieuwbeerta, 141 - 61. Hague: BOOM.

出抢劫的反复被害是世界共通的问题。另外，采洛尼认为，从强盗的过度分散（overdispersion）的情况看，美国比英国和荷兰的比例要高很多。[①] 不过，全欧洲类型（pan – European model）的过度分散率 153
（overdispersion estimates）非常相似。[②]

通过对再被害的研究发现，如果遭受被害的人是能够承受的人他就会反复多次遭受被害，而如果是不能承受的人则完全不遭受被害。如果是反复遭受被害的人，被害化因素中的个人因素就具有非常大的意义。

反复遭受被害的情况较多的是非法营销的被害。这一情况由消费者被害防止对策研究会通过对非法营销被害人的研究得到了证实。[③] 根据这个调查，在非法营销的被害人中，回答过去曾经受到过被害的人，如表 6. a 所示。

表 6. a　非法营销被害人曾遭受被害的次数

第一次	第二次	第三次	第四次	第五次	不明
52.3%	17.8%	5.6%	2.3%	1.0%	21.0%

消费生活调查研究会对 65 岁以上老年人遭受非法营销的被害的原因和对策进行了研究，调查结果如表 6. b 所示，反复多次被害的实际情况很明显。[④]

---

① Tseloni, A. & Pease, K. (2004). Repeat Personal Victimisation: Random Effects, event Dependence and unexplained Heterogeneity. *British Journal of Criminology* 44, pp. 931 – 945.

② Tseloni, A. & Farrell, G. (2002). op. cit.

③ 消费者被害防止对策研究会：《关于非法营销被害人的被害化因素调查研究》，载《警察厅保安部生活经济课》1989 年，第 27 页。研究会的成员有：诸泽英道（委员长）、西村春夫、高桥良彰、铃木真悟、内山绚子、胜股美代子、安部哲夫、户崎义文。

④ 消费生活调查研究会：《高龄者交易中的被害实况调查报告》，东京都生活文化局价格流通部 1993 年版，第 54 页。研究会的成员有：诸泽英道（团长）、西村春夫、山上皓、胜股美代子、野田阳子。

表 6. b　一般老年被害人中曾遭受非法营销的被害经验

第一次	第二次	第三次	第四次	第五次	不明
57.5%	17.5%	5.0%	2.5%	5.0%	12.5%

这里所说的反复遭受被害的人，其个人特性有很强的影响，个人习性不容易改变是被害化的主要原因。一次被害是一剂良药，是为
154 了防止下一次被害，但多数是“好了伤疤忘了疼”的人。由此可见，被害的原因部分来自被害人的本质。

七、从 16 种犯罪的被害经历的调查看多次被害

关于犯罪的国际比较研究日本委员会于 1989 年 10 月进行的被害调查中，包含了有关被害经历的内容。① 该调查的对象是全国 20 岁以上 3000 名成年男女。调查列举了 16 种犯罪的被害经历，并把被害经历分为“1982 年以前的经历”“1983—1987 年 5 年的经历”“1988 年 1 年的经历”“1989 年以后的经历”4 个时间段。

其中，关于 1983—1987 年 5 年被害经历的部分如表 6. c 所示。在这里调查的犯罪包括盗窃汽车、盗窃摩托车、盗窃自行车、入室盗窃、入室抢劫、偷窃、扒窃、性侵害、强奸、威胁车辆、胁迫、暴行、伤害等 16 种。男性的调查了 14 种罪名，但不包括性侵害和强奸。5 年期间，没有遭受上述被害的人约占 8 成（男性 79. 3%，927 人；女性 80. 6%，1001 人）。有被害经历的，男性 242 名、女性 241 名，有关询问受到几次被害的结果，如表 6. c 所示。

---

① 《犯罪被害人发生实况调查报告书》，载《JUSRI》1990 年 3 月第 1 卷第 1 号，第 25 页。

表 6.c　过去 5 年的被害次数

资料来源：1990 年的 JUSRI 报告，第 25 页

性别	1 次	2 次	3 次	4 次	总计
男性	203 人　83.9%	34 人　14.0%	5 人　0.2%	0 人	242 人
女性	202 人　83.8%	30 人　12.4%	8 人　3.3%	1 人　0.4%	241 人

* 对男性询问了 14 种犯罪的被害，对女性询问了 16 种犯罪的被害。

该调查结果显示，约有 16% 的男女在 5 年内遭受了 2 次以上被害。因为这项调查限定了 16 种犯罪，是累计的被害率，如果以全部 155 的被害为对象，估计被害率有 6 成左右。

八、欧美国家的再被害调查

最近，“反复被害”成为众多研究人员和联合国的预防被害机构关注的焦点。特别是，遭受过一次被害的人比没有被害的人，其再次遭受被害的概率更高。欧美进行的调查结果显示，某种犯罪的被害人在该时点没有被害经历，但此后在该类犯罪或其他类犯罪中更容易成为被害人。①

例如，在英国的“犯罪调查”中，回答问卷的被害人中有 50% 是再次被害的被害人（repeat victims），占报案犯罪总件数的 81%。另外，被害 5 次以上的回答人员占 5%，占报案犯罪总件数的 43%。曾受到非法侵入住宅的居民再次受到非法侵入的可能性，是从未受到过非法侵入的居民的 4 倍。39% 的小企业在前年至少遭受过一次被害，8% 的制造企业的被害在犯罪总数中占 63%，远远超过非制造业。

在加拿大，遭受抢劫、暴行或性暴力侵害的人比没有遭受过被害的人，再次遭受这些犯罪的可能性高 9—20 倍，遭受其他被害的可能

---

① United Nations Office for Drug Control and Crime Prevention (1999). Handbook on Justice for Victims, p. 46；［日］诸泽英道译：《联合国被害人人权宣言相关文献——为被害人的正义》，成文堂 2003 年版，第 104 页以下。

性也更大。在荷兰,43%暴力犯罪的被害人每年有2次以上被害经历,这种多次被害的被害人占暴力犯罪总件数的77%。

在美国,遭受抢劫被害的便利店从业人员中,有50%的人遭受过两次被害,经历过三次以上的人占33%。在大都市圈有1%的人口,
156 占5年期间非法侵入住宅被害的26%。从遭受同一犯罪人的再次被害的被害人情况看,实施暴行的一般是被害人的配偶、邻居、熟人、同学。

英国家庭暴力案件的90%—95%是再次被害案件,案件的30%是被害人在12个月内遭受了6次以上的暴力侵害。在加拿大,20%的家庭暴力被害人向警方报案2—5次,15%的家庭暴力被害人报案6次以上。在英国的小学,有16%的学生每周都被欺凌,17%的学生每天都被欺凌。

九、对反复被害的被害人提供援助的重要性

在许多案件中,犯罪被害的最大心理影响是被害人认为在任何地方都不安全。① 防止被害再次发生需要从两个方面研究对策:一是要采取强有力手段减少被害案件总数,尽早采取有力措施使被害人得到心理恢复;二是被害人支援项目的目的是使被害人从目前的被害中完全解脱出来。

英国的警察,为防止财产犯罪的被害人再次遭受被害而努力开展援助活动。住宅遭受侵入的被害人要求加强安全保障、获得财产状态的提示和犯罪预防的信息、对被害人最近的6户人家进行巡逻等。根据1998年遭受被害的数量,警察应对被害的水平大幅提高,如重点对点巡逻、建立犯罪者标识符号、优先采集指纹、租赁侵入警报设备等。如果是汽车再次被盗的被害人,可以考虑对他们采取安

---

① United Nations Office for Drug Control and Crime Prevention (1999). op. cit. p. 47;[日]诸泽英道译:《联合国被害人人权宣言相关文献——为被害人的正义》,成文堂2003年版,第105页以下。

放车辆标记、犯罪人标记、停车地点重点关注等措施。

除此之外,在防止再次遭受个人暴力犯罪方面建立了预防系统。为了防止家庭暴力的再次发生,可以给被害人配备用移动电话与警方连接的便携式警报器,给警察拨打电话时,警察能够优先接收,及时获得法院当时下达命令的有关信息。此外,被害人服务工作者还 157
可以制定被害人对策。学校欺凌的对策包括,加强监视、设置某个场所使被害人或目击者可以与有关公职人员秘密接触、与学生家长见面、组织学生互相对话小组、与加害人正式见面等。人们对上述各种措施进行了各种评价,普遍认为在减少再次被害方面取得了明显效果,而且警方将被害经历人员列入优先确认事项这一措施发挥了重要作用,这也是一项有效的预防措施。

被害人服务工作者也可以对被害人自己招致的被害的生活因素和行为模式(或者容易导致再次发生伤害的原因)进行确认和分析。在处理性别、年龄、收入等被害人无法改变的危险因素时,需要引起特别关注。某种犯罪的被害人,无论在该种犯罪还是其他犯罪,再次遭受被害的危险性很大,所以应当关注的危险因子也很多。例如,应该考虑最近的被害、被害的类型、被害人与犯罪人的关系、被害人的一天或一周的行动模式和犯罪之间的联系状况等。

一般来说,对于具有再次被害的危险性的被害人,除了要找出他们的生活危险因子,还要详细确认和讨论的内容包括最近的被害、案件的现状、案件的进展情况、被害人是否认为如果采取其他行动可能取得更好结果等。通过这样的讨论提出建议,就会有减少再次被害的可能性,改变被害人的生活状况和行动模式。即使从被害人的能力和资源情况看很难改变现状,但这些意见或建议也是给被害人的必要援助。上述交流对话,有时会暴露出被害人缺乏对犯罪防范知识,有时在对话的当时就能为他们提供防范的手段和具体建议。

十、滥用权力的再次被害

158 从古至今,形形色色的滥用权力一直大量存在于电视剧和案例之中。[1] 历史上有很多因滥用权力而臭名昭著的人物,以滥用权力为题材的电视剧也不少,也有在长期艰苦卓绝的抵抗运动中为解救劳苦大众而战斗的英雄。除此之外,还有一些人展开了有组织的抵抗运动,甚至引发了国家之间的纷争。很多国家为了对抗强大的滥用权力行为,建立了国际组织或国内组织;为了拯救水深火热的苦难民众,甚至多个国家结成国际同盟。

根据联合国的分析,在许多国家,尤其是在战争时期,再次被害的被害人往往生活在犯罪多发地区。[2] 提起滥用权力问题,近年来,武力纷争造成了无数的被害人,其中大部分是平民,而且主要是妇女和儿童。因部落之间斗争、种族纷争、同族之间纷争、大规模强奸、绑架、驱逐、“民族净化”(ethnic cleansing)、刑讯逼供、恣意拘留、杀人等的牺牲品,大幅增加。根据联合国高级专员办事处对难民的估计,1996 年年初全世界(从国外来的)难民有 1320 万人,归国难民有 340 万人,国内难民有 460 万人,武力冲突的被害人有 480 万人。

此外,在部分地区还可以看到使用儿童士兵(10 岁以下)、强制儿童劳役、采用新形态的奴隶制、非法买卖儿童、性奴役儿童(观看性行为)、诱拐或杀害流浪儿童等,被害的规模不断扩大。根据联合国儿童基金会的推测,在过去的 10 年里,因武力纷争,有约 150 万名儿童被杀害,此外有约 400 万名儿童出现身体障碍、残疾、丧失视力、脑

---

① United Nations Office for Drug Control and Crime Prevention (1999). op. cit. p. 48;[日]诸泽英道译:《联合国被害人人权宣言相关文献——为被害人的正义》,成文堂 2003 年版,第 107 页以下。

② United Nations Office for Drug Control and Crime Prevention (1999). op. cit. p. 5;[日]诸泽英道译:《联合国被害人人权宣言相关文献——为被害人的正义》,成文堂 2003 年版,第 22 页。

功能障碍，而且还有许多精神残疾儿童；至少有500万名儿童被赶出了自己的故乡；有1亿—2亿名儿童被奴役，而且大多数的孩子在路边上工作和生活，他们往往成为狡猾的商人和人贩子的牺牲品。

从国外流入的难民和国内的难民，由于他们所处的地位，很容易成为虐待的牺牲者，经常遭受二次被害。例如，对移居者实施暴力的 159
案件，[①]他们不仅遭受雇主、中介人、警察等人的身体虐待、精神侵害、性侵害，而且成为他们的经济奴隶。难民和移居者也成为仇恨犯罪（hate crime）和剥削性商业行为的目标。

世界很多国家为了防止、抑制、禁止滥用权力，采用了法律制裁措施。这些国家几乎都通过现行法律对滥用权力的行为进行了有效限制。但是，也有一些国家没有在国家层面对滥用权力采取制裁措施。为此，跨国企业、政府、军队、医疗机构、警察组织、恐怖组织、宗教团体，甚至连被害人父母，都肆无忌惮地行使违法手段，如环境污染、价格操纵、种族灭绝、种族隔离、对市民轰炸、医学实验、刑讯逼供、弃育等手段残忍的行为。然而，并不是说采取法律制裁措施就能抑制滥用权力行为。虽然很多国家都有制裁滥用权力的法律，但权力滥用现象仍然十分严重。对滥用权力的真正对策不仅是制定法律，而是对该行为适用法律。

众所周知，滥用权力问题的严重性远远超过了一般犯罪。但是，到目前为止，还没有对滥用权力的被害内容和规模进行综合性调查。为了获得制定新政策的基础数据，需要根据统一的条件、标准和方法进行综合调查。要想严厉抑制滥用权力的行为，就必须有目的地制定能够直接铲除滥用权力产生根源的计划、政策和法律，而且不能只停留在讨论上，而是必须坚决贯彻实行。

① 参见《关于对女性迁入劳动者实施暴力的事务局长报告》（E/1996/71）。

第七章

被害人的角色与有责性

Victim's Role and Culpability in Victimization

一、与法律责任不同的有责性

并不能说被害人总是没有过错,因而没有责任。被害人身份与被害原因两者之间没有直接关系。有时,被害是由被害人自己招致的。因为各种基本人权都需要保障,所以有些案件中引起纷争的双方当事人各自不同的人权都可能受到侵害。在极端的情况下,双方都主张自己是被害人。

我们可以想象这样一起交通事故,行人跨越栅栏闯入高速公路,被正在行驶的汽车撞倒造成重伤,汽车司机因车辆破损而遭受物质损失。从刑事法学的角度看,生命和身体的被害与物的损失之间,当然前者的保护价值更高,因此首先应该研究是否追究司机的刑事责任问题。有时,物品的损害甚至可能不了了之。[1]

但是,对于司机来说,他只是在高速公路上按照交通规则行驶而已,有人闯入高速公路简直是晴天霹雳。在刑事审判中,这需要在起诉书"应构成犯罪的事实"的范围内进行分析。

---

① 关于司机和入侵者之间的损害赔偿,根据民事法的规定处理。在这种情况下,有时会考虑互相抵消过失(如司机的过失是 3 成,入侵者的过失是 7 成,按照这一比例处理)。

对于这样的事例，不应从法律的角度而应从现象学的角度来解释被害原因。需要研究是谁造成了事故原因，当事人与结果有何关系。被害人学所定义的责任（responsibility）不是法律责任，也不是被害化原因的比例大小。如后所述，有责性不是从与对方的关系角度 161
进行评价，而是作为被害人自身的问题以绝对的标准进行评价。

人们期待被害人学能在解决司法、行政纷争方面发挥更大的作用。也就是说，被害人学可以为评价各当事人的过错程度（有责性）提供标准。

二、在被害化方面承担责任的被害人

如果分析一下犯罪等加害行为，就会发现有些案件的被害人对结果的发生有某种促进作用。阐明这种作为被害化促进因素的被害人诱发行为（precipitation），①不仅有助于处理被害的问题，而且在预防被害的对策论上也具有重要意义。因为有些人会在自己不知不觉之际对他人做出诱发、挑衅的言行。

为了查明被害化的原因，不仅要关注被害人的诱发行为，而且还要关注其是否存在酩酊大醉的状态、毒品的使用、睡眠不足等因素。这种状态是由本人引起的，也是判断有责性的重要因素。

被害人的诱发行为是对整个案件的评价产生巨大影响的重要因素，毕竟在这种情况下被害人可能是有问题的。在与案件或事故相关的当事人中，有时很难确定谁是加害人、谁是被害人。在被害已经发生的情况下，不是只有受伤的当事人一方才成为被害人，当事人双方都受伤的情况也很多。在这种情况下，原则上最先开始实施加害行为的人就是加害人，但也有些案件从一开始就搞不清是谁先实施了侵害行为。在这种情况下，一般来说遭受被害较大的一方被认定 162
为被害人。例如，双方开始时发生口角，后来发展到互殴，结果是一

① “precipitate”一词的含义是，“突然引发”“提前发生”，这里翻译为“诱发”。

方受重伤另一方受轻伤，在这种情况下一般人会认为受重伤的一方是被害人，受轻伤的一方是加害人。

这类问题在正当防卫成立的情况下也经常发生。正当防卫（self-defense，legal defense）①的理念，即受到急迫而不正当侵害的人，为了维护自己的权利，可以使用暴力进行反击。关于正当防卫，《刑法》第36条规定："对于急迫的不正当的侵害，为了保护自己或他人的权利而不得已采取的行为，不予惩罚。"

不过，正当防卫的条件并不要求自己最初没有进行攻击。即使事端是因自己的不当行为而引起，但在遭受对方攻击的情况下，也允许正当防卫。② 一般来说，这种情况否定正当防卫的判例较多。

对于双方互相攻击吵架的案件，也有不同的判例。判例认定的原则是，"需要全面综合考察打架争斗的情况，而不能根据打架行为中攻防的瞬间情况进行判断"，"即使双方打架，在有些情况下也可以成立正当防卫"。③

但现实并非如此简单，特别是交通违法犯罪行为，有时很难认定。例如，在有信号灯的十字路口两辆车相撞，如果是一方闯红灯冲进道路中间，另一方无视禁止右转而右转，就很难判断谁是加害人、谁是被害人。共同违反道路交通法律时，应当对对方受伤承担责任（民事和刑事）。但在这种情况下，应当如何认定双方谁是被害人谁是加害人，是不是受伤严重的一方就应该被认定为被害人，这是需要研究的问题。

163 对于这类案件有一个认定标准就是"信赖原则"。④ 该原则是以

---

① 关于正当防卫的详细内容，请参见第十一章"暴力被害"。

② 1914年9月25日大审院判决，刑录20-1648。

③ 1957年1月22日最高法院判决，《刑集》11-1-310。

④ 信赖原则，是20世纪60年代汽车急速普及过程中确立的原则（1966年6月14日最高法院判决，最判《刑集》20卷5号449页）。另外，也有人指出，在德国采用信赖原则以前的大正时代，日本就已有采用信赖原则的判决（1914年3月11日大审院刑录20辑278页）。[日]藤木英雄：《过失犯的理论》，有信堂1969年版，第72页。

所有司机互相信赖对方在遵守交通规则的情况下安全驾驶为前提，判断加害人和被害人。

被害人对加害人的挑衅言行往往会对加害人的动机产生很大影响。但是，在存在挑衅、诱发言行的情况下，还要综合考虑穿着怎样的服装、走路的样子如何、怎样说话、有什么表情等，即使有对加害人的挑衅、诱发言行，也不能说是被害人自己招致了被害。

关于性犯罪等这类人们长期以来一直有较强偏见的被害，一般来说，认定的倾向是被害人的过错较大，而加害人一方的责任较低。[①]早期的被害人学文献经常有人指出，穿着暴露度较高的服装的女性理所当然会遭受性侵害。例如，宫泽浩一认为"明确地说，被色狼侵袭、被性恶作剧恶搞的被害人，都在某种形式上有破绽或疏忽大意。变态者喜欢的类型、容易捕捉目的状态到底什么样？一言以蔽之，就是那些姿态不正的女性。让人一看就有一种想要发泄物欲的感觉。超过需要以上的肉体线条、隆起的胸部、腰肢招展的服装等，只能撩起人们的变态欲望"[②]，多数性犯罪都是由于被害人引发的。

通常认为，熟人关系也是诱发被害的重要因素。在平时的人际关系中发生纠纷，其中一方因纠纷攻击对方或损害他人名誉，有时甚至进行诈骗。很多案件都是发生在人际关系的延长线上，如果案件发生后被判断是受到熟人的被害，人们就会推测这可能是由于被害
人的过错引起的。但是，被害人学查明被害的原因并不能依靠这种 164
非科学的感觉。

饮酒或吸毒与被害的关系，就像饮酒与加害行为之间的关系一样重要。很多人是因为醉酒而被卷入案件的，也有人是因为使用毒品而被卷入案件的。饮用酒精和药物对人的行动有很大的影响，常常会侵害他人的权利。也就是说，这些都是引起加害行为的重要因

---

① 关于对被害人的偏见，请参见第八章"对被害人的偏见"。

② ［日］宫泽浩一：《被害人学的基础理论》，世界书院 1969 年版，第 272 – 273 页。

素,同时是导致被害的因素。

三、门德尔松的有责性概念

有责性的概念是由被害人学之父本杰明·门德尔松(Beniamin, Mendelsohn)首次提出的。门德尔松对被害人的有责性,从与加害人的关系角度进行了5个阶段分类。

1. 完全没有责任的被害人(理想的被害人);
2. 有责性较小的被害人(无知的被害人);
3. 与加害人具有同等程度责任的被害人(自发的被害人);
4. 比加害人的责任大的被害人(诱发的被害人);
5. 责任最大的被害人。

责任最大的被害人包括攻击性的被害人(正当防卫等)、欺骗性的被害人(诬告罪的犯人等)、想象性的被害人(病态偏执狂、歇斯底里、病态狂言症等的突发性行为等)。

法学家门德尔松根据上述分类法,从被害人的责任与加害人的责任,提出了相对的有责性概念(法律上的责任概念)。但是,在查明是什么原因引起被害时,不能只从加害人和被害人之间的关系来探求导致结果发生的原因。两者的责任并不一定是反比关系。有责性概念是为了探究导致结果发生的原因力,这个概念与法律责任概念不同,应当对所有的被害化因素进行综合判断。

165 四、有责性概念的绝对性

诸泽英道通过1985年实施的两项调查对有责性进行了确认,即人们不是依据相对的标准而是绝对的标准认为有责或理解责任的概念。① 协助本次调查的722名学生被分成4个小组。

---

① 调查的对象是1988年5—6月在首都圈的K大学和T大学的学生。回答者,K大学学生546名,T大学学生176名,共计722名。[日]诸泽英道:《现代型被害中的被害人特性和被害人的有责性》,载《法律广场》1988年第41卷第7号,第34页以下。

在第 1 项调查中,准备了有 7 人参加的故事,对其中 4 名案件核心人物进行了 10 个阶段的责任评价。如果让各回答者只对 7 名登场人物中的 1 人进行评价,则各组的评价平均值合计为 17.45,远远高于 10.0。

在第 2 项调查中,展示了 4 名登场人物的故事,并进行相对评价,从对全部 4 人进行的评价看,平均值的合计大约为 10。

由此可以看出,如果让一个人默默进行评价,几乎所有的人都不是相对评价,而是绝对评价。

因此,为了进一步确认这种倾向,在 1989 年 5 月,从登场人物 2 人的情况到 5 人的情况,准备了 4 个种类的案件,以 1068 名学生为对象进行了调查。结果如表 7.a 所示,随着登场人物的增加,满足各平均值的点数也在变多,同时 1 人平均的点数在变低。

表 7.a　登场人物的数量与责任评价的关系

登场人物的数量	点数的合计	1 人的平均点数
2 人	8.61	4.30
3 人	13.61	4.54
4 人	16.21	4.05
5 人	18.57	3.71

该调查显示的倾向是,如果没有指定评价办法,人们对于每个登 166
场人物进行无意识的绝对评价,随着人物的增加,与其他人物的关系上产生平衡,人均分数逐渐降低。

所谓责任涉及的问题不是只讨论特定的原因,该人所处的立场、偶然的因素等也会对责任的评价产生影响。

法律责任是对加害人中的犯罪人使用的概念,意味着对行为人做出该行为的“社会评价或谴责”。因此,这个概念探讨的问题不是犯罪人对被害有多大的原因力,而是社会对该行为进行什么样的社会非难。

五、有责性评价和研究者的偏见

以前很多研究者都提出过一个观点，即被害人的有责性评价，只不过取决于评价者的价值观。

被害人对被害程度的责任问题，是加害人在实施加害行为时，对其动机是否产生强烈影响的问题。具体来说包括，是否激怒了对方，是否违背承诺且没有诚意，是否有过挑衅的言行等。如果有这种触发（trigger）[1]行为的话，可以判断被害人存在有责任。但是，以往的研究涉及许多日常生活中的问题，如被害人睡醒后情绪很糟、饮酒过量、嗜赌成性、无固定职业、人际关系不佳等。这些观点（对被害人的偏见）从 2 个世纪前的费尔巴哈时代开始一直延续到现在。[2]

167 日本有很多有关被害人有责性的研究。但其中大部分是基于研究者（共同研究的情况下是多名研究者）的价值观来判定的。也有些研究仅限定于分析被害人醉酒时其过错有多大。还有些研究范围限定于遭受熟人（认识的人）侵害时被害人可能存在的某种过错。

吉益脩夫在 1958 年发表的《从犯罪生活曲线研究杀人犯》[3]中，对 40 例杀害长辈亲属的案件（被害人中，亲生父亲 20 例、亲生母亲 10 例、父母 1 例、祖父 1 例、祖母 1 例、岳父 4 例、继母 1 例、岳父母 2 例）进行了分析，论文指出特别是在杀父的情况下，很多情况是被害人因酒精中毒、不顾妻子的性放纵等过错引起的。这是日本最早讨论被害人的有责性问题。但是，提出被害人有责性的观点背后隐藏

---

① “trigger”一词来自荷兰语，意为“拉”。在表示引起、诱发、挑衅案件时，经常使用这个词。

② 费尔巴哈在 1828 年所著的《根据著名犯罪记录的叙述》中所收录的吉丁塔尔磨坊杀人案件就是典型的例子。关于被妻子杀害的男人，费尔巴哈认为：“他（是丈夫，也是父亲）自己引起了对他犯下的所有值得刑罚处罚的行为。”详细内容参见第一章“被害人学的历史”。

③ ［日］吉益脩夫：《从犯罪生活曲线研究杀人者》，载《精神神经学杂志》1958 年第 60 卷第 12 号。

着性放纵的人被杀是自作自受的意识，这不是被害人学的视角，而是犯罪学视角。

受门德尔松有责性概念的影响，樋口幸吉对杀人的被害人进行了分析。樋口于 1960 年发表了《近亲杀人的被害人的相关研究》一文[1]，列举了研究被害人的意义有三点：①诱发犯罪发生具有明显的被害人人格特性；②如果能够查明被害人和加害人之间的人际关系，也就查明了社会病例性的人际关系；③查明被害人的诱发作用比例可以为量刑提供科学的依据。

该研究从 1955 年因杀人罪一审被判有罪的 780 个案件中，分析了基于事实被认定为杀害近亲（包括未遂）的 240 件案件的 273 人（男 185 人，女 88 人）。[2] 其中 37 起案件是由被害人诱发的，分析表明，其中有 15 起案件的责任明显在被害人一方，有 10 起案件的责任明显在加害人一方，2 起案件是因为儿媳被欺负、虐待继子，4 起案件
因为被害人唠唠叨叨、1 起案件是因加害人的护理不精心、5 起案件 168
的原因是双方相处不和睦。被害人明显有过错的 15 起案件中，对妻子施加暴力或粗野行为 9 起、有饮酒恶习 7 起、性放纵 3 起、迷恋娱乐场所 1 起、常习赌博 1 起、虐待及妨害结婚 1 起，其他 4 起。

从这项研究中可以明显看出隐藏在内心深处的偏见。对家庭成员施加暴力、虐待、粗野行为的，可以判断被害人的有责性，但有饮酒习惯、性放纵、玩游戏有瘾、常习性赌博等情况的，如果认定被害人有责是缺乏客观性的。这些问题往往都是夫妻关系、家庭关系的问题，有时家人或者其他家庭成员是引起事件发生的原因。

我们经常会听到妻子被配偶殴打的例子，即典型的家庭暴力。

---

① ［日］樋口幸吉：《近亲杀人的被害人的相关研究》，载《犯罪学杂志》1960 年第 25 号，第 2 - 7 页。

② 240 件的详细内容是，杀父母 36 件、杀子女 43 件、杀幼儿 51 件、杀婴儿 54 件、杀害其他亲属 56 件。另外，从加害人看被害人的身份，亲生父亲 17 名、亲生母亲 4 名、养父 2 人、养母 4 人、继父 3 人、继母 4 人、祖母 1 人、岳父 2 人。

妻子被丈夫殴打，有时是对她做家务不满、有时是嫌她花钱大手大脚、有时是因为她出轨，还有的是因不理解——她如果真的不愿意应该离家出走，却很奇怪地留在了家里，等等。这不是市民茶余饭后的话题，而是专家的感觉。

山冈一信对被害人的有责性大于加害人①（第四阶段）的问题，指出主要的问题是被害人在犯罪发生之前的行动，例如无缘无故殴打加害人、展示凶器、大声让对方伤害自己等。②

该研究将杀人案件的被害人212人（男114人，女98人），按照有责性分成四个阶段：第一阶段（完全无责性的被害人）、第二阶段（有责性较少的被害人）、第三阶段（加害人和被害人均有责）、第四阶段（被害人的有责性大于加害人）。分类的结果是，第一阶段58人（27.4%）、第二阶段54人（25.5%）、第三阶段23人（10.8%）、第四阶段77人（36.3%）。

169 从各个阶段加害人的动机看，在否定被害人有责性的第一阶段是：抢劫杀人案件（48.3%）、殉情自杀（20.7%）、性冲动的对象（13.8%）等。但在被害人的有责性较低（被害人也有责任）的第二阶段，主要原因是感情纠纷（55.6%）、攻击家庭成员（24.1%）。

山冈一信的论文对被害人的有责性（原文是有罪）大于加害人的情况指出："这种情况包括，被害人在犯罪发生之前作出的行动，是诱发加害人实施加害的主要因素，还包括无端地对加害人进行殴打和攻击、炫耀凶器、叫嚣要伤害对方的被害人。"上述论文只列举了被害人的情况，但这篇论文的观点比吉益脩夫和樋口幸吉的论文更加明确地指出了被害人学的问题点。

---

① 山冈一信的论文中用有责性来表示有罪性，但对于被害人来说，结果与被害人有何关系，被害人的责任程度如何，与加害人是否有罪无关，因此下面的介绍中把有罪性均改为有责性。

② ［日］山冈一信：《被害人的有罪性》，载《科学警察研究所报告（防盗少年篇）》1964年第5卷第1号。

山冈一信指出,加害人与被害人的有责性程度相同的第三阶段,主要是吵架(65.2%)、殉情(34.8%),而在有责性比加害人较高的第四阶段,主要是吵架(51.9%)、感情纠葛(19.5%)、反击家庭成员(13.0%)等。

这里应当特别注意的是,第三阶段和第四阶段中引发案件的主要原因是吵架。日本自古就有“双方打架各负半责”的说法,打架的时候双方的责任各占一半。但是,如果是吵架时杀了对方,那就另当别论了。杀人者(加害人)的责任当然超过了被害人的责任。但是,正如这项研究所显示一样,如果吵架是杀人案件发生的原因,那么在多数案件处理时,应当认定一半责任在于被杀的人。

山冈研究还分析了性犯罪被害人的有责性。该研究是对86名强奸罪被害人、60名强奸未遂被害人、31名强制猥亵被害人共计177人进行的分析。第一阶段的完全没有责任的被害人有103人,第二阶段的没有责任的被害人有74人,没有第三阶段和第四阶段的案例。另外,饮酒的16名被害人也被分类为第一阶段或第二阶段。

表7.b显示了性犯罪的加害人与被害人的接触时间。

表7.b 性犯罪中被害人与加害人接触时间长短与有责性之间的关系 170

资料来源:山冈一信:《被害人的有罪性》,载《科学警察研究所报告(防盗少年篇)》1964年第5卷

阶段	10分钟以内	10分—30分钟	30分—1小时	1小时—1.5小时	1.5小时—2小时	2小时以上	合计
第一阶段	68 66.0%	12 11.6%	5 4.9%	5 4.9%	2 1.9%	11 10.7%	103 100%
第二阶段	15 20.3%	17 23.0%	9 12.1%	4 5.4%	4 5.4%	25 33.8%	74 100%

从表7.b可以看出,随着时间的流逝,对被害人的有责性的看法也发生了变化。这一结果仍然可以看到对性犯罪被害人存在某种偏见,如“被害人没有明确地说‘不’”“被害人犹豫不决”“可能是被害

人疏忽大意”等。

佐藤欣子等人对东京、水户、神户、津市、山口、福冈、宫崎、福岛、札幌、高知等地方检察厅1976年作出起诉或不起诉处分的424名强奸案嫌疑人和355名被害人进行了分析。①

其中，对被害人过错分为“很大”“略有”“无”三种情况进行了评价。其结果如图7.a所示。

图7.a 强奸案中被害人过错的评定

资料来源：佐藤欣子等：《强奸犯的实际情况》，载《法务综合研究所研究部报告》1978年第21号

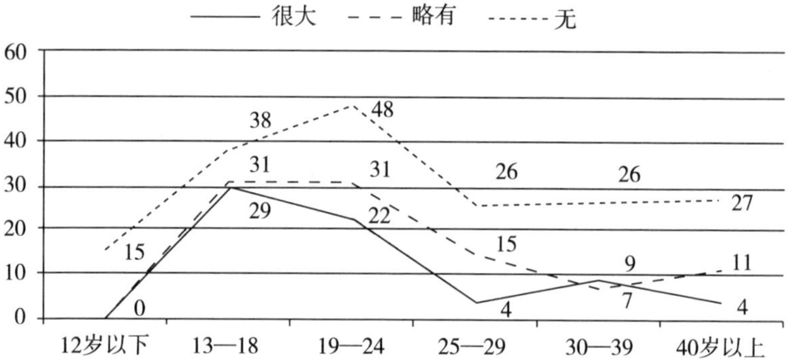

171 图7.a中的实线表示被评价为“很大”的68人中，75.0%(51人)是13—24岁的人群；“略有”是65.3%，“无”是47.8%。由此可见，在13—24岁这一年轻年龄段的被害人中，被评价为有过错的情况较多。这里没有显示评价的标准，所以年青一代在哪方面存在问题并不清楚，如果从评价者父母一代人来看，也许他们会认为十几岁、二十几岁青年人的行动不够小心、不够谨慎。

在被害人存在有责性的情况下，有时被害人的行为会成为加害

---

① ［日］佐藤欣子、杉原纱千子：《强奸犯的实际情况》，载《法务综合研究所研究部报告》1978年第21号。该论文收录在［日］宫泽浩一编：《犯罪和被害人》第3卷，1979年版，第125－151页。

人的动机。加害人有“怨恨”“报复情绪”“愤怒”“激动”等情感的情况下，被害人的某些东西可能会成为被害诱发因素。也就是说，被害人的挑唆行为是被害化的促进因素。

法务省对死刑和无期徒刑已决犯的调查，分析了杀人案件中加害人的动机。① 该调查以因杀人等被判死刑或无期徒刑的152人为对象，分析表明，因“报复、仇恨”占15.1%（23名）、“愤怒、激情”占13.2%（20名）、“痴情、性的动机”占13.2%（20名）。

不过，并不是说加害人有这种情感，就都是被害人一方的过错。自古以来，很多杀人都是因为“仇恨”，所以在数据上并不支持这个结论，但从这次对死刑或无期徒刑已决犯的调查可以看出，被害人一方存在有责性的情况较少。对此，1996年版《犯罪白皮书》指出：“法务部的昭和58年（1983）白皮书调查中，因‘愤怒’而导致的事件较多，但并不能说这次调查中的比例特别高。”

另外，法务省的死刑和无期徒刑已决犯调查中，对被害人一方的挑衅等行为是否成为引起犯罪的有力原因进行了分析。调查显示，在杀人案件中，被害人一方没有诱发行为的案件占88.8%（135人）。
另外，抢劫致死案件中，没有诱发行为的占98.3%（292人）。② 吉益 172
脩夫发表上述论文的30年之后，客观地对待被害人的有责性问题的观点终于被确立下来了。

六、被害人的诱发因素

沃尔夫冈（Marvin Wolfgang）在1957年就被害人的诱发行为发表了题为《诱发杀人的被害人》的论文③。论文分析了从1948年到1952年的费城警察署管辖区内发生的588起杀人案件，其中被害人

---

① 从1983年到1994年情况分析。1996年版《犯罪白皮书》，第277页。

② 1996年版《犯罪白皮书》，第283－284页。

③ Wolfgang Marvin（1957）. Victim precipitated Criminal Homicide. In：Journal of Criminal Law，Criminality and police，Science Vol. 47，No. 1，p. 1.

诱发案件为150件(25.5%),但到底什么行为才是诱发行为,论文并没有给出明确的定义。

沃尔夫冈列举了以下5种杀人案件存在被害人诱发情形:

1. 被害人先使用暴力;

2. 被害人先拿着凶器进行对抗;

3. 被害人有背叛行为;

4. 被害人说了卑鄙的话;

5. 不偿还债务。

沃尔夫冈的分类并不是理论上的分类,但大致可以整理如下:1和2是攻击招致反击的情况,3、4、5是被害人一方的挑衅行为。

唐木伸从这个分类中获得启示,将诱发的程度分为强度、轻度、微弱、无诱发四种类型。① 根据这个分类,在杀人案件中有18%的被害人使用强度的诱发行为导致加害人形成犯罪动机,有23%是轻度的诱发行为,有23%是微弱的诱发行为,没有诱发行为的情况占
173 35%。这项研究还不够充分,但作为被害人诱发因素的研究是值得关注的。

遭受被害前后的被害人态度,对结果具有重大意义。对加害人有刺激言行,例如挑衅、嘲笑、贬低、把加害人叫傻瓜、对加害人表示要报案等,其中任何一项都可能诱发加害人实施犯罪。

关于被害人的言行对加害方产生的影响,通过对强奸和强奸杀人的比较就一目了然了。强奸的加害人在多数情况下,本来是基于暴力或者奸淫的目的,性欲异常的人另当别论,通常情况下加害人并没有杀人意图。如果分析一下个别情况,奸淫被害人之后是否杀害被害人,与被害人的言行有很大关系。

昭和时代三大案件是阿部定案件、小平义雄案件和大久保清案

---

① [日]唐木伸:《杀人动机和被害人的行为》,收录于[日]宫泽浩一编:《犯罪和被害人》第3卷,成文堂1979年版,第175-188页。

件，在后两个案件中被害人的言行显然是引起死亡的原因，即使在阿部定案件中，被害人的作用也不容小视。

小平义雄并没有杀掉所有对他有诱惑的女性，有些女性因没有抵抗而获得救助。据侦查人员介绍，小平义雄这个人的特点是，你越是抵抗他的性欲就越强。在这一点上，从在讯问阿部定案件时，阿部定说“和石田吉藏（被害人）发生性关系时，勒紧脖子就会增加快感”，这个供述也可以得到理解。小平义雄也供述说，对方越是抵抗我的性欲就越高涨，勒住她的脖子，最后把她杀死了。

小平义雄案件和大久保清案件的共同点是，他们都有前科，都在假释考验期内。因此，当他们的行为被对方发现、声称要去报警、被愚弄、被卑鄙时，他们就会杀掉对方。特别是大久保清案件，有几个被害人由于没有上述行为而未被杀害。许多被害人（加害人自己交代的 68 名被害人的情况）被他侵害后，一直保持沉默。

接近危险的场所，也是被害化的重要因素。有时可能是到火灾
现场看热闹或去跳蚤市场而被卷入案件，但在这种情况下，首先要确 174
认靠近这种场所是否存在问题。

七、选择性理论

被害人学的基本观点是，被害这一结果并不完全是由加害人导致的，在很多情况下，被害人对结果的发生也会存在促进作用。其中最引人注目的是加害人指定被害人（被害人由加害人指定）的理论。[1] 有人认为，加害人实施侵害行为时，并非不顾对方的身份，而是选择适当的人实施侵害。这个理论发展成为“收件人论”，即加害人指向的人是被害人。

---

① ［日］小宫山要等：《恐吓案件的加害、被害关系的科学分析》，载《科学警察研究所报告（防盗少年篇）》第 10 卷第 2 号，第 64 - 68 页；［日］土井田敏彦等：《少年的恐吓及伤害的犯罪形态：初犯者和反复的比较》，载《科学警察研究所报告（防盗少年篇）》第 9 卷第 2 号。

就像有人认为被害人和加害人有关联关系就不能称为被害一样，从积极的被害人到被动的被害人，有各种各样的被害人，这些被害人可以分为几个类型。①

即使是被动的被害人，也并非对结果的发生毫无作用。通常情况下，被害人当然在被指名方面有某种表现或作用。就连所谓的偶然犯拦路抢劫案件，只要仔细分析就会发现被害人存在被加害人指名的必然性。抢劫银行的犯人在逃跑中挟持人质的时候，并不是认为谁都可以做人质，而往往是抓住适合当人质的人。从案件经过分析，他们往往按人质的顺从程度进行选择，如儿童、女性、老人等。也有特殊情况的报告说，犯人选择的是与他的恋人非常相似的人。人在不愉快的时候怨恨谁、责备谁，这是涉及人的本性的问题。

诸泽英道对有关问题进行过研究，即当自己交往的恋人被朋友抢走时，他们抱怨谁、责备谁的问题。2001 年 6 月，对东京都内的 784 名大学生进行了调查，其结果如图 7. b 所示。

175　**图 7. b　恋人开始和自己的朋友交往时会责怪谁**

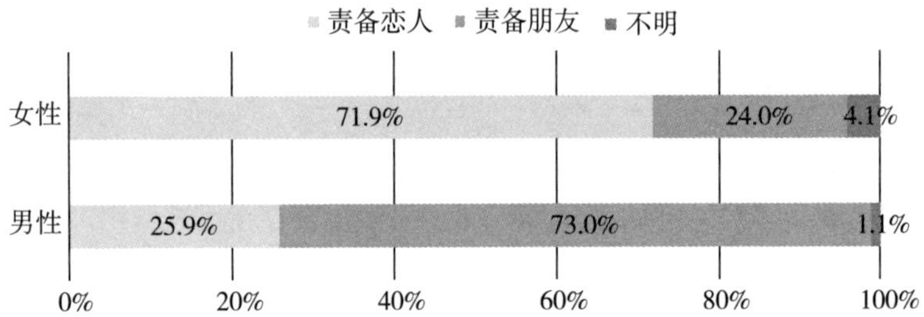

从这个调查可以看出，恋人被朋友抢走后，他(她)是责备恋人还是责备朋友，对此男女的态度是有差别的。男性的态度多数是指责夺走自己恋人的朋友，而女性的态度多数是指责背叛自己的恋人。一般认为，多数女性对恋人的信赖关系比较强烈。

① ［日］诸泽英道：《新版被害人学入门》，成文堂 2001 年版，第 73 页。

在东京都品川区某酒店的女性专用楼道发生了一起案件,患有精神障碍的男性刺伤了他完全不认识的女性。据当初的报道,该男子供述说当时心烦意乱,刺伤谁都可以,但后来调查发现,他在物色几个女性的过程中,选择了其中一名特定女性。

拦路抢劫案件也有同样的情况。犯人有时会有意或无意地选择或指名猎物。在很多情况下,被害人被选中往往带有必然性,有时甚至可以说是被害人引诱了加害人。过去,选择性理论是指加害人选择被害人的意思,使用了选择一词。但是,随着被害化的原因被查明,与其说只是加害人单方选择了被害人,不如说被害人对结果也起到了某种作用。因此,可以认为,新的选择性理念不仅包括传统"选择性理论"所说的"由加害人选择",而还应当包括由被害人的"选择"(反向指名)。

在一些案件中,被害人的选择是非常明显的。阐述这种"反向选择"的理论可以称为"女招待员理论"。[①] 在喜欢灯红酒绿的人中,有些客人一发现自己喜欢的小酒店就迈不动步了。有人会认为这些客 176
人他们自己总是选择指定中意的陪酒女郎,其实并不是这样——有时是被陪酒女郎选定的。这些女服务员为了得到客人的选择而付出艰辛的努力,而且还不让客人看出来。明白这一点而来的客人是"上客"(好客人),但也有客人是按自己感觉进行选择的"老实客人"。

坦率地说,完全符合"女招待员理论"的被害人是很少的,但期待被加害人选择而惹事的被害人却很多。即使不是期待被选择,有些被害人对于被加害人选中也有一定的作用。

被害人可能被选中的情况主要有以下几种:

1. 被害人明知加害人的意图,没有采取特别预防对策,茫然地与加害人接触;

2. 被害人明知加害人的意图,却默认或者允许其行为;

---

① [日]诸泽英道:《新版被害人学入门》,成文堂2001年版,第74页。

3. 被害人很接近加害人所设想的被害人像(容易被害程度高);

4. 被害人被认为不会报警;

5. 被害人有诱发、挑衅的行为。

在这些案例中,加害人通常会注意到被害人是否愿意接受被害。当然,在侦查和审判时,并没有多少加害人会承认这一点,但实际上他们是知道被害人能够接受,所以才会付诸实施的。

如果分析一下被害人和加害人的关系,对于加害人来说有两点很重要:“犯罪能否确实地实施”“被害人会不会报警”。如果满足这两个条件,他们就可以安心实施犯罪。因此,决定选择被害人的因素,在很大程度上就取决于这两个条件。

177　八、表示同意的被害人

所谓的没有被害人的犯罪(crime without victim),包括被害人同意的情况,也包括涉及参与犯罪的情况。前面提到的卖淫、[①]赌博、受贿行贿、非法买卖毒品等,有些涉及被强制的被害人和被牵连的被害人,但更多的情况是双方当事人对犯罪的成立都发挥重要作用。

必须由双方当事人相互合作实施犯罪或违法行为的情况,称为必要共犯。必要共犯的概念是指,涉及该犯罪的“实行者”和“接受者”组合在一起才成立的犯罪。例如,贿赂犯罪的行贿方和受贿方、卖淫中的嫖客和卖淫女、赌博罪中的多名参与赌博的人员等。缺少其中一部分,犯罪就不能成立。另外,在这些犯罪中,考虑到其中存在某种同意,也不能通过加害人或被害人的概念来解释。

以当事人之间有合意为例,一般来说,包括贿赂犯罪(《刑法》第

---

① 在日本,《卖淫防止法》(1956 年 5 月 34 日法律 118 号)制定当时,很多妓女是违背自己的意愿被强迫卖淫并受到剥削,因此第 2 条规定“任何人不得卖淫或者成为其对方”,但对卖淫者及卖淫的对方都没有规定处罚。妓女受处罚的情况是,以公然的方法引诱他人嫖娼或者为引诱对方而对其阻拦、拉客、等待客人或引诱对方卖淫(第 5 条)。

197 条、第 198 条等)、赌博(《刑法》第 185 条)、彩票买卖(《刑法》第 187 条)、①与未满 13 岁的人达成合意的性行为(《刑法》第 176 条后段、第 177 条后段)、卖淫、近亲奸淫、同性恋、非法买卖毒品、决斗、通奸(已删除)等。

近亲奸淫以前也称为“近亲相奸”。因为一般认为这是在互相同意的基础上实施的行为。但是,亲子之间的性行为(特别是父亲与女儿、母亲与儿子),多数情况是孩子并不理解其行为的意义,是受到其强制,所以“相奸”这一表述并不准确。《刑法》规定与不满 13 周岁的人发生性行为是犯罪(《刑法》第 176 条后段、第 178 条后段),即使 178
没有使用“暴力或威胁”、即使在有合意情况下也构成犯罪。

决斗是在明治时代受西方影响在日本广泛流传的风俗,为了防止决斗,1989 年(明治 22 年)制定了《关于决斗罪之件》(1989 年 12 月 30 日法律 34 号)。这部法律与其说是为了减轻违法性,不如说是在多数情况下通过认定决斗来确认是否有杀害意图。

例如,1986 年 2 月在神户市内发生的案件,15 岁中学生对 22 岁无业青年进行了约 1 个小时的“决斗”挑衅,把匕首挂在脖子上,本来是不想决斗的,但长 10 厘米的匕首整个刺进被害人的胸部,法院以此为理由认定是间接故意。② 从一般人的情感来看,即使这是被害人的同意,也不能减轻加害人的刑罚。

无法用被害人或加害人的概念解释的行为还有,司机操作错误撞到护栏、员工因技术不成熟手被机械夹住、孕妇将要流产时从高处跳下生命岌岌可危等,这些都是对自己实施的侵害行为(所谓自我招致的被害)。类似的例子还有,使用麻药、稀释剂、兴奋剂等毒品,对

---

① 《刑法》第 187 条的彩票发售罪规定,对发行者(2 年以下惩役或者 150 万日元以下罚金)、转卖者(1 年以下惩役或者 100 万日元以下罚金)、收受者(20 万元以下罚金或者罚款)均予以处罚。

② “未必的故意”是指,“虽不认为会发生结果,但即使结果发生也可以(或不得已)”的情况,在理论上与“希望发生”同等对待。

自己物品放火(《刑法》第109条②、第110条②)、决斗、嘱托杀人、安乐死、自杀、自残行为、未成年人吸烟及饮酒、撞护栏式自杀、因操作失误引起的劳务灾害等。在这些事例中,行动者处于矛盾的立场,他既是被害人也是犯罪人。

针对自己的侵害行为,基本上不存在法律上的问题,但有时会出现死亡和重伤害的结果,有时会给社会带来很大的不安和危害,那么实施这种行为的人就会被认为是犯罪人。

受想要自杀者的委托,在实在无法忍受其痛苦的情况下帮助他死去,就不能简单地把死者当作被害人、把帮助者认为是加害人。对
179 于这些问题,还涉及自己是否可以处分生命和身体,这涉及法律学上的重大问题。如果人们可以自行处分自己的生命,那么这里就不需要使用被害人或加害人的概念。但是,如果不存在可以自行处分自己生命这一前提,那么就可以理解为"同意的被害人"或"自招的被害人"。

关于合意下的性行为涉及的问题是,《青少年成长保护条例》禁止与未满18岁少年少女的淫乱性行为,并将该行为作为处罚对象。争议点是,该条例禁止自由恋爱是违反宪法的,福冈县的一起案件甚至在最高法院也产生了争议。[①] 作为国家法律的《刑法》规定,13岁以上未成年人如果有合意就是合法的,但该条例规定未满18岁未成年人的淫乱行为都被认定为是犯罪行为。特别是与13岁以上未满18岁的人发生性关系的问题,国家法律和地方自治团体的条例之间存在差异。

当时44个道府县有同类条例,引起社会的极大关注。判决认定,"只有对青少年使用诱惑、胁迫、欺骗、困惑等不正当手段""仅仅为了满足自己的性欲望而以青少年为对象"等条件下,认定为犯罪才

---

① 1985年10月23日最高法院判决认定,福冈县的《青少年成长保护条例》中处罚"淫乱行为"的规定是合宪的。

是符合宪法的。

《青少年成长保护条例》引人注目的问题还有，和少女们的援助交际问题。一些初中、高中学生因想获得一些零花钱而与成年人约会、喝茶、吃饭甚至进行性行为，这类事例正在增加。很多未成年人把这种交际作为一种勤工俭学，这在教育上也是一个大问题。因此，东京都终于也把对这种行为的处罚规定纳入条例之中。

这种援助交际的少女们也是影响健康发展和成长的被害人，但她们在同意的情况下（明确的同意）与对方进行交际，这就是问题复杂之处。

从被害人的行为关系看，如果被害人表示同意，原则上行为人的行为就不具有违法性，把对方称为被害人也是不适合的，但是由于法律制度把这种行为作为规制的对象，不仅行为人而且相对方也是刑罚处罚的对象，也就是说社会正义和社会观念是排斥当事人之间合意的。

九、不愿报案的被害人 180

赌博和卖淫属于表示同意的被害人，被“出老千”的赌徒欺骗或钱被妓女带着逃跑时，他们有时会保持沉默，这是对犯罪人的放纵。

提起遭受被害的事情，有人就会认为是不是被害人有什么问题，例如 1991 年 2 月被查获的牛郎俱乐部欺诈案。这个案件是在兵库县芦屋市一名 32 岁男性公司职员向警方咨询的过程中浮出水面的。加害人团伙从 1989 年 1 月开始利用半年时间发布广告，全国有 3973 人前来应征，共骗取注册费等 70，450 万日元。以前在福冈县也出现用同样手法诈骗近一倍的费用的案件（从 7000 人手中骗取 15 亿日元，1989 年 10 月 17 日被查获），该案在兵库县案件曝光之前还没有被起诉，在兵库县的案件中，警方为了揭开被害人的秘密花费了大量的心血。在这类案件中，被害人即使意识到自己被骗，也不向警方报案，这就是被坏人钻空子的原因。

这个案件中,被害人支付20万日元就可以在牛郎俱乐部注册,犯罪人和卖淫俱乐部把卖淫俱乐部的女性介绍给客人,让他们约会,被害人作为俱乐部的成员向俱乐部支付1万到5万日元作为酬谢,此后“女性就可以随意交往”,但仍需要向银行账户汇入协商费、介绍费、酒店费等数十万日元的费用。这种买卖是速战速决的,如果被害人汇款,对方可能会逃之夭夭。这里人员繁杂鱼龙混杂,但也有些是男性心目中特别喜欢的,因此会员之间很难形成被害意识。在这起案件中,被害人主要是平均月收入20万到30万日元的工薪阶层,在全国高达几万人。

这起非法营销案件有几个特别巧妙的手法:①被害人能够加入牛郎俱乐部会感到非常荣幸,所以不会向警方报案;②会员等待系统联系需要时间,所以察觉被害需要一定的时间;③一部分人找到特别
181 心仪的东西,因此其他人就想等待一下,认为“自己也会有那一天”。

没有报案的被害人,其中有些人可能发展成反社会行为的人,也有人感到遭受如此被害在社会上很羞耻。典型的事例有,遭受性侵害的人、被骗的人、诱发犯罪而被伤害的人等。当一个人脸上长个伤疤时,很多人都会怀疑这伤疤是被打的还是不小心撞伤的,对于一般人来说,是被别人打的还是自己不小心撞伤的,两者有天壤之别。

十、饮酒与被害

众所周知,饮酒与案件、事故有密切的关系。[1] 有些人因酩酊大醉而行凶,而有些人因酩酊大醉而被害。在酒精的药理作用下,有些人(加害人)变得脾气暴躁,做出攻击性的言行,但也有一些人因一时冲动而成为被害人。

樋口幸吉教授在近亲杀人的研究中指出,犯罪时饮酒的,加害人

---

① Kaiser, Gunther (1985). Kriminologie; Eine Einfuhrung in die Grundlagen. 7. Auflage, Muller Juristischer Verlag GmbH, Heidelberg. 该论文指出,在人身犯罪的情况下,行为人和被害人往往都受酒精的影响。

有 7 人，被害人有 10 人，被害人比较多。① 不喝酒的被害人有 26 人，其中包括 13 名女性。男性被害人的饮酒率很高。加害人和被害人双方都喝酒的情况有 4 例。

关于被害人和加害人饮酒或醉酒达到什么程度，法务综合研究所的 1984 年调查结果如表 7. c 所示。

表 7. c　凶杀案件中被害人和加害人的醉酒率

资料来源：法务综合研究所（1984 年）

案件	被害人	加害人
杀人案件	35.8%	52.0%
抢劫案件	13.4%	38.1%
强奸案件	6.9%	53.8%

在该项调查中，与近亲间的案件不同，加害人的醉酒率较高，但同时被害人的醉酒率较高。特别是在被杀的被害人中，醉酒的人很多，这说明多数被害人是在醉酒后被害。另外，在强奸案中，女性的醉酒会给加害人留下可乘之机，但该调查显示，强奸案的被害人醉酒 182
的比例很低。

伊藤顺通等人为了查清饮酒与死亡之间的关系，1978 年 1 月至 1981 年 12 月的 4 年期间，神川县对尸检或尸体解剖 1141 具尸体进行了酒精测试，②检测的结果表明，酒精检出率高的如表 7. d 所示，驾驶汽车过失致人死伤罪 81. 1%，交通事故 63. 6%，他杀 58. 7% 等。

---

① ［日］樋口幸吉：《关于近亲杀人的被害人研究》，载《犯罪学杂志》1960 年第 25 号，第 2 - 7 页。

② ［日］伊藤顺通等：《酒精与法医学》，载《治疗》1983 年第 65 卷第 5 号，第 101 - 106 页。

表 7.d　被害人血液中的酒精测定数及其检出率

资料来源:伊藤顺通等:《酒精与法医学》(1983 年)

	血液中酒精含量测定数	测出的数值	检测率
病死	327	125	38.2%
交通事故死	250	159	63.6%
自杀	115	52	45.2%
他杀	206	121	58.7%
驾驶汽车过失致死	164	133	81.1%
其他	79	29	36.7%
合计	1141	619	54.3%

伊藤顺通等人的这项研究是对神奈川县 4 年间几乎全部尸检进行的分析,仅从案件数量看,信赖度就很高,但需要注意的是验尸的对象限定于尸体。

例如,病死的人中有 38.2% 被检测出酒精。但尸检对象的尸体包括非正常死亡等疑似因犯罪而死亡的尸体,且为了查明死亡原因
183 进行司法解剖和行政解剖的情况,这些与普通病故者相比,比例并不高。

此外,在自杀和他杀中,大约每 2 人中就有 1 人被检测出酒精,这个数字可以认为具有一般倾向性。只是,在各类案件中的加害人的饮酒率并不明确,如果结合表 7.c 法务综合研究所的分析进行解释,可以推测加害人的饮酒率比被害人高;杀人或自杀中,被害人和加害人都饮酒。

表 7.e 是对表 7.d 中的 250 起交通事故死亡案件,按年龄区分进行的血液酒精检测。另外,酒精检测的对象为 250 人,其中驾驶者 113 人、同乘人员 27 人、行人 110 人。

表 7. e　交通事故死亡人员中各年龄段的血液酒精含量

资料来源:伊藤顺通等

	0—19	20—29	30—39	40—49	50—59	60—69	70—
驾驶员	32	**39**	18	12	11	1	0
同乘人员	12	9	4	0	2	0	0
行人	2	6	27	**28**	23	16	8
合计	46	54	49	40	36	17	8

根据表 7. e,驾驶事故高峰年龄是 20 多岁,随着年龄的增长有减少的趋势;30 多岁以上的交通事故死亡人员几乎都是行人。因酒驾导致死亡的人随着年龄的增长而减少,而因饮酒后在步行中遭遇交通事故而死亡的人数却在增加。

从血液中酒精浓度看醉酒的程度,如表 7. f 所示。司机的血液 1ml 中 0.5 毫克以下的第 Ⅰ 度(30. 9%)和 1ml 血液中 1. 5 毫克到 2. 5 毫克的第Ⅳ度(33. 8%)形成峰值;行人的事故中,峰值为第Ⅳ度(35. 1%),其次血液在 2. 5% 到 3. 5% 第Ⅴ度(28. 4%)。

表 7. f　交通事故死亡中醉酒度分类的血中酒精含量 184

资料来源:伊藤顺通等

	Ⅰ度	Ⅱ度	Ⅲ度	Ⅳ度	Ⅴ度	Ⅵ度	Ⅶ度
司机	**30. 9%**	10. 3%	16. 2%	**33. 8%**	5. 9%	2. 9%	0. 0%
同乘人员	47. 1	17. 6	11. 8	23. 5	0. 0	0. 0	0. 0
行人	10. 8	9. 5	8. 1	**35. 1**	**28. 4**	6. 8	1. 3
合计	23. 3%	10. 7%	11. 9%	33. 8%	15. 7%	4. 4%	0. 7%

* 醉酒度分为:Ⅰ度(0. 5mg 以下)、Ⅱ度(0. 5—1. 0mg)、Ⅲ度(1. 0—1. 5mg)、Ⅳ度(1. 5—2. 5mg)、Ⅴ度(2. 5—3. 5mg)、Ⅵ度(3. 5—4. 5mg)、Ⅶ度(4. 5mg 以上)。

伊藤顺通等人还分析了他杀案件的被害人醉酒程度。他杀案件被害人的酒精检测率是,男性 40. 4% ,女性 23. 1% ,总计 38. 7% 。醉酒程度如表 7.g 所示。

表 7.g 他杀案件的被害人醉酒度分类的血中酒精

资料来源:伊藤顺通等

	Ⅰ度	Ⅱ度	Ⅲ度	Ⅳ度	Ⅴ度	Ⅵ度	Ⅶ度
男性	10.1%	11.6%	11.6%	34.8%	29.0%	2.9%	0%
女性	33.3%	26.7%	11.0%	20.0%	6.7%	13.3%	0%
合计	14.3%	14.3%	9.5%	32.1%	25.0%	4.8%	0%

* 醉酒程度分为:Ⅰ度(0.5mg 以下)、Ⅱ度(0.5—1.0mg)、Ⅲ度(1.0—1.5mg)、Ⅳ度(1.5—2.5mg)、Ⅴ度(2.5—3.5mg)、Ⅵ度(3.5—4.5mg)、Ⅶ度(4.5mg 以上)。

从表 7.g 可以看出,一般来说,男性被害人的检测浓度高,女性被害人的检测浓度较低,男女之间有明显的差距。伊藤顺通等人对于这种差异的原因解释是:“男性在与朋友或聚会者一起喝酒尽兴时,或者饮酒过程中交结了好友时,往往容易情绪激昂,饮酒向案件方向偏离;女性大部分是在夫妻关系、朋友、熟人关系的情况下才喝酒,特别值得注意的情况是丈夫也喝酒,而妻子比丈夫的酒量大或耍酒疯,在饮酒过程中因口角而引发案件,在有些案件中女性的醉酒度低,但有责性却较高。”

第八章

对被害人的偏见

Prejudice toward Victims

一、引言

社会对被害人的偏见(prejudice)是影响被害人恢复正常生活的最大障碍。偏见在世界各地蔓延,有时甚至连家人和朋友也会伤害被害人。例如,对于强奸的被害人来说,最大的问题是家人的不理解。① 发现女儿遭受被害时,父母有时会说“真丢面子”“影响妹妹的婚事”“不能告诉任何人”。最值得信赖的父母的这些话,会给被害人带来更大的伤害。如此这样的背景是社会对性犯罪被害人的偏见。联合国犯罪防止会议的目标就是要消除这种社会对被害人的偏见,建立一个适合被害人居住的、被害人容易生活的社会。

这种对被害人的偏见,有时是来自刑事司法机关和周围人的尖刻反应,这会给被害人带来二次被害。社会上存在这样一种偏见:“你不惹别人,别人就不会惹你。”这不是日本社会固有的偏见,而是很多社会和民族共通的问题。对被害人的偏见存在于警察、检察等刑事司法机关的工作人员身上,也存在于精神科医生或心理咨询师

---

① 1997年6月3日NHK(日本广播协会)播放的现代特辑《再次被强奸的女性被害人的心灵创伤》和1997年9月8日NHK播放的现代电视剧《性犯罪的被害人——打破沉默的女性们》指出,对性犯罪被害人来说最重要的是家人的理解,这些节目引起了强烈反响。

身上。例如他们不相信被害人的话,有时他们还会问:“到底发生了什么事?”

媒体报道也反映出这种偏见,有些新闻报道并不报道案件背后
186 的内容,而是潜在地促使人们猜想这个被害人肯定有什么问题。在互联网上也有对被害人进行诽谤中伤的语言。这些带有偏见的语言逐渐升级,变成了对被害人的嘲讽。

即使被害人对周围的人解释案件的真相和精神创伤,人们常常不会马上相信。据说其原因,[1]即如果人们听到别人的可怕经验,对可怕经历的共鸣或知道该经历,会联想起自己天生的脆弱性(vulnerability)、孤立无援(helplessness)、无能为力(powerlessness),这会更加痛苦,进而一听到被害人的事情,脑袋里就会出现“被害人可能也有责任吧。”(blaming of the vicyim)的念头。因此,人们尽量不接近被害人,而在背后窃窃私语,开始了恶性循环。

二、偏见的定义

对被害人毫无根据的厌恶和不信任,称为偏见(prejudice / bias)。[2] 英语中的“prejudice”来自拉丁语,是指 pre(预先)的 judice(判断,judge),和日语中的“预断”意思差不多,但通常是在“偏颇的想法”“错误的没有根据的成见”等意思上使用的。类似意义上,也

① United Nations Office for Drug Control and Crime Prevention (1999); Handbook on Justicefor Victims, p. 8;[日]诸泽英道译:《联合国被害人人权宣言相关文献——为被害人的正义》,成文堂 2003 年版,第 27 页。

② Advanced Favorite English – Japanese Dictionary(东京书籍,2002 年)。该书把“prejudice”翻译为“毫无根据的仇恨、不信任”,把“bias”翻译为“因思想、宗教等差异造成的仇恨而进行不当的处理”,把“intolerance”翻译为“不能容忍与自己不同的思维方式和习惯等”。

使用“bias”[1]和“intolerance”。[2]

英语中的“prejudice”，是指“对某事毫无理由的讨厌或喜欢”，[3]而日语中的“偏见”，是指偏颇的看法、偏颇的见解、不正确的意见、先 187
入为主的成见等。[4] 基本上，与事实不相符的评价，无论是好的评价还是不好的评价都应被视为偏见。一般来说，比事实好的评价则不称为偏见。

判断偏见应当以一般人的感觉为标准，也就是说，这种判断不是以被评价者是否受到实际伤害为标准，而是以如果受到这种评价就可能受到伤害这种一般人感受为标准。在现实生活中，感觉细腻的人往往会因他人的先入为主而受到伤害。

判断是不是偏见，不能根据评价者如何看待被害人或者其是否意识到评价的内容，而应当以一般的被害人或者被害人的平均感受为标准进行判断。即使相信这些评价的人没有恶意，但如果作为被评价的被害人就会感到是“偏见”，那么这种评价就应被视为偏见。当然，有时存在这种情况，即一般人认为这是偏见，而被害人却不认为是偏见。偏见也有个体差异，因此判断偏见应当以通常的被害人为标准。

除了社会上存在的社会偏见（social prejudice），还有个人偏见（personal prejudice）。通常所说的“对被害人的偏见”指的是不特定多数人对被害人的偏见，但也有个别的人对特定被害人的偏见。

---

① bias 是从古老法语中的“斜”演变而来的，表示偏见和成见的意思，贬义、褒义都使用。把因观念、宗教等不同的仇恨而实施的“犯罪”称为“bias crime ”或“hate crime”。

② “ intolerance”本来是不承认异说、狭隘、不宽容等意思，不过还包含有偏颇看法的含义，有时也在 prejudice 意义上使用。

③ 柯林斯英文词典中的“prejudice”是指对社会的特定群体产生的毫无理由的讨厌或喜欢（an unreasonable dislike of or preference for something，for example a particular group of people in society）。

④ 引自《广辞苑》及《岩波国语辞典》（第 6 版）。

偏见多由臆想或误解引起，但这种臆想或误解是否是恶意的，与偏见无关。被认为是偏见的事例中，有些并不是出于恶意，而是因为误解或不明白，只是单纯地对偏见信以为真。尽管人们所相信的东西有时与事实不相符，但夸张这些东西也会对被害人产生不好的评价。

188 有人还使用与偏见类似含义的“神话”（myth）一词。本来，“神话”一词的意思是联想人类世界起始时代中神等超自然存在物进行解释的故事，但如现在常说的“安全的神话”一样，在比喻的意义上使用较多。神话是在人们相信与真实不一致时使用的。也就是说，偏见的定义是基于人们的评价，而神话是以与事实是否相符为标准，被相信的事实却不是真实的情况会被称为“神话”。

三、偏见引发的仇恨犯罪

人们很讨厌这些自己怀有偏见的对象物，有时甚至会对其进行攻击。乔尔·贝斯特（Joel Best）指出，因仇恨的动机而导致仇恨犯罪（hate crime）或者偏见犯罪（bias crime），两者是在同一意义上使用的。① 偏见是心灵上的问题，在民主国家并不规制偏见。但是，至少可以处罚以偏见为动机实施的仇恨犯罪。偏见和仇恨都是心理问题，但偏见犯罪、仇恨犯罪这些用语是指因偏见或仇恨而具体侵犯他人权利的行为。

纽约市警方于1980年成立了偏见犯罪调查小组（a Bias Incident Investigating Unit），对犹太教礼拜堂“犹太复教”（synagogue vandalism）进行了调查。这个搜查小组还在1985年将盖伊遇袭案件列入侦查对象。② 从这个时期开始避免使用偏见（bias）这一模糊表述，而

---

① Best, Joel (1999). Random Violence: How We Talk about New Crimes and New Victims. University of California Press, p. 202.

② Jacobs, James B. (1992). "Rethinking the War against Hate Crimes: A New York City Perspective." Criminal Justice Ethics Ⅱ (summer), pp. 55 – 61.

开始使用表述比较鲜明的仇恨(hate)一词。美国的大型报纸《纽约时报》从1987年开始使用仇恨犯罪一词。

仇恨(hatred)的感情一般与伤害他人的动机有关系,这种感情往往从人际交往(personal interaction)中产生。[1] 仇恨有时直接针对其他群体,有时只针对群体内部有明显特征的人。后者的仇恨会在历 189
史上造成巨大损害。极端的例子就是种族灭绝,就像有过协议一样,试图从身体上灭绝某个族群。[2]

也有一些特殊的情况,仇恨还会以微妙的偏见形式(in subtle forms of bias)表现出来,例如对心理造成伤害、引起被害人愤怒、导致被害人产生自卑感等。

随着被害人基本权利(特别是人格权)的确立,在欧美国家,人们开始关注如何预防由加害人的偏见(bias)和仇恨(hate)引起的被害。因偏见和仇恨的情绪导致的被害是多种多样的,包括少数民族、残疾人、流浪者、同性恋者、某宗教团体人士、儿童、妇女等遭受文化摧残、暴力、私刑、大规模屠杀等。

1990年4月23日,当时的美国总统布什签署《仇恨犯罪统计法》(Hate Crime Statistics Act)后,命令执法机关对于明显基于种族、宗教、性别、民族特性的犯罪进行确认并提供报告。1990年5月以后,美国联邦司法部的社区服务机构开设了倾诉秘密的热线(1-800-347-HATE),受理普通市民的诉求。

日本还没有普遍使用“偏见犯罪”“仇恨犯罪”等词语,但美国的很多机构都在着手调查“偏见犯罪”“仇恨犯罪”的现状。例如,美国

---

① Garofalo, James (1997). Hate Crime Victimization in the United States: Davis, R. C., Lurigio, A. J. & Skogan, W. G. (eds.). Victims of Crime (2nd Edition). Sage Publications, Inc. California, USA. p. 134.

② Chalk, F. & Jonassohn, K. (1990). The History and Sociology of Genocide: Analyses and Case Studies. New Haven, CT, Yale University Press. Fein, H. (1993). Genocide: A sociological Perspevtive. Newbury Park, CA, Sage. Rummel, R. J. (1994). Death by Government. New Brunswick, NJ, Transaction.

偏见与暴力预防机构(the National Institute Against Prejudice and Violence)于 1989 年 4—5 月进行了全国被害调查,调查结果显示,接受面试的人员中有 1/3 的人报告有被害经历。一般人的被害经历是每 1 人有 5 件,而偏见犯罪和仇恨犯罪的被害人的被害经历则是每 1 人
190 平均有 12 次。另外,根据对暴力犯罪的分析,被害人受伤的比例,基于偏见犯罪和仇恨犯罪为 74%,其他犯罪为 29%,需要住院的人员比例,基于偏见犯罪和仇恨犯罪为 30%,其他犯罪为 7%。

这一数字可以说明,被害人不仅饱受偏见和仇恨之苦,而且偏见和仇恨已成为犯罪动机,因此政府有必要采取措施,抑制社会上蔓延的偏见和仇恨情绪。

四、偏见产生的两种模式

偏见的内容和形式是多种多样的,但偏见主要有以下两种模式:

模式 1:相信与事实相背离的信息;

模式 2:故意歪曲事实的理解。

偏见是在某人的意识世界中发生的问题,某人有意识地歪曲和理解事实,这基本就是模式 2 的偏见。但实际上,多数情况是模式 1 的偏见,即相信与真实事实不相符的信息。

模式 1 是无意识地相信了错误信息(该人并不认为这就是偏见),模式 2 是有意识地歪曲并理解事实。这两种模式很难明确区分开来,因为如果一个人不喜欢对方,也会无意识地歪曲事实,并按照自己的理解表现出来。

模式 2 是故意歪曲事实,并不一定仅仅是误解。当然,与被害人相关的事实并不一定都是好的(或者至少是"不坏"的事实)。因此,严格地说,如果将不好的事实原原本本地理解并表现出来,就不会成为"偏见"。但是,是好还是坏,因人的价值观不同而不同,如果被害人的价值观与评价被害人的价值观不同,那么就需要站在被害人的立场上判断是否有偏见。

假设有人目击了在交叉路口信号灯将要改变时发生的交通事故。该人看到了不同道路的信号、该人对不同司机有同感,该人的理 191
解也会不同。对于一方的司机,他可能会说:“这个司机注意到了交叉道路的信号灯,他是在没有看到自己一侧信号灯变红灯时行驶的。”而对另一方的司机,他可能会说:“那个司机明明是信号灯变黄灯后,没踩刹车强行进入了十字路口,我觉得他进入十字路口时是红色的。”当然,这也可能是因没有仔细观察现场而产生的误解,但在现实生活中,目击者可能根据自己对司机的偏见而提供证词,该证言会有微妙的差异。

某人听说附近有一位女性遭遇色狼,他可能出于对色狼的愤怒发表意见,也可能从被害人方是否有问题的角度认为“被害人玩得太晚了”“因为她最近穿的衣服太花哨了”。这确实会对确定该女性是否是性犯罪被害人产生影响。社会上很多人重视被害人的过错,这也是偏见的典型例子。

五、偏见阴影下的普通被害人像

偏见阴影下普通被害人像可以用“凡是被害人都……”来表述,也就是说普遍的被害人像就是指被害人都抱有自责感。

米勒(Miller, Laurence)指出,偏见“是对这些人整体的”,在某种程度上是一个超普遍化(overgeneralization)的现象。[①] 当我们质疑为什么自己没有达到社会要求的某种标准时,很自然地就会对自己产生偏见。自责(selfblame)的观念是被害人常见反应,但问题就在于“总是(always)……”或“绝对(never)……”这一想法和说法。

米勒列举了被袭击的被害人对自己抱有偏见的例子:很多被害人都认为“我感觉自己总是在错误的时间处于错误的地点”,也有很

① Miller, L. (2008). Counseling Crime Victims. Springer Publishing Company, New York, p. 109.

192 多被害人认为“我应该尽快去医院、应该去报警,但无论如何也找不到合适的方法”。很多被害人会认为,“如果这样的话,就应该不会被害”,在遭受被害后,他们又这样想,“如果这样的话,就不会遭受这么大的损失”“如果当时抓住了犯人就好了”等。这些想法就扎根于偏见,形成了自责观念。

“凡是被害人都……”这一普遍的被害人像产生了“被害必然论”的观点,即“被害人必须是……”这种观念同时折磨着“没有这样的”被害人,使他们产生自责的念头。但是,被害人是千差万别的,描绘平均的被害人像是很难的。被害人的心中也存在各种各样的情感,甚至会有矛盾(ambivalent)的心情。例如,在要求对犯人处以极刑时的心情是“绝不能容忍他”,有时又会对犯人有宽恕之心,“他也是人啊,希望他改恶从善”,这两种情感交织在一起。社会上描写平均的被害人像时,应当充分考虑会对“如果不这样”的被害人带来什么样的负面影响。

偏见的典型例子是:“如果什么都不做,就不会这样”。“因为做了什么,肯定就会这样”。当然,事物既有原因也有结果,但这句话背后蕴含的意思是,被害人一定存在某种原因行为(过错)。

六、带有偏见的“被害人必然论”

被害人作出理所当然的行为,有时也会成为人们谴责的对象。例如,被害人出于好意帮助了他,但对方(加害人)却做出完全相反的行为,这时有人就会责问被害人:“他为什么要背叛你!”即使没有达到攻击被害人的程度,这也是对被害人的谴责。由加害行为造成的心灵创伤越大,被害人对加害人行为的指责就越激烈,有时甚至无法想象。在这种情况下,如果不理解被害人心情的人们责怪被害人,就会进一步伤害被害人。他们认为,即使是被害人也应该有理性的感情,这就是所谓的“被害人必然论”,也是二次被害的例子。

193 很多人不理解被害人的心情,认为被害人也和普通人一样拥有一颗平常心,因此被指责的被害人和遗属非常多。其典型的例子就是有人谴责被害人遗属,因其要求对杀人犯"处以极刑"。

被害人遗属要求对杀人犯处以极刑的声音,有时会使其成为攻击的对象,但其中的原因是遗属以前没有当众主张"处以极刑!"①其中,在山口县光市的母子被杀案件第一审判决后的死者家属记者招待会上,家属第一次表示:"如果不对杀害我妻子的人处以极刑,我就亲手杀掉他!"案件发生在1999年4月14日下午2时许,当时18岁的少年闯入了被害人住宅,杀害了女主人和其11个月大的女儿,2000年3月22日广岛地方法院宣判被告人无期徒刑。

在此之前,被害人遗属在公众面前的态度,正如以努力废除死刑为主题的研讨会所张贴的标语一样——死者家属纷纷在讲台上发言说,"希望杀人犯一辈子在监狱中品味痛苦""期待被告人改过自新、重新做人""可以对被告人不判处死刑而判处无期徒刑"。但是,让遗属谈论"废除死刑"时,有必要考虑被告人的罪孽深重程度。这也正是因为不了解被害人的心情而产生偏见的一个例子。其背景就是"被害人必然论",这种观点认为即使是被害人、被害人遗属也应该保持理性的情绪和感情。

七、根深蒂固的"被害人过错论"

日本自古以来对"偏见"的表述有"无风不起浪""小偷也有三分理"等,对诈骗的被害人有"尔虞我诈""贪得无厌"等说法,这实际上
也是一种偏见。对性犯罪被害人所说的"身穿暴露衣服""深夜在街 194
上闲逛"等说法,也是今天文化风俗多样化的表现。

这种把犯罪的原因归结于被害人问题的观点,在犯罪学文献和初期被害人学文献中随处可见。也就是说,当时无论是犯罪学学者

---

① 1994年全国犯罪被害人现状调查中,93.3%的被害人家属认为对加害人的刑罚过轻,92.1%的遗属认为加害人很可恨。

还是被害人学学者,都和普通人一样对被害人存有偏见。

对于讯问职业盗窃犯涉及被害人的问题,萨瑟兰认为,针对职业盗窃犯,[①]"在实施欺诈时,如果能够在他实施不正当行为的时候进行阻止就好了。正直的人是很难上当的","被害人的态度、社会地位、经济状况等,在寻找解决案件突破口时具有重要的意义"。这些话使我们认识到诈骗的被害人是多么贪婪,同时成为对被害人有偏见的原因。[②]

亨蒂希也指出,"在很多情况下,诈骗分子等待被害人陷入无防备状态或缺乏保护状态事实上是很难的,所以他们会利用现存的可能性实施犯罪",同时被害人方面无防备的状态和缺陷也成为研究的问题。但是,这等于说受骗是由于疏忽的被害人方面存在问题,这是偷换概念。

萨瑟兰和亨蒂希的文献长期以来受到高度评价,被害人过错论也是在这种背景下形成的。的确,欺诈的基本型多数限定在商业交易中的讨价还价,讨价还价一方如果失败就会造成损失并成为被害人。但是,在现代社会中很多善良的市民(消费者等)被诡计多端的不法企业人员和骗子欺骗而蒙受巨大损失,只顾以往把诈骗的本质限定于讨价还价的过程中,这是不符合时代发展的。在普通市民遭受的诈骗中,被害人既不是心术不正,也不是贪得无厌,而多数是因为没有识破对方的狡诈而上当受骗。买卖上的讨价还价与欺骗是不同的。

特别是日本每年发生 100 万件以上非法营销[③]被害案件,基本都

---

① Sutherland, Edwin H. (1937). *The Professional Thief by a Professional Thief*, p. 69.

② [日]宫泽浩一:《被害人学的基础理论》,世界书院 1966 年版,第 105 页以下。

③ 非法营销(日文原文是"恶质商法")这个词是极具日本特色的表现。没有合适的外语来表示非法营销一词。1991 年在里约热内卢召开的国际被害人学研讨会上首次使用了"dishonest sales"一词。此外,在文献中还有,"vicious sales"(恶意的交易)、"inferiorsales"(不良交易)、"wicked trader"(邪恶的交易)等表述。

是极其狡猾的恶意企业和无知市民组合在一起共同完成的,当然,无 195
论如何这都是不法商家的责任,但在现实中,认为消费者也有过错的呼声很高。有些专家(特别是法律专家)想把被骗消费者的疏忽和过失当作问题,这给偏见的产生带来很大影响。

有专家对海外商品期货交易的被诈骗的被害人评价道:“当他们谈到300万日元资金在半年就能翻2倍,贪欲之心可见一斑。如果这是常态,他们肯定会发现自己被骗。”虽然人们对这些不法商家的狡猾手段认识较低,但被欺骗的被害人也存在问题这一偏见并不会轻易改变。

被害人有过错的典型犯罪是强奸等性犯罪。如果案件发生在深夜,或是发生在人们不常去的地方,人们首先会关注被害人是否有过错。被害人也有责任(be blaming of the victim)这种说法,在某种意义上是世界共通的。①

2001年12月发生的早稻田大学超级自由俱乐部集体强奸案和2005年12月23日发生的京都大学美式足球部集体强奸案就是典型的例子。特别是,早稻田大学案件是发生在2004年12月8日《刑法》对集体强奸罪(《刑法》第178条之2)②进行修改之前,犯罪团伙的卑鄙行径受到严厉谴责,被害人们当初对是否起诉犹犹豫豫,使案件处理耽搁了时间。

案件被发现之初,犯罪团伙旁若无人的样子受到人们强烈谴责,但不久之后矛头却转向了被害人,各种观点层出不穷:有人说联欢会

---

① United Nations Office for Drug Control and Crime Prevention (1999). op. cit. p. 8;[日]诸泽英道译:《联合国被害人人权宣言相关文献——为被害人的正义》,成文堂2003年版,第27页。

② 集体强奸罪是“4年以上20年以下惩役”,2005年1月1日开始施行。另外,在当时的修改中,强奸罪(《刑法》第177条)的法定刑从“2年以上15年以下”提高到“3年以上20年以下”。此外,关于强奸、强制猥亵致死伤罪(《刑法》第181条),分为强制猥亵致死和强奸致死伤,第3款又新增设了集体强奸致死伤罪:“因集体强奸或集体准强奸及其未遂,致女子死伤的,处无期惩役或者6年以上20年以下惩役。”

上喝得大醉是不正常的；还有人认为，会场气氛就是那样，并不是通常的强奸案件；等等。

196 八、煽动对被害人有偏见的日本刑事电视剧

在日本对被害人的偏见无法消除的原因之一，是电视、电影的刑事电视剧中所描写的被害人形象。江户时代出现在奉行[*]中的犯罪人都是穷凶极恶之人。这些与百姓为敌的下级官员（村官）和奉行十分活跃，作品对这些恶人进行了淋漓尽致的描写，甚至包括犯人是如何被砍头的。这个套路被明治、大正、昭和初期的小说、电视剧所继承，第二次世界大战结束后昭和年代的刑事电视剧，在一段时间内也继承了这个戏路。

但是，经过高度经济成长之后，刑事电视剧中登场的犯罪人是十恶不赦恶人的形象的戏路，却不知不觉地消失了。相反，经常出现一些被杀害的被害人，似乎他们被杀也是不得已的，他们也有恶行或者令人厌恶的言行。很多案件都是描述被逼入绝境、被威胁、被袭击的人不得不奋起进行反击。许多设定的场景都是，最初开始攻击的是被害人，双方互相扭打在一起，对方倒地，头部被砸而死，最后减轻加害人责任或过失。再加上电视剧描绘刑事警察（犯罪侦查的警察）会减轻加害人的刑罚，把刑事警察描绘成充满人情味的群体。①

日本的刑事电视剧就是这样反复描写被害人的形象，而欧美的刑事电视剧多数都是描写犯人的异常性、可怜的被害人及其家属。欧美电视剧的观众们一边祈祷犯人被捕并被处死，一边为剧情发展而提心吊胆。有些电视剧让人别开生面，登场的刑事警察（刑警科伦坡、刑警福伊尔等）和侦探（著名侦探波洛、福尔摩斯、马布尔等）绝不会让狡猾的犯人逍遥法外。他们为被害人及其家属申冤而大显身

---

* 奉行是平安时代至江户时代期间的一种官职。——译者注

① 藤真诚饰演的《无赖刑事人情派》的刑事警察就是对加害人充满人情味的刑警，他被描述成对被害人被杀也无所谓的人物。

手。而且,读者和观众们随着故事情节的展开,在电视剧最后一章看到案件得以解决,心情自然也豁然开朗了。

日本这类刑事电视剧成为对被害人产生偏见的“元凶”,被害人 197
和遗属怎能不向电视剧制作方提出抗议,怎能不向社会呼吁呢?难道他们就应该长期背负耻辱(stigma,即给被害人的烙印、污名)而忍气吞声吗?

九、助长偏见的流言蜚语

日本自古就有“无风不起浪”“不播种不长苗”的谚语。意思是说,不刮风就不会有波浪,不播下种子就不会长出秧苗,凡事必然有原因。

这句至理名言被用来表示被害人一定存在导致事件的原因,这也成为追究被害人过错的老生常谈。这些话引发了人们对被害人的偏见,让很多被害人痛苦不堪。另外,还有一些表达理解加害人行为的谚语,如“小偷也有三分理”“没有天生的恶人”等谚语,也提示被害人一定做了什么。这种试图从被害人身上寻找被害原因的观点,更加增强了某些人对被害人的偏见。

谎言分为“善意的谎言”和“恶意的谎言”,就像经济法则“恶币驱逐良币”一样,“恶意的谎言”驱逐“善意的谎言”。也就是说,恶事传千里,好事不出门。

很多人都有这样的心理,一边说别人“很可怜”,一边觉得“自己不一样”。潜藏在人们内心的“嫉妒”,使人们一旦遇到有困难的人,就会一边说别人“可怜”,一边在自己的内心松了一口气。流言蜚语和偏见都是被制造出来的,谈论别人的困境常常是对自己的安慰。谈论被害也是一样,谈论别人被害就意味着正常生活的自己与被害没有关系。这样会助长对被害人的偏见,与此成反比的是,不去责怪犯罪者,而是营造一个容易相信犯罪者辩解的社会风气。

流言蜚语是人类社会的耻辱,经常使一些人备受折磨。在这个 198

世界上，正义应该成为人们的行为规范，但违背正义的不合理的想法却被一些人接受。流言蜚语大多是让人皱眉的话题或违反人道的邪说。

第二次世界大战后的1948年发生了所谓帝银案件，当时有传言说犯罪嫌疑人被逮捕押送到东京，这个消息比火车到达时间还要快。新闻报道说犯罪嫌疑人乘坐东北线快车被移送到上野，消息瞬间就传开了，在到达上野站的时候，媒体记者和围观群众人山人海。当时，电话等通信手段还没有普及，警方也在秘密行动，但“平泽被捕”的消息为何能如此迅速扩散？

信息传播的快慢，与对信息的关注度成正比。得到信息的人传达给下一个人的速度，会对信息传播整体速度产生很大影响。

另一个问题是，信息通过反复传递逐渐变成另一种信息，即所谓的“传话游戏”现象。这个问题和偏见实际上是同一个问题。

十、产生偏见的标签

偏见的产生受人们各种各样心理的影响。人们都想比别人更好，而不是单纯为别人的幸福而高兴。如果有人失败或被害，人们就会想他是不是粗心大意了，他是不是没有努力避免被害。事实上，无论如何提醒、无论如何努力，被害都会降临到一个人身上，但没有受过伤害的人是不会明白这一点的。“我没问题”这种意识会涉及家人和身边人，有家庭的人甚至会认为“仅限于我的孩子”“我丈夫可不是那种人”等。

这种思考方法在日本人中是十分常见的。日本人喜欢的用语有
199 “清、正、美”，人们总是觉得遭受被害的人肯定在这几个字中缺少什
么。但是，如果做到“清、正”，真的就不会被害吗？

产生偏见的背景是，日本人经常用外表来判断他人。据说，自古以来，日本旅馆就根据鞋子来判断客人的层次。直到现在，流氓歹徒还穿着锃亮的皮鞋、一身崭新的西服。与其说他们为了时尚，不如说

是给别人看自己很体面。

古典被害人学代表之一的皮塔瓦尔在1743年所著《著名犯罪的原因》一书中介绍的温克尔曼被杀案件[①]，就是用外表判断他人的例子。该案发生在1768年6月8日意大利的里雅斯特。温克尔曼博士丝毫没有对外表寒酸且有几次前科的阿尔坎杰里产生怀疑，和他一起下榻在酒店亲密相处，最后博士的勋章和宝石被抢走并被杀害。关于这个案件，皮塔瓦尔认为，“在长达1周的时间，每天与这样令人作呕、没有任何姻缘的无赖见面，完全是不可思议的”，在这一点上被害人温克尔曼存在过错。

这个文献中提出的问题是，被害人的过错就在于对外表不佳的坏人没有引起注意。在人们的想象中，看到的被害人似乎是“博人眼球”“利欲熏心”“有压制对方的言行”等，认为这些是被害人过错的因素。

偏见的背后还涉及贴标签（labelling）[②]的问题。贴标签是为了方便人们简单查看事物，但标签中装填了偏见，而且这个标签是不容易消失的。贴标签会简单地把人分成“好人”和“坏人”，如果不是“好人”就会被认为是“坏人”。

也有人指出，对被害人的偏见，一方面与人们臆想被害人有过错 200
有关，另一方面也与刑事司法现场的“被害人是白的，加害人是黑的”等固定观念有关。例如，费塔（Fattah. Ezzat，A.）认为，在为被害人提供服务时存在的偏见之一是，社会对被害人和犯罪人区分开来的错

① F. G. de Pitaval, *Causes Clebres et Interessants*. 20 vol. Paris 1743. 德语版：Pitaval, *Sammlung beruhmter Kriminalberichte*. S. 36ff.

② 标签不一定是名词。曾经流行“江上漂”一词。球手江川卓一心要转会到《读卖新闻》的巨人队，在1978年的选秀和1979年的转会时，在棒球协定的背后无理取闹，并最终实现了目的，转会到巨人队，因此出现了“强行推进”这一动词。

误二分法。① 费塔指出，在普通人的眼里，犯罪人和被害人就是有罪(guilt)和无罪(innocence)、恶(evil)与善(good)的反映，犯罪就是奸诈狡猾的掠夺者把孤立无援的个人作为被害人，如同饥饿的狼把毫无防备的羔羊当成猎物。费塔还认为，这种固定的观念来源于《旧约全书》的亚伯和该隐的故事(biblical story of Cain and Abel)，直到现在仍然受到影响。②

1954 年瑞士精神医学者亨利・艾伦伯格依照《旧约全书》中亚伯和该隐的故事比喻犯罪人和被害人的关系，并提出了亚伯综合征概念，现在也有人非常相信这个假说，因此费塔认为对加害人偏见的原因之一就是亚伯综合征假说。该假说认为，一般人的认识是被害人和加害人可以相互取代(revolving and interchangeable role)，但这与经验科学的现实完全相反。③ 费塔指出："不能只看眼前的案件。案件牵扯到与案件有关的当事人的历史和经历。今天的犯罪人是明天的被害人，今天的被害人是明天的犯罪人，这种观点从整体上看是不恰当的。"

有些被害人学学者把刑事司法制度中的偏见问题与社会对被害人的偏见混同在一起讨论，有人对这种倾向提出了反驳，正如费塔所说的对加害人也有偏见。以前认为刑事司法中的二次被害，是相对
201 于当初加害人的二次被害，也是可以理解的。虽然也有被害人是导致案件发生的原因的情况，但总体上来看，多数案件的被害人都是可怜的，而且这些被害人还受到社会偏见的影响，应该说这是一个大问题。

---

① Fattah, Ezzata, H. (2010). The Evolution of a Young, Promising Discipline – Sixty Years of Victimology, a Retrospective and Prospective Look. In: Shoham, Knepper & Kett (edts.) *International Handbook of Victimology*. CRC Press, p. 76.

② Fattah, Ezzata, H. (2010). op. cit. p. 77.

③ Fattah, E. A. (1994), The interchangeable roles of victim and victimizer Second Inkeri Anttila's Honour Lecture. Helsinki, Finland: HEUNL Translated into Spanish and published in Cuadernos de Criminologia(Chile) 1997, 7, p. 23ff.

日本人这个人种并不喜欢非白即黑的观念,而喜欢对事物模糊化。在遇到问题的时候,解决的方法多是“先相加,然后除以2”,也经常听到“随机应变解决”的说法。相扑比赛造假的问题,总是令人不快,但造假一旦被裁判员认可,老百姓对胜负结果就难以辨别了。①

十一、无辜的被害人或无缘无故的被害人

有别于一般的被害人,有时还会使用“无辜的被害人”或“无缘无故的被害人”,即所谓的“没有任何过错的被害人”。特意使用这种表达的背景是,认为被害人有某种过失。日本在20世纪70年代强烈要求引进被害人补偿制度②,在20世纪90年代媒体积极地报道了被害人的惨状,在这个过程中使用了这一表述。尽管社会舆论认为“被害人也可能……”但至少应当把这些被害人和其他被害人区分开来,完全可以对这部分被害人给予支援或补偿。

“无辜”一词经常使用于拦路抢劫、无差别杀伤案件、劫机、恐怖袭击、战争等的被害人和牺牲者,偶尔也对冤案的当事人③使用,但对于杀人、伤害、强奸、抢劫、家庭暴力、跟踪盯梢、诈骗等被害人并不使 202
用。

拦路抢劫案件和无差别杀伤案件的报道是积极的也是耸人听闻的。在这些案件中,由于被害人人数较多,人们会联系到“自己也可能随时成为被害人”,因此这些案件成为信息的发送者和接收者都关

---

① 大相扑的假比赛事件在周刊杂志上屡次被报道,但是相扑协会却一直没有改革。从2007年1月开始对《周刊现代》一系列报道中事件进行审判时,无力相扑与假比赛的区别成为争论焦点,该审判成为国民难以理解的审判。原告虽然在最高法院胜诉,但2011年警视厅在侦查中发现十多名力士的手机短信中留有假比赛的证据,由此推进了相扑协会的改革。

② 大谷实教授强调了被害人补偿制度的必要性,参见1975年出版的大谷实著《犯罪被害人与补偿》,《日经新书》的副标题是《救济那些无声的牺牲者》。

③ “无辜”一词有时也被用于死囚,例如“很多无辜的人成了冤案的牺牲品,为什么不废除死刑制度?”

注的对象。在过去的半个世纪里，日本发生了无数起拦路抢劫案件和无差别杀伤案件。光天化日之下在商店街、车站等地实施的拦路抢劫案件和无差别杀伤案件有：1981 年 6 月 17 日深川抢劫案、1998 年 1 月 7 日堺市拦路抢劫案、1999 年 9 月 8 日东京池袋拦路抢劫案、1999 年 9 月 29 日下关拦路抢劫案、2008 年 3 月 23 日土浦荒川冲拦路抢劫案、2008 年 6 月 8 日秋叶原拦路抢劫案、2008 年 7 月 22 日八王子拦路抢劫案、2010 年 12 月 17 日取手车站拦路抢劫案等。在这 8 个案件中，共死亡 21 人，受重伤和轻伤的有 51 人。平均来看，每一起案件死亡 2—3 人，受伤 6—7 人。恐怖活动、劫机案件遭受的伤亡人数更多，但对于一般人来说，拦路抢劫案件和无差别杀伤案件是在自己生活的地区发生的，因此关注度很高。

制造拦路抢劫案件的犯人，很多都有精神方面的问题，被害人及其遗属担心的主要问题是这些犯人会不会受到处罚。但是，深川案件、堺市案件、下关案件等，被告人因“精神衰弱，但可以追究责任”而被判处有期徒刑，而池袋案件、土浦荒川冲案件的被告人则被判处死刑。

特殊的案件是 1998 年 7 月 25 日的和歌山咖喱投毒案。作为街道组织的“町内会”在举办夏季庆典时制作了咖喱饭，被人投入了亚砷酸，导致 4 人死亡，63 人受到不同程度伤害。1966 年 5 月 21 日的鹤见拦路抢劫案件，19 岁少年在晚上 10 时为了“试试胆量”刺死了一名 26 岁青年。

1948 年 1 月 26 日的帝银案件，光天化日之下，在银行让他人喝下毒药，杀害了 12 人。在永山则夫连环枪杀案件（1968 年 10 月 11 日到 11 月 5 日）中，一名 18 岁的少年在东京、京都、函馆、名古屋 4 处用手枪乱射。1974 年 8 月 30 日的三菱重工大楼爆炸案件、1980 年 8 月 19 日的新宿西口巴士纵火案件、1994 年 6 月 27 日的松本沙林毒气案件、1995 年 3 月 20 日的东京地铁沙林毒气案件，都是恐怖案件。
203 另外，2001 年 6 月 8 日的大阪教育大学附属池田小学案件是无差别杀伤小学生案件,这些案件虽然采用了与抢劫杀人案件相同的形态,但由于地点在小学内,所以不属于抢劫杀人案件。

十二、偏见与歧视

在现代民主国家,要求尊重人的尊严、不受歧视、一律平等,但现实中歧视却不会消失。“歧视”是指与他人区别对待,即对该人进行相应的区别处置。但从确立了人人平等的基本原则之后,歧视对待就成为值得研究的问题。

歧视往往产生于偏见,偏见又产生了歧视性用语。社会上有许多歧视性用语,但歧视性用语的语源的形成是各种各样的。

1. 一开始就以歧视为目的的词语:废人、贱人、贱民;

2. 不使用正式称呼而产生歧视效果的词语:狗腿子、警察狗子、秃子、捡破烂的[1]、二百四[2]、芝麻官、铁路匪[3]、穷鬼[4]、酒鬼;

3. 本来是与歧视无关的词语,但在用于歧视的场合就成为歧视用语:部落、部落民、在日、贱民、泡菜;

4. 不是为了歧视而使用的,但其状态和职业成为歧视对象的词
语:哑巴、结巴、残废、罗锅、瞎子、聋子、白痴、矬子、叫花子、盲流、泥 204
腿子[5]、乡巴佬、买破烂的[6]、洋鬼子、疯子;

---

① 关于语源有很多种说法,最有力的说法是来自“拳骨”一词,是指从事处理旧物、废弃物、二手货等的职业。

② 1949 年 6 月东京都职业安定所规定给日工资工人的定额日薪为 240 日元,这意味着付给两个 100 日元和 40 日元的硬币,“240”也成为临时工的代名词。这个词已经没人使用了,但在谈论现代网络和网吧难民等话题时也被引用过。

③ 1997 年 4 月,《小说昴》上刊登了浅田次郎的短篇小说《轰隆隆》开始,成为铁路职员的代名词,有时使用火车通过时的“轰隆隆”一词。

④ 把小额的钱成为“几个子儿”,所以指只带很少钱的人。

⑤ 也称为“力工”“小工”等土木工人。

⑥ 古玩商的抛售称为“蝗虫”,廉价商店也被称为“蝗虫屋”。

5. 词语构成本意就有歧视的含义：寡妇、土人[1]；

6. 语感上能听出歧视的含义：傻瓜相机、按盲键、花里胡哨、偏向、印第安人、东洋鬼子、爱斯基摩人、朝鲜人、在日、美国佬、老美[2]、小鬼子(Jap)。

承认和互相尊重各自的差异，与本来意义上的歧视是不同的，以蔑视对方的形式使用的歧视用语，往往带有偏见。目前，很少能听到这些歧视用语了，但上述的歧视用语偶尔还对被害人使用。有一种说法是，“一般不会遭受被害的，但却被害了，一定是蠢货、傻瓜、贪婪的家伙”。

十三、容易引起偏见的犯罪被害特征

偏见较多的犯罪被害，包括伤害、杀人、强奸、强制猥亵、骚扰、夫妻暴力、虐待儿童、虐待老人、欺凌、欺诈（婚姻欺诈、入学欺诈、非法营销等）等。案件一般都有一个发展过程，一般都是由熟人之间的纠葛和矛盾引发的，但拦路抢劫这类案件比较特殊。即使诈骗这类犯罪，大多也不是在街头大喊一声就动手了，而是登门拜访或者邀请到公司来，有一个建立信用的过程。

205 杀人、伤害、强奸是被害人最容易招致偏见的“三大偏见被害”。人们容易认为，杀人和伤害的原因，或者是被害人挑起的，或者是没有遵守承诺，或者是因为结下冤仇怨。而强奸等性犯罪可能是由于被害人似乎表示同意，也可能是由于受到被害人的诱惑。

总之，带有偏见的被害，一般都有某种引人关注的理由。当然，没人关注的案件就不存在偏见的问题。在这个意义上，产生偏见的一个原因，就是人们的关注和兴趣。

人们对他人感兴趣的案件，有以下几个共同点：

---

① 是指土著人。相对于英语的 native，有时指没品位、没教养的人、不懂礼貌的人。

② 把美国人称为“american（amerikan）”，据说当时也有人叫“老美”的。

1. 加害人和被害人之间有爱憎、欲望等纠葛的案件:

例如,杀人、放火、打架(伤害)、金钱纠纷(敲诈勒索、诈骗)。

2. 不想让别人知道的案件(激发偷窥兴趣的案件):

例如,性犯罪(强奸、猥亵、性骚扰)、虐待儿童、夫妻间暴力、跟踪尾随、婚姻诈骗、入学考试诈骗。

3. 自己的周围和家庭内可能发生的案件:

例如,夫妻间暴力、虐待儿童、虐待老人、近亲相奸、欺凌。

十四、媒体的偏见报道

在欧洲理事会(Council of Europe)2002 年 4 月 30 日举办的第 794 届成员国家担当大臣会议上,通过了《关于预防对女性实施暴力的劝告》[Recommendation Rec(2002) 5 of the Committee of Ministers to member state on the protection of violence against women],其中提到了媒体问题。附属文件 17 规定:"成员国家应当努力尊重人的尊严,摒弃对被害人的负面形象,同时引导媒体避免播放与暴力和性爱相联系的节目。如果可能的话,在新的信息技术领域也应当考虑采用该标准(criteria,判断的标准)。"[1]媒体一般用陈旧观念来理解和报道被害人。媒体所描述的被害人形象与一般人描绘的被害人形象基本相同,这种形象充满了偏见。 206

由于大众媒体的过热报道,有时会使人们产生偏见,同时带有偏见的案件又会被大众媒体大肆报道。本来,采访过热与报道内容中包含偏见是无关的,但是过度采访往往会产生带有偏见的报道。这是因为,通过煽动读者和观众的偏见,大众媒体可以获得阅读量和收视率。

过度采访案件这种现象,从 20 世纪 70 年代开始一直持续至今。

---

① Council of Europe (2006). *Victims Support and Assistance*, pp. 115 – 133. Council of Europe Publishing, Strasburg.

当时大众媒体大肆报道的案件有:大久保清案件(1971 年)、滋贺银行女职员贪污案件(1973 年)、富山长野连续绑架杀人案件(1980 年)、女高中生遇害后被埋入混凝土案件(1988)、宫崎勤案件(1988—1989 年)等。

这些案件的共同点是,被害人都是年轻女性,犯人的动机十分反常。观众和读者关心的是:一方面,被害人是如何被犯人痛恨的,即所谓的窥视兴趣倾向;另一方面,被害人是如何卷入这起案件的,被害人和相关人员有何过错。从案件的分析来看,虽然犯人非常异常和狡猾,但普通观众和读者并不这么认为。

到了 20 世纪 90 年代,人们对犯罪报道的要求越来越高,犯罪报道经常进入电视综艺节目收视率前三甲。在这个过程中,又发生了新潟县三条小学 4 年级女生被监禁诱拐案件(1990—2000 年)、筑波医生母子被杀害案件(1994 年)、东京电力女职员被杀害案件(1997 年)、岐阜体育教练被杀害案件(1999 年)、桶川跟踪尾随杀人案件(1999 年)、音羽幼儿园幼童被杀害案件(1999 年)。在这些案件中,被害人也都是女性,而在案件的背后都有男性的存在。也就是说,女性和男性相关的案件会刺激观众和读者的"窥视兴趣",这是产生偏见的危险的心理状态。

207 新潟县三条小学 4 年级女童被诱拐监禁案件,在被诱拐的 1990 年当时几乎没有进行报道,但 2000 年 1 月被害人被救出后,在全国范围内开始了报道。

进入 21 世纪后,大众媒体仍在继续追踪报道犯罪案件。例如,露西·布莱克蒙被杀案件(2000 年)、奈良小学 1 年级女童被杀案件(2004 年)、广岛小学 1 年级女童被杀案件(2005 年)、新宿及涉谷杀夫分尸案件(2006 年)、江东区公寓女性被杀分尸案(2008 年)、松户女大学生被杀放火案件(2009 年)等。

媒体热衷于采访的犯罪案件的背景是,读者和观众会联想到被害女性的性侵害、男女之间的纠缠、犯人的异常性欲等,有时还会期待这种报道。另外,部分低俗媒体通过描写这类案件的文章来赚取阅读量。产生这种不正常的大众心理多数是因为被害人是年轻的女性。

十五、助长偏见的刑事司法机关

侦查机关必须考虑案件能不能立案,而且必须对所有的状况提出怀疑。当然也要怀疑被害人陈述的内容。日本的刑事裁判有罪率达到 99.9% 这一不正常的数字,这进一步给侦查机关带来了压力。每天接触案件的侦查官和第一次经历案件的被害人之间,差距是很大的。由男人组成的侦查团队,用词一不小心就会伤害到被害人和证人。

还有不少侦查人员认为,被害人希望逮捕犯人,他们协助侦查是理所当然的。本来,如果没有被害人的协助,侦查就不会顺利进行,但是被害人希望抓住犯人,当然也会协助侦查。在欧美国家,警察的职责转变为保护被害人,契机是改变了"被害人就应该协助"这一意识。解决案件不是侦查机关的权限,而是他们的义务。侦查机关必须虚心地请求得到被害人和证人的协助。最近,在日本,这种现象正在改善,但由于只有侦查机关是唯一拥有侦查权的机关,在现行法律制度中,侦查人员的教育就成为侦查机关最高领导的责任。

检察官的冷漠有时也是值得研究的问题。检察官往往不理解被 208
害人的期望,甚至认为对强奸案件最好不要进行裁判,认为被害人都是一样的。

律师的迟钝是警察、检察官所不能比的。日本从 2008 年 12 月 1 日开始实施了被害人参与刑事审判的制度,同年 12 月 15 日开始允许被害人旁听少年审判,当务之急是,培养律师能够沿着被害人和遗属的心情轨迹开展活动。

传统的刑事审判认为,犯人必然有动机和情节,为了减轻被告人的刑罚,就要在被害人的过错方面找问题。其中,有些律师认为,减轻犯人的刑罚是律师的任务。我们非常希望律师能够在理解被害人、遗属痛苦心情的基础上进行辩护活动。

从事教育监管人员也存在冷漠的问题。有些保护观察官认为，为了尽快释放加害人,就要进行“被害人心情调查”。他们并不知道，释放加害人的日子对被害人来说是怎样的日子。他们错误地认为只有支援加害人才是保护观察官或保护官的任务,因此有必要教育他们,让他们认识到改善被害人情感也是重要的任务。

第九章

二次被害和三次被害

Secondary and Tertiary Victimization

一、引言

被害(victimization)①是案件、事故、灾害等的结果,但这种被害又是新的被害的原因。在这种情况下,将最初的被害称为一次被害(primary victimization),将由一次被害引起的新的被害称为二次被害(secondary victimization)。② 另外,与一次被害、二次被害不同的,还有三次被害(tertiary victimization),但这个概念没有获得学术界的认同。

关于二次被害、三次被害,过去的文献中有各种观点,定义也不统一。多数观点认为,原本的被害以外的被害,称为二次被害(有时还有三次被害),有一种观点认为,由一次被害引起的被害才是二次被害,还有一种观点认为一次被害以外的被害都是二次被害。这一点上的基本思维方式是有差异的。这种差异就是,是否要求在一次被害和二次被害之间存在某种因果关系。传统的观点都站在后者的

① 关于被害(victimization)和被害人(victim)的定义,请参见第二章“被害人学的范式和基本概念”。

② “secondary”与表示“第二”的“secondly”不同,它是“second”(第二)+“ary”(有关),是“第一位后面的次要”的意思。

立场上。① 但是，现在有说服力的观点认为，只有第一次被害导致的（有因果关系的）被害才能称为二次被害。

这里需要注意的是，案件发生之后不久产生的急性应激障碍（Acutestress Disorder，ASD）症状是一次被害的一部分，而不是二次被害。体内肾上腺素增加，心跳加快、颤抖、失眠、头痛、食欲不振、全
210 身无力等身心失调是重大案件被害人的多发症状，也是一次被害附带发生的现象。② 这种急性应激障碍一般会持续 1—3 个月。如果这段时间不能很好地进行治疗和处置，就会发展成创伤后应激障碍（Post - Traumatic Stress Disorder，PTSD）。另外，有时会因警察、检察、法官、媒体、身边人等无心的言行刺激，给深受精神压力障碍折磨的被害人和遗属造成新的精神压力和障碍。这种情况是由于一次被害而产生的新的被害，是二次被害。

二次被害与反复被害③是不同的概念。反复被害是指第二次、第三次被害，但二次被害不是第二次的被害，而是一次被害带来的新的“被害”。这个“被害”通常表现为因受媒体围堵而没办法外出，或者因身负重伤而不得不离开公司等，这些都是由于犯罪（一次被害）造成的新的生活困难和身心痛苦。当然，二次被害也有可能是犯罪被害，但通常是指犯罪以外的被害。

但是，有些案件很难区分是二次被害还是第二次的被害。例如，家人被杀后，主持葬礼的死者家属被小偷盗走了丧葬礼金，这种情况可以认为是二次被害（因为成为遗属后遭受的被害）。但如果那个地区连续发生了入室盗窃，丧葬礼金和案件后保险金都被偷了，这是出现了新的被害，可以认为是二次被害（反复被害）。

---

① 也有文献将犯罪人在监狱中受到的各种困难称为二次被害。这种观点是把被害人遭受的被害理解为第一次被害，而被害人以外的人受到的被害称为二次被害。

② 关于人们因被害而受到的身心变化，详细内容参见第十章“被害的影响和应激障碍”。

③ 关于反复的被害，请参见第六章“被害的弱点与反复被害”。

造成二次被害的,未必是有特别意图的人或站在特定立场上的人。与被害人接触的所有人都有可能造成二次被害。就连被害人服务机构、被害人补偿服务、难民服务、精神病院等救助被害人的各种机构制定的方针和程序,有时也可能引发二次被害。

个人的态度也存在问题。与被害人联系的人(如家人、朋友、同 211
事等),有的认为被害人对被害的发生有责任,对忍受被害之苦的被害人避而远之。这些人往往认为被害人的行为是被害的原因,或者认为被害是由被害人招致的。他们会对被害人说:“忘掉犯罪这些事,好好生活吧!”这是否认被害对被害人产生的影响。在这个意义上,对被害人最严厉的多数是他的家人。①

二、二次被害、三次被害相关概念的异同

“二次被害”一词是从 20 世纪 60 年代开始使用的,但最初的定义并不明确。康德拉(Rachel Condry)指出,“二次被害”一词受标签论的影响,特别是受 20 世纪 50 年代雷梅特(Lemert, E.)等人“二次脱离”(secondary deviance)②概念的重大影响。

雷梅特等人指出:“犯罪人的犯罪脱离行为受到烙印、处罚、隔离等社会性控制。通过对这一次脱离的反作用,事实上将脱离这从社会环境中区分开来,出现了必须解决的道德问题。这些问题就是再次脱离(二次脱离),脱离者不得不以部分或完全的形式解决这个问题。”③

对被害人而言的二次被害概念,与这种脱离者因受社会控制而

---

① United Nations Office for Drug Control and Crime Prevention (1999). *Handbook on Justice for Victims.* CICP Publications, p. 9;[日]诸泽英道译:《联合国被害人人权宣言相关文献——为被害人的正义》,成文堂 2003 年版,第 30 页。

② Lemert, E. (1951). *Social Pathology*, McGraw – Hill, New York.

③ Condry, R. (2010). Secondary Victims and Secondary Victimization. In: *Shoham, Knepper and Kett*(*edts*), International Handbook of Victimology. CRC Press, p. 243.

另行形成脱离状态的观点是并行的。以往,人们认为对被害人来说案件是一过性的,但随着研究的深入,人们注意到,对最初的被害还有二次反应。

212 但是,这个概念出现的初期阶段,是为了区别于原本的被害即一次被害,而使用了二次被害、三次被害等词语。也就是说,二次被害、三次被害意味着是“其他的被害”,即所谓的“被害类型之二”“被害类型之三”。因此,一次被害这个概念,就等于把一次被害所遗漏的被害定义为二次被害或者三次被害。

遗留下来的关于二次被害、三次被害定义的文献,与现在通说的观点不同。其中,首先引人注目的是,塞林(Sellin,T.)和沃尔夫冈(Wolfgang,Marvin,E.)的下列定义。①

1. 一次被害(primary victimization),是指由相关的犯罪(vis – a vis offense)直接实施暴力而受伤的被害人个人(personalized or individual victim)。

2. 二次被害(secondary victimization),是指在百货商店、铁路、剧场、连锁店、教堂等商业设施遭受的被害。

3. 三次被害(tertiary victimization),是指一次被害及二次被害以外的被害,是扩散范围非常广泛的被害,其中包括对公共秩序、社会秩序或政府行政实施的犯罪。违反行政秩序的犯罪(regulatory offenses)、违反市条例(violation of city ordinances),就是典型例子。

4. 相互被害(mutual victimization),是指上述类型以外的被害。

塞林和沃尔夫冈认为,个人遭受的被害是一次被害,组织遭受的被害与一次被害有区分,属于二次被害,而社会受到的被害是三次被害,其他的被害可以定义为相互被害。

---

① Sellin,T. & Wolfgang, Marvin. (1964). *The Measurement of Delinquency*, *For References to a Classification of Victimization*, pp. 155 – 156. Wolfgang, Martin, E. & Singer, Simon, Ⅰ(1978). Criminology: Victim Categories of Crime, *The Journal of Criminal Law & Criminology*, Vol. 69, No. 3, p. 384ff.

此后，随着对刑事司法制度问题的深入研究，人们开始考虑把被 213
害人遭受刑事司法制度的被害，定义为二次被害。[1] 德尔纳（Doener，W.）等人指出，被害人受到来自刑事司法制度逐渐增加的不适应性（cumulative ineptness）、无知（ignorance）、冷漠（apathy）、好战态度（belligerence），确实是双重被害（double victimization）。[2] 持相同观点的特维（Turvey，B. E.）等人也认为，毕竟刑事司法制度在被害人最初被害的基础上又增加了被害，这是真正的双重被害。[3] 根据特维等人的观点，刑事司法制度并没有履行对被害人援助和保护的承诺，完全无视被害人，导致被害人出现二次痛苦（second suffering）。

有人进一步指出，因刑事司法制度遭受被害的不仅仅是被害人，加害人也是如此。作为加害人的犯罪人没有受到执法机关的公正处置而受到的被害，也是二次被害。如加害人在被逮捕时完全没有抵抗，但却对他们过度使用身体力量和武器，导致其受伤或死亡。此外，在监狱里，不遵守法律规定的服刑人员的待遇标准，会将他们关押在恶劣环境中，导致其疾病恶化，甚至死亡。恶劣环境是不是刑罚的一部分暂且不论，但现在站在人道主义立场上，一般认为应当最低限度保障他们的人权，因此疾病的恶化可以被认为是“被害”。综上，这种不是原本的被害属于“其他的被害”，也可以称为二次被害。

美国的服刑人员经常在监狱中受到性暴力被害是众所周知的。杜蒙特（Dumond，R. W.）对加州州立监狱中的性暴力被害人的周期（Cycles of Victimization in the Sexual Assault of Inmates），进行了如下

---

① Wemmers，Jo – Anne，M.（1996）. *Victim in the Criminal Justice System.* WODC – Ministry of Justice，Kugler Publications，Amsterdam，pp. 20 – 22.

② Doerner，W. & Lab，S.（2002）. *Victimology*，3rd ed. Cincinnati，OH：Anderson Publishing，p. 55.

③ Turvey，Brent，E. & Petherick，Wayne（2009）. *Forensic Victimology：Earning Violent Crime Victims in Investigative and Legal Contexys*，Elsvier，Boston，p. 50.

分析。[1]

214 服刑者因性暴力，一方面受到疼痛、身体上的痛苦、折磨等身体上和医学上的被害，另一方面受到不安、担心、恐惧、失望等精神上和感情上的被害。这些是一次被害的一部分。这种经历使服刑者在服刑群体中的地位降低了，他们往往不能自我决定，就连监狱职员对他们也有疏远感（alienation），他们失去了社会地位。这也是二次被害。

杜蒙特指出，服刑人员在监狱中遭受性暴力不能被定义为二次被害，因遭受性暴力（一次被害），该服刑人员的身心受到影响，不能自我决定、社会地位下降、很难重返社会，这才是二次被害。杜蒙特的这种观点，与上述把加害人遭受来自警察和狱警的被害定义为二次被害的观点，两者是不同的。

在日本，“二次被害”一词曾被媒体用于不法商家的非法营销案件中。[2] 遭受非法营销欺骗的被害人又被其他不法商家盯上，再次遭受被害时，一般定义为二次被害。笔者认为，这些案例不是二次被害，而是反复被害或者重复被害的例子。

三、二次被害的定义

以前对二次被害的概念有过各种说法，但现在已经达成共识，形成了类似的定义。

例如，联合国被害人问题专家会议在1999年制定的《为被害人
215 的正义的手册》第一章C，对二次被害的定义是：“不是作为犯罪行为的直接结果而呈现的被害（一次被害），而是通过制度或个人的反应

---

① Dumond, Robert, W. (1992). The Sexual Assault of Male Inmates in Incarcerated Settings, *International Journal of the Sociology of Law*, 20(2), pp. 135 – 157. especially Figure 1, p. 145.

② 倒卖土地，是将不值钱的土地谎称“有开发计划，将来会涨价”等进行销售的手法。有些不法企业经常伪造登记簿副本等出售他人名义的土地。另外，“房地产骗子案件”的犯罪团伙分工负责，伪装成将客人带到现场当地的营业员、司机、当地农民、当地房地产业主、路人等，团伙全体成员像表演一样哄骗土地所有人。

给被害人带来的伤害(二次被害)。拒绝把被害人的经历认定为被害,就是否定被害人的人权。"①

欧洲理事会(Council of Europe)在2006年6月14日举行的第967届成员国主管部长会议上采纳了一项建议[Recommendation Rec (2006) 8 of the Committee of Ministers to member state on assistance to crime victims],该项建议中对二次被害下的定义是,"并非作为犯罪行为的直接结果而产生的被害,而是通过各机构和个人对被害人的反应而产生的被害"②(the victimization that occurs not as a direct result of the criminal act but through the response of institutions and individuals to the victim)。

欧洲被害人援助最高组织(the European Roof Organization for Victim Assistance)也有同样的定义:二次被害"是附随于犯罪结果的被害而增添的痛苦,例如朋友、亲戚、医生、刑事司法制度等的错误对待而导致的被害"。根据这个定义,二次被害是伴随一次被害而带来的附加痛苦,带来这种痛苦的是朋友、亲人、医生、刑事司法人员等。

在被害人受到警方或其他刑事司法机关不当待遇(inadequate treatment),身心受到伤害被称为"二次被害"③这一点上,上述定义与现在的定义是统一的。但是,二次被害不仅来自刑事司法人员(警察、检察官、律师、法官、狱警、监狱技术官、观察官、保护官、司法书士等),还包括行政官员(市区町村行政机关有关官员等)、医护人员(医生、护士、检验技师等)、媒体人士、心理咨询师(临床心理师等)、都道府县及市区町村和民间的被害人支援组织工作人员、被害人支

---

① United Nations Office for Drug Control and Crime Prevention (1999). op. cit. p. 9;[日]诸泽英道译:《联合国被害人人权宣言相关文献——为被害人的正义》,成文堂2003年版,第29页。

② Council of Europe (2006). *Victims Support and Assistance*, Council of Europe Publishing, Strasburg, p. 73.

③ Maguire, M. and Pointing, J. (eds.) (1988). Victims of Crime: A New Real? Milton Keynes: Open University Press, p. 11.

216 援活动志愿者、保险公司职员、工作单位相关员工、学校相关人员、朋友、熟人、家人、亲戚、邻居等。

关于被害人在刑事司法程序中受到怎样的影响，已有很多调查。[①] 其中，泽德纳（Zedner，L）认为："各刑事司法机构的认识是，被害人需要给他们提供更多的他们所需要的交易工具（bargaining tool）。"[②]也就是说，各个刑事司法机关的承办人似乎认为，如果想要逮捕加害人，并依法进行裁决，那么被害人就应该协助刑事司法机关。这就等于说，如果患者想要治病，就必须什么都要听从医生的。解决二次被害的问题需要从改正这个根本问题开始。

如上所述，二次被害是指以某种被害为原因而新产生的各种被害，这与一次被害之间必须存在某种因果关系。在受到某种被害后发生新的事态（第三者介入、自然灾害、经济情况骤变等）与遭受的被害应区别开来。但在现实生活中，有些案件很难区分是环境骤变引起的被害，还是与此无关因社会骤变而发生的。

特维（Turvey，B. E.）对于二次被害的定义是，被害人受刑事司法系统的伤害，因对刑事司法系统不满等经历而对自己缺乏控制或产生后续创伤（subsequent trauma）的状态。[③] 这里提到了，被害人因事后发生的事态不能控制自己的身心，或者在最初的创伤之上增加后续创伤所困扰的状况。

人们对二次被害的关注，最初开始于被害人与侦查机关接触的
217 过程中出现的种种令人厌倦的经历。但是，导致一次被害发生的被害并不一定只由刑事司法机关造成，加害人（犯罪嫌疑人、被告人）、

---

① Spalek，Basia（2006）. *Crime Victims；Theory，Policy and Practice.* Palgrave Macmillan，p. 12.

② Zedner，L（1994）. Victims. In：Maguire，M. Morgan，R. and Reiner，R.（eds.）. *The Oxford Handbook of Criminology*，Oxford：Clarendon Press，p. 1230.

③ Turvey，Brent，E.（2009）. Victimology：Entering the Criminal Justice System. In：*Turvey，Brent E. & Petherick Wayne.*（ed.）. *Forensic Victimology：Examining Violent Crime Victims in Investinative and Legal Contexle. Elsevier*，Boston，p. 50.

加害人的辩护人、医疗工作者、心理咨询师等,也会给被害人带来二次被害。此外,媒体对该案件强行采访,有时在报道中会存在对被害人的偏见,被害人从他们这里受到的精神伤害,可以称为“媒体的二次被害”。包括熟人、朋友、邻居在内的很多人,还有来自社会的人也是被害产生的原因,有时甚至家庭也是造成二次被害的原因。

康德拉(Condry,R.)用三种方法分析了二次被害是如何产生的。①

第一,从被害结果或其他相关人员造成的被害影响,论述二次被害。可以分为一次被害人(primary victim)、二次被害人(secondary victim)、三次被害人(tertiary victim)、间接被害人(indirect victim)等维度。

第二,犯罪的被害人在他们引起其他被害而且对被害的感情不断恶化时,他们经历二次被害。可以说,这是强奸和性暴力的被害人所固有的特征。

第三,不是从被害人刻骨铭心的一次被害着手进行分析,而是通过社会反应来分析二次被害。这相当于把自己的观念强加于被害人。

被害人所处环境导致的被害之所以受到关注,基希霍夫(Kirchhoff,G. F.)认为限定二次被害的思路,是因为被害人学过于重视犯罪学的工具,这是应当反省的。最近有很多被害人学者转变了思路,把侵害人权理解为被害,根据这种观点,也没有必要限定由刑事司法制度带来的被害。② 218

欧洲理事会部长委员会在1985年通过的《劝告(85)11》中,将二

---

① Condry,Rachel.(2010). Secondary Victims and Secondary Victimization. In: *Shoham, Knepper and Kett (edts). International Handbook of Victimology*. CRC Press, p. 219ff.

② Kirchhoff,G. F.,Victimology—Development and Basic Concepts,p. 38.

次被害分为直接的二次被害和间接的二次被害,并做了如下说明。①

直接的二次被害:

1. 警察的冷漠处置(insentive treatment by the police);

2. 冷漠且反反复复的质问(repetitive and insensitive questioning);

3. 对于外界过度关注没有受到充分的保护(insufficient protection from unduepublicity);

4. 对于威胁和报复没有获得充分的保护(insufficient protection against intimidationor retaliation)。

间接的二次被害:

1. 没有对被害人进行充分的说明,或者没有充分听取被害人的说明(insufncient information flows to and from the victim);

2. 被害人难以行使获得补偿的权利(difficulties surroundingthe right of the victim to be compensated);

3. 向犯罪人索取赔偿金的问题(problems in collecting compensation from the offender)。

这种限定性地考虑二次被害,不符合当前应充分保护被害人法律地位和权利的理念。特别是,被害人的权利不仅要获得国家之间的承认,而且也要获得普通国民和加害人的承认,这是保护被害人的一项原则,上述限定性认识二次被害的观点与该项原则是不相符的。前面提到的最高欧洲被害人援助最高组织也在其定义中单独列举了,由朋友、亲戚、医生、刑事司法制度等造成的额外痛苦等内容。

219 施耐德(Schneider, Hans Y.)指出,家人和邻居等所谓的"非正式组织",警察、法庭等"正式的社会控制机构"所带来的反作用(reac-

---

① Brienen M. E. I. & Hoegen E. H. (2000). *Victims of Crime, in 22 European Criminal Justice Systems*, The Implementation of Recommendation (85) 11 of the Council of Europe on the Position of the Victims in the Framework of Criminal Law and Procedure, wetenschappelijk Onderzoek – en Documentatiecentrum, The Netherlands, p. 24.

tion)也是二次被害,这种被害是在加强或巩固被害人作用的过程中产生的。

即使将一次被害所带来的被害定义为二次被害,根据因果关系范围的宽窄,其概念的范围也会有所不同。一直以来都把处理被害人问题的警察、检察官、律师等刑事司法人员无视被害人人权的行为被称为二次被害。①

对被害人的心理进行的研究表明,给被害人带来二次被害的是与被害人相关的所有人。联合国被害人人权宣言手册也指出,警察、检察官、法官、监所职员、教育工作者、健康保健职员、媒体人士、精神保健职员、神职人员、精神领袖、房东、雇主、大使馆等外交人员等,也可能给被害人带来二次被害,在对这些人员进行教育和培训时有必要对他们进行提示。②

很多报告指出,有些能够充分理解被害人的支援者也会给被害人带来二次被害。这种情况多次在培养支援者的研修会和演讲会等被提及。在日本,从 20 世纪 90 年代开始在被害人支援的活动中,有人呼吁不要无视被害人的情绪。2000 年 1 月 23 日著名的组织——全国犯罪被害人会(简称为“明日之会”)③宣布成立。此后,拥有同样宗旨的被害人团体陆续成立。

---

① Spalek, Basia (2006). *Crime Victims: Theory, Policy and Practice*. Palgrave Macmillan, p. 12. Maguire, M. and Poining, J. (eds.). (1988). *Victims of Crime: A New Deal?* Milton Keynes, Open University Oress, p. 11.

② United Nations Office for Drug Control and Crime Prevention (1999). op. cit. pp. 56 – 86;[日]诸泽英道译:《联合国被害人人权宣言相关文献——为被害人的正义》,成文堂 2003 年版,第 114 – 163 页。

③ 成立初期称为“犯罪被害人会”,后来改为现在的名称。2000 年 1 月 23 日在东京饭田桥东京志愿者、市民活动中心举行的研讨会“犯罪被害人的诉求——要求确立权利和恢复被害”及成立大会上,200 多名被害人及其遗属从全国各地聚集到一起。参见全国犯罪被害人委员会编:《活到明天——要求恢复被害人的权利和被害》。

220 四、尚未达成共识的三次被害概念

由于被害人受到刑事司法制度和周围人的“二次被害”，最近有人使用了“三次被害”的概念。① 遗憾的是，对三次被害没有形成一个统一的定义。

如前所述，塞林和沃尔夫冈将因案件扰乱的公共秩序、被破坏的社会和谐及行政功能，定义为三次被害（tertiary victimization）。第一次被害人是遭受加害行为侵害的被害人，但同时加害行为也侵害了社会和行政功能，因此将这种侵害定义为三次被害。但是，这种观点目前几乎没有得到支持。

从最近使用的三次被害的主要思维模式看，三次被害有两种定义：一是三次被害是在二次被害的延长线上发生的被害；二是被一次被害卷入的人们所受到的被害。前者的观点主张，一次被害、二次被害、三次被害都发生在同样的被害人身上；而后者的观点认为，三次被害是与一次被害人有牵连的人们所遭受的被害。

宫泽浩一对三次被害进行了说明，他认为，如果对于遭受一次被害、二次被害的身心备受痛苦折磨的被害人没有给予适当处置或者放任不管，因被害人的性格和处境不同就会出现不同反应类型，有些甚至会采取自暴自弃的自我毁灭行动。② 宫泽浩一教授还指出，在少年案件中，如果父母、学校、教师谁都不和那些遭受被害的少年进行沟通，那么无论同伴如何安慰他们，也无论对方如何应对，都会对少年产生负面影响，他们自己的被害体验和加害方的精神影响会形成消极的学习作用，他们甚至会转变为加害人，以自己遭受的被害和相同的被害过程给对方造成新的被害，这也是被害人和加害人的角色

---

① Kiefel. Walter – Lamneck, Siegfried (1986). Soziologie des Opfers. Theorie, Methoden und Empirie der Viktimologie, S. 272ff.

② [日]宫泽浩一：《被害人学现况》，收录于《金钟源教授华甲纪念论文集》，泫文社 1991 年版，第 1079 页。

交替模式。

施帕勒克(Spalek Basia)支持后者的观点,他认为三次被害是 221
"卷入某种案件中的救援和医疗从业人员等对重大案件有较大影响的集体所引起的被害"。[①] 据施帕勒克称,1995年"419"俄克拉何马市联邦大厦遭到炸弹袭击,造成168人死亡,当时联邦司法部的犯罪被害人办公室列举的三次被害人包括,参加案件救助活动而直面困难的福利事业专业职位人员、精神卫生专业职位人员、志愿服务人员、急救职员、朋友、同事、法律职员、医护人员、被害人支持者、神职人员、学校教师、陪审员、防爆专家、建筑从业人员。

施帕勒克认为,不能认为二次被害人和三次被害人的创伤程度比一次被害人的创伤程度低。无论是二次被害人和三次被害人还是一次被害人,在身体上、精神上、情感上都承受巨大压力。

20世纪90年代发生的巴尔干战争中,成千上万的女性以纯化人种(ethnic cleansing)的名义被强奸。因强奸而出生的很多孩子都成为孤儿,一些胎儿甚至不允许出生。还有些儿童经历了严酷的身体上、情感上、精神上的剥削。根据施帕勒克的定义,这些孩子是三次被害人。

五、一次被害附带的症状和被害

二次被害的定义原本是涉及对一次被害如何定义的问题。这个问题也是如何理解因案件、事故、灾害造成的被害范围问题。

在一般情况下,人们一遇到带有冲击性的案件,体内的肾上腺素就会增加,心率也会加快,呼吸加速导致血液中二氧化碳的减少,出现颤抖、流泪、麻痹、僵硬感、案件经历再现、口渴、嗅觉等器官过敏, 222

---

① Spalek, Basia (2006). op. cit. p. 12.

甚至出现“争斗或逃跑”(fight or flight)等反应。[①] 此外很多人无法控制排便。而且身体上还会受到失眠、食欲不振、乏力、头痛、肌肉紧张、恶心、性欲减退[②]等各种影响。这种反应在被害后往往会持续一段时间。

这种症状有些是由案件、事故、灾害引起的,属于一次被害的一部分。因此,在初期阶段发生的急性应激障碍症状通常是由于本来的被害(一次被害)而导致的身心失调,而不是新的二次被害。

被害不仅会给身心带来巨大的影响,而且遭受被害时还会产生各种各样的问题。此时,有必要考虑区分这种影响是伴随最初被害而产生的,既是一次被害的一部分而产生的被害,还是以一次被害为原因而产生的新增加的被害(二次被害)。

对身体造成的外伤性损害,常见的有:脸部的擦伤、淤血,鼻子和颧骨及下颚骨骨折,牙齿损伤和脱落,胳膊和腿骨折,身体小面积或全身烧伤等。除此之外,还有因使用刀、枪、灭火器等凶器攻击时造成的伤害。除了这些对身体攻击导致的伤害,还有在急救运送过程中,因救护车发生事故而造成新的被害,因治疗失误而导致被害扩大,因自己家是犯罪现场物品受到的损害、污秽、污染、丢失等。这些被害通常是伴随一次被害产生的,一般认为这是一次被害的一部分,但对于被害人来说则是严重的伤害。

对于遭受空巢式的入室盗窃的被害人来说,损失的当然是财物,但有时这种被害可能超过财物。例如,穿鞋入室污染了地面、柜子被弄乱了、东西被破坏了、不认识的人进(精神上的不愉快)等,也是严

---

① United Nations Office for Drug Control and Crime Prevention (1999). op. cit. p. 4;[日]诸泽英道译:《联合国被害人人权宣言相关文献——为被害人的正义》,成文堂2003年版,第20页。

② 拉丁语中的意思是“欲望、性欲”(Libido)。弗洛伊德定义为“能引发性冲动的力量”;荣格定义为“所有本能的能量的主体”。一般来说,因遭受被害后身体内部能量会减退。

重的被害,需要进行调查。

西村春夫等人对 1988 年 1 月底 60 岁以上 74 岁以下 1146 名老 223
年人被害体验和被害原因进行了调查研究。该调查显示,遭受入室盗窃的人员除财产损失外,被穿鞋踩踏榻榻米的为(55%),抽屉里的衣物被用手翻乱的为(33%),家里内情被外人知道的为(25%),感觉总被人盯上的为(24%),庭院被践踏的为(7%),秘密被人看到的为(7%)等。①

这些被害是入室盗窃产生的附带被害,是一次被害的一部分。但是,因入室盗窃时打开了门窗,造成其他人很容易从被破坏的门窗进入室内,如果被其他人物色上后再次被盗,那就不是一次被害的一部分,而是因一次被害而产生的新的被害。

出现急性应激障碍不仅限于被害人本人,在现场的人(特别是孩子、配偶等家属)也会受到影响。

被抢劫或差点被杀的人,一直会受“贼的影子”的威胁,这些也是典型的例子。婴儿目睹了母亲被残忍杀害的整个过程,精神创伤将困扰他们一生,不知道何时他们就会出现艾伦伯格所说的“反射性行动”。

1992 年 10 月东京都多摩地区发生的案件(东京多摩小学生目击母亲被杀案件),人们也担心会不会对该小学生产生二次被害。② 上小学 1 年级的弟弟和上小学 4 年级的姐姐在下午 3 时左右回家时,发现浑身是血的母亲裹在被子里,已经死去。这个案件的第一发现人是两个孩子,不幸中的万幸是他们没有目睹案件整个过程。由于警方和父亲的处理方法得当,并没有让他们看到尸体。但是,心理创伤对他们以后成长的影响是无法预测的。他们身边需要有能够为其治疗创伤的人。

---

① ［日］西村春夫等:《高龄者的各种被害体验和被害化要因的分析》,载《科警研报告(防范少年编)》1988 年第 29 卷第 1 号,第 44 页以下。

② 1992 年 12 月 18 日《朝日新闻》东京总部版晨报。

224 六、二次被害引发的应激障碍

有些被害人和犯罪人一样，经过一段时间会自然治愈并回归社会，但另一些被害人则遭受特别严重的精神打击，或者该被害人自己原本就有精神问题，他们遭受的被害长期得不到恢复。

虽然第一次被害并不是很严重，但由于遭受强烈的二次被害所留下的后遗症会非常严重，甚至发展成新的应激障碍。而且，如果精神创伤加深，被害人有时就会变得颓废、自暴自弃、攻击性强。被害人对周围的人没有给予支持而产生强烈的不满情绪高涨，有时会变得对周围的人产生仇恨。也有少数被害人因施暴者逍遥法外而痛恨社会的不公正，进而走上施暴者的道路。这些彻底改变被害人人生的例子绝不在少数。

被害经历带来的心灵创伤，在案发1—3个月之间可能迅速出现应激障碍的症状，即急性应激障碍，此后如果症状继续发展将出现创伤后应激障碍。如果急性应激障碍得到有效治疗，就不会转为创伤后应激障碍，但此外，例如遗属多次受到亲戚的指责，急性应激障碍也可能转变为创伤后应激障碍。在这种情况下，亲属的冷漠对待就是二次被害，因此导致病情恶化为应激障碍，即创伤后应激障碍是二次被害的一部分。不过，是作为一次被害一部分的急性应激障碍恶化成了创伤后应激障碍，还是二次被害引起了创伤后应激障碍，对此很难进行科学验证。因为现在还完全不清楚从急性应激障碍转化为创伤后应激障碍的机制。

225 七、二次被害的现状

被害人遭受二次被害的具体例子很多，最常见的例子有：

1. 倾诉的被害没有获得侦查人员的相信；

2. 在加害方及其代理人的压力下被迫撤销了协议和被害报案；

3. 因向警方报警而导致加害人进行报复；

4. 在审判过程中自己的隐私完全不能获得保护；

5. 媒体强行采访；

6. 媒体报道中有伤害被害人或死者的名誉的内容，或者侵犯被害人的隐私；

7. 生活变得痛苦；

8. 家人分崩离析；

9. 失业；

10. 为了恢复被害花费了大量费用；

11. 举行葬礼存在困难；

12. 放弃求学；

13. 放弃结婚。

另外，被害人受到来自社会和周围人的二次被害，有下列情况：

1. 因被周边人说三道四而不得不搬家远离；

2. 因成为被害人，朋友远离而去；

3. 因在酒吧聚会时遭到性侵害，而被指责是“喝到深夜才离开”等；

4. 因媒体像报道犯罪人一样报道被害人（或报道被害人有过错），关系亲密的人远离而去；

5. 工作单位和学校的人际关系难以维系而辞职；

6. 因被媒体采访报道而备受亲戚的责备；

7. 因损害赔偿胜诉被媒体报道，而被指责为“用孩子换金钱”等；

8. 因孩子晚上在大街上被害，被网络谴责为连孩子都不会教育 226
的父母。

被害人不仅有接受执法机构依法保护和援助的权利，而且有不受来自周边人的二次被害的权利。但是，现实中的很多情况是，不仅遭受一次被害，而且遭受二次被害。

日本开始关注二次被害问题，是 1991 年 10 月 3 日在东京的半藏门会馆举行的犯罪被害人支付制度成立十周年纪念学术研讨会上，

玛琳·杨(Marlene Young)发表的主旨演讲。[①] 玛琳·杨介绍了美国下列二次被害的例子:

案例1:在一家邮局发生的杀人案件中,被害人中弹后存活了下来,住院期间向州工伤灾害局申请被害人补偿,承办人对他说,"你提交的资料中,没有你所说的当日受伤害的证明"。受伤的事情是在大家眼前明摆着的,而且正在住院,但是就是没办法处理。

案例2:被害女子的尸体在案发1年后被发现时,母亲申请想要举办葬礼,但侦查官却说,"尸体可以借给你,但不能埋葬"。之后的10年,她继续要求取回尸体,但犯人被起诉后,去取尸体时,那具尸体已经丢失了。

案例3:一位女子的母亲被杀了,案件当时是邻居向警方报警的,但该邻居要求她支付12美分的电话费,该女子受到了很大的打击。

案例4:一位女子多年以来受到前夫的虐待,前夫被关押后,对矫
227 正局的人说,"如果他被释放,请事先告诉我们",但其前夫暂时休假回家时,因负责官员的失误,该女子被前夫用猎枪殴打致死。

联合国专家会议列举了以下具体的二次被害的例子:[②]

1. 依据医院的方针,亲戚/亲人接近他们所爱的死者的尸体时受到限制;

2. 因急诊室排不开日程,被害人被按照普通门诊病人处置,结果性暴力被害人的隐私和尊严没有得到尊重;

3. 关于孩子受到虐待的事情,被学校老师向外界公开了;

4. 医生没有发现配偶有虐待的迹象;

---

① 诸泽英道担任总主持人,参加研讨会的与会者有:山田英雄、关根努、宫泽浩一、山上皓。研讨会当天的全记录共二页全部刊登在《读卖新闻》。另外参见《警察学论集》第44卷第12号(1991年12月),第19页以下。

② United Nations Office for Drug Control and Crime Prevention, (1999). op. cit. p. 9;[日]诸泽英道译:《联合国被害人人权宣言相关文献——为被害人的正义》,成文堂2003年版,第30页。

5. 被害人作出自杀决定之前(或与被害人意愿相反时),精神引导者未对被害人做出谅解和宽容的劝说;

6. 就媒体强行采访和不当采访调查;

7. 媒体无视被害人的意思强行拍摄;

8. 无视被害人的人权进行报道。

以上这些都是二次被害的具体事例,但也有人并没有意识到这种处置本身就存在问题。还有人认为,被害人和遗属对这种程度的行为应该忍耐。很早以前就有人说,"媒体是第二暴力"。在现实生活中,很多被害人被媒体的采访和报道弄得痛哭流涕,但这一现实很难改变。另外,被害人和遗属与媒体人士之间建立了良好的关系,给人们带来好感的好报道也在增加,这也是事实。

除上述情况外,二次被害的具体例子还有以下几种:

1. 警察、检察官、法官、法院职员等刑事司法机构职员的冷漠对待,令被害人感到难以接受或痛苦;

2. 受到了来自加害人及其辩护人的压力和哀求等;

3. 隐私不被尊重,名誉受到伤害;

4. 受到媒体的被害(争抢采访、不正确的报道); 228

5. 失业、跳槽、工作调动、调职、迁居、退学、落榜、逃学等;

6. 医疗费、交通费、康复费等,为恢复被害需要很大支出;

7. 因死亡是犯罪导致的,媒体或与死者生前无关的人也要前来参加葬礼,致使葬礼很难举行或给遗属带来痛苦;

8. 生活变得更艰难(收入减少);

9. 圆满的家庭破裂;

10. 周围人异样的眼光,邻里关系发生变化等;

11. 朋友关系变差;

12. 因案件的影响而放弃结婚。

关于日本的二次被害的现状,1994 年全国犯罪被害人现状调查

进行了分析。[①] 伴随重伤害或死亡等“一次被害”而产生的被害(二次被害),如表9.a所示:

表9.a 被害人及其遗属遭受的主要的二次被害

资料来源:1994年全国犯罪被害人现状调查

二次被害的例子	重伤害被害人	遗属
1. 精神上受到打击	①69.3%	①78.1 %
2. 身体不适	②46.5%	②63.2%
3. 媒体的采访和报道令人不快	③35.0%	③54.5%
4. 被附近的人和行人用异样眼光看待	④28.2 %	⑥28.4%
5. 对方进入自己的家中	⑤22.6%	⑥28.4%
6. 警方无休止地调查	⑥21.6%	⑧27.8%
7. 生活变得艰难	⑦16.1 %	④39.0 %
8. 家中房子被对方弄脏或弄坏	⑧14.4 %	⑩22.4%
9. 不能正常与他人交往	⑨10.0%	⑨25.3%
10. 导致家庭不和	⑩9.6%	⑤31.5%

* 例子中的5和8,严格意义上说不是二次被害,而是一次被害的一部分。
* 表中①②……表示占比的排序。

229 该调查显示,遭受二次被害的比例,从整体上看遗属的比例比较高,但“对方进入自己的家中”和“警方无休止地调查”,其实没有太大的差异。另外,“精神上受到打击”“身体不适”“媒体的采访和报道令人不快”这三种恶劣的“二次被害”,对于遗属和重伤害被害人来说都是共同的。此外,遗属方明显受到的影响是,“生活变得艰难”(遗属39.0%,重伤害被害人16.1%)、“导致家庭不和”(遗属31.5%,重伤害被害人9.6%)、“不能正常与他人交往”(遗属25.3%,

① [日]宫泽浩一等编:《犯罪被害人的研究》,成文堂1996年版,第396-398页及第414-415页。

重伤害被害人10.0%)。

另外,从该调查中被调查人对“媒体的采访和报道令人不快”的回答的具体内容来看,遗属回答较多的是:报道的内容与事实不符(51.1%)、报道被害人姓名(48.9%)、案件被世人所知(45.9%)。在其他方面,重伤害被害人回答较多的是:被害人的姓名被报道(64.5%)、案件被世人所知(42.1%)。

关于“警方无休止地调查”的回答,从具体调查的问题内容来看,回答较多的是:被传唤(重伤害被害人43.8%,遗属42.4%),限制我们的陈述(重伤害被害人41.7%,遗属45.5%),无视我们的心情(重伤害被害人18.8%,遗属36.4%),把我们当成犯人(重伤害被害人6.3%,遗属34.8%)等。

在调查中,案发后持续多年出现的问题有:伤口之处至今仍感到疼痛的人占31.0%,肠胃不舒服、头痛、肩疼、失眠、月经不调等情绪不佳的人占15.5%,噩梦、焦虑、空虚感、烦躁的人有11.5%。

为了治愈这种身体上、精神上的伤害,需要借助医生和心理咨询师的力量。实际上,为治疗伤害看医生所花费的时间不到1个月的为59.8%,1个月以上3个月以下的21.0%,有8成的人接受治疗的时间未满3个月。此外,“过去曾找过”的人员中包括找过心理咨询师或精神科医生的人,只占6.2%。

法务省无期徒刑犯人遗属调查,分析了案件对遗属造成的精神影响,包括神经衰弱症、生病(9.9%)、被噩梦折磨而失眠(8.9%)、
无力及空虚感(3.4%)、食欲不振(3.1%)、不想见人(1.0%)、不能 230
外出(0.8%)。

八、来自刑事司法制度的二次被害

有人指出,刑事司法制度对被害人的影响已长达半个世纪。被害人所属于特定的文化圈、阶级,具有性别差异,因此刑事司法机关拒绝承认给被害人带来的被害,有时甚至完全否定被害人的人权。

法律赋予警察和其他刑事司法人员很多职务权限,正是因为他们滥用权限而给被害人带来痛苦。遭受来自各个刑事司法机构的承办人员的二次被害,这也就是滥用权力(abuse of power)[①]的被害。

从侦查开始,到起诉、审判、判决、刑罚执行、出狱的所有过程都有产生二次被害的可能性。其原因可能是他们轻视了被害人的权利,因此有些司法人员在调整被害人与犯罪嫌疑人、被告人、服刑人员的权利关系时,出现了失调和困难。很多问题是,被害人的权利和加害人的权利有时是能够兼顾的,但有时两者的关系是对立的。在这种情况下,是否采用被害人权利优先原则,是否具体案件具体处理,判断的结论是不同的。同意刑事司法制度对这些问题进行判断的现场承办人员,经常会无视被害人的权利。最普遍的原因是,负责刑事司法系统或程序命令的责任人员没有考虑被害人的立场。[②] 有时,法官也会犯这样的错误。

日本也终于开始采用被害人优先旁听刑事审判的制度,在他们希望参加时就可以参加旁听。在国际社会上,这些都被认为是被害人的权利和地位。日本于 2000 年 5 月 19 日制定的《关于保护犯罪被害人权利和利益的刑事程序附带措施的法律》(同年 11 月 1 日施
231 行),2004 年 12 月 1 日施行的《犯罪被害人基本法》,以及在该基本法的基础上修改的《刑事诉讼法》等法律规定中,也没有以完整的形式规定被害人的知情权和参与刑事司法制度的权利,而更多的是仍依赖法官根据具体案件进行判断。有些法官能够理解被害人的权利,有些法官则不理解,因此,两者在被害人权利问题上存在很大差异。

在这种情况下,21 世纪初期各地的地方法院报告了很多纠纷现

---

① 参见第十四章"虐待被害"。

② Spalek Basia(2006). op. cit. p. 17;United Nations Office for Drug Control and CrimePrevention (1999). op. cit. p. 9;[日]诸泽英道译:《联合国被害人人权宣言相关文献——为被害人的正义》,成文堂 2003 年版,第 30 页。

象。例如,在法庭上再现被害人当时被杀害的详细情况,导致被害人遗属无法忍受而退庭,即使没有退庭也感到十分困惑;在法庭门前逗留,审判长训斥道:“你是进来还是出去,痛快一点!”被害人在旁听刑事审判时身穿深灰色的西装,审判长指责遗属说:“遗属穿丧服到法庭,会给被告人施加压力,今天不能开庭。”这类具体例子还很多,这些都是由于法官的无知造成的,就连维护国民(特别是被害人)人权的法官意识也很淡薄。①

九、来自媒体和 SNS 的二次被害

如上所述,大约半数的被害人和遗属苦于大众媒体和社交网络服务(SNS)②,这是造成被害人二次被害的一个主要原因。

媒体报道被害存在的问题包括,强行采访;因不理解被害人及遗 232
属的情况和心情而在提问时伤害了被害人的心灵;很多记者蜂拥而至进行采访(过度采访);无视被害人的隐私进行采访和报道;等等。特别是,社会高度关注的所谓新闻价值很高的案件,过度采访和过度报道,有时可能导致媒体对被害人的二次被害达到极致。另外,在 SNS 上,可能匿名暴露他人的隐私,损害他人的名誉。匿名发送的信息大部分是不负责任的,会给对方带来很大的被害。

20 世纪 80 年代,媒体的二次被害成为人们关注的社会问题。1980 年 2 月 23 日至 3 月 5 日发生的富山 · 长野连环诱拐杀人案件

---

① 《联合国被害人人权宣言提要》指出,在保护被害人人权方面,法官应当发挥指导作用。另外参见 United Nations Office for Drug Control and Crime Prevention (1999). op. cit. p. 69;[日]诸泽英道译:《联合国被害人人权宣言相关文献——为被害人的正义》,成文堂 2003 年版,第 134 页以下。

② “社交网络服务”(SNS)一词,本来是指促进、支持人与人关系的社区会员制的服务,一般来说其中也包括提供这种服务的网站。但是,只要是能够构筑大范围的社会网络的服务或网站,就被定义为(广义的)SNS。因此,像“博客”“2ch”等具有评论、回看等交流功能的电子公告板也被认为是 SNS 的一部分。目前,作为 SNS 的代表性服务,世界上有 Facebook、Twitter、Google +、Myspace、LinkedIn 等。在日本,除这些外,还有 mixi、GREE、Mobage、Ameba 等。这些都在世界上作为搜索手段被广泛使用。

(警视厅督办第111号案件)中的富山案件,是关注转折的契机。这个案件是,富山县八尾町的高中三年级女生(当时18岁)被宫崎知子(当时51岁)*诱拐后杀害,警方对被害人产生误解并公布了案情,因此媒体报道使人们感觉"这是一个不务正业的女高中生"的印象。事后查明该报道与事实不符,但当时的社会对媒体造成的二次被害的认识还比较低,也没有这方面的专家对此提出质疑,因此并没有对报道进行更正,结果给遗属造成了很大的伤害。①

人们认识到媒体对被害人造成的二次被害,是在1988年11月7日到1989年1月几名少年长期拘禁并杀害女高中生的"女高中生被埋入混凝土杀人案件"中。该案件的实行犯在作案时是16岁至18
233 岁的4名少年,②他们将被害人女高中生监禁长达2个月之久,在此期间对该女生反复施暴,最后致其因衰竭死亡后,将该女生凝固在混凝土中沉入河里。这是一起犯罪行为极为恶劣的案件。但是,由于

---

* 1980年5月13日富山地方法院对宫崎知子进行了第一次审理,1988年2月9日富山地方法院宣判宫崎死刑。检察机关和被告都提出上诉,1992年3月31日名古屋高等法院金泽分院驳回(二审的)上诉。最高法院驳回上诉,宫崎的死刑判决被确定。出来之后的2007年3月23日,宫崎的再审请求被驳回。宫崎在狱中结婚后改变了姓氏,但后来又恢复原来的姓氏,并提出了特别抗告(日本《刑事诉讼法》第433条规定,只能以违反《宪法》等特定理由向最高法院提出特别抗告。——译者注)。

① 唯一验证误报的节目是北日本广播于1993年4月18日播放的《纪录报道'93:送给我的女儿阳子》。

② 女高中生被害案(被浇筑在水泥中),犯罪人实施犯罪时从16岁到18岁,A(18岁)、B(17岁)、C(16岁)、D(17岁)4人(全部高中退学)均受到了刑事处分。主犯是A,被监禁的地方是C的家。A召集了大量暴力不良青少年组成了"金星会",把该组织名称印制在不干胶、火柴等上面,以高于成本价的价格卖给会员,或卖给他们宴会券。A多次实施各种犯罪,1988年11月和12月实施了两起强奸案,被收容在少年鉴别所;1989年3月下旬承办"绫濑母子杀人案件"的侦查官,在调查余罪盗窃案时,他交代了这起案件。检察官的量刑建议是,A无期徒刑、B13年有期徒刑,C和D是5年至10年的不定期刑,人们认为量刑建议太轻了。1990年7月19日在东京地方法院的判决是,A有期徒刑17年、B有期徒刑5—10年、C有期徒刑4—6年、D有期徒刑3—4年。此后,被告人提出上诉,1991年7月12日东京高等法院认为原判决量刑过轻,判处A有期徒刑20年、B原刑罚、C有期徒刑5—9年、D有期徒刑5—7年。

该犯罪团伙是少年，媒体报道在很大程度上断章取义，并由于对被害人的报道增多，死者的名誉受到了严重的损害。另外，有人批判道，主犯的少年 A，此后又再次实施犯罪，但在该少年成年后仍然对其进行匿名报道——与侵害被害人的隐私相比，加害人的隐私却受到了过度的保护。

这个“女高中生被埋入混凝土杀人案件”后，1994 年 11 月 3 日又发生了“筑波医生母子被杀案件”、1997 年 3 月 8 日的“东京电力 OL 被杀害案件”，可以说这是关于被害人的“三大媒体被害案件”。

1994 年 11 月 3 日，横滨市鹤见区的京滨运河中发现了被装入塑料袋的被用绳索绞杀的女性和女孩的遗体，引发了一场骚动。该尸体与 10 月 29 日向茨城县警筑波市中央署报案的内容一致，被害人是筑波市的一名女性（当时 31 岁）及其长女（当时 2 岁）。报案人是死者的丈夫也是综合医院的医生（当时 29 岁）。① 该男子毕业于筑波大学医学系后成为一名医生，当时正被人追要借款。10 月 29 日清晨，该男子早上回家后，因离婚事由而暴跳如雷，勒死了妻子之后，又勒死了长子和长女。该男人在两天之后将尸体装上车，运送到首都
高速的大黑码头，在紧急停车地段将尸体扔进海里。该案件的侦查 234
涉及茨城、神奈川等几个都县级警察机关，但警方很少公布有关信息，因而导致媒体和市民都关注是不是被害人的妻子在私生活（特别是夜间打工）方面有什么问题。

1997 年 3 月 8 日发生的“东京电力 OL 被杀害案件”，是在死后 10 多天才被发现的，在东京都涉谷区円山町的木质结构二层公寓“喜寿庄”的 1 楼 101 号空房间里发现了女性被害人（当时 39 岁）被绞杀的尸体。被害人毕业于著名大学，在大公司工作，任职于中层管理职位，是所谓精英层职业女性。因为其在木制公寓一个房间非正

---

① 1996 年 2 月 22 日，横滨地方法院宣判被告无期惩役。检察机关和辩护人都提出上诉，1997 年 1 月 30 日东京高等法院驳回了上诉。虽然被告人向最高法院提出上诉，但 2 月 14 日撤销上诉，被判无期徒刑生效。

常死亡，故而引起媒体的大肆报道，认为“被害女性白天夜间两张脸”。后认定该案件的犯人是一名尼泊尔男子，2003 年 10 月 21 日该男子被最高法院判处无期徒刑，但后来查明该案件是一起冤案，该案件至今悬而未决。这对于被害人的遗属来说，是双重打击。

十、来自支援者的二次被害

被害人受到二次被害所不能忽视的问题是，被害人的支援者本来是最能理解被害人的人，但支援者却有伤害被害人的言行。特别是，这类人员多数是专业性较强的支援者。他们没有接触被害人时就主观地认为被害人很任性，认为他们的要求在现行制度上是没有道理的，从而直接说服被害人放弃自己的要求。即使被害人的要求是无理的，支援者也要先从被害人角度考虑解决问题的办法，而不是一开始就让被害人放弃要求。

支持和援助被害人时，还要向国家和社会进行呼吁。当然，被害人的身心受到了很大打击，自己的要求有时虽然想提但又不能提。在这种情况下，支援者应当和被害人一起提出，或者代替被害人提出诉求。支援者是被害人最信任的人和最好的理解者，如果连支援者都劝导被害人放弃诉求或者认为被害人的想法太固执，这对于被害人来说是很大的打击。

经常有人说，医生、护士、临床心理咨询师、律师等专业人士也不
235 能理解被害人的心情，在支援被害人方面，教科书的知识有时会出现弊端。只有多次接触被害人，得到被害人很高评价的支援者才适合当指导者，但现实社会生活中，这些指导者没有发挥真正的作用。因为这些有资格的人士教育和培养普通志愿者，事实上他们在倾听被害人心情方面并没有发挥作用。

在小范围地区，很多情况是支援者很了解被害人。除平时有亲密关系的外，互相只是认识或住在附近而没有交流关系的，被害人对支援者的促膝谈心或援助有时会产生抵抗情绪。特别是，在原有人

际关系的地区，会有一些意想不到的流言蜚语。从这个意义上说，一般情况下人们希望得到素不相识的人的支援，但现实并非如此。

十一、来自加害人和加害人代理人的二次被害

加害人对被害人不认罪，反而指责被害人有过错，或者对被害人进行攻击，这是典型的二次被害。对于有些案件，司法制度有时也无可奈何。因为，根据刑事司法制度的规定，犯罪嫌疑人、被告人拥有防御权。

另外，加害人的代理人也会给被害人造成精神压力障碍或损害被害人名誉。被害人是无法忍受他们这种言行的。尽管加害人不一定全面否认犯罪事实，但代理人也会加以否认、歪曲事实，这就形成了与被害人对立的局面。代理人的这种行为超出了正常履行职务的范围，显然也是二次被害。在日本，有不少律师错误地认为，代理人的职责就是不惜歪曲事实也要争取无罪判决。在这种情况下，维护被害人的人权，就成为法官非常重要的任务。

十二、来自加害人及其家属的被害 236

来自加害人及其家属的被害也是重要的问题。有人曾尝试从这个角度给二次被害下定义，但现在的关注点是，由实施加害行为而产生的被害。

日本是一个标签意识很强的国家，加害人被社会视为“犯罪人”（标签化），被社会疏远。不仅其人际关系将受到破坏，就连就业和结婚也会受到很大冲击。虽然还没有做出正确的分析，但是来自刑事司法机关和社会的被害，对于被害人和加害人（特别是其家属）几乎
都是一样的。无论是被害人家属，还是加害人家属，他们都受到世人 237
的“白眼”，迫不得已只能搬家。表9.b比较了被害人家属遇到的问题和加害人家属遇到的问题。

表 9.b　加害人家属的问题和被害人家属的问题

资料来源：加害人家庭的数据源自 NPO 法人的调查

加害人家属方面的问题		被害人遗属方面的问题	
		①精神上的打击	83%
		②身体不适	66%
①没有可以放心交谈的人	67%		
②为应对被害人及遗属而感到烦恼	63%		
③对报纸等媒体的报道而感到烦恼	58%		
④因不懂刑事手续而感到不安	58%		
⑤对警察、检察机关的调查感到痛苦	57%	⑦没完没了地被调查	30%
⑥家庭关系恶化了	54%	⑤家庭四分五裂了	33%
⑦与律师的沟通	52%		
⑧因担心别人关注而不愿意外出	52%	⑥邻居或路人投来异样的目光	32%
⑨有裁判费用等经济困难	48%	④生活变得艰苦了	40%
⑩因在审判中被询问而感受折磨	46%		
⑪受到骚扰和威胁	38%		
⑫对媒体采访感到很痛苦	19%	③对媒体采访感到很痛苦	57%
⑬已搬家	15%	⑨已搬家	24%
⑭已调转工作	4%	⑩已调换工作	15%

研究加害方的被害，出乎意料地少，但在毒品犯罪和交通犯罪方面，对有关犯罪标签的影响进行了研究。在前者犯罪的情况下，尽管除本人以外没有被害人，但很多都被认为是犯罪人；在后者的情况下，尽管出现了被害人，但多数人可能会认为被害人也有过失，因此

行为人很少被当作犯罪人。这真是不可思议的现实。[1] 这一点被认为是受警察行政的基本方针的强烈影响。但是,有必要从被害人的角度重新审视犯罪和违法行为,从这个意义上,不把交通犯罪(通常称为交通事故)的加害人视为犯罪人的观念需要加以纠正。

① [日]岩井弘融等:《犯罪观的研究》,大成出版1979年版,第271页以下。

第十章

被害的影响和应激障碍

Effects of Victimization and Stress Disorders

一、被害的影响和严重性

案件、事故、灾害给被害人及其家属带来的影响是无法估量的。不仅被害人自己因被害而深感痛苦，而且会影响到家人、朋友、熟人等周围的人。

多年来，杀人的被害是被夺去生命，强奸的被害是违背了自己性自由的意志，盗窃的被害是财物被盗窃者偷走等，这些理解是非常狭窄的。虽然从法律角度看这些理解是正确的，但从被害人学的角度看，这是一种过于狭窄的理解。随着对被害人研究的不断深入，人们发现，被害人所感受到的"被害"的内容是多种多样的。越是重大的案件，精神上的打击就越大。当然，在考虑政策论和对策论的时候，需要从广阔的视野理解被害。

被害带来的伤害（harms）是多方面的。大致可分为心理影响（psychological impact）、情感影响（emotional impact）、行动影响（behavioral impact）、经济影响（financial impact）四种。[①] 尤其值得关注的是认知意义上的冲击（the shattering of cognitivemeanings）。

---

① Spalek, Basia (2006). *Crime Victims: Theory, Policy and Practice*. Palgrave Macmillan. p. 68ff.

在1994年全国犯罪被害人现状的A调查和B调查中,对遗属和重伤害的被害人进行了询问,其内容是被害人自己认为受到案件打击的程度。①

在调查中,将经济被害的严重性、身体被害的严重性、精神被害的严重性三个问题,分为11个等级请被害人回答,严重程度达到一 239
生无法恢复的为“10”,完全不严重的为“0”。回答严重程度达到一生无法恢复的被害人比例,如表10. a所示。从调查的结果看,一般来说,身体上的伤害比经济上的伤害更大,精神上的伤害比身体上的伤害更大。另外,在重伤害的被害人中,情况严重的人比预想的要少,相反在死亡案件中,死者家属的精神被害是相当严重的。

表10. a　回答“严重程度达到一辈子都无法恢复”的比例

资料来源:1994年全国犯罪被害人现状调查

		经济被害	身体被害	精神被害
重伤害者	案发后不久	4.6%	10.0%	14.5%
	侦查时	3.7%	10.0%	13.5%
遗属	案发后不久	29.0%	—	62.6%
	侦查时	24.0%	—	57.4%

* 统计已除去无效的回答。

二、应激障碍产生的助推器

人类对生命或身体感到严重的威胁时,就会出现创伤性外伤(trauma = 心理外伤心),强烈的不安、恐惧、软弱无力感等症状,心理上、身体上发生异常,甚至出现急性应激障碍,这种症状长期得不到治疗,多数会发展为心理创伤后应激障碍。产生这种症状的原因

① ［日］宫泽浩一等编:《犯罪被害人的研究》,成文堂1996年版,关于重伤害的被害人,参见该著作第393页及第400页;关于被害人遗属的内容,参见该著作第411–412页及第418页。

(stressor,应激反应的原因)一般会比人们通常经历的生离死别、慢性疾病、商业和婚姻失败等的冲击更加强烈。

带来精神创伤的因素有,战争(战斗、被俘、空袭、轰炸等)、大屠杀、犯罪(杀人、抢劫、强奸、绑架、虐待等)、飞机坠落、海难、大地震等危及人们生命的事件。

240　心理创伤不仅发生在本人身上,而且对配偶、子女、父母、恋人等亲人也有威胁,他们在听到或目睹灾难或者被害时也会产生心理创伤。目睹的情况不仅针对亲人受到威胁,对于目睹素未谋面的路人遭受威胁的场面,被害越是骇人听闻,心理创伤体验就越高。

表示心理创伤反应的变动,如图 10. a 所示。纵轴表示感情的反应程度,横轴表示时间的经过。

图 10. a　心理创伤急性反应

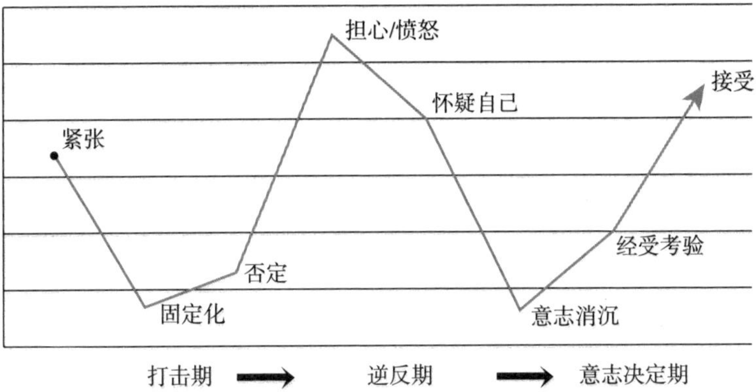

在心理打击初期,紧张状态持续,出现感情的固定化,此后心理打击的影响逐渐变化,表现为担心和愤怒,开始怀疑自己,不久意志消沉。再往后,如果周围的疏导工作进展顺利,即使心理受到打击也能接受现实,逐步走上康复的道路。

很多士兵在战场上也会出现心理压力。比如如果遇到敌人不进行战斗,就会被认定为“胆小鬼”而受到惩罚。为了鼓舞士气也需要智慧，据说让士兵连日不间断地进行轰炸，使他们处于发狂状态，或者在军法会议上处决逃脱的士兵。例如，根据英国陆军的记录，第一次世界大战时，这样被处刑的人数是：1914 年为 4 人，1915 年为 55 人，1916 年为 95 人，1917 年为 104 人，1918 年为 46 人。

现在称为“战争带来的创伤后应激障碍”等症状，当时的专家称 241
为“炸弹性休克”，对这种症状的说明是“不断的炮击，大脑因气浪而受伤害，自制力、记忆力、语言能力丧失，其结果是产生精神障碍”。

到了 20 世纪 40 年代，广为人知的“炸弹性休克”状态和战争神经官能症、战争神经症等都有共同的症状，这些战争压力具有心理上的引发机能。此后，到第二次世界大战为止，这种因战争的冲击而产生的心理状态，被认为是明显的心理疾病，因此而处决士兵的事情也没有了。

据说到第二次世界大战结束为止，有 50 万名美国士兵因为战争冲击而退役。其中很多人在之后的漫长人生中，饱受 PTSD 的折磨。

此后，在朝鲜（以及越南）战争期间，人们更加关注这一现象，研究取得了飞跃性进展，这是因为从越南战争归来的士兵们诉苦说，自己陷入了破坏性的状态。

后来的研究表明，15%—35% 的越南归国士兵患有 PTSD。另据美国的越南战争回国重新适应援助机构（the National Vietnam Veterans Readjustment，NVVR）的调查推定，参加越南战争的美国人，314 万人中有 47 万人（约 15%）患有 PTSD。

因战争冲击而受 PTSD 折磨的人，此后也接连不断。例如，马尔维纳斯群岛纷争、海湾战争、伊拉克战争。

PTSD 的定义和诊断标准，首次出现在 1980 年美国精神医学会（APA）的《精神障碍分类与诊断指南》（DSM）第 3 版中。目前，PTSD 的标准说明书一般是 1994 年修改后的第 4 版。需要注意的是，对于事发后约 1 个月内的障碍问题，属于“急性应激障碍”，这是两个不同的概念。

242 三、急性应激障碍

急性应激障碍，是指 1994 年《精神障碍分类与诊断指南》（DSM - Ⅳ1994）第 5 版中首次出现的可诊断的心理障碍（a diagnosable mentaldisorder）。[1] 该指南 2000 年版“DSM - Ⅳ - TR 2000”中列举了障碍（disorder）至少有以下三个症状[2]（theemergence of three dissociative symptoms）：症状一，精神性创伤在两个月以内发病，症状持续至少 2 天，出现感情麻痹、非现实化、非个人化、记忆丧失、呆滞等情况。症状二，作为对案件反应的一部分，被害人感到强烈的不安感（intense fear）、无力感（helplessness）和恐惧感（horror）。症状三，这些状态通常延续约 1 个月才能缓解，根据情况也有症状被诊断为慢性症状。[3]

布鲁因（Brewin C. R.）等人指出，ASD 经常与后发症状的 PTSD 相关联。[4] 根据布鲁因等人的介绍，在暴力犯罪的被害人中，被诊断为 ASD 的占 19%，6 个月后被诊断为 PTSD 的占 20%。

ASD 的症状表现为，体内的肾上腺素增加、心率过速、呼吸急促导致血中二氧化碳的减少、颤抖、流泪、麻痹、僵硬感、浮现案件体验、
243 口渴、嗅觉等器官过敏，进而出现“斗争或逃避”等反应。[5] 此外，很

---

① “disorder”是指，对人们的心灵和身体有影响的疾病或障碍（an illness or disability whichaffects someone’s mind or body），日语一般翻译成混乱、失调、障碍、异常等。另外，“mental disorder”通常被翻译成“心理障碍”。另外，参见 Collins Cobuild Dictionary（1987）. English Language Dictionary. p. 405。

② DSM - Ⅳ - TR（2000. 822）把分裂（dissociation）定义为，意思（consciousness）、记忆、同一性（identity）、环境的知觉等在统合机能出现混乱（disruotion）的状态。

③ Turvey Brent E. & Petherick Wayne（2009）. *Forensic Victimology*：*Examining Violent Crime in Investigative and Legal Contexts*. Elsevier Inc.，USA. p. 234.

④ Brewin，C. R.，Andrews，B.，Rose，S. & Kirk，M.（1999）. Acute Stress Disorder and Posttraumatic Stress Disorder in Victims of Violent Crime，*American Journal of Psychiatry* 156，No. 3. pp. 360 – 366.

⑤ United Nations Office for Drug Control and Crime Prevention（1999）. *Handbook on Justicefor Victims*. CICP Publications，p. 4；［日］诸泽英道译：《联合国被害人人权宣言相关文献——为被害人的正义》，成文堂 2003 年版，第 20 页。

多人无法控制排便。这些身体反应的一部分不会马上发生，而是在危险过后出现。另外，案件的记忆重现的时候，也会复发上述症状。

关于心理创伤和 PTSD 的知识和技能在美国特别发达，这也是有原因的。美国在地形狭小的越南投入了大量的武器和军队，进行了长期的战争。越南战争互相厮杀，场面非常激烈，士兵们受到的心理创伤远远超过通常的战争。再加上，美国之前就面临着严重的社会问题——暴力犯罪激增。在这种背景下，人们强烈要求展开研究以寻找应对严重心理创伤的治疗方法和相应对策。

受到伤害后，被害人的身体会受到各种影响，如失眠、食欲障碍、全身无力、头痛、肌肉紧张、恶心、性欲减退等。[①] 这种反应在被害之后会持续一段时间。

因被害导致的身体伤害，并不一定马上出现。通常来说，在家庭暴力的情况下，穿着衣服的身体受到伤害更是如此。除此之外的暴力形态中，多数是对脸部造成的伤害。在这种情况下，被害人所受到的身体伤害是多种多样的，如擦伤、淤血，鼻、颧骨和下颚骨骨折，牙齿损伤和脱落等。除此之外，也有被小刀或灭火器攻击的伤害。

有证据表明，身体上的伤害有时会因案件而产生持续性的影响，因为身体上的伤痕常常会让人想起案件，所以精神上的恢复需要很长时间。[②] 文化、性别、职业等因素对他人造成的永久伤痕和身体伤 244
害，也有可能对其产生相同的影响。

四、心理创伤后的应激障碍

继急性应激障碍之后，被害人中也有患精神创伤后应激障碍的。

---

① 拉丁语中的“欲望、性欲”（Libido）。弗洛伊德定义为“能引发性冲动的力量”；荣格定义为“所有本能的能量的主体”。一般来说，因遭受被害后身体内部能量会减退。

② United Nations Office for Drug Control and Crime Prevention（1999）. op. cit. p. 5；[日]诸泽英道译：《联合国被害人人权宣言相关文献——为被害人的正义》，成文堂 2003 年版，第 21 页。

其症状类似于 ASD,但是慢性症状(more chronic)。通常情况下,如果在 3 个月以内,可以认为是 ASD,但如果持续超过 3 个月,则应当诊断为 PTSD。但是,也有些症状是在创伤性案件超过了 6 个月以后才发病。[①] 诊断标准(diagnostic criteria)包括伴随着强烈不安感(intensefear)、无力感(helplessness)、恐惧感(horror)在内的反应。被害人会出现心理及(或)身体上的反应(心跳过速、冒汗等症状)。如对他人闯入私生活感到忧虑(intrusive thoughts)、做梦、回想、案件相关的暗示(cues),并以各种形式持续地重新体验其中的一个症状。

另外,心理创伤后应激障碍的概念是 1980 年美国精神医学会在《精神障碍分类与诊断指南》第 3 版疾病分类表中追加的概念。[②] 从历史观点看,PTSD 这一概念是重大变化,该病的原因不是由特定个人的固有缺陷(创伤导致的神经衰弱)引起的,而是个人的外部原因(造成创伤发生的案件)导致的。理解 PTSD 的科学依据和临床医学表现的关键是,理解"心理创伤"这一概念。

245 伴随外伤产生的心理症状主要有三个:"时间扩张""视野变窄""身体游离"。被害人会对时间失去感觉,不能从大的视角考虑问题,还会有似我非我的感觉。这些症状在危机时是适应性反应,但在将来会起到不适应、维持忧郁症状态的作用。

PTSD 及 ASD 的症状有很多种类,在很多被害人身上可以看到的是,持续的清醒状态或亢奋。由于案件造成的紧张处于持续状态,因此经常感到害怕,有时失眠。

而且,被害人有时会痛苦地再现对案件和事故的记忆,即所谓的"再体验"——无心做工作,一次又一次地回想起当时的场景。这种

① Turvey Brent E. & Petherick Wayne(2009). *Forensic Victimology: Examining Violent Crime in Investigative and Legal Contexts*. Elsevier Inc. ,USA. p. 235.

② 美国精神医学学会的《精神障碍分类与诊断指南》于 1987 年修改,1994 年出版了第 4 版。另外,世界卫生组织(World Health Organization)在国际疾病分类(International Classification of Disease)第 10 版中也对该疾病的分类进行了修正。

再体验，多数是在听到类似案件的消息、见到死者的亲友、看到与被害人珍藏的相同物品而触发的。另外，在亲自经历案件或强烈的心理冲击的情况下，会出现再次卷入案件中的“倒叙再现”。

其他症状是“逃避行为”。想要逃避对案件相关的记忆和感情的重新体验，就要失去对案件最重要部分的记忆，无意识地逃避回想案件的言行，其结果是出现不适应的症状。

这些症状是，被害人和家属往往从自身寻找案件的原因，责怪自己，觉得自己成为被害人很丢人，并且将这种感觉不断放大。

从心理创伤的恢复，主要依赖信息，例如，冲击阶段是身体和心灵都高度觉醒的阶段，经常伴随着感情的钝化。此后，感情得到恢复，对自己生存下来萌发“罪恶感”。因此，对于这样的被害人，要从他们的立场理解被害人的体验，并把被害人的体验看作一个整体。

对于幸存者（遗属和九死一生的人）不能用他们“未能做到”的目光看待他们，而应当用他们“已经做到”评价他们。应当对被害人说，“在那时候，谁也救不了那个孩子，但（你）这不做得挺好嘛”之类 246
的话。关于这一点美国被害人援助机构的心理反应小组表示，应该避免使用“我理解你的心情”这类说法。而应当说，“心情不好是没办法的事情，不过，谁也没说你不好啊！”

如果心理创伤带来的压力长期发展下去，人格的变化［对周围强烈抑制（厌恶）、固执、人际关系无法维持、新的人际关系无法建立等］、抑郁感、恐惧症、焦虑症、罪恶感等心理创伤后应激障碍就会出现或潜在存在。当然，并不是所有的被害人和幸存者都会患上长期压力症，但很多人可能会长期经历危机反应，多数人可能长期持续地反复体验这种危机反应。

这种危机反应诱发被害人回想心理外伤的可能性很高，但其诱因包括：再次感觉到受到外伤之时自己敏感的知觉、导致外伤的事情再次出现、案发后的周年祭祀活动、媒体上再次提起案件等。一般来说，随着时间的流逝，被害人的压力反应会不断减轻，进入新的生活，找回幸福感，但在新的生活中遇到的事情往往会重现过去的记忆，从而出现心理创伤反应。

精神创伤性的案件是与人生中常见的包含强烈痛苦经历的事件截然不同的概念，即与离婚、失败、落榜、重病、经济挫折等这类反应是不同的。精神创伤性应激反应和其他应激反应的区别是，几乎所有的人对通常的压力都有适应能力，但出现精神创伤性应激反应时，这种适应能力轻易就会崩溃。

在对抗压倒性压力的能力方面，存在个人差异。有些人即使遇到创伤性案件也不会得 PTSD，而有人则符合 ASD 标准。这种障碍通常不会持续 4 周以上，但有人则完全患上 PTSD。就像伴随痛苦的案件一样，精神创伤经历在认知过程和情感过程的过滤之后，就会有
247 极其可怕的威胁。这些评价过程存在个人差异，因此精神创伤的阈值(trauma thresholds)也因人而异，有的人不受太大的影响，有的人在极端紧张的环境中病情就会显现出来，十分敏感。但是，一旦遭遇强奸、刑讯逼供、大量杀人、战场上过激压力等情况，几乎所有人都会经历创伤性体验。美国的并发症调查的最新数据显示，美国男性和女性的 PTSD 患病率分别为 5% 和 10% 。

PTSD 的诊断标准是，遭受“创伤性案件”的经历加上下列三个症状中的任意一个症状：①侵入性回忆(intrusive recollections)；②回避症状(avoidant symptoms)和麻木症状(numbing symptoms)；③过度觉醒症状(hyper - arousal symptoms)。除此之外，其症状的持续时间也是一个标准。心理创伤后应激障碍与急性紧张反应不同(这种反应在特殊情况下可以在几分钟内出现，几乎所有的情况下，特别是一过性的紧张，在数小时乃至数天内就会消失)，反应的出现晚于强烈紧张反应的案件，或者延续一段时间。在这个过程中，反应强度是动态的，大部分被害人可以恢复，但一部分被害人的症状会持续数年，有时甚至会持续一生。而且，如果精神创伤幸存者的子女出现 PTSD 症状，可能会传给下一代。

侵入性回忆（侵入性联想）的标准症状是比较容易判别的，是立刻就能确认的 PTSD 的症状。患有此种 PTSD 症状的人，其精神创伤性案件有时会持续数十年甚至一生，其强烈的心理经历在白日梦、创伤性噩梦、PTSD 闪现这种被称为精神恐慌重现中出现，使患者感到突然惊慌、恐惧、不安、悲伤。

回避或麻痹的标准症状是，PTSD 患者在自己遭遇疑似的创伤性刺激，或者在遇到了创伤性刺激时采取可以尽量减轻心理反应强度的类似行动，这种抑制通过行动、认知或者感情的方式反映出来。行动的方式是，对遭遇这种刺激可能出现的恐惧状态加以回避。

过度觉醒的标准症状与恐慌障碍和焦虑症的标准非常相似。

五、被害带来的其他影响 248

关于被害所带来的经济影响，这是一般人都能理解的问题，但相关文献显示，经济影响远远小于对身体的影响。被害人承担的主要费用如下：

1. 财物修理或物品更换的费用；
2. 引进警备手段（设施）的费用；
3. 利用医疗服务的费用；
4. 参与刑事司法活动的费用（如去法院的费用）；
5. 为了缓解精神上的影响而接受专家咨询的费用；
6. 暂时停职、没有收入期间的费用；
7. 丧葬费用。

被害人感到必须搬家时，这会带来更大的经济负担。由于案件的影响，有时财产的价值可能会下降。

被害的长期化还可能对雇佣被害人产生影响。在这种情况下，有的被害人无法重返工作岗位，也有的被害人因工作成绩下降而被降级、减薪或解雇。特别是案件如果发生在工作场所，被害人很难避开最初的加害人或被害的环境时，就会产生上述影响。

有时被害人的婚姻关系或其他关系也会受到影响,如果出现这种情况,被害人的经济地位会受到相当大的影响。

根据调查结果,因被害打击带来的影响不仅波及被害人,还会波及他的直系亲属、近亲属、邻居、熟人等。① 对于经济影响和精神影响,情况的确如此,而且这种影响有时会持续几年,有时会持续一辈子。遭受大屠杀、虐待儿童、暴力威胁、滥用权力等情况的,其影响可
249 能从一代人延续到下一代人。这种影响在杀人、刑讯逼供、强奸等犯罪中是完全可以想象的,在暴行、盗窃、非法侵入住宅等犯罪中,无奈、不安、愤怒、恐怖等情绪也可能持续下去。不仅是个人,就连社区组织也都受到被害后的影响,如果他们因此而丧失自信、恐惧增加,且无法承受被害带来的经济负担,那么随着时间推移其有可能丧失继续存在的勇气。

被害的影响对弱者、无家可归者、身体残疾者、被社会孤立者的打击尤为巨大。

六、心理伤害和社会费用

犯罪被害造成的心理伤害,一般比事故或类似的不幸造成的伤害更加严重。容忍他人故意行为造成的损害或伤害,是很难的。同时,调查和经验表明,预测一个人对特定犯罪的反应也是不可能的。

对犯罪的反应一般分为 4 个阶段。

第一反应是打击、恐惧、愤怒、(没有援助者时的)绝望、不信任、罪恶感等。在犯罪之后,这种反应的记录很容易保留下来,也很有意义。因为这种反应在案发后需要再现,譬如出席审判时、去医院治疗时等。愤怒这一反应是很难应对的,无论是被害人还是心理咨询辅助人员都明白。因为这种愤怒会发泄给另一个被害人、康复咨询助

---

① United Nations Office for Drug Control and Crime Prevention(1999). op. cit. p. 5;[日]诸泽英道译:《联合国被害人人权宣言相关文献——为被害人的正义》,成文堂 2003 年版,第 22 页。

手、旁观者、某个团体，有时甚至发泄给自己。对于一些集团和文化组织即使感到愤怒，也不会表现出来，但对于被害人来说，他们需要极力抑制自己的感情。

经过这种初期的反应之后，就是混乱期。这个阶段的心理影响是考虑案件过程中出现的苦恼、噩梦、忧郁、罪恶感、恐惧、丧失自信 250
和丧失敬意等，觉得人生失去了活力，没有了意义。以前抱有的信念和信仰，不再带给他们任何喜悦。行动上的反应表现为：增加酒精依赖和药物滥用、断绝社会关系、回避与犯罪有关的人和环境、逃避社会等。

很多人在这之后会进入一段恢复和容忍的时期，然后再进入正常状态和调整时期。在容忍犯罪的初期阶段，被害人的常见特征是，希望所有的一切都回归到从前，或者希望时钟倒转，即所谓的“追溯愿望”。在这一决定性的恢复阶段，被害人完全可以接受已经发生的事实。在此阶段，他们可能需要知觉的重建。被害人会重新分析自己的体验，以减轻犯罪带来的影响。在这一过程中，有时会发现案件发生的原因，有时案件可能成为个人成长的因素。

这些阶段之间的分界线，这里无法详细进行描述，对于每个阶段进行分类描述可能更有助于理解。而且，被害人可能顺利地过渡一个个阶段，也可能会在某个阶段出现反复。

犯罪对人们（被害人、目击者、家庭成员、社区成员）的影响程度，有很大的个体差异。即使是重大犯罪，如果是很容易容忍的人，有时可能完全没有什么影响，这种影响在任何一个特定阶段都可能停止下来，不再进入下一个阶段。

七、心理创伤后应激障碍和“沉默的妥协”

精神创伤及其影响，多年来一直被被害人否定。被害人会说，即使提起精神创伤的事情也没人相信，因为别人不想知道。这是有原因的。当听到、感受或者知道别人可怕的经历时，他们就会想起自己与生俱来的脆弱、绝望和无力。

251 另一个原因是“被害人也有责任”（blaming of the victim）的观点。例如，在强奸的情况下，是因为被害人一个人行走，或者是因为穿着华丽的衣服。

在充满压力的生活中，即使发生各种各样的案件，站在被害人的立场上进行思考的必要性不大。但是，在残酷的心理创伤性案件之后，被害人并不寻求对自己的经验和后遗症感同身受，而只是期待加入“沉默的合谋”（conspiracy of silence）。威瑟斯（Weisaeth）和林德（Lind）在有关拷问被害人的研究（1990 年）中指出，在 10 名被害人中，没有一人在被释放后公开自己经历的内容。① 这一结果表明，在某些特定经历的情况下，只要没有值得信赖的、可能提供支持的人提出特别的询问，他们几乎不可能公开自己的经历。

因互联网的普及，人们可以瞬间获得世界上的案件信息，但最新的新闻试图大肆报道不幸的案件，但由于这些报道远离被害人的心理，所以“报道范围”的扩大和加强，却可能导致人们对这类案件漠不关心。② 如果案件出现在虚构电影和录像中，对现实和空想就无法区分了。在电影和录像中，甚至战争也能成为一种娱乐。而最糟糕的剧本的目的只是为了给人留下正在做什么这一“印象”，人们的努力只是象征性的。另外，我们也应该注意到另一种观点，即通信手段的进步是促进人们关怀他人的重要因素。

---

① Weisaeth L. and Lind, I. (1990). “A follow – up study of a tortured norwegian ship’s crew ”, In: J. E, Lundeberg, U. Otto and B. Rybeck, eds., Wartime Medical Services: Proceedings of the 2nd International Conference (Stockholm, Swedish Defence Research Institute, 1990), pp. 397 – 412.

② United Nations Office for Drug Control and Crime Prevention (1999). op. cit. p. 8；[日]诸泽英道译：《联合国被害人人权宣言相关文献——为被害人的正义》，成文堂 2003 年版，第 27 页。

八、创伤对后续反应的影响 252

关于先前创伤对后续创伤反应(subsequent trauma response)的影响,有两种截然相反的学说。

第一种学说认为,更容易导致伤害。也就是说,由于先前的精神创伤会留下永久的精神损伤,所以在日后面对过激压力时,这种损伤会使生存者越来越容易受伤。

第二种学说认为,增强了康复的能力。也就是说忍耐了最初的精神创伤,对此后创伤的影响的抵抗能力将得到加强。

这两种学说中都因个人差异而对创伤的反应有很大不同,在遇到了巨大创伤的场合,可能成为后续反应的因素和过去经历的助推器,创伤后的人类因素(human factors)和环境因素(environmental factors)可能会顺应地发挥重要作用。

最近对大屠杀幸存者和战争生还退役军人的研究显示,他们更容易导致受伤,这支持了第一种学说。退休、孩子离家出走、爱的人死亡、压力过大等人生中的各种事件都会成为诱因,使潜在的 PTSD 增加。所罗门(Solomon)等人明确指出,对海湾战争幸存的以色列老年人,也有相同的影响。[①] 同样,对大屠杀幸存者的精神生物学早期研究也证明,年轻的 PTSD 患者的生物学异常现象也出现在幸存下来的高龄者身上。

这一研究表明,心理创伤对于其他类型被害人的一生,都会产生
同样的影响。从全国范围内的女性样本中提取的 50 岁以上女性,其 253

---

① Solomon S. and Prager E. (1992). "Elderly Israeli Holocaust Survivors During the Gulf War, a study of psychological distress", *American Journal of Psychiatry*, No. 149, pp. 1707 – 1710, 1992.

抑郁症、PTSD、滥用药物和酒精、吸烟等危险性正在增加。[①] 这一结果提示,有必要对所有受到严重精神创伤的人进行检查。这一问题被认为适用于遭受重大精神创伤的人,例如亚美尼亚人、柬埔寨人、卢旺达人,以及其他各个国家的被害人。索马里、波斯尼亚、苏丹等地发生的悲剧性案件,在今后很长一段时间内还会造成危害,所以必须采取介入和长期预防措施。因此,在讨论适当的对策时,无论从医疗方面还是社会政策方面,都需要采用多维度、多角度的框架。

---

① United Nations Office for Drug Control and Crime Prevention(1999). op. cit. p. 9;[日]诸泽英道译:《联合国被害人人权宣言相关文献——为被害人的正义》,成文堂2003年版,第29页。

第二编

各种被害的现状和对策

Realities and Countermeasures of Victimization

第十一章

暴力被害

Victimization by Violence

一、国际社会采取的反暴力对策

可以说人类历史是暴力(violence)的历史。无论是被称为人类最古老法律的《汉谟拉比法典》,[①]还是摩西的《十诫》(旧约圣经出埃及记),[②]都有对杀人、强奸等暴力犯罪的训诫。暴力对人类来说是一个最大的课题,对暴力的研究也很多。[③] 地球上每一个角落都有暴力,每天都有很多人被暴力折磨,甚至丧命。

根据联合国儿童基金会的2014年报告书,[④]全世界每5名凶杀

---

① 在长达2万年的人类历史中,大约在4000年前出现了所谓的文明和文化,其中之一就是公元前约2000年的《汉谟拉比法典》(Code of Hammurabi)。这是古巴比伦国王汉谟拉比颁布的法典,使用阿卡德语,用楔形文字记载。《汉谟拉比法典》第196条、第197条中有"以眼还眼,以牙还牙"的记载,《旧约圣经》《新约圣经》等福音中也有类似的记载。

② 摩西十诫(天主教)中的六诫是有关犯罪的警世之言(不可杀人、不可奸淫、不可偷盗、不可做假见证陷害人、不可贪恋人的房屋以及不可贪恋人的妻子、仆婢及财产)。

③ 有关对被害人实施暴力、虐待、刑讯逼供的研究,参见[日]诸泽英道:《欧美的被害人学的动向》,载《法律广场》1986年第39卷第3号(特辑:犯罪被害人的诸问题),第40页以下。

④ UNICEF. (2014). Hidden in Plain Sight; AStatistical Analysis of Violence against Children. http://www.unicef.org/publications.

案的被害人中，就有 1 名是未满 20 岁的未成年人。在犯罪组织实施的暴力和纷争较多的中南美国家，10—19 岁男子的死亡原因中，居首位是被杀害。已婚年轻女子每 3 人中就有 1 人，大约共计 8400 万人正在遭受丈夫的暴力。刚果、几内亚、乌干达、坦桑尼亚等国家，有 50%—70% 的人遭受过配偶的暴力。约有 1 亿 2000 万名未成年女子遭受过性暴力。在欧洲各国，例如瑞士，22% 的女少年和 8% 的男
258 少年在 15—17 岁时遭受过至少 1 次的性暴力。14 岁以下大约 60% 的幼童遭受过养育者和保育员（caregivers）的体罚。13—15 岁的学生中约有 1/3 参与过群殴（physical fights）。有很多国家容忍这种配偶之间的暴力、欺凌、体罚。这些国家以各种形式拒绝联合国提倡的消灭任何理由的暴力的劝告。

暴力是无视他人的意愿，以身体力支配对方的行为。民主国家主张通过沟通的方式解决每天发生的纷争，但在现实中，有人却试图用暴力解决纷争。不仅如此，出于对世界的不满和愤怒，向不特定的多数人进行攻击、在光天化日下拦路抢劫①、无差别的恐怖袭击②等案件也经常发生。

1981 年 6 月 17 日发生的深川拦路抢劫杀人案件，向人们树立了无差别犯罪威胁的样板。该案件发生在东京都江东区森下的商业街，犯人原来是一名卡车司机兼寿司店厨师（当时 29 岁）。他手持尖刀连续刺伤家庭主妇和儿童，造成 4 人死亡、2 人重伤。此后，该男人将一名路过的女子和中华料理店的店员及家人等绑架为人质。该男

---

① 深川道路恐怖案件（1981 年 6 月 17 日）、堺道路魔案件（1998 年 1 月 7 日）、池袋道路魔案件（1999 年 9 月 8 日）、下关道路魔案件（1999 年 9 月 29 日）、土浦荒川冲道路魔案件（2008 年 3 月 23 日）、秋叶原道路魔案件（2008 年 6 月 8 日）、八王子道路魔案件（2008 年 7 月 22 日）、取手车站道路魔案件（2010 年 12 月 17 日）等。

② 作为最近的恐怖袭击案件有，1994 年 6 月 27 日奥姆真理教实施的松本沙林案件和 1995 年 3 月 20 日东京地铁沙林案件。

人有前科，曾实施过伤害罪等 7 起犯罪案件，并经常使用冰毒。① 在实施拦路抢劫杀人的犯人中，有很多是精神疾病患者和毒品药物依赖症患者，一些犯人不被追究刑事责任，或者即使被追究，也会被判处被害人和一般市民无法接受的极轻的刑罚。

通过警方等人员的努力，在日本国内对恐怖案件做到了防患于未然，但从整个世界的角度看，第二次世界大战结束后，处理国际问题过程中引发的以色列和邻近国家的纷争，中东地区的伊斯兰教与基督教因宗教矛盾引发的纷争，以及自杀式爆炸袭击案件一直持续到了现在。而且，恐怖主义者还向这些地区派遣维和部队的国家进行报复性恐怖袭击，使很多普通市民陷入恐慌。

暴力不仅容易发展成普通的杀人、伤害等案件，而且会引发残 259
忍、野蛮的杀人案件，如使用残暴手段的杀人案件，②杀人后碎尸案件③，杀人后肢解尸体案件④等。暴力程度犯罪不仅是重复地实施，而且越是重复实施，暴力程度越是过激，越是残忍。在这个意义上，暴力是现代社会面临的最大课题。这也是联合国目前最关注的问题。

同样是暴力，有组织的战斗行为使用杀伤力高的枪支，达到了麻

---

① 东京地方法院于 1982 年 12 月 23 日判决认定，实施该案件的男子在犯罪当时处于心神衰弱状态，判处无期徒刑。

② 私刑杀害案件都是残忍的杀人案件。也有杀人后纵火的残忍案件，如柴又杀害女大学生纵火案（1996 年 9 月 9 日）、枥木宝石店杀人纵火案（2000 年 6 月 11 日）、大阪浪速姐妹被害案件（2005 年 11 月）、松户女大学生被害纵火案件（2009 年 10 月 22 日）等。

③ 这起案件是神户连续儿童杀伤案件中的一起小学六年级男生被杀案件（1997 年 5 月 24 日）。

④ 这类案件的典型是，很早以前发生的阿部定案件（1936 年 5 月 18 日），情妇把她喜爱的情人的性器官切下来随身携带。最近发生的案件有，新宿、涩谷杀害丈夫分尸案（2006 年 12 月 12 日）、涩谷专科学生分尸案（2006 年 12 月 30 日）等。多数人认为犯人在杀害后将尸体肢解本身是很“残忍”的，但实际上犯人处理尸体是很困难的，多数犯罪人为了搬运方便而分尸。

木的程度。暴力造成的危害已经被很多人论述了，在这一章里，主要讨论作为暴力的基本类型——杀人、伤害致死、过失致人死伤、伤害、暴行、绑架诱拐等。家庭内的配偶之间暴力、亲子之间的暴力（包括虐待儿童）将在第十二章“家庭暴力被害”研究；强奸（包括集体强奸、轮奸）、强制猥亵、强奸致死伤、强制猥亵致死伤、抢劫强奸、抢劫强奸致死伤等性暴力导致的被害，将在第十三章“性被害”中讨论；抢劫、昏迷抢劫、放火（《刑法》第 108 条等）、损坏建筑物、损坏财物、伤害财物等问题，将在第二十章“经济被害和消费者被害”中讨论。

有权力和权限的人对无权无势的人，超越其本来的权力和权限实施的虐待行为，即虐待儿童（child abuse）、虐待老人（elderly abuse）等滥用权力（abuse of power），多数也是暴力行为，这些问题将在第十四章“虐待被害”中讨论。另外，监狱等刑事场所中进行的刑讯逼
260 供（torture）[①]，也是典型的滥用权力，联合国和国际大赦委员会将这个问题视为“当今世界各地有组织进行的刑讯逼供”，但在日本很少讨论这个问题。

现在，世界上关注的跟踪盯梢（stalking）、家庭暴力（domestic violence）、骚扰（harassment）等，有些也会使用暴力手段。交往过程中男女分手的原因也涉及暴力。因为和使用暴力的一方无法共同生活，就可能出现跟踪尾随的问题。2011 年 12 月 16 日发生的长崎西海跟踪尾随杀人案件就是典型例子。

2014 年 5 月 2 日发生的大阪平原跟踪尾随杀人案件中，犯罪人曾经对配偶施加暴力被判有罪，但这起跟踪尾随案件是，犯罪人与配偶离婚之后又和其他女性相遇，并对其跟踪尾随，结果将其杀害。警方在这个案件中犯了一个重大错误，那就是警方已经掌握该男子有对配偶施暴的前科，却没有将此事告知被跟踪尾随的被害人。警方

---

① Torture in the Eighties, An Amnesty International Report, 1984. 联合国于 1975 年通过了《禁止酷刑和其他残忍、不人道或有辱人格的待遇或处罚的公约》，此后又通过了有关刑讯逼供的公约。

对施暴者给予的人权关怀令人费解。

如上所述，以暴力为手段的犯罪涉及多个领域，再犯的可能性很高。也就是说，一个有敲诈勒索前科的人，可能在某个时点突然实施抢劫强奸等使用暴力手段的犯罪，他们再次实施各种犯罪的可能性很高。因此，不能从前科来考虑行为人的罪名，而应当从暴力这一关键词把握犯罪。在这个意义上，警察应当对有暴力倾向的人作出特别的标志。

在日本，保护加害方人权的意识很强，对于公开或者公示加害人的前科记录持消极态度。虽然，刑事政策固有的基本理念是，不能制造冤案，不能给加害人造成不必要的打击，但最优先考虑的应当是善良的普通市民的生活安全和安心。

二、暴力的定义 261

“暴力”（violence）一词是多义词，在各种各样的意义上被使用，但被害人学的定义是“使用物理的强制力”。[1] 使用物理强制力，多数是使用手、胳膊、肩膀、腿、脚等身体一部分在个人之间的施暴行为，也经常使用枪、刀具、铁锤、绳索等工具（凶器、武器）。在恐怖案件和战斗行为中，当然会使用杀伤力高的武器。在抢劫杀人、无差别杀人、恐怖袭击等场合也会使用杀伤力强的枪支，但在日本很难找到这类枪支，所以使用的凶器一般是菜刀、小刀等，[2]偶尔也会使用汽车。[3]

---

① 在日常会话中，“语言暴力”是指用语言或表情进行威胁，但这里不包括语言暴力。

② 使用菜刀、刀具作为凶器的案件有：1981 年 6 月 17 日深川拦路抢劫案、1998 年 1 月 7 日堺市拦路抢劫案、1999 年 9 月 8 日池袋拦路抢劫案、2008 年 3 月 23 日土浦荒川拦路抢劫案、2008 年 7 月 22 日八王子拦路抢劫案、2010 年 12 月 17 日取手车站拦路抢劫案等。

③ 把车辆作为凶器的案件有：1999 年 9 月 29 日下关抢劫案、2008 年 6 月 8 日秋叶原抢劫案等。

暴力犯罪是施暴者通过暴力达到其目的的犯罪，主要的暴力犯罪有，杀人（《刑法》第199条）、伤害（《刑法》第204条）、暴行（《刑法》第208条）等，但并不是使人死伤的犯罪都是暴力犯罪。伤害致死是实施伤害这一暴力犯罪，其结果导致被害人死亡，这种犯罪是暴力犯罪，但自来水投毒致死（《刑法》第146条）因致他人死亡并没有使用暴力的手段，因此不属于暴力犯罪。过失致伤（《刑法》第209条）是“因过失而伤害他人”，并不一定是因暴力的结果导致对方受伤。

所谓的暴力犯罪，狭义上是指伤害、暴行等暴力本身就是犯罪的
262 行为；广义上是指作为手段使用暴力的犯罪①，其中暴力或胁迫作为犯罪构成要件（如抢劫、强奸、威胁、强迫等）。有时不需要使用暴力而仅仅使用胁迫就可以构成犯罪的，这不是严格意义上的暴力犯罪。

另外，即使不使用暴力或胁迫，也可能构成暴力犯罪。除《关于防止暴力团伙成员实施的不当行为等的法律》（1991年法律77号）规定的“暴力性非法行为”，《破坏活动防止法》（1952年法律240号）规定的“暴力主义破坏活动”外，还有《关于处罚危害航空安全行为的法律》（1974年法律87号）、《暴力行为处罚法》（1926年法律60号）、《关于防止儿童虐待等的法律》（2000年法律82号）、《配偶暴力防止法》（2001年法律31号）、《关于防止虐待老人和支援老人养护者的法律》（2005年法律124号）等法律规定，违反上述法律的行为

---

① 日本的《犯罪白皮书》以前一般多将刑法犯罪分为财产犯罪、暴力犯罪、性犯罪、过失犯罪、其他刑法犯罪这5类进行解说、分析。1964年（昭和39年）版《犯罪白皮书》还专门设立了第三章“暴力犯罪及涉及暴力的特殊犯罪”，作为暴力犯罪的专题。在这里把暴力犯罪分为生命犯（杀人）、财产犯（抢劫、抢劫致死伤、抢劫强奸）、性犯罪（强制猥亵、强奸、强奸致死伤）、粗暴犯四类。所谓“粗暴犯”是司法实务使用的概念，具体是指妨碍执行公务、威胁证人、伤害、伤害致死、暴行、携带凶器准备集合、逮捕监禁、胁迫、强买强卖、使用威力妨害业务、敲诈勒索、损坏或毁弃建筑物等。

大多是暴力犯罪。①

除这些犯罪外,还有很多使用暴力的犯罪。在这类犯罪中,暴力不是必要的要件,除暴力外,还包括欺骗、胁迫、趁人不备等各种手段。例如,非法逮捕监禁罪(《刑法》第220条)中,在拘禁被害人时有时用枪对准头部、用腕力压制被害人,要求被害人顺从地听从加害人的指示。在这里,暴力不是必要条件。另外,杀人有时也会使用药物,例如对已经在浴池内不能动弹的被害人,往浴池里放满水使其窒息等。

暴力的对象主要是人类,但也有面向物体或者面向组织实施暴力行为的。不过,损坏器物或虐待动物的行为虽然是暴力行为,但在法律上并不构成杀人罪或伤害罪。另外,除杀人、伤害、抢劫、强奸等犯罪外,以暴力为手段的加害行为是多种多样的。②

三、暴力犯罪的类型 263

暴力本身就是犯罪。根据日本法律,伤害罪(《刑法》第204条)和暴行罪(《刑法》第208条)就是如此。只是,暴行罪的定义是"施加暴力的人对他人没有达到伤害的程度",这是避免伤害罪和暴行罪发生竞合,但在现实生活中,什么行为是暴行,什么行为是伤害,有时

---

① 包括暴力犯罪在内的法律还有:《关于处罚有组织的犯罪及规制犯罪收益的法律》(1999年法律136号)、《关于处罚勒索人质等行为的法律》(1978年法律48号)、《关于决斗罪法律》(明治22年法律34号)、《爆炸物取缔法》(明治17年太告32号)、《关于处罚使用火焰瓶等行为的法律》(1972年法律17号)等。

② 对国家和社会实施的暴力犯罪有:内乱(《刑法》第77条)、对外国的武力提供帮助(《刑法》第82条的外患援助等)、损坏外国国旗(《刑法》第92条)、妨碍执行公务(《刑法》第95条)、妨碍强制执行(《刑法》第96条之二)、妨碍拍卖(《刑法》第96条之三)、骚乱(《刑法》第106条)、妨害通行(《刑法》第124条)、颠覆火车及致死伤(《刑法》第126条)等。

是不好确定的。[1] 相反，由于暴行和伤害的行为形态是相同的，根据结果的轻重来决定罪名是合理的。

也有以暴力作为手段的犯罪。日本《刑法》规定以“暴力或威胁”为构成要件的犯罪包括：妨碍执行公务罪、职务要挟罪（《刑法》第95条）、骚乱罪（《刑法》第106条）、聚众不解散（《刑法》第107条）、强制猥亵罪（《刑法》第176条）、强奸罪（《刑法》第177条）、集体强奸罪（《刑法》第178条之二）、强制猥亵致死伤及强奸致死伤罪（《刑法》第181条）、敲诈勒索罪（《刑法》第222条）、强迫罪（《刑法》第223条）、抢劫罪（《刑法》第236条）、[2]抢劫致死伤（《刑法》第240条）、抢劫强奸及致死伤罪（《刑法》第241条）、恐吓罪（《刑法》第249条）、损坏建筑物罪（《刑法》第260条）、损坏器物罪（《刑法》第261条）、《动机犯罪处罚法》（1970年法律68号）中的犯罪。

264 暴行是使用物理力量，胁迫是使用精神上的压力。也就是说，暴行是行使有形的物理强制力，而胁迫是使用无形的强制力。

规定使用“暴力或胁迫”的上述16种犯罪中，因犯罪性质不同，

---

① 判例认定，伤害是指“因对他人身体施加暴力而导致生活功能遭受毁损，即导致不良健康状态变化的行为”（大审院判决1912年6月6日，刑录18－896）。判例认定构成伤害罪的例子有：因暴行引起的病毒感染、口腔发红；被推入湖中导致的昏厥、眼睛充血、胸部疼痛；因骚扰电话引起的精神衰弱症；因收音机持续长时间大音量播放引起的睡眠障碍等。另外，判例认为不构成伤害而只构成暴力的案例有：抓断毛发、剃去毛发、对身体瞬间的约束、以惊吓为目的向行人投掷石块、投掷碎瓦片造成惊吓并追逐的行为、连打组合拳并以威胁为目的挥舞日本刀、以驱邪为由向脸上撒食盐的行为等。

② 日本《刑法》规定，以恐吓方法使他人交付财物的敲诈勒索罪（第249条），与使用暴行或威胁手段强取他人财物的强盗罪（第236条），这两个罪名是有差异的，这种差异也是有争议的问题。如果使用暴行（暴力）夺取财物，构成抢劫罪；如果使对方产生恐惧而夺取对方财物的，是构成抢劫罪还是敲诈勒索罪存在争议。在解释上有两个问题：①抢劫罪中的“威胁”与敲诈勒索罪中的“恐吓”有何区别；②抢劫罪中的“强取”和敲诈勒索罪中的“交付”有何不同。例如，威胁对方从ATM机中提取现金，然后被害人交出来（交付）就是敲诈勒索；如果犯人迫不及待地夺过来就逃可能就是抢劫。在司法实务上，对于同样的案件，如果是少年实施的，一般按照敲诈勒索处理；如果是成人实施的，按照抢劫处理。

暴力或胁迫的程度也不同。这种不同是根据被害人的抵抗程度设定的。被害人没有拼命抵抗,犯罪就不能成立,或者因被害人还有一定的抵抗能力就不构成犯罪,这些规定不是从如何保护被害人的角度考虑,而是从应该如何处罚犯罪的角度考虑的。

上述16种以“暴力或胁迫”为构成要件的犯罪,根据暴力的程度,通常可以分为以下4个类型。①

1. 是指非法对人的身体使用有形力,压制对方的反抗或达到使对方难以反抗程度的行为。最狭义的有:抢劫罪(《刑法》第236条)、强奸罪(《刑法》第177条);

2. 是指对人的身体使用有形力,只要对人的身体进行攻击即可,不需要有形力与身体接触的行为。狭义的有:特别公务员暴行凌辱虐待罪(《刑法》第195条)、同时伤害的特例(《刑法》第207条)、暴行罪(《刑法》第208条);

3. 是指面向人施加的有形力,但其中包括由物施加的有形力对人的身体产生强大的物理性影响的有形力。广义的有:妨碍执行公务及职务强迫(《刑法》第95条);

4. 是指使用有形力,但不论是对人还是对物使用均包括在内。最广义的有:骚乱罪(《刑法》第106条)。

暴力犯罪(die Gewaltkriminalität, violent crime)包括杀人(murder,homicide,manslaughter)、伤害(injury, harm)、暴行(assault)、抢劫(burglar,robber)、强奸(rape,sexual assault)、杀戮(slaughter)、连环杀人(phantom killer)、无差别杀伤(indiscriminate attack)、虐待(abuse)等一人或几人实施的犯罪,也包括战争(war,battle,combat)、 265
政变(a coup d'état)、革命(revolution)、大屠杀(genocide)、恐怖主义(terrorism)、私刑处死(lynch)、暴力抗争、集体强奸、暴力盗窃集团等

---

① [日]泷川幸辰编:《刑事法学辞典》,有斐阁1968年增补版,第711页。[日]大冢仁:《刑法入门》,有斐阁1981年版,第176页以下。

以集体的形式实施的犯罪。

有组织实施暴力，并不仅限于暴力团伙实施的有组织犯罪（organized crime）。地球上到处都有纷争、用暴力解决纷争、用暴力支配其他族群和民族，这种事例在历史上反复出现。其典型就是战争。战争确实是民族有组织的暴力犯罪，但日本法律并没有把战争规定为犯罪的条文。东京审判是对第二次世界大战中的军部责任进行审判，但这并不是由日本人根据日本的法律进行的审判。

强奸和抢劫一般是个人实施的犯罪，有时也会由集体实施。以2001年12月的早稻田大学超级自由组织的集体强奸案为契机，对集体强奸行为的批判日益高涨，2004年12月8日的《部分修改刑法的法律》（法律156号），新增加了《刑法》第178条之二（集体强奸罪），①并于2005年1月1日起施行。

为了确保社会的安全（security）和安定（safety），有必要通过国家的力量对暴力行为进行压制。平时通过警察活动来维持治安秩序，但对于恐怖分子则需要部署警力，动用应对暴力或破坏活动的装备进行强力打击。这些警察活动乍一看似乎也是暴力行为，但其目的是正当的，履行职务在适当的范围内即可。因此，不能说警察的行为是暴力行为。②

266 依法令或正当业务实施的“正当行为”，除了警察活动以外，还包括海上保安厅、消防、自卫队等执法行为，民间的保安公司、侦探社等也被认为是正当业务。

---

① 《刑法》第177条强奸罪的法定刑是“2年以上15年以下”，但2005年1月1日修改《刑法》将强奸罪的法定刑提高到“3年以上20年以下”，并新增加了集体强奸罪，法定刑为“4年以上20年以下有期徒刑”。另外，强奸及准强奸致死伤罪（《刑法》第181条第2款）的法定刑是“无期或5年以上20年以下有期徒刑”，集体强奸致死伤罪（《刑法》第181条第3款，新增设）是“无期或6年以上20年以下有期徒刑”。

② 《刑法》第35条规定，对于正当行为即“根据法令或正当业务的行为，不予处罚。”

日本江户时代设置了一个临时职务叫作“火付盗贼改方”,①用于管制作为重罪的纵火、盗贼、赌博。担任这个官职的人员是从幕府常备军的头目中选拔出来的,后来成为正式职务。由于盗贼多为武装盗贼团伙,在遭到他们抵抗时,非武装组织的町奉行这一机构无法控制,因此设置了武装镇压的警察队。据说这个措施使当时的治安有了很大改善。根据文献记载,这对盗贼进行了相当严厉的打击,不过在现代的民主社会,即使是盗贼,也要在不伤害他们的情况下进行拘留和审判。

四、为保护自己而使用的暴力(正当防卫)

允许暴力的情况,包括基于法令的行为或正当业务的行为(称为正当行为)②,此外还包括对紧急不正当的侵害,为保护自我或他人的权利进行防御而不得已实施的行为(称为正当防卫)。

关于正当防卫,《刑法》第36条规定:“为了保护自己或者他人的权利,对于急迫不正当的侵害不得已而实施的行为,不予处罚。”《刑法》第37条还规定了紧急避险,即“为了避免对自己或他人的生命、身体、自由或财产,遭受现实的危难,不得已实施的行为造成的损害没有超过该行为所要避免的损害限度时,不予处罚。但是,对于超过该限度的行为,根据情节可以减轻或免除刑罚”。

正当防卫是在受到来自对方的急迫不正当的侵害时,为了保护 267
自己或他人的权利而实施的行为,而紧急避险是为了避免对自己或他人的生命、身体、自由或财产造成的危险而不得已实施的行为。因此,正当防卫仅限于突然发生不正当侵害的情况,而紧急避险则不一

① 明历大火以来,在江户(东京)大量出现盗窃后又纵火的案件,于是幕府决定设置专门管制这些凶恶犯罪的衙门,1665年设置了“盗贼改”。之后在1683年设置了“火付改”。町奉行是役方(文官),而火付盗贼改方则是番方(非文官)。

② 关于《刑法》第35条正当业务,判例认定正当业务包括:医疗行为、律师的辩护活动、采访报道活动、宗教活动、工会的争议活动等。

定要求“急迫”。判例指出，插秧后 10—12 天会有暴雨，或秧苗有枯死的危险的，这也是“现在的危难”。[①]

受到急迫不正当侵害的人，为了维护自己的权利，可以进行包含暴力在内的可能方式进行反击，这就是所谓的正当防卫（self－defense，legal defense）的理念。

在危险突然逼近自己身体的情况下，很多人几乎没有相关知识和经验——是逃跑还是反击，如果反击，用什么反击、怎么反击等，人们不知如何是好。特别是在盗贼侵入私生活领域的场合，有时会采取意想不到的行动。因此，日本在 80 多年以前的昭和初期就制定了《盗犯等预防与处罚的法律》（1930 年 5 月 22 日法律 9 号）。该法第 1 条规定，“在下列情况下[②]，为了排除自己、孩子、他人的生命、身体和贞操正在遭受的危险，而杀伤犯罪人的，视为《刑法》第 36 条第 1 款规定的防卫行为”，为防止盗犯而杀伤犯人的，原则上视为正当防卫。

关于正当防卫，过去有很多判例，但日本的法院总是不愿意认定正当防卫。这里可以对比一下 1987 年 3 月 28 日最高法院驳回上诉（有罪）的案例，和同年 9 月 17 日千叶地方法院宣告无罪的案例。

前一起是 1981 年 7 月在市川市的路上发生的案件。被害人的
268 公司职员在照顾醉酒的熟人女子时发生了争执，女子坐倒在地。36 岁的英国商务人士路过此处，误认为该女子正在被施暴，在介入两人之间时感觉被害人要袭击自己，于是拳击被害人的脸部，并用脚踢被害人的脸，被害人跌倒在地时又用拳头猛击其头部，8 天后被害人死

---

① 1933 年 11 月 30 日大审院判决（刑集 12－2160）。

② 《关于防止和处罚盗犯等的法律》（1930 年法律 9 号），原则上承认正当防卫的情况是，“一、防止盗窃犯人，或者夺回被盗窃物品的”；“二、防止他人携带凶器，或者防止翻越墙壁、损坏门户、打开门锁侵入他人居住或者有人看守的住宅、建筑物、船舶的”；“三、驱赶无故侵入他人住宅、建筑物或者船舶的人，或者驱赶被要求离去而仍不从该场所离去的人的”。

亡。一审的千叶地方法院认定本案是正当防卫,被告人无罪,但二审的高等法院和终审的最高法院都认为本案不构成正当防卫,判处被告人有罪,判决已经生效。①

后一个案件是承认正当防卫的案件,该案发生在1986年1月一天夜里11点过后,JR总武线西船桥站的月台上。喝醉酒的47岁高中教师与被告人因拥挤发生口角,作为被告人的涉案女子为了不让对方打到自己,用双手推了一下该被害人,被害人跌倒后从站台掉到轨道上,这时列车进站将被害人当场压死。对此,千叶地方法院认定:"攻击男子的行为是为了保护自己的人身安全对紧急不正当的侵害不得已实施的行为。"②

对于相互施暴即所谓的吵架,判例的态度是不同的。例如,有的判例认为,打架的双方反复攻击反复防御乱成一团的连续争斗行为,在争斗的瞬间,争斗一方始终只是防御,即使很像是正当防卫,但从争斗的整体看,也不能认定为正当防卫。③ 有的判例认为,需要全面地判断互相打架,而不能根据争斗行为中瞬间部分的攻防态样进行判断。也有判例对互相打架的案件也认定为成立正当防卫。④

正当防卫的条件并不要求自己没有最先攻击这一点。即使是因自己的非法行为而受到对方的攻击,有时也可以认定为正当防卫。⑤有些国家广泛地承认正当防卫,有些国家则限定性地承认正当防卫, 269
是通过斗争获得权利,还是某时突然被赋予的,对运用保护自己的暴

---

① 1987年3月28日《朝日新闻》东京总部版等。

② 1987年9月18日《朝日新闻》。

③ 最高法院大法庭判决1948年7月7日,载《刑集》2.8.793,《刑法判例百选》第2版,第17页。

④ 最高法院判决1957年1月22日,载《刑集》11.1.310。

⑤ 即使因自己不当行为遭受攻击的情况下,也有判例承认正当防卫:1914年9月25日大审院判决(刑录20 -1648)。对于双方打架互相攻击的,多数判例否定正当防卫,如1948年7月7日大法院大法庭判决(刑集2-793)等,但也有判决承认正当防卫,如1987年1月22日最高法院判决(刑集11-1-31)等。

力的理解是不同的。

2012 年 2 月 26 日，美国佛罗里达州桑福德市，乔治·齐默尔曼（George Zimmerman，28 岁白人）杀害特雷文·马丁（Trayvon Martin，17 岁黑人）案件，使种族问题引起全世界的关注，媒体进行了大量报道。[1] 自称是“自警团”的齐默尔曼对在家附近出现的少年产生了怀疑，从而引发了纠纷，齐默尔曼受到少年的反击而感到危险，将少年击毙。

2013 年 7 月 18 日由桑福德地方法院做出判决，认定齐默尔曼构成正当防卫。如果齐默尔曼不对少年进行语言寻衅，就不会发生杀人案件，因此这个判决受到了很多批判。批判的内容有：①是被告人最先进行挑衅的，被告人居然被认定为正当防卫，令人感到不解；②被告人随时携带枪支也被认定为正当防卫，这不正常；③当初警察没有进行侦查，也没有立案，有种族歧视之嫌。当时的奥巴马总统也提出完善法律的必要性，这个判决引发了巨大的社会问题。

在国家力量不能有效控制的地方和社会，取而代之的就是“自警团”和暴力性组织[2]暗中活动。如果社会不承认地下组织（underground organization，在地下通过非法方法解决问题的组织），当然就需要提供合法的组织解决问题。刑事司法制度就是为了证明这一点的重要组织。

五、欧美的暴力被害和日本的暴力被害

暴力是人类的本能行为，但其表现的形态因国家、民族、文化而
270 不同。即使是家庭、学校、工作单位等人员聚集的团体，解决问题的

---

① 在该案庭审时，正当防卫没有成为法庭争论焦点，在审理最后阶段，法官对陪审团说“这是一起正当防卫案件”，因而认定构成正当防卫。判决后，6 名陪审员中部分人出席了记者招待会，他们认为只要不修改法律，就不能认定有罪。

② 关西地区的暴力团在第二次世界大战战败后的混乱中保护市民的故事，至今仍被传诵。那是警察力量还不够强大的时候发生的事情。

方法是通过沟通来解决，还是诉诸暴力来解决，也是有区别的。暴力是行为人的意思表示，在某种意义上也是强烈的沟通手段。在难以用语言进行沟通的社会，很多人会诉诸暴力手段，这是自然而然的。

日本、德国、美国的主要暴力犯罪的案件数量，如表 11. a 所示。①

表 11. a 日本、德国、美国的主要暴力犯罪案件

资料来源：2012 年版《犯罪白皮书》及 2014 年版《德国刑事犯罪统计》

罪名	日本（2011 年）	德国（2014 年）	美国（2009 年）
杀人	1051	2179	15,241
性暴力	1185	7345	125,910
抢劫	3673	45,475	533,790
伤害	25,832	125,752	3,683,750

* 杀人，在德国分为 Mord（谋杀）、Totschlag（故杀）、Tötung auf Verlangen（承诺杀人）以及上述犯罪的未遂；在美国分为 Murder（谋杀）、non – negligent manslaughter（非过失的故杀）以及各罪的未遂。

* 性暴力，日本是指强奸，德国是指 Notzucht，美国是指 rape and sexual assault。

* 抢劫，德国称为 Raubdelikte，美国称为 robbery。

* 伤害，德国是指 Gefahrliche Korperverletzung（过失伤害）和 Schwere Korperverletzung（重伤害）；美国是指 aggravated assault（重伤害）和 simple assault（单纯伤害）。

需要注意的是，各个国家对不同犯罪有不同的定义，不能单纯地进行比较。如表 11. a 所述，杀人罪的案件数量，德国是日本的 2. 1 倍，美国是日本的 14. 5 倍；②在性暴力犯罪方面，德国是日本的 6. 2 倍，美国是日本的 106. 3 倍。另外，在抢劫和伤害方面，德国比日本多一位数，美国再多一位数（比日本多两位数）。考虑到各国的人口，

---

① 日本的资料来源：2012 年版《犯罪白皮书》第 4 页；美国的资料来源：U. S. Department ofJustice（2011），Crime in the United State，2010；德国资料来源：Bundeskriminalamt（2014）. Polizeiliche Kriminalstatistik Bundesrepublik Deutschland. Berichtsjahr 2014。

② 德国、美国的伤害罪中包含日本的暴行罪的一部分，日本的分类为伤害致死和过失致死的犯罪的一部分也包含在杀人罪中。各国的犯罪构成要件不同。

271 德国和美国的案件数量,明显是很多的。出现这种差异的原因有很多,其中一个重要原因是,德国与日本相比是一个多民族国家,而生活在美国的民族就更多了。

关于每10万人中杀人案件发案率和破案率,如表11.b所示,这里比较了日本、法国、德国、英国和美国的情况。

日本的杀人罪的范围是限定性的,不包括过失杀人和伤害致死等,①因此不能单纯地比较。即使考虑到这种差异,日本的杀人也比法国、德国、英国、美国少很多。特别是从发案率来看,每10万人中平均发生的杀人案件,日本为0.9,英国为2.1,德国为2.7,法国为2.8,美国为4.8。

表11.b 2010年杀人案件的国际比较

资料来源:2012年版《犯罪白皮书》第37页

国家	报案件数	发案率	破案率
日本	1103	0.9	96.9%
法国	1746	2.8	90.7%
德国	2218	2.7	95.4%
英国	1167	2.1	81.0%
美国	14,748	4.8	64.8%

*法国的资料源自 Les tableaux de bord de l'Observatoire antional de la résponses pénales。

*德国的资料源自 Polizeiliche Kriminalstatistik。

*英国的资料源自 Crime in England and Wales. Crimes detected in England and Wales。

*美国的资料源自 Crime in the United State。

但是,大多数暴力都使用武器。像美国这样对枪支没有限制的国家,绝大多数的暴力犯罪是使用枪支的。

不同的武器,杀人方法也不同。用枪支杀人只需要扣动扳机就

① 与这些国家相比,日本的杀人罪范围明显过窄。

可以了,而使用刀具类工具则需要伴随刺杀行为,需要使用腕力。另
外,使用钝器时,则需要使用如殴打、击打等更强的腕力。日本的杀
人案件,绝大多数使用菜刀、刺刀等刀具。在这种情况下,被害人的
血当然也会溅到施暴者身上,杀人者在犯罪后遇到的问题就是处理
凶器和衣服。另外,刺杀时,虽然伤口会有大量出血,但体内失血达 272
到致死量仍需要一定的时间。第一次刺伤人、暴力团伙成员杀害头
目等,这种处于弱势地位的人杀害强势地位的人,确实要杀死他们
时,加害人一般会反复刺多刀直到被害人一动不动,如果查看一下被
害人的尸体,就会误以为加害人的动机是有深仇大恨,但事实却有可
能只是因为加害人懦弱。

美国联邦统一犯罪统计 2008 年版①分析了 2008 年杀人案件中的 14,180 名被害人,遭受被害的凶器情况(见表 11.c)。

表 11.c 美国杀人案件的杀害方法

资料来源:Uniform Crime Report: Crime in the United State 2008

武器的种类	件数	比例
枪支(Firearms)*	9484	66.9%
刀具(Knives or cutting instruments)	1897	13.4%
钝器(Blunt objects;clubs,hammers,etc.)	614	4.3%
身体的一部分(Personal weapons;hands,fists,feet,etc.)	861	6.1%
毒药(Poison)	10	0.1%
爆炸物(Explosives)	10	0.1%
火器(Fire)	86	0.6%
安眠药(Narcotics)	33	0.2%

① U.S. Department of Justice(2008). Uniform Crime Report:Crime in the United State.

续表

武器的种类	件数	比例
溺水(Drowning)	15	0.1%
绞杀(Strangulation)	88	0.6%
窒息(Asphyxiation)	89	0.6%
其他(Other weapons)	993	7.0%
总计	14,180	100%

*枪支是指手枪、步枪、猎枪、其他枪支以及未注明类型的火器等。

如表11.c所示,美国的杀人案件有2/3使用枪支。其次是刀具类为13.4%,使用手、脚等身体一部分的为6.1%。其他还有毒药、
273 炸药、火器、安眠药等各种手段。日本的杀人,绝大多数是使用刺(菜刀、匕首等)、绞(尼龙、绳子等)、打(钝器等)等行为手段。在日本无法使用枪支等杀伤力强的凶器,有时加害人的情绪(怨恨、愤怒、懦弱、良心等)会体现在尸体上。

六、日本的暴力被害

表11.d显示了主要暴力犯罪的报案件数和破案件数。

这里有两对姐妹关系的犯罪(抢劫罪与敲诈勒索罪、伤害罪与暴行罪),①无论是报案件数还是破案件数都十分相近,不知是偶然还是有其他什么原因。

---

① 在欧美国家的法律中,这些犯罪往往是相同的罪名,但在日本却是不同的罪名。

表 11.d　日本 2012 年主要暴力犯罪

资料来源：根据 2013 年版《犯罪白皮书》第 4 页制作

主要暴力犯罪	报案件数	破案件数	破案率
杀人	1030	963	93.5%
抢劫	3658	2486	68.0%
敲诈勒索	4172	2611	62.6%
伤害	27,962	20,833	74.5%
暴行	31,802	23,317	73.3%
强奸	1240	1097	88.5%
强制猥亵	7263	3946	54.3%
损坏器物	144,129	11,204	7.8%
违反《暴力行为处罚法》	171	154	90.1%
总计	221,427	66,611	30.1%

表 11.e 表示的是，除交通犯罪外，刑法犯罪造成死伤人数的变化。由此可见，无论是实际被害人的人数，还是每 10 万人中的死伤人数，都呈减少趋势。

表 11.e　一般刑法犯罪对生命和身体造成伤害的被害人人数 274

资料来源：2011 年版《犯罪白皮书》第 175 页及 2014 年版《犯罪白皮书》第 195 页

年份	死伤者总数	人口比例	死亡人数	重伤人数	轻伤人数
2003	48,097	37.7	1432	3731	42,934
2005	44,465	34.8	1354	3174	39,937
2007	39,022	30.5	1134	2927	34,961
2009	33,076	25.9	1054	2832	29,190
2011	31,606	24.7	967	2849	27,790
2013	33,399	26.2	819	3021	29,559

* 人口比例是指，每 10 万人中的死伤人数。

* 重伤是指，需要治疗 1 个月以上的伤者；轻伤是指，需要治疗 1 个月以下的伤者。

这里所说的死伤者总数并不是杀人罪的死伤者。因为杀人案件中也包括很多没有死亡的情况(杀人未遂案件等)。另外,导致死亡的犯罪包括伤害致死(《刑法》第205条)、过失致死(《刑法》第210条)、抢劫致死(《刑法》第240条)、强奸致死(《刑法》第181条第2款)等,这些犯罪在表11. d中,分别归类为伤害罪、抢劫罪、强奸罪等。

2013年因犯罪导致死亡的人数为819人,与日本人口1亿2653万人相比,每15万人中有1人死亡。死伤人员中,女子占比是33.8%(全部死伤者33,399人中有11,287人),死亡者为38.5%(819人中有315人),重伤者为30.0%(3021人中有905人),轻伤者为34.1%(29,559人中有10,067人)。

据1996年警察厅的统计显示,死亡率高的犯罪有:杀人(重伤为320人,轻伤为326人,死亡为652人),业务上过失致死(重伤为144人,轻伤为278人,死亡为323人),放火(重伤为16人,轻伤为42人,死亡为50人)。轻伤的比例较高的犯罪有,伤害(死亡为181人,重伤为1498人,轻伤为18,783人),抢劫、敲诈勒索(死亡为34人,重伤为120人,轻伤为1459人),强奸、强制猥亵(死亡为3人,重伤为15人,轻伤为709人)。[①]

关于死亡案件和伤害案件有何不同,佐藤欣子等人对此进行了
275 调查研究。[②] 该调查的对象有,1973年以前全国地方法院宣告的判决,同年中判决生效被害的人员以及1974年全国检察厅以心神丧失为由决定不起诉的人员,并从其中选择了符合犯罪被害人等补助支付制度的人员。

从调查结果来看,被害人死亡的情况和受伤的情况,主要有以下不同:

1. 从性别来看,死亡被害人的男女比例为:男性91.9%,女性

① 1997年《犯罪白皮书》,第142页。

② [日]佐藤欣子等:《关于侵害生命·身体的被害人等的实况调查》,载《法务综合研究所研究部纪要》1977年第20号。

8.1%。受伤的被害人中:男性89.6%,女性10.4%。

2. 从年龄来看,老年人有差异。50岁以上的人员中,死亡被害人为8.2%,而受伤被害人为18.2%,死亡被害人主要集中在年轻人身上。这还表现在抚养家人的数量和与家人的同居关系上。也就是说,“有抚养家属”的,受伤被害人67.5%,死亡被害人为59.3%;在与家人的同居关系上,死亡被害人与家人同居的占49.6%,分居的占38.2%;受伤被害人中同居的占79.2%,分居的占18.2%。

3. 在被害人和加害人的认识关系中,“互相不认识的”,受伤被害人为53.2%,死亡被害人为35.0%。

根据以上分析可以说,与受伤被害人相比,死亡被害人多为相对年轻的年龄段,而且抚养家属少,分居多,被“熟人”杀害的情况较多。

七、暴力被害的现状

1. 暴力被害人的性别

在研究被害人或加害人的属性时,性别和年龄是基本信息,过去的大部分研究中都有这些信息。下面介绍其中的部分内容。

有时女性容易受到犯罪的侵害,有时男性容易受到犯罪的侵害。 276
暴力犯罪的情况下,通常是有力量的人对无力量的人行使暴力,但在使用凶器的情况下,情况却并非如此(见表11.f)。

表11.f　德国主要犯罪的男女比例

资料来源:2008年德国联邦刑事局统计第39页

罪名	件数	男性	女性
杀人	2743	66.6%	33.4%
性犯罪	15,697	8.0%	92.0%
抢劫	56,767	68.1%	31.9%
伤害	608,159	64.7%	35.3%
侵害自由	223,010	51.6%	48.4%

表 11. f 显示了德国主要犯罪的被害人的男女比例（但不知道加害人是男性还是女性）。在德国，杀人、抢劫、伤害方面，男女比例约为 2∶1。在性犯罪中，9 成以上的被害人是女性。

德国犯罪学家勒斯纳（Roesner）依据 1938 年当时的数据指出，杀人案件中的被害人男女比例为男 43.3%，女 56.7%，女性被害人的比例高于人口比例。[1] 这与最近德国的数据相比，男女被害人的比例发生了逆转。

另外，勒斯纳还表示，加害人基本都是男性，从男女组合来看，最多的组合是女性被男性杀害的情况，其次是男性被男性杀害（38.3%）。在 70 多年后的今天，无论是加害人还是被害人，可以推定男女比例比较接近。

表 11. g 是对美国的暴力犯罪被害率的男女比较。该数据是根据 2009 年全美犯罪被害调查（National Crime Victimization Survey）[2] 得出的，调查显示了每 1000 人的被害率。

277 **表 11. g　美国男女的暴力被害率**

资料来源：以 2009 年全美犯罪被害调查为基础

方法	男性	女性
强奸/性暴力（Rape/Sexual Assault）	0.2	0.8
抢劫（Robbery）	2.7	1.6
暴行罪（Total Assault）	15.6	13.5
加重暴行罪（Aggravated Assault）	4.3	2.3
单纯暴行罪（Simple assault）	11.3	11.2
全总数	18.4	15.8

※被害率，表示每 1000 名 12 岁以上的美国人的被害率。

---

① Roesner（1938）. Mörder und ihre Opfer. In：*Monatschrift für kriminologie und Strafrechtsreform*，S. 161ff.

② U. S. Department of Justice（2010）. *National Crime Victimization Survey*，*Criminal Victimization*，p. 5.

该表格显示,遭受暴力被害的比例是,每 1000 人有 18.4 名男性、15.8 名女性,从全体上看,男性更容易受到被害;在强奸等性犯罪中,女性为 0.8 名,而男性为 0.2 名,女性成为被害人的可能性较高。①

关于英国的杀人罪被害人中女性的比例,根据 1995 年的犯罪统计,1994 年 677 名被害人中,女性占 39.9% (270 人)。② 根据德国的 1995 年警察统计,1994 年的 1447 名杀人被害人中,女性占 35.9% 。③ 在法国是 23.3% 。

关于日本死伤者的男女比例,2013 年除交通业务过失外刑事犯罪造成的死伤人数为 33,399 人,女性占比是 26.2% ,女性死者为 38.5% (819 人中有 315 人),重伤者为 30.0% (3021 人中有 905 人),轻伤为 34.1% (29,559 人中有 10,067 人)。④ 女性在死伤者中所占比例,在不同国家并没有太大差异。

2. 暴力被害人的年龄 278

在世界上暴力犯罪不仅是加害人,被害人也集中在年青一代。美国全美犯罪被害调查显示,主要犯罪被害人的年龄,如表 11. h 所示。

---

① 不仅仅是美国,欧美的很多国家,强奸的被害人并不仅限于女性。日本的强奸罪构成要件是男性对女性实施奸淫(intercourse),因此,被害人都是女性。另外,女性作为男性奸淫女性的共犯的情况下,在理论上也存在女性加害人,过去的判例中也能看到。

② Criminal Statistics England and Wales. 1995.

③ Polizeiliche Kriminalstatistik 1995. S. 61.

④ 2014 年版《犯罪白皮书》,第 195 页。

表 11.h 美国各年龄段的暴力被害率

资料来源:根据2009年全美犯罪被害调查[①]制作

年龄 罪名	12—15岁	16—19岁	20—24岁	25—34岁	35—49岁	50—64岁	65岁以上
强奸/性暴力	0.9	0.6	0.8	0.8	0.4	0.3	0.2
抢劫	3.1	5.2	3.5	2.8	2.0	1.1	0.4
暴行罪	32.8	24.6	23.8	17.9	13.7	9.3	2.5
加重暴行罪	6.9	5.3	7.5	4.5	2.6	1.9	0.3
单纯暴行罪	25.9	19.3	16.3	13.4	11.1	7.5	2.2

※被害率表示每1000名12岁以上美国人的被害率。

在美国,遭受暴行的被害主要集中在12—15岁。强奸等性被害多数也发生在这个年龄段。

表11.i表示德国的主要犯罪的被害人的年龄段。在这里,性被害也集中在14—18岁,达26.9%,与美国的情况相近。

表 11.i 德国的主要犯罪被害人的年龄组成

资料来源:2008年德国联邦刑事局统计第39页

年龄 罪名	0—14岁	14—18岁	18—21岁	21—60岁	60岁以上
杀人(2743)	6.5%	4.0%	7.5%	70.0%	11.9%
性犯罪(15,697)	10.6%	26.9%	14.5%	46.7%	1.3%
抢劫等(56,767)	6.5%	15.9%	12.6%	54.8%	10.3%
伤害(608,159)	7.4%	13.1%	13.9%	61.2%	4.4%
侵犯自由(223,010)	4.6%	6.9%	8.0%	73.3%	7.3%

表11.j是从1980年到1995年日本的杀人被害人的年龄构成趋
279 势。可以看出,40岁以下有减少的趋势,相反40岁以上正在增加。

① U.S. Department of Justice(2010). National Crime Victimization Survey, Criminal Victimization, 2009, p.5.

表 11.j　杀人的认知件数的被害人的年龄组成

资料来源:1996 年版《犯罪白皮书》

年度 年龄	1980 年	1985 年	1990 年	1995 年
19 岁以下	25.6%	20.1%	17.6%	14.5%
20—29 岁	14.8%	11.5%	16.0%	17.0%
30—39 岁	26.2%	23.7%	15.9%	12.6%
40—49 岁	17.9%	22.8%	23.0%	21.7%
50—59 岁	7.9%	12.1%	14.6%	17.6%
60—69 岁	4.1%	5.4%	6.4%	8.8%
70 岁以上	3.5%	4.4%	6.7%	7.8%

3. 暴力被害人的熟人关系

图 11.a 表示的是 2012 年因杀人罪被查获的 830 起案件中,嫌疑人和被害人之间存在关系的情况。在日本,杀人案件中“熟人关系”所占比例很高,超过 8 成的。特别是多数被害人嫌疑人的熟人、朋友 280 (20.2%)、配偶(17.2%)、亲生父母(15.3%)、亲生子女(11.8%)、工作单位相关人士(6.0%)等。

图 11.a　日本已立案的杀人案的被害人

资料来源:根据 2013 年版《犯罪白皮书》第 268 – 269 页制作

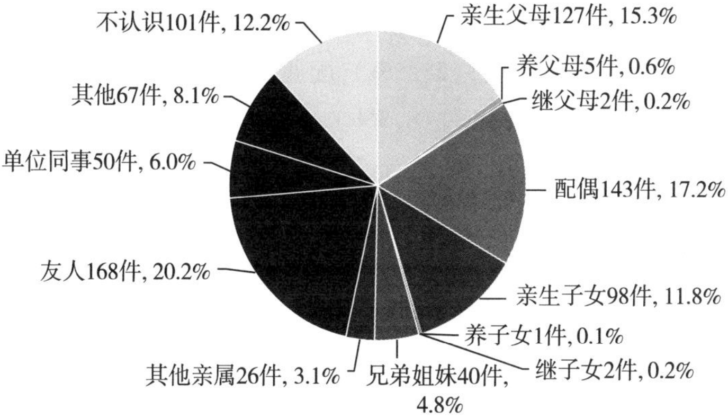

2012年因伤害罪被查获的20,590起案件中,嫌疑人和被害人的关系如图11.b表示。

在杀人案件中,“素不相识”的占12.2%,而伤害罪的占36.44%,超过了1/3。另外,杀人罪中“亲生父母”的比例为15.3%,而伤害罪的比例仅为2.5%。“配偶”在杀人罪中占17.2%,而在伤害罪中占10.6%。

图11.b　日本的伤害罪被查获案件的被害人

资料来源:根据2013年版《犯罪白皮书》第268－269页制作

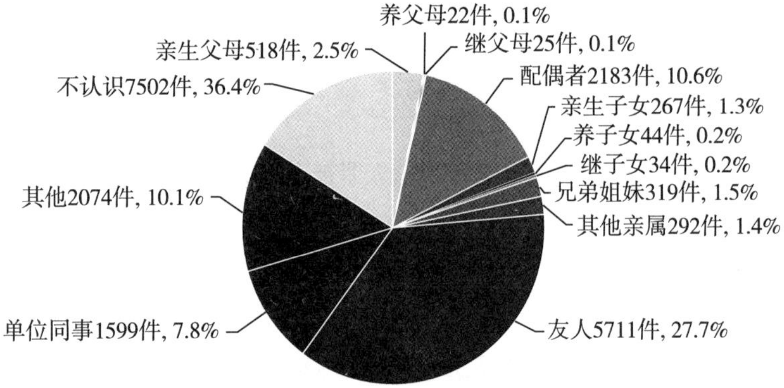

另外,2014年因伤害致死罪被查获的案件有102件。伤害致死是不能确定行为人有杀人故意的情况,遗属认为是“被杀了”(杀人),但在法律上被视为“伤害罪”。从伤害致死的被害人与加害人的关系看,亲生父母24件(23.5%),配偶15件(14.7%),亲生子女4件(3.9%),兄弟姐妹5件(4.9%),其他亲属5件(4.9%)等,另外,互相不认识的15件(14.7%),工作单位人员6件(5.9%)。

从杀人、伤害致死、故意伤害的亲属等所在的比例来看,被害人是亲生父母的,杀人为15.3%,伤害致死为23.5%,故意伤害为
281 2.5%。另外,被害人是配偶的案件,杀人占17.2%,伤害致死占14.7%,故意伤害占10.6%;被害人是亲生子女的案件,杀人占11.8%,伤害致死占3.9%,故意伤害占1.3%。从这些数据可以看

出，一般来说，近亲属所占比例，伤害致死比故意伤害高，杀人比伤害致死的比例高。

1994 年全美犯罪被害调查①中，将熟人关系分为亲戚（relatives）、熟人（well - known）、认识的人（casual acquaintance）、陌生人（stranger）4 种。其中，表示的暴力犯罪关系如表 11.k 所示。

表 11.k　美国暴力犯罪的熟人关系

资料来源：1994 年美国犯罪被害人调查

罪名	亲戚	熟人	认识	不认识	合计
全部暴力犯罪	9%	23%	15%	53%	100%
性暴力/强奸	11%	35%	21%	33%	100%
抢劫	6%	13%	3%	77%	100%
暴行	9%	24%	16%	51%	100%
加重暴行	7%	21%	12%	60%	100%
单纯暴行	10%	25%	18%	48%	100%

2008 年版美国联邦统一犯罪统计②分析了 2008 年杀人案件的 13,180 名被害人的被害关系。据该项统计，被害人是家人的有 1841 人（13.0%），其他认识的有 4329 人（30.5%），不认识的有 1742 人（12.3%），不清楚的有 6268 人（44.2%）。另外，被熟人杀害的 4329 名被害人与加害人的关系是，仅仅是熟人的 3068 人（70.9%），朋友 504 人（11.6%），女友 492 人（11.4%），男友 145 人（3.3%），邻居 106 人（2.4%）、雇主 9 人（0.2%）、员工 5 人（0.1%）等。 282

勒斯纳（Roesner）在 1938 年发表的论文《谋杀者及其被害人》③

① U. S. Department of Justice (1994). *National Crime Victimization Survey, Criminal Victimization.*

② U. S. Department of Justice (2008). *Uniform Crime Report: Crime in the United State.*

③ Roesner(1938). op. cit. S. 161ff.

中，提供了从1931年到1933年因谋杀被判有罪的169起案件（187名被害人）的数据，亲属关系为27.1%，未婚夫/情妇为10.2%，其他人为62.7%（完全不认识的人是23.1%）。

亨蒂希根据德国犯罪统计（Kriminalstatistik 1931）的数据，对被害人的性别、被害人与加害人的关系进行了分析，如表11.1所示。①根据这个数据，被亲戚杀害的被害人多数是女性，被其他熟人杀害的多数是男性。

表11.1　德国杀人案件被害人的性别和相识关系

资料来源：von Hentig (1948). The Criminal & His Victim, p. 391

加害人/被害人	男性	女性	合计
亲属等（relatives, fiances）	26.7%	73.3%	100%
认识（acquaintance）	61.2%	38.8%	100%
不认识的第三者	52.0%	48.0%	100%

※亲属（relatives）包括父母、配偶、嫡出子女（legitimate child）、兄弟姐妹、继兄弟姐妹、继子女（stepsons）、祖父母、叔叔、姨母、侄子、侄女。另外，该分析中，“亲属等”除上述亲属外，作为未婚妻的女友（fiances）也按亲属计算。

亨蒂希将“亲属等”分为亲属（relatives）和婚约者（fiances, sweethearts），在男性是被害人的场合，加害人都是家人或亲戚，而女性被害人中有36.6%加害人是婚约者。被完全不认识的第三者，即被素不相识的人杀害的情况，男女几乎没有差别。

亨蒂希在1947年写的《犯罪：原因和条件》中，对于德国的杀人情况写道：“在男子被杀的情况下，首先要从熟人中寻找加害人；在女人被杀的情况下，怀疑的对象应该是有血缘关系的人，特别是丈夫和
283 情妇。”②根据德国联邦刑事局的警察统计，主要暴力犯罪的被害人

① von Hentig, Hans (1948). *The Criminal & His Victim*, Yale University Press, p. 391.

② von Hentig, Hans (1947). *Crime, Causes and Conditions*, p. 392.

和加害人的认识关系如表 11. m 所示。

表 11. m　德国的被害人和犯罪嫌疑人的相识关系

资料来源:2008 年德国联邦刑事局统计第 39 页

罪名	既遂/未遂	亲戚	熟人	当地人	以前的熟人	不认识	不明
杀人	既遂 1447	24.1%	26.4%	4.4%	6.7%	19.8%	18.5%
	未遂 2983	18.6%	23.8%	6.2%	8.2%	30.2%	13.0%
性犯罪	既遂 10,534	17.4%	33.5%	0.7%	12.4%	26.7%	9.4%
	未遂 3099	3.8%	21.5%	0.7%	12.5%	49.4%	12.2%
抢劫等	既遂 58,016	0.6%	6.4%	0.8%	6.7%	66.5%	19.0%
	未遂 11,587	1.0%	8.3%	1.4%	7.7%	63.4%	18.2%
伤害	既遂 316,197	10.5%	24.3%	1.7%	10.6%	34.7%	18.2%
	未遂 6752	9.0%	20.4%	1.7%	10.5%	39.4%	19.0%
侵犯自由	既遂 115,524	10.8%	22.6%	1.5%	10.0%	33.8%	21.3%
	未遂 3256	8.8%	22.5%	1.6%	10.9%	33.8%	22.5%

这里比较的既遂与未遂的情况,备受关注。比较一下既遂和未遂,在杀人或性犯罪中,关系亲密的人成为被害人的案件,既遂率较高。在杀人罪中,对熟人的杀害意图很明确;在性犯罪中,加害人多数执着地追求既遂。

伊斯特在 1948 年分析了英国百老汇的杀人案件,将犯罪人分为精神障碍者和非精神障碍者,并比较分析了他们的熟人关系情况。[①]其结果如表 11. n 所示,引人注目的是,精神障碍者杀害情人、恋人的比例很低。

① Dr. East (1948). *Medical Aspects of Crime*, p. 369.

284 **表 11.n 英国的杀人案件中的熟人关系**

资料来源:伊斯特,1948 年

熟人关系	普通犯人	精神障碍犯人
不认识的人	16.5%	6.6%
熟人/友人	20.4%	29.2%
情人/恋人	31.2%	8.1%
妻子	16.5%	26.5%
其他	15.4%	29.6%

但是,精神障碍者与正常人相比,原来有恋人或情人的比例可能就很低,因此还不能简单地下结论。

4. 遭受暴力的时间和场所

犯罪人通常会选择周围没有目击者的时间和场所,暴力犯罪更有这种倾向。表 11.o 是美国 1994 年全美犯罪被害调查中关于暴力犯罪的时间段的数据。但是,时间段的划分方式是,白天的时间(为 6:00 到 18:00)为 12 小时,而晚上的时间为 6 小时,所以也不能单纯比较。

表 11.o 美国的暴力犯罪的被害发生的时间段

资料来源:Criminal Victimization in the United States,1994,p.12

	6 时到 18 时 (12 小时)	18 时到深夜 (6 小时)	深夜到次日 6 时 (6 小时)
全部暴力犯罪	53%	35%	12%
强奸/性暴力	31%	37%	32%
抢劫	42%	43%	15%
暴行/伤害	62%	37%	1%

按每小时的发生率计算,从傍晚到深夜的时间段(18:00 到 24:00)暴力犯罪发生率较高。另外,这个数据和日本的数据比较,日

本的多数被害为白天时间段(为6:00到18:00)发生。[1]

八、私刑和斗殴 285

最恶劣的应当给予最重处罚的暴力犯罪就是私刑(lynch crime)。[2] 私刑案件通常是多数人对少数人实施的,很少有1对1的私刑。日本对私刑案件大肆进行报道的是,1994年的木曾川长良川连续私刑杀人案件和1999年的枥木私刑杀人案件,但联合赤军印旛沼杀人案件(1971年8月)和山岳大本营案件(1971年12月到1972年2月)都是有组织有目的的[3]对被称为"总管"的想要脱离人员实施私刑的杀人案件。

私刑不一定是成年人实施的,反而多见于十多岁、二十多岁的血气方刚的年龄段。私行案件是多数人对一人施加暴力,最终导致被害人死亡的案件[4]。但是,对于多名少年集体对他人施加暴力致人死伤的案件,日本警方和媒体都不认为是"私刑案件",而一般表述为"打架"。但打架和决斗基本上是1对1的暴力行为,多数人对一个人施加的暴力行为不是打架。即使是少年实施的暴力行为,也有必要将其定性为私刑案件。

私刑也是有组织的暴力。偶尔也有在场的人被当时的气氛所感染,随声附和而变成暴力的情况。这类集体实施的暴力行为也可能成为私刑。

---

① U. S. Department of Justice(1994). op. cit. p. 12.

② 私刑是不经过正式程序而私下进行制裁的行为。通常被翻译成"私刑"。在近代法律中,私人制裁行为都是犯罪。

③ 纲纪整顿意味着要严格整顿成为治理国家和组织的根本的纪纲。

④ 儿童实施的私刑案件有,山形明伦中学垫子死亡案件(1993年1月13日)、大阪西淀川私刑杀害案件(1996年11月3日)、兵库县加古郡私刑杀害案件(1997年8月23日)、茨城牛久私刑杀害案件(1998年10月8日)等,还有多数私刑案件没有被报道。

286 九、暴力团犯罪

暴力团是典型的暴力集团,因此有必要强化对策。1991 年日本制定了《关于防止暴力团不正当行为的法律》(1999 年 5 月 15 日法律 77 号,也称为《暴力团对策法》)。1999 年制定了《关于处罚有组织犯罪及规制犯罪收益等的法律》(1999 年 8 月 18 日法律 136 号,也称为《有组织犯罪处罚法》),其立法的宗旨是,鉴于有组织犯罪严重地危害平稳和健康的社会生活,严厉处罚有组织实施的杀人等行为,处罚隐匿、收取犯罪收益等行为的同时,没收和追缴犯罪收益。

日本暴力犯罪的特征之一,就是暴力团实施的犯罪。暴力团的成员正在逐渐减少,2013 年警方掌握的暴力团成员有 25,600 人,准成员有 33,000 人,加起来共有 58,600 人。[①] 与 2004 年的 44,300 名成员、42,700 名准成员,共计 87,000 名成员相比,急剧减少。

根据《暴力团伙对策法》规定,有 21 个团体被确定为暴力团,明确指定暴力团中的第六代山口组、稻川会及住吉会这 3 个主要团体所属的暴力团成员,约有 21,800 人(占全部暴力团成员的 76%)。2012 年根据《暴力团对策法》下达的中止命令有 1823 件、防止再发命令有 81 件。

另外,所有都道府县在 2011 年之前制定并实施了《清除暴力团条例》,清除了暴力团正在进行中的工作。

2013 年被破获的暴力团成员人数为 22,861 人(其中普通刑法犯罪 13,447 人,特别法犯罪 9414 人),[②]10 年前的 2003 年还有 3 万人左右,但现在呈减少趋势。暴力团成员实施的犯罪比例高的是,违反《自行车竞技法》的犯罪 82.4%,违反《兴奋剂取缔法》的犯罪 56.1%,违反《赛马法》的犯罪 50.0%、非法拘禁罪 48.4%、敲诈勒索

---

① 2014 年版《犯罪白皮书》,第 170 页。

② 2014 年版《犯罪白皮书》,第 171 页。

罪 42.3%、赌博罪 40.6%，违反《职业稳定法》的犯罪 40.2%，违反《卖淫防止法》的犯罪 31.8%，违反《毒品取缔法》的犯罪 31.8%，违反《大麻取缔法》的犯罪 30.1%，违反《暴力行为处罚法》的犯罪 26.2%、恐吓罪 25.0%，此外较多的犯罪与药物、公营赌博有关系。[①] 287

暴力团的抗争案件，每年平均发生 20 件左右，2012 年是 14 件。暴力团抗争案件中使用枪支的比例很高，约半数案件使用枪支。暴力团相关人员因犯罪被起诉的比例高于整体比例。例如，检察机关的终局处理案件平均为 45.2%，而暴力团相关人员平均为 56.9%。从犯罪类型来看，暴力团的起诉率为违反《自行车竞技法》的犯罪 100.0%（占总数的 61.8%），违反《防止卖淫法》74.1%（占总数的 56.4%）、抢劫罪 68.6%（占总数的 59.2%）、盗窃罪 62.7%（占总数的 42.2%）、赌博罪 65.4%（占总数的 52.3%），违反《刀枪规制法》的犯罪 46.9%（占总数的 33.8%）等。[②]

十、暴力和武器的使用

表 11.p 显示了日本枪击案件的统计。总体上呈减少趋势，近期因枪击案件死亡、受伤的人数为 10 人左右。

表 11.p　日本往期的枪击案件

资料来源：2010 年版《警察白皮书》第 122 页及 2013 年版《警察白皮书》第 127 页

年份	枪击案件（暴力团伙之间对抗）	死亡人数	负伤人数
2001	215（178）	39	30
2003	139（194）	35	32
2005	76（51）	10	12
2007	65（41）	21	18
2009	34（22）	7	13
2011	45（33）	8	10

① 2014 年版《犯罪白皮书》，第 172 页。

② 2013 年版《犯罪白皮书》，第 147 页。

枪炮刀剑类作为“凶器”，有时会被用在与本来用途不同的犯罪
288 行为上。像日本这样致力于控制凶器①（枪炮刀剑类②）的国家，由于身边没有枪炮刀剑，所以用于烹调的菜刀和生活刀具等多用于杀伤行为。另外，为了防止暴力行为的发生，不仅要对凶器工具进行限制，而且还要限制集体的暴力行为，因此需要进一步完善相关法律。③

表11.q表明了日本使用枪支的犯罪及其主要的罪名。

表11.q　日本使用枪支案件的变化

资料来源：2010年版《警察白皮书》第122页

年份	杀人案件	抢劫案件	其他案件	合计
2001	56	171	169	396
2003	51	126	228	405
2005	24	111	254	389
2007	34	94	196	324
2009	14	100	139	253

在日本使用枪支的案件（包括不开枪的案件）每年约发生350件，其中约1成即35件是杀人案件，约1/3即121件是抢劫案件。

---

① 《关于处罚使用火焰瓶等行为的法律》（1972年法律17号）、《爆炸物取缔罚则》（1911年太告32号）、《火药类取缔法》（1950年法律149号）、《关于防止沙林毒气等造成人身被害的法律》（1995年法律78号）等。

② 日本因严格管制枪炮刀剑类而闻名，其基础法律是《枪炮刀剑类携带等行为取缔法》（1958年3月10日法律6号）。该法律自实行至今56年间经过20次修改，现在的条文数量超过当时的3倍，已成为由116条构成的大法律。另外，原则上禁止携带的刀剑类，是指刀刃长度在15cm以上的刀、矛、长柄大刀，刀刃长度在5.5cm以上的剑、匕首，45度以上自动开刀装置的刀具。

③ 《刑法》第208条之三新增设了准备凶器集合罪，相关修改的法律有：《暴力行为等处罚相关法律》（1926年法律60号）、《破坏活动防止法》（1952年法律240号）、《关于防止暴力团伙实施不当行为等法律》（1991年法律77号）、《关于处罚有组织犯罪及规制犯罪收益的法律》（1999年法律136号）、《关于防止通过犯罪方式转移收益的法律》（2007年法律22号）等。

用武器挟持人质的案件有，1968 年 2 月 20 日金喜路案件和 1972 年 2 月 19 日联合赤军 5 名成员挟持管理员妻子的浅间山庄案件。

金喜路案件是出生于静冈县的在日朝鲜二代金喜路，在清水市 289
内的俱乐部用步枪射杀了暴力团伙干部及其 2 名部下后，带着 1200 发子弹和 13 个炸药包进入旅馆，并将 6 名旅店家庭成员和 10 名住宿客人作为人质，①其动机是清水警署的刑警对他有歧视语言，要求警察署道歉。

金喜路案件、浅间山庄案件都是长期监禁人质，人质身心受到的影响是无法估量的。当时的日本对被害人的急性应激障碍和创伤后应激障碍的知识和治疗方法都非常缺乏。无论是警方的关心，还是世人的关心，都集中在人质能否活着被放释。

浅间山庄案件的案情是，5 名联合赤军被警察逼入绝境，于 1972 年 2 月 19 日到 28 日的 10 天里，在长野县轻井泽町的乐器制造公司的疗养设施“浅间山庄”，挟持了山庄管理员的妻子（当时 31 岁）作为人质。案件发生后的第 10 天，警视厅和长野县警察机动队强行进入山庄，成功救出了人质，逮捕了所有犯人，但 2 名机动队员和 1 名平民死亡。②

十一、对国家、民族、社会实施的暴力

暴力不仅由个人实施，像战争（war，battle，combat）、政变（a coup d'état）、革命（revolution）、大屠杀（genocide）、恐怖主义（terrorism）等，也由组织、集体实施。

---

① 金喜路在案发 5 天后被装扮成记者的几个刑警逮捕。1973 年 6 月 17 日被静冈地方法院判处无期徒刑。此后，二审上诉被驳回、向最高法院上诉也被驳回，1975 年 11 月最高法院判决无期徒刑生效。案发 31 年后的 1999 年 9 月 7 日，他附条件被假释回韩国，已经 70 岁了。他在韩国被视为英雄，还以金喜路为原型拍摄了电影。

② 浅间山庄案件，监禁人质长达 219 小时，这是日本非法监禁时间最长的纪录。另外，1972 年 2 月 28 日实施救援时，NHK 和民营电视台的平均收视率达到 50.8%，特别是在 18 时 26 分达到了 89.7%。这个记录从案发到 40 多年后的今天也未被打破。

日本在昭和初期也经历了两次政变。分别是1932年5月15日
290 发生的“5·15案件”[1]和1936年2月26日发生的“2·26案件”。[2]这两起案件都是由军队一些军官实施的。[3]

对国家和社会实施的暴力行为,包括聚众实施暴力或威胁的骚乱罪(《刑法》第106条)、因暴行或胁迫聚集多人的聚众不解散罪(《刑法》第107条)。适用骚乱罪的案件有1949年4月13日的平警察署案件、[4]1968年10月21日的新宿骚乱案。[5]该罪的成立,要求使用暴行或威胁手段集合众人时有共同的意思。[6]

从20世纪60年代到70年代,反对修改日美安全保障条约的人们展开了激烈的反对斗争。中核派,革命马克思派集结在羽田机场

---

① 1932年5月15日发生的“5·15案件”,是全副武装的大日本帝国海军青年军官闯入首相官邸,杀害内阁总理大臣犬养毅的政变。

② 1936年2月26日发生的“2·26案件”是,一些青年军官于26日凌晨开始行动。军官们袭击了冈田总理、铃木侍从长、高桥大藏大臣等人,占领了首相官邸、警视厅、陆军省、参谋本部、东京《朝日新闻》等地,向昭和天皇呼吁维新。但是,军队和政府决定将他们作为叛乱军进行武力镇压,包围他们并要求投降。叛乱军官们让下士和普通士兵返回原队,部分士兵自杀,但大部分军官投降。案件的主谋被处枪决。

③ 《刑法》中规定了内乱罪(《刑法》第77—80条)、外患罪(《刑法》第81—88条)等罪名,但第二次世界大战结束后一直没有适用过。

④ 1949年4月13日发生的平警察署案件,日本共产党的福岛县石城地区为了设置告示牌从平警察署(现在的中央警察署)获得了道路使用许可,但后来警方以妨碍交通为名取消了许可。6月30日,日本共产党员和旅日朝鲜人联盟围攻警察署表示抗议,打碎了窗户玻璃,夺回了被拘留的人员,把警察署长关在拘留所并要求其辞职,在警察署门前高举红旗,在市内各处设立检查站进行警戒等,造成了极大混乱。到了晚上,附近县的警察部队前来救援,驱散了人群。有231人因涉嫌骚乱罪被拘捕,其中159人被起诉。1960年最高法院驳回被告人的上诉,确定了有罪判决。

⑤ 1968年10月21日发生的新宿骚乱案件,中核派等人在明治公园和日比谷野外音乐堂举行集会后,用木棒等进行武装起义,召集约2000人在新宿站集合,与机动队发生冲突。他们拆下电车的座椅在新宿站南口纵火焚烧,向停驶的电车和信号机等车站设施多次投掷石块。聚集了比示威队多几倍的人员,围观的人增加到2万人。连接新宿站的国铁等交通枢纽陷入瘫痪状态,约150万人的通勤和上学的乘客受到影响。政府在第二天凌晨0时15分决定适用“骚扰罪”,逮捕了743人。电车在上午10时之前一直停运。

⑥ 最高法院判决1960年12月8日。

周边,试图阻止当时的佐藤荣作首相访问东南亚,与机动部队发生了冲突,这就是 1967 年 10 月 8 日第一次羽田斗争。① 第二次羽田斗争②是示威者从京急蒲田车站往羽田机场方向游行,试图阻止从佐藤首相的赴美访问,在游行过程中与警方发生冲突,示威的学生有 2 人死亡,机动队也有多人受伤。当时,这些行为被定性为公共安全事 291
件,参加了这个暴力示威游行的人被认定为犯罪人。示威游行是遵守民主主义规则的意愿表示,而不是犯罪,但集体行动的人转变为暴徒,就成为规制的对象,应当作为犯罪处理。

在这些公共安全事件中,一直以来只在参加者与国家之间的关系层面进行讨论,而对很多作为被害人的弱势市民视而不见。因为在国家发生紧急状态时,粗暴的争论往往不考虑这些市民的人权。

在国际社会,“通过对话就会理解”这一理论往往是行不通的。为了排除国家之间的暴力,建立更强有力的国际暴力性组织是困难的。实际上,解决国际纠纷的手段是建立多国部队,但他们的活动是相当有限的。为了防御的战斗和为了扩大领土(侵略)的战斗,显然在本质上是不同的。③ 联合国需要在和平解决纠纷方面发挥作用。④

第二次世界大战中纳粹德国对犹太人进行的大规模杀戮(geno-

---

① 在羽田的穴守桥、弁天桥、稻荷桥等地,学生与警察发生冲突,双方共有数百人受伤,京都大学有学生死亡。

② 第二次羽田争斗中,超过 300 人被逮捕。因示威队伍投掷石块和木棍导致多名机动队员受伤,后来使用了轻金属盾牌等装备。

③ 对于第二次世界大战中日本军队的侵略战争,也有人在日本国内提出“为了国家生死存亡而进行的战争”或“是欧美挑起的不可避免的战争”等观点,企图对战争正当化。

④ 联合国成立之际,作为国际社会协商解决纠纷的手段,组建了安全理事会,理事国 15 个国家中有 5 个常任理事国(美国、俄罗斯、英国、法国和中国)并承认常任理事国的否定权,所以安理会经常陷入瘫痪。到目前为止,行使过否决权的有,俄罗斯 127 次(其中 106 次是在 1965 年以前)、美国 83 次、英国 32 次、法国 18 次、中国 10 次。此外,理事会的决议由 5 个常任理事国在内的 9 个国家的赞成通过。

cide)①即所谓大屠杀(the Holocaust),是反人类的残忍行为。全世界应当吸取这个经验发誓不再发生战争,但历史往往是重复的,1994年的卢旺达内战中约有100万人被屠杀。② 在种族灭绝过程中还实施
292 了集体强奸,③因大量的强奸而生下了孩子。④ 大屠杀和集体强奸在南斯拉夫内战时也曾发生,而且严重程度超过了卢旺达。

卢旺达的集体强奸被认为是大屠杀以来最糟糕的一次。在卢旺达首都基加利建立了“基加利纪念中心”(Kigali Genocide Memorial Center),展示了因被强奸而死去的人们的照片。1996年的联合国人权委员会报告(U.N. Human Rights Commission Report)称,虽然没有确切的调查,但强奸是有组织的,是大屠杀者实施大屠杀的一个手段(rape was used as aweapon by the perpetrators of the massacres)。

十二、恐怖主义的被害

“恐怖主义”(terrorism)一词,据说源于法国大革命,因有反革命派1万多人被杀害,对这个事件使用了“terrorisme”一词。

从狭义上讲,恐怖主义是为了达到政治目的,对政府使用武器和暴力,通过主义和主张使政府妥协的行为。美国联邦政府将恐怖主义定义为“针对非战斗性目标,由从属团体或秘密组织策划并基于政

① “种族灭绝”(genocide)一词表示对民族等大规模杀戮。纳粹德国屠杀犹太人时,才首次被使用。

② 卢旺达种族灭绝(Rwanda Genocide)被称为大屠杀以来最为罪恶的民族屠杀(worstgenocide since holocaust)。卢旺达首都基加利(Kigali)建立了“基加利纪念中心”(Kigali Genocide Memorial Center),展示了许多被残杀去世者的照片。

③ 非常遗憾的是,1996年联合国人权委员会Human Rights Commission Report报告中没有确切的调查统计结果,但可以肯定的是,强奸是有组织进行的,大屠杀中的施害者将强奸视为一种武器而使用。(rape was used as a weapon by the perpetrators of themassacres)。

④ 2014年4月7日版《日本时报》国际版 *The Japan Times* (*World*)在卢旺达种族灭绝20周年之际刊登了AFP-JIJI通讯报道,强奸孤儿问题成为“卢旺达大屠杀中被遗忘的被害人”(The forgotten victims of Rwanda genocide)。

治动机的暴力”。①

由于恐怖分子经常实施杀人、绑架、爆炸等暴力犯罪，因此恐怖 293
主义被误认为是暴力犯罪，但暴力并不是恐怖主义的必要条件。恐怖主义是基于某种主义或主张，让对方做某事或停止做某事，恐怖分子未必是集团(terrorists in group)。单独进行恐怖主义活动的人，被称为“独狼”。

最近的独狼型恐怖分子(lone wolf terrorist)是在网络等媒体上建立网站，发泄社会不满，让人们的思想激进化，有时也发布犯罪预告，向政府和经济界等有强大力量的组织进行攻击。他们有时会以“大侠”般的仗义姿态出现，摆出举着正义旗帜与强权作斗争的姿态。② 在网络世界里有很多观众，他们很享受这种反应。虽然犯罪行为预告不能直接对对象进行攻击，但有时他们把犯罪行为预告发给报社等新闻媒体，为了享受被报道后引起骚动的场景。

集团型恐怖分子多与民族主义、右翼、左翼、革命家、激进派、宗教团体等联系在一起。特别是，最近在国际上，对政治体制的抗议行动和国际纷争有时表现为恐怖主义。

与恐怖主义相似的行动有骚乱、内乱、政变，③恐怖分子的犯罪手段还有发动炸弹爆炸、挟持人质、劫机。另外，恐怖主义集团内部的

---

① Atran, S. (2003). Genesis of Suicide Terrorisum. *Science*, 299, pp. 1534 – 1539.

② 居住在福井县的一名男人(当时 40 岁)试图重新启动福井县的川内核电站，希望影响 2015 年 4 月 12 日福井知事投票选举。其声称在无人机上带有福岛被污染的土壤和声明书，并将于 4 月 9 日飞向首相官邸。但是，无人机直到选举结束后的 22 日也没有被发现，而且也没有公开声明书，这完全是一起虚张声势的恐怖谣言。

③ 日本的军事政变有：1932 年 5 月 15 日大日本帝国海军全副武装的青年军官冲进总理官邸，杀害了犬养毅首相的“5 · 15 案件”；1936 年 2 月 26 日至 29 日，受陆军皇道派影响的青年军官率领 1483 名士兵发动了政变，即“2 · 26 事变”(政变未遂)。

纷争，有时也会引发冲突。①

294 恐怖主义与权力集团通过武力(军事力量)夺取政权的政变和聚众使用暴行或威胁的骚乱有所区别。政变通常被称为内乱、暴动等；骚乱则是多数人聚集在一起进行暴行和胁迫活动，是威胁该地区安定生活的行为。日本《刑法》将这些行为规定为内乱罪(《刑法》第77条)②、骚乱罪(《刑法》第106条)③等。

日本的恐怖案件有奥姆真理教于1994年6月27日实施的松本沙林毒气案件和1995年3月20日的东京地铁沙林毒气案件。另外，联合赤军等实施的一系列案件，即淀号劫机案(1970年3月31日)、新宿圣诞树炸弹案(1971年12月24日)④、浅间山庄案(1972年2月19日)、三菱重工大厦爆炸案(1974年8月30日)、⑤达卡机场日航劫机案(1977年9月)等也被认定为恐怖袭击案件。

现在恐怖主义在国内和国际都被称为恐怖主义对策的重大问题。联合国通过了十多项公约和协议书，如《关于在航空器上实施犯罪和其他行为的公约》(Convention on Offences and Certain Other Acts Committed on Boar, 1963)、《防止非法夺取航空器的公约》(Conven-

---

① 日本的激进派集团内部暴力事件有：1971年8月联合赤军的成员杀害了将试图脱离组织的2名友军成员，埋在千叶县印播沼附近，即印播沼杀人案；1971年12月至次年2月之间的群马县内登山基地，以“总管”名义杀害了11人，一名受重伤，即登山大本营案。

② 内乱罪，是指以破坏国家的统治机构或者排除其对领土主权的权力行使，以及破坏、扰乱宪法规定的基本秩序为目的，实施暴动，其主谋处死刑或无期徒刑，刑罚是非常重的。

③ 骚乱罪是指，聚众实施暴行或威胁的犯罪，主谋者处1年以上10年以下有期徒刑或禁锢。

④ 1971年12月24日发生的新宿圣诞树爆炸案，在东京新宿3丁目的四谷警察署追分派出所，在50厘米高的圣诞树上放置装有定时炸弹的购物袋并发生爆炸。2名警察和7名行人受重伤和轻伤。

⑤ 大道寺将司、大道寺玄子、佐佐木规夫等日本赤军东亚反日武装战线、大地之牙的成员在东京丸之内的三菱重工总部大楼放置炸弹发生爆炸，造成8人死亡，380人不同程度受伤。

tion for the Suppression of Unlawful Seizure)、《反对绑架人质的国际公约》(International Convention against the Taking of Hostage,1979)、《关于防止向恐怖主义提供资金的国际公约》(International Convention for the Suppression of Financing,1999)、《关于防止核恐怖主义行为的国际公约》(International Convention for the Suppression of Acts of Nuclear Terrorism,2000)等。

亚历山大(Alexander)说:"恐怖主义是心理战争,造成人们行动混乱是恐怖分子的首要意图。"①如列宁所说,恐怖主义的目的是,令人恐慌(terrorise,陷入恐惧)。② 公元前4世纪以前,孙武(Sun Tzu)就说过,杀一人使三军震者杀之。③ 也就是说杀1人会给万人带来恐惧。* 案件越是不可思议,对心理健康的潜在影响就越大。从恐怖分子案件中可以看出人的意图,引起人们行动的混乱是恐怖主义带来的最大风险。④ 295

最近的恐怖主义有时会把普通市民卷入反全球化主义。2001年7月的热那亚峰会,2003年6月的埃维昂峰会、2005年7月的格伦伊格尔斯峰会、2005年11月的釜山示威游行、2005年的香港示威游行、2007年6月海利根达姆峰会、2009年的伦敦会议、2009年9月的

① Alexander,D.(2005). *Psychological aspects of terrorism.* Paper presented at the 14th world Congress on Disaster and Emergency Medicine,Edinburgh,Scotland.

② DiMagigio,Charles & Galea,Sandro(2007). The Mental Health and Behavioral-Consequences of Terrorism. In:Davis,R. C. ,Lurigio,A. J. & Herman,S.(eds.). *Victims of Crime*(3rd Edition). Sage Publications,Inc. California,USA. p. 147.

③ Beare,J. M. ,Burrows,D. & Merrett,J. d.(1978). The Effects of mental and physical stresson The incidence of skin disorders. *British Journal of Dermatology*,98(5), pp. 553 – 558.

* 此处系英文转译而来,可能存在错误,推测来源应为约公元前10世纪姜太公《六韬》"杀一人而三军震者,杀之。"——译者注

④ Norris,F. H. ,Friedman, M. J. & Watson,P. J.(2002). 60,000 Disaster Victims speak: Part Ⅱ. summary and implications of the disaster Mental Health Research. Psychiatry, 65,pp. 240 – 260.

匹茨堡会议、2009 年 12 月的丹麦示威游行、2010 年的多伦多峰会等，恐怖主义者混入普通市民平和的示威游行中，并引起了巨大混乱。担任警备任务的警察等，为了避开被指责为镇压公民的示威旅行权，被迫做了很大的牺牲。

和灾害的被害人一样创伤后应激障碍问题，成为恐怖主义被害人的严重问题。美国 2001 年 9 月 11 日发生的俄克拉何马城爆炸案件中，很多被害人出现了心理疾病，相关人员对案件进行了包括综合分析（meta - analysis study）在内的多项 PTSD 研究。①

① 在超过 160 项的研究中，诺里斯等人特别提出了 8 项研究，阐述了恐怖主义和大规模灾难的被害人的 PTSD 问题。Norris, F. H. , Friedman, M. J. & Watson, P. J. (2002). op. cit. pp. 240 - 260.

第十二章
家庭暴力被害
Victimization by Domestic Violence

一、引言

自 20 世纪 70 年代，以欧美各国为中心，家庭暴力（domestic violence，DV）被认为是全国性的重大案件（national significance）。[①]“家庭暴力”一词，到目前为止因研究者、司法实务人员、决策者、女权主义者、被害人支持者等的不同，定义也不同，有社会上的定义、法律上的定义、研究上的定义等。有些人认为 DV 与殴打妻子（wife battering）或虐待配偶（spousal abuse）是同义词，但特别是对于政策决策者和家庭暴力支援者，对 DV 的理解要更为广泛（广义的理解）。[②]

“Domestic”一词的意思是“国内的”“国产的”“家庭的”等，同居的人往往被称为“domestic partner”。DV 在日本多被翻译成家庭内暴力，通常是指亲人之间的暴力（violencebetween intimates）。也就是说，不仅是夫妻之间、亲子之间、同居者之间会发生家庭暴力，没有同

---

① Buzawa，Eve（2007）. Victims of Domestic Violence. In：Davis，R. C.，Lurigio，A. J. & Herman，S.，*Victims of Crime*，3rd Edition，SAGE，USA. P. 55. 另外，布扎瓦·艾巴是麻省罗威尔大学刑事司法犯罪学系教授，执笔当时是系主任。对家庭暴力做了很多调查，出版各部著作。2003 年出版了名为 *The Criminal Justice Response* 的书。他还担任过美国刑事司法学会理事。

② Buzawa，Eve（2007）. op. cit. p. 56.

居但关系亲密人之间也会发生家庭暴力。①

本章主要讨论夫妻之间的暴力和亲子之间的暴力。虐待儿童(child abuse)和虐待老人(elderly abuse)虽然也发生在家庭内,但并不限定于以暴力为手段,因此在第十四章“虐待被害”中论述。家庭
297 中发生的父母虐待孩子(通常,孩子是未成年人),孩子虐待父母(通常,父母是老年人),这是以亲人之间的力量关系为背景实施的一种权力滥用(abuse of power)。

关于DV,正如法律格言“法律不能进入家庭”一样,过去的传统观念认为,应该在户主的权限范围内处理DV,法律不应该介入。这种观念在欧美发达国家发生了很大变化,尊重家庭中弱即的女性、儿童、老年人的人权的动向急速发展。在日本,2000年5月24日制定了《儿童虐待防止法》,2001年4月13日制定了《配偶暴力防止法》,2005年11月9日制定了《关于防止虐待老人和支援老人养护者的法律》(法律124号,2006年4月1日施行,以下简称《虐待老人防止法》)。

在美国联邦议会,从20世纪70年代后半期到80年代,特别是以热衷于研究DV问题的联邦议员为中心,多次召开了研讨会和联邦法求助的人们的听取会。② 其结果是,1994年通过了《对女性的暴力防法》(the Violence Against Women Act,VAWA)。③

联邦议会的讨论会确定了为DV被害人建立联邦基金、为DV被害人设置保护人员的标准。另外,在1982年联邦委员会(U. S. Commission on Civil Rights 1982)关于公民权的报告书中,将DV定性为“关于公民权的重大问题”(a civil rights problem of overwhelming

---

① 在日本,最近被称为“约会暴力”(dating violence)的恋人暴力,也属于这个概念。

② Buzawa, E. S. & Buzawa, C. G. (2003). *Domestic Violence* (Third Edition), Sage Publishing, Inc., Thousand Oaks, USA, p. 121.

③ 该法律后来于2000年10月进行了修改。

magnitude)，也是迫在眉睫的课题。当然，在美国也有对这种积极措施进行抵抗的势力。[①] 但是即使在这种反对势力中，要求规制家庭暴力的呼声也越来越高了。

DV 的背景是男性的优势地位(male domination)问题。它也是 298
构成了对女性实施暴力行为的要素，在谈论被害女性自我防卫时，或者谈论预测来自男性伙伴的暴力时，不能撇开男性优势地位问题。也就是说，女性对来自男性的暴力进行反击的情况下，或者预先感觉到男性的攻击而提前进行反击的情况下，当然可能涉及被害女性防卫过当的问题。但是，在女性是加害人，而男性是被害人的情况下，两个问题相提并论也是值得探讨的。

DV 与骚扰有着密切的关系。特别是，加害人对想要逃避 DV 的被害人进行追赶、纠缠、想要修复关系的情况下，经常发生骚扰问题。[②] 对于这些事例，是作为 DV 的延伸问题来处理，还是作为骚扰问题来处理，根据国家和法律制度而不同。但是，基本的问题是如何保护面临高度危险的被害人，如何为被害人回到安全状态提供支援。

不管是 DV 还是骚扰，重要的是让加害人停止这种行为。一味地修复两者的关系，企图破镜重圆的想法是危险的。如伤害、暴行、盗窃这些从犯罪着手到既遂的犯罪，在逮捕、起诉、试图审判的各个阶段都可以考虑恢复关系，但 DV、骚扰、虐待这类由一系列非法行为或状态，反复持续而形成的整体犯罪行为类型，让加害人与被害人修复关系，要特别慎重。

南非 1998 年制定了《家庭暴力法》(Domestic Violence Act 116 of 1998)，该法将家庭暴力的定义为：(1)身体虐待(physicalabuse)；

---

① 美国社会也有人反对 DV 法和设置壁垒。美国联邦在里根政府下制定的方针发生了变更，并且联邦议会上赫尔姆斯众议院议员(Senator Jesse Helms)等人对于设置壁垒这一点，也提出了反对意见认为，"这是在社会上培养挑战作为一家之长丈夫的人员。"(Congressional Record，1980)

② 2011 年 12 月 16 日发生的长崎西海跟踪狂杀人案就是典型案例。

(2)性虐待;(3)感情的虐待、言语的虐待、精神的虐待;(4)经济虐待;(5)威胁(intimidation);(6)扰乱行为;(7)跟踪尾随;(8)损坏财产;(9)未经对方同意,侵入对方独自所有的房间;(10)对举报人
299 (complainant,被害人)实施压制或虐待的行为。包括骚扰、跟踪尾随、虐待在内的很多问题都是在家庭及其场所内发生的,对广义 DV 行为进行立法规制的典型。

二、家庭暴力的定义

"家庭暴力"(Domestic Violence)一词通常被定义为亲近人之间的暴力(violence between intimates)。① 这是比夫妻间暴力(marital violence)、家族间暴力(family violence)更广泛的概念。DV 是以共同生活在同一场所的人际关系为基础的,因此把 DV 用日语翻译成"家庭暴力"是有问题的。②

如果要限定使用"DV"这个词,有时会使用"家庭暴力"(family voilence)③这个词。在这种情况下,家庭意味着社会学上的家族。因此,即使避免使用"domestic"而使用"家庭"一词,究竟是指法律上的家族,还是事实上的家族,是否限定于血亲、近亲、姻亲等,是否从共同维持生计的人际关系来把握"家族"等问题,都值得研究。

DV 是发生在共同生活的具有亲密人际关系中的暴力。家庭关系是指住在同一个场所的人际关系,但不一定是一个家族。特别是,对于共同生活的男女来说,是法律上的夫妻,还是事实上的夫妻,这

---

① Buzawa, E. S. & Buzaw, C. G. (2003). op. cit. p. 13.

② "家庭",是指配偶、亲子、有血缘关系的"家族"共同生活的小集团。[日]西尾等编:《岩波国语辞典》(第 7 版)。

③ 这种情况下的"family"不是"royal family"或"mafia family"等广义的意思,而是指父母、子女、夫妇等"家族间"。另外,在欧洲一些国家,传统上仆人和住家用人也被纳入"family"之中,但如果说是"family violence",是否也包括在"family violence"中,尚不明确。

种争论都是毫无意义的。① 当然,同性恋人生活在一起,大人和孩子 300
生活在一起等,都属于家庭关系。

表示共同生活者之间暴力的 DV,在司法实务中得到了更广的解释。例如,从美国各州的实务来看,它涵盖了居住在同一所房子里的所有类型的人际关系。不论是成人、孩子、父母、性伴侣,还是曾经的性伴侣、身边看护人员(caretakers)、被照顾人员等,只要是共同生活者,都被视为家庭(domestic)关系。②

DV 多数是男性对女性实施的,所以往往用对女性的暴力(the term violence against women)来表述,但女性对男性的暴力,同性之间的暴力也不少,所以一般对性关系进行中立性表述,即“domestic violence”“ domestic assault intimate partner violence intimate partneraassault”等。特别是,最近美国等国已承认同性婚姻,在这些国家,不能把 DV 定义为“男女间暴力”。

但是,站在性中立的角度考虑,如果把女性对男性的暴力与男性对女性的暴力同等看待,会存在轻视女性暴力的困境。例如,莫利·施特劳斯(Murray Straus)和理查德·盖里斯(Richard J. Gelles)指出,根据美国的全美家庭暴力调查(National Family Violence Survey, NFVS)的数据,DV 对女性的伤害率与对男性的伤害率相比,前者高出 6 倍(女性为 3%,男性为 0.5%)。③

另据美国 1998 年全美犯罪被害人调查(National Crime Victimization Survey, NCVS),来自亲密伙伴的暴力的报告约 100 万件,其中

---

① 日本的《关于防止配偶暴力和保护被害人的法律》(法律 31 号)既适用于事实婚姻关系的人,也适用于婚姻关系或事实婚姻关系解除后的人。并且,根据 2014 年 1 月 3 日的修正,新设了第 28 条之 2“有同居生活(非关似于婚姻关系的共同生活除外)关系的人受对方施加的暴力,也适用子本法。”

② Bzawar E. S. & Bzawa, C. G. (2003). op. cit. p. 15.

③ Straus, MA. & Gelles, R. J. (1990). How violent are American families: Estimates from the National Family Violence Resurvey and other studies. In: Straus, M. & Gelles, R. (eds.). *Physical Violence in American Families*, New Brunswick, NJ, pp. 95 – 112.

301 85%的被害人是女性。大约半数的女性DV被害人报告身体受到伤害,这与男性身体被害率32%相比,高出很多。关于受重伤的被害人,男性为4%,而女性为5%,差别不大。另外,雷尼森(Rennison C. M.)等人的研究也证实,因DV受轻伤的,每10名男性中有3人,而每10名女性中的有4人。[1]

还存在一个类似的概念——“约会暴力”(datingviolence),但这不属于DV。该暴力是指,有亲密关系但没有共同生活的人,在约会期间受到的暴力。警方有关人士、与研究加害人的相关专业人员、与被害人支援的相关专业人员等都经常使用这个词。与已婚夫妇相比,在约会间的人际交往和夫妻分居的人际关系中,殴打行为(the act of battering)发生更为频繁。[2]

DV中还涉及父母对孩子的暴力。这个问题是DV,还是虐待儿童(child abuse),值得研究。虐待儿童本来是滥用权力(abuse of power)的一种。滥用权力,是在政治、经济、社会、文化、身份等具有优势地位的人,对弱势群体滥用权力,不向他们履行义务或给他们造成不利,侵害他们的权利、侵犯基本人权。虐待儿童是指,养育和扶养子女的父母,未尽其本来应尽的义务(ignore),不给孩子吃饭,不让孩子接受教育,用暴力使其服从等行为。其中行使暴力的行为是DV,也是虐待,但放弃本来应该履行养育义务的行为不是DV,而是滥用监护权力(abuse of power)。在防止儿童虐待法律比较完备的国家,被害人会得到严格的保护,免受DV的侵害,因此对孩子施加

---

① Rennison, C. M. & Welchans, S. (2000). *Intimate Partner Violence*. Washington, D. C., Bureau of Justice Statistics, Publication No. NCJ178247.

② Buzawa, E. S. & Buzawa, C. G. (2003). op. cit. p. 13.

暴力的行为虽然是DV,但在实务上通常把他们视为虐待。[①]

三、与犯罪有关的家庭暴力 302

德国刑法学家舒尔茨(Schulz,H.)指出,有些犯罪像诈骗一样,需要先建立一定的关系并由此引发被害,这就是"关系犯罪"(Beziehungsverbrechen),有些犯罪像盗窃一样,不以熟人关系为前提的犯罪。[②] 关系犯罪分为利用已有关系的犯罪和重新建立关系后达到目的的犯罪。作为利用已有关系的犯罪,其典型例子是家庭成员之间的犯罪。从这一点看,家庭内部发生的所有案件都是关系犯罪。分析家庭的日常关系与案件有何联系是有意义的。

"吉丁塔尔磨坊谋杀案件"(Der Vatermord auf der Schwarzmuhle imSittenthale)是家族内发生的杀人案件,费尔巴哈指出其被害人是有过错的。[③] 在这起案件中,被害人弗里德里希·克拉因斯洛特是一个家庭暴君、粗暴的人,且无所事事。家人觉得这样下去会灭顶之

---

① 对孩子施加暴力是作为家庭暴力来对待,还是按虐待处理,存在不同观点。以美国为例,美国全国犯罪调查(National Crime survey, NCS)进行了区分,12岁以上青少年为家庭暴力被害人,未满12岁的视为虐待儿童被害人。另一项全美女性暴力调查(National violence Against Women Survey, NVAWS),对男女各8000人进行了大规模调查,将16岁以上的人作为家庭暴力被害人。另外,美国联邦司法部统一犯罪报告(Uniform Crime Report, UCR)及美国家庭暴力调查(National Family violence Survey)将18岁以上的人视为家庭暴力被害人。

② Schulz,H.(1956). Kriminologische und strafrechtliche Bemerkungen zur Beziehungzwischen Täter und Opfer, *Schwedische Zeitschrift*. 71. Jahrgang, S. 171ff. 对舒尔茨的关系犯罪的定义提出质疑的有, Nagel (1959). Viktimologie, Tijdschrift voor StrafrechtDeel 68, S. 7。另外参见[日]宫泽浩一:《被害人学的基础理论》,世界书院1966年版,第165页。宫泽浩一也对舒尔茨认为盗窃不是关系犯罪这一点提出了疑问。但是,在财产犯中,特别是盗窃,趁被害人不注意秘密盗取的行为,是不需要存在关系的犯罪行为。另外,在盗窃中,施害者和被害人之间有熟人关系的,只占百分之几(2013年版《犯罪白皮书》第168页显示,有亲属关系的为0.1%,有熟人关系的为3.3%),因此认为盗窃属于关系犯罪,是很牵强的。

③ von Feuerbach & Anselm Ritter(1828). *Aktenmäßige Darstellung merkivurdiger-Verbrechen*. S. 358ff.

灾,儿子们同情母亲的处境,与妹妹们共谋,给手下的用人一些钱财,将其杀害,众人协力掩埋了尸体,之后由死者妻子报警说丈夫失踪了。

303 在这个案件中,费尔巴哈说:“他(父亲)本人才是对一切应受处罚后果的发起者。在道德关系上,他自己也要共同承担由自己引发的谋杀的大部分责任。对他的所作所为应得到正义行为的报应。被父亲殴打被父亲虐待的结果,却轮到了儿子们雇佣杀手。”①

根据德国对保险金杀人的研究,②从1930年到1956年发生的80件案件中,“杀夫”的为60件,占绝大多数。在日本,给一家之主买保险时,多数情况是由妻子和孩子成为受益人。因此,如果家庭需要保险金时,有时会发生杀害户主(通常是丈夫或父亲)的悲剧。

勒斯纳(Roesner)1938年在德国犯罪学杂志上发表了题为《谋杀及其被害人》③的论文。这篇论文分析了1931年到1933年德国被判有罪的169名(被害人为187名)的犯罪人记录,其中未婚女性为58人(35.4%)、已婚男女各38人(男女合计为46.3%)、未婚男性为30人(18.3%)。

沃尔夫冈(Wolfgang,Marvin)在1957年的著作《杀人被害人》④中,对588例夫妇间杀人案进行了分析:“妻子杀死丈夫的,多数在厨房,绝大多数是使用菜刀。相比之下,丈夫杀死妻子的,多数在卧室,特别是在床上,杀害的方法多数殴打等打击方法”,“犯罪后的态度,丈夫杀害妻子与妻子杀害丈夫的相比,前者选择自杀的情况较多”。

---

① von Feuerbach, A. R. (1828). op. cit. S. 376 ff. [日]宫泽浩一:《被害人学的基础理论》,世界书院1966年版,第101－102页以下。

② Schultz, K. (1956). *Versicherungsmord*, Hamburg.

③ Roesner(1938), Mörder und ihre Opfer, *Monatschrift für Kriminologie*. S. 161. ff.

④ Wolfgang, M. (1957). Victim Precipitated Criminal Homicide. In: *Journal of Criminal La, Criminology and Police Science*. Vol. 48, p. 1ff. [日]宫泽浩一:《被害人学的基础理论》,世界书院1966年版,第128页及243页。

这种情况似乎可以说明,20 世纪 50 年代的美国和欧洲,女性一般从事家务,男性在外工作,女性的日常生活的空间在厨房(家中的凶器集中在厨房),她们习惯于使用菜刀,感情失控时会用菜刀杀人。

另外,亨蒂希[①]认为,如果夫妻之间年龄差距较大,可能存在各种 304
问题,以下四种情况更可能发展成杀人案件:(1)年龄差距较大而丈夫年长的老夫少妻:①丈夫被妻子及其情夫所杀害;②为了和更年轻更漂亮的女人结婚,杀害碍事的原配夫人。(2)年龄相差较大而妻子年长的老妻少夫:①一般都是由丈夫亲手杀害妻子,或者在情妇的协助或默许下杀害妻子;②因嫉妒年轻的丈夫等将其杀害。

日本对保险金杀人案有一个很有趣的分析,这是月足一清的研究。[②] 该研究分析了从 1970 年到 1989 年 20 年间发生的 147 起保险金杀人案。据分析,20 世纪 70 年代初期“杀妻”案较多,20 世纪 70 年代后期“第三者杀人”案较多,20 世纪 80 年代“杀夫”案件剧增。

对于“杀妻,杀情人”案件,佐藤典子穗在 1982 年 7 月 1 日对全国女子监狱中服刑的 1468 人进行了“女性犯罪的综合研究”,其中一部分研究是调查杀人的动机。调查结果显示,杀人动机最多的是痴情和嫉妒,占 35.6%;其次是怨恨和报复,占 31.5%;家庭不和和纠纷占 28.8%;以获取保险金为目的占 13.7%;经济拮据占 12.3%。另外,被杀害的丈夫中,有 61.6% 的人使用暴力,有 27.4% 的人变心,有 24.7% 的人酗酒,有 17.8% 的人贫穷,而没有责任心的丈夫占 17.8%。

四、家庭暴力的现状

美国联邦统一犯罪统计 2008 年版分析了 2008 年杀人案件13,

---

① von Hentig, Hans (1948). *The Criminal and His Victim: Studies in the Sociology of Crime*, Kansas City, Mo.

② [日]月足一清:《保险金杀人动向分析》,载《犯罪社会学研究》1990 年第 15 号,第 119 页以下。

180 名被害人是被谁杀害的情况。其结果如表 12. a 所示,这与亲属间杀人超过半数的日本(根据 2014 年版《犯罪白皮书》第 196 页,杀人案件中 53.5% 发生在亲属之间)形成了鲜明对比。

在被家人杀害的 1841 名被害人中,从被害人与加害人有何关系来看,妻子有 577 人(31.3%)、儿子有 270 人(14.7%)、女儿有 211
305 人(11.5%)、父亲有 120 人(6.5%)、丈夫有 119 人(6.5%)、母亲有 117 人(6.4%)、兄弟有 98 人(5.3%)、姐妹有 15 人(0.8%),其他家庭有 314 人(17.1%)。从这个数据也可以看出,妻子被丈夫杀害的情况很多。

表 12. a　美国的杀人被害人与加害人的关系

资料来源:Uniform Crime Report,Crime in the United State 2008

加害人	被害人数目	比例
家族(Family)	1841	13.0%
其他熟人(Other Known)	4329	30.5%
陌生人(Stranger)	1742	12.3%
不明(Unknown)	6268	44.2%

美国最近进行的大规模家庭与生命科学(family violence)的研究,是由莫利・施特劳斯和理查德・盖里斯于 1975 年和 1985 年进行的两项调查。[①] 1975 年的调查通过电话采访,得到了 2143 人的回答;1985 年的调查通过面试法的听证,获得了 6014 人的回答。这些划时代的调查,为我们对家庭暴力的后续研究提供了大量的信息和数据。

在这些研究中,暴力被定义为"故意或有意识地(with the inten-

① Straus, M. A., Gelles, R. J. & Steinmetz, S. K. (1980). *Behind Closed Doors: Violence in the American Family*, Anchor/Doubledy, New York,. Straus, M. A. (1987). "Is Violence Toward Children Incleasing? A Comparison of the 1975 and 1985 National Survey Rates", In: Gelles, R. J. (ed.) (1987). *Family Violence*, Sage, Newbury Park, California.

tionor perceived intention）给他人造成身体痛苦或伤害的行为”。引起伤害可能性较高的行为，即使没有发生伤害，也属于暴力。暴力是用冲突行为量表（the ConflictTactics Scale，CTS）测试的。CTS 是由新罕布什尔大学开发的，至今仍应用于许多家庭暴力的研究中。

CTS 有三个变量（variables）：（1）对理性的讨论是否同意（rational discussion and agreement）；（2）关于仇恨是否有语言或非语言的表
达（verbal and non – verbal expressions of hostility）；（3）是否使用身体 306
上的强制或暴力（physical force orviolence）。由于取样过程适当且有多数回答者，同时合理地使用了 CTS 作为测量手段，因此这两次调查研究被认为是可靠的。

上述调查遍及美国 50 个州，调查内容为父母对子女的暴力、子女对父母的暴力、妻子对丈夫的暴力、丈夫对妻子的暴力，以及兄弟姐妹之间的暴力。[1] 如果比较这两个调查结果，就会发现虐待儿童的现象在 1975 年到 1985 年有所减少。施特劳斯列举了各种各样产生这种原因的理由，但不管怎么说，虐待儿童已经成为社会的一大关注热点，在过去的 10 年里成为媒体的常规话题。[2] 但是，虽然 10 年来虐待儿童的现象有所减少，但每 33 名儿童中就有 1 人在 3 岁到 7 岁受到父母虐待，这是非常严重的问题。

五、告知暴力前科的《克莱尔法》

在英国，2013 年 11 月制定了“家庭暴力信息公开制度法”（Domestic Violence Disclosure Scheme – Clare’s Law），并于 2014 年 3 月 8 日施行。[3] 据悉，该制度规定对家人或朋友等伴侣的虐待犯罪记录

---

① 人均收听时间，1975 年调查为 1 小时，1985 年调查为 30 分钟。

② Wallace，Harvey（1998）. *Victimology.* Allyn and Bacon. Boston，p. 29.

③ 2014 年 11 月 26 日法新社报道，据时任内政大臣特里莎・梅介绍，2014 年被暴力的男友或前男友杀害的英国女性达 88 人。另据内务省透露，考试期间约有 400 名女性申请查询男友或前男友的信息，警察当局提供了约 100 件相关信息。

(a record of abusive offences),有向警方查询的权利(a right of ask police)。

这部克莱尔法的制定,源于 2009 年 2 月由克莱尔·伍德(Clare Wood,当时 36 岁)在位于大曼彻斯特萨尔福特的家中被前男友乔治·
307 阿普尔顿(George Appleton)勒死并纵火的案件,因此称为"克莱尔法"(Clare's Law)。克莱尔·伍德是一位有一个孩子的母亲,通过美国的 SNS"脸书"和乔治·阿普尔顿相遇,阿普尔顿有暴力、威胁、用匕首胁迫前女友进行诱拐等对女性施加暴力的严重前科,克莱尔对此是不知情的。

以女儿的案件为契机,父亲迈克尔·布朗(Michael Brown)倡导开展一项活动,他主张,如果对情侣有暴力前科,那么每个人都有权知道该信息(right to know)。

这个制度是为了保护人们不受潜在虐待的伤害而建立的。法律的宗旨是,请求权人如果对情侣的 DV 或暴力行为的前科提出请求时,警察应当公开该前科信息。该制度与 DV 保护命令(Domestic Violence Protection Orders,DVPOs)一起都被认为是防止暴力被害的有效手段。英国的 DV 保护命令可以禁止行为人在 28 天内与被害人接触,在此期间给被害人提供帮助以使其生活处于安全状态。

若被害人担心自己的情侣有暴力或虐待前科而感到不满克革尔法为此建立了查询机制。如果情侣有虐待犯罪或暴力犯罪的记录,在符合防止 DV 被害的目的的范围内,被害人和警察会共享信息。

可以要求查询暴力前科的人,包括是对方情侣的或者想要防止家庭暴力的第三者。第三者一般是父母、兄弟姐妹、邻居、朋友等。申请程序是,首先填写申请表(making anapplication),并提交给管辖的警察署。申请表上要写上申请者的姓名、地址、出生日期。警察根据这些信息确认被害人的身份,并判断是否需要公开情侣的信息。

此后,根据申请书举行见面会议(Face to face Meeting)。这次会面由警察地区安全科(Police's Community Safety Unit)的负责人担

任。该负责人是专职人员(a specialist officer),为了评估申请人所承
担的风险,可以要求申请人对有关情况进行详细说明该负责人为了 308
判断危险性,应当要求社会服务组织(Social Services)、监狱(Prison
Services)、受刑(Probation Services)等机构提供信息。

警方认为必要时,可以与社会服务组织、受刑服务组织、监狱等的保护机构进行协商(Multi - agency forum),最后决定是否开示信息。一旦确定开示信息,就要判断对谁开示以及为确保安全而采取支持和援助措施的必要性。

六、婚内强奸

婚内强奸或配偶间强奸(marital rape)的问题直到 20 世纪 60 年代以前,研究者几乎没有关注过,也几乎没有关于这个问题的著作。① 但是到了 20 世纪 90 年代,有强迫妻子进行性行为的丈夫在美国被起诉,引起了很多人的关注。当时,丈夫认为不会因对法律上的妻子的强奸行为受到制裁,即所谓的"配偶之间强奸的免责"(marital rape exemption)的观念占主导地位。鲁塞尔(Russell)就这一配偶强奸免责问题指出:"根深蒂固的传统观念认为,女人,首先是父亲的所有物,其次是丈夫的所有物。"② 丈夫可以把妻子作为密不可分的所有物,妻子不能拒绝(obliged married women),据说在公元前 8 世纪,建设了罗马城的罗慕路斯王(Romulus)因此制定了最初的法律。③

1982 年在旧金山市的随机调查显示,回答说"被丈夫强奸过"的

---

① Bergen, Raquel Kennedy(1996). *Wife Rape: Understanding the Response of Survivors and Service Providers*, Sage Seriese on Violence Against Women, edited by Renzatti, C. M. & Edleson, J. L., Sage Publications, London, p. 2.

② Russel, D. E. H. (1990). *Rape in Marriage*. Bloomington, Indiana University Press.

③ Sonkin, D. (1987). *Domestic Violence on Trial*. Springer, New York, p. 6.

妻子有 12%。[1] 另外,全美被害人中心(National Victim Center)于 1992 年在全美进行的电话随机调查中,有 9 % 的女性回答称“被丈夫强奸过”。[2]

309 美国得克萨斯州是对夫妻之间制定相关法律的、积极推进夫妻强奸犯罪化(criminalization)的州,该州 1994 年 9 月 1 日施行的法律规定,“夫妻之间强奸或夫妻之间性暴力是指,配偶实施的对肛门或女性性器官插入的行为(penetration)(包括与行为人的意图无关的一切侵害行为),以及未经同意用口侵害对方性器官的行为”。这里值得注意的是,对肛门或女性器官的侵害(侵入),需要加害人一方不存在过失或不可抗力。

得克萨斯州的调查结果显示,1991—1992 年,有 2131 人被丈夫强奸。[3] 另外,其中半数以上的女子向得克萨斯州各地“被家暴女性避难所”(Shelter for Battered Women)提出过帮助请求。

关于婚内强奸的研究,在欧美这 30 年间有各种各样的研究成果。例如,除法拉洛(Farraro and Johnson,1983)外,还有米尔斯(mills,1985)、帕格罗(Pagelow,1992)、沃克(walker,1979)等,他们是从被害人应当承担什么责任的角度进行研究的,因此费里兹(Frieze,1983)得出了这样的结论,即被丈夫殴打的女性与被强奸的女性相比较,被强奸的女性多数是想要离开丈夫的。另外,鲁塞尔指出,无论如何也要制止丈夫的暴力行为;凯利(Kelly,1988)则指出,在考虑夫妻间强奸的对策时,必须理解被害女性的复杂性。有很多女性无论多少次挨打,也不打算离开丈夫,也有很多女性无论被强奸

---

① Diana, E. H. Russell(1982). *Rape in Marriage*, MacMillan Publishing Co. New York.

② US Department of Justice(1993). *Crime and Victimization in America – Statistical Overview*.

③ Texas Department of Health(1992). *Sexual Assault Preventin and Crisis Services Annual Report.*

多少次，也不打算离开丈夫。

贝尔根(Raquel Kennedy, Bergen)采访了住在强奸救援中心(rape crisis center)和被家暴女性避难所(shelterfor battered women)的40名婚内强奸被害人，并于1996年发表了调查结果。[①] 该调查因担心可能给收留被害人的机构及相关人员带来麻烦，没有明确提供婚内强奸行为的时间和场所(特别是原则上避难所并不明确面向社 310
会公开)。被害的形态，如表12.b所示。

表12.b　美国婚内强奸的形态

资料来源：R. K. ,Bergen. wife rape. 1996. p. 13

被害的形态	被害人数	比例
用腕力	10人	25%
殴打	13人	33%
性虐待	2人	5%
腕力和殴打的组合	8人	20%
殴打和性虐待的组合	7人	17%

另外，如表12.c所示，强奸的次数有一半以上是反复实施。

表12.c　美国的婚内强奸的次数

资料来源：R. K. ,Bergen. wife rape,1996,p. 19

被害的次数	被害人数	比例
仅1次	7人	17%
2次	3人	8%
3次	6人	15%
11—20次	2人	5%
20次以上	22人	55%

① Rergen, Raquel Kennedy(1996). *Wife Rape*, SAGE Publications.

据贝尔根的调查结果显示，40 名被害人中白人为 60%，非洲裔美国人为 22%，拉丁美洲人为 18%；年龄分布在 18—61 岁，平均年龄为 37 岁，婚姻期限为 1—36 年；从收入、教育、职业等方面来看，中产阶层占 58%，低端阶层占 40%；约有 33% 的人是大学、大专程度的学历，10% 是大学以上学历；有 28% 是白领阶层，25% 是蓝领人士。

311 现代的日本也承认婚内强奸，即便满足了夫妻、恋人等人际关系和被害场所等形式要件，也不能确定当事人之间出现什么行为。极端地说，即使男女一起进入酒店房间，也不意味着“性行为 OK”。也就是说，无论什么样的人、在什么样的地方，在开始性行为之前，都保留着“承诺与否”的可能（可能在性行为之前说“NO”）。美国在 1997 年 9 月一名女子对新婚之夜的性行为以强奸罪提出诉讼，这说明婚姻关系和性的合意是两回事已成为常识。

内阁府于 2008 年 10 月至 11 月以全国 20 岁以上的 5000 名男女为对象，进行了随机抽样调查（有效回答是，男性为 1675 人，女性为 1454 人，共计 3129 人），该调查显示，对配偶间暴力的“很讨厌，但却被强迫进行了性行为”的回答，女性为 16.6%，男性为 8.8%。

日本法院首次认定婚内强奸罪，是 1986 年 12 月 17 日鸟取地方法院的判决。[1] 鸟取地方法院在判决中对鸟取县八头郡的山林作业员 A 被告人（当时 26 岁）判处有期徒刑 2 年 10 月（量刑建议 3 年），对其朋友的土木作业员 B（当时 29 岁）判处有期徒刑 2 年（量刑建议 2 年 6 月）。

A 在 1980 年 12 月与 C 结婚，但没过多久就对 C 结婚前的交友关系等感到愤怒，开始用木刀、啤酒瓶等对 C 行使暴力。A 多次对逃回老家的 C 威胁说：“把你裸体照片发出去。”妻子 C 喝了杀虫剂企图自杀未果，1982 年春天和秋天两次提出离婚，但被 A 拒绝，之后 A

---

① 1986 年 12 月 17 日《读卖新闻》晚报头版头条刊登了题为《对妻子的性暴力鸟取地方法院作出有罪判决》的报道，“丈夫被判处 2 年 10 个月有期徒刑”。该判决在第二年生效。

继续对 C 施加暴力。

在这种情况下，被铁链锁在家里的 C，在 1984 年 10 月 30 日趁机逃走，因此 A 和 B 一起到 C 娘家附近埋伏起来，在 C 出现时，将其强行带到车上，行驶到山中时停下车，2 人对 C 实施了性行为。

C 向警察求助，但警方以民事不介入为由不予理睬。C 来到妇女咨询所，和律师商量后提出离婚诉讼，并于 1985 年 1 月向鸟取署起诉。检察机关于 3 月 5 日提起公诉，共开庭 13 次。

该判决认定：①夫妻关系已经破裂；②由于朋友介入，与通常案 312
件不同，丈夫 A 认为量刑过重，判决中对夫妻之间的性常识认定远离市民一般常识等。这可以说是婚内强奸的第一案件。

以反性暴力援助在线（SARA）成员为中心成立的“性暴力被害研究会”，在 1995 年 9 月至 1995 年 12 月，通过邮寄方法在全国范围内对性暴力现状进行了调查，共邮寄 6986 封调查，得到 2028 封回答（有效回答 2015 件）。根据该调查分析，回答曾受到某种形式的性侵害的有 1252 人（62.1%），其中包括 65 人强奸被害（3.2%），而加害人为“丈夫”的有 5 人（7.7%）。这意味着，即使是在 1995 年，“被丈夫强奸”在一般人看来也应当属于被害问题。[①]

七、日本的配偶间暴力

内阁府在 2011 年以随机抽样的方式对全国 20 岁以上 5000 名男女进行了“关于男女间暴力的调查”。[②] 该调查显示，到目前为止已婚的 2598 人中，对于任意下列问题，即受到配偶（包括事实婚姻、分居的夫妻、前配偶）的“身体暴力”“精神伤害而感到恐惧等威胁”“强迫实施性行为”，回答说“有好几次”的人，女性为 10.6%，男性为

① 诸泽英道于 1986 年 6 月在首都地区 3 所大学中，对参加刑事法学、法学、犯罪学、刑事政策学的共 1821 名学生进行了问卷调查，其中有 98% 的学生认为在夫妻之间也可以成立强奸罪。

② 内阁府：《（2014）男女共同参政白皮书》，第 66 页等。

3.3%;回答“有过一两次”的,女性占22.3%,男性占15.0%;回答“至少有过一次”的人,女性占32.9%,男性占18.3%。如果把这些数据加在一起,女性中每3人就有1人受到过丈夫等人的暴力。

如图12.a所示,关于2013年全国发生的犯罪案件,按照警察受
313 理的案件教育进行顺序,配偶之间的暴力行为以及跟踪尾随等,已成为重大的社会问题。

图12.a 日本2013年17种犯罪的发案数

资料来源:2014年版《犯罪白皮书》第4页和2014年版《警察白皮书》第68页

第1位:窃盗981,233件;第2位:汽车致死伤603,446件;第3位:损坏器物140,809件

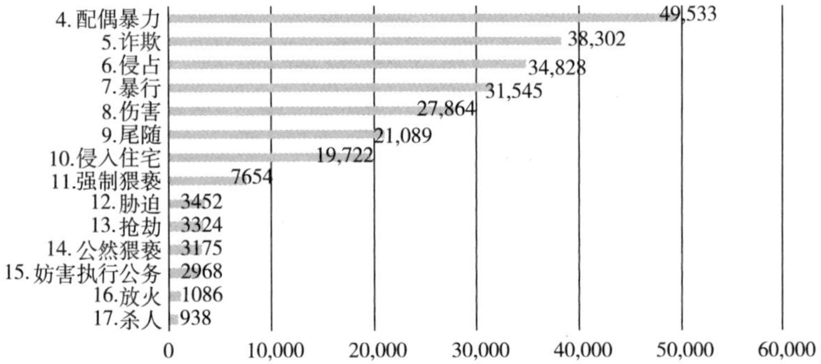

*配偶间暴力和跟踪狂行为都不是刑法犯罪。另外,对加害人适用的法律与伤害罪、暴行罪、威胁罪、侵入住宅罪、杀人罪等有重合。

配偶间暴力案件中,女性被害人所占的比例整体上较高。警察厅的统计显示,2013年拘捕的配偶间杀人案件(155件)中,女性被害人有106件(68.4%);夫妻间伤害案件(2154件)中,女性被害人有2015件(93.5%);夫妇间暴力案件(2.135起)中,女性被害人有1999件(93.6%)。①

图12.b是配偶间暴力咨询支持中心的咨询件数和向警察报案

① 内阁府:《(2014)男女共同参政白皮书》,第66页。

件数的变化。该中心的咨询件数一直在增加,但向警察报案的件数在2006年回到有所增加,此后又有所回落。2012年的报案件数是制定法律之初(2001—2004年)的3倍。当初,有人批评警方的介入过于消极,但后来又修改了法律,因此警方才积极介入。但是有些案件还没有报案,如果报案估计这一数字将会增加。

图12.b　配偶间暴力的受理件数 314

资料来源:2013年版《警察白皮书》及2014年版《男女共同参与白皮书》第70页

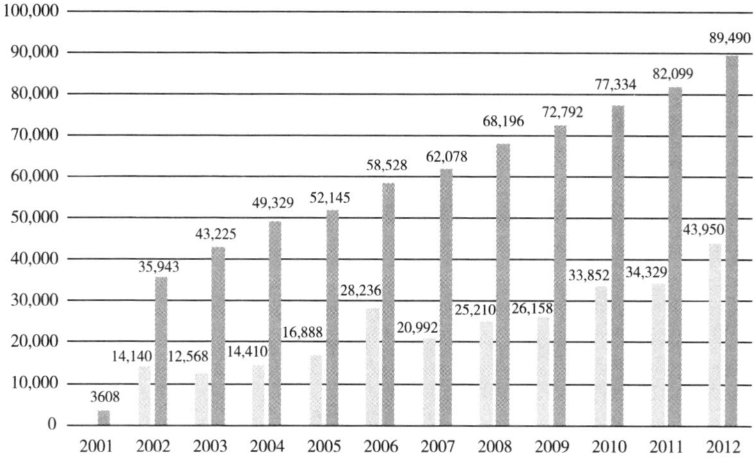

＊淡灰色柱表示配偶暴力咨询支援中心的咨询件数;深灰色柱表示向警方报案件数。

其次是关于配偶间暴力被害人的年龄分布,如图12.c所示。

这些是向警察报案的情况,还有很多被害人没有报案,而且报案到警察那里还要走各种程序,这一数据能在多大程度上反映真实情况,还无法判断。但是,仅从该数据看,被害人多数为30多岁、40多岁,达到58%。如果再加上20多岁的部分,配偶间暴力的被害人约8成是50岁以下的年轻人。

315 **图 12. c 配偶间暴力案件的被害人年龄**

资料来源:根据 2013 年版《警察白皮书》制作

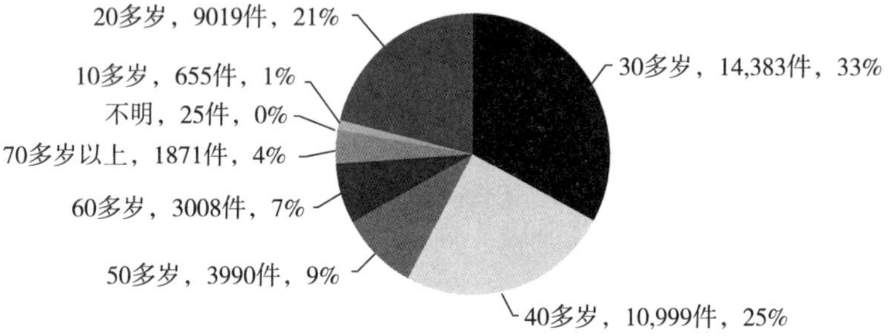

图 12. d 显示了配偶间暴力加害人的年龄分布。

加害人数量的排序是 30 多岁、40 多岁、20 多岁,这一点与被害人的分布相同,但 20 多岁、30 多岁、40 多岁的比例有所差异。加害人最少的是 20 多岁,而 40 多岁的较多。也就是说,加害人的年龄比被害人的年龄要大一些。

图 12. d 配偶间暴力案件的加害人年龄

资料来源:根据 2013 年版《警察白皮书》制作

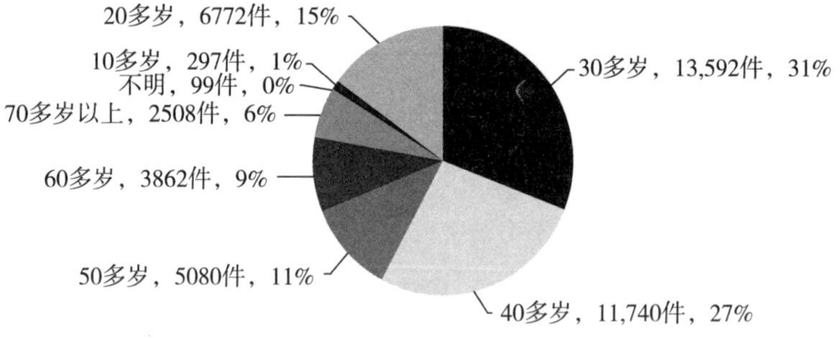

表 12. d 列举了配偶间暴力案件适用的刑法罪名。

日本的封建时代持续时间较长,户主权被广泛承认。在这一时代,户主作为一家之主(男性),对妻子和孩子具有很大权限,往往具有支配力。

这种陈旧的体制在第二次世界大战战败后得到很大改变,但是战后新亲属法的精神广泛渗透到普通国民之间仍需要相当长的时间。因此,40 多岁、50 多岁甚至是 60 多岁的夫妻,他们的态度如何,还缺乏准确的调查,许多研究人员对他们的态度只能是推测。

表 12. d　配偶暴力案件适用的刑法罪名 316

资料来源:2013 年警察厅资料及 2013 年版《警察白皮书》第 37 页

顺序	罪 名	件数
1	伤害罪(含未遂)　《刑法》第 204 条等	1942
2	暴行罪　《刑法》第 208 条等	1609
3	胁迫罪　《刑法》第 222 条等	121
4	损坏器物罪　《刑法》第 261 条等	89
5	违反《暴力行为处罚法》	81
6	杀人罪(含未遂)　《刑法》第 199 条等	55
7	侵入住宅罪　《刑法》第 130 条等	49
8	违反《刀枪取缔法》	32
9	逮捕监禁罪　《刑法》第 220 条等	9
10	伤害致死罪　《刑法》第 205 条等	3
11	毁损名誉罪　《刑法》第 230 条等	3
12	强制猥亵罪　《刑法》第 176 条等	2
13	强奸罪　《刑法》第 177 条等	1
14	违反《跟踪纠缠行为规制法》	1
15	其他	327

八、日本《配偶间暴力防止法》

《配偶间暴力防止法》第 1 条第 1 款,把来自配偶的暴力定义为“遭受配偶对身体施加的暴力(指对身体进行非法攻击,对生命或身体产生危害的行为),或者与此相当的对身心产生有害影响的言行”。

该法还规定，在遭受配偶的身体暴力后，该人离婚或者其婚姻被取消，若该原配偶继续施加身体暴力，亦适用本法。另外，该条第 2
317 款规定，“本法中所说的被害人是指，遭受来自配偶暴力的人”。该条第 3 款规定，“本法中所说的配偶，包括没有进行婚姻登记但有事实婚姻关系的人；本法所说的离婚，包括没有进行婚姻登记但有事实婚姻关系的人，具有与事实离婚相同的情况”。

该法律于 2014 年 4 月 23 日进行了修订（法律 28 号），增加了第 28 条第 2 款，从 2015 年 4 月 1 日开始，适用于一起共同生活、互相交往而对对方施加暴力和遭受暴力的人员，对他们给予适当的保护，并将其作为国家和地方公共团体的责任和义务（第 2 条）。此后修改的规定为，在“内阁总理大臣、国家公安委员会、法务大臣及厚生劳动大臣，针对防止配偶暴力和保护被害人，应当制定有关政策和基本方针”（第 2 条之 2）。另外，“都道府县基于基本方针，应当制定该都道府县防止配偶暴力及保护被害人的基本对策计划。”（第 2 条之 3 第 3 款）“市町村（包括特别区）根据基本方针，结合都道府县基本计划，制定该市町村防止配偶暴力及保护被害人的实施措施基本计划”（第 3 条之 2 第 3 款）。

《配偶间暴力防止法》规定，各都道府县设立的妇女咨询所和其他相应设施，应当发挥作为反配偶暴力咨询支援中心的作用（第 3 条第 1 款）；各市町村的相应设施，应当努力发挥作为反配偶暴力咨询援助中心的作用（第 3 条第 2 款）。

反配偶暴力咨询援助中心的业务包括：（1）对涉及被害人的各种问题，为被害人提供咨询，或者为被害人介绍妇女咨询员、咨询机构；（2）为了使被害人的身心健康得以恢复，对他们进行医学心理学的指导或其他必要的指导；（3）确保被害人紧急时的安全，并提供临时保
318 护；（4）为了促进被害人生活自立，利用促进就业、确保和援助住宅等相关制度方面，提供相关信息、提出建议、与相关机构取得联系，以及其他援助；（5）在利用保护命令制度方面，为被害人提供信息，提出建

议，与有关机关取得联络，提供其他援助；(6)为了安置被害人的居住，在利用保护设施方面，提供相关信息，提出建议，与相关机构进行联系，提供其他援助等。

临时保护由妇女咨询所自行实施或者委托符合厚生劳动大臣规定的人员实施（该法第3条第4款）。另外，反配偶暴力咨询支援中心在开展业务过程中，必要时应当努力与从事防止配偶暴力及保护被害人活动的民间团体进行合作（该法第3条第5款）。

作为暂时避难的设施有避难所，这是为了躲避来自配偶的暴力而设立的。在日本，根据法律规定设置的机构有，妇女咨询所、[1]妇女保护设施、[2]母子生活支援设施。[3] 此外，还有民间自主运营的避难所，为被害人提供保护和自立支援。根据厚生劳动省的资料，因丈夫的暴力而入住这些机构的女性，女性咨询所为70.7%、妇女保护设施为43.4%、母子生活支援设施为55.0%。[4]

妇女咨询员为被害人提供咨询意见，进行必要的指导（该法第4条）。都道府县可以在妇女保护设施中保护被害人（该法第5条）。

在家庭暴力中存在的问题是，被害人不轻易前来咨询和求助。为此，法律规定，发现有人遭受配偶暴力的人，有义务必须向反配偶暴力咨询支援中心或者警方通报（该法第6条第1款），同时医生等
医务人员，在尊重被害人意愿的条件下，可以向中心和警方报案（该 319
法第6条第2款），在这种情况下，医生等医务人员上述通报行为不能认定为违反刑法规定的泄露秘密罪中的医生对患者（被害人）的保密义务（该法第6条第3款）。

---

① 根据《卖淫防止法》(1956年法律118号)规定，截至2013年4月1日全国设立49处妇女咨询所。

② 根据《卖淫防止法》(1956年法律118号)规定，截至2013年4月1日全国设立49处(其中公立22处，私立27处)妇女保护设施。

③ 根据《儿童福利法》(1947年法律164号)规定，全国有256处(其中公立127处，私立129处)母子生活支援设施。

④ 厚生劳动省:《(2014)男女共同参与白皮书》，第71页。

《配偶间暴力防止法》的特色之一就是"保护命令"。被害人可以要求法院对加害人下达保护命令,该法第10条规定,被害人已遭受配偶的身体暴力或受到过生命威胁时,法院根据被害人的申请,为了防止其生命或者身体再次受到危害,应当对该配偶下达保护命令。

保护命令包括两方面:(1)从命令生效之日起6个月内,不得在被害人居住的住所和其他场所,纠缠被害人;不得在被害人住所、工作单位等经常活动的场所附近徘徊;(2)从命令生效之日起2个月的期间内,从与被害人一起共同生活的住所搬离,且不得在该住所附近徘徊。

另外,发布保护命令的法院,根据被害人的申请,为了防止被害人的生命或身体遭受危害,应当命令该配偶在该命令生效后,6个月的期间内,不得对被害人有下列行为:

1. 要求会面;

2. 告知被害人将被监视,或者让被害人知道自己处于被监视的状态;

3. 使用非常粗野或粗暴的言行;

4. 拨打无声电话,或者除紧急不得已的情况以外,连续拨打电话、用传真机发送传真或发送电子邮件;

5. 除紧急情况外,晚上10点至次日早晨6点之间,拨打电话、用传真机发送传真或发送电子邮件;

320 6. 交送污物、动物尸体或者其他明显令人厌恶的物品,或者将使知道将处于该状态;

7. 告知损害其名誉的事项,或者使其知道该状态;

8. 告知损害其性羞耻心的事项,或者使其知道该状态,或者发送损害其性羞耻心的文书、图画等其他物品,或者使其知道该状态。

九、父母对子女的暴力

在家庭暴力中,杀害父母是非常特殊的情况。在日本,子女杀害父母是杀害尊亲属,《刑法》规定了非常严厉的刑罚,将“处以死刑或无期徒刑”。但是,最高法院认为,“法定刑是死刑和无期徒刑这一点,与《刑法》第199条规定的法定刑相比明显不合理,带有歧视性,违反了宪法第14条第1款,因此是无效的”(1973年4月4日,最高法院判决),此后,对尊亲属的犯罪加重处罚的规定没有再适用,1995年该条款被删除(法律91号)。但是,从被害人学的角度看,对于杀害父母的案件,需要研究的问题是,是否值得同情、是否应当加重或者减轻。刑罚虽然在其他的杀人案件中,经常能看到加害人一方的自私自利,但在亲子之间,应该考虑加害人不得不杀害父母的心情。

亨蒂希在1929年和1930年发表的杀害父母的论文中叙述了一起案件,一家人在农村过着安逸的生活,父亲让儿子参加工作的时间很晚,长大后的儿子在任何时候都依赖父母,对父母产生不满,就是由于这个原因儿子杀害了父母,当时有人认为,如果这个儿子精神或肉体上有缺陷的话,这种依赖隶属关系可能会继续下去,但这里却成为悲剧的导火索。

亨蒂希在论文中叙述的另一起案件是父亲整天酗酒并对孩子施加暴力,母亲存在铺张浪费的恶习。这些事例不仅在德国有很多,在日本也有很多。所谓被子女杀害的父母,也许就是因为这种养育方式,埋下了祸源。

第十三章

性被害

Sexual Victimization

一、性被害的论点和研究课题

性与犯罪,因而也与被害有着密切的关系,自古以来这方面的研究有很多文献。从亚当和夏娃那个时代开始,性就成为人的基本本性,在讨论被害问题时,也必然涉及性与被害的关系。

性犯罪除以暴力或胁迫手段实施的强奸(rape)、强制猥亵(forcible obscenity)外,还有偷拍、性骚扰等不需要暴力手段的犯罪。同样是性犯罪,犯罪的地点、时间、情节等因加害人的动机不同而不同。强奸、强制猥亵等以暴力手段的犯罪,在任何时间和地点都可以实施,而偷拍等不需要暴力手段的犯罪一般发生在电车、巴士等交通工具,以及在车站的楼梯、自动扶梯、购物中心、书店、租借店、游戏厅等注意力放松的场所。

性被害还与色情、贩卖人口、慰安妇、卖淫、性产业等有密切关系。大宅壮一说过很有名的话,"日本是卖淫的常习国",官方承认的卖淫历史可以追溯到丰臣秀吉时代。长崎出岛的烟花巷、神户的妓院等,都说明日本有着长期的性剥削历史,一直到 1956 年 5 月 24 日制定《卖淫防治法》(法律 118 号,1957 年 4 月 1 日施行),卖淫才被废止。

第二次世界大战中的随军慰安妇,姑且不论国家对此如何理解,但毫无疑问这是对士兵提供性服务的系统。战败之后,以保护普通市民的名义成立了所谓的特殊慰安设施协会(Recretion and Amusement Association,RAA),就是让那些不明真相的女性为驻军提供性服务。RAA 的成立基于处理战败事务的内阁东久迩宫稔彦上台后,在 8 月 18 日以内务省警保局局长的名义,发布了《关于进驻军特殊 322
慰安妇设施》的秘密无线电指令。[①] 该指令记载:①对外国驻军的营业行为限定在一定的地区;②限定的地区由警察署长设定;③禁止日本人利用;④对性慰安设施等性营业进行积极指导;⑤营业所需的妇女应当优先考虑艺妓、公私娼妓、女招待、陪酒女郎、常习卖淫女等。

RAA 的宫泽会长提供的证言说,他被时任国务大臣近卫文麿公爵叫去,多次指示要保护好日本的女孩子。[②] 宫泽会长根据这个指示制定了一个方案:"首先召集女子,让这些女子充当驻日美军军官的慰安妇","在利用新设施的同时,还要利用现有妓院(游郭)"和"有女招待、陪酒女的地方"等。RAA 收购或租借了 50 多个设施,以召集"良家子女作为掩护",于 8 月 26 日正式成立,第二天就获得了警视厅的营业许可。

一般认为,在民主主义发达的社会,无论是妓女还是嫖客都应当依照自己的自由意愿。但是,至少在当时的社会,不能把卖淫看作自由的业务。性交易的女性中,有些人没有其他谋生手段,其背后存在着巧妙的性剥削系统。性交易是被害人学的重要研究课题之一。

关于性犯罪的动机,人们一直认为是由于性冲动或性欲引起的。但是,美国联邦司法部和 FBI 的资料中却记载道:"强奸是权力和愤怒的犯罪(Rape is a Crime of Power and Anger)。"FBI 研究所指出,强奸可分为权力型和愤怒型。权力型包括:①为了再次确认男子气概

---

① 记录东京火灾后黑市研究会:《东京黑市兴亡史》,草风社 1978 年版,第 194 页。

② 记录东京火灾后黑市研究会:《东京黑市兴亡史》,草风社 1978 年版,第 197 页。

而使用暴力;②为了强调男子气概而使用暴力。愤怒型包括:①为了报复而使用暴力;②如性虐待狂一样,为了兴奋而使用暴力。[1] 根据美国联邦司法部的官方说法,强奸是男性对女性表示存在(男子气
323 概),暴力是确认男子气的手段,是支配女性的存在,当否认这种暴力时,暴力就成为伤害女性尊严的行为。

日本的通说观点认为,“强奸是侵害女性的性自主权的行为”。这种观点是从作为加害人的男性方面考虑的(没有人说男性的性自我决定权),但如果从被害人的角度出发,应当认为强奸是因暴力和怒气而侵害女性尊严的行为。

日本法律对于使用暴力或胁迫进行的性行为,规定了强制猥亵罪(《刑法》第 176 条、第 178 条、第 181 条等)或者强奸罪(《刑法》第 177 条、第 178 条、第 178 条之二、第 181 条等)。但是,由于这些法律的要件很严格,在审判中必须详细地再现被害人和加害人的对峙过程(加害人挑起和被害人拒绝的经过)。这对于被害人来说是难以忍受的。

另外一个值得研究的问题是,性犯罪的再犯率很高。法务省对 2014 年因性犯罪被起诉的 1907 人进行了分析,结果显示 35.3% 的强奸犯和 34.9% 的强制猥亵犯有前科。[2]

对于在避人耳目的场所实施的猥亵案件,警察适用各都道府县制定的骚扰防止条例。[3] 色狼被逮捕后,是适用强制猥亵罪还是适用

---

① FBI Academy(1996). Course Syliabus of Sexual Violence.

② 2015 年版《犯罪白皮书》,第 147 页。

③ 有关“防止滋扰条例”的名称在各都道府县可以说是五花八门,可以分为三种类型:①《防止滋扰条例》(青森、山形县、福岛县、埼玉、神奈川、新潟、福井、滋贺、京都、岛根县、德岛、香川、福冈、长崎、熊本、大分);②《关于防止严重滋扰公众行为的条例》(茨城、栃木、岐阜、宫崎);③《关于防止严重扰乱的暴力不良行为的条例》(北海道、宫城、秋田、群马、千叶、东京、富山,石川、山梨、长野、静冈、爱知、三重、大阪、兵库、奈良、和歌山、鸟取、冈山、广岛、高知、爱媛、佐贺、冲绳)。另外,鹿儿岛的是《关于防止致使公众感到不安等行为的条例》。请参见第二十三章“被害人的名誉和隐私权”和第十五章“骚扰被害”。

《骚扰防止法》中的“卑鄙行为”，要根据加害人的强迫性和恶劣程度进行判断。

本章探讨的性被害（sexual victimization）包括强奸、强制猥亵、性骚扰、偷拍，但家属间的强奸（特别是，婚内强奸、亲子强奸）本来属于第十二章“家庭暴力被害”中的性被害，但由于对性存在强迫的要素，因此在第十五章“性骚扰被害”（sexual）中讨论。

二、性犯罪对被害人的影响 324

受到性侵害的人，心灵上的创伤是世人无法感受的、复杂且深刻的，尤其以强奸最为明显。而且，世人的偏见会对被害人的心灵造成更大的创伤。

强奸的被害人往往不找家人咨询，一个人继续忍受痛苦，孤独地与创伤后应激障碍（PTSD）进行战斗。强奸被害人很少向家人或朋友倾诉。而且，家属对被害人倾诉的反应，多数是责备被害人，例如，“很丢人，你姐姐都没法嫁人了”“别声张了，你也没长心眼”等，使被害人更加自责、更加恐惧。性犯罪被害人对周围人的冷眼和偏见十分痛苦，备受折磨，不能和任何人商量，过着寂寥的生活，因此也没有机会从应激障碍中恢复过来，PTSD 将长期持续下去。

性被害人在各种不安中度过人生，作为社会系统必须具备消除这些不安的机制。

据悉，性暴力的被害人有以下 6 种不安心理：

1. 担心再次被害；
2. 担心再次见到加害人（attacker）；
3. 担心被加害人的朋友或家人骚扰（harassment）；
4. 担心别人的不相信和不理解；
5. 担心回归正常生活和重返工作存在困难（尤其是加害人是同事或自己家人）；
6. 对所有男性的不安和不信任。

人一旦受到性暴力的侵害,不仅对实施性暴力的对象,而且对整个世界的男性可能无法信任,进而对所有人也可能不信任。其结果就是,一直担心可能再次受到同样的伤害。而且,有些被害人会产生自责感,他们经常会想这种被害产生的原因不仅是对方,自己也有责任。

325 关于性暴力被害人的反应,罗宾·沃肖(Robin Warshaw)指出,被害人有以下 7 种反应。①

1. 否定(denial)

被害人因遭受被害,对很多事情不再相信,从此之后对很多事情开始否认,不予接受。很多被熟人强奸的人情况更糟,她们甚至试图否定发生过强奸的事实。被害人的怀疑与否定(disbelief and denial)往往发生在她们面临最让人难以忍受的证据时。

2. 背离(dissociation)

怀疑和否定,再加上希望消除身体和精神发生过的事情,有时强奸场面的现实场景(a phase)就会重现。被害人可能会陷入想要消除这些场景却又不断再现的两难境地。

3. 自责(self – blame)

被熟人强奸的人会有被自己判断背叛的感觉。对方是自己熟悉的人,有时感觉他是个有魅力的人,也是值得选择的男性,却突然发生了这样严重的事情,被害人自己的判断完全错了,于是责备自己。

4. 无视劝导(ignoring the “little voice”)

被害人因对案件有了体验,就好像至今为止,只是为了满足别人的要求,于是感觉自己彻底被社会化了。其结果是被害人会认为人就要自立,完全不听周围的规劝。

---

① Warshaw, Robin (1988). *I Never Called It Rape*, Harper Perennial, New York, pp. 54 – 64.

5. 不进行反击(not fighting back)

很多强奸的被害人,在事后对自己生气,痛恨自己为什么没有全力抵抗。在被强奸的时候,没有感到生命有危险,却没有拼命抵抗。结果导致被害人认为反正即使反抗也不能轻易阻止对方强奸,此后的人生中即使面临危险也会放弃抵抗。

6. 不诉诸攻击(not reporting the attack)

许多被害女性,在案件后,不尽早去警察和医疗设施。特别是, 326
在受到熟人攻击的情况下,这种倾向更强。但是,案件发生后不及时报案,反而会使人们认为她当时是不是同意了。

7. 再次被害(becoming a victim again)

有些被害人在被强奸后,仍然和该人保持性关系。应当如何解释这个问题?答案是,约会时被强奸或被熟人强奸的被害人,对强奸感到"困惑"(confusion)。[1]

很多被害人并不知道该用什么语言来形容发生过的事情,所以具有典型的自责女性式辩解(typically self - blamingfemaleexplanations),如"我肯定是误解他了""我真不能理解自己""把这件事看得很坏是不对的""他一定是喜欢我,但是我诱惑他的"等。

三、对性暴力被害人的偏见

性犯罪或性被害,是犯罪学和被害人学中论文数量较多的议题之一。在过去的文献中,随处可见学者自己对被害人的偏见。也有些数据显示,他们对被害人特性的表述很牵强。

偏见之一就是,遭受性侵害当然是有性魅力的人。从全世界发表的对性暴力被害人的分析来看,被害人的属性有很大差异。被害人的年龄,从3岁到80岁,其范围相当大。

克伦普勒(Krempier)在《爱森纳赫地方法院辖区内的风俗犯罪

① Warshaw, Robin(1988). op. cit. p. 63.

研究》中指出，“行为人得到快感并没有针对一个特别确定的年龄。女性的刺激会强一些。因此，所有的女性，在道德、性、名誉情感都会
327 受到伤害。”[1]但是，有人会提出疑问，被害人中也有老年人，能以这种情况认定年轻女性也会受到名誉感情伤害吗？

遭受性侵害的年龄集中在哪个年龄阶段，通过各年龄段人口比例的比较就能一目了然。当然，在大部分国家，性被害的被害人集中在 10 岁以上和 20 岁以上的年龄段。

在美国，根据 1994 年全美犯罪被害调查（National Crime Victimization Survey，1994），每 1000 人中遭受强奸的被害（包括未遂）的人数比例是：12—15 岁为 1.4 人，16—19 岁为 3.9 人，20—24 岁为 3.7 人，25—34 岁为 2.4 名，35—49 岁为 1.1 人，50—64 岁为 0.1 人，65 岁以上为 0.1 人，由此可见被害人的年龄主要集中在 16 岁到 24 岁间。[2]

维塞尔（Wessel）曾于 1939 年对德国波恩地方法院管辖内的 612 件（921 名被害人）强奸幼女案进行了分析，并发表了论文。[3] 根据该项分析，具有熟人关系的案件非常多，达 423 例（占 69.1%），而且居住在附近的有 318 例（占 52.0%）。其理由是，为了达到不让幼儿产生的“认生”的目的，犯罪人在初次见面时会投入大量的时间和精力。

不过，这些数字与对成人的强奸相比，并不能证明有什么明显差异。因为这个数据必须与 20 世纪 30 年代德国的数据进行比较。而现在的德国或美国相比较，可以得出：在德国，被害人是女性的性犯罪，有 56.9%（其他不明的为 10.2%）是双方认识的；在美国，全部强

---

① Krempier（1939）. *Die Sittlichkeitsdelikte im Bezirk des Landgerichts Eisenach in den Jahre* 1905 - 1936. 关于性侵者问题，日本的一般解释是“被性侵者伤害是不愉快的事情，但正因为性魅力才会被盯上，因这种观点过于肤浅。不仅如此，如果认为被性侵者伤害被害是源于性魅力，那就等于说女性必然受到二次被害”。

② UN Department of Justice（1999）. *National Crime Victim Survey*. p. 8.

③ Wessel（1939）. Das Delikt der Kinderschädung im Landesgeerichtsbezirk Bonn.

奸案的 67% 是熟人关系,全部强奸案件的 56% 是在被害人家到 1 英里以内的范围(70% 为 5 英里以内)发生的。因此,根据维塞尔的数据,可以断定奸淫幼女的被害人源于“身边的人”“附近的人”。

四、强奸的神话 328

20 世纪 70 年代以后,西方国家经常提及有关性犯罪被害的强奸神话(myth of rape)。这种观念源自对强奸的误解和对被害人的偏见,它会导致对强奸案的放任。格雷戈里 · 马托西安(Gregory M. Matoesian)指出,“这种强奸神话,不仅会使人们用传统观念看待强奸犯,而且还会让被害人产生自责心理,导致很难提起诉讼”。①

强奸神话的内容因国家和民族的不同而有差异。在日本,作为强奸神话经常被提及的有以下几种情况:

1. 只有年轻女性才遭受强奸被害;
2. 强奸的诱因是女性的挑唆性服装和行为;
3. 如果没有潜在的欲望就不会发生强奸;②
4. 如果真心抵抗(拼命的决心),就可以抵抗;
5. 如果存在强奸事实的话,就应该记得很清楚;
6. 强奸的加害人是陌生人;
7. 几乎所有的强奸都是冲动性的;
8. 强奸是男人的性欲引起的;
9. 女人说“讨厌”就等于说“好啊”;
10. 女性有可乘之机;
11. 一个人走夜路是有风险的。

关于强奸神话,不仅在日本,在世界各国也广为流传。关于美国

---

① Matoesian, Gregory M. (1993). *Reproducing Rape; Domination through Talk in the Courtroom*, Polity Press, Cambridge. UK, p. 13.

② 日本旧判例关于强奸的观点认为,被害人铺上了手帕,脱下大衣,自带便当去见加害人,地点是酒店的一个房间内等,这些都是推定同意的素材。

的强奸神话，罗宾·沃肖(Robin Warshaw)举了一些例子如表13.a所示。①

329 **表13.a 美国的强奸神话的例子**

资料来源：Robin Warshaw

神话(Myth)	实际情况(Reality)
1. 强奸是由疯狂的陌生人实施的。	很多女子是被普通的熟人强奸的。
2. 被强奸的女子都有以下行为：如去了男子的家，坐了男子的车。	无论男子还是女子，没有人希望被强奸。在男子的家里或车里并不意味着女子同意和男子做爱。
3. 如果女子不抵抗，就不能说是被强奸了。	如果违背自己的意愿强行进行性行为，那么不管是否抵抗，都是被强奸。
4. 如果没有枪和刀具，就不能说是被强奸。	无论强奸者使用武器、铁拳、威胁、药物、酒精，还是利用身体差异，强奸就是强奸。
5. 如果女子不是处女，实际上就不是强奸。	即使女子不是处女，即使曾经和男子发生过性关系，但强奸也是强奸。
6. 如果女子让男子付了晚餐、电影、饮料的钱，就有义务和他发生性关系。	无论多么昂贵的晚餐，也没有人以此为代价发生性关系。
7. 接吻、拥抱*、爱抚调情*，就意味着接受性交。	每个人都有对性行为说“不”的权利。
8. 男子受到性刺激时，就应该发生性行为。不然的话，男子就会发疯(become blue balls)。	男子即使在性兴奋后，也能控制自己。

① Warshaw, Robin (1988). *I Never Called It Rape*, Harper Perennial, New York, pp. 19 – 20.

续表

神话(Myth)	实际情况(Reality)
9. 女子对约会的对象或熟人提出告诉时,往往谎称被强奸了。	告诉强奸是对熟人提起的,是因熟人而引起的。

＊“拥抱”(necking)是指抱住脖子进行爱抚;“爱抚调情”(petting)是指全身的爱抚。

日本的强奸神话中的2、3、4、6、10、11与美国强奸神话中的1、2、3是相同的。这些神话都是从女性被害人有过错的角度出发的。另外,美国的第4点“只要没使用凶器,就不能说是强奸”这一偏见,在日本是没有的。

日本的观念是,在男女之间的性行为方面,男性是主动的,女性 330
是被动的。在这种情况下,轻易地答应男性的要求,对女性来说会被认为是“轻浮的”,即使有答应对方要求的意愿,也应该姑且反抗一下。这就会让男性产生“女性就应该先反抗一下”的误解,如果涉及具体行为,就需要判断是真正的反抗还是形式上的反抗。日本的强奸神话中的3、4、9,很明显就是出自这样的误解。强奸神话的背景就是源于对这种男女性行为产生的误解。

最近,也有人认为,人们所说的强奸的目的是一种误解。在美国联邦司法部官方观点认为,强奸是一种“权力和怒气的犯罪”,很少有犯罪人会将强奸作为性的发泄方式。相反,大多数犯罪人的目的是通过暴力来征服和支配异性。

“如果存在强奸事实的话,就应该记得很清楚”,这也是典型的误解。大部分司法人员认为:“因为是被害人亲身经历过的事情,所以他们应该有记忆。”但是,在特别令人震惊的案件中,没有一个被害人能够冷静地认识到自己被害的过程,并且在事后依然能够记清。现实的情况是,很多被害人头脑混乱,什么都不记住。真正体验过案件的人,往往陈述会有矛盾;相反,如果能够有条理地说明案件的人,或者能重复陈述案件情况的人,反而令人感到奇怪。有些日本法官并不懂得这些陈述心理学的常识。

五、性暴力犯罪的现状

表 13. b 表示了日本近期的强奸及强制猥亵的报案件数的变化情况。从发案率来看,强奸有所减少,强制猥亵有所增加,但还不知道该数据是否能反映实际情况。

表 13. b 强奸及强制猥亵的报案件数、发案率的变化趋势

资料来源:2015 年版《犯罪白皮书》第 219 页

年份	强奸		强制猥亵			
			女子		男子	
	报案件数	发案率	报案件数	发案率	报案件数	发案率
2008	1592	2.4	6928	10.6	183	0.3
2009	1417	2.1	6577	10.0	111	0.2
2010	1293	2.0	6866	10.4	161	0.3
2011	1193	1.8	6709	10.2	161	0.3
2012	1265	1.9	7087	10.8	176	0.3
2013	1409	2.2	7446	11.4	208	0.3
2014	1250	1.9	7186	11.0	214	0.3

* 被害的发案率是指,每 10 万人口的报案件数。
* 一个案件中有多个被害人的情况下,主要被害人被计入在内。

331 根据内阁府在 2011 年进行的“关于男女间暴力的调查”显示,[①] 有过被异性强迫做爱经历的人回答:“有过 1 次”的占 4.1%,“有过 2 次以上”的占 3.5%,有被害经历的女性占 7.7%。被害人的被害时期为小学生以下的为 13.4%,初中生为 5.2%,初中毕业到 19 岁以下的为 20.1%,20 岁以上的为 35.1%,30 岁以上的为 14.2%,40 岁以上的为 7.5%,未应答的为 4.5%。

---

① 有效回答人数为 1751 人。参见内阁府:《2014 年版男女共同参政白皮书》,第 73 页。

性暴力被害研究会对受到性骚扰、猥亵、强奸等性暴力被害的被害人，调查了在被害之后向谁咨询的问题（可多选）。① 调查结果显示，67.9%的人回答是“没向任何人咨询过”，咨询或报案的人只占28.4%。全体被害人中约有2/3的人没有向任何人咨询，这个数字是非常引人注目的。另外，未回答的人占3.7%。在实际进行过咨询的对象中，朋友、熟人占18.7%，家人或亲戚占9.7%，与警察取得联系、咨询的占3.7%，向警察以外的公共机关咨询的占2.2%，向律师、顾问等民间专家咨询的占0.7%。

20世纪60年代和70年代发表的研究显示关于性犯罪被害的报案率大部分都在5%—15%的范围内。例如，英国的强奸报案率为 332
5%。根据1994年美国联邦司法部对12岁以上普通市民进行的美国犯罪被害人调查（NCVS），②所有犯罪的被害报案率为35.9%，其中暴力犯罪的平均为41.6%。其中，包括强奸在内的性暴力占31.7%，抢劫占55.4%，财产犯罪占33.9%。

六、性暴力犯罪的被害人和加害人的年龄

性暴力被害研究会对性骚扰、强制猥亵、强奸等性暴力被害的被害人的年龄和加害人的年龄之间的关系进行了分析。③ 这种关系如图13.a所示。该图显示，在6岁以下婴幼儿期遭受被害的，加害人多数是10多岁的人（45.5%），当然随着被害人年龄的增长，加害人的年龄也在增长，在10岁至20岁后半阶段的被害人，加害人年龄为30—40岁的占33.4%，20岁的为23.7%。

---

① 性暴力被害研究会：《女性的性侵害和警察的援助》（1996年）第1次报告，第10页。

② U. S. Department of Justice（1995）. *National Crime Victimization Survey*. 根据前年的报告书，1993年的报案率是，强奸率28.3%（既遂36.1%，未遂19.6%）、性暴力40.7%，性被害31.7%。

③ 性暴力被害人研究会：《女性的性侵害和警察的援助》（1996年）第1次报告，第10页。

图 13. a 性暴力被害中被害人和加害人的年龄

资料来源:性暴力报告研究会 1996 年资料

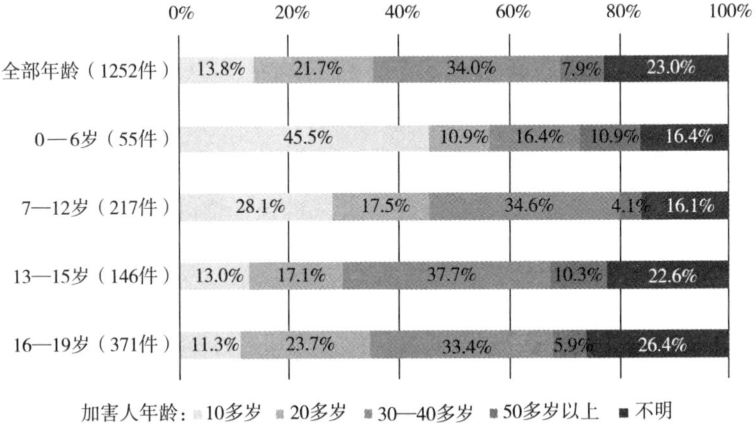

松本严等人根据调查报告对 1968—1971 年警视厅查获的强制猥亵案件的 112 名加害人和 112 名被害人进行了分析。① 该分析包
333 括强制猥亵的 14 岁以下被害人 50 人、15 岁以上被害人 62 人,共计 112 人。

关于加害人年龄和被害人的年龄之间的关系,如表 13. c 所示。

表 13. c 强制猥亵的被害人年龄和加害人年龄

资料来源:根据松本严等人的调查制作该表

被害人的年龄	加害人的年龄	
	17 岁以下	18 岁以上
14 岁以下(N = 50)	26(52.0%)	24(48.0%)
15 岁以上(N = 62)	19(30.7%)	43(69.3%)

① [日]松本严、小宫山要、平原孝雄:《强制猥亵的加害人和被害人的关系》,载《科学警察研究所报告(防盗少年篇)》1972 年第 13 卷第 2 号。这份报告收录在[日]宫泽浩一编:《犯罪和被害人》1979 年第 3 卷,第 153 - 173 页。

15 岁以上的被害人大多受到 18 岁以上加害人的侵害，而 14 岁以下的被害人则大多受到 17 岁以下加害人的侵害。虽然还没有对组合进行详细分析，但可以推测出整体趋势是，被害人遭受年长几岁的加害人的侵害。

在性犯罪中加害人是未成年人的，有些因经验较少，犯罪形态显得比较简单/单一。秋江孝吉对家庭法院处理的少年保护案件中性犯罪的加害少年进行了分析。① 该分析如表 13. d 所示，可以看出加害人是少年中学生还是其他社会人，其犯罪形态是有差异的。

该调查的对象包括 1963 年札幌家庭法院岩见泽分院管辖的共计 59 件少年案件，其中强奸案件 46 件，强奸未遂案件 2 件、强制猥亵案件 11 件。该调查在一般少年案件中抽取 26 件作为对照组与上述案件进行对比。另外，实验组包括 31 名中学生的“中学生组”，和由 5 名高中生、14 名已工作少年和 9 名无业少年共 28 人组成的“社会人组”。

从这个分析来看，中学生组的犯罪形态基本都是“在通行中的某个地方”或者“会见之后将对方带入”，而社会人组则是使用各种各样的手段。

表 13. d　从加害少年分类看性犯罪的被害情况 334

资料来源：秋江孝吉 1966 年调查第 98 – 99 页

方法	中学生		社会人等	
在通行中的某个地方	19	61.3%	10	35.7%
会面后将其强行带走	11	35.3%	5	17.9%
从被害人家中骗出来	1	3.2%	6	21.4%
与被害人交朋友时	0	0.0%	4	14.3%
在洗浴回家途中	0	0.0%	3	10.7%
总计	31	100%	28	100%

① ［日］秋江孝吉：《少年保护案件中的性犯罪研究》，载家庭法院调查官研修所《调研纪要》1966 年第 9 号，第 87 – 110 页。

七、性暴力犯罪被害的时间和地点

研究人员经常提及强奸被害容易发生的季节，但这根据地区的不同而有所差异。法务综合研究所的重森幸雄发现，强奸被害的月份分布存在地区差异。① 该调查对东京都、宇都宫市、熊本县、山形县四个地方的检察厅在 1964 年 7 月 1 日以来一年受理的案件进行了分析。② 分析对象包括，东京 153 人、宇都宫 184 人、熊本 201 人、山形 88 人，共计 626 人。

该调查结果如表 13. e 所示，虽然案件主要集中在夏天，但也可以看到地区的差异。重森幸雄解释说，这种差异是受“地方气候的影响”。

该分析显示，在南方的熊本县，12 月和 1 月这 2 个月，发案率为 1
335 年的占 20.8%，而夏天的 8 月也很多，呈现两极分化。在有雪国美称的山形县，冬季的强奸案极少。而在东京，5—6 月和 8—9 月的发案率差不多。

表 13. e　强奸被害的月分布

资料来源：重森幸雄：《强奸罪的被害人特性》载《法综研纪要》（1966）第 8 表

检察厅	东京都	宇都宫市	熊本县	山形县
1 月	4.6%	9.8%	11.4%	2.3%
2 月	5.9	7.1	6.5	9.1
3 月	4.6	4.3	2.5	3.4

① ［日］重森幸雄：《强奸罪被害人的特征》，载《法务综合研究所研究部纪要》1966 年。该论文收录在［日］宫泽浩一：《犯罪被害人》，成文堂 1970 年版，第 125－159 页。

② 重森幸雄的研究地区包括东京、宇都宫、熊本、山县发生的案件，东京是全国的中心，发案数量较多，其他情况的调查的意义不大（但因数量多，对 1/3 进行抽样），宇都宫的强奸罪发生率是全国第一位；山县代表东北地区，发案率在全国排第 9 位；熊本代表九州，发案率在全国第 10 位。

续表

检察厅	东京都	宇都宫市	熊本县	山形县
4 月	7.8	8.7	4.9	2.3
5 月	13.1	6.5	8.9	2.3
6 月	10.5	7.1	8.5	11.4
7 月	5.2	9.2	9.9	14.8
8 月	11.1	12.5	15.9	19.3
9 月	15.7	13.6	8.5	5.7
10 月	5.2	5.4	7.5	15.9
11 月	7.2	8.7	7.0	9.1
12 月	9.2	7.1	9.4	4.5

* 超过 10% 的月份用涂黑显示。

强奸和强制猥亵实施的场所和犯人特征是不同的。特别是在强奸案中，在室内遭受被害情况是，1985 年多达 75.2%（强制猥亵为 38.4%），从而导致有人产生偏见，认为“这可能是双方同意的”。

图 13.b 显示了 1990 年警视厅辖区内对未满 13 岁幼女强制猥亵的发案时间。被害时间主要集中在小学生放学后的下午 1 时到 6 时在附近地区玩耍的时间段。根据这个分析，被害的高峰时间段在下午 4 时左右（共 26 件），其次是 2 时左右（共 20 件）。这些数据让人强烈认识到学校和家长互相合作的必要性。

关于高中生的被害，有些调查研究分析了男女的差异。法务综合研究所以 1966 年 10 月 10 日在籍高中生为对象，从全国 47 所学校采用了分层随机抽样，获得了 27,093 人的回答。[①]

---

① ［日］桥本重三郎等：《关于高中生被害的研究》，载《法务综合研究所研究部纪要》1968 年第 1 分册。

336 **图 13.b　不同时间段 13 岁以下儿童被强制猥亵的情况**

资料来源:1990 年警视厅资料

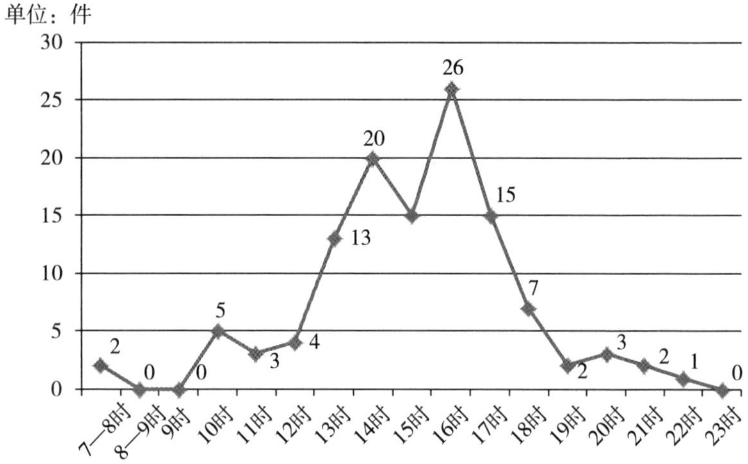

从调查结果中的男女差异来看,男性更容易被害的犯罪是财产犯罪(男性 67.5%,女性 22.8%)和暴力犯罪(男性 68.4%,女性 11.9%);女性更容易被害的是风俗犯罪(女性 117.1%,男性 10.2%)和轻犯罪(女性 42.6%,男性 20.2%)。不过,这个问卷是多选项回答,如果加上所有的被害,比例为男性 171.2%,女性 197.8%。

从该调查结果看具体的被害方式,按数量顺序如下:第一,被故意用手和身体触碰(32.9%);第二,被使用下流语言调戏(28.2%);第三,钱物被偷窃(22.7%);第四,受到威胁(21.6%);第五,被盯梢(11.4%);第六,钱物被敲诈(11.2%);第七,被殴打(10.4%);第八,被强迫交朋友(7.8%)。

关于美国的强奸和性暴力情况,1994 年美国犯罪被害调查(NCVS)(p. xii)对美国的强奸和性暴力现状进行了如下分析:

1. 被害时间段占比:上午 6 时到下午 6 时为 31%,下午 6 时到深夜 0 时为 37%,深夜到上午 6 时为 32%。

2. 犯罪地点占比:在被害人家附近为 37%,在朋友、熟人、邻居等家中为21%，在商店附近为7%，在停车场为6%，学校为3%，在被害人家周边以外的道路为8%，其他为17%。

3.被害前被害人的行动占比：工作中或者上班途中为8%，上学 337
途中为5%，在家中工作为38%，购物中为2%，休闲为32%，旅行为6%，其他8%。

4.离被害人家的距离占比：被害人家为34%，被害人家附近为10%，被害人家1英里以内为12%，5英里以内为14%，50英里以内为23%，超过50英里的为6%。

5.使用凶器情况占比：没有使用凶器的为84%，使用手枪等为6%，使用其他凶器的为10%。

对于日本的强奸、强制猥亵的被害地点的分析见表13.f。该表显示，强奸被害数量的顺序是：住宅（47.3%）、酒店（13.3%）；强制猥亵的顺序是：路上（42.9%）、住宅（24.2%）。

表13.f　强奸、强制猥亵的报案案件的发生地点

资料来源：2011年版《犯罪白皮书》第14页

	住宅	旅店	交通工具	其他交通工具	路上	停车场	公园	其他
强奸 26,547	610	171	5	57	120	94	73	159
	47.3%	13.3%	0.4%	4.4%	9.3%	7.3%	5.7%	12.3%
强制猥亵 29,593	1701	260	403	74	3013	484	255	837
	24.2%	3.7%	5.7%	1.1%	42.9%	6.9%	3.6%	11.9%

＊“旅店”包括，一般宾馆、旅馆、汽车旅馆、情人旅馆、卡拉ok包房、饮食店。

＊“交通工具”包括，火车、飞机、船舶、汽车、铁路设施、机场、海港等公共交通工具；“其他交通工具”包括，私家车、营运汽车、出租车等。

关于强奸的发生场所，警视厅1990年分析的资料如表13.g所示。这份数据多少有些陈旧，而且局限在东京都内，不过这个趋势现在也还没有变化。从数据中可以看出，大多数的强奸都发生在室内，主要集中在公寓等公共住宅。也有发生在汽车旅馆、汽车内等地方。

表 13.g 强奸案的发生场所

资料来源:1990 年警视厅资料

发生场所		件数和比例
室内 151 件(79.1%)	集体住宅	118 件(61.8%)
	一般住宅	12 件(6.3%)
	汽车旅馆	10 件(5.2%)
	其他	11 件(5.8%)
室外 40 件(20.9%)	路上	10 件(5.2%)
	公园或空地	6 件(3.1%)
	汽车内	5 件(2.6%)
	其他	19 件(10.0%)

* 对 1990 年在警视厅辖区内发生的 625 起案件的分析。

法务综合研究所的杉原弘子等人,在 1976 年对东京、水户、札幌等 10 个检察厅处理的强奸案 424 人进行了分析。[①] 分析显示,加害人和被害人的年龄差大约为 10 岁。也就是说,18 岁以下被害人和
338 24 岁以下加害人的组合率为 45.7%,19 岁至 29 岁被害人和 30 多岁加害人的组合率为 90.2%,30 多岁被害人和 40 多岁加害人的组合率为 35.0%。

八、遭受熟人的性暴力被害

现在世界各国普遍认为,性犯罪多数发生在熟人之间(包括夫妻之间、恋人之间)。日本曾经有一种偏见,认为熟人间的性行为不能认定为强奸、强制猥亵。但是,即使是熟人间发生的性行为,如果无视对方的意愿,当然也是犯罪,这种意识已成为世界各国的共识,这一点在统计等方面也能体现出来。

---

① [日]杉原弘子等:《强奸犯罪人的实态》,载《法务综合研究所研究部纪要(刑事政策研究)》1978 年第 21 号,第141 - 156 页。

图 13.c 显示了 2012 年日本查获的 1023 起强奸案,被害人与加害人的关系。在日本,陌生关系中的被害人超过一半,而熟人朋友关系(27.9%)和单位工作关系(6.0%)中的被害人,共占整体被害人的 1/5。

图 13.c　日本的强奸案件的熟人关系 339

资料来源:2013 年版《犯罪被害人白皮书》第 268－269 页

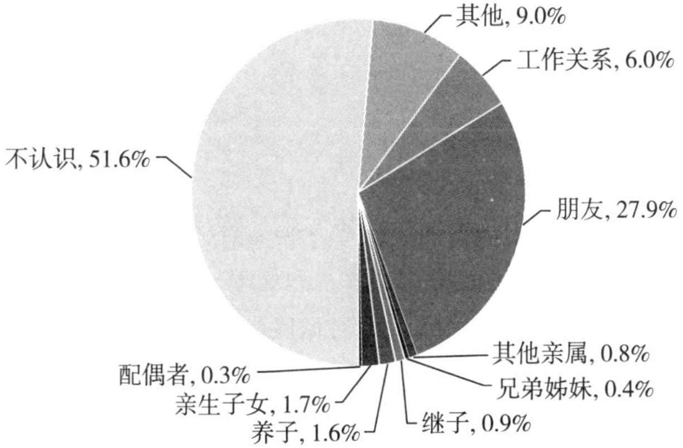

根据 1994 年美国犯罪被害调查(NCVS),强奸(包括未遂)案件中加害人和被害人的熟人关系如表 13.h 所示。

表 13.h　美国强奸的案件熟人关系

资料来源:Criminal Victimization in the United States,1994,p.13

	强奸·性暴力	全部暴力犯罪
亲属	11%	9%
非常熟悉的人	35%	23%
一般认识	21%	15%
陌生人	33%	53%

强奸多数发生在熟人之间,但因性暴力被害的内容不同,认识率

也有差异。性暴力被害研究会于1995年进行的调查显示，在被害人与性暴力加害人的关系中，“陌生人”为68.2%。该研究会列举的性暴力被害包括：“不情愿但身体被触碰”“被强行拥抱”“被强行接吻”“被强行触摸性器官”“被强奸或未遂”等，这里还包括所谓的“色狼”。在该项调查中，从强奸的65名被害人情况看，“陌生人”所占
340 比例为12.3%是最少的，反而“仅仅是朋友”为24.6%，“朋友或恋人”为21.5%，“亲戚等”为20.0%，由此可见加害人多数是认识的人。

九、集体实施的性暴力犯罪

强奸和强制猥亵有时会由集体实施。特别是在发生战争或纷争的情况下，这种可能性更大。最著名的是1991—2000年南斯拉夫内战中进行的大屠杀和集体强奸。另据联合国的报告书显示，1994年卢旺达内战时，有100多万人被屠杀，并反复发生集体强奸，因强奸而出生了很多孩子。①

2001年12月，以日本早稻田大学的超级自由组织实施的集体强奸案②为契机，社会各界对集体强奸问题的批评日益高涨，2004年12月8日通过《部分修改刑法的法律》（法律156号），新增设了刑法第178条之二（集体强奸罪），并于2005年1月1日施行。集体强奸罪的刑罚是“4年以上20年以下”。

---

① 参见联合国人权委员会1996年报告书 U. N. Human Rights Commission Report。

② 早稻田大学超强自由集团强奸案件是，前早稻田大学学生W（当时31岁）等学生活动社团成员，在东京都丰岛区住宅兼办公室，集体将醉酒的女性强奸”，2003年4月和5月也发生了类似案件。14人被起诉，被判有罪。主犯W被判处14年有期徒刑（量刑建议是法定最高刑15年），共犯K被判处有期徒刑10年。W等人分别向二审法院和最高法院提起上诉，2004年11月1日最高法院驳回上诉，判决生效。新增设集体强奸罪之后，2005年12月23日，京都大学的美式足球部俱乐部“gangstars”也发生了3名球员将2名女学生灌醉后强奸的案件。

在2004年刑法修改以前，强奸罪（旧《刑法》第177条）的刑罚是“2年以上15年以下”，但2004年修正后，在新增加集体强奸罪的同时，强奸罪（第177条）的刑罚提高到“3年以上20年以下”，强奸及准强奸致死伤罪（《刑法》第181条第2款）的法定刑是“无期或者5年以上20年以下有期徒刑”，集体强奸致死伤罪（《刑法》第181条第3款，新增）的法定刑是“无期或者6年以上20年以下有期徒刑”等，性犯罪的法定刑幅度从整体上被提高了。

对于强奸和轮奸，有人认为这只是行为人的单数和复数的问题，
但两者在接近被害人的方法方面有些不同。山冈一信等人对1966
年以前警视厅辖区内被逮捕的1463名性犯罪加害人和1138名被害 341
人进行了分析研究。① 其中，强奸案的加害人和被害人都是288人；
轮奸案的加害人是463人，被害人是194人。该研究对于加害人是
如何诱骗被害人这一问题，比较了强奸和轮奸的差异，如表13.i所
示。

表13.i 轮奸的接近方法与强奸相比较

资料来源：山冈一信等，载《科学警察研究所报告》第11卷第4号

方法	轮奸	强奸
把被害人引诱到犯罪人的房间和家里	35(7.6%)	47(16.3%)
把被害人引诱进旅馆等	146(31.5%)	43(14.9%)
乘被害人来访之机	0 (0%)	3(1.0%)
在犯罪地点的建筑物内偶然相遇	11(2.4%)	7(2.4%)
侵入被害人的房间、工作场所	26(5.6%)	91(31.6%)
把被害人引诱到犯罪人驾驶的汽车里	135(29.2%)	28(9.7%)

① ［日］山冈一信：《性动机引发的犯罪及其特征》，载《科学警察研究所报告》1970年第11卷第4号。该论文收录在［日］宫泽浩一编：《犯罪和被害人》1971年第2卷，第109－130页。

续表

方法	轮奸	强奸
在路上偶然相遇后或跟踪尾随后	9(1.9%)	38(13.2%)
甜言蜜语说“送你回家”却骗到犯罪现场	40(8.6%)	21(7.3%)
口头或用凶器等进行威胁	48(10.4%)	7(2.4%)
在犯罪地点的户外偶然相遇	13(2.8%)	3(1.0%)
合计	463(100%)	288(100%)

如表13.i所示,单独犯的强奸是“一对一”实施的,因此犯罪现场多数在加害人或被害人的家里,在被害人的房间占31.6%,在加害人的房间占16.3%,两者合计起来显示,犯罪场所近半数是在被害人或加害人的房间。其次的地点是旅馆等住宿设施,很多案件都发生在室内。

而轮奸多发生在旅馆(31.5%)或汽车内(29.2%),如果加上其他引诱情况,约有8成的案件是被引诱到犯罪场所的。比起在路上或公园等地突然袭击的犯罪,诱导型犯罪更多,这也是预防性犯罪被害考虑的重要论点。

342

十、性犯罪被害人的应激障碍

强奸、强制猥亵等性犯罪的被害人受到的打击,特别是遭受的心灵创伤,在全世界有很多数据。从某种意义上说,性犯罪的被害人与亲人被杀害的遗属一样,都是思考被害人对策的典型事例。

关于日本的现状,内山绚子的一系列研究值得关注。[①] 该调查针对1997年10月到1998年1月末,全国警方处理的703起强奸及强

---

① ［日］内山绚子:《性犯罪被害人的状况(1)——以性犯罪被害人调查为基础》,载《警察学论集》2000年第53卷第3号,第76–98页;［日］内山绚子:《性犯罪被害人的状况(2)——以性犯罪被害人调查为基础》,载《警察学论集》2000年第53卷第4号,第146–156页。

制猥亵案件,收到了 204 名被害人(占 29%)的问卷。接受调查的被害人原则上为年满 18 岁以上成年人。

关于被害时的伤害如表 13.j 所示。

表 13.j　强奸和强制猥亵的被害人在被害时遭受的伤害

资料来源:1998 年内山绚子的调查数据

	强奸	强制猥亵
1. 非常恐怖	① 87.3%	② 78.2%
2. 受到打击	② 73.6%	① 80.5%
3. 感觉如果不听话就会被杀	③ 70.9%	⑦ 19.5%
4. 完全不知道对方将会做什么	④ 57.3%	③ 44.8%
5. 不知道如何是好	⑤ 53.6%	④ 41.4%
6. 感觉受到屈辱	⑥ 49.1%	⑤ 35.6%
7. 不知今后会怎么样	⑦ 47.3%	⑥ 34.5%

在整体上,强奸的被害人遭受的伤害要比强制猥亵的被害人多,但受到伤害程度较高的前几位情况却几乎相同,唯一不同的是“对死
亡的恐惧”。强奸被害人产生“如果不听话就会被杀”这种强烈恐惧 343
感的人占 7 成,非常多。

该调查还听取了被害人在被害时的心理痛苦。调查列举了的 34 个心理痛苦项目,并要求对符合的内容中选项。回答较多的项目如表 13.k 所示。

表 13.k　强奸和强制猥亵的被害人的心理痛苦

资料来源:1998 年内山绚子的调查数据

	强奸	强制猥亵
1. 担心会再次见到犯人	① 80.0%	② 74.7%
2. 陷入苦思冥想	② 79.1%	④ 62.1%
3. 案件场景重现	③ 77.3%	③ 70.1%

续表

	强奸	强制猥亵
4. 一想起来就觉得很痛苦	④ 76.4%	⑦ 46.0%
5. 不愿意去想	⑤ 69.1%	⑥ 52.9%
6. 情绪低落	⑥ 68.2%	⑩ 37.9%
7. 一个人待着就感到害怕	⑥ 68.2%	⑧ 42.5%
8. 希望有人在身边陪伴	⑧ 65.5%	⑨ 39.1%
9. 避免想起的特定物品和场所	⑨ 60.9%	⑤ 57.5%
10. 自责为什么自己会被害	⑩ 60.0%	① 75.9%

对案件后的生活造成的心理影响，与案发时的打击一样，强奸被害人比强制猥亵被害人更大。特别是强奸被害人，在案发时的恐惧影响到此后的生活，他们很担心再次见到犯人。而在强制猥亵的被害人中，有很多人对自己为什么会被盯上感到不安。

十一、性暴力犯罪的被害人容易起诉的制度

由于强奸和强制猥亵的被害人保持沉默而不起诉，因此这类案件的黑数非常多。其原因主要有犯罪成立要件太苛刻、社会对被害人的偏见根深蒂固、警方和检察机关在应对被害人方面存在很多问题等。

344 为改善这种状况，在世界范围内开始对法律进行调整。日本在2000年5月根据刑事诉讼法的修改，完善了一系列制度，如被害人作为证人提供证言时和被告人之间用物品进行隔挡（《刑事诉讼法》第157条之3第1款）、与旁听人之间用物品进行隔挡（《刑事诉讼法》第157条之3第2款）、用视频链接在其他地方进行询问（《刑事诉讼法》第157条之4）等。同时，日本通过修改法律，规定强奸罪（《刑法》第177条）、强制猥亵罪（《刑法》第176条）、强制猥亵·准强奸罪（《刑法》第178条）、营利目的的绑架罪（《刑法》第225条）、引渡

被拐取者罪(《刑法》第227条)及上述犯罪的未遂罪,起诉期限不适用告诉期间(《刑事诉讼法》第235条)。

关于对性犯罪被害人容易起诉的制度如何进行改革,诸泽英道在2009年10月对东京都内几所大学的法学院学生共329人进行了调查。其结果如表13.1所示。

表13.1　法学院学生对性犯罪被害人保护对策的认识

调查的内容	实际人数	支持率
对性犯罪原则上不公开审理	147	44.7%
从犯罪构成要件中删除“暴力或胁迫”	133	40.4%
如果被害人提出要求,可以不作为裁判员裁判的对象	119	36.2%
对警察和检察人员进行教育	105	31.9%
要求媒体保护隐私	98	29.8%
利用屏蔽物、提高视频链接等设备	56	17.0%
原则上不公开被害人特定事项(《刑事诉讼法》第290条)	49	14.9%
在审判中彻底保护被害人	47	14.3%
举国上下致力于预防二次被害	28	8.5%
合计	329	100%

该项调查结果显示,有相当多的法学院学生认为应当修改法律、改革审判方式。

十二、性骚扰的被害 345

对于性骚扰的被害,根深蒂固的传统观念认为被害人在服装和

举止方面存在问题。警视厅防犯课1965年出台的资料,[1]对遭受性骚扰被害的该名女性进行了如下分析:

1.被害人的体型:微胖22人(占42%)、中等肥胖16人(占30%)、肥胖9人(占17%)、瘦型6人(占11%)。

2.被害人的印象:有肉感的18人(占34%)、有魅力的6人(占11%)、花枝招展的6人(占11%)、其他23人(占44%)。

3.被害人的脸形:圆脸42人(占79%)、长脸10人(占19%)、方脸1人(占2%)。

4.化妆:淡妆21人(占40%)、浓妆18人(占33%)、特浓妆8人(占16%)、没化妆6人(占11%)、涂眼影18人(占33%)、用眼线12人(占22%)、涂睫毛膏3人(占5%)、其他20人(占38%)。

对于这份资料,宫泽浩一指出,“说白了,被色狼盯上进行性恶作剧的被害人,可以说是有某种形式的疏漏和疏忽”。[2] 但是,现在的被害人学者几乎不把这些被害人的体型和化妆的类型与被害联系起来考虑。

346 对于火车内的性骚扰犯罪,日本许多都道府县制定了预防骚扰条例。[3] 例如,东京都的《关于防止明显扰乱公众的暴力不良行为的条例》(1962年10月11日东京都条例第103号)第5条规定,“任何人,无正当理由,不得实施下列显著侮辱他人,化妆引起他人不安的行为”。该条其1项规定“在公共场所或公共交通工具从衣物上或直

① 关于色狼的被害,参见警视厅防范课1965年印刷的资料《季节和色狼》《夏季服饰与色狼》等。另外参见[日]内山绚子:《性犯罪被害状况调查——以性犯罪被害人为基础》,载《警察学论集》2000年第53卷第3号及第4号。

② [日]宫泽浩一:《被害人学基础理论》,世界书院1966年版,第272页。宫泽浩一在该书第274页指出,“腰肢招展,扭扭捏捏,身着包臀短裙,吊带乳罩,尼龙丝袜,披肩长发或黄毛染发,衣着鲜艳而单薄,浓妆艳抹,说话娇滴滴,软绵绵,给人一种神经质的感觉,没有任何知识女性的素质,仅从外在表情就可以推测出这些人可能是猥琐犯罪的潜在被害人”。

③ 关于防止骚扰条例,参见第十五章“骚扰被害”和第二十三章“被害人的名誉和隐私权”。

接接触他人的身体的”；第 3 项规定，“在公共场所或公共交通工具上，对他人有下流的言行”，处 6 月以下有期徒刑或 50 万元以下罚金。

第 1 项是关于性骚扰行为的规定。性骚扰行为，一般是被“禁止的下流行为”，但东京都条例中的表述是“禁止粗野的行为（恶势力行为等）”。[1]

性骚扰行为通常是以违反防止滋扰行为条例而被查获的，而以强制猥亵罪被查获的情况较少。2014 年因违反防止滋扰行为条例被查获的色狼案件有 3439 起，同年在火车内犯强制猥亵罪被举报的是 283 起。[2] 性骚扰和偷拍一样，都是再犯率很高的犯罪。因强制猥亵罪被判刑后 5 年内再犯的人数占 45.8%，这个比例是非常高的。[3]

各都道府县的防止滋扰行为条例中规定的“下流行为等”并没有统一的定义，但通常表述为“性骚扰”“偷窥”“拍摄下身”“透视窥视”“透视摄影”“窥视通常不穿着衣服的场所”等。因此，该数据是被各都道府县警察本部判定为色狼的案件的合计件数。

与犯罪相关的国际比较研究日本委员会，在 1989 年 10 月对全国 3000 名成年男女的被害经历进行了调查，在 2411 名有效回答中， 347
没有一个人回答遭受了强奸被害。[4] 但是，在这个调查中，回答有过“性骚扰”被害的人为 13 人，根据这个数字推算犯罪的应有量，这一年的“性骚扰”案件应该有 648，406 件。

性骚扰的被害人不仅是女性。1994 年美国联邦司法部的资料显

---

① 禁止在公共场所实施下流行为，但有一些县对性骚扰却没有明确规定，如宫城、群马、千叶、静冈、兵库、冈山、高知、爱媛、宫崎、鹿儿岛、冲绳。新潟县对粗野行为没有禁止性规定，但禁止“性骚扰行为”。另外，福井、山梨、京都、大阪详细规定了卑鄙下流行为的要件。

② 2015 年版《犯罪白皮书》，第 215 页。

③ 2015 年版《犯罪白皮书》，第 249 页。

④ 有关犯罪的国际比较研究日本委员会：《关于犯罪的被害人发生情况的调查报告》，载《法学家（ジュリスト）》1990 年第 1 卷第 1 号，第 24 页。

示，在美国，18 岁以下的被害人中，遭受过一次以上的性骚扰被害的，每 4 名女性中就有 1 人、每 7 名男性中有 1 人。

十三、偷拍的被害

偷拍和性骚扰一样，也是再犯率较高的犯罪。2014 年各都道府县警察查获的偷拍案件有 3265 件。[①]

偷拍行为被规定在各都道府县的防止滋扰行为条例中。例如，前面提到的东京都的《防止滋扰行为条例》（1962 年 10 月 11 日东京都条例第 103 号）第 5 条第 2 项规定，“在公用厕所、公共浴池、公众更衣室及其他公众通常不穿着全部或部分衣服的场所，或在公共场所、公共交通工具中，使用相机或其他设备拍摄他人通常用衣服掩盖的下身或者身体，或者以摄影为目的将相机或其他设备面对或设置他人通常用衣服掩盖的下身或身体的”，处 6 个月以下拘留或 50 万元以下罚金。

有很多地方条例把偷拍认定为被禁止的“下流行为”，但东京都的条例却将偷拍认定为被禁止的“粗野行为（恶势力行为等）”中。不过，这些条例的制定是有问题的。这类条例对滋扰公众的行为只限定为公共场所的偷拍，而不包括在单间等秘密场所的偷拍行为。不特定人使用的厕所、浴场、更衣室等是规制的对象，但如果在个人住宅、私家车、诊察室、手术室、酒店单间等场所进行偷拍，是否也属于在公共场所偷拍，是存在争议的。

348 图 13. d 分析了 2012 年被查获的 2408 件偷拍案件所在的场所。

经常被偷拍的场所，主要是商业设施、车站楼梯和自动扶梯，一般认为在电车内、巴士内并不多。商业设施包括百货商店、便利店、精品店等各种店铺，顾客常常在聚精会神购物期间被偷拍。书店、录像光盘商店虽然也是商业设施，但这个统计是分开的。这些店铺有

---

① 2015 年版《犯罪白皮书》，第 215 页。

着独特的氛围,被偷拍的可能性也很高。以前人们认为的偷窥和偷拍场所的公共厕所和公共浴场,案件却意外地少。

图 13.d　被查获偷拍的犯罪场所

资料来源:2013 年版《警察白皮书》第 41 页

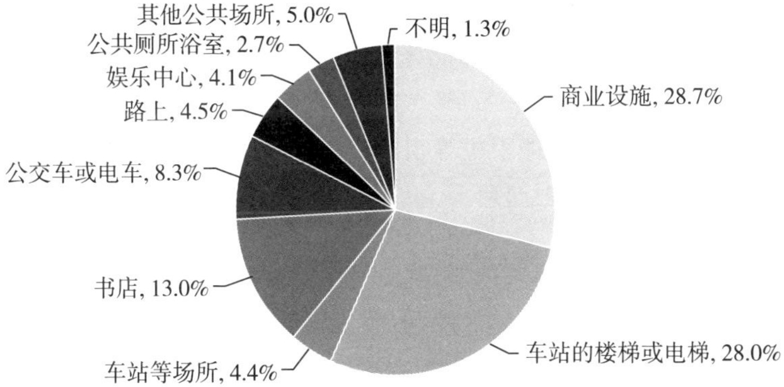

图 13.e　被查获的偷拍的犯罪行为时间

资料来源:2013 年版《警察白皮书》第 41 页

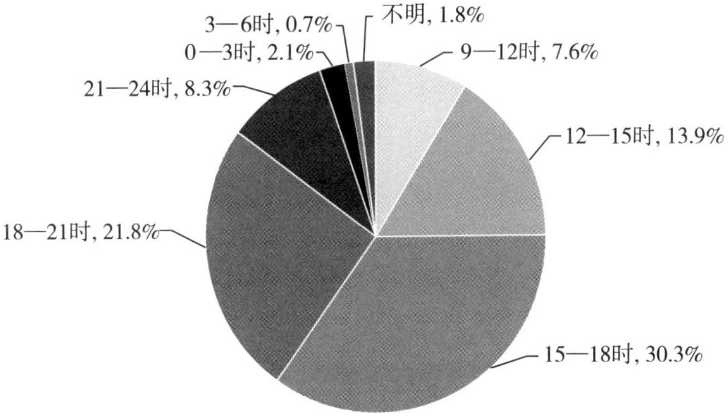

图 13.e 显示了 2012 年因偷拍被查获的 2408 起犯罪案件的时 349
间。从其中可知,经常进行偷拍的时间段是下午 3 时到 6 时,在这一时间段人们活动是最多的。这个时间段是初高中学生回家的时间,是家庭主妇等人购物的时间,也是推销人员移动的时间。紧随其后

的时间段是下午 6 时到 9 时,这是很多人匆忙回家的时间,也是喜欢社交的人士的活动时间。如果把上述时间段加在一起(下午 3 时到 9 时的时间段),也达到了偷拍案件的一半。与在日落之后经常发生的强奸、强制猥亵、色情狂不同,偷拍可以说是发生在白天的犯罪。

用于偷拍的设备中,智能手机(792 件,32.9%)、相机手机(718 件,29.8%)占多数,两项加起来超过 6 成。而数码相机(353 件,14.7%)、摄像机(134 件,5.6%)、小型相机(263 件,10.9%)等则出乎意料地少。虽然智能手机等相机功能有所提高,但使用智能手机进行偷拍,多数是临时起意。

第十四章

虐待被害

Victimization by Abuse

一、虐待的含义

“虐待”(abuse)一词源自“ab”(非正常)+“use”(使用),意指非正常使用,即滥用。①

虐待包括对人的虐待和对物的虐待,人与人之间关系的虐待意味着自私、任性、恶意地利用立场或地位,作出不利于对方的事情;关于对物的虐待,因本来目的的不同,其手段或使用方法也有所差异。无论哪一种虐待,都是使用背离其本来的目的而使用错误的方法和手段。

虐待有下列三种类型。

1. 滥用权力

滥用力量(abuse of power)、滥用人权(abuse of human rights)、滥用权力(abuse ofauthority)、滥用特权(abuse of privileges)。

---

① Collins Cobuild(1987). English Language Dictionary, London, p. 6. 该文对 abuse 的解释:(1)足以使人感到愤怒的带有侮辱性(offensive)、不友好(unkind)的无礼(rude)方式;(2)对待人,冷酷无情(cruel)而带有暴力倾向(violent)(如虐待、强迫劳役等);(3)对待物,以错误的方法和错误的目的而使用(如药物的滥用);(4)以错误的方法和错误的目的利用优势立场(如滥用职权)。

2. 滥用立场，恶意使用人际关系，进行虐待和压榨

虐待儿童（child abuse）、虐待老人（elderly abuse）、性虐待（sexual abuse）。

3. 对物品的滥用、恶用、误用

毒品中毒（narcotic drug abuse）、药物滥用（substance abuse）。

351 日语中所说的“虐待儿童”“虐待老人”，在解释上包括无视对方的冷落、疏于看护，[1]在英语文献中，时常表述为“疏于看管、无视”（neglect）和滥用（abuse），但滥用中不包括无视。

人际关系中的虐待是处于政治上、经济上、社会上、身份上有力量或地位的人对于没有该地位的人实施的。这种关系表现为国家与国家、当权者与平民、公务员与市民、大企业与中小企业等的关系，此外还有上司与部下、教主与信徒、父母与子女、老师与学生、师父与徒弟等各种关系。其中，在政治上、经济上有能力的人对没有能力的人滥用力量，称为狭义的滥用权力；而其他的社会、身份关系中的滥用力量，称为广义的滥用权力。

二、狭义的滥用权力

具有权力或力量（power）的人（不仅包括人，还包括组织和国家）对没有权力和力量的人，滥用权力给对方带来不利的行为就是非正常使用权力（ abuse of power）。“Abuse of power”可以被翻译为滥用力量、滥用权限、滥用权力等。

1985 年联合国通过的《联合国被害人人权宣言》中，共有四条有关滥用权力的条文。该宣言第 18 条规定，“滥用权力的被害人是指，因作为或者不作为而在身体、精神、感情上遭受痛苦，在经济上遭受损失，或基本人权遭受，重大侵害的个人或集体，该作为或者不作为

---

① 《儿童虐待防止法》第 2 条规定，明显减少食物、明显长时间放置不管或怠于监护的行为也定义为虐待行为。

即使在刑法上不属于犯罪，但违反国际社会承认的基本人权标准即可”。[1] 滥用权力不仅在国内，在国际上也时有发生。联合国会对滥用国际权力的行为进行制约，其中之一就是国际刑事法院中对“人道 352
主义罪”进行的审判。

对于国内的权力滥用，该宣言第 19 条规定，“各国应考虑将禁止滥用权力并为这类滥用权力的被害人提供救济措施的基准规定在国家法律准则中。特别是，这类救济措施应当包括赔偿（restitution order）和被害人补偿（victin compensation）以及必要的物质、医疗、心理、社会的援助及支援”。

该宣言在 1980—1985 年联合国犯罪预防会议上进行了讨论，认为父母对孩子的虐待（abuse）这类滥用权力应当与刑事犯罪区别开来，因此在该宣言第 18 条特意规定了这样一段话：“该作为或者不作为即使在刑法上不属于犯罪行为（through acts or omissions that do not yet constituteviolations of nationalcriminal laws）”。但是，经过了 30 年，把虐待儿童（child abuse）和虐待老人（elderly abuse）规定为普通犯罪已经成为世界各国的立法趋势。

滥用权力（abuse of power），是具有权力（power）的人滥用（abuse）这种权力侵犯他人人权的行为。滥用权力当初是具有该滥用权力或权限的人实施的行为（狭义的概念），但在更广泛的概念上，这是在各种权力关系（或力量关系）之间发生的行为（广义的概念）。

狭义的滥用权力，是由具有权力或权限的人实施的滥用行为。在很多情况下，发生在行政机构、军队、刑事设施等组织内部，或者发生在公务员（包括警察、检察官、法官）与普通人之间。具有经济权力

① United Nations Office for Drug Control and Crime Prevention（1999）. *Handbook on Justice for Victims*. p. 118；［日］诸泽英道译：《联合国被害人人权宣言相关文献——为被害人的正义》，成文堂 2003 年版，第 4 页。

的机构（联合会、协会、团体等）、各种等级制社会组织（der Hierarchie）①管理组织的上层人士，他们无视下层人士的言行也属于狭义的滥用权力。

战争产生了各种各样滥用权力的被害者。据克罗地亚的塞帕洛
353 维奇（zvonimir paul separovic）介绍，从1900年到1987年全球死于大屠杀（mega murder）的人，约有1.7亿人。② 1991年到1995年在南斯拉夫的战争不仅造成了大量人员死亡，其间发生的士兵有组织实施的强奸也成为严重的问题。③ 此外，暴力政变、集体屠杀、种族隔离等，也是滥用权力的例子。

人们被普通犯罪夺走了生命、被伤害、被抢、财物被毁坏、失去了具体的法律利益，而在滥用权力的犯罪中还会失去人权法益，具体来说包括名誉被毁坏、正常的身心发育被阻断、出现PTSD症状、无法在工作岗位上工作等。

滥用权力的被害中，有各种各样政治的、经济的形态。例如，如果是国家间的力量关系，那么大国用力量压制弱小国家也是滥用权力的行为，在压制方式方面不仅有武力压制，还有以和平解决的名义进行的经济制裁。另外，发达国家的企业进入发展中国家，破坏其经济秩序，使该国的经济实力下降，产生公害等各种问题，被认为是滥用经济力量。④

---

① 等级制度（der Hierarchie）是指金字塔形的阶梯式的组织结构。有时也指天主教教会和东正教等神职人员所支配的结构。英语也称为“hierarchy”。在现代，广义上也指社会系统、企业体系等。

② Separovic, Z. P. (19 97), Victims of War Crimes. The 9th International Symposium on Victimology. p. 3.

③ Antonija Petricusic, Systematic Rape – A Weapon of War in Croatia and Bosnia and Herzegovina.

④ 1985年联合国犯罪预防会议上，在制定犯罪被害人人权宣言的过程中，有人以滥用经济力量为例多次提出批评，其批评指出日本等发达国家向发展中国家进行经济扩张，以经济援助的名义设立当地法人，建立大量生产的工厂，破坏该国环境，扰乱经济秩序。

在国内也有各种滥用权力的现象。政治家利用权力逼迫企业进行捐赠，要求学校允许赞助者的弟子入学，这也是滥用权力的一种表现。另外，警官、检察官、狱警等执法人员无视犯罪嫌疑人和被害人的人权，在审问室、监狱、看守所等场所进行刑讯逼供(torture)，也是滥用权力的行为。

日本《刑法》规定了公务员滥用职权罪(《刑法》第193条)、特别公务员滥用职权罪(《刑法》第194条)、特别公务员暴行虐待罪(《刑法》第195条)、受贿罪(《刑法》第197条)等。

公务员滥用职权罪(《刑法》第193条)，是指公务员滥用其职 354
权，强迫他人履行没有义务的行为或妨碍他人行使权利的行为。在公务员中，还有拥有特殊职权的法官、检察官、警察等涉及几种特别的犯罪：特别公务员滥用职权罪(《刑法》第194条)是担任审判、检察或警察的职务的人员或该职务的辅助人员，滥用职权，逮捕或监禁他人的犯罪；特别公务员暴行虐待罪(《刑法》第195条)是担任审判、检察机关或警察的职务人员或其辅助人员，在执行职务过程中，对被告人、犯罪嫌疑人或者其他人员施加暴行、虐待或加害的犯罪。此外，日本还规定了公务员利用职务便利收受贿赂，即所谓受贿罪(《刑法》第197条)。

滥用权力的被害人很难相信刑事司法机关会通过刑事司法制度追诉这类案件，这也是一个需要研究的问题。在很多国家，都设有专门的受案机关和起诉机关，这些机关配备了经过特别培训的工作人员。重要的问题是，要让被害人知道这些机构的存在，这些机构也要利用全国媒体和地方媒体，把它的存在告诉普通大众。除此之外，滥用权力也可能成为整体司法制度本身的问题，因为这是涉及多个国家之间的因素和国家的问题。被害人有时很难说服检察机关或警方。这些问题是国际性的，需要政府、国际组织和行政机关通过国际关系共同协调解决。

某些滥用权力的根本问题是，犯罪由国家机关实施，警察或司法人员不愿意接受犯罪报案,也不希望对犯罪采取行动。被害人不被视为被害人,而且即使他们参与司法制度,也不能获得自己需要的服务。滥用权力的被害人的需求(鼓励、支援、经济救济等)与滥用权力以外的类似犯罪的被害人的情况相同。

关注滥用权力的组织进行了各种努力,他们认为应当劝说相关行政机关将滥用权力案件与普通案件平等对待,通过有效、公平的侦
355 查作出官方正式的解释。一些机构为了让官僚、普通市民和国际社会对这些问题有所认识,采取了所谓的"公开"(publicity)手段。通过公开的方式可以促使目击者走出来作证,也可以感动被害人,使他们明白自己并非孤立无援。

在某种情况下,非常重要的问题是不让被拘留的被害人处于放任不管的状态。主要的方法是到被害人那里去,确认他们被关在哪里、他们处于什么状况。滥用权力的被害人需要钱、衣服、食物和其他物资,但有时他们可能得不到。有时是由非官方团体及国际团体满足他们的需求。

在各种组织和团体的参与下,对滥用权力的被害人采取了一些有效措施。被害人身边或当地的团体,可以马上了解有关情况,对被害人给予援助;另外,全国组织或国际组织有更多的信息来源,也可以和上属的人员取得联系。这里重要的问题是要在这些组织之间建立起一个联系网络。

南非在上述领域做了很多工作,例如 1995 年制定的《关于促进国家统一及和解的法律》(Promotion of National Unity and Reconciliation Act)规定,应当给予受暴力侵害的被害人表达的机会,为了恢复滥用权力的被害人的人格尊严,应当制定相关对策。

直至现在,历史长河中流传了许多有关滥用权力的事例。有些臭名昭著的人物因恶劣的滥用权力而留下恶名,人们也创作出了不少与滥用权力奋勇抗争的作品。长期坚持抵抗运动的英雄,他们站在劳苦大众一边为了理想而战斗。除此之外,也有极端的有组织抵

抗运动，最终导致国家之间发生纷争。有人为了抵抗强大的滥用权力行为，建立了国际组织和国内组织，也有为了解救苦难民众而结成了多国联盟。

世界上很多国家为了防止、抑制、禁止滥用权力而采取法律裁决 356
措施。这些国家通过现行法律把绝大部分滥用权力的行为都进行有效的限制。但是，一部分国家对滥用权力没有采取正式的制裁措施。因此，跨国企业、政府、军队、医疗机构、警察组织、恐怖组织、宗教团体等，在环境污染、价格操纵、种族灭绝、种族隔离、轰炸平民、医学实验、放置、刑讯逼供、虐待行为等方面，毫无顾忌地行使所谓的权力。[1]即使采取法律制裁措施，当然也不能抑制滥用权力。虽然很多国家都有这样的法律，但严重的滥用权力现象仍然存在。对滥用权力的真正对策不仅是制定法律，而应当是将这些法律真正适用于实际的被害。

众所周知，滥用权力问题的严重性远远超过了一般犯罪。但是，目前还没有对滥用权力的被害内容和规模进行综合性调查。制定新的政策需要获得实际的数据，因而需要基于共同的条件、标准和方法进行综合调查。若要严格遏制滥用权力现象，就不能只停留在口头上，而要直接打破产生滥用权力的意思决定，制订预防滥用权力的计划、政策和法律。

为了根除滥用权力行为，不仅需要修改法律，而且需要重视社会状况的改善，结合世界人权宣言和联合国被害人人权宣言，制订现实的计划，签订有关人类的尊严和尊重人权的公约等。

三、广义的滥用权力

滥用权力不仅发生在政治关系、经济关系中，而且发生在社会关

---

① United Nations Office for Drug Control and Crime Prevention (1999). op. cit. p. 52；[日]诸泽英道译：《联合国被害人人权宣言相关文献——为被害人的正义》，成文堂2003年版，第107页。

系和身份关系中。上层人士和下层人士、强势群体和弱势群体之间，有时也会滥用权力。存在上下权力或者力量对比关系的情况下，处
357 于权力或力量高位的人士如果为所欲为，就是滥用权力。

滥用权力的现象经常发生在父母与子女、教师与学生、师父与徒弟、上司与下属、医生与患者之间。对儿童的虐待（childabuse）、对儿童的近亲相奸（incest）、对儿童的性虐待（sexualabuse）、教师对学生的体罚及不适当的指导、上司对下属的性骚扰等，也是滥用权力的一种。

典型的广义滥用权力包括，有教育权、养育权、抚养权的一方对本应受到保护的另一方为所欲为地行使权力的行为。力量关系不仅发生在制度中的上下关系之间，也发生在事实上的对比关系之中。特别是在精神上，强者对弱者滥用事实上的优势力量，也是滥用权力。在患者与医生、志愿者与人事负责人、指导教授与学生、老人与养老设施职员、身心障碍者与养护设施职员、痴呆症患者的家属与护理者的家属等人群之间，经常也会出现滥用权力的情况。在他们之间，有时会出现滥用其强势的地位，无视对方人权，让对方履行其没有义务的行为。

在教育权、养育权、抚养权的力量关系中，未成年人与负责养育和教育的成年人之间的力量关系具有很大影响。父母仅凭自己的价值观随意养育和教育自己的子女，也被认为是滥用权力的行为。为了培养坚强的孩子，家长不但不劝阻孩子的粗暴行为，反而助长这些行为，这也属于滥用权力的行为。

在父母与子女、教师与学生的关系中，通常具有权力的是父母和教师，但最近也有因子女和学生的力量占据优势而演变成案件的不幸事例。有一起案件是，父亲忍受孩子的暴力，用金属棒将孩子殴打致死（金属棒案件）；另一起案件是，学生上学迟到被老师批评，学生

用刀将这名中学英语教师刺死(黑矶北中学女教师被杀案件)①,这些案件是无法通过力量关系查明案件真相的。

在金属棒案件和黑矶北中学女教师被杀案件中,前者是作为滥用权力被害人的父亲,因殴打致死孩子而成为加害人;后者是,由于学生反抗教师的权力而引发的,结果是向相反的方向发展。这说明,本应以信赖关系、情感关系为基础的父母与子女、教师与学生之间,如果变成力量关系,就会带来不幸的结果。 358

玛立亚·利马·马拉维多对于引人注目的"滥用权力的被害"列举了以下5种情况:②

1. 来自传播媒体的滥用权力;
2. 军队等武装组织实施的滥用权力;
3. 对少数族群的滥用权力;
4. 对移民的滥用权力;
5. 对环境的滥用权力。

不必理会马拉维多的批评,媒体现在已经拥有了强大的能量。在现代社会,新闻、广播、出版等媒体对社会的影响是无法估量的。错误的报道造成巨大伤害是时有发生的。

滥用权力行为之一就是无视《少年法》精神,对加害少年进行报道。图片周刊《焦点》和《周刊新潮》(1997年8月)刊载了神户连环

① 1998年1月28日在栃木县黑矶市的市立黑矶北中学,一年级男生因英语老师K(当26岁)提醒他上课注意听讲,拿出随身携带的蝶泳刀刺伤老师的左胸、背部等处,导致失血死亡。

② Maria. De. La. Luz. Lima Malvido (1997). Victimology and Abuse of Power, p. 9&32.

杀伤案件①的加害人少年照片,《文艺春秋》(1998 年 3 月号)也刊登了该案件的检察官调查“少年 A 犯罪的真相”一文,《新潮 45》(1998 年 3 月号)以实名加照片的方式对于大阪府堺市的杀人案中(堺拦路
359 杀人案)②的 19 岁加害少年,以“幼儿园虐待杀人犯的日常生活”为主题进行了刊登,这些都应当认为是滥用权力,但这里的难题也涉及“国民知情权”与“报道自由”之间的关系问题。

滥用权力的被害人自身很难认定他们就是被害人。滥用权力的本质在于,那些本应站在保护国民立场上的人士实施了滥用行为。因此,被害人的冲击和孤独感会变得特别巨大。关于滥用权力,由国内特定的集团(总部集团、企业等)实施犯罪的情况下,国家和被害人所属的社区应当迅速对该行为发表声明予以谴责,这与用实际手段传达信息具有同样的效果。

严重创伤的影响,不仅在现在而且在将来也是十分严重的。虽然我们都知道激烈的家庭暴力会反复发生,但是最近才认识到更普遍的暴力、死亡、无法无天的状态,会给孩子和整个的未来社会带来重大的影响。有些孩子们被利用为武力斗争的工具,有些是被害人或应该谴责行为的旁观者,对他们的影响也是不可估量的,因此有必要制定适当的对策。

---

① 神户连续杀伤儿童案是一系列杀害儿童案件的总称,如 1997 年 5 月 24 日,神户市须磨区的多井畑小学 6 年儿童(当时 11 岁)被少年 A(当时 14 岁)杀害,将被害儿童头颅和挑战书摆放在友丘中学门前。少年 A 在东北中等少年院和关东医疗少年院等处接受处遇,2004 年 3 月 10 日假释出院。这时,法务省一反常态地向记者开放。法务省就假释出院问题多次向遗属们说明情况,认为即使是少年案件也应该保障被害人、遗属的“知情权”,因此为被害人知情权的原则开辟了道路。

② 堺拦路伤害案。少年(当时 18 岁)于 1998 年 1 月 7 日下午 8 时到 10 时在自家吸食稀释剂,第二天早晨,在该市的上学路上用菜刀砍伤走在上学路上的女高中生(当时 18 岁),致其重伤,女孩母亲(当时 37 岁)前来阻止时也被砍成重伤。由于少年赤裸上身和处于吸食药物状态等原因,精神鉴定得到了重视,2000 年 2 月 24 日大阪地方法院堺分院认定该少年为精神衰弱,判处有期徒刑 18 年。

四、虐待儿童

享有权力(power)的人对没有权力的人,非正常使用权力作出不利于对方的行为即滥用权力(abuse of power),多数发生在家庭关系中,如虐待儿童(child abuse)、性虐待(sexual abuse)、虐待老人(elderabuse)等。这些都是父母、大人、养育者、看护者等拥有权力(职务、权限、权利等)处于强势地位的人对处于弱势的人滥用权力,给对方带来不利影响的行为。父母不教育或养育子女,子女不照顾父母等,在这种家庭的权力关系中会出现各种各样的组合。这些行为有 360
时伴随着暴力,但这些行为实则是滥用权力的一部分,同时是暴力、伤害、胁迫、名誉损害、强制猥亵、强奸等犯罪行为的一部分。

虐待儿童(child abuse)是指,对儿童不正当地行使监护权的行为。这也是滥用权力的一种表现。对孩子来说,监护权应该以适当的方式行使,不能任凭父母为所欲为。因此,虐待儿童往往处于违法与合法之间的灰色地带。例如,父母为了教育子女而拍打孩子或把孩子关进衣帽间的行为,如果是他人进行的,就是违法的、犯罪的,但对于父母来说就不能认为是“违法”。在通常情况下,目的是否适当,该行为是否在适当目的的范围内等,是讨论和判断是否合法与违法的标准。

另外,虐待儿童的行为不包括明显违法的行为(如用鞭子抽打孩子、用刀子刺孩子等行为)。这些行为已经不是虐待,而是暴力犯罪。虐待儿童是突破了古老价值观确立的“法不进家庭”的概念,在认可“法不进家庭”这一社会价值观的时代,“违法(犯罪)”行为中并不包括虐待儿童这一概念。明确将虐待作为犯罪行为恰恰淡化了父母的罪恶感。因此,犯罪行为中出现了虐待这一新概念,而且对虐待的评价是较重的。从这个意义上说,将灰色地带暴露在光天化日之下,对于父母以监护权名义下随意实施的行为,将按照相同的社会规范标准进行重新审视,这才是问题的核心。

儿童在家庭中处于监护者庇护下，行政部门并不能完全掌握全国的儿童是否过着健康、健全的生活。但是，到了学龄期，进入幼儿园、幼儿园、小学等学校的时候，就能看到其中的一部分。根据文部科学省的数据，处于学龄期儿童中，1 年以上不能确认居所的“居所不明儿童”，2013 年度为 705 人这些儿童因为父母迁居、离婚等原因而下落不明。①

361 **图 14.a 警察向儿童咨询所通报的虐待儿童的变化情况**

资料来源：2013 年版《警察白皮书》第 27 页

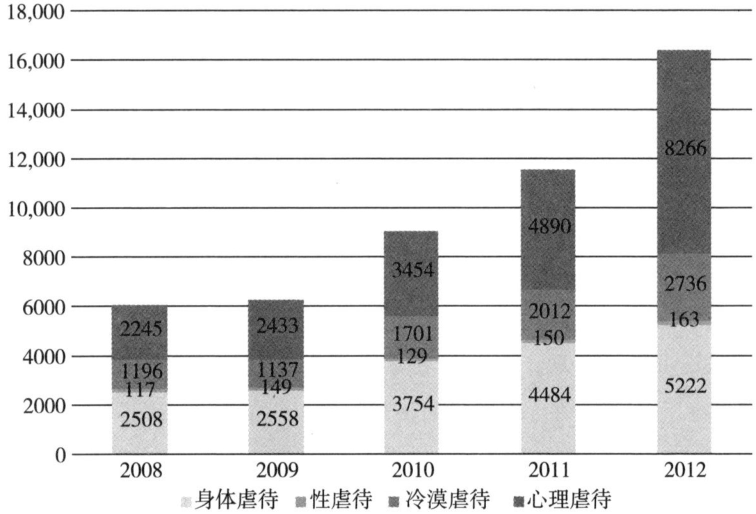

图 14.a 表示警察向儿童咨询所通报虐待儿童案件中的儿童数量变化情况。2008 年通告人数为 6066 人，之后逐年增加：2009 年为 6277 人，2010 年为 9038 人，2011 年为 11，536 人，2012 年为 16，387

① 据《产经新闻》2014 年 5 月 31 日报道，一名男孩在东京厚木市因被虐待致死，7 年后才被发现。2004 年 10 月该男孩 3 岁时在家附近的路上被发现，儿童咨询处怀疑其受到虐待而获得保护，但第二天儿童咨询处以走失儿童名义将其交给了母亲，2008 年 12 月儿童咨询处虽然了解到该儿童没有到小学入学，但并没有采取特别措施。

人。2012 年具体的虐待情况是:身体虐待的有 5222 人、性虐待的有 163 人、冷漠虐待的有 2736 人、心理虐待的有 8266 人。

对儿童的虐待通常是使用暴力,但也有不使用暴力的方法。父母与子女的关系不同于普通市民一样的平等关系,父母处于应该养育和保护子女的地位。通常,父母对孩子没有采取本来应采取的行动,结果就会给孩子造成损伤。

虐待儿童发生的原因在于父母试图用权力支配孩子。孩子如果听父母的话,虐待孩子的事情就会少。但是,如果孩子不听从父母的指示,父母就可能敲打他们,或者把他们关起来,或者不给食物。而 362
且,这种"指示→孩子不服从指示→虐待"链条多数会重复,陷入恶性循环,导致虐待愈演愈烈。

表 14.a 2012 年被查获的虐待儿童案件涉及的罪名

资料来源:2013 年版《警察白皮书》第 27 页

	身体虐待	性虐待	冷漠虐待	心理虐待
杀人(含未遂)	31			
伤害(含致死)	227			
非法(逮捕监禁)拘禁	3			
保护责任者遗弃			8	
暴行	76			
暴力行为等	2			6
重过失致人死伤			1	
强奸		33		
强制猥亵		33		
违反《儿童福祉法》		29		
其他	5	17	1	
合计	344(72.9%)	112(23.7%)	10(2.1%)	6(1.3%)

表14.a显示了2012年因虐待儿童被查获的472起案件是因何种罪名的。如上所述,对于儿童的冷漠虐待和心理虐待并没有受到法律制裁,这是日本法律制度的缺陷。

表14.b显示2013年因虐待儿童被查获的482起案件,加害人涉及的罪名。

加害人是父亲等的案件有371件,占全部案件的77%。其中48.5%(占全部案件的37.3%)是亲生父亲,而加害人是养父、继父的案件为118件,占全部案件的24.5%。另外,加害人是母亲的案件有111件,占全部案件的23.0%。另外,加害人是母亲的案件几乎都是亲生母亲,而由养母、继母、情人的妻子等实施的虐待占比非常少。

363 **表14.b　虐待儿童案件的加害人,与被害人的关系和罪名**

资料来源:2014年版《犯罪白皮书》第198页

加害人	总数	杀人	伤害	暴行	强奸	强制猥亵	保护者遗弃	非法拘禁	其他
亲生父亲	180	7	90(9)	41	7	5	6	1	23
养父继父	118	3	49(0)	18	7	8	1	1	31
姘居之夫	49	0	21(2)	9	6	1	1	1	10
其他男子	24	1	4(0)	2	0	6	0	0	11
亲生母亲	101	21	43(2)	16	1	0	11	1	8
养母继母	6	0	3(0)	2	0	0	1	0	0
姘居之妻	2	0	0 (0)	2	0	0	0	0	0
其他女子	2	0	1(0)	0	0	0	0	0	1
合计	482	32	211(13)	90	21	20	20	4	84

* 伤害栏目中括号内的数字表示伤害致死。

五、教师、教练对学生滥用权力

在学校、补习班、体育教室等场所有时也会发生虐待和暴力。在这些地方存在指导者与学习者之间的关系,可能被恶意利用其所处的地位来滥用权力。

在日本的学校中,教师对学生使用暴力,即所谓的“体罚”至今仍层出不穷。特别是在俱乐部活动中,长时间站立、不让上厕所、强制去球场跑数十周等滥用权力现象仍然持续存在。即使学生们乖乖地听话,但教师专横跋扈的情况也不稀奇。这些情况只要没有被第三者看见,就很难被发现,在这个意义上此类案件与家庭暴力有相似的背景。

体罚是父母或老师以教育的名义对身体施加痛苦的行为。除敲打、薅头发、脚踢等直接造成身体痛苦(疼痛)的行为外,还有长时间罚站、弯腰、不让去厕所等通过限制行动,造成痛苦的间接体罚行为。

体罚没有明确的定义,有的观点认为体罚与暴力、虐待不同,但 364
从体罚不属于“根据法令或正当业务的行为”的角度看,它是违法和犯罪(《刑法》第35条)。长期以来,人们并不把这种行为称为“暴力”,而称为“体罚”。这暗示着对学生做“不应当做的行为”可以给予制裁。对于未造成伤害程度的接触(如用手指捅捅头部、拍拍屁股等),有人认为这不是体罚,而是合法的亲肤育儿。

日本《学校教育法》(1947年法律26号)第11条规定,校长和教师不能用体罚方法惩戒学生。这一规定虽然没有把体罚规定为刑罚,但其明确了因体罚导致学生、儿童受伤的,只要不是无过失,当然要承担民事损害赔偿责任。另外,根据受伤的程度不同,体罚者有时会以刑法上的伤害罪和暴行罪被追诉;造成学生死亡的,会以伤害致死罪等(有时可能构成未必故意的杀人罪)被追诉。

法务省曾就处罚权的界限发布了通告,通告规定殴打、踢踹等侵害身体的行为和长时间保持端坐、站立等特定姿势的行为都是体罚。

此外,在家庭中,父母为了教育孩子,有时会拍打孩子的屁股,有时会按住孩子的身体某个部位,有时会把孩子关在壁橱里,因此教育与体罚的区别变得很模糊。通常,如果行为在适当的范围内,并且对孩子没有带来精神上和肉体上的伤害,就不认为是体罚、虐待或暴力，但在现实生活中，教育和体罚的界限常常是不好区分的。

2008 年 5 月在长野县松本市一间柔道教室里，当时小学 6 年级男生被男教练扔在地上，引发急性硬膜下血肿导致重度残疾。长野地方检察厅决定对男教练不予起诉，但死者家属对此提出不服申请，2013 年 5 月 21 日长野检察审查会作出二次决议，要求进行强制起诉。这是日本第 8 起强制起诉的案件，也是全国首例追究柔道教练刑事责任的案件。在训练过程中发生的案件中，很难证明加害人存在过失，也很少追究教练的刑事责任。

2014 年 4 月 30 日，长野地方法院认定被告人柔道教练构成业务过失致伤罪，被告教练是柔道 4 段运动员，身高 180 厘米、体重 80 千
365 克，初学者儿童的身高 146 厘米、体重 43 千克，该教练用“抓脖领子往空中扔”的方法造成学生负伤，其责任重大，判处其有期徒刑 1 年，缓期 3 年。

据全国柔道事故被害人会（JJAVA）[1]称，从 1983 年到 2013 年的 31 年间，在学校管理的柔道项目中，有 118 名儿童失去了生命，但包括造成残疾的案件在内，至今仍没有被追究刑事责任。此外，在町道场和柔道教室的事故中有被追究刑事责任的事例，2010 年大阪市此花区的一名教练，将小学一年级学生扔出致死，这是日本首次追究教练的刑事责任，判决确定被告人有罪（罚金 100 万日元）。

六、性虐待

性虐待中除成年人对儿童的性虐待、残疾人机构职员实施的性虐待外，还有利用优势地位的性虐待。教师对学生，补习班的老师、体育俱乐部等教练对学生的性虐待，在成人世界中还有上司对部下、

---

① 全国柔道事故被害人会（JJAVA）是为柔道事故的被害人及其家属建立的组织，其网络主页是 WEB judojiko. net。该组织指出，“年平均 4 人以上死亡，这个数字远远高于其他体育运动，武术在初中和高中已成为必修课，现在应当充分考虑柔道的指导方法和安全措施”。

前辈对晚辈滥用优势立场进行性行为的情况。另外,还有无视弱势者的厌恶情绪让他们进行性表现,或展示性照片或海报等行为,这些被称为“性骚扰”。与此相反,性虐待是指强奸、强制猥亵以及与此相当的行为。

性骚扰是指性方面的骚扰,包括强行谈论性方面的敏感话题,过度进行性的表现,把性的照片和物体放在显眼位置等行为,而性虐待多数是接触对方等的主动的行为,但性虐待和性骚扰的区别并不明显。

第十五章

骚扰被害

Victimization by Harassment

一、对反复型犯罪的规制

随着社会的变化，社会中出现了新事物、新现象，人们的权利意识也不断提高，要求对骚扰（harassment）、跟踪尾随（stalking）、欺凌（bullying）、家庭暴力（domestic violence，family violence）、虐待儿童（child abuse）、虐待老人（elderabuse）等反复型犯罪（repetitious crime）进行规制的呼声越来越高。

反复型犯罪中多数是反复实施危害相对较小的行为，由于反复实施，形成了重大被害，对加害人不仅需要行政机关的介入，还需要按照犯罪予以处罚。以跟踪尾随为例，如果只被发现一次，就不会立即被警方逮捕并受到处罚。有时会有特别的情况，有时会有正当的理由。因此，如果纠缠引起对方的痛苦且继续实施纠缠的行为，国家就会制定相关制度进行规制。

以虐待儿童为例，即使存在父母敲打孩子使孩子哭闹起来的情况，显然也不会立即逮捕父母并进行处罚。当然，有时敲打也有敲打的理由。违反正当行使监护权的殴打、不喂食、损害身心健康等不正当行为（滥用监护权）是犯罪行为。仅敲打一次，警方、保健所、儿童咨询所等负责人不能马上介入。也就是说，行政介入、司法介入必须根据具体情况而定。

随着被害人学的发展，人们关注的首要问题是，要求警察、都道府县、市区町村的负责人等的行政机关人员必须根据法律、条例等正确处理这类被害。

最近，很多人强烈指出，日本也有必要对跟踪尾随、家庭暴力、虐 367
待儿童、虐待老人等问题进一步完善和修改法律。2000 年至 2001 年，日本针对这些问题修改和完善了相关法律。但是，这些新犯罪化行为的定义，与欧美的定义有很大不同。虐待儿童（childabuse）本来是滥用亲权的行为，并不一定是暴力行为。因此，对于本来就应当行使监护权的喂饭、保持身体清洁、保证充足睡眠等养育方面，如果存在懈怠（忽视），都属于虐待儿童的行为。

有关骚扰的法律，也存在不完善的问题。在日本，有性骚扰、权力骚扰、学术骚扰、网络骚扰等，还有新的称呼不断出现，让骚扰问题变得混乱而复杂。其中一部分表述属于日式英语，在国际上并不通用。

奇怪的是，在日本的跟踪尾随行为规制法中，没有使用表示纠缠意义的骚扰（stalking）而是使用"骚扰行为"①，即"对特定人有恋爱感情或其他好感而没得到满足，因而产生怨恨并以此为目的"的行为，这扩大了规制对象范围。

不管怎样，最近的立法开始关注被害人，为了防止他们遭受被害而制定和修改了法律，这一点值得高度评价。为了使该领域的研究不断推进，强烈要求学术界明晰世界上并不通用的日本独自创造的概念，以促进学术的发展。

骚扰（harassment）是威胁他人的生活安全和安宁的行为，从 20 世纪 90 年代开始就被认为是违法行为。犯罪中被包括对国家的犯罪、对社会的犯罪、对个人的犯罪，但长期以来，人们重视对国家和社会的犯罪，而轻视对个人的犯罪。

不仅如此，即使是对个人的犯罪，其中心内容也限定于法律上所 368

---

① "跟踪狂"（stalker）一词是指跟踪（stalk，stalking）的人。日本的跟踪行为一词是指，"实施跟踪的行为"，实际是同语反复。

保护的生命、身体、财产的侵害行为，对于侵害人的尊严、感情、安全、安宁等行为，被规定为犯罪是极其有限的。有很多观点还认为，对这些行为进行规制可能会侵害被规制方（加害人）的人权。

例如，对于骚扰行为之一的跟踪尾随行为，日本于 2000 年 5 月 24 日制定了《跟踪纠缠规制法》，并于半年后的 11 月 24 日施行。这一法律在国会审议时有很多议论，认为纠缠行为中有人在业务活动中实施，也有人以正当理由实施，这些行为是很难分开的，多数观点持消极的态度。[1] 再加上以往的犯罪对策观念是以刑罚为核心，对于使用行政手段普遍意识很低，更何况当时几乎没有考虑在民间的协助下支援和保护被害人的问题。随着被害人学的发展，被认为是新的犯罪行为包括下列内容：

1. 骚扰（harassment）= 让他人讨厌。

2. 跟踪（stalking）= 盯梢。

3. 欺凌（bullying）。

4. 虐待（abuse） = 虐待儿童（child abuse = 滥用监护权）、虐待老人（elderly abuse）。

5. 侵犯隐私（invasion of privacy）。

6. 权力的滥用、权限的滥用、力量的滥用（abuse of power）。

7. 家庭暴力（domestic violence，family violence）、婚内强奸（maritalrape）。

8. 约会暴力（dating violence）。

369 9. 人口买卖（human trafficking，trafficking in human）。

10. 剥削（exploitation）。

---

[1] 关于跟踪的定义，在世界范围内是指“没有正当理由而纠缠他人”，但日本是从相反的方向讨论结果。《跟踪尾随行为规制法》第 2 条列举了 8 个“纠缠”行为，即对同一人反复进行跟踪等行为，这是一个非常奇怪的定义。对物进行规制时，有必要限定对象，但世界各国都没有限定人的行为形态。详细内容请参见“第十六章跟踪纠缠被害”。

11. 网络被害(cyber victimization)。

二、日本有关骚扰的法制

骚扰(harassment),是指令他人感到讨厌的行为,这是大的概念,具体的行为形式包括,跟踪尾随、欺凌、侵犯隐私等。这些犯罪是通过反复实施较轻的侵害行为而被视为犯罪,即所谓反复型犯罪。骚扰是指反复做出使他人不喜欢的、令人讨厌的行为,结果给对方带来不安和恐怖。令人讨厌的行为有各种各样的形态,很难类型化。对于这类犯罪,很多观点认为应当慎重适用长期刑罚。因为犯罪目录不能无限制地增加,而我们只是通过刑罚惩罚这种行为。

对于这种抑制性的刑事政策,被害人学一直提出异议。也就是说,既然存在遭受被害之苦的人,国家就应该对加害人进行强制介入,必要时应该用刑罚和行政处罚来规制加害人。进入 20 世纪 80 年代以后,这种基本理念迅速发展,提出了从被害人角度重新审视司法制度的主张。国际上讨论这些问题,是在联合国预防犯罪会议创建 50 周年之际,即在 2005 年的曼谷会议开始的,其名称是“联合国关于预防犯罪及犯罪人处遇的会议”,后来变更为“联合国关于预防犯罪及刑事司法的会议”。其背景是,人们认识到为了减少犯罪、减少被害,就必须改革刑事司法制度。

随着被害人学的发展,日本进一步完善法律制度,强化规制加害方的法律有:《关于处罚嫖宿儿童及儿童色情行为等和保护儿童的法律》(1999 年 5 月 26 日法律 52 号,以下简称《嫖宿儿童及儿童色情禁止法》)、《跟踪纠缠规制法》(2000 年 5 月 24 日法律 81 号)、《儿童虐待防止法》(2000 年 5 月 24 日法律 82 号)、《配偶暴力防止法》等,但 370
是对于骚扰还没有制定相关法律。

在日本也不是没有处罚骚扰行为的条文。必要的情况下,针对骚扰行为可以适用刑法中的恐吓罪(《刑法》第 222 条)、强迫罪(《刑法》第 223 条)、暴行罪(《刑法》第 208 条)、非法侵入住宅罪(《刑法》

第130条)、强制猥亵罪(《刑法》第176条)、非法逮捕监禁罪(《刑法》第220条)、损害名誉罪(《刑法》第230条)、侮辱罪(《刑法》第231条)、损坏公物罪(《刑法》第261条)、藏匿书信罪(《刑法》第263条)等,如果有必要,还可以适用《轻犯罪法》(1948年法律39号)、《禁止非法访问网站行为法》(1999年法律128号)、《携带枪炮刀剑取缔法》(1958年法律6号)、《醉酒扰乱公众行为防止法》(1961年法律103号)。此外,还可以考虑用各都道府县的防止滋扰条例处理这些骚扰行为。但是,为了尽早避免骚扰被害,确保市民生活的安全和安宁,需要制定防止骚扰行为的法律。

骚扰这种现代型犯罪的特点是,对被害人的侵害并不那么突然、强烈,而是反复不断地进行轻微的侵害行为,无视被害人的“讨厌”情绪。在这一点上,这既不同于着手的同时就会造成重大侵害的杀人、伤害、强奸等犯罪,也不同于逮捕监禁、盗窃等犯罪。

因此,行政机关应当在早期阶段就介入这种侵犯行为,为了阻止这种行为而建立相应的制度和体系,同时为了保证这种适当的介入,必须明确保障这种介入的法律、条令的实施。另外,在包括警察在内的行政组织中,有必要设立保护被害人、强制限制加害人的部门。此外,还需要与民间支援组织进行合作,尽快制止侵害行为,形成保护被害人的系统。

三、世界各国有关骚扰的法律

综上所述,跟踪尾随被认为是骚扰的一种形态,很多国家在有关
371 骚扰的法律都把跟踪尾随作为规制的对象。① 在法律中存在跟踪尾

---

① Rapporteurs Report of Parliamentary Assembly (2013). *Report*: *Stalking*, Committee on Equality and Non – Discrimination, http://assembly. coe. int/extranet; University of Modena and Reggio Emilia Modena Group on Stalking(2007). *Protecting Women from the New Crime of Stalking. A Comparison of Legislative Aproaches within the European Union*, Final Report.

随(stalking)或类似的表述,对其明确下定义的国家有:丹麦(Forfolgelse)、美国(stalking)、澳大利亚(stalking)、英国(UK. Stalking)、爱尔兰(Stalking/harassment)、奥地利(Beharrliche Verfolgung)、比利时(Belaging)、荷兰(Belaging)、斯洛文尼亚(Zalezovanje)、瑞典(Stalkning)、法国(Dioxis, harcèlement du troisien type)等。

世界各国骚扰法如表15.a所示。

表15.a 世界各国骚扰法的情况

国名	规制或被处罚的行为
加拿大	Harassment
英国	Harassment
塞浦路斯	Parenohtisi
爱沙尼亚	Ahistamine
芬兰	Harinta
德国	Unerwünschtes Verfolgen und Belästingen
希腊	Parenochchlisi
匈牙利	Molesztàlàs
意大利	Molestia Assillante
立陶宛	Priekabiavimas
卢森堡	Harcelement
马耳他	Fastidju
波兰	Obsesyjne Przesladowanie
葡萄牙	Assèdio
斯洛伐克	Obt'azovanie, týranie, nevhodnézaobchádzanie zaobchàdzanie zaobchädzanie
南非	Harassment
西班牙	Acoso

372 截至2016年,以加拿大为例,对骚扰行为进行法律处罚的国家超过20个,今后也将继续增加。① 相当于骚扰的词语存在于各国语言中(如在日语中被骚扰和骚扰几乎是同义词),但也有一些国家直接使用英语词汇中的骚扰。骚扰行为的违法性在于无视他人的人权意识和介入私生活的行为,在被害人看来是一种麻烦行为,也是一种令人讨厌的行为。

四、骚扰的本质和定义

无视对方的讨厌情绪,反复实施令人讨厌的“骚扰”行为,与无视对方讨厌情绪反复实施的“跟踪尾随”行为,在本质上还是在定义上都很相似。换言之,跟踪尾随也是骚扰的一种,跟踪尾随是无视对方情绪的“骚扰他人”。

骚扰是使他人烦恼、让他人心绪不安的行为,在欧美国家一般将下列行为定义为骚扰:

欺凌(bullying);

精神上的骚扰(psychological harassment);

基于种族歧视的骚扰(racial harassment);

其中包括种族歧视(racial discrimination)、种族偏见(racial prejudice)。

宗教骚扰(religious harassment);

性骚扰(sexual harassment);

纠缠(stalking);

滋扰、聚众闹事(mobbing);

欺辱(hazing);

仇视言论(hate speech)。

---

① University of Modena and Reggio Emilia Modena Group on Stalking(2007). op. cit. pp. 10 – 17.

法律骚扰(legal harassment); 373

语言骚扰(verbal harassment)。

跟踪尾随和骚扰的关系如图15.a所示。从图中可以看出,跟踪尾随行为是骚扰行为的一种形态。

图15.a　骚扰与跟踪尾随的关系

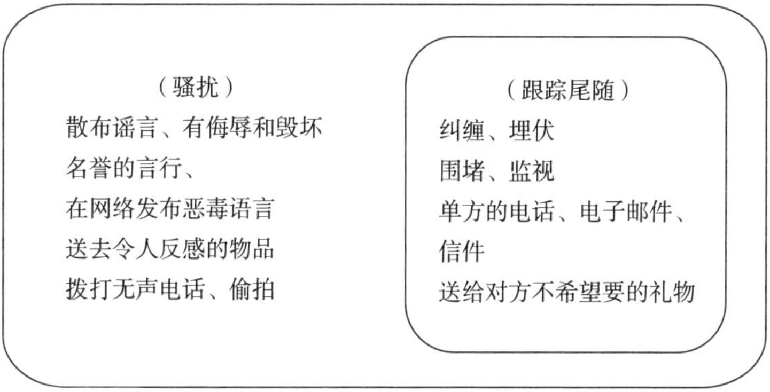

在日本,对于上述这些行为的理解还是非常的不充分,虽然制定了跟踪狂行为等规制法,但在被定义的“纠缠”行为中,还包含着不是跟踪狂行为的骚扰。因为日本当时还没有认识到“欺负”和“盯梢”也是骚扰的一种。

对于骚扰被害,最重要的就是让该行为停止下来,在制定法律的时候,应当把重点放在“不让他做”和“他不能做”上。但是,在日本,比起制定这些防止对策,人们更期待警察尽快介入,逮捕和惩罚实施骚扰的行为人。

五、反骚扰立法的类型

已制定骚扰立法的国家有:加拿大(Harassment)、英国(Harassment)、南非(Harassment)、芬兰(Haranta)、德国(Unerwünschtes Verfolgen und Belästungen)、卢森堡(Harcèlement)、希腊(Parenochchlisi)、西班牙(Acoso)、意大利(MolestiaAssillante)、波兰(Obsesyjne

Przesladowanie)、匈牙利(Moleszàlàs)、葡萄牙(Assèdio)、马耳他
374 (Fastidju)、斯洛伐克(Obtazovanie, týranie,nevhodné zaobchádzanie)、塞浦路斯(Parenohtisi)、爱沙尼亚(Ahistamine)、立陶宛(Priekabiavimas)。

英国的骚扰防止法(Protectionfrom Harassment 1997,England and Wales)规定,骚扰是指引起警戒心和痛苦的行为,尽管没有实际施加暴力,暗示施加暴力的语言也属于骚扰。构成骚扰,需要加害人对被害人进行2次以上的相同目的的骚扰。但是,在防止犯罪或自杀,或者自我防卫等正当理由的情况下,不构成骚扰。

1990年以后,欧美各国相继开始制定预防骚扰的法律和有关预防跟踪尾随的法律。骚扰被害和跟踪尾随被害使人们倍受痛苦折磨,成为一个重大的社会问题。另一方面,如何定义这些令人讨厌的行为,在学术上尚未达成共识。这是因为令别人讨厌的行为有各种各样的形态。现代社会所重视的"自由"是不受他人强制履行没有义务行为的自由。某人对他人或社会实施违法的先行行为,从责任的角度就是实施了他人没有义务的事情。除此之外,原则上不喜欢做的事可以不做的社会就是现代社会。

美国佛罗里达州的跟踪尾随法(The Florida Stalking Statute),将骚扰(harass)的定义为"没有正当目的,对特定的人造成相当程度的感情痛苦的一系列行为(a course of conduct)"①。这种"一系列行为"是超过某一期间的由一系列行动(a series of acts)组成的行为类型。

图15.b显示了骚扰立法的4种模式。首先,骚扰和跟踪尾随,是在刑法上被规定为犯罪,还是以特别法的形式规定为犯罪,存在不同情况。其次,各种类型规定方法中,有的方法规定了骚扰罪和跟踪

---

① Doerner G. william & Lab P. Steven(2005). *Victimology* (4th Edition). Lexis Nexis. p. 224.

尾随罪,有的方法是把跟踪尾随罪规定在骚扰罪之内。

图 15. b　制定骚扰和跟踪尾随法的类型 375

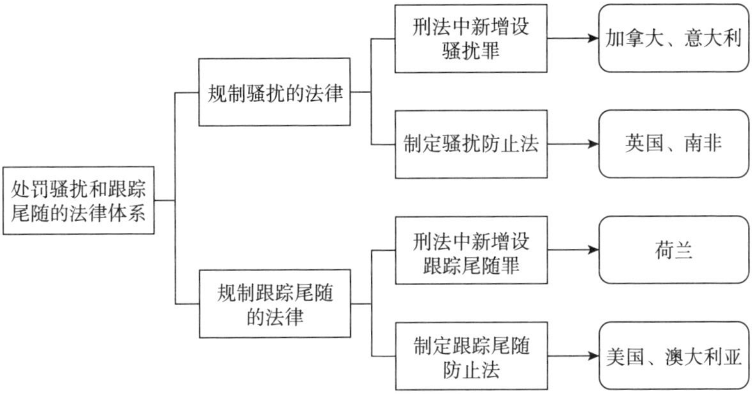

六、加拿大的骚扰罪

加拿大在 1993 年修改了《刑法》,《刑法》第 264 条规定了"骚扰罪"(Criminal Harassment),将以下行为规定为处罚对象,法定刑为 5 年以下刑事场所收容。

1. 对他人(the other person)或熟人(anyone known to them)反复纠缠或者跟踪尾随;

2. 向他人或熟人(直接或间接)单方面传达(communication)加害意思;

3. 在他人访问的场所、居住的场所或工作的场所徘徊(beset)或者窥视(watch);

4. 威胁(threatening conduct)他人及其家属。

加拿大《刑法》将骚扰行为规定为犯罪的理由是,"现有的规定过于保守(more passive),对于给被害人带来恐惧(frightening form)等骚扰行为不能有效进行控制,所以需要规定新的行为类型"。例如,刑法规定,在夜间侵害他人所有的物品、发出威胁的语言(uttering threats)、拨打猥亵的(indecent)或者令人讨厌的电话、施加暴力威胁 376

(intimidation)、恶作剧(mischief)等都被认为是违法行为,但这个条文并不仅仅针对骚扰和跟踪尾随。通过这个修正,有效地抑制了跟踪尾随这种纠缠不休的行为(blatant case)。

1993 年加拿大《刑法》第 264 条新设了骚扰罪(criminal harassment),跟踪尾随行为作为该罪的一部分也给予了处罚。[1] 这是混合型犯罪,可以适用简易审判程序(summary conviction)进行处罚,也可以按照正式起诉的犯罪(indictable offence)给予处罚。如果被起诉,最高可判处 10 年的刑罚。根据加拿大政府统计的警察服务项目,2006 年收到 10,756 件骚扰的报案,其中有 1429 件被起诉。

《刑法》第 264 条规定,没有法律权限(lawful authority)的人不得进行纠缠他人的行为,禁止进行以下骚扰行为:

1. 到处跟踪尾随(following)他人或者熟人;

2. 不论直接还是间接,向他人或熟人反复进行联系(communicating);

3. 在他人住宅、他人或熟人的住所、工作场所进行徘徊(besetting)或监视(watching);

4. 向他人或其家庭成员进行威胁。

这里构成跟踪尾随的违法要件有三个:“尾随跟踪”(following)、“传达意向”(communicating)、“反复多次”(repeated)。但是,有法律权限的人,不能构成跟踪尾随。这里的有法律权限者不仅包括警察等执法机关,还包括为调查保险投诉而聘请的私人调查人员等。在加拿大因跟踪尾随被起诉的情况有以下几种:

377 1. 被告打电话给被害人留下了威胁信息;

2. 被告没有正当理由(no legitimate reason)到访被害人的工作场所,并一直跟随到巴士车站;

---

[1] Department of Justice, Canada(1999). A Handbook for Police and Crown Prosecutors on Criminal Harassment, Ottawa, Ontario, p. 21. http://lawslois. justice. gc. ca/eng/actsC - 46/page122. html #s - 264.

3. 对被害人做了粗暴(rude)或下流(obscene)的手势。

对跟踪尾随的刑罚是5年以下的监禁(jail)。刑法规定这一条文始于1993年,因此警察可以很容易依照这个条文追究跟踪狂的责任(charge)。

但是,加拿大《刑法》对严重的跟踪尾随行为的处理是有效的,但对跟踪尾随的消极形态的处理是无效的。例如,该法禁止夜间侵入他人拥有的土地,在电话中说威胁、猥亵、下流的语言,并禁止对他人的所有物进行威胁(intimidation)或搞恶作剧(mischief),但对暗地里的纠缠行为却很难进行处罚。

加拿大《刑法》规定,被害人可以获得禁止命令(restraining order)、对他人的安宁作出承诺(peace bond),有时甚至可以对攻击性、利己性的跟踪尾随采取必要的手段。

即使是一般的恋爱关系,一方想终止关系而另一方不想终止时,也有可能产生刑法上的骚扰。例如,反复到对方家里来、打电话、对方下班时在公司门前等候等行为,也有可能构成骚扰(跟踪尾随)。因此,感觉被跟踪尾随的人可以向警察、律师或被害人服务咨询局(victim services agency)进行咨询,听取他们的建议,当这些机构的工作没有效果时,可以让警察介入,最轻对其判处5年以下的刑罚。

加拿大警方和法院1997年的数据显示,构成骚扰罪的案件有以下几个倾向:①

1. 被害人79%是女性。

2. 因骚扰罪被起诉的人中有88%是男性。

3. 67%的女性被害人被现在或过去的亲密伙伴或身边男友的骚扰。

4. 43%的男性被害人被偶然认识的人(casual acquaintance)骚 378
扰,其中几乎一半是男性加害人。被以前的配偶或女友骚扰的只有

① Department of Justice, Canada (1999). op. cit. p. 2.

13%。

5. 全部案件中59%发生在被害人家中。

6. 几乎所有的被害人都受到感情上的折磨，因身体遭受伤害而报警的不到1%。

7. 全部骚扰案件的21%，与伤害罪（16%）、财产罪（7%）、违反保释条件（6%）等其他犯罪有关。

七、英国的《骚扰防止法》

英国于1997年6月16日开始施行《骚扰防止法》（The Protectionfrom Harassment Act 1997）。

该法第1条"禁止骚扰"中规定，第1款，任何人不得实施下列"行为"（a course of conduct），即对他人进行骚扰，并且知道或者应当知道（ought to know）实施的是骚扰"行为"。

该法第1条第2款规定，关于如何判断是否"知道"，如果作为理性人能够知道该行为是对他人进行的骚扰，就认为该当事人也知道这是对他人进行的骚扰。

"骚扰罪"第2条规定，违反第1条规定，实施该"行为"的人，处以6个月以下有期徒刑，或者不超过5级的罚金，或者两者并罚。当然对骚扰还可以提起民事赔偿诉讼，成为第3条禁止命令（injunction）的对象。行为人违反禁止命令的，处5年以下有期徒刑。

379 该法第4条规定了对他人施加暴力恐怖罪。其第1款规定，"该人实施至少2次以上的行为，使他人产生将要对自己使用暴力的恐惧，如果该人知道或者应当知道（ought to know）该行为将会对他人产生恐惧，以犯罪论处"。

第7条规定了"行为的持续"，是指至少需要实施2次行为。该罪的法定刑，在速裁的情况下为最高6个月自由刑，在正式裁判的情况下按照量刑建议，最高为5年有期徒刑。此外，该法规定的还有罚金刑，也可以并处。民事上的救济措施是，对精神痛苦和财产损失可以提出赔偿损失请求，也可以另行请求“禁止接近令”，如果违反该命令将被逮捕。

英国的骚扰罪并没有把被害人实际感到恐怖作为要件，但第7条规定中包含了使他人震惊（alarming）或使人不安（causing distress）的内容。被害人对应该被起诉的犯罪，可以请求禁止命令（injunction）。骚扰犯罪实际上是把对暴力恐怖罪提起诉讼的时间提前了。

英国法律还将对他人产生暴力恐怖的行为规定为暴力恐怖罪。根据行为的经过，对他人使用至少2次以上，知道或者应当知道使用暴力会引起恐怖（will cause）的行为，处以5年以下有期徒刑。①

英国的《骚扰防止法》中包括了关于跟踪尾随的规定。但是，法律上没有给跟踪尾随下定义。也就是说，跟踪尾随被认为是骚扰的一种形态，因此骚扰的定义也就是跟踪尾随的定义。

跟踪尾随有各种各样的行为形态，因此很难对其下一个单纯的
定义。但1996年5月，雅内特·安德森（Janet Anderson MP）提出了 380
个人会员法案（Private Member's Bill），对跟踪尾随作出了如下定义：②

1. 跟踪他人（follow）、在附近徘徊（loiter near）、监视（watch）或接近（approach）；

2. 给他人打电话（包括拨通电话后保持沉默）、通过其他通信手段进行接触或以其他方式接触；

3. 在他人居住的场所、工作场所或经常到访的场所附近徘徊、监视、接近或侵入；

4. 对不是自己不所有的物品和他人持有的物品进行干涉；

---

① 在英国有人批判说，对骚扰判处6个月的刑罚不足以对应给身体造成的严重伤害。Rv Ireland，rv Burstow（1997）3WLR 534，Lord Steyn，p. 538. 适用可能引起恐怖（will）的情况也存在同样的问题，对应可能引起恐怖（may）的程度不能适用有关规定。

② Lawson - Cruttenden，T. & Addison，N.（1997）. *Blackstones Guide to the Protection From Harassment Act* 1997. Blackstone Press Limitted. Great Britain，p. 17.

5. 把令人不快的(offensive)、不正当的(unwarranted)、未被要求的(unsolicited)物品放置在他人居住的场所、工作的场所或者定期到访的场所;

6. 向他人赠送令人不快的(offensive)、不正当的(unwarranted)、未被要求的(unsolicited)物品。

另外,1997 年法律第 2 条 A 的第 3 款,列举的下列行为也被认为是跟踪尾随:

1. 跟随他人(following);

2. 无正当理由,接触他人(contacting)或者试图接触他人;

3. 公开(publishing)与某人的关系或与某人有关系的想法,或者与某人提出的方案有关的声明或其他资料;

4. 监视(monitoring)他人使用互联网、电子邮件或任何其他电子交流的手段;

5. 无论是在公共场所还是私人场所,到处徘徊的(loitering in any place);

6. 妨碍他人所有的财产(interfering with any property);

7. 监视、暗中侦查(watching or spying)他人。

在英国,实际上作为骚扰被处罚的行为有:"打电话""在录音中
381 留下恐怖信息""无正当理由闯入公司""一直跟随到乘上公共汽车为止""做无礼(rude)或下流(obscene)的手势"等。

在英国,跟踪尾随原则上适用于陌生人之间的骚扰,但也适用于恋人分手后开始的骚扰。跟踪尾随的要件,要求跟踪他人(following)、传达意愿(communicating)、反复实施(repeatedly);处罚骚扰和跟踪尾随的理论根据是"威胁(fear for their safety)生活的安全"。

另外,构成骚扰需要有一系列相关行动(a series of actions),而"行为的持续性(a course of conduct)"①为必要要件,即使是作为骚

① 《骚扰防止法》(The Protection from Harassment Act 1997) section 1(1)。

扰类型中的跟踪尾随,也不能只实施一次,而要求连续实施使对方讨厌的纠缠行为,即要求一系列行为的持续性。

八、南非的《骚扰行为防止法》

南非共和国(Republic of South Africa)在1996年制定了《宪法权利法案》(the Bill of Rights in Constitution of the Republic of South Africa),隐私的权利(the right to privacy)、尊严的权利(the right to dignity)、自由和安全的权利(the right to freedom and security of the person)等成为宪法上的权利。在自由和安全的权利中,还包括不受公共和私人机构的任何形式的暴力的自由权利(the right to be free from all forms of violencefrom either public or private sources)。

南非共和国2010年制定了《骚扰行为防止法》(No. 17 of 2011: Protection from Harassment Act, 2010),2011年12月5日又颁布了《为施行针对骚扰行为签发保护命令及2000年枪械管制法而修改相关内容的法律》。①

另外,南非在1998年制定了《家庭暴力法》(Domestic Violence 382
Act 116 of 1998),规定了家庭暴力的10种行为。其中包括胁迫(intimidation)、骚扰、跟踪尾随、未经对方同意侵入与对方没有合租的住宅等,这些也被认为是骚扰或跟踪尾随行为。

南非2010年的《骚扰行为防止法》对骚扰定义如下:骚扰是指被告人(加害人)知道或者应当知道(ought to know)直接或间接地参与了下列行为:①纠缠(following)、监视(watching)、追踪(pursuing)、喊叫(accosting)告诉人或关系人,或者在告诉人或关系人居住、工作、商务活动(carries on business)、学习、临时住所(happens to be)或在建筑物附近或外面徘徊(loitering)。②介入(engaging in)告诉人

---

① The Act to provide for the issuing of protection orders against harassment; to effect consequential amendments to the Firearms Control Act, 2000; and to provide for matters connected therewith.

或关系人的语言、电子或其他交往方式。但是,其中包括任何手段,结果与交往是否成立无关。③向告诉人或关系人发送、邮寄、配送(causing the delivery)信件、电报、包裹、传真、电子邮件或其他物品(objects),或者投递到上述物品时,能被发现或注意的场所。

九、日本的骚扰现状

日本内阁府于2014年12月在全国进行了骚扰调查,共收到成年男女3544人的问卷。① 根据该项调查,有24%的妻子和17%的丈夫受到来自结婚对方的虐待(spousal abuse)。

383 被调查的人员中,有11%的女性和4%的男性遭受过异性骚扰。被害人中,29%的女性和16%的男性回答说,感觉到生命危险。

该调查显示,被害人主要是30多岁的人。

该调查显示,39%的骚扰来自现在或过去的男友或女友。其次,21%来自周围的人(acquaintances)、朋友、同事(workplace colleagues)或工作伙伴(workplace contacts)。38%的被害人经常收到电子邮件或网络信息。而57%的人回答虽没有收到电子邮件等,但对身体骚扰或其他某种形式的骚扰却痛苦不堪。62%的女性被害人每天的生活都会发生了改变。对于遭受被害后的情况,多项选择问答为:女性被害人中有27%的人害怕外出,20%的人患有精神和身体的障碍,18%的人失眠,15%的人病休或辞职。78%的被害女性和41%的男性向某人进行过咨询,而向警方咨询的,女性为10%,男性为3%。

十、都道府县的反骚扰对策

日本的法律虽然没有直接将骚扰规定为犯罪,但在《轻犯罪法》和各都道府县制定的预防骚扰条例中,都有涉及骚扰的规定。

各都道府县从20世纪60年代开始相继制定了防止骚扰条例,

---

① 调查结果于2015年3月28日由内阁府公布。

经过反复修改后，变成了现在的条例。这些条例的名称根据地方自治团体的不同而不同，一般的名称是《关于防止严重滋扰公众的暴力性不良行为等的条例》。① 这个条例禁止的是粗暴的行为、下流行 384
为、寻衅滋事、收取地盘费、保镖费、在《风俗营业法》规定的游艺厅卖赠品、上门推销、黄牛党、占座党、②非法拉客、发放宣传单、在葬礼诱发混乱行为、在游泳场及滑雪场等作出危险行为、驾车暴走行为等。

无论是骚扰（令人讨厌）还是跟踪尾随（纠缠），都是滋扰他人的行为，这些行为被规定在预防滋扰行为的条例中。但是，国家的法律和地方自治团体的条例之间的关系，并不明确。与其说这只是双重标准的问题，不如说这是由于国家层面的法律没有保护这种被害，而由地方政府率先制定了条例。

山形县、福岛县、茨城县、枥木县、福井县、岐阜县、三重县、和歌山县、岛根县、广岛县、德岛县、香川县、福冈县、佐贺县、大分县 15 个县在防止滋扰行为条例中明确规定了禁止滋扰行为。

都道府县的防止滋扰行为条例中，包含了滋扰行为。防止滋扰条例禁止的行为包括粗暴行为、猥亵行为、寻衅滋事行为等。表 15. b 显示了各都道府县的防止滋扰条例是如何规定骚扰和跟踪尾随的。

从表 15. b 可以看出，在防止滋扰条例中没有规定骚扰、跟踪尾随的道县有北海道、宫城县、静冈县、爱知县等 18 个道县。有福岛县、茨城县、和歌山县、福冈县等 15 个县在防止滋扰条例中把“禁止滋扰行为”明确规定为“纠缠、埋伏、阻挡、监视”等。跟踪尾随本来就是骚扰（令人讨厌行为）的一种形式，值得关注的是，在这个认识的基础上，有 3 成的县在防止滋扰条例中把跟踪尾随作为“禁止骚扰”

---

①　使用《防止骚扰条例》的名称最多，有北海道、秋田、宫城、山形、枥木、群马、千叶、东京、长野、山梨、静冈、爱知、岐阜、富山、石川、福井、三重、奈良、大阪、兵库、和歌山、冈山、广岛、鸟取、岛根、爱媛、高知、福冈、佐贺、长崎、大分、熊本、冲绳。

②　在拥挤的场所先以不法手段获取座位、停车位等，然后用高价转卖给别人的行为。

的一部分规定下来。

385 **表 15. b 防止滋扰条例中的骚扰和跟踪尾随条款**

资料来源:根据 2013 年 3 月各地方政府的主页

规定的类型	都道府县
在禁止滋扰行为中规定了纠缠行为(15 个)	山形、福岛、茨城、枥木、福井、岐阜、三重、和歌山、岛根、广岛、德岛、香川、福冈、佐贺、大分
规定禁止纠缠行为等(14 个)	岩手、秋田、群马、琦玉、千叶、东京、神奈川、新潟、京都、大阪、奈良、熊本、宫崎、鹿儿岛
没有规定骚扰及跟踪尾随条款(18 个)	北海道、青森、宫城、富山、石川、山梨、长野、静冈、爱知、滋贺、兵库、鸟取、冈山、山口、高知、爱媛、长崎、冲绳

从上述规定的内容看,大多数骚扰行为的形态与国家的跟踪尾随规制法的内容几乎相同,但也有几个地方政府的规定本来就有骚扰和跟踪尾随定义相近的条文。例如,岩手县的条例第 9 条规定,"禁止跟踪等行为","任何人不得擅自对特定人跟随、埋伏、反复到访住所、工作地点或学校,且以威胁为手段要求对方会面或者做没有义务的事情"。第 10 条规定,"禁止使用电话等实施令人讨厌的行为"。群马县的条例、千叶县的条例、宫崎县的条例、鹿儿岛县的条例也都有相同的条文。奈良县的条例没有规定骚扰电话,但岩手县的条例第 9 条在相同的条文后,增加了"使用找茬、吓唬人、抓住身体或衣服等让人感到不安、耻辱、厌恶等方法进行纠缠或强迫对方见面"。

神奈川的条例规定的禁止纠缠行为相对于本来的跟踪尾随,详细列举了纠缠、埋伏、堵路、监视、强行纠缠、打无言电话、连续打电话或传真。

跟踪行为规制法和都道府县的防止证人条例之间有很多冲突的地方。关于这一点,《跟踪行为规制法》在附则 2 中规定:"地方公共
386 团体条例规定中,处罚本法规定的行为的,该部分内容在本法施行的同时,失去效力",进而在附录 3 中规定,"依照前项规定,条例规定失

效时，该地方公共团体条例中没有特别规定的，关于对失效前违反行为的处罚，在本法施行的同时，失去效力”。

关于跟踪尾随，东京都的条例第5条之2规定，“无正当理由，任何人都不得以满足对特定人的嫉妒、怨恨等恶意感情为目的，对该特定人或其配偶、直系亲属或同居亲属以及其他与该特定人在社会生活上有密切关系的人员，反复实施下列使他们产生不安的行为（不包括《跟踪尾随行为规制法》第2条第1款规定的纠缠和该条第2款规定的尾随行为）”，①“在该情况下，第1项和第2项规定的行为，仅限于身体的安全、居住、工作场所、学校其他经常居住地方的安宁或名誉被侵害，或者使用他人明显感觉行动自由被显著侵害的不安的方法，实施上述的行为”。

这里列举的纠缠等行为包括以下4种情况：

1. 纠缠、埋伏、挡住进路、在住所附近张望或者强行进入住所等；

2. 使用非常粗野或粗暴的语言；

3. 连续拨打电话却不自报姓名，或者被拒绝后连续拨打电话或使用传真机发送信息；

4. 寄送污物、动物尸体等引起明显不快或厌恶情绪的物品，或者将其置于对方可能知道的状态。

东京都条例的文字是根据《国家跟踪狂规制法》的规定所表述的。千叶县的条例第11条的“禁止纠缠等行为”则规定为：“任何人 387
不得对特定人进行尾随、埋伏，或者访问其住所、工作场所、学校等处实施找茬、吓唬人，或者使用抓身体、衣服等使他人感到不安或讨厌的方法，执着地纠缠、要求见面或要求其履行没义务的行为”。与此

① 这里特别值得注意的是，“《跟踪尾随规制法》第2条第1款规定纠缠等和同条第2款规定的跟踪行为除外”。由于日本在国家层面对骚扰进行立法比较晚，但一些地方当局制定的防止骚扰条例中加入了骚扰相关的条款。其结果是，国家制定跟踪尾随行为规制法时，有些条文内容与地方条例相抵触，由于国家法律优先，地方条例的相关条款必然失效。

同时,第 12 条“禁止用电话等骚扰他人的行为等”规定,“任何人不得利用电话或文书告知虚假事项或下流事项,不得使用粗暴的语言,不得使用电话而不告知内容,不得实施明显使他人感到不安或困惑的行为”,这个规定把用电话等进行纠缠的行为纳入了条文之中。

十一、学校中的骚扰

家庭和学校是孩子成长的重要场所,但有时这些场所可能会阻碍孩子的成长。有些大人可能会无意识地伤害孩子们的心灵,而他们却没有意识到这一点。

诸泽英道为了确认这个问题是否会潜移默化地存在于大人和孩子之间,开展了“来自中学教师的不愉快经历的调查”。①

该调查于 1991 年 10 月以东京都内 381 名大学生为对象,共获得 370 份有效问卷。其中男子 198 人,女子 172 人。问卷的问题是“在中学的 3 年里,老师给你带来不愉快的事情或不愉快的谈话,有多少?”关于在中学 3 年期间的经历,若曾在 2 个以上中学上学的学生,则请他们回答在籍时间最长的中学的情况。这些学生的出生地分散在全国各地,其中还有几名学生在外国上了中学。另外,给学生带来不愉快的经历的人,限定于老师,但不限定于班主任,包括中学的所有老师。

关于“在中学的 3 年里,老师给你带来不愉快的事情或不愉快的谈话,有多少?”的问题,如表 15. c 所示,有 6 成的学生回答“有过”。

---

① [日]诸泽英道:《新版被害人学入门》,成文堂 2001 年版,第 314 页以下。

表 15.c 由中学时代老师引发的不愉快的被害 388

问卷的内容	男生			女生
	人数	比例	人数	比例
受到过无数次	6	30%	1	0.6%
受到过多次(约几十次)	10	5.1%	7	4.6%
受到过几次(几次到10次)	23	11.6%	6	3.9%
受到过一些(3—4次)	82	41.4%	60	39.5%
从未有过	77	38.9%	74	48.7%
未答案	0	0.0%	4	2.6%
合计	198		152	

关于被害的内容,女性的情况是:被摸胸(3人)、在大家面前谈论内衣(2人)、男女一起换衣服(1人)、被迫发生性关系(1人)等。男性的情况是:性器官被捏住(2人)、穿着衣服的状态下胯股被攻击(1人)、被要求肌肤接触(1人)等。

这个调查同时又询问了对朋友的"不愉快经历"了解多少,即"你的中学朋友,曾被老师说过不愉快的话或做过不愉快的事,你知道有多少人?"调查结果显示,回答"一个人都没有"的学生不到3成,可见学生之间的共识程度很高。关于朋友的不愉快经历,调查结果如表15.d所示。

表 15.d 知道朋友有不愉快经历的情况

问卷的内容	男生			女生
	人数	比例	人数	比例
我知道的人数无法数清	12	6.1%	9	5.9%
知道有几十人	12	6.1%	7	4.6%
知道有10—20人	19	9.6%	18	11.8%

续表

问卷的内容	男生			女生
	人数	比例	人数	比例
知道有 1—9 人	99	50.0%	65	42.8%
1 人也没有	55	27.8%	45	29.6%
没有答案	1	0.1%	8	5.3%
合计	198		152	

389 美国 2005 年使用网络对大规模骚扰问题进行了调查。调查的对象是 13 岁到 18 岁的 3450 名学生和 1011 名中学教师。①

这项调查发现,学校这一场所实际上对性别(gender)、同性恋等性倾向(sexual orientation)、性表现(gender expression)、种族、民族性、残疾(disability)、宗教等存在骚扰问题,调查还证明,实际上发生语言骚扰或身体骚扰与学校风气有关。每 3 名 10 多岁青少年中就有 1 人回答说学生们已经意识到或经历过性取向问题。GLBT(性少数群体)有 2/3 的学生因性取向而遭受语言骚扰,有 16% 遭受身体骚扰,有 8% 遭受暴力性的身体骚扰。② 另外,对教师的调查结果显示,被学生进行欺凌和骚扰已经成为学校的严重问题。③

这项调查中出现的欺凌(bullying)、骚扰和暴行(assault)的用语,有时是可以互换使用的(often used interchangeably),对定义并没有明确区别使用。④

---

① Harris Interactive & GLSEN. (2005). *From Teasing to Torment: School Climate in America, A Survey of Students and Teachers*. New York, GLEN. p. 3.

② Harris Interactive & GLSEN. (2005). op. cit. p. 4.

③ Harris Interactive & GLSEN. (2005). op. cit. p. 8.

④ Davis, R. C., Lurigio, A. J. & Herman, S. (eds.) (2007). *Victims of Crime* (3rd Edition). Sage Publications, Inc. California, USA. p. 204.

十二、性骚扰的被害

性骚扰的被害人不分男女，在日本提及这个问题时，发生最多的是在“女性”的“工作单位”。

在美国，性骚扰成为一个社会问题是在 20 世纪 70 年代后期要 390
求男女平等的运动中。也就是说，性骚扰是女性运动的一个象征。但是，“性骚扰”一词后来被广泛使用，概念的内涵变得混乱了。最近，性的表现和姿态、被邀请约会、性的话题等也被纳入性骚扰的范畴来理解，这是以被害人受到的“不快感”为标准。

1994 年诸泽英道对大学生印象中的“性骚扰”进行了调查。[①] 该调查的数据显示，绝大部分学生认为，性骚扰就是尚未达到强奸、强制猥亵程度的让人感到不快的有关性的言行，但只有一个人认为在异性面前又是赞美又是请吃饭，问一些诸如“你有恋人吗?”这类的私人问题，不宜纳入性骚扰的概念(男性 73.2%，女性 81.7%)。

对于问询性经验、谈论身体特征等是否属于性骚扰，有不同观点。对于这个问题，笔者的倾向观点是，要看问话人与被问话人之间的人际关系(男性 60.8%，女性 69.7%)。也就是说，在建立良好的人际关系或者被当作玩笑的氛围下，很多人认为这不是性骚扰。

有的观点认为，一些性骚扰可以被纳入强奸和强制猥亵。例如，第二东京律师会的研究小组制定了关于在雇佣领域防止性骚扰的法案纲要，制定了关于性骚扰定义的指导方针。虽然这个基准仅限于被雇佣的场合，但是性骚扰在其中被认为是“强行的接触和实行性行为”。[②]

“21 世纪职业财团”受劳动省的委托，于 1993 年 10 月发表了

---

① 调查的对象是 1994 年 12 月东京的大学在籍 3 年级、4 年级的男生 412 人(60.2%)，女生 272 人(39.8%)，共计 684 人。

② ［日］山田秀雄：《为企业人士开设的性骚扰讲座》，president 出版社 1993 年版，第 260 页；［日］山田、田中：《企业的性骚扰对策最前线》，日本 mix1997 年版。

391 《关于女子雇用管理和沟通的研究会报告》。其中,职场的性骚扰被定义为“不利于工作、明显恶化就业环境的”,“对性进行的不愉快言行”。

有一项调查关于美国的学校中有多少人遭受基于性骚扰和性歧视(sexual harassment)的暴力(gender - based violence)。① 该调查于2001年针对全国第8学年至第11学年(4年制高中)的学生进行,收回了2064人的问卷。调查结果显示,回答在学校遭受过性骚扰的女生占83%,男生占79%。该调查将性骚扰定义为,“干扰生活的不情愿或不受欢迎的性行为”(unwanted and unwelcomesexual behavior that interferes with your life)。这里使用的“干扰”(inference)一词,是指对未成年人的性侵犯,也是区别于强奸的表述。性骚扰是以不希望为要件,与以希望为条件发生的接吻、触碰、调情(flirting)是不同的。

调查列举了性的评论、性玩笑、性手势、触摸性的方法、拉扯(grabbing)、手掐(pinching)或者脱光衣服等14个例子,让学生在曾经历过的内容上打钩。结果显示,30%的女性和24%的男性回答经常被性骚扰。有过性骚扰经历的半数学生回答,在后来感到非常困惑或有点困惑(felt very orsomewhat upset afterward)。性骚扰对学生的教育和人生造成了负面影响。

将这项调查结果与1993年美国女子大学生协会(American Associationof University Women,AAUW)进行的对第8学年至第11学年高中学生的调查结果进行了对比,2001年调查的遭受性骚扰的比

---

① AAUW,1993,2001;Stein,N.(1981). *Secrets in Public:Sexual Harassment in Public(and Private)Schools.* (Working Paper No. 256). Wellesley,MA:Wellesley College Center for Research on Women. Stein,N.,Marshall,N. & Tropp,L.(1993). *Secrets in Public:Sexual Harassment in our Schools. A Report on the Results of A Seventeen Magazine Survey*,MA:Wellesley College Center for Research on Women.

例在总体上显著提高。[1] 另外,在2001年的调查中,学生们已接受了 392
学校存在性骚扰的现实。[2] 在过去的8年里,学校里发生的性骚扰案件已普遍存在,令人十分绝望。但学校负责人对这一现象负有不可推卸的责任。38%的学生受到过教师或学校其他职员的性骚扰,但其他的教师明知这一现实却视而不见。[3]

美国对于教师和学生、学生之间关系的问题意识一直很高,以此为题材的著作也很多。其中,《好色的教授》(*The Lecherous Professor*)一书[4]介绍了许多遭受来自美国大学教授的性侵害的真实例子,并提供了一些非常具体的资料。

日本学校内的性骚扰问题,长期以来几乎没有得到解决。但近年来人们对这个问题的意识有所提高,出版了很多书籍,媒体也开始报道。较早研究性骚扰的门野晴子出版了《学校的性骚扰》[5],为研究性骚扰提供了珍贵的资料。角野在1990年1月(两天内69件)和8月(两天内98件)为学生提供了电话咨询,很多学生的咨询涉及身体检查、身体接触、强奸、强奸未遂的问题。从咨询的内容可以看出,少年们对性骚扰这个问题很苦恼,这里值得关注的是,被害人中有很多是男学生,而且被害人不论男女,他们在学校管理体制中没有获得救济的渠道。

联合国通过的《儿童权利公约》,得到很多国家的批准。学校、家庭、社会都必须关注和研究儿童遭受的被害问题。

美国有一名叫珍妮·克莱瑞(Jeanne Clery)的女学生在大学宿 393

---

① Stein, Nan (2007). Gender – Based Violence in Schools. In: Davis, R. C., Lurigio, A. J. & Herman, S. (eds.) (2007). *Victims of Crime* (3rd Edition). Sage Publications, Inc. California, USA. p. 203.

② AAUW, 2001, p. 4 and p. 32.

③ AAUW, 2001, p. 5.

④ Dziech, B. W. & Weiner, L. (1984). The Lecherous Professor, University of Illinois Press.

⑤ [日]门野晴子:《学校的性骚扰》,学阳书房1990年版,第15页以下。

舍里被奸杀，美国以该案件为契机制定了《克莱瑞法案》(20U. S. C. 1092)，规定了大学有义务对校园的安全采取对策并公开犯罪统计，由此校园内预防性骚扰和犯罪被害急速向前推进。

美国有超过6000个学院和大学(colleges、universities)的被害对策信息在联邦教育部的网页上被公开。根据该信息，2008年在全美国大学共发生了23起杀人案、2351起强制性性犯罪、41起非强制性性犯罪、2147起盗窃、2953起严重暴力。大学必须事先公布被害学生享有哪些权利，并对恢复被害学生的权利负责。

第十六章

跟踪尾随纠缠的被害

Victimization by Stalking

一、作为骚扰类型之一的跟踪纠缠

跟踪纠缠(stalking)被害从20世纪90年代在欧美成为社会问题,跟踪纠缠也被称为"90年代的犯罪"(crime of the 90s)。[①] 在这个时期,欧美的报纸和电视上频繁地报道跟踪纠缠问题。[②]

跟踪是无视对方的讨厌情绪而进行纠缠的行为,在这个意义上,跟踪也是骚扰(harassment)的一种类型。从世界各国的法律制度来看,有些国家制定了所谓的反跟踪法案(anti - stalking act),只将跟踪尾随行为作为规制的对象,而有些国家在大的范围内规制骚扰行为,把跟踪规定为骚扰的一部分。

跟踪是反复型犯罪(repetitious crime)。无论是骚扰还是跟踪,

---

① Goode, M. (1995). Stalking: Crime of the 90s? *Criminal Law Journal* 19, No. 1: 21 - 31. Turvey, B. E. & Petherick, W. (2009). *Forensic Victimology*. Elsevier Inc. UAS. p. 330. Wallace, H. (1998). *Victimology*. Allyn and Bacon. Boston, p. 333. Boon, J. & Sheridan, L. (ed.) (2002). Stalking and psychosexual obsession. Psychological perspectives for prevention, policing andtreatment. Chichester. In: John Wiley & Sons p. xxi., Finch, E. (2001). The crimnalisation of stalking: Constructing the problem and evaluating the solution, London: Cavendish Publishing Limited, p. 27.

② Maria Peunte, "Legislators Tackling the Terror of Stalking", *USA Today*, July 21, 1992. 该报道指出,全美有20万以上跟踪尾随的被害人。

这种行为被规定为犯罪,必须具备“反复进行”的要件。只是一次实施了“骚扰”或“纠缠”行为,不能构成犯罪。明知道对方很讨厌,却无视对方的意思反复地进行跟踪尾随,其违法性较高,构成犯罪。因此,跟踪行为对策的重点在于,在对跟踪狂认定为犯罪人进行处罚之前,在这种行为的违法性处于较低阶段,使行为人停止跟踪尾随。

395 在日本,也经常发生跟踪狂杀害被害人案件。因为,即使被害人向警方寻求帮助,警方的处置也相对消极。日本的民间和地方行政机构中没有积极应对跟踪纠缠被害的组织,[①]被害人向警方求助时已经到了相当危险的阶段。[②] 如后所述,日本在过去的16年里,至少发生了16起跟踪狂杀人案件,每次都被指责警方的应对不当。有些人认为,跟踪是私人间的事情,原则上警察不应介入民事,这种意识仍然根深蒂固。

过去,纠缠等行为,依照《轻犯罪法》[③]和各都道府县制定防止滋扰行为条例[④]处置。在法律明确使用跟踪狂一词之前、人们对此缺乏了解,跟踪狂被称为可疑人、变态人、异常人等。

1999年2月2日在姬路市发生的跟踪狂杀人案件[⑤]和1999年

---

① 各都道府县设置的被害人支援中心中,截至2014年还没有积极支援骚扰被害人的组织。

② 2013年10月8日发生的三鹰跟踪狂杀人案件就是典型的例子。由于住在京都的跟踪狂来到东京,危险就在身边,被害人于10月4日(星期五)通过学校与东京杉并警察署商量后,管辖权移交给三鹰警察署。之后,被害人于10月8日(周二)与父母一起到三鹰警察署报案,但当天晚上在家中被跟踪狂杀害。

③ 《轻犯罪法》第1条第28项规定,“阻拦他人的进路或堵住其退路,或者以使他人产生不安或困惑的方式纠缠他人的”,处以拘役(1日以上30日以下的刑事收容设施)或者罚金(1000日元以上10,000日元以下)。

④ 关于《防止骚扰条例》,请参见第十五章“骚扰被害”。

⑤ 女公司职员(20岁)与27岁男人交往了一段时间,但因被打伤而分手。此后,该男子开始跟踪尾随该女子,该男子自己驾车将骑自行车的女子撞死后自杀。

10 月 26 日在桶川发生的跟踪狂杀人案件,[1]都是因对跟踪狂的处置不当而发展为死亡案件。这两起案件的死者家属认为,警方没有采取充分的应对措施,而且警方的调查不妥当,因此被害人被杀害了,并分别向警方提起了国家赔偿诉讼,诉讼一直打到最高法院。这些裁判在最高法院进行了合并审议,2006 年 8 月 30 日,最高法院第二小法庭做出了驳回上诉的决定,并对下级法院判决中认定的赔偿部分确认发生效力。[2] 通过姬路和桶川这两起案件,让人们深切感受到 396
日本国家赔偿诉讼的障碍如此之高。

日本做出这样判决的背景,是因为法院并没有认真对待国家(在该情况下是警察)有义务保护国民这种观念。《警察法》(1954 年法律 162 号)第 2 条规定,“警察有责任保护个人的生命、身体和财产,有责任和义务预防、镇压及侦查犯罪,逮捕犯罪嫌疑人,维护交通秩序和其他公共安全和秩序”。《警察职务执行法》(1948 年法律 136 号)第 5 条规定:“警察官认为犯罪将要实行实施时,为了预防该犯罪,可以向关系人发出必要的警告,[3]或者在该行为对他人的生命或身体可能产生危险,及对财产造成有重大损失,在紧急情况下,可以制止该行为。”

---

① 埼玉县桶川市的女大学生(21 岁)在 JR 桶川车站前被前男友(27 岁)及其同伙刺杀身亡。此后,该男子在北海道屈斜路湖自杀。被害女性及其家属再三向桶川警察署询问骚扰被害之事,但警方并没有进行充分的侦查。

② 该案称为姬路案件,一审法院认定警察在部分事实侦查方面存在怠慢,“放弃侦查是违法的,应向被害人支付 660 万日元”,二审支持一审的判决,该判决确定。在桶川案件中,法院虽然认为警方在处理加害人散发恶语中伤的传单和噪声问题方面存在失误,但对警方没能阻止杀人这一关键部分,不认为警方违法。

③ 《警察职务执行法》规定,在犯罪将要发生时,为了预防犯罪,必须发出必要的“警告”。《跟踪纠缠规制法》第 4 条规定,警察接到要求对纠缠行为发出警告的申请时,认为存在可能反复实施的,导致被害人不安的纠缠行为等,警察可以给予“警告”。《跟踪纠缠规制法》中的“警告”基本相当于公安委员会作出的,在准备阶段的“禁止命令”。若被害人到警察局去咨询时却被杀害,这类事例中,警方的反应显然是缓慢的,《跟踪纠缠规制法》中规定的“警告”有何意义,对此存在很大疑问。

如果按照这些条文的宗旨进行解释，被跟踪的被害人因自己的人身遭受危险向警察求救，但结果却被跟踪者杀害了，警方说"没想到会被杀了"这类辩解是不能成立的。应当说，警方有义务预见被害人面临的危险达到什么程度，但是日本的法院长期以来一直偏袒行政机关。

397
二、世界各国的反跟踪纠缠立法

现在世界很多国家都有规制跟踪纠缠的法律。2013 年年末，依照跟踪尾随法或骚扰法，限制跟踪纠缠行为的主要国家（地区）如表 16. a 所示。①

表 16. a　各国（地区）的骚扰法制定状况

国家（地区）	被规制的行为	制定的时间	处罚适用的法律等
Denmark（丹麦）	Forfolgelse（纠缠）	1933 年	Criminal code, Chapter27, s265
Norway（挪威）	conduct violates anotherperson's rights to be leftin peace		Chap. 39, s390a of the General CivilPenal Code
USA（美国）	Stalking	1990 年	（1990, California） （1996, National Defense Authorization Act）
Canada（加拿大）	Criminal Harassment	1993 年	Article 264 of Criminal Code

① Rapporteur's Report of Parliamentary Assembly (2013). *Report: Stalking*, Committee on Equality and Non – Discrimination, http://assembly.coe.int/extranet; University of Modena and Reggio Emilia Modena Group on Stalking(2007). *Protecting Women from the New Crime of Stalking*: A comparison of Legislative Approaches Within the European Union, Final Report.

续表

国家(地区)	被规制的行为	制定的时间	处罚适用的法律等
Australia(澳大利亚)	Stalking	1994 年	Anti – stalking Act(1994, Queensland)
England and Wales(英格兰及威尔士)	Harassment	1997 年	Protection from Harassment Act
Ireland(爱尔兰)	Stalking/Harassment	1997 年	Non – Fatal Offences against the Person Act
Belgium①(比利时)	Belaging(纠缠)	1998 年	Article 422 bis of the Criminal Code
Netherlands (荷兰)	Belaging(纠缠)	2000 年	Article 285b of the Criminal Code
Germany(德国)	Unerwünschtes Verfolgenund Belästingen(纠缠和干扰)	2002 年 2007 年	Civil Anti – stalking Law 2002 Art. 241b im Strafgesetzbuch
Bosnia, Herzegovina(波斯尼亚, 黑山)	harassment / stalking	2005 年	Article 14 of Law on Protection from Domestic Violence 2005
Malta(马尔地)	harassment harassment with violence	2005 年 2005 年	Article 251A of the Criminal Code Article 251B of the Criminal Code
Austria(奥地利)	Beharrliche Verfolgung(严重纠缠)	2006 年	Article 107a im Strafgesetzbuch

① 比利时的网络骚扰,不是规定在《刑法》中,而是依据《电气通信法》(Article145 § 3bisof the Telecommunications Act of 2005)进行处罚。

续表

国家(地区)	被规制的行为	制定的时间	处罚适用的法律等
Italy[1](意大利)	Harassment	2009 年	Law n. 38/2009 of 23 April 2009 Article 612 – bis in the Criminal Code
Luxembourg(卢森堡)	Obsessional Harassment	2009 年	Article 442 – 2 of the Criminal Code
Scotland(苏格兰)	Stalking	2010 年	Criminal Justice and Licensing
Sweden(瑞典)	Stalking	2011 年	Anti – stalking Law
Poland(波兰)	Persistent Harassment	2011 年	Penal Code 2011
South Africa(南非)	Harassment	2011 年	Protection from Harassment Act

398 世界上最早将跟踪纠缠在法律上规定为犯罪的国家是丹麦。1930 年实施、1965 年和 2004 年修改的《丹麦刑法》第 265 条规定,“侵入他人平静家庭,写信纠缠,或者不顾警察的警告采用其他方法给他人带来烦恼的,处罚金或者最高 2 年的刑罚”[2]。该规定中警告的有效期为 5 年,在警告之后实施的行为构成跟踪纠缠罪。这些条文是有关滋扰罪的规定,也是有关跟踪纠缠罪的规定。

澳大利亚维多利亚州 1958 年《刑法》第 21 条 A(section 21A of the crimes Act 1958)也规定:“任何人不得跟踪纠缠他人。违者处 10 年以下有期徒刑(imprisonment)”,因此跟踪纠缠行为被规定为刑法中的犯罪。

---

① 意大利 2009 年法律:Law n. 38/2009 of 23 April 2009 on Urgent measures of public safety to combat sexual violence and persecution acts。

② University of Modena and Reggio Emilia Modena Group on Stalking(2007). op. cit. p. 46.

截至 2014 年年末,制定了规制、处罚跟踪和骚扰的国家超过 20 个。[①] 在法律中使用(stalking)或类似的语言表述的国家有:丹麦、美国、澳大利亚、爱尔兰、比利时、奥地利、荷兰、斯洛文尼亚(Zalezovanje)、瑞典、法国(Dioxis, harcelement du troisientype)等。

跟踪纠缠基本上是一种持续的骚扰(persistent harassment),是反复强迫他人不愿意的见面或者反复强迫对方与自己接触的行为。[②]
因此,跟踪纠缠是骚扰的一种形态。通过制定反骚扰法,并在该法中 399
规定了跟踪纠缠条款的国家有:加拿大、英国、塞浦路斯、爱沙尼亚、芬兰、德国、希腊、匈牙利、意大利、立陶宛、卢森堡、马耳他、波兰、葡萄牙、斯洛伐克、南非、西班牙等。

在美国,反跟踪纠缠法(anti – stalking act)的雏形是美国联邦政府制定的文件。为了使反跟踪纠缠法在各州推广发展,由国家司法研究所(National Institute of Justice)研究了跟踪纠缠的要件,美国联邦议会 1992 年指示联邦司法部部长(U. S. Attorney General)制定了符合宪法有强制力的反跟踪法(anti – stalking code)的标准版本。[③]

美国最早的反跟踪法是 1990 年的加利福尼亚州法律,之后 3 年里所有的州都制定了有关法律。[④] 根据加拿大 1993 年修改的《刑法》第 264 条的骚扰罪(criminal harassment),跟踪纠缠被作为刑法上的犯罪给予处罚。澳大利亚于 1994 年在昆士兰州制定了最早的防止跟踪法,1999 年所有州都制定了相关法律。英国 1997 年 6 月 16

---

① University of Modena and Reggio Emilia Modena Group on Stalking(2007). op. cit. pp. 10 – 17.

② Mullen, P. E., Pathé, M. & Purcell, R. (2001). Stalking: New construcions of human behaviour, *Australian and New Zealand Journal of Psychiatry*(35), pp. 9 – 16.

③ U. S. Department of Commerce, Justice, State, the Judiciary and Related Agencies Appropriations Act for Fiscal Year 1993, Public Law 102 – 395, 109 [b]. 项目的最终报告书(the final summary report of the Project to Develop a Model Anti – Stalking Code for States)于 1993 年 9 月提交给国立司法研究所。

④ Hargreaves, J. (2000). *Stalking. Encyclopedia of Forensic Science*. Academic Press, London, pp. 1350 – 1356.

日制定的《骚扰防止法》(Protection from Harassment Act 1997. 1997 Chapter 40.)中包含了跟踪的条款。荷兰2000年7月修改了《刑法》第285条的胁迫罪(intimidation),作为第285条b新设了跟踪罪(criminalanti - stalking)。① 至此,2008年6月议会通过了关于跟踪罪的法案,于2009年2月起开始施行。在意大利,跟踪纠缠被认为是骚扰的一种,骚扰罪规定的法定刑为6个月以上4年以下的有期
400 徒刑。② 南非于2011年12月制定了防止骚扰法,其中包括了有关跟踪纠缠的条款。③ 另外,南非于1998年制定了《家庭暴力法》(Domestic Violence Act 116 of 1998),被规制的家庭暴力行为类型包括了胁迫(intimidation)、骚扰、跟踪纠缠等行为。

三、跟踪纠缠的本质和定义

跟踪纠缠(stalking)一词,据说是来源于英国15世纪延续下来的狩猎游戏(the activity of hunting game)中的狩猎用语。④ 但是,苏珊·范德雅(Van der Aa Suzan)指出,跟踪(stalking)一词的由来可以追溯到更古老的英语单词"bestealcian"(秘密追踪)。⑤ 它的词源是日耳曼古语(Proto - Germanic)⑥中的"stalkojanan"。

---

① Van der Aa, Suzan (2010). *Stalking in the Netherlands*. Apeldoorn/Antwerpen, p. 18.

② http://www. mentesociale. it/mentesociale/index. php? option = com - content & view.

③ Protection from Harassment Act, 2010, No. 17 of 2011; Government Gazette, Vol. 558, Cape Town, No. 34818, Republic of South Africa.

④ Cupach, W. R. & Spitzberg, B. H. (2004). The Dark Side of Relationship Persuit. From Attraction to Obsession and Stalking, Mahwah (NJ): Lawrence Wrlbaum Associates, p. 5. Oxford English Dictionary 解释道,"跟踪狂"一词至少在16世纪就以"prowler"(流浪汉)或"poacher"(入侵者)使用,20世纪的媒体在折磨他人(pester)、骚扰他人(harass)意义上使用。

⑤ Van der Aa, Suzan (2010). op. cit. p. 30.

⑥ 日耳曼古语(Proto - Germanic)是英语、德语、荷兰语、丹麦语、诺尔威语、瑞典语、冰岛语等语源的语言。

跟踪纠缠(stalking)一词的词源很古老,其不是现代社会创造的新行为,而是对古老行为的新用语(anew word for old behavior)。[①]

跟踪纠缠是无正当理由(without legitimate reason),无视对方的厌恶意思,反复(repeatedly)追踪(following)的行为。法律将跟踪纠缠规定为犯罪的方法有以下几种:①新增设骚扰罪(harassment),在 401
该罪中加入跟踪纠缠的内容;②新增设跟踪纠缠罪;③增设作为新类型胁迫罪的跟踪纠缠罪。美国的每个州都有关于跟踪纠缠法律,但立法的形式多种多样,有的称为骚扰罪(criminal harassment)、有的称为威胁罪(criminal menace)等。1990 年洛杉矶警察局(Los Angeles Police Department,LAPD)最早设立了胁迫管理部门(Threat Management Unit),正式开始处置跟踪纠缠行为,将跟踪纠缠认为是威胁罪的一种。

跟踪纠缠本来是指狮子悄悄接近猎物的行为,但堂堂正正地以对方(被害人)注意的方式进行追逐的行为也是跟踪纠缠。而且,有一些跟踪狂会采取一些攻击性的行动,例如逐步靠近、埋伏、挡住前路、在家门口或工作场所徘徊等。早期的典型手段还包括用电话和信件进行滋扰,后来随着传真机的普及,现在多数利用社交网络服务(SNS)进行纠缠。使用这种 SNS 的人被称为网络跟踪狂(cyber stalker)。

正因如此,跟踪纠缠被定义为:"无正当理由,反复对特定的人,纠缠、埋伏、监视、不请自来或者用电话及电子邮件等信息传达单方意向,给对方带来不安或恐惧的行为"。但是,基于法律实施的行为

---

① Mullen, et al. (2001); Finch (2001), p. 27; Meloy, J. R. (1998). The Psychology of Stalking. in: Meloy, J. R. (ed.), The Psychology of Stalking. Clinical and forensic Perspectives, San Diego: Academic Press, pp. 1 – 23 on p. 4.

以及社会认可的正当业务行为不是跟踪纠缠。[1]

大约半数的跟踪纠缠发生在生活圈相同（有熟人关系）的人之间，其中有数成发生在有亲属关系的人之间。正因如此，实际上，跟
402 踪纠缠往往被误解为是恋爱感情的纠缠[2]或痴言寡语的吵架。在这样的背景下，一旦形成了亲密关系，单方面分手就被认为是自私的。在重视基本人权的社会，任何人当然都不应受“想分手”的情绪约束，因此预防跟踪纠缠的基本对策就是如何让二人圆满地分手。

跟踪纠缠基本上是指反复进行的纠缠行为，但这个定义因学者或国家的不同而不同。[3] 对此，德尔纳等人指出，“没有一个单纯的、都可以接受的定义（no single accepted definition）”[4]。现代社会中的跟踪纠缠，已经不是单纯跟在对方的后面。

一个人对另一个人重复实施的，有别于对方意愿的干涉行为和表达行为。（a constellation of behaviors in which an individual inflicts upon another repeated unwanted intrusions and communications）。[5]

另一方面，赖特等人将跟踪纠缠定义为：“尾随（following）、观察（viewing）、表达（communicating）、威胁（threateningly）或胁迫（menacingly）的行为。”[6]对此，德尔纳等人表示，使用“观察”“表达”等词

---

① 一般来说，“纠缠”存在于正当业务的职业有：警察、检察官、海上保安官、国税监察官、入境警备官、缉毒官、劳动基准监督官、刑事设施职员、律师、新闻记者等。另外，铁路公安官于 1987 年被废止，现在被都道府县的铁路警察队取代。

② 2011 年 12 月长崎西海跟踪狂杀人案以后，警察厅向各警察本部发出了几份通报，反复使用了“起因于恋爱感情等纠葛的暴力案件”的措辞，包括 2012 年 3 月 5 日（丁生企发第 104 号）、2012 年 12 月 20 日（丁生企发第 638 号）、2013 年 2 月 6 日（丁生企发第 76 号）、2013 年 3 月 14 日（丙生企发第 31 号等）。

③ Sheridan, L. P. & Blaauw, E. (2004). Characteristics of False Stalking Reports, *Criminal Justice and Behaviur* 31, pp. 55 – 72.

④ Doerner G. W. & Lab PS (2008). *Victimology* (5th Edition). Lexis Nexis. NJ, p. 231.

⑤ Pathe, M. & Mullen, P. E. (1997). The impact of stalkers on their victims. The British Journal of Psychiatry 170, pp. 12 – 17.

⑥ Wright and colleages (1997). p. 484.

语来给跟踪纠缠下定义，说明了跟踪纠缠问题的复杂程度。如果这些行为反复实施，显然会给他人带来很大的不安和恐惧。

梅洛伊在其著作《跟踪纠缠的心理学——从临床法医学的视角》中写道，“跟踪纠缠是指对他人怀有恶意、故意反复实施的纠缠行为
或骚扰行为”（the willful, malicious and repeatedfollowing and harass- 403
ing of another person）。[①] 但是，是否构成跟踪纠缠，取决于被纠缠者的心理状态，即使是出于好意，如果被纠缠者感到困扰，那也是被跟踪纠缠。例如，礼物是令人高兴的东西，讨厌的人送来的礼物就会令人困扰，更何况是反复送礼物，简直是令人反感，甚至可以说是骚扰。[②]

被称为跟踪纠缠的行为中，所谓收集的信息（gathering information）、打电话（calling someone on the phone）、发送邮件（emailing）、送礼物（sending gifts）等行为，通常是合法的。非法的跟踪纠缠行为必须具备“无视对方的意思”“反复”“其行为的结果给对方造成痛苦”等要件。事实上，英国的反骚扰法规定的要件包括至少实施两次行为（happen twice）、两次给不认识的人打电话（two phone calls to a stranger）、两次送了礼物后打电话（two gifts following the victim then phoning them）且被害人无法接受上述行为（their behavior is unacceptable）等。

四、跟踪纠缠的分类

希基（Hickey, E. W.）认为，跟踪纠缠应当包括三个要素：①持续

---

① Meloy, J. R. (1998). The psychology of stalking. In J. R. Meloy (ed.), *The psychology of stalking: Clinical and Forensic Perspectives*. New York: Academic Press, pp. 1 – 23.

② 日本《跟踪纠缠规制法》第 2 条对纠缠规定了“送交污物、动物尸体、令人讨厌恶心的其他物品，或者其使他人处于知道该状态的”行为（第 6 项）、“送交伤害其性羞耻心的文书、图画等”行为（第 8 项）。

性的骚扰;②默示或明示的威胁(implied or explicit threats);③意图造成危害、暴力威胁或巨大的情感压力。[1] 跟踪纠缠是一种给对方造成心理压力的行为,在很多情况下,骚扰(harassment)的因素很强。
404 另外,跟踪纠缠也可以分为威胁性的跟踪纠缠和以造成心理压力为目的的跟踪纠缠。

希基等人对210名跟踪纠缠的被害人进行了调查分析,其结果显示,以被害人、加害人、跟踪纠缠过程为视角,跟踪纠缠(stalking)包括家庭内部跟踪纠缠型(domestic stalking)和陌生人跟踪纠缠型(stranger stalking),以及由被害人引起的跟踪纠缠或疑似跟踪纠缠(factitious stalking)。[2]

苏珊. 范德雅在2007年荷兰的一项调查中显示,约半数的跟踪纠缠发生在熟人之间,[3]家庭型(domestic)和陌生人型(stranger)几乎各占一半。

1. 家庭型跟踪纠缠

这种类型是在已经认识的熟人之间进行的跟踪纠缠,因为互相之间存在某种关系,一旦破裂之后,多数情况是一方跟踪纠缠另一方。熟人关系不仅是家庭关系,还包括特定的恋人、亲属、朋友、同事、邻居等。[4]

希基认为,对熟人进行纠缠的跟踪狂,可以分为因愤怒引起的愤怒型(domestic – power/anger stalker)、因威胁观念和妄想引起的妄想

---

① Hickey, E. W. (2006). *Serial Murderers and Their Victims*. Fourth Edition, Thomson Wadsworth, USA. p. 124.

② Hickey, E. D., Margulies, and Oddie, J. (1999). Victim Profiling in Cases of Stalking and Obsessional Harassment. Paper presented at the Amerian Academy of Forensic Sciences Annual Meeting, Orland, Fl.

③ Van der Aa, Suzan (2010). op. cit. p. 115.

④ 在日本,"domestic"一词多被翻译成"家庭内""家族内",但这是对本来意思的限定性解释。"domestic"是指一起生活的人、做室友的人、合租房子的人等生活圈相同的人际关系。详细内容请参见第十二章"家庭暴力被害"。

型(domestic - obsessional stalker)以及不让对方做任何事情的妨害型(domestic nuisance stalker)。[1]

愤怒型跟踪狂对被害人怀有憎恨、报复、支配的感情。这类犯罪
人多数具有反社会的性格,没有自信,经常感到不安。被害人主要是 405
女性,她们因对自己和孩子的安全感到不安,无法从丈夫、恋人、男
友、邻居等处逃离,陷入了功能障碍人际关系(dysfunctional relation-
ships)之中。

妄想型跟踪狂的动机明显弱于愤怒型跟踪狂。此时被害人是跟踪狂以前的朋友、恋人、同事、邻居、亲戚等。跟踪狂经常受精神分裂症(schizophrenia)、偏执(paranoia)、人格障碍(personality disorders)等心理疾病的困扰,因此执着于纠缠被害人,包括不断地追求被害人,给被害人频繁打电话、反复到被害人的住所、单方面发送信件和礼物、纠缠、骚扰等。

妨害型跟踪狂,是对被害人经常使用的用具进行各种各样的骚扰。被害人多为公司同事、附近居民、亲戚、老朋友等。跟踪狂缺乏社交技能,他们往往使用错误的方法或者寻求幻想,通过骚扰行为寻找快乐。

2. 陌生人型跟踪纠缠

这种类型是在素不相识的人之间的跟踪纠缠,但即使被害人不认识对方(跟踪纠缠者),跟踪纠缠者一方在某种情况下会单方面认识被害人。这种单方面认识的对象是,不一定是同一学校、同一单位,同一地区居民等生活圈相同的人,还包括政治家、工商界人士、演艺界人士、运动员等社会活跃人士,以及媒体中的知名人士也可能成为被害人。

此类跟踪纠缠可分为5种类型:[2]分别是愤怒型(power /anger)、

---

① Hickey,E. W. (2006). op. cit. p. 126.

② Hickey,E. W. (2006). op. cit. p. 127.

威胁观念或妄想型(obsessional)、妨害型(nuisance)、性侵害型(sexualpredator)、色情狂型(erotomania)。

愤怒型跟踪狂随机寻找被害人并进行纠缠。互联网是他们最常
406 见的社交纠缠工具。跟踪狂多数是具有反社会性格的人,他们往往缺乏自信和自尊心。他们在寻找发泄愤怒的对象。典型的例子有新纳粹主义、光头党、极右激进派、在社会上丧失权威的人、性歧视论者等,他们把跟踪纠缠作为发泄愤怒和愤怒的手段。网络作为跟踪纠缠手段是非常方便的工具,他们把对少数人或女性的厌恶之情写在网上进行传播。

妄想型跟踪狂受各种心理创伤的折磨,其中包括偏执型分裂症(paranoid schizophrenia)、躁郁症和分裂病(bipolar and dissociate disorders)等。互联网可以无限制地对被害人进行访问,所以对他们来说这是非常有魅力的工具。

妨害型跟踪狂多数是通过某种手段寻求与他人接触的孤独高傲之人。他们经常在网上寻找机会,从十几岁的年轻人到中年人都包括在内。他们通过盗取被害人的电子邮件、在网页上发短信、发送淫秽信息等,享受纵欲的感觉。此类跟踪纠缠的持续时间比较短,行为没有那么过激。

性侵害型跟踪狂是最危险的犯罪人,如强奸狂(rapist)、恋童癖(pedophiles)、猥亵儿童癖(child molester)、性倒错(paraphilia)等。他们对被害人实施性暴力或精神上的性暴力,因此是非常危险的群体。对于性掠夺者来说,网络是完美的手段,它可以引诱潜在的被害人,在不受惩罚的状态下相对顺利地完成侵害行为。这种跟踪狂具有频繁实施犯罪的经历,表现出各种精神异常的性格,由于他们很孤独,为了找出被害人就会利用网络等工具。

色情狂型跟踪狂相信人都希望被爱、被关注,所以想让他人归属于自己。被害人通常是名人,跟踪狂在实施纠缠行为上是无差别的、妄想的。典型例子是,犯罪人可能患有精神分裂症(schizophrenic),

也可能是精神病(psychotic),或者是受妄想症折磨。 407

五、跟踪纠缠的行为形态

跟踪纠缠可以用各种各样的形式进行,行为的形态很难一一列出。这等于要求把杀人和盗窃的行为全部写出来一样。纵观世界各国的立法例,也没有将骚扰行为和本来意义上的跟踪纠缠区分清楚。因为行为人为了达到纠缠的目的,会用各种方法骚扰对方,并不让对方逃掉。

但是,我们可以列举跟踪纠缠行为的典型事例。美国联邦司法部在 2006 年对 18 岁以上的男女进行了被害补充调查(The Supplemental Victimization Survey,SVS),[①]其中提出了七种跟踪纠缠的行为形式。该调查的结果显示,有非常多的市民遭受过跟踪纠缠。美国联邦司法部公布的数字显示,美国每年约有 340 万人遭受跟踪纠缠。[②] 从这个数字看,每年每 1000 人中有 14 名被害人。

此外,该调查结果显示,1/4 被跟踪纠缠者是通过电子邮件、即时信息等利用互联网的网络跟踪纠缠。特别多的是利用电子邮件,占比高达 83%,利用即时消息为 35%。利用互联网的网络跟踪纠缠,在世界各国都有所增加,而且与向特定对象发送电子邮件相比,利用社交服务网络(SNS)向不特定多数人发送信息的跟踪纠缠被害是今后研究的一大课题。

美国联邦司法部在调查中列举了以下七种行为形式:

1. 拨打对方不希望接听的电话; 408

2. 发送对方没有要求或不希望收到的信件或电子邮件;

3. 纠缠或监视(spying);

---

① United States Department of Justice(2009). National Crime Victimization Survey;Stalking Victimization in the United States,In:*Bureau of Justice Statistics*;*Special Report*, *January* 2009,NCJ224527.

② http://www.ovw.usdoj.gov/;http://www.victimsofcrime.org/.

4. 无正当理由，出现在对方的家中或工作场所（showing up）；

5. 埋伏；

6. 邮寄给对方不喜欢的东西、礼物、鲜花等；

7. 通过互联网，在公共场所或者通过口头（by word ofmouth），散布关于被害人的信息或者传播谣言。

美国的跟踪尾随行为的形态如表 16. b 所示。

表 16. b　美国的跟踪尾随行为的形态

资料来源：US Department of Justice（2009）. Stalking Victimization in the United States

跟踪纠缠行为的形态	总数	跟踪纠缠	骚扰
拨打对方不希望接听的电话	62.5%	66.2%	57.2%
发送对方不需要的信件或电子邮件	30.1%	30.6%	29.4%
散布谣言	29.1%	35.7%	19.9%
纠缠、监视	24.5%	34.3%	10.6%
在被害人的场所出现	22.4%	31.1%	10.2%
埋伏	20.4%	29.0%	8.3%
送给对方不喜欢的礼物	9.1%	12.2%	4.8%
被害人的人数	5,857,030 人	3,424,100 人	2,432,930 人

在这个调查中，该行为是跟踪纠缠还是骚扰，回答是有分歧的。总之，多种行为形态的排名是相同的，但引人注目的是“传播谣言”的排名是靠前的。

荷兰的跟踪纠缠的行为形态如表 16. c 所示。美国的调查是以 18 岁以上普通男女为对象进行的，而荷兰的调查对象是在被害人支援中心等获得支援的被害人。由此可见，荷兰对每个跟踪纠缠行为的数据匹配率是很高的。

表 16.c　荷兰的跟踪纠缠的行为形态 409

资料来源:Van der Aa,Suzan(2010). Stalking in the Netherlands,p. 115

跟踪纠缠的行为形态	被害人数	所占百分比
单方打电话、发电子邮件和信件	323	90.7%
在被害人周边纠缠、徘徊	272	76.4%
威胁	265	74.5%
侮辱被害人	260	73.1%
强迫被害人进行不希望的对话	254	71.3%
被害人发送有害信息	197	55.4%
被害人发送其不想要的东西	190	53.3%
破坏财物	176	49.4%
对身体施加暴力	137	38.5%
向报纸和杂志投送有关被害人的稿件	45	12.6%

* 被调查者的总数是 356 人。

美国的跟踪纠缠行为中,没有荷兰的“威胁”“强迫被害人进行不希望的对话”“对身体施加暴力”等,但在荷兰,这些行为也是刑法中恐吓罪的一部分,让他人履行没有义务的行为也是跟踪纠缠的一部分。

比较一下美国的数据和荷兰的数据,其共同特点是,使用电话、电子邮件、信件等手段的工作骚扰最多,而根据荷兰的调查报告,被害人遭受威胁、侮辱、强行要求对话、破坏财物、施加暴力等实害的情况也很多。

希基指出,跟踪纠缠的行为形态还包括故意破坏公共设施(Vandalism)、展示武器(displaying weapons)、在标的上做记号(signatures)等,[①]这些都是攻击性的跟踪纠缠。

① Hickey,E. W. (2006). op. cit. p. 129.

根据2012年日本警察厅的统计，表16.d显示了日本跟踪狂北
410 海案件向警方报案的实际数量。实际上一起案件中可以包括多种行为形式。另外，除这些行为以外，遭受法律上没有规制的滋扰行为的被害人有315名(1.6%)。

表16.d 日本的跟踪纠缠的行为形态

资料来源：警察厅生活安全科《平成24年的跟踪纠缠案件的情况》

跟踪尾随规制法规定的行为形态	被害人数	所占百分比
第1项：纠缠、埋伏等	10,650	53.5%
第2项：告知对方正在被监视	1436	7.2%
第3项：要求见面、要求交朋友	10,479	52.6%
第4项：使用粗野或粗暴的言行	4391	22.0%
第5项：拨打无声电话或者连续打电话	5510	27.7%
第6项：送去污物、动物尸体等	184	0.9%
第7项：损害名誉的行为	969	4.9%
第8项：损害性羞耻心的行为	1182	5.9%

* 第4项、第6项、第7项、第8项的行为不是跟踪纠缠，而是骚扰。

六、网络跟踪纠缠

网络跟踪纠缠(cyber－stalking)①是指利用计算机网络进行的跟踪纠缠。现在，很多的跟踪纠缠都是网络跟踪纠缠。② 特别是在陌生

---

① 网络(cyber)一词是指"计算机网络"，通常作为电脑犯罪(cyber－crime)的前缀使用。联合国犯罪预防委员会第11届会议于2005年4月在泰国曼谷召开，会议的主题之一就是计算机相关犯罪(Computer－related Crime)；ISPAC于2009年12月在意大利召开的国际会议，主题是在计算机技术领域保护儿童免受性犯罪侵害(International Conference on Protecting Children from Sexual Offenders in the Information Technology Era)，会议热烈地讨论了包括网络骚扰在内的网络犯罪中未成年人的保护问题。

② Moriarty, Laura J. (2003). *Controversies in Victimology*. Anderson Publishing co. Cincinnati, Ohio. p. 105 ff.

人(stranger)型跟踪纠缠中,跟踪狂经常通过网络找到被害人。而在熟人型跟踪纠缠中,犯罪人往往把交往中得到的对方的私人信息(照片、信件、邮件等)恶意利用,作为对分手的对方进行跟踪纠缠的手段。其目的是在网络上对分手的对方进行复仇,同时也是为了传达 411
信息——“如果不想让这些秘密泄露出去,我们就恢复关系”。

在生活中使用计算机网络,统称为社交网络服务(Social Networking Service,SNS)。[1] 无论是陌生人型跟踪纠缠还是熟人型跟踪纠缠,SNS 都是有效的纠缠手段。根据希基等人的调查,典型的网络骚扰是包括性掠夺者在内的陌生人型跟踪纠缠者,这类跟踪狂主要是使用网络。[2]

需要注意的跟踪狂是,涉及恋童癖(pedophiles)和猥亵儿童癖(child molesters)。恋童癖的特征是,其生活在成人社会中,但试图与儿童建立亲密的关系。[3] 通常,他们不结婚,独自生活或与家人一起生活。由于得到性爱对象并不容易,所以他们常常在电影、照片等之中寻求替代刺激,在幻想的世界里满足性欲。猥亵儿童癖者的情况是,他们结婚,也有家庭但他们同时寻求儿童的性魅力,儿童的年龄也因跟踪狂不同而幅度不同。有的跟踪狂寻求的儿童年龄覆盖幼儿园的所有年龄段,而有的跟踪狂则只对中学生感兴趣。[4]

希基指出,互联网已经成为这些性掠夺者潜伏等待的迷宫(laby-

---

① 社交网络服务(SNS)一词,本来是指促进人和人的联系、促进社区互助型的会员制服务,也包括提供服务的网站。代表性网站有 Facebook, Twitter, Google Myspace, Linkedin 等;在日本, mixi, GREE, Mobage Ameba 等也被广泛使用。SNS 广泛普及,能够构筑社会网络的服务和网站也被认为是 SNS(广义的 SNS)。因此,像“博客”“2ch”等具有评论、回看等交流功能的电子公告板也被认为包含在 SNS 中。

② Hickey, E. W. (2006). op. cit. p. 129.

③ Hickey, E. W. (2006). op. cit. p. 130.

④ 据报道,美国加利福尼亚州一位 60 岁的眼科医生(ophthalmologist)与 13 岁少女交换了邮箱后,发送露骨的描写性行为的照片,该少女到警察署进行咨询,但这位眼科医生却对警察辩解说,只是发送照片想和她见面而已。

412 rinth)。① 他们不往网络公告栏上投稿,而对阅读别人的文章感兴趣。因此,如果在网上公开自己的姓名、地址、照片等个人信息,就有可能成为跟踪狂的牺牲品。对于这一点,人们应当特别重视。

网络跟踪纠缠是各种各样的人以各种各样的方法进行的。其主要类型有以下几种:

1. 来自陌生人的跟踪纠缠(stalking by strangers);

2. 基于性别的跟踪纠缠(gender - based stalking);

3. 来自亲密关系人的跟踪纠缠(stalking by intimate partners);

4. 名流和公众人物受到的跟踪纠缠(stalking of celebrities and public persons);

5. 来自匿名在线的违法人员的跟踪纠缠(stalking by anonymous mobs);

6. 以组织为目标的跟踪纠缠或有组织地进行的跟踪纠缠(corporate cyberstalking)。

另一方面,进行网络跟踪纠缠,有执着的跟踪狂(the vindictive cyber - stalkers),也有冷静的跟踪狂(the composed cyber - stalkers),有熟人的跟踪狂(the intimate cyber - stalkers),也有集体跟踪狂(the collective cyber - stalkers)等。

七、复仇跟踪纠缠

在跟踪纠缠中,还有以报复形式进行纠缠的复仇跟踪纠缠(revenge - stalking)。纠缠的动机是多种多样的,例如被背叛、心灵被伤害、被愚弄、要求被无视等。其中有一种是,曾经对对方有好感和恋爱感情,但自己的感情却被对方践踏了,于是开始报复纠缠,这些人最初的感情是单方面的,最后却因与对方(被害人)完全丧失信任关

---

① 拉比尤林托斯是希腊的神话,米诺斯王为了封印怪物米诺陶洛斯而牺牲在达罗斯建造的迷宫。

系和恋爱感情，从而开始复仇。

在陌生人型跟踪纠缠的情况下，多数人是为了恢复关系，使对方回心转意而进行纠缠，但复仇型跟踪纠缠却是为了给对方带来困难而进行报复。并且，还有些人并不是为了自己的恩怨，而是因替熟人、朋友报仇而进行纠缠。 413

报仇的原因除了是因为被害人和加害人之间的存在某种行为以外，如果向警方告发跟踪纠缠行为，还将引发更过激的跟踪纠缠。荷兰在2007年的调查中，有数据显示，没有被警方正式受理的跟踪纠缠的被害人中，有32.2%担心遭受报复。[1]

网络跟踪纠缠和复仇跟踪纠缠有时会有重叠，在男女交往过程中得到被害人的色情照片等，在分手后在SNS上散布所谓的复仇色情片。复仇色情片基本上是一种报复，也是一种骚扰，但也有人通过反复骚扰，企图让被害人回心转意、扭转局面。

八、跟踪狂的类型

跟踪纠缠之所以成为社会问题，据说是因为1989年美国发生的丽贝卡谋杀案。[2] 丽贝卡·谢弗（Rebecca Schaeffer）是电视情景喜剧节目“My Sister Sam”[3]的人气女演员。亚利桑那州图森的一家快餐店工作人员罗伯特·巴多（Robert. Bardo）对丽贝卡展开猛烈的追求，持续发送情书长达2年以上，并收集了丽贝卡出演电视节目的录像和照片等。但是，巴多未能如愿，于是他来到丽贝卡在洛杉矶的公寓敲门，当丽贝卡打开门时，被巴多连开两枪杀害。巴多于1991年被判决不附加保护观察的终身监禁。

---

① Van der Aa, Suzan(2010). op. cit. p. 118.

② Alvarez, A. & Bachman, R. (2008). *Violence; The Enduring Problem*. Sage Publishings, p. 143; Wallace, H. (1998). *Victimology*. Allyn and Bacon, Boston, p. 333.

③ 情景喜剧（sitcom）是情景喜剧（situation comedy）的简称，是指设定有趣的令人发笑的电视或广播连续剧。

巴多是传统的跟踪狂(a classic stalker),在美国被称为“明星跟
414 踪狂”(celebrity stalking)。[1] 丽贝卡·谢弗去世后,1990 年在加利福尼亚州诞生了美国最初的反跟踪纠缠法[*],跟踪纠缠一词首次出现在法律上。

迪潘·莫拉莱斯指出,“跟踪纠缠多数是利用人际关系的暴力(relationship violence)犯罪,跟踪纠缠长期持续地进行,会给被害人的生活和自尊心带来影响,这是抓住对方弱点的行为(predatory behavior),而不是普通的暴力犯罪”[2]。正如莫拉莱斯所指出的那样,将跟踪纠缠认定为关系犯罪,实际上忽视了跟踪狂单方面抓住对方弱点实施犯罪这一本质特征。

米丘林等人根据跟踪狂的特定关系与动机将跟踪狂分为五种类型:特定关系被拒绝(rejected)的人、为挽回破裂亲密关系的人(intimacyseekers)、软弱无能(incompetent)的人、愤怒(resentful)的人、占有欲(predatory)的人。[3]

洛杉矶警方在全州设立了专门负责查处跟踪狂的部门(Threat Management Unit),其任务是制作跟踪狂的档案、逮捕和追诉跟踪狂。该项目的负责人佐纳等人,重新对洛杉矶地区的跟踪狂进行了调查,

---

① Alvarez, Alex & Bachman, Ronet(2008). op. cit. p. 144; Hickey, E. W. (2006). op. cit. p. 125. 文中还列举了著名网球明星莫妮卡·塞莱斯(MonicaSeles)在 1993 年受到性骚扰的案件。

* 也有人翻译成《加州反狗仔队法》,参见《北京化工大学学报》2011 年第 4 期。——译者注

② Dupint – Morales, M. A. (2003). The Traditional and Reality of Domestic Violence. In:Moriarty, L. J. *Controversies in Victimology*. Anderson Publishing co. Cincinnati, OH. USA. p. 67.

③ Paul, E. M. , Michele, P. , Rosemary P. and Geoffrey W. S. *A Study of Stalkers*. Am J Psychiatry 156:1244 – 1249, August 1999.

基于对跟踪纠缠的 74 个问题建立了数据库,[①]把跟踪狂分类为以下四种:色情型(erotomania)、爱情妄想型(love obsessional)、单纯妄想型(simple obsessional)、伪装被害妄想综合征(false victimization syndrome)。[②]

色情型跟踪狂中,跟踪纠缠的主要原因是患有妄想障碍(delusional disorder),妄想某人(跟踪的被害人,通常是地位较高的人或异
性)爱自己(跟踪加害人)。被害人并不认识跟踪狂,他们一般是名 415
人或明星。跟踪狂自认为被害人爱自己,所以如果不接受自己的爱的回赠,就没完没了地跟踪纠缠。跟踪纠缠或妄想的期间,通常长达 1—4 个月。

爱情妄想型跟踪狂的很多情况,与色情狂型跟踪狂相似。对于被选中的被害人,跟踪纠缠者只知道这是通过媒体选中的,因此跟踪狂会陷入妄想。这些人相信,如果被害人单纯地承认他们的存在,就会进入与他们的爱情之中。跟踪狂通过写信、打电话等方法与被害人取得联系,并进行宣传活动,让被害人知道他们的存在。这些行动有时会持续 14 个月。

单纯妄想型跟踪狂与色情型跟踪狂、爱情妄想型跟踪狂不同,在多数情况下,他们以前就与被害人有某种关系。这种关系可以是以前的配偶,也可以是雇主,还可以是邻居。在所有情况下,跟踪纠缠都是在关系恶化之后开始的。被害人想要离开或分手始于对方施家庭暴力或虐待等原因,在这种情况下,有可能发展成凶杀案件。这种跟踪纠缠的平均持续时间是 5.1 个月。跟踪狂想要修复(rectify)分手危机,或者想要从对方那里得到某种补偿(retribution)。这是的典型模式。

---

① Zona, M. A., Shanna, K. K., & Lane, J. C. (1993). A comparative Study of Erotomanie and Obsessional Subjects in a Forensic Sample. J*ournal of Forensic Sciences*, 38 (4), 894 - 903.

② Hickey, E. W. (2006). op. cit. p. 125.

极其稀少的情况是伪装被害妄想综合征(false victimization syndrome)。① 这类人有想成为被害人的愿望。通过声张某人正在跟踪纠缠自己,希望使自己成为被害人。该种综合征与孟乔森综合征(munchausen syndrome)②有相似之处。

416 1971 年美国由克林特·伊斯特伍德主演、导演的电影《迷雾追魂》(*Play Misty for Me*),就是以爱情妄想型患者为蓝本,描写了跟踪狂的特异性格。③ 当时,由于普通人并不知道跟踪狂(stalker)一词,所以没有人认为该片是有关跟踪狂的影片。这部影片中,跟踪狂的被害人是担任深夜广播电台的音乐节目主持人(克林特·伊斯特伍德饰),崇拜他的女观众经常往广播电台打电话,要求点一首当时受欢迎的爵士乐叙事曲“雾蒙蒙”(*misty*),④“为我点一首雾蒙蒙”(“Play Misty for me”,带着神秘色彩)这句话就成为电影的主题。

在这部影片中,跟踪狂伊波琳为了获得迪夫的喜欢,开始纠缠迪夫,并逐渐升级,最终引发了这起案件。希望自己喜欢的人喜欢自己,最后发展成跟踪纠缠,这也是骚扰的典型模式。

这部电影被认为是 1987 年制作的《致命诱惑》(*Fatal Attraction*)的翻版。⑤ 律师丹[迈克尔·道格拉斯(Michael Douglas)饰]和妻子过着幸福的生活,妻子回到老家的时候,他参加了一次派对并认识了单身的艾利克斯[格伦·克洛斯(Glenn Close)饰],两人建立了情侣

---

① Wallace, H. (1998). op. cit. p. 334.

② 孟乔森综合征被分类为虚伪障碍精神疾病的一种,其症状是为了引起周围人的关心和同情,假装生病,伤害自己的身体。1951 年由一位英国医生发现,以“吹牛男爵”闻名的德国贵族孟乔森男爵命名。相似的症状有,代理型孟乔森综合征,它会让近亲者等人患上疾病。

③ 这部电影的原型和剧本由乔·惠于 1971 年 11 月公开,仅在美国和加拿大的票房收入就高达 1000 万美元。在日本以《恐怖的旋律》为名于 1972 年 4 月上映。

④ *Misty* 是由爵士钢琴家艾洛尔·加纳于 1954 年作曲的叙事曲。

⑤ 导演是阿德里安·莱茵,剧本由詹姆斯·迪尔登制作,1987 年 9 月公演。在日本以《危险的情事》为名于 1988 年 2 月上映。这部热门影片获得奥斯卡金像奖 6 项提名,票房收入达 1 亿 6000 万美元。

关系。感觉这是命运相遇的艾利克斯，在那之后开始纠缠，慢慢地变得异常的偏执和固执。在他们建立亲密关系之后，艾利克斯一方面考虑分手，另一方面想继续保存这种关系，不断对丹和他的家庭进行骚扰，这就是单纯妄想型综合征。

跟踪纠缠案件，基本上是以某种好意的感情来纠缠，在希望无法 417
实现时，采取攻击对方的形式。然而，容易混淆的情况是，有时被跟踪者一方（被跟踪纠缠的被害人）也会攻击跟踪者（为了消灭跟踪者而实施犯罪）。这不是典型的跟踪狂杀人案件。典型案件的案例是日本 1976 年 5 月 6 日发生的“克美茂杀害情妇案件”。[①] 在该案件中，克美茂与情人（既是跟踪纠缠的被害人，也是杀害的加害人）同居，因无法摆脱被害人的跟踪纠缠而将情妇杀死。跟踪狂被杀的案件，与原来的跟踪狂案件是不同的。

九、跟踪纠缠的现状

跟踪纠缠被害虽然已成为发达国家的共同烦恼，但其实际情况并非完全相同。当然，文化、社会的差异也导致了跟踪纠缠行为的差异。比较一下跟踪纠缠被害的数据等，可以发现各国是如何将该行为定义跟踪纠缠的，也可以看出哪些行为被规定为规制的对象。

对于有多少国民遭受跟踪纠缠的被害，各国进行了各种各样的调查。表 16. e 归纳了样本数多于 500 的较大规模的调查情况。

澳大利亚的珀塞尔（Percell，R.）等人的调查[②]中，有 23.4% 的市民遭受过跟踪纠缠被害。另据斯蒂格尔（Stieger，S.）等人对澳大利

---

① 1976 年 5 月 6 日发生的克美共杀害情人案，歌手克美茂（36 岁）将女情人（35 岁）勒死在同居的公寓，因为很难找到地方隐藏尸体，于是将尸体藏在车后备厢停在羽田机场的停车场，他却飞到巡演地北海道，保安人员发现异臭后向警察报警。

② Rosemary Purcell（2006）. The Prevalence and Nature of Stalking in the Australian Community，http：//www3. interschience. wiley. eom/journal/l20784248/abstract/.

418 亚的调查,①遭受跟踪纠缠的被害人占 11%(其中女性占 17%,男性占 3%)。在英国,1998 年在霍德(Budd,T.)等人进行的调查显示,②在英格兰和威尔士一生一直被跟踪纠缠的人有 12%(其中男性 16%,女性 7%),查普林(Chaplin,R.)等人的 2010—2011 年③的调查中显示,被害人男性为 43%,女性为 57%。关于德国,根据德雷辛格(Dressing,H.)等人进行的调查显示,④一生中遭受过一次以上跟踪纠缠的人有 12%。

表 16.e　各国的跟踪纠缠被害率调查

资料来源:Van der Aa,Suzan(2010). Stalking in the Netherlands,p. 53

研究者(作者)名(年)	国名	标本数	过去的被害率%		
			全体	女性	男性
AuCoin(2005)	加拿大	24,000	9	11	7
Basile et al. (2006)	美国	9684	4.5	7	2
Budd & Mattinson(2000)	英国	9988	11.8	6.1	6.8
Coleman(2007)	英国	26,214	—	23	13
Dovelius et al. (2006)	瑞典	4019	9	—	—
Dressing et al. (2005)	德国	679	11.6	17	4
Finney(2006)	英国	24,498	—	23.3	15.2

① Stieger,S. & Anne,S. (2008). Lifetime Prevalence and Impact of Stalking: Epidemiological data from Eastern Austria. *European Journal of Osychiatry*, Vol. 22, N4, pp. 235 – 241.

② Budd,T. ,Joanna,M. & Andy,M. (2000). The Extend and Nature of Stalking: finding fromthe 1998 British Crime Survay,*British Crime Survey*.

③ Chaplin, R. , John F. & Kevin,S. (2011). *Crime in England and Wales* 2010/11. The Home Office,p. 66.

④ Dressing,H. & Kuenner,G. (2005). Lifetime Prevalence and Impact of Stalking in European Population. Epidemiological Data from a middle – sized Germany City, *The Britishgournal of Psychiatry*. 12. 12.

续表

研究者(作者)名(年)	国名	标本数	过去的被害率%		
			全体	女性	男性
Kohn et al. (2000)	美国	1171	—	15	—
McLennan(1996)	澳大利亚	6300	—	15	—
Morris et al. (2002)	苏格兰	1024	—	17	7
Percell et al. (2002)	澳大利亚	1844	23.4	32.4	12.8
Tjaden & Thoennes(1998)	美国	16,000	—	8.1	2.2
Walby & Allen(2004)	英国	22,463	—	18.9	11.6

美国联邦司法部2006年的被害调查(The Supplemental Victimization Survey,SVS)称,[①]在美国,一周至少经历过一次跟踪纠缠的被害人是46%,其中11%的被害人遭受持续5年以上的跟踪纠缠,而且跟踪纠缠被害风险最高的是与配偶分手或离婚的配偶,1000人中就有34名。 419

从男女比例来看,女性比男性受到跟踪纠缠的风险更高,但如果是受到骚扰的话,经历的可能性几乎相同。向警察报警的跟踪纠缠被害,男性(37%)和女性(41%)几乎相同。对于跟踪纠缠的男性被害人,加害人43%是女性,41%是男性。从女性被害人的情况看,加害人67%是男性,24%是女性。

据潘迪·莫拉莱斯的统计,跟踪狂的27%是女性。如果跟踪狂是女性,而被害人是男性或家庭成员,那么执法机关和法院就会对表现反抗态度的女性加害人束手无策。另外,在男性是跟踪狂的情况下,被害人并非完全不认识的人,大多是亲近的人或邻居。潘迪·莫

① United States Department of Justice(2009). National Crime Victimization Survey;Stalking Victimization in the United States, in:Bureau of Justice Statistics;January 2009,NCJ224527.

拉莱斯还指出，相同类型的女性跟踪狂，通常出现在有功能障碍的家庭（dys－functional families），常常表现出仇恨，在家人和亲戚中使用暴力、毁坏财物。[1]

苏珊·范德雅 2007 年 10 月，从荷兰被害人支援组织（Slachtofferhulp Nederland）的文件中选取 15 岁以上 1500 名男女进行了调查，加害人是男性的有 273 人（82.7%），是女性的有 57 人（17.3%），不明的有 26 人（7.3%）。[2] 关于跟踪狂的学历，31.2% 的人情况不清楚，40% 以上的人是受过义务教育的低学历者。35.8% 的跟踪狂没
420 有表现出依赖症状（signs of addiction），但 23.6% 的人有酒精依赖症。关于跟踪狂是否因某种精神障碍被精神科作出过诊断的问题，调查对被害人进行了询问，33.3% 的人回答“是的”。另外，有 48.2% 的人并不知道跟踪狂是否受到了精神障碍的折磨。68.2% 的案例中，跟踪狂至少与警方有过 1 次接触，但 23.9% 的人不知是否有犯罪记录。

关于加害人和被害人的关系，跟踪狂和被害人有亲密关系（intimate relationship）的情况只有 50.6%（n＝167）。[3] 从遭受曾经伴侣跟踪纠缠（ex－partner stalking）的 167 起事例看，有 84% 的人在分手之前就开始施加暴力，其中精神暴力占 55%，身体暴力占 23%。另一方面，关系不亲密的人员之间发生的跟踪纠缠情况看，只是表面上认识的熟人（casual acquaintances）和关系疏远的朋友（estranged friends）占 27.0%（n＝89），在工作单位遇到的人占 11.5%（n＝38），亲戚占 1.8%（n＝ 6）。全然不认识的人占跟踪狂的 7.9%（n＝26）。

关于日本的情况，根据 2012 年警察厅的资料，被害人是占比例

---

① Dupint－Morales, M. A. (1998). The Female Stalker. In: Moriarty, L. J. & Jerin, R. A. (eds.), *Current Issues in Victimology Research*, Duham, N. C. Carolina Academic Press, pp. 223－238.

② Van der Aa, Suzan(2010). op. cit. p. 113.

③ Van der Aa, Suzan(2010). op. cit. p. 115.

是 89.8%,加害人是女性占 10.2%。[①] 另外,根据警视厅 2011 年的统计,993 起跟踪狂案件中,被害人是女性的有 840 件(占 84.6%)。

关于被害人和加害人的关系,彼此交往(包括前男友、前女友)为 51.5%,配偶(包括情人、原配偶)为 8.2%,两者加起来几乎达到 6 成(59.7%),熟人朋友为(10.5%)、工作同事和单位有关人员为(8.7%),密切关系人为(3.0%),包括互相认识或者有某种人际关系的达 8 成(81.9%)。其他关系(邻居、演艺明星的粉丝等)是 4.2%,遭受不认识的对象侵害是 5.6%,行为者不明是 8.3%,加起来不到 2 成(18.1%)。

跟踪纠缠的动机是各种各样的,也有跟踪纠缠是为了猎奇,为了
让被害人惊慌、惊愕。例如,2000 年美国联邦司法部发表了《对女性 421
暴力的全美调查》(*National Violence Against Women Survey*)报告显示,跟踪狂的动机包括:想控制对方(21%)、想继续与被害人保持关系(20%)、为了给被害人造成恐惧(16%)、想让对方调整心态(mental disorder)或滥用药物(substance abuse)(7%)、想引起被害人的关注(5%)、想让被害人做点什么(1%)。[②]

根据苏珊·范德雅对 356 名跟踪纠缠被害人的调查,[③]有 44.4%(n = 158)的被害人认为跟踪纠缠者是为了复仇。另外,有 43.4%(n = 154)的被害人认为跟踪狂的动机是想要保持关系(initiate a relationship)或想要修复破裂的感情关系,有 15.4%(n = 55)的被害人表示不知道跟踪狂的动机。关于跟踪狂的其他动机,有 11.2%(n = 40)的案件是需要支付离婚费用等金钱,这是以金钱为目的的跟踪

---

① 源自警察厅 2013 年 2 月 6 日发表的资料。

② Tjaden, P. & Thoennes, N. (2000). Full Report of the Prevalence, Incidence, and Consequences of Violence against Women: Findings from the National Violence Against Women Survey, Washington D. C.: U. S. Department of Justice, National Insitute of Justice, p. 8.

③ Van der Aa, Suzan (2010). op. cit. p. 116.

狂。现在,有 12.4%(n=44)的案件围绕孩子的监护权问题(custody issues),跟踪狂要求取得监护权。

十、美国的反跟踪纠缠法

美国最早的反跟踪纠缠法是 1990 年加利福尼亚州出台的法律,①之后各州相继制定了法律,到 1993 年 9 月为止,全部 50 个州和哥伦比亚特区都制定了反跟踪纠缠法。②

422 1996 年美国国会也通过了《联邦反跟踪纠缠法》。③

美国的许多反跟踪纠缠法中,都把跟踪纠缠定义为"因故意,恶意、反复地纠缠、骚扰他人的行为"(the willful, malicious and repeated following or harassing of another person);有几个州对跟踪纠缠规定的要件是,加害人以口头或文章对被害人进行"确实的威胁"(credible threat),有的规定加害人具有实施这种威胁的可能性。④ 另外,在一些州将跟踪纠缠行为定性为,加害人明知且目的明确(knowingly, purposefully and repeatedly)地反复实施一系列(a series of actions)具有持续性的行为(a course of conduct)。这里的一系列行动是指诸如视觉或身体接触,或者口头、文字威胁之类的持续行为。

在美国,跟踪纠缠被认为是严重犯罪(a serious crime)。虽然跟踪纠缠的被害人会受到身体上和精神上的伤害,处于迫切的危险状

---

① 美国最早的反骚扰法是《加利福尼亚刑法》646/9,由橙县法院法官约翰·沃森(John Watson)提出的。

② 根据 National Center for Victims of Crime, Legislative Database。通常称为反骚扰法,有骚扰罪(criminal harassment)、威胁罪(criminal menace)等。另外,《司机隐私保护法》(Drivers Privacy Protection Act, DPPA)和《统一军事司法法典》(Uniform Code of Military Justice, UCMJ) 120a 中,也有骚扰条款。

③ National Defense Authorization Act for Fiscal Year 1997. Public Law 104-201, 1069.

④ 美国犯罪被害人中心(National Center for Victims of Crime)2002 年年度报告书中定义:"骚扰是指两人之间的不情愿接触,直接或间接地威胁被害人,使其处于不安的状态。"

态，但也不是马上就会有实际伤害。有很多州规定了被告人（跟踪狂）意图给被害人带来恐惧这一要件，但有几个州则规定，只要有理由判断被告的行为会给被害人造成惊恐时，就认为被告人有上述意图。

一直以来，防止跟踪纠缠被害人的唯一措施是驱逐命令或禁止命令（stay – away or restraining orders）。这种传统方法是存在法律上的局限，因为只有在行为人破坏或者违反这些命令后，才能惩罚加害人，所以这只是针对避免发生危害而采取的预防措施，在规制跟踪狂的行为方面是有限的。

美国的反跟踪纠缠法规定，滋扰和（或）威胁他人的行为是犯罪，其规制的目的有以下两个：(1)为了排除加害人扰乱被害人日常生活的行为；(2)为了防止这种行为升级为暴力。 423

《反跟踪纠缠法》规定的刑罚根据各州的情况而有所不同，大致分为以下三种类型：

1. 把跟踪纠缠行为规定为轻罪（misdemeanor）；

2. 把最初的跟踪纠缠行为规定为轻罪，再犯的是重罪（felony）；

3. 一开始就把跟踪纠缠行为规定为重罪。

美国许多州的法律都将最初的跟踪纠缠行为规定为轻罪，而将违反保护命令和（或）再次实施跟踪纠缠行为规定为重罪，由于跟踪纠缠危害程度变化较大，因此很少有州将该行为只规定为轻罪。

美国许多州的法律还规定，不仅是对被害人本人，对其父母、兄弟姐妹、配偶、子女等亲属进行威胁的，也是反跟踪纠缠法处罚的对象。艾奥瓦州法规定，即使最初的暴力发生在其他州，但在艾奥瓦州再次实施暴力的，也处以重罪。密歇根州、夏威夷州和伊利诺伊州的法院可以对跟踪狂下达劝告命令。伊利诺伊州规定，如果释放跟踪狂就会给被害人带来危险的，法院可以拒绝释放。佛罗里达州规定，如果跟踪狂有跟踪纠缠的危险，警方可以在没有拘捕令的情况下拘留跟踪纠缠者。

佛罗里达州反跟踪纠缠法(The Florida Stalking Statute)将骚扰(harass)定义为“没有正当目的,对特定的人造成相当程度的感情痛苦的持续行为(a course of conduct)”。这种“持续行为”是指,由超过某一期间(也可以是较短的期间)实施的一系列行动(a series of acts)构成的行为。

跟踪纠缠行为要件之一的“确实的威胁”(credible threat),是指以给被威胁对象带来相当程度的不安为目的而进行的威胁。

佛罗里达州的反跟踪纠缠法规定了网络跟踪纠缠的概念,即网络跟踪纠缠(犯罪),是指通过电子邮件等(electronic mail or electronic communication),以给特定人带来感情上的痛苦为目的,反复发送言词、图像或文章的行为。

424 根据《佛罗里达州刑法》,“恶意对他人,故意地反复进行纠缠、滋扰,或者进行网络骚扰的”(Anyperson who willfully, maliciously, and repeatedly follows and harasses, or cyberstalks),构成是骚扰罪,如果是初犯认定为轻罪(misdemeanor),依照刑法第 775 - 082 条或者第 775 - 083 条的规定处罚。

十一、澳大利亚的反跟踪纠缠法

澳大利亚由各个州的法律处置跟踪纠缠行为,但有一些州也适用于在其他州发生的跟踪纠缠行为。

澳大利亚昆士兰州于 1994 年制定了最早的防止跟踪纠缠法,之后各州相继制定了相应的法律。昆士兰州法律的规制范围最广,南澳大利亚州法律的规制范围最窄。关于对跟踪纠缠行为的刑罚,有几个州的最高刑罚可达 10 年监禁,而其他州的刑罚最轻的只是罚金。

澳大利亚的反跟踪纠缠法值得关注的是,如果作为普通人(reasonable person)的行为人试图给他人带来恐惧感,无论是否实际上造成被害人恐惧,均犯罪成立。许多州规定,对于跟踪纠缠行为可以适用禁止命令（restraining order），如果违反该命令，可以按照刑法犯罪给予刑罚处罚。

跟踪纠缠行为的要件是反复进行纠缠，但除了昆士兰、北部地方、南澳大利亚以外，其他所有的州都没有特别规定实施次数的问题。① 即使只纠缠一次，也可以构成跟踪纠缠。例如，维多利亚州1958年《刑法》第21条A（section 21A of the Crimes Act 1958）有如下规定：

不得对他人实施下列纠缠行为。如果违反规定的，处以10年以下监禁（imprisonment）。

1. 纠缠（following）被害人或关系人的；

2. 给被害人或关系人打电话、发送电子邮件，或者以相似方法进 425
行联系的；

3. 侵入被害人或关系人的住所、办公室，或者在他们常去的地方或附近聚集的；

4. 妨碍被害人或关系人持有物品（interfering with property），但是，加害人是否对该物品有所有权在所不问；

5. 将令人不快的物质送达给被害人或关系人，或者放置在能够被其发现或察觉的地方；

6. 将被害人或关系人置于监视之下；

7. 采用某种唤起恐惧的方法，对被害人或关系人的安宁产生影响的。

维多利亚州最高法院在1996年对持续行为（a course of conduct）一词的定义作出了判决。② 其中，最高法院法官麦克唐纳（J. McDonald）指出，“持续行为与其说是长期的行为或独立的状况，不如说是与很多状况有关联的行为。但是，并不是仅仅指长时间地（for

---

① 源自昆士兰州司法部网站（http://justice. qld. gov. au/amend_bill98. html）。Criminal Law (Stalking) Amendment bill 1998.

② Ggunes v. Pearson and Tunc v. Pearson (1996) 89 A Crim R 297.

a single protracted period of time)将被害人置于监视下”。

昆士兰州法规定,仅仅将被害人置于长期监视之下,并不构成跟踪纠缠。

西澳大利亚州的相关法律规定,禁止以刑法第 338 条 d 和第 338 条 e 规定的目的实施下列行为:

1. 对某人反复纠缠(persistently following)、打电话;

2. 剥夺某人物品的所有权,或者妨碍他人使用该物品的;

3. 监视(watching)或滋扰(besetting)他人居住的住所或工作场所。

澳大利亚北领地中,在最高法院对阿尔布雷希特与普莱斯作出的审判(Kym Stephen Albrecht v. Leonard David Price)中,卡尼(Kearney)法官指出,“跟踪犯罪的重要心理因素是,跟踪狂的意图(intent)引起伤害(harm)、担忧或恐惧(apprehension or fear)。但是,意图要造成伤害,还是意图要造成担忧和恐惧,这是完全不同的”①。

426 昆士兰州 1995 年《刑法》第 132 条(1)规定的违法跟踪纠缠,包括下列情形之一:在对他人进行跟踪纠缠中,(a)意图让他人意识到行为人们跟踪行为,以及(b)处于其他环境下的理性人有理由认为行为人将非法实施加暴力。依据《刑法》第 132 条(2)规定,其他环境是指他人已知的,可以预见的,才能够理性预见的环境。

十二、荷兰《刑法》中的跟踪纠缠罪

荷兰 2000 年 7 月修改的刑法,新设了第 285 条胁迫罪(intimidation)之跟踪纠缠罪。但是,荷兰对于将跟踪纠缠行为犯罪化(the criminalisation of stalking)(把纠缠行为规定为刑法中的犯罪),持强烈的反对意见。特别强烈的观点认为,在实证研究较少的情况下,把跟踪纠缠规定为犯罪还为时过早。例如,霍尔曼认为,将跟踪纠缠行

① Northen Territory Supreme Court,3 April 1996. pp. 16 – 17.

为规定为犯罪是“过早地诉诸刑法”(a premature resort to criminal law)[①]。经常出现的争议是,即使不新设跟踪纠缠罪,也可以用胁迫罪来处罚这类行为,或者依照刑法第300条的暴行罪(assault)对之进行处罚。

荷兰《刑法》第285条b的规定如下:[②]

第1款:以让他人做某事或以使其产生恐惧为目的,非法(un- 427
lawfully)、有组织且故意(intentionally)介入(intrude upon)别人的隐私,是跟踪纠缠罪,处3年以下监禁或第四类罚金。

第2款:前款的追诉,被害人告诉才处理。

非法(unlawfully)一词,在法律上是经常使用的,但这里的含义是“没有权限”(without authority)的意思,[③]在跟踪纠缠条文的语境中,以一定的方式实施意味着,根据现行法律规定,个人主体的权利没有受到任何认可。[④]

荷兰《刑法》中的该罪是故意犯。荷兰《刑法》明确把犯罪区分为故意犯(dolus = intentionally)和过失犯(cupla = negligence or carelessness)。有人认为,无意识地实施跟踪纠缠行为(stalking through

---

① Holmaat, R. (1998). Het wetsontwerp Belaging: een twifelachtige oplossing voor een ernstig probleem, Nemesis (2) pp. 54 – 57; van der Aa Suzan (2010). op. cit. p. 18.

② 荷兰《刑法》第285条b的条文根据 van der Aa, Suzan (2010). op. cit. p. 81。§285b – 1. Hij, die wederrechtelijk stelselmatig opzettelijk inbreuk maakt op eens anders persoonlijk levenssfeer met het oogmerk die ander te dwingen iets te doen, niet te doen of te dulden dan wel vrees aan te jagen wordt, als schuldig aan belaging, gestraft met een gevangenisstraf van ten hoogste drie jaren of een geldboete van de vierde categorie. §285b – 2. Vervolging vindt niet plaats dan op klacht van hem tegen wie het misdrijf is begaan.

③ Fokkens, J. W. & Machielse, A. J. M. (2004). (eds.) noyon – Langemeijer – Remmelink's Wetboek van Strafrecht, Deventer: Kluwer, supplement 128, note 6 to Article 282.

④ 众议院公文 Kamerstukken (Parliamentary Papers of the Lower House) 1997/98, 25 768, no, 5, p. 15.

negligence)是不可想象的,因此处罚的对象明显只能是故意犯。①

关于介入(intrude upon)这一要件的前提是,被害人不希望他人进入自己的私生活。如果被害人希望他人介入,那就不是跟踪纠缠。经常举出的例子是,如果拨打了淫秽电话,接话方很享受这个电话,那就不能构成跟踪纠缠行为。必要的前提是淫秽电话对于接话人来说是不愿听的电话。

构成跟踪纠缠行为的重要要件是,进入他人的私生活。人们都有为了享受安全的私生活而自由行动的权利,为了确保这种权利,就必须将擅自介入他人不希望被侵犯的私生活领域的行为,认定为违法。② 也就是说,跟踪纠缠是侵害他人私生活的一种行为类型。

428 荷兰的跟踪纠缠罪中规定的犯罪成立的重要要件,包含了"为了让他人做某事、使其打消念头,或者使其产生恐惧感"这一行为目的。但是,这里所说的目的,与故意是不同的,只有"附条件的意思"(conditional intent)这个概念是不够的。使被害人做某事、让被害人不做或忍受某事,对加害人的行动感到相当恐惧,若行为人造成上述结果的目的仅仅基于一种大概率的判断,由此就推定犯罪人有明确的犯罪意图(considerable probability)(hasconsciously accepted)这显然是不充分的。③ 规制跟踪纠缠行为不仅可以依靠刑事处罚,还可以依靠民事上的禁止命令(Straat - en/of Contactverbod = Civil Restraining Orders)也是很有效的。

十三、加拿大《刑法》中的骚扰罪对跟踪纠缠的规制

加拿大 1993 年施行的《刑法》第 264 条骚扰罪(criminal harass-

---

① Malsh(87), M. (2004). De wet belaging. Totstandkoming en toepassing, Nijmegen: Ars Arequi libri 2004, p. 43. 另外,2006 年乌得勒支地方法院的判决认定"并没有引起骚扰"。参见 Rb Utrecht 28 augustus 2006, LJN AY8373。

② Kamerstukken(Parliamentary Papers of the Lower House)1997/98, 25 768, no. A, p. 4.

③ Van der Aa, Suzan(2010). op. cit. p. 94.

ment）中部分内容是处罚跟踪纠缠行为。[1] 这个条文的犯罪是混合犯罪，可以依照简单审判程序（summary conviction）进行处罚，也可以按照一般起诉犯罪（indictable offence）进行处罚。如果被起诉，该罪最高可判处 10 年的刑罚。根据加拿大政府统计的警察服务项目，2006 年查获了 10,756 起骚扰案件，其中1429 件被起诉。

《刑法》第 264 条禁止没有法律权限（lawful authority）的人对他人进行纠缠行为，包括下列几点：

1. 反复纠缠（following）他人或关系人；

2. 不论直接还是间接，反复向他人或关系人传达意思（communicating）；

3. 对他人的住宅、他人或关系人居住场所、工作单位进行骚扰（besetting）或监视（watching）；

4. 对他人及其家庭成员进行威胁。 429

在这里，跟踪纠缠行为构成违法的要件有三个：纠缠（following）、传达意思（communicating）、反复实施（repeated）。但是，基于法律拥有权限的人的行为，不构成跟踪纠缠。不仅是警察等执法机关，私人雇用对保险进行调查的调查人员等行为，也不构成跟踪纠缠。在加拿大，作为跟踪纠缠行为被起诉的情况有以下几种：

1. 被告人打电话，给被害人留下了威胁的信息；

2. 被告人没有正当理由（no legitimate reason）访问被害人的工作场所，并一直跟随到巴士站；

3. 对被害人做了粗暴（rude）或淫秽（obscene）的手势。

加拿大对跟踪纠缠的刑罚是 5 年以下监禁（jail）。

加拿大刑法对抑制公然的跟踪纠缠行为是有效的，但对跟踪纠缠的消极形态是无效的。例如，刑法禁止在夜间侵入他人所有的土地，使用威胁、猥亵下流的语言，禁止对他人所有的物品进行威胁

---

① http://lawslois. justice. gc. ca/eng/actsc – 46/page – 122. html #s – 264.

(intimidation)和伤害(mischief),但很难处罚秘密的纠缠行为。

根据刑法的规定,被害人可以请求禁止命令(restraining order),也可以对他人的平稳生活(peace bond)进行压制以及对攻击性、利己性的跟踪纠缠采取必要的措施。

即使是一般的恋爱关系,如果一方想终止关系而另一方不想终止时,也有可能构成刑法上的骚扰。例如,反复到访对方家里、打电话、下班后在公司前面等候的行为,都也可能成为骚扰(跟踪纠缠)。因此,受到或感觉受到跟踪纠缠的被害人,可以向警察、律师或被害人服务咨询局(victim services agency)进行咨询,听取他们的建议,在这些机构的工作失效时,而后可以考虑由警方介入,犯罪人最高或被处5年以下监禁。

430 十四、英国的《骚扰防止法》对跟踪纠缠的规制

英国在1997年6月16日制定了《骚扰防止法》(Protection from Harassment Act 1997. 1997 Chapter 40.),其中包括跟踪纠缠的条文,但是法律上并没有给跟踪纠缠下定义。也就是说,跟踪纠缠只是骚扰的一种形式。因此,骚扰的定义也就是跟踪纠缠的定义。

跟踪纠缠有各种各样的行为形式,很难用单纯的形式来定义。但是,在1996年5月由珍妮特·安德森(Janet Anderson M P)提出了《个人会员法案》(Private Member's Bill)中,对跟踪纠缠的定义如下:①

1. 纠缠(follow)他人,在他人附近徘徊(loiter near)、监视(watch)或接近(approach);

2. 给别人打电话(包括打无言电话),通过其他通信手段进行接触;

---

① Lawson - Cruttenden, T. & Addison, N. (1997). *Blackstone's Guide to the Protection From Harassment Act* 1997. Blackstone Press Limitted. Great Britain, p. 17.

3. 在他人居住的场所、工作场所或经常访问的场所附近徘徊、监视、接近或侵入；

4. 侵害他人持有的物品；

5. 把令人不快的(offensive)、不适当的(unwarranted)、对方没有要求的(unsolicited)物品，放置他人居住的地方、工作的地方或定期访问的地方；

6. 向他人寄送不愉快的、不适当的、不需要的物。

另外，1997 年的法律第 2 条 A(3)将跟踪纠缠的行为，列为以下几种情况：

1. 对他人纠缠(following)；

2. 强行与他人接触(contacting)或试图与他人接触；

3. 向社会公开与某人有关的、被认为与某人有关的或者从某人 431
那里设计出来的文书或其他资料(publishing)；

4. 利用通过他人的互联网、电子邮件或任何其他电子邮件等监视手段(monitoring)；

5. 无论是公共场所还是私人场所，到处徘徊(loitering in any place)；

6. 妨害他人所有的财产(interfering with any property)；

7. 监视、盯梢(watching or spying)他人。

英国实际被处罚的跟踪纠缠行为主要有：打电话、将恐怖信息留在电话留言记录中、没有正当理由到访工作单位、跟踪纠缠到乘车地点、打粗鲁的(rude)或下流的手势(obscene)等。

英国的跟踪纠缠，原则上适用于陌生人之间，也适用于恋人分手之后。跟踪纠缠的要件包括纠缠(following)、传达意思(communicating)、反复实施(repeatedly)，其理论依据是该行为威胁他人的生活安全(fear for their safety)。

另外，骚扰的必要要件是，一系列行动(a series of actions)构成

“持续性行为”（a course of conduct），[1]而跟踪纠缠是骚扰的一种，因此只有一次行为尚不构成，而需要向对方持续实施纠缠等一系列行为。

十五、规制跟踪纠缠犯罪的对策

讨论跟踪纠缠的对策时，最重要的是跟踪纠缠的法律性质。从世界各国的反跟踪纠缠法来看，很多国家都依照刑法或特别取缔法将跟踪纠缠行为规定为犯罪，并进行规制。

432 跟踪纠缠罪的最高法定刑，因国而异。有些国家规定最高法定刑长达 10 年，而有些国家规定只有 1 年。主要国家的最高法定刑如表 16. f 所示。

表 16. f 跟踪纠缠罪的法定刑

最高法定刑	适用国家和执行年份
10 年	德国（2007）、加拿大（1993）、澳大利亚部分州（1994）
7 年	爱尔兰（1997）
5 年	马耳他（2005）、英国（1997）
3 年	荷兰（2000）
2 年	比利时（1998）、丹麦（1933）
1 年	奥地利（2006）
6 个月	日本（违反禁止命令的，一年以下）

在已制定反跟踪纠缠法的国家中，丹麦、英国、美国、爱尔兰、比利时、奥地利、德国、荷兰、马耳他等大部分国家都制定了禁止命令制度。[2]

---

① 参见《骚扰防止法》（The Protection from Harassment Act 1997）section 1（1）。

② University of Modena and Reggio Emilia Modena Group on Stalking（2007）. op. cit. p. 12.

反跟踪纠缠的对策,基本上面临两个方面的问题,即警方等各行政机关和地区民间的被害人支援组织如何联合起来保护被害人,以及如何阻止加害人停止跟踪纠缠行为。因此,我们期待国家和地方政府完善立法,在行政机关(包括警察)中建立反跟踪纠缠的特别对策组织,同时对支援跟踪纠缠被害人的民间组织给予财政补助。跟踪纠缠对策当然还需要被害人自己的努力,但同时也需要有国家和民间机构的强大后盾。

跟踪纠缠被害有相当多的黑数。虽然跟踪纠缠是一种抓住被害人弱点的卑鄙犯罪,但社会上对被害人怀有偏见。在负责保护和支援被害人的行政机关负责人和警察官中,有些人也带有偏见,这是导致被害人打消咨询和申诉的念头的主要原因。在这个意义上,改变社会对被害人的偏见,是杜绝跟踪狂的必要途径。 433

社会对跟踪纠缠被害人的偏见根深蒂固。特别是在熟人多型跟踪纠缠中,人们会责备被害人的优柔寡断态度是被跟踪纠缠的原因,如“因为没有断然拒绝,所以才被人钻了空子”等。

在日本,几乎没有保护和支援跟踪狂被害人的组织,因此日本的被害人不得不进行自我防卫。跟踪狂杀人案件一发生,警察等机关在应对方面存在的缺陷就会被大肆报道,不过,社会应如何保护遭受纠缠之苦的被害人这一视角却很少报道。由于这方面的信息不足,被害人是一个人烦恼,又成为下一个跟踪狂的追逐对象。

关于被害人采取怎样的自我防卫对策,荷兰的调查①值得参考。这个调查中有 356 人(包括 5 人未回答)给出了有效问卷。根据这个调查,荷兰的被害人中,为了让跟踪狂停止纠缠而采取 1 个对策的有 15.2%(n = 54), 2 个的有 26.7%(n = 95),3 个的有 25.6%(n = 91),4 个以上的有 31.2%(n = 111)。调查显示,有 8 成以上的被害人采取了多种防卫对策。

---

① Van der Aa, Suzan(2010). op. cit. p. 116.

被害人所采取的防卫对策如表 16. g 所示。

表 16. g　荷兰被害人采取的对策

资料来源：Van der Aa, Suzan (2010). Stalking in the Netherlands, p. 116

被害人采取的对策	人数	所占百分比
向警察咨询并寻求帮助	336	94.4%
一直无视跟踪纠缠者	207	58.1%
使用警报系统等安全装置	75	21.1%
更换了电话号码或电子邮件地址	167	46.9%
搬家	64	18.0%
收到法院的禁止令	73	20.5%
与跟踪纠缠者交谈，并与第三方谈话	89	25.0%

434　从这个调查结果来看，几乎所有的被害人都向警方寻求过帮助，而有 1/4 的被害人与跟踪狂交谈过。根据这个调查小组的观点，通过第三者的协助与跟踪狂协商时，多数在跟踪纠缠问题的处理上是不恰当的。在跟踪纠缠案件中，因为跟踪者多数是在社会上被孤立的人，所以人们认为给第三者的介入是有效的。

支援跟踪纠缠被害人的最重要的方法是，表达被害人的心情，让跟踪纠缠者放弃跟踪纠缠行为。代表被害人表达心情的人可以称为援助者（advocator、advocates）。他们不是中间人（mediator）、介绍人（facilitator）、谈判人（negotiator）等。在跟踪纠缠、家庭暴力、虐待儿童（child abuse）等对策中，有关机关没有考虑介入加害人和被害人之间，听取双方的意见并进行调整两者的关系。在这些犯罪中，加害人单方面地对被害人实施令人厌恶的行为，让加害人“放弃”这种行为是最基本的方法。从这一意义上，介入加害人和被害人之间，采用修复关系的恢复性司法（Restorative Justice）的余地很小。

关于请求警方援助的 346 起案件，由于警方的介入跟踪纠缠的次数是否发生了变化这一问题，得到的回答为：跟踪纠缠者停止的为

32.1%(111 起),因警方介入反而增加跟踪纠缠的为 3.7%。没有变化的约占全体的 1/4。

关于警方介入而跟踪纠缠没有完全停止的 192 起案件中(67.9%),内容严重恶劣的约占 1 成(11.2%),不清楚是否有变化的占 43.2%。从这些数据来看,由于警方的介入,停止跟踪纠缠的约占 3 成,有所改善的约占 3 成,不知道是否有变化的占 4 成。

在可供分析的 352 起案件中,59 件没有记载,151 件没有移送法院。其余被移送法院的 142 件(占全部的 49.5%)的结果,如图 16.a 所示。另外,在 142 个案例中,8.5%(n = 12)是不起诉(acquittal of suspect),12.7%(n = 18)为保留起诉,其余 112 个案件(78.9%)被判有罪。

图 16.a　被起诉的跟踪狂的处分结果(n = 142) 435

资料来源:Van der Aa,Suzan(2010). Stalking in the Netherlands,p. 118

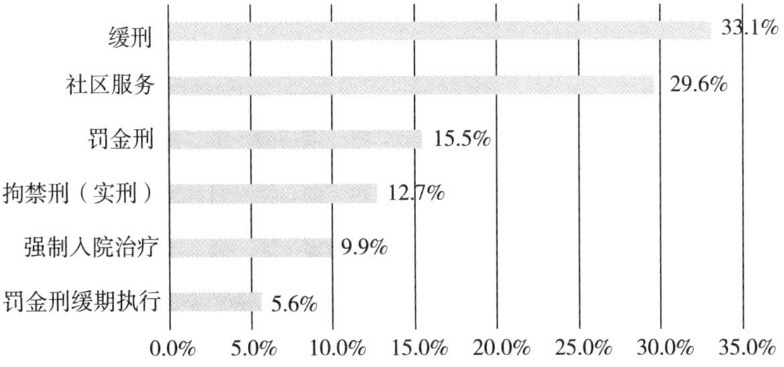

在有罪判决中,15.5%(n = 22)被判处监禁,33.1%(n = 47)被判处缓期执行监禁,加起来约半数(48.6%)被判监禁。其次多数是社区服务工作命令(a community punishment order),占 29.6%(n = 42)。加上缓期执行社区服务工作命令(a suspended community punishment order)的 12.7%(n = 18),共计有 42.3% 被判为社区服务工作命令。另外,罚金刑占 25.4%(n = 36),附加缓期执行的罚金刑(a suspended fine)占 5.6%(n = 8),两者加起来占 31.0%。其他有

9.9%（n=14）是强制入院治疗（detain under a hospital order）。另外，也有数个处分并科的情况，合计超过100%。有15.5%（n=22）的被害人并不知道审判结果。

十六、日本的跟踪纠缠现状

日本对跟踪狂的立案件数，如图16.b所示。从《跟踪纠缠规制法》制定以后的立案件数（咨询件数）来看，到2011年年底，几乎达到了1万余件，2013年超过了2万件。但是，一般来说，在性犯罪、家庭暴力、虐待等案件中，加害人多是熟人（有熟人关系的人），因此很难完全对被害事实报案，据推测，这类犯罪的黑数（dark number）相当多。

436 **图16.b　跟踪狂案件的立案件数**

资料来源：2015年3月警察厅网站

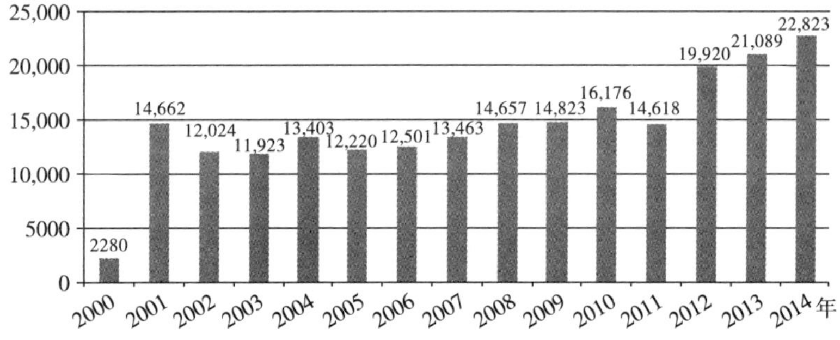

因2011年12月发生了长崎县的西海案件等，人们对警察处理的方式案件提出了严厉的批评，警察厅也向各警察本部发出了通函，要求警方积极地受理该类案件，从2012年以后案件数量开始增加。日本的《跟踪纠缠规制法》的定义比国际标准窄很多。例如，该法没有把恋爱感情、好意感情、怨恨感情等动机作为要件，如果不把跟踪纠缠行为限定在法律规定的8种行为形式，预计案件数量会成倍增加。如上所述，根据国外的数据，被熟人偶遇纠缠的熟人型跟踪纠缠和陌生人型跟踪纠缠几乎各占一半，如果日本也把陌生人型跟踪纠缠作为规制对象,那么立案的数量将会倍增。

跟踪狂案件在警方的立案件数中位居倒数第一,①从 2012 年统计来看,强制猥亵是其 2.9 倍、公然猥亵是其 7.6 倍、胁迫是其 8.6 倍。各地被害人支援中心的咨询件数也在增加,有关跟踪狂的咨询在大部分援助中心都是高位案件。

日本从 20 世纪 90 年代后半期,跟踪狂杀人案件不断发生。在被查获的跟踪纠缠案件中,适用杀人罪和伤害罪的变化情况如表 437
16.h 所示。

表 16.h　被查获的跟踪纠缠案件及罪名

资料来源:2014 年版《犯罪白皮书》第 19 页

年份	2004	2005	2006	2007	2008	2009	2010	2011	2012	2013
总数	752	701	653	718	716	759	877	786	1504	1574
杀人罪	10	6	6	3	11	11	7	7	3	15
伤害罪	162	112	113	113	106	93	160	120	243	227

* 因杀人罪及伤害罪被查获的件数,包括在查获总数内。

在过去的 10 年里,因跟踪纠缠被查获的案件共有 9040 件,平均每年有 904 件。适用杀人罪的情况是,10 年期间共 79 件,年平均 8 件(0.9%);适用伤害罪的情况是,10 年期间共1479 件,年平均 148 件(16.4%)。被警察和行政机关将约 300 多件案件列为重大跟踪纠缠案件,如何识别这些案件将成为今后一大研究课题。

日本跟踪纠缠案件的特点是,多数案件最后发展成为杀人案件。而且,有不少案件是行为人在杀害对方之后自杀。日本在过去的 15 年间发生的跟踪狂杀人案件,如表 16.i 所示。

---

① 详细内容请参见第十二章“家庭暴力被害”。根据 2012 年的警察统计,立案件数的前几位是:①盗窃,②汽车致死伤,③损坏财物,④侵占遗失物,⑤诈骗,⑥配偶暴力,⑦暴行,⑧伤害,⑨侵入住宅,⑩跟踪尾随。

表 16.i　日本发生的跟踪尾随杀人案件

跟踪尾随杀人	案发日	加害人(年龄)	刑法・自杀	被害人(年龄)
1. 知多女子大生	1998.12	男(24)	无期徒刑	女大学生(22)
2. 姫路	1999.2.2	男(27)	自杀	公司女职员(20)
3. 爱知・西尾	1999.8.9	男子高生(17)	5—10 年	高二女生(16)
4. 埼玉・桶川	1999.10.26	男(27)等	自杀	女大学生(21)
5. 静冈・沼津	2000.4.19	男(27)		高三女生(17)
6. 茨城・岩井	2000.8.9	男(41)		公司女职员(34)
制定《跟踪纠缠规制法》(2000 年 5 月 24 日,法律 81 号)				
7. 福冈	2005.10	男		女(54)
8. 岡冈	2008.9.27	男(24)	自杀(未遂)	女职员(24)
9. 东京・西新桥	2009.8.3	男(41)	无期徒刑	女(21),祖母(78)
10. 东京・江东区	2011.11.9	男(68)	自杀	女职员(44)
11. 长崎・西海	2011.12.16	男(27)	死刑	母亲(56),祖母(77)
12. 爱知・小牧	2012.7.30	男(25)		母亲(43),长女(19)
13. 神奈川・逗子	2012.11.6	男(40)	自杀	女(33),家庭主妇
14. 东京・三鹰	2013.10.8	男(21)		高三女生(17)
15. 群马・馆林	2014.2.19	男(39)	自杀	女(26)
16. 大阪・平野	2014.5.2	男(57)		女职员(38)

* 长崎案件中被杀害的,不是跟踪纠缠的被害人,而是其母亲和祖母。西新桥案件中,祖母也被卷入其中。

2000 年 5 月 24 日制定了《跟踪纠缠规制法》以后,数年间没有再发生重大跟踪纠缠案件,但 2005 年以后特别是 2008 年以后,每年都有重大案件发生。被害人集中在 10 多岁、20 多岁的年轻人,如西尾案件、沼津案件、三鹰案件,被害人都是女高中生;而知多案件、桶川案件的被害人都是女大学生。另外,西新桥案件、长崎西海案件中,母亲和祖母也被卷入案件之中。

三鹰案件的情况是,2013 年 10 月 4 日接到被害学生咨询的教师给警视厅杉并署打电话咨询时,承办警官听取了被害人的陈述却没有去学校，这是没能防止学生被杀的最大因素。被害人是未成年人、老年人、残疾人的情况下，警察应当赶到现场（及时出警原则），并听取被害的情况。被害人因跟踪纠缠被害向警察咨询，是为了逃避跟踪纠缠而做出的各种努力，这正是警方应当全力以赴应对的时候。438
预防跟踪纠缠被害的基本方法，不是等着被害人来找自己咨询，而是哪怕是获得一点点的被害信息，也要立即前往现场，以免错过时机。

但是，在姬路案件、桶川案件、冈山案件、江东区案件、逗子案件、群马县馆林案件中，跟踪狂在杀害被害人后均自杀。[①] 对于这些穷凶极恶的跟踪狂，现在的《跟踪纠缠规制法》完全是无能为力的。为了 439
使跟踪纠缠对策发挥效果就必须两手抓，一方面保护被害人，另一方面规制加害人（跟踪纠缠者）。但是，《跟踪纠缠规制法》的重点放在了后者，而在保护前者被害人方面，没有提出任何有效的对策。

警察厅以长崎案件等为契机，于 2012 年 8 月向各个警察总部下达了积极应对的指示。[②] 因此，警方的应对方式发生了变化。其主要内容有以下几点：

1. 如果有报案，除了明显是说谎的情况以外，原则上应当立即受理。关于没有受理的情况，应当向上司报告。

2. 对于辖区以外的案件，应当先受理，然后与相关都道府县警方取得联系。

3. 由各地警察署的总务（警务）部门统一受理咨询，并指派给负责调查的部门。紧急情况的咨询，必须指示有关部门马上处理。

4. 建立包括夜间和休息日在内的女警官 24 小时接受报案和咨

---

① ［日］小沼十寸穗：《杀人犯的自杀倾向》，载《植松博士还历寿辰祝贺——刑法与科学、心理学、医学篇》，有斐阁 1970 年版，第 209 页以下。论文对 37 例杀人犯进行了精神鉴定，结果表明，杀人犯有自杀企图的 2 例，想自杀而杀人的 1 例，杀害自杀的伴侣的 2 例，杀害后自杀的 2 例，共报告了 7 例（19%）。

② 关于向记者发表的这个新对策中，警察厅说明指出，从 8 月开始在警视厅、爱知、大阪、兵库、福冈等 4 府县试行，2013 年以后扩大到全国（2012 年 7 月 5 日每日新闻报道）。

询的机制。

除此之外，大多数警察署都的对策包括：“110”报警登记制度、提供防犯设备、协助解决居民基本台账阅览限制程序、简化格式等。

十七、日本《跟踪纠缠规制法》存在的问题

日本以1999年发生的桶川案件为契机制定了《跟踪纠缠规制法》，这部法律是在没有研究外国制度，只参考国内过去案例的情况下制定的，因此成为世界上史无前例的有许多缺陷的法律。所说的分析国内的案例，也是分析了所有跟踪狂案件0.01%左右的杀人案件后制定了这部法律，这本身就是问题。

当时的跟踪狂杀人案件的动机是因为男女之间的恋爱感情和爱慕感情，所以制定的法律中把“纠缠等”的定义限定为“因对特定人 440 的恋爱感情或爱慕感情未得到满足，而以填补怨恨情绪为目的”进行的跟踪纠缠。

《跟踪纠缠规制法》本来应该针对纠缠意义的跟踪纠缠行为（stalk 或 stalking）下定义，并将实施该行为的行为人定义为跟踪纠缠者（stalker）。但是，在日本社会中，一般对跟踪纠缠者一词有所了解，但对跟踪纠缠一词比较陌生，所以该法中的“实施跟踪纠缠的人（跟踪者）进行行为（跟踪纠缠）”的表示，是非常奇怪的定义。①

国际标准对跟踪纠缠行为的定义是，“没有正当的理由，无视对方的意思，反复纠缠对方，给对方带来不安和恐怖的行为”，没有必要明示跟踪纠缠行为有什么样的行为形态。杀人就是“杀害他人”，盗窃就是“窃取他人的财物”，道理是一样的。正如《枪炮刀剑取缔法》是对刀剑等物品进行规制一样，有必要一一明示被规制的对象物，但对于人的行为如果明示行为的形态，就会出现相反的解释。这种情

① 应该说是《骚扰尾随纠缠行为规制法》。这也可以说是以名词为中心的表达，这个例子说明日语的动词比较贫乏。

况不应明示行为形态，而应采取列举方式。①

《轻犯罪法》(1948 年 5 月 1 日，法律 35 号)规定了 34 个轻犯罪，该法第 1 条第 28 项把“阻拦他人的进路或堵住其退路，或者以使他人产生不安或困惑的方式纠缠他人的”规定为轻犯罪。这些行为正是跟踪纠缠行为，这种行为与《跟踪纠缠规制法》第 2 条第 1 款第 1 项规定的“纠缠、埋伏、阻碍进路”等又是什么关系，值得研究。②

《跟踪纠缠规制法》共有 16 个条文，但主要是以警察内部的权限和程序等为内容(特别是第 9 条以下)，为了保护被害人有关机关应当如何联系和处理案件等这些本来应当规定的条文却很少。反跟踪 441
尾随纠缠的对策，和夫妻间暴力、家庭暴力和虐待儿童等问题一样，必须构建一个整体框架，即由国家制定基本方针，由都道府县制订基本计划，市町村(包括特别区)根据这些原则制定预防被害和保护被害人的政策实施规则。另外，建立被害人可以临时投靠的避难所(shelter)是预防跟踪尾随纠缠对策不可缺少的部分，在这个意义上，也需要与家庭暴力、虐待儿童、虐待老人等相关对策结合起来。

对于反复实施跟踪纠缠的行为人，警察本部部长等(警视总监、都道府县警察本部长、警察署长的总称)可以依据《跟踪纠缠规制法》作出“警告”和“临时命令”，并且可以由公安委员会下达“禁止命令”等。

表 16. j 显示了警告、临时命令和禁止命令在什么程度上适用的问题，但从整体上看适用率非常低。特别是临时命令自从法律施行以来，几乎没有适用。

---

① [日]长谷川京子:《跟踪尾随规制法》，载戒能等编:《座性别与法第 3 卷从暴力解放处理》，日本加除出版社 2012 年版，第 19 页。该文指出，跟踪尾随规制法的禁止命令，是依据《暴力团对策法》(1991 年)由都道府县公安委员会以条例的形式，为抑制可能的暴力团伙活动发布中止命令的制度。

② 《轻犯罪法》除规制这些纠缠行为以外还规定，无正当理由潜入无人居住且无人看守的住宅(第 1 条第 1 项)，在公共场所及交通工具中使用显著粗暴或者狂暴的言行骚扰他人(同上第 5 项)等。

表 16. j　《跟踪纠缠规制法》的适用状况

资料来源:2012 年 3 月《警察厅资料》和 2014 年版《犯罪白皮书》第 19 页

年份	2007	2008	2009	2010	2011	2012	2013
警告	1384	1335	1376	1344	1288	2284	2452
禁止命令等	17	26	33	41	55	69	103
临时命令	0	0	0	0	0	0	0
因跟踪纠缠行为而被捕	240	243	261	220	197	340	380
因违反禁令而被捕	2	1	2	9	8	3	

在此期间,跟踪尾随纠缠行为的立案件数,每年都在 15,000 件左右波动,警察本部长等发出警告的案件还不到 1 成。① 跟踪纠缠与骚扰、DV、虐待等一样,黑数非常多。在世界范围内,一般认为实际案件数量是立案件数的 5—10 倍。

反跟踪尾随纠缠的对策由警察和公安委员会负责,这也存在问
442 题。即使不能依靠民间支援机构,但也需要其他行政机关的介入和法院的命令制度。在这一点上,应该学习《家庭暴力防止法》和《虐待儿童防止法》的有关制度。②

《跟踪纠缠规制法》第 5 条第 1 款规定,“公安委员会,可以针对该行为命令下列事项”:“不得反复实施该行为”(第 1 项)和“为防止反复实施该行为而采取的必要事项”(第 2 项),这里规定的禁止命令不够具体。为什么世界各国的反跟踪纠缠对策都以“禁止接近命令”为核心,而没有规定限制其他各种行动的命令?因为严格规定禁止命令的程序,就要考虑如何规定由法院下达此命令。

反跟踪纠缠对策强烈要求各个警察本部之间紧密合作,但现行

---

① Van der Aa, Sugan(2010). op. cit. p. 124. 据该文统计,向警方咨询的 346 名被害人中,13.6% 非常满意,32.9% 非常满意,不满意的被害人只有 27.1%。

② 法律的附则四规定,关于骚扰行为等问题的规制,关于援助对方的相关制度,在该法施行 5 年后,考虑本法的执行情况,研究应当采取的必要措施。

的《跟踪纠缠规制法》完全是相反的。跟踪纠缠的加害人(也就是跟踪者)的生活圈和被害人的生活圈,现在都变得相当大。① 一个都道府县能把全部案件纳入其中的情况反而很少。被害人住在 A 处,在 B 处工作,加害人住在 C 处,在 D 处工作,所以加害人跟踪纠缠行为的范围很大。但是,法律对警告和临时命令的规定是,“一个警察本部行长发出命令时,其他警察本部行长不得对此再次发出命令”(该法第 4 条第 2 款及第 6 条第 2 款),这与本来的情况完全是相反的。一个警察本部部长下达了命令,在其他的警察本部也应该是有效的。

虽然日本在《跟踪纠缠规制法》制定 5 年后就提出进行修改,但是直到 13 年后的 2013 年 10 月 3 日才终于开始进行第一次修正。② 为了使这部法律更有实际效果,这次修改是十分必要的。

十八、日本今后值得研究的课题 443

2012 年依照《跟踪纠缠规制法》查获的案件有 351 件,而在这一年根据其他法令查获的案件达 1504 件。很多案件不是依据《跟踪纠缠规制法》查获的,这一点说明,该法作为遏制跟踪纠缠的法律,作用是非常有限的。适用其他法令查获的案件主要包括,胁迫罪 277 件、侵入住宅罪 270 件、伤害罪 243 件、损坏器物罪 160 件、暴行罪 141 件、违反《枪炮刀剑取缔法》49 件、违反《滋扰行为防止条例》48 件、盗窃罪 46 件、适用《轻犯罪法》37 件、损害名誉罪 30 件、适用《暴力行为处罚法》27 件、恐吓罪 26 件、强迫罪 23 件、非法逮捕监禁罪 18 件、强制猥亵罪 17 件等。

应当看到,适用这么多的法律,主要是警察努力查处的结果,但

① 在世界各地使用 SNS 进行网络跟踪的情况不断增加,在日本也已有超过了 1/3 的骚扰案件是网络型,因此跟踪狂的地址和被害人的住所相当广泛。

② 当时主要修订是在第 2 条第 1 款中增加了“纠缠等”,第 10 条的公安委员会管辖增加了被害人的地址、行为人的地址,以及行为地的公安委员会。人们期待进行更根本性的修改,但很多相关人士对比感到失望。

在另一方面,《跟踪纠缠规制法》只规定了科处6个月以下(在违反禁止命令的情况下为1年以下)有期徒刑,可以说这是此部法律的局限性,对其实施已经产生了很大影响。当然,如果发生杀人、伤害、非法逮捕监禁、诱拐、强奸、强制猥亵等,也应该适用这些条文。但是,不得不动用胁迫罪、损坏财物罪、强迫罪、违反《轻犯罪法》的犯罪、违反《防止滋扰行为条例》的犯罪,这本身就说明《跟踪尾随纠缠行为规制法》的处罚太轻了。应该将跟踪纠缠罪的最高法定刑提高到欧美水平,至少3年,重一些的5年、7年,甚至可以达到10年。

显然,若违法犯罪的法定刑太低,会影响在一线处理案件的警察的士气。如果是3年以下法定刑,即使移送给检察机关也有可能是缓期起诉,即使被起诉也可能判缓刑。欧美新设立了骚扰罪或跟踪纠缠罪,但适用其他罪名也可以对骚扰行为或跟踪纠缠行为进行处罚,当然在这些国家,以前也是适用各种各样的罪名对付骚扰行为或者跟踪纠缠行为。例如,加拿大在1993年规定骚扰罪以前,就是使用胁迫(第423条)、威胁(第264.1条)、滋扰(第430条)、猥亵电话或骚扰电话(第372条)、夜间非法侵入住宅(第177条)、违反誓约(第811条)等条文,查处骚扰、跟踪纠缠等行为。①

444 反跟踪尾随纠缠对策的最重要问题,不仅是全国的警察获取跟踪纠缠的信息,而且要与各有关行政机关乃至支援被害人的民间团体共享信息。日本还没有建立犯罪人信息数据库,这还是遥遥无期的课题。警视厅根据《跟踪纠缠规制法》,为了早期处置跟踪纠缠的被害,开发了一个"犯罪被害预防立即时反应系统",只要拨打"110"就可以在瞬间知道报案人的被害内容,这个系统于2000年6月19日开始投入使用。② 该系统在通信司令本部的电脑中登记了被跟踪纠缠者的地址、姓名、被害情况等,只要有"110"报警,从报案人的电话

---

① Canada Department of Justice(1999). *A Handbook for Police and Crown Prosecution on Criminal Harassment*, p. 1.

② 2000年10月28日产经新闻7面报道以外,参见之后的各报纸报道。

号码就可以判断出被害内容,在显示器上显示出来。接到被害人报案的承办警察第一时间知道被害人和被害内容是很重要的,这个系统的完善,将有效地防止被害案件发展成为杀人案件。

日本的现状是,被害人的咨询仅限于有关机构,当他们到警察进行咨询时,事态已经发展到相当严重的程度。警察厅的四方光等人对2013年7月至8月负责处理案件的承办警察进行了问卷调查,① 对于"在前来咨询时,被害人是否曾拒绝或者不采纳警察推荐的措施?"的问题(可多选),该调查显示,回答非常高的是提交报案表为85.1%,到避难所和老家避难为86.2%,向对方提出警告或指导为88.5%,搬家为85.1%。另外,关于拒绝或者不采纳的理由(可多选),激怒加害人可能引起报复为55.2%,搬家资金不足为35.6%,子女方面存在问题为26.4%,因工作关系为18.4%,认为问题不大为28.4%,不想去避难所这类残疾人居住的地方为19.5%,认为被害人搬家很奇怪为13.8%等。

---

① [日]四方光等:《我国跟踪狂犯罪人的现状和课题——全国警察署负责人问卷调查的结果》,载警察政策学会编《警察政策》2014年第16卷,第144页以下。特别是150-151页。该论文是在2013年10月日本犯罪学会第40届大会上报告的基础上修正而成的。

第十七章

欺凌被害

Victimization by Bullying

一、欺凌的本质

欺凌(bullying),①是对学校、单位、居住地等相同生活圈的弱势人员,反复实施令人讨厌的并给这些人员的身心带来痛苦的行为。欺凌以通常人的感觉为标准,站在被害人的立场上下定义。欺凌也是实施令人讨厌的行为,在这个意义上,它是骚扰(harassment)的一种形式,有时欺凌和骚扰也作为同义语使用。②

欺凌被称为反复型犯罪(repetitious crime),其特征是反复实施,但并不是只要反复实施的行为就是欺凌。只实施一次的行为,有时也被认定为欺凌。

当初欺凌被认为是孩子们之间的一次性事件,但欺凌问题不仅发生在学校,在工作单位、俱乐部、老年人设施、残疾人设施等各种场所也会发生。职场的女职员之间会发生前辈对后辈的欺凌,例如江

---

① “bully”一词表示欺负人、傲慢,来自荷兰语。《柯林斯英文词典》中的“bully”是指“为了使他人恐惧而伤害别人,使用暴力和威胁的人”(someone who uses their strength or power tohurt or frighten other people)。日语中的“欺凌”也包含被孤立、被无视的含义,但在世界范围内被理解为用暴行或威胁使他人产生恐惧的行为。

② Davis,R. C. ,Lurigio,A. J. & Herman,S. (eds.)(2007). *Victims of crime*(3rd edition). Sage Publications,Inc. California,USA. p. 204.

户时代皇宫内院中的“皇亲贵族”的事件。① 监狱和监牢中的牢头狱霸，②也是欺凌的代名词。

欺凌往往是对人生产生巨大影响的经历，有些人因被欺凌而自 446
杀。特别是，孩子们在学校被欺负，因遭受欺凌之苦而自杀，已经成为一大社会问题。

欺凌多使用暴力，但暴力不是欺凌的必要条件。强行造成对方的讨厌也是欺凌，各种各样的事情都可以成为欺负的手段。多人对特定人施加暴力是欺凌，无视他人、把他人从伙伴中孤立出去也是欺凌。

反复实施使对方讨厌的一系列行为（a course of conduct）③是骚扰，但欺凌也是一样，它反复实施一连串的行为。这里所谓的一连串行为，并不是相同行为的重复，而是以相同的目的或宗旨实施的各种行为整体，称为“一连串”。

人际关系中的暴力之一是感情上的危害（emotional harm）。言语攻击或贬低人的尊严，也属于欺凌。④ 用各种各样的方法表现出了的感情危害、以无视他人的方式进行攻击再发展成为攻击性的行动，都是欺凌。这些情况在学校是经常发生的。

欺凌有时表现为纠缠。关于纠缠行为，在大人的情况下就是跟踪纠缠，在孩子的情况下多数被理解为欺凌。暴力的跟踪纠缠，是指抓住对方弱点实施的暴力（predatory violence），这种情况不仅发生在

---

① 日语中的“局”，是指宫殿中把宫女和妻妾分开的单间私密房屋，后来指居住的人。宫中侍奉、公卿、将军等重要地位的人，敬语称为“局样”。“局”这个地方经常发生勾心斗角、阴谋暗算等，“局样”这个词已成为欺凌的代名词。

② 牢头狱霸（日语为牢名主），是指江户时代为了维护牢狱的秩序，让其在牢内发号施令的囚犯。

③ 例如，1997 年 6 月 16 日施行的英国《滋扰行为防止法》（The Protection from Harassment Act 1997）的定义是，连续两次对对方实施他人骚扰的行为。

④ Moriarty, Laura J. (2003). *Controversies in Victimology*. Anderson Publishing Co. Cincinnati, Ohio. p. 67.

孩子身上,在大人的世界里也经常发生。

欺凌的经历对人生有很大影响,欺凌是将来实施违法行为的原因。从被欺凌的经历中,人们往往会体会到如果不攻击他人就不能
447 安心地活下去,从而养成了攻击别人的生活习惯。欺凌的病理源于社会压力,对欺凌被害的对策也是一大社会课题。

欺凌会给被害人的心灵造成巨大伤害,而且因欺凌被害经历导致人生步入歧途的事例数不胜数。2000 年 5 月 3 日发生了一起劫持西铁高速巴士案件,当时 17 岁的少年在初中 3 年的时候被欺负受重伤。他在病房参加了高中考试,入学后 9 天就辍学了。另一起案件是,名古屋市绿区当时 15 岁的少年,从 1999 年 6 月至 2000 年 3 月,被害人被初中同学敲诈勒索 5000 日元,加害人是一个团伙,其团伙主犯的少年从小学 4 年级开始就经常遭受别人欺凌。这名少年从被欺凌的经历学到的是,为了过上不被欺凌的生活,就要成为加害人。

由此可见,欺凌是犯罪的预备军,是引起犯罪的恶性循环的开端。从这个意义上说,预防欺凌被害,比预防暴力犯罪和凶恶犯罪具有更大的意义。

二、日本的广义欺凌概念

“欺凌”一词有尚未达到犯罪程度的含义。打、踢、扇等是欺凌经常使用的手段。但是,这些行为本来是构成暴行罪、伤害罪、侮辱罪等的,与其说是欺凌,不如说是犯罪。但如果少年实施这些行为,就不是犯罪,而被视为欺凌行为。

团伙反复多次殴打特定人的行为,不是欺凌,而是私刑(暴力犯罪),但如果是少年实施的,经常被表述为打架。① 同样,威胁他人夺取财物等行为,如果是大人实施,将以暴力或胁迫夺取他人财物的抢

① 在记者报道中少年们的私刑往往被作为“打架”处理,参见第十一章“暴力被害”。

劫罪(《刑法》第 236 条)予以处罚,但如果是少年实施,一般只是按照恐吓他人交付财物的恐吓罪(《刑法》第 249 条)处理。在这里,“抢劫”中所说的夺取,在少年的情况下被替换为“交付”。从法律角 448
度看,两者明显是不同的,但如何解释实际发生的案件则另当别论。如果是少年实施的情况下,人们就会认为这并不是那么恶劣的行为。

在很久以前,欺凌就被日本认为是一个重大的社会问题。铃木康平①对学校欺凌问题的研究显示,对 20 世纪 50 年代前后班级集体的研究中,被称为“被排斥儿童”的特征有说坏话、起绰号、殴打、耍威风、大喊大叫、欺负弱者等。河井芳文等人以 1979—1983 年小学 62 个班级(1 年级至 6 年级)的 2420 人为对象,通过学校入学测试(从数量上计算班级内的人际关系),分析了孩子们的排他行为。这项调查显示,从“想一起玩、想成为朋友”这一“选择”,到“不想玩、讨厌”这一“排斥”的现状和理由来看,选择排斥结果中最多的是换座位(5804 件)和游玩(4147 件)。

从排斥的理由来看,针对“直接攻击”分类中的“使坏、欺负、虐待”的理由,“想要调换座位”的回答是 627 件(10.8%),以同样理由“不想一起玩”的回答有 368 件(8.9%)。另外,针对小分类中“欺负人、恶作剧、欺负弱者、打架”的理由,希望换座位的有 61 件(1.1%)。从这些分析可以推测,欺凌在当时还不是什么大问题。

欺凌成为严重社会问题是在 20 世纪 80 年代。由于出现了因欺凌而自杀的学生,②文部省(现在的文部科学省)在 1984 年“关于指导儿童交朋友的问题”的文件中,将欺凌列为重要事项。③ 这个文件

---

① [日]铃木康平:《学校欺凌》,载《教育心理学年报》1995 年第 34 集。

② 1979 年 9 月 9 日在埼玉县福冈中学,在日朝鲜人二代的初中 1 年级男生(12 岁),因不堪欺凌而自杀。

③ 文部省出面调查的 2 年后。1986 年 2 月 1 日,东京中野富士见中学 1 年级男生(12 岁)留下遗书,“这样下去,就是人间地狱”,在他父亲的出生地盛冈市站前的百货商店自杀。

列举的欺凌的手段和方法包括:语言威胁、讽刺、嘲弄、隐藏物品、排
449 挤、被团伙孤立、施加暴力、斥责、多管闲事、强迫等。另外,关于欺凌的动机,该文件列举了仇恨和愤怒、抑郁积愤、性格偏执、引起关注、隐藏乐趣、未加入朋友圈、不融合等。

从这些定义可以看出,当时日本对欺凌的界定,要比欧美更加宽泛。这表明,要尽可能广泛地应对欺凌问题,当然在概念上也要宽泛一些。

欺凌的另一个问题是人们对被欺凌者存在偏见。由于存在"被欺负的人也有问题"这种偏见,导致了欺凌无法被根除。日本总务厅于1996年10月至1997年2月在全国5个都县实施了"关于青少年朋友关系和问题行为的研究调查",回答"受欺负的人性格也有问题"的,男生占32.6%,女生占22.0%;回答"欺负人的性格有问题"的,男性占23.2%,女性占25.4%。从这个调查结果可以看出,很多男生认为被害人的性格也有问题。

三、欺凌的定义

欺凌是在社会上、身体上、精神上处于强势地位的人对处于弱势的人造成身心痛苦的行为。这种行为不限于直接针对对方(被害人)的行为。损害被害人的尊严,或散布有损被害人名誉的信息,会给被害人带来精神上的痛苦,这种痛苦有时还会长时间伴随孩子。

欺凌多发生在学校、职场、俱乐部等集体内部,但并不一定局限在这种集体内。例如,对于放学路上看到的孩子,利用别人看不到的机会对其造成恐惧。在闹市、游戏厅、便利店等很多人出入的地方,随意找到一个目标当作被害人,或者殴打一顿、泼一身脏水等。因此,欺凌的定义中不能把场所和人际关系的因素纳入进来。

450 关于被害人和加害人的关系,也可以有各种各样的组合。例如,关于欺凌的人数,既有集体实施欺凌的情况,也有一人欺负一人的情况,在特殊情况下还有一人欺负多人的情况。

欺凌并非只通过暴力来进行。还可以通过语言暴力,准确地说这不是暴力而是欺凌的一种形式。故意错误地传达重要会议召开的时间、散布“事故就是 A 先生造成的”等虚假信息、在小孩子面前放一只大狗等,这些行为形态也是欺凌。从某种意义上说,“欺凌的形式包罗万象”。

给欺凌下定义时,需要明确的问题是,欺凌人的一方在社会、精神和身体上处于优势地位。也就是说,处于优势的人对处于劣势的人实施的行为才是欺凌。但这个优劣未必是腕力、体力的优劣。体力很强的部下,如果对上司的欺凌进行反抗,就会失去工作,因此很多人会忍受欺凌。在这个意义上,滥用权力①有时也会表现为一种欺凌形式。

在欺凌的定义中,不可缺少的要件是被害人对“被欺凌”的认识。也就是说,被害人因欺凌行为在精神上、身体上感到了痛苦,才能被认为是欺凌。即使他人觉得“那个人被欺负了”,但如果当事人本人感觉不到被欺负,也不会说这是欺凌。欺凌是现代型犯罪,也是反复型犯罪,其原因就在于此。

如果从如何救济和援助被欺负的被害人这一观点给欺凌下定义,其标准就是被害人认识到自己“被欺负了”,但另一方面,如果从如何对欺负的加害人进行干预和指导这一观点,就要求在被害人主观定义的基础上加上第三者的客观性观点。也就是说,作为学术定义,站在被害人的主观立场下定义是可以的,但为了对欺凌进行教育或者行政介入,下定义时仍需要基于一般人的客观感受。

文部科学省 1995 年试图把欺凌定义为“对比自己弱小者,单方面持续进行身体上、心理上的攻击,使对方感到严重痛苦的行为”。 451
2006 年文部科学省修改了这个定义,为“该学生因受到基于某种人际关系的人给予的心理、物理上的攻击而感到精神上的痛苦”(文部

① 滥用权力(abuse of power),参见第十四章“虐待被害”。

科学省的通知）。另外，学生受到了欺凌，无论被害地点发生在校内还是校外，都按照欺凌处理。

从被害人的角度下定义的这一点获得了高度的评价，另一方面，也有人提出了批评，其认为，“欺凌的界限是不是太宽泛了，如何判断本人感到精神痛苦？”①，“只从被害人的角度判断欺凌，即使多数第三者不认为是欺凌，又只能基于被害人的主观感觉，这样就不受人际关系的限制，欺凌的范围有可能扩大”②。

虽然这些批评有正确的一面，但却没有认识到欺凌有多种多样的形态问题。

日本具有代表性的欺凌定义是森田清永的定义，即“欺凌，是指在同一集体内的相互作用过程中，占据优势地位的一方，有意识或者集体地对另一方给予精神上、身体上的痛苦”的行为。③ 这个定义，针对的是学校的欺凌问题，因此定义的内容十分有限。如果把欺凌局限于学校或单位等的集体中，这是有的放矢的定义。但是，欺凌未必是集合实施的。如前所述，也存在一人欺负多人的情况。即使是多人欺负一人的情况，多数人也不一定以集体的形式存在。有些情况是多数人对某个目标单独分别地进行欺凌行为。有时以集体形式对集团中特定人进行诽谤中伤，但集体内的人没有互相沟通，实际是独立表达个人的意见。在这个意义上，欺凌一方的共谋，并不是欺凌概念的必要条件。

欺凌是对比自己处于弱势的人在肉体和精神上造成痛苦的行
452 为。这种弱势地位有各种各样的情况。不仅限于体力强的人和体力

---

① ［日］新保：《现代的欺凌——以大阪为中心的调查》，载《神户亲和大学儿童教育学研究》2008 年第 27 号，第 24－39 页。

② ［日］小林英二等：《欺凌研究的动向——以定义和欺凌对策的观点》，载《茨城大学教育实践研究》2013 年第 32 号，第 165 页。

③ ［日］森田洋司、清永贤二：《欺凌——教室里的疾病》，金子书房 1994 年版，第 6 页及第 24 页。

弱的人之间的关系。俱乐部的高年级学生和低年级学生(这里经常有服从的传统规则)、单位的上司和部下、军队和警察等组织内的上司和部下、黑社会组织中的头目和保镖等这种以社会力量关系为前提的组织内,很容易发生欺凌行为。

日本在2013年6月28日颁布了《欺凌防止法》(2013年法律71号),同年9月28日开始施行。该法对学校发生的欺凌做如下定义:"在一定人际关系中,由儿童学生实施的,使行为对象感觉身心痛苦的,在心理上或物理上产生影响的行为(包括通过网络实施的行为)。"

四、欺凌的现状

国立教育政策研究所于2009年6月26日公布了一项追踪调查结果,调查结果显示,欺凌和被欺凌的中小学生都达到8成。该调查的对象是2004—2006年3年间每年6月和11月在首都圈的19所中小学校(其中小学13所,初中6所)中,小学4年级至初中3年级的全体学生。调查结果显示,在4—6年级的3年里一次也未遭受过欺凌的小学生仅占13.1%,中学生也只有19.7%。约8成的中小学生遭受过欺凌。在加害体验中,对"在4—6年级的3年里有过欺负别人的经历"的回答,小学生为84.0%,初中生为81.3%。

根据文部科学省的问卷调查,2007年度全国的小学、初中、高中确认的欺凌案件约为101,000件,处于居高不下的状态。

欺凌有时会通过互联网网站后台进行。东京都教育委员会对诽谤特定个人的"学校后台网站"进行了分析,并于2009年6月28日公布了结果。[①] 该调查结果显示,从6月18日到23日的6天内,有853篇不恰当的文章。不恰当的内容包括,公开自己个人信息的

① 学校网站的检查由东京都教育委员会委托民间企业进行,以约2200所公立学校为对象。

453 为 568 件、发表他人个人信息的为 122 件、诽谤他人的为 96 件、暗示自杀或自残行为的有 5 件、暗示杀人或暴行等有 3 件。另外，随意填写手机号码、邮箱地址、所属班级、打工地点等例子也不少。这个调查再次暴露出高中学生防范意识薄弱的问题。

欺凌是世界各国都十分头疼的问题，在学校、工作场所、设施等封闭的场所，经常会发生许多被害案件。赫伯特·沙伊特豪尔（Herbert Scheithauer）等人对欧洲的学校欺凌被害的调查结果进行了比较研究。[①] 从分析的 11 个调查结果看，如表 17.a 所示，平均每周遭受一次以上欺凌的中小学生占 1 成左右。

表 17.a　每周被欺负 1 次以上的儿童比例

资料来源：Scheithauer，Hayer，T. & Petermann F.（2003）. Bullying unter Schulern

作者、年份	国家、州	调查数	学年（或年龄）	被害率
Borg，[②] 1999	马耳他	6282	9—14 岁	32.1%
Fonzi et al. [③]1999	意大利	4691	小学	17.5%
			中学	9.5%
O'Moore et al. [④]1997	爱尔兰	20,442	小学	4.3%
			中学	1.9%

① Scheithauer，Herbert，Hayer，Tobias & Petermann，Franz（2003）. *Bullying unter Schülern. Erscheinungsformen, Risikobedingungen und Interventionskonzepte*，Klinische Kinderpsychologie，Band 8. Hogrefe，S. 40 – 41.

② Borg，M. G.（1999）. The Extent and Nature of Bullying among Primary and Secondary Schoolchildren. *Educational Research*，41，pp. 137 – 153.

③ Fonzi，A.，Genta，M. L.，Menesini，E.，Bacchini，D.，Bonino，S. & Costabile，A.（1999）. In：P. K. Smith，Y. Morita，J. Junger – Tas，D. Olweus，R. Catalano & P. Slee（eds.），*The Nature of School Bullying：A Cross – national Perspective*，London，Routlege，pp. 140 – 156.

④ O'Moore，A. M.，Kirkham，C. & Smith，M.（1997）. Bullying Behavior in Irish Schools：A Nationwide Study. *The Irish Journal of Psychology*，18，pp. 141 – 169.

续表

作者、年份	国家、州	调查数	学年（或年龄）	被害率
Whitney et al. ①1993	英国	6758	小学	10.0%
			中学	4.0%
Hanewinkel et al. ② 1997、1999	德国石勒苏益格—荷尔斯泰因州	14,788	3—12学年	9.2%
Jugert et al. ③2000	德国下萨克森	1353	5—10学年	8.2%
Lösel et al. ④1997	德国纽伦堡和埃尔兰根	1163	7—8学年	10.7%
Schäfer, ⑤1996	德国慕尼黑	392	小学	5.6%

2003 年，阿姆斯特朗等人以年轻人为对象实施了多项追踪调查（On Track Multiple Intervention），⑥从英格兰及威尔士的高中（sec- 454

① Whitney, I. & Smith, P. K. (1993). A Survey of the Nature and Extent of Bullying in Junior? Middle and Secondary Schools, *Educational Research*, 35, pp. 3 – 15.

② Hanewinkel, R. & Knaack, R. (1999). Prävention von Aggression und Gewalt an Schulen. Ergebnisse einer Interventionsstudie. In: H. G. Holtappels, W. Heitmeyer, W. melzer& K. – J. Tillmann (ersg.). *Forschung über Gewalt an Schulen. Erscheinungsformen und UrsachenKonzepte und Prävention*, Weinheim, Juventa, S. 299 – 313.

③ Jugert, G., Scheithauser, H., Notz, P. & Petermann, F. (2000). Geschlechterunterschiede im Bullying: Indirekt/relational – und offen – agressives Verhalten unter Jugendlichen. *Kinderheit und Entwicklung*, 9, S. 231 – 240.

④ Lösel, F., Averbeck, M. & Bliesener, T. (1997). Gewalt zwischen Schülern der Sekundarstufe: Eine Unterscheidung zur Pravalenz und Beziehung zu allgemeiner Aggressivität und Delinquenz. *Empirirische Pädagogik*, 11, S. 327 – 349.

⑤ Schäfer, M. (1996). Aggression unter Schülern. *Report Psychologie*, 50, S. 700 – 711.

⑥ Armstrong, D., Hire, J., Hacking, S., Armaos, R., Jones, R., Kiessinger, N. & Frnce, A. (2005). Children, Risk and Crime: The On Track Youth Lifestyle Survey, Home Office Research Study 278, London, Home Office.

ondary school)[1]选择了 29 所学校,从初中(middle school)[2]选择了 6 所学校,从小学(primary school)[3]选择了 95 所学校,对被选取的 30,000 名学生的生活方式进行了调查(Youth Lifestyle Survey)。回答者的年龄,高中学生为 10—16 岁,初中学生为 7—11 岁。

这个调查询问了在过去的 12 个月里是否遭受过犯罪或欺凌的被害经历。调查结果显示,13% 的高中学生在上一周受到了欺凌。欺凌被害随着年龄的增长而减少,男生比女生更容易遭受欺凌。欺凌被害危害的影响包括人种(race)、民族(ethnicity)、自我报告有行
455 为问题(self – reported problem behaviour)、被赶出朋友群(excluded)
等在学校的地位(status),以及对学习态度等程度因素(range)。

2013 年在全美进行的关于高中生欺凌被害的调查研究,公开了值得关注的数据。[4] 该调查是青少年危险行为监视系统(Youth Risk Behavior Surveillance System)的一部分,由美国疾病控制与预防中心(U. S. Centers for Disease Control and Prevention, CDC)负责,对全国 50 个州的第 9 学年至第 12 学年的 10—20 岁在校生学生进行了调查。问卷中还包括两年一次的定期问卷(a biannual questionnaire)。选取的样本反映了全美高中生的状况。

这项研究表明,青春期被欺凌的人,在之后的人生中会陷入极为不利的境地(serious adverse consequences)。

参与三个调查研究的首席研究员安德鲁 · 阿德斯曼(Andrew

---

① 英国的高中(secondary school)是,学校(grammar school)和公立学校(public school)等总称。相当于日本的中等教育学校(12—18 岁的初中和高中)、美国的高等学校(high school, 15—18 岁)。

② 英国的中学是以 9—14 岁为对象的公立中学。

③ 英国的私立学校是以 5—11 岁为对象的公立小学。

④ North Shore – Long Island Jewish (LIJ) Health System/EurekAlert! 以及 New York Times. June 20, 2015. "Victimized Teens May be Depressed and Armed" by Riek Nauert PhD. 另外,调查结果在 2015 年度美国少儿学会(Pediatric Academic Societies)的定期大会上报告。

Adesman M. D.)指出,十几岁的青少年,在学校成为面对面欺凌(face – to – face bullying)的被害人,在校外成为网络欺凌(electronic bullying)的被害人,这种情况司空见惯。该调查指出,在校园欺凌和网络欺凌的被害学生中,因抑郁而自杀的比例非常高。

第 1 项调查,对在线欺凌和学校欺凌进行了比较,经历过这两种欺凌的学生,风险相对较高。网络欺凌(cyber – bullying)虽然没有像面对面的欺凌(face – to – face bullying)那样造成对身体的威胁,但是网络欺凌就像被虐待一样,会影响到被害学生身心的各个部位。

在第 2 项调查中,遭受欺凌、约会时身体暴力(physical dating violence)及/或约会时性暴力(sexual dating violence)的 10 多岁的被害人,或者休学,或者拿着武器(weapons)去学校。CDC 的报告显示,11% 的高中生遭受过约会暴力(DV),20% 的高中生遭受过欺凌被害。

第 3 项调查,关注的是在过去 12 个月里经历过欺凌被害的 10 多 456
岁青少年,他们携带武器去学校的性别差异。男生比女生一般更倾向于拿武器去学校。而女生携带武器的情况是,遭受欺凌的女生比没有遭受欺凌的女生多 3 倍。男生携带武器的情况是,被欺凌的男生约为没受欺凌的男生的 2 倍。

里格比(Rigby, K.)对 1996 年的澳大利亚欺凌案件进行了调查,该调查显示,欺凌案件大多发生在 8—12 岁的年龄段,13—18 岁的年龄段整体上有所减少。① 关于欺凌的被害经历,回答“时常有”“经常有”的被害经历者如表 17. b 所示。

---

① [日]森田洋二监译:《世界的欺凌:各国的现状》,金子书房 1998 年版,第 5 页以下。

表 17.b 澳大利亚的欺凌

资料来源:Rigby,K. 1996

欺凌行为	8—12 岁		13—18 岁	
	男生	女生	男生	女生
被戏弄	49.9%	47.4%	47.4%	41.9%
被叫外号	50.3%	50.4%	43.9%	43.3%
被歧视	34.2%	41.3%	24.3%	31.0%
被恐吓	28.5%	15.1%	25.7%	12.2%
被殴打	36.5%	22.8%	27.6%	11.5%

由此可见,“被戏弄”和“被恐吓”即使随着年龄增长也没有减少,但“被歧视”和“被殴打”却减少了 10% 左右。

关于日本的欺凌,文部科学省公布了欺凌案件发生(确认)件数的变动图,如图 17.a 所示。这个数据是文部科学省通过各都道府县教育委员会调查的数据汇集而成,也是小学、中学、高中的合计数据。① 如果加上 1994 年以后特殊教育学校的数据,该统计将有所增加。
457 另外,2006 年数据激增是因为文部科学省对欺凌的定义发生了变化。

图 17.a 欺凌确认件数的变动

资料来源:根据 2013 年文科省初中局学生课的资料整理

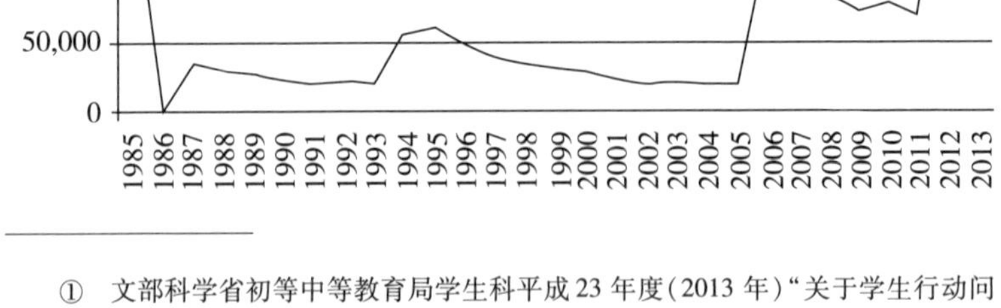

① 文部科学省初等中等教育局学生科平成 23 年度(2013 年)“关于学生行动问题等对学生指导诸问题的调查”,第 23 页。

因欺凌引起的案件,在2011年年底有减少趋势,但从2012年开始转为增加。增加的主要原因是中学生实施的案件有所增加。① 因欺凌而被抓获或被管教的小学、初中、高中的学生,2009年为313人、2010年281人、2011年219人、而2012年为511人,2013年达724人。这724名学生的具体情况是,小学生88名,初中生527名,高中生410名。②

表17.c显示了日本查获和辅导欺凌案件的情况。2013年,因欺凌而被查获或辅导的案件有,伤害146件(35.6%)、暴行132件(32.2%)、恐吓28件(6.8%)、违反《暴力行为处罚法》27件(6.6%)等。

表17.c　因欺凌案件被查获及被辅导的情况 458

资料来源:2015年版《警察白皮书》第104页

单位:件

罪名＼年份	2009	2010	2011	2012	2013	2014
伤害	74	59	57	122	146	92
暴行	22	33	18	74	132	82
恐吓	27	9	8	20	28	17
暴力行为	10	6	9	11	27	9
嫖宿儿童及儿童色情物品	2	4	3	5	17	29
强制猥亵	1	3	5	3	13	1
胁迫	3	7	2	10	10	12
损害器物	8	2	3	4	10	7
其他	16	10	8	11	27	16
案件数总计	163	133	113	260	410	265

① 2014年版《警察白皮书》,第74页图表2-8。

② 2014年版《犯罪白皮书》,第112页。

根据文部科学省2013年度的调查,[1]日本学校的欺凌现状如下,这里的百分比是欺凌行为的构成比。

1. 戏弄、嘲笑、辱骂、威胁、说讨厌的话,119,756件(64.4%);

2. 轻打、假装玩的击打、踢人,43,357件(23.3%);

3. 排挤、集体歧视,37,513件(20.2%);

4. 做令人讨厌、羞耻、危险的事情,15,572件(8.4%);

5. 藏匿、盗窃、毁坏、丢弃财物,15,105件(8.1%);

6. 严重碰撞、击打、脚踢,14,749件(7.9%);

7. 用电脑、手机等进行诽谤中伤、做不愉快的事情,8787件(4.7%);

8. 受贿金钱,4745件(2.6%)。

嘲弄、挖苦、说坏话等占全体总数的2/3,表现出与澳大利亚相似的倾向。

五、儿童和学生的欺凌自杀

小学、初中、高中学生的自杀人数虽然长期呈减少趋势,但每年自杀人数仍达100人左右。[2] 图17. b显示了1974年以后小学、初
459 中、高中学生自杀的变动情况,其中包括因欺凌而自杀的情况。

① 关于文部科学省初等中等教育局学生科,平成23年度(2013年)"学生的问题行动等学生指导诸问题的调查",第31页以下。另外,调查的对象是小学、中学、高中、特别支援学校。

② 文部科学省2011年度问题行为调查中,自杀的小学、初中、高中生有200人,其原因是:24名因家长训斥、20名因前途问题、4名被欺凌、115名学生不明。另外,这一年,内阁府和警察厅统计的儿童自杀人数为353人,与文部科学省的数据差距较大。根据2012年9月12日日本经济新闻报道,2011年小学、初中、高中的欺凌案件共有70,231件,欺凌案件占所有学校案件总数的38%。

图 17. b　儿童学生自杀的人数变动趋势

资料来源:根据文部科学省《平成 17 年度学生指导的各种问题的现状》

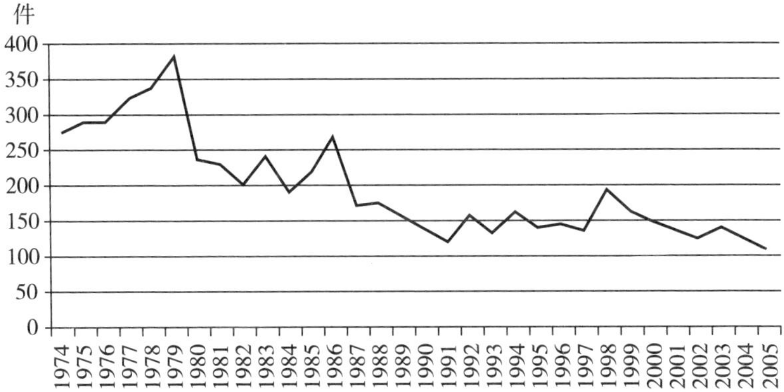

儿童学生自杀的原因之一是饱受欺凌之苦,学校方面的应对也存在问题。在日本,苦于权力而自杀的学生也不少。表 17. d 列出了全国范围内报道的中小学生“欺凌自杀”案件。这只是冰山的一角,自杀者家属主张“自杀的原因是欺凌”,但学校和教育委员会却否定欺凌与自杀存在因果关系,甚至解释说有些案件本来就不存在欺凌的情况。

在表 17. d 中,本应该匿名标示出被害的儿童,但这些案件都是改变日本对欺凌问题认识的核心案件,所以在这里请允许笔者大胆地用实名标记。

表 17. d　因欺凌导致少年死亡的主要案件 460

序号	日期	案件及被害少年	案件概要
1	1979. 9. 9	埼玉县上福冈中学三年,林贤一	埼玉县福冈市,在日朝鲜人第二代的中学 1 年级男生(当时 12 岁)因受欺负而痛苦自杀
2	1986. 2. 1	东京都中野富士见中学,鹿川裕史	东京都中野富士见中学 1 年级男生(当时 12 岁)留下“这样下去的话,会变成活地狱”的遗书,在父亲出生地的盛冈车站前的百货商店自杀

续表

序号	日期	案件及被害少年	案件概要
3	1994.11.27	爱知县西尾东部中学,大河内清辉	爱知县西尾东部中学2年级男生(当时13岁)在自家后院留下遗书后上吊自杀。遗书上写着被同学欺负,多次被勒索现金的情况
4	1995.11.27	新潟县上越春日中学,伊藤准	新潟县上越市春日中学1年级男生(当时12岁)留下遗书后自杀,控诉"偷钱"而被五名同班同学欺负的情况
5	1996.1.22	福冈县城岛中学,大泽秀猛	福冈县城岛町的初中3年级男生因不堪欺凌而自杀
6	1999.11.26	栃木县鹿沼北犬饲中学,臼井丈人	栃木县鹿沼市北犬饲中学3年级男生(当时15岁)被2名同级生殴打并脱掉内衣后,痛苦自杀
7	2006.10.11	福冈县筑前三轮中学,森启祐	筑前町三轮初中2年级男生(当时13岁),因受欺负之苦,留下遗书,在自家仓库内上吊自杀
8	2010.6.7	神奈川县川崎中学,笠原	川崎市的初三男生留下遗书称因无法保护受欺负的朋友而自杀
9	2010.10.23	栃木县桐生小学	从爱知县转学来的小学6年级女生,因被欺负长达一年多而痛苦自杀。母亲是菲律宾人
10	2011.10.11	滋贺县大津皇子山中学,本多广树	大津市初中2年级男生(当时13岁)因受欺负深感痛苦,从自家公寓14楼跳楼自杀

＊案件1,有16人因涉嫌伤害被检察院移送法院,东京家法院对2人作出保护观察的处分。

＊案件3,有4人被检察院移送法院,其中3人在初等少年院、1人在教护院(现在的儿童自立支援中心)接受保护处分。

＊案件5,有2名同年级同学因勒索现金而被家庭法院给予保护观察处分。

＊案件6,少年的父母认为自杀的原因是被欺负,向法院提出要求市和县给予赔偿。2008年9月30日,最高法院认定被欺负与自杀之间存在因果关系,但不承认学校的可预见性。

＊案件8,因集体对该学生施加暴力,将3名同学移送检察院,3人受到保护观察处分。

1979 年 9 月 9 日，埼玉县上福冈市（现在的富士见野市）的上福冈第三中学 1 名男生（当时 12 岁）因受欺凌而自杀，该案件是自杀成为日本社会问题的早期案件，当时学校方面的处置和报道的方式留下了很多值得研究的课题。少年的父亲是朝鲜籍，该少年是在日本的第三代朝鲜人。这名少年在班级中最矮小，入学后开始引人注目，人们多次看到他为了避免被欺负而在教师办公室前伫立的身影。到 461
了第二学期，乒乓球小组发生了集体对该少年施加暴力的案件，之后的 9 月 9 日该少年从 12 层高的公寓上跳楼自杀。

案件发生后，教育委员会展开了调查，但调查报告书认为“他在班级内并没有被欺负”“这个孩子是个纠纷不断的少年”。教育长还向父母解释说，自杀超出了学校和教师的责任范围。当时的教育环境，对欺凌问题的认识还非常低。案件发生后，人们发现了少年的毕业纪念册，上面写着的寄语是“请死掉”等，可以看出欺凌的阴影从小学时代就一直存在。

1986 年 2 月 1 日，东京都中野富士见中学一名 2 年级的男生在父亲①的出生地盛冈站前的百货商店卫生间上吊自杀，学校方面的管理方式受到了很大质疑。自杀的少年留下的遗属写道，“这样下去，会变成‘人间地狱’”，学校的指导等处理方式成为一大问题。特别是，针对这个少年的“葬礼游戏”是前一年 10 月在教室里举行的，而且事后查明班主任也参加了，这等于该少年是被班上同学和班主任等杀害的。

死者家属提起了赔偿损失，东京地方法院 1991 年 3 月 27 日在民事审判中认定，“没有欺负”“自杀是不能预见的”，但同时认定该少年在 1986 年 1 月以后遭受暴行，判处学校赔偿 400 日元。虽然父母提出了上诉，但 1994 年 5 月 20 日，东京高等法院认定，虽然欺凌是少年自杀的主要原因，但不能说受欺凌者自杀是正常的，因此驳回了上诉。

---

① 该少年在 1984 年 4 月上了初中，同年 10 月父母离婚。

上福冈第三中学的案件和中野富士见中学的案件，都是长时间的持续性欺凌，周围的同学朋友都应该知道，班主任及学校有关老师也当然有所察觉。如果班主任等没有注意到的话，就应当对没有尽到注意义务承担责任。但是，当时的法院认为，欺凌严重损害了被害少年的尊严是班主任不能认识的。

462 学校这个场所对学生来说应该是安全放心的场所。因此，教师们有责任密切注意学生的情况，避免发生重大案件。另外，欺凌自杀被大幅报道，现在几乎所有的国民都对欺凌与自杀的关系问题有了一定认识，现在将要成为教育工作第一线的老师们，要充分认识到，因欺凌引起的自杀正发生在孩子们身上。我们期待这样的判例：如果对这种状况置若罔闻而发生了重大案件，注意义务和预见义务的理论也适用于欺凌自杀等案件。

1994 年 11 月 27 日，爱知县西市立东部中学 2 年级男生（当时 13 岁）深受欺凌之苦，在自家后院的柿子树上上吊自杀，这起案件是因为该少年长期被勒索金钱，在此期间家长和学校都没有发觉该少年的痛苦。根据教育委员会的调查，同年级 11 名学生参与了欺凌案件。4 名主犯因涉嫌恐吓他人而被检察院移送起诉。这 4 名主犯从小学 6 年级开始就对该少年施暴并索要钱财。[1] 案发后第 4 天即举行葬礼的当天，人们发现了该少年用铅笔写下的遗书（B5 用纸 4 张）和 13 页的“少年时代的回忆和旅行日记”，暴露了自杀的原因是被欺凌的事实。遗书和笔记本上写满了被欺负的具体情况。

这是一位心地善良的少年，他还在日记的多处表达了对父母和家人表示感谢的心情，教师、家长、朋友等为什么未能读取少年的求救信息，这个疑问至今没有答案。

---

① 成为欺凌案件中心的 4 人中，3 人被送去初级少年院，1 人被送去教导院（现在的儿童自立支援设施）。

六、欺凌致死案件(山形县明伦中学致死案件)

欺凌的场面是群聚心理发挥作用,进而与被欺凌者有矛盾的人参与进来,然后使事件逐渐升级,最后导致对方死亡。肇事者的罪名 463
不是杀人,而是伤害致死、监禁致死、过失致死。

山形县新庄市明伦中学发生的“在垫子上”致死案件,就是典型的欺凌致死案件。

1993 年 1 月 13 日傍晚,明伦中学 1 年级学生 K(当时 13 岁)被发现窒息在体育训练用的垫子上。案发后的第 5 天,A(当时 14 岁,2 年级)、B(当时 14 岁,2 年级)、C(当时 14 岁,2 年级)、D(当时 13 岁,2 年级)、E(当时 13 岁,2 年级)、F(当时 13 岁,1 年级)、G(当时 12 岁,1 年级)7 名学生因参与了加害行为而被逮捕。这 7 名同学强行要求 K 作出称之为“一发艺”的独幕剧行为,K 拒绝后被拉到体育馆的用具室内开始摔跤,然后把 K 的头部塞进卷起来的垫子里,使其窒息而死。警方在侦查阶段确认 7 名少年与死亡有关,但在山形家庭法院审判时,7 人否认自己参与案件,并提出不在场证明,进而提出了可能是 K 同学自己钻进垫子里的“事故死亡论”。

加害人中的 A、B、C 3 人于 1993 年 8 月 23 日由山形家庭法院作出不处分决定。1993 年 9 月 14 日山形家庭法院宣判将 D、E、F 3 人移送初等少年院给予保护处分,F 被移送教护院(现在的儿童自立支援设施)。[①] 关于 G,1993 年 3 月 26 日由儿童咨询所给予行政处分(交由儿童福利司进行指导)。

---

① D、E、F 3 人提出了上诉(二审),但仙台高等法院于 1993 年 11 月 29 日以“坦白的自由性、可信性没有疑问”为由驳回了上诉。该判决不予处理的 A、B、C 3 人也参与了案件。D、E、F 向最高法院提出再抗告,1994 年 3 月 1 日再抗告被驳回,确定了对 3 人的保护处分。最高法院没有提及 A、B、C 3 人的关系。对于撤销对 D、E、F 的保护处分申请,山形家庭法院于 1994 年 10 月 14 日,驳回了申请。虽然 3 人提出了上诉,但仙台高等法院于 1994 年 12 月 26 日驳回了上诉。3 人还提出了再上诉(向最高法院),但最高法院于 1995 年 2 月 13 日驳回上诉,对他们的处分生效。

K少年的父亲(当时53岁)等4名死者家属就案件,对涉嫌伤害致死、逮捕和监禁的7名学生和新庄市提出损害赔偿请求。2002年3月19日该案在山形地方法院败诉,但在仙台高等法院胜诉。被告方对此提出了上诉,但2005年9月6日最高法院第三小法庭驳回上诉,确定了死者家属的胜诉。

对这个案件,有人认为是一起冤案,并对少年法制度提出了种种
464 疑问,因为《刑法》规定对未满14周岁的人的行为不予处罚(《刑法》第41条),将未满14周岁称为绝对刑事责任年龄,不需交付刑事审判。另一方面,《少年法》将不满14周岁而触犯刑法的少年称为"触法少年",以区别于14周岁以上实施犯罪的"犯罪少年"(《少年法》第3条)。

关于少年的刑事案件,《少年法》规定,警察侦查终结后,认为涉嫌处以罚金以下犯罪的,必须移送家庭法院(《少年法》第41条)。检察机关对于少年犯罪案件调查结束后,认为有犯罪嫌疑的,除应当家庭法院回送的案件以外,必须移送给家庭法院(《少年法》第42条)。

对于应判处死刑、有期徒刑的案件,根据调查结果及其罪责情节认为应当给予刑事处分的,家庭法院应当将案件退回与该案件管辖的法院相对应的检察院(《少年法》第20条第1款)。这就是所谓的反送案件。但是依照该条文被退回检察机关的案件很少。

从20世纪80年代到90年代,日本对少年的处分过于宽松,舆论上的反应也越来越强烈。这一时期的少年恶性案件有:1988年11月7日—1989年1月的女高中生被埋入混凝土杀害案件(加害人是4名16—18岁的少年),[①]1992年3月6日的市川市一家4人被杀案件

① 女高中生被浇筑在水泥中的案件发生前后,1988年11月16日发生了绥濑母子被害案件。警察逮捕了包括女高中生案件中的3名犯罪嫌疑人。这些少年们起初否认,后来又坦白。但是,在家庭法院的审判中,少年们又否认事实,最后作出不予处分的决定。

(加害人 19 岁),1993 年 1 月 13 日山形县明伦中学体育训练用垫子致死案件,1994 年 9 月 28 日—1994 年 10 月 8 日的木曾川 · 长良川连续私刑杀人案件(加害人为包括少年在内的 10 人),1996 年 11 月 3 日高槻市中学生私刑杀人案件(加害人是 6 名 16 岁少年),1997 年 5 月 24 日的神户连续杀害儿童案件(加害人 14 岁),1998 年 1 月 28 日黑矶北中学女教师被杀案件(加害人 15 岁),1999 年 4 月 14 日的山口县光秣市母子被杀害案件(加害人 18 岁),1999 年 12 月 2 日的枥木私刑杀人案件(加害人是 3 名 19 岁少年)等。

由于舆论的强烈呼吁,2000 年 12 月 6 日日本对《少年法》进行了部分修改,2001 年 4 月 1 日开始施行。修改后的《少年法》对第 42 条
新增加了第 2 款,其规定对于因故意的犯罪行为,在犯罪时年满 16 465
岁以上的少年,造成被害人死亡的,应当移交前款检察机关处理(《少年法》第 20 条第 2 款)。

七、从被害经历者走向加害人的道路

欺凌现象曾一度稳定下来,但最近又有增加的趋势。根据文部科学省的全国调查,欺凌的发生件数,1985 年约为 155,000 件,1986 年约为 53,000 件,1989 年约为 29,000 件,有一段时间呈减少趋势。从 1989 年的情况看,欺凌内容从多到少依次为:①戏弄、嘲笑;②暴力;③言语威胁;④从伙伴中被孤立出去。

但是,欺凌案件最近有增加的趋势,据文部科学省的调查,1995 年度发生的“欺凌案件”为 60,096 件。发生欺凌的比例是,小学为 34%、中学为 58%、高中为 40%。在中学,平均每所学校发生 2.8 起欺凌案件。以欺凌问题为主要原因的自杀案件有 6 起。

警方也积极展开了欺凌辅导工作。由欺凌引起的案件,警方进行辅导的情况是,1993 年为 90 件(234 人),此后逐渐增加,1994 年为

103件（372人），1995年为160件（534人），1996年为162件（426人）。[1]

1995年警方处理了464起校内暴力案件（其中针对教师的有258件，占55.6%）的当事人，辅导了1005人（其中教师328人，占32.6%）、被害人624人（其中教师317人，占50.8%）。[2]

最近的倾向是，被欺凌的一方对加害少年和学校提起诉讼的案件有所增加，到1991年年末为止，新潟县、长野县、琦玉县、群马县、兵库县、大阪府等地已有20件相关诉讼。

文科省于1996年5月公布了对全国约2万人进行的“欺凌”调查结果。这是由“关于学生问题行为调查研究协助者会议”于1994
466 年，通过都道府县教育委员会发布的内容分析的。该调查选取了94所被认为存在欺凌现象的小学、初中和高中，对大约9400名学生和1万多名教师、家长进行了匿名问卷调查。根据这个调查，欺凌通常发生在朋友之间，被害人和加害人的立场很容易出现互换。至少有3—4成的孩子被欺凌现象被中小学的班主任忽视了。

在该调查中，欺凌的被害人为12%，欺凌的加害人为17%。被害少年的情绪中回答最多的是，“总有一天我会报复”，约占了5成。从加害少年的情绪来看，约4成的人表示“从那以后情绪变得不好了”，而“心情好”“心情舒畅”“感觉有趣”的人分别占15%—21%。在被欺凌的孩子中，曾经有过被欺凌经历的人所占的比例是，男女比例和年龄比例分别均为40%—65%。

这个调查中值得注意的问题是欺凌的原因，家长认为孩子是缺乏正义感和规则意识，而大部分班主任则认为是家庭教育能力低下。

有欺凌被害体验的少年，变成欺凌的加害人或者实施违法行为，这一现象即“欺凌转化现象”，它可以回溯到艾伦伯格的“加害人转

① 1997年版《警察白皮书》，第120页。
② 1996年版《警察白皮书》，第106页。

化为被害人，被害人转化为加害人”的理论，而最高法院调查官研修所的田渊伊绪对该理论进行了验证。[1]

各种调查表明，被欺凌的少年不久以后，不仅会欺负别人，而且会实施各种各样的不法行为。例如，旭川少年鉴别所的佐藤伸一对1994年4月到1997年1月在A少年鉴别所接受观护措施处分的28名少年的34个事例进行了分析，被欺凌后为了报复而实施不法行为的有2例（5.9%），被欺凌后为了出气而实施不法行为的有5例（14.7%），被欺凌后因心理创伤而实施不法行为的有19例（55.9%），其欺凌本身就是非法行为的有8例（23.5%）。[2]

八、欺凌与逃学 467

现在，全国的中小学都在为儿童长期旷课问题而头疼，但分析一下旷课的原因就会发现，现在的理由与以前的理由大不相同。20世纪50年代，多数是因贫困而长期缺课，而在经济繁荣的20世纪60年代至70年代，以“脖子上挂钥匙的孩子”为代表，多数由于父母不能亲自照顾而导致孩子旷课。但是，现在随着少子化现象的发展，父母的目光都集中在孩子身上，但由心理因素引起的“讨厌学校”反而增加了。

例如，根据文部科学省1988年的全国调查，逃学的直接原因，小学的情况是：①生病等本人的问题（20.3%）；②亲子关系（19.3%）；③家庭生活的变化（18.5%）；④朋友关系（10.5%）等。中学生的情况是：①学习成绩不好（19.9%）；②生病等本人的问题（16.9%）；③家庭生活的变化（16.6%）；④朋友关系（15.0%）等。从这个调查看，小学生的烦恼在家庭，初中生的烦恼在学业，这是一个很大的问题。

---

① 在1991年6月日本被害人学会第2次学术大会及1991年8月第7届国际被害人学研讨会上发表。

② ［日］佐藤伸一：《犯罪心理学研究》1998年第35卷第1号，第26页。

根据某地方政府的教育委员会1994年的调查,在这个地区,中学的在籍学生虽然只有小学在籍人数的一半,但是长期旷课的学生数量却达3倍。从其原因来看,小学里排在第一位的是因病旷课,占39.7%;到了中学,因病旷课减少到17.9%,因心理问题、游戏癖、朋友关系等问题而产生厌学的占79.8%。特别是,其中心理因素占27.8%,这是不能忽视的问题。

进一步分析学校内部的问题,就会发现这源于学校的管理体制以及老师与学生、学生与学生之间的力量关系。这个问题通常被按照"拒绝上学"或"长期旷课"对待,而儿童自己抗拒上学往往是学校方面,即老师和班里的同学导致的。也就是说,与其说是学生拒绝上学,不如说出现了不能上学的状况。在这个意义上,有必要区别使用"不能上学""逃学"的用语。

468　九、《欺凌防止法》的问题

2013年6月28日日本制定了《欺凌防止法》(法律71号)。该法由35个条文构成,被称为一部为了使学生能够安心学习和活动,在学校内外不再有欺凌的法律。为此,该法分别对国家、地方政府、学校设立者、教职员工设定了明确的义务。

该法对欺凌的定义是,"在校有一定人际关系的儿童,对其他儿童实施的,对该儿童造成身心痛苦的,在心理上或物理上产生影响的行为(包括通过网络进行的行为)"。(第2条)

欺凌的行为样态各种各样,很难对这种行为定型化。所以该法把欺凌规定为"在心理上或物理上产生影响的行为"。欺凌的定义中最重要的内容是,被害人是否感到痛苦,由于该法加入了这个要件,使现有行政法意义上的定义向前推进了一步。

但是,该法第9条有关监护人职责的条文中却认为,欺凌源于人们对法律的基本认识较低,即保护者应当预防儿童欺凌,培养他们不欺凌他人的规范意识。这项法律是根据几十年前的认识而制定的,

即欺凌是由于该儿童的规范意识低下才实施的。与此相反，防止欺凌必须考虑被欺凌者的教育，也就是说重点在于被害人的教育。欺凌现象络绎不绝，并不是由于学生们的规范意识低下，而是尊重他人这一意识的低下。特别是，在家庭教育、学校教育的环境中，所有的大人都应该考虑孩子们的“尊严”，如果是这样，欺凌现象可能就会被根除。

长期以来一直有人指出，有些被欺负的孩子逃学，而有些被欺负的孩子照常上学，这是矛盾的。[①] 这也是源于教育工作者的意识低下。但在法律上，为了使遭受欺凌的儿童在教室以外的场所进行学 469
习，需要采取必要的措施（第 23 条第 4 款）。另外，市町村的教育委员会规定，可以命令实施欺凌行为儿童的家长，依照《学校教育法》第 35 条第 1 款的规定，对该儿童采取停止上学等保障其他儿童能够安心接受教育的必要措施（第 26 条）。

---

① 2012 年 7 月 25 日《朝日新闻》报道，截至 2010 年的 10 年间，全国因欺凌而停止公立中小学学生上课的案件为 23 件。虽然国家在积极引导，但各地的教育委员会也不能干涉公立小学的停课。

第十八章

儿童被害

Victimization of Children

一、被害风险高的儿童

未成年人(minority)[①]是最容易被害的群体。社会中被歧视的对象有原住民、部落人、不良集团等,但现在社会弱者的同义词,有少数派、少数民族、未成年人、女性、老年人、残疾人等。

组织由多数派驱动,少数派一般处于不利的地位。国家和社会也依照大人的价值观进行活动,如果孩子以自己的感觉和价值观进行活动,就会被认为是反社会行为。在被害人学发展时期的20世纪80—90年代,日本对作为被害人的少数民族、儿童、女性等进行了大量研究。

未成年人问题与偏见和歧视问题也有密切的关系,有些人认为被害的原因在被害人一方。例如,对于受到家庭暴力侵害的妻子,有些人就会认为这是不是因为妻子没有做好家务等。对于被欺凌的被害人,也有人会说是不是被害人对他人有令人不愉快的言行,是不是他没有果断地拒绝对方等。对于性骚扰和强制猥亵的被害,有人会说这可能是"因为穿了引诱对方的服装,做了什么诱人的动作吧"。

无论是过去还是现在,儿童遭受各种伤害的事实都不会改变。

---

① 法律上把未成年人称为"minor",把未成年期称为"minority"。

关于这个问题,美国前总统克林顿在向波斯尼亚派兵时的演讲,引起
了人们的关注。克林顿说:“21 世纪的前夜,世界上的儿童正在受 471
苦。仅在波斯尼亚就有 135 万名儿童失去了家园。有近 200 万卢旺达人被驱逐出境,生活在悲惨的难民营中。300 万阿富汗人在印度和巴基斯坦成为流浪的难民。罪恶不止于此。在印度,8 岁的儿童每天用 12 个小时纺织地毯;在巴西,10 岁的儿童在矿山从凌晨到天黑都在搬运水桶;在泰国,青春期前的女儿被父母卖到曼谷。”[1]

戴维·芬克尔(David Finkelhor)[2]用生活方式或日常活动结构(the lifestyle or routine activities framework)的概念,来解释年轻人遭受被害的范围(the fullrange of victimization)。监护(guardianship)、暴露于危险(exposure)、接触(proximity)等概念,无法适用于被害来自亲密接触者的情况,他们不是生活方式或日常活动样态,而是一种环境因素(environmental factors),使被害人暴露在危险中。[3] 因此,儿童在父母忙于生活而无暇顾及的时候,不能被守护的状态就会成为可能被害的环境条件,这不存在孩子们的生活方式和日常活动问题。

生活方式理论是用于解释年轻人的被害风险的,这种理论在强调环境条件的基础上,更加关注个人的性格和属性(individualcharacteristics and attributes),他们是增加风险的潜在因素(the risk - increasing potential)。这种个人性格可能提高被害风险度(vulnerability)。

孩子受到的被害中,更主要的问题是,不能给予他们良好的成长

---

① TIME,2000. 12.

② 芬克尔是新罕布什尔州大学社会学教授,同时也是儿童犯罪研究中心的所长(Director of Crimes Against Children Research Center)。1977 年以后,他继续研究儿童被害、儿童虐待(child maltreatment)、家庭暴力(family violence)等问题。

③ Finkelhor, David(2007). Developmental Victimology; The Comprehensive Study of Childhood Victimizations. In: Davis, R. C. , Lurigio, AJ. & Herman, S. (eds.), (2007). *Victims of Crime* (3rd edition). Sage Publications, Inc. California, USA. p. 30.

472 环境和对他们使用暴力等所谓的虐待问题、强奸和强制猥亵等性侵害问题。前者已在第十四章“虐待被害”中讨论,后者已在第十三章“性侵害”中详细叙述。关于私刑、打架、体罚等问题,已在第十一章“暴力被害”中讨论,关于欺凌问题已在第十七章“欺凌被害”中论述。

二、儿童遭受的被害

作为最典型的未成年被害人就是儿童。但是,日本的法律规定未满20岁的人是都未成年人(儿童),但问题是18岁、19岁的人是不是未成年人。① 在欧美大部分国家,将未满18岁、未满16岁、未满15岁的人视为成年人,有些国家将未满13岁的人称为未成年人。

中小学生的年纪还需要大人保护他们不受任何伤害。但到了高中生的年纪,其就达到应当对自己行为负责的年龄。孩子做出违反社会规范的行为背后,也有监护人和周围的大人们的问题,不能一概而论地将儿童的犯罪和不良行为与大人的犯罪相提并论。

日本警察厅于1996年5月对警察厅令部分内容进行了修改,同年10月对《少年警察活动纲要》进行了修订,由此确立了对支援少年被害人的体制目标,把被害少年事项放在少年警察部门的重要位置,强化对重大暴力、性犯罪等被害少年的康复和咨询活动。

图18.a是近10年未满13岁的儿童遭受被害的动向。

---

① 塔维斯托克诊所(T avistock clinic)的安特罗伯斯(Laveme Antrobus)等人研究认为,青春期分为前期12—14岁(early adolescence)、中期15—17岁(middle adolescence)、后期18—25岁(late adolescence)。

图 18. a　13 岁以下儿童的被害件数 473

资料来源:2014 年版《警察白皮书》第 72 页

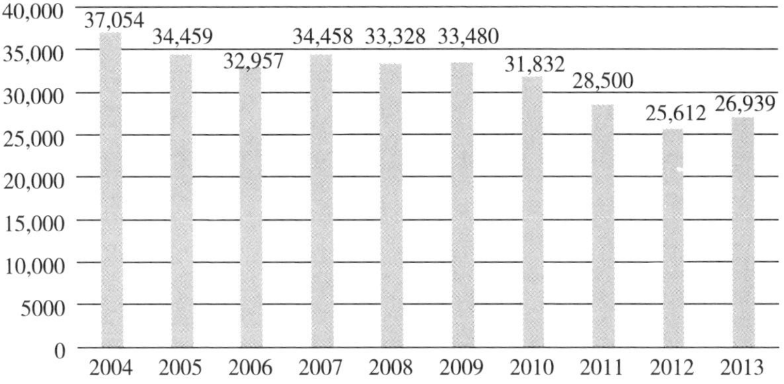

未满 13 岁的儿童被害情况有减少的倾向,在过去的 10 年里减少了约 1 万件。少子化虽然是主要原因之一,但国民对安全意识的提高和地区居民和警察等行政一体化的努力也发挥了作用。

图 18. b 显示了 2013 年未满 13 岁的儿童遭受被害的情况,其中遭受刑法犯罪的侵害为2881 件。在被害罪名中,强制猥亵罪最多,占 38.7%,随后是暴行罪占 30.6%,伤害罪占19.0%。2012 年的 2748 起被害件中,女性被害人占 60.5%。女性比例最多的犯罪是强奸,占

图 18. b　未满 13 岁被害人遭受的刑法犯罪

资料来源:2014 年版《犯罪白皮书》第 197 页

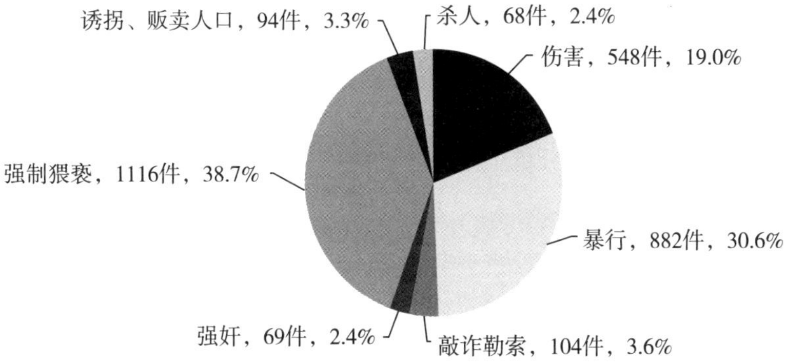

100%,紧随其后的是强制猥亵,占 89.9%,拐骗及贩卖人口罪为 64.9%、暴行罪为 42.9%。据调查,在未满 13 岁的儿童中,遭受性侵害的情况尤为严重。

474 美国联邦调查局(FBI)的统一犯罪报告项目,对全美各地的杀人案例进行了分析。[1] 据该项调查,从 1980 年至 1994 年的 15 年间,共发生了 326,170 起杀人案件,其中占比 9% 的 30,200 起案件的被害人是未满 18 岁的少年。而且全部杀人案件在 1980—1994 年的 15 年间只增加了 1%,但少年被害人的案件却增加了 47%。也就是说,1980 年每天有 5 名少年被杀害,而 1994 年每天有 7 名少年被杀害。

自 1980 年开始的 5 年间,从少年被杀害的分布变化来看,12 岁以下年纪几乎没有变化,但随着年龄的增长,有增加的趋势。1994 年被杀害的少年中,年龄最多的是 15—17 岁,占全部少年被杀害案件的 53%。紧随其后的是 6 岁以下的人群,占 30%。[2]

表 18.a 杀人案件中被害人和加害人都是少年的比例

资料来源:US Department of Justice, Juvenile Offenders and Victims; 1996 update on Violence, p. 1

被杀少年的年龄	加害人是少年的比例
0—5 岁	6%
6 岁	18%
12—14 岁	38%
15—17 岁	22%

美国联邦司法部对杀人案件中加害人和被害人都是未满 18 岁少年的情况进行了分析。其结果如表 18.a 所示。根据这个分析,在

① Fox, J. (1996). Supplementary Homicide Reports 1976 - 1994. (machine readable data file).

② U. S. Department of Justice, Juvenile Offenders and Victims: 1996 Update on Violence, p. 1.

美国,少年被少年杀害的案件主要集中在12—14岁的年龄段。

美国联邦司法部分析了1996年全美被杀的未满18岁少年案件中被害人与加害人的关系。被杀少年的年龄和加害人的熟人关系,如表18.b所示。

表18.b 美国被杀害的少年与加害人的关系

资料来源:US Department of Justice(1996). Juvenile Offenders and Victims;1996 update on Violence,p.2

熟人关系	全部少年	0—5岁	6—11岁	12—14岁	15—17岁
双亲	24%	55%	33%	8%	3%
其他亲属	4%	5%	9%	7%	3%
熟人	36%	24%	24%	43%	44%
陌生人	11%	3%	12%	14%	16%
不明	25%	13%	21%	27%	34%

年龄越小,被父母杀害的比例就越高,而随着年龄的增长,被熟人或陌生人杀害的比例就越高。在上学之前,有60%的学生被亲属 475
杀害,但到了中学阶段,有近6成的少年是被其他人杀害。

美国联邦司法部分析了1996年在全美被杀害的未满18岁少年案件中使用凶器的情况。被杀害少年的年龄和凶器之间的关系如表18.c所示。

表18.c 美国被杀害少年的年龄和凶器

资料来源:US Department of Justice(1996). Juvenile Offenders and Victims:1996 update on Violence,p.2

凶器的种类	全部少年	0—5岁	6—11岁	12—14岁	15—17岁
手枪	49%	10%	41%	64%	76%
匕首、钝器	15%	12%	20%	20%	16%
手腕、拳头等	19%	47%	11%	4%	2%

续表

凶器的种类	全部少年	0—5 岁	6—11 岁	12—14 岁	15—17 岁
其他	10%	17%	22%	7%	3%
不明	7%	13%	7%	4%	3%

美国社会被称为枪支社会,杀伤案件大多都使用枪支,从少年被害人来看,随着年龄的降低,枪支的使用率也在下降,取而代之的是手臂、拳头等。

伍德(Wood,M.)在2003年对10—15岁少年的犯罪被害经历进
476 行了调查研究。[①] 伍德的报告称,在过去的12个月中,至少受到1次以上人身伤害的少年占全体被害人的1/3以上。这个数据远远高于26—65岁人群的被害率(14%)。该研究分析了被害的种类与年龄的关系,抢劫被害的年龄越大,被害率就越高。在少年的情况下,反复被害的比例(repeat victimization)也较高,5次以上反复被害的比例为19%。虽然少年的犯罪行为与被害经历有很强的关系,但民族性(ethnicity)并不是人身犯罪被害率的主要原因。

阿姆斯特朗(Armstrong,D.)等人在2003年对年轻人进行了多项追踪调查。[②] 从英格兰及威尔士的29所高中(secondary school)、[③] 6所初中(middle school)、[④] 95所小学(primary school)[⑤] 选取了30,000名学生,对这些年轻人的生活方式进行了调查(youth

---

① Wood,M. (2005). The Victimization of Young People:Findings from The Crime and Justice Survey 2003,Home Office RDS Findings 246. London,Home Office.

② Armstrong,D., Hire,J., Hacking,S., Armaos,R., Jones,R., Kiessinger,N. & France,A. (2005). Children,Risk and Crime:The on Track Youth Lifestyle Survey,Home Office Research Study 278. London,Home Office.

③ 英国的二级学校(secondary school)是私生学校(grammar school)、公共学校(public school)等的总称。相当于日本的中等教育学校(12—18岁的初中和高中)、美国的高等学校(high school. 15—18岁)。

④ 英国的中学是以9—14岁为对象的公立中学。

⑤ 英国的小学是以5—11岁为对象的公立小学。

lifestyle survey）。回答者的年龄，初中是10—16岁，小学是7—11岁。

根据这项调查，遭受犯罪被害的风险随着年龄的增长而降低。第7学年的学生中，64%回答有犯罪被害经历，而第10学年至第11学年的学生为56%。犯罪被害的经历因人种（race）和民族（ethnicity）的不同而有明显的差异。

三、防止在地域发生的儿童被害

以1997年8月春日井小学2年级女生被杀案件[1]为契机，日本
各地的人们齐心协力开展了保护儿童不受伤害的活动。这起案件发 477
生在暑假期间到校日的早上，且在被指定的上学道路上，该案件对有
关人员造成极大的震动。案发后，在被害女孩就读的春日井小学，家
长教师协会（PTA）召开临时会议，开始集体上学放学，监护人轮流陪
同学生。在放学时，家长们轮流巡逻，老人俱乐部成员也站在放学路
上，守护回家的孩子们。

在1997年6月神户连环儿童杀伤案件发生后，也有家长结伴守护孩子上下学，并展开巡逻。无论是春日井市还是神户市，在犯人被逮捕之前，保护活动一直紧张进行，但是在犯人被逮捕之后，就很难继续坚持巡逻。如何在当地保护孩子，成为一大难题。

位于春日井市旁边的大野城市有8万人口，和春日井市一样，是福冈市的职工通勤市郊区。同年9月，大野城市的平野小学以家长教师协会（PTA）为中心，开始设置“儿童110之家”。[2] 在“儿童110之家”贴着牌子，孩子们有什么事情可以随时接受指导。

---

① 1997年8月6日，福冈县春日井市小学2年级女生（8岁），在暑假上学的路上被住在附近的24岁男子杀害。春日井市位于福冈市南部，是拥有10万人的居住区，当时有60%的居民前往福冈市上班、上学。

② 1997年10月4日，当时在全国34个都府县设置了约75,000处，之后虽不断增加，但很多都是有名无实。

这类志愿者活动都是以就学儿童的父母为中心,但是这种指导能够持续到什么时候也是个问题。多年以来没有再次发生类似案件,孩子们随着年龄的增长和毕业,危险也自然消失了。“家长结伴上下学”和“儿童110之家”这些活动,是在案发后危机意识很高的情况下进行的,但如何在平时让志愿者们也参与社区的儿童保护活动,需要认真研究。

为了保护孩子们不受拐骗、性侵犯、杀人等伤害,有必要在全国各地建立区域性的志愿服务组织。建立这种地区性多人共享的系统,不仅有利于预防儿童被害,而且可以在预防不良商家、放火、高龄者看护等方面发挥作用。另外,不能只依靠平时待在家里的老人和家庭主妇,还要想办法让不同年龄、不同职业的人加入志愿者服务组
478 织,也可以利用地区运动会、庙会、节日、社团组织、儿童会等机会。

2004年发生的高崎小学1年级女生被杀案件,[①]加害人野木巨之(当时28岁)在2005年2月10日写下了野木笔记“从犯罪人角度考虑的性犯罪预防”(A4版竖写6页),这为预防儿童性侵害提供了宝贵的信息(由狱中采访的记者提供)。

该笔记的开头部分写道,“这是从犯罪者的角度思考,如何免受性犯罪侵害的各种方法”(以下引用的笔记原文)。

> 比起玩耍的孩子,固定的时间更重要。路线固定的放学时间,对我们来说是最方便的。
>
> 即使是集体结伴放学,离自己家很近了,如果是自己一个人的话,也很危险。
>
> 与马上就能进去的独门独户相比,“住宅区”更危险。
>
> 即使电梯里有监控摄像头,“楼梯”也是人员稀少容易

---

① 2004年3月11日下午,在群马县高崎市北久保町,住在县营住宅10层的原公司职员野木巨之(当时28岁),以恶作剧为目的埋伏在住宅前,将在放学路过的小学一年级女生(当时7岁)拉到自己家中,因女生大声呼救,被其用手和毛巾掐脖子窒息而死。

> 下手的地方。
>
> 瞄准孩子下手的人,一般都是心智不成熟的人。因此,如果对孩子很和蔼地“打招呼”,就要提防、畏惧。
>
> 按照大人自认为以合适的方式养育孩子,对我们来说,是很方便的。
>
> 除了强行使用暴力进行袭击的以外,压制自己情绪顺从大人的孩子,怎么也摆脱不了装成好人接近他的人!

另外,野木巨之2005年12月4日在另一张便条上写道,“感谢我的亲人,至今没有抛弃我”。此外,笔记还写下了以下内容:

> 奈良、广岛、枥木,还有因为我的案件而被害的孩子都是小学“一年级学生”。这不是偶然的。犯人盯上了一年级学生,因为很容易得手。
>
> 一年级和其他年级相比,放学时间有很大的不同。所以,回家途中容易一个人。 479
>
> 那顶“黄帽子”大多只是低年级学生戴的,对于那些以一年级孩子为目标的人来说,这不就是一个记号吗?
>
> 在重大案件发生之前,都有可疑人员的信息,这是所有案件的共同点。这是犯人行动升级的前兆。
>
> 犯人会花时间调查:选择放学的时间、放学的路线、不受欢迎的犯罪行为容易下手的地点、对方只有一个人的时候、选择容易下手的年幼孩子等。要防备在附近看到的可疑的人。
>
> 再一次调查一下放学的路线、有没有人站在附近、一年级的放学时间,有明显记号的“黄帽子”和“书包套”——是全校统一的还是只是低年级的。

这个笔记,从犯罪人的角度描述了被害人一方存在的问题,因此是一份贵重的资料。有人指出,幼儿园的孩子有校车接送,在大人的保护下,是比较安全的,但小学一年级学生,突然有一天要独自一人行动,他们在保护自己的智慧和经验方面都处于极其危险的年龄段。另外,在小学,虽然经常集体结伴上学,但集体结伴放学的情况很少,可以说中午一个人放学回家的小学1年级学生是犯罪人的最佳猎物。

四、作为被害人的违法少年

少年违法犯罪行为(juvenile delinquency)[1]在社会上是一种加害行为,但在被害人学上,有时把少年违法行为理解为一种“被害”。实施侵害他人权利的行为人,通常在其成长经历和所处环境方面存在
480 问题。父母疏忽对孩子的教养,没有教育孩子养成尊重他人尊严的良好思想意识,那么孩子长大以后就会做出没有任何罪恶感的侵害他人权利的行为。[2] 如果说违法行为的原因是家庭等环境,那么对少年来说他们别无选择,而是环境所为。另一方面,如果说违法行为的原因是素质等个人因素,那么素质100%(DNA上的)是由父母给予的。如此看来,违法行为是由于父母和社会的影响造成的。

根据这样的认识,被害人学的新领域之一,就是研究妨碍人们发展和成长的因素。将有碍人们正常成长所发生的侵害看作“被害现象”这一观点,也是被害人学在20世纪70年代开始利用的新观点。事实上,从1973年的国际被害人学研讨会(International Symposium

---

① 欧美文献中经常出现失足少年(juvenile delinquency)、非法少年(juvenile delinquents)等词,但其意思因作者而异。通常指的是少年实施的反社会行为,也有人将比犯罪轻微的行为定义为不良行为。日本《少年法》第3条规定,需要交付家庭法院审判的少年包括:①14周岁以上实施了犯罪的少年(犯罪少年);②不满14周岁触犯刑罚法令的少年(触法少年);③虞犯少年(20周岁以下)。以上三种少年总称为“非法少年”。

② 1999年12月21日京都日野小学2年级男孩被杀案,在该案中失去长子的家属说:“谁能够理解和体谅人们内心的痛苦,如果能把这些告诉给犯人的家庭,就不会发生这样的案件。”[日]中村圣志、中村唯子:《听听他们的声音吧!》,新潮社2000年版,第179页以下。

on Victimology)开始,经常有关于少年违法行为的研究报告。

无视父母和环境对少年成长的影响,而只谈论少年的责任,这是有问题的。① 在少年成长到能对自己的行为负责(通常是 14—15 岁)以前,他们所做的事情大部分责任在于成人们。在这个意义上,1997 年 5 月 24 日被发现的神户连续杀害儿童案件中,仅仅描述了 A 少年的异常行为,几乎没有论及父母的责任问题。② 在现在的日本,只对犯罪少年严厉打击,而对抚养他们的成人父母的责任却被淡化了。

而从各种案件中都可以看出,父母对涉案孩子的成长漠不关心。

1988 年 11 月至 1989 年 1 月发生了一起案件,监禁女高中生后 481
致其死亡,并将该女高中生埋进混凝土中,③这起案件是思考犯罪少年及其家长责任的典型事例。在这个案件中,被害女高中生被 16 岁的少年监禁在家中二楼长达 80 天之久,有数名少年经常出入该房间。虽然生活在一楼的父母不可能不知道该案件情况,但并没有追究该父母的责任。

1990 年 11 月 13 日,新潟县三条市的小学 4 年级少女,在放学途中被佐藤宣行(当时 28 岁)劫持,将该女孩监禁在柏崎市的佐藤家二楼内,长达 9 年 2 个月。被害女生(被救出时 19 岁)于 2000 年 1 月

---

① [日]平尾靖:《非法少年是如何看待父母的?》,载《植松博士还历祝贺——刑法和科学、心理学、医学编》,有斐阁 1970 年版,第 527 页。文章分析和记述了北海道少年院收容的 180 名少年。分析显示,父母双全的非少年中,对父母没有好感的占 23.9%,对抗亲生母亲的 1 人,对抗亲生父亲的 14 人。另外,包括单亲家庭在内的所有非法少年中,对生父有好感的 76.2%,对生母有好感的 94.3%,父亲与孩子的关系成为关键词。

② [日]诸泽英道:《新版被害人参照经济学入门》,成文堂 1998 年版,第 303 页以下。

③ 案件的情况是,4 名 16 岁至 18 岁的少年(均高中辍学)在东京都足立区绫濑因实施抢夺、以猥亵为目的的诱拐、非法拘禁、强奸、杀人、遗弃尸体等罪被起诉,主犯 A(当时 18 岁)被判处有期徒刑 20 年,B(当时 17 岁)、C(当时 16 岁)、D(当时 17 岁)分别被判处 5—10 年、5—9 年、5—7 年的不定期徒刑。

28 日被救出,但在一层生活的母亲并没有被追究责任。犯人的母亲有帮助实施监禁行为的嫌疑,但被害人女生陈述说“没有见过母亲的面孔”,因此检察机关没有对犯人母亲立案。

在美国,如果儿童实施了犯罪行为,父母也要承担责任。法律上规定,孩子实施犯罪行为造成损害的,父母理所当然要赔偿损失,并对父母处以罚金或自由刑等。截至 20 世纪末,美国至少有 25 个州制定了这种处罚规定。

这项规定是科罗拉多州锡尔弗顿市于 1994 年制定的,此后影响到整个美国。马里兰等州规定,对逃学孩子的父母处以 1 日 100 美元(30 天)以下的罚金;孩子违反宵禁令(1994 年美国最高法院认定,禁止夜间外出命令本身是合宪的)的,对父母判处刑罚。这种处罚父母的规定,现在因违宪问题在几个州进行了审判,但大多数判例都认定是符合宪法的。

随着精神医学的发达,对发育障碍(dieStörungen der Entwick-
lung,developmentaldisorder)和依恋障碍(dieBindungsstörung,attach-
482 ment disorder)[①]的研究取得了进展,日本的刑事审判和精神鉴定也
因此可以听到这些诊断病历。

发育障碍是低年龄发展阶段,在行动、交流、社会适应等方面出现的障碍,是自闭症、学习障碍、广泛性发育障碍、注意缺陷、多动障碍等障碍的总称。《发育障碍者援助法》(2004 年 12 月 10 日法律

---

① 卡尔·海因茨·布里希(karl Heinz Brisch)是德国发展心理、儿童心理专业的精神科医生,他的一系列研究引人注目。特别是对犯罪少年、非少年的依恋障碍的研究文献有:Brisch,K. H. *Bindung und Jugend.* Klett – Cotta,Stuttgart。关于理论和实践,请参考 Brisch,K. H.(2009). *Bindungsstörungen: Von der Theoriezur Therapie. 9. vollständig überarbeitete und ergänzte Neuauflage.* Klett – Cotta,Stuttgart。日文译本有,数井等译:《卡尔·海因茨·布里希著·依恋障碍及其治疗—理论到实践》(2008 年)。

167号)第2条,把发育障碍定义为"自闭症、阿斯伯格综合征、①其他广泛性发育障碍、学习障碍、注意缺陷,多动性障碍等通常在低年龄中发病的各类大脑功能障碍"。另外,因发育障碍而使日常生活或社会生活受限制的人,被认定为发育障碍患者(其中未满18岁的人称为发育障碍儿童),并被列入援助对象。

对于发育障碍者,国家及地方政府有义务给予支援(该法第3条),国民也要努力对此给予协助(该法第4条)。都道府县知事应当设置发育障碍者支援中心等机构,或者指定社会福利法人等作为援助机构(该法第14条)。

根据法律规定,有发育障碍的人们应得到国家和全社会的支援,但是另一方面,也出现了由这种障碍者实施的案件,引发人们对这些人员如何处遇的争议。有人认为,对于遭受发育障碍者伤害的人(被害人)来说,发育障碍者是加害人,但同时也应当认识到,这些发育障碍者在接受养育方面也是被害人。

被误解为发育障碍的症状,称为依恋障碍。他们与某个特定对 483
象者之间形成的情感纽带(affectional tie),被称为依恋(attachment),如果这种依恋在幼儿期得不到满足,就会成为障碍,影响之后的人生。特别是婴幼儿时期,通过反复体验,感受与养育者的安全依恋关系,会获得对他人的安全感和安心感。但是,在没有经历这样环境成长起来的人,特别是在婴幼儿期持续经历虐待和处于恐怖状态等的人,在这种障碍的影响下,有时会对他人采取攻击性行动。

日本警方将侵害少年福祉的犯罪称为福祉犯,并十分关注这种

---

① 2005年12月10日,京都府宇治市的补习学校教师是一名兼职的大学生,他用16厘米厚刃菜刀,对当时12岁女孩的脖子连砍数刀,致女孩死亡。辩护方向法庭提交了精神科医生出具的"罹患阿斯伯格综合征"的鉴定报告书,备受关注。检察机关量刑建议为无期徒刑,但京都地方法院认为其具有判断是非和善恶的能力,判处其有期徒刑18年。另一起案件是,大阪一阿斯伯格综合征的男子将其姐姐杀害,大阪地方法院于2012年7月30日认定罹患阿斯伯格综合征,但"有再犯的可能性,需要进行长期的深刻反省",即高于量刑建议上限的刑罚,判处有期徒刑20年,引起了争议。

犯罪的动向。[1] 福祉犯的被害主要有,违反《青少年成长保护条例》(29.7%),违反《毒物及剧毒物取缔法》(23.5%),违反《风俗行业合理化法》(18.8%)等。特别是因金钱欲膨胀而从事性交易的人不断增多,被帮教女子中,其动机是"玩钱"的比例,1984 年为 13.6%,1988 年增加到 14.7%,1992 年增加到 19.8%,1996 年达到 32.8%。[2]

五、违法行为和虐待动物

据分析,儿童的违法行为倾向、文化破坏、犯下恶性罪行的背景中,很多问题都源自从幼儿期到青春期与父母的接触。婴幼儿时期没有获得足够的爱的人,往往会对他人施加暴力。青春期的暴力,大多数是模仿父母的暴力(体罚)。值得注意的是,在婴幼儿时期,为了得到父母的帮助,有时会做出挑衅(herausfordern)的行为,但很多父母会强化孩子的行为。他们对孩子的挑衅采取斥责、怒吼、敲打的方式,结果适得其反。[3] 孩子被骂之后,并不是停止挑衅,而是因被人管
484 束而反复做出被骂的挑衅行为(die Herausforderung)。更糟糕的是,孩子们在体验父母的体罚之后,会认为暴力并不是什么不好的行为(父母的行为,不可能是不好的行为)。同时,电视和漫画中的暴力场面,进一步加强了这种观念。

不被他人相信、未被他人爱过的人,也不会相信别人、爱别人。他们解决问题的方式经常是使用暴力。使用暴力的人的共同性格特点是不为他人着想。不相信他人、不爱他人、不体谅他人的人,对于

---

① "福祉犯"是指,违反《儿童福祉法》《卖淫防止法》《职业安定法》《劳动基准法》《风俗行业合理化法》《毒物及剧毒物取缔法》《兴奋剂取缔法》《未成年人饮酒禁止法》《未成年人吸烟禁止法》《青少年保护培育条例》等行为。原则上,违反上述法律的成年人是犯罪人,被卷入案件的少年是"被害少年"。1995 年"福祉犯"造成死亡的少年有 13,867 名。

② 1997 年版《警察白皮书》,第 300 页。

③ Rudolf Dreikurs & Vicki Soltz, *Kinder fordern uns heraus*. Klett Cotta.

虐待动物、对人施加暴力是没有任何抵抗感的。

据一项 1999 年发表的调查结果显示，对人施加暴力和虐待动物之间存在密切的关系。美国爱护动物协会开展了保护儿童和动物的活动，对 1996 年 9 月至 1997 年 8 月 1 年间的警察记录（在美国 17 个州的犯罪）、动物保护局资料、媒体报道等进行了分析。

该项调查显示，虐待动物案件中约有 3 成的行为人也涉及对人的暴力案件。其中有 87% 是男性，有 16% 是少年。对人施加的暴力主要有家庭暴力（28%）、虐待幼儿（27%）、暴行（10%）、杀人（6%）等。另外，虐待动物的女性大多还虐待幼儿。

少年到了青春期中期以后，开始确立自我，经历各种各样的人和各种各样的事，逐渐开始自立。到了这个时期，少年的行为未必都是父母和家人的责任。当然，把孩子养育成人的父母的责任，并不会在他们 17—18 岁的时候突然消失。

受过虐待而长大的孩子实施违法行为的可能性很高，日本的数据也证明了这种倾向。作为儿童自立支援设施的国立武藏野学院（位于浦和市）于 1999 年年末对全国 57 个支援设施进行了调查，获得 50 个设施 1405 名儿童的问卷。据调查，除了未回答和回答不明的以外，大约有 6 成的儿童在幼年时期受到过虐待。虐待的内容是，
约 35% 是身体虐待，例如拳打和脚踢；约 32% 被放弃抚养；因言语等 485
造成的心理虐待约占 29%，性虐待约占 5%。

有过被虐待经历的孩子与没有经历的孩子相比，比较明显的差别是：①缺乏感情表现和表情；②不能与任何人保持亲密关系；③不能树立积极的自我观念。另外，受到过身体虐待的孩子，偷窃和放火的比例较高。

如前所述，对少年来说，人和环境是他们成长非常重要的因素，但就少年的环境而言，并不是父母双全就具备了外在条件。

以前，贫穷的家庭曾养育出很多违法少年。另外，也曾有人指出，违法少年的单亲率非常高。但是，到 20 世纪 70 年代，越来越多

的人指出，与贫困家庭相比，富裕家庭的子女更容易出问题，单亲家庭的子女比完整家庭的子女更容易出问题。在这样的背景下，当时的违法少年被称为“繁荣时代的私生子”①。

六、违法少年与司法

日本《刑法》规定，不满14岁的人的行为不予处罚（《刑法》第41条），将不满14岁的人称为绝对刑事责任年龄，不能交付刑事审判。另一方面，《少年法》将不满14岁但触犯刑罚法令的少年称为“触法少年”，以区别14岁以上犯罪的“犯罪少年”（《少年法》第3条）。②

此外，根据少年的性格或环境，对将来有可能实施犯罪或触犯刑罚法令的少年，若他们符合下列事由之一（称为虞犯事由），称为虞犯少年。③

486 1. 有不服从监护人正当监督的恶习；

2. 没有正当理由离家出走；

3. 与有犯罪倾向的人或不道德的人交往，或者出入不良的场所；

4. 有实施损害自己或他人品德行为的恶习。

《少年法》规定，警察根据对少年嫌疑案件的侦查结果，认为涉嫌的犯罪应当判处罚金以下刑罚的，应当将案件移送家庭法院（《少年法》第41条）。另一方面，检察官根据对少年嫌疑案件的侦查结果，

---

① 东京家庭法院少年失足问题研究会：《繁荣时代的产物——70年代的失足少年》，大成出版社1972年版。

② 《少年法》第2条将少年定义为未满20岁的人，但这个年龄在世界上是比较高的。Reichel, Philip L. (2005). Comparative Cviminal gusticl Sgstems, 4th Edit., Pearson, New gersey, p. 335. 据该文章介绍，世界各国的少年年龄上限为：印度7岁、瑞士7岁、肯尼亚8岁、埃塞俄比亚9岁、新西兰10岁、土耳其11岁、希腊12岁、奥地利14岁、丹麦15岁、西班牙16岁等。

③ 2001年、2002年家庭法院按照虞犯处理的少年，约1000人，但之后持续减少，2013年为326人，其中女性占42.9%。处分的事由是，离家出走为46人、不良交友为20人、与不纯异性交际为17人、其他为243人。参见2014年版《犯罪白皮书》，第111页。

认为有犯罪嫌疑的,除应当退回家庭法院的案件以外,应当将案件移送给家庭法院(《少年法》第42条)。

家庭法院对于可能判处死刑、惩役或禁锢的案件,根据调查的结果,参照其犯罪性质和情节,认为应当给予刑事处分的,须将案件移送给与有管辖权法院相对的检察厅的检察官(《少年法》第20条第1款)。这就是所谓的逆送案件。但是按照该条文退回检察机关的案件却很少。

从很久以前就经常听到有人指责法院对少年的处分过轻,而因20世纪90年代少年的凶恶案件持续增加。这一呼声更加高涨。这个时期发生了一系列少年犯罪案件,1988年11月7日至1989年1月女高中生被埋入混凝土杀害案件(有4名16岁至18岁的少年被起诉),①1992年3月6日市川市的一家4口人被杀案件(加害人19岁),1993年1月13日山形明伦中学用垫子致死案件(加害人是7名少年,其中14岁3人,13岁3人,12岁1人),1994年9月28日至1994年10月8日木曾川·长良川连续私刑杀害案件(加害人10人中包括少年),1996年11月3日的高槻中学学生私刑杀害案件(加害人是6名16岁的少年),1997年5月24日神户连续杀害儿童案件(加害人14岁),1998年1月28日黑矶北中学女教师被杀案件(案发 487
现场在中学,加害人是该校15岁的学生),1999年4月14日山口县光市母子被杀害案件(加害人18岁),1999年12月2日枥木私刑杀人案件(3名加害人均19岁)等。

随着舆论的高涨,日本于2000年对《少年法》进行了部分修改

① 1988年11月16日,在女高中生被杀案件发生前后,发生了绫濑母子被杀案件。警察逮捕了女高中生案件中的3名犯罪嫌疑人。少年们开始否认,后来又坦白。但是,在家庭法院审判中,少年们转为否认,最后家庭法院作出不处分决定。

(2000 年 12 月 6 日制定,2001 年 4 月 1 日施行),①在第 20 条中新增加了第 2 款,对于因故意犯罪行为致被害人死亡的,且少年在犯罪时已经年满 16 周岁的案件,应当移送检察官(《少年法》第 20 条第 2 款)。

根据《少年法》第 20 条的逆送检察官规定,2013 年被逆送的少年有 2675 人,其中违反《道路交通法》的有 2376 人,占绝大多数。②另一方面,作为刑法犯罪被逆送的少年有 299 人。从罪名上看,杀人 8 人、抢劫 30 人、伤害 47 人、盗窃 44 人、诈骗 15 人、恐吓 10 人、强奸及强制猥亵 13 人。其中,杀人、抢劫的少年,全部被提起公诉并进行审判。

2013 年家庭法院最终处理的少年人数为 105,235 人。其具体内容如图 18. c 所示。

图 18. c　家庭法院终局处理的详细内容

资料来源:2014 年版《犯罪白皮书》第 113 页

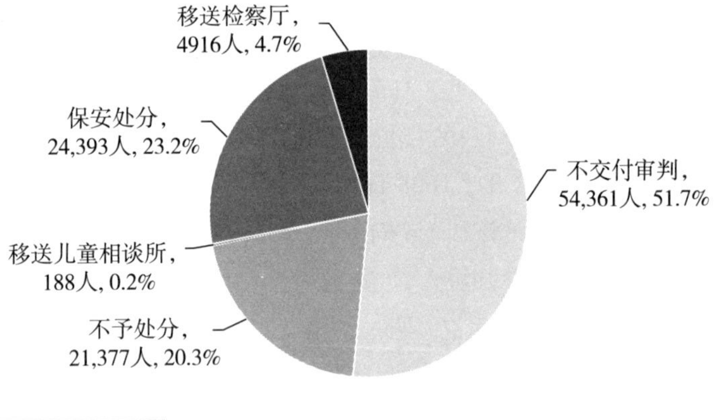

① 2000 年 12 月对《少年法》的修改,除重大案件原则上退回法院以外,还包括下列内容:(1)刑罚对象从"16 岁以上"降低到"14 岁以上";(2)不满 18 岁的少年,如果判处无期徒刑的,不予减刑;(3)家庭法院少年审判由 3 名法官组成合议庭;检察官可以参与重大案件;(4)少年鉴别所的观察措施可以延长到 8 周;(5)被害人等可以阅览、誊写案件记录;(6)可以听取被害人等意见;(7)根据被害人等申请将审判结果通知他们。

② 2014 年版《犯罪白皮书》,第 139 页。

被移送到家庭法院的少年，有 72% 被宣告不交付审判或开始审判后不予处分。从这个数字反映出，对于社会公众和被害人及家属来说，有 7 成的少年被认为是“没有责任”的。对此，有反对意见认为，少年鉴定所的鉴定和调查官的调查也具有教育效果，这是在充分感动少年的基础上做出的决定。 488

接受移送少年院、儿童自立支援设施、保护观察等保护处分的少年占 23.2%；移送检察官的占 4.7%。

另一方面，2013 年移交给检察官的案件，在一审中被判有罪的为 99 人，从具体被判刑罚来看，没有死刑、无期徒刑，定期刑 2 人，不定期刑 32 人，缓期执行 56 人，附带保护观察的缓期执行 8 人。① 从罪名来看，以杀人罪被起诉的 2 人和以抢劫罪被起诉的 4 人，都被判处 5 年以上 10 年以下的不定期刑。被判定期刑的是以诈骗罪被起诉的 1 人和以强奸罪被起诉中的 1 人。

对于被逆送犯者杀人、抢劫致死、伤害致死、危险驾驶致死等案件的 37 名少年被告人，家庭法院的处理情况是，根据法律规定以刑事处分移送给检察官的有 25 名（67.6%），其他的 12 人（32.4%）在经过家庭法院审判后移送给中等少年院（2014 年 6 月制定的新《少年院法》规定的第二种少年院）。② 被起诉到地方法院的少年，杀人罪为 8 人、抢劫致死罪为 5 人、伤害致死罪为 8 人、危险驾驶致死罪为 4 人。另外，被移送到中等少年院的为 12 人的罪名是，杀人罪为 4 人、伤害致死罪为 4 人、危险驾驶致死罪为 4 人。

《少年法》对于少年的处分，制定了与成人刑罚不同的规则。例如，对于犯罪时不满 18 岁的人，应该判处死刑的，减为无期徒刑；应该判处无期徒刑的，可以判处有期徒刑。根据《少年法》第 51 条规定，这种情况下，其刑期在 10 年以上 15 年以下。同时，对于少年应

---

① 2014 年版《犯罪白皮书》，第 140 页。

② 2014 年版《犯罪白皮书》，第 119 页。

当宣告3年以上有期徒刑时,在其刑罚的范围内,决定最长刑期和最
489 短刑期,其中最低刑期不得超过5年,最长刑期不得超过10年(《少年法》第52条)。这就是所谓的不定期刑条文。从责任的原则看,刑期本来应当是与行为的责任相适应(也就是说,应当是某年某月等没有刑幅的固定期间),但在少年的情况下,没有采用这一责任原则,而是规定了与矫正改造的宗旨相符合的期限,这是对责任原则的修正。

这样一来,对于不满20岁的少年判处3年以上有期徒刑时,原则上宣告最长期限为10年的不定期刑,因此,即使是杀人、抢劫致死、强奸致死等犯罪,也很少有10年以上的有期徒刑。参加旁听的遗属听到对加害少年的判决是一种打击。

2013年8月25日发生的三重县朝日町中学3年级女生被抢劫杀人案件也是其中事例之一。该案的案情是,中学3年级女生(当时15岁)和朋友去看烟花大会后一起回家的途中,和朋友分手后,行至邻村的朋友家门前,遭到烟花大会后骑行回家的高三男生(当时18岁)抢劫,其用手捂住女生的口鼻导致女生窒息而死。该男生身高180厘米,于2013年3月2日毕业典礼第二天接受讯问,之后被逮捕。该少年以强制猥亵致死及盗窃罪被起诉,该案适用裁判员裁判,死者遗属也参与了审判。2015年3月24日公开宣判,对检方提出的5年以上10年以下的量刑意见,三重地方法院认为,本案的罪行性质恶劣,应当给予强烈谴责,宣判了5年以上9年以下的不定期刑。判决宣告后,死者的父母接受记者采访时说:"这是非常遗憾的结果,我们的力量不足,只能向女儿道歉。"母亲因太过委屈而说不出话来。①

在这种情况下,2014年4月18日通过了《少年法》修正案,对《少年法》第51条、第52条进行了如下修改:

对于犯罪时不满18周岁的少年,应当判处无期徒刑的,可以判处有期惩役或禁锢。这种情况下的刑期,确定为10年以上20年以

① 参见2015年3月25日各大报纸的晚报和3月26日的晨报。

下（修改前是10年以上15年以下）。

对少年应当判处有期惩役或禁锢的，决定最长刑期后，其最低刑期不得低于最长期刑的1/2，即宣告所谓的不定期刑罚。但是，在这种情况下，最长刑期不能超过15年，最短刑期不能超过10年（修改前为5年以上10年以下）。在最长刑期低于10年的情况下，从最长刑期减去5年就是最短刑期（如最长刑期为8年的情况下，最短刑期为3年）。 490

被关进监狱的少年，1966年超过了1000人，但此后开始减少，1988年以后减少到不到100人。根据2014年6月制定的新《少年院法》规定，可以成立第4类少年院、在个别情况下少年可以在这类少年院中服刑，少年的服刑人数动向备受关注。

2013年，在少年院服刑的有31人，"5年以上10年以下"的有16人，"3年以上5年以下"的有8人，"3年以下"的有7人。[①] 这一年没有死刑和无期徒刑的判决。这种科刑状况，让少年案件的被害人，尤其是遗属，感到非常失望。此次《少年法》的修改，被害人遗属的情绪能在多大程度上得到改善，目前尚不清楚。以前几乎所有的不定期刑都被定格在10年以下，但《少年法》修改后，有期徒刑的最长刑期为15年，应当判处无期徒刑的情况下最长刑期可能达到20年，这是人们长期期待的。

---

① 2014年版《犯罪白皮书》，第140页。

第十九章

交通被害

Traffic Victimization

一、交通犯罪的被害人

飞机、船舶、火车、电车、汽车、自行车等交通工具给人类带来了极大的便利和幸福,但另一方面,这些交通工具引发的事故和案件也造成了大量人员伤亡。在这些交通工具首次亮相时,驾驶被认为是危险的行为,但不久就被社会所接受,符合规则的驾驶是“被允许的危险”。

但是,即使按照规定驾驶,在现实生活中也会发生事故和案件。因事故或案件,生命或身体遭受侵害的人及其家属认为,“在任何情况下都不应该出现死伤者,既然造成了死伤者,就应该负法律责任(结果责任)”。这种想法不仅涉及损害赔偿责任,而且在电车、公共汽车、飞机等公共交通工具引起的事故中也涉及刑事责任,出现了追究运输公司管理人员刑事责任的呼声。

于是在法律责任论中,对交通关系人员设定一定的注意义务,原则上对违反注意义务而引发事故和案件的人追究责任,但无须追究无过失责任。

现在,全世界每年有 1300 万人死于道路交通犯罪,5000 万人受到伤害。[①] 交通案件的死者,尤其集中于10—24岁的年青一代。如果按照1日来计算,那么全世界每天就有3000人死于道路交通犯罪。道路交通使用者中,特别容易受伤的是儿童、步行者和老年人。

道路交通安全是世界共同的课题。1993年"和平之路"(Road Peace)的"世界道路交通被害人日"(World Day of Remembrance for 492
Road Traffic Victims)[②]开始启动。从此之后,"欧洲道路交通被害人联合会"(the European Federationof Road Traffic Victims,FEVR)等各种非政府组织(NGO)在世界范围内举行了各种活动。2005年10月26日,联合国将每年的第三个星期日指定为"世界道路交通被害人日"。这一天是呼吁防止道路交通伤害的日子(a major advocacy day for road traffic injury prevention),世界卫生组织和联合国道路安全组织共同合作,向各国政府和全世界的NGO提出倡议。

在日本的死伤人员中,每年因犯罪而死伤的约有100万人,其中大部分与汽车有关。[③] 从死亡原因看,继癌症、心脏病、脑血管疾病3大生活习惯病(成人病)之后,居第4位的死亡原因。

根据每年因汽车交通犯罪而死亡的人数可知,[④]1959年首次超过了10,000人,1970年达到最多的16,765人,之后逐渐减少,1979年减少到最多时期的一半左右。此后死亡人数又呈上升趋势,1988年突破了10,000人。1996年,交通犯罪后24小时内死亡的人数为9942人,犯罪后30天内死亡的人数为11,674人(30天内死亡是24小时内死亡的1.17倍)。[⑤] 现在,减少到20世纪70年代的日1/4

---

① 根据2015年版《犯罪白皮书》第22页统计,日本2014年发生的汽车犯罪为573,842件,死亡人数为4113人,受伤人数为711,374人。

② http://worlddayofremembrance. org/.

③ 根据2015年版《犯罪白皮书》第196页统计,有被害人的一般刑法犯罪,2014年为974,013件,死伤31,979人。

④ 关于交通事故的死亡人数,世界上一般以30天以内为单位,而日本到最近为止,一直是计算交通事故发生后24小时以内的人数。

⑤ 1997年版《警察白皮书》,第286页。

左右。

犯罪中有关道路交通的案件，超过了警察受理件数的3成，超过了检察机关新受理犯罪嫌疑人的7成。① 第二次世界大战后交通犯罪的死亡人数在1996年上半年超过了50万人（在犯罪后30天以内的死亡人数，推算为60万人），这超过了第二次世界大战空袭的死亡人数，因此被称为“交通战争”。

日本的警察组织虽然也设立了交通警察这个特别部门来处理案件，但是相较于警察的数量，案件的数量过于庞大，因此在其处理的
493 方法，特别是对待被害人的方式方面都存在很多问题。② 另外，司法制度等社会整体的努力，也像交通“事故”一词一样，出现了“交通事故不是犯罪”等轻视的思潮，而且检察官每天处理的案件，如同被传送带不断送来的产品，检察官、法官都感觉麻痹，等待加害方回归社会，他们顾不上照顾被害人和遗属家属。事实上，在对被害人的咨询中，他们对警察和检察机关处理交通案件的方式早有不满和民怨，至今这种情况仍不在少数。

在各类被害人和死者遗属的咨询中，来自交通事故死者遗属的咨询最多。死者家属最不满的是加害方“没有诚意”，其背景是“因刑罚和处罚较轻，没有犯了罪的意识”，“已加入了保险，金钱方面可以通过保险解决”等。在案件发生后不久，很多加害人都有“大难临头”等后悔和悔悟的念头，但事后发现刑罚和处罚比预想的要轻很多，犯罪的意识也就变得淡薄了。然后，他们陷入一种错觉，认为一

---

① 2015年版《犯罪白皮书》第4页统计，2014年刑法犯罪确认件数1,762,912件，其中危险驾驶致人死伤和驾驶汽车过失致死伤的合计数是550,749件（31.2%），而且该白皮书第46页显示，检察厅新受理的犯罪嫌疑人1,238,057人，其中驾驶汽车过失致死伤占45.4%，违反《道路交通法》为26.7%，合计为72.1%。

② 由警察处理的汽车案件，近年来有很大改善，不过在警察开始着手应对被害人的最初阶段，还存在一些问题。例如，警察厅在1996年1月汇总的《关于被害人对策的基本方针》，重点放在了性犯罪的被害、少年的被害、暴力团伙的被害，几乎没有涉及汽车案件的被害人。

旦支付了保险等费用,赔偿就结束了,渐渐地,被害人及其遗属的事情就会从加害方脑海中消失。有时,甚至有些加害人误以为只要服刑就没有必要赔偿。随着保险的普及,加害人的犯罪意识不断弱化,这一点使被害人感到非常不满。

在日本,因驾驶汽车造成他人死伤时,原来依照《刑法》的业务过失致死伤罪(《刑法》第 211 条)进行处罚,但根据 2001 年《刑法》的部分修正,①新增设了危险驾驶致伤罪(《刑法》第 208 条之2)。而且,在这次修改中,在业务过失致死伤罪(《刑法》第 211 条)中增加了第 2 款,对于危险驾驶以外的交通案件,适用机动车驾驶过失致死伤罪(《刑法》第 211 条第 2 款)。

从被害人的角度看,无论是犯罪、事故、灾害,死亡或受伤的严重性都是一样的。但是,对比法律的评价以及刑罚轻重却有天壤之别。 494
有人会对于这种观点提出疑问,犯罪是人为的,事故或灾害是由于不可抗力造成的,这种理解方式是否合适? 也就是说,因带有危险性的驾驶行为而造成他人死伤的,是否可以与平时生活中不小心引起的过失造成的事故相提并论呢?

交通犯罪,除了汽车以外,还有飞机、火车、电车等大量交通工具引起的事故和案件。

日本的刑法典是在一个多世纪以前,即明治 40 年(1907 年)制定的,其中的第 126 条规定了颠覆列车罪。其第 1 款是“颠覆或者破坏有人正在车内的火车或电车的,处无期徒刑或 3 年以上有期徒刑”,第 2 款规定,倾覆、沉没或者破坏有人正在乘坐的船舶的,按前款规定处罚。犯上述之罪,因而致人死亡的,处死刑徒刑或无期惩役,这个刑罚是很重的。杀人罪(《刑法》第 199 条)的法定刑是死

① 《关于修改部分刑法的法律》(法律 138 号)2001 年 12 月 5 日制定,2001 年 12 月 25 日施行。

刑、无期或3年以上有期徒刑,[①]颠覆列车罪比杀人罪还要重。[②]

到20世纪后半期,随着交通工具的发达,法律也必须适应新的时代。日本修建了新干线,并于1964年(昭和39年)制定了《关于处罚妨害新干线铁路列车运行安全行为的特例法》(简称《新干线安全运行特例法》)。[③] 另一方面,随着飞机的普及,劫机案件也频繁发生,1970年(昭和45年)制定了《关于处罚劫持航空器等行为的法律》(简称《劫机犯罪防止法》),1974年(昭和49年)又制定了《关于处罚危害航空器安全行为的法律》(简称《危害航空器安全行为处罚法》)。

495 如今,飞机的安全神话几乎破灭。仅在日本国内,20世纪60年代至90年代至少发生了11起事故:1966年2月4日,千岁机场飞往羽田机场的全日空航空,在东京湾坠毁,133人全部死亡;1971年7月30日,千岁机场飞往羽田机场的全日空航空在岩手县雫石町上空与正在训练的自卫队飞机在空中相撞,162名乘客全部死亡;1985年8月12日,羽田机场飞往大阪机场的日航波音飞机,在御巢鹰山坠毁,520人死亡,4人获救;[④]1996年6月12日,从福冈机场飞往雅加达的印度尼西亚航空公司的飞机因起飞失败而起火[⑤]等。

在雫石空难事故中,雫石上空的民用飞机和自卫队飞机的航线

---

① 杀人罪的法定刑是死刑、无期或3年以上(15年以下)的有期徒刑,但根据2004年刑法修正案(2005年1月1日施行)改为死刑、无期或5年以上(20年以下)的有期徒刑。

② 在日本,最重大的犯罪只规定了死刑的犯罪是外患诱致(《刑法》第81条),其次严重的犯罪是颠覆火车等致死(《刑法》第126条第3款)、内乱主谋(《刑法》第77条)、抢劫致死(《刑法》第240条)、抢劫强奸致死(《刑法》第241条)。可见,对于当时的日本人来说,颠覆火车是严重犯罪。

③ 损坏运行中的保安设备的,处5年以下有期徒刑或者5万日元以下罚金。

④ 日航客机B747号于18时5分左右在群马县上野村的御巢鹰山坠毁,机上520人死亡,4人获救。原因是尾翼的压力舱龟裂。

⑤ 雅加达印度尼西亚飞机因起飞失败发生事故,3人死亡,170人受伤,但福冈地方检察厅于2000年3月24日对伦敦机长罗纳德作出了不起诉处分。

交错在一起,这本来就存在危险,因此引起了对国家航空行政的批判。另外,在日航波音客机御巢鹰山坠落事故中,有 4 名幸存者因事故造成的心理应激障碍和对未来生活的影响,成为人们关注的焦点。① 说起飞机事故,不可思议的是,一般从赔偿问题开始到以赔偿问题结束,很少追究机长等人的刑事责任。

二、危险驾驶行为的被害人

在服用药物或酒精的情况下,驾驶汽车、电车、飞机等造成人员死伤的行为,不是事故,而是犯罪行为。这里不需要讨论司机的认识和预见。司机在已经掌握方向盘的阶段,就必须对所有的结果承担与故意犯罪相同的责任。②

如果在服用药物或酒精的情况下发生交通事故,造成死亡的可 496
能性很高,这已成为社会常识。③ 很多相关人士都感受到,用旧过失论进行讨论这些问题有一种虚无感。肇事司机“没想到会给他人带来危害”“没想到撞到人就会死”等任性辩解在法庭上是行不通的。

在美国,因酒后驾驶造成的交通案件,每年会令 318,000 人遭受严重伤残和后遗症的折磨,酒后驾车引起的死亡人数,每 26 分钟就有 1 人,而且过去 10 年间,共有 25 万以上的美国人在酒精相关的交

---

① 被救出的 4 人中有 1 名是和家人正在北海道旅行的女孩(12 岁),而比女孩大 2 岁的哥哥碰巧没参加旅行,这 2 人幸运地躲过一劫,在亲戚的帮助下已高中毕业。据报道,该女性在大阪的专科大学护士科获得了护士资格,在兵库县的一家医院工作,在 1995 年 1 月阪神淡路大地震时受伤。1996 年该女性搬到东京都内的医院,参加了为期 2 周的美国研修时,认识了一位正在留学的,比自己小 4 岁的男性,于 2002 年结婚。该男子在航空公司工作。她之后移居日本的四国,成为一个女孩的母亲。

② 计划在酩酊大醉的状态下实施杀人,酩酊状态否定刑法上的责任能力,属于心神丧失,或部分否定责任能力,属于心神耗弱,对此不应处罚或减轻处罚。防止这种现象的理论是“原因上的自由行为”。判例和通说认为,在制订计划的阶段,如果有自由意志,准备凶器、喝酒,按计划在醉酒状态下实施杀人行为的,也构成杀人罪。

③ 关于饮酒与死亡的关系,详见[日]诸泽英道:《新版被害人学入门》,成文堂 2001 年版,第 205 页以下及第 362 页以下。

通案件中死亡，10 多岁年轻人的交通案件有 50% 与酒精有关。据说，全部美国人每 5 人中有 2 人在一生中遇到过一次酒后驾驶导致的案件。

美国在 1980 年成立了“反对酒驾母亲会”（MADD），该组织的目的是防止因酒精或药物影响发生的交通案件和援助相关被害人，对联邦政府施加影响，呼吁加重酒驾的刑罚。[①] MADD 一方面致力于对被害人的救济和支援，另一方面致力于打击酒驾和强化刑罚。这个运动不久就对政府产生了影响，1982 年美国前总统里根设立了“饮酒/药物驾驶调查委员会”（蓝丝带）。与此同时，各州还制定了相关法律，对饮酒、药物驾驶的人可处以 10 年至 20 年的监禁。

20 世纪 80 年代，欧美国家开始对酒精和药物的交通犯罪进行严格制裁，但当时日本的情况却截然不同。很多人认为，即使喝酒后开车，只要不发生事故就行。在这种情况下，1999 年 11 月 28 日发生在东名高速公路上的饮酒驾车追尾案件导致了两名儿童被烧死，以该
497 案件为契机，日本对汽车交通案件的观念发生了变化。[②] 2000 年 6 月 8 日，东京地方法院一审认定，“这是一起性质特别恶劣的案件，刑事责任重大”，被告人应当向被害人及其遗属道歉，并发誓今后不再开车，检察官量刑建议为有期徒刑 5 年，最后法院作出 4 年有期徒刑的判决。对此，被害人夫妇表示不满并提起上诉，认为检察机关对性质恶劣的交通犯罪应当改变量刑标准。

2001 年 1 月 12 日，东京高等法院认定：“不能说一审判决的量刑

---

① 反对酒后驾驶的母亲会（Mothers Against Drunk Driving，MADD）于 1980 年成立，总部设在得克萨斯州的欧文，该组织期待为普通人们确立信心，并实现三个目标：①使酒精或药物引起的交通案件的死亡人数减少；②对酒精或药物引发的交通案件的被害人提供支持和服务；③不应容忍酒精或药物影响下的驾驶和犯罪行为。

② 该案的案情是，在东京世田谷的东名高速道路上，一辆大型 10 吨卡车撞上因堵塞而减速的千叶县花见川区公司职员 I 先生（当时 32 岁）驾驶的轿车，轿车起火，后座的长女（3 岁）和二女儿（1 岁）被烧死，副驾驶座上的丈夫（当时 50 岁）和其他车辆的 3 人受到重伤。追尾的卡车司机在事发前在服务区喝了威士忌等。

过轻”,并驳回了上诉。另外,在判决书中,审判长表示:“新增设酒后驾驶等造成死伤事故的犯罪,提高法定刑等立法措施,都是正确的做法。”

因此,日本于 2001 年 12 月 5 日修改了刑法部分内容,新增设了危险驾驶致死伤罪(《刑法》第 208 条之 2)。其规定在酒精或药物的影响下,驾驶车辆致人受伤的,处 15 年以下有期徒刑,致人死亡的,可以处 1 年以上(20 年以下)有期徒刑。但是,其犯罪的构成要件极为严格,即使是一般人认为是危险驾驶,但检察机关也不会轻易以危险驾驶致死伤罪起诉。

2006 年 8 月 25 日,福冈发生了一起酒后驾驶追尾、肇事后逃逸的案件。[①] 2008 年 1 月 8 日,福冈地方法院认定,“醉酒还没有达到相当严重的程度”,不成立危险驾驶致死伤罪,适用作为预备诉因的业务上过失致死伤罪(有期徒刑 5 年以下),适用违反《道路交通法》中的酒后驾驶及逃逸,两者并罚宣告法定刑上限为有期徒刑 7 年 6 个月(量刑建议是 25 年有期徒刑)的判决。

被告人不服判决提出了上诉。2009 年 5 月 15 日,福冈高等法院撤销了一审判决,决定适用危险驾驶致死伤罪,判处被告人 20 年有期徒刑。在判决理由中,审判长指出,“一审判决认定本案事故的原 498
因是从约 11.4 秒到约 12.7 秒驾驶员东张西望,这一认定是错误的”,而是“因注视前方的视觉探索能力下降,注视前方出现困难,处于不能认识前面车辆步步逼近的状态”。另外,被害人的父母于 2010 年 2 月 5 日向福冈地方法院提起诉讼,要求除被告人以外的同乘人 2 人、酒精检测前给被告饮水的男性、汽车所有人被告的父亲等共计 5 人,支付约 3.5 亿日元的损害赔偿。

---

① 福冈市的原职员(当时 23 岁)饮酒后驾驶汽车,在福冈市东区奈多海的中道大桥与同市的公司职员 O 先生(当时 34 岁发生尾随并逃走)一家 5 口乘坐的休闲多用途车(RV)堕入海里,O 先生的长子(当时 4 岁)、次子(当时 3 岁)、长女(当时 1 岁)溺水死亡,O 先生和妻子(当时 31 岁)受轻伤。

这种“肇事后逃逸案件”是性质极为恶劣的案件，但有时也会发生将被害人挂在车身后逃逸的所谓“拖拽逃逸案件”。

2008 年 11 月 16 富田林的拖拽死亡案件就是这类案件。2008 年 11 月 16 日凌晨，在大阪府富田林市的 170 号国道上，一名行人发现了一辆翻倒放置的送报纸摩托车，随即报警。从现场情况来看，应该是肇事后逃逸，但周围并没有驾驶员的身影。几个小时后，警方在距离发现摩托车地方直线约 5 公里的河内长野市的停车场，发现了一名后脑部受伤死亡的年轻男子，后来判明这是在富田林市内发现的骑摩托车的 16 岁送报员。警方逮捕了一名 41 岁的男子，他所有的车辆都停在附近。

该男子虽然在前一天晚上大量饮酒，但为了回家，无证驾驶且在打瞌睡的状态下，追尾了送报员的摩托车。事后判断，被卷入车底的男性并没有当场死亡，在事故发生后的几分钟内还活着。检察机关以杀人罪和违反道路交通法的罪名起诉了该男子，而没有以汽车驾驶过失致死罪起诉。检察官对被告人的量刑建议是 17 年有期徒刑，而大阪地方法院宣判有期徒刑 13 年。

2012 年 4 月 23 日在京都龟冈市发生了一起交通案件，造成 10 人伤亡。在京都府龟冈市筱町的京都府路 402 号线上，一辆轻型机动车冲进了龟冈市市立安详小学上学的儿童队列中，撞倒 10 人，3 人死亡，7 人重伤。驾驶轻型机动车的少年（当时 18 岁，无业）处于因无证驾驶且打瞌睡。在这个案件中，少年是否构成危险驾驶致死伤罪，成为争论的焦点。

499 该少年以前就一直无证驾驶，在案件发生的 2 年前，曾作为暴走族成员无证驾驶摩托车，因涉嫌集体暴走违反《道路交通法》而被逮捕，并被家庭法院判处保护观察处分。在案件发生的前一天，也就是 4 月 22 日 0 点左右，暴走族成员的朋友等 8 人分乘 2 辆车开始兜风，轮流载着朋友们在京都市内和龟冈市内行驶，兜风持续了 30 多小时。据悉，该少年以每小时 150 公里以上速度驾驶，由于过度疲劳，事发前几乎丧失意识。

经确认，领队的学生家长腹中胎儿死亡，1名学生家长和儿童也死亡，其余学生不同程度受伤。29日凌晨，1名小学3年级学生死亡，死亡人数达3人。龟冈警察署以涉嫌汽车驾驶过失致死伤罪和违反道路交通法（无执照）逮捕了驾车少年，同乘的2名少年（都是无执照）也因涉嫌无照驾驶被逮捕后移送检察厅。另外，从逮捕的少年们的供述和沿途的监控录像来看，无照驾驶轻型车的2名少年也因涉嫌违反《道路交通法》（无照驾驶）于5月5日被逮捕。这辆车是朋友所有的小型车辆，车主明知驾车少年没有驾照却将车借出，因涉嫌无照驾驶的帮助犯于5月9日被逮捕。因这件事被逮捕的人共有6人。后来借出轻型车的少年，因教唆他人无照驾驶重于帮助犯，被移送京都家庭法院。①

京都地方检察厅和京都府警，当初是考虑适用危险驾驶致死伤罪进行调查的，被害人方面也是这样要求的。但是，京都地检认为，法律要件中不包括无驾照和瞌睡驾驶本身，这不符合危险驾驶致死伤罪的构成要件，因此放弃了这个念头。5月14日，检察厅以汽车过失致死伤等罪名，将该少年移送京都家庭法院。

与此同时，在案件中死伤的遗属们发起了要求以危险驾驶致死伤罪起诉的签名活动，并向京都地方检察厅提交了约21万人的签名。京都地方检察厅认为，该少年多次无证驾驶，在案件发生之前也 500
长时间驾驶，因此判断该少年“有驾驶技术”，于是以驾驶汽车过失致人死伤罪对少年起诉。

在该案件中，还发生了令人难以置信的不幸情况，即警方将被害

---

① 2012年11月2日，京都地方法院对借出轻型汽车的少年作出判决，认定与案件关联不大，对量刑的影响极为有限，判处25万日元（量刑建议1年）罚金；2012年11月16日，京都地方法院对一起乘坐轻型轿车违反《道路交通法》（无照驾驶）的前男大学生作出判决，判处6个月有期徒刑，缓期3年执行。

人的信息无意间泄露给了加害人。① 4 月 25 日，龟冈市警察局的承办人未经被害人的同意，也没有和上司商量，就将被害人的地址和电话号码交给嫌疑人的父亲。在被害人的丈夫和父亲的抗议下，最后警察署长进行了道歉。面对这一事态，京都地方检察厅决定进行初步调查，并对被害人及其家属直接采取应对措施。安详小学副校长也对此表示道歉，在没有得到许可的情况下，泄露了被害人的个人信息，龟冈警署的 2 名警察（其中 1 名后来因为此事辞职）和安详小学的教导主任违反了《地方公务员法》（保密义务），但因为已经受到了社会的制裁而给予缓期执行的处分。

驾驶理应承担相当大的注意义务，在造成他人死伤的情况下，不应按照疏忽大意的事故处理，而应当依故意犯的标准进行处罚，这种观念已经被世界各国广泛接受。日本也终于承认了这种矛盾，根据特别法律责任论进一步完善法律，而不是按照通常的刑法过失犯罪理论处理案件。2013 年 11 月 27 日通过，2014 年 5 月 20 日施行的《关于处罚因驾驶机动车致人死伤等行为的法律》（法律 86 号，简称《危险驾驶行为处罚法》）。该法规定了危险驾驶致死伤罪（第 2 条）、因酒精等影响过失驾驶致死罪（第 3 条）、无照驾驶者的加重处罚（第 5 条）等规定。

被害人遗属及相关人员全国联络协议会②强烈要求严惩酒后肇事逃逸的犯罪人，并在全国范围内展开签名运动，产生了巨大影响，在日本也终于形成了对恶性交通犯罪严厉处罚的舆论。

501　根据新的《驾驶机动车致死伤处罚法》，受酒精和药物等影响致

---

① 关于这场风波，曾野绫子在《现代周刊》2012 年 5 月 7 日号上发表特别文稿《我的觉得》，文中批判道："长期扎根这个社会的共同意义的个人信息一词失去价值了，太可惜了""那么应当责怪谁呢?""经常在善意的闲聊屋""个人信息歇斯底里""被扭曲的日本社会"。

② 遗属及相关人员全国联络协议会是由交通犯罪的遗属组成，2012 年 6 月的共同代表是佐藤悦子、高石弘、高石洋子，干事是井上保孝、井上郁美。该组织要求严惩酒驾逃逸的犯罪人。

人死伤的所谓“危险驾驶致人死伤罪”，在被害人受伤的情况下，最高可判处 15 年有期徒刑，造成被害人死亡的，处 1 年以上（20 年以下）有期徒刑。因为危险驾驶致人死伤罪的标准过于严格，所以新增设了因酒精或药物影响驾驶汽车致人死伤的条文（第 3 条），在造成被害人受伤的情况下，处 12 年以下有期徒刑，造成死亡的处 15 年以下有期徒刑。

此外，该法还新增设了受酒精等影响过失驾驶导致死伤罪（第 4 条），即因酒精或药物影响，在可能导致妨碍侦查的状态下，驾驶机动车的人，忽视驾驶上的必要注意，因而致人死伤的，或者以逃避驾驶当时有无酒精或药物的影响或者影响程度进行检查为目的，再次饮酒或者服药，或者逃离现场后降低体内酒精或药物的浓度，或者其他规避检测酒精或药物有无影响的行为，处 12 年以下有期徒刑。而通常的过失驾驶致人死伤罪（第 5 条）是判处 7 年以下有期徒刑，或者 100 万日元以下罚金。

三、铁路事故的被害人

纵观世界铁路的历史，很多人死于铁路事故。铁路事故是指在铁路车辆运行时发生的事故，但这里指的是发生碰撞、脱轨、火灾等造成人员伤亡的事故。①

即使在铁路运输中会发生障碍，铁路运行事故以外的情况也称为运输障碍。因雨雪等发生停运或晚点的情况，不是运输障碍，而是灾害。国土交通省的运输安全委员会（2008 年 10 月由航空、铁路事故调查委员会改组而成）的铁路事故调查报告书中，将乘客和乘务员等 5 人以上死伤的情况，称为“重大事故”。

虽然近年来铁路事故数量有所减少，但在日本，如果加上一些小

---

① 国土交通省令铁路事故等报告规则中规定了 7 种铁路运营事故：列车撞车事故、列车脱轨事故、列车火灾事故、道口障碍事故、道路障碍事故、铁路人身障碍事故、铁路物损事故。另外，在铁路现场，列车晚点等运输障碍有时也称为事故。

事故，每年会发生 500 起以上，其中约半数是铁路道口障碍事故。以往，铁路事故等由警察进行侦查，追究相关人员的责任。但是，如果
502 个人被追究责任，当事人的证词经常会被扭曲，也不能充分分析事故背后的真正原因。因此，有人指出，有必要设立一个中立的调查事故原因的机构，而不是警方来调查。

现在，在日本，发生铁路事故时，由国土交通省内的运输安全委员会为了查明事故原因和防止事故而进行调查，当事故的原因涉及业务上过失致死伤罪等的嫌疑时则而进行刑事侦查。但是，如果刑事侦查优先进行，运输安全委员会就不能充分地进行调查，而且运输安全委员会的事故调查报告往往作为刑事审判的证据使用，因此有时事故负责人担心被追究责任而拒绝证言或者保持沉默，这是刑事审判的一大难题。

一旦发生事故，人们就会关注面向未来的问题，例如事故的原因是什么，为了防止再次发生事故如何进行整改等。但是，对于被害人和遗属来说，他们的强烈愿望首先是要明确有关人员的法律责任（特别是刑事责任）。这种差异有时会导致社会对被害人、遗属的不理解。

有人指出，刑事侦查的目的是处罚相关人员，这对预防事故再次发生没有帮助。查明事故原因和防止事故再次发生，这两个目的很难兼顾。美国是由拥有很大权限的国家运输安全委员会（NTSB）调查事故，有人也提议，日本也应该像美国那样给予事故调查机构更大的权限。

日本历史上著名的铁路事故是 1991 年 5 月 14 日的信乐铁路正面相撞事故。信乐高原铁路（SKR）位于滋贺县信乐町的第三区域，SKR 列车与 JR 西日本列车正面相撞，造成 42 人死亡，600 人受伤，成为当时的重大报道。SKR 的 3 名职员被追究刑事责任，于 2000 年 3 月 24 日在大津地方法院进行了审判。审判结果认定 3 名职工均有罪，分别判处缓期 2 年至 2 年 6 个月。

行驶在轨道上的火车、电车和行驶在道路上的汽车，与航线幅度较宽的飞机和船舶是不同的。一般人们认为，轨道交通是安全的，是 503
可以安心乘坐的交通工具。因此，也要求相关运营人员有非常高的注意义务。但是，判决却完全颠覆了人们的认识。这个判决没有选择惩役刑，而选择了禁锢刑，与人们的感觉有很大偏差。

营团地铁日比谷线中目黑站脱轨相撞事故，发生在 2000 年 3 月 8 日上午 9 点 1 分。日比谷线的东横线上行驶的电车在中目黑站附近的急转弯处脱轨，与对向车道上行驶的电车侧面相撞，造成 5 人死亡，64 人受伤。在该车站附近，1992 年和 1995 年也曾发生过事故，有人提出要对管理体制追究责任。

日本进入 21 世纪以来最大的铁路事故是 JR 西日本福知山线脱轨事故。2005 年 4 月 25 日上午 9 时 18 分左右，福知山线上行线行驶的快速列车（由宝冢发往同志社），在兵库县尼崎市久久知附近的半径 304 米处右转弯限速 60 km/h 处，却以 116km/h 行驶，导致列车脱轨翻车，撞到铁轨旁边的公寓外墙等处。此次事故造成 106 名乘客死亡，562 人不同程度受伤。[①] 事故原因是司机（死亡）驾驶速度超过了翻车极限，在曲线轨道上没有及时刹车所致。事故车辆中，毁损严重的是行进方向的前 4 节车厢，在现场被解体；但毁损较少的后 3 节车厢，为了防止事故再次发生而没有被解体，在印上死者遗属的手

---

① 根据报道，受伤人数为 562 人，但起诉书的公诉事实中记载为 493 人。死者人数是从 JR 成立以来铁路事故中最糟糕的，也是有统计以来排在铁路事故的第 7 位。另据国土交通省航空、铁路事故调查委员会汇总的事故报告，对事实关系的记述超过 300 页，超过了 1985 年 8 月发生的日航巨型飞机御巢鹰山坠落事故的报告，是日本事故调查报告中分量最大的报告。担任事故伤者护理的护士（女，当时 35 岁）在野战医院受到了创伤后应激障碍，2008 年 11 月 18 日要求国家认定为工伤而向神户地方法院提起诉讼。

记后,作为铁路设施向公众展示。①

JR 西日本虽然配备了自动转换开关系统(ATS),但是当时现场还没有设置。2009 年 7 月 8 日,检察机关起诉了山崎正夫社长,此后
504 因被告人死亡,没有其追究其刑事责任。另外,由于没有处罚法人的规定,被害人、遗属的不满只能指向过去的管理层。② 由于历届社长都没被追究刑事责任,被害人遗属向检察审查会提出不服申诉因《检察审查会法》的修改,2010 年 4 月对 3 名历任总经理,按照《刑法》第 211 条业务上过失致死伤罪进行了强制起诉。③ 该审判在刑事法庭上询问了当事人对 JR 西日本的安全认识,根据被害人参与制度规定很多遗属和被害人都参加了庭审,陈述意见或参加旁听。

2013 年 5 月 31 日举行了最后辩论,2013 年 9 月 27 日神户地方法院的判决认定,“JR 西日本的 ATS 正在进行装配,但即使这个设备装在弯道曲线路段上,可以防止本次事故”,“但在讨论超速引起脱轨翻车的危险性时,不必把正在维修装配的设备牵扯在一起,3 名被告人对脱轨的危险性没有认识”。法院以此为理由判处被告人无罪。

福知山线案件由检察审查会强制起诉,该案的刑事审判围绕历代社长的结果预见可能性和结果回避义务,在刑事法庭上进行了辩

---

① 《读卖新闻》大阪本社,2010 年 11 月就现场的公寓的保存情况,对遗属和伤者进行了调查,遗属 45 人,伤者 91 人,共计 136 人给予了回答。该调查结果显示,要求保存公寓的有 15 名遗属(33.3%)、24 名伤者(26.4%),而要求建立慰灵碑和献花台的有 13 名遗属(28.9%)、33 名伤者(36.3%)。回答什么都不做的人很少,遗属有 2 人(0.4%),伤者有 2 人(2.2%)。

② 《读卖新闻》对上述被害人、遗属进行的问卷调查中,回答应该新设处罚法人规定的,有遗属 36 人(80.0%)、伤者 77 人(84.6%)。

③ 2005 年 4 月发生的 JR 西日本福知山线脱轨事故。根据 2007 年 5 月 30 日修正、2008 年 5 月 21 日施行的《检察审查会法》,于 2010 年 4 月对相关人员强制起诉。强制起诉的第 1 案是 2001 年 7 月 21 日发生的明石步道桥事故,但由于该事故发生在《检察审查会法》修改之前,经过了两次起诉决议,但没有进行强制起诉。但是在《检察审查会法》修改后,案件的被害人和遗属再次提出申请,并于 2009 年 1 月 27 日根据第 2 次(共作出 4 次)决议,被强制起诉。详细内容,请参见第二十六章“被害人参与刑事司法的权利和法律地位”。

论,从法律的角度说,这是一次非常艰难的审判。但是与此同时,死者遗属、被害人等相关人员对判决结果的关注度非常高。在严格的审判中,死者遗属和被害人面对未被认定的被告人刑事责任,质疑这次审判的意义。

2014 年 10 月 10 日大阪高等法院开始了上诉审,2015 年 3 月 27 日作出了驳回上诉的判决。检方律师(检察审查会决定强制起诉时,需要指定律师代替检察官履行起诉职责)主张,应当以一般人的标准确立 JR 西日本大型铁路企业总经理的立场了,规范性判断必须考虑预见结果的重大性和社会对确保安全的要求,但是法院对此没有采纳一般人预见可能性的理论。

法院判决指出,“在 JR 西日本等大型公司组织中,在很多情况 505
下,把技术性、专业性很高的事项委托给所属主管部门进行研究判断,存在没有充分且正确考虑这些问题或者敷衍了事的情况,这种做法在这类大型企业组织的决策和执行业务中是自然的,实际上也是这样做的”,判决确认企业最高管理层存在消极经营的问题。

但是,法院根据一般人责任论对铁路、飞机等危险行业的运营责任进行裁决,这种消极态度令人很失望。在这些行业中,一旦发生事故就会造成大量伤亡,另一方面有用户完全期待在“安全”状态下运行,应当对保证万无一失,应当对经营者在危险性方面课以高度的预见义务。

关于列车安全装置 ATS 问题,一审判决认为,“假设在弯道曲线处设置该装置,可能会防止本案案件的发生”。但上诉审判决则认为,相反,“按照社会观念,预见司机这种异常驾驶行为,应当说这是相当困难的”,应当认为公司最高经营层的危险意识低下。ATS 是为了应对这种异常驾驶和突发性自然灾害而准备的,在高危险地点优先安装 ATS 的责任属于公司领导层。如果没有技术人员和来自现场的申报,经营高层也很难判断,因此也就没有预见结果的可能性,这个判断对加害人来说是适当的。

船舶沉没造成死伤者的情况主要有两种:因自然灾害造成的和因碰撞等人为原因造成的。前者被称为事故,后者则不是事故而是案件。但是,即使是在前者的情况下,如果因船长等人判断失误导致发生事故,也要追究其刑法上的过失责任。

与飞机、汽车等情况一样,机长、船长、驾驶员是否认识到驾驶和操纵处于危险状态,是否处于能够预见危险结果的状态等,这些问题是争论的焦点。乘客及其家属一般会认为他们当然应该预见到危险的结果,并要求追究他们的责任,但法院却很难认定行为人有过失责任。

506 四、船舶事故的被害人

令人记忆犹新的船舶事故是 1954 年 9 月 26 日发生的洞爷湖号沉没事故。这次事故的死亡和失踪的人数共有 1155 人,另有 4 艘船沉没,合计死亡人数达 1430 人。

日本人在海外遭遇被害的船舶案件,有 2001 年 2 月 9 日(日本时间为 10 日)的虾姬丸沉没案件。在美国夏威夷的瓦胡岛海域,爱媛县立宇和岛水产高中的练习船“虾姬丸”被突然从水下浮上水面的美国海军核动力潜水艇“格林维尔号”撞沉。35 名船员中,留在“虾姬号”上的 5 名教员和 4 名学生死亡,被救出的人员中有 9 人被诊断出患有创伤后应激障碍。

在该案件中,以当地日裔为中心的被害人支援团体,向日本被害人及遗属提出了支援申请,但日本政府拒绝了这一要求,这在国际社会上成为一大新闻。1995 年 1 月 17 日阪神淡路大地震①发生后,日本政府开始时也拒绝来自外国提供的援助。这些事件,都令人联想起闭关锁国时代的愚昧。日本人在海外受到伤害时,日本政府也有

---

① 阪神淡路大地震以濑户内海的淡路岛为震源,发生了里氏 7.3 级的地震,造成 6434 人死亡。

责任提供保护和支援,这是理所当然的,也是国际社会的共识。但是,在事故发生的初期阶段,建立支援体制是需要时间的,因此最好是在第一时间得到当地支援团体的协助。

2002 年 11 月,美国海军与包括 7 名遇难者遗属在内的 33 人达成了和解协议,赔偿约 16.7 亿日元。当时有 2 名遇难者遗属提出和解的条件是要求原舰长华多尔到日本谢罪。2002 年 12 月 15 日,2 名遇难者遗属和被解救的 9 名实习生中的 4 人,在宇和岛市一家酒店与原舰长会面,但另外 7 名遇难者遗属拒绝会面。

五、劫机的被害 507

劫持飞机事件在世界各地都发生过,而且至今仍在发生。日本的劫持飞机案件从 20 世纪 60 年代后期到 70 年代发生了多起,都是由日本红军等新左翼激进派组织实施的。特别是日本唯一在国际航线通航的航空公司遭受了多次侵害。

由于警察的严厉查处和国民的强烈反对等原因,激进派组织从 20 世纪 70 年代后半期开始衰退。在日本,1977 年 9 月的达卡机场日航劫机案件①是最后一次发生的案件。全日空当时并没有国际航线,因此没有成为激进派劫机的目标,但是因为全日空在国内航线上有很多航班,所以遭受过政治动机以外的劫机。其中很多劫机都是缺乏计划性的荒唐行为,但也有几起案件因劫机犯或机组人员的死亡而终结。

---

① 达卡案件发生在 1977 年 9 月 28 日,日本赤军、东亚反日武装战线、大地之牙的 5 名成员将巴黎飞往羽田机场的 JAL472(DC862,机组人员 14 名,乘客 137 名),在途经孟买中转起飞后劫持,强行让飞机在达卡着陆。恐怖分子的要求是,支付 600 万美元人质赎金,并释放在日本服刑的日本赤军成员浴田由希子等 9 名正在服刑的人质。对此,当时的福田首相说"人命重于泰山",决定支付赎金,并采取超法规的措施引渡恐怖主义成员,用专机把答应释放的 6 人(3 人拒绝)运送到达卡,人员全部被释放。

因政治动机发生的劫机案件有,1970 年 3 月的淀号航班劫机案、①1973 年 7 月的迪拜劫机案、②1977 年 9 月的达卡机场劫机案。
508 这些案件都是针对日本航空的劫机案。这些案件是在 20 世纪 70 年代日本修改《日美安全条约》时出现严重骚动、社会治安不稳定时期发生的案件。此后,不仅在日本,其他主要国家十分重视飞机的安全运行并采取了一系列保安措施,使劫机犯罪变得更加困难。

在国内,以 1970 年 8 月 19 日从小牧飞往千岁的全日空案件为代表,20 世纪 70 年代共发生了 13 起劫机案件。最近的劫机案件发生在 1999 年 7 月 23 日,一架从羽田飞往札幌的全日空客机,被爱好飞行模拟的男子(当时 28 岁)劫持。③

在这一时期,为了防止劫机案件而制定的法律有:《劫机犯罪防止法》《危害航空安全行为处罚法》等。根据这些法律规定,使用暴行或胁迫,或者以其他方法使他人陷入无法抗拒的状态,强行夺取正在航行的航空器,处无期徒刑或者 7 年以上有期徒刑。其结果导致他人死亡的,处死刑或无期徒刑。此外,损坏机场的设备或航空保安设施,或者以其他方法造成航空危险的,处 3 年以上有期徒刑。

---

① 淀号案件是田宫高磨、田中义三等 9 名赤军派成员,持日本刀等凶器劫持了从羽田机场飞往板付机场(现在的福冈机场)的 JAL351 航班(波音 727,有 7 名机组人员和 131 名乘客)。犯人要求飞机前往朝鲜,但朝鲜以燃料不足为由说服了犯人,并为了加油在板付机场着陆,在这里释放了妇女和儿童人质。此后,飞机按照要求飞往朝鲜,但被韩国空军引导到汉城金浦机场,被迫着陆。4 月 3 日,运输政务次官作为乘客的替身,包括机组人员在内的人质全部被释放。此后,他们前往平壤郊外的飞机场,向朝鲜当局投降并逃亡。

② 迪拜案件发生在 1973 年 7 月 20 日,丸冈修等 4 人自称是“被占领地之子”PFLP 和日本赤军的混合部队,携带炸弹等武器,劫持了巴黎经由羽田安克雷奇飞往阿姆斯特丹的日航飞机。这架飞机经过迪拜、大马士革等地,在班加西的贝尼那机场着陆。恐怖分子之后释放了 141 名人质,炸毁飞机后投降。恐怖分子在卡扎菲上校率领的利比亚政府的默许下逃亡。

③ 西泽裕司(当时 28 岁)因杀害机长被判无期徒刑。

另外,还发生了劫持船舶案件。① 1970 年 5 月 12 日发生的“王子号轮船被劫案件”②是日本为数不多的船只劫持案件。从广岛开往今治的定期客船“王子号”(乘务人员 7 人,乘客 37 人)被一名正被警方追捕的男子(当时 20 岁)劫持。③ 船舶一度逃到爱媛县松山观光港,第二天返回广岛,在那里犯人被击毙。劫持者的动机不明。13 日上午 9 点 51 分,犯人走到“王子号”甲板的时候,被警察的狙击手打中了左胸。这个情况在电视上直播,被击中的犯人慢慢地沉入甲板,这一情节给人们带来了冲击。警方表示:“不能再让犯罪时间拖 509
得太长了,这是最好的办法。”但舆论批评说,为什么没有瞄准手和脚,因此引发了赞成和反对的争论。

劫持巴士案件也时有发生。2000 年 5 月 3 日发生了佐贺劫持巴士案件(也称为西铁高速巴士劫持案),佐贺市的少年 A(当时 17 岁)手持牛角刀威胁并劫持西铁高速巴士“青草号”司机(当时 57 岁),C 先生(当时 34 岁)、D 先生(当时 50 岁),他们被刀刺成重伤。此外,乘客 E 先生(当时 68 岁)的脖子被刺伤,因失血过多而死亡。第二天上午 5 点多,广岛县警察的侦查人员冲进了停在东广岛市山阳自动车道小谷服务区的巴士,当场逮捕了该少年。6 月 5 日,广岛地方检察厅认为,劫持巴士相当于抢劫,杀伤 3 名乘客构成杀人罪和杀人未遂,致逃离的 2 名乘客受伤构成抢劫致伤,此外还违反《枪炮刀剑取缔法》、违反《勒索人质犯罪行为处罚法》等共计 5 项犯罪,将犯罪嫌

---

① 表示劫持船舶案件还有劫船“sejack”一词,这是误解了劫持含义的日本式英语,应该说是“ship hijack”。

② 根据丸八劫机案改编的纪实小说,有福田洋:《凶弹—濑户内劫机》,讲谈社文库 1982 年版。

③ 5 月 10 日,犯人与 2 名不良伙伴一起驾驶在福冈市偷的车,在山口县内行驶时,午夜 0 点左右遇到警察盘查,其中一人刺伤了警察。逃往广岛市的犯人闯入枪店,抢劫了 1 支来复步枪和子弹等,从那里乘出租车去宇品港,劫持了停泊的“福林丸”船。

疑人移送广岛家庭法院。[1] 该少年被关押在佐贺市东脊振村的国立肥前疗养所，被诊断为幼儿期到青年期发生的精神障碍之一，即“行为障碍”，并向厚生省报告。3 月 5 日，在该少年父母的要求下，日本根据《精神保健福利法》第 33 条规定，给予该少年“医疗保护住院”治疗。

① 检察机关认为，根据犯罪行为和少年的陈述判断，应当追究其刑事责任，于是提出刑事处分意见后，移交给法院。广岛家庭法院决定将该少年收容在广岛少年鉴别所，采取观察保护措施。该案件没有选择少年的居住地而选择移送拘留地的法院，是根据律师团和少年父母的要求。

第二十章 510

经济被害和消费者被害

Property Victimization and Consumer Victimization

一、经济的被害

经济利益除了所谓的“物”之外，还包括各种代金券、证券、会员卡、设施利用券、观赏券等。空气、电波、电、电信号、信息等也是受法律保护的利益。

在法律上，并不是所有的经济利益都是受法律保护的对象，而值得受法律保护的限定在具有一定价值（保护法益）的内容。因此，即使是个人珍藏的物品，从社会角度看，有时也没有达到受法律保护的程度。也就是说，在法律的世界里，要求价值具有客观性。

与此相对，被害人学首先以被害人的主观价值观为基准，然后再从社会的、客观的角度来判断是否属于受保护利益。因此，被害人学的概念比通常的法律概念更宽泛。在现代社会，价值观多样化，重视对人的存在价值的重要部分以及与生存价值相关的东西，因此对经济利益的内涵有必要从这种观点重新考虑。

日本社会在历史上一直重视对经济利益的保护。[1] 另外，江户时

---

① 日本《刑法》多年来一直将经济犯罪重于性犯罪，这种现象的变化始于2004年（2005年1月1日施行），但仍有不足之处，请参见第十三章“性被害”。例如，强奸罪的法定刑是2年以上15年以下（2005年修正后为3年以上20年以下）有期惩役，而抢劫是5年以上20年以下有期惩役。强制猥亵是6个月以上7年以下（2005年修正后6个月以上10年以下）有期惩役，盗窃和诈骗是10年以下有期惩役。

代设置“火付盗贼改方”（放火盗窃等犯罪稽查官）①以后，开始重视
511 财产犯罪的预防对策。应受法律保护的个人利益，除生命、身体、财产以外，还包括自由、名誉、隐私等人的尊严，但日常生活中发生的犯罪大多是经济犯罪。

侵害经济利益的主要犯罪如表 20.a 所示。

表 20.a 主要的经济犯罪和受理件数

类型	行为样态	条文	破案件数
盗窃	偷	第 235 条	981,233
敲诈勒索	威胁后窃取	第 249 条	3621
诈骗	欺骗后窃取	第 246 条	38,302
抢劫	利用暴力或威胁后窃取	第 236 条	3324
背任	窃取被委托处理的财物	第 247 条	41
侵占	窃取被预存的财物	第 252 条	34,828
毁坏财物	破坏财物	第 261 条	140,809
放火	烧毁财物	第 108 条	1086

* 条文表示刑法中有关罪名的主要条文。
* 件数表示 2013 年的受理件数。②

这些经济犯罪共计有 1,203,244 件（2013 年的受理件数），约占刑法犯罪的 62.7%。也就是说，日本的刑法犯罪，有 2/3 是经济犯罪。

对被害人学来说，重要的是被抢的物品是“如何”被抢的，被害人是“如何应对的”。“谁”“以何种意图”抢劫的，这个问题是次要问题。因此，在这里，主要讨论以被侵害的方式，即犯罪的手法与被害人的关联方式。

① 火付盗贼改方，是取缔重罪的纵火、强盗、赌博的官职。详细内容请参见第十一章“暴力被害”。

② 参见 2014 年版《犯罪白皮书》，第 4 页。

本章主要论述盗窃和诈骗。抢劫和恐吓虽然也是经济犯罪，但因为是以暴力或胁迫为手段，所以在第十一章"暴力被害"中有所涉及。

二、盗窃的被害

盗窃罪是"秘密地、暗中地窃取"行为。日本在第二次世界大战前参考了德国刑法，把盗窃被定义为"秘密夺取"(die heimliche Weg- 512
nahme)，而强盗则被定义为"公然夺取"(die Öffentliche Wegnahme)。在英美法中，以前也分为公然(open)盗窃和非公然(secret)盗窃。另外，与公然的偷盗相比，非公然偷盗被认为是"厚颜无耻的行为"。[1] 当然，判例认为"不论是否秘密实施均成立盗窃罪"。[2] 关于这个问题，井上正治认为，公然的盗窃，主要是指拦路抢劫，也就是伴随使用暴行、威胁的抢劫罪，被认为是对人身的犯罪。[3] 现在的"拦路"时的夺取行为原则上按盗窃罪处理，也可以说是传统观点的残余。

一般来说，原则上经济利益的管理是不能让他人随意参与的，但有时可能不在自己的管理之下。在这种情况下，被害人为何没有适当地管理自己的财物？也就是说，所谓的权利本来就应该由自己来保护，因为对于有权利却不行使权利的人，没有必要由国家来保护。有句古老的法谚很好地表达了这一点，"法律没有必要保护凌驾于权利之上的人"[4]。由此可见，在物品丢失的时候，声明"遭受了侵害"并要求恢复损失的，应当限定于那些努力而适当管理自己财物的人。

然而，在现实中适当地管理自己财物常常是很困难的，事实上也

---

① ［日］熊谷蒸佑：《抢劫罪》，载中山研一等编：《刑法各论》，青林丛书 1977 年版，第 100 页以下。

② 最高法院判决 1957 年 9 月 5 日，载《刑集》第 11 卷第 2145 页。

③ ［日］井上正治：《刑法学・各则》，法律文化社 1963 年版，第 110 页。

④ Zweig, Stefan (1943). Sternstanden der Menschheit, Bermann – Fischer Verlag, Stockholm. 在第七章介绍的 J. A 兹德于 1848 年在佛罗里达州的经历。

有很多人不进行这种管理而是求助于政府。

被害人的轻率(过失)的例子包括调包失窃、①不锁门失窃、②停
513 放自行车、忘锁汽车被盗等。

在入室盗窃中,“不锁门失窃”的情况非常多。例如,根据1987年和1995年警察厅的统计,入室盗窃的入室方法如表20.b所示。

表20.b　入室盗窃的入室方法

资料来源:1996年版《警察白皮书》第362页

	1987年		1995年	
	案件数	所占百分比	案件数	所占百分比
没关门	18,967	6.8	12,296	5.2
没有上锁设备	6031	2.2	2608	1.1
没上锁	109,207	39.2	82,378	35.1
锁头坏了	13,848	5.0	14,033	6.0
门窗玻璃破了	82,741	29.7	79,919	34.1
锁头开着	17,039	6.1	12,444	5.3
其他	30,903	11.1	30,908	13.2
总计	278,736	100.0	234,586	100.0

根据这个统计可以看出,被盗原因是被害人的疏忽的“没关门”“没有上锁设备”“没上锁”的合计数,1987年为48.2%,1995年为

---

① 调包是指,把别人的东西拿走逃跑。这不是法律用语,而是警方、检察机关等实务部门使用的用语。经常发生在车站的长椅、座位、公园等人多的地方。这是在被害人离开物品的地方时发生的犯罪,如果被害人在附近,则适用盗窃罪(《刑法》第235条);如果被害人在距离较远的地方,则适用占有脱离物侵占罪(《刑法》第254条)。关于被害人将钱包放在公园长椅上,距离约27米远的地方,最高法院的判例认定该行为构成盗窃罪。

② 未上锁被盗是与侵入门窗紧闭的地方进行盗窃的“闭门盗”相对应的词语。和文字一样,从没有锁门的地方侵入不需要打碎门锁,也不需要打碎门和玻璃门,所以增加了实施犯罪的可能性。

41.1%。而“锁头坏了”“玻璃破了”“锁头开着”等需要一定技术的偷盗，其比例1987年为40.8%，1995年为45.4%。因此，在8年期间从“被害人原因型”到“加害人原因型”有很多变化，但“被害人原因型”依然超过了全体的4成。

在现代，真正的“盗窃专家”越来越少，盗窃者不需要努力就能轻易进入盗窃的地方。现在的入室盗窃，不像以前那样瞄准有钱人家，也不需要做周密的准备，而是一家接一家地走，偶然发现没有紧闭门窗的侵入口时，就从那里侵入。现在的家庭很少有人在家里放巨款，很多盗窃者认为即使一家的钱少一点，但积少成多也是一样的。从 514
这个意义上讲，在考虑防盗的时候，应当稍微花点心思注意一下预防被害，“关好门窗”是最基本的防盗对策。

进入室内的场所，需要特别注意。在外出的时候，被问到“门窗关了吗”，很多人都认为门锁上了。其实，最容易被盯上的是“窗户”。根据警视厅对1990年的统计，从窗户侵入的位居第一，是37.0%（4561件），第二是“大门”，为32.1%（3955件）。从“檐廊”“阳台”侵入的情况也有增加的倾向，这一年达22.1%（2730件）。特别是公寓的住户，比起大门上锁，更应该注意的是锁上阳台的门窗。

综上所述，盗窃占整个犯罪的2/3，被害总额远远超过1万亿日元，已经成为一个大问题。但是，其中约有一半的案件，只要每个人稍微注意一下就可以避免被盗，因此必须更加认真地考虑预防被害的对策。

如图20.a所示，1995年盗窃手段的构成比例为：瞄准自动售货机的有1.8%；扒手有0.5%；抢夺的有1.0%；调包的有4.2%；瞄准汽车零件的有9.9%。

一说到盗窃，有人就会想起入室盗窃，但现在多数是盗窃自行车、摩托车及盗窃车内物品（盗窃放在车里的东西）等，即所谓的涉及汽车的偷盗。

图 20. a 盗窃的手法构成比

资料来源:1996 年版《犯罪白皮书》第 9 页

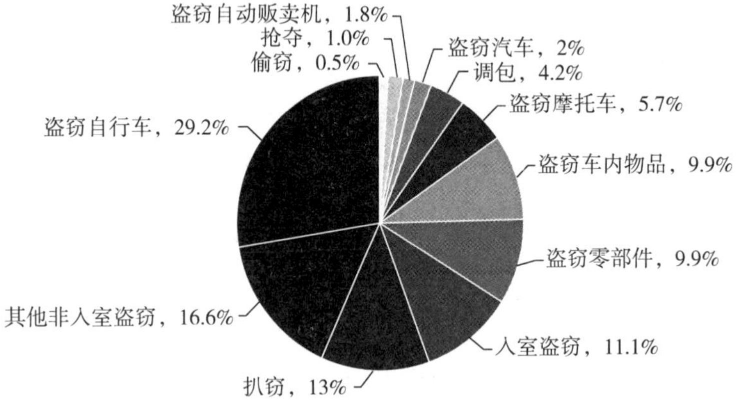

从图 20. a 可以看出,“空巢盗窃”“潜入盗窃”等是以前偷盗的
515 代名词,而现在分别仅仅是 5.4% 和 1.8% ,加起来也只有 7.2% 。而涉及汽车的盗窃也只占 2.3% 。在刑法学中,研究盗窃的中心内容仍然以“空巢入室盗窃”为主,但这样讨论盗窃行为可能会脱离社会现实。入室盗窃不仅在盗窃中的比例有所下降,而且实际数量也在减少。例如,2002 年超过 30 万件,但现在已经减少到 10 万件。①

表 20. c 分析了扒窃、入室盗窃、盗窃车内物品、盗窃汽车等主要盗窃案件的查处情况。

表 20. c 盗窃手段的查获率

资料来源:2014 年版《犯罪白皮书》第 212 页

	受理件数	查获件数	查获率
入室盗窃	107,313	53,914	50.2%

① 入室盗窃的确认件数,1986 年为 128,913 件(构成比为 9.4%),1995 年为 84,224 件(构成比为 5.4%),2002 年和 2003 年超过 30 万件,之后开始减少,2013 年为 107,313 件。

续表

	受理件数	查获件数	查获率
盗窃汽车	21,529	7857	36.5%
盗窃车内物品	87,976	19,868	22.6%
盗窃自动贩卖机	16,508	5962	36.1%
抢夺	7909	4186	52.9%
扒窃	126,386	89,910	71.1%

从这个分析看，盗窃车内物品、盗窃自动售货机、盗窃汽车等在无人状态场所实施的盗窃，破案率较低；而扒窃、抢夺等在附近有人的场所实施的盗窃，破案率较高。

三、诈骗的被害

诈取财产即诈骗，是被害人学上最有兴趣的主题之一，文献中也有很多记载。

亨蒂希在 1948 年出版的《犯罪人和被害人》(*The Criminal & His* 516
Victim)一书中，提出了“犯罪的二重结构”(The Duet Frame of Crime)，他认为两者之间是实施者(Doer = 加害人)和受害者(Sufferer = 被害人)的关系，从这一对立关系中产生了被害人。①

“事实比小说更离奇”这句谚语②最恰当地解释了什么是诈骗，它经常超越电视剧且带有学术性味道。亨蒂希指出，诈骗犯首先要接近应该成为被害人的人，为使犯罪变得容易就需要建立“关系”。诈骗是典型的关系犯罪(Beziehungsverbrechen)，加害人与被害人建

---

① von Hentig, Hans(1948). *The Criminal and His Victim: Studies in The Sociology of Crime*. New Haven, CT: Yale University Press.

② “事实比小说更离奇”这句话，据说是在英国诗人拜伦的《唐基儒安》中使用的。19 世纪美国作家亨利·达维特·梭罗的《沃尔登》和《森林生活》中也有描写。

立关系(或利用已存的关系),并彻底利用这种关系。[①] 因此,为了避免遭受被害,必须避免被带进加害人的领地。当然,被吸引进来的,未必都是头脑不灵活、呆板的人士。认真、合理地考虑问题的人,在遇到相反的不合乎逻辑的情况时,也很容易上当受骗。[②] 诈骗犯的惯用手法是,先根据对方的价值观、感觉、喜好等,让对方相信自己,然后把对方当作"牺牲品",因此越是在价值观方面单纯的人越容易上当受骗。

关于被骗人的心理,伊冯纳·马克思(Yvonne Marx)介绍了一个有趣的故事。[③]

有一天,纽约的报纸上刊登了"请带 1 美元到我这来。第 47 大
517 街第 7 号。史密斯"的广告。第二天,在同一家报纸的同一栏目的广告上写着"请明天以前带 1 美元到我这来。史密斯",第三天该报又刊登了"如果今天下午 4 点之前不带 1 美元到我的办公室,就晚了。史密斯"。

这个广告是史密斯和他的朋友打赌的,他们曾预测会有大约 100 人应征这个广告,但实际上,竟有 1600 人前来应征。这是美国人爱玩的赌博游戏,但这也说明了人们受骗的心理。

相对于传统的精准"欺骗",最近,简单、单纯的"欺骗"开始横行。"传统型"的诈骗是费"时间"的和"麻烦"的,最近的"普通撒网,

---

① 对于关系犯罪可以从两个角度来理解:一是从有认识关系的人之间理解犯罪;二是从于他人之间建立新关系,并利用该关系实施的犯罪。这里是从后者立场的理解。关于关系犯罪,舒尔茨和纳格尔之间有过著名的争论。Schweize, H(1956). Kriminologische und strafrechtliche Bemerkung zur Beziehung zwischen Täter und Opfer, *Schweize Zeitschrift* 71, Jg. S. 171ff; Nagel, W. H. (1959). Victimologie, *Tijdschrift voor Strafrecht*, Deel 68, p. 7ff. 凯泽指出,比起诈骗和盗窃,对人身的犯罪和性犯罪在熟人之间发生的情况更多。Kaiser, Günter(1985). Kriminologie; Eine Einführung in die Grundlagen, 7 Auflage.

② [日]宫泽浩一:《纪伊国屋新书·被害人学》,纪伊国屋 1967 年版,第 90 页以下。

③ Marx, Yvonne(1958). A Propos de la Victimogie. *Rev. Science Criminel*, p. 244.

必有收成”，①很多人会一个接一个地掉进“陷阱”，在这种“现代”型中，不是加害人吸引应成为被害人的人到加害人一方，而是加害方进入被害人的领地，采取攻击型的“欺骗”手段，对被害人实施犯罪。

亨蒂希说过：“在某种意义上，被害人才是犯罪人。”他以 1944 年在美国大规模发生的“战时公债欺诈案”为例进行了分析，②他分析认为，人们的不安心理往往被犯人很好地利用，这样的例子在日本也有好几个。在第二次石油危机时期，很多人都跑去抢购卫生纸，事实上是非常愚蠢的。在美国的案件中，以日本偷袭珍珠港为契机，流传着即使在战争结束后也不会按美元面值偿还的传闻，犯人一边煽动人们的不安心理，一边低价购买公债，大赚了一笔。卫生纸骚动时，人们的心理状态与美国是相同的，如果当时能大赚一笔钱，相当于具备诈骗犯的素质。

另外，为了欺骗对方，犯罪人必须具备相应的条件。利用已有的 518
好条件也是职业高手的常用手法。亨蒂希指出：“等待到被害人陷入无防备、无防卫状态事实上是很难的，而且也很麻烦，所以很多的例子是利用已存的可能性，以增加实现犯罪的预期。”

当然，犯人方面也会做很多努力的，例如，衣着整洁、装成有钱人、显示高学历等。最近，这种倾向越来越明显了，甚至有人说：“如果身穿名牌洋货（高级进口品牌），彬彬有礼，就会被认为是骗子。”诈骗犯的“会不会被识破”的不安感，也因此产生。

在现代社会，认真地从事正常工作的人，在平时很难打扮得花枝招展的，如果全身上下都过于光鲜亮丽，人们就会怀疑这人是不是做了什么不正当的事。

---

① 日文中的“低质量的枪炮，多放也能击中”，意思是说，即使差一些，只要多做几次，也会变强、变好。

② 围绕战时公债的诈骗案件，亨蒂希在 von Hentig, Hans (1948). *The Criminal and His Victim: Studies in the Sociology of Crime*. Yale University Press. 的“战争与犯罪”一章中进行了介绍。

话虽如此，犯人当然会瞄准那些容易下手的人。从这一点看，应该注意的是，犯人与被害人见面的场所和情形。

萨瑟兰(Edwin H. Sutherland)在1937年出版的《职业盗窃犯》中写道，“实施诈骗时，最好瞄准那些要干什么不正当事的人。诈骗正直的人是很难的。被害人的态度、社会地位、经济状况等，是解决案件的突破口，具有重要意义”[1]。这一观点，后来被误解为“诈骗就是尔虞我诈”。

但是，并不是所有的诈骗犯都认为被害人一方是恶劣的。相反，与杀人、伤害、恐吓、盗窃等相比，认为“被害人更坏”的犯人比率较低。例如，从日本的数据来看，认为被害人比较坏的人的比例是：诈骗1.9%，杀人5.0%，恐吓12.3%，伤害20.2%。[2]

日本的“诈骗”中比较引人注目的是无钱饮食，即白吃白喝的情
519 况非常多。根据1983年对犯罪手法的分类统计，无钱饮食占26.5%，少借不还的诈骗占12.0%，商品券诈骗占9.2%，存折诈骗占6.2%，土地贩子诈骗占4.3%。如果把无钱饮食和少借不还诈骗这两个高位诈骗加起来，就有近4成是“可以轻松诈骗”的类型。

无钱饮食的一般手法是，在食堂等地吃完饭后，不支付费用就一走了之。如果明知是送货单上没有记载的物品，而收到物品平账的行为也属于欺诈行为。虽然说无钱饮食的客人有一定数量，但是最近越来越多的餐厅采用餐票制或者对出入口构造进行改造，不付款是很难走出的。

“少借不还诈骗”是指，假话连篇，明明没有偿还的意思却以“请借给我吧！”“让我来保管吧”等名义，收取钱财后却不还钱。很多被害人认为，对于用这种方法的诈骗，发现被骗往往需要时间，所以发现晚而且损失金额也不高，所以考虑到向警方报案后要做笔录，程序

---

① Sutherland, E. H. (1937). *The Professional Thief by a Professional Thief*, p. 69ff.

② 1986年版《犯罪白皮书》，第301页以下。

很麻烦,还要花很多时间,所以很多被害人不报案。也有一些诈骗犯正是看穿了那些没有报案的被害人的心思,反复实施这类诈骗行为。

松本严等人调查了少借不还诈骗的被害人如何评价自己的性格。[①] 该调查在1971—1973年3年间向警视厅及下属15个警察署查获的少借不还诈骗案中的777名被害人邮寄了问卷。有效问卷313人(回答率48.3%)的分析结果如表20.d所示。

表20.d 少借不还诈骗的被害人性格

资料来源:根据松本严对1971—1973年警视厅管辖范围内案件的分析

性格	回答“是”的人的比率
不怀疑别人	69.0%
待人亲切	49.8%
对贷款不敏感	10.2%
别人求自己时感觉很好	7.8%
容易贪婪	5.1%
思考问题不够理性	5.1%
懦弱胆怯	1.2%
没有特别之处	2.7%

(回答数为255人)

根据这项调查结果,对于“少借不还诈骗”被害人的性格,绝大多数人回答是“不怀疑别人”和“待人亲切”。 520

1988年11月,诸泽英道等人对非法营销被害问题进行了普通居民调查,分析了被害人的性格与被害之间的关系。[②] 在这项调查中,

① [日]松本严等:《小额贷款诈骗案件的犯罪经过和被害人的态度——加害人和被害人的关系的分析》,载《科警研报告防范(少年篇)》1974年第15卷2号,第1-12页。

② 消费者被害防止对策研究会:《关于非法营销被害人被害化因素的调查研究》,载《警察厅保安部生活经济科》1989年,第47页。

除了受到非法营销被害的被害人以外，还组成了接受不良企业的劝告但又拒绝的人、没有接受劝诱的人、不良企业（加害人）、普通市民等8个组，进行了相互比较。

通过比较显示，容易被害的人中，“开朗爽快”的为67.8%（不过，谋取私利型非法营销的被害人为78.6%，加害人85.7%，一般人为63.4%），“别人对自己很热情，马上就相信对方”的占50.0%（谋取私利型被害人92.9%，加害人71.4%，一般人32.4%）、“很容易被骗”的71.0%（谋取私利型被害人78.6%，加害人85.7%，一般人50.4%）、“不好断然拒绝”的47.7%（谋取私利型被害人78.6%，加害人71.4%，一般人29.9%）等，这项典型的日本人被害人形象正在浮现出来。

该调查引人注目的是，其发现了被害人的特性和加害人的特性相似的事实。如果举出能够说明被害人和加害人的10个因素，其中有7个是两者的共同因素。区分两者有3个主要因素，是否“烦恼”（“烦恼”的是被害人），是否“坚守承诺”（“守信”的是被害人），是否“仔细阅读说明书和合同”（不阅读的是被害人）。

一般来说，人们认为加害人和被害人两者是相对应的。研究小组也试图验证这种假设，但结果却恰恰相反。但仔细分析一下，加害人和被害人有相似的特征是理所当然的。所谓非法营销，主要是以会话进行交流而构成的典型犯罪，文化完全不同的人们之间的结合是不自然的。从这个意义上说，开朗、爱说话的人们之间相互吸引，即使造成被害也并不奇怪。

521 亨蒂希在1947年所著的《犯罪及其原因和条件》①分析了“被害人与人种”的关系，他指出，杀人或财产犯等犯罪，同一人种之间的犯罪远远多于不同人种之间的犯罪。例如，针对白种人的杀人案件中，由黑人实施的案件仅占21%。也就是说，以事先的人际关系为前提

---

① von Hentig, Hans (1947). Crime, Causes and Conditions.

的“关系犯罪”，很少发生在不同文化的人种之间。

对应性格而言，人的各个方面都会出现问题。“看周围人做什么，自己也做什么”“容易与周围人发生摩擦”“与初次见面的人很难和睦相处”“好奇心强”“别人一对自己亲切，马上就相信对方”“很容易被骗”“喜欢赌博”“不听他人好言相劝（偏执性格）”“贪婪”等性质，被害的概率很高。

关于智力和智力发育状况与被害是否相关，还没有实证研究。被害人毕竟是很可怜的，检查他们的智商等，似乎违背学者的良心。媒体报道也有一种倾向，如果智慧迟滞的孩子是被害人，就要尽量回避谈论智慧迟滞与被害的关系问题。

以前也有人说过，骗子一般不对智商低的人下手，但是现在，随手就把他们拉进“陷阱”的情况正在增加。在这种情况下，智商低的人被盯上的概率当然很高。从理财型非法营销的被害人来看，几乎所有的被害人都不理解利益分配的结构。把这种情况和智力联系在一起也许是危险的。但是，没有理解能力，确实是被加害人钻空子的一个原因。

四、婚姻诈骗的被害

在诈骗中，婚姻诈骗是比较特殊的，在此单独论述。对婚姻诈骗被害人的研究，也是被害因素的研究中难点问题之一。通过一般居民调查的形式找出被害人或者通过具体案件采访被害人，这几乎是不可能的。只要没有与被害人建立良好的信赖关系，被害人就会将被害事实隐藏起来。即使是偶然成功地建立起良好的信赖关系，也 522
不知道说给你的话有多少是可信的。

研究婚姻诈骗被害人的现实可行方法是，从警方占有的被害人笔录中找出必要事项。关于婚姻诈骗发生了多少，因为没有关于被害的黑数调查，所以无法正确把握准确数据。根据警察的资料，从1983—1996 年 14 年间共发生了 1033 件的婚姻诈骗，平均每年 73.8

件。从每名报案者的件数看，从 1983—1991 年 9 年间共报案 809 起，252 人被举报，每名报案人举报 3.2 起婚姻诈骗案件。

婚姻诈骗的黑数很难推算，不过，据说如果逮捕 1 名加害人进行调查，大概会出现 10 多件的余罪，因此伊东正泰对婚姻诈骗的余罪进行了分析，推算出黑数率为 10—20 倍。① 假设以上述数据的 1983 年开始 14 年间为基础进行计算，年均为 74 件，实际上，日本每年约有 1000 名被害人。

婚姻诈骗是指对想结婚的人说"我们结婚"，并让其交出钱财的行为，其结果是在没结婚的情况下构成犯罪行为。因此，如果最后结婚了，或者谎称借钱后把钱退回，就很难构成犯罪。

奥地利的帕德韦茨（Padowetz，M.）指出，思想浅薄的女性被害人的特点是，容易受骗（Leichtgläubigkeit）这一心理因素导致被害。② 帕德韦茨的研究选取的是奥地利的事例，在报纸上常常刊登广告"我方××岁，金发，身高××英尺，体重××公斤，以结婚为目的，希望结识一位对人亲切和高薪的男性交往"这类互相认识的男女之间的
523 婚姻诈骗案件。③ 因此，加害人通常以寻找结婚对象的女性为目标，与她们交往一段时间后，在骗到钱后逃跑。对于这个问题，宫泽浩一指出："这样的女性很容易成为被害人……试图拼命获得最后机会的人，终究什么也听不进去。任何人都有骄傲自满的时候，他们认为，其他人可能被骗，但我没有问题。即使注意到男人反复要求不正当的金钱，但她们确信如果支出金钱就有机会获得自己梦寐以求的爱巢，把别人的劝告当成不愉快的干涉。"④

关于被害人的年龄，帕德韦茨认为，被害人的年龄是在 35 岁达

---

① ［日］伊东正泰：《财产罪的被害人特性》，载宫泽浩一编：《犯罪和被害人》第二卷，成文堂 1972 年版，第 215－254 页，特别参见第 243 页以下。

② Padowetz，M.（1954）. Der Heiratsschwindel. Eine kriminolishce Studie. S. 60ff.

③ Padowetz，M.（1954）. op. cit. S. 9ff.

④ ［日］宫泽浩一：《被害人学基础理论》，世界书院 1966 年版，第 262 页。

到山字形的顶点，适龄期和婚姻诈骗之间存在某种联系。

关于日本，根据井泽礼子①和伊东正泰的分析，从高中生（16—19岁）到24岁左右的所谓适龄期的被害人相当多（井泽的调查是，24岁以下的被害人占47.8%；伊东的调查是，25岁以下的被害人占48.5%）。当然，这些分析都是根据旧数据进行的，“适龄期”一词在现在几乎不使用了，应该如何解释被害人的年龄还存在争议。

从有关婚姻诈骗的研究中可以看出，往往是年轻的人被害和反复结婚离婚的人被害。她们没有遇到好的伴侣，在不可思议的地方温柔善良的人一旦出现她们就会被骗。可以说这种“温柔善良”是现在女性对男性最渴望的性格，犯人故意装作“表面上的温柔善良”，很容易达到目的。有力气和强壮等，是女人过去所追求的男性性格，而现在不再单纯追求外表。但是在现代，这种以“温柔善良”为卖点的犯罪确实在增加。

暴力团引诱年轻女性进入服务业时，并不会突然出现“像暴力团 524
一样可怕的大哥”。他们让人一看就有“大学生风范”的温柔绅士男性陪伴身边，营造出让人联想起可以作为恋人交往的氛围，如果女人一旦产生这种想法，态度就会完全改变，此时真正的暴力团员将正式登场。这类骗局让很多被害人“轻易”上当受骗。女孩子们很难分辨出真假。

前面介绍的伊东正泰的研究中，对1966—1970年的5年间被害人的特性进行了分析。该调查结果显示，137名被害人中职业最多的是公司职员31.4%（43人）、商店服务员16.8%（23人）、酒店等女服务员11.7%（16人）、家庭主妇8.8%（12人）等。

---

① ［日］井泽礼子、宫泽浩一：《婚姻诈骗的被害人特性》，载《犯罪学杂志》1973年第39卷第2号。另外，该论文收录于［日］宫泽浩一编：《犯罪和被害人》第三卷，成文堂1972年版，第215－220页。

井泽礼子对伊东正泰的数据进行了更详细的分析。① 井泽礼子在伊东正泰的协助下,在 1966 年 3 月至 1970 年 2 月,从警视厅辖区内处理的 138 起婚姻诈骗案件中,挑选了 46 件记录详细的案件进行了分析。据该项调查,被害人的职业中最多的是商店店员及业务员 56.5%(26 人)、护士、按摩师 10.9%(5 人)、接客行业人员 8.9%(4 人)、自由职业者 6.5%(3 人)。

伊东调查中,被害人的年龄从低到高依次为:20—25 岁(32.8%)、26—30 岁(19.0%)、31—39 岁(14.6%),10 多岁、40 多岁、50 多岁各有若干名,年龄不详的有 38 人(27.7%)。由于该分析是从犯罪手法原卷中获取的,而且在后来调查加害人的余罪时还包含了一些被害人,因此被害人的信息并不一定很准确。

另一方面,井泽礼子的调查将年龄分类间隔设为 5 岁左右。调查结果显示,20—24 岁的占41.3%(19 人),25—29 岁的占 28.3%(13 人),35—39 岁的占 15.2%(7 人),平均年龄为 26.6 岁。

另外,伊东的调查对被害人结婚与否进行了分析,其中已婚的占 10.2%、未婚的占67.9%、不明的占 21.9%。被害的场所的占比为咖啡店 35.8%(49 人)、住宅 24.1%(33 人)、路上 19.0%(26 人)、酒店 8.8%(12 人)等。

在婚姻诈骗中,场所尤其重要。在以前,宾馆的大厅、宴会会场、
525 咖啡店等是诈骗犯经常利用的犯罪场所,随着经济的高速增长,飞机和新干线等地也成为约会的场所,后来在杂志上出现了相亲角、留言区、双人照区,到现在社交网站(SNS)也成了约会和诱惑的场所。

金钱的交接场所也是精心选择的。例如,对 1978 年开始的 10 年间警视厅辖区内的婚姻诈骗的分析,在上述场所约会的超过了 80%;金钱的交付场所的占比为,被害人住宅 35.3%、咖啡店 20.6%、

---

① [日]井泽礼子、宫泽浩一:《婚姻诈骗的被害人特性》,载《犯罪学杂志》1973 年第 39 卷第 2 号。另外,该论文收录于[日]宫泽浩一编:《犯罪和被害人》第三卷,成文堂 1972 年版,第 215 页以下。

宾馆 14.7%。比较一下伊东对 20 世纪 60 年代的调查和 20 世纪 80 年代的分析，使人感受到了时代的变化。最近，在国外有的例子，在日本国内也有，如案件发生在游乐场、餐厅、公园等场所。

男性的加害人中，很多是靠说谎为生的人，有时甚至其配偶和家人都相信他的谎言。而女性的加害人，多数人从事陪酒女郎、酒店女服务员等工作，她们是婚姻失败、对男性不信任的人生不幸的人。

关于被害人的情况，女性和男性也有很多不同。例如，对于“为什么没有向警方报案?”的问题，很多女性被害人的回答是：①和他（加害人）在一起甜蜜生活快乐的时光就可以；②认为花钱买到了梦想；③担心让丈夫知道等。男性被害人的回答是：①丢面子；②不光彩；③觉得可耻等。

最近的结婚诈骗的特征之一是被害金额很高。以前的被害额是几百万日元，现在变成了几千万日元，有时甚至超过 1 亿日元。另外，被害人会在短时间内从多家金融机构借钱，把现金送给加害人，在这期间，被害人和加害人之间不但没有男女关系，甚至有的连满意的约会都没有。

另一方面，加害人会编出所有能想到的谎言。下面列举一下加害人使用的典型谈话。

> 为了能和你在一起，我准备搬家，希望你能帮助我。
>
> 朋友因自杀未遂住院了。我想去医院看看他，但不巧手头没带钱，能借给我一些吗？
>
> 因为我妹妹挪用了公司的钱，如果被发现就会被辞职，想在被发现以前把钱还上。
>
> 能帮帮我吗？如果你的父母知道了这些，我觉得他们 526
> 会反对我们结婚的。
>
> 现在虽然来了夏威夷，但是在这里的费用不够了。能给我汇点儿款吗？
>
> 我想修缮一下父母的墓碑，但是没有钱。

> 朋友存放在我这里的钻石不见了，要赔的。
>
> 好像怀孕了。希望帮我付住院费(其实没有怀孕)。
>
> 手术后很不舒服。请帮我付一下医疗费。
>
> 暴力团逼我还债。他们威胁我说，如果不还，就把我灌入混凝土、扔进大海。想想办法帮助我。
>
> 和妻子正式分手了，但她还向我要钱。请借给我一些。
>
> 想早点辞去俱乐部的工作，和你结婚。我欠俱乐部的钱，能帮我还吗？
>
> 经营失败了，欠债1亿日元。想在结婚之前，再努力一把，想过上稳定的生活。请帮我解决一部分经营费用吧。

看了这些谈话集就会明白，欺骗对方的谈话有很多涉及“想结婚，但需要……的钱”之类的内容。而且，加害人完全不存在“丢失”“住院”“被迫还债”等事实，被害人也没有确认其事实的有无，继续支付给对方。

五、电信诈骗(电话诈骗、汇款诈骗)的被害

以亲人的名义让对方汇款的案件是既旧又新的手法。[1] 当初被称为“冒充亲人诈骗”，2004 年 11 月警察厅改称为“汇款欺诈”。[2] 这
527 一现象最初被称为“转款诈骗”，但因可能会使被害人误解自己可能是在收到后又转出，所以现在改称为“汇款诈骗”。最近，中国、韩国、美国等国家也报道了类似的诈骗案件。

冒充诈骗的主要手段有，冒充亲属进行诈骗、虚构请求内容进行欺诈、提供贷款保证金的诈骗、退款诈骗。

---

① 关于冒充诈骗的历史有各种说法。1915 年发生的诈骗案件是用电报指示汇款的。1986 年发生的案件是通过电话谈孙子的事情并获得了被害人的现金。

② 2009 年以后，让他人往定期存款账户里汇款的手法减少，变成了使用快递和私设私人书箱等方法，进而由代理人领取，警视厅从 2013 年 4 月开始征集新的叫法，有超过 1 万件应征。当时入选的名称有“救母诈骗”“ 电话诈骗”“利用亲情诈骗”等。

冒充亲人诈骗是一种利用电话冒充自己是对方的亲属、警察、律师等，以还债、归还挪用公司的资金等名义，让对方把现金存入存款账户的方法进行诈骗。初期的手法是伪装成被害人的孙子、儿子，给年迈的父母或祖父母打电话说：“喂喂，是我呀！”警察厅的资料①显示，被害人多数是60岁以上的女性。

虚构请求诈骗是利用邮件、网络等对不特定的多数人，以虚构的事实为借口发送文件要求费用等，以现金或者汇款等方法诈骗或恐吓对方。这种手法的被害人多数为20多岁、30多岁的男女。

提供贷款保证金诈骗是指，没有实际贷款，却发送有贷款内容的文件，对申请贷款的人士以提供保证金等名义，让对方支付现金或者转账等进行诈骗。也有的使用明信片、电子邮件及传真、杂志广告、传单等方式劝说他人贷款，如果对方提出申请，就说“你有很多债务人记录，因此不能贷款，但如果缴纳保证协会费用，这些数据就可以删除，你就可以获得贷款”等，可对方在用现金汇入保证协会账户后，仍然得不到贷款。这种手法的被害人多数是30—50岁的男女。

退款诈骗是指，冒充社会保险事务所或市区町村的工作人员，以退还养老金和医疗费等手续的名义，把对方诱骗到ATM，让被害人操作ATM，将其账户的现金汇入犯人的账户上。这种手法的被害人和冒充亲人诈骗一样，基本都是60岁以上的女性。

六、非法营销的被害 528

机械文明的发展，对犯罪和被害的形态也产生了各种影响。其中最明显的是各种经济被害现象不断发生。不断有新的商品登场，并且商业交易的形式也变得多样化。如果与这种商业交易有关的人们对“人的路数”认识不足，就会被害得很惨。

---

① 警察厅（2008年）发现和查获的电话诈骗（敲诈勒索）等情况，见表第2－1－28。

消费者如果跟不上新型商业交易，与商家的关系就处于劣势。以前的观念认为“商业交易中双方当事人是平等的”，但在现代社会，“消费者”与“销售商”之间并不存在这种平等关系。因为现在强烈提倡真正的消费主义（consumerism；消费者运动或消费者优先主义）。

非法营销①就是在这种消费者处于劣势的经济社会背景下发展起来的。不法企业不断开发新的商品和方法，迎合消费者的需求，于是今天又出现了新的被害人。

在这种不法企业迅速成长的同时，对它们进行限制的法律制度却没有跟上，只能依靠现有的法律进行查处。围绕消费者被害的“落后行政”的典型例子，是对传销的规制。

传销在 20 世纪 70 年代出现在美国。如 1971 年 4 月的 APO 日本（汽车零部件）、1972 年 1 月的黄金化学（洗涤剂）、1972 年 8 月的假日魔术（化妆品）、1973 年 6 月的马甲线产品（洗涤剂）等。当时的
529 通商产业省，在 1976 年 5 月起草了《关于登门销售等行为的法律》（法律 57 号，一般称为《登门销售法》），该法于同年 6 月 4 日公布，12 月 3 日施行。该法在第 2 章规定了登门销售、邮购、电话推销，第 3 章规定了连锁销售交易（所谓的传销）。

因此，1971—1976 年第一次非法营销热潮开始被约束了，但规制的对象只有转售型营销，此后中介型或劳务提型的新传销方法不断出现，第二次传销热潮（1982—1989 年）到来了。

因此，日本于 1989 年修改了《登门销售法》，并把非法连锁传销

---

① 非法营销（恶质商法）这一名称已经在日本确定下来了，不过媒体等对“非法营销”还有很多称呼。日本律师会模仿美国使用“欺骗性”（deceptive）一词。此外，在美国还使用“不正当的”（unfair）、“没有良心的”（unconscionable）、“欺骗或欺诈的”（fraudulent）等说法，日本经常听到的称呼有“欺诈经营”。总之，在日本经常听到的“恶德”，其中包含道德上的谴责，“欺诈经营”虽然不能证明诈骗罪，但属于与诈骗罪相近（接近犯罪）的行为。

列入规制的对象。但1991年以后，再次出现了新型传销，对这种传销进行规制后有些收敛，但此后又再次出现了新的传销，出现了"拍手兜圈"①的状态。

很多人认为"非法营销都是犯罪""非法营销都是诈骗"，其实这是一个很大的误解。

非法营销有很多，从高明的欺诈营销到运用现行的任何法律都难以查处的营销，数不胜数。当然，如果消费者确实受到了伤害，就需要有能够处罚这些行为的法律；如果没有这类法律，那就是法律不健全。但是，日本的《消费者法》并不一定是面向消费者的，有时也会偏向商家。

类似于"老鼠链传销"的就是无限层级传销。在日本，虽然根据《登门销售法》可以对"连锁销售交易"进行规制，但原则上该法并不禁止这种传销。原则上不禁止这种造成众多被害人的、结构上存在问题的传销，这是消费者行政机关偏向"商家"的好例子。传销本身是反社会的，但人们似乎感觉到行政机关是想"培养传销企业健康成长"，他们已经不是消费者，即国民可依靠的对象。

即使不能将商家的行为视为犯罪，消费者在金钱上受到伤害，或 530
者用令人不快、困惑、困扰等语言表达的经历或者纠纷（主要是精神被害）的情况下，应该将这些情况列入非法营销来考虑。

所谓的非法营销，好像是法律概念，但又不是法律概念。这已经成为社会问题，但对非法营销的概括性、综合性的正式统计并不存在（各个机关分别统计）。这不是因为行政机关的怠慢，而是由于无法进行统计。

七、非法营销的定义

在这个世界上，存在无数的商业交易，并且被分为很多类型，但

---

① "拍手兜圈"是以前儿童玩的拍手心手背的游戏，现在形容二人在相同的事情上没完没了地兜圈子。

区分是非法还是合法，应当根据以下基准进行判断。

非法的标准有以下几个方面。

1. 出售的商品（包括服务、债权等）问题

（1）质量低劣；

（2）数量不够；

（3）价格超高。

2. 销售方法的问题

（1）没有说明或者说明不足；

（2）虚假说明；

（3）通过胁迫、强迫进行销售；

（4）使人进入迷惑、催眠状态进行销售。

销售的商品问题，可以考虑“质量差”和“量不够”，即质和量两个方面存在的问题。“价格”的问题与这些质和量有关系。这种情况通常由各地的消费生活中心或地方自治团体办公室的消费者窗口来处理，只有这样，消费者主义才能得以落实。

但是，出现这些问题的企业，还不能被称为“不良商家”。从民法
531 和商法的原理来说，原则上不能追究生产者和运输人员的无过失责任，所以他们从知道商品存在质量和数量的问题之时开始，就会产生了新的义务。因此，对于处于这种阶段的企业，还不能贴上“恶性、不良”的标签。让企业公布、收回、修理有缺陷商品的名称和型号，这才是“好”的行政措施。

关于价格的问题，实质上也关系自由主义经济的原则。本来，私法上的原则是受供需平衡关系的支配，买方判断商品的价值之后才购买商品的，因此无论质量好坏，数量是否不足，都不能立即追究卖方的责任。但是，随着商品种类的丰富、结构的复杂和精密，以及流通机构的复杂，消费者已经不能评价商品的价值，不能判断价格的正当性了。创建品牌就是在这种情况下出现的。

有一个真实的故事，就是贵腐葡萄酒商战。日本的贵腐葡萄酒

热潮是 1978 年由三得利公司发起的。该公司在 1975 年从收获的葡萄中,酿制并出售了两种葡萄酒:一种是 1 瓶(720ml) 5 万日元,另一种是 1 瓶 2.5 万日元,很快就销售一空。同年,芒斯葡萄酒公司与三得利公司竞争,推出了贵腐葡萄酒,双方开始争夺谁是正宗,其他公司也加入其中,日本掀起了贵腐葡萄酒的热潮。①

但是,究竟有多少人知道葡萄酒的味道,值得怀疑。贵腐葡萄酒几乎都是用来送礼的。日本的赠答文化再加上人们对品牌的追求,所以才会出现这种贵腐葡萄酒热。

考虑到极其脆弱的消费者心理,不能简单地说参与商业交易的人都是平等的,没有必要倾向其中的一方。于是,存在的问题就是 532
“销售方法”。也就是说,如果消费者不能对物品的价值进行评价,那么就要求卖方履行某种义务(说明义务或绅士交易义务)。

销售方法的问题点是,或者给予对方可以自由决定意思的状况,或者给对方适当提供意思决定的信息。使用胁迫或强迫,催眠状态下的销售等,如果销售方法不公正、说明不足、没有说明或者虚假说明而出售的,当然是有问题的。

这样来看,在这些问题中,哪些是对定义非法营销具有重要的意义呢? 质量低劣、数量不足,甚至威胁、强迫销售,即使出现解除合同的问题,还不至于构成犯罪。但是,如果是通过虚假说明进行销售,有可能构成诈骗罪。问题在于,对于在销售时没有进行适当的说明和价格过高的情况,法律没有规定。当然,法律对销售方式有规定是不能违反的。法律对价格有规定的情况也是一样。

按照这个思路考虑,在明知违反法律的情况下仍然进行销售或销售方式本身构成犯罪的情况下,这完全是“非法营销”,除此之外的销售方式还需要进一步的详细研究。也就是说,“非法营销”还不等

① 1985 年 9 月 5 日的《朝日新闻》(晚报)刊登了“贵腐葡萄酒醉倒业界”和“有毒案件源自新商品”的报道,报道说从贵腐系列葡萄酒中检测出有毒的二甘醇,贵腐葡萄酒的形象一落千丈,现在大量滞销,札幌葡萄酒厂决定葡萄酒新产品暂时不上市。

于“犯罪”,如果不对周边的问题进行梳理,对非法营销的性质就会出现争论。特别是人们对“非法营销”的理解有相当大的偏差,这成为判明真相的绊脚石。

企业应当在消费者能够接受的基础上销售商品,但有很多企业并不是如此,如果在消费者不能接受的情况下销售商品,这样的企业就是“不法企业”。诸泽英道等人的一系列调查也确认了这种情况:被精明的商家欺骗的消费者很难察觉自己被害,而人们在更大范围内投诉被害。

1989 年 10 月,对 20 岁至 30 岁年龄段的男女 835 人进行了调
533 查,问题是对于“非法营销”一词有何印象,是否遭受过非法营销的被害?你认为为什么称为“非法”?在这次调查中,记载最多的非法营销是报纸的劝诱。并不是卖的东西有问题,也不是价格有问题,而是销售方式“纠缠不休”的,年青一代就会认为是“不法”的。

通常的商业交易和非法营销之间很难划清一条严格的界限。多数案件也很难判断是通常的交易还是非法营销,所谓的底线上存在很多非法问题。是否凭良心出售商品、是否遵守一定操守出售商品、是否自觉承担社会责任地出售商品等,都是实质性判断标准。

如果把经营销售的“质量”视为问题,就应该认为从“极具良心”的经销到“极其恶劣”的经销之间,存在各种各样的经销方式。而且,将“有良心的经销”和“较有良心的经销”认为是正当的生意,而把“没良心的经销”和“较没有的经销”认为是非法营销,那么它们之间的部分就都是不好区分的“灰色地带”,恐怕这个灰色地带之中包括相当多的商业交易。特别是,如果经济不景气,在非法和合法的交界处进行“擦边球”交易的企业就会增加,因此很难区分是正常企业还是不良企业。

那么,为什么会这样呢?这是因为,日本的商业贸易从整体上都具有被称为“非法营销”的性质。可以说,非法营销不是日本商业贸易突然变异来的,而是本身具有的先天产物。

从各种调查研究可以明确看出,非法营销的被害人是那些典型的日本人。“别人对他亲切一些,他马上就相信别人”“得到别人的关照,如果不还人情就不舒心”“承诺的事情,就要遵守到底”等都是日本人的特征。① 其实,加害人的特性和被害人的特性非常相似,没有接受过商家劝诱的人,或者在接受过劝诱但断然拒绝的人,都是不像日本人的日本人。

在查明非法营销的原因时,不能只查找卖方的因素,作为被害人 534
的买方因素也非常重要,即想买的物品、服务是什么样的,买的时候被害人方面有没有什么过错等。

但是,在通常的交易中,卖方和买方在积极性方面有很大差异,因此只要买方没有特别出格的情况,就不能认为卖方的出售方式是正当的。例如,购买者自己对商家说我不需要说明,结果买了次品;买方把 2 万日元的商品稀里糊涂误认为 20 万日元(超过法定的高价是否属于非法,另当别论)并马上付钱,此时很难说企业存在不法。

与此相反,如果买卖的物品或服务是反社会性的或违法的,就不能只把卖方行为定性为“非法”。例如,民法中规定,违反了“以公序良俗为目的的法律行为无效”(第 90 条),因此赌博、毒品、买卖枪支、贩卖人口、贪图彩礼才答应女儿婚约等,都是违背公序良俗的,是无效的。基于同样的理由,莎士比亚的《威尼斯商人》(*The Merchant of Venice*)中出现的“如果欠债不还,就割下胸前 1 磅肉”的契约是无效的。②

但是,实际上,从“非法营销被害”的事例来看,这样的事例正在

---

① 消费者被害防止对策研究会:《关于非法营销被害人被害化因素的调查研究》,警察厅 1989 年版,第 47 页以下。

② 1596 年莎士比亚的著作《威尼斯商人》,描述了安东尼奥向犹太商人夏洛克承诺如果不按约定还钱时愿割下胸口一磅肉,安东尼奥因商船失事无法偿还,夏洛克让安东尼奥履约,在法庭上,巴萨尼奥的未婚妻鲍西亚假扮律师出庭,要求夏洛克割下的肉必须正正好好是一磅肉,不能多也不能少,而且不能流血。然而,在现代法律中,胸前一磅肉的契约违反了公序良俗,是无效的。

不断增加。例如,写着勾引卖淫的词句把他人诱惑进夜总会后“宰客”,网上销售无遮挡的色情物品却不送货,给淫乱派对的俱乐部支付了会费却发现是身份不明的俱乐部等。

535 在这种情况下,被骗的一方是否被称为非法营销的被害人?对此存在意见分歧。有人认为,不能保护这种动机不纯的商业交易;也有人认为,既然受到了被害就应该想办法解决。对于这些问题,警察、国民生活中心、消费生活中心都很苦恼。

但是,犯罪就像承包合同一样,如果卖方和买方以外的善意(不知情)第三者被卷入交易之中的话,在这种情况下应当如何救济被害人,对加害人这类不良商家应当给予什么样的行政处罚?建立相应的系统才是行政机关应当承担的工作。

八、非法营销的现状

日本1988年实施的关于非法营销被害的全国普通居民调查显示,在过去的1年里,受到1次以上被害的人,18岁以上的人为4.5%。[①] 由此可以推测,每年大约有412万人受到非法营销的侵害。当然,这个数字是以被调查者回答“有经历”为基础的,因为有相当数量的被害人没有意识到自己被害,所以实际发生的非法营销被害案件会更多。

在日本,警察确认的犯罪约有200万件。仅非法营销就接近这些犯罪的1倍。1989年被警察查获的非法营销案件有107起,被害人总数约87,800人,被害总金额约559亿日元。由此可以推测,非法营销的全部被害人中有2%—3%向国民生活中心或消费生活中心进行咨询,有1%—2%向警方报案。[②]

---

① [日]诸泽英道:《非法营销被害人的被害化因素》,载《法律广场》1989年7月号(特集·非法营销的实态和问题点);非法营销被害防止对策研究会:《关于非法营销被害人被害化因素的调查研究》,警察厅1989年版,第26页。

② [日]诸泽英道编:《现代的幽灵——非法营销》,至文堂1994年版,第14页。

从国民生活中心的先锋网(PIO－NET)1996年受理的咨询件数看,全国消费生活中心等的咨询总数为577,863件,其中397,878件是“投诉咨询”。推定其中约3/4是非法营销被害,全部被害人的 536
7%—8%在向中心等地进行咨询。

如前所述,给非法营销下定义是很困难的,因为没有规定“非法营销罪”等犯罪。诸泽英道对1988年警察厅的数据进行了统计,结果显示,起诉不良企业时适用的法律,按从多到少的顺序排序:①违反《防止滋扰行为条例》;②诈骗罪;③违反《防止强行推销条例》;④违反《登门销售法》;⑤违反《药事法》;⑥违反《分期付款销售法》;⑦违反《海外期货交易法》;⑧敲诈勒索罪;⑨损坏器物罪。

最近,冒充诈骗(包括电话诈骗、汇款诈骗)、网络游戏诈骗性交易、成人信息网站纠纷[①]等新型欺骗性交易和非法营销开始登场,被害人的人数不断增加。有关社交网站(SNS)的信访咨询也逐年增加,2010年为3228件,2011年为4286件,2012年为4709件。

根据消费者厅在2012年实施的消费者意识基本调查,[②]约有6成的人在过去的1年里接受过电话推销,每周3次以上的有1.5%,每周1—2次的有5.2%,每月1—2次的有15.4%,3个月1—2次的有16.4%,1年1—2次的有20.0%。

另外,曾受到登门销售的人员,约4成的人认为,“拒绝后他们继续推销劝诱”、“不告知劝诱的目的”、“经营者的姓名或名称不明”和“商品和服务的种类不明”等,都是不正当的行为。另外,9成的消费

---

① 每次起动电脑时都会显示收费的画面,关闭几次仍然显示相同的画面,PIO－NET信息显示,2012年这类事件达63,763件。最近,能够利用互联网终端的不仅是电脑和手机,还扩展到智能手机、游戏机、音乐播放器等,这种烦恼和被害还会越来越多。

② 2013年版《消费者白皮书》,第107页。这项调查的标本是全国15岁以上男女10,000人,分两阶段随机抽样,通过访问留置、访问回收的方法实施,获得了6690人(66.9%)的回答。

者对于自己没有委托(没有目标)的上门推销和电话推销感到困扰。①

登门到自己家强行推销的"强卖",是又旧又新的销售方式。非
537 法营销中的查点销售、预约推销、家庭聚会推销、现货买卖交易、期货交易、土地交易、灵感推销、开运推销、古代名人推销等,大多数仍然采取上门推销的方法。

最近,贵金属上门推销等的所谓"强迫购买"的投诉也在增加。根据2012年消费者意识基本调查,有过被强迫购买的经历情况是:男性为13.1%,女性为22.9%;60岁以上男女为26.2%,70岁以上男女为27.9%。② 经历了经济高速增长期,老年人拥有具有财产价值的物品不断增加,在这种情况下,想要廉价购买这些物品的商家正在暗中活动。非法营销的动向也在发生变化,高价出售不想要物品的"强卖",转变为低价购买高价物品的"强买"。

在非法营销被害人调查中,最引人注目的是被害人的"累计被害"。曾受到一次被害的人员中,有47.5%的人在5年内还会受到被害。被害之后,随着年龄的增长,再次被害的人员比例上升;该曲线还表明,实施两类一次犯罪的人也出现相似情况。两者的共同点都来自人类的本性。

另外,被害率与第一次接受企业的劝诱后与其交往时间(准确来说是分秒)成正比,遇到不良企业的人占14.0%,约7人中有1人(男性8.5%,女性18.0%),最终导致被害。因此,最大的预防对策就是"不听这些企业的劝诱"。

与一人独居的情况相比,有家室的人员遭受被害的概率更高。例如,将家庭构成从"1人"到"7人以上"分为7个组,从各个组的被害率看,5人家庭的被害率达到高峰(被害率16.4%),呈现山字形。

---

① 如果加上"不想来""总而言之,不想来",上门推销占88.2%,电话推销占90.1%。

② 2013年版《消费者白皮书》,第109页。

另外，对各个不同家庭成员构成调查了有多少人属于下列情况：没有与企业接触过的“非接触群”、受到企业劝诱但拒绝的“被劝诱群”、遭受被害的“被害群”。结果表明，3 人以下的家庭多数是“非接触群”，4 人家庭和 5 人家庭多数的“被劝诱群”，6 人以上家庭多数是“被害群”。

从国民生活中心全国消费生活信息网络系统（PIO－NET）1996 538
年的数据来看，消费生活中的被害情况是，每年约 34 万件的投诉咨询中，20 岁以下的被害人（不是咨询者，而是当事人）占 1.1%，20 岁以上占 27.0%，30 岁以上占 22.7%，40 岁以上占 22.0%，50 岁以上占 15.1%，60 岁以上占 12.2%。

诸泽英道对非法营销的调查（1987—1988 年）显示，被害人多为 30 多岁（被害人 28.0%，一般人 21.8%），40 多岁较少（被害人 14.0%，一般人 21.0%）。一般来说，人们都会认为老年人被害的情况最多，但这不是警察厅和国民生活中心、消费生活中心的统计（这些数据，投诉人的数据），而是普通居民调查等的“原始数据”，从这些数据看，老年人也不是容易受到被害的危险年代。

表 20.e 汇总了全国普通居民调查（1988 年）和东京都内 65 岁以上高龄者调查（1992 年）中得到的被害经历者的比例。因时期和地区的不同，不能简单进行比较，但可以看出大体的倾向。

表 20.e　老年人和其他年龄段人的被害经历比较

	男性	女性
老年人（65 岁以上）的被害率	3.9%	5.5%
非老年人（65 岁以下）的被害率	5.2%	12.1%

容易受到非法营销被害的，绝大多数是女性，但这种差距随着年龄的增长而缩小。其原因是，随着年龄的增长，股票、债券、房子、土地等大宗消费也增加，这种资产形成型消费多数是以户主名义进行的（至少是参与或代理）。

九、非法营销中的被害人特性和加害人特性

通过对非法营销的一系列调查研究,可以发现很多问题。特别是,被害人特性和加害人特性有很多共同点。其理由是多种多样的,
539 不过,所谓的“欺骗”,基本上可以从以下假设来理解:有相同文化(思想、价值观、生活方式、成长经历等)背景的人之间更容易交流。另外,以下事情也说明了这一点,例如加害人中有很多人遭受过被害经历(被害人的加害人化、危险),通过亲戚、熟人、朋友等人际关系为媒介进行交流等。

非法营销是以日本人的国民性为背景成长起来的,非法营销也可以说是一种日本的文化。而且在被害人特性和加害人特性中,可以用差异性来说明。

1. 被害人和加害人共通的特性

(1)不会断然拒绝;

(2)容易上当受骗;

(3)与初次见面的人能够相处融洽;

(4)别对自己表示亲切就马上信任对方;

(5)在收到礼物的时候,会想“该怎么回送礼物”;

(6)性格开朗、喜欢说话聊天;

(7)经常利用上门推销和邮购;

(8)经常和家人、朋友一起做事情;

(9)经常利用贷款和分期付款。

2. 只有被害人才具有的特性

(1)不仔细阅读说明书和合同;

(2)一旦承诺,就坚决遵守;

(3)闷闷不乐。

3. 只有加害人才具有的特性

(1)仔细阅读说明书和合同;

(2)即使承诺了,也未必会遵守;

(3)很想得开。

从1988年的“全国普通居民调查”开始,通过一系列正式的“非法营销被害人现状调查”,查明了“人为什么会受到非法营销的被害”的真相。这里暂且介绍部分内容。

各种数据显示,受到非法营销被害的,绝大多数是中年女性。而 540
且,有半数的被害人年龄在20—30岁。老年人的被害率并不高(65岁以上高龄男性为3.9%,高龄女性为5.5%,而普通男性为5.2%,普通女性为12.1%);相反,从被害率(每1000人的被害人比率)来看,中年女性是非常危险的。特别是家庭主妇把孩子送到幼儿园或小学后,在与其他家长们交往的过程中“虽然觉得这是危险的事情,但一想到孩子们的朋友关系,就无法拒绝”,因此逐渐成为被害人。

在老年人与非法营销的关系中,老年女性多数是遭受上门销售和电话销售等购物被害,而老年男性在股票、债券、土地、房子等大宗购物、投资理财等方面的被害,高于老年女性。在平时的购物中,男性更加谨慎,且对结果评价严厉(最严厉的人的比率,老年男性为6.1%,老年女性为3.4%),但老年男性在大宗购物方面往往是失败的,这也是女性现在对他们仍然横加干涉的原因。

第三编

被害人的尊严和权利

Victim Dignity and Rights

第二十一章

为被害人的正义和被害人运动

Justice for Victims and Victim Movements

一、什么是正义

自古以来,正义(die Gerechtigkeit, justice)①在伦理、法律、宗教等领域被广泛讨论,但自20世纪70年代以来,在哲学、伦理学、法学、政治学、经济学等领域再次深入讨论正义。

"正义"一词一般被理解为"正确的事情",想要从根本上纠正原有的价值观的时候,或者想要纠正制度和案件的错误的时候,都会使用"正义"这个词。这就是所谓的"我的正义"。

应该客观地给"正义"下定义。正义的主要要素"公正的"(fairness, justice)和"公平的"(impartiality, equality),是根据通常人(该国或者该社会的平均人)的价值观的标准来定义的。但是,作为日常用语的正义,一般是基于说话人的价值观来确定的。极端的例子有,想要实施犯罪的人会以"正义之刃""正义的铁拳"等正义作为借口。

正义包括绝对的正义和相对的正义。在正义论中,从古至今就

① 苏格拉底(Socrates,BC469－399)、柏拉图(Platon,BC427—347)、亚里士多德(Aristoteles,BC384—322)、康德(Immanuel Kant,1724—1804),以及被称为新康德派的拉德布鲁赫(Gustav Radbruch,1878—1949)的正义论是著名的。正义是欧洲文化的概念,与东方"义"的概念很相近。日本日常用语中的正义是指"完全符合日常生活的道理"。

有人坚持绝对正义，即超越时代、超越民族、超越文化的普遍的正义，但后来，受价值相对主义的影响，新的观点认为，正义也是相对的。

寻求正义的根据是长久以来有关正义争论的重要焦点。代表性的论据有，从社会契约寻求根据和从宪法上寻求根据。关于这一点，
544 迈克尔·桑德尔(Michael J. Sandel)指出："几乎所有的美国人都没有和美国国家签订契约的经历。曾经同意遵守宪法的人，只是作为取得公务员或市民权的程序而进行宣誓。但为什么每个国民都有遵守法律的义务呢?"①约翰·洛克(John Locke)解释说"是因为人们的默许同意(tacit cinsent)"②。

但是，默许同意是一个内涵不明确、含混不清的概念。根据民主主义原则进行选举，选出的代表人组成议会，议会决定的事情人们都要遵从，这就是戴上了"无知的面纱"(a veil of ignorance)的状态。一旦戴上"无知的面纱"，人们就会完全不知道自己是谁，完全不知道自己所属的阶级、性别、种族、政治意见、宗教信仰。如果人们全都处于这种状态的话，任何人都会选择从前的平等状态(an original position of equality)。既然协商条件没有差异，人们所同意的原则就符合正义。③

在讨论正义的时候，有时会听到"恶法也是法"的法律格言。希特勒(Adolf Hitler，1889—1945)领导的纳粹德国在议会中做了很多决议。但是，这些都是基于与国民的契约而决定的正确事情(正义)吗？为了否定这些决议，需要绝对正义的概念。这个世界上有绝对的正义，与此相反的东西，即使是通过政治程序决定的，也不能说是正义。承认绝对正义，就引出了否定恶法的理论。

---

① Sandel, Michael J. (2009). *Justice: What's the Right Things to Do*. Penguin Books, London, p. 140.

② Locke, John (1690). Second Treatise of Government, In: Laslett, Peter (edt.). *Locke's, Two Treatises of Government*, 2nd ed., Cambridge University Press, sec. 119.

③ Sandel. Michael J. (2009). op. cit. p. 141.

迈克尔·桑德尔指出，“宪法也面临着与一般契约相同的课题。即使获得了国民的批准，宪法条文也不一定符合正义。例如，1787 年制定的美国宪法承认奴隶制就犯了这样的错误”[1]。 545

对于绝对正义论而言，有人主张相对正义论。自古以来，法律的目的就是实现正义。但是，不能从学术角度来定义什么是正当的，什么是不正当的。有人主张学问应该控制价值判断，这主要是从价值相对主义的角度提出的。

价值相对主义（relativism，der Relativismus，relativisme）认为，对某一事物的看法与对另一事物的看法存在相对的关系。例如，“大”“高”这一价值评价，只能是与其他物品相比较而言的。法哲学家古斯塔夫·拉德布鲁赫（Gustav Radbruch）[2]是价值相对主义的先驱者，受到其影响的阿尔图·考夫曼（Arthur Kaufman）[3]以价值相对主义的立场论述正义而闻名。

价值相对主义主张“任何命题，都没有绝对正确”，但对这种观点的批判者认为，“如果是这样，就等于说相对主义的主张也不是绝对正确的吧！”相对主义理论本身就是自我矛盾的。此后，价值相对主义受到了各种批评，逐渐衰退下去，但迈克尔·桑德尔等人的出现后，价值相对主义再次受到了人们的关注。

迈克尔·桑德尔于 2007 年主编的教科书《正义》（*Justice：A*

---

① Sandel，Michael J.（2009）. op. cit. p. 143.

② 古斯塔夫·拉德布鲁赫（Gustav Radbruch. 1878—1949）是刑法学主张目的行为论的弗朗茨·冯·李斯特的弟子。1921 年，他担任当时的威尔特内阁的司法大臣，制定了刑法修正案——拉德布鲁赫草案而闻名。晚年任海德堡大学教授，还担任了法学院院长。

③ 阿图尔·考夫曼（Arthur Kaufman. 1923—2001），在海德堡大学学习法学，遇到了古斯塔夫·拉德布鲁赫，被称为拉德布鲁赫最后的弟子，考夫曼在《古斯塔夫的生涯》一书中详细记载了他们的相遇。1969 年以后担任穆惠恩大学教授。拉德布鲁赫的全部著作被遗赠给考夫曼，之后出版了《拉德布鲁赫全集》。从 1987 年第一卷《法哲学》到 2003 年的《补遗和全卷索引》共 20 卷。

Reader)，[1]发展了做正确的事(Doing the Right Thing)这一通俗易懂
546 的理论，从“正义”的角度对现代社会的各种问题进行了论述，也提到了被害人学中的正义问题。

但是，一般人们所说的正义包括报复性正义(retributive justice)、修复性正义(restorative justice)、分配性正义(distributive justice)等。

报复性正义论认为，应该对犯罪的行为寻找适当的对应关系。“以眼还眼，以牙还牙”这一著名的复仇思想(同态复仇)就是报复性正义的一种。修复正义论是一个相对比较新的概念，主要是在刑事政策领域论述正义。这种理论的结构是，加害人通过与被害人的对话反省自己的行为，而被害人通过对话对自己的行为有所感悟。

分配的正义论则认为，每个人都拥有与每个人相应的东西。[2] 不相等的关系当然也要求不相等的分配。平等主义是平等地看待所有的人，这是分配正义的一种。平等主义是以“1 对 1”的关系看待所有人。

人们为了实现法律理念的“正义”，用各种各样方式表现了这种观点。[3] 像朱斯提提亚中世纪欧洲正义女神，左手拿着天平，右手拿着宝剑。但是到了 16 世纪，就变成了蒙上眼睛的女神。[4] 关于这个蒙眼，一般解释为法官的责任是不必要看那些没有的东西，即一般解释为这象征着审判的公正性，但另一方面被蒙住双眼的正义女神也

---

① Sandel, Michael J. (2007) (edt.). *Justice: A Reader*. Oxford University Press, New York, pp. 3ff; The Queen v. Dudley and Stephens, 14 Queens Bench Division 273, 9 December 1884.

② 拉斐尔 1508 年受教皇尤里乌斯二世的委托，在罗马梵蒂冈宫殿的签名之间的天花板上画了“正义”，其中在长有翅膀的 2 人背上写着“lus suum unicuique tribuit”(把每个人的权利分配给每个人)。

③ [日]森征一等编：《法与正义的异化》，庆应大学出版社 1997 年版。这是从图像解释学的角度描绘什么是正义的珍贵图像资料。

④ [日]森征一等编：《法与正义的异化》，庆应大学出版社 1997 年版，第 38 页写道，巴特鲁斯著作全集的敕令法集注解的扉页上，在 1556 年的威尼斯版中绘画了未蒙面的正义女神，而 1589 年都灵版变成了蒙面的正义女神。

看不清真实，有时也会做出错误的判断。①

分配正义衡量两种价值是否各自符合，因为拿着天平和利剑来 547
测量各自是否得到了合适的分配。如果不承认差距，就会站在平等主义的立场上，左右的重量是相等的。

乔治·埃尔顿·梅奥(George Elton Mayo)②曾说过："就像平等处理不平等一样，没有不平等。"这里包括两个含义：其一，从字面意思看，如果平等地对待不平等的东西，那么对于处于优越地位的人来说，就得不到相应平等的待遇，也就是所谓的逆差别；其二，本来应该平等的关系但实际上有时是不平等的，如果对此置之不理，不平等就会越来越大。

后者的问题意识是，劳动者和雇佣者、消费者与生产者等社会中应该平等的关系，但实际上多数处于不平等的状态，对于处于弱势地位的人士通过法律制度给予他们力量，修复为平等的关系，这种观念促进了社会法新领域的发展。

前者的问题意识正好符合犯罪人的法律地位和被害人的法律地位。在各自的立场上，如后所述，犯罪者因侵害了他人的人权，因而被国民广泛认可的基本人权的一部分受到了限制；而被害人为了从被害中重新站起来，在一般人所认可的基本人权的基础上，赋予被害人特别的权利。

在两个世纪的历史中，尊重犯罪人人权是法律追求的目标之一，现在这一基本观点逐渐被打破。在推进保障犯罪人权利的过程中，被害人的权利却被轻视了，犯罪者与被害人的法律地位被颠倒了。

---

① ［日］村上裕：《被蒙住双眼的正义女神》，［日］森征一等编《法与正义的异化》，庆应大学出版社1997年版，第45页以下。美国的电视连续剧《逃亡者》开头的旁白引用了"正义的女神也时也会现眼盲"一节，被蒙住双眼的正义女神有时会出现判断错误。

② 埃尔顿·梅约(1880—1949年)，学习医学、心理学，是澳大利亚昆士兰大学的哲学、心理学教授。1926年被聘请为哈佛大学商学院教授。他关注的是产业技术的发展削弱了人们的协作欲望。产业社会学和人际关系学领域的研究引人注目。

这种状况是违反“正义”的，因此开始了“为被害人的正义”（justice for victims）而斗争。

如前所述，“正义”一词，是指相应的权利得到承认的状态。这也是公平性（fairness）。正义是在探讨事物的公平性时的表述，约翰·
548 罗尔斯（John Rawls）的定义是，“正义就是保持公平性”（justice as fairness）。[1]

约翰·罗尔斯认为，社会的各种制度应该首先构建的善（the first virtue）就是正义。[2] 无论是多么优美的理论，如果它违背真理时，就应当被抛弃、被修改；同样，无论建立多么高效的法律制度，如果这种制度是违反正义的，那么也必须改革，必须废弃。

所谓公正性意味着适当的、正当的，这个概念与公平、平等（equality）不同，是相对于该个人而言的。正如康德[3]所说，世上有很多令人羡慕的利益的诱因，在现实中存在不符合各自的权利，应当被修改。纠正这些不符合相应权利的现状，也是正义的。如果按照这一原则考虑，物的分配与其说对所有人是平等的，不如说是符合每个人的平等。对于人的基本权利，应该保障对每一个人的平等，而对于其他权利，因人而受到限制，因人而被赋予更多的权利。

二、被害人的复兴期

在近代国家中，法律保障的权利遭受侵害的被害人，有权要求加害人及国家恢复（一次被害的恢复）该被害，也有权要求不使在恢复被害的过程中引起新的被害（二次被害的回避）。这种观念成为世界

---

① John Rawls（1999）. *A Theory of Justice*, revised edition, Harvard University Press.

② virtues 在神学中是指天使 9 个等级中的第 5 位大力天使。一般用于美德、品德、善良、优点、效能等意思。

③ Gregor, M. J.（1964）.（edit, and trans.）*The Metaphysics of Morals*, pt. II, p. 127；［日］井上正义等译：《康德全集》第 11 卷（2002），第 345－346 页。

性常识并得到普遍的支持，还需要经历了漫长而遥远的历程。

美国犯罪学家斯蒂芬·谢弗（Stephan Schafer）1968 年的著作《被害人和犯罪人》（*The Victim and his Criminal*）中写到，关于犯罪被 549
害人地位的变化，有三个时期。[①] 第一个时期是被害人的黄金期（The Golden Age of The Victim），这个时代经历了日耳曼民族的流血斗争（blood – feud）和流血复仇（vendetta），建立了罚金刑为中心的补偿金（pecuniary compensation）制度。[②] 例如，公元前 2200 年的《汉穆拉比法典》（the Code of Hammurabi）中有"以眼还眼，以牙还牙"（an eye for an eye，a tooth for a tooth）的记载，加害人是被害人讨伐的对象（an object of the victim's vengeance），而不是赔偿的对象（not in compensation）。[③]

此后，随着近代法律的完善，被害人的地位开始下降，进入了第二期即被害人的衰退期（The Decline of the Victim），但到 20 世纪中叶迎来了被害人的复兴期（The Revival of the Victim）。

对被害人来说，那是一个漫长而黑暗的衰退期。在这个时期，被害人的利益和感情都被无视了，而对加害人的刑罚人道化和轻刑化处于优先地位。的确，现代刑事司法制度否定了被害人对加害人的直接报复，取而代之的是由国家代理被害人行使权利，从建设近代民主国家的角度出发，这是正确的选择，但无视被害人的存在却是一个值得研究的问题。

"为被害人的正义"一词再次受到人们的关注，是 1993 年发生在英国的"詹姆斯被杀案"的两名犯罪少年（案发当时均为 10 岁）于

---

① Schafer，Stephan（1977）. *Victimology：the Victim and his Criminal*，Reston Publishing Company. Virginia，pp. 5 – 32. 初版为 Schafer，Stephan（1968）. *The Victim and his Criminal*. Random House. New York.

② Wolfgang，Marvin E.（1964）. Victim Compensation in Crimes of Personal Violence. Paper presented to the meetings on the American Society of Criminology，Montreal，p. 2.

③ Schafer，Stephan（1977）. op. cit. p. 9.

2001年6月被假释出狱。突然的假释使整个英国一片哗然，而造成这一事件的是美国著名律师洛夫林。他要求释放两名少年，并向位于法国斯特拉斯堡的欧洲人权法院提起诉讼，得到判决后迫使英国内务部释放两名少年。

突然释放两名少年，引起了死者遗属和很多国民的强烈反对，并
550 展开了抗议行动。① 也有人通过媒体发誓要进行复仇。这个案件的教训是，在没有处理好“缓和遗属情绪”和“调整社区环境”两大关系（释放条件）的情况下，释放罪犯会引发不幸的事态。当时的抗议标语就是“为被害人的正义”。

三、为被害人的刑事司法

在思考为被害人的正义这一问题时，重要的是如何在整个刑事司法“为被害人”而战。

在日本，刑事审判“为被害人”的意识非常低，最高法院的判例也把刑事裁判中的被害人地位看作只不过是“折射性的事实上的利益”。

对于犯罪的被害人及告诉人，因侦查机关缺乏适当的侦查或检察官的不起诉处分存在违法等理由是否可以请求国家赔偿这一问题，大阪地方法院（1970年6月16日）认为，“犯罪的侦查及检察官行使公诉权都只是为了维护国家和社会秩序这一公共利益，其目的不是恢复被害人的损失。告诉只不过是向侦查机关提供犯罪侦查的线索，敦促检察官行使职权，因此，被害人或告诉人从侦查或提出公诉获得的利益，是站在公益事业的立场上进行侦查或提起公诉所折射出来的事实上利益而已，即使告诉人或被害人的上述利益被侵害，也不能在国家赔偿法律上被评价为非法，不允许以此为理由请求损

① 英国BBC广播的节目*Prisoners of their PAST*报道了这场骚乱，以这个节目为基础，NHK卫星第一“世界报告”在2001年10月28日以“别让他们自由——英国”介绍给日本。

害赔偿”①。最高法院也支持这种判断。② 但是,由于日本于2004年制定了《犯罪被害人基本法》,强调保护被害人的权益,这个判例在不久的将来将会改变命运。

实现有利于被害人的刑事司法,应该保障被害人履行利用刑事 551
司法制度要求对加害人进行制裁的这一基本权利。被害人报警、告诉、在审判中提供证言、陈述意见、利用被害人参与制度参与对被告人的审判,这些都是国家的责任。

有时会发生一些挑战刑事司法制度的案件。其中,1997年4月18日发生的JT香烟女职员被杀案(怨恨杀人案)的审判备受关注。

案件发生在东京都江东区住宅区的电梯大厅,日本烟草产业公司女职员(当时44岁)被刺杀,警视厅城东署逮捕了嫌疑人——船桥市的一名男子(当时54岁)。该男子曾于1989年12月强奸女职员,并以此为要挟勒索现金,因此以强奸嫌疑被逮捕,被判7年有期徒刑。该男子因被起诉而怀恨在心,出狱两个月后杀害了女职员。该男子供述称,“因为女性提出告诉,我被关进了监狱。”“我想报仇雪恨。”因此该案被称为“怨恨杀人案”。

因怨恨国民行使正当权利而引发案件的所谓“怨恨案件”,这种导致杀害的事例虽然不多,但伤害案件、恐吓案件等却时有发生。JT女职员被杀案件的加害人被判死刑并被执行,③看起来好像实现了正义,但是已经死亡的生命却无法复生。严惩怨恨案件的犯罪人固然

---

① 参见《判例时报》第614号第790页。相同内容的判例有,1972年2月26日东京地方法院判决,载《判例时报》第676号,第49页;1984年6月29日东京地方法院判决,载《诉务月报》第31卷第1号第107页等。

② 1990年2月20日最高法院第三小法庭判决,驳回上诉。一审判决是1988年9月28日名古屋地方法院冈崎支部,二审判决是1989年3月29日名古屋高等法院判决。

③ 被东京地方法院一审判处被告人(当时57岁)无期徒刑,但检方提出上诉。2000年2月东京高等法院作出上诉审判决,撤销一审无期徒刑,判处被告人死刑。3月8日,被告不服判决提出上诉,但被驳回上诉,死刑判决生效。2008年2月1日在东京拘留所执行死刑。

重要，但更重要的是要在行政机关中建立一个严密的系统，以防止被害人再次被害。

552 四、致力于"被害人正义"的联合国

联合国于1985年8月26日至9月6日在米兰召开的第7届联合国犯罪预防会议上通过了《联合国被害人人权宣言》。联合国确立被害人权利的工作，可以追溯到1980年召开的第六届联合国犯罪预防会议。联合国犯罪预防会议每5年举行一次，但在20世纪80年代前5年，联合国在世界各地举行的地区会议（region meeting），就被害人人权问题达成了全球性共识。

半个多世纪以前就有人指出，被害人的人权被无视，其人权与犯罪人的人权相比处于极为恶劣的状况。在此期间，人们谈论被害人问题时，经常使用正义（justice）一词。日本多年来一直为犯罪人使用"人权""正义"等词，相比之下，在对被害人与犯罪人的意识上存在巨大的差异，令人震惊。在联合国会议和国际性学会的讨论中，正义一词往往是为善良的市民而使用的，而为犯罪人使用确实是特殊情况。

在日本固守传统理论的学者仍然认为，权利或人权是相对于国家权力的关系而使用的概念，在人对人（犯罪人对被害人）的关系中不被使用。有时甚至以此为根据认为不存在被害人人权等概念。[①] 但是，这种概念在国际社会中是少数派，对被害人人权概念持怀疑态度的专家只有日本。

但是，联合国在1985年制定了为被害人的正义的基本原则宣言，但该宣言被采纳后各国的动向并不一致。欧美国家在应对被害人方面表现积极，特别是美国、英国、加拿大、澳大利亚、新西兰等国

① 这是用20世纪的旧人权意识写下的，宫崎哲也编著：《值得怀疑的人权！》，有洋泉社2000年版。特别是文字的第65页以下写道："被害人和被害人家属的立场，与公权力没有直接关系，因此不属于人权领域的问题。"

家,在联合国行动之前就完善了法律制度。① 但也有一些国家没有制定相应的法律,人们期待联合国犯罪预防会议在收集各国的信息、掌 553
握各国的动向、明确相关概念、指导后进国家在被害人对策方针方面发挥作用。

联合国经济社会理事会在 1989 年 5 月 24 日决议(1989/57)中,要求就联合国被害人人权宣言的适用问题,准备、出版和普及刑事司法实务专家及相关人员行动指引准备。1990 年 5 月 24 日,经济社会理事会决议(1990/22)促进为了使《联合国被害人人权宣言》发挥应有作用,使该宣言适应各国的现状和需求而继续努力。

1990 年第 8 届联合国犯罪预防会议通过了《关于保护遭受犯罪及滥用权力的被害人人权的决议》。该决议敦促各国制定国内法,完善对被害人的官方和社会的援助体系。

1993 年 5 月 13 日至 16 日,西班牙奥尼亚蒂(Oñati)召开了《关于预防被害及保护和援助被害人的研讨会》(Workshop on Prevention of Victimization, Protection and Assistance for Victims, and Conflict Resolution),根据会议的建议,经济社会理事会于 1995 年 12 月组织了《关于犯罪和滥用权力被害人的联合国专家会议》(The Expert Group Meeting on Victims of Crime and Abuse of Power)。这个会议连续多年在世界各地召开,1995 年 12 月维也纳(奥地利)、1996 年 8 月德乌尔萨(美国)、1997 年 3 月海牙(荷兰)、1998 年 2 月华盛顿(美国),经过一系列的工作,制定了《关于为被害人的正义的手册》和

---

① 1985 年联合国被害人人权宣言之前对法律进行了完善,例如 1973 年美国联邦的《犯罪被害人法案》(Victims of Crime Bill),1980 年美国威斯康星州的《被害人证人权利法》(Victims Right Law),1982 年美国联邦《被害人证人保护法》(Victims Witness Protection Act),1983 年欧洲理事会(Council of Europe)的《关于暴力犯罪的被害人补偿的欧洲条约》(European Convention on the Compensation of Victims of Violent Crimes),1984 年《美国联邦犯罪被害人法》(Victims of Crime Act)、1985 年欧洲理事会(Council of Europe)《关于刑法框架内被害人地位的建议》(Recommendation on the Position of the Victim in the Framework of Criminal Law)等。

《为政策决策者的指南》。①

554　五、世界各地的被害人运动和日本的被害人运动

被害人的权利和人权引起关注是受英国在20世纪50年代至60年代的被害人运动(victim movement)②的影响。

英国的玛格丽·弗莱(Margery Fry)③最先在20世纪50年代初提出了改革主张,她认为应当为遭受暴力的女性设置避难所,对犯罪被害人实行国家补偿制度(state compensation schemes),并主张建立被害人和犯罪人和解(reconciling)制度。④ 弗莱还表示,排斥被害人的旧刑事司法制度是违反正义的,应当"为被害人的正义"(Justice for victims)而努力。⑤ 这句"为被害人的正义"表述成为1985年《联合国被害人人权宣言》标题,⑥直至今日仍然是被害人政策的标语。

弗莱发动的被害人运动推进了日本等发达国家保护和支援被害人活动,引导各国步入确立被害人权利的进程。但是,这一运动的中心由谁来主导,各国家的情况有所不同。英国、美国、澳大利亚、加拿

---

① 这些文件的日文翻译,收录在[日]诸泽英道译:《联合国被害人人权宣言相关文献——为被害人的正义》,成文堂2003年版。

② 被害人运动(victim movement)是指,倡议被害人站起来、团结起来,代表被害人向社会和政府呼吁开展活动。

③ 关于玛格丽·弗莱,详细内容参见:Carol Dyhouse, No distinction of sex? Women in British, universities 1870—1939。到19世纪后半期,英国的女性开始进入大学学习,弗莱就是其中之一。弗莱年轻时在伯明翰大学担任数学教授。此后,他担任了1921年创立的刑法改革霍华德联盟(Howard Leaguefor Penal Reform)首任所长,并一直担任理事会主席,直到1929年。1990年设立了玛格丽·弗莱奖(Margery Fry Award),奖励对行刑改革做出贡献的人。

④ United Nations Office for Drug Control and Crime Prevention(1999). *Handbook on Justice for Victims*, CICP Publications, p. 2;[日]诸泽英道译:《联合国被害人人权宣言相关文献——为被害人的正义》,成文堂2003年版,第16页。

⑤ "Justice"一词有时被用在司法制度的意义上,但这里的本来意义是"正义"。

⑥ 1985年通过的联合国被害人人权宣言的正式名称是《关于为犯罪及滥用权力的被害人实现正义的联合国基本原则宣言》(United Nation Declaration of Basic Principles of Justice for Victims of Crime and Abuse of Power).

大、德国等国都是刑事政策专家、刑事司法实务专家,被称为刑事司法界领袖(opinion leader)来主导。如后所述,日本的学界领袖也应当带领被害人也应当站起来,开展斗争。

欧美的被害人支援历史和日本的比较如表 21.a 所示。

表 21.a　关于保护和支援被害人的历史,欧美与日本的比较 555

欧美	年代	日本
玛格丽·弗莱,提出为了被害人的正义(Margery Fry, Justice for Victims, The Observer) 1957 年 7 月 7 日 玛格丽·弗莱,犯罪被害人赔偿圆桌会议(Margery Fry, Compensation for Victims of Criminal Violence, A Round Table) 1959 年	20 世纪 50 年代	日本战败 1945 年 8 月 15 日。 国铁三大案件 1949 年("7·5"下山总裁被列车撞死案;"7·15"三鹰案件;"8·17"松川案件)
阿瑟·戈登堡,平等与政府行动,纽约大学(Arthur Goldenberg, Equality and Governmental Action, New York Univ) 1964 年 2 月 11 日 《刑事被害补偿法》(Criminal Injuries Compensation Act 1963), NZ	20 世纪 60 年代	第二次《日美安全保障条约》1960 年 6 月 23 日; 市濑朝一夫妇倡导的运动 1967—1980 年; 新宿骚乱 1968 年 10 月 21 日; 东京大学安田讲堂围城事件 1969 年 1 月 18 日至 19 日
《犯罪被害人条例草案》(Victims of Crime Bill) 1973 年 3 月 以色列第一届被害人学国际专题讨论会(1st International symposium on Victimology, Israel) 1973 年 英国受害者支持计划(Victim Support Scheme, UK) 1974. National Organization for Victim Assistance, NOVA, 1974Weißer Ring, Germany, 1976 年	20 世纪 70 年代	淀号劫机事件 1970 年 3 月 31 日; 第三次《日美安全保障条约》1970 年 6 月 23 日; 浅间山庄案件 1972 年 2 月 19 日; 三菱重工大楼爆炸案件 1974 年 8 月 30 日; 达卡日本航空劫机事件 1977 年 9 月 28 日

续表

欧美	年代	日本
美国《犯罪被害人法案》(Victims of Crime Act,USA),1984年 联合国《为犯罪和滥用权力行为的被害人伸张正义的基本原则宣言》(UN Declaration of Basic Principles of Justice for Victims of Crime and Abuse of Power),1985年	20世纪80年代	建立犯罪被害补助金制度1981年1月1日; 1982年国际被害人学研讨会召开
《英国被害人宪章》(Victim's Charter,UK),1990年 联合国国际科学和专业咨询委员会(UN International Scientific and Professional Advisory Council = ISPAC),1991年 联合国为被害人伸张正义手册(UN Handbook on Justice for Victims),1999年 UN Guide for Policy Makers,1999年	20世纪90年代	1990年日本被害人学会成立。 犯罪被害人现状调查1992—1994年; 1995年茨城被害人支援中心成立; 1998年全国被害人支援网络建立
国际被害人援助组织(International Organization for Victims Assistance,IOVA),2006年	21世纪初	成立《明日之会》2000年1月23日; 制定《犯罪被害人基本法》2004年12月8日; 制定《犯罪被害人等基本计划》2005年12月27日; 制定《关于法庭上保护被害人信息的法律》2007年6月27日; 建立被害人参与制度2008年12月1日; 建立损害赔偿命令制度2008年12月1日; 建立少年审判旁听制度2008年12月15日; 建立检察审查会强制起诉制度2009年5月21日; 建立被害人参与律师制度2009年5月21日; 制定《裁判员裁判法》2009年5月21日,废止部分公诉时效2010年4月27日

从表21.a 中可以看出，欧美在20 世纪50 年代后期到20 世纪60 556
年代开展了被害人运动，并取得了成果，但在这一时期的日本，正处于战败后的混乱之中，围绕政治体制的对立，公共安全案件频繁发生，治安环境恶化。虽然欧洲各地都被烧成废墟，战争的后遗症远超日本，但这一时期的欧洲人强烈要求政府加强治安，期望严惩犯罪人。与此相反，在日本，民众对发动战争的政府失去信任，而且因警察协助进行战争而受到民众的冷眼。很多国民对负责逮捕和处罚犯罪人的警察和检察机关持批评态度。

在当时的历史时期，“体制”对“反体制”的格局在欧美也存在，但正是在这种情况下，欧美各国对被害人的理解大大向前推进，开始呼吁要保护那些刑事司法制度中的“被遗忘的人们”(forgotten person)的被害人。但是，为什么在当时日本不关注被害人而只强调犯罪人的人权? 这需要历史的验证。

但是，被害人运动分为官方运动(official victim movement)和民间运动(unofficial victim movement)。[①] 支援个别被害人的运动(movement towards the individualisation of pain)是私人的运动，而利用刑事司法制度支援全体作为被害人的人(consumers)一般都是官方运动。

被害人运动的难点之一是，有些人不喜欢被贴上被害人的标签。[②] 被害人这个标签往往受周围状况的左右，情况复杂，有关社会习惯、人种、社会阶层、关注的性别等频繁发生变化。[③] 这与对被害人 557
的偏见[④]密切相关。在偏见严重的社会，很多被害人隐藏自己是被害

---

① Spalek, Basia (2006). *Crime Victims; Theory, Policy and Practice.* Palgrave Macmilla, New York, p. 24, p. 170 & p. 172.

② Spalek, Basia(2006). op. cit. p. 31.

③ Lamb, S. (1999). (ed.) *New Versions of Victims*, New York University Press. Walaklate, S. (2002). So who are the victims now? In: *British Journal of Community Justice*, Vol. 1(1), pp. 47 – 63.

④ 详细内容请参见第八章“对被害人的偏见”。

人的事实,努力恢复自己的生活。因此,支援者也会一边顾及周围人的看法,一边与被害人取得联系。支援者的活动是从寻求周围人和社会的理解开始的。

六、市濑朝一和市濑美雪夫妇发起的运动

日本被害人运动的第一个时期,是20世纪60年代后半期到20世纪70年代末由市濑朝一和市濑美雪夫妇倡导的运动。[1] 一起普通杀人案遗属的运动产生了巨大能量,促使了《犯罪被害人给付金支付法》的制定,因此该运动的意义值得高度评价。[2]

1966年5月21日晚10时左右,横滨市鹤见区市濑朝一市濑美雪夫妇的长子(当时26岁),被一名19岁少年[3]为“试试胆量”而刺杀。这就是所谓的鹤见杀人案。市濑夫妇的长子在医院对父亲说了一句“爸爸,要给我报仇!”就离开了人世。[4] 死者的父母在短暂时期感到空荡荡的,但长子临死前的那句话就好像在他们的后背推促一样,使他们领导了被害人运动。

1967年6月4日,在横滨市鹤见区鹤见公会堂,由市濑朝一、市
558 濑美雪夫妇成立了“推进铲除杀人犯罪的遗属会”,会员达120人。
该团体请求建立被害人补偿制度并展开签名活动,1968年12月提交

---

① 全国犯罪被害人会(明日之会)于2006年11月25日在全水道会馆召开了研讨会“犯罪被害人运动的进程和未来——怀念已故市濑朝一先生”。市濑朝一先生的运动顾问、当时的伊那市议会议员饭岛尚幸报告了运动情况,前法务大臣森山真弓、负责犯罪被害人工作的副大臣平泽一卫、诸泽英道发表了演讲。

② 关于市濑朝一和市濑美雪夫妇的活动,参见[日]佐藤秀郎:《冲动杀人》,中公文库1979年版。另外,松竹影视公司以该书为原作1980年制作了木下惠介导演的电影《冲动杀人,我的儿子啊》。演员的豪华阵容为:若山富三郎(扮演市濑朝一)、高山秀子(扮演市濑美雪)、田中健、尾藤伊沙、大竹忍、近藤正臣、田村高广、藤田诚事、吉永小百合、加藤刚、中村玉绪等。

③ 1967年2月27日,在横滨地方法院开庭审理了鹤见杀人案的加害少年,宣告5年以上10年以下的不定期徒刑(未决拘留160日折抵刑期)。

④ [日]佐藤秀郎:《冲动杀人》,中公文库1979年版,第13页。

了由28,963人签名的"根除杀人犯罪和被害赔偿"请愿书向国会请愿。之后,该团体于1973年5月与京都的4个遗属一起成立了"被害人补偿促进会"。①

1974年8月30日发生了极左派集团"大地之牙"的三菱重工大楼爆炸案件。在该案件中,爆炸造成了多人死伤(8人死亡,380人不同程度受伤),但要求极左集团给予损害赔偿出现极大困难,甚至无法要求赔偿治疗费。另一方面,当时工伤保险的适用标准非常严格,而且也没有适用涉及犯罪的生命保险,因此很多被害人只能靠自己的钱维持生计。特别是有的被害人全身被落下的硬质玻璃击中,进行了多次摘除手术,治疗费的负担相当沉重,该事件也为人们重新认识被害人的经济恢复困难提供了机会。

1974年11月30日,"被害人补偿促进会"第一次聚会在同志社大学会馆举行,会上通过了章程和《向稻叶法务大臣提交的请愿书》。1974年12月15日,市濑朝一与法务大臣会面,递交了促进会的决议。1975年2月13日,他还拜访了三木首相及在野党领袖,呼吁尽快建立被害人补偿制度。市濑朝一等人于1975年3月7日出席了东京律师会人权拥护委员会,呼吁建立被害人补偿制度的必要性。

受这一运动的影响,1975年4月1日,大阪府摄津市在全国率先首创了被害人补偿制度。日本律师联合总会于1975年5月24日通过了《要求建立犯罪被害补偿制度的决议》。

"被害人补偿促进会"在这一期间也在大阪梅田的步行者天国和东京的涉谷车站前散发传单,要求建立被害人补偿制度,并在横滨和大阪吹田举行了募捐活动的慈善表演。1975年7月2日,市濑朝一作为证人在众议院法务委员会上陈述了意见。

1976年8月22日,"根除杀人犯罪的遗属会"和"被害人补偿促

---

① 同志社大学大谷研究班学生,对1962—1971年京都府下发生的61起杀人案件的遗属进行了调查,回收了13份调查问卷。其中有4名遗属参加。

进会”合并为“犯罪被害人补偿制度促进会”，活动更加活跃。但是，
559 市濑朝一没能看到运动的成果，于 1977 年 1 月 16 日因肠梗阻逝世。[①] 日本于 1979 年 6 月形成了《犯罪被害人等给付金支付法案》，1980 年 5 月 1 日通过了《犯罪被害人给付金支付法》（法律 36 号），1981 年 1 月 1 日开始施行。

但是，1967 年开始的被害人运动，在 13 年后的 1980 年随着《犯罪被害人给付金支付法》的制定而自然消失了。如前所述，被害人运动在被害人补偿制度没有建立以前，欧美和日本一样也经历了这一历程，此后欧美国家的很多人为了 20 世纪 60 年代建立补偿制度制定而不懈斗争。20 世纪 70 年代建立了援助被害人活动组织，20 世纪 80 年代政府为了保证被害人的权利而制定或修改相关法律。但在日本，确立“犯罪被害给付金制度”后，被害人支援活动既没有开始行动，也没有制定法律。日本 20 世纪 80 年代成为“空白的 20 世纪 80 年代”的原因，还有待历史验证，但至少，日本的被害人运动，除了一部分专家以外，大部分运动都是杀人案件等家属们组织的，新制定的制度并不适用于过去的案件，死者家属深感失望，此后的活动也慢慢消沉下去了。

七、日本支援被害人的先驱

日本的被害人运动第一期是从 20 世纪 60 年代后半期到制定《犯罪被害人给付金给付法》到 1980 年，历经 13 年至 14 年。在这一时期，日本围绕修改《日美安全保障条约》，激进思想开始抬头，学生和工人开展了激烈的运动（公共安全案件）。大学也经历了这场风暴，年轻学者出现了强烈的改革观念。这一时期欧美也发生了类似的运动，并呼吁在全世界同时发动革命。但是，欧美国家在这个时代

① 市濑朝一于 1977 年 6 月逝世，促进犯罪的被害人补偿制度的研究会（1977）出版了《毕生致力于救济犯罪被害人的男人》，该书是贵重的资料。

非常关心对被害人的保护和支援，而日本与此形成鲜明对比的是，对 560
犯罪嫌疑人、被告人人权的关心程度大大提高。这是因为日本有一段黑暗的历史，把日本拖入第二次世界大战的不仅是军部，还有警察以及为维持当时体制而成立的特别高等警察，他们残酷镇压民众，因此日本在第二次世界大战以后敌视警察的思想日益强烈。有些民众认为，支援被害人就是与人民的敌人——警察（也称为官宪）联手。

在这种情况下，终于出现了一批关心保护和支援被害人的研究人员，契机是 1982 年在东京和京都召开的第 4 届国际被害人学研讨会（International Symposium on Victimology）。

正是由于在日本举办了国际被害人学研讨会，一些研究者萌发了在日本也设立被害人学会的想法。1989 年，宫泽浩一（当时任庆应义塾大学教授）在大谷实（当时任同志社大学教授）的协助下，以诸泽英道（当时任常磐大学教授）为成立筹备委员长，开始着手准备成立日本被害人学会。1990 年 11 月 17 日，日本召开了被害人学会成立大会，通过了学会章程，选宫泽浩一为首任理事长，诸泽英道为首任秘书长。

1991 年 10 月 3 日，在东京半藏门会馆召开了犯罪被害人补偿制度 10 周年纪念仪式及纪念研讨会，①大会综合主持人由诸泽英道担任。诸泽英道推荐了美国的全美被害人援助机构（National Organization for Victim Assistance，NOVA）创始人之一的时任秘书长马琳·杨（Marlene Young）进行主旨演讲。这次研讨会对之后的动向产生了很大影响。

研讨会的总结确认了今后为了推进日本的被害人政策而需要对被害人的现状进行学术性调查，这也是犯罪遗属首次在公开场合诉

① 犯人薪金制度 10 周年纪念讨论会的会议记录在 1991 年 10 月 7 日《读卖新闻》（东京本社）上以 2 个版面的篇幅详细报道。

说揭示被害人的现状。①

561 被害人现状调查是“财团法人犯罪被害救助基金”委托的研究项目,从 1992 年到 1994 年的 3 年间进行了犯罪被害人遗属调查、重伤被害人调查、财产犯罪被害人调查、刑事司法实务人员的意识调查等。② 调查是由日本被害人学会的 26 名志愿者进行的。调查的重大成果之一是发现了犯罪被害人几乎没有得到加害人的赔偿这一现实。③

经过 1991 年 10 月的犯罪被害人给付金制度 10 周年纪念研讨会及现状调查,人们认识到日本也有必要建立被害人支援体制,于是 1994 年 12 月 3 日发起成立了“日本的被害人支援思考会”④。在讨论会上,人们学习了欧美的被害人支援中心,讨论了如果在日本设立这类中心,应该选择什么性质。特别是,约翰 · 杜西奇(John Dussich)是参与组建世界最大的被害人援助中心——美国 NOVA 的成员,他也参加了研讨会,因此与会者提议以 NOVA 为模型建立日本的被害人援助中心。此后,在这个思考会的几名成员参与下,日本于 1995 年 7 月 22 日成立了“水户被害人援助中心”⑤。

---

① 研讨会最后阶段发言的是在富山县发生的交通犯罪的遗属大久保惠美子,她呼吁要学习美国的反对饮酒驾驶的母亲会 MADD(1980 年成立的 Mothers Against Drunk Driving)的做法,并对在日本听不到被害人声音的状况发表了意见。该发言被刊登在被害人支援研究会:《警察对犯罪被害人的支援》第 3 版,立花书房 2010 年版,第 32 - 33 页。

② 调查结果收录在[日]宫泽浩一等编:《犯罪被害人的研究》,成文堂 1996 年版。

③ 关于犯罪被害人遗属没有从加害人那里获得赔偿金的实际情况,在 1994 年 9 月 7 日播放的 NHK 专题报道《被杀的丈夫,留下的我——犯罪被害人们的后续生活》中进行了介绍。

④ 日本的被害人援助委员会由 11 名成员创立:安彦和子、细井洋子、伊波新之助、诸泽英道、西村春夫、铃木慎悟、辰野文理、富田信穗、山田秀雄、安富洁和约翰 · 多西斯(John Dussich)。此后,稻村博、坂本、冈伊织加入进来变成 14 名。

⑤ 水户被害人援助中心在之后的 2001 年 11 月 1 日获得主管官厅的许可,更名为“社团法人骚扰被害人援助中心”。

水户被害人援助中心提出了几项早期工作计划:(1)提供信息(Information);(2)与有关机构取得联系(Referral);(3)干预危机(Crisis Intervention);(4)咨询(Counseling);(5)成立被害人援助组织(Support group)。① 但是,此后各地陆续成立了援助中心,开展电话咨询,由被害人会(在日本,一般称为自助团体)组织支援活动,但 562
危机干预方面的工作远远落后。为了使被害人援助活动更加活跃,需要培养一大批支援活动工作人员,在水户被害人援助中心安排课程,积极培养被害人援助志愿者。②

在这一时期引人注目的是,东京医科齿科大学疑难疾病研究所开设了犯罪被害人咨询室。③ 开设时的成员有山上皓、江畑、诸泽英道、小西圣子等。

此后,各地纷纷设立的咨询中心多达10个,其中包括早期设立的水户、东京的被害人援助中心,还有大阪府(1996年4月)、石川县(1997年3月)、北海道(1997年5月)等,1998年5月9日建立了被害人支援网络。④ 这个网络在1999年5月发表了《犯罪被害人权利宣言》。⑤

20世纪90年代的日本,人们意识到这个时代一旦遇到重大犯罪和灾害,身心都会受到极大伤害。这一时期,ASD(急性应激障碍)和PTSD(创伤后应激障碍)一词在媒体广泛使用,并出现在人们日常谈

---

① [日]诸泽英道:《岩波小册子·被害人支援组织的成立》,岩波书店1999年版,第49页以下。

② 关于水户被害人援助中心的设立,由诸泽英道、富田信穗、长井进、约翰·德乌西奇、辰野文理、中岛聪美6人共同执笔汇集成书,参见[日]诸泽英道编著:《为了从创伤中恢复过来》,讲谈社1996年版。

③ 该商谈室后来由东京都被害人支援市民中心(2000年成为法人)所继承。

④ 后来在名称上加上了"全国"二字。NPO法人全国被害人支援网络的网页是http://www.nnvs.org/。

⑤ 全国被害人支援网络发表的《犯罪被害人的权利宣言》中提出了7项权利:(1)公正待遇的权利;(2)被提供信息的权利;(3)恢复被害的权利;(4)发表意见的权利;(5)接受援助的权利;(6)免受再被害的权利;(7)平稳、安全生活的权利。

话中。

1995 年 1 月 17 日，日本发生了阪神淡路大地震，伤亡惨重。[①] 另一方面，奥姆真理教制造出了沙林毒气，实施了松本沙林毒气案（1994 年 6 月 27 日）和东京地铁沙林毒气案（1995 年 3 月 20 日），造成重大人员伤亡。这一系列的案件和灾害，也是一个思考被害人的
563 好机会，尤其是对奥姆真理教案件的报道，除了部分媒体[②]外，大部分媒体关注的焦点从被害人投诉转向以宗教法人之名的恐怖组织等特殊犯罪。

在阪神淡路大地震中，成立了致力于解决被害人 PTSD 问题的日本首个“灾害心理支援网络”（Japanese Organization for Crisis Response，JOCR）。[③] 神户地区设立了被害人心理护理服务中心，在约翰·杜西奇的协助下，邀请国外有灾难被害人援助问题知识和经验的专家，在神户 YMCA 设立秘书处开展活动。

564 奥姆真理教制造的沙林毒气案件造成多人死伤。世人的眼光聚焦在制造案件的宗教团体和信徒上，但在种情况下，也有很多人致力于支援被害人。

1996 年 1 月在松本市的永田恒治律师倡导下，“松本及地铁沙林毒气案被害人援助会”成立了。这个援助会于 1996 年 2 月 18 日在

---

① 1995 年 1 月 17 日上午 5 点 46 分，兵库县南部为中心发生了直下型地震，即阪神淡路大地震，造成 6432 人死亡。

② NHK 节目“生活放心，早安！”，1995 年 4 月 14 日播放了“两个沙林案件和被害人救济”；1995 年 6 月 23 日播放了“松本沙林案件一周年”，两个节目中提出了一系列问题，如河野义行先生当时被长野县警察误认为是犯罪嫌疑人但县警察至今没道歉，而且也没有支付犯罪被害人给付金。

③ 灾害心理支援网络的理事长是诸泽英道（常磐大学），副理事长是林春男（京都大学）和安德鲁·拉斯卡姆（Andrew Luscombe）3 人，理事有麻生克郎（兵库县立精神保健福利中心）、池见阳（冈山大学）、加藤孝一（东京消防厅）、立木茂雄（关西学院大学）、约翰·德乌西奇（常磐大学）、西尾玛丽（冈山理科大学）、西村春夫（国士舘大学）、羽下大信（神户外国语大学）、林喜代子（护士）、凯利·利盟·科希（Kelly Lemon－Kishi），共计 13 人。

三得利大厅召开了慈善音乐会,筹集了约600万日元的基金,其中一半用于救济地铁沙林毒气案件的被害人。1998年6月,日本成立了奥姆真理教犯罪被害人支援基金,推荐奥姆的破产管理人阿部三郎律师为代表人。1999年3月前两个基金合并成立了"沙林案件等共助基金",选举阿部三郎律师任委员长,木村晋介律师任副委员长。1999年6月27日在松本市召开了纪念松本沙林毒气案件5周年研讨会"我们不会忘记你"。另外,该基金还要求政府定期对沙林毒气案件被害人进行体检,同时被害人自己也坚持连续5年进行体检。2001年8月,"沙林毒气案件等共助基金"的体检及后遗症护理部门独立出来,成为康复援助中心。①

日本被害人支援的开拓者之一是1983年开设的东京强奸救援中心(Tokyo Rape Crisis Center)②。该中心只由女性进行运营,主要的活动是以电话咨询和对性暴力正确理解的启蒙。这个时期也是被害人团体成立较为集中的时期。相继成立了"全国交通事故遗属委员会"(1991年4月成立,代表人是井手涉)、"反对酒驾市民委员会"(1991年10月成立,代表人是大久保惠美子)、"少年犯罪被害当事人委员会"(1997年12月21日成立,代表人是武琉璃子)和"全国犯罪被害人委员会"(2000年1月23日成立,代表人冈村勋)等。

法律实务专家关注被害人问题的契机是1995年9月29日在静
冈县滨松市召开的第41届关东律师联合会研讨会"对死刑的思 565
考"。③ 静冈律师会的白井孝一律师担任研讨会筹备委员长,推进准
备工作。在筹备过程中,随着奥姆真理教案件的发生,人们对死刑存

---

① 这是2001年8月分离独立的组织,沙林案件互助基金运营委员会委员长是阿部三郎,副委员长是木村晋介,被害恢复支持中心的理事长是木村晋介,副理事长是诸泽英道和黑岩幸雄。

② 东京强奸救护中心,除了每年发行2次新闻简报以外,还进行电话咨询、培训咨询人员、全国各地巡回讲座、派遣讲师等。中心没有表明所在地。

③ 研讨会的报告书有,关东律师联合会:《平成7年度关东律师联合会研讨会报告书——对死刑的思考》(1995年),第673页。

废的关注急剧上升，对于筹备委员会来说，对死刑的思考是一个切入点，也是人们关注“被害人的视角”。此次讨论会之后，日本出现了一批关注“被害人视角”的律师。

1997年法务省开始讨论被害修复制度，日本律师联合会也于1998年10月23日成立了“犯罪被害修复制度等研究协议会”①。讨论经过约半年的讨论，法务省于1999年3月汇总了中期研究报告。

媒体也逐渐开始关注被害人问题。《读卖新闻》在1998年年末进行的“读卖全国舆论调查”中，加入了有关被害人的调查项目，于12月12日至13日向全国3000名选民进行了调查，并于12月27日在《读卖新闻》全国报刊上详细刊登了调查结果。

1999年1月11日，法务省刑事局和日本律师联合会犯罪被害修复制度等讨论协议会在律师会馆召开了关于被害人问题的意见交换会。② 在“通知被害人制度的运用现状和运用统一标准制定”的讨论会上讨论了以下议题：(1)应该公开的信息内容；(2)公开的时机和方法；(3)公开的当事人；(4)由警方的被害人联络制度实施的信息公开与检察院的通知制度的衔接。③

1999年5月15日，兵库县律师会在宪法纪念日活动中，以“现在开始支援被害人——犯罪被害人的人权—”为主题召开了研讨会。

1999年5月，日本律师联合会犯罪被害修复制度等讨论协议会
566 发表了《犯罪被害人基本法纲要》，并提交理事会。10月22日，日本律

---

① 被害人学专家诸泽英道参加了协议会。此后，从1999年1月28日第16届会议开始，为了制定犯罪被害人基本法案成立了工作小组，椎桥隆幸（中央大学）、高桥则夫（早稻田大学）、戸波江二（早稻田大学）、富天信穗（常磐大学）、西村春夫（国士舘大学）5人加入该小组。

② 参加意见交流会的人员情况是，法务部方面有刑事法制科长、官房参事官、刑事局参事官等7人；犯罪被害人恢复制度研究会方面有儿玉公夫、垣添诚雄、白井孝一守屋典子、冨冈惠美子、前田义博、雒贺正浩、诸泽英道8人。

③ 该意见交流会上提出的意见提交给法务省，法务省参考这个意见对检察机关通知制度进行研讨，1999年4月1日出台了全国统一的“犯罪被害人通知制度”。

师联合会理事会通过了《关于对犯罪被害人进行综合支援的建议》。

在这种情况下，政府也开始积极制定犯罪被害人对策。2000年3月30日，"犯罪被害人对策相关政府部门联络会议"召开第一次会议，讨论的问题包括：(1)进一步研究扩大犯罪被害人支付制度的范围，提高给付金的额度；(2)原则上在民事诉讼等必要条件下允许阅览被禁止公开的不起诉的侦查记录；(3)加强对PTSD咨询等方面的研究等。

八、冈村勋的运动和"明日之会"

实现日本的被害人复兴期是冈村勋律师，他是1997年10月10日发生的怨恨杀害律师夫人案件的遗属。该案件是一名男子因股票交易与证券公司发生纠纷，[①]对担任该证券公司代理人解决纠纷的律师产生怨恨而将该律师杀害。该男子为了杀害该律师，持凶器闯入其家中，律师的妻子(当时63岁)接待该男子时被其杀害。冈村勋律师对怨恨的动机表示愤怒，对于失去最深爱的妻子而非常痛心，随着案件的侦查和审判的进展，他惊讶地感到这些制度对于被害人来说是非常冷漠的制度，于是决心将刑事司法制度改变成有利于被害人的制度。[②]

欧美的被害人运动的变迁过程大体上是，由于加害人不进行赔偿，被害人也拿不到恢复被害的费用，因此人们呼吁建立了国家补偿制度，推动建立国家补偿制度的人们也参与援助被害人活动，后来对国家刑事司法制度进行改革，确立了被害人的权利。

---

① 检察官对该犯人(当时66岁)的量刑建议是死刑，但东京地方法院宣判无期徒刑，后来经过上诉审，在2001年6月12日判决确定。

② Isao Okamura(2012). The Movement for Crime Victims, Rights and Restoration Systemin Japan: Its History and Achievements. In: Morosawa H., Dussich, P. J. and Kirchhoff, G. F. (edt.). *Victimology and Human Hecurity: New Horizons*. Wolf Legal Publishers, The Netherlands, p. 21ff.

567 冈村勋的活动与日本第一期被害人运动有很大不同,冈村勋认为在搜查、审判、刑罚执行这一系列程序中最重要的问题是确立被害人的法律地位。冈村勋长年在刑事审判中坐在被告辩护席上,却因犯罪人失去了亲人,他坐在旁听席上后才切身感受到被害人遗属的愤恨。这就是他下决心的原点。通过这个案件,他才“切身体会到在刑事司法程序中,被害人的权利是如何被无视的”①。

1999 年 10 月 31 日,5 名犯罪被害人聚集在东京丸之内的冈村综合法律事务所,商讨建立保护被害人权利的组织。② 2000 年 1 月 23 日,在东京饭田桥召开了第一次研讨会“犯罪被害人的诉求”,并成立了全国犯罪被害人会(一般称为明日之会)。③

冈村勋一边吊唁妻子,一边与刑事审判制度抗争。在当时的刑事法框架内,他极力主张被害人的法律地位,并于 2000 年 9 月 26 日在东京高等法院的上诉审第一次审理中,实现了携带妻子的灵位和遗像坐在旁听席上的愿望。2000 年 5 月 19 日公布(11 月 1 日施行)的《关于为保护犯罪被害人的刑事程序附随措施的法律》(法律 75 号)规定,应当考虑在审判程序中的旁听和阅览誊写诉讼记录,但对于携带遗像和灵位牌位没有任何规定,这取决于法官的判断。

“明日之会”于 2002 年 9 月派出了调查团第一次访问欧洲,对德

---

① 冈村勋在 1999 年 7 月 24 日写给诸泽英道的私信中,表达了自己的想法。冈村勋于 1998 年 12 月 10 日在《读卖新闻》早刊论题栏上发表了《司法之门,向被害人敞开》,谈及了上述内容。

② 1999 年 8 月至 11 月,冈村勋和诸泽英道多次商谈组建被害人会的事宜。同时,也和已经开始进行活动的几名犯罪被害人进行了对话,但并没有在一起开展活动。在这一时期,支持冈村勋献身于被害人救助事业并推动成立协会的幕后人物有,土川泰信律师、山上俊夫律师、今村敬二律师等。参见全国犯罪被害人会:《云外苍天(云外有苍天)》(2015),第 91 - 98 页。

③ 全国犯罪被害人会,当初的名称是“犯罪被害人会”,同年 9 月 3 日在大阪召开第二次大会时,英文名称确定为 National Association of Crime Victims and Surviving Families = NAVS,同时日本的名称也改为“全国犯罪被害人会”。关于成立总会情况的详细记录,参见全国犯罪被害人会:《一泻千里》(2011),第 7 页以下。

国和法国的刑事司法参加制度进行了调查。① 调查结果在2002年12月召开的大会上作了报告,向政府提出3点要求,决定在全国开展签名活动。上述3点要求是:(1)建立为被害人的刑事司法;(2)建立犯罪被害人参加刑事司法程序的制度;(3)创设附带民事诉讼制度。签名运动从2003年1月开始在全国实施,截至2004年6月16日,共收集了557,215份签名。调查团带着这个签名向当时的小泉纯一郎首相和其他相关大臣表达诉求。② 这次签名活动取得了很大成果。③ 2004年12月1日通过了《犯罪被害人基本法》,于12月8日公布,2005年4月1日开始施行。2005年12月27日,内阁会议通过了《犯罪被害人等基本计划》,其中具体写明了被害人参与刑事司法程序等内容,根据2007年12月的刑事诉讼法部分修正,对被害人参与刑事司法程序开始一系列法律修改工作,并于2008年12月1日开始实施。 568

"明日之会"的另一个活动是修改《犯罪被害人给付金支付法》,实现了类似于欧美的被害人补偿制度。为此,"明日之会"在2004年10月派出了第二次欧洲调查团(考察英国、德国被害人补偿制度)。④ 日本的犯罪被害人给付金支付制度和被害人补偿制度与国际标准相比还有很大差距,"明日之会"的斗争将继续下去。

---

① 欧洲调查报告书有,全国犯罪被害人会欧洲调查团:《欧洲调查报告书——以被害人参加刑事程序为目标》(2002),共187页。调查团的成员有,冈村勋、诸泽英道、垣添诚雄(兵库县)、白井孝一(静冈县)、酒井宏幸(长野县)、河野敬(东京第一律师会)、守屋典子(东京)、高桥正人(东京第二律师会)、小山美希9人。

② 关于"明日之会"的历程及签名活动,详见全国犯罪被害人会:《一泻千里》(2011),共498页;全国犯罪被害人会:《云外苍天(云外有苍天)》(2015),共290页。

③ 关于犯罪被害人会的会员在活动中如何发展的问题,参见[日]泷口凉子、伊藤富士江:《犯罪被害人遗属参见被害人运动》,载《社会福祉学》2010年第50卷第4号,第55页以下。

④ 关于欧洲调查报告书,参见全国犯罪被害人会欧洲调查团:《欧洲调查报告书——犯罪被害人补偿制度》(2005),共492页。调查团的成员有,英国组是诸泽英道、白井孝一(静冈县)、守屋典子(东京都)、池田刚志(静冈县)、小山美希5人;德国组是诸泽英道、高桥正人(东京第二律师会)、宫田逸江(静冈县)、白石美奈子(神奈川县)、松釦靖朗、基尔希霍夫(德国)6人。

569

第二十二章

被害人权利和被害人基本法

Victims' Rights and Basic Law for Victims

一、为被害人恢复权利的世界动向

纵观世界历史，随着国家的成立和司法制度的完善，国家的作用逐渐凸显。特定的行为被国家定义为犯罪，与其说犯罪侵害了被害人的权利，不如说是对国家的犯罪。[①] 随着时代的发展，国家承担着侦查犯罪、追诉犯罪嫌疑人、司法判断、判决的执行等责任，被害人直接参与的机会越来越少。尽管举报犯罪的是被害人，但被害人却被排斥在外，公共团体与侦查和审判的关系越来越大。但是，从历史发展过程看，这并不单纯是被害人的地位逐渐下降的问题。

对被害人来说，现有的刑事司法制度未必是理想的制度，但近代社会是通过制定刑法和社会安全保障制度，努力强化对被害人的保护。当然，各种刑事司法制度和其他司法制度并没有得到同步发展。纵观世界动向，有些国家，如伊斯兰国家和一些欧洲国家，被害人在

---

① United Nations Office for Drug Control and Crime Prevention(1999). *Handbook on Justice for Victims*, p. 1；[日]诸泽英道译：《联合国被害人人权宣言相关文献——为被害人的正义》，成文堂 2003 年版，第 14 页。

整个刑事司法程序中扮演着重要角色。①

尽管如此，直到 20 世纪中期，在多数国家，被害人仍然是司法制度中“被遗忘的人”(forgotten person)。被告人可能受到国家的处罚，国家当然要给他们机会，允许他们在司法程序中提出无罪的主张，或者在抗辩时提出各种各样的意见。但是，刑事司法程序并没有 570
给予被害人同等照顾。因为有人认为，国家代表被害人的利益，被害人没有必要直接参与诉讼。

以本杰明·门德尔松(Mendelsohn, Beniamin)和汉斯·冯·亨蒂希在 20 世纪 40 年代进行的研究为契机，越来越多的人开始关注被害人问题。直到现在，仍有很多被害人因警方、检察机关、法院职员在案件处理时的疏忽而受到二次伤害。这些问题主要发生在性犯罪被害人、儿童被害人、家庭和学校内被害人、移民、少数民族、难民、战争和纷争被害人等处于弱势地位的被害人身上。即使犯人被逮捕，接受审判，但被害人仍然被社会抛在一边，而且没有机会通过刑事诉讼程序表达自己的意见和不安。即使犯人被判有罪，这种制裁(关押在监狱等)也与被害人关系不大，只能从加害人受到处罚中获得一点满足。

社会的变化、被害范围和影响的扩大等因素从根本上改变了人们对被害人地位的认识。犯罪和滥用权力的案件在世界各地不断增加，社会的连带感和相互依存等传统意识模式也开始崩溃。

从国际的视角看，对被害人的关照至少可以追溯到 19 世纪初举行的国际会议。在当时的会议上，已经有很多人主张有必要改善刑

---

① United Nations Office for Drug Control and Crime Prevention (1999). op. cit. p. 1;[日]诸泽英道译:《联合国被害人人权宣言相关文献——为被害人的正义》，成文堂 2003 年版，第 14 页。

事司法制度，但没有一个国家这样做。① 直到近年来，国际刑事法学会（International Association of Penal Law）、国际社会防卫学会（International Society of Social Defense）、国际犯罪学会（International Society of Criminology）、世界被害人学会（World Society of Victimology）等组织才相继提出犯罪被害人问题。

以被害人问题为中心的最早的大规模国际性会议是1973年在
571 以色列召开的第一次国际被害人学研讨会（International Symposium on Victimology）。以此次研讨会为契机，1979年成立了世界被害人学会（World Society of Victimology），并根据德国法律登记为法人。此后，许多国际组织将遭受犯罪和滥用权力的被害人相关问题作为中心课题进行讨论。在政府之间，通过欧洲理事会（Council of Europe）的努力，1983年签署了《对暴力犯罪被害人的国家补偿条约》（Convention on State Compensation to Victims of Violent Crime），并于1988年开始实施，此外还通过了《关于刑法及刑事诉讼程序范围内的被害人地位的1985年劝告》和《关于被害人援助和防止被害的1987年劝告》。

联合国对被害人问题的活动，不仅仅是1985年联合国大会通过的《为遭受犯罪和滥用权力侵害的被害人伸张正义的基本原则宣言》。联合国长期以来一直致力于预防滥用权力和侵犯人权的活动，到目前为止取得了一系列成果。例如：《世界人权宣言》（Universal Declaration of Human Rights）、《公民权利和政治权利国际公约》（International Covenant on Civiland Political Rights）、《防止及惩治灭绝种族罪公约》（Convention on the Prevention and Punishment of the Crime of Genocide）、《禁止酷刑和其他残酷、不人道或有辱人格的待遇或处罚条约》（Convention on the Protection of All Persons from Being Sub-

---

① United Nations Office for Drug Control and Crime Prevention (1999). op. cit. p. 2；[日]诸泽英道译：《联合国被害人人权宣言相关文献——为被害人的正义》，成文堂2003年版，第16页。

jected to Torture and Other Cruel, Inhuman or Degrading Treatment or Punishment)、《儿童权利公约》(Convention on the Rights of the Child)、《消除对女性一切形式歧视公约》(Convention on Elimination of All Forms of Discrimination against Women)等。联合国还为了减少对老人、残疾人、精神障碍者的虐待制定了国际准则,此外还制定了有关侵犯人权和严重违反人道主义导致的被害人恢复的基本原则和准则。

如前所述,被害人问题不仅包括犯罪被害人,而且包括因违反人道主义行为而遭受侵害的人,这些问题都在有关人权问题的联合国和国际学会等领域进行讨论。在日本,到 20 世纪 90 年代才开始努力,遗憾的是,无论是在立法和行政上,还是在民间非营利团体的努力上,研究的范围仅限于犯罪被害人领域,努力也处于极其消极的状 572
态。在日本,把被害人问题认为是人权问题的认识很低,要想真正解决被害人问题还需要一定时间。

二、世界被害人学会关于被害人权利的争论

世界被害人学会自 1976 年第 2 届国际被害人学研讨会(The 2nd International Symposium on Victimology in Boston)以来,每次都设立有关被害人法律地位的分组会。特别是 1982 年第 4 届国际被害人学研讨会(东京 = 京都)和 1984 年国际研讨会(南斯拉夫的杜布罗夫尼),以及 1985 年第 5 届国际被害人学研讨会(南斯拉夫的萨格勒布)对 1985 年联合国预防犯罪会议的有关议题进行了讨论,与会会员达成了共识。① 特别是在 1984 年 5 月 21 日在杜布罗布尼克举行的有关被害人权利的国际研讨会上,对于这个问题,各国的有关负责人齐聚一堂,展开了相当充分的讨论。会议在最后一天达成一致意

① 详细内容请参见[日]宫泽浩一、诸泽英道:《犯罪被害人的权利——第 7 届联合国犯罪预防会议》,载《法学研究》1984 年第 57 卷第 11 号,第 1 页以下。

见,决定由世界被害人学会向1985年的联合国犯罪预防会议提交提案。

在这次讨论中发挥核心作用的是欧文·沃勒(Irvin Waller)①和勒罗伊·兰博(LeRoy Lamborn)。② 两者的想法虽然有很多共通之处,但是对被害人的定义却有所不同。兰本主张,刑讯逼供(torture)、公害(pollution)、腐败(corruption)、剥削劳动者和消费者(exploitation)等滥用经济、政治权力的被害人问题,也应包括在被害人
573 人权宣言之中。对此,沃勒认为应当限制在犯罪的被害人范围内。

虽然最终未能达成统一意见,但会议以沃勒方案为原则,同时记录了兰本方案。但这一意见的差异一直延续到了联合国犯罪预防会议上。联合国犯罪预防会议上,对世界被害人学会上提出的沃勒方案进行了讨论,但此后兰提出的"滥用权力的被害人"主张也写进了宣言中。这是第三世界国家强烈提出的主张,最终除犯罪被害人的宣言以外,对滥用权力的被害人宣言也达成协议,决定获得通过。③ 在联合国犯罪预防会议上的这两个提案,后来在纽约联合国大会上合并为一个提案,"A. 犯罪被害人(Victims of crime)"和"B. 滥用权力的被害人(Victims of abuse of power)"的形式进行总结。

但是,世界被害人学会在联合国犯罪预防会议召开之前,就犯罪被害人的权利问题提出了以下原则:

(世界被害人学会的统一意见)

---

① 阿宾·瓦拉尔(Irvin Waller)是剑桥大学犯罪学博士,曾任多伦多大学副教授,渥太华大学副教授,1982年起任渥太华大学教授。在此期间,从1994年到2000年担任了合国国际犯罪预防中心(International Centre for the Prevention of Crime)总干事(Director General)。2006年以后,担任渥太华大学犯罪预防研究所所长(Director)。他是国际被害人援助组织(International Organization for Victim Assistance,IOVA)的主要成员。

② 勒罗伊·兰博(LeRoy Lamborn)曾在耶鲁大学、哥伦比亚大学学习,密歇根州底特律州立韦恩大学教授。

③ 除了前面提到的宫泽浩一和诸泽英道的论文以外,参见[日]宫泽浩一:《社会的多样化与犯罪被害人》,载《法律广场》1985年第38卷第11号,第24页。

各国为了实现下列情况,必须制定和完善法律、制度、服务系统。

1. 任何人在知道他人陷入危险时,除自己的生命、身体处于危险或有其他正当理由的情况之外,应当主动帮助被害人,或者向国家有关机构求助或通报。

2. 应当保护被害人的请愿或者作证不受妨害。

3. 对于肉体或精神上的保护,被害人可以接受专家的适当治疗和康复疗养。

4. 犯罪分子应按照法律程序,对被害人进行如下赔偿:

(1)返还被盗的物品;

(2)对损失、损害、肉体或精神伤害支付金钱; 574

(3)对痛苦、疼痛支付金钱;

(4)为被害人提供服务;

(5)支付惩罚性损害赔偿金(punitive damages)。

5. 国家为了便于犯罪人对被害人进行赔偿,应当准备以下救济对策(remedy):

(1)使便捷的民事诉讼;

(2)对刑事裁判被判有罪的犯罪人,由同一法官及时宣告民事赔偿。

6. 警察接到被害人的报案后,应当尽快告知被害人如何联络恢复健康、赔偿、救援活动、紧急灾难服务等的方法。

7. 处理犯罪案件,应当迅速而及时。

8. 在诉讼程序中,应当在法律中明确规定被害人有以下权利:

(1)能够理解刑事程序的所有重要阶段的含义;

(2)对于法律程序,应当用浅显易懂的非专业术语进行说明;

(3)在诉讼程序的所有重要阶段,都可以出庭接受询问;

(4)可以陪同非正式交涉,如抗辩或判决交易。

9. 可用下列方法保护被害人的隐私:

(1)警察、检察、法院,除审判需要的情况外,不得公开被害人的姓名及地址；

(2)在刑事审判中，允许在适当的情况下，将非公开的被害人记录作为证据使用。

10. 被害人可以接受信息提供、心理咨询、提供临时住宅、提供应急资金等作为恢复被害的援助。

575 以上是世界被害人学会有关犯罪被害人权利的基本原则，此外，世界被害人学会还提出了一个补充提案。

11. 开庭日期应根据被害人的情况确定。

12. 法庭上设置被害人专用通道和休息室。

13. 能够确定被害人的信息，如果被害人希望的话，原则上作为秘密事项。

14. 对于侵害被害人隐私或者妨碍其回归社会的询问，可以判处刑罚或者给予行政处罚。

15. 审判的经过应适当地告知被害人。

16. 关于刑事处罚和民事处罚中的哪一个优先、刑事处罚的量刑建议是多少、加害人是否参加被害恢复的援助等问题，应当尊重被害人的意愿后再做决定。

世界被害人学会的这些提案对第二年在联合国犯罪预防会议上的讨论产生了很大影响。但《联合国被害人人权宣言》毕竟是“基本原则”(Basic Principles)性条款，强调的是基本理念。世界被害人学会提议的原则中不仅包括基本理念，还包括具体事项，因此人们对基本原则宣言的内容并不熟悉。

例如，世界被害人学会统一意见的第9、13、14条中阐述的“被害人的隐私”问题，在基本原则宣言第6－d条中“司法、行政对被害人需求的快速反应”事项之一，只表述为“在必要情况下保护隐私”。另外，最近备受关注的“被害人知情权”，在世界被害人学会统一见解第8、15条中有具体的体现，但《联合国被害人人权宣言》第6－a条中只表述为，“在特别重大犯罪的情况下和被害人要求提供信息的情况下,应当向被害人提供有关被害人的作用、程序的时机和经过、案件处理的信息”。

三、《联合国被害人人权宣言》的原则

1985 年 11 月 29 日在联合国大会通过的《联合国被害人人权宣言》中,强调了为被害人实现正义的基本原则。这项基本原则宣言, 576
顾名思义,是围绕被害人人权问题的基本原则的宣言,可以说是最基本的标准。因此,期待各国能够创造出超越宣言所示原则的状态。

《联合国被害人人权宣言》关于基本理念规定,“各国应当为减少损失,援助有困难的被害人,推进社会政策、保健卫生、教育、经济、犯罪预防等多方面的政策,根据情况,在考虑更好地有效发挥民间力量而建立相应环境”的基础上,坚持下列原则:

1. 被害人是指被违法的作为或不作为而遭受身体或精神伤害和感情痛苦,或者蒙受经济损失,且其基本人权遭受重大侵害的人。这里所说的人包括个人和集团。(A－1)

2. 是否被认为是被害人,与加害人是否被确定、被逮捕、被追诉、被判有罪无关;与加害人是否有亲属关系无关。被害人中除该被害人以外,还包括其抚养的家属或为被害人提供帮助或为防止被害而遭受损失的人。(A－2)

3. 对于这些被害人,要求国家和人民以同情和尊重的心情对待他们,被害人可以通过司法制度尽快得到恢复。(A－4)

4. 各国应当完善使国民能够公平、无偿、迅速、容易地接受的以下司法、行政程序:

(1)被害人可以获得有关被害人在司法、行政程序中的作用、程序的时间和经过、案件处理的信息。在重大犯罪的情况下,应当对所有被害人提供该信息;在其他的情况下,被害人提出要求的,可以提供该信息。

(2)被害人在个人利益受到损害的情况下,可以在相应的程序阶

段出庭接受询问。此时,应该摒弃对犯罪嫌疑人的偏见,协调与刑事司法制度的关系。

(3)被害人在司法制度的任何阶段都可以得到适当的援助。

577 (4)制定对被害人最大限度的方便的,必要时保护隐私,且确保被害人及其家人和证人安全的标准。(以上为 A－5、A－6)

5. 各国的纷争解决方法,例如和解、仲裁等程序和惯例,都应当在治愈被害人、促进被害恢复的情况下加以利用。(A－7)

6. 应当承担责任的犯罪人及第三者,根据情况对被害人及其家属、被抚养人进行赔偿。损害赔偿包括返还财产、支付损失对价、提供服务、恢复权利等。(A－8)

7. 各国政府,应当认真研究代替刑罚的被害赔偿的法律、规则和司法实务。(A－9)

8. 因犯罪行为导致死亡、身体或精神的残疾、严重身体伤害、身体或精神疾病的被害人,在他们无法从加害人那里获得充分的补偿时,国家应当代替加害人进行补偿。国家应当建立这种制度以及补偿制度的基金。(A－12、A－13)

9. 被害人可以通过以政府、志愿者、社区为基础的机构,接受必要的物质、精神、心理、社会的援助,并接受相关信息。(A－14、A－15)

10. 从事警察、司法、健康、社会服务等工作的职员,应当接受在确保被害人需求和适当迅速救援方针敏感方面的培训。(A－16)

上述《联合国被害人人权宣言》的要点概括起来,大概有以下 20 项:

1. 受保护的被害是指,身体上、精神上、感情上、经济上的损失和对基本人权的严重侵害,也包括集体被害。

2. 加害人包括即使没有被确定,没有被逮捕、起诉,没有被定罪的人。

3. 被害人和加害人可以是亲属关系。除了被害人的亲属和被抚养者以外,还包括向被害人提供援助的人、因防止被害而遭受伤害的人。

4. 应当怀着同情和尊重的心情对待被害人的尊严。 578

5. 被害人有权通过司法制度要求尽快恢复被害。

6. 恢复被害的方法应当是快速、公正、节约、便利的。

7. 被害人对于司法及行政程序中的被害人作用及程序经过等有知情权,特别是重大案件,无论被害人是否想知道,都要告知。

8. 被害人在其个人利益受到损害的情况下,有权参加审判和接受询问。

9. 在司法程序的各个阶段,被害人都能得到援助。

10. 应当保护被害人的隐私。

11. 应当确保被害人及其家属、证人的安全。

12. 案件的程序和损害赔偿工作,应当快速及时进行。

13. 为了恢复被害损失,应该灵活适用和解、仲裁等制度。

14. 犯罪人和对结果应负责任的第三者必须赔偿损失。

15. 各国政府应该研究将损害赔偿可以作为刑事判决内容的制度。

16. 对环境造成危害的情况下,在损害赔偿中应当包括设施的重建、返还等。

17. 不能从加害人获得充分的补偿时,国家应该努力给予经济补偿。

18. 为了对被害人提供补偿,应该建立并扩大国家基金。

19. 被害人可以从以政府、志愿者社区为基础的机构得到各种援助。

20. 对警察、社会服务相关职员等进行培训。

四、对权利理解的混乱 579

被害人学提倡从被害人这一案件另一个角色来阐明犯罪发生的

原因,到20世纪70年代为止的研究大部分都是关于犯罪原因论的。[①] 但20世纪80年代以后,随着把被害人当作"权利的主体"进行研究,被害人学得到了迅速发展,今天新发表的被害人学论文、书籍大部分都是关于犯罪对策论的。

在论及被害人时的对策视角应当把被害人看成可怜的群体,应当向他们伸出人道主义之手,把被害人作为人对待,最大限度地尊重他们作为人的权利(人权),保障他们的权利。因此,现在谈论被害人时,"权利"一词已经成为最重要的关键词。

宪法保障所有国民在法律之下的自由、安全生活的权利,这种权利遭受侵害的人就是"被害人"。[②] 值得研究的问题是,宪法上如何界定被害人的权利,现行实体法和程序法又是如何根据宪法条文明确规定被害人的各项权利的。

关于被害人权利的基本观点可以用以下4个原则来表示:

1. 权利受到侵害的人是被害人。(被害人的定义)

2. 应当保护权利将被侵害的所谓潜在被害人。(预防被害)

3. 国家有责任恢复被害人的被侵害的权利。(被害的恢复)

4. 在被害恢复的过程中,被害人有应受法律保护的权利。(被害人的法律地位)

580 从"权利"和"人权"的视角探讨被害人的法律地位,如今已成为国际社会的共识。但在日本却未必如此。例如,宫崎哲弥指出,"有人认为被害人和被害人遗属的立场不是直接与公权力对立的关系,因此不属于人权领域的问题","这种错误的理解是把词典中的人权

---

① [日]诸泽英道:《欧美被害人学的动向》,载《法律广场》1986年第39卷第3号,第34-41页。

② [日]诸泽英道:《国际被害人学研究会》,载《法学家》1975年第595号,第86-89页;[日]诸泽英道:《被害人权利与被害人学:新被害人学的尝试》,载《青柳文雄教授退休纪念论文集》(法学研究1976年第49卷第1号),第205-225页。

概念生搬硬套到人类天生固有的权利中”[1]。同样，日本的宪法学者中，也有不少人仍然主张“关于被害人，没有谈论人权的余地”[2]。

但是，这种从人权与国家权力的关系角度进行讨论，是 20 世纪陈腐观念的产物。现在，国家必须保护被个人侵害的个人权利，从这个观点出发，把被害人的法律地位局限于与国家权力的相对应关系，来定义“权利”和“人权”，这在世界范围内也属于少数观点。

与此相关，非常不可思议的是，在日本的研究人员和司法实务人员中，有人主张了不同的权利（rights）和人权（human rights）。通常认为作为人的权利就是人权，但是在日本有一种倾向，即在人权一词中加入了特殊的含义。[3] 特别是，认为在“犯罪嫌疑人、被告人的人权”一词中也包含着特别的意思。

日本宪法中有关犯罪嫌疑人及被告人的人权条款包括：第 31 条（法定的程序保障）、第 32 条（接受裁判的权利）、第 33 条（逮捕的要件）、第 34 条（对扣留、拘禁的要件，对非法拘禁的保障）、第 35 条（居住不受侵犯）、第 36 条（禁止刑讯和残酷刑罚）、第 37 条（刑事被告人的权利）、第 38 条（不利于自己的供述，自白的证据能力）、第 39 条 581
（禁止追溯处罚，一事不再理）、第 40 条（刑事补偿）等 10 条，其中除第 36 条和第 37 条以外，其他条文的表述均以“任何人”这一主语开始的。[4] 这些条文是《宪法》第三章“国民的权利和义务”的一部分，

---

① ［日］宫崎哲弥编著：《值得怀疑的人权》，洋泉社 2000 年版，第 66 页以下。

② 不承认被害人人权概念的观点认为，“宪法中的人权保障，是由国家保护个人的生命、自由、财产等不受不当压制的制度，人权问题原则上是国家对个人的关系，即只存在于对国家、对地方自治团体的层面上”。

③ 在日本，第二次世界大战战败前的旧宪法不承认每个国民“作为人的权利”，现在变成了全新的现行宪法。宪法前言讴歌了人的权利，“国政本来就来源于国民严肃的信托”，“其权威来源于国民，其权力由国民的代表人行使，其福利由国民享受”。宪法第三章规定了“国民的权利及义务”，第 11 条规定，“国民，享有所有的基本人权。本宪法保障国民的基本人权，是不可侵犯的永久权利，现在及将来归于国民”，设定了所谓“基本人权”条款。

④ 《宪法》第 36 条的主语是“公务员”，第 37 条是“被告人”。

是面向所有国民的权利保障。

在世界范围内，例如联合国会议或相关国际学会中，“人权”（human rights）一词是相对于刑讯（torture）、屠杀（slaughter）、集体屠杀（genocide）、贩卖人口（human trafficking）、奴隶（slavery）、战争俘虏（captive of war）、剥削（exploitation）等违反人道（humanity）的问题使用的，关于普通国民的权利，不是表述为人权，而是单纯表述为“权利”（rights）。

五、被害人的权利和加害人的权利

对于被害人的权利和作为加害人的犯罪者的权利，专家们也未必有正确的理解。被害人的权利是在所有国民认可的权利（基本人权）的基础上再增加上的权利。也就是说，因被害人的身份，除了被认可的普通市民的权利之外，还有一些其他权利。因此，对于普通国民来说未被认可的权利，但在成为被害人之后有哪些权利应被认可，这个问题是争论的中心。

此外，作为加害人的犯罪人的权利是所有国民都具有的基本人权的一部分受到限制的权利。在历史上，人们曾经完全不承认犯罪人的权利和人权。但是，随着近代法律的完善，人们逐渐承认犯罪人也有部分权利。在国民所认可的权利（基本人权）中，犯罪嫌疑人、被告人、服刑人员应当享有多少权利，也是值得讨论的问题。

但是，由于确立了无罪推定原则，即在刑事判决生效以前推定其无罪，在犯罪嫌疑人、被告人的阶段，他们与所有国民一样享有同等
582 的基本人权必须受到保障。在这个意义上，所谓加害人的权利和所谓嫌疑人、被告人的权利的意思自然是不同的。将嫌疑人、被告人的权利与被害人的权利进行对比讨论时，是需要注意的。① 日本宪法规

---

① ［日］平川宗信：《刑事法的基础》，有斐阁2008年版，第312页。文中指出，把犯罪嫌疑犯、被告人的程序权利称为“加害人的人权”是错误的。

定的基本人权条款，适用于全体国民，原则上也适用于嫌疑人。但是，被判刑罚生效后的犯罪人、服刑人员的基本人权一部分不得不受到限制。他们的自由受到限制，起床和就寝的时间被明确规定，有义务参加劳动，收发信件和使用电子邮件受到限制，收看电视也受限制等。基本权利受到限制的情况如图 22. a 所示。

图 22. a　国民基本人权与被害人权利的关系

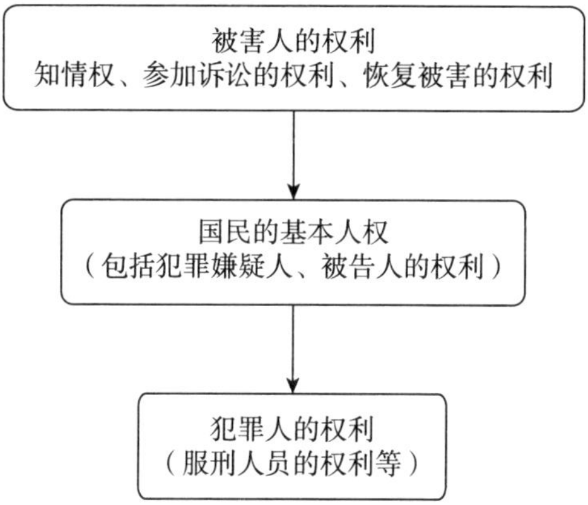

而且，被害人的权利还涉及与加害人的关系产生的权利。这是根据加害人所实施的作为加害行为的“原因行为”而必须承担的法律义务，是从原因行为论中导出的权利。加害人因侵害了对方（被害人）的权利，因而承担对此的说明义务和恢复义务。加害人的说明义务与被害人的“知情权”是相关联的。加害人是什么样的人、有什么动机、有什么目的、用什么方法侵害了被害人的权利，加害人对此有说明义务。一般来说，这个说明义务是通过回答侦查人员对加害人的调查、在法庭上检察官的最初陈述、被害人回答质问的陈述来履行的，但一般来说，加害人是应该面对被害人直接说明对案件的概要。583
虽然很多国家在法律上没有明确规定这些义务，但是在刑事司法的现场和支援被害人的现场，都有相应的措施。

不过，这些讨论的大前提是，嫌疑人、被告人是加害人（真凶），因此主张自己无罪的人可以保留说明义务。是不是真正的犯人只有当事人本人知道，真正的犯人应该在刑事法庭上光明磊落，这种想法与司法实务是不相容的。

六、被害人的三项权利

随着“被害人权利”一词得到国际社会的认可，世界各国对“被害人权利”的各种表述层出不穷。有人认为被害人有5项权利，有人认为被害人有7项权利，[1]还有人认为被害人有9项权利。随着被害人在刑事司法程序中的权利增多，其表现形式也是多种多样的。

德国刑事法学家古斯塔夫·杨指出，在刑事司法制度中被害人的正当要求有以下5个：[2]

1. 可以请求被害人赔偿；
2. 可以请求赔偿损失；
3. 可以控制刑事追诉；

584 4. 可以获得充分的信息；

5. 可以要求确保人身安全。

其中，“控制刑事追诉的权利”是被害人参与刑事司法的权利；“获得充分信息的权利”是被害人的知情权。其他三项权利，是被害人有从被害中得到恢复的权利，因此被害人有向加害人要求损害赔偿的权利、有从国家得到补偿的权利、有寻求确保人身安全的权利。

---

① 1998年5月9日由8个被害人支援中心组成的全国犯罪被害人支援网络于1999年5月发表了犯罪被害人权利宣言，宣言中列出了7项权利。7项权利中的5个（公正待遇的权利、被害恢复的权利、接受援助的权利、免受再被害的权利、平稳而安全生活的权利）是从被害恢复的权利，关于最重要的知情权只有“提供信息的权利”；关于参与刑事司法程序的权利只列举了“发表意见的权利”。

② Jung(1984). Zur Rechtsstellung des Verletzten im Strafverfahren. JR, S. 309 – 312. , Rieß(1984). Die Rechtsstellung des Verletzten in Strafverfahren. Gutachten C für den 55. Deutschen Juristentag. In: Verhandlungen des 55. Dt. Juristentags, hrsg. v. d. Ständigen Deputation des Dt. Juristentages. Bd. II/L. München, S. 65.

在被害人这些权利中最重要的权利是知情权、参与刑事司法的权利和从被害中恢复的权利。①

1. 知情权

知情权是被害人权利中最重要的权利,如果在宪法和基本法中只强调一项权利的话,那么它将是人们毫不犹豫地选择的权利。为了从被害中恢复,了解案件的真相是必不可少的。可以说这是从被害中恢复的必要条件。当然,被害人有时可能有"不想知道案件真相"的心情,但这可能是被害人的矛盾(ambivalent)心理所致,②直到最后一直"不看、不听、不想知道"的被害人是特殊情况。

关于知情权,重要的是让被害人知道他自己有知道的权利。这种权利被称为"通知阈值权或入口权"(Threshold Right for Notification)。这相当于嫌疑人、被告人有权被告知有沉默权。如果对被害人没有给予这一入口的权利说明,那么此后的程序将是违法的,由此可见这项权利的重要性。

被害人的知情权包括,接受侦查进展情况进行说明的权利、接受加害人(嫌疑人、被告人)是什么样人的说明的权利、对加害人如何处 585
分进行说明的权利、可以优先旁听的权利、知道判决的权利、知道加害人的刑罚如何执行的权利、知道加害人在何时何地是否会回归社会的权利等。

2. 参与刑事司法的权利

被害人有权参与侦查、审判、刑罚执行、加害人回归社会这一系列流程的所有环节。具体来说,除了对侦查方式和公诉可以发表意

---

① 德国刑事法学家居特·凯泽说过,在刑事程序中被承认的被害人权利是接受信息的权利和能够控制刑事程序的权利。Kaiser, Güunther(1985). *Krimonologie; Eine Einführung in die Grundlagen*, 7. Auflage, C. F. Müller Juristischer Verlag GmbH, Heidelberg.

② 情绪矛盾(ambivalent),是指同时具有正反两种感情的状态,如爱和恨的感情同时并存。这很好地表达了被害人的情感。

见以外，还可以参与刑事审判、在刑事法庭上提问、陈述意见、提出量刑建议、上诉、参与加害人出狱等。

关于作为原告参加刑事审判（与检察机关并列）的权利问题，理论上已形成国际共识，但把这些权利规定下来的国家还很少。① 这是今后需要研究的问题。此外，很少有人认为被害人应当参与案件的侦查和刑罚执行。不过，美国有一些州允许被害人参与死刑的执行。另外，美国有的州允许被害人利用侦探公司私自寻找犯人。

3. 从被害中恢复的权利

被害人有权从被害中恢复过来，回到原来的生活状态。虽然国家有义务帮助被害人从被害中恢复，但加害人也有义务赔偿被害人遭受的损失，并有义务采取必要的行动帮助被害人恢复。对于加害人，除了民事赔偿以外，应当让犯罪人以什么方式承担刑事责任（不仅仅是受到刑罚处罚），在国际上也引起了很大争议。

通过刑事司法程序追究加害人的责任（给予惩罚）是由警察、检察机关强制执行的，但在现实生活中，只有极少数人被追究责任。②
586 而应该由加害人承担的民事责任，因为国家与损害赔偿无关，因此被害人通过律师等方式向加害人提出诉讼请求，即使法院做出损害赔偿的判决，也很难让加害人支付。③ 这个问题是世界各国共同的烦恼，在联合国犯罪预防会议及相关专家委员会会议、国际学会上，一

① 详细内容请参见第二十六章“被害人参与刑事司法的权利和法律地位”。

② 根据2013年版《犯罪白皮书》，2012年被警察确认的刑法犯罪有2,015,347件，其中被查获的有1,070,838件，查获率为53.1%。这一年检察厅受理的案件包括违反《道路交通法》、违反《兴奋剂取缔法》等特别法的491,278件在内，共计1,417,400件。但是，经过刑事审判被判有罪的为408,486人，被收容在刑事设施的有24,780人。虽然没有公布特别法犯的认知件数，但可以肯定的是有50万件以上。如果加上刑法犯罪，这一年日本至少发生了250万件以上的犯罪案件。经过审判被收容到刑事设施的人不到1%。这辜负了被害人和相关人士“逮捕加害人，让他们接受审判，把他们进入监狱”的期待。

③ 详细内容请参见第二十八章“从加害人获得损害赔偿的权利”。1994年全国犯罪被害人现状调查显示，获得赔偿金的人占15.7%。

直在讨论如何让加害人支付赔偿金的问题。

上述争议的核心内容是,如何让加害人也对被害人的恢复做出一些贡献,另一个问题是,被害人是否希望加害人参与恢复。很多被害人和遗属并不想与加害人见面,也不想让他们牵连其中。①

七、被害人的各项权利

联合国经济社会理事会制定了《关于在涉及罪行的儿童被害人和证人的事项上坚持公立的准则》(Guidelines on Justice in Matters involving Child Victims and Witnesses of Crime)。这项准则是根据1996年7月16日的决议(resolution 1996/16)及2004年7月21日的决议(resolution 2004/27),1985年11月29日联合国大会上的《关于为犯罪及滥用权力的被害人伸张正义的基本原则宣言》(resolution 40/34),以及依照1989年11月20日决议(resolution44/25)在联合国大会通过的《儿童权利公约》(the Convention on the Rights of the
Child),②以及依照2000年5月25日决议(resolution 54/263)在总会 587
上通过的《关于贩卖儿童及卖淫及色情的儿童权利公约》(the Convention on the Rights of the Child on the Sale of Children, Child Prostitution and Child Pornography)而制定的。

联合国在该行动指南的前言中重申,在保护被告人权利的同时,必须保障受犯罪侵害的儿童被害人和证人的正义。作为被害人和证人的儿童,特别容易受到伤害(vulnerable),需要特别的保护和支援。

在这个指导方针中,提出了以下几项被害人的权利:

1. 被尊重和同情的权利(The right to be treated with dignity and compassion);

---

① 根据1992—1994年全国犯罪被害人现状调查,认为"不想与对方(加害人)扯上关系"的被害人,重伤害被害人占85.0%,杀人等的遗属占91.4%。[日]宫泽浩一等:《犯罪被害人研究》,成文堂1996年版,第73页。

② 《儿童权利条约》中特别重要的是第3条和第39条。

2. 免受歧视的权利(The right to be protected from discrimination);

3. 获得告知的权利(The right to be informed);

4. 被倾听的权利、说明意见和关心事项的权利(The right to be heard and to express views and concerns);

5. 获得有效援助的权利(The right to effective assistance);

6. 保护隐私的权利(The right to Privacy);

7. 司法程序中的困难获得保护的权利(The right to be protected from hardship during the justice process);

8. 得到安全保障的权利(The right to safety);

9. 获得赔偿和补偿的权利(The right to reparation);

10. 获得特别保护措施的权利(The right to special preventivemeasures)。

虽然这些内容被认为是被害儿童的权利,但所有的权利同时也是普通被害人的权利。只是对于第10项"获得特别保护措施的权利",是根据国际标准的"对于需要特别保护的被害人,除了普通被害人的权利之外,还享有特别权利"的原则制定的。这种需要特殊保护
588 的被害人,一般是社会上的弱者和少数群体,即残疾人、病人、儿童、老年人、性被害人、少数民族等。

日本最近才开始制定对性犯罪的被害人和儿童被害人的关怀条款。

2007年12月26日,《为保护犯罪被害人的权利利益而部分修改刑事诉讼法等的法律》(法律95号,2008年12月1日施行)新设加了《刑事诉讼法》第290条之2(不公开被害人特定事项);[①]

《刑事诉讼法》第290条之2第1款规定,法院在处理案件时,被

---

① 2007年12月26日《为了保护犯罪被害人等的权利和利益而修改刑事诉讼法等一部分的法律》规定,在刑事诉讼法增加第316条之33—39条,规定了被害人参与制度。详细内容请参见第二十三章"被害人的名誉和隐私权"。

害人(包括被害人、被害人死亡时或身心有重大障碍时的配偶、直系亲属、兄弟姐妹),该被害人的法定代理人或律师提出申请的,法院可以决定在公开法庭上不公开被害人特定事项(姓名、地址等被害人特定事项)。该制度涉及的案件包括下列犯罪(包括未遂):

《刑法》第176条(强制猥亵)、《刑法》第177条(强奸)、《刑法》第178条(准强制猥亵及准强奸)、《刑法》第178条之2(集团强奸等)、《刑法》第181条(强制猥亵等致人死伤)、《刑法》第225条(营利目的等绑架及诱拐。但仅限于涉及猥亵或以结婚为目的的诱拐的部分)、《刑法》第226条之2第3款(收买他人罪。但仅限于猥亵或以结婚为目的的诱拐的部分)、《刑法》第227条第1款(引渡被绑架人等。但仅限于以帮助第225条和第226条之2第3款的犯罪为目的的部分)、《刑法》第227条第3款(引渡、收受、运输、藏匿被绑架、被诱拐、被买卖的人的行为。但是,仅限于以猥亵为目的的部分)、《刑法》第241条的犯罪(抢劫强奸及抢劫强奸致死)。

《儿童福利法》第60条第1款、第60条第2款的犯罪,有关儿童买春,《嫖宿儿童及儿童色情禁止法》第4条到第8条的犯罪的案件。

根据犯罪的形态、被害的状况等情况,如果在公开法庭上开示被害人特定事项,就可能严重损害被害人的名誉或者社会生活的安定的其他案件。

对于以上的犯罪,被害人等(包括法定代理人、委托的律师)通过 589
检察院向法院提出申请的,法院在听取被告人或辩护人的意见后,认为有理由的,可以决定在法庭上不开示姓名、地址等被害人特定事项。在这种情况下,检察官对此签署意见后向法院通报(《刑事诉讼法》第290条之2第2款)。

另外,《刑事诉讼法》第290条之2第3款规定,“法院处理案件时,除第一项规定以外,根据犯罪行为的样态、被害状况,认为在公开法庭上明示被害人的特定事项有可能对被害人或他们亲属的身体、财产产生危害,或者使他们产生畏惧或困惑的,听取检察官和被告人或辩护人的意见后,法院认为有理由的,可以用裁定确定在公开法庭上不明示被害人的特定事项”。

另外,《刑事诉讼法》第 295 条第 3 款规定,对上述 290 条之 2 第 1 款或第 3 款作出决定时,“审判长对诉讼关系人的询问或陈述涉及被害人特定事项,除对此进行限制可能对证明犯罪产生重大影响或可能对被告人的防御产生实质性不利的以外,可以限制该询问或陈述。诉讼关系要求被告人进行陈述的,亦同”。

八、尊重被害人的尊严

为了实现被害人的正义,有必要制定尊重被害人本来拥有的“尊严”的制度,在司法实务中也应贯彻其宗旨。

为此,应当建立所有被害人都能利用的习惯性司法制度、传统司法程序、少年司法程序、行政法程序、民事法程序及国际法庭等司法制度。在被害人努力参与司法制度的情况下,通过直接或间接手段,
590 对重大案件和判决及时通报,对相关程序和过程提供完整信息,对被卷入重大案件的被害人提供支援,或者在有机会听取证言的情况下援助被害人。在构建司法制度时,应当考虑大多数被害人在利用司法制度时所遭遇的文化、种族、语言、财产、教育、年龄、公民权等因素导致的障碍。

在刑事司法制度不够成熟,或者因内战刑事司法被毁灭的情况下,为了确立或者重建刑事司法制度就需要获得适当的支援。在发展中国家,即使必要的资源不够充足,也可以利用传统的司法制度和传统的方法,建立行之有效的制度。处于向民主主义国家过渡阶段的国家,在利用其他可用制度的特点和经验强化法律规定时,有时会遇到很大的困难。为了提高被害人在刑事司法制度中的作用,应当从上述比较的观点建立司法制度。在所有的国家中,包括最发展的国家中,这种方法也是有效的,恢复性司法(restorative justice)对于非洲国家传统制度也是有意义的。

在很多地区，被害人的需求、不安、权利等都没有得到相应的考虑。被害人想要利用司法制度或有效地参与司法制度，就需要获得更有效的救济(remedies)和保护。其中，还包括司法实务人员对被害人的特定需求和不安的关心。

这些问题大多与避免“二次被害”有关，所谓“二次被害”，是指因案件的侦查、追诉或者媒体公开诉讼内容而对被害人造成的伤害(harm)。

基于尊敬(Respect)和理解(Recognition)对待被害人意味着什么？如果被害人就犯罪被害向警方或检察机关报案，就是开始确认报案是否有效，如果报案有效就会确认加害人，然后进行审判程序。这个过程漫长而艰难，而且从法律的观点看，被害人是唯一的“推定上的被害人”(putative victim)，即由于报案而成为被害人。这并不影响被害人所接触的人士怀着尊敬和理解之情来对待被害人。他们应 591
该认识到，对于专业警察、检察官或法官来说，这只不过是众多案件中的一个而已，但对于被害人来说，这往往是最重大的案件。

承认被害人作为人的基本尊严，有各种好处。这意味着，全社会都在谴责犯罪行为，并向被害人告知“正义会得到伸张”的事实，从而使被害人更加安心。这是使被害人重新站起来的基本条件。同时，如果司法人员以尊重被害人的态度处理案件，在侦查和审判过程中被害人也会积极协助。

司法制度对被害人表示理解和尊重的方法有很多。第一个例子是出现在决定诉讼日程的时候。实际上，决定警察的质询程序、法院的听证日期、延期或续期的批准等问题，在多数情况下，都要配合制度的优先性和管理上的便利。在这种情况下，人们很少关注这种决定对被害人产生的实际影响，例如从工作单位请假的困难、照顾孩子、往返于警察局和法院的交通工具等。

第二个例子是关于所有物的保存。在多数情况下，被害人的物品(被盗物品或破损的衣服等)会由警方保管，以便作为证据使用。

但是，证据的必要性完全可以通过拍摄证据照片，例如侦查人员制作宣誓证词来满足。另外，为了尽快将物品返还给所有者，还可以采用其他手段。这种权利在一些国家是规定在法律中的。例如，土耳其的法律规定，从被害人处非法取得的物品，无论是安全保管的物品，还是被扣押的物品，在侦查终结后或者在此之前，只要程序当事人不反对，就应当自动地返还给被害人。

第三个例子是通知被害人。在通知之后，刑事司法机关也要继续向被害人报告案件的经过。收到侦查机关的案件经过报告结果的被害人，会公正地判断司法程序，认为自己的尊严得到尊重。[①]

592 九、日本两部保护犯罪被害人的法律

日本终于认识到了制定保护犯罪被害人的法律的必要性，2000年5月19日（第147届国会）[②]制定了《修改刑事诉讼法和检察审查会法的法律》（法律74号）和《关于为保护犯罪被害人等的刑事程序附加措施的法律》（法律75号）。这两部法律统称为“保护犯罪被害人二法”。

其中，在刑事诉讼法的部分修改中，实现了对被害人的保护如下：

1. 证人的陪伴人（《刑事诉讼法》第157条之2）；

2. 在被告人和证人之间、旁听者和证人之间，设置不能认识对方情况的屏障措施（《刑事诉讼法》第157条之3）；

---

① United Nations Office for Drug Control and Crime Prevention (1999). op. cit. p. 35；［日］诸泽英道译：《联合国被害人人权宣言相关文献——为被害人的正义》，成文堂2003年版，第75页。

② 第147届国会通过了与犯罪被害人保护有关的两部法律以外，还通过了《关于规制骚扰行为等的法律》（2000年5月24日法律81号）和《关于防止虐待儿童的法律》（2000年5月24日法律82号），并于同年11月的临时国会上对少年法进行了修改，对于16岁以上少年造成的死亡案件原则上给予刑事处分、会见时检察官在场、由3名法官组成合议制度等。

3. 视频链接(《刑事诉讼法》第 157 条之 4);

4. 陈述意见(《刑事诉讼法》第 292 条之 2);

5. 不允许陈述或书面陈述。

在检察审查会法的部分修正中,增加了申诉权者、遭受被害的人(如果该人死亡的,为其配偶、直系亲属或兄弟姐妹)。

《为了保护犯罪被害人等的刑事程序所附带措施的法律》核心内容如下:

1. 审判程序的旁听;

2. 审判记录的阅览及抄写;

3. 和解的记录。

这些为了保护被害人的制度的利用状况,如表 22. a 所示。

表 22. a　被害人和证人的保护制度的利用状况 593

资料来源:2012 年版《犯罪白皮书》第 198 页;2011 年版《犯罪白皮书》第 183 页

统计年度	2006	2007	2008	2009	2010	2011
陈述意见	917	1010	1068	1119	1198	1164
书面意见	253	270	339	490	557	561
遮挡物	1233	1222	1007	1094	1295	1317
视频链接	234	224	202	235	261	242
陪伴人	77	70	86	79	102	136
隐匿被害人特定事项	—	—	2490	3849	3854	3887
刑事和解	73	38	35	46	34	30
请求损害赔偿命令	—	—	—	162	239	237
阅览和抄写记录	903	846	1012	1348	1175	1278

十、在法庭上对被害人的援助和保护

即使被害人有出席法庭的权利,但如果没有实际上的援助,被害人的权利也很难实现。

美国在 1993 年,有 35 个州采用了“安全接待室”(safe waiting rooms)的政策。但是如果实际实施这项政策,就会产生各种各样的问题。此外,还有一个“待机系统”(on – calf system),被害人和证人可以在自家或单位等候,如果接到联络,在 30 分钟以内就可以回到法庭。另外,35 个州中有 1/3 的州规定,雇用他人妨害被害人出庭的,必要时可以传唤被雇用人到法庭。

关于被害人的权利,很多国家面临的另一个问题是保护被害人的隐私。大多数国家由警察发布公告,其中会包含被害人的姓名和地址。一旦在媒体上公布,就会给被害人带来巨大的影响。这是一
594 种骚扰,即使不是骚扰,至少令人感到困惑。大众媒体经常主张“人们想知道案情,他们有知道的权利”,我们要解决这个问题还需要很长时间。

美国被害人援助机构(NOVA)制定了“新闻伦理准则”(A Code-of Press Ethics),并向媒体提出了要求,其中规定不得对强奸罪被害人进行报道。

丹麦、挪威、瑞典规定,性暴力等暴力犯罪的被害人可以得到“支援者”(support person)的服务。该支援者在整个程序期间提供精神(emotional)支援,其费用由国家支付。丹麦和挪威的系统允许支援者提供法律援助,例如,支援者可以代替被害人出庭。瑞典也根据 1988 年 7 月 1 日修正的法律,支援者可以代替被害人在预审询问和正式法庭上出庭。

十一、为制定联合国被害人人权公约而努力

进入 21 世纪以来,世界被害人学会一直致力于把《联合国被害人人权宣言》提升为公约。特别是 2005 年 12 月,荷兰蒂尔堡大学被

害人学研究所(INTERVICT)召开的专家会议①及2008年12月日本常磐大学国际被害人学研究所(TIVI)举行的研讨会②中,对公约草案进行了集中讨论。

公约经过2006—2009年的委员会会议(Commission meetings 2006—2009)、在萨尔瓦多举行的第12届联合国预防犯罪会议
(Twelfth Congress in 2010 Salvador, Brazil)、2010年的委员会会议 595
(Commission meeting 2010)达成了框架协议,之后与欧盟协调,又经过维也纳和日内瓦联合国犯罪预防会议的刑事司法委员会(human rights dimension to criminal justice dimension, Vienna & Geneva)的调整,进入最终汇总的阶段。

《关于为犯罪和滥用权力的被害人伸张正义和援助的联合国公约》(The Draft UN Convention on Justice and Support for Victims of Crime and Abuse of Power)提出了下列8项被害人权利。③

犯罪被害人的权利:

1. 受到尊重和承认的权利(be treated with respect and recognition)(art. 4);

2. 获得信息的权利(receive information)(art. 6a & 15);

3. 表明观点和被考虑的权利(allow their views to be presented and considered)(art. 6b);

4. 在整个司法程序中获得与被害人相应的援助的权利(proper

---

① 2005年12月制定的最初条约案(UN convention on Justice and Support for Victims of Crime and Abuse of Power), www. tilburguniversity. nl/intervict/undeclaration; www. worldsocietyofvictimology. org/index. htmi.

② Tokiwa International Victimology Institute(2008). *Raising the Grobal Standards for Victims: The Proposed Convention on Justice for Victims of Crime and Abuse of Power*. Mito, Japan.

③ 根据世界被害人学会的讨论内容汇总的条约案,源自提尔伯克大学 NTERVICT的主页 www. tilburguniversity. nl/intervict/undeclaration 和世界被害人学会网站 www. worldsocietyofvictimology. org/index. html。

assistance throughout the legal process)(art. 6c);

5. 隐私和身体安全受到保护的权利(protection of privacy and physical safety)(art. 6d);

6. 非正式争端解决(包括调停)的权利(informal dispute resolution/including mediation)(art. 7);

7. 接受社会援助的权利(social assistance)(art. 14);

8. 获得国家补偿的权利(State compensation)(art. 12)。

这些强调被害人权利的公约案包括 4 个部分(25 个条文):第 1 部分:一般问题(Part 1:General considerations,art. 1 – 4),第 2 部分:权利和义务(Part 2:rights and duties,art. 5 – 11),第 3 部分:导入、监控和协作(Part 3:implementation,monitoring & cooperation,art. 12 – 16),第 4 部分:附则(Part: 4 concluding provisions,art. 17 – 25)。

596 被害人问题现在已经成为国际问题,应该在全球范围内保障和支援被害人的权利。因此,加入国际条约的国家越多越好,全世界任何地方都有被害人,应当像保护和支援本国的被害人那样为了保护和支援他们创造必要的条件。①

---

① 国际社会的工作包括,已经制定的有组织犯罪(arts. 24/25 Conv. against organised crime)、贩卖人口(arts. 6 – 8 of human trafficking protocol to above treaty)等条约,有关被害人的概括性条约尚未完成。

第二十三章

被害人的名誉和隐私权

Victims' Reputation and Rights to Privacy

一、什么是隐私权

与媒体的表现自由相对立的隐私权,作为不受揭露丑闻的"独家深挖"黄色新闻侵害的权利,是在19世纪末的美国被提出的,此后被欧洲的判例和制定法逐渐认可。①

隐私权(right of privacy)是私生活不被公开的法律权利和保障。在日语中有时被翻译成"私事权"。到了近代,哲学、心理学、社会学等领域开始讨论,为了使人能够以独立的人格存在,必须确保和保障一定的私人领域。

隐私权的法理首次被主张是在1880年路易斯·D.布兰代斯(Louis Dembitz Brandeis)②和塞缪尔·沃伦(Samueld Warren)的合著,发表在哈佛大学法学院法学院纪要的论文《隐私的权利》(*The*

---

① [日]田岛泰彦编:《个人信息保护法与人权:如何保护隐私和表现的自由》,明石书店2002年版,第14页。

② 路易斯·D.布兰代斯(Louis Dembitz Brandeis,1856—1941年)是哈佛大学法学院教授,曾任美国大法官。

Right of Privacy)。[①]

在这篇论文中,布兰代斯等人认为,隐私权的思想,已经在法国法中出现,在公共福利的要求(the demands of the public welfare)和私人正义的要求(the demands of private justice)的关系方面,存在下述一般规则:

598 1. 与公共利害相关的事情(matter)或者与一般的利害相关事情的公开,不得妨碍隐私权;

2. 根据有关诽谤(slander)和损害名誉(libel)的法律,在有交流特权的环境下可以公开隐私的,不予禁止;

3. 口头侵犯隐私而未造成特别危害的,法律不要求进行任何赔偿;

4. 公开私人间发生的事实或征得同意后进行的事实,不发生隐私权的问题;

5. 对于已公开的事实真相,不承认(被害人的)防御(不得以侵害隐私起诉);

6. 如果公布者没有恶意的(absence of malice),不承认(被害人的)防御。

这些主张在当时具有划时代的意义,也有很多人提出反对意见,但与现在的隐私理论相比,还是相当温和的、消极的。

在日本,到20世纪60年代,法院承认隐私是法律应该保护的利益。第一个案例是“宴会后的审判”,东京地方法院在1964年9月28日判决中认定,隐私是“不能擅自被公开私生活的利益和权利”。日本《宪法》对隐私没有明文规定,但一般认为受第13条(尊重个人)的保障。另外,侵犯隐私属于《民法》第709条规定的不法行为。

关于死者的隐私权,美国、英国的法律规定,在损害名誉的同时,

---

① Warren, S. D. & Brandeis, L. D. (1890). The Right to Privacy. *Harvard Law Review* Vol. IV. 1890 – 91, Cambridge, Mass., Published by the Harvard Law Review Publishing Assocoation.

只要死者遗属的隐私没有因此遭受侵犯，就不得起诉，但在德国等欧洲国家的法律承认死者本身的人格权，不过判例和学说是有分歧的。在日本，因侵害了死者的人格权而侵害了死者遗属自身的人格权（损害名誉等），起诉和判决的例子很多。①

20世纪60年代以后，随着计算机的普及，人们可以大量、迅速地收集、处理和利用个人信息，隐私保护的问题出现了新格局。也就是 599
说，自己的个人信息在不知情的情况下被他人随意收集和利用，错误的信息和不正确的信息在自己不知道的地方被扩散。因此有人强烈主张，在这种危险的状态下，自己适当管理自己信息的所谓信息控制权，也应该包含在隐私权中。

到20世纪80年代，出现一种观点认为，与普通国民认可的隐私权相比，还有更应该受到保护的隐私权，即由于某种原因行为而权利被侵害的人（被害人等）的隐私。权利受侵害的被害人为了恢复权利，应当获得比一般国民更优厚的保护。在被害恢复过程中需要特别保护隐私的被害人，是容易受到社会偏见的被害人。目前，在日本几乎达成共识的被害情况有，强制猥亵（《刑法》第177条）、强奸（《刑法》第178条）、抢劫强奸（《刑法》第241条前段）等性犯罪，以及猥亵目的的绑架及诱拐（《刑法》第225条）。随着案件的曝光、侦查的进行、报道的深入，被害人往往会成为人们议论的对象，他们会认为被害人可能也有问题，这是被害人摆脱被害阴影的一大障碍。

但是，被侵权人（被害人）和社会弱者（socially vulnerable）在本质上是不同的。所谓的社会弱者，是指与大多数其他人相比处于明显不利地位的人，一般是指残疾人、老年人、妇女、儿童、失业者、少数民族、难民等。但是，对于这些人，无论是专家之间还是当事人之间都有不同的看法。有人主张，即使处于不利地位，但作为人来说是完全一样的，专门为他们考虑制定保护政策是不正常的。但是，从被害

---

① ［日］五十岚清：《人格权法概论》，有斐阁2003年版，第37－45页。

人的情况看，正是由于他们的个人尊严受到尊重、隐私得到保护，他们才能有摆脱困境的机会，在这个意义上，对于所有的被害人来说，隐私保护是他们自立的必需条件。

二、为被害人恢复而需要保护必要的隐私

为了让被害人从案件中恢复过来，重新回到平静的生活，国家需
600 要制定保护个人信息、尊重隐私权的制度。

被害人因案件的原因，有时会有从未经历过的巨大的恐怖感和不安感。被害人由于自己成了被害人，多数情况下会被地区的人和社会的人排斥，处于孤立无援的境地。为了避免这种情况的发生，一方面需要强有力的支持，另一方面不让别人威胁到自己的私生活，必须保护好自己的隐私。

在案件发生后对被害人的报道，常常出现与事实完全相反的情况。被害人的姓名、年龄、职业、脸部照片都会被报道出来，而对加害人的报道却往往是谨慎的。特别是，加害人是未成年人、精神障碍者等情况下，加害人和被害人的信息都会被隐藏起来。这种倾向在日本尤为明显。很多被害人或辩护人遗属都有一个困惑：为什么被害人会被公布于众？为什么加害人会受到保护？

被害人的照片是报道的必要资料。因此，媒体为了寻找被害人的亲朋好友，从学校时期的相册中获取被害人的照片，并擅自在报道被害人和遗属时使用。如果他们有哀悼被害人的心情，就不可能做出这种无同情心的行动，甚至还有媒体花钱购买被害人的照片。

由于日本还没有确立肖像权，媒体可以随意报道行人等的影像，这与欧美的犯罪报道有着决定性的差别。在警察在群众中逮捕犯罪嫌疑人的场面，在欧美一般会给警察和群众打马赛克，但是日本的报道却按规定给嫌疑人打马赛克。媒体既不考虑执法人员的安全，也不考虑群众的隐私。

但是，造成被害人恐惧感的最大原因是加害人的存在。在加害

人被拘留的期间，被害人会有一种慰藉，但如果加害人至今还没被逮捕、被逮捕拘留后被保释或者刑满释放时，被害人的恐惧就会重演。

对该案件被害人的保护对策，重要的是向加害人传达信息同时也传给被害人，但不把被害人的信息传达给加害人。这是因为，有些加害人会对被害人提起诉讼或在审判中作证产生怨恨而再次袭击被 601
害人。尽管跟踪骚扰和家庭暴力的被害人想要逃离加害人，但如果给加害人签发的拘留证中记录被害人的姓名、年龄、地址等信息，就会使加害人知道被害人所在地点。关于逮捕证和起诉书也是如此。

2012 年 4 月 23 日在京都龟冈地区发生了 10 人死伤的交通案件，在该案处理过程中将被害人的信息无意间泄露给了加害人。这是一起令人难以置信的不幸案件，案件发生两天后，龟冈警察署的负责人向犯罪嫌疑人的父亲告知了被害人的地址和电话号码，没有经过被害人的同意，也没有和上司商量。另一起与此不同的案件是，安详小学的教导主任也在未经许可的情况下告知了被害人的个人信息。①

对于这些案件，曾野绫子向杂志投了一篇题为《我的感觉》的文章，她提出批评说，“这个社会长期扎根的一个共同的意义如果没有个人信息一词就太可惜了”，“责怪谁呢?”“经常有些善意的多嘴多舌的人”，“日本是个人信息被歇斯底里”“扭曲的社会”②。在不能把被害人的信息告诉给加害人这一原则成为国际常识今天，上述言论不能代表日本主流社会的观点。

在加害人(犯罪嫌疑人、被告人)被逮捕、被拘留、被起诉的阶段，加害人及其代理律师往往试图与被害人和解。为了能和被害人会面，就需要被害人的地址。但在这种情况下，警方、检察机关、法院应

---

① 龟冈警署的 2 名警官(其中 1 人后来因该事件辞职)和安详小学教导主任的行为违反了《地方公务员法》(保密义务)，但因已受到社会制裁，给予缓期执行的处分。

② 《周刊现代》2012 年 5 月 7 日号第 192 - 195 页。

当以被害人的安全第一为原则。

所谓高度信息化社会,也是在暗地里可能侵害他人尊严的社会。在现代社会,电脑成为交流手段,如果使用的方法和管理不当,就会成为严重侵害人权的工具。为了不让个人信息满天飞,国家和地方政府要限制个人信息的获取,并允许本人的阅览权和更正权,他人没有正当理由不得获取和利用。

602 如果是社会影响较大的人,即使是私人信息,也需要参照公共信息来处理。已经实施犯罪且在逃的人、有前科的人等的信息是公共性较高的信息。这些人的私人信息也属于“准公共信息”,必要时可以公开。居住地、电话、传真、电子邮件地址、所属组织等本来应该属于公共信息,但在现代社会,这些信息很有可能成为犯罪和权利侵害的对象,因此有必要进行限制。

日本人喜欢讲风言风语,私生活会随着风言风语四处扩散,加深对被害人的危害。俗话说:“无风不起浪。”在不负责任的网络世界,其危害是无法估量的。现在需要考虑的是,现在日本的情况是“即使没有风也起浪”。

三、关于被害人隐私的联合国标准

《联合国被害人人权宣言手册》关于媒体保护被害人隐私的责任,表述如下。①

涉及犯罪和被害的报道,无论是报纸还是广播,对犯罪被害人的影响力都非常大。适当考虑涉及被害人案件的报道是有益的,在某些情况下,有助于被害的恢复。但也有一些情况是,那些冷漠无情、偷窥趣味、缺乏爱心的媒体报道,会增加被害人的感情上心理上的苦恼。大部分犯罪被害人在此前并没有出现在媒体上的经验,现在却

---

① United Nations Office for Drug Control and Crime Prevention(1999). *Handbook on Justice for Victims*, pp. 78 – 79;[日]诸泽英道译:《联合国被害人人权宣言相关文献——为被害人的正义》,成文堂2003年版,第148 – 151页。

成为犯罪的对象，因此在很多情况下他们不情愿地被媒体关注。报道犯罪和被害的媒体在大众的知情权和被害人的隐私权之间徘徊，603 媒体被认为是一把“双刃剑”（double - edged sword）。

这些表述表明了联合国犯罪预防会议专家委员会提出了尊重表现自由、被害人隐私不受侵犯的基本观点。在《联合国被害人人权宣言手册》中，媒体关照被害人的伦理准则提出了以下原则。[1]

（联合国推荐的关照被害人的媒体伦理准则）

被害人援助提供者应当敦促印刷品和广播两方面的媒体专家采用适用于犯罪和被害报道的伦理准则。这一伦理准则应该有助于在艰难决断时（经常在极短的时间内）的伦理基础。被害人援助者想要向媒体专家提示伦理道德的时候，应该认真考虑以下几点：

1. 报道犯罪内容，应该考虑公平客观平衡地进行，避免在新闻中过度表现。

2. 不仅要认识到公开或播放可能影响公共安全的信息的问题，还要认识到公开可能侵害被害人隐私的问题。

3. 必须尊重不想被媒体曝光的人的个人隐私，以及通过自己选择的发言人确定的个人隐私。

4. 对于反映被害人和犯罪人关系的犯罪，应该从平衡的角度进行报道。

5. 对于被害人、犯罪人或犯罪行为，除非证明有可靠的信息来源，否则不得报道传闻或暗示的内容。

6. 对于杀人案件以外的犯罪，只公开被害人的年龄及犯罪发生地点，但不得报道被害人的姓名及地址（街道或街区）。

7. 不得报道从处于休克状态和错乱状态的被害人及其近亲属那

---

[1] United Nations Office for Drug Control and Crime Prevention（1988）. Chapter 3. 7；News Media Professionals，Handbook on Justice for Victims：On the Use and Application of the Declaration and Basic Principles of Justice for Victims of Crime and Abuse of Power，pp. 100 – 101.

里听到的言语。

604 8. 公开证人的个人信息,仅限于其本人报上姓名的情况,以及通过媒体公开也不会造成危险的情况。

9. 无论案件涉及刑事审判还是民事审判,未经本人同意,不得公开性暴力的被害人的个人信息。

10. 不得公开儿童被害人的个人信息。

11. 即使犯罪人被判有罪,因案件报道可能暴露被害人个人信息,或者涉嫌近亲通奸的,不得公开犯罪人的个人信息。

12. 已判明被害人遭受性暴力的诱拐案件,在怀疑性暴力的阶段,就应该停止公布其姓名。

13. 有可能侮辱被害人或损害其脸面的诈骗等犯罪,未经被害人事先的同意,不得公开被害人的姓名。

14. 不得拍摄和放映因犯罪行为而表现出的个人悲伤和受打击的面部表情。

15. 可能使被害人暴露于危险之中的情况下,不得公开或播放其容貌和容貌的照片。

16. 不得公开或放映已故被害人的尸体、搬尸袋、重伤被害人姿态等照片。

17. 未经死者家属同意,不得公开或播放葬礼场面。

18. 在酒驾案件(incidents)中,不管是否断定饮酒是原因之一,都不应被称为事故(accidents),而应被称为碰撞(crashes)或犯罪(crimes)。

19. 对于犯罪和被害,不能进行刺激性报道、煽动性报道、无视被害人及其家属的报道。

四、欧洲理事会的标准

欧洲理事会阁僚会议(Committee of Ministers of the Council of

Europe)在1985年6月28日,为改善犯罪被害人的处遇,减少二次被 605
害,还通过了《关于被害人在刑法及刑事程序法中的地位的建议(85)11》[Recommendation (85)11 on The Position of the Victim in the Framework of Criminal Law and Procedure,以下简称《建议(85)11》]。[1]

《建议(85)11》由16个指导方针组成:A(警察,A1—A4),B(上诉,B5—B7),C(听取被害人意见,C8),D(法庭程序,D9—D13),E(刑罚的执行,E14),F(隐私保护,F15),G(被害人的特别保护,G16)。

关于该建议的实施情况,从施行开始10年后,荷兰蒂尔堡大学马克·格罗霍金森(Groenhuijsen Marc)教授,根据荷兰司法部的建议,在欧洲22个国家进行了调查,并将其结果"欧洲22个国家刑事司法制度中的犯罪被害人"(Victim of Crime in 22 European Criminal Justice Systems)予以公布。[2]

《建议(85)11》F. 15写道,"与犯罪侦查及审判相关的信息和宣传政策,应当充分考虑对被害人的私生活和尊严的影响,以及保护被害人的必要性"[3],"因犯罪类型、被害人的特别立场、个人情况及安全等理由,应该特别保护被害人隐私的情况下,在判决前的审理阶段应当使用相机,[4]对于个人信息的公开,即使范围适当,也应该受到限制。"

---

① Groenhuijsen, Marc & Letschert, Rianne. (eds.) (2008). Compilation of International Victims' Rights Instruments, Intervict, Tilburg University, Wolf Legal Publishers, The Netherlands, pp. 173 – 177. Brienen, M. E. I., & Hoegen, E. H. (2000). Victims of Crime in 22 European Criminal Justice Systems, The Implementation of Recommendation (85) 11 of the Council of Europe on the Position of the Victims in the Framework of Criminal Law and Procedure, Wetenschappelijk Onderzoek – en Documentatiecentrum, p. 5.

② Brienen, M. E. I., & Hoegen, E. H. (2000). op. cit,第2版于2010年出版。

③ Groenhuijsen, Marc & letschert, Rianne. (eds.) (2008). op. cit. p. 177.

④ 是指使用双向视频系统或录制的视频。

606 欧洲理事会(Council of Europe)于2006年6月14日召开的第967届成员国部长会议上通过的建议[Recommendation Rec (2006) 8 of the Committee of Ministers to member state on assistance to crime victims]的附件(10.8)及附件(10.9)中,强调保护下列隐私。①

1. 国家应当最大限度地避免侵害被害人的私生活及家属的生活,并且应当采取适当方法保护被害人的个人数据,特别是在犯罪侦查和追诉尤为重要。(部长会议建议附件10.8)

2. 国家为了保护被害人的隐私和个人信息,应当要求媒体采纳并尊重自我限制的标准(self-regulation measures)。(部长会议建议附件10.8)

如附件10.8所述,在侦查和刑事审判中,无所顾忌地公开被害人的隐私,有时会使被害人再次陷入危险之中。因此,要求刑事司法机关必须最大限度地考虑被害人的安全和安心。

另外,在2006年建议的说明文件第10章"保护"中,对"A. 身体上、精神上的完整性"、"B. 防止再次被害"和"C. 隐私保护"进行了如下表述。②

1. 保护被害人的隐私,特别是媒体对犯罪进行报道时更应该得到保护。(2006年建议说明文件131)

2. 有些国家的新闻工作者要求被害人及其家人和邻居提供个人信息,有骚扰他们的倾向。在媒体不可能接触到被害人的情况下,有时会向接触被害人的国家机关施加压力。这种行为是不应该容许的。(2006年建议说明文件131)

3. 正如《关于人权保护和基本自由的欧洲公约》(the European Convention on the Protection of Human Rights and Fundamental Free-
607 doms,ECHR)的"Art 8-36"中明确阐述的那样,保护个人的生活权

---

① Council of Europe (2006). *Victims Support and Assistance*, Council of Europe Publishing, Strasburg, p. 79.

② Council of Europe (2006). op. cit. p. 102.

利是国家的责任。要求适当考虑制定保护被害人的个人信息以及被害人形象的法律。(2006 年建议说明文件 133)

五、美国被害人的隐私权

在美国,司法实务上承认隐私权。对判例和制定法律起到推动作用的是 20 世纪 70 年代的性暴力犯罪的被害人们。美国联邦最高法院在 1973 年的“罗伊诉韦德”(Roe v. Wade)审判[1]中首次将隐私权包括在有关自由概念的宪法修正案第 15 条中。[2]

在法庭上正式讨论隐私权问题是 1977 年的强奸案“沃伦诉罗伊”(Whalen v. Roe)的裁判。[3] 这个裁判认为,“强奸是身体上的暴力,同时也是对隐私的侮辱(affront)。这意味着,应当根据不可踏入私生活这一接近限制的习惯来强制人们控制自己。这个习惯应当考虑和尊重他人的健康和个人的隐私”。[4]

沃伦(Whalen)审判中指出,宪法并没有明确提及隐私权,但法律允许两种不同的隐私权形式。[5] (1)宪法上的隐私权,保护个人选择生活个性化且私密性(personal,intimate aspects of life)的个人自由(宪法上的权利或概念中的一种隐私权,one implicit in the concept or-
dered liberty);(2)传播政府信息必须对个人的利害关系保持平衡 608
(Bloch v. Ribar,1998:10.)。

法院一方面阻止公开强奸罪被害人的身份(ID),另一方面试图

---

① Roe v. Wade,410 U. S. 113,152 - 153,1973;Lawrence v. Texas,539U. S. 558, 565 - 566,2003.

② Eilias,Robert(1990). Which Victim Movement? The Politics of Victim Policy. In:Lurigio,A. J. ,Skogan,W. G. & Davis,R. C. (eds.),*Victims of Crime;Problems,Policies,and Programs.* Sage Publications,London,p. 229.

③ Grant,P. H. & Otto,P. I. (2003). The Mass Media and victims of Rape. In:Moriarty,Laura J. (eds.). *Controversies In Victimology.* Anderson Publishing Co. Cincinnati, OH 45202,P. 46.

④ Bloch v. Ribar,1998:10[Roe v. Wade,410 U. S. 113,152 - 153(1973)].

⑤ Grant,P. H. & Otto,P. I. (2003). op. cit. p. 46.

平衡媒体公开姓名的权利与被害人隐私权的关系。法院在承认宪法不保障隐私权的同时，就媒体自由权修正条款，寻求与被害人权利的平衡关系（Bloch v. Ribar，1998：10.）。

法院承认对于强奸罪被害人会有消极的社会污名（negativesocial stigma），公开强奸罪被害人“可能会使他们受到明显超过其他类型伤害程度的被害。”（Bloch v. Ribar，1998：11.）。

布洛克诉瑞伯案（Bloch v. Ribar）的争论焦点是，针对布洛克通过媒体发表的评论，保安官公开了性行为的细节是否适当。在回答这一问题时，法院指出，这是从社会角度看到的强奸中所联想的侮辱性、消极性含义，以及社会对强奸罪被害人施加的压力。

法院还认为，媒体进一步报道被害人实名的时候，对被害人产生重大的有害影响，而且使“性暴力的被害人背上了历史的社会的污名。特别是，如果谴责性暴力的被害人，那么这些被害人意味着从其他被害人被排除出去。由于公开强奸案件详细的性行为内容，不仅使被害人回顾痛苦的性经验，而且使其在性行为和性问题的个人选择方面，使被害人成为被指责和被审问（criticism and scrutiny）的对象”。

法院进一步表示，只要不违背刑罚学的目的，就没必要阻止公开强奸的性细节，政府有必要制定强奸罪被害人基本隐私权的规则。（Bloch v. Ribar，1998：11）。

现在，在宪法上的基本权利的基础上，在美国宪法中的被害人权利条款和法令（in state constitutional victims' rights provision and statutes）中可以找到性暴力被害人的隐私权。①

---

① 阿拉斯加州宪法 art. 1，§22（right to privacy），亚利桑那州宪法 art. 11，§8（No person shallbe disturbed in his private affairs），加利福尼亚州宪法 art. 1，§1（All people are by nature free and independent and have inalienable rights. Among these are…privacy），密歇根州宪法 art. 1，§24（1）（与加利福尼亚州同），新墨西哥州宪法 art. 11，§24（A）（1）（与加利福尼亚州同），威斯康星州宪法 art. 1，§9（m）（与加利福尼亚州同）等。

美国的法院和专家都认为,处理被害人要求公开性暴力犯罪的 609
情况以外,他们滥用权限向公众公开,是一种因侵犯隐私导致被害人再次受到被害行为。①

在媒体方面的“公开名字的权利”的两个重要案件中,美国联邦最高法院对性暴力被害人的重要隐私权与有报道价值的媒体方面的正当利益进行了比较,试图平衡两者的关系。②

在 1975 年的考克斯广播公司对科恩(Cox Broadcasting Corp. v. Cohn)的审判中,被轮奸杀害的被害人科恩(Cynthia Cohn)的父亲要求适用佐治亚州有关保护强奸罪被害人隐私的法律。

科恩的父亲以考克斯广播公司(Cox Broadcasting)报道了女儿 ID 为由提起了民事诉讼。在该案中,最高法院提出了新规则,即宪法修正案第 1 条款至第 14 条款对新闻报道的保护是“合法的,也是对公开真实信息这一市民的自由进行的限制”。其中附上了拜伦·怀特法官(Justice Byron White)的意见,即“当信息已公布于众时,隐私的利益就消失了”。(1975:20)

在这次审判中,有人要求处罚暴露被害人 ID 的行为,但法院支持了媒体的观点。

但是,在 1989 年《佛罗里达星报》诉 B. J. F. (Florida Star v. B. J.
F.)的审判中,法院对公开被害人姓名的媒体没有进行惩罚性制裁, 610
但认为,对在审判前公开性暴力犯罪被害人姓名的侦查人员有制裁可能性。

在这种情况下,《佛罗里达星报》在“警察报告”(Police Reports)专栏中公开了被害人的全名。报社的老记者通过偷偷复制杜瓦(Duval)群里保安官的报告而获得了这个名字。

---

① Andrea A. Curcio, Rule 412 Laid Bare: A Procedural Rule that Cannot Adequately Protect Sexual Harassment Plaintiffs from Embarrassing Exposure, 67 U. Cin. L. Rev. 125, 155 - 156 (1998).

② Grant, P. H. & Otto, P. I(2003). op. cit. p. 47.

在审判开始阶段,原告认为除了赔偿之外还有处罚“补偿性和惩罚性损害赔偿”(compensatory and punitive Damages),但后来最高法院认定《佛罗里达星报》违反了修正案第1条,公开了被害人的全名,应当承担赔偿(damages)责任。法院还表示,虽然保安官事务所没有履行佛罗里达州法规定的义务,但《佛罗里达星报》不能随便公开法理上承认的真实信息。

《佛罗里达明报》对B. J. F. 审判的影响之一是佛罗里达法在1995年汇集了“关于公开强奸罪被害人的名字和为保护被害人隐私权的被害人ID的质问集”(victim – identity question)(Berlin,1995:1)。其规定“报纸合法获得一个公共利害的真实信息(truthful information about a matter of public significance)的情况下,州当局不能处罚在宪法上公开信息的行为,因为没有达到超过州最高利害的需求。”(Berlin,1995:1)

但是,该法条款92.56规定,“包括从证人证言中获得的性暴力等犯罪的被害人的姓名、地址、照片等所有记录,都必须严密保管。这些记录不得公布于众,公务员和雇主违反法律,按第二级轻罪(a second – degree misdemeanor)处罚”。另外,在佛罗里达州法律通过的同一时期,佐治亚州实施了《强奸罪被害人隐私法》,该法禁止一切公开被强奸的女性被害人的姓名或ID的行为。(Berlin,1995:12)

许多州制定了为保护被强奸的被害人而设计的强奸防御法(Rape Shield Laws)。[1]

611 根据1974年密歇根法,[2]而且深受很多女性幻想通过司法制度体验被询问、判决的案件程序的破灭(disillusionment)的影响,佛罗里达州、佐治亚州、马萨诸塞州、南卡罗来纳州、南达科他州、华盛顿州、威斯康星州、西弗吉尼亚州的7个州制定的法律均规定,报道成人的

---

① Grant,P. H. & Otto,P. 1(2003). op. cit. p. 48.

② O' Toole,L. L. & Schiffman,J. R. (1997). *Gender Violence*. New York University Press. New York.

性暴力被害人及(或)虐待儿童的被害人的个人信息是违法的。科罗拉多州和宾夕法尼亚州颁布了促进媒体自我限制(mandated that the media use restraint)的法律。[1]

这些法律意味着立法者和司法制度的逆转,即从责备被害人转向公正对待,并对强奸罪的被害人表示同情。而且,这些法律从以前允许公开强奸罪被害人的名字,到现在设计的法律规定,除特殊情况以外,禁止在法庭上介绍被害人过去的性经历。

进而阿拉斯加州、阿肯色州、加利福尼亚州、科罗拉多州、康涅狄格州、佛罗里达州、印第安纳州、堪萨斯州、路易斯安那州、马萨诸塞州、蒙大拿州、纽约州、罗得岛、弗吉尼亚州规定,要严格保守成人的性暴力被害人的记录,负责这些记录的保密和匿名(anonymous)执法机关和法院的职员,应当保护犯罪被害人的 ID。

六、隐私权保护意识低下的日本

为了尊重被害人的尊严,就必须最大限度地保护被害人的隐私和名誉,但在日本,在明治以后的近代化和民主化的历史过程中,就缺乏“人的尊严”或“隐私权”保护的意识。明治时代制定的民法(明治 29 年法律 89 号)和《刑法》(明治 40 年法律 45 号),学习当时的欧洲法律,把“损害名誉”作为不法行为,看作赔偿的对象,[2]并建立了 612
处罚犯罪的法律体系,[3]但并没有意识到将“隐私”作为人格权进行保护,把不想让别人知道的个人信息和言行作为隐私加以保护,是比

[1] Beatty, D. (1999). Crime Victims' Right to Privacy in the News Media. *Victim Policy Pipeline*. 5 - 2, pp. 9 - 14.

[2] 《民法》第 723 条规定:“对于损害他人名誉的人,法院可以根据被害人的请求,代替赔偿损失,或者在赔偿损失的同时,给予相当于恢复名誉的适当处分。”

[3] 《刑法》第 230—232 条有名誉损害和侮辱。但是,这两个罪名是亲告罪,如果没有被害人的告诉就不能提起诉讼。

较晚的。①

隐私权的核心是个人信息，但个人信息中的部分也具有公共性内容。如果把姓名、性别、住所等个人信息全部隐匿起来，社会生活就会失去活力。另外，也有人恶意使用个人信息进行犯罪活动。由此可见，向不特定多数人开示信息的“公开”和只向特定人或机关开示信息的“公开”是有区别的，从社会安全性的观点出发，应当尽可能广泛地保护个人信息。对于被害人、病人、残疾人等可能受到社会不利影响的人们，他们的姓名应当被隐匿起来。

隐私权涉及相关人员的“知情权”和公共福利时，有时会受到限制。特别是为了保护那些权利和利益被侵害的人们和善良的市民，有时需要向有关人员开示有可能实施危害行为的人或已实施危害行为的人的个人信息，并根据情况向社会公开。像美国“梅根法案”②一样，为了保障被害人和国民的知情权，加害人的隐私将受到限制。从日本的实际情况看，尽管要保护被害人和普通国民的安全与安心，但也有不少案件因侵犯犯罪人的隐私而不予公开。③

613 《宪法》保障的基本人权包括多项内容，但思想和良心的自由（《宪法》第 19 条），信仰的自由（《宪法》第 20 条），集会、结社、言论的自由（《宪法》第 21 条），选择职业的自由（《宪法》第 22 条），学问的自由、接受教育的权利（《宪法》第 26 条），劳动的权利（《宪法》第 27 条）等是“积极现实的权利”；名誉、信用、隐私、生存权利、幸福的权利、平静生活的权利等，只要不受他人或社会的侵害，本来就可以

---

① ［日］末延三次：《英美法中的秘密的保护》，载［日］戒能通孝、伊藤正己编《隐私权研究》1962 年出版。无论宪法还是实体法都没有隐私的相关条文，长期以来以损害名誉罪中的侵犯隐私对待。

② 关于梅根法案，请参见第二十四章“被害人的知情权”。

③ 根据 2008 年 5 月 31 日报道，东京都以前惩戒处分的都机关职员中，对性骚扰和偷拍行为等没有公布停职、减薪、警告处分，但从 2008 年 6 月开始，原则上要予以公开。但是，关于实名的公开，仅限于免职和参加工会运动的情况。2006 年度被处分人员，除参加工会活动以外，为 31 人，其中 26 人是性骚扰和偷拍者，但都没有公开。

维持的权利。

这种与个人的内心和人性有关的权利，是极不稳定的权利，常常会受到侵害。

七、日本的肖像权保护

日本还没有确立肖像权。也就是说，作为摄影的被摄体的人的尊严，完全没有获得保护。每天被报道的在街道上的照片并没有经过被摄者本人的同意，就那样在公共广播、报纸、杂志等上扩散。一方面，拍摄被警方带走的犯罪嫌疑人非常困难；另一方面，被害人的影像在没有本人同意的情况下，也没有打上马赛克，就这样在媒体上传播。

这就是因为没有确立肖像权带来的问题。原有的规则是未经本人同意就不能拍摄其面容和姿态，只有一部分有良知的人遵守这种规则，这种规则还不能成为整个社会的规则。随着具有摄影功能和再生功能的智能手机的普及，谁都可以在任何地方擅自拍摄他人的照片并发给朋友。

被害人的隐私，在没有犯罪意识、理所当然的情况下被公开。没有确立肖像权就意味着被拍摄的影像的所有权不归属于被拍摄对象的人们，而是拍摄者。即使擅自上传到推特或聊天上，要求删除这些内容也会受到各种各样的限制。最近成为问题的复仇色情片也存在
同样的问题。① 如果确立被拍摄者对影像拥有所有权的规则，防止被 614
害和恢复被害将会变得容易。

---

① 根据《关于防止因提供隐私图像记录而造成被害的法律》（2014 年 11 月 27 日法律 126 号）规定，色情复仇的部分内容被列为规制的对象。

尽管偷拍是违反许多都道府县制定的防止滋扰条例的行为，①但不是刑法中规定的犯罪。不仅如此，由于偷拍仅限于在交通工具、公共浴场、公共厕所等公共场所，所以在熟人的房间、诊察室、手术室、宾馆的某一房间等非公共场所进行偷拍，完全不构成犯罪。

《防止骚扰条例》的内容因都道府县的不同而不同，多数条例把偷拍规定在“卑鄙的行为”“淫乱的行为”之中，表述为设置摄影、照相机进行偷窥、透视观察、用手镜偷看等。②

偷拍是未经本人同意而秘密拍摄的行为，这一行为涉及的问题不是偷偷拍摄容貌，而是偷拍下体内衣和裸体的行为。其动机不仅是为了窥探他人私生活，更多是出于淫乱，也有通过网络等传播此类影像。在这个意义上，偷拍包含很多性犯罪的要素。③ 但是，如上所述，《防止骚扰条例》限制的是给公众造成困扰的行为，而不考虑个别的被害人。偷拍被限定在街道、商业设施、车站、车内、公共厕所、公共浴场等公共设施中。④

未经本人同意的摄影是骚扰的一种，以性动机进行的摄影是性
615 骚扰。这些问题源于日本的骚扰行为限制法（或防止法）的不完善。

---

① 称为《防止骚扰条例》的条例，因都道府县的不同，其名称也不同。东京都《关于防止明显骚扰公众的暴力不良行为等的条例》（1962 年，都条例 103 号）第 5 条（禁止粗野行为）第 1 款第 2 项规定，“公用厕所、公共浴池、公众可以使用的更衣室、公众一般全部或部分不穿着衣服的场所、公共场所或公共交通工具中，使用相机等器材拍摄人们通常用衣服隐藏下身或身体，或或者以拍摄为目的用相机等器材对准或安装其他设备的”，予以禁止。

② 在《防止骚扰条例》中没有规定禁止偷拍条文的，截至 2014 年年末有宫城县、群马县、千叶县、静冈县、兵库县、冈山县、高知县、爱媛县、宫崎县、鹿儿岛县、冲绳县 11 个县。但是，这些县也有禁止猥亵行为和淫乱言行的条文，并不是不禁止触摸、窥视、摄影等行为。

③ 关于这个问题，请参见第十三章“性被害”。

④ 根据 2013 年版《警察白皮书》第 41 页，查获偷拍的场所是，商业设施 28.7%，车站的楼梯或自动扶梯等 28.0%，书店及录像店 13.0%，电车及公共汽车等 8.3%，路上 4.5% 等。

八、日本的隐私和名誉

关于隐私保护,日本法律制定得比较晚,多年来,日本一直依照刑法中的损害名誉罪和侮辱罪进行裁判。

名誉包括社会的名誉(社会评价、名声、舆论评价等)、国家的名誉(荣典)、主观的名誉(名誉意识、名誉感情等),其中社会的名誉和主观的名誉一直被认为是刑法的保护对象。① 名誉分为,内部的名誉(人格内在价值本身)、外部的名誉(社会承认和评价的人格价值)及名誉感情3个方面,其中内部的名誉不具有被侵害的性质,不属于法律保护的对象。日本的通说认为,应当只把外部名誉作为保护法益。小野清一郎认为,外部名誉是狭义的名誉损害,名誉感情是侮辱的范畴(《刑法》第231条)。②

日本《刑法》第230条规定的损害名誉,是指"公然揭示事实,毁损他人名誉的,不论有无该事实,处3年以下惩役或禁锢,或者50万日元以下罚金"。同条第2款规定,"毁损死者名誉,只要不是揭示虚假事实的,如不予处罚"。

在德国,只有与真实相符合的名誉才是保护的对象,如果揭示真实的事实就不是毁损名誉,但日本保护的是作为事实存在的社会名誉,即使揭示真实事实,如果降低他人的社会评价也是刑罚处罚的对象。③

但对此,从尊重言论自由的立场出发,有人批评说:"说出真相,为何会损害名誉?"对于这个问题,有人的解释是,在没有侵犯隐私概念的时代,会把泄露个人秘密的行为作为毁损名誉进行处罚。侵害隐私和毁损名誉是不同的概念。也就是说,即使是真实的,不想让别 616
人知道的信息也是作为隐私进行保护的,这一点需要与毁损名誉区

① [日]小野清一郎:《刑法的名誉保护》(1934)。

② [日]团藤重光:《刑法纲要各论·增补》,创文社1982年版,第414页。

③ 最高法院大法庭判决昭和8年9月6日,载《刑集》第12卷第1590页。

分开来。

日本法律中规定的毁损名誉，也要求“公然”这一要件。这里所说的“公然”，根据判例，是指不特定或多数人能够知道的状态。① 所谓“不特定”，是指对方的范围不限于特殊关系的情况；所谓“多数”，不仅仅是指复数，还需要相当的多数。但是，判例和通说都采用“传播性理论”，即使直接的对方是特定的少数人，如果可能通过该人传播给不特定的多数人的，也可能被认为是“公然的”。

关于公然性（不特定或多数）的判例很多。例如，“公开是指非秘密，是对多数人或不特定的人揭示能够损害其名誉的事实是，构成毁损名誉罪”②。

被“公然揭示”的事实是不为大众所知的事实，如果揭示一般大众知道的事实，不构成毁损名誉。三岛由纪夫的小说《宴会之后》是以真实存在的政治家为原型的小说，原原本本地描写了人们臆测的丑闻案件相关事实，前外务大臣有田八郎，以三岛由纪夫和新潮出版社毁损名誉为由提起了民事诉讼。东京地方法院在 1964 年 9 月 28 日的判决认为，言论自由与隐私的关系应当根据四个标准认为：(1) 被公开的内容是私生活的事实或可能与私生活有关的事实；(2) 以普通人的感受为标准，站在该私人的立场上，是不希望被公开的；(3) 是一般人尚未知道的事实；(4) 被害人因事实被公开感到不快。

流言蜚语和传闻如果是公知的事实，当然就不存在毁损名誉和侵犯隐私的问题，但判例却并非如此。例如，有判例认为“他人的传
617 闻真假难辨”，在此前提下揭示事实的，“不论传闻的存在与否，而是

---

① 判例指出，对方是特定多数的情况下也成立本罪，“多数人面前散布有损他人名誉的事实的，即使是在特定多数人面前也成立本条犯罪，在出席者 25 人多人的工会执行委员会上散布事实，也是如此”（最高法院判决昭和 36 年 10 月 13 日，《刑集》第 15 卷第 9 号第 1586 页）。

② 最高法院大法庭判决昭和 6 年 6 月 19 日，《刑集》第 10 卷第 287 页。

以揭示事实的目的传播传闻,因此本罪成立"①。要求揭示的事实需要达到足以损害社会评价的具体程度。②

涉及公共利益时,有时即使公然揭示事实,也不构成毁损名誉。也就是说,《刑法》第230条之2规定,"前条第一款的行为被认为是涉及公共利害相关的事实,而且其目的只是为了公共利益,经判断事实的真伪,证明该事实是真实的,不予处罚"。揭示的事实是公共利害相关的事实,公然揭示的行为确实是为了公共利益的,而且能够证明该事实是真实的,因此不构成毁损名誉罪。另外,该条文的第2款规定,"在适用前款规定时,涉及未提起公诉的人的犯罪行为的事实,认为是涉及公共利益的事实"。

关于毁损名誉的赔偿问题,《民法》第723条规定,"对于毁损他人名誉的人,法院根据被害人的请求,可以命令其进行损害赔偿,或者损害赔偿的同时恢复名誉"。《民法》对于不法行为规定,"因故意或过失侵害他人的权利或受法律保护的利益的,对因此产生的损害承担赔偿责任"(《民法》第709条,2004年修订),但对毁损名誉有特别规定。

九、日本的个人信息保护制度 618

随着保护个人信息呼声的高涨,日本也于2003年5月30日制定了《关于保护个人信息的法律》(法律57号)。该法对个人信息的定义是,"包括记述姓名、出生年月日等可以识别特定生存的个人相关

① 最高法院决定昭43年1月18日,《刑集》第22卷第1号第7页。

② 关于散布事实,判例指出,"对于A来说,在报纸上登载A的妻子有顺手牵羊的习惯,并不是直接损害A的名誉,但刊登的事实是,A这个可怜的家伙,不知道自己的妻子有顺手牵羊的习惯,那就是损害丈夫的名誉了"(最高法院大法庭判决昭和8年8月1日,《刑集》第12卷第1403页)。关于事实的具体性,判例认为"流传A学校教师甲和女学生有不当关系时,在讲演中说:我们解剖一下A女学校的甲教师是一个什么样的教育工作者,一般学生已经怀上3个月了等,这属于损害名誉"(最高法院判决大正14年12月14日,《刑集》第4卷第761页)。

信息(包括和其他信息容易比对的,可以识别特定个人的信息)”(第2条)。

关于“个人信息数据库等”一词,是指包括下列个人信息在内的集合体:

1. 使用电子计算机可以检索特定个人的系统配置;

2. 除了上述内容以外,能够容易检索特定个人信息的政令规定的系统。

关于个人信息保护的基本理念,该法第3条规定,“应当在尊重个人人格的理念下,慎重而正确地处理个人信息”;第18条规定也规定了类似的内容。

在有关人员提出申请要求公开信息时,除隐私程度很高的文件以外,应当开示行政文件,但不予公开的文件包括列下内容(《个人信息保护法》第5条)。

(行政机关不公开的信息)

1. 该信息中记述包括姓名、出生年月日等可以识别特定个人或虽然不能识别特定个人但一旦公开就可能损害个人权益的个人相关信息的,不予公开。但是,下列信息除外。

(1)根据法令规定或者依照惯例予以公开或预定公开的信息;

619 (2)为了保护人的生命、健康、生活或财产,需要公开的信息。

2. 因公开信息可能妨碍犯罪的预防、镇压、侦查、公诉、刑罚的执行等维护公共安全和秩序的信息,或者行政机构负责人认为有相当的理由的信息,不予公开。

进入网络社会后,围绕个人信息的纠纷层出不穷,已经成为巨大的社会问题,通过博客、公告栏侵犯个人隐私、损害名誉等案件不胜枚举。在这种情况下,日本于2002年5月27日开始施行了《供应商责任限制法》。这部法律规定了以下事项:

1. 在互联网和手机的栏目等受到诽谤或刊登个人信息导致个人权利被侵害的,被害人对运营商和版面管理者等人要求删除,如果企业人员已经删除的，可以免除权利人的损害赔偿责任。

2. 可以请求公开发送侵权信息人的信息。

3. 要求删除的方法包括，被侵权的个人及其代理人在文书上加盖公章和印鉴，或者在电子邮件上加盖电子签名。

十、居民登记窗口的个人信息保护

为了保护被害人不受加害人的侵害，被害人生活的地区行政机关发挥重要的作用。为了确认想要免受家庭暴力、虐待、骚扰等被害人的位置，加害人往往利用阅览市区町村事务的住民票。在这种情况下，被害人可以采取限制他人阅览居民身份的措施。《个人信息保护法》规定，如果有回收债券等理由，在例外情况下可以开示居民身份信息，但是恶意利用该规定的事例层出不穷。其中也有伪造借条或合同的情况。

被害人个人信息被曝光的可能性较高的地方是市区町村居民科等窗口。特别是试图查明被害人地址的骚扰、家庭暴力、虐待儿童等的加害人，为了在事务所窗口阅览被害人的居民户籍底档，因受配偶 620
或恋人的暴力、跟踪骚扰等原因，阅览和交付居民户籍的程序会受到限制，但加害人伪造借条书，或者以债权征收而需要知道被害人地址等理由，规避法律的例子层出不穷。

日本总务省意识到了这种事态的危机感，2014 年 6 月 25 日向所有地方公共团体（相对于地方政府）发出通知，要求设置事务总负责人，对信息进行全面管理。

限制阅览和交付居民户籍资料，是由 2004 年修改《关于居民基本户籍底档法的总务省令》而导入的，除了家庭暴力、跟踪骚扰以外，2012 年开始也适用于儿童虐待案件。如果被害人提出申请，市区町村可以在听取警方和儿童咨询机构等单位意见的基础上，拒绝加害人的阅览和交付。2008—2010 年，适用这一限制的人数一直维持在 3 万人左右，此后不断增加，2013 年达到 67,470 人。但是，由于窗口的错误操作而交付的情况也有很多。①

在日本，住民户籍的管理极为松懈，阅览交付的手续也很简单。如果这些缺陷被犯罪分子利用，就会使国民的安全受到威胁，这是一个重大的问题。从确保国民安全的角度出发，需要对居民户籍进行严格的管理。

十一、刑事程序中的隐私保护

从侦查开始，在起诉、审判、刑罚执行等刑事司法程序的各个阶段，应该保护被害人的名誉和隐私。但是，保护被害人的隐私就要制约想要与被害人接触的嫌疑人、被告人。

621 侦查机关在执行拘捕令时，必须明示对嫌疑人在何时何地实施了什么案件存在嫌疑，但在这个时候被害人的姓名等并不一定是必要的信息。《刑事诉讼法》第 200 条规定，拘留证中应当记载犯罪嫌疑人的姓名、住所、罪名、嫌疑事实的要旨、将被带往的机关或其他场所、有效期限等，而不要求记载被害人的个人信息。② 但是，在日本的刑事司法实务中，长期以来，作为嫌疑事实的一部分，被害人信息被认为是必要的。也就是说，为了将嫌疑事实传达给犯罪嫌疑人，有必要说明在何时、何地、对谁、做了什么行为、在法律上属于什么罪。

但是，向犯罪嫌疑人传达对谁实施了什么行为时，只要能认识到对犯罪嫌疑人有充分的怀疑即可，通过具体说明案件的概要，就能达到其目的。也就是说，匿名也可以，假设被害人是“X”也可以。实际

---

① 根据 2014 年 7 月 13 日《读卖新闻》大阪本社版的头版报道的“彻底限制阅览住民票”“总务省的对策通知”，住址泄露有三个漏洞，初步的错误、协调不足、加害人滥用制度。《居民基本台账法》规定，以债权回收、继承、诉讼等正当理由，可以例外地交付给第三人，因此存在恶意利用该制度伪造借条的情况。

② 《刑事诉讼法》第 200 条规定：“拘留证中应当记载犯罪嫌疑人的姓名及住所、罪名、嫌疑事实的要旨、应移送的公署或其他地点、有效期间届满后不得执行拘留并应将令状退回的内容以及签发的年月日和法院规则规定的其他事项，并由法官署名、盖章。”

上，在半数以上的刑法犯罪中，加害人并不知道被害人的姓名和地址。的确，杀人案件中杀害熟人的情况很多。但是，在杀人案件中，被害人已经死亡，没有必要再保护被害人的安全（不过，为了杀人案件的死者家属，也有必要隐匿死者的个人信息）。

此外，在保护被害人名誉和隐私的必要性较高的性犯罪中，多数加害人选择素不相识的被害人。根据各种资料，强奸罪的“熟人关系”约占一半，而强制猥亵罪的熟人关系约占 1/4。[1] 而且，这种“熟人关系”还包括在同一生活圈内只是认识程度的熟人，即住在同一地区、在同一家公司工作、在同一所学校不同班级这种程度的熟人。相反，如果在拘捕令上记录被害人的姓名、地址等，就是将被害人信息再一次传达给犯罪嫌疑人，执法机关将提高被害人的危险性。从这个意义上说，拘捕令可以让犯罪嫌疑人联想到犯罪事实的信息（性 622
别、年龄、身高、体型、身体特征等）即可。

有的加害人对被害人报案产生怨恨，进而袭击被害人。这种案件一般称为“怨恨案件”。

1997 年 4 月 18 日发生的“JT 女职员被杀案件”就是其中之一。千叶县船桥市一名土木工人（当时 54 岁）在位于东京江东区一家公寓的电梯间杀害了一名日本烟草产业公司的女职员（当时 44 岁）。该男子曾于 1989 年 12 月强奸了该女子，并以此进行要挟试图勒索现金。由于该女子向警方报案，该男子被逮捕，并被判 7 年有期徒刑。该男子在出狱 2 个月后杀害了该女子，其被捕后供述说：“由于该女子提起诉讼，我被关进了监狱。”因怨恨被害人对自己起诉而将

---

① 详细内容请参见第五章“被害化的因素和被害人特性”中的“熟人关系和关系犯罪”。

其杀害,这是一起动摇刑事司法制度根基的案件,因此需要严厉处罚。①

保护被害人的个人信息,对于起诉书也是一样。《刑事诉讼法》第256条第2款规定,起诉书中必须记载以下事项:

1. 被告人的姓名及其足以确定被告人的事项;

2. 公诉事实;

3. 罪名。

在这里,法律并没有要求记载被害人的姓名、地址等,但是在司法实务中,法官一直拒绝没有记载被害人姓名、地址等的起诉书。这里的核心问题是,把被害人的信息传达给犯罪嫌疑人、被告人,对被害人的安全是有影响的,但很多法官并不理解这一点。

根据1999年8月18日的《刑事诉讼法部分修正的法律》(法律138号),《刑事诉讼法》第295条第2款(对辩护等的限制)规定,"在询问证人、鉴定人、口译翻译人或笔译翻译人时,审判长认为有可能
623 有加害证人、鉴定人、口译翻译人或笔译翻译及其亲属的身体或财产的行为的,或者可能使上述人员感到畏惧或困惑的行为的,以及如果公开能够确定上述人员的住所、单位及其他通常所在的场所的事项,就会使证人、鉴定人、口译翻译人或笔译翻译人无法充分陈述的,可以限制询问该相关事项"②。

日本对于在公开法庭上处理被害人的特定事项当然也有标准,但从整体上看,即使被害人的姓名、地址等可以告知法院和被告方的律师,也不应告知被告人。

---

① 东京地方法院一审判处该男子无期徒刑,但检察机关提出上诉。2000年2月东京高等法院撤销一审无期徒刑判决,宣判死刑。该男子不服判决向最高法院提出上诉,但最高法院驳回上诉,死刑判决生效。2008年2月1日东京拘留所对该男子(当时65岁)执行了死刑。

② 限制这种讯问的规定中有但书规定,即"限制检察官的讯问可能对犯罪的证明产生重大影响时,或者限制讯问被告人或辩护人可能对被告人的防御产生实质性不利影响时,不在此限"。

2007 年 12 月 26 日的《为保护犯罪被害人等的权利利益而部分修改刑事诉讼法的法律》新增设了《刑事诉讼法》第 290 条之 2（公开法庭上隐匿被害人的特定事项）（法律 95 号，2008 年 12 月 1 日施行）。

《刑事诉讼法》第 290 条之 2 第 1 款规定，“法院在处理下列案件时，该案件的被害人等（是指被害人、被害人死亡或其身心有重大障碍时他们的配偶、直系亲属或兄弟姐妹），该被害人的法定代理人，或者他们委托的辩护人提出申请时，听取被告人或者辩护人的意见后，认为适当的，可以用裁定在公开法庭上不公开被害人的特定事项”。

下列案件包括：

（《刑事诉讼法》第 290 条之 2 第 1 款第 1 项规定的案件）

·《刑法》第 176 条（强制猥亵）、第 177 条（强奸）、第 178 条（准强制猥亵及准强奸）、第 178 条之 2（集体强奸等）；

·《刑法》第 181 条（强制猥亵等致死死伤）；

·《刑法》第 225 条（以营利为目的的绑架及诱拐。但仅限于与猥亵或结婚的目的有关的部分）；

·《刑法》第 226 条之 2 第 3 款（收买他人罪。但仅限于与猥亵 624
或结婚的目的有关的部分）；

·《刑法》第 227 条第 1 款（仅限于以帮助上述第 225 条或第 226 条之 2 第 3 款的犯罪为目的的部分）；

·《刑法》第 227 条第 3 款（引渡、接收、输送或隐匿被绑架、被诱拐或被买卖的人的行为。但仅限于与猥亵的目的有关的部分）；

·《刑法》第 241 条的犯罪（抢劫强奸及致死）；

·涉及以上犯罪的未遂罪案件。

（《刑事诉讼法》第 290 条之 2 第 1 款第 2 项规定的案件）

《儿童福祉法》第 60 条第 1 款、第 34 条第 1 款第 9 项涉及的该法第 60 条第 2 款的犯罪；

《关于处罚嫖宿儿童及儿童色情行为等及保护儿童的法律》第 4

条到第 8 条的犯罪。

（《刑事诉讼法》第 290 条之 2 第 1 款第 3 项规定的案件）

除上述案件以外，根据犯罪的方式、被害状况及其他情况，在公开法庭上公开被害人的特定事项可能会严重危害被害人的名誉或社会生活安定的案件。

对于上述犯罪，法院根据被害人或该被害人的法定代理人，或者他们委托的辩护人提出的申请，听取被告人或辩护人的意见后，认为适当的，可以决定在公开法庭上不明确被害人的姓名、地址等特定事项。

以上的申请必须事先向检察官提出。在这种情况下，检察官应当附加意见后通知法院（《刑事诉讼法》第 290 条之 2 第 2 款）。另外，《刑事诉讼法》第 290 条之 2 第 3 款规定："法院在处理案件时，除第一项规定以外，根据犯罪行为的特点、被害的状况等，认为在公开法庭上明示辩护人的特定事项有可能对被害人或他们亲属的身体或财产产生危害，或者使他们产生畏惧或困惑的，听取检察官和被告人或辩护人的意见后，认为适当的，法院可以决定在公开法庭上不明示被害人的特定事项。"

625 另外，《刑事诉讼法》第 295 条第 3 款规定，上述第 290 条之 2 第 1 款或第 3 款的决定的情况规定，"审判长在作出第 290 条之二第 1 款或者第 3 款的裁定时，诉讼关系人的询问或陈述涉及被害人特定事项的，除对此进行限制可能对证明犯罪产生重大障碍或者可能对被告人的防御产生实质性不利的以外，可以限制该询问或陈述。诉讼关系人要求被告人进行陈述的，亦同"。

根据这一被害人特定事项隐匿制度请求保护隐私，被认可的案例如表 23. a 所示。

表 23. a　被害人隐私保护制度的运用状况

资料来源:2014 年版《犯罪白皮书》第 203 页

年份	隐匿被害人特定事项	对证人(包括被害人)的保护	
		遮挡	闭路电视
2009	3849	1094	235
2010	3854	1295	261
2011	3887	1317	242
2012	4271	1757	288
2013	4112	1792	278

经常会看到有报告称,被害人想要利用这个制度但没有获得法官的同意。但是,从这个数据可以看出,事实上利用被害人特定事项隐匿制度的人每年都在增加,理解这个制度重要性的法官也在增加。

涉及对被害人的理解和尊敬,也存在安全性和隐私保护的问题。犯罪嫌疑人及其代理人为了阻止被害人提出告诉,往往会试图威胁被害人,或者对向有关当局举报的被害人进行报复,故意骚扰被害人。为了应对这种事态,各国正在研究各种各样的制度。[①]

被害人和犯罪人如果关系非常密切,例如是同一家庭的一员,或 626
在同一单位工作,是特别危险的。为了保护处于弱势的被害人,有必要设计特别的规定。奥地利等几个国家,对于家庭暴力采用的新制度是,警察可以命令犯罪嫌疑人离开其家庭两周以内,有些国家规定由法院作出这种命令。

警察局和法院为了保护被害人,以避免与犯罪嫌疑人或被告人进行不必要的接触,尽量准备了远离他们的等候室。在巴西、智利、印度等国家,为了处理女性被害人或儿童被害人相关的案件,设置了

① United Nations Office for Drug Control and Crime Prevention (1999). op. cit. pp. 35 – 36. [日]诸泽英道译:《联合国被害人人权宣言相关文献——为被害人的正义》,成文堂 2003 年版,第 76 页。

只有女警官驻扎的警察署。

在进行听证会的时候，骚扰的危险性可能是最大的。很多地区已经采用了尽可能减少这种危险性的法律和惯例。最近，越来越多的国家允许通过录像或闭路电视采集证据，而且被害人是被虐待的儿童的情况下，一般都采用这种方式。在荷兰，强奸案件被害人接受调查官的秘密询问后，就不需要在此后的听证会上进行宣誓作证。以色列规定，14 岁以下的性暴力被害人对儿童调查官陈述事实后，如果认为宣誓证词可能对儿童造成伤害的，可以将该陈述事实作为证据使用。

诉讼案件的内容被媒体对外公布时，会产生二次被害。有些国家通过限制报道来努力保护隐私和秘密。例如，加拿大、以色列、荷兰和英国不允许公开能够查明强奸罪被害人身份的内容。澳大利亚法律规定，在陪审审理前或审理过程中，被告人手中的供述笔录中不能记载被害人或证人的地址。被害人在法庭上作为证人宣誓时，不必陈述地址。在墨西哥，对于性犯罪，为了保护被害人的秘密和隐私，设置了被害人可以报案的特殊场所。

627 受过一次被害的人往往遭受相同加害人的再次攻击对象，特别是跟踪骚扰和性犯罪等，这种可能性很大。有时犯罪嫌疑人还会因被害人向警方报案而对他们怀恨在心，再次威胁他们的生命、身体安全。

跟踪骚扰的被害人有时为了逃避跟踪狂而被迫迁居，结婚后改姓，调换工作或者转学。但是，这种努力有时可能被警方化为乌有。2012 年 11 月 6 日发生的逗子跟踪狂杀人案件就是其中之一。该案的被害人为了摆脱跟踪纠缠者而搬家，结婚后改了姓，但警方在对跟踪纠缠者以威胁罪执行逮捕时，在逮捕证上记载了被害人婚后的姓名和地址，结果加害人冲到被害人家中将其杀害。

十二、无视被害人信息而保护犯罪人信息的背景

与欧美国家不同，日本一方面无视被害人的隐私，另一方面严格

保护犯罪者的隐私。这两个问题本来应该以不同的标准来对待,但实际上却有着各种关联。

日本无视被害人隐私的原因有以下几点:

1. 在记者俱乐部的记者招待会和随机采访中,警察(承办刑警等)不经意或以服务精神对记者发表说话。

2. 新闻记者、电视记者中很少有人尊重被害人的尊严。

3. 被害人周围的人(邻居、朋友、熟人等)会把关于被害人的传闻告诉记者。

4. 在工作单位、学校,上司、同事、校长、班主任等,会很轻松地向记者们讲述被害人的事情。

5. 被害人的熟人和朋友把被害人的毕业纪念册和毕业合影等交给记者。

6. 在地区活动或业余学习的场合,容易出现流言蜚语。

7. 不正确的报道引起误解,产生传闻。 628

8. 检察官和法官在法庭上不想保护被害人的隐私。

9. 在法院,被告人、证人、参考人、鉴定人等在发言时无视被害人的隐私。

10. 犯罪嫌疑人、被告人的律师,比起被害人的隐私,更优先保护被告人的权利。

此外,日本的报道有过分考虑违法犯罪行为人的隐私的倾向。例如,在违法停车、酒后驾驶、乱涂乱画、违法丢弃垃圾、贩卖兴奋剂、电话诈骗等采访中,给犯罪分子打上马赛克,改变声音,进行匿名报道。对于教师引起学生自杀和教师实施猥亵行为的,也进行匿名报道。

违法停车等属于《刑法》第 230 条之 2(毁损名誉)中所说的"涉及公共利害的事项",如果能够证明实际采访的影像和报道是真实的,报道时就没有必要打马赛克。

媒体对犯罪人的报道过分敏感的原因之一,就是律师的存在。

日本媒体因害怕来自犯罪嫌疑人和辩护人提起诉讼而萎缩不振。对此,媒体采取的对策是对可能以损害名誉而起诉的被摄体,都打上马赛克。

媒体对通过警方的发表和从外电获得的信息,往往毫无批判地进行报道。由于犯罪人的隐私受律师和警察的保护,因此媒体只对那些没提起过诉讼的被害人进行采访,毫不顾忌地侵犯他们的隐私。这里自然会产生以下的疑问:

1. 为什么热心于保护被害人隐私的律师很少?

2. 警方一直以来为什么不保护被害人的隐私?

3. 被害人支援中心为何不把保护被害人隐私作为支援活动的核心?

被害人的隐私得不到保护的原因,是他们不喜欢媒体的匿名报道(不愿露名也不希望露脸)。也就是说,媒体认为如果是匿名,任何人都不会相信,也不会同情。但是,有必要对以下疑问进行验证:

629 1. 人们真的不相信匿名的被害人举报吗?

2. 虽说人们不见面就没有同感,但是匿名的被害人举报真的不可靠吗?

3. 不看对方的面是因为心虚吗?

此外,还有以下实际情况:

1. 如果因受贿而被判有罪的议员的家人到选区呼吁无罪的话,选民很容易相信其无罪。

2. 当嫌疑人是身边的人时,容易相信嫌疑人的辩解;而当嫌疑人是陌生人时,则怀疑其辩解。

3. 人们是相信“远亲不如近邻”,还是相信“远亲胜过近邻”?

十三、被公众媒体侵害的被害人隐私

被害人的隐私经常被大众媒体所忽视或者暴露。到目前为止,大众媒体造成了很多二次伤害,对媒体的舆论非常严厉。被害人的名誉受到严重伤害的例子有，富山长野连续诱拐杀人案（1980 年 2 月）、女高中生被埋入混凝土杀人案（1988 年 11 月至 1989 年 1 月）、筑波医生母子被杀案（1994 年 10 月）、圣地亚哥日本人教授被杀案（1996 年 5 月）、东京电力 OL 被杀案（1997 年）、音幼儿园幼童被害案（1999 年 11 月）等，不胜枚举。

富山长野连续诱拐杀人案中，警方在记者招待会上，不经意地说明案情，使人们产生了误解，认为案件的背景可能是被害女性的品行有问题，当地报纸报道了被害人的品行问题，这个误报在全国扩散开了。犯人被逮捕后，在审判中被公开的事实表明，被害人是一名品行端正、认真上进的女高中生，案件的动机是宫崎知子随机选择的。但是，媒体并没有更正报道，被害人（死者）的名誉仍然受到了损害。[1]《刑法》第 230 条第 2 款规定，“毁损死者的名誉，只要不是揭示虚假 630
事实的，不予处罚”，但这个案件显然是揭示了虚假的事实，完全应当追究报道者的责任。

这个案例是从社会的视角审视由媒体引起二次伤害的问题，媒体开始进行自我反省。另外，在当时的报道中，没有专家指出这是媒体造成的二次伤害。如果警方发表的言论是误报的发端，那么被害人遗属就应该以误报的警方为对象提起赔偿诉讼，但这个案件没有律师出面。

到 20 世纪 90 年代后期，日本才开始关注由媒体导致的被害问题。2010 年 4 月 14 日松山地方法院作出了划时代的判决。该案的案情是，2006 年 8 月夜里，高中二年级男生（当时 16 岁）在松山市一家 KTV 玩完后，被在停车场看到的男子高中三年级 A（当时 18 岁）找碴寻衅，于是试图逃跑时被抓住，走了大约 10 分钟，被带到河堤边上。A 和朋友们对男生拳打脚踢导致昏厥，被推入河里。此后，该男

① 制作节目的北日本广播承认是虚假报道，1993 年 4 月 18 日以“93 年，写给女儿阳子——被害人与人权”（责任人是金泽敏子）播放。

生虽然恢复了意识爬上岸，但由于身体不适而住院，11 天后因腹膜炎引发呼吸困难而死亡。8 月 24 日，A 被逮捕后，除了《产经新闻》以外的各大报纸、电视媒体根据警方发布的消息报道说是“1 对 1 打架致死”“因怠慢而死亡”等。

死者遗属们听说这位住院的被害人是被对方暴行致死的，于是对媒体报道的打架致死提出了抗议。此后，遗属向公安委员会递交了请愿书，要求对警方向媒体公布的内容进行调查。① 遗属对公安委员会的调查结果表示不满，认为这是虚假的报道，于是向爱媛县提起诉讼，要求爱媛县发布道歉广告和赔偿金 690 万日元。

631 松山地方法院对于爱媛县警方用“怠慢”一词来解释“1 对 1 的斗殴”一事，认定为“警方未采取防止引起误解的措施方面存在过失”，责令警方支付 33 万日元的赔偿。遗属们在记者招待会上评价判决说：“认定警方有责任，我们是可以理解的。”②

1988 年 11 月 7 日至 1989 年 1 月东京都足立区发生的“女高中生被埋入混凝土被杀案件”中，数名少年对一名女高中生实施犯罪，但这些少年在犯罪时有 4 名是 16 岁至 18 岁（均是高中辍学），被以猥亵目的的诱拐、绑架、非法监禁、强奸、杀人、遗弃尸体等罪名起诉。

该案件中的女高中生被监禁两个半月、被强奸、被杀害、被灌入混凝土后被遗弃了，因此世人的目光都集中到了被害人身上。在电视节目、周刊、体育新闻的报道中，有很多蒙蔽人的报道，被害人的隐私和名誉也变得模糊不清，但对该案件的报道却很少进行验证和反省。

1994 年 10 月 29 日发生的“筑波医生母子被杀案件”，是案发 5 天后的 11 月 3 日，在横滨市鹤见区的京滨运河发现了被装入塑料袋

① 爱媛县公安委员会发表的调查结果表明，“根据最初被害人殴打少年的一连串情况分析，认为‘打架’这一说明没有过失。但县警察南署说明案件时，使用了表示 1 对 1 打架的对打一词，因此报道内容有错误”，不过家属不同意这个调查结果。

② 根据 2010 年 4 月 15 日日本经济新闻报道。

套上重物的女性和被绞杀的女孩遗体，引起了极大骚动的案件。被害人是筑波市的 N 女士（当时 31 岁）和长女 E（当时 2 岁），加害人是她的丈夫（当时 29 岁）。

该案件的侦查涉及茨城、神奈川、千叶、东京等地，警方的例行记者招待会屡屡延期，因此媒体只能独自进行采访。在采访的过程中，出现了夫妻关系冷淡、妻子晚上打工等话题，成为媒体吊足观众胃口的诱饵，展开了诽谤被害人的报道战。

1996 年 5 月 8 日发生的“圣地亚哥日本教授被杀案件”，是在美国的圣地亚哥的日本教授和他的女儿被杀的案件。由于妻子被当作犯人，误报不断发生。事发当天，他的妻子正在意大利旅行，虽然有完全的不在场证明，但日本媒体在没有确认的情况下，反复报道了当初的误报。日本媒体依赖外电进行报道的问题浮出水面。此后，他 632
的妻子向媒体公司提起了名誉损害诉讼，并全部胜诉。这是由大众媒体造成二次伤害的典型事例。

东电 OL 杀人案件（1997 年 3 月 8 日）的案情是 3 月 19 日下午 5 时 30 分左右，在东京都涉谷区円山町一栋叫作“喜寿庄”的木质结构二层公寓 1 楼 101 号空房间里，发现了东京电力公司一名女性（当时 39 岁）被绞杀尸体。5 月 20 日，侦查本部逮捕了尼泊尔国籍的戈文达・普拉萨德・迈纳利（当时 30 岁）。① 被害人是毕业于一流大学的职业精英，媒体以“白领晚上的真面目”等题目的豪华报道展开了竞争，被害人的母亲通过律师多次要求媒体要对报道自我克制，但没

---

① 警方之所以怀疑迈纳利，是因为有目击证词认定他持有案发现场的喜寿庄 101 号房间的钥匙。2000 年 4 月 14 日，东京地方法院宣告迈纳利无罪。1997 年 5 月，迈纳利因违反《出入境管理难民法》被判有罪，被出入境当局收容，此后进入驱逐出境程序。4 月 18 日，检察机关提出上诉。5 月 8 日，东京高等法院以“有足以怀疑犯罪的相当理由”为由，决定对其逮捕。12 月 22 日，东京高等法院撤销一审的无罪判决，宣判无期徒刑。被告人和辩护方向最高法院上诉，2003 年 10 月 21 日，最高法院驳回了被告人和辩护方的上诉，判处其无期徒刑。但是，在此后的 DNA 鉴定中，确认了被当作证据的体液不是迈纳利的，因此被释放。

人理会她的要求，被害人遗属的二次伤害陷入极其严重的境地。①

媒体需要获得读者和观众，出现了脱离本来的使命，迎合读者和观众进行采访和报道的倾向。在这种情况下，尽管读者或观众没有提出要求，但媒体以“他们提出的要求”或“以保护国民知情权为使命”等独自理论，不考虑被害人的隐私，不断地重复报道。

知情权和言论自由，是通过媒体的独家采访来确认真相并进行报道来保护的，但实际上，他们多数是依赖记者俱乐部组织，并没有独自进行充分的采访。而且，在报纸、杂志、电视的世界里，也存在各个新闻社一起采访和报道的倾向，记者一拥而上，使采访不断升温。

633 1999 年 9 月 8 日的池袋拦路抢劫案中的采访被害也是在这种情况下发生的。在该案中，据一名被害人 T 先生的父母介绍，自己在案件发生的夜里直到很晚才领回遗体，焦虑地回到家里时，好多媒体记者一拥而上，被闪光灯照耀下进行拍摄，这完全是无视死者遗属心情的非人性采访。而且，某电视台的记者还提出，想在演播室里让看到押解犯人的过路人与死者家属进行对话。② 如果考虑到案发后不久被害人遗属的心情，能说出这种话确实让人难以置信。之后，死者家属向电视台和当事记者提出了抗议，但媒体方面的回应都是非常不诚实的。这种不近人情的媒体行为，恰好说明了现在日本媒体界的现状。

1999 年 11 月 22 日的音羽幼儿园杀害幼童案件发生在东京都文京区这个知名学校聚集的文教地区，因此媒体界开始报道时就暗示凶手的动机有“考试”纠纷，报纸、杂志的版面一连几天出现“应试”的大幅报道。媒体关注的焦点是围绕小学和中学入学考试的社会问

---

① “鞭打死者”这类节目，2006 年 10 月 15 日由筑紫主播的 BS 节目进行播放。为了揭开东电职场女性被杀案件的被害人真面貌，反复播放被害人的姓名、照片，邀请了三位嘉宾在演播室展开讨论，反复分析为什么这样优秀的职场女性被害人会卖淫。考虑到侦查过程和遗属的强烈愿望，为什么制作这样的节目，媒体人的感觉令人怀疑。

② 这是笔者从遗属那里直接听到的话。

题,把被害人遗属描绘成人格偏执的形象,报道时反复损害遗属的名誉。[①]

一家报社于1996年1月对加入新闻协会的89家报社进行了调查,得到了60家(占67.4%)的回答。[②]

根据该调查,对于“你认为媒体报道有没有不考虑犯罪被害人人权的情况”的提问,回答“有”的报社占83.3%,回答“以前有过”的报社也占55.9%。对于“你认为犯罪报道会给被害人带来二次被害吗?”的问题,98.3%的人回答“会”。在调查中询问了避免这种二次伤害的方法,报社的回答是:①不报道轻微犯罪;②在匿名化等方面下功夫;③如果没有警察发表的证据,就不刊登;④不刊登被害人的 634
照片;⑤在某地区可能确定被害人的情况下不刊登性侵害或少年被害等案件。

---

① 遗属本想以损害名誉为由起诉各媒体公司,但因没有电视录像而放弃,与以损害名誉起诉的《周刊文春》等4家公司通过刊登道歉报道等方式达成了和解。另外,宫川俊彦所著《考试的深层,为何杀人》(2000年版)被禁止发行,并被回收。

② [日]市村真一:《避免被害人的二次被害》,载《新闻研究》1996年第541号,第42页以下。

635

第二十四章

被害人的知情权

Victims' Rights to Get Information about Victimizer and the Truth of Event

一、被害人的最重要权利

在被害人的权利中，最重要的权利是“知情权”。如果不承认被害人对案件真相的知情权，那么讨论被害人的权利就毫无意义。

对于被害人来说，知情权有两层意思。一是了解案件的真相，接受它，走向新的生活，即所谓的让被害人重新站起来的“知情权”。对被害人掩盖事实真相，像没发生过案件一样，但他们也不能进入新的生活。为此，国家应该制定相关制度，使被害人能够进入刑事司法的所有阶段，让他们了解案件真相。

二是对于被害人来说，“知情权”意味着从被害中恢复过来，为防止二次被害，确认新生活需要获得的信息。被害人为了找回原有的生活，就需要知道从何处可以获得什么信息，在哪里能做什么事情这些重建生活的信息。这类信息由警方和市区町村负责窗口等行政部门提供，同时由地区被害人支援中心等机构提供。

在日本，有很多不适合被害人“想知道”这一心情的案例，例如未解决的案件、少年案件、精神障碍者案件、不起诉案件等。日本的刑事法多年来一直致力于保护加害人的权利，因此有很多案件对被害人是不合理的、不方便的。

刑法的基本原则是重视行为人的意思,而不是结果责任。《刑法》第 38 条规定,“没有犯罪意思的行为,不予处罚。但是,法律有特别规定的,不限于此”。第 39 条规定,“心神丧失者的行为不受处罚。 636
心神耗弱者的行为,减轻其刑罚”。因为加害人是未成年人,所以不是刑事法庭的审判对象,而是交付家庭法院审判,或者因为加害人有精神科住院经历而不被起诉。这些情况绝不是少数,而是经常发生的,这种情况使被害人和被害人遗属陷入了绝望的深渊。在少年案件中,实施加害行为的少年受到法律的保护,而被害人及其遗属却无法接近案件的真相。①

日本的刑事司法制度中,不保护或者限制被害人知情权的情况有以下几种:

1. 警察不受理报案的案件;
2. 未被检举的案件;
3. 不被起诉的案件;
4. 犯人死亡的案件;
5. 少年案件;
6. 犯人没有责任能力的案件;
7. 被告人否认或保持沉默的案件;
8. 成为冤案的案件。

被忽视的涉及被害人恢复自立的信息中,有一些是有关被害人免受加害人再次伤害的信息。因此,对被害人来说,加害人的个人信息是必需的。当然,在这里有人会认为,从保护加害人隐私的角度应当限制被害人的知情权,但如后所述,被害人和加害人,他们在加害人已经侵害了被害人权利这一点上是不同等的,因此被害人的知情权应当优先于加害人的隐私权。

---

① 2008 年 6 月 18 日(12 月 15 日施行)修正了《少年法》,从此可以旁听少年审判,但即便如此,还远远不够。

为了保障被害人的知情权，重要的是要告知被害人有这种权利。被害人权利中的知情权被称为“发端权利”或“入口权利”（threshold right），因为它是被害人所有其他权利得以实现的基础。很多国家都
637 试图在法律上明确规定这种“知情权”。但并不是所有国家都制定了相关法律。美国所有州都在完善知情权方面的法律，其中约一半的侦查机关承担对被害人知情权进行说明的义务。特拉华州、佐治亚州、密歇根州、明尼苏达州、俄亥俄州、得克萨斯州、怀俄明州等在法律上规定，在程序的两个阶段即警察阶段和检察阶段，相关人员在法律上有义务必须告知被害人。

为了提示和考虑被害人的意见和关心事项，到目前为止各国采用的方法有所不同。[①] 与所采用的手法无关，能否成功的关键是，在多大程度上把这种权利和责任告知被害人。许多国家通过印制关于刑事司法制度和被害人权利和责任的书籍和小册子等方法，致力于公开这些信息。[②]

其他国家也任命了专门负责解决被害人问题和特殊被害人问题的特别警察、检察官、法院职员，努力为被害人提供信息。率先实施这种对策的国家有澳大利亚、荷兰、美国、加拿大等，现在很多发达国家都建立了这种制度。此外，法国、美国以及加拿大的部分州，根据司法机关的同意，通常由被害人负责部门与各个法院联合设立事务所。

当被害人参与判决时，被害人需要知道有关诉讼进行情况的信息，尤其是决定判决的过程。有些国家规定，要向被害人确认他是否想知道诉讼进展情况，如果要求告知，警方和检察机关应协助有关机

---

① United Nations Office for Drug Control and Crime Prevention(1999). *Handbook on Justice for Victims*, p. 37；［日］诸泽英道译：《联合国被害人人权宣言相关文献——为被害人的正义》，成文堂2003年版，第79页以下。

② 法国在1982年发行了《关于被害人权利的指南（Guide des droits des victims）》第一版。

关告知被害人。在警察承办案件期间，将办案经过告知被害人的责任主体是承办警察官，这一责任与诉讼相关文件一起移交给检察官继承。① 有些国家还规定，对于强奸、杀人等重大案件，检察官可以召唤被害人或其家属进行秘密对话，并对预定的判决进行说明。 638

有关通知被害人的现状调查显示，从司法当局收到信息的被害人，有机会表达自己的意思，同时也感到司法当局考虑了他们的意见，感觉在一定程度上对诉讼结果有影响。②

二、被害人知情权的国际动向

《联合国被害人人权宣言》第 4 条规定，在以尊重、同情的感情对待被害人的基础上，“使被害人通过司法程序尽快从被害中恢复权利”；第 6 条(a)规定，“促进司法及行政满足被害人的需求，应当向被害人告知诉讼程序中的作用和范围、时机和进展情况及处分决定”。

《联合国被害人人权宣言手册》关于该条文的内容写到，通常被认为对被害人最重要的信息是以下发挥实际作用的信息：③

1. 被害人可以继续住在同一个地方，还是必须搬家？

2. 能否确保满足被害人因犯罪所产生的直接需要的经济资源？

3. 被害人所面临的法律问题有哪些？

4. 刑事司法制度和民事司法制度有哪些对策可以适用于被

---

① United Nations Office for Drug Control and Crime Prevention (1999). op. cit. p. 38；[日]诸泽英道译：《联合国被害人人权宣言相关文献——为被害人的正义》，成文堂 2003 年版，第 80 页。

② United Nations Office for Drug Control and Crime Prevention (1999). op. cit. p. 38；[日]诸泽英道译：《联合国被害人人权宣言相关文献——为被害人的正义》，成文堂 2003 年版，第 81 页。

③ United Nations Office for Drug Control and Crime Prevention (1999). op. cit. p. 24；[日]诸泽英道译：《联合国被害人人权宣言相关文献——为被害人的正义》，成文堂 2003 年版，第 53 页。

害人？

639 5. 被害人马上要面对的医疗问题是什么？

6. 杀人案件的死者家属提出的要求是什么？是确认尸体，还是准备埋葬尸体，或者有其他要求？

7. 关于媒体的信息，被害人需要知道什么？是否有必要知道案件详情？

该手册还指出仅次于上述作用的优先级别信息，这是对被害人未来可能性的建议，例如情绪反应会在案发第 2 天还是 6 个月后恢复等。因此，无论是被害人还是相关人士，都应该清楚地认识到，下一个危机反应何时到来，或者强烈的情绪反应将在什么状况表现出来，要有一个被害人可以预知的非书面的计划表。

全美被害人中心的资料指出，被害人的知情权大体上可以分为两大类。① 一是所有被害人共通的"一般信息"；二是有关该案件的刑事程序如何进行的信息和涉及犯罪者的信息。

其中，第一类的一般信息包括下列内容：

1. 获得被害人赔偿金的可能性；

2. 介绍(referral)给被害人的服务机构，如强奸救援中心、性暴力被害女性避难所、一般被害人服务机构等；

3. 被害人涉及的刑事审判各个阶段的信息；

4. 刑事司法程序中的个人信息；

5. 有关被害人权利的说明。

其中，关于第 5 被害人权利的说明，在被害人对策发达国家，被害人及遗属的知情权是通过向警方和检察机关等部门要求"积极告知的义务"来保障的。被害人和遗属可以了解的信息是，不是他们通过辛苦努力才会得到的信息，而是警察和检察机关"应有的告知义务"，正如"在家也能得到的权利"一样必须得到保障。

---

① The 1996 Victim's Rights Sourcebook. National Victim Center, p. 23.

关于被害人的“知情权”，很多国家都在法律中明确规定。

欧洲理事会就《刑法》和《刑事诉讼法》中被害人的法律地位提 640
出了《建议（85）11》①，22 个成员国于 1985 年首次采纳了该建议。2000 年关于执行该建议的报告书中指出，《建议（85）11》中包括信息（information）、补偿（compensation）、处遇和保护（treatment and protection）三个重要课题（three key issues），②为了保障被害人在刑事司法程序中的“知情权”，行政机关和司法机关应当适当向被害人提供信息。

对于被害人来说，加害人被逮捕并受到严厉的刑罚制裁是很重要的，但调查显示，即使加害人不被逮捕③，或者处罚较轻④，相比之下知道必要的信息更为重要。刑事司法制度常常不能发挥应有的作用。例如，在指出过程中存在的问题是不能检举加害人；即使检举加害人，因自杀、逃跑、心神丧失等原因也不能追诉；即使被起诉，也得不到被害人所期待的判决等。在这种情况下，刑事司法各机关的负责人应当郑重向被害人和遗属进行说明，但日本的实际情况恰恰相反，没有被起诉的案件，就不向被害人和遗属进行解释，即使进行解释也是应付了事。⑤

---

① Recommendation (85) 11 of the Council of Europe on the position of the victim in the framework of criminal law and procedure.

② Brienen, M. E. I. & Hoegen, E. H. (2000). *Victims of Crime in 22 European Criminal Justice Systems*. Wetenschappelijk Onderzoek - en Documentatiecentrum. p. 1.

③ Shapland, J., Willmore, J. & Duff, O. (1985). *Victims in the Criminal Justice System*. Aidershot G. B., Gower Publishing Company Limited, pp. 176 - 177.

④ Wemmers, J. M. (1996). Victims in the Criminal Justice System. WODC/Ministry of Justice, Kugler Publications - Amsterdam/New York. p. 208.

⑤ 例如，1999 年 12 月 21 日发生的“京都日野两小男孩被杀害案件”，一名男子（当时 21 岁）作为重要证人被从家中非强制带走，但该男子在附近的公园中趁搜查官不注意之机逃跑，从公寓屋顶坠落死亡。京都地方检察院因犯罪嫌疑人死亡而作出不起诉处分，但被杀害的 T（当时 7 岁）的父母多次要求检察机关公开刑事记录，但未能得到充分的解释。

《建议(85)11》对7个主要阶段的问题提出了基本标准:A. 在警察的阶段;B. 关于追诉;C. 询问被害人;D. 法庭的程序;E. 执行法律;F. 隐私的保护;G. 被害人的特别保护。

641 其中,关于保障被害人的知情权,提出了以下标准:

> A.2 警察必须告知被害人,关于援助及实务上、法律上的建议,从犯罪人处获得赔偿、从国家获得补偿的可能性。
>
> A.3 被害人可以得到关于警察侦查结果的说明。
>
> B.6 被害人关于追诉的最终决定,除事先联络表述不需要的情况以外,追诉机关应当告知。
>
> D.9 被害人可以得到以下信息:
>
> · 审理被害案件的询问日期及场所;
>
> · 在刑事司法程序中获得损害赔偿(restitution)和补偿(compensation)的机会、帮助和建议;
>
> · 被害人了解案件的最终结局。

如上所述,除了被害人有权利从各刑事司法机关得到信息以外,还存在各机关为被害人共享信息的问题。①《劝告(85)11》对此列举了以下两点:

> A.4 在追诉机关的任何报告中,警方都应尽可能提供有关被害人正在遭受痛苦的伤害和损失方面的清晰完整的信息。
>
> D.12 有关被害人被伤害或损失的所有信息,在确定判决的形式和量刑时,在以下两个方面应当在法庭上使用:
>
> (1)被害人对补偿的需求;
>
> (2)犯罪人的赔偿及补偿以及诚实的结局。

D.12 侦查机关得到的信息,在适当告知被害人的同时,为了适

① Brienen, M. E. I. & Hoegen, E. H. (2000). op. cit. p. 995.

当地处分加害人,必须以完全的形式提供给检察机关和法院。根据上述宗旨,《德国刑事诉讼法》第 403 条规定了被害人(der Verletzte)在刑事程序中的财产权请求(Geltendmachung valogensrechtlicher Anspruche)条款,[①]该条第 2 款还规定,被害人及其继承人的"知情权",即被害人应在刑事程序的较早时期(moglichst fruhzeitig)被告知(soll),并在这个时候应当被告知在刑事程序中可以请求财产权。[②] 642

三、被害人为什么想知道真相

为了让被害人和遗属渡过案件,找回生活,案件的真相尤其是加害人的信息是不可缺少的。从这个意义上讲,旁听刑事审判是一个重要的环节。但是,在法庭上经常使用专业术语,这对于不具备法律知识的被害人和遗属来说,是难以理解的。

有很多案子是在刑事审判中还没有查明真相,就要求赔偿损失,进行民事审判的。在 2009 年 12 月《少年法》修正以前,被害人和遗属不能旁听少年审判。被害人和遗属要求案件真相的目的是进行民事诉讼,在法庭上直接质问加害的少年,但被告人的辩护人为了回避而不争辩原告(被害人)方面提出的事实,经过 1、2 次审理,案件就结束了。被害人提起民事损害赔偿诉讼的目的不在于获得赔偿金,而在于在民事法庭上查明真相,让加害人说出赎罪的话。但是,人们往往认为被害人和遗属是想要赔偿金,一旦法院认定应当赔偿数千万日元,就会引起社会对遗属的侮辱和骚扰。

图 24. a 是 1994 年在全国犯罪被害人现状调查中向死亡案件的

---

① 该条文是有关"附带民事诉讼"的规定,被害人及其继承人在区法院(das Amtsgericht)的刑事程序中,不论诉讼物的价值如何(ohne Rücksicht auf den Wert des Streitgegenstandes)都可以提出诉讼。

② 2002 年 9 月 15—22 日举行的"明日之会"第一次欧洲调查团(德国、法国的被害人参与刑事司法制度)的调查期间,于 9 月 19 日访问了柏林司法部,就被害人的知情权进行沟通,司法部的解释是,检察官告知被害人不是法律上的义务,而是实务上的义务。

遗属和重伤害的被害人提问"你能知道的信息",调查反映出的实际情况是,很多被害人和遗属想知道却得不到信息。①

643 **图 24. a 遗属和重伤被害人能知道的信息**

资料来源:1994 年全国犯罪被害人现状调查

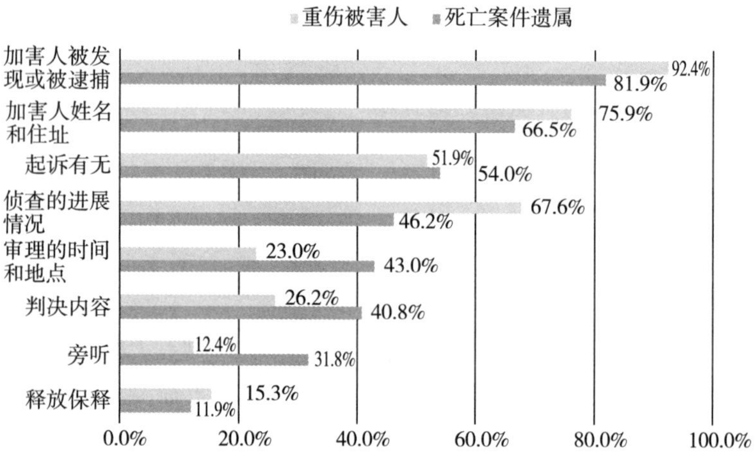

这里需要注意的是,实际上有不少被害人是通过媒体报道获得信息的。虽然查看案件的报道是很辛苦的工作,但他们还是会关注侦查和审判的情况,一边不知所措一边接触报道。

被害人为了摆脱案件的影响,不得不面对案件,了解真相,接受被害(或亲属死亡)的现实。掩盖事实真相是很难重新站起来的。不能知道真相的被害人和遗属,他们的钟表指针将永远停留在案发的当天。

人们不能长期持续地否定自己的行动和所处的状况。这些人为了生存下去,必要的合理方法之一,就是面对案件。当人们遇到想要否定的行为或状况时,会做出合理化的选择,消除它或接受它。消除

① [日]宫泽浩一等编:《犯罪被害人研究》,成文堂 1996 年版,第 407 - 409 页及第 425 - 427 页。

它多以暴力行动来实现,也有人试图通过杀人、放火、虐待、破坏、暴力等行为消去令人讨厌的无法忍受的现实。

但是,想从意识中抹去现实的人很少。合理化是通过“从一开始就希望发生那样的事情”的肯定、“不是自己的错”这种转嫁责任或 644
逃避现实来实现的。

被害人想知道的主要信息[①],有以下内容:

1. 案件的真相是什么?

2. 侦查机关等刑事司法机关是否正确处理了案件?

在被害人的心里,“想知道”的心情和“不想知道”的心情是共存的。尽管了解真相有时会令人烦恼,但调整情绪之后毕竟还要工作。从某种意义上说,对被害人来说,这个问题更重要。他们非常担心的是能否进行严正审判,能否给予加害人适当的惩罚。很多被害人都对正义实现这一点抱有不信任感。

虽然被害人遗属的心情各不相同,但也有遗属心理十分焦虑,想让司法机关以秒为单位查明案件经过。据报道,美国可伦拜恩高中枪击案[②]的被害人家属丹·安娜(Dawn Anna)至今仍执着于女儿被10发子弹击中而死亡前8分30秒的真相。[③] 另外,大阪教育大学附属池田小杀人案[④]的遗属酒井肇、酒井智惠夫妇,至今还拘泥于从女

---

① 被害人和遗属想知道的信息,具体来说包括,凶手是什么样的人、为什么自己(或自己的家人)被杀害、凶手的动机是什么、犯人是以何种方式实施犯罪的、警方是否及时侦查了、凶手是否被逮捕、犯人是否被起诉是否被处严惩、审判的是什么罪名、犯人是否坦率认罪、犯人是否反省悔过、犯人是否承担责任等。

② 1999年4月20日,在美国科罗拉多州杰斐逊县的可伦拜恩高中,两名在校生持枪乱射,造成12名学生和1名教师死亡,24人不同程度受伤。

③ 池埜聪编著:《灵魂的共鸣》,明石书店2013年版,第30页以下。劳伦·汤森特(Lauren Townsend)为了准备大学入学在图书馆学习,被两名犯人的10发子弹击中,等待救援用时8分30秒。父母在案发25小时后通过电视报道得知了女儿被杀的消息。

④ 2001年6月8日,一名男子(当时37岁)强行闯入大阪府池田市的大阪教育大学附属池田小学,造成8人死亡,13名学生和2名教师不同程度受伤。

儿被刺后从校园避难到呼叫救护车8分钟的空白。① 对于过着平稳生活的人来说,8分钟的时间并不长,但是对于等待帮助的被害人来说,8分钟无疑是一个漫长的时间。他们成为被害人遗属之后,对这
645 一现实感到痛心。

四、被害人的知情权和国民的知情权

图24.b将人们的知情权分为:①与国家权力相关的知情权;②个人对个人的“知情权”。与国家的相关的知情权包括国民不受国家妨害自由接受信息的权利(消极权利)和要求国家提供信息的权利(积极权利)。据说,其中自由接受信息的权利来源于言论自由。

图24.b　知情权的分类

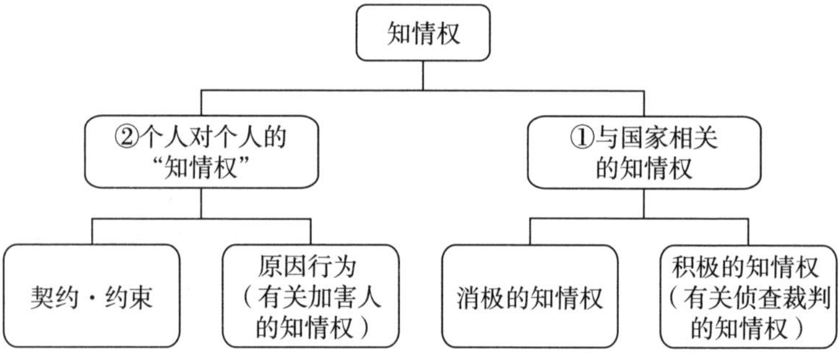

长期以来多数观点认为,权利的概念只涉及立法、行政、司法等国家(包括地方公共团体)的统治功能,但现在人们也承认个人对个人或者组织对组织的关系中的权利。知情权既包括涉及与国家权力的关系中的权利,也包括基于原因行为、约定、合同条款等涉及与个人的关系中的权利。

被害人的知情权是从侦查、审判、刑罚执行等各个机关获得信息

---

① 池埜聪编著:《灵魂的共鸣》,明石书店2013年版,第93页以下。在池田小学案件中,老师看到犯人刺伤孩子们的情况后拨打了“110”报警,但是接警人员用了8分钟才知道发生了什么、是否需要救护车等情况。

的权利，包括知道涉及加害人有关情况的权利。后者来自原因行为
论。也就是说，加害人是实施犯罪行为的人，加害人有义务向被害人 646
说明自己的信息、犯罪动机、犯罪方法等。

表现自由派生出报道自由、言论自由、创作自由、知情权等权利。自由主义原则重视表现自由，其背景是通过个别的言论活动，塑造自己的人格和参与政治决策。

日本《宪法》第21条明文规定："集会、结社以及言论、出版等一切表现的自由，予以保障。"从明治到大正时代，很多人认为知情权是媒体人的权利。即使在现在，主张信息公开的观点仍然以法律学者、媒体人士等有限的人群为主。

多年来，知情权通过公开审判、侦查机关举行记者招待会等方式得以实现。学说认为，知情权"不仅具有收集国民信息不受国家妨碍的自由权的性质，而且具有要求国家积极公开信息的请求权性质"。[①] 另外，日本律师联合会曾于1972年通过了《国民作为主权者享有知晓国政的权利》的宣言。[②]

但是，判例并没有认可请求公开行政信息这一意义上的知情权。例如，最高法院有关海关稽查的判决[③]认为，"海关稽查的结果，认为进口申报所需的书籍、图画及其他物品或进口邮件中附带的书信以外的物品，相对于第3号物件，因此海关关长以此为理由发出该通知的时候，就关闭了以后的合法进口渠道，其结果是，剥夺了通过发表

---

① ［日］野中俊彦等：《宪法》，有斐阁2001年版，第324页。

② 日本律师联合会关于国民对知情权的宣言（1972年5月20日第23届定期总会）表示："国政来源于主权者国民的信托，国民作为主权者有权知晓国政。国民的知情权，与国民主权是表里关系，应该是这是至高无上的基本人权。在民主主义的基础上，应当最大限度地尊重国民的知情权，在作为主权者的国民面前，原则上不存在什么国家机密，在极少例外的情况下，为了国民的利益在最低限度内允许国家机密的存在。保障基本人权是我们的使命，我们将竭尽全力保障国民的知情权，同时坚决阻止制定国家机密保护法等倒行逆施行为。"

③ 最高法院判决1984年12月12日。

647 该物所表现思想内容的机会”,“在另一个侧面可以理解为受表现自由保障的人也受获得知情权自由的保障(最高法院大法庭决定1969年11月26日),海关关长的上述剥夺了该表现物所表达的思想内容的机会,也限制了上述知情的自由”。

另外,关于博多车站案件的最高法院判决①指出:“在民主主义社会,媒体的报道是为国民参政提供重要的判断材料,是为国民的知情权服务的。”

相对于这些“涉及国家的知情权”,“个人对个人的‘知情权’”来源于原因行为论。在个人之间实施了原因行为、约定、合同等的情况下,一方当事人对另一方当事人具有承担后果的责任,同时也承担说明义务。根据这一原则,可以认为犯罪等的被害人有权要求加害人对其行为的结果进行说明。

五、行政信息的公开

关于公共信息,1999年5月7日通过了《信息公开法》,其中规定了非常多的不公开特例。在日本,长久以来受“有国家才有国民”思想的支配,国家和公共利益总是优先于国民利益。

公开官方信息的工作始于1994年12月19日设立行政改革委员会。② 该委员会从1995年3月到1996年11月共举行了14次审议会、57次行政信息公开会议、7次小委员会。此后,1996年12月17日,总务厅设立了制定信息公开法筹备办公室,开始着手法案起草工作。1998年3月27日,阁僚会议通过了《关于公开行政机关拥有的信息的法律案》,1999年5月7日该法律案经国会部分修正后获得通过。③

---

① 最高法院判决1969年11月26日。

② 《行政改革委员会设置法》(1994年法第96号)。

③ 《关于公开行政机关保有的信息的法律》(1999年法律42号。一般简称为《信息公开法》),于1999年5月7日通过,同年5月14日公布,2001年4月1日施行。

信息公开制度的结构如下：

1. 开示请求人可以向行政机关（包括会计审计院）请求开示； 648

2. 行政机关应当用行政文书通知开示决定或不开示决定；

3. 在不开示的情况下，可以向信息公开审查会提出复议；

4. 由信息公开审查会发出决定、裁定的通知；

5. 对决定、裁定不服的，可以向法院提起诉讼。

《信息公开法》第5条规定了公开行政文书的义务。根据该条规定，行政机关负责人，在有开示请求时，除开示请求涉及的行政文件有下列信息（以下简称不公开信息）被记录的情况以外，应当向开示请求人开示该行政文书。

不公开信息，包括下列内容：

1. 个人信息。

2. 关于法人或其他团体的部分信息。

3. 可能危害国家安全的信息。

4. 对犯罪的预防、处罚或侦查等有妨害的信息。

5. 不正当损害坦率交换意见或决策的中立性的信息。

6. 对审计、监查、稽查、合同、谈判、调查研究、人事管理等有妨害的信息。

通过记述姓名、出生年月日等内容可以识别特定个人或者虽然不能识别特定的个人但一旦公开就可能损害个人权益的个人信息，不开示。但是，下列信息除外：

a. 依照法令规定或依惯例可以公开或预定公开的信息；

b. 为了保护人的生命、健康、生活或财产，认为有必要公开的信息。

《信息公开法》中有很多不公开的特例，适用不开示的文书①也

---

① 也有不适用信息公开制度的例外规定，包括《不动产登记法》、《证券质押法》、《户籍法》（申报书等）、《著作权法》（著作权登记原件等）、《道路运输车辆法》（汽车登记文件）、《刑事诉讼法》（有关诉讼的文件等）等。

649 有很多。后来《刑事诉讼法》新增加的第53条之2规定,“信息公开法的规定,不适用于有关诉讼的文书和扣押物”。

关于个人信息保护也存在值得研究的问题,为什么既不保护私人信息,官方信息也不公开私人信息。

六、日本少年案件的遗属为知情权而斗争

越是重大案件,被害人“想知道”的心情越强烈。在死亡案件中,几乎所有的遗属都想知道案件的真相,要求警方进行说明,旁听审判,在刑事审判中不了解真相时就要通过提起民事损害赔偿诉讼来查明真相。但是,这种民事损害赔偿诉讼,常常会被世人误解,遭受加害人的骚扰和打击。没能知道案件真相的被害人和遗属采取代替手段,把加害人送上民事法庭,试图了解真相,但世人却不这么认为。人们往往认为被害人是为了要钱,在孩子死亡之类的案件中甚至被称为“用孩子换钱”。

在少年杀人案件中,被害人和遗属被赋予知情权的是,1997年5月24日神户杀害儿童系列案件[①]中小学6年级男孩被杀案件的遗属土师守。土师守向当时的神户家庭法院法官井垣康弘提出申请,要求与加害少年见面并旁听审判,但遭到拒绝。但可能是对处理该案的井垣康弘法官施加了什么影响,该法官应《每日新闻》的约稿,在2000年5月22日《每日新闻》(大阪版)上写道,“我在考虑,今后如果您提出希望,我将允许在少年审判程序中,向死者家属展示被杀害

① 神户连续杀害儿童案件中的杀害小学6年级男孩案件,案件发生的经过大体如下,1997年5月24日,神户市立多井畑小学6年级男孩失踪,5月27日在神户市立友丘中学正门前发现了该男孩的头部并附带有挑战书。在挑战书中,犯人自称是“酒鬼蔷薇”,该案也被称为“酒鬼蔷薇案”,在当地也被称为“须磨案”。遗属们被媒体团团围住,不能外出,过着悲惨的生活,但6月16日孩子的父亲在案发24天后上班。6月28日加害人A某被逮捕。

的照片等,设立对所爱的人表达思念时间和地点,听取有关人士的意见"。[①] 但是,该法官在半年后的 2000 年 11 月 28 日神户报纸上发表了《50 年后的怀念》一文,[②]死者家属和专家指出,从文章的内容看"他完全不懂被害人的事情"。[③] 650

神户案件的情况是,加害少年和被害儿童在一起玩过很多次,父母也都是熟人,但是加害少年的父母完全没有联系死者家属,也没有道歉。土师守说道:"案件告一段落之后,我们在想少年的父母会有道歉的举动,我们再等一等吧。即使是接受道歉,也不能治愈我们的愤怒和悲伤。但是,作为加害人的父母,你们有这样的孩子,你们至少应当早一点向我们表述诚挚的道歉吧! 在一般情况下,因为自己的孩子做出这么严重的事情,你也要想想被害人家属的心情嘛! 不应当和他们一起分担悲伤吗?"[④]

由于加害人的父母没有道歉,不能与加害少年见面,也不能旁听少年审判,遗属于 1998 年 8 月向神户地方法院提起损害赔偿诉讼。1999 年 3 月 8 日,在神户地方法院的和解宣告破裂,3 月 11 日判决加害方全额支付诉讼请求。因此,遗属试图通过民事审判查明真相的道路被堵住了。

1999 年 4 月 10 日文艺春秋社出版了加害人父母写的《忏悔手

---

① 对于这篇稿件,《每日新闻》使用的标题是"想给遗属一个说话的地方""过分照顾的少年审判"。

② 井垣法官(当时)给神户日报投稿表示,"少年 A 平安地回归了社会,现在看来 50 年已成为遥远的过去。已经古稀之年的老人 A 和他的弟子们、山下彩花的哥哥、土师淳君的哥哥,每月与当地的小学生、初中生、高中生以及大学生在北须磨的坦克山公园聚集一次,大家一起清扫小山和公园。他们买一些花表示谢意分别送到彩花和小淳君的家中,表示对二人的缅怀"。

③ 例如,[日]土师守、本田信一郎:《土师淳之后》,新潮社 2005 年版,第 178 页以下。作者之一的本田信一郎在书中表示,理论的展开完全没有考虑"被害人的感情""如果是遗属,反而会悲伤地感到世态炎凉"。

④ [日]土师守:《淳》,新潮社 1993 年版,第 132 - 133 页。另外,[日]土师守、本田信一郎:《土师淳之后》,新潮社 2005 年版,第 43 - 44 页。

651 记——生下了少年A这个孩子》一书。在该书出版之前，死者遗属得知了此事后，通过律师要求加害人父母停止出版，但遭到了拒绝。于是，遗属在5月第一周发行的《周刊新潮》上发表文章，遗属与山形马特死亡案件的遗属进行了对话，对出版社无视遗属的要求表示不满。

土师守得知2000年1月全国犯罪被害人会（明日之会）成立的消息后，表示自己要参加集会。7月9日，代表干事冈村、诸泽英道在大阪会见了土师守。当时，土师守说为了改变现有制度，想参加运动。①

土师守向法务大臣提交了要求开示加害少年出狱和居住信息的申请，同时将其内容刊登在《周刊新潮》上。杀人案件遗属的斗争，是与加害人及其相关人员（加害人亲属、律师等）的斗争，也是与媒体的斗争，在这个案件中，也是与司法、行政机构进行的斗争。②

2002年7月，因神户家法院决定延长对加害少年的收容期限，既没有通知也没有联系遗属，所以遗属通过媒体对此表示不快。2003年5月13日，法务省第一次联系被害人遗属，表示想对申请书进行

① 后来，土师守匿名参加了9月3日在大阪举行的第2次明日之会讨论会，而且和诸泽英道一起参加了9月21日在东京如水会馆召开的支援犯罪被害人之会的论坛。10月19日，他作为证人出席了众议院法务委员会，阐述了修改《少年法》的必要性。土师守把10月23日NHK以下关拦路抢劫案和和歌山咖喱投毒案为题材拍摄的“现代特写”和10月24日《每日新闻》刊登井户田教授把遗像带入法庭以及诸泽英道发表意见的报道，转交给了诸泽英道。他的感想是，改变人们的意识确实太难了。他还于11月28日通过律师向媒体提出了有关修改《少年法》的意见。11月29日众议院通过了少年法修正案，内容包括“被害人等可以阅览和抄写案件记录”“可以听取被害人的意见”“根据被害人等申请可以知晓审判结果”等。

② 1999年4月14日发生的山口·光市母子被杀案件，其遗属本村洋对于土师守和本田信一郎著《土师淳之后》新潮社2003年版写的书评写道，“淳君的父亲应当如何战斗呢”（November 2005 Foresight），文章中写道：“准确地说，土师守先生斗争的不仅仅是加害人，而且还有行政、法律、报道，以及他自己。”

说明。5 月 15 日,法务省、鉴定所、少年院的专家们拜访了被害人遗属。①

2004 年 3 月 10 日,加害少年 A 假释出狱,此后法务省给他打了电话。法务省下午在司法记者俱乐部召开了记者招待会。土师守以不露脸为条件在神户的记者俱乐部,由律师陪同召开了第一次记者招待会。2004 年 3 月 19 日,关东地方更生保护委员会的职员等人对 652
假释出狱的经过(第 4 次)进行了说明,土师守要求今后应继续报告有关出狱的经过。

七、少年案件被害人的知情权

日本的少年法,战后在驻日美军(GHQ)的指导下进行了全面修正,保护主义成为新的少年法理念。

《少年法》的保护主义规定在该法的第 1 条,"为了少年的健康成长,对非行少年进行矫正性格和改善环境的保护处分,同时对少年的刑事案件采取特别措施"。该法第 22 条第 1 款规定"审判应当以诚恳态度为宗旨,在和蔼气氛下进行,以促进非行少年对自己的非行进行反省",以此表明审判的目的是促进非行少年的反省。出于这种考虑,第 22 条第 2 项规定:"审判不公开进行。"

对于少年审判不公开,专家之间也有不同的意见。这一规定不禁令人产生疑问,宪法强调公开审判,而少年审判为何不公开?日本《宪法》第 82 条第 2 款规定,不公开的理由是"可能破坏公共秩序或善良风俗的情况"。将《少年法》的保护主义视为这一公序良俗的要求显然是不合理的。

《少年法》第 61 条规定,"对于曾被交付家庭法院的少年或少年时因犯罪被提出公诉的人,不得在报纸等出版物上刊登可以通过姓

---

① 5 月 19 日迎来了土师淳君 7 周年忌日,通过律师首次向媒体报告了法务省的积极应对。然后说明了提交 2 次申诉书的情况,即 10 月 8 日(向法务省官员提交)和 12 月 12 日(向神户保护观察局及关东医疗少年院的官员提交)的情况。

名、年龄、职业、住所、容貌等推知该人是该案件本人的报道和照片”。

另外,《少年法》规定,被害人一方在作出保护处分时,可以阅览审判记录,但实际上基本没有直接就被允许的。

有一本书引用了在奈良县发生的纵火杀人案件中少年的陈述记录等,在案件中对少年进行鉴定的医生因刑法中的泄露秘密罪被奈
653 良地方检察厅逮捕,但是舆论界不断对检察厅提出批评:“有必要逮捕吗?”人们提出了一系列疑问,是否符合《刑事诉讼法》中的拘留、留置、逮捕的条件? 在本案中是否有逃亡、毁灭证据等嫌疑?

少年案件和精神障碍者案件等没有刑事责任能力的人是加害人的情况下,在公开法庭进行审判的可能性很低。再加上,在这类案件中,检察官或嫌疑人一方辩护人甚至拒绝与嫌疑人见面。这些案件在民事审判中,可以直接询问加害人,查明真相,追究加害人的赔偿责任,但加害人的辩护人却千方百计让加害人不出庭。

根据2000年修正的《少年法》规定,被害人可以陈述意见、阅览和抄写案卷等。表24.a是2001年4月1日到2009年3月31日的9年间,被害人等利用了这些制度的实际情况。

表24.a　少年审判中的被害人或遗属的申请获准人数(9年间)

资料来源:根据2010年法务省的数据制作

	提出申请的人数	被批准的人数	比例
听取意见	1747	1676	95.9%
阅览记录、抄写记录	5963	5859	98.3%
通知审判结果等	7029	6984	99.4%

在9年间不允许利用该制度的被害人的情况是,不允许陈述意见的有71人,不允许阅览、抄写案卷的有104人,不通知审判结果的有45人。就在全体中的比例而言,均为百分之几,但利用这些制度

本来就是被害人的权利,因此应当说这百分之几的分量是很大的。①

长崎市幼儿园的儿童(当时4岁)被诱拐后被杀案件,加害少年被收容在儿童自立支援设施时,被害儿童的父母在2004年和2005年两次要求阅览审判笔录,但长崎家庭法院认为在作出《少年法》规定的保护处分决定时才可以阅览,最后拒绝了被害人父母的请求。此后,长崎家庭法院于2006年10月5日向被害人遗属开示了加害少年(当时15岁)延长强制措施的部分审判记录。② 被害儿童的父母 654
认为不向被害人遗属公开审判笔录是很奇怪的,强烈要求公开,最后终于得到了法院的说明。

《少年法》对少年案件规定了一系列制度,例如被害人等阅览和抄写少年案件笔录、听取被害人等的意见、向被害人等通知审判结果等。2008年6月18日通过了《修正少年法部分内容的法律》(法律71号),扩大了征求意见的对象范围,从同年12月15日开始,一些重大案件的被害人等可以旁听少年审判。2013年被害人等申请的件数和被认可的件数,如表24.b所示。

表24.b 少年审判中被害人保护制度的利用状况

资料来源:2014年版《犯罪白皮书》第204页

	提出申请的被害人	获得批准的被害人
阅览、抄写记录	1261人	1234人
听取意见	339人	325人
通知裁判结果	1440人	1438人
旁听少年审判	—	82人(64件)
说明审判情况	—	633人

① 2006年版《犯罪白皮书》,第194页。文中列举阅览、誊写少年犯罪案件记录的实际情况,这一年提出申请的人员和被拒绝的人员情况是,在576人中,阅览、誊写了案件记录的有11人;160人中,听取被害人等意见的有5人;571人中,获得审判结果等的通知的有4人。

② 据遗属的代理人表示,开示的是5张A4纸的判决要旨。家庭法院在9月25日做出决定时,曾向媒体公开了一部分内容,但向遗属公开的内容比较详细。

2013 年家庭法院最终处分的少年有 108,312 人,其中 4916 人(4.5%)被移送给检察官,188 人(0.2%)被移交给知事或儿童咨询所长。[1] 剩下的由家庭法院决定处分,但有 21,377 人(19.7%)给予不处分决定,有 54,361 人(50.2%)不开始审判。包括在儿童自立支援设施接受保护处分在内的人员只有 24,393 人(22.5%)。

2008 年 12 月 15 日开始实施了被害人等旁听少年审判制度。《少年法》第 22 条第 4 条规定:①因故意犯罪行为造成被害人死伤的
655 犯罪;②《刑法》第 211 条规定的业务上过失致人死伤罪等,"少年的年龄和心身状态、案件的性质、审判情况及其他情况,认为不存在妨碍少年健康成长的危险时,可以允许提出申请人参加旁听"。

另外,该条第 2 款规定,"家庭法院根据前款规定判断是否允许旁听第 3 条第 1 款第 2 项规定的少年案件时,一般应当考虑该案件的少年精神尚未特别成熟的情况",该条第 3 款规定,"家庭法院允许旁听第 1 款规定的审判时,考虑旁听者的年龄、心神状态等情况,认为该人可能明显感到不安或紧张的,可以让能够缓解这种不安或紧张的,不会妨碍审判,也不会对审判产生负面影响的人陪同旁听者"。

少年审判旁听开始于 2008 年 12 月 15 日,据最高法院分析,到 2009 年 12 月 31 日为止,被允许旁听的少年审判案件共有 87 件。根据这项分析,参加旁听最多的案件是伤害致死(包括 3 件刑法犯罪)27 件(31.0%),其次是驾驶汽车过失致死 23 件(26.4%)、伤害 9 件(10.3%)、驾驶汽车过失致伤 7 件(8.0%)、杀人(包括触法少年杀人 1 件)5 件(5.7%)、重大过失 4 件(4.6%)、抢劫致死 3 件(3.4%)。

《少年法》在后来的修改中还追加了第 22 条之 6,规定家庭法院可以向被害人等说明审判情况。该条规定,"第 3 条第 1 款第 1 项或

① 2014 年版《犯罪白皮书》,第 113 页。

第2项的少年[①]案件的被告人等,根据最高法院规则的规定提出申请时,家庭法院认为不会妨碍少年健康成长,是适当的,应当根据最高法院规则规定向该申请人说明庭审上的审判情况"。但是,这个申请不得在最终决定确定超过3年后提出。

八、被害人在侦查阶段的知情权

警察通常是最先接触被害人的刑事司法机关,因此,各国的各类文件都强调,被害人的保护和保障权利是最重要的。例如,欧洲理事 656
会的《建议(85)11》的A.1中规定,为了防止被害人的二次被害,最小限定给被害人带来不便,警察的训练是很重要的。[②]《建议(85)11》的A.3中规定,"被害人应当获得警方侦查结果(outcome)的信息",警方不仅有义务回应被害人提出的获取信息的要求,而且有义务把侦查结果告知被害人。[③]

日本在这一点大幅落后于西方国家。日本从1996年才逐渐开始在国家层面制定被害人对策。关于被害人的知情权,虽然建立了警察与被害人联络制度、检察对被害人通知制度等,但是被害人能够知道的信息是有限的。

警方在1996年4月开始建立了被害人联络制度。各警察署指定负责人与被害人进行联系,负责受理来自被害人的各种咨询窗口业务,并管理被害人联络的实施情况,对负责与被害人联络的调查官进行指导。被害人联络由听取被害人意见的承办侦查人员负责。

警察联络被害人的内容如下:

---

① 《少年法》第3条第1款第1项(犯罪少年)和第2项是指"因不满14周岁而触犯刑法法令的少年=触法少年"。

② Brienen, M. E. I. & Hoegen, E. H. (2000). op cit. p. 24.

③ Brienen, M. E. I. & Hoegen, E. H. (2000). op. cit. p. 14. "the criminal authorities are obliged to tell victim the outcome of the police investigation, irrespective of whether the results are negative or positive".

1. 检举犯罪嫌疑人(被认为是犯人的人)。

2. 犯罪嫌疑人的姓名、年龄等(少年的情况下,有时会留下监护人的姓名)。

3. 犯罪嫌疑人的处分情况(送交地的检察厅、起诉或不起诉的处分结果、被起诉的法院),但是未逮捕犯罪嫌疑人而送交的案件,认为是移送给目的地的检察厅。

检察厅根据1999年2月9日法务省刑事总局刑事局长第163号通告《关于被害人等通知制度的实施要领》(以下简称《要领》),开始实施向被害人等刑事案件相关人员通知案件处理结果、审判日期,刑事审判结果等,开始实施了所谓的“被害人等通知制度”。

该制度根据2001年1月22日法务省刑事总局刑事局长第73号
657 通告,对《要领》进行了部分修改,通知的内容还包括惩役、禁锢或拘役的刑罚执行结束预定日期、假释或自由刑罚执行结束的释放及释放年月日。

《要领》制定的目的是“通过向被害人等刑事案件相关人员通知案件的处理结果、审判日期、刑事审判的结果等,获得包括被害人在内的国民的理解,同时使刑事司法适当而顺利地运行”。

通知的对象是“被害人、其亲属或类似人员、有律师身份的代理人”,除此之外,有时也会通知目击证人等。通知的方法通过口头或书面等适当的方法。通知有困难时,不需要通知。

通知的内容如下:

1. 关于案件的处理结果包括审理的请求、略式命令的请求、不起诉、中止、移送、移送家庭法院及处理年月日。

2. 关于审判日期包括审理案件的法院和审判日期。

3. 关于审判结果包括裁判书的主文、裁判的年月日、裁判的确定及上诉、公诉事实的要旨、不起诉裁定的主文、不起诉裁定的理由要点、逮捕及保释等限制人身自由状况、审理的经过等。

4. 公诉事实的要旨、不起诉裁定的主文、人身自由限制状况、审理的经过等。

5. 出狱信息。

被害人死亡的案件或以此相当的重大案件中，即使检察官等不调查被害人等，也要向被害人等确认是否希望获得通知，并向要求通知的人通知上述1、2、3的事项。但难以确认被害人是否有希望时，不需要确认。

被害人等或有律师身份的代理人与检察官联系时，应当向他们通知上述1、2、3的事项。

被害人等或有律师身份的代理人特别希望获得上述4或5事项（2001年修正时追加）的通知时，可以通知该事项。

对于不符合《要领》规定的目的，或者其他不适合通知的，不需要 658
通知，也不需要确认有无希望通知。

"不符合规定的目的"是指什么情况？

《要领》的第一目的是"获得包括被害人在内的国民的理解，同时使刑事司法适当而顺利地运行"，因此包括不能获得"理解"的，或者阻碍"适当而顺利运行"的情况。

从"知情权"的角度看，这些制度还有很多不足之处，但今后有必要分阶段地加以完善。

另外，2001年1月22日法务省刑事总局第73号通告，随着2003年6月1日《国际服刑人员移送法》（2002年法律66号）的施行，通过向外移送服刑人员而被引渡到执行国时，应当将该情况通知给被害人等。

九、妨碍知情权的检察机关起诉便宜主义

刑事审判是对了解真相最有意义的过程，但日本的刑事司法制度中，检察机关垄断了公诉权，因此不能以被害人的意愿进行刑事审判。

关于公诉有两大原则，即法律规定起诉条件的"起诉法定主义"

和根据检察机关的判断决定起诉与否的“起诉便宜主义”。日本《刑事诉讼法》规定，警察（《刑事诉讼法》的表述是司法警察职员）[①]在侦查犯罪时，只要没有特殊规定，应当尽快将案卷及证据连同案件一起移送给检察官（《刑事诉讼法》第246条）。这种制度称为“全案移送主义”，只有检察官才有权终结侦查，作出起诉或不起诉的处分决定。[②]

659 检察机关做出不起诉处分决定的情况如下：

1. 不具备诉讼条件的。

2. 案件不构成犯罪的。

3. 无犯罪嫌疑（包括无嫌疑和嫌疑不充分）的。

4. 有犯罪嫌疑但不能处罚的。

5. 有犯罪嫌疑，但不需要追诉或处罚（称为缓期起诉）的。

其中，承认第5项缓期起诉权限的制度，称为“起诉便宜主义”。与此相反，在有犯罪嫌疑也可能给予处罚的情况下，检察官对此没有裁量权，必须全部起诉，这种制度称为“起诉法定主义”。[③] 实行起诉

---

① 《刑事诉讼法》规定，负责侦查的是司法警察职员（《刑事诉讼法》第189条）。司法警察职员分为普通司法警察职员和特别司法警察职员，普通司法警察职员是指法律或公安委员会规则规定的警官，相当于通常所说的“警察”。特别警察职员包括海上保安官、劳动基准监督官、刑事设施职员、缉毒官等。另外，国营铁路时代的铁路公安官在1987年4月1日因国铁民营化而被废止，现在已经被都道府县警察的铁路警察队取代。

② 关于公诉，《刑事诉讼法》第247条规定“公诉由检察官进行”，但全件移送有例外。其中之一是检察官指定的案件，司法警察职员没有移送的义务（《刑事诉讼法》第246条但书）。对轻微财产犯等的指定，被称为“微罪处分”。例外的其他情况是少年案件。《少年法》第41条规定：“司法警察职员对少年嫌疑案件进行侦查结束后调查，认为可能判处罚款以下刑罚的犯罪嫌疑人，应将其移送给家庭法院。”另外，违反道路交通法的案件，大部分都是依照交通违章通报制度处理，很少会被移送到检察机关。这种制度类似于略式程序，该程序是根据1954年制定的《交通案件即决裁判程序法》设立的，1967年修改《道路交通法》时明文规定在第九章“有关违章行为处理程序的特例”。参见［日］福井厚：《刑事诉讼法讲义》（第5版），法律文化社2012年版，第195、485页。

③ ［日］福井厚：《刑事诉讼法讲义》（第5版），法律文化社2012年版，第198页。

便宜主义的国家有，法国、挪威、丹麦、荷兰等；采用起诉法定主义的国家有，德国、美国等。①

十、被害人在审判阶段的知情权

在审判阶段，刑事审判原则上是公开的，所以知情权能够得到较大程度的保障。日本《宪法》第 82 条第 1 款规定："裁判的审理及判决在公开法庭上进行。"第 37 条第 1 款规定："在所有刑事案件中，被告人都有接受公平的法院迅速而公开审判的权利。"

关于不公开审判的情况，日本《宪法》第 82 条第 2 款规定"法院 660
在全体法官一致认为有可能破坏公共秩序或善良风俗时，可以不公开审理。但是，有关政治犯罪、出版犯罪、宪法第三章保障的国民权利问题的案件，一般应当公开审理"。

从历史上看，公开审判是保障被告人得到公正审判权利的原则。但是，现在公开进行审判也会给被害人带来困难。这个问题在被害人隐私保护一章中有论述。

如上所述，欧洲理事会的《建议（85）11》D. 9 中规定，应当通知询问的时间和地点、刑事程序中获得赔偿或补偿的可能性、案件最终结果（是否被起诉、有罪还是无罪、是否判处刑罚、是否缓期执行等）等信息。传统上，如果被害人不以证人身份参与刑事审判，那么就只能通过民事法庭了解案件真相。但是，现在的原则是，被害人从审理前的程序到最终判决的所有阶段都可以参与，而且也可以知情。② 在这个意义上，2004 年 5 月，日本引进了"审理前整理程序"（《刑事诉

---

① ［日］松尾浩也：《起诉法定主义的动向——西德刑事诉讼法》，载《团藤重光博士古稀祝贺论文集》1985 年第 4 卷，第 203 页以下。［日］田宫裕编著：《刑事诉讼法 1》1996 年，第 453 页以下；［日］田代则春：《起诉方便主义的宪法上的诸问题》，载《八木国之先生古稀祝贺论文——刑事法学的现代展开》（上卷），法学书院 1992 年版，第 468 页。

② Brienen, M. E. I. & Hoegen, E. H. (2000). op. cit p. 17.

讼法》第316条之2以下),法院可以把案件交付审理前整理程序,“听取检察官及被告人或者辩护人的意见”,第一次开庭审理之前确定案件的焦点及整理证据,为审判进行准备,但在这个程序中不涉及被害人的问题。

美国为了保障被害人在审判阶段的知情权而制定了法律。许多州的法律规定包括,宣判法庭上的知情权(46个州),假释审问的知情权(45个州),审理日期的知情权(42个州),辩诉交易的知情权(45个州)等。①

日本保障法庭公开,但法院不允许摄像、电视转播等。最大让步是插播静止的图画。但在这种情况下,也有偷拍刊登在周刊杂志上发表的情况。

661 图片周刊杂志《焦点》(新潮社)在审理和歌山咖喱毒物混入案件的法庭上偷拍了杀人罪被告人林真须美(当时44岁)的照片,并刊登在该杂志1999年5月26日号上,另外附上3张插图刊登在同年8月25日号上。对此,林真须美以侵害肖像权为由提起了损害赔偿诉讼。

第一审和第二审法院都认可了被告林真须美(民事原告)的诉讼请求,对偷拍照片和插图的行为分别判处220万日元和440万日元的损害赔偿。但是,最高法院第一小法庭的岛田仁郎审判长认为:“偷拍照片行为是违法的,但插图中除了一幅戴着手铐、腰绳的插图以外,其他插图是合法的。”并发回大阪高等法院重审。最后确定了因偷拍照片而造成的名誉损害有220万日元。

该判决对于是否构成损害名誉,提出了新标准,即“需要综合考虑被拍摄人的社会地位和活动内容,拍摄的地点、目的、样态、必要性,如果超过该人可以接受的限度,就发生赔偿责任问题”。

被害人的知情权中,重要的是“优先旁听”。2000年5月19日制

---

① The 1996 Victim's Rights Sourcebook. National Victim Center, p. 23.

定并于同年 11 月 1 日施行的《为保护犯罪被害人等的刑事程序附加措施的法律》(法律 75 号)①第 2 条规定,“承办刑事案件的法院的审判长,在该被告案件的被害人等(是指被害人、被害人死亡或身心有重大障碍时的配偶、直系亲属或兄弟姐妹,下同)或者该被害人的法定代理人提出,旁听该被告案件判决程序时,应当考虑旁听席位及申请旁听的人数等情况,允许申请人参加旁听”。

该条文的规定使被害人和遗属的知情权向前迈进了极其重要的一步,但是这只停留在“应该考虑允许旁听”的表述上,并没有真正成为被害人和遗属的权利。

该法律不仅规定了旁听,还规定了阅览、抄写裁判记录。该法第
3 条第 1 款规定:“处理刑事被告案件的法院,从在第一次开庭后到 662
该被告案件终结之前,该被告案件的被害人、该被害人的法定代理人、他们委托的律师提出阅览或誊写该案件的诉讼记录时,听取检察官及被告人或者辩护人的意见后,认为该被害人等有必要行使损害赔偿请求权或者有其他正当的理由的,考虑犯罪的性质、审理的情况等,认为相当的,可以让申请人阅览或抄写。”

另外,第 2 款规定,“法院在允许前款规定的誊写时,可以限制誊写的诉讼记录的使用目的,也可以附带其他适当的限制条件”;第 3 款规定,“根据第 1 项规定阅览或誊写诉讼记录的人,在使用阅览或誊写知晓的事项时,应当主要不能不当地侵害关系人的名誉或生活平静,或者妨碍侦查或审理”。

法官对于保护被害人知情权的作用,《联合国被害人人权宣告手册》第Ⅲ章 C 指出:“法官在充分为被害人提供信息方面发挥指导

---

① 该法于 2007 年修改(法律 95 号),名称改为《关于为保护犯罪被害人等权利利益的刑事程序附带措施的法律》。

作用。”[①]另外，“法院的案件承办人员，应当向被害人提供有关诉讼进展情况的信息”，“在被害人提出要求而且可能的情况下，应当向重大案件的被害人告知释放被告人、审理等信息”，“检察官应当告知诉讼的处分决定”。

为了保障被害人的知情权，有必要使被害人在刑事法庭的所有阶段都能旁听。不仅配偶、子女、父母、祖父母应当享有这一权利，而且也应让其兄弟姐妹、近亲属[②]、同居的亲属、亲朋好友参加旁听。但是，根据国家的不同，有些国家从保护被告人和辩护方的法庭防御手段的角度出发，如果这些被害人的亲属等被预定为“证人”时，他们不能旁听审理。[③]

663 作为法官应该为被害人采取的措施，《联合国被害人人权宣言手册》提出了以下例子：

1. 把被告人和被害人从休息室隔离开来；

2. 安排口头翻译、文字翻译人员；

3. 为了避免在法院之间不必要的往返，采用“on - call”系统；

4. 及时返还证物；

5. 往返法院过程中的护送；

6. 使国民理解被害人参与法庭的程序。

除此之外，还有待注意被害人或证人的孩子照看服务，对被害人的危机干预、心理咨询、其他支援服务，对强奸罪被害人不强制检查，被害人不负担证据收集和保管的费用，证人可以得到公平合理的报酬等。

---

① United Nations Office for Drug Control and Crime Prevention (1999). op. cit. p. 70；[日]诸泽英道译：《联合国被害人人权宣言相关文献——为被害人的正义》，成文堂2003年版，第135页。

② 日本制度中一般是指三代以内直系亲属。

③ United Nations Office for Drug Control and Crime Prevention (1999). op. cit. p. 69；[日]诸泽英道译：《联合国被害人人权宣言相关文献——为被害人的正义》，成文堂2003年版，第133－134页。

十一、被害人在处遇阶段的知情权

被害人要想到监狱会见服刑者，需要履行通常的会面手续，被害人不能优先会面。最近，有关机关终于认识到，被害人会见服刑者对服刑人员的处遇是有利的，但长期以来，不允许被害人会见服刑人员的理由是，被害人的会面可能阻碍对他们的处遇。

从明治时代以来持续了 97 年的《监狱法》被修正，2005 年 5 月 18 日在参议院获得通过。修改《监狱法》的起因是，2002 年 5 月和 9 月在名古屋拘留所发生了在押犯被皮革手铐捆绑并被施加暴力而伤亡的案件，2003 年 12 月法务大臣组建了非官方咨询机构“行刑改革会议”，基于这个组织研究的讨论内容推进了法律修改。

修改《监狱法》的要点如下：

1. 服刑人员每月至少可以获得 2 次会面和每月 4 次书信往来。

2. 以前原则上只允许亲属会面，现在扩大到律师、朋友等人。

3. 为了促进服刑人员回归社会，满足刑期超过了 1/3 等一定的
条件的模范囚犯，允许他们与亲属通电话，每月 7 日内在外住宿，外 664
出时不需职员陪同。

4. 为了防止再犯，性犯罪者和毒品犯罪者有义务接受矫正教育。

服刑人员的会面和通信是保障服刑人员权利的一环，是根据服刑人员的要求和心情进行的。

对于被害人提出的会面申请和邮件，从服刑现场考虑，认为对服刑人员的教育可能会造成障碍的，也会被拒绝。

对于服刑者给被害人发信，监狱等机关一般是给予奖励的，但对于被害人来说有时是一个负担。

2004 年 6 月 10 日，法务省矫正局设立了“以被害人为视角的教

育研究会”,[①]决定将监狱、少年院中的处遇按照被害人的意愿进行调整。具体而言,通过加害人和被害人的沟通、传达信息等,增强加害人的赎罪意识,对教育体制、内容、方法、实施时期等内容进行深入研究。对于符合该教育的人,根据本人的意思促进他们参加等,这种教育是理想的方式,但选择合适的人选却相当困难。

十二、被害人在加害人刑罚执行后的知情权

这是关于加害人(包括服刑人员、被收容人员等)从刑事设施出来时候(包括刑满释放、假释、赦免、逃跑、暂时回家等)的信息,告知给被害人的问题。[②] 很多加害人对于自己被收容在刑事设施往往怀恨在心。很多案件的加害人都是因为被害人的举报和提供证词等被收容的,因此有些加害人认为,如果没有被害人的举报,自己就不会被拘押。

665 20 世纪 90 年代以后,欧美国家开始向被害人告知加害人出狱的信息。1996 年年底,美国有 39 个州规定将加害人的假释一事告知被害人等,告知少年出所的有 46 个州,告知刑满释放的有 40 个州,告知逃跑的有 41 个州。[③]

澳大利亚的各州都设有被害人和犯罪人调解事务所(Victime - offender Mediation Unit,VMU),被害人要求提供关于加害人的后续信息时,只要在该事务所登记,就可以随时获得必要的加害人信息。

西澳大利亚州的 VMU 提供了被害人保护条件(protective condi-

---

① 委员除了被害人团体代表、被害人问题专家等 9 人以外,还有法务省的矫正局长、总务课长、大臣官房审议官、保安课长、教育课长、参赞等人也参加了会议。

② 根据 NOVA 的报告,在美国,因为妻子不知道因虐待妻子被判有罪的丈夫会出狱,所以在丈夫暂时回家时殴打并杀害了妻子,这成为社会十分关注的问题。对于被害人来说,加害人(犯罪人)的出狱是非常重要的信息。

③ The 1996 Victim's Rights Sourcebook. National Victim Center, p. 23.

tions）和赔偿调解（reparative mediations）[①]两种类型的调解程序。这个调解是任意的、公平的、非公开的，不仅处理成人案件，也处理少年案件。保护观察中的犯罪人（offenders on parole）和接受地区服务命令的犯罪人（offenders on community – based orders）根据矫正服务局的被害人与犯罪人接触政策（victim/offender contact policy），在没有VMU许可的情况下，禁止与被害人接触。在同意被害人与犯罪人接触的情况下，VMU会尽可能地长期监控一切接触。被害人利用被害人通知登记（victim notification register）制度时，加害人在矫正服务局的监督下，可以直接收到加害人的信息。

根据1999年2月9日日本法务省刑事总局第163号刑事局长通告《要领》，开始实施对被害人等刑事案件相关人员通知案件处理结果、审判日期、刑事审判结果通知等的“被害人等通知制度”。通知的内容如“被害人在侦查阶段的知情权”中所述，包括：案件的处理结果；审理的日期；审判结果；公诉事实的要旨等。

这个制度根据2001年1月22日法务省刑事总局第73号刑事局长通告，在通知的内容中增加了“5.出狱信息”。被害人等或其代理 666
人律师特别希望获得上述5事项的通知时，可以向其通知该事项。另外，惩役、禁锢或拘役的刑罚（自由刑）的执行结束预定日期、假释或刑满释放及释放年月日等事项也成为通知的内容。

通知的对象是“被害人及其亲属等，或者有律师身份的代理人”，除此之外，也可以通知目击证人等（称为“目击证人”）的参考人。通知的方法包括口头、书面或其他适当的方法。通知有困难的，不需要通知。

---

① VMU的另一个重要任务是协调赔偿，推进加害人向被害人的赔偿。为了修复加害人和被害人的关系，赔偿是重要的条件，对于被害人来说，因为涉及确切的赔偿，所以使用率很高。

十三、各机关为通知被害人而互相协作

既然被害人对案件有“知情权”,那么就会出现谁承担“通知义务”的问题。关于这一点,联合国的专家会议认为最终法官要承担通知义务,但是刑事司法机关各部门的负责人确实也要承担通知义务,此外还涉及各个机关协调配合的问题。

具体来说,例如警方侦查终结后将案卷移送给检察机关,作为警方窗口的承办人有义务将“案件移送给××检察厅”的内容传达被害人;检察厅的承办人有义务进行联络:“我是××地方检察厅的××检察官。这次由我承办这个案件。今后如有需要,请电话联系,电话号码是××。”

日本的《犯罪被害人基本法》对国家的责任和义务规定,“国家基于前条规定的基本理念,有责任和义务综合制定、实施有关犯罪被害人等的政策”;对于地方公共团体的职责规定,“在与国家适当分工的基础上,制定符合该地方公共团体地区状况的政策”,因此如果说
667 地方公共团体有义务对被害人告知,那么国家和地方公共团体的各种承办人,就应当制定相应的标准和指南使告知具体落实。

第二十五章 668

为被害人利益的侦查与刑事追诉的权利

Criminal Investigation for Victims and Victims' Rights to Request Prosecution

一、被害人的报复权

国际社会一致认为，犯罪侦查和刑事追究是为了国民，同时也是为了被害人。但日本还没有确立这一原则。

追溯人类的历史，每个民族、每个地区、每个时代都有差异，但都有承认被害人报复加害人的悠久历史。这就是斯蒂芬·谢弗（Stephan Schafer）所说的“被害人的黄金期”（the golden age of the victim）。①

在被害人的黄金期理论中，日耳曼民族的“复仇思想”和“以眼还眼以牙还牙”是社会的规则，如果被打，还手是理所当然的。18世纪中叶，欧洲开始产生近代法，此后，被害人的报复权随之受到限制，不久，被害人成为“被遗忘的人”（forgotten person）。但是，此后到了20世纪中叶，被害人的复兴期（revival age）开始了。权利受限制的

---

① Schafer, Stephan (1977). *Victimology: The Victim and His Criminal*, Reston Publishing Company, Virginia, pp. 5 – 32. 初版是 Schafer, Stephan (1968). *The Victim and his Criminal*. Random House, New York。详细内容请参见第二十一章“为被害人的正义和被害人运动”。

被害人衰退期(decline age)是从18世纪中叶到20世纪中叶,约为2个世纪,但如果将人类的历史看作2万年,那么对被害人来说,冬季时代的时间只有1%。

当然,在此期间,并没有全面否定被害人的报复权。无论在19世纪还是20世纪,合法的报复都是被认可的。日本2008年12月1日
669 施行的被害人参加刑事审判的制度,就是合法的报复形式,被害人参与刑事审判,在查明案件真相的同时,要求对被告人进行严厉的惩罚。

很多学者主张,被害人参与侦查或审判,会威胁到犯罪嫌疑人、被告人的权利,因此不应该承认。但是,至少在被害人目击案件中加害人的情况等,犯罪嫌疑人、被告人毫无疑义是真凶的情况下,没有理由否定被害人是根据法律程序进行报复的。

二、为被害人而进行侦查

为了保障被害人参与刑事司法的权利,必须保障他们要求侦查的权利。需要建立被害人能够参与侦查、起诉、审判、判决、刑罚执行等所有程序的刑事司法制度。这一点现在已经成为国际共识。但遗憾的是,日本最高法院至今没有做出这样的判决。

犯罪的被害人乃至告诉人,是否可以以侦查机关的侦查缺乏公正或者检察官的不起诉处分违法为理由,请求国家赔偿,对于这个问题,大阪地方法院(1970年6月16日)指出,"犯罪侦查和检察官行使公诉权,是为了维护国家和社会秩序这一公益,而不是以恢复被害人的被害为目的,告诉是为侦查机关提供犯罪侦查的线索,敦促检察官行使职权而已,因此,被害人或告诉人因侦查或提出公诉而获得利益,这种利益只不过是站在公益利益立场上的侦查或者起诉所附带的事实上的利益",①最高法院也支持这一观点。

---

① 《判例时报》第614号第79页。类似的判例还有1972年2月26日东京地方法院(《判例时报》676·49)、1984年6月29日东京地方法院(《诉讼务月报》31·1·107)等。

但是,这个判例,在不久的将来应该改变。在近代民主国家中,没有维持这样判例的国家。① 1980 年以后,联合国犯罪预防委员会、 670
国际被害人学研讨会、ISPAC 等讨论的关键词是,"为被害人伸张正义"(justice for victims),是为了将刑事司法制度改变为有利于被害人的制度而进行的讨论。因此,本章的基本论点是,侦查和提起公诉等不仅是为了公共利益,而且也是为了被害人的利益。

日本每年发生数百万起案件(被害)②,其中还有被害人没有注意到自己被害的情况;另外,被害人向警方举报,报案自己损失,但有些没被正式受理,加害人就被放纵了。而且,即使被受理了,在之后的程序中,加害人在被害人不知情的情况下获得允许,有些情况也根本就不让被害人知道。例如,在盗窃、诈骗等余罪较多的犯罪中,嫌疑人被逮捕时,并不能把余罪与全部的被害报案一一对照,也不能对被害人说明处分的情况。③

作为刑法犯罪被检举的案件每年大约有 100 万件,但经过审判,在第一审被定罪的只有几万件(查获件数的 6%—7%)。④ 此外,在

---

① 诸泽英道于 2003 年 7 月在南非的史泰林博世召开的第 11 届国际被害人学研讨会的主题演讲中介绍日本最高法院的案例时,人们的反应是日本的司法极端严厉。Morosawa, H. (2003). Key Note Speech: Three Rights of the Victims and Effort in Japan—the Course of Establishing Victims' Rights since 1990. In: Plenary Session of the 11th International Symposium on Victimology, Stellenbosch, South Africa.

② 2014 年版《犯罪白皮书》第 2 页显示,2013 年刑法犯罪认定件数为 1,917,929 件,其中被查获的有 997,910 件(884,540 人)。通常,未被警察知道的黑数(dark number)是认知件数的数倍,因此可以推测,日本每年至少发生 500 万件的犯罪被害案件。

③ 2005 年 2 月 15 日《西日本新闻》刊登了标题为"警方不联系被害人的逻辑"的报道,以警察厅刑事企划科长名义于 1989 年下达了"有关记载余罪的刑法犯罪报案表"的通知,盗窃等的余罪嫌疑不移交检察院,可以由警察内部处理。在这些案件中,统计时把余罪计入查获的件数之内,但没有进行侦查,因此很多案件没有联系被害人。另外,该通知涉嫌违反《刑事诉讼法》第 246 条和《犯罪侦查规范》第 197 条规定。

④ 2014 年版《犯罪白皮书》第 51 页显示,2013 年地方法院一审结案处理的有 51,419 件(其中刑法犯罪 31,816 件,特别法犯 19,603 件),简易法院有 7892 件,合计有 59,311 件。

有罪人员中，被判处惩役或禁锢等刑罚，被关进监狱的加害人只有2
671 万—3万人，①减少到被查获者的2%—3%。② 从被害人的角度看，这一现状犹如晴天霹雳。被害人认为，加害自己的加害人理所当然会被检举，受到审判，然后去监狱服刑。但是，日本的刑事司法是以尽可能少制造犯罪人这种形式运营的，这导致了被害人和遗属的巨大不满和不信任。

警察的职责是保护国民的生命、身体和财产（《警察法》第2条）。因此，警察要预防犯罪、打击犯罪，一旦发生犯罪，就立即展开侦查，逮捕犯罪嫌疑人。而且，为了交通安全要进行管控。警察的责任就是通过这些活动维持公共安全和秩序。在日本，国民对警察的印象是“刑事警察”，而警察的主要职务是行政警察，守护国民的安全和安心是警察的本职工作。③

为了国民的安全和安心，有必要提前排除和改善在不久的将来可能发生的被害。从居民那里接到附近有可疑人员这类咨询和通报时，警察必须及时对现场状况进行详细调查，可疑人员实际上可能是抢夺、色情、诱拐、入室盗窃、文化破坏行为④等的实施者，警察还要对没有实施任何犯罪行为的情况下进行事先防范。如果有必要，应该采取的对策有很多，例如频繁巡逻、在社区建立防范巡逻队、设置防

---

① 2014年版《犯罪白皮书》第63页显示，2013年确定有罪被移送刑事设施的有22，754人。

② 在日本被查获、被判实刑、被收容到刑事设施的加害人很少，其原因是日本有8成以上的盗窃犯罪和交通犯罪（2014年，盗窃、危险驾驶致死伤、汽车驾驶导致死伤总计1，585，022件，占总犯罪件数的82.6%，刑法犯罪为1，917，929件）。

③ 在日本，“刑事警察”的印象很强，主要是因为电视剧和电影的影响。

④ 古代日耳曼民族中的一个民族——班达（Vandal）破坏了希腊的艺术文化和历史遗迹，因此使用了“班达主义”（vandalism）一词。在公共物品上乱涂乱画的行为在日本也在增加。

范摄像头[①]等。

受到跟踪骚扰的被害人来找警察咨询的时候,警察首先要保护被害人的人身安全,其次是阻止跟踪骚扰的人(跟踪狂),使他们停止 672
纠缠。因为承办案件的警察往往考虑“首先要警告”,不使事态进一步恶化。在跟踪骚扰案件中,被害人的生活圈有限,而跟踪骚扰者的行动范围是很大的。如果以确保被害人的人身安全为第一目的,那么警察组织中的社区科之间的合作是不可缺少的。在实施《跟踪纠缠规制法》规定的“警告”之前,警察还有很多应该做的事情。但是,在被报道的大部分案件中,警方行动不佳的原因是,由于有《跟踪纠缠规制法》,所以即使想按照法律履行职务,反应也是迟缓的。对于跟踪纠缠案件来说,法律成了绊脚石。

警察的重要职责是通过巡逻等警察活动来发现案件,但在现实生活中,大多数案件是通过被害人的咨询和举报查获的。[②] 犯罪可以分为针对国家的犯罪和针对社会的犯罪,但是针对个人的犯罪,就需要确定谁是被害人,需要向被害人确认被害恢复和处罚的意向。被害人应当在这个程序中提出“被害报案书”,但被害报案书只是为了确认被害人的意思,而是否已经提交这是日后要解决的问题,这是非常奇怪的现象。[③] 虽然被害人有自己的想法,但作为警察来说,因为

① 2014 年 10 月 14 日播放的 NHK 特殊节目“防盗监控录像的陷阱——接连不断的错误逮捕”,据 NHK 的调查,因防盗录像而错抓,2 年期间至少在全国有 8 件错抓事件,有人指出任何人都可能突然在某一天被防盗录像指认为犯罪嫌疑人。

② 根据 2010 年警察统计(http://www.npa.go.jp/toukei/index.htm),除交通业务过失以外的刑法犯罪,由被害人及其相关人员报案而成为侦查线索的案件占全体的 89.6%。

③ 有时会发生这样的情况:被害人去找警察商量,请求对加害人采取适当的应对措施时,警察不能正确理解被害人的意思。有时认为被害人到警察局只是咨询而不是报案;有时被害人虽然前来报案,但没有正式受理。在 1999 年 10 月 26 日发生的桶川拦路杀人案件中,被害人想向警方报案,却被告知如果没有告诉状,警方就不会行动。但是,那份告诉状也被警方篡改了。桶川案件的死者家属以警方为对象提起了国家赔偿诉讼,最高法院判决认定警方负有责任。

没有正式收到被害人的报案，所以没有作为案件来把握，这样的解释是万能的，但这本身也存在问题。

警察会受到很多居民的咨询。2013 年全国 1169 个警察署收到 1,772,503 件咨询。① 从咨询的内容看，排在前几位的是防止犯罪导
673 致的被害(12.9%)，生活安全(11.1%)等，家庭、单位、邻里关系(10.9%)，刑事案件(9.5%)，合同、交易关系(6.3%)等，其次是垃圾行为(5.5%)、非法营销(4.9%)、高科技关系(4.7%)、交通管制(3.7%)、配偶暴力(3.0%)、少年问题(2.3%)、跟踪纠缠案件(1.6%)等。

《警察职务执行法》规定了警察在执行《警察法》规定的“保护个人生命、身体及财产”等的职务规则。根据该法的规定，警察官依据异常活动及其他周围情况进行合理判断，被认为是实施某种犯罪或有相当充足的理由怀疑企图实施犯罪的人，或者知道已经实施的犯罪或将要实施犯罪的人时，可以令其停止，进行质问，当场提问产生影响时，警察局可以要求同行(该法第 2 条)。另外，警察在认为行为人将要实施犯罪的时候，为了预防该犯罪的发生，可以对相关人员发出警告，或者如果其行为使人的生命或身体发生危险，在紧急情况下，可以制止该行为(该法第 5 条)。为了防患于未然，警察活动的重要责任就是保护被害人，建立安全、安心的社会环境。

三、选择性执法与被害人

身心正在受到危害的人，自己可以采取防卫措施，同时也可以向警察等刑事司法机关请求保护。特别是在日本，根据《枪炮刀剑取缔法》规定，原则上禁止携带手枪、步枪、机关枪等枪支和长 15 厘米以上的刀具、刃具、匕首，长 5.5 厘米以上的剑、短剑，45 度以上自动开

---

① 2014 年版《警察白皮书》，第 88 页。

刃的飞刀等。① 不携带武器的国民很难保护自己的人身安全，保护国民是国家的重大责任。刑事司法程序的基本流程如图 25. a 所示。 674

图 25. a　进入刑事司法程序的被害和不进入程序的被害

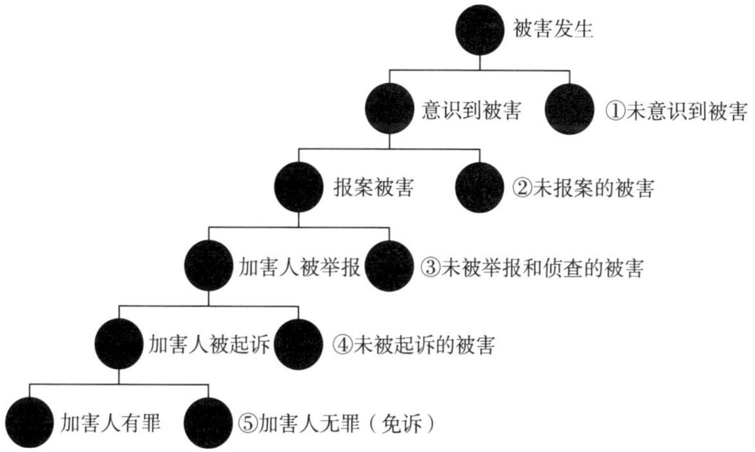

图 25. a 中显示有一部分被害被隐藏下来了：①没有意识到自己被害；②没有报案的被害也是“隐藏的被害”；③“未被举报、侦查的被害”；④“未被起诉的被害”。这些都是隐藏的被害。①和②是由于被害方的某种原因而没有暴露出被害，而③和④是应该处理被害的执法机关不履行程序而造成的。也就是说，③和④是因执法机关的裁量（discretion）而将案件“掩盖”了。

大多数犯罪人都是随着刑事司法程序的进展，而被允许从程序中排除出去的。各刑事司法机关 2013 年处理的刑法犯罪的件数及

---

①　2012 年因违反《枪炮刀剑取缔法》而被检察厅新受理的人数为 5668 人。参见 2013 年版《犯罪白皮书》，第 15 页。

人员,如图 25. b 所示。①

图 25. b 刑法犯罪被隐藏的过程

资料来源:根据 2014 年版《犯罪白皮书》第 4 页和第 44 页的数据制作

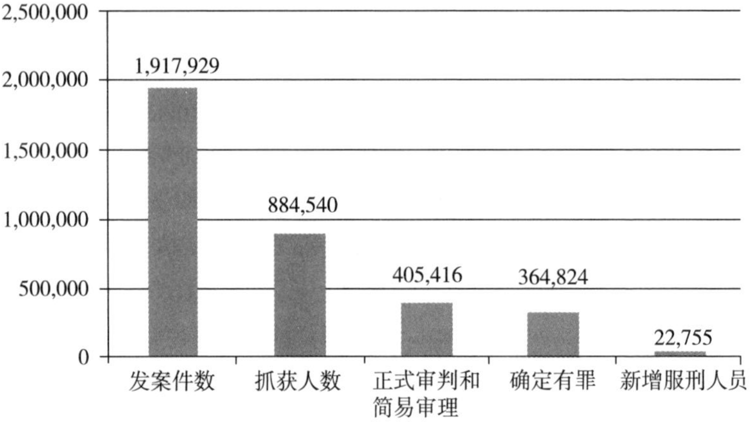

*发案部分是件数，其他部分是人数。

从图 25. b 可以看出,2013 年刑法犯罪的发案件数为 1,917,929
675 件,其中 603,446 件是驾驶汽车过失致死伤等。这一年被查获的有 884,540 人,请求审理(包括略式命令)的有405,416人(其中请求审理的 90,486 人,请求略式命令 314,930 人),不起诉的有 829,093 人。

根据执法机关的裁定,中断或中止对加害人追诉程序的情况,是对被害人或一般人没有正式公开的案件。在这种情况下,被害人不仅失去了在刑事法庭上查明真相或表明作为被害人心情的机会,而且也不会对加害人进行刑事制裁。对于被害人来说,只有通过民事赔偿解决问题这一条路。根据这种刑事司法程序,加害人不受处罚

① 在日本,犯罪统计还没有被数据化,所以无法追踪累计每一个案件(或每一个犯罪嫌疑人)是如何处理的。每个数据代表各个刑事司法机关当年处理的案件数量或人数,每个机关的数据之间不相关。另外,由于以件数处理的数据和以人员处理的数据混在一起,因此也不能追踪人员的变动状况。

的事例有,由无法判断事物的是非和善恶的人引起的案件,①加害人受到法律的保护,而被害人则处于被封杀的状态。

随着执法程序的进行,案件被埋在黑暗中的逐渐减少。从程序的前一阶段进行到下一阶段时减少的部分是"隐藏的被害(或被隐藏的被害)"。发生案件的件数,通常是以普通人为对象进行的被害人调查数据为基础推算出来的,根据欧美的多份黑数(dark number fig- 676
ure)调查,实际发生的案件达到正式统计(日本称为认知件数)的数倍。假设日本也有与欧美相同程度的犯罪,那么日本实际上已经发生的犯罪约1000万件。

特别刑法犯罪②是依照特别限制或者取缔的法律规制那些不像一般刑法犯罪那样高发的犯罪的行为。由于新受理的案件由检察厅公布,因此在此之前的警察阶段,特别刑法犯罪的实际情况尚不清楚。③ 2013年新受理的犯罪为1,332,918人,其中刑法犯罪为882,528人(66.2%),特别刑法犯罪为450,390人(33.8%)。④ 其中大部分是交通领域犯罪,刑法犯罪中一部分的驾驶汽车过失致死伤等占全部刑法犯罪的43.3%(617,594件)。另外,违反《道路交通法》的特别法犯占全部刑法犯罪的33.8%(27.0%)。两者加在一起,在检察厅新受理的犯罪中,有77.1%是交通类犯罪。

四、执法机关的裁定

裁量包括根据法律等规定裁量判断基准的法规裁量和允许侦查

---

① 《刑法》第39条规定:"心神丧失者的行为不受处罚;心神耗弱者的行为减轻刑罚。"《刑法》第41条规定:"未满14周岁的人的行为不予处罚。"

② 除《刑法》(1907年4月24日法律45号)规定了犯罪和刑罚外,独立规定犯罪和刑罚的法律还有特别刑法。主要有《轻犯罪法》《关于处罚暴力行为等的法律》《卖淫防治法》《道路交通法》《毒品及精神性药物取缔法》《兴奋剂取缔法》《大麻取缔法》《关于规制跟踪尾随行为等的法律》《枪炮刀剑取缔法》等。

③ 根据2013年版《犯罪白皮书》,2012年检察院新受理的案件数量是,违反《道路交通法》392,435件,违反《兴奋剂取缔法》19,008件,违反《轻犯罪法》10,387件等。

④ 2014年版《犯罪白皮书》,第46页。

机关任意判断的自由裁量。法规裁量是对所有案件按照一定基准机械地进行分类，其优点是案件处理平等，但对具体案件缺乏适当性。而自由裁量有具体的适当性，但是被处理的一方（无论是加害人还是被害人）有不平等感。

裁量存在的问题主要集中在20世纪60年代，这意味着人们对执法机关的关心程度不断提高。[1]

677 纽曼（Newman）对裁量的定义是“从几个可选择的行动中选择一个行动，或者全部行为都没发生的判断”。[2] 裁量并不是说做什么都可以，而是指执法机关从本来应该采取的几种选择中，根据当时的情况做出认为最好的选择。因此，在选择了本不应采用的方法的情况下，当然就产生该选择是否得当（违法性）的问题。另外，如果选择有问题，该选择的适当与否也成为问题。

在日本，人们是从警察和检察机关应该公正执法的角度，越来越关注裁量权的。随着民主主义的发展，人们的权利意识越来越高，“平等意识”也越来越强，适用法律也应尽可能统一。大多数人认为，如果按照法律一律执行，虽然存在缺乏具体适当性的问题，但结果是法律得到了公正适用。

如果有被害人或相关人员提出举报（或报案），而执法机关不积极行动，主要原因有如下情况：

1. 执法机关的怠慢。

2. 执法机关认为“不能称为被害或案件”。

3. 执法机关认为“还不是执法机关应当行动的重大案件”。

4. 执法机关认为“该案件很难维持诉讼”。

在这种情况下，执法机关有时可能采取行动，有时可能什么也不

---

① 最早指出裁量问题的是 Davie, Kenneth Culp (1975). *Police Discretion*, West Publishing Co.。另外参见肯尼迪・C. 戴维斯：《如何控制警察的裁量——以芝加哥警察为中心》，神长勋译，劲草书房1988年版。

② Newman (1975). Introduction to Criminal Justice, p. 479.

做。报案与执法机构裁量权(discretion)的关系方面,经常会出现问题。

从程序各阶段看执法机关不采取行动的情况,首先是被害人或关系人报案,警察也及时到了现场,但事态已经平息,因此警方认为"这是琐碎事情",根据警察有关规定不能按照案件对待。进而,即使案件从警方移交给检察机关,检察机关根据判断也可能会不起诉或撤回起诉。即使起诉,也不能全部认定有罪。

在日本严格依照裁量权处理的案件有,暴力团相关人员的犯罪、 678
交通犯罪、毒品犯罪;一般不严格按照裁量权处理的例子有,女性犯罪和少年犯罪。

暴力团相关人员的犯罪案件在程序的各个阶段都严厉对待。比较一下暴力团成员犯罪在全体查获人员所占比率和暴力团成员犯罪在服刑者中所占比率,其差距是一目了然的。例如,在2013年查获的328,113人中,暴力团成员所占的比率是,普通刑事犯为5.1%(另外,暴力团成员比例较高的是,非法逮捕监禁48.4%、恐吓42.3%、赌博40.6%),特别刑法犯为14.3%(暴力团成员比例较高的是,违反《自行车竞技法》的82.4%,违反《兴奋剂取缔法》的56.1%,违反《赛马法》的50.0%)。[①]

随着刑事司法程序的向前推进,女性犯罪的比率逐渐降低(被宽大处理)。据1996年的统计,除交通业务过失以外的案件,被查获人员中女性所占的比例是20.5%,[②]而新服刑人员的22,433人中,女性所占的比例是4.4%。[③] 截至1996年12月31日在全国监狱的40,389名在押犯中,女性在押犯占全部在押犯的4.3%。[④] 不过,这种优待女性的现象在最近20年里发生了很大变化。在查获件数中,

---

① 2014年版《犯罪白皮书》,第172页。

② 1997年版《犯罪白皮书》,第403页。

③ 1997年版《犯罪白皮书》,第460页。

④ 1997年版《犯罪白皮书》,第242页。

女性所占比率虽然没有提高，但新服刑人员中女性所占比率从1993年的1.5%逐渐上升，到2012年达到9.0%。①

美国使用裁量权的余地很大，其理由如戈德斯坦指出的那样，法
律程序的定义不明确和侦查技术有界限。② 对于侦查机关来说，每天
679 都会发生很多案件，很难都按照法律程序进行侦查。结果是，把案件
区分为优先度高和优先度低的案件，改变处理方式也是一种智慧。
但是，对个别案件的被害人来说，被谨慎处理的案件是好的，而不被
谨慎对待的案件被害人当然会感到不满。为此，有必要从被害人要
求追诉的角度制定相关制度。

裁量，即发生选择性执法（selective law enforcement）的理由如下：③

1. 认为犯罪或被害是轻微的；

2. 被害人不报案或对亲告罪不打算起诉的；

3. 被害人对结果也参与的；

4. 追诉会对犯罪嫌疑人产生重大影响的（女性、青少年等）；

5. 需要考虑信息提供者和协助者的。

对于住所不定人员的可疑行动、乞讨、醉汉、偷窃内衣、色情狂、恶作剧电话、在私有土地非法停车、围墙涂鸦、噪声影响邻居等轻微犯罪和被害，警察一般不太认真追究。执法机关认为这些案件与其他严重案件相比，没有达到值得执法机关采取行动的程度或认为没有发生实际危害（或已经解决）。

警察要采取行动，通常以被害人的协助为前提，因此如果没有报

---

① 2013年版《犯罪白皮书》，第189页。另外，女性比例低的理由是：执法机构的方针对待女性较为宽松；执法机关负责人绝大多数是男性，对女性比较宽容；对女性犯罪者贴上犯罪标签意味着在社会上扼杀她们，应当尽量避免；毕竟女性与犯罪的关系相对疏远。

② Goldstein(1960). Police Discretion not to Invoke the Criminal Process.

③ Smith and Pollack(1972). Crime and Justice in a Mass Society.

案或告诉,他们就可能推迟侦查。虽然警察通过自行巡逻等方式会发现很多案件,但侦查的线索大部分都是缘于被害人的报案。

亲告罪[①]是在被害人提出告诉后才能侦查的犯罪,应当最大限度地尊重被害人的意愿,即使有告诉,实际上警方是否进行侦查,也由警察自行判断。

还有很多案件需要执法机关正确把握报案人的真实意图。即使接到了盗窃的报案,也不能说报案人真的被盗了。报案人有时是为了保险金,有时是为了逃避第三者债务而报案的。

20 世纪 70 年代,美国的社会问题表现为,为了陷害上司和不顺 680
心的人,有人以强奸提出告诉。最近日本的专家指出,在日本不仅是强奸,还出现了以诈骗、贪污、伤害、性骚扰等指控他人有罪的事例。被指控犯罪的人,受到的社会伤害是巨大的,一旦告诉或举报,被起诉的人往往会被怀疑。但是,由于这种虚假被害人,使很多需要救济的真正被害人得不到救助,因此影响特别大。

执法机关采取行动,就会使人们产生偏见,提高标签效果。关于这一点,岩井弘融等人对犯罪者定义基准进行了研究。[②]

这项 1977 年 1 月在神户市等地实施的调查研究中,包括了人们对犯罪人的定义,即一般人认为某种行为肯定是行为人实施的(他肯定是犯罪人),其标准是什么。也就是说,这项研究的目的是,在警察的侦查、检察官的起诉、裁判认定有罪等哪个执法阶段,人们才下了犯罪人定义。

调查结果显示,人们以执法机关在某一阶段介入为标准进行判断的占 36%。社会上有三分之一以上的人认为,只要执法机关出面,

---

① 日本《刑法》中的亲告罪约有 20 条,具体包括三类:尊重被害人的感情、意思的亲告罪;由于是亲属之间的被害,因此法律限制干预;被害的程度轻微。

② [日]岩井弘融等:《犯罪观研究》,大成出版社 1979 年版,第 63 页以下。

就应把这个人视为犯罪人。①

关于美国的情报提供者,斯科尔尼克做了详细的介绍。② 在美国,警察和线人之间的关系也是一个大问题,线人的存在会使侦查更加有效,同时也会导致警察机构更加腐败。可以说是一把“双刃剑”。

裁量是否适当的判断基准,有一个问题就是为了什么要进行裁量。

关于裁量,长期以来,主要根据有诸如“社会秩序”“国家刑罚
681 权”等裁量权论的观点。但这种想法能否实现,需要重新讨论。根据这种裁量权论,只能产生将违法性较低或对社会影响较小的部分排除在处罚之外。但是,这些视点之上还需要考虑被害人的存在。也就是说,这是“为了被害人的处罚”。经过联合国的长期努力,现在“刑事司法既要为了公共利益,也要为了被害人”这一理念,已经成为国际标准。

五、警察保护被害人的行为规范

如果没有被害人的报案或目击者的举报,很多犯罪警察是无法识别、无法确定,也不能逮捕嫌疑人的。而且,如果没有被害人和目击者的协助,也不能追究犯人。从这一点上,被害人的存在对于警察和检察机关履行职务是非常重要的。警察和检察机关虽然认识到被害人是重要的情报来源,但如果没有被害人的协助,其就连一半的职务也不能履行。

被害人希望在刑事司法程序中尽快逮捕犯人并解决案件,但警

---

① 执法机关没有动态标准的犯罪有,自我堕胎(13.3%)、过失损坏财物(16.1%)、单纯的赌博(26.0%)等;有动态标准的犯罪包括,业务上过失致死(59.1%)、单纯伤害(51.5%)、窥视(47.9%),职务侵占(40.3%)等。另外,以行为次数为标准的人,占总数的74.1%。

② [日]斋藤欣子译:《警官的意识和行动》,东大出版社1971年版,第169页以下。这本书的原作者是Skolnick J. H. Justice without Trial。

方由于人力、物力资源的限制，经常不能使被害人如愿以偿。不仅如此，被害人会因接受调查被占用时间，得不到任何实惠的服务而焦躁不安。

很多国家制定了规定警察和检察机关对被害人应办事务的指南，制定了被害人的宪章和章典等，对刑事司法进行改革。1980 年以后各国相继开始积极推进这方面的工作。

在美国，所有的州和联邦政府都制定了法律上的指导方针，提出了接近被害人的类型。这些法律中规定了包括警察在内的刑事司法系统职员应该如何对待被害人的内容，因此以被称为被害人权利宪章（victim bills of rights）而广为人知。

在瑞典，1988 年修改了警察部条例（police decree），强调对于那
些受犯罪影响的人，警察必须给予帮助和支持。瑞典各地的警察总 682
部为了执行这一任务，设置了被害人办事部门（victim support units）。[1] 芬兰在 1988 年修改了有关警察侦查的法律，明确规定了警察应该向被害人提供什么样的信息和援助。

在荷兰，1986 年制定了处理性侵害被害人的"警察处理方针"，并在第二年将所有被害人列入警察和检察机关的处理方针之中。其中，特别要求警察、检察这两个机关向被害人提供所需的信息，并在程序中明确告知被害人所具有的权利。[2]

美国为了警察局和检察机关的联络，在各地设立了被害人支援办公室（victim advocates' offices）。这个办公室负责的工作包括，对被害人的咨询、个人援助（personal advocate），[3]介绍（referral）给其他

---

① Falkner (1989). Recent legislation in Sweden improving the situation of victims of crime. In: Changing Victim Policy, pp. 83 – 90.

② van Dijk (1989). Recent developments in the criminal policy on victims in The Netherlands. In: Changing Victim Policy, pp. 68 – 80.

③ 个人的支持（personal advocate）是指，个人就像社会服务和刑事司法制度的处理一样，代替被害人或证人的行动。

援助机构、损失赔偿(restitution)、法庭前的指导(被害人参与刑事审判、出庭作证或旁听的事前说明)、准备交通工具(准备车辆等)、陪同出席法庭(escort to the court)等。

加拿大的卡尔加里、埃德蒙顿、伦敦(安大略省)、蒙特利尔、多伦多、温哥华等多个城市都制定了针对犯罪被害人的警察计划。①

1990年2月22日,英国和威尔士的内务部发表了关于犯罪被害人权利的《被害人宪章》(Victims Charter)。② 该宪章强调了应该如何对待被害人,被害人有权利期待什么。该宪章中还规定,“对于有关犯罪的告诉,如果情况允许或需要,警方应尽快处理,以郑重而耐
683 心的态度答复”。该宪章还规定,警方应当向被害人提供各种信息。

从20世纪80年代开始,欧美国家制定了有关警察、检察等负责侦查和追诉机关的行为规范,并致力于保障被害人的权利。其中重要的是侦查机关应当认识到,案件对于侦查机关是日常工作,但对于被害人来说是一生仅有一次的最重要事情,如果没有被害人的协助,侦查或追诉机关是不能圆满地履行职务的。因此,应当向被害人耐心说明,让被害人能够理解和同意依法作出的决定。这是侦查和追诉机关的工作原则。

日本警察厅直到20世纪90年代才开始关心这个问题,1991年制定和修改的原则包括,“受理被害报案时,应当减轻被害人的负担”“对于被害报案,应当在接待室受理,保护有关人员的隐私”“应当考虑尽早返还被害物品”“应当保护被害人受犯罪嫌疑人等的侵害”“制作被害人联络票来沟通侦查情况”等。此后,全面地讨论和研究了犯罪被害人对策,1996年1月向国家公安委员会提交了《关于犯罪被害人对策的基本方针》的报告。

对于有关少年的案件,警察的活动方式是个重要问题。对于实

---

① Waller I. (1997). The Police: First in Aid? In: Lurigio, A., Skogan, W. G. & Davis, R., *Victim of Crime*. Sage Publications, London.

② 英国的《被害人宪章》在1996年6月18日被修改,变成了新宪章。

施犯罪或非行的少年来说，在应当被培养成人这一点上，他们相当于“被害人”。从这个意义上说，警察机构也必须从加害和被害这两个角度处理少年案件。根据1996年5月修改的警察厅组织令，在警察少年课的业务中增加了“被害少年保护”的内容。警察为了支援被害少年，开始采用委任外部专家担任“被害少年咨询顾问”，并着手建立示范县，委托志愿者担任“支援被害少年支援者”。

另外，考虑到性侵害女性难以起诉的情况，很多国家设立了“女性警察局”，由女性警察负责处理涉及女性的被害事务。日本的侦查机关也于1993年在大阪开始设立“女子权利保护”机构。此后，神奈川县、宫城县也成立了类似的组织，取得了良好的业绩。另外，埼玉县设立了性骚扰咨询处，由女警察担任咨询，取得了良好的效果。经 684
过这样的过程，警察厅站在性犯罪被害人的立场上采取适当的对策，减轻了被害人的精神负担，同时为了推进有针对性的强有力的性犯罪侦查，从1996年开始陆续在各都道府县警察总部设置“性犯罪侦查指导官”“性犯罪侦查指导科室”，指定“女性咨询派出所”和在铁路警察队中设立“女性被害咨询所”等。

值得参考的例子有，瑞典的被害值班制度。瑞典针对人身受到侵害的犯罪或遭受性攻击的女性，设立了女性值班制度。[①] 如果只在白天受理被害人的咨询，就太不周到了，需要24小时待命受理咨询。我们经常看到美国有关被害人的宣传册上写着“被害人不能等待”，确实如此，被害人真的不能等待。

六、无视被害人权利的不移送余罪

为了保障被害人的知情权、参与刑事司法的权利、接受被害恢复支援的权利，与被害人最先接触的警察的作用非常大。现实中有很

---

① ［日］坂田仁：《犯罪的被害》，载《犯罪社会学研究》1990年第15号，第158页。

多事例,被害人即使向警方报案,警方也不予理睬(不予受理),甚至怀疑被害人是否真的是被害人。警方把被害人接纳下来固然很重要,但即使警察受理了案件,也不要在之后的侦查中把被害人排除在外。有些警察认为,只要从被害人那里获得侦查上必要的信息就可以了。为此,有必要制定出让每一名警察都知道应当如何对待被害人的指导方针,并贯彻到底。

这个问题分为两个方面,一是如何对待被害人的问题,这是警察的意识和态度(也可以说是礼仪)问题;二是受理了被害报案之后一直到案件处理结束为止,警察与被害人涉及哪些处理程序的问题。

685 这不仅要求警方将侦查情况适当地告知被害人,而且在完成侦查移交检察机关之前的过程中,警察必须与被害人保持密切的关系。加害人不能确定、是案件还是事故、是不是自杀,对于这些重要问题,需要向被害人和遗属进行详细说明,并努力获得他们的理解。如果案件没有按照被害人期待的“举报加害人后就立案,然后检察机关提起公诉”这一程序往下进行,被害人的理解就尤为重要。在现实中,警察每天都被庞大的案件量所追赶,不得不把案件依轻重缓急程度进行分类。但是,这些不能由警方自己决定,如不追诉加害人、案件不移交检察机关等。

《刑事诉讼法》第246条规定,“警察侦查犯罪时,除本法有特别规定的以外,应当及时将案件连同文书及证据一并移送检察官。但由检察官指定的案件,不在此限”。这就是所谓的全案移交主义。《犯罪侦查规范》第197条也规定,“案件移送或移交后,对于涉及该案件的犯罪嫌疑人又发现有余罪的,应当与检察官联系,尽快进行侦查并进行追加补送资料”。从这些条文可以看出,警察对如何处理案件没有权限。但是,在现实中,警察掌握的案件数量、查获的案件数量，与检察机关新受理的案件数量之间存在差异。①

为什么会出现这种情况？警察的侦查是刑事司法程序的起点，被害人的权利利益与警察的处理有直接关系，警察有可能不按照被害人的意思，独自判断处理案件。如后将要叙述的，这涉及警察裁量(discretion)的问题。但是，正是这种裁量，才是被害人不可接受的、不正义的重大问题。

警察厅曾于1998年发布通知称，对盗窃案件等余罪嫌疑，可以不移交检察厅，在警方内部按“已查处”处理。这被认为是在有限的警察办案能力中，优先侦办重大案件，减轻办案事务性程序。但有人 686
指出，《刑事诉讼法》规定有义务移交全部案件，这是否违反了法律。② 进入1989年以后，案件查获率一直呈下降趋势，因此也有人认为这是为了提高检举率。③

根据2000年10月24日的警察厅通告，不移交余罪④是指“在余罪案件中，虽然完成了所需的侦查，但由于侦查经济等不得已的原因，未能移送或移交给检察机关的案件”。对于被查获案件的处理，有三种情况警察署长可以裁决：犯罪嫌疑人认罪并亲笔写下书面供

---

① 根据2013年版《犯罪白皮书》，2012年警察确认的刑法犯罪有2,015,347件，查获的件数为1,070,838件、939,826人，检察机关新受理的刑法犯罪人数为926,122人。

② 关于不移送余罪的问题，《西日本新闻》从2005年2月15日到19日连续5天进行了集中批判，认为通告的背景是为了提高破案率的意识。另外，在上述连载的报道中，土本武司、内田博文、指宿信等刑事诉讼法学专家表示，不移送余罪是违反刑事诉讼法的全案移送原则的。

③ 确认件数除以查获件数的破案率已经超过50%，但从1988年开始下降，到2000年下降到20%以下。之后有所改善，2012年的破案率为27.5%。警方对查获的案件都要进行侦查，取得证据后移送给检察机关，但现实情况是，只对一部分进行侦查并移交给检察机关。警察厅通知指出，在侦查过程中，即使犯罪嫌疑人承认其他余罪而没有进行侦查的，也可以作为“查获的件数”进行处理，人们认为这种处理方式的背景是为了提高破案率。

④ 根据警察厅的资料，关于不移送余罪，从1996年以后有记录以来，最多的是1998年的335,120件(盗窃犯破案件数的56.1%)。

述笔录或供词;有被害报案或(未记录的情况下)被害答复;有记载犯罪嫌疑人认罪的过程或者未移交理由的侦查报告书。

《刑事诉讼法》规定,不需向检察官移交的例外情况是,因轻微犯罪不需要处罚的“微罪处分”,但这种情况一般限定在被害数额在1万日元以下且没有再犯可能性的扒窃和诈骗等。此外,还包括被害人不希望处罚加害人的情况,不过,这种情况有义务向检察官报告。但是,“不移交余罪”对于微罪处分的罪名和被害金额并没有明确的标准,这相当于无视了《刑事诉讼法》规定的警察全案移送的义务。

从被害人的立场来看,不移交余罪也侵犯了被害人要求追究加害人刑事责任的权利。不移送至少应当以对被害人进行说明为前
687 提,但实际情况却大不相同。① 现行《刑事诉讼法》规定,是否提起公诉由检察官决定;被害人可以要求强制起诉的案件只能根据检察审查会法的规定,由检察审查会作出决议。

警察查获的案件都应当移送检察机关,但依照警察的判断,如果是不移送的余罪,尽管不移送余罪多数是轻微的犯罪,但也导致被害人失去了要求检察机关起诉的机会,这是一个重大问题。

七、告诉和亲告罪

因犯罪遭受被害的人可以提出告诉(《刑事诉讼法》第230条)。被害人的法定代理人也可以独立提出告诉(《刑事诉讼法》第231条第1款)。被害人已死亡的,其配偶、直系亲属或兄弟姐妹在不违背被害人已明示的意思的情况下可以提起告诉(《刑事诉讼法》第231条第2款)。

---

① 2005年2月17日《西日本新闻》报道,福冈县八幡西警察署发表了一份报告称,关于2002年9月以盗窃嫌疑逮捕的男性,23个都府县共计盗窃1080件,被害总金额约1.69亿日元,其中只立案了5件,被害总额约108万日元。另外,向被害人通知破案情况的只占破案总数的1/4,听取被害人提出给予刑罚处罚的要求后被起诉的只有5件。

另外，被害人的法定代理人是犯罪嫌疑人的、是犯罪嫌疑人的配偶的或者是犯罪嫌疑人的4代以内直系亲属或3代以内姻亲的，可以独立告诉（《刑事诉讼法》第232条）。关于毁损死者的名誉，死者的亲属或子孙可以告诉（《刑事诉讼法》第233条第1款）。

有些案件属于如果没有起诉，检察机关就不能起诉，即所谓的“亲告罪”。[①] 例如强奸等犯罪。对于这些被认为是亲告罪的犯罪，在没有告诉权人的情况下，检察官可以根据利害关系人的申请指定可以告诉的人（《刑事诉讼法》第234条）。

亲告罪的告诉期限为，从知道犯人之日起6个月，超过该期限的不得告诉。该条文是在2000年5月19日《刑事诉讼法》部分修改时，在但书中的规定，对部分犯罪取消了告诉期限。有人指出，特别 688
是对于性犯罪，被害人在案发之后身心处于混乱状态，在6个月内下决心告诉，时间确实太短了，但如果说6个月太短了，1年是否足够，还是至少需要2年？得出确定性的结论是有困难的，最终只好废除下列犯罪的告诉期限。

1.《刑法》第176条（强制猥亵）、第177条（强奸）、第178条（准强制猥亵、准强奸）及上述犯罪的未遂。

2.《刑法》第225条（以营利为目的的绑架及诱拐），以及第227条第1款中的以帮助第225条的犯罪为目的，引渡、收受、运输、藏匿或让他人藏匿被绑架者、被诱拐者或被买卖者之罪，及上述犯罪的未遂。

---

① 所谓亲告罪是指没有被害人的告诉就不能起诉的犯罪，包括开拆书信（《刑法》第133条）、泄露秘密（《刑法》第134条）、强制猥亵的单独犯（《刑法》第176条）、强奸的单独犯（《刑法》第177条）、准强制猥亵的单独犯（《刑法》第178条）、准强奸（《刑法》第178条）、诱拐未成年人（《刑法》第224条）、以营利为目的的诱拐（《刑法》第225条），引渡被诱拐者等（《刑法》第227条第1款、第3款）、名誉损害（《刑法》第230条）、侮辱（《刑法》第231条）、亲属间盗窃、侵占不动产（《刑法》第244条第1款第2项）、亲属间侵占（《刑法》第255条）、毁损私人文件等（《刑法》第259条及第264条）、损坏器物（《刑法》第261条及第264条）、隐匿信件（《刑法》第263条及第264条）等。

3.《刑法》第227条第3款（以营利、猥亵或者加害生命、身体为目的，引渡、收受、运输、藏匿被绑架者、被诱拐者或被买卖者的行为），以及上述犯罪的未遂。

4.依照《刑法》第232条第2款的规定，由外国代表人提起的告诉。

5.对日本国派遣到外国的使节实施的《刑法》第230条或第231条的犯罪由使节提出的告诉。

另外，关于《刑法》第229条但书中的告诉，从婚姻的无效或取消的裁定确定之日起没有经过6个月的，该告诉不发生效力。

告诉可以在提起公诉之前撤销（《刑事诉讼法》第237条第1款）。撤销起诉的人，不得再提出告诉（同条第2款）。

告诉通常只不过是侦查的线索，但对于亲告罪来说也是诉讼条件。告诉是对犯罪事实的指控，而不是对犯人的指控，因此，对有亲告罪的共犯人提出的告诉的效力，也波及其他共犯人（《刑事诉讼法》第238条第1款）。

犯罪已经发生时，刑事警察就要出面处理。在这种情况下，警察在侦查犯罪时，相当于履行司法警察职员（侦查人员）的职务（《刑事诉讼法》第189条第1款）。除一般司法警察职员外，还有对森林、铁路等特别事项进行侦查的特别司法警察职员（《刑事诉讼法》第190
689 条）。此外，检察官认为必要时，可以自行侦查（《刑事诉讼法》第191条）。另外，检察官、都道府县公安委员会、司法警察职员对于侦查应该互相合作、互相配合（《刑事诉讼法》第192条），同时检察官在其管辖区域，就侦查事项可以对司法警察职员进行必要的一般性指示（《刑事诉讼法》第193条第1款）。

大部分侦查都是任意（非强制）进行的，在必要时根据法律规定可以强制进行（强制侦查）。对于正在实施犯罪或者犯罪刚实施结束的现行犯人，任何人都可以予以逮捕（《刑事诉讼法》第212条、第213条），但市民逮捕现行犯人时，应当立即将其移交给地方检察厅、区检察厅的检察官，或者移交司法警察职员（《刑事诉讼法》第214条）。警察大致分为三个阶级：警视、警部、巡查，①能够独立进行侦查的只是警部以上的人。因此，巡查从市民个人手中接受犯人后，应当迅速移交给司法警察职员（《刑事诉讼法》第215条）。

作为强制侦查方法的拘留，由检察官、检察事务官或司法警察职员从法官获得拘留证后进行（《刑事诉讼法》第199条）。拘留证上应当记载犯罪嫌疑人的姓名、住所、罪名、嫌疑事实的要旨、应该侦查的场所、有效期间以及其他事项，并由裁判官签字盖章（《刑事诉讼法》第200条）。其中，被害人的姓名、住所等不是必须填写的必要信息，日本长期的司法实务要求记载涉嫌事实的主要内容。性犯罪、家庭暴力犯罪、跟踪纠缠、虐待等犯罪，需要保护被害人的隐私。司法实务中把被害人的姓名、住所等作为拘留证的必要条件的现状，需要改变。

司法警察职员或检察官拘留犯罪嫌疑人时，两者加在一起可以拘留72小时（3日）以内。在72小时内不提起公诉或请求逮捕的，必须释放犯罪嫌疑人（《刑事诉讼法》第205—207条）。与欧美各国相 690
比，日本拘留、逮捕等限制人身自由措施的比例较高，不过检察厅处理的案件（2012年为372,284人）约1/3被限制人身自由。② 但从罪种的羁押情况看，使用兴奋剂的占71.2%、强奸的占69.9%、恐吓的占69.5%、放火的占69.3%、强制猥亵的占68.9%、抢劫的占68.2%等，由此可见重大犯罪的羁押比例很高。③

---

① 警察的阶级包括警视总监、警视监、警视长、警视正、警视、警部、警部补、巡查部长、巡查9个阶级。其中，东京都警察总部的警视厅总监由警视总监担任，道府县警察总部的本部长一般是警视监。全国约有26万名警察在工作，警部以上阶级的人只有1成左右。从组织结构看，中间管理人员较多，因此被称为橄榄形，而不是金字塔形。

② 盗窃的刑事拘留率低于25.4%，而盗窃占一般刑法犯罪的48%，占包括特别法犯在内全部犯罪的36%，从数据来看，整体的拘留率并不高。

③ 2013年版《犯罪白皮书》，第39页。

经常有人指出，在刑事警察的领域，警察不信任被害人的说明，认为被害人也有过错等，在这种观念指导下听取被害人的意见，有时会伤害被害人，这就是所谓警察引起的“二次被害”。作为警察执行职务也是很难的，他们要在移送检察机关调查时，努力防止冤案的发生。也就是说，警察在信任被害人的要求和不发生冤案的要求这二者之间正确地履行职务。

八、检察机关的起诉垄断

了解真相是刑事审判最有意义的，但在日本的刑事司法制度中，公诉权由检察机关独占，因此刑事审判的开始不能以被害人的意愿进行。

691　公诉的原则包括“起诉法定主义”和“起诉便宜主义”，这部分内容在第二十四章“九、妨碍知情权的检察机关起诉便宜主义”已经介绍，此处不再赘述。

日本的起诉便宜主义，是从《治罪法》[1880 年(明治 13 年)太布告第 37 号，明治 15 年 1 月 1 日施行]时期产生萌芽，《刑事诉讼法》[1890 年(明治 23 年)年法律第 96 号，同年 11 月 1 日施行]得到发展，《刑事诉讼法》[1922 年(大正 11 年)法律第 75 号，1924 年(大正 13 年)1 月 1 日施行]第 279 条规定，“根据犯人的性格、年龄、境遇、犯罪情节、犯罪后的表现，认为需要追诉的，应当提出公诉”，这是起诉便宜主义的法律依据。

692　关于采用起诉便宜主义的根据，据说是因当时全国的经济不景气，囚徒费用超过兵备费用，需要节约囚徒等经费，加上法律思想不成熟，正处于新旧时代的过渡时期，因此是否处罚犯罪只好委托给检察官判断。[①] 此后，随着起诉便宜主义的落实，比起经费节约，刑事政

---

① [日]田代则春:《起诉便宜主义的宪法上诸问题》，载《八木国之先生古稀祝贺论文——刑事法学的现代展开》(上卷)，法学书院 1992 年版，第 468 页。

策性的理解得到发展,也有人指出了短期自由刑的弊端等,[①]人们开始考虑不依靠刑罚使犯人改过自新的措施。

检察厅2011年新受理的案件为1,481,665件。这些案件中包括刑法犯罪和特别刑法犯罪,而且还包括有关交通的犯罪人。整体的处理情况,如图25.c所示,请求正式审判的为101,755件(7.5%)、请求简易程序的为372,370件(27.5%)、不起诉的为880,287件(65.0%)。从整个案件来看,请求审判的还不到1成。

图25.c　检察院新受理案件的处理情况

资料来源:2012年版《检察院统计年报》

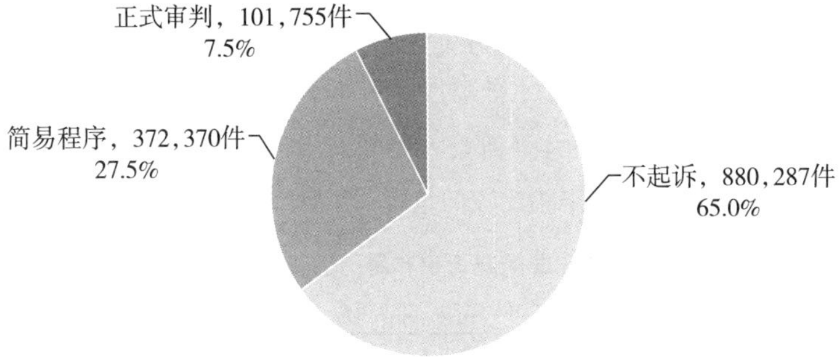

检察院新受理的案件大多数是涉及交通的案件。其中,刑法中规定的驾驶汽车过失致死伤的为674,892件,特别法犯的违反《道路交通法》的为20,359件。二者加起来将近100万件,也就是说大约有3/4的案件是与交通有关的案件。这确实也是请求审判率低下的 693
重要原因。

从2011年的数据来看,检察厅一年新受理的嫌疑案件中,刑法犯罪的为964,527件(其中,汽车事故相关的案件674,892件,占69.9%),特别法犯的为517,138件(其中,违反《道路交通法》的为

① [日]诸泽英道:《自由刑——短期自由刑》,载宫泽浩一、西原春夫等编:《刑事政策讲座》第二卷《刑罚》,成文堂1972年版。

420,359 件,占 81.3%)。[1] 2011 年的刑法犯罪中,除与汽车事故有关的以外,"一般刑法犯罪"的起诉率为 41.9%,除违反《道路交通法》以外的特别刑法犯罪的起诉率为 56.8%。[2]

对被害人"希望在审判中查明真相"的愿望有影响的程序还有,略式程序、即决裁判程序以及不起诉。

其中,略式程序是指,简易法院对其管辖的案件,不经过普通审判程序而根据略式命令进行处罚,是简易、迅速非公开的刑事程序。现在略式请求制度被广泛使用,2011 年适用件数为 372,370 件。这个数字约占该年检察院新受理 1,481,665 件案件的 1/4(25.1%)。按罪名分类,违反《道路交通法》的案件占绝大多数,2011 年为 264,833 件。其次为驾驶汽车过失致死伤的为 55,241 件,其他为盗窃 7660 件,妨碍公务执行 871 件等。

与一般人相比,暴力团相关人员的起诉率较高。暴力团相关人员与全部案件的起诉率相比较的情况,如表 25.a 所示。

表 25.a　主要犯罪的起诉率和暴力团相关人员的起诉率

资料来源:2014 年版《犯罪白皮书》第 175 页

罪名	全部人员的起诉率	暴力团相关人员起诉率
杀人	30.7%	22.7%
抢劫	54.4%	78.4%
伤害	42.7%	52.5%
暴行	33.6%	46.3%
盗窃	41.3%	68.9%
诈骗	53.3%	40.1%
恐吓	39.2%	31.1%

① 2012 年版《犯罪白皮书》,第 44 页。
② 2012 年版《犯罪白皮书》,第 47 页。

续表

罪名	全部人员的起诉率	暴力团相关人员起诉率
赌博·博彩	44.6%	58.1%
违反《枪炮刀剑取缔法》	33.0%	52.9%
违反《卖淫防止法》	56.5%	61.8%

暴力团相关人员的起诉率较高的犯罪有,抢劫、伤害、暴行、盗窃、赌博、博彩、违反《枪炮刀剑取缔法》等。暴力团是用暴力解决问题的集团,因此通常会配备枪炮刀剑之类的凶器。另外,暴力团的资金来源往往是设立并管理进行赌博、卖淫等活动的场所。

在程序最后阶段的监狱中,暴力团成员的比率也很高。2012 年新关押人员有 58,726 人。① 另外,其中暴力团相关人员有 26,629 人,②其比率为 45.3%。③ 上述的普通刑法犯罪所占比率为 6.8%,特 694
别刑法犯罪所占比率为 13.9%,相比之下暴力团人员的比率高出数倍。

即决裁判程序是 2004 年刑事司法改革新设的一个环节,对于案情清楚、情节轻微、证据调查可以快速结束的案件,检察官在提起公诉的同时,可以提出书面申请,采用简易而迅速的裁判程序。该制度于 2006 年 10 月 2 日开始实施。略式程序只能判处罚金或罚款,而即决裁判程序也可以判处惩役或禁锢。④ 但是,这种即决裁判程序需要

---

① 2013 年版《犯罪白皮书》,第 53 页。此外,还有未决羁押人员 7199 人,其他 1083 人,如果把他们加进去,共计 67,008 人。

② 2013 年版《犯罪白皮书》,第 55 页。

③ 新服刑人员中暴力团成员的比例从 1989 年以后呈减少趋势,1990 年为 30.4%,1996 年为 24.9%,但之后又转为增加。另外,1992 年 3 月施行了《关于防止暴力团成员实施不当行为等的法律》(暴力团对策法)。该法中明确禁止被指定为暴力团团体的成员有法律规定的一定反社会行为,该法的施行使查处暴力团更容易了。

④ 在适用即决裁判程序宣告判处有期惩役或禁锢时,依据《刑事诉讼法》第 350 条之 14 规定,应当缓期执行。

犯罪嫌疑人的同意(《刑事诉讼法》第 350 条之 2 第 2 款)。

以即决裁判程序处理的案件,2011 年在地方法院为 1869 件(普通一审的终局处理人员为 57,968 件,约占 3.2%),简易法院为 228
695 件(9142 件,占 2.5%)。按罪名分,违反《兴奋剂取缔法》的为 848 件,盗窃的为 410 件,违反《道路交通法》的为 259 件,违反《出入境管理法》的为 199 件,违反《大麻取缔法》的为 178 件,违反《麻药取缔法》的为 17 件,非法侵入住宅的为 11 件,妨碍执行公务的为 9 件等。

2011 年不起诉的案件有 880,287 件,占这一年新受理案件的 68.0%,实际上超过了 2/3。

九、起诉与被害人

关于刑事追诉,法律规定了起诉的标准,对满足条件的案件进行起诉,这就是所谓的起诉法定主义;根据检察机关的判断决定是否起诉,这称为起诉便宜主义。有人批判前者是千篇一律的执法方式,但其优点是可以给所有的犯罪嫌疑人带来平等感。而后者是根据不同情况做出不同判断,被认为对个别案件具有合理性,但对犯罪嫌疑人和普通国民来说是很难理解的,因此会产生不平等感。

日本《刑事诉讼法》第 248 条规定:“根据犯罪人的性格、年龄及境遇、犯罪的轻重及情节和犯罪后的情况,认为没有必要追诉的,可以不提起公诉。”这是起诉便宜主义。根据犯罪的轻重和犯罪后的情况不予追诉,无论是从被害人的角度还是从普通国民的角度都是可以理解的要件。但是,根据犯罪人的性格和境遇不起诉这一点,往往成为引起被害人及其遗属不满的重要原因。关于如何评价犯罪、如何处理犯罪,可分为三个不同的角度:被害人的角度、社会的角度、犯罪人的角度。其中,如果从犯罪人的角度,有不得已的情况,在追诉时需要考虑,这是许多人容易理解的,但是考虑范围扩大到犯罪人的性格和处境,特别是对于被害人来说是很难接受的。

2013 年除了刑法犯罪或特别法犯(除了违反《道路交通法》的案

件）中不起诉处分的164,711件，不起诉的理由如图25. d所示。这一年，检察厅共处理普通刑法犯罪264,934件，违反《道路交通法》以外的特别法犯90,454件，共计新受理了355,388件。另外，“嫌疑不充分”包括“没有嫌疑”，“取消告诉等”是指欠缺、无效、取消亲告罪的告诉、告发、请求。“其他”是指时效完成、犯罪嫌疑人死亡等。 696

图25. d　2013年检察厅不起诉处分164,711起案件的理由

资料来源：2014年版《犯罪白皮书》第49页

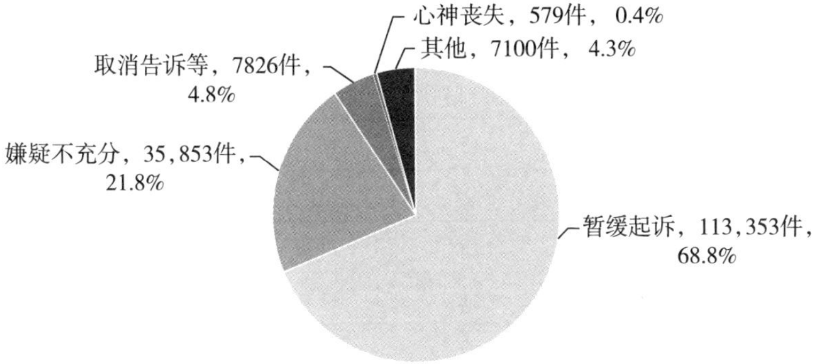

可以说，日本刑事诉讼制度的最大问题是，有全体2/3的“缓期起诉”。缓期的理由多种多样，但也有人批评说，这是检察机关的心病。与这个问题相关联的问题是，检察机关一旦起诉，99.9%的人都会被认定有罪。因此，很多外国人士指出，不应该赋予检察官如此大的权限。如果善意地解释这个问题，一方面，不起诉就意味着没有制造出被告人；但另一方面，由于不起诉，案件的真相就会被隐藏在黑暗中。检察机关做出不起诉处分时，被害人等就没有对抗的手段。如果是与检察机关不同的被害人也拥有公诉权的制度，弊端会较小，但像日本这样由检察机关垄断公诉权的国家，完全有必要制定一种替代制度。正因为存在上述问题，从2008年5月开始实施的由检察审查会启动的强制起诉制度，具有重大意义。

《检察审查会法》（1948年法律第147号）是1948年制定的。根

697 据该法规定，在政令规定的地方法院及地方法院分院所在地，设立检察审查会（该法第1条）。检察审查会审查检察官的不提起公诉处分是否适当，审议检察机关事务的相关建议或劝告审议的事项（该法第2条第1款），“在告诉者、告发者、申请受理案件的请求者或遭受犯罪侵害的被害者”①提出申请时，应当审查检察官的不提起公诉处分是否适当（该法第2条第2款）。审查不起诉是否适当，需要过半数的议决（该法第2条第3款），但该议决对检察没有约束力。

表25.b　检察审查会的案件处理人员

资料来源：2012年版《犯罪白皮书》第195页及2011年度《犯罪白皮书》第180页②

年度	处理总数	应当起诉	不起诉不当	应当不起诉	其他
2006	2795	15	109	2286	385
2007	2396	9	119	1863	405
2008	2366	13	117	1734	502
2009	2447	11	113	1866	457
2010	2320	10	149	1764	397
2011	2178	8	123	1724	323
平均	2417	11	122	1873	411

表25.b表示的是检察审查会如何处理案件的情况。全国检察审查会每年处理案件2000件以上，其中“应当起诉”或“不起诉不当”的案件共有130—150件，不到总数的5%。如上所述，不起诉的2/3以上是“缓期起诉”，这里是从各种角度分析检察机关的判断。

① 由于犯罪被害的申请人是本人，在死亡案件中如果本人死亡就无法提出申请，于是2000年5月进行修改时，将“因犯罪遭受侵害的人”这一句加上了带括号“因犯罪行为遭受侵害的人死亡的，由其配偶、直系亲属或兄弟姐妹”。

② 这个数据是根据最高法院事务总局的资料制作的。另外，“其他”是指驳回申请、移送以及终止审查。

十、检察审查会的强制起诉 698

2007 年 5 月 30 日修正,2008 年 5 月 21 日施行的修正后的《检察审查会法》,[①]为被害人和遗属实现部分愿望铺平了道路。

检察官作出不提出公诉的处分时,检察审查会应当对此作出“应当起诉”“不起诉不当”“应当不起诉”其中之一的决议(该法第 39 条之 5),但法律修改以前,“应当起诉”的决议对检察机关没有约束力。但是,修正后的法律第 41 条之 6 规定,检察审查会对检察机关再次作出的不起诉决定进行再次审查,认定应当起诉时,作出应当起诉的决议(起诉决议)。但是,该决议需要 11 名检察审查员中的 8 名以上赞成。

该程序的流程如下:

检察审查会作出“应当起诉”议决的情况:

1. 检察机关的再侦查。

2. 检察机关再次作出“不起诉处分”或“在一定期间(原则 30 日)不起诉”。

3. 检察审查会再次审查。

4. 检察审查会作出“应当起诉”的决议(11 人中的 8 人以上)。

5. 强制起诉。

在再次审查的检察审查会上,如果没有获得 8 人以上委员的同意,只获得过半数(6 人以上)的同意时,可以作出“不起诉不当”的决议。但是在这种情况下,检察机关经过再次侦查,如果仍然认为不值得起诉的,那么将再次做出不起诉处分。

图 25. e 表示了 2013 年检察审查会受理的 1947 人(申请的为 1899 人,依照职权审查的为 48 人),检察审查会是如何判断的。这些

---

① 《检察审查会法》(1948 年法律 147 号)于 2007 年 5 月 30 日进行了修正(法律 60 号,2009 年 5 月 21 日施行),参见该法第 41 条之 6(起诉决议)、第 41 条之 9(指定律师)等。

人员是犯罪嫌疑人的延伸人员,不包括再次审查的案件。这里的“其他”,是指驳回申请、移送、终止审查。这一年最终被认定为“应当起
699 诉”的案件只有1件。这是通向遥远的公诉的历程。

图25. e　检察审查会的决议结果

资料来源:2014年版《犯罪白皮书》第200页

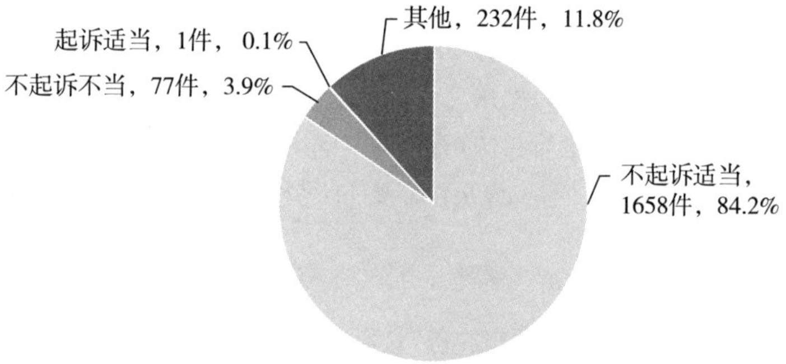

强制起诉制度从2008年5月21日开始实施,但起初时连续出现无罪判决。有人批评说,可能是由于审查员的平均年龄过低。

《检察审查会法》第39条之5规定,检察审查会对于检察官的不起诉处分是否得当,在下列各项情形下,应当做出该各项规定的决议。这些决议需要由11名检察审查员8名以上多数的通过(该法第39条之5第2款)。

1. 认为应当起诉的(作出应当起诉的决议);

2. 除前项规定外,认为不起诉处分是不当的(作出不起诉处分不当的决议);

3. 认定不起诉处分是适当的(不提起公诉的处分相当的表决)。

根据该条文规定,在作出“不起诉不当”决议(该法第39条之5第1款第2项)的情况下,检察机关应当及时参考该决议,研究该不起诉处分是否适当,应当作出提出公诉或者不起诉的处分(该法第41条第2款),该结果应立即通知检察审查会(该法第41条第3款)。

检察审查会收到检察机关发来的再次不起诉处分通知时,应当

对该处分是否适当进行审查(该法第41条之2)。检察审查会11名审查员中的8名以上多数,可以再次作出"应当起诉"的决议(该法第41条之6第1款)。[①] 在这种情况下,检察审查会应事先给检察官出席检察审查会会议并发表意见的机会(该法第41条之6第2款)。 700

起诉议决的副本送达法院后,法院应当就起诉议决的案件,从律师中指定提起公诉和维持公诉的人员(该法第41条之9)。

表25.c　检察官对被认为应当起诉、不起诉不当的案件的研究结果

资料来源:2012年版《犯罪白皮书》第196页

年份	缓期起诉		嫌疑不充分		其他	
	起诉	未变更	起诉	未变更	起诉	未变更
2007	9(52.9%)	8	9(12.2%)	65	—	8
2008	18(34.6%)	34	17(17.7%)	79	—	3
2009	18(45.0%)	22	18(18.2%)	81	—	1
2010	16(26.2%)	45	12(13.0%)	80	—	6
2011	6(24.0%)	19	14(16.3%)	72	1(9.1%)	10

检察官对检察审查会作出"应当起诉"或"不起诉不当"决议的案件,再次研究的结果如表25.c所示。检察审查会作出的"应当起诉"的判断,2006—2011年平均为11件,"不起诉不当"的为122件,总共133件,其中,经过检察官重新研究后起诉的有20件左右,由此可以看出,日本的检察机关多么慎重。

① 检察审查会的组织,根据《检察审查会法》第4条规定由11人组成;第25条规定,必须全体成员出席才能召开会议作出决议。另外,根据第27条规定,该决议由过半数通过,但不起诉是否得当的决议需要8人以上的赞成。

701 **表25.d 《检察审查会法》改正后(2010年1月27日)强制起诉的状况**

案件名称	案件的年月	第一阶段	第二阶段	结果
明石烟花大会天桥案	2001年7月21日	应当起诉	应当起诉	无罪
JR西日本福知山线脱轨案	2005年4月25日	应当起诉	应当起诉	无罪
购买未公开股票的诈骗案		应当起诉	应当起诉	
鸠山由纪夫伪造捐款案		应当不起诉		—
违反《政治资金规制法》案	2004年、2005年	应当起诉	应当起诉	
小泽一郎虚假记载案	2007年	应当不起诉		—
松本柔道教室教练死亡案	2008年5月	应当起诉	应当起诉	有罪

根据2007年5月修正的《检察审查会法》(2007年法律60号)规定,强制起诉始于2009年5月21日。表25.d表述了《检察审查会法》被修正后强制起诉制度开始的2010年1月27日以后早期的强制起诉审判情况。第1起案件是2001年7月发生的明石烟花大会天桥案件,对明石署副署长进行的起诉(2010年4月)。① 此后,2005年4月JR福知山线脱轨案件中,对JR西日本历代3任社长进行的强制起诉(2010年4月);围绕"陆山会"违反《政治资金规制法》案件中,对小泽一郎进行的起诉②(2011年1月),备受社会关注的审判接连不断。

① 明石烟花大会人行天桥案件中,开始时因没有移送明石署副署长的案卷而没有起诉,检察院审查会两次作出"应该起诉"的决议,但因没有强制力,该案一直处于不起诉状态。《检察审查会法》修正后终于实现了强制起诉,该案件从发生起经过了12年半后终于尘埃落定。

② 这是一起围绕资金管理团体的陆山会违反《政治资金规制法》的案件。2011年1月,前民主党代表小泽一郎作为国会议员首次被强制起诉,2012年4月,东京地方法院一审宣告其无罪。

明石烟花大会天桥案件[①]发生在 2001 年 7 月，强制起诉是在 10 年后的事。该案件造成 11 人死亡(9 人未满 10 岁，2 人 70 岁以上)，247 人受伤。因此，被害人和遗属强烈要求对责任人进行刑事处罚。
检察机关对 3 名明石市职员、1 名保安公司职员、1 名警察，共计 5 人 702
提起公诉，但对明石警署署长(2007 年 7 月去世)和副署长只是书面移送后作出不起诉决定，因此被害人遗属向检察审查会提出申请，检察审查会于 2004 年 4 月 23 日和 2005 年 12 月 22 日两次作出应当起诉的决议，但检察机关还是决定不起诉。此后，2009 年 5 月 21 日修改后的《检察审查会法》开始实施，被害人和遇难者遗属再次申请对副署长提起公诉，检察审查会于 2009 年 7 月 30 日和 2010 年 1 月 27 日两次(加上法律修改前的 2 次，共计 4 次)作出应当起诉的决议，最后终于实现了强制起诉。

2005 年 4 月 25 日发生的 JR 西日本福知山线脱轨案件是一起造成 106 人死亡、562 人受伤的大灾难，但应该被追究刑事责任的司机已经死亡，因此被害人和遗属呼吁应当对 JR 西日本的总经理等干部追究责任。对此，检察机关于 2009 年 7 月 8 日对山崎正夫社长进行了在家中起诉(之后死亡)，但遗属们并不同意，要求对历代 11 名干部进行起诉。但检察机关以嫌疑不充分为由，决定不起诉。在这种情况下，2009 年开始实行修改后的《检察审查会法》，被害人和遗属等向检察审查会提出了申请。检察审查会 2 次作出应当起诉的决议，2010 年 4 月，3 名前任社长以业务过失致死伤罪被强制起诉。

2013 年 9 月 27 日，神户地方法院认定，“假如在本案曲线上安装 ATS 装载就能防止事故的发生”，但“由于研究超速导致脱轨翻车的

---

① 明石烟花大会人行天桥案件的案情是，2001 年 7 月 21 日在兵库县明石市大藏海岸进行了夏日祭的焰火大会第二天下午 8 时 30 分左右，JR 西日本山阳线朝霞站南侧人行天桥上，从车站方向的观众和从会场方向的观众汇合南端，出现了极端混乱状态，群众发生雪崩般的踩踏，11 人(10 岁以下 9 人，70 岁以上 2 人)死亡，247 人受重伤。

危险性不需要甄别在曲线处安装设备，ATS 被安装在曲线上也不一定认识到因超速导致脱轨翻车的危险”，因此宣告 3 名被告无罪。对此，原告提出上诉，大阪高等法院进行了第二审（2014 年 10 月 10 日初审，2015 年 3 月 27 日判决）。大阪高等法院驳回了律师的主张，并驳回上诉。

大阪高等法院的判决认定，“在 JR 西日本大型公司，在很多情况下，专业性、技术性高的事项等都委托给中心所辖部门研究判断，高管认为这种安排是充分且相当的，没有提及这些问题，或者简化提及这些事项，在这种企业组织中的决策和执行业务等方法上是自然而正常的，实际上也存在意想不到的委托”，因此承认企业高管的消极经营行为。

703 但是，在公共交通工具中，铁路是根据时间表按照一定速度行驶的交通工具，因此国民对铁路安全性的期待是非常高的。正因如此，从安全对策的角度，应当确保零事故。事实上，日本东海道新干线自开业以来一直以零事故在世界引为自豪。车道和人行道交错的交叉线上确保安全是很难的，这次因超速行驶所致的事故是可以通过设置 ATS 系统预防的，当然应当追究企业高管在经营方面的责任。而且，长期对危险的状态持放任态度，企业高管也应该对此承担刑事责任。在这个意义上，法院是用一般人责任论来裁决这种危险的企业运营的责任，因此法院这种消极态度是值得研究的问题。

2008 年 5 月，长野县松本市的柔道教室里，当时小学 6 年级的男生被扔下，因急性硬膜下血肿导致重度残疾，长野地方检察厅决定对男教练不起诉，但家属提出了异议，2013 年 5 月 21 日长野检察审查会二次作出强制起诉的决议。这是日本第 8 起强制起诉案件，也是全国首例追究柔道教练刑事责任的案件，引起社会广泛关注。在训练过程中发生的案件，很难证明加害人的过失，也很少追究刑事责任。

2014 年 4 月 30 日，长野地方法院以业务过失致伤罪追究了被告刑事责任，判决认定，初学者儿童的身高146厘米，体重43公斤，而被告人是柔道4段，身高180厘米，体重80公斤，被告使用所谓“吊抓衣领空翻落地”的奇怪技术将被害人从空中抛出造成了伤害，其责任重大，对被告人作出1年禁锢，缓期3年执行的有罪判决。

全国柔道事故被害人会（JJAVA）称，从1983年到2013年的31年间，学校管理下的柔道项目中，有118名儿童失去了生命，但到目前为止，包括残疾事例在内，还没有被追究过刑事责任的先例。而在町道场和柔道教室的事故中，2010年在大阪市此花区发生了一起教练将小学1年级学生摔死的案件，这是日本首次确定被告人教练有罪（罚金100万日元）并被追究刑事责任的案件。

第二十六章

被害人参与刑事司法的权利和法律地位

Victims' Rights to Participate in the Criminal Justice System and the Legal Status of Victims

一、被害人的法律地位

从历史上看,被害人在司法制度中扮演着可以引出犯罪人的中心角色。[①] 在中世纪,被害人的地位是,应由犯罪人赔偿所造成的损失(responsible for gaining redress for the harms)。[②] 当然,当时被害人也受到某种力量的影响,有获得赔偿的被害人,也有无法获得赔偿的被害人(subject to biases)。穷人无论是被害人还是犯罪人,都得不到很大回报。[③]

此后,经过工业革命,人们居住在城市,司法制度中的私人因素急速退去,司法制度的重点是处罚犯罪,让加害人赔偿和修复与被害人的关系被放在次要位置。[④] 同时,在19世纪的英国威尔士,建立了

① Spalek, Basia(2006). *Crime Victims; Theory, Policy and Practice*. Palgrave Macmillan, New York, p. 15.

② Doerner W. & Lab, S. (1995). *Victimology*, Anderson Publishing, Ohio. Johnstone, Gerry(2002). *Restrative Justice: Ideas, Values, Debates*, Collompton, William.

③ Mawby & Walklate(1994). *Critical Victimology*, Sage, London, p. 128.

④ Doerner W. & Lab, S. (1995). op. cit.

新的警察制度,增加了警察收集犯罪人证据的责任。① 随着人们对犯罪人关注程度的提高,刑事司法制度的必要性也随之提高,最终形成了完全相反的司法制度(adversarial justice system)。在整个 19 世纪,澳大利亚和美国的情况也是如此。也就是说,人们开始重新评价恢复性司法等这种解决争端的传统。②

相反的司法改革,即将被害人排除(marginalization of the victim) 705
出去的司法制度,只把被害人视为单纯的证据,并确立了国家制裁犯罪人的新的司法制度。被害人成为"被遗忘的人"(forgotten person),这种情况一直延续到 20 世纪 60 年代被害人运动爆发。③

联合国毒品犯罪办公室于 2006 年 11 月发行的《刑事司法评价工具》系列第 3 卷《被害人和证人》的前言指出,"公正、有效的刑事司法,不仅仅是尊重犯罪嫌疑人、被告人的制度,而且是尊重被害人的基本权利的制度"。④ 有关被害人参与刑事司法制度的争议长达约四个半世纪,但进入 21 世纪以后,国际社会上对被害人参与刑事司法的争议已经有了初步的结论。

被害人的权利和人权成为人们关注的问题,主要是受英国从 20 世纪 50 年代到 60 年代发生的被害人运动(victim movement)的影响。最先呼吁改革的是英国的玛格丽·弗莱(Margery Fry,1874—1958)。⑤

---

① Mawby & Walklate(1994). op. cit. p. 131.

② Johnstone,Gerry(2002). op. cit.

③ Spalek,Basia(2006). op. cit. p. 15.

④ United Nations Office on Drug and Crime. (2006). *Cross - cutting Issues*: *Victims and Witnesses*, criminal Justice Assessment Toolkit, p. 1. 第三卷的序言写道,公平、高效的刑事司法是指尊重被害人基本权利的制度,应当在这句话之后增上"为了在防止被害,保护和援助被害人,尊重被害人方面,有必要在共鸣和尊重的理念下关注被害人的需求"。

⑤ 关于玛格丽·弗莱,参见 Carol Dyhouse, No distinction of sex? Women in British universities 1870 - 1939。另外,请参见第二十一章"为被害人的正义和被害人运动"。

弗莱在20世纪50年代初提出的主张包括，为遭受暴力的女性设置避难所、对犯罪被害人实行国家补偿制度（state compensation schemes）、促进被害人和犯罪人和解（reconciling）等。① 弗莱还表示，以前将被害人排除出去的刑事司法制度是违反正义的，并要求实现
706 “为被害人的正义”（justice for victims）。② 这个“为被害人的正义”口号，被纳入1985年《联合国被害人人权宣言》的名称中，至今仍作为被害人政策的标语。

虽然现在“被害人的法律地位”已是世界的常识，但在当时刑事程序法中对被害人地位有规定的国家只有法国等少数国家。

美国引进被害人参与刑事司法制度相对较晚，1982年美国总统特别委员会提交的报告书（president's task force on victims of crime）中指出，“法官应当承认被害人及其家属参与审判的权利，在他们被作为证人传唤时，也应该承认他们作为参与者的权利”。③

到了20世纪80年代，联合国也开始了保护被害人权利的活动，1985年通过了《联合国被害人人权宣言》。该宣言第4条规定，“应当以同情和尊敬的感情对待被害人的尊严”，“被害人遭受被害后有权求助司法制度迅速恢复自己的权利”。

该宣言第6条规定，为了促进司法机关和行政机关对应被害人的需求，应当明确采取下列措施：向被害人通知其在诉讼程序中的作用、范围及时机，以及诉讼进展情况和处分决定；诉讼程序对被害人的个人利益有影响时，即使不是对被告人不利的影响，也要在诉讼程序的适当阶段倾听被害人的意见和关注事项；在法律程序整个过程中，给予被害人适当的援助；给被害人带来的不便尽可能降到最低，

---

① United Nations Office for Drug Control and Crime Prevention（1999）. *Handbook on Justice for Victims.*，CICP Publications，p. 2；［日］诸泽英道译：《联合国被害人人权宣言相关文献——为被害人的正义》，成文堂2003年版，第16页。

② “Justice”这个词有时被翻译成“司法”，但在这里翻译成“正义”更为贴切。

③ President's Task Force on Victims of Crime：Final Report. 1982，p. 80.

要切实保护被害人的隐私,使他们免受威胁或报复,确保被害人及其家属和证人的安全。

2007 年以前的日本《刑事诉讼法》中只规定,被害人在侦查阶段是"犯罪嫌疑人以外的人",在其他阶段被认为是"证人"。对被害人 707
没有赋予特别的地位。被害人有时需要到场接受询问(《刑事诉讼法》第 223 条),在起诉前或起诉后的搜查、扣押、勘验、询问证人等过程中,被害人没有特别的地位,相反如果他们拒绝上述侦查,将被强制执行,甚至被处以刑罚和罚款(《刑事诉讼法》第 137—139 条、第 150—152 条),被害人对审判的过程和结果的知情权(知晓结果的权利)也没有保障。

在日本,2000 年 5 月制定了《犯罪被害人保护法》(11 月 1 日施行),对《刑事诉讼法》进行了部分修改,但没有涉及优先旁听和阅览摘抄公开审判等内容。

在欧美,被害人的法律地位得以改变始于英国 1960 年的被害人运动,此后波及欧美。被害人运动改变了人们(特别是专家)的意识,欧美很多国家都走向了"20 世纪 80 年代的改革"。马蒂·约岑(Matti Joutsen)认为,被害人在刑事司法制度中的地位,历史上有三种制度。[①] 一是北欧及东欧的制度,被害人享有传统的参与诉讼权利,也就是说承认市民在刑事程序中的请求权;二是以法国法为基础的刑事司法制度,被害人在诉讼程序中是损害赔偿请求人,可以参与刑事司法;三是在英国等习惯法国家,被害人的作用仅限于传统上的证人。

习惯法国家仅赋予被害人证人的法律地位,因此人们认为被害人没有完全被排除在诉讼之外。现在欧洲大陆法国家的法律,理所当然地引入了被害人参与刑事司法的制度,但是很多习惯法国家对

---

① Joutsen, M., The Role of The Victim in European Criminal Justice Systems. A Crossnational Study of the Role of The Victim. Helsinki Institute for Crime Prevention and Control. p. 182ff.

此是消极态度。

708 ## 二、刑事诉讼制度的本质

犯罪的历史就是人类的历史，而对犯罪人的制裁也有同样的悠久历史。如果了解一下犯罪人（加害人）是如何被制裁的，他们是怎样接受制裁的历史就会发现，很多都来自人类和文化中共同的“报复”原理，即“有仇必报”。对人类来说，“报复”是自然法则，日耳曼民族的“血亲复仇”“赎罪金”“以眼还眼、以牙还牙”的复仇思想，就是典型的例子。

在允许报复的社会，被害人可以找到加害人，追究他们罪责。相对于现在刑事诉讼中的侦查权和追诉权等权利，被害人基本都具有。在日本，报仇经常被当作佳话，不报仇的遗属往往受到社会的谴责。[①]

这些被害人的报复权在此后近代法律的生成过程中，被国家剥夺，取而代之的是“官方刑罚”观念。此后，官方刑罚权发展为国家刑罚权的理论，这种理论是从国家与国民存在对立关系角度提出的。像现在这样民主主义发达的社会，国家的权限是国民赋予的，因此很少有研究者支持这种国家具有独自的权限和权力的理论。

美国的犯罪学家斯蒂芬·谢弗在1968年的著作《被害人及其犯罪人》中指出，站在被害人的立场承认制裁加害人甚至允许复仇的时代可以称之为“被害人的黄金期”，通过完善近代法，禁止被害人制裁加害人的时代，称为“被害人的衰退期”。[②] 谢弗还指出，随着国家剥夺了被害人的报复权，被害人的权利逐渐衰退，但从那个时代起就被
709 遗忘的被害人，他们找回了本来拥有的各种权利，从而开始了“被害人复兴期”。

现在世界很多国家广泛研究和主张被害人参与刑事诉讼程序的

---

① 对于赤穗浪士讨伐吉良宅邸这种没有敌情的讨伐，幕府（政府）从维持秩序的观点出发，也不得不采取严正的应对措施。

② Stephan Schafer(1968). *The Victim and his Criminal*, Random House, pp. 7 – 38.

结构论甚至地区居民代表参与刑事诉讼的结构论。被害人的参与是否会导致“检察”与“被告”的两极结构变成三极结构,被害人是作为检察机关的伙伴参与还是增加了一“极”,在这些问题上出现了分歧。还有人认为,检察机关被认为是社会的代表,因此地区居民的参与不应增加“极”,地区居民是以陪审员、参审人员、裁判员等形式参与审判的,而不是独立的“极”。

恢复性司法(resstorative justice)也是考虑刑事诉讼结构的重要课题。恢复性司法在刑事诉讼中如何定位,有各种不同的意见,但很多观点认为,恢复性司法的设想并不是让社区居民参与法庭审理,因此与诉讼结构中的“极”没有关系。

在日本,在论及刑事诉讼制度结构时,多以两个对立的概念进行论述,例如大陆法系与英美法系、职权主义与当事人主义等。战前的旧《刑事诉讼法》立足于大陆法系的理念即职权主义;战后则立足于英美法系的理念即当事人主义。但是,对于现在的日本《刑事诉讼法》,外国学者称之为“日本式的当事人主义”,因此被理解为与英美不同的日本独特的当事人主义。

《刑事诉讼法》的目的是,发现真实和保障被告人人权,这似乎是追求很难兼顾的两个利益,但多数刑事诉讼法学者认为,实体的真实主义是犯人必罚主义,在这种观念指导下,国家在很大程度上要求市民对处罚犯人给予配合,程序变得很苛刻,被告人的人权处于危险之中。① 但是,在采用实体真实主义的大陆法中,犯罪嫌疑人、被告人的人权并没有被轻视,反而法官会注意保障犯罪嫌疑人、被告人的人权。② 710

---

① 例如,[日]田宫裕:《刑事诉讼与正当程序——刑事诉讼法研究(2)》,有斐阁1972年版,第28页。该书指出,“实体真实主义”与“正当程序”这两种相互对立的利益,实际上是“国家追求真实的利益”与“被告人的人权”的对立问题。

② 保护和保障犯罪嫌疑人、被告人人权的是法官,日本刑事诉讼学者认为职权主义诉讼体制是轻视人权的,这种观点引发了大陆法系国家学者的愤慨并引起了大争论。

日本刑事诉讼制度的特色是起诉便宜主义，检察机关对起诉持慎重态度，因此可以减少冤案。但是，慎重的起诉导致有罪率高达99.9%，不起诉案件很多，这也是被害人和被害人遗属不满的原因。

三、对被害人参与公诉的异议

关于被害人参与刑事诉讼（公诉）的可能性，很多国家都有过相当大的争议。被害人完全参与民事法上调解（mediation）和和解（reconciliation）的重要性和正当性，得到广泛的认可。但是，被害人在刑事诉讼程序中的法律地位，各国有所不同。

对被害人参与公诉制度的讨论，从1980年开始在世界范围内变得活跃起来。在联合国预防犯罪会议和有关国际学会的讨论中，大体有以下反对的观点①：

（国际会议上对被害人参与诉讼的论点）

1. 侵犯了量刑的不变性和平等性。
2. 被告人将会受到更严厉的刑罚。
3. 导致程序复杂化。
4. 会给被害人带来额外负担。
5. 进一步加大被告人对被害人的骚扰和威胁。
6. 刑事追诉是社会决定的，而不是被害人。
7. 增加了诉讼程序的费用。

711 这里需要注意的是，日本和欧美国家对于公诉的看法是不同的。关于公诉，日本特别强调"国家刑罚权"，而欧美国家一般认为公诉不是国家固有的权限和权力，是受社会委托的，因此一般对公诉表述为"受社会委托的刑事追诉"。

但是，对于被害人参与公诉的意见，日本和欧美有很大差别。在

---

① United Nations Office for Drug Control and Crime Prevention（1999）. op. cit. p. 2；［日］诸泽英道译：《联合国被害人人权宣言相关文献——为被害人的正义》，成文堂2003年版，第14页。

日本,2007 年 3 月《刑事诉讼法修正案》提交给国会,当时,律师会等组织提出的问题,与国际会议上专家们指出的问题有很大不同。

（日本提出的论点）

8. 审判是查明事实的场所,由于被害人做出感情用事的发言,使审判成为报复的场所。

9. 如果被害人就在眼前,可能会使被告人缩手缩脚,想说但又不敢说。

10. 如果被告人对被害人直接提出反问,会给被害人在精神上造成二次伤害。

11. 即使参加刑事诉讼是自愿的,由于以前没有参加过,被害人可能会受到周围人的指责,被认为感情淡薄。

12. 违反无罪推定原则。

13. 日本从 2009 年开始引入裁判员制度,如果再引入被害人参与公诉制度会引起混乱。

国际会议上的论点主要是从刑事诉讼的国家性质、社会意义以及目的来论述的,而日本的论点主要是从应当如何看待作为当事人的被告人和被害人来论述的。另外,在当事人的利益和弊端问题上,日本的多数意见认为,被害人可能会感情用事,不仅会扰乱法庭秩序,而且会给被告人施加压力,因此应当重视犯罪嫌疑人和被告人的利益。

相反,在联合国预防犯罪会议专家会议上,多数发言是从制度论的角度探讨被害人是否应当参与诉讼的问题的。[①] 例如,有人主张,如果让被害人参与诉讼,斟酌和量刑上的不变性(uniformity)和平等性(equality)这一程序上的基本原则,就会带来不安定的因素。还有 712
人指出,即使允许被害人提出要求或在法庭上发言,也应该仅限于一

① United Nations Office for Drug Control and Crime Prevention(1999). op. cit. p. 2;[日]诸泽英道译:《联合国被害人人权宣言相关文献——为被害人的正义》,成文堂 2003 年版,第 15 页。

部分被害人,而且被害人的参与有可能使程序变得复杂。有时,为了增加1名当事人(通常是外行),就需要增加必要的准备和时间。

对此,赞成被害人参与诉讼的,有人指出,“有些国家建立了被害人对案件有影响的陈述(victim impact statement)可以参与的制度,但这种参与太慢了”。被害人不仅希望在宣判时参与,而且希望参与整个刑事司法程序,这意味着对他们发表的意见表示尊重。

也有人指出,被害人的参与会给他们带来负担,这种制度完全超过了被害人只作为追诉证人的制度。特别是从被害人可能会对判决产生影响的角度,有可能导致被告人进行的骚扰和威胁不断扩大的结果,即使不是这样,也会给被害人带来不安。因此,即使是被害人在刑事司法程序中发挥积极作用的司法制度,例如德国等国家的制度,也有相当数量的被害人没有选择行使这种权利。

被害人参与诉讼的重要论点,因司法制度的差异而有所不同。例如,有些刑事诉讼制度规定,追诉的权利是整个社会赋予的权利,在这种制度下,如果被害人积极参与刑事司法制度,与该制度的基本原则就是相互矛盾的。但是,采用其他制度的国家从被害人的角度考虑,被害人在传统的刑事司法程序中发挥着极其重要的作用,毕竟犯罪是对被害人实施的。有人指出,在这样的国家,即使把民事程序和刑事程序结合起来,在制度上也不会很复杂,但程序费用太高。对处罚的看法和理解,确实因被害人的不同而有所不同,但这并不是普遍现象。实际的判决是由那些认为不变性和平等性是重要的刑事司法专家作出的。

713 对于被害人的参与导致程序复杂化的争议,有人提出使民事和刑事诉讼程序一体化的观点,这样实际上程序的经济性会有所增强。

最后应该指出的是,部分被害人可能受到骚扰或威胁的情况确实存在,同样也存在这样一种制度,即被害人只作为证人在诉讼中发挥作用,而在诉讼程序中的其他方面不积极活动。

四、积极参与和消极参与

一般认为，被害人的参与可分为“积极参与”和“消极参与”。这个分类根据被害人可以参与到什么程度而有不同的定义。

从允许被害人在最小限度上参与的立场看，有关被害影响的陈述（victim impact statement）是积极参与；消极参与的例子包括被害人通知（victim notification）制度。[①]

与此相对，从被害人在刑事审判中享有与检察官同等的权利或权限的立场看，对被害人有影响的陈述是消极参与，对被害人的通知是“知情权”的一部分，而不是参与。将被害人通知理解为“向被害人发送信息是表明司法当局没有忘记你”，还是理解为被害人本来就有知情权，这一点存在很大差异。

1. 对被害人参与持积极态度的分类：

（1）积极参与＝在法庭上提问、提出量刑建议、上诉

（2）消极参与＝影响被害人的陈述

（3）知情权＝优先旁听、被害人通知制度

2. 对被害人参与持消极态度的分类： 714

（1）积极参与＝影响被害人的陈述

（2）消极参与＝被害人通知制度

20世纪80年代，也有人对被害人的通知制度提出反对意见，认为这种制度可能损害加害人的利益。而对此的反驳意见认为，“被害人只不过是单纯接受案件处理经过报告，而没有直接决定判决的权

---

① United Nations Office for Drug Control and Crime Prevention（1999）. op. cit., p. 37；［日］诸泽英道译：《联合国被害人人权宣言相关文献——为被害人的正义》，成文堂2003年版，第79页。

限,不会对刑事司法程序产生新的不公平”。①

但此后值得关注的是,多数人主张被害人作为当事人本来就应有知情权,通知制度和优先旁听制度为知情权提供了制度保障。

关于这个问题的文献很少,但现在在国际会议的讨论中没有人否定被害人的知情权。从区分知情权和参与权利的原则看,通知制度和优先旁听制度不是“参与权利”,而是“知情的权利”。

五、刑事追诉与被害人

被害人与检察的关系,和被害人与警察的关系是并行的。在刑事追诉中,被害人的协助是加害人获得有罪判决的主要因素。在警察那里的情况也是一样,被害人被看作主要的信息源。但是到了20世纪80年代,情况完全改变了。欧美很多国家开始修改法律、制定行政指导方针和实施负责人训练计划。

美国的被害人权利法案中,也为检察机关规定了标准。其中,对诉讼当事人有影响的、与被害人有关系的是辩诉交易(plea bargain)。
715 以前,美国大多数案件都有交易,其中基本没有考虑被害人的作用。但是,随着1982年《被害人证人保护法》(Victim Witness Protection Act)的制定,情况完全改变。该法要求检察机关在辩诉交易的时候征求被害人的意见。

在德国,如果撤回对犯罪嫌疑人的公诉,被害人的地位显得更为重要。在90%的撤回公诉案件中,要求犯罪嫌疑人向红十字会等慈善组织缴纳金钱。在做出上述决定时并不需要征求被害人的意见,但有时会以向被害人支付损失赔偿为条件撤回公诉。这是因为,让犯罪嫌疑人向被害人支付被害赔偿是极其困难的。但1988年10月1日制定的新指导方针中指出,如果能对被害人进行赔偿,就是理想

① United Nations Office for Drug Control and Crime Prevention(1999). op. cit., p. 37;[日]诸泽英道译:《联合国被害人人权宣言相关文献——为被害人的正义》,成文堂2003年版,第79页。

的结果。①

波兰检察总长在 1985 年颁布了《关于在法庭程序中保护被害人权利的指导方针》。这个指导方针使检察官认识到自己与被害人的关系应发挥的作用和责任是多么重要。检察官在决定案件进展和如何处理被害人时，这个指导方针的效果很大。因此，要求检察官了解被害人的需求。②

荷兰监察专员的裁定证明了改变检察机关工作的重要性。长期以来，检察官处理案件时，在刑事程序上并没有告知被害人有要求赔偿的权利。在这种情况下，被害人向监察专员提出诉求。监察专员可以做出裁定，国家必须对被害人失去的利益进行赔偿，而且赔偿限额是法庭可以命令赔偿的限额。向监察专员投诉这种渠道，打开了当事人个人启动诉讼的通道，因此特别有效。

此外，荷兰还有援助被害人的培训课程，负责援助被害人的检察 716
官以前也接受这类训练，但现在所有的检察官都要通过角色扮演或录像等方式接受为期两天的训练。③

德国等国家有私人追诉制度。这种制度允许被害人对侵害公共利益较低的犯罪进行追诉，这也使检察官追诉制度更加合理。德国与日本一样，检察机关通常不追究被害较轻、侵害公共利益较低的案件，为避免被害人在这种情况下产生不满，这种制度具有合理性。

是否承认被害人参与裁判的权利（the right to attend the trial），与该国的审判制度是采用职权主义还是采用当事人主义、是采用陪审员还是采用参审员制度等无关。对于这个问题，我们有必要回顾一

---

① Schadler, W., The situation of crime victims in the Federal Republic of Germany. In: Changing Victim Policy, pp. 140 – 153.

② Bienkowska, E., Declaration of Basic Principles of Justice for Victims of Crime and Abuse of Power – the Polish Experience. In: Changing Victim Policy, pp. 46 – 65.

③ van Dijk, Recent developments in the criminal policy on victims in the Netherlands. In: Changing Victim policy, pp. 68 – 80.

下在近代法产生和发展的过程中，为什么禁止了同态复仇，以及禁止复仇后应当引进什么样的制度。

在1985年11月29日联合国大会通过《联合国被害人人权宣言》的几个月前，欧洲理事会部长级会议（Committee of Ministers of the Council of Europe）通过了《建议（85）11》[Recommendation（85）11]。该建议一共包括16项内容：A（A1—A4，警察），B（B5—B7上诉），C（C8，听取被害人意见），D（D9—D13，法庭程序），E（E14，执行阶段），F（F15，隐私保护），G（G16，对被害人的特别保护），其中的B7规定，“对于不起诉决定，被害人有权要求进行追诉再审查，有权进行私人追诉”。①

布里宁（Brienen）和哈根（Hoegen）对欧洲22个国家/地区的情况进行了调查，发表了“欧洲22个国家/地区刑事司法制度中的犯罪被害人”（*Victim of Crime in 22 European Criminal Justice Systems*）。

717　**表26.a　私人追诉的条件（private prosecution）**

资料来源：Brienen & Hoegen（2000）. *Victims of Crime in 22 European Criminal Justice Systems*

0/1	不能私人追诉的国家/地区： 丹麦、希腊、冰岛、意大利、马耳他、荷兰、葡萄牙、苏黎世、土耳其	—
2a	法院可以拒绝私人追诉的国家/地区： 英格兰、威尔士、苏格兰	R
2b	检察机关可以拒绝或中断私人追诉的国家/地区： 塞浦路斯、英格兰、威尔士、冰岛、苏格兰	R

① Brienen M. E. I., & Hoegen E. H.（2000）. *Victims of Crime in 22 European Criminal Justice – Systems*, The Implementation of Recommendation（85）11 of the Council of Europe on the Position of the Victims in the Framework of Criminal Law and Procedure, Wetenschappelijk Onderzoek – en Documentatiecentrum, p. 1062.

续表

2c	被害人自己可以作为民事原告(civil claimant)的国家/地区: 奥地利、比利时、法国、德国、卢森堡、列支敦士登、挪威、瑞典	R
2d	需要证明试图和解(reconciliation)的国家/地区: 西班牙	R

* R是指建立了符合《建议(85)11》标准制度的国家/地区;—是指不符合《建议(85)11》标准的国家/地区。

表26.a是对各国/地区关于私人追诉制度的评价。西班牙规定在试图和解但失败的情况下可以进行私人追诉,以民事原告的身份参与审判;也有国家/地区规定可以在此基础上参加刑事审判,如奥地利、比利时、法国、德国、卢森堡、列支敦士登、挪威、瑞典等。检察官可以拒绝私人追诉的国家/地区有塞浦路斯、英格兰、威尔士、冰岛、苏格兰。

表26.b 追诉的重新审查(Review)

资料来源:Brienen & Hoegen(2000) *Victims of Crime in 22 European Criminal Justice Systems*

0	被害人无权要求重新审查的国家/地区: 塞浦路斯、比利时、英格兰、威尔士、法兰士、列支敦士登、苏格兰、西班牙	—
1	没有重新审查制度的国家/地区: 爱尔兰	
2a	已确立重新审查制度的国家/地区: 德国、希腊	R
2b	由上级机关进行重新审查的国家/地区: 丹麦、爱尔兰、卢森堡、荷兰、挪威	R
2c	由司法机关进行重新审查的国家/地区: 德国、意大利、马耳他、葡萄牙、荷兰、土耳其、瑞士(坎顿州)	+

*“+”是指高于《建议(85)11》的标准。

表26.b是对检察官不起诉时被害人是否可以要求再次审查的

制度的评价。

德国、意大利、荷兰等超过了建议的标准，而英国、比利时、法国等没有达到建议的标准。

影响被害人参与刑事审判的还有诉讼费用问题，各国都在设法解决这个问题。很多国家采用免费诉讼程序、没有经济能力的诉讼当事人（包括被害人）可以由国家提供律师费用，采用这种制度的国
718 家正在增加。[1] 例如，印度放宽了“法律扶助协会”（Legal Aid Boards）的推荐条件，也把贫困的被害人作为援助的对象。丹麦、挪威、瑞典等国除建立国内的法律援助制度外，对性暴力的被害人还提供“援助负责官”（support persons）服务，这些官员的工资由国家支付。这些职员不仅要努力促使被害人参与判决，还可以根据需要提供实际生活方面的支援、精神上的支援、法律上的支援。

六、参与公诉的类型

参与公诉有若干种类型。可以根据被害人能在多大程度上参与公诉，在参与时被害人有什么责任和义务进行区分。如表 26. c 所示，爱德华兹（Edwards）将参与公诉分为四个类型。[2]

---

① United Nations Office for Drug Control and Crime Prevention (1999). op. cit., p. 38；[日]诸泽英道译：《联合国被害人人权宣言相关文献——为被害人的正义》，成文堂 2003 年版，第 80 页。

② Edwards, Oan (2004). An Ambigous Participant: The Crime Victim and Criminal Justice Decision - Making, Britisch Journal of Criminlogy, vol. 44, No. 6, p. 975；[日]吉村真性：《刑事程序中的被害人参与论（三・完）》，载《龙谷法学》2007 年第 39 卷第 4 号，第 112 页。

表 26. c　参与公诉的类型 719

资料来源：Edwards, Oan (2004) *An Ambigous Participant*

	participation type（参加型）	obligation of criminal justice decision – makers（检察官的责任和义务）	obligation of victim（被害人的责任和义务）
dispositive（决定方向型）	control（控制型）	有义务确认被害人的意向，并考虑他们的意愿	有决定权
	consultation（协议型）	有义务确认和考虑被害人的意向	可以对决定给予影响
non – dispositive（不决定方向型）	information – provision（提供信息型）	有义务向被害人提供信息和要求信息	有义务提供信息
	expression（表达型）	承认被害人的意思表示	可以任意地表达感情

爱德华兹根据刑事司法的决定权人有义务尊重被害人意愿的程度不同对参与公诉进行分类，有义务确认被害人意思的是控制型（control type）；有义务确认并考虑被害人意思的是协议型（consultation type）；有义务向被害人提供信息且要求提供信息的是提供信息型（information-provision type）；虽然没有确认被害人意思的义务，但给被害人表示意思的机会的是表达型（expression type）。

确立被害人的法律地位问题，将进一步发展为在推进审判快速而正常进行时应如何保障被害人适应该环境。很多国家讨论的问题集中在为被害人建立一个环境系统，例如，对程序的知情权、参加刑事程序的权利、被害人可以聘请国费辩护人、案件的迅速处理、出庭程序的代理、出庭时的教育培训、保护被害人安全的候审室、等待系统、出庭时的陪伴人、证人费用的援助、雇佣关系的保护、寻找证人、防止对被害人威胁等。这些都是被写入《被害人权利法案》（Victim

Bills of Rights)或《被害人宪章》(Victim's Charter)的原则,并被规定在相关程序法中。

720 关于被害人的地位,有一个棘手的问题是如何调整检察官的想法和被害人的主张。被害人和作为公众代表人的检察官之间,在起诉和量刑等方面出现意见分歧时,谁的观点应该优先考虑。实际上,日本的现行制度中,被害人对检察机关的不起诉处分感到不满的情况也不在少数。在这种情况下,要求引进私人追诉制度的呼声也越来越高。

对于被害人来说,最大的问题是避免刑事裁判带来的二次被害(secondary victimization)。刑事裁判中特别强调保护性犯罪和诈骗的被害人的必要性。在公开法庭上应当防止被告人和辩护人提出有关隐私的提问而导致的精神伤害(二次被害)。

被害人及其家属们对司法制度的不满,主要集中在"审判的经过和结果不告知我们""被告人和辩护人逃避责任,把责任转嫁给被害人,被害人已经死亡,无法提出反驳"等。

不过,有关加害人的信息传达给被害人是否合适,这是很微妙的问题。根据1994年全国犯罪被害人现状调查中A调查和B调查的分析,被害人对加害人的处分和判决结果了解得越多,被害情绪就越严重。其原因是日本的处分和判决太轻,但这并不能说不告知被害人其就能快速恢复。

七、德国的参与公诉制度

1985年通过《联合国被害人人权宣言》后,欧美国家一直按照该宣言进行刑事程序法改革。调查结果显示,积极参与的国家有法国、德国、荷兰、波兰,但即使在赋予被害人较高地位的波兰等国家,被害人也不满意。①

---

① Bienkowska, E. (1989). Law and Practice; Two Faces of Reality. In: Kury, H. (ed.) *Readeron Empirical Victimology*, Max Planck Institute.

德国以前只承认被害人在刑事程序中作为客观证据的地位，对 721
此进行反省后，以 1976 年制定《被害人保护法》为契机，允许被害人参与公诉，但限定被害人进行私人追诉。

此后，在 1986 年 12 月和 1987 年 1 月，德国对有关被害人在刑事诉讼法中的地位进行了几次修改。修改的主要目的是，扩大在法庭程序中对被害人的保护，以及简化对犯罪人的赔偿请求程序。此外，还限制对性暴力被害人的询问。犯罪人要求在一定条件下询问被害人时，被害人可以要求退庭。另外，被害人要求赔偿时，赋予被害人与检察官具有基本相同的程序地位。①

德国《宪法》第 1 条和第 2 条规定了“人的尊严”和“自由权”，这些条文是被害人参与刑事司法的理论依据。

德国《刑事诉讼法》第 5 篇“被害人参与程序”（Beteiligung des Verletzten am Verfahren）中，包括私人追诉（Privatklage，第 374—394 条）、参与诉讼（Nebenklager，第 395— 402 条）、附带民事诉讼（Adhasionsverfahren，第 403—406 条 c）、被害人及其他权利（sonstige Befugniss des Verletzten，第 406d—406 条 h）。

德国的私人追诉包括，侵入住宅（《刑法》第 123 条）、侮辱（《刑法》第 185—189 条）、侵害书信秘密（《刑法》第 202 条）、伤害（《刑法》第 223 条、第 229 条）、威胁（《刑法》第 241 条）、损坏器物（《刑法》第 303 条）等被认为是侵害公共利益较低的犯罪，对于这些犯罪被害人可以取代检察官进行追诉。允许私人追诉的犯罪中，还包括《反不正当竞争法》《专利法》《实用新型法》《设计法》等法律中规定的犯罪。

德国《刑事诉讼法》第 395 条是有关“参与公诉”（Nebenklage）的规定，因下列犯罪行为而遭受被害的人可以参与公诉：

---

① Schädler, W. , The situation of crime victims in The Federal Republic of Germany. In: Changing Victim Policy, pp. 140 - 153.

1. 对被监护人进行性虐待（Sexueller Mißbrauch von Schutzbe-
722 fohlenen，《刑法》第 174—174 条 c）、对儿童进行性虐待（Sexualler Mißbrauch von Kinder，《刑法》第 176 条）、强奸（Sexuelle Nötigung，《刑法》第 177 条）、强奸致死（Sexuelle Nötigung und Vergewaltigung mit Todesfolge，《刑法》第 178 条）、对不能抵抗人进行的性虐待（Sexueller Mißbrauch widerstandsunfähiger Personen，《刑法》第 179 条）、强迫未成年人进行性行为（Förderung sexueller Handlimgen Minderjähriger，《刑法》第 180 条）、贩卖人口（Menschenhandel，《刑法》第 180 条 b）、贩卖人口的加重（Schwerer Menschenhandel，《刑法》第 181 条）、对少年实施的性虐待（Sexueller Mißbrauch von Jugendlichen，《刑法》第 182 条）；

2. 侮辱（Beleidigung，《刑法》第 185 条）、污蔑（Üble Nachrede，《刑法》第 186 条）、诽谤（Verleumdung，《刑法》第 187 条）、对政治家的污蔑和诽谤（Üble Nachrede und Verleumdung gegen Personen des politischen Lebens，《刑法》第 188 条）、损害名誉（Verunglimpfung des Andenkens Verstorbebers，《刑法》第 189 条）；

3. 遗弃（Aussetzung，《刑法》第 221 条）、伤害（Körperverletzung，《刑法》第 223 条）、危险伤害（Gefährliche körperverletzung，《刑法》第 224 条）、被保护者虐待（Mißhandlung von Schutzbefohlenen，《刑法》第 225 条）、重伤害（Schwere Körperverletzung，《刑法》第 226 条）、公务员的伤害（Körperveletzung im Amt，《刑法》第 340 条）；

4. 诱拐（Menschenraubs，《刑法》第 234 条）、诱拐未成年人（Entziehung Minderjahriger，《刑法》第 235 条）、非法监禁（Freiheitsberaubung，《刑法》第 239③、④）、恐吓性诱拐（Erpresserischer Menschenraub，《刑法》第 239 条 a）、绑架人质（Geiselnahme，《刑法》第 239 条 b）；

5. 谋杀（Mord，《刑法》第 211 条）的未遂、故杀（Totschlag，《刑法》第 212 条）的未遂；

6. 因请求法院审判而被提起公诉的人。

除以上 1—6 以外,因违法犯罪导致死亡的人的父母、子女、兄弟姐妹、配偶、《刑事诉讼法》第 374 条规定的可以提起私人追诉的人,以及因实施违反《专利法》《实用新型法》《半导体保护法》《商标法》《专利法》《著作权法》等的行为而遭受被害的人,也可以参加公诉。

此外,过失伤害(Fahrlässige Körperverletzung,《刑法》第 229 条)的被害人,因被害结果严重,且认为有必要考虑该人的利益时,也可以参与公诉。

被害人在任何程序阶段都可以参与公诉,而且在宣判后如果为了上诉,也可以参与公诉(《刑事诉讼法》第 395 条④)。申请参与公诉时,要向法院提出书面申请,但在提起公诉前可以向检察官或法院提出申请的,提起的公诉发生效力(《刑事诉讼法》第 396 条①)。 723

法院对公诉参与的申请人是否符合资格,在听取检察官的意见后决定,但对于过失伤害(《刑法》第 229 条)的参与公诉问题,因需要考虑被害的严重性、被害人的利益等,有必要听取被害人的意见。对于法院就是否适合参与公诉的判决,不能提出异议(《刑事诉讼法》第 396 条②)。

公诉参与人的权利与检察官的权限基本相同,可以申请审判官及鉴定人回避、对质问权(《刑事诉讼法》第 240 条②)及法官的诉讼指挥提出异议、请求调查证据、陈述意见等(《刑事诉讼法》第 397 条)。

公诉参与人可以对判决提起上诉,但不能以"被施加了其他法律效果"(eine andere Rechtfolge der Tat verhangt wird)为由提起上诉,也不能以"被告人因受法律侵害而被判有罪"(der Angeklagte wegen einer Geset – zesverletzung verurteilt wird)为由提起上诉(《刑事诉讼法》第 400 条)。

当初,德国的公诉参与的利用率并不高。[1] 为了改变这种情况,德国联邦司法部进行了改革:①被害人的律师费用,全部案件均由国家负担;②诉讼参加人死亡的,可以由其家人继承诉讼;③对可以参加诉讼的犯罪罪种进行了整理。[2]

私人追诉、参与诉讼、附带民事诉讼,是被害人直接参与的刑事程序,也是追究加害人责任的方法,除此之外,还认可了反映被害人意思的几种方法。

德国《刑事诉讼法》第 153 条 a 规定了轻罪案件中暂时缓期的公诉(vorläufige Einstellung)。根据这一规定,认为不涉及公共利益,且责任的程度也不影响公共利益时,检察官征得法庭和犯罪嫌疑人的同意后,在科处履行义务(auflagen)或指示(weisungen)后可以暂缓提起公诉。

这里所说的履行义务或者指示包括:为了恢复(wiedergutma-
724 chung)因行为引起的损害,可以出部分资金(leistung);为公共的设施或国库支付金钱;向其他涉及公共利益的事业出资;承担一定数额的抚养义务;根据道路交通法规定参加培训。1999 年法律修改时增加的条件包括,努力与被害人达成和解(Täter - Opfer - Ausgleich),恢复因犯罪造成的全部或部分损失,或者努力恢复损失(Wiedergutmachung)(德国《刑事诉讼法》第 153 条 a 第 5 款)。

在私人进行追诉的情况下,检察官没有义务必须参与,但在判决的任何阶段,都可以根据明确的意思表示进行追诉(《刑事诉讼法》第 377 条)。

私人追诉者(Privatklager)可以聘请律师予以协助,也可以用委托书的委托代理人(《刑事诉讼法》第 378 条)。有起诉权的人有多

---

① 2002 年 9 月 15—22 日举行的"明日之会"第一次欧洲调查团(对德国、法国的被害人参与刑事司法制度的调查),听取了慕尼黑大学法学院教授的报告,结果表明德国的公诉参加率在 20% 左右。

② 2002 年 9 月 17 日听取了弗莱教授的报告。

人时,每个人都可以行使该权利,但在其中一名起诉权利人提起私人追诉后,其他起诉权利人仅有权参与已开始的程序(《刑事诉讼法》第 375 条)。

德国私人追诉的对象是,侵犯公共利益较低的犯罪,对于侵入住宅、侮辱、侵害书信秘密、伤害、胁迫、损坏器物的犯罪,必须在州指定的协调官尝试进行和解(suhne)但未成功后进行(《刑事诉讼法》第 380 条)。

八、法国的参与公诉制度

法国从《1808 年治罪法》时代开始承认了私人诉讼权,1957 年制定的《刑事诉讼法》[①]继承了私人追诉制度。法国《刑事诉讼法》第 1 条规定,“在符合本法规定要件的条件下,被害人也可以提起公诉”,第 2 条规定“因重罪、轻罪或违警罪而产生的损害赔偿提出请求的私诉权,全部归属于遭受由犯罪直接产生的损失之人”。也就是说,只要满足刑事诉讼法规定的要件,被害人就可以提起公诉(私人追诉),
同时在刑事审判过程中也可以请求赔偿损失(附带民事诉讼)。 725

法国的私人追诉并不像德国那样只限定在对公益性危害较低的犯罪中,原则上可以适用于所有的犯罪。

无论是检察官还是被害人,公诉权当然因被告人的死亡、时效、赦免、刑罚法规的废除、既判力的产生而消灭,但法律有明文规定的,因“和解”而消灭;以告诉为诉讼条件的案件,公诉因“消去告诉”而消灭(法国《刑事诉讼法》第 6 条)。法国的时效,原则上预审或追诉处分,重罪为 10 年(《刑事诉讼法》第 7 条),轻罪为 3 年(《刑事诉讼法》第 8 条),违警罪为 1 年(《刑事诉讼法》第 9 条)。

法国不存在德国型的诉讼参加制度,但是通过私诉(请求开始预审的私诉或者附带民事诉讼)承认参加刑事程序的被害人有诉讼当

---

① 1957 年 12 月 31 日法律第 57—1426 号。

事人权利，从而实现了与参与公诉同样的权利。

法国附带民事诉讼可以与公诉同时提出，也可以在同一法院提出（《刑事诉讼法》第 3 条），还可以与公诉分离开来（《刑事诉讼法》第 4 条）。另外，已经向民事法院提起诉讼的人，虽然不能向刑事法院提起诉讼，但在民事法院开始审判之前检察官向刑事法院提起公诉的，也可以向刑事法院提起（《刑事诉讼法》第 5 条）。私诉权根据民法的规定，因时效期满而消灭（《刑事诉讼法》第 10 条）。

刑事审判中的私诉，因重罪和轻罪而受到损害的人（被害人）向管辖预审法官提交诉状后，成为私诉的原告人（《刑事诉讼法》第 85 条）。私诉原告人可以在预审进行中随时都提起申诉（《刑事诉讼法》第 87 条）。私诉原告人不能获得审判援助的，必须自己准备保证金。该金额由预审法官根据私诉原告人的财力决定（《刑事诉讼法》第 88 条）。

认为私诉原告人提起申诉是为了滥用权利或拖延审理的，轻罪法院可以在不超过 10 万法郎的范围宣判民事罚款（《刑事诉讼法》第 91 条），保证金是对支付民事罚款的担保（《刑事诉讼法》第 88 - 1
726 条）。另外，经确认，申诉的时效正在进行、没有滥用权利、没有拖延审理的目的时，该保证金予以返还。

在宣告损害赔偿判决时，法院可以命令由被告承担费用，将判决的全文或者摘要在法院指定的 1—2 个以上报纸上予以公告（《刑事诉讼法》第 91 条）。

九、其他国家的参与公诉制度

美国在传统上只赋予被害人证人的地位，但由于发生了被害人运动，29 世纪 80 年代对法律进行了大幅度修正。1983 年亚拉巴马州首次允许被害人出庭，参与询问被告人，到 1992 年已有 14 个州通过了允许被害人出庭的法律，现在所有的州都允许被害人出庭。

美国很多州的证据法都允许在审判中隔离和排除证人，这个规则不适用于被告人,但适用于被害人。因为,如果证人听到其他证人或参考人的证词,就会受他们的影响,不能提供准确的证词。

但是,近年来,美国对这个规则进行了修改。联邦证据法和弗吉尼亚州的参与权法(the Virginia right to attend law)仍然允许排除证人,而其他许多州法官对于是否排除作为证人的被害人有裁量权。另外,亚拉巴马、阿拉斯加、佛罗里达等州规定,"排除证人"的规定不适用于被害人。

一般来说,被害人向侦查当局、检察官、法院提供有关案件的各方面信息,这一点被害人处于最好的地位。对被害人来说,最重要的作用之一就是成为证人。因此,被害人在审判阶段只能回答检察官或被告方律师的提问。在这种情况下,应当尊重被害人。调查表明,受到适当对待的被害人会积极配合,提供适当的证词。[①] 英国的刑事 727
追诉全部以私人追诉的形式进行,其 1985 年制定的《犯罪追诉法》引进了检察官制度,但在引进以后,警察的私人追诉仍在继续,从保护被害人权利的角度来看,这具有重要意义。检察官在决定起诉或不起诉时,应该听取被害人的意见。在英国,根据 1990 年的《被害人宪章》(Victims Charter)和 1996 年的《新被害人宪章》,进一步扩大了被害人的权利。

前捷克斯洛伐克也限制私人追诉但强化了被害人的程序地位。匈牙利、波兰、俄罗斯、克罗地亚等国家也在一定程度上承认了私人追诉犯罪。在捷克斯洛伐克,所有的犯罪都由检察官追诉,这项严格的法律原则一直维持下来。[②]

---

① United Nations Office for Drug Control and Crime Prevention(1999). op. cit, p. 38;[日]诸泽英道译:《联合国被害人人权宣言相关文献——为被害人的正义》,成文堂 2003 年版,第 81 页。

② Fico, R., Some comments on the status of the victim in accordance with the Czechoslovak Penal Code and Code of Penal Procedure. In: Changing victim Policy, pp. 93–110.

波兰的刑法修正审议会也讨论了确定被害人在刑事程序中的地位,以及扩大被害人参与程序的可能性。其中值得关注的是,被害人在所有的程序阶段都被赋予检察助理(an auxiliary prosecutor)的角色进行参与。①

很多国家的民事法律制度都认可被害人作为民事原告参与刑事程序的权利。② 其典型例子有,民事原告(civil plaintiff)程序、附带民事诉讼(adhesion)程序等。这些制度的正当化根据是各种各样的,其中包括程序的经济性原则、照顾民事请求原则等。有人认为,考虑民事请求并不一定会使刑事程序变得复杂或推迟,但也有人认为,在刑事程序阶段,损害范围尚不明确,处理民事请求有困难。由此可见,
728 一些国家对刑事程序中的民事请求设置了各种限制,是否把民事程序和刑事程序进行分割,交给法院判断。

被害人拥有完全的追诉权并拥有参与刑事程序的权利,这只是一部分国家的法律体系。实际上,在这些国家,被害人通常将大部分追诉义务委托给公共机关的检察官。③

多数法律体系承认被害人具有实质性辅助检察官(subsidiary prosecutor)功能的权利,在这种情况下,被害人可以提交证据,提出讯问被告或询问证人的提议,或向法庭提交陈述意见或证据。"辅助检察官"一词有时也用于检察官决定不起诉时,被害人拥有所有起诉权限并可以提出告诉。这是因为在公共检察官决定不起诉的情况下,如果被告人被判无罪,诉讼费用就要由被害人承担。

---

① Bienkowska,E.(1989). Law and Practice;Two Faces of Reality. In:Kury,H.(ed.)Readeron Empirical Victimology. Max Planck Institute.

② United Nations Office for Drug Control and Crime Prevention(1999). op. cit. p. 38;[日]诸泽英道译:《联合国被害人人权宣言相关文献——为被害人的正义》,成文堂2003年版,第81页。

③ United Nations Office for Drug Control and Crime Prevention(1999). op. cit. p. 39;[日]诸泽英道译:《联合国被害人人权宣言相关文献——为被害人的正义》,成文堂2003年版,第82页。

在许多法律体系中，对于特定的轻微犯罪，从公益的角度出发认为不需要检察官时，被害人可以进行追诉，这就是所谓的私人追诉（private prosecution）制度。

在被害人没有追诉权利的国家和地区，一般允许被害人作出对被害人有影响的陈述（victim impact statement）或者为了陈述上述意见而向被害人提供信息。① 例如，美国、新西兰、加拿大、以色列、澳大利亚的一些州、爱尔兰等。这些信息通常是在对判决进行研究时提交给法官。

几乎所有允许被害人进行陈述的国家，被害人（借助检察官和其他官员的帮助）将因犯罪遭受的影响（丢失的或损坏的所有物、其他经济损失、案件对生活的影响等）填入表格。被害人可以通过这种形式把犯罪行为对自己的身体影响、精神影响以及其他影响传达给法官。此外，有些国家还赋予被害人最后陈述的权利，即对罪行造成的影响有个人陈述的权利。

被害人陈述意见不仅是给被害人阐述犯罪对自己造成影响的机 729
会，而且也给了被害人对案件表达意见的机会。

被害人的影响陈述和意见陈述都是比较新的方法，对这种方法的调查结果有很多。有些人利用部分调查结果提出一些主张，例如这种方法给被害人带来了错误的参与希望，但实际上被害人对判决结果几乎没有任何影响。但总体上，该调查结果显示，被害人的影响陈述和意见陈述将给被害人提供直接参与的机会，或者向法院提交信息，这将有助于促进更公平地解决案件。

有些国家规定，在作出是否追诉的重大决定时，检察官在判断诉讼程序对于犯罪嫌疑人有没有公益性、追诉的证据是否充分的情况

---

① United Nations Office for Drug Control and Crime Prevention（1999）. op. cit. p. 39；［日］诸泽英道译：《联合国被害人人权宣言相关文献——为被害人的正义》，成文堂 2003 年版，第 83 页。

下,可以向被害人提供各种救济手段。[①]

也有的国家规定,被害人可以要求检察官的上司修改判决,也可以向法院提出上述要求。[②] 例如,在德国,被害人可以先向检察官的上司提出申请,当对申请的结果不满意时,可以再向法院提出申请。其中也有国家规定,被害人可以直接向法院提出申请。在法国,被害人申请的诉讼获得法院认可时,检察官有义务进行追诉。墨西哥的宪法规定,即使检察官决定不起诉,被害人也有权利对该决定提出申诉。以色列的法律,被害人有权对检察官不进行侦查或不起诉的决定提出异议。这类申诉是对国家或州的司法长官提出的。

730
十、被害影响的陈述

被害人在司法程序中主张被害情况及其被害影响的一种方法,是对被害的影响进行陈述。

一般来说,这种陈述详细叙述侵害的内容和程度、因此侵害遭受的打击、被害人受到的影响等,通常以书面形式进行陈述,但也允许口头叙述。在制作该陈述书时,被害人支援中心等部门一般会提供帮助。

《联合国被害人人权宣言》将这个内容列入司法程序中被害人权利的重要组成部分。但是,并不是所有的被害人都希望上法庭。有很多被害人对与加害人见面有抵触情绪;也有些被害人即使想上法庭,也因时间等因素而无法出庭。在这种情况下,有关被害影响的陈述就成为被害人向司法机关陈述意见的有效方法。

---

① United Nations Office for Drug Control and Crime Prevention(1999). op. cit. p. 40;[日]诸泽英道译:《联合国被害人人权宣言相关文献——为被害人的正义》,成文堂2003年版,第84页。

② United Nations Office for Drug Control and Crime Prevention(1999). op. cit. p. 40;[日]诸泽英道译:《联合国被害人人权宣言相关文献——为被害人的正义》,成文堂2003年版,第84页。

如何使用被害影响的陈述书、在多大程度上尊重陈述书，各国的处理方法有所不同。这在很大程度上取决于该国刑事司法制度的基本原则，在不允许或限制被害人直接参与审判的国家，这种方法非常值得重视。

澳大利亚也有利用被害影响陈述的倾向。西澳大利亚州的1994年《犯罪被害人法》(Victims of Crime Act 1994)有四个条文规定。被害人可以提交被害影响陈述书，以便法院(包括决定上诉的法院)做出适当的判决(该法第4条第1款)。西澳大利亚州规定既可以书面陈述也可以口头陈述，对犯罪直接侵害结果的被害人的痛苦、损失、打击进行详细记述；向犯罪调查委员会陈述被害人遭受的情况(该法第5条第1款)。陈述书不能涉及对犯罪人判处有罪的方式及轻重范围(该法第5条第2款)。另外，陈述书中可以附上他人代写的与被害人的受害结果有关的“向犯罪调查委员会的报告”(该法第5条 731
第3款)。西澳大利亚州的被害人支持服务组织(VSS)，为被害人准备陈述书提供帮助，负责处理被害人事务的警察等的公务员，为了能够提供更好的服务，他们会把被害人积极推给VSS组织。

十一、日本的参与公诉制度

日本对于刑事审判要“为了被害人”的意识非常低，最高法院的判例也认为，被害人在刑事审判中的立场“只是反射性带来的事实上的利益”。

犯罪的被害人乃至告诉人，是否可以以侦查机构没有彻底侦查、检察官的不起诉违法等理由，请求国家赔偿？对于这个问题，大阪地方法院(1970年6月16日)认为，“犯罪的侦查和检察官行使公诉权是为了维护国家和社会秩序这一公益，而不是以恢复被害人的损失为目的”“告诉只不过是向侦查机关提供犯罪侦查的线索，敦促检察官行使职权。因此，被害人或告诉人由侦查或提出公诉而得到的利益，只是站在公共利益立场上的由侦查或提起公诉所带来的反射性的事实上的利益”“即使公诉人或被害人的上述利益被侵害，也不能被评价为国家赔偿法上的违法，不允许以此为理由请求损害赔偿”，[①]最高法院也支持这种观点。[②]

《犯罪被害人基本法》第18条规定，“国家和地方公共团体，为了使犯罪被害人能够切实地参与设计被害的刑事程序，应当采取必要的措施完善相关制度，提供有关刑事程序进展的信息，扩大他们参与刑事程序的机会”。根据该规定，2007年6月20日通过了《为了保护
732 犯罪被害人权益而对刑事诉讼法进行部分修改的法律》，根据该法的规定，在《刑事诉讼法》第316条之33以下增加了“被害人参加”的内容，即下列犯罪案件的被害人等或该被害人的法定代理人或他们委托的律师，申请参加被告案件的程序时，法院在听取被告人或者辩护人的意见，考虑犯罪的性质、与被告人的关系和其他情况后，认为适当的，可以允许该被害人等或者该被害人的法定代理人参与被告案件的程序。

允许被害人参与的犯罪如下：

1. 因故意犯罪行为致人死伤的犯罪；

2.《刑法》第176条（强制猥亵）、第177条（强奸）、第178条（强制猥亵、准强奸）、第211条第1款（业务上过失致死伤）、第220条（逮捕、监禁）、第224条（绑架诱拐未成年人）、第225条（以营利为目的的绑架、诱拐）、第226条（以移送国外为目的的绑架、诱拐）、第227条（引渡被诱拐者等）的犯罪；

3. 包括前款规定犯罪行为的犯罪；

4. 前三款犯罪的未遂罪。

---

① 《判例时报》614－79。相同内容的判例有，1972年2月26日东京地方法院判决，载《判例时报》676－49；1984年6月29日东京地方法院判决，载《诉讼实务月报》31.1.107。

② 1990年2月20日最高法院第三小法庭判决，驳回上诉。一审是1988年9月28日名古屋地方法院冈崎支部判决；二审是1989年3月29日名古屋高等法院判决。

被害人参与制度在制定之初就被认为是不会被广泛利用的制度。但是,利用者逐年增加,2012 年利用者超过了 1000 人。从该制度实施起 5 年间的利用状况,如表 26. d 所示。

表 26. d 被害人参与制度的利用状况(人)

资料来源:2014 年版《犯罪白皮书》第 203 页

年份	被害人参与	其中裁判员	询问证人	询问被告	量刑建议	遮挡	陪同	委托律师	其中国费律师
2009	560	22	130	344	288	50	24	367	131
2010	839	262	217	484	428	115	40	557	272
2011	902	320	176	459	454	104	30	632	275
2012	1002	327	193	475	479	95	38	677	324
2013	1298	366	257	596	605	147	47	873	410

第二十七章

从被害中恢复的权利

Victims' Rights to be Supported for Restoration and Recovery by the Government and the Victimizer

一、引言

被害人因被害导致身体、精神上的伤害而深受痛苦，花费医疗费、失去工作、失去财产、人际关系受到破坏。为了参加刑事程序，去警察局和法院也需要时间和费用，在法庭上还会遇到不确定和困惑的痛苦，令人烦恼的很多案件经过要再现重演，情绪压抑，引起莫名其妙的感情动荡。这些情况都是导致很多被害人不愿意参与刑事司法程序的原因。

为了防止这类二次被害的发生，强烈要求刑事司法机关采取相应的对策：①警察和检察机关应站在被害人的角度考虑问题；②应当充分考虑被害人的状况，使被害人对审判更容易理解；③强化包括民间团体在内的支援被害人力量。如果国家不能积极推进这些对策，很多被害人向警方报案时就会犹豫，不配合侦查和审判，甚至会危及刑事司法制度的功能。这也是欧美国家从20世纪60年代开始积极保护被害人和保障其权利的原因。

但是，在这些措施中，被害人所承担的经济问题很大，为了使被害人能够协助侦查和审判，也需要给予其丰厚的补偿和支援。帮助被害人恢复损失首先是加害人的义务，但在现实生活中，几乎没有加害人诚恳地向被害人道歉并进行赔偿。不仅如此,很多被害人都对加害人抱有憎恨和恐惧的心理。① 被害人与加害人进行交涉,通过协 734
商或裁判要求赔偿,是一个现实困难极大的问题。从这个意义上说,引入最近在世界各国备受关注的恢复性司法(restorative justice),使被害人和加害人在对话中进行具体的赔偿协商,如果这种构想还不能解决这些问题,那么几乎不可能有新的构想。②

从日本被害人所处的状态看,由于支援被害人的社会系统没有发挥作用,因此被害当时的感情和案发几年之后的感情并没有大的变化。因此,我们常常说"时间可以解决问题""随着时间可以被治愈",但在现实中这是无法想象的。③

目前,被害人对策的全球标准,不仅仅是给予加害人刑罚的处罚,而且要让加害人赔偿被害人的损失,在行政中建立保护被害人的系统,敦促民间志愿者支援被害人,并由国家对被害人进行补偿。

犯罪会给被害人带来极其严重的身体上、经济上、精神上的伤害。1985 年 11 月 29 日通过的《联合国被害人人权宣言》规定,应当对被害人的尊严(dignity)怀有同感(compassion),尊敬(respect)他

---

① 根据 1994 年全国犯罪被害人现状调查,在案发数年后被害人的情绪最多的是"讨厌对方(加害人)",遗属为92.1%,重伤害的被害人为51.4%。排在第二位的情绪是"不想与对方有牵连",遗属为91.4%,重伤害的被害人为85.0%。排在第三位的是"害怕对方",遗属为48.6%,重伤害的被害人为45.5%。"讨厌""不想参与""害怕"可以说是被害人的三大情绪。

② 2010 年 12 月 27 日《读卖新闻》大阪本社晚报报道了日本的恢复性司法措施受阻的现状。2001 年日本首次在千叶市设立的 NPO 法人"被害人与加害人对话之会运营中心",10 年间只有 24 次对话,没有一个被害人评价对话是"好"的。2004 年 3 月在大阪市设立的 NPO 法人"被害人与加害人支援中心",6 年期间只有 2 次对话,2011 年春该中心解散。兵库县律师协会于 2009 年 4 月成立了"犯罪被害人和加害人对话中心",在 1 年半期间只处理了一次对话,而且保管加害人给被害人信件的"道歉文书银行"也只保管了 23 封信件,但没有看到有被害人提出"想看"的申请。

③ 根据 1994 年全国犯罪被害人现状调查,对于遗属来说,时间的流逝也无法缓和被害的感情。讨厌对方的心情,在案发数年之后仍然不变的占 92.1%。另外,不想和对方扯上关系的心情,从案发后的 84.1% 增加到了 91.4%。

们,他们有权通过刑事司法途径,尽快恢复所遭受的危害并获得补偿和恢复的服务。该宣言提出了为了被害人获得司法途径和公正待
735 遇,增加损害补偿(restitution)、损害赔偿(compensation)及援助(assistance)的机会。①

如上所述,尊重和重视被害人的尊严是法院的责任,而且中央政府(国家)、②地方政府(都道府县、市区町村等地方公共团体)③及社会人士都有保护和支援被害人的责任。④

对被害人的支援不仅仅是在被害之后的短时间内(通常为3个月左右,也有设定为半年、1年的情况),被害之后出现的各种问题告一段落后,被害人需要获得中长期(5年、10年等)的支援,即"支援恢复自立"。为了治疗创伤、修补受损的房子和物品、回归工作岗位和学校、治疗精神上的打击和压力等,其支援范围与被害刚过的支援一样广泛。如果在这个过程中不能适当地进行治疗,PTSD(创伤后应激障碍)⑤等就会对被害人产生长期的影响。另外,犯罪被害人补偿制度虽然是通过金钱进行的,但这是支援被害人恢复的非常重要环节。被害人回归社会需要资金,国家为自己出钱,这给被害人带来了勇气。

---

① United Nations Office for Drug Control and Crime Prevention(1999). *Handbook on Justice for Victims*, p. iv, Foreword;[日]诸泽英道译:《联合国被害人人权宣言相关文献——为被害人的正义》,成文堂2003年版,第11页。

② 《犯罪被害人基本法》第4条规定,国家的责任和义务是,"国家有责任根据前条规定的基本理念(下条中称为'基本理念'),综合制定和实施有关犯罪被害人等的政策"。

③ 《犯罪被害人基本法》第5条的"地方公共团体的责任"是"依照基本理念,在支援犯罪被害人等方面,与国家适当分工负责,制定适合该地方公共团体地区情况的政策"。

④ 《犯罪被害人基本法》第6条规定,"国民应当充分考虑不侵害犯罪被害人的名誉或稳定的社会生活,同时应当努力协助国家和地方公共团体落实有关犯罪被害人的政策"。

⑤ 详细内容参见第十章"被害的影响与应激障碍"。

世界大多数国家的经验表明，对应被害人的多种需求有一个有效的方法，就是在刑事司法制度和社会制度中，提供社会的、心理的、精神的、经济的援助，确立对被害人提供有效支持的对策。《联合国被害人人权宣言手册》是实施被害人服务对策的指导文件，对于接触被害人的刑事司法机关和其他人员来说，是在制定充分照顾被害人 736
的政策、程序、手法时应当使用的文件。上述机构和有关人士包括警察、行政执法官、检察官、被害人的援助者（victim advocate）、法官、律师、矫正设施的职员、健康及精神保健的服务者、社会工作者、监察专员、精神领袖、人权委员会委员、立法人员等。除此之外，被害人寻求帮助的身边人士还包括家人、朋友、邻居或社区自发参与支援活动的非正式支援组织等。

援助手册对面向犯罪被害人实施综合支援服务时的基本方法进行了说明。例如，在被害人服务的最初准备阶段，需要时刻考虑被害人身体安全和急救医疗的需求。大多数被害人可以从危机咨询、长期咨询、被害赔偿、陪同去法院以及其他支援服务等方面获得利益。对于特定类型的被害人，也需要特别考虑。另外，对于虐待儿童（child abuse）、家庭暴力（domestic violence）、性暴力（sexual assault）、跟踪纠缠（stalking）、骚扰（harassing）、仇恨犯罪（hate crime）等犯罪的特殊类型的被害人，应对的方法需要有特别的法律和指南。①

二、被害人的生存权

日本《宪法》第 25 条所谓生存权的条文规定，“所有国民都有权利享有健康的文化上的最低限度的生活”。为此，国家应该在民生方

---

① 在日本使用特别法处置，如《关于规制跟踪尾随行为等的法律》（2000 年 5 月 24 日法律 81 号，2000 年 11 月 24 日施行）、《关于防止虐待儿童等的法律》（2000 年 5 月 24 日法律 82 号，2000 年 11 月 20 日施行）、《防止遭受配偶的暴力及保护被害人的法律》（2001 年 4 月 13 日法律 31 号，2001 年 10 月 13 日施行，2002 年 4 月 1 日部分施行）。

面努力提高和增进社会福利、社会保障和公共卫生。此类条文也是很多发达国家的原则,这也是受国民委托的政府应当最优先推进的
737 原则。

日本《宪法》第25条生存权的条文与第27条"所有国民都有劳动的权利和义务"条文的关系是,为了享有健康和有文化品位的生活,其前提是国民有工作并自己获得生活所需的收入。也就是说,生存权涉及的具体问题,基本是面向因某种理由而不能获得生存所需收入的人。例如,儿童等被禁止从事劳作的人、生病的人、有严重残疾的人等,他们都是有劳动困难的人,而身心受到巨大障碍的被害人当然也包括在内,特别是因冲击性案件具有创伤后应激障碍的被害人,生存成为最大的问题,根本不可能工作。

从欧美很多国家的被害人支援原则来看,支援被害人的政策一般是为了保障人的生存权而调整社会福利制度。有时还会出现与现有社会福利制度相冲突的问题。在这种情况下,如果因被害而导致失业,是通过失业保险或生活保护进行救济,还是通过被害人支援金进行救济,这也是值得研究的问题。同时,也存在被害人支援金与普通失业者的金额是否相同的问题。另外,在被害人补偿制度比较完善的国家,也经常讨论被害人支援金是否覆盖失业保险的问题。

任何一位被害人都需要自己寻找重建新生活的道路。心理创伤是普通(也有特殊事情)的需要面对的事情。回归和构建新的日常生活(routine)和恢复平静心(equilibrium)一定是独特的,但其中也确实包含着极普通的要素。

例如,在一个社会里,杀人案件的幸存者们想要增加一个新传统的节日。但在这种情况下,即使建立了这样的新传统,但他爱的人已不在人世,他们也无法享受。世界上有些社会在休息日举行特别的传统纪念活动,其中包括向死者表示慰藉的仪式。

738 在许多情况下,强奸罪被害人需要对因性交、怀孕或强奸而生下的孩子改变价值观。无论是卢旺达还是波斯尼亚,战争时被敌人强

迫怀孕的被害人们都表示:“对这些自己不希望怀孕的孩子,需要重新认识。”①违背自己的信仰而堕胎的女性、领养婴儿的女性、懂得新的爱情方式和爱情新的表现方式的女性,是多种多样的。其中也有为了让这些孩子们融入社会而努力的女性,但社会可能会抛弃这些孩子。

心理咨询师不应该对被害人的决定做出判断,而应该给予支持,或者与被害人推心置腹地交流。当被害人在选择上犹豫不决时,应该给予帮助,但最终的选择应该交给被害人自己。在被害人想要恢复并希望构筑新的未来时,有时会出现滥用药物、自杀、破坏行为等通常被否定的选择。但是,心理咨询师应该明白,当时文化社会的问题会影响被害人对这种选择的看法。例如,在一个社会里,人们认为自杀是最优先的选择,而不是背负着被害的耻辱活下去。在这种情况下,心理咨询师应当忘记自己的价值观,倾听被害人的倾诉。

在解决被害人存在的问题时,被害人却要选择否定性的方法,站在支持立场的心理咨询师应当给予适当的精神保健治疗和指导,在必要的情况下应当给被害人介绍传统的治疗方法。

三、“属于被害人的财产全部归还被害人”的原则

日本《宪法》第25条明确规定,所有国民都有权利过上健康、文化品位的最低限度的生活,但如果国民被害,就意味着生存权受到了 739
威胁。特别是对生命身体的攻击,将威胁人的生存。

当然,损害被害人生存权的加害人首先应当履行各种义务,使被害人的生活恢复原状。但是,加害人不仅经常在经济上遭遇不幸,而且国家也不能保护国民的权利,从这一点看,这是谁的责任呢?

被害人要想回到原来的生活,首先要从找回因案件而失去的东

① United Nations Office for Drug Control and Crime Prevention (1999). op. cit. pp. 29－30;[日]诸泽英道译:《联合国被害人人权宣言相关文献——为被害人的正义》,成文堂2003年版,第64－65页。

西开始。加害人(犯罪嫌疑人、被告人等)抢走的东西要尽快返还被害人。追诉时用的证据,可以在审判结束之前暂时由刑事司法机关(警察、检察院、法院等)保管,但审判结束后当然应当返还被害人。这是警察、检察、法院、监狱等所有刑事司法机关的责任。

但是,日本无论是判例还是实务,都未必如此。被扣押的物品原则上应返还扣押时的持有人(通常是加害人)。加害人持有的被害人物品,通常都是被非法夺走的,但法院可能是为了避免确认这些物品所有权的烦琐,而不想确立国际社会已经形成的"被加害人夺走的东西返还被害人"的原则。

警察会保管被害人具有所有权的证物。当然,警察会制作一份保管文书,但其中不需要调查的部分证据物应当及时返还被害人,如果不属于贵重物品或回忆纪念物,确认被害人放弃所有权后,在被害人放弃的栏目中注明。

1995 年 6 月 13 日兵库县发生了一起抢劫强奸案件,被害人提交了犯人遗留的文具刀后,还提交了被害人穿的牛仔裤、衬衫、床单等,但提交的这些物品没有经过认真考虑,因此在物品栏目中写上"对上述目录的物品放弃所有权"并在放弃所有权文书中签名加盖。经过科学搜查研究所的鉴定,半年后归还警察署,但承办警官认为这些物
740 品在侦查上没有意义,没有必要保留,于是,在年末清扫时当作废弃物处理了。

被害人得知这一情况后表示,侦查还在继续,这些物品被废弃处理会对自己造成精神痛苦,侵害了人格权,于是,根据《国家赔偿法》第 1 条第 1 款的规定,向兵库县提起了损害赔偿诉讼。一审判决认定请求成立,命令兵库县政府赔偿 20 万日元,但兵库县政府提出上诉,大阪高等法院在 2003 年撤销了一审判决。① 被害人提出了上诉,但是最高法院第一小法庭在 2005 年 4 月 21 日驳回上诉,最终判决被

① 大阪高等法院判决,2003 年第 3583 号。

害人败诉。①

这个判决中,泉德治法官发表了反对意见。法官认为:“犯罪被害人所有的证据是对其具有利益的,这种利益与被害人从侦查机构的侦查获得的利益是完全不同的。应当尊重犯罪被害人的个人尊严,符合这种尊严的人格权利应受到保障,刑事程序中的告诉权也是人格权利的一部分”“被害人向侦查机关提供证据时,即使在放弃所有权确认书上签名加盖,在侦查及诉讼程序上不再使用,也不意味着没有要求返还,也不意味着提供者放弃,侦查机关应当有效地利用该证据物,妥善保存”。

泉德治法官的意见显然是正确的。犯人被逮捕后,在经过审判到刑罚确定之前,应该保管证据,即使证据很少,有时也可能需要重新鉴定。特别是在本案中,“证据”在案发后半年的年末就被当作无用品废弃了,这是不能忽视的。很明显,这件事给被害人带来了精神痛苦。对于被害人来说,贵重的证物被当作垃圾一样对待,被害人的激烈反应也是理所当然的。日本刑事司法中的证据法很薄弱,证物的公正性得不到保障。侦查机关也有可能对证据进行修改。为了尊重被害人的尊严,防止冤案的发生,应当制定一套严格的证据采集和 741
保管的规则。②

但是,在死亡案件的情况下,对尸体进行验尸或司法解剖以后,应当尽快将尸体返还遗属。尸体的运送、验尸、解剖等都由刑事司法机关负责,必要的工作结束后,应该由承办机构承担全部费用并将尸体返还遗属。但是,按照惯例,脏器器官等在没有得到遗属同意的情况下,由司法解剖的法医学教室进行保管。即使是为了研究教育这

① 2005 年 4 月 21 日最高法院第一小法庭判决,2004 年(受)第 2030 号损害赔偿请求案件。审判长是泉德治,审判官是横尾和子、甲斐中辰夫、岛田仁郎、才口千春。

② 根据 2010 年 4 月 27 日修改的《刑事诉讼法》第 250 条,对于造成被害人死亡的案件应当判处死刑的犯罪等,没有公诉时效。因此,完善证据法的必要性大大提高了。

一崇高的目的，在未经遗属同意的情况下，擅自（或强行）摘除器官进行保管也是违法的。

四、财物的返还

对于被害人在被害时携带的物品，在侦查结束后，侦查机关应当及时返还被害人或遗属。①

被害人的物品大多是加害人持有的，在侦查阶段有时不能全部扣押。加害人在案发后仍然持有被害人的物品时，根据《联合国被害人人权宣言》第8条规定，法院应当下达被害赔偿命令（restitution order），强制返还被害人。该命令通常以刑事法庭判决或裁定的形式作出。

因犯罪侦查的需要，被害人的物品一般由警方保管，但这些物品在不予立案的阶段，应尽快返还被害人及其遗属。国际警察部长协会（IACP）在1983年发表了“关于被害人权利的政策状态报告”（Policy Statement of the International Association of Chiefs of Police on Victim Rights，1983），在被害人权利的第4项中强调“对于赃物或个人所有物品，在没有必要作为证据使用时，应当迅速返还被害人”。②

742 另外，联合国被害人问题专家会议制定的《关于为被害人伸张正义宣传手册》第三章“一线专家们对被害人的作用和责任”中要求，“由警察决定和实施所有物的返还方法和程序。防止各个执法机关之间在所有物的返还权和程序方面出现混乱，检察机关和法院应当充分协调，确定整个国家的统一标准”。③

---

① 根据《民法》第882—959条的规定，被害人死亡后的财产由其继承人继承。继承的财产中包括负债。

② United Nations Office for Drug Control and Crime Prevention（1999）. op. cit. p. 59；［日］诸泽英道译：《联合国被害人人权宣言相关文献——为被害人的正义》，成文堂2003年版，第119页。

③ United Nations Office for Drug Control and Crime Prevention（1999）. op. cit. p. 58.

但是,由于日本并没有明确规定由哪个刑事司法机关统一保管被害人的所有物,因此由警察、检察机关、法院哪一家负责并不明确。被害人和遗属搞不清楚应该到哪个机关去查询、申请返还,非常不方便。

1980年2月23日到3月5日发生了富山和长野连续诱拐杀害案件。[①] 该案件的加害人宫崎知子(当时51岁,此后姓氏改为藤波)在1995年12月21日才被确定死刑,但在等待刑罚确定的期间,富山案件的死者遗属要求富山地方法院返还当时高中三年级的女儿(当时18岁)的遗物(特别是,毕业时获得的机动车驾驶证),但富山地方法院却发给了关押在名古屋拘留所的死刑犯宫崎知子。富山地方法院认为,这是遵循关于返还扣押物品的判例,[②]但把这个判例适用于返还死者遗物,这是非常奇怪的。如果返还物是赃物,扣押时的所有者不一定是本来的所有者,有时查找本来的所有者是非常困难的,因此判例认为,为了方便起见,可以返还持有人。

但是,在本案的情况下,返还物明确是被害人的遗物(驾驶执照上记载着被害人的照片和个人基本信息),应当按照"遗物归还遗属"的原则,返还给被害人的遗属。在法院将遗物返还给加害人后, 743
被害人遗属就要向加害人提出要求,这个返还系统对于遗属来说太过于冷淡了。

被害人的遗属得知遗物被送到死刑犯手中后,于1999年9月11

---

① 富山及长野连续绑架杀害案件中,富山案件的被害人高中三年级女子(当时18岁)是真正的高中生,由于富山县警察在记者招待会上没有很好地表述,被报纸、电视报道为"游手好闲的女高中生",此后也没有对报道进行更正。这是媒体被害的典型事例。案件发生在犯罪被害补助金制度实施的前一年,死者家属既没有得到国家的补助金,也没有得到加害人的任何赔偿。据遗属于1999年9月8日寄给诸泽英道的四人信件称,对于遗属向都市杂志《每月谈》投稿的内容,宫崎的熟人发来了威胁信。这将作为日本最可怜的案件之一载入史册。

② 1990年4月20日最高法院决定,第三小法庭判决《刑集》第44卷第3号第283页。

日致信羁押在看守所的死刑犯，要求其返还遗物，但看守所方面在1999 年 10 月 21 日以前，按照宫崎的指示先后三次将遗物销毁了。

关于法院的这个错误，在静冈律师会白井孝一律师等人①的努力下，对该案进行了变通处理，②同年 3 月 16 日，律师团向最高法院事务总局提交了关于退还遗留物品的意见书。通过这一措施，法院和检察厅对遗物的处理方法进行了修改和改善，但并没有基本原则，而是设定了一个新的原则，对于与犯罪有关的扣押物，“明确是被害人的所有物的，返还给被害人；对于其他扣押物，返还给扣押时的扣押物持有者”，但现在还没有实现。③ 但是，通过这起案件，最高法院提出，“在返还扣押物时，在要求扣押物的所有者被害人或其家属提交书面申请时，同时将该书面申请送交给拘押该被扣押者的监狱等收容设施的负责人部长”，并与法务省进行了磋商。

对被害人的尸体，如后所述，原则上返还遗属，但对被害人所持
744 的物品却没有任何原则规定。特别是死亡案件的扣押物，对被害人来说是贵重的遗产，但是在审判过程中只考虑犯罪嫌疑人、被告人的防御权，而没有改变现有的观念。扣押物对于犯罪嫌疑人和被告人来说也是重要的证物，没有被害人及其遗属的同意就不能处理，这一国际共识在日本也有必要贯彻落实。

---

① 致力于遗物返还的学者有白井孝一、小仓博、铃木弘之、青山雅幸、酒井宏幸、诸泽英道 6 人。

② 遗属和律师团于 2000 年 2 月 8 日会见了法务大臣，听取了道歉词和对今后处理的说明。2000 年 1 月 17 日和 1 月 20 日的《朝日新闻》对该情况发表了“返还遗物——犯罪被害人的人权”（上）（下）报道。

③ 例如，2000 年 2 月 8 日最高法院事务总局的总务局、刑事局、家庭局的各位局长向各地方法院院长及家庭法院院长发出的文书中，对于富山地方法院的判断指出，“对于原被告人遗留的被害人所有的被扣押物，考虑到最高法院的上述决定和原被告人是被扣押者的情况，这些扣押物应当返还给原被告人”，从而否定了地方法院的判断。另外，根据该文件，从原被告人处“领取后，向辩护律师进行咨询，对于没有必要鉴定的部分，希望返还给遗属”，但如果是这样，此后遗属提出了返还申请，为什么要进行废弃处理？这完全是没有道理的。

五、在未确立肖像权的日本返还影像制品

对于被害人所有或持有的物品，在审判中作为证物使用结束之后，应当尽快返还被害人，但对于犯人拍摄的被害人影像之类的物品如何处理，在日本的法律环境下是一个棘手的问题。违背本人意愿拍摄影像是侵害被害人隐私权的行为，这些影像是被害人的，但日本的法律并没有规定怎么处理。

违背本人意愿进行摄影的典型例子是偷拍，即所谓的秘密拍照。在日本，偷拍并不是刑法上的犯罪，而是由各都道府县制定的所谓《滋扰行为防止条例》处理。① 偷拍是犯罪手段时，当然是违反上述条例的行为，会被扣押，但是偷拍通常是在暗地里进行的，被害人可能不知道自己被偷拍。后来才知道有偷拍的录像时，要扣押影像并不容易。别人手中保留自己不想让他人看到的影像，被害人会感到不安和恐惧，而又无可奈何。

如果犯罪人在偷拍过程中实施强奸，在确立肖像权的国家，将没收被拍摄的被害人的影像，但日本把这类影像制品解释为是犯罪人的物品。强奸是犯罪，为了强奸而使用的铁耙、绳索、安眠药等物品是被扣押的对象，但摄像机不一定被解释为强奸的工具。②

2013 年至 2014 年宫崎县发生了按摩店店长（男，当时 44 岁）系 745
列强奸案，由于警方没有意识到视频录像的存在，所以在搜查时没有扣押。起诉后，被告的律师以处理偷拍录像为交换条件，要求被害女性撤回告诉，这才发现存在视频录像，因此引发了是保护被害人还是

① 截至 2014 年度末，宫城县、群马县、千叶县、静冈县、兵库县、冈山县、高知县、爱媛县、宫崎县、鹿儿岛县、冲绳县 11 个县的《防止骚扰条例》，都没有明确规定禁止偷拍。另外，详细内容请参见第二十三章“被害人的名誉和隐私权”。

② 《每日新闻》宫崎支局，对于 2013 年至 2014 年发生的一系列按摩店店长性犯罪（包括未遂）案件，报道了将犯罪时拍摄的录像影像返还给被害人的问题。

保护被告人防御权的争论。① 被告人的辩护人主张没有实施强奸的证据，并拒绝出示录像。但是影像是可以进行编辑的，也可以删除强奸的场面后作为无罪证据提交法庭。当然，被告方在搜查后持有的影像制品缺乏证据能力。

在宫崎县的案件中，检察机关按照被害人的意思要求被告方提交录像，但被告人的辩护律师以被告人有防御权为由拒绝提交。此后，宫崎地方法院于2015年9月1日向被告方下达命令，要求提交4部录像带原件。② 被告人以强奸罪1起、强奸未遂罪1起、强制猥亵罪3起被起诉，命令被告方提交的录像除强奸未遂案件以外共有4份视频录像。③

这个问题也成为要求日本进一步完善法律的议题之一。从普通人的常识角度看，很难理解偷拍的影像被认定为犯罪人的所有物。因此要求对包括民事法在内的法律进行必要的修改。

六、验尸和解剖

人的死亡不是自然死亡或病死，而是人的行为造成的，这时需要确定是本人的行为造成的（事故、自杀）还是他人的行为（犯罪，非法行为）造成的；他人的行为是故意的，还是过失的，或者是无过失的。
746 负责查明死因的是检察官和警察。

日本法律规定，衰老死、病死等自然死亡以外的尸体被认为是非

---

① 2015年6月7日《每日新闻》（宫崎县版）报道了全国刑事辩护律师志愿者在宫崎县以“刑事辩护的作用”为主题的研讨会。讨论的问题是，对犯罪嫌疑人尽最大努力是律师的责任，律师告诉被害人如果撤诉就会处理录像，这是值得肯定的。

② 2015年9月5日《每日新闻》（宫崎县版）报道。

③ 宫崎地方检察厅要求对被告判处有期徒刑13年并没收录像原件。另外，4本录像的复印件已经被采用为证据。

正常死体[1],需要接受检察或警察的验尸。[2] 国家公安委员会1958年制定了《验尸规则》(1958年11月27日国家公安委员会规则第3号)和《尸体处理规则》(1958年11月27日国家公安委员会规则第4号)。[3]

要解剖尸体的人需要事先得到要解剖尸体的地方保健所所长的许可,但如果有犯罪的嫌疑,就没有这个必要。《刑事诉讼法》第229条第1款规定,"有非正常或者疑似非正常死亡的尸体时,其所在地管辖的地方检察厅或区检察厅应当进行验尸";该条第2款规定,"检察官可以让检察事务官或司法警察员处理前款事务"。

对于明显是犯罪的尸体,警察根据《刑事诉讼法》及《犯罪侦查规范》等的规定,立即进行尸检和现场勘验,请求法院签发鉴定许可令,委托鉴定人解剖尸体,在警察的权限范围内进行侦查活动。另外,在明显不是犯罪的尸体的情况下,根据《户籍法》《尸体处理规则》等规定进行行政处理。

关于解剖,《尸体解剖保存法》(1949年6月10日法律204号)

---

① 根据警察厅刑事局篇《逐条解说・验尸规则・尸体处理规则》,所谓的异常死亡,是指被怀疑因犯罪导致的尸体,并不是指很明显由犯罪引起的尸体。另外,因洪水、雷击等天灾造成的死亡、游泳溺死、确定的自杀、因自己不注意造成的事故死亡等,也不属于异常死亡。也就是说,异常死亡是指在非自然的死亡中,处于明显因犯罪致死和明显非犯罪致死的中间状态,是不是因犯罪引起的死亡存疑的尸体。

② 尸检是根据法律规定进行的尸体检验程序,但还有"验尸"一词。验尸是医学上的判断,是指检验尸体的行为。广义的医学术语的验尸,包括基于刑事诉讼法上的尸检、现场勘查、鉴定、医师法上的尸体鉴定等。验尸的目的是调查死亡的原因,尸检的目的是在调查死亡原因的基础上,确定尸体的身份关系、调查现场及携带物品等。

③ 1890年(明治23年)旧《刑事诉讼法》中没有规定对异常死亡尸体的处置,因此1898年(明治31年)旧《户籍法》第132条规定,"死亡者之籍贯不明且不能认定为何人的,警察应当及时制作验尸报告并及时向户籍官员报告"。之后,在1922(大正11年)年旧《刑事诉讼法》第182条中规定,"有异常死者或者疑似异常死亡者时,管辖其所在地的地方法院或者区法院的检察官负责验尸"。对此,1923年(大正12年)的《司法警察职务规范》(司法大臣刑事训令第10092号)第47条规定,"司法警察发现异常尸体或者疑似异常尸体时,应当及时向检察官报告,并听从检察官的指挥",警察在检察官的指挥下处置异常死亡尸体。

747 第7条规定,“要解剖尸体的人,应当获得死者遗属的同意”。不过,但书中有例外的规定,即使没有得到遗属的同意,也可以进行解剖,除根据《刑事诉讼法》规定进行验尸及解剖(司法解剖)外,因行政上的理由在特殊情况下也可以解剖(行政解剖)。①

根据《尸体解剖保存法》第8条规定,在政令指定的城市,“知事可以设置监察医,委托其进行验尸,或者在验尸仍不能判明死因的情况下进行验尸”。但在这种情况下,只有在根据《刑事诉讼法》进行验尸之后,才能对尸体进行验尸(《尸体解剖保存法》第8条但书)。

为了查明事实,法院可以进行勘验(《刑事诉讼法》第128条),但这种勘验包括身体检查、尸体解剖、挖掘坟墓等(《刑事诉讼法》第129条)。此外,法院可以委托专业人士进行的鉴定(《刑事诉讼法》第165条)中,包括经法院许可的检查身体、尸体解剖、挖掘坟墓(《刑事诉讼法》第168条)。而且,经法院的许可,检察官、检察事务官或司法警察职员委托的鉴定,也可以进行身体检查、尸体解剖、挖掘坟墓(《刑事诉讼法》第225条)。

这些尸体解剖都是为了证明犯罪事实,是经过法院许可的处分行为,不需要死者家属的同意,也不需要保健所所长的许可。

七、郑重处置尸体和返还遗体

应当郑重地处理遗体。虽说人已经死亡,但验尸及解剖的人应
748 该在充分考虑该人生前尊严的情况下查明死因。《尸体处理规则》第5条规定,“在处理尸体时,应当注意对死者不失礼节”。关于死者的

---

① 《尸体解剖保存法》有例外规定,允许在没有家属同意时可以解剖的情况:一是“确认死亡后经过30日,仍无人认领尸体的”;二是“2人以上医生(包括牙科医生)诊疗中患者死亡的,包括主治医生在内的2人以上正在诊疗的医生或牙科医生为了查明其死因,特别需要通过解剖予以确认,且有其遗属的住所不明或者遗属居住较远等事由,如果等待死者家属的同意,其解剖目的几乎不可能达到”。此外,根据《食品卫生法》《检疫法》也规定了相关情况。

尊严，现在已经成为世界性的价值观，在人的生前和死后，人的价值是完全相同的，因此应该最大限度地注意处理尸体。

《尸体处理规则》第 8 条规定，关于尸体移交给家属等问题，“在死者的身份确定后，尸体连同衣着、携带金钱等一起尽快移交给死者家属。但是，在无法移交给死者家属的情况下，将尸体移交给死亡地的市区町村长”。对于无人认领的尸体，为了医学的教育或研究，可以将其移交给相关医学的大学校长（《尸体处理规则》第 12 条）。

尸体解剖结束后，包括内脏器官在内的遗体，应全部返还遗属。因为遗体的所有权归属死者遗属。但是，根据有关医学大学校长或者基于《医疗法》设立的综合医院院长，在例外情况下，征得遗属的同意，可以保存尸体的全部或一部分作为标本（《尸体解剖保存法》第 17 条）。这是学术理由的特例。但是，很多大学在没有征得遗属同意的情况下擅自保存并处理尸体。[①] 这是违法的行为，需要国家尽快采取对策。

另外，依照《尸体解剖保存法》进行行政解剖或司法解剖的人，为了教育或研究的特别需要，也可以保存尸体的一部分作为标本。但是，即使在这种情况下，遗属要求引渡时，也必须将尸体返还给遗属（《尸体解剖保存法》第 18 条）。

如上所述，无论是在遗属同意情况下的任意解剖，还是依法强制进行的司法解剖或行政解剖，在解剖结束以后，都要将尸体返还给死者遗属。另外，为了教育和研究而保存器官时，需要征得遗属的同意。即使是强制解剖，如果日后死者遗属提出要求，也应立即返还给遗属。

未经遗属的同意擅自摘取器官并保存是另外一个问题，不过，在 749
遗属要求返还尸体时，拒绝这一要求不仅是违法行为，也是不道

① 根据 2014 年 11 月 5 日《读卖新闻》大阪本社版报道，接受《读卖新闻》采访的全国 46 所大学中，有六成（29 所）的大学摘除和保存脏器时，并没有将这一事实告知遗属。

义的。

另外,将尸体返还遗属的工作和经费,全部由国家或负责解剖的机关承担。因为这是司法、行政机关的处分行为。关于这一点,《第二次犯罪被害人等基本计划》的“五、重点课题的具体实施对策”的“第一、损害赔偿、经济援助等的措施”中规定,“各都道府县的警察,应当积极推进司法解剖后的遗体搬运费用及尸体修复费用的制度”,①但现在实施的情况并不理想。

八、国家和社会应给予被害人援助和支持

援助和支持被害人的恢复,是加害人、国家和整体社会的责任。②国家、地方政府、社区、国民应该如何分担援助和支持被害人恢复的责任,法律上没有特别规定。但是,有些事情需要国家和地方政府承担,而有些事情需要社区人们以志愿者的形式开展,这样才会有效果。

应当考虑的社会问题,首先是社会上人们对于被害人所处的情况不能有偏见,应当正确理解被害人,在各自力所能及的范围内,为
750 了恢复被害通力合作,这种支持是非常重要的。③ 被害人对策比较先

---

① 2003 年建立了司法解剖公费承担制度,在司法解剖后,将残留在尸体上的缝合痕迹修复干净,然后送还给遗属。这是在被害人团体提出的“不要让尸体受到伤害”的强烈要求下实现的,并委托专门企业用特殊技术对缝合痕迹和塌陷痕迹进行修复。都道府县的警察系统将其列入预算,国家补助一半费用。国家预算每年补助金约 5400 万日元,很多地方公共团体因财政困难,很难普及。据《读卖新闻》2004 年 11 月 6 日报道,该制度出台后,经过 1 年半只有 13 个道和县开始实施。另外,能够承担公费运送遗体的只有 11 个县。

② 日本《犯罪被害人基本法》(2004 年 12 月 8 日法律 161 号)第 4 条规定的是国家的责任,第 5 条规定的是地方公共团体的责任,第 6 条规定的是国民的责任。

③ 1997 年 5 月神户连续儿童杀伤案件的犯人是少年 A,他在案件发生 18 年后的 2015 年 6 月 28 日由太田出版社出版了著作《绝唱》。虽然该书的出版无视了死者家属的强烈反对,但显然与幽灵作家有很大关系,而且讨论匿名出版的少年 A 的表现自由并没有意义。同时,应当质疑的是,《犯罪被害人基本法》第 6 条规定的“国民应当充分考虑不侵害犯罪被害人等名誉和生活安宁”,出版社显然是违背了上述规定精神。

进的国家,建立有组织的支援被害人的民间团体,与国家和地方政府进行合作,独自开展支援被害人的活动。

各国开展的支援被害人的主要程序,即被害人支援的国际标准如下:

1. 危机干预(crisis intervention)和危机响应(crisis response)。

为了使被害人从被害的危机状态中解脱出来,避免危机的发生,根据被害人的要求进行介入。应当在被害人被害后的第一时间介入。在日本,阪神淡路大地震的时候,很多志愿者进入受灾地进行援助活动,这是日本第一次干预危机行动。

2. 持续性的心理咨询(follow – up counseling)。

3. 康复(rehabilitation)。

这是指为了使被害人及其家属在精神上、身体上恢复到原有状态而进行的恢复训练。

4. 训练(training)。

对警察、检察官、律师、法官、心理咨询师、社会工作者、被害人支援志愿者等与被害人相关的人员,进行培训和提升教育。

5. 个人支援(personal advocacy)。

除被害人的身边人员外,还要向社会传达和呼吁被害人的境况。

6. 向雇主和房东做工作(employer and landlord intervention)。

被害人为了恢复被害有时必须去医院或到法院出庭等,在这种情况下,如果受到雇主和房主的阻碍,应当对这些人做工作,让他们给被害人提供参加审判的机会,为恢复被害人的损失提供帮助。

7. 防止遭受威胁(intimidation protection)。

被害人及其家属经常会受到加害人或他人的威胁,因此为了防止这种情况的发生,刑事司法机关或志愿者团体应当出面阻止。

8. 介绍(referral)。

包括侦查机关在内的支援被害人的机关之间进行“互相帮助”,介绍被害人的情况。被害人支援民间团体最后建立网络中心。这就 751

是日本所说的“联合、合作”。

9. 在被害赔偿、被害补偿及证人费用方面提供援助(restitution, compensation and witness fee assistance)。

被害恢复费用和裁判费用,应当由加害人和国家承担。在加害人不能及时支付或不能全部支付的情况下,国家或地方政府应当进行补充或先行垫付。

10. 查找证人(witness reception)。

寻找能为被害人提供证词的证人,委托其提供证词。

11. 出庭时的指导(court orientation)。

被害人参加审判或提供证词以前,对其进行预备知识和思想准备等的指导。

12. 出庭通知(court appearance notification)。

帮助被害人办理参加审判、作证、旁听等手续。

13. 接送(transportation)。

接送和帮助被害人去警察、法院、事务所、工作单位等。

14. 去法院时的保护(escort to court)。

在被害人去法院的时候进行陪同,必要时可以陪同出庭、说明情况或提出建议。

这些活动由行政机关或民间组织负责,必要时可以对加害人等相关人员施加压力。如果需要费用,原则上应该由国家或地方政府承担,但精神康复治疗和特别琐碎的支援,则更适合民间承担。特别是由民间团体具体承担业务而由国家和地方政府在财政上给予支持的内容,即上述列举中的:1. 危机干预和危机响应;2. 持续性的心理咨询;3. 康复;5. 个人支援;8. 介绍;11. 出庭时的指导;12. 出庭通知;13. 接送;14. 去法院时的保护。

《联合国被害人人权宣言》强调刑事司法机关应当保障被害人的人权:

1. 以同情和尊敬之心尊重被害人的尊严(宣言 -4)。

2. 使被害人尽快恢复（宣言 -4）。 752

3. 程序应当迅速、公正、经济、使用方便（宣言 -5）。

4. 被害人想知道其在程序中的作用、经过、处理结果等的，可以通知他们，对于特别重大的案件，不论被害人的意思如何，侦查机关都应告知被害人（宣言 -6a）。

5. 在被害人的个人利益受到损害的情况下，可以到法庭接受询问（宣言 -6b）。

6. 被害人在司法程序的任何阶段都可以得到各种形式的援助（宣言 -6c）。

7. 司法程序不能给被害人带来不便（宣言 -6d）。

8. 根据需要保护被害人的隐私（宣言 -6d）。

9. 确保被害人及其家属、证人的安全（宣言 -6d）。

该宣言对各个项目的表述都是比较抽象的，但从联合国宣言的性质来看，这是无可奈何的。但在联合国宣言的原则性规定是“世界被害人学会”学术研讨会上统一意见的基础，也是欧洲理事会等组织开展研究的基础。例如，“在说明情况时，不要用专业术语，而要使用简单易懂的语言”“警察、检察机关、法院除在审判上必要的情况外，不得公开被害人的姓名及住址”“涉及被害人的特定性的信息，原则上属于秘密事项”“对侵害被害人的隐私、妨害被害人回归社会的行为，可以处以刑罚或行政处罚”等。

在这些对被害人的保障中，警方和检察机关最担心的是被害人的“知情权”和“隐私权”。也就是说，由于侦查上的原因，到某一阶段结束以前有些信息是不能告知被害人的，被害人的知情权问题在现实中还有相当大的争议。另外，即使侦查机关隐瞒了被害人的姓名和地址，在高度信息化的社会中，网络上不负责任的第三者也可以暴露被害人的个人信息。 753

九、回归生活所需的必要援助

为了使被害人从被害中恢复，回归原来的生活，都道府县应当与市区町村互相配合，在民间被害人援助机构的协助下实施对被害人的援助。

被害人为了回归生活而必要的援助，主要包括：烦恼咨询、提供信息、去医院、警察、检察厅、法院时的接送（提供汽车等）、陪同（包括在程序方面的辅助和建议等）、帮助做家务、帮助带孩子、护理老人、看家守院、确保和稳定就业（包括确保参与侦查和审判的时间）、支付慰问金、临时贷款、保健医疗支援、社会福利支援等。这些援助在都道府县、市区町村、民间援助机构之间如何分担，应当根据该地区的情况而定，但至少民间分担时的经费，应当由市区町村或者都道府县负担，国家应当以向支付地方补助经费的形式分担费用的相应份额。

对被害人的重要支援还有安全保障。被害人因案件导致精神处于不稳定状态，而且还担心再次遇到同样的危险。警察等机关首先要尽力做好身边的安保工作，为了得到可以安心生活的空间，应当确保临时避难场所（shelter）。如果犯罪现场是在被害人的家里，可以假设犯人有可能再次攻击被害人的情况，因此每个都道府县至少需要一个避难所。另外，作为避难所的辅助设施，还可以考虑在公营住宅和酒店等场所确保被害人有安身之处。

陪同（escort）和程序方面的辅助，也是被害人支援的重要部分。陪同不仅是指陪被害人一起去，还包括陪伴精神上、身体上有困难的被害人。这时的陪同不仅是一起去的意思（典型的例子是陪同参加旁听），还包括对行动不便的被害人提供帮助或准备车辆等。

程序方面的辅助，有时是在司法机关服务窗口单纯的帮助办理
754 手续，但一般来说，在陪同一起去的情况下，要先帮助被害人办理有关手续。程序方面的辅助也可以是陪同的一部分，但有时只是在服

务窗口帮忙办手续，所以陪同和程序辅助需要分开考虑。

当然，被害恢复的责任者首先是加害人，但同时处理被害人的国家或地方自治团体的承办人员也应该为恢复被害而努力。①

为被害人开设什么窗口，怎样应对，因被害种类和性质的不同而有差异。例如，在消费者被害等与自由经济界限很难分清的情况下，突然进行强制介入是不可取的。因此，在消费生活中心或消费者咨询室等机构应当以“投诉咨询”的形式听取情况，并提出必要的建议，首先让消费者自己努力恢复被害。区域交界地区发生的边界问题和噪声投诉信访等问题，应当先有地方政府事务所的居民服务科室人员等在投诉窗口进行处理。当然，也可以向律师咨询。日本的传统是由警察接受这类咨询。

但是，像“○○的被害是○○科室”“××的被害是××科室”这样分门别类设立咨询投诉窗口的，对居民来说反而不方便。普通居民对自己面临的问题是什么，应该去哪里去找谁，有时并不一定掌握准确的信息。因此，应当设立“什么都可以咨询”的综合窗口。能够发挥这一功能的就是被害人支援中心。这个中心什么咨询都可以接受，所以让人摸不到头脑的“那到底算不算犯罪”的咨询是不必要的。②

“被害人支援中心”要发挥“万金油咨询”的功能，同时市区町村事务所的窗口和警方也要接受各种咨询。最近，很多国家在警察局设立了“被害人科”，日本的警察也从 1996 年开始实行“被害人联络 755
制度”，同时承担各种咨询业务，例如性犯罪被害咨询、少年咨询、暴力团相关咨询、消费者被害咨询等。

警察机关也是行政机关，任何一个国家的警察都有“势力范围”，这给被害人带来了诸多不便。通过废除行政组织的纵向分割管理，

---

① 《犯罪被害人基本法》第 5 条（地方公共团体的责任）是应该这样解释的。

② 令人遗憾的是，日本很多被害人支援中心局限于犯罪的被害人。

通过建立所谓横向分割的“被害人科”，可以改善这种现象。日本的制度也有必要横向运用。

被害人科是否进行侦查调查，是否维持审理等，是一个实在令人头疼的问题。相反，被害人科应当把被害人的各种咨询汇集到一起，把超过警察业务的部分介绍（referral）给有关机构，与这些机构取得联系并进行合作。

十、因不被理解而再次受伤害的被害人

与被害恢复相关联的问题是，被害人因不能得到周围人的理解而受伤害的问题。通常情况下，被害人在努力恢复一次被害的过程中，可能遭受二次被害。因此，恢复一次被害和避免二次被害，是需要综合考虑的问题。

对于二次被害，只有经历过的人才能明白。世界最大的被害人援助组织 NOVA（全美被害人援助机构）的前总干事玛琳・杨（Marlene Young）列举了一些美国的例子。①

• 在一起邮局杀人案中，中弹后存活下来的被害人在住院期间向州灾害局申请被害人补偿，承办人对他说，“你提交的资料中，并不能证明当日你受的伤害”。尽管他是在众目睽睽之下受伤的，而且还住院了。（这就是不为被害人着想的行政形式主义。——作者注）

756 • 被杀的女性尸体在 1 年后被发现，母亲提出要举行葬礼，但是侦查官却说：“可以出借尸体，但是不能下葬。”在那之后的 10 年里，她一直想要回遗体，但直到犯人被起诉，她去认领遗体时，却发现遗体已经遗失了。（侦查机关只考虑追诉程序。——作者注）

• 一位女子的母亲被杀害，邻居在案发时向警察报警，但该邻居向这名女子要求赔偿 12 美分的电话费。被害女性显然受到了很大

---

① 《警察学论集》1991 年第 44 卷第 12 号“特集《犯罪被害赔偿制度 10 周年》”，第 19 页以下。

的打击。(缺乏合作精神的人们。——作者注)

- 一位女子遭受前夫虐待长达数年之久,前夫被关在监狱时,该女子对矫正局的人说,“如果他被释放,请告诉我一下”,前夫临时休假出狱时,事务官并没有告诉她,因此该女子被前夫用猎枪杀害。(刑事司法机关还没有建立正式的联络制度。——作者注)

这些仅仅是被害人遭受二次被害的部分例子。被害人本来是可怜的,但由于执法机关和周围人的不理解,使他们陷入更加困难的境地,遭受各种各样的被害。

其中最明显的是诸如“是不是因为你做了什么不好的事才遭受被害的?”“被害人一定有过错”之类的猜测。当然,也不能说这种猜测是完全错误的。正如门德尔松所说,被害人中也有应当承担责任的被害人。但问题是,很多没有责任的被害人也被认为是有过错的。而且很多人认为,只要有一点过错,被害人向加害人或社会求助就不合适。

例如,关于诈骗有“尔虞我诈互相欺骗”的说法,有人认为,非法营销的所有被害人都是贪婪的。诸如“世界上哪有这么好的事”“心术不正才会上当受骗”等。但是,社会上有理性的人并不多。相反,即使是有理性的人,一不留神也会受到诈骗的伤害。

在考虑被害人的有责性时,不能以理性人为标准,而应当以平均 757
人为标准。但是,在法律的世界中,“普通人”“社会一般观念”这种表述并不能概括社会的平均人,而只是描绘了相当有理性的人的形象,这里存在很多问题有待解决。

周围的人对被害人冷眼相待,被害人往往会受到超过犯罪人的社会伤害。他们受到的伤害有,失去朋友、失去信用、工作变得困难、离开工作岗位、退学、搬家等,不一而足。如果不能解决这些问题,就不能指望被害人迅速恢复被害。

有一句谚语“不打不成交”。但是,这句话不适用于被害人的家属。有时关系不好的家人在遇到困难后和好,团结起来可以共同面对困难。但是,杀人等案件的死者家属却不是这样。很少能听到被害人家属抱着同样的想法与加害人团结起来,坚强地面对逆境。丈夫(父亲)为了尽快回归生活,需要回到工作岗位。妻子(母亲)无法面对孩子的死亡,终日哀叹,没有食欲,不能购物,不能照顾孩子。在这种情况下,丈夫会责怪妻子说:“为什么要这样,到什么时候才是头啊?”而妻子则叹息说:“孩子被杀了,还去工作,真是冷酷无情。”

案件过去 10 年以后,死者遗属倾诉道,终于可以和孩子说话了,请看看爸妈的样子,“我们也在拼搏,如果不拼搏就一无所有”。如果有机会到遗属组织的团体中,也会听到遗属倾诉自己的感受。

对性犯罪的被害人来说,最大的难关是家人的理解。“太丢面子,不要把事情告诉任何人。”父母斩钉截铁地告诉女儿。如果想要举报加害人,父母们就会阻止说:“这只会让自己受到伤害,请不要举报了。”社会对被害人的偏见,甚至会扼杀家人的支持。

从被害人、遗属面临的这种现实中可以学到的东西是,应当消除社会对被害人的偏见,建立一个能够让被害人得到家人和社会支持的温暖社会,这才是最好的被害人对策。

758

第二十八章

从加害人那里获得损害赔偿的权利

Victims' Rights to Demand Reparation from the Victimizer

一、不予赔偿或不补偿的加害人

在刑事案件中，加害人对被害人不支付损害赔偿，是全世界共同的烦恼。无论是在联合国会议上，还是在国际学会上，都多次提出应该建立能够保证加害人进行损害赔偿的制度。这不是民事责任的处理方式，而是刑事责任的处理方式，包括返还财产、赔偿、对恢复被害支付所需经费、对恢复被害提供协助等。

和解金和赔偿金的支付，如果不与刑罚等刑事制裁结合在一起，完全履行就没有保障。① 刑事案件的被害人及其遗属根据民事判决要求损害赔偿，不仅需要花费大量的人力、时间、经费，而且被害人及其遗属作为民事案件的原告，他们手中几乎没有证明加害人有罪的

---

① 过去的《改正刑法暂行案》第57条第8项规定“犯罪后，是否赔偿损失，努力减轻其他实际损失”是刑罚适用应该考虑的事项。

证据，这可能是民事审判这一制度本身存在的问题。①

日本也是如此，在刑事案件中几乎没有遵守损害赔偿的约定。即使是约定的一部分，只要履行就谢天谢地了，但如果被害人及其遗属不再要求履行，多数加害人都会不了了之。

犯罪行为同时也属于《民法》第709条以下规定的非法行为。但
759 是，被害人可以从加害人那里得到赔偿金这一债权时效是10年。被害人提出赔偿请求诉讼，判决后加害人仍不支付时，被害人方需要催促，如果仍不支付，那么时效就将结束。而且，很多案件是加害人既不道歉也不赔偿损害，却被判缓期执行或被假释。这恰恰处于"没有正义"的状态。

在引起世人极大关注的案件中，出版社、电视台、影视公司等会提出对该案件进行出版和影视制作，有时加害人可能获得巨额收入，但这并不是为了赔偿被害人。关于这些问题，有人强烈批评认为，加害人一方面不赔偿，另一方面获取巨额财富，这是有违道义的，立法上应当对他们征收版税等以对被害人进行补偿和投入预防犯罪等公益事业。最早出现的立法是1977年美国纽约州制定的《山姆之子法》(Son of Sam Law)。该法的详细内容将在后面叙述。

1985年通过的《联合国被害人人权宣言》提议，实现损害赔偿的确定性方法是制定被害赔偿命令(restitution order)制度。② 被害赔偿

① [日]铃木义男:《被害人补偿的诸问题——回顾英美的议论》，载《植松博士60寿辰祝贺——刑法和科学，法律篇》1971年，第887页。文中指出，在欧洲，菲利和加罗法洛都主张在刑事程序的框架内应当考虑对被害人进行有效的损害赔偿，日本的牧野英一和正木亮也持相同观点。Enrico Ferri(1905). La sociologie criminelle, pp. 567－574; Garofalo, R. (1905). La criminologie, pp. 247－251 & pp. 431－449. 另外，[日]牧野英一:《对犯罪被害人赔偿的实际方法》，载《法学协会杂志》1904年第22卷第1号；[日]正木亮:《损害赔偿的刑事政策意义》，参见正木亮:《刑政思考》(1969年)。

② United Nation Declaration of Basic Principles of Justice for Victims of Crime and Abuse of Power, 1985. A. Victims of Crime. §8－11; [日]诸泽英道译:《联合国被害人人权宣言相关文献——为被害人的正义》，成文堂2003年版，第3－4页、第97－98页。

作为刑事审判判决中的一部分，是强制加害人进行赔偿的方法。被害赔偿制度有各种各样的方法，但与民事上的损害赔偿不同，其优点是该方法与刑事审判中的刑罚联系在一起，可以确保被害赔偿的实现。把被害赔偿作为刑罚的附加刑适用时，如果不从加害人自身的资源支出，就失去了意义。辛苦准备的赔偿金，是为了真正的赎罪。被害赔偿也可以不作为附加刑，而作为缓刑或假释的条件。也就是说，如果赔偿，就不判实刑，或者判处缓刑或者可以假释。

二、加害人的损害赔偿责任

侵害他人权利的人有责任赔偿因此产生的损害，这一原则是所有民主国家共同的价值观和规则。日本《民法》第709条对不法行为 760
责任有明确的规定，"因故意或过失侵害他人的权利或者法律保护的利益的人，承担赔偿由此产生的损害的责任"。该法第710条规定，"侵犯他人的身体、自由或名誉，或者侵犯他人的财产权利的，依照前条规定应当承担损害赔偿责任的人，对财产以外的损害，也应当进行赔偿"，第711条规定，"侵害他人生命的人，即使没有侵害被害人的父母、配偶及子女的财产权，也应当进行损害赔偿"。

赔偿原则上是由实施了犯罪行为的本人负责的，但如果加害人是未成年，一般由监护权人（通常是父母）因怠忽监督责任而进行赔偿。[①] 日本的很多少年案件中，加害少年的父母等人成为对被害人及其遗属进行赔偿的被告。

所谓赔偿这一负债，在债务人死亡的情况下，当然也是继承的对象。在加害人死亡的情况下，其家属代替加害人承担赔偿责任，但日

---

① 《民法》第712条规定，"未成年人对他人造成损害时，尚不具备认识自己行为的责任时，其行为不承担赔偿责任"，但同时第714条规定："依据该规定责任无能者不承担赔偿责任的，监督该责任无能力的人对该责任无能者给第三者造成的损失承担赔偿责任。但是，监督义务者没有懈怠该义务或者即使不懈怠该义务也造成损失的，不在此限。"

本民法规定，继承人可以放弃继承。① 由于加害人的亲属放弃了继承权，从而逃避了对被害人的赔偿责任，这种情况也时有发生。

1999 年 12 月 21 日在校园里小学 2 年级学生被杀害，即日野小学 2 年级男生被杀案（也称蛰居男事件）②，犯罪嫌疑人在被带往警
761 察署的过程中乘机从大楼跳下而死亡。③ 死者家属为了向犯罪嫌疑人家属提起赔偿诉讼，要求京都地方检察厅开示刑事记录，但地方检察厅以犯罪嫌疑人死亡案件不能公开记录为由拒绝了死者家属的申请。犯罪嫌疑人家属早已放弃继承赔偿责任这一负债。因此，不仅案件的真相被埋在黑暗中，而且被害人家属的赔偿请求之路也被堵死了。

日本有很多这类可怜的事例。在世界范围内，如后所述，为了确保能让加害人进行赔偿而大力推进法律修改，日本也应该修改法律，加害人家属不能放弃因犯罪产生的赔偿责任。另外，对于赔偿请求权悬而未决的案件，应当制定和完善国家赔偿制度（日本有犯罪被害给付金制度）。

自古以来，人类社会的基本原则就是“以眼还眼以牙还牙”“违法犯罪者要谢罪、赎罪”。这是同害报复的思想，也被称为报复性的正义（retributive justice）。④ 但是，随着近代法的发展，即使被打，也

---

① 《民法》第 915 条规定，“继承人知道自己的继承已经开始之时起三个月以内，应当单纯或限定地承认或放弃继承。但是，在此期间，根据利害关系人或检察官的请求，家庭法院可以延长”。

② 1999 年 12 月 21 日，日野小学 2 年级男孩被杀案件发生在京都市伏见区日野小学校园里，小学 2 年级的男孩（当时 7 岁）被一名无业男子（当时 21 岁）用菜刀刺杀，警方要求犯罪嫌疑人跟随警察一起从家中去警察局，但当走到公园时，犯罪嫌疑人乘机逃跑，从大厦楼顶坠落死亡。京都地方检察厅因嫌疑人死亡做出了不起诉处分。

③ 关于嫌疑人的死亡，警方通报说是自杀，但其家属认为是警察带走时嫌疑人逃跑，警察在追捕的过程中，嫌疑人不小心从大楼上摔了下来。［日］中村圣志、中村唯子：《听到了吗》，新潮社 2000 年版。

④ 正义，除包括报复的正义外，还有包括每个人考虑对自己的分配性正义（distributive justice），通过对话修正恶害的修复性正义（restorative justice）等。

要忍耐,[1]由法律进行制裁,而不需要谢罪道歉(刑罚不以内心强制为内容)的理念正在扩大。日本政府只对赔偿制定了法律制度,但对赔偿的履行并不负责。这意味着当今是不需要赔偿的社会,而且导致法律缺乏稳定性。

三、作为表示诚意手段的赔偿

被害人为了从被害中恢复起来,回归以前的生活,需要获得地区的行政和民间支援团体的各种生活支援,同时,逮捕、审判、制裁加害人,加害人的真诚悔罪和赔偿是非常重要的。被害人在得到赔偿后, 762
会感受到加害人的诚意,并萌生原谅的心情。相反,如果得不到赔偿,就无法原谅加害人。

但是,在现实生活中,很少有加害人根据自己的财产赔偿给对方造成的损失。如后所述,即使是死亡案件,支付赔偿金的加害人还不到2成。死亡案件的标准赔偿金额一般是3000万—6000万日元,很少有加害人支付全额赔偿。关于加害人不赔偿的原因,一般来说有以下几种情况:

1. 加害人没有赔偿所需的财产。

2. 加害人完全不想考虑被害人。加害人在侦查、逮捕、起诉、审判中度过了惶惶不可终日的日子,失去了向被害人道歉的机会。

3. 没有促使加害人反省、被害人也有问题,有人为加害人鼓起勇气。

4. 有人错误地对加害人周围的人说,“只要服刑就可以了”“没有必要道歉”。有些人提出错误的建议说:“如果服刑,就可以不赔偿。”

5. 有些人轻易地在加害人的减刑请愿书上签名。

6. 被害人或遗属不要求赔偿。

---

① 有人说日本是不承认世界性正当防卫的国家之一。

7. 被害人不愿意与加害人接触。

特别是在杀人案件中，约半数的被害人和遗属对加害人抱有恐惧感。[①] 那些陪伴加害人（而不是被害人）、给加害人打气或鼓励的人，会削弱加害人的赎罪意识，最终导致他们丧失了赔偿的想法。这里强烈要求那些支援加害人的人，要让加害人有明确的犯罪意识，督促他们赔礼道歉，让他们尽力赔偿，并且要帮助他们重新做人。

在同一地区、同一单位发生案件时，请愿书中有时会增加陪伴加害人或陪伴被害人的内容。被害人本来在其所处地区、工作场所、学
763 校就没有任何支援，现在就完全处于孤立无援的状态。因此，“请减轻处罚加害人”之类的请愿书在传递的过程中，不考虑周围情况，就请大家协助签名，这会让被害人更加痛苦。需要注意的是，这种惯例不仅会孤立被害人，而且会使加害人丧失赔礼道歉和赔偿的自觉性。

对于刑事案件中和解的意义，有些被告人和律师认为，这只是“减轻刑罚的手段”。因此，审判和刑罚执行一旦结束，其就会背弃对和解的约定。[②]

四、对赔偿违约的约束

如上所述，在日本，几乎没有加害人对被害人进行赔偿。

根据 1994 年全国犯罪被害人现状调查的 B 调查（遗属调查），与加害人或其代理人（通常是律师）等协商和解或赔偿损失的人，仅占 261 名回答者中的 18.4%（48 名）。关于哪一方提起赔偿的事情，遗属方提起的为 48.9%（23 名，占总数的 8.8%），加害方提起的为 27.7%（13 人，占总数的 5.0%），由第三者提起的为 23.4%（11 人，

---

① 根据 1994 年全国犯罪被害人现状调查，对加害人抱有恐惧感的被害人中，受重伤害的被害人占 45.6%，死亡案件的遗属占 48.6%。

② 经常有报道称，在审判之前达成和解协议，法院判处较轻的刑罚，服刑后的加害人不履行协议就出狱了，死者家属催促加害人支付赔偿，得到的答复却是“服刑已经结束，没有必要支付了”。

占总数的4.2%)。[①] 补偿或赔偿是加害人的义务,本来应该由加害人提出,但现实中多数都是由被害人提出的。

关于和解或者损害赔偿的协商结果如何,谈得很好的有6.1%(16人),在谈的有0.8%(2人),其他的有93.1%(243人)。其他的内容,回答“没谈妥”的占5.4%,回答“不太好说”的占2.7%,回答
“没谈到一起(还没有谈的等)”为62.1%,“没回答”为23.0%。 764

这种没回答的情况多数是针对一些很难回答的问题,如赔偿协商怎么样了、赔偿的结果如何等。但是,一直以来,日本还没有对刑事案件中的赔偿实际情况进行准确的调查,因此这次实际情况调查引起了很大的影响。

实际上,达成和解和得到赔偿的死者家属中,“全部得到”的占总数的6.9%(18人),“部分得到”的占总数的8.8%(23人)。另外,在部分得到的遗属中,对金额表示“满意”的有10.0%(4人,占总数的1.5%),“不满意”的有67.5%(27人,占总数的10.3%),“不好说”的有22.5%(9人,占总数的3.4%)。

从该调查中可以看出,和解或只获得部分赔偿金的遗属数量,为6—7人中有1人,获得并满意的遗属在10人中只有1人(全体遗属中,67人中只有1人)。[②]

受到1994年全国犯罪被害人现状调查的启发,法务省法务综合研究所实施了无期犯人的遗属调查。[③] 该调查是根据判决书中遗属

---

① 1994年9月7日NHK广播特写现代“被杀的丈夫,剩下的我——犯罪被害人的后续生活”介绍了该项调查结果,引起了很大反响。此后,在法务省内部成立了被害恢复制度的研讨会,1998年10月日本律师联合会组织了被害恢复制度等联络协议会。此后,日本律师联合会理事会在1999年10月通过了《关于综合支援犯罪被害人的建议》。另外,政府于1999年11月设立了犯罪被害人对策相关部门联络会议。

② 重伤害被害人(A调查)和财产犯被害人(C调查)的情况稍微好一些。与加害人协商赔偿和解的,受重伤害的被害人占42.7%,财产犯的被害人占42.7%。加害人提出对话的,重伤害的占67.4%,财产犯的占52.8%。

③ 法务省的无期案件被害人遗属调查,是对1983年至1994年11年间被判无期徒刑案件中的382名遗属的分析。

的陈述部分进行分析的。据该调查结果显示，在分析对象中，64.5%（98 人）希望对犯人判处极刑，有 17.1%（26 人）希望严惩犯罪人。而认为可以宽恕的(8 人)占 5.3%。由此可见，被害人情绪不好的主要原因之一就是没有得到赔偿。在这次调查中，获得被害赔偿或者谢罪的情况是，杀人罪的占 27.0%（41 人），抢劫致死罪的占 34.9%（53 人）。①

法务省后来也对损害赔偿的现状进行了调查，在 2000 年，杀人案件和伤害致死案件的 106 名被害人遗属中，获得赔偿金全额支付的只有 6.6%（7 人），68.9% 的人回答"完全没有支付，或者估计不会支付"。

765 这三项调查都显示了日本被害人及其遗属的惨状，但遗属的真实情况可能会更加严峻。由于调查存在局限性，因此很难准确掌握遗属得到的实际赔偿金额。诸泽英道在 1994 年进行全国犯罪被害人现状调查之前，从 20 世纪 80 年代到 90 年代初期，对超过 50 组遗属进行了调查。其结果基本是"虽然答应给予赔偿，但实际上什么都没有拿到""虽然民事审判认定了赔偿损失，但对方并不想支付"等。特别是审判结果确定后，一旦刑罚执行结束，很多加害人都想逃避支付赔偿金。② 即使加害人打算支付，能一次性支付数千万日元的加害人基本没有。大部分都是分期付款，需要几年（甚至几十年）不间断地支付，这对于加害人和被害人来说，都是一个遥远的话题。

日本的法律规定，接受这种损害赔偿的权利，如果 10 年不履行，该时效完成后时效消灭。日本《民法》第 167 条规定的原则是，"债权

---

① 1996 年版《犯罪白皮书》，第 284 页。

② 冈山县新见市发生的伤害致死案件中，一位失去儿子的父亲于 1999 年 9 月 24 日给诸泽英道发来了私人信件，倾诉了死亡案件的家属面临的现状：与金钱被害的犯罪相比，对命案被害的犯罪的刑罚处罚比较轻；地方城市中，聘请辩护律师很难；多数被害人不注重被害人的经济恢复，而只更重视自己的报酬；刑事、民事判决后，被害人很难把握加害人的去向；要求履行损害赔偿命令非常困难等。

在10年内不行使时,时效消灭”,但同时规定对于判决确定的权利,依照《民法》第174条之2规定,时效也为10年。因此,即使法院下达了赔偿命令,因加害人不支付超过10年的,可得到赔偿的债权也会消失。为了使该时效中断,被害人必须多次申请(《民法》第147条)。

时效消失的10年这一时间,对被害人及其遗属来说是很短的期间。案件的发生不断给被害人和遗属带来了许多困难。在渡过一个又一个难关的过程中,10年已经过去了。有很多案件都是在赔偿请求权消失之前,再次提起诉讼的。①

诚实遵守赔偿义务的加害人是罕见的。在多数情况下,如果被害人想要从加害人那里得到赔偿金,就必须不断催促,有时还要写信,去见加害人请求他们赔偿。被害人不得不恳请加害人支付赔偿款,这样的国家是多么冷酷啊! 766

五、日本独特的私了制度

在日本,几乎没有遗属对赔偿抱有信心。当缺乏法律知识的遗属在案发后处于恐慌的状态时,加害人的代理人(律师等)可能会突然出现,逼迫他们私了(私下和解)。在这种气势压迫下,他们互相之间达成私下和解,但事后才感到后悔。这是最糟糕的模式。

对于加害人和被害人来说,私下和解的意义有很大差异。对于

---

① 2014年7月23日《读卖新闻》大阪本社版的晨报刊登了题为《没有支付的赔偿,再次提起诉讼》《请求权时效将至》的报道。案件发生在2001年4月大阪市北区的道路上。从福冈县到大阪相亲的男性公司职员(当时26岁)在大阪市的吉打路上被清扫工(当时37岁)和整骨医院助手(当时36岁)殴打,2天后死亡。被害人的父母悬赏300万日元请求提供信息,大阪府警察在2002年2月以伤害致死逮捕了2人,2003年9月两人分别被判处6年和5年有期徒役,但两人相继在2007年和2008年被假释。另外,被害人的双亲以2名加害人为对象,向大阪地方法院提起诉讼,要求赔偿约8900万日元,并被确定全额赔偿。但是之后的10年里加害人从没有支付过,因将要过时效,被害人父母在2014年再次提起了诉讼。

加害人来说,这只不过是有利于刑事审判的手段。加害人抱着“想降低被害人及其遗属的要求金额”“尽快解决案件”这种心情与被害人进行对话。如果被害人及其遗属都有支援者就另当别论了,如果他们在没有支援者的情况下与加害人进行协商,等他们意识到不应该私下和解的时候,就已经晚了。加害人提出的私下和解要求,往往是被害人案发后处于孤立无援状态下的灾难。在这一点上,被害人支援中心应该将这种情况列为早期支援活动的重点项目。

在日本,私下和解已成为解决刑事案件赔偿问题的手段之一。这种私下和解与作为民事纠纷解决手段的和解[1]不同,但也是和解的一种。在民事纠纷中,双方都可以互相让步,达成妥协;而刑事案件
767 中,加害人和被害人是不对等的,把加害人和被害人理解为是双方当事人关系,这是有问题的。侵害对方权利的加害人和被侵害权利的被害人,一方负有赔偿责任,另一方有获得赔偿金的权利。刑事案件的赔偿按照通常的民事程序进行是有问题的。联合国以及欧美各国,把这个问题作为应该改正的司法制度中的一个重要组成部分。

一旦被害人方接受加害人方的赔偿申请,就可以私下和解。届时,双方将签署《私了和解书》,约定支付赔偿金。私了和解金除赔偿损失外,还常常加上给对方造成麻烦的精神损失费。[2] 在被害人死亡的情况下,在损害金额中算上因死亡而失去的将来应得的损失,[3]金额以千万日元为单位。另外,经治疗即可治愈的被害,除治疗费、修理费、更换费用等实际损失外,还有表示谢罪的精神损失费、封口费(约定不再提及被害)等。承办私了和解的律师,他们对私了和解金

---

① 《民法》第 695 条规定:“和解,因当事人互相让步,并约定停止相互之间的争议而发生效力。”

② 在日本有一种说法叫作“和解行情”,根据这个说法,在伤害、盗窃、诈骗、恐吓、抢劫等犯罪的情况下,安慰情绪的金额一般是 20 万—50 万日元。

③ 逸失利益是指,因犯罪这一非法行为而失去的利益(如果没有犯罪,就会得到面向未来的收入)。

额的行情心中有数。①

作为加害人承诺赔偿的代价，被害一方需要在《私了和解书》中写上“被害人撤回被害报案”“承诺不参与刑事审判或不提供证词”等。但是，如果加害人强迫要求被害人等记载上述内容的，可能构成强迫罪。但实际上，如果是比较轻微的犯罪，可以撤销被害报案，或者在被害人笔录中被害人感情栏目写上“可以对加害人酌情处理”等。

私了和解一般适用于打架（暴行、伤害）、婚姻诈骗、性骚扰、强制猥亵、少年的恐吓、扒窃等比较轻微的犯罪，但对杀人、抢劫杀人、强奸杀人、私刑等严重暴力犯罪进行庭外私了和解则有很大问题。

私了和解和损害赔偿一样，存在的问题是加害人几乎都不遵守约定。通常情况下，由加害人（犯罪嫌疑人、被告人）的律师与被害人 768
或遗属进行交涉。这时很少有被害人聘请律师。如果不履行私了和解协议，至少加害人一方的律师应当承担道义上的责任，但很少有律师有这样的觉悟。即使有的律师极力想让加害人履行义务来保护自己的声誉，但支付赔偿金的却是加害人，如果加害人不想支付，律师也没有办法。

六、禁止从犯罪中获取利益的“山姆之子法案”

在被害人运动活跃的 20 世纪 70 年代，美国纽约州制定了《山姆之子法》（Son of Sam Law）。出版社向被称为纽约杀人魔王（a New York serial killer）的大卫・柏克威兹（David Berkowitz）支付巨额报酬，并提议出版他的手记。他在杀人现场留下了“山姆的儿子（Son of Sam）”的签名，因此被称为山姆之子。

纽约州的《山姆之子法》（N. Y. Exec. Law　§632 – a），是为了阻

---

① 在日本的犯罪和解行情是，性骚扰和暴行约 10 万—30 万日元，强制猥亵约 10 万—50 万日元，强奸为 100 万—200 万日元等，但这些数额，说到底仅仅意味着用这些金额可以进入和解程序。这些金额对于被害人来说太少了。

止大卫·柏克威兹出版笔记于1977年制定的,该法的规制对象是刑事被告人(an accused person)或被确定有罪的人(a convicted person),其结果也波及与规制对象签订合同、出版、销售出版物以及从中谋取利益的每个人。

根据该法规定,在大多数情况下,从书籍、出版、电影等方面获得的收入将用于补偿被害人。法律要求与犯罪人有关的人将收益上缴到州的犯罪被害人补偿委员会(Crime Victims Compensation Board),但这并不是要没收他们的财产。此前,被害人为了获得赔偿金而提起民事诉讼,而开设的账户必须在3年内(原本是5年)获得对犯罪人的判决。但是,该法删除了这项规定。

从1977年纽约州制定该法以后,有些州陆续开始效仿,有42个州制定了所谓的"山姆之子法"。《山姆之子法》有各种各样的类型,
769 但基本内容都是对利用犯罪情节出版、电影、电视表演等获得收益时的限制,其收益将用于被害人身上。

联邦政府在1984年制定了《犯罪被害人法》(Victims of Crime Act of 1984),其中包括山姆之子的条款(18U. S. C. A. §3681—§3682)。该法规定,法院应当命令对剩余财产进行处理(disposition),并将剩余财产的全部或部分存入联邦犯罪被害人基金(Federal Crime Victims Fund)。

在有些州,被害人不是直接向犯罪人提出请求,而是通过州被害人补偿计划,申请获得赔偿金的。还有些州要求,在法律规定的期限结束之前,将犯罪带来的所有收获作为委托保管金(escrow account),以此来防止犯罪人从犯罪中获利。

"水门事件"(watergate scandal)和肯尼迪暗杀案件这类公众极为关注的重大案件,犯人通过讲述犯罪情节就可以获得巨大收益,但新法规定排除了犯人的经济利益。

《山姆之子法》可能与宪法保障的言论自由相抵触。事实上,纽约州从1977年到1990年共发生了11次裁判,其中包括对杀害音乐

家约翰·列侬的杀人犯查普曼(Mark David Chapman)的审判。

1991 年,西蒙·休斯特诉纽约犯罪被害人委员会的审判围绕纽约《山姆之子法》的违宪性展开了激烈的争论。① 这个案件是关于西蒙·休斯特出版社出版纽约黑手党犯罪的纪实文学《自作聪明:黑手党家族的生活》(*Wiseguy: A Life in A Mafia Family*)的收益的审判。1980 年,黑帮前成员亨利·希尔(ex – mobster Henry Hill)同意提供有关黑手党犯罪的证词,于是作者尼古拉斯·派勒吉(Nicholas Pileggi)向其支付了合作费用后开始写书。这本书是他第一次接触犯罪, 770
书中描写了希尔 1955 年到 1980 年跌宕起伏的生活故事。“好家伙”(Good fellas)的电影中带有偏见地描写了这本书。西蒙·休斯特公司提出,法律适用于书的内容是违反宪法的。

美国联邦最高法院(U. S. Supreme Court)于 1991 年对《山姆之子法》做出了判决,现在这个判决已成为判例。② 这次裁判支持了下级法院的判决,即禁止出版该书是与美国《宪法》第一修正案(the First Amendment)相矛盾的。③

最高法院表示“该法规定将犯罪的果实强制对被害人进行赔偿,但即使让邪恶犯罪的行为人继续讲故事(wrongdoers speech),其利益是微薄的”,④出版的利益并不大,同时认为“如果犯罪人没有从该犯罪得到利益,那么这个问题超过了文学的影响广泛”。⑤ 也就是说,联邦最高法院的结论是,即使承认征收源自犯罪收益,但限制犯罪者

---

① Simon and Schuster, Inc. v. New York Crime Victims Board, 502 U. S. 105, 112S. Ct. 501. 116L. Ed. 2 d 476 (1991). 另外参照 https://supreme. justia. com/cases/federal/us/502/105。

② 1991 年的最高法院判决,虽然 Thomas 法官没有参加,但是参加的 8 名法官全体一致同意。

③ Simon and Schuster, Inc. v. Members of New York State Crime Victims Board, 502U. S. 105 (1991).

④ Id. 502 U. S. at 120 – 121.

⑤ 502 U. S. at 121 – 122.

谈论犯罪行为是存在问题的。

《山姆之子法》着眼于从言论表现活动中获得的收益，只针对与明示内容相关的活动。该法在经济上阻断了通过该活动的创作发行（the financial disincentive to publication），是对作者的歧视，判决以此为理由对纽约法进行了最严格的评价。法院的结论是，承认可以将犯罪的果实强制补偿被害人，同时认为该法应当一视同仁，不能因人而异。

该判决的相关意见是布莱克曼法官（Justice Blackmun）的观点，
771 他认为纽约州的《山姆之子法》包含了所有内容（under inclusive）。[1]
该法仅限于犯罪人从讲述犯罪故事而提取的财产。法律并不涉及犯罪人为了赔偿被害人而使用其他利益。根据最高法院的判决，纽约州在 2001 年对该法进行了修改。

得克萨斯州 1998 年有一起被害人霍利·马德克斯兄弟（the siblings of Holly Maddux）起诉《山姆之子法》的裁判，判决命令出版社支付 1001 美元。马德克斯兄弟起诉并不期待得到赔偿金，而是因为有传闻杀人犯艾因霍恩（Ira Einhorn）要与欧洲出版公司签订出版协议。杀人犯艾因霍恩要求他们允许他从案件中得到钱，但被害人兄弟拒绝了。被害人的律师主张说："我们要阻止艾因霍恩和他妻子得到的任何收入。"

纽约法包含很多内容。西蒙·休斯特审判的决定要求纽约法不仅要停止犯罪人贩卖犯罪的故事，而且在阻止犯罪人从犯罪中获得的所有经济利益方面，也应尽快进行修改。但是，最高法院的判决并不认为《山姆之子法》的内容全部违宪。

此后，纽约的《山姆之子法》按照宪法的宗旨进行了修改，将犯罪的收益定义为：被告人被判有罪后，与该犯罪有关的授权中得到的财产或收入；从犯罪收益的出售、交换、兑换等产生的财产或收入；因被

---

① 502 U. S. at 123 – 124.

告人实施的犯罪而获得的财产或收入。①

加利福尼亚州的《山姆之子法》对一起绑架弗兰克·辛尼拉(Frank Sinatra,Jr.)的一名犯罪人巴里·基南(Barry Keenan)适用后,2002 年受到批判了。

在巨额犯罪案件、恐怖主义、间谍案件等涉及国家机密的案件中,《山姆之子法》条款通常发挥辩诉交易(plea bargain)的作用。约 772
翰·沃克·林德(John Walker Lindh)和哈罗德·詹姆斯·尼科尔森(Harold James Nicholson)的有罪判决就属于这种情况。在这些案件中,辩诉交易的结果是,有关案件的书籍和电影的收益被联邦收归国库(U. S. Treasury)。被告人及其家人都无法获得收益。2010 年,林德和尼科尔森都没有出版关于他们犯罪的书籍。

七、联合国推荐的被害赔付制度

《联合国被害人人权宣言》第 8—11 条规定了有关被害赔付(restitution)的条文。其第 8 条规定,"对行为负有责任的犯罪人或第三人,应当对被害人及其家人乃至被抚养者给予公正的被害赔付(fair restitution)。被害赔付中包括,返还财产、支付危害造成的损失、偿还因被害结果产生的费用、提供服务、恢复权利"。从包括提供服务和恢复权利(the restoration of rights)这一点看,这与民法上损害赔偿的法律性质不同。

另外,这种被害赔付不仅适用于被害人是个人的情况,也适用于被害人是社区的情况。其第 10 条规定,"对环境造成巨大危害的情况下,该危害引起社区混乱时,被害赔付中应当包括环境的恢复原状、基础设施的重建、地区的公共设施的改建、搬迁费用的负担等"。

被害赔付与民事上的损害赔偿制度之间的重大区别在于,被害

① McKinney's Consolidated Law of New York Annotated. 1997, Executive Law § 632 - a.

人不需要成为原告进行审判。《联合国被害人人权宣言》明确规定，被害赔付是刑事法上承担责任的一个方式，该宣言第 9 条明确规定："政府应当修改法律、规则并对实务进行改革，使宣告被害赔付成为刑事案件判决的一个选择项。"另外，公务员是加害人的情况下，或者外国人是加害人的情况下，第 11 条还规定了赔付标准。①

773 与被害赔付相类似的制度还有被害人补偿（compensation）制度，②但这两个制度有本质的差异。被害赔付是法院对加害人作出的命令，是制裁的一种，而被害补偿是作为国家的责任来实施的，是用国家的预算或者国民的捐款来进行补偿的。在一般情况下，被害赔付原则上是在审判中被认定有罪的情况下作出的命令，而被害补偿与有罪或无罪无关。只要证明有遭受被害的事实，而且该事实不是因自己的责任造成的即可。

损害赔偿、被害赔付和被害人补偿的关系如表 28. a 所示。

表 28. a 关于被害赔偿、被害赔付、被害人补偿的术语比较

<table>
<tr><th>类似的日语</th><th>联合国的分类</th><th>英美法系的分类</th></tr>
<tr><td>（损害）赔偿</td><td>reparation(s) *
damage(s)</td><td rowspan="2">compensation（赔偿或者赔付）</td></tr>
<tr><td rowspan="2">（被害）赔付
赔付命令</td><td>restitution</td></tr>
<tr><td>restitution order</td><td>compensation order</td></tr>
<tr><td>（国家）补偿</td><td>compensation</td><td>compensation（补偿）</td></tr>
</table>

* 在赔偿的"reparation"或"damage"加上"s"，表示赔偿金。

联合国在使用相关用语时是有区别的，由加害人向被害人的，使

① 《联合国被害人人权宣言》第 11 条规定："在公共或准公共立场上履行职务的公务员及其代理人违反国内刑法的，被害人可以就遭受的侵害向公务员或其代理人所属的国家获得赔偿。另外，引起危害的作为或不作为时的政权或者执政的政府已不存在的，继承其名称的国家或政府应当对被害人赔偿。"

② 关于被害补偿制度的详细内容，参见第二十九章"国家对被害人的补偿"。

用损害赔偿(reparation);由国家向被害人,使用补偿(compensation);通过刑事审判向加害人发出的,使用被害赔付命令(restitution order),但在国际社会对这个问题进行讨论以前,存在相关制度的国家使用的术语与联合国使用的术语有所不同。特别是英美法系国家,上述三种情况都使用 compensation 一词。compensation 一般是指国家对被害人的补偿制度,但阅读英美法系国家的文献时,应当正确理 774
解 compensation 的含义,是表示"损害赔偿",还是"被害赔付",或者是"国家补偿"。①

八、被害赔付制度的目的和类型

被害赔付是为了让加害人赔付给被害人遭受的损失,而且由于加害人承担责任会给社会建设提供手段,帮助被害人早日康复。②

被害赔付的目的是,促使加害人努力表现出对被害人和社会负有的责任,在这个过程中,在被害人和加害人之间确立某种关系。被害赔付的构想也有提高加害人对被害人个人责任感的意图。其中,有些国家还引入了被害人和加害人面对面讨论如何决定被害赔付方法的调解程序(mediation programs)。这种面谈方式只有在被害人同意的情况下才能实行。该方法的目的是使加害人完全理解因犯罪对被害人造成的影响,在此基础上应对经济上的损害和心理上的伤害进行赔付。

被害赔付制度不像民事上的损害赔偿那样只需要支付赔偿金,而是让加害人认识到对被害人的责任,通过赔偿使被害人振作起来。因此,被害赔付制度也有助于帮助加害人改过自新,与恢复性司法

---

① 在阅读英国、苏格兰、威尔士、爱尔兰、澳大利亚、新西兰等文献时,不要将 compensation 一概翻译成日语中的被害人补偿。有时还有赔偿的意思。

② United Nations Office for Drug Control and Crime Prevention(1999). *Handbook on Justice for Victims*, CICP Publications, p. 47;[日]诸泽英道译:《联合国被害人人权宣言相关文献——为被害人的正义》,成文堂 2003 年版,第 97 页。

(restorative justice)有相通之处。但是,重要的是,涉及有关加害人与被害人的事情,需要征得被害人的同意。

被害赔付存在于整个刑事司法过程,并且可以用各种方式进行。
775 例如,可以作为缓刑的一个条件,也可以作为制裁本身,或者作为附加刑适用。被害赔付一般具有强制性,但有时会根据加害人的意思进行调整。

被害赔付既发挥刑罚处罚的作用,也发挥经济救济手段的效果。作为刑罚适用的被害赔付,无论是金钱形式还是劳务形式,都必须由加害人自身提供。被害赔付必须是刑事法院判决的一部分,在这个意义上,属于案件的最终处理。

根据国家的不同,如果被害赔付支付所需的赔付金,就免除之后的处分,这是属于促使加害人迅速支付被害赔付的特殊措施。荷兰法律规定,检察官可以要求法院对部分延期支付判处罚金,但这种罚金达到被害人损失金额的20%的,如果支付了被害赔付金,就可以全额免除罚金。也就是说,设定比赔付金更高的罚金,如果不缴纳赔付金就缴纳高额罚金,这个系统可以确保支付赔付金。

确定被害人的损失金额是一个复杂的过程,采用的方法是各种各样的。有些国家在检察官确认所有的被害人损失后,直接与被告方的律师进行协商。除此之外,还作为审判前量刑调查的一部分,由调查官鉴定损失金额。不管这一过程如何进行,在一般情况下被害人需要出示能够证明实际损害金额的收据或其他证据。

加拿大《刑法》规定,为了简便确认损害补偿,在判决中可以附加被害赔付命令。

被害赔付有两种类型,一种是让加害人支付给被害人金钱(赔付金),另一种是让加害人在支付金钱的基础上提供各种服务(加害人的劳务)。被害人有的是特定个人,有的是社会或社区,根据这些组

合,被害赔付有以下几种类型:①

1. 经济性的被害赔付 776

所谓经济性的被害赔付,是指加害人向被害人本人支付金钱的制度,这是最常利用的类型。这种类型的最大优点是,会明确标明赔付的金额,加害人可以了解到被害赔付金额,从而认识到案件的严重性。

2. 个人服务

这是指由加害人向被害人提供的个人服务,加害人有义务向被害人提供某种服务。在被害人是社区或国家等非特定个人的犯罪中,这种服务是有效的。

这类被害赔付的实际例子有通过劳动或者完全实行特定服务的方法等弥补损失,例如由肇事方自行修理受损害的物品、购买新的物品送给被害人等。这种类型的被害赔付,通常需要第三人进行调解。虽然这是理所当然的,但如果被害人是个人,就涉及是否接受加害人的服务问题,因此应事先征得被害人的同意。

3. 对社区的经济性被害赔付

对社区的金钱性被害赔付,是由加害人向社区等支付金钱。在这种情况下,由于被害人不是特定的个人,所以有时会要求加害人向遭受犯罪被害的组织或设施进行赔付。这种被害赔付主要的例子是,法院命令加害人向特别指定的慈善活动提供捐赠等。

4. 社区服务

社区服务是指,加害人必须向社区提供一些有益的服务。在这种被害赔付中,社会是象征性的被害人,所以这种方法也被称为象征性的被害赔付(symbolic restitution)。

---

① United Nations Office for Drug Control and Crime Prevention(1999). op. cit. p. 48;[日]诸泽英道译:《联合国被害人人权宣言相关文献——为被害人的正义》,成文堂2003年版,第99页。

777 5. 被害赔付罚金

被害赔付罚金是上缴国库用于对被害人进行补偿或提供服务。在这个意义上,与本来的被害赔付有所不同。罚金一旦上缴国库后,通过国家补偿制度用于补偿受经济损失的被害人,或用于支援被害人服务活动。

九、世界各国的被害赔付制度

关于《联合国被害人人权宣言》的实施情况,联合国犯罪预防与刑事司法委员会建议进行现状调查。根据这个建议,在1993年召开的联合国经济社会理事会上作出决议(1993/34),维也纳的犯罪预防与刑事司法部门于1995年正式展开了调查。

负责调查的马蒂·约岑透露,1995年12月末,调查收回了41个国家的结果(美国、英国未回答)。澳大利亚(塔斯马尼亚岛除外)、比利时、加拿大、丹麦、芬兰、法国、希腊、卢森堡、荷兰、新西兰、菲律宾、西班牙、瑞典等31个国家,制定了包括返还财产在内的被害赔付制度。[①] 有27个国家(上述31个国家中,西班牙除外)制定了包括赔付费用在内的被害赔付制度。

承认法院的刑事判决可以作出被害赔付命令的国家有澳大利亚(昆士兰州、南澳大利亚州、首都特别区、北部地区)、丹麦、法国、希腊、荷兰、新西兰等23个国家。此外,"原则上"承认的国家(地区)
778 有西澳大利亚州、卢森堡、西班牙等5个国家,"例外"承认的国家有德国、韩国等5个国家,不承认的国家有芬兰、瑞典两个国家。[②]

这种被害赔付是与刑罚直接联系在一起的,因此提高了适用的效率。最一般的方法是以对被害人赔付作为刑罚停止执行的条件,这种方法在奥地利、比利时、加拿大、丹麦、英国、威尔士、德国、法国、

---

① Joutsen, Matti (1997). The Role of The Victim of Crime in European Criminal Justice Systems. Helsinki Institute for Crime Prevention and Control, Helsinki.

② Joutsen, Matti. (1997). op. cit. p. 233.

希腊、冰岛、爱尔兰、意大利、马耳他、荷兰、挪威、波兰、葡萄牙、苏格兰、瑞典、瑞士、土耳其、美国等适用。其中很多都是有选择性的，但被害赔付命令都是在宣告刑罚之前作出的。

法国的缓刑制度有一个功能，就是让加害人在缓刑期间对被害人进行赔付。刑事审判宣判犯罪人对被害人进行赔付后，犯罪人是否完全履行，则由专业服务人员进行监控。例如，圣埃蒂内（St. Etienne）的法庭报告称，1987 年的赔付实施率达 90%。[①]

将赔付命令作为独立制裁的国家/地区有塞浦路斯、英国、威尔士、希腊、爱尔兰、马耳他、北爱尔兰、苏格兰和土耳其。

荷兰于 1983 年提议采用赔付命令制度。1987 年又提出将赔付命令合并到现在的民事原告制度的议案。这次修改的目的是使检察官担负起执行赔付命令的责任。[②] 荷兰的法院会判处比赔付额高 15% 的罚金，如果完成赔付，将停止执行罚金刑。也就是说，迫使犯罪人在赔付和高额罚金之间进行选择。

采用其他支付被害赔付方法的还有保加利亚、丹麦、希腊、荷兰、 779
波兰、瑞典等国家。巴巴多斯、加拿大等国采用独立的制裁，即采用赔偿（reparation）和被害赔付（restitution）的制度。

有些国家/地区在实务中很少使用赔付支付的方法，但在英国、威尔士，赔付支付的重要性越来越大。1982 年英国《刑事裁判法》规定，法院预定作出罚金和被害赔付命令时，如果犯罪人不能同时支付被害赔付和罚金，法院应只责令其支付被害赔付。在英国、威尔士，被害赔付命令被提高到独立判决的地位。[③] 英国于 1988 年修改了法

---

① Robert, J. p. (1989). Alternative Measures to Imprisonment. In: Survey of the Present Situation and Prospects. European Committee on Crime Problems. Strasbourg: Councik of Europe, p. 4.

② van Dijk, J. (1989). Recent developments in the criminal policy on victims in The Netherlands. In: Changing Victim policy, pp. 68 – 80.

③ Shapland, J. (1989). Producing change for victims in the criminal justice system – the U. K. experience. In: Changing Victim Policy, pp. 170 – 192.

律，被害人苦于遭受的损失但法院却不能作出被害赔付命令时，法院必须说明理由。也就是说，如果判决中完全没有提及赔付问题，那么就可以对判决内容进行司法调查。

英国的法院出于司法经济的理由，可以从一系列类似的犯罪中选出几个，只对该罪做出判决时宣告被害赔付命令。在这种情况下，也可以为其他犯罪的被害人附加被害赔付命令。据说这种方法比国家补偿要好，比不能获得被害赔付的情况更好。

在德国，犯罪人没有对被害人进行被害赔付时，会告知犯罪人减少多少金额被害人能够接受，以促使加害人支付。有些案件还可以以被害赔付为条件，释放犯罪人。根据德国的调查，已经执行刑罚的约10%是以被害赔付为条件的。①

瑞典在1988年2月1日修改法律时，放弃了只适用普通刑罚的一般原则，认可了新判决的可能性。例如，当宣告缓刑或停止刑罚时，如果有必要，法院命令犯罪人为恢复因犯罪引起的损害提供各种
780 帮助。据说，这种援助命令在公共设施遭到破坏的情况下特别有效。②

美国所有的州通过的法律都强化了习惯法，赋予法院关于犯罪人对被害人赔付的权限。而且，有23个州修改了法律，如果法院不以书面形式说明不下达这种命令的理由，被害人可以向法院提出申诉。③

澳大利亚的几个州除有国家补偿制度外，还规定了让加害人自己对被害（特别是财产损失）进行赔付的制度。例如，被害人被袭击

---

① Schädler, W. (1989). The Situation of Crime Victims in The Federal Republic of Germany. In: Changing Victim Policy, pp. 140 – 153.

② Falkner, S. (1989). Recent legislation in Sweden improving the situation of victims of crime, In: Changing Victim Policy, pp. 83 – 90.

③ Hillenbrand, S., Restitution and Victim Rights in the 1980 S. In: Lurigio, A., Skogan, W. & Davis, R., Victims of Crime. Problems, Policies and Programs. Newbury Park, London & New Delhi, pp. 188 – 204.

时自行车被弄坏了，在被害赔付方面，首先可以要求对自行车恢复原状。届时，加害人在修理自行车和购买新车归还之间进行选择。西澳大利亚州一位法官解释说，“被害补偿是使用国家的钱对精神或肉体遭受的侵害在一定限度内进行补偿，而被害赔付是加害人对被害人的赎罪，使被害人对生活充满自信心和希望”。①

也有些国家没有引进被害赔付这种新制度，而是以其他方法实现损害赔偿。例如，把刑事审判和民事审判结合在一起。② 世界被害人学会在 1984 年的统一意见是，为了便于赔偿，应该使民事诉讼变得更容易，对于在刑事审判中被判有罪的犯罪人（尽量是同一位法官），应该尽快宣告民事赔偿。日本采用的损害赔偿命令制度也是根据这个宗旨设置的。

781

十、欧洲理事会的建议和评价

欧洲理事会部长级会议（committee of ministers of the council of europe）于 1985 年 6 月 28 日为改善犯罪被害人的待遇，减少二次被害开展了一系列宣传活动，其中之一是通过了《建议（85）11》[Recommendation (85) 11 on The Position of the Victim in the Framework of Criminal Law and Procedure]。③

《建议（85）11》由以下 16 个部分组成：A. 警察（A1—A4）；B. 追诉（B5—B7）；C. 听取被害人的意见（C8）；D. 法庭程序（D9—D13）；

---

① 这是诸泽英道于 1993 年 7 月在当地的调查结果。

② ［日］诸泽英道：《民刑分离》，载《判例时报》1992 年第 788 号卷首，第 4 - 5 页。

③ Groenhuijsen, Marc & Letschert, Rianne. (eds.) (2008). *Compilation of International Victims Rights Instruments*, Intervict, Tilburg University, Wolf Legal Publishers, The Netherlands, pp. 173 - 177. Brienen M. E. I. , & Hoegen E. H. (2000). *Victims of Crime in 22 European Criminal Justice Systems, The Implementation of Recommendation* (85) 11 *of the Council of Europe on the Position of the Victims in the Framework of Criminal Law and Procedure*, Wetenschappelijk Onderzoek - en Documentatiecentrum, p. 5.

E. 刑罚的执行（E14）；F. 隐私保护（F15）；G. 被害人的特别保护（G16）。

在该建议实施后的 10 年，马可·格罗霍金森（Groenhuijsen · Marc）对欧洲 22 个国家/地区的制度实施情况进行了调查，调查结果以“欧洲 22 国/地区刑事司法制度中的犯罪被害人”（Victim of Crime in 22 European Criminal Justice Systems）为题公开发表。[①]

在建议 B（追诉）和建议 D（法庭程序）中规定了对被害人的赔偿和补偿。建议 B.5 规定，是否追诉犯罪人的裁量决定，应该考虑其是否已向被害人进行赔偿。这意味着，如果没有对被害人进行赔偿，对加害人不起诉的可能性就较小，但并不能反过来说，如果对被害人进行了赔偿，就不应该起诉。

782 建议 B.7 规定，被害人有权要求当局对不追究犯罪人的决定进行重新调查（a review），并可以提起民事诉讼。

关于法庭程序的 D.11 中建议，法律应当规定赔偿（compensation）的性质，是刑事制裁，还是代替刑事制裁，或者附加的刑事制裁。以前的观念认为，只要加害人进行赔偿就可以免遭刑事追究。但是，现在主流观点认为，根据民事法的赔偿和根据刑事法的刑事追诉是分开的。也就是说，赔偿取决于被害人的意思，而刑事追诉则是由拥有追诉权的检察官根据法律的立法宗旨做出的适当判断。

但是，在既承认刑罚也承认赔偿命令的情况下，就存在哪一个优先执行的问题。特别是作为刑罚处以罚款时，如果是在缴纳罚款就无法支付赔偿金的情况下，是否优先进行赔偿成为问题。一直以来，罚金刑是国家的制度，无论什么样的制裁都优先执行的观点非常普遍，但是近年来，弱者被害人的权利优先，国家的收益应该后退的想法越来越普遍。

马可·格罗霍金森等人的研究小组对优先恢复处于弱势地位的

---

① Brienen M. E. I. , & Hoegen E. H. (2000). op. cit，第 2 次印刷是在 2010 年。

被害人的被害，并将损害赔偿优先于罚款刑的制度给予了很高的评价。关于这一点，荷兰调查组的分析和评价如表 28. b 所示(47)。[1]

表 28. b　赔偿命令(compensation order)的法律性质

资料来源：Brienen, M. E. I. & Hoegen, E. H. (2000). *Victims of Crime in 22 European Criminal Justice Systems Wetenschappelijk Onderzoek – en Documentatiecentrum*, p. 1084.

	赔偿制度的法律性质	相关国家/地区	评价
0	赔偿命令没有成为独立制裁的国家	马耳他	–
1	代替处理犯罪人的方法，或者作为附加刑下达赔偿命令的国家	塞浦路斯、英格兰、威尔士、爱尔兰、苏格兰	R
2	在判决阶段，赔偿命令优先于罚金的国家	英格兰、威尔士、爱尔兰、苏格兰	+
3	在判决阶段，赔偿命令优先于诉讼费用的国家	英格兰、威尔士	+

※评价栏的“R”表示符合《建议(85)11》的标准；“ – ”表示未满足《建议(85)11》的标准；“ + ”表示高于《建议(85)11》的标准。

※表 28. b 至表 28. f 中第 1 列中的数值“0、1、2、3、4”表示专家根据被害的恢复程度进行的分类，被害恢复程度越高，数值也越高。——译者注

十一、确定的赔偿和赔付

加害人对被害人进行赔偿，只停留在制度建设上是没有意义的。要想办法让赔偿切实履行。

英国的法院会同时判处罚金(fine)和被害赔付命令(compensation)，[2]但犯罪人确实没有支付两者的手段时，法院可以只决定处以 783
被害赔付命令。

苏格兰规定，在同时判处罚金和被害赔付命令时，被害赔付命令

① Brienen M. E. I. ,& Hoegen E. H. (2000). op. cit. pp. 1079 – 1080.

② 相当于联合国所说的“restitution order”(损害赔偿命令)。

应优先执行。

加拿大规定，一旦宣告被害赔付命令，国家就可以根据该命令执行扣押财产和冻结的资金等。

澳大利亚各州设立有被害人、犯罪人协调办公室（Victim – offender Mediation Unit，VMU），如果被害人要求提供加害人此后的信息，在该办公室登记后，随时可以得到必要的加害人信息，同时督促加害人进行赔偿。西澳大利亚州的 VMU 提供被害人保护条件（protective conditions）和赔偿调解（reparative mediations）两种类型的调解程序。赔偿调解对被害人来说关系到确实的赔偿，所以利用率很高。

在新南威尔士州，被害人赔偿法院（Victims Compensation Tribunal）为了敦促被判有罪的犯罪人支付赔偿，正在推进利用行政程序。①

784 印度 1973 年的刑事程序法规定，法院可以命令犯罪人向被害人支付全部或部分罚金。

德国 1994 年修改《刑法》时追加的第 46 条量刑原则规定，“行动人努力与被害人达成和解，并支付赔偿其中一部分或全部时，法院可以减轻或者免除刑罚”。另外，尤尔根・鲍曼（Jurgen Baumann）等人的刑法草案起草小组还提出了被害恢复制度（Wiedergijt – machung）的提案。②

美国在没收贩卖毒品等犯罪的收益后，该收益可以用于康复治疗计划，或者投入灭绝毒品犯罪对策中。③ 履行被害赔付命令是量刑

---

① Victims Compensation Tribunal. 1992/93. p. 41 显示，1991—1992 会计年度为 374，927 澳元（1 澳元兑换 94. 77 日元，约 3553 万日元）；1992—1993 会计年度，比上年增长 25. 4%，为 470，161 澳元（约 4456 万日元）。

② 关于 alternative – entwurf Wiedergutmachung（被害恢复制度对策案），参见［日］光藤景皎等译：《犯罪被害的恢复——对策和损害恢复》，成文堂 2002 年版。

③ 美国曾提出过专门处理经济犯罪造成损失的损害赔偿法案（Proposals for restitutionary courts）和法人组织的损害赔偿案（Proposal for restitution by corporate entities for damage inflicted through economic offences）。

的条件之一,在收到被害赔付命令后,矫正机构的职员将监视支付情况,并评价康复计划的进展情况。在一般情况下,可以制定偿还时间表(payment schedule),其内容是,从被害赔付命令开始实行到每月支付的金额和全额支付结束的必要时间。

欧洲理事会的《建议(85)11》D. 13 认为,法院以缓刑判决、假释命令和其他措施为条件,要求加害人履行赔付义务,这是非常重要的。调查结果如表 28. c 所示。

按照《建议(85)11》建立制度的国家有法国和西班牙。在发达国家,赔偿金额相当高,如果完全履行赔偿是有条件的,那么基本不允许缓刑或假释。不能缴纳全部赔偿金时,犯罪人回归社会就存在问题,另外,没有资产可供缴纳高额赔偿金的犯罪人将永远留在刑事设施,从而引发另一个问题。因此,有必要制定被害人补偿制度,使用国家预算对被害人进行补偿。

表 28. c　赔偿履行作为适用缓刑等的条件 785

资料来源:Brienen, M. E. I. & Hoegen, E. H. (2000). *Victims of Crime in 22 European Criminal Justice Systems Wetenschappelijk Onderzoek – en Documentatiecentrum*. p. 1089.

	赔偿与刑罚执行的关系	相关国家/地区	
0	不考虑经济条件的国家	塞浦路斯、土耳其	-
1 – a	承认经济性赔偿,但实际上不充分的国家	奥地利、比利时、丹麦、德国、希腊、冰岛、爱尔兰、意大利、列支敦士登、马耳他、荷兰、挪威、葡萄牙、苏格兰、瑞典、瑞士	-
1 – b	完全按照经济性赔偿执行的国家	英格兰、威尔士、卢森堡	-
2	通常考虑经济性赔偿的国家	法国、西班牙	R

※评价栏的"R"表示符合《建议(85)11》的标准;" – "表示未满足《建议(85)11》的标准;" + "表示高于《建议(85)11》的标准。

赔偿是加害人对被害人表示诚意的重要因素之一,如果对这些人分别进行判断，问题就会很大。在日本，没有支付赔偿的加害人（犯罪嫌疑人、被告人）被判缓刑或假释的情况很多，这引起了被害人和遗属的极大不满。

有关刑罚执行的《建议（85）11》E. 14 规定，“如果赔偿是刑事制裁，这种制裁应当以罚金的同样方法进行征收，而且应当优先于对犯罪人被判处的其他经济制裁。其他所有情况都应当有助于被害人收到赔偿金”。

关于该赔偿是否应当优先于罚金刑的调查结果，如表 28. d 所示。

支付给国家的罚金和支付给被害人的赔偿金，两者合并为一体的制度设计，在现阶段似乎没有多大进展。但可以看出，一些国家规定支付赔偿金优先于罚金。

786 **表 28. d　赔偿是否应当优先于征收罚金**

资料来源：Brienen, M. E. I. & Hoegen. E. H. (2000). *Victims of Crime in 22 European Criminal Justice Systems Wetenschappelijk Onderzoek – en Documentatiecentrum*, p. 1097.

	赔偿和罚金的关系	相关国家/地区	
0	征收罚金，不优先于其他经济制裁的国家	马耳他、塞浦路斯	–
1	征收罚金或者优先于其他经济制裁的国家	爱尔兰	–
2	征收罚金，并且优先于其他经济制裁的国家	英格兰、威尔士、苏格兰	R
3	预付赔偿的国家	没有	+

※评价栏的“R”表示符合《建议（85）11》的标准；“ – ”表示不满足《建议（85）11》的标准；“ + ”表示高于《建议（85）11》的标准。

十二、刑事诉讼中的损害赔偿请求(附带自诉)

允许被害人在刑事追诉中请求赔偿的制度,是附带自诉。[1] 很多国家允许在刑事程序中提出民事请求。法国法体系中承认民事原告,德国法律体系中也允许附带民事程序。这种民事和刑事相结合的程序,其优点是由司法当局收集证据和取证,可以给被害人带来各种利益。

但对于这种方法,很多国家批评说:“在这种情况下,执行法院命令是被害人的责任。”因为,如果犯罪人有意识地不遵守法院的命令,法院的命令就只能留给被害人执行,而且被害人还收不到钱。被害人可以委托收款代理人来追索赔偿金,但必须向收款代理人支付报酬。

德国《刑事诉讼法》第 403 条规定了被害人(der Verletzte)在刑事程序中的财产请求权(Geltendmachung vermögensrechtlicher
Ansprüche),该条文规定为“附带自诉”。被害人及其继承人可以在 787
区法院(das Amtsgericht)的刑事程序中,不论诉讼物的价值如何(ohne Rucksicht auf den Wert des Streitgegenstandes)均可提出诉讼。

该条第 2 款是有关被害人及其继承人在刑事程序中的知情权规定,即应当在尽早的时间内(möglichst frühzeitig)告知(soll)被害人,同时应当告知刑事程序中的财产请求权。不过,据说德国附带自诉的利用率很低,其原因是刑事法官不想适用附带自诉。[2]

根据欧洲理事会的《建议(85)11》D. 11 的规定在刑事制裁中附

---

① 日本在第二次世界大战前的旧制度中也有附带民事诉讼。

② “明日之会”欧洲调查团在 2002 年 9 月访问调查时,从很多司法人员那里听说了法官对附带民事诉讼很消极。柏林律师协会理事汉斯·约阿希姆(音译)甚至说,“如果进行附带民事诉讼,会给法官带来很多不便,而且有时会对诉讼不利,因此最好不要进行附带民事诉讼”。(2002 年 9 月 18 日访问)。另外,在东德,经常使用附带民事诉讼,虽然可以对附带民事诉讼提出上诉,但是东西德合并之后,不能上诉了,被害人和律师对此都非常不满。

带自诉的国家,如表 28. e 所示。①

表 28. e 附带自诉(adhesion procedure)

资料来源:Brienen,M. E. I. &Hoegen,E,H. (2000). *Victims of Crime in 22 European Criminal Justice Systems Wetenschappelijk Onderzoek – en Documentatiecentrum*. pp. 1081 – 1082.

	附带自诉制度的法律性质	相关国家	
1	在刑事制裁之外采用附带自诉的国家	奥地利、比利时、丹麦、法国、德国、希腊、爱尔兰、意大利、列支敦士登、卢森堡、挪威、西班牙、瑞典、瑞士、土耳其	R
2	代替刑事制裁而采用附带自诉的国家	比利时、法国、卢森堡	R
3	在判决阶段,优先于罚金进行附带自诉的国家	没有	+
4	在判决阶段,优先于诉讼费用进行附带自诉的国家	没有	+

※评价栏的"R"表示符合《建议(85)11》的标准;" – "表示未满足《建议(85)11》的标准;" + "表示高于《建议(85)11》的标准。

788 根据《建议(85)11》建立相关制度的国家有 15 个,但没有一个国家考虑将附带自诉的支付优先于罚金和诉讼费用的支付。通常,附带自诉这种制度可以在刑事法庭上被判有罪后提起,在宣告刑罚的阶段也被继续认可,因此,为了允许附带自诉的执行优先于刑罚特别是罚金刑,就必须有明确的保护被害人的理念。

被害赔付命令的执行,和征收罚金等一样,并不是由被害人承担的,而应该是司法制度的责任。② 例如,奥地利采用的模式是,使用公共资金直接支付被害赔付金或者被害人补偿金,犯罪人支付后再返

---

① Brienen M. E. I. ,& Hoegen E. H. (2000). op. cit. pp. 1081 – 1083.

② United Nations Office for Drug Control and Crime Prevention(1999). op. cit. p. 47; [日]诸泽英道译:《联合国被害人人权宣言相关文献——为被害人的正义》,成文堂 2003 年版,第 97 页。

还给国家,这只是一种模式。

附带自诉的申请,可以书面提出,也可以口头叙述后录音,或者在最终辩论开始之前口头向法庭提出。提出申请时,必须明确提出请求的宗旨和原因,出示的证据(德国《刑事诉讼法》第404条第1款)。

对于上述申请,法官在下列情况下决定驳回申请:认为被告没有责任,也不应给予保安处分的;认为申请没有理由,可以不进行审判的;申请不适合刑事程序的;申请是为了推迟刑事程序(verzogen)的;请求不被允许的(德国《刑事诉讼法》第405条)。

由于"不进行审判的决定"和"裁定驳回"不需要附加理由,申请人对法院的决定没有上诉权(dem Antragsteller steht ein rechtsmittel nicht zu)(德国《刑事诉讼法》第406条a),这是附带自诉利用率低的原因。

通过附带自诉执行赔偿,是被害人自己征收,还是国家帮助征收,对此《建议(85)11》E.14有规定。关于附带自诉实施的情况,如表28.f所示。

表28.f　通过附带自诉的赔偿是否优先于征收罚金刑 789

资料来源:Brienen. M. E. I. & Hoegen, E. H. (2000). *Victims of Crime in 22 European Criminal Justice Systems Wetenschappelijk Onderzoek – en Documentatiecentrum*

		相关国家	
0	完全由被害人决定的国家	比利时、冰岛、意大利、列支敦士登、卢森堡、荷兰、葡萄牙、土耳其	–
1	提供部分援助的国家	丹麦、法国、德国、希腊、西班牙、瑞士	R
2	由国家负责执行的国家	挪威、瑞典	+
3	预付赔偿的国家	奥地利	+

※评价栏的"R"表示符合《建议(85)11》的标准;"－"表示未满足《建议(85)11》的标准;"＋"表示高于《建议(85)11》的标准。

第二十九章

国家对被害人的补偿

State Compensation for Victims

一、从损害赔偿填补型向被害恢复型

为了使被害人从被害中恢复过来,找回原来的生活,国家应该做的一件事就是经济支援。新西兰在 1963 年制定了《犯罪伤害补偿法》(Criminal Injuries Compensation Act),此后欧美国家也陆续采用这种制度,经过大约 10 年,发达国家几乎都建立了被害人补偿制度(victim compensation scheme)。

当时,新西兰、英国、美国等被害人补偿制度比较发达的国家,制度设计的出发点是加害人对被害人进行赔偿很不充分时,加害方应支付赔偿的部分由国家填补,形成了国家补窟窿型的损害赔偿(a model of making a good loss)。另外,欧洲各国加大对社会保障的投入,进一步完善社会保障制度(system of social security),不足部分由国家填补,即从被害中恢复所需的部分,由国家提供经济支援性质的补偿,这被称为被害恢复型(a model of recovering victim)。

德国政府认为国家有保护国民安全的责任(die Verantwortung),并制定了帮助被害人自立的制度。德国是欧洲社会保障制度比较完善的国家之一,被害人补偿制度发挥的主要作用就是弥补资金不足。①

---

① 全国犯罪被害人会欧洲调查团:《欧洲调查报告书——犯罪被害人补偿制度》,明日之会 2005 年版,第 61 页及第 227 - 231 页。

因此，德国现行制度的基本原则是，无论医疗、护理，还是生活支援方面，都对被害恢复提供必要的支援。

英国等采取损害赔偿填补型的国家，基本思路是填补被害中失 791
去的，被害人将来应得的收入（失去的将来利益）的一部分，在此基础上计算补偿金额，因此有人指出，这是对经济富裕的人有丰厚的补偿金额，而对贫困的人来说，补偿太少。随着20世纪后期的经济增长，补偿额也有所提高，但有些国家代替支付应由加害方赔偿的金额并不宽裕，而是只负担几分之一份额。在这种情况下，迎来经济低增长期，欧美各国的想法开始出现了变化。

美国在1995年以后，一方面大幅度压缩直接对被害人支付赔偿金的额度，另一方面改变了向直接支援被害人的各种机构支付补助金的形式，例如向医院、被害人支援中心等支付补助金的形式，不再负担这些团体对被害人的援助。图29.a表示的是美国联邦1986年到2001年有关被害人预算的变化曲线。①

图29.a　美国联邦的被害人补偿预算及被害人支援预算的变化

资料来源：Research Report 2001 by Urban Institute Justice Policy Center

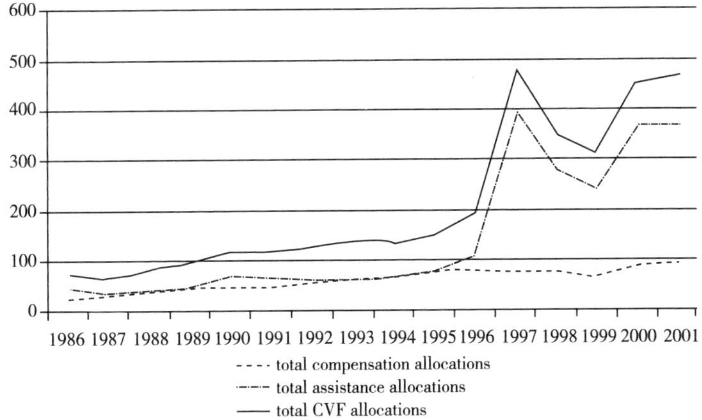

① The National Evaluation of State Victims of Crime Act Compensation Programs. Research Report March 2001. by Urban Institute Justice Policy Center.

在图 29. a 中,虚线表示由基金直接支付给被害人的被害人赔偿
分配金(total compensation allocations)的经过;一点线表示对被害人
792 援助活动的补助分配金(total assistance allocations);实线表示合计的
数据(total CVF allocations)。从最近的动向来看,被害人补偿分配金在平缓地上升,而 20 世纪 90 年代后期被害人援助分配金急速上升,犯罪被害基金(CVF)的分配金额中直接援助分配金额所占的比重越来越高。

英国也在 1994 年采用费率方案(tariff scheme),试图减少补偿金的无限扩大,充实实物支付(支付给针对被害人的援助活动)的比例。损害赔偿填补型由国家填补全部未来损失利益的制度设计,也是不现实的。可以说,现在的制度转型为,补偿留有一定金额对实际生活给予支援。这样,从德国的模式即当初以实物支付为中心的被害恢复型,转变为美国、英国等世界主要国家的被害恢复型,这种被害恢复对今后的被害人补偿制度将产生巨大的影响。

二、问题重重的日本被害人援助预算

日本于 1980 年 5 月 1 日制定了《犯罪被害人给付金支付法》(1980 年法律 36 号),1981 年 1 月 1 日开始实施。被害人援助制度就是根据这部法律建立起来的。该法经过多次修正,①将名称改为《关于通过支付犯罪被害人给付金等支援犯罪被害人的法律》(2008 年法律 15 号)。该法制定之初给犯罪被害人的给付金在国会审议时的定位是"抚慰金的性质",②后来该法的法律性质也没有变化,因

---

① 《犯罪被害人给付金支付法》修改的情况是,1995 年(法律 91 号)、1999 年(法律 87 号,法律 160 号)、2001 年(法律 30 号)、2008 年(法律 15 号),2001 年修正时将名称改为《关于犯罪被害人等给付金支付的法律》。

② 例如,1980 年 3 月 25 日在众议院地方行政委员会上,政府委员中平先生答辩时说,"本来应该对加害人求偿,但由于没有这种途径,给付金这种安慰性质的补助当然由国家支付了"。警察厅长官官房工资厚生课犯罪被害人对策室编:《逐条解说〈犯罪被害人给付金支付法〉》1998 年第 31 页。

此,完善补偿制度之路是非常艰难的。而且,由于在该法律中加入了有关支援的条文,立法宗旨变得越来越模糊了。

日本的犯罪被害给付金,最初只包括遗属补助和残疾补助,后来
又增加了重伤重病补助。无论哪一项,原则上都是一次性的。[1] 这是 793
因为在制定《犯罪被害人给付金支付法》时参考了英国等国的制度,是属于损害赔偿填补型的立法,不过,英国的法律后来也试图向被害恢复型转换。日本今后讨论的主要课题是,建立向支援被害人的各机关提供补助金的制度。

由于日本的制度是抚慰金制度而不是补偿制度,因此产生的另一个问题是,日本的制度只针对被害极其严重的人。表 29. a 是 2011 会计年度美国被害人补偿金的实际成绩。[2]

表 29. a　2011 年度美国的被害人补偿支付金

资料来源:根据 2012 年 2 月"US Department of Justice"的统计资料制作

被害的种类	人数(DV)		补偿总额(日元)	每一人(日元)
暴行	80,344	(31,454)	26,343,116,466	327,878
杀人	14,954	(1373)	6,713,499,109	448,943
性暴力	14,814	(1954)	1,618,806,079	109,275
虐待儿童	30,607		3,010,833,696	98,370
醉酒驾车	2606		1,549,716,885	594,672
醉酒以外的交通违法行为	3707		1,745,079,499	470,752
跟踪尾随	907	(501)	1,165,129,602	128,460

① 关于重伤病的补助,在《犯罪被害人给付金支付法》第 2 条第 5 款定义为,"负伤或疾病的治疗,或其症状固定之前涉及与该受伤或疾病有关的,疗养期间为 1 月以上的身体被害"。

② 该数据是 2012 年 2 月 24 日从 United State Department of Justice 网站公布的美国 2011 会计年度报告中获得的数据。

续表

被害的种类	人数(DV)		补偿总额(日元)	每一人(日元)
抢劫	10,012	(182)	2,286,610,154	228,387
恐怖主义	75		22,892,672	305,235
诱拐	795	(266)	133,289,489	167,660
纵火	252	(45)	47,456,924	188,321
其他犯罪	2477	(876)	404,954,183	163,486
合计	161,550	(36,651)	45,041,384,758	272,316

* 金额以当时的外汇兑换率 $1 = 100 日元换算。

794 从表 29. a 可以看出,美国的被害人补偿制度是以暴力犯罪的被害人为对象的。如果比喻成富士山的话,日本的制度针对的是九合目、十合目的极其有限的被害人,而美国的制度包括了从三合目开始的众多被害人。日本的支付对象不足千人,而美国的支付对象多达 16 万人,二者相差 200 倍。美国和日本 2012 会计年度被害人相关预算的比较如表 29. b 所示。

表 29. b　2012 年度被害人补偿的日美比较

资料来源:美国联邦司法部 2012 年度统计和日本 2013 年版《犯罪白皮书》

	美国	日本
补偿金总额	约 450 亿日元	约 20 亿日元
人口	约 3.1694 亿人	约 1.2635 亿人
国民人均负担金额	约 142 日元	约 16 日元
领取补偿的人数	约 16 万人	835 人
每人领取的金额	约 28 万日元	约 247 万日元
领取者的明细	伤害、暴行 80,344 人	遗属 408 人
	虐待儿童 30,607 人	重度残疾 166 人
	杀人 14,954 人	重病患者 261 人

续表

	美国	日本
	性暴力 14,814 人	
	抢劫 1012 人	
	交通犯罪 6313 人	
	跟踪尾随 907 人	
	其他约 2000 人	

* 关于性暴力犯罪，日本是强奸罪和强制猥亵罪的合计数；关于加重暴行，是与日本的伤害罪进行比较。

如果对比一下美国补偿制度对象的犯罪①和日本给付金制度对象的犯罪，2013 年报案案件中，按照大约 4 万件（交通关系除外）计 795 算，假定按照美国的相同水平给这 4 万人支付给付金的话，共需要 100 亿日元的预算。

日本被害人补偿的最大问题是支付的对象极其有限，而且支付原则是一次性的，离被害人重新自立的程度还有很多距离。特别是留下后遗症的被害人，他们一生都需要金钱上的支援，这将成为今后需要解决的一大课题。

另一个问题是，国家为犯罪嫌疑人、被告人支付的预算和为被害人支付的预算，两者存在很大差异。2007 年 1 月明日之会在法务省的协助下制定了一份资料，该资料显示，为了犯罪嫌疑人、被告人制作的预算是，国费辩护费用约 75 亿日元、矫正收容费用中的食品费用 165 亿日元、收容人员服装费用约 12 亿日元、医疗费用约 10 亿日元、服刑人员劳务援助费约 2 亿日元等，共计约 354 亿日元。与此相比，这一年的犯罪被害人等给付金约为 11 亿日元。二者实际相差超

---

①　在美国，根据 2009 年补偿对象的数据，强奸、性暴力犯罪（rape/sexual assault）为 125,910 件，抢劫（robbery）为 533,790 件，加重暴行（aggravated assault）为 23,340 件，杀人（murder）为 15,399 件。与日本的确认案件数相比，美国的性暴力犯罪比日本多 13.8 倍，杀人多 13.3 倍，加重暴行多 29.5 倍，抢劫多 160 倍。

过了30倍。

今后,在完善被害人给付金制度时,有必要讨论国家和地方政府(特别是都道府县)的费用分担问题。参考欧美国家的事例,无论是对被害人的直接支援,还是补偿金的支付,基本上都由地方政府(州等)负担。如果是日本,由都道府县负责这些事业,国家应当承担其中的几成(第二年以拨款等形式提供补助)经费?无论如何,被害人的保护和支援应当以被害人生活的地区为基础(community based),建立起国家和都道府县、市区町村联合协作的体制。

三、被害人补偿制度的本质

希望严厉处罚加害人是被害人对加害人的处罚情绪,这种情绪超越了民族、时代和文化,成为世界共通的倾向,特别是在日本,这种倾向尤为明显。① 这种处罚情绪的背景主要是加害人没有对被害人
796 进行损害赔偿。② 尤其是剥夺他人生命的死亡案件,损害赔偿金额很高,而且制造这种案件的加害人一般并不富裕。使用国家预算填补这种理想与现实的差距,是刑事政策的重要课题。

在被害人补偿制度的讨论中,有人指出,如果全都由国家补偿,加害人就不用赔偿了,这样会引发恶性循环。③ 之所以会引起这样的争议,是因为这种认识基于日本的制度是损害赔偿填补型,但本来加害人的赔偿和国家的补偿就是不同的。④ 从这个意义上说,国家应该尽快对被害人进行补偿,然后再从加害人那里收取相当金额的赔

---

① 根据1994年全国犯罪被害人现状调查,在案件发生数年后,回答"刑罚过轻"的遗属达93.3%,重伤害被害人也有60.4%。

② 根据1994年全国犯罪被害人现状调查,从加害人那里得到赔偿的遗属占15.7%。

③ 1980年国会在审议犯罪被害人等补助支付法案时,经常有人指出被害人补偿制度会弱化加害人的认罪意识,现在也有司法专家和行政负责人提出这个问题。

④ Ashworth, A. & Redmayne, M. (2010). *The Criminal Process* (fourth edition), Oxford University Press, Oxford, New York, p. 56.

偿款。

经常有人指出,在各国的补偿制度和保险制度中,为什么唯独被害人补偿制度是薄弱的。[1] 关于这一点,伊扎特·费塔(Ezzat Fattah)指出,犯罪被害人的处遇存在三大问题:选择性(selectivity)、不平等(inequality)、歧视性(discrimination)。[2] 费塔认为,“在加拿大,因汽车事故、飞机事故、滑雪升降机事故、医疗过失、药物灾害等致人死亡时,可以获得数百万美元(数亿日元)的补偿金,而因犯罪而死亡的只能获得2万美元(约数百万日元),这是完全不平等的、是违反正义的”。

不仅如此,被害人补偿并不适用于所有的被害人补偿,通常仅限
于暴力犯罪和性犯罪的被害人,很少适用于其他被害对象,世界上也 797
很少有这样的制度。卡门指出:“分析一下美国各州的现状,本来应作为补偿制度的对象,在整个被害中平均只占19%。密歇根州只有1%。”[3]在美国,财产犯的被害人不属于赔偿对象,这些被害人大部分没有购买保险,而且约8成的财产犯的加害人没有被发觉或被逮捕,因此他们也不能获得民事救济。因此有人提出,对于无法从加害人获得赔偿的情况,例如,加害人没被抓获的(案件未解决)、加害人死亡的(特别是自杀的)、加害人因贫穷无法赔偿的,这些才应当成为被害人补偿制度的对象。

由于重大犯罪需要高额的民事赔偿,所以即使抓获了加害人,被害人也很难得到赔偿。这是需要普及被害人补偿制度的主要原因。但是,毕竟加害人没有被逮捕,因此不能要求赔偿。还有人主张,没

---

① 1980年日本国会审议犯罪被害人等补助金支付法案时,很多人认为,“社会上有各种各样的弱者,为什么只有犯罪被害人得到补偿”?

② Fattah, Ezzat A. (2010). The Evolution of A Young, Promising Discipline: Sixty Years of Victimology, a Retrospective and Prospective Look. In Shoham, Knepper and Kett (eds). *International Handbook of Victimology*, p. 78.

③ Karmen, A. (1996). *Crime Victims: An Introduction to Victimology*, (3rd ed.) Belmont, CA: Wadsworth, p. 332.

能抓到犯罪人是国家的责任，不应该限定罪种，全部的犯罪被害人都应当作为补偿对象。

被害赔付是以加害人被判有罪为前提的，但被害补偿不需要这个前提。国家、州在处理上有一定的条件，但原则上只要有被害的事实和自己无责任的证明即可。对于加害人未被抓获、因某种理由加害人未被追诉、因法律不完备等导致加害行为不认为是犯罪、加害人因没钱而无法支付被害赔付或损害赔偿等的情况，被害补偿制度是有效的。

四、被害人补偿制度的历史

1950 年英国开始对“被遗忘的人们”(forgotten people)制定对策，首先采取了国家补偿制度。

798 英国的玛格丽・弗莱(Margery Fry)①最早提出了建立近代国家的被害人补偿制度。弗莱 1957 年 7 月 7 日向《观察家报》投稿，发表了主张“为被害人的正义”的文章。②

弗莱在 20 世纪 50 年代担任治安法官，是一位社会改革家，她主张，政府对选民的责任是应该制定对犯罪被害人的金钱补偿制度。③弗莱在她最后一篇文章指出，“抛弃邪恶的念头吧。承认我们的无

---

① Freckelton, Ian(2008). Compensation for Victims of Crime. In: Kaptein, H. and Malsh, M. (eds.), *Crime, Victims and Justice*, Ashgate. Great Britain., p. 32; United Nations Office for Drug Control and Crime Prevention(1999). *Handbook on Justice for Victims*, p. 2(Introduction), CICP Publications.

② Fry, Margery. Justice for Victims, The Observer, July 7, 1957. 另外，该原稿在第二年被重新印刷(reprinted in 8 J. Pub. L. 191, 1958)。[日]铃木义男:《被害人补偿的诸问题——回顾英美的议论》，载《植松博士 60 寿辰祝贺・刑法和科学、法律篇》1971 年，第 883 页以下。

③ Fry, Margery. (1951). Arms of the Law. Victor Gollancz, London; Fry, Margery (1959). Justice for Victims. J*ournal of Public Law*, p. 191ff. 另外，Doerner 等人认为是弗莱于 1957 年最初向英国介绍了被害人补偿制度。参见 Doemer G. william & Lab P. Steven(2008). *Victimology*. (5th Edition). Lexis Nexis. NJ, p. 19.

知,我们的目标是构建装满我们知识的系统。这是一个强有力而又十分慈善的、智慧而又十分宽容的系统”。

美国东北大学教授斯蒂芬·谢弗对补偿制度的功能进行了国际性总结,1960年由英国内务部发表了研究报告。[1] 谢弗在研究报告中提到,“对28个国家进行了比较研究,德国和芬兰虽然有公务员伤害补偿制度,但其他国家并没有国家补偿制度”。

最早制定被害人补偿制度的是新西兰(1963年),1964年被大不列颠[2]引进,此后,各国(地区)相继引进了被害人补偿制度,[3]美国加
利福尼亚州(1965年)、[4]加拿大萨斯喀彻省(1966年)、澳大利亚的 799
新南威尔士州(1967年)、北爱尔兰(1968年)、瑞典(1971年)、奥地利(1972年)、芬兰(1973年)、中国香港(1973年)、[5]爱尔兰(1974年)、挪威(1976年)、丹麦(1976年),荷兰(1976年)、德国(1976年)、法国(1977年)。

新西兰在1964年1月1日依据《犯罪伤害补偿法》设立了犯罪伤害补偿法院(criminal injuries compensation tribunal),允许新西兰居民对因犯罪造成的伤害申请赔偿。比新西兰晚了8个月,英国也设立了犯罪伤害补偿委员会(criminal injuries compensation board),开

---

[1] Schafer, S. (1970). Compensation and Restitution to Victims of Crime. (2nd eds.). Patterson Smith, Montclair, NJ.

[2] Great Britain包括英国、威尔士和苏格兰。

[3] Edelhertz, H. and G. Geis(1974). *Public Compensation to Victims of Crime*. New York, Praeger, pp. 10－11.

[4] 在美国,继1965年加利福尼亚州完善法律之后,纽约州(1966年)、夏威夷州(1967年)、马萨诸塞州(1968年)制定了法律,1984年美国联邦也制定了法律,到1989年为止共有45个州完善了法律体系。

[5] Criminal and Law Enforcement Injuries Compensation Scheme(1973.5.13.).中国香港在英国的殖民统治下,很早就引进了该制度。另外,关于中国香港的被害人补偿制度,参见[日]太田达也:《关于犯罪被害人补偿制度的研究(1)——香港的犯罪被害人补偿制度的概要和运用状况》,载《法学研究》2001年第74卷第5号第1页以下。

始实施被害人补偿计划。① 该制度在 1963 年 11 月由女王首次颁布时,上院议长说道:“从问题的重要性来看,流动性和制度的有责性相结合是非常重要的,有必要尽快实行。”

被害人补偿制度的观念可以追溯到公元前 2380 年以前的巴比伦文明。公元前 18 世纪的《汉穆拉比法典》规定,犯罪实施的城镇或城镇长官对被害人负有损害赔偿义务,在古代社会,赎罪金(the atonement,the redemption)的观念已经扎根。

到了中世纪,封建领主和国王的权力不断增大,刑罚弱化了私人制裁的色彩,不久之后刑事责任和民事责任开始被严格地区分开来。刑事责任和民事责任的严格区分成为被害人救济对策停滞不前的最大原因,直到 1950 年后半期,各国才开始全力以赴纠正这一问题。

国家补偿制度有多种模式,现在大多数国家采用的模式是新西
800 兰的制度,即给予犯罪被害人像工厂事故和汽车相撞事故一样标准的定额补偿。②

1983 年欧洲理事会(Council of European Union)通过了《关于暴力犯罪的被害人补偿的欧洲公约》(European Convention on the Compensation of Victims of Violent Crimes. ETS No. 116)(以下简称《欧洲被害人补偿公约》),③并于 1988 年施行。这一被害人补偿制度成为世界各国普遍适用的制度。卢森堡(1984 年)、比利时(1986 年)、

---

① House of Commons Debates, Hansard, vol. 697, cols 89 - 94, 24 June 1964.

② United Nations Office for Drug Control and Crime Prevention(1999). *Handbook on Justice for Victims.* CICP Publications, p. 44; [日]诸泽英道译:《联合国被害人人权宣言相关文献——为被害人的正义》,成文堂 2003 年版,第 92 页。

③ 1983 年 11 月 24 日为止在该条约上签字的国家有,英国、瑞典、挪威、荷兰、卢森堡、希腊、德国、法国、丹麦 9 个国家,此后,1985 年 4 月 24 日土耳其,1990 年 5 月 15 日瑞士,1990 年 9 月 11 日芬兰,1991 年 1 月 9 日塞浦路斯也在条约上签字,共 13 个国家。Desmond Greer (1996)(ed.), *Compensating Crime Victims; A European Survey, Beiträge und Materien aus dem Max - Planck - Institute fur ausländisches und internationales Strafrecht.* Freiburg, Band S 59, Freiburg im. Breisgau, p. 11; United Nations Office for Drug Control and Crime Prevention (1999). op. cit. p. 45.

西班牙(1987 年)、意大利(1990 年)、葡萄牙(1991—1993 年)、瑞士(1992 年)等国也建立了国家补偿制度。

《欧洲被害人补偿公约》要求设定最小标准,促进各国根据该标准进行国际协调,并向欧洲理事会非成员国公开。欧盟(The European Union)于 2012 年 10 月 4 日通过了有 27 个成员国参加的《关于被害人权利和服务的新指南》(a new directive on rights and services for victims)。

从欧美被害人权利确立的历史来看,20 世纪 60 年代建立了被害人补偿制度,20 世纪 70 年代民间支援被害人活动活跃起来,20 世纪 80 年代制定了有关"被害人在刑事司法中的法律地位"的法律。被害人的三个核心权利包括补偿、支援、参与刑事司法,但在 20 世纪 80 年代,被害人补偿制度的财政负担出现了问题,原因是人们意识到"对被害人的经济损失,本来应当由犯罪者承担责任"。

现在,对世界大多数被害人来说,补偿制度是被害后获得经济支
援的基本手段。责令加害人对被害人赔付(赔偿)的损害赔偿制度可 801
以追溯到 1800 年,但被害赔付(restitution)和对被害人的国家补偿(compensation)是两种本质不同的经济救济方式。被害赔付是对加害人下达的命令,前提是法律上认定加害人有责任,但被害人补偿制度是国家政策的一环,不需要对加害人逮捕或判处有罪。只要确认被害事实,被害人就理所当然地获得支付。

五、被害人补偿制度的国际标准

1983 年欧洲理事会签署的《欧洲被害人补偿公约》中又规定了如下条款:①

---

① Council of Europe(2006). *Victims – Support and Assistance*, pp. 9 – 43. Council of Europe Publishing, Strasburg. Groenhuijsen, and Marc & Letschert (2008) (eds.). *Compilation ofInternational Victims' Rights* Instruments, pp. 165 – 172 Wolf Legal Publishers. The Netherlands.

1. 当不能从导致被害的人(sources)充分获得补偿(compensation)时,国家对下列情况应当给予补偿:因故意的暴力犯罪直接造成重大身体障碍或健康损伤的人;该犯罪的结果导致死亡的人抚养的家属(dependents)。(Article 2－1)

2. 即使犯罪人不被追诉或不被处罚,也应当进行补偿。(Article 2－1)

3. 补偿应根据实际情况,至少应涵盖收入的损失、医疗费、住院费、丧葬费以及抚养家属的生活费损失(loss of maintenance)。(Article 4)

4. 补偿制度可以设定申请期限。(Article 6)

5. 考虑申请人的经济状况,可以减少或拒绝补偿。(Article 7)

6. 为了避免重复补偿,国家或管辖机关对于从导致死亡或残疾的结果的犯罪人已获得赔偿金、社会保障金、保险金等的,可以减少赔偿金。(Article 9)

因欧盟的统一,欧洲理事会于2001年3月15日就被害人在刑事
802 程序中的地位达成框架协议。①

该协议第9条规定,欧盟成员国应当在法律中明确规定"保障被害人在刑事程序的适当时机,从犯罪人那里获得补偿(赔偿)""制定促使犯罪人对被害人进行充分补偿(赔偿)的切实可行的制度""被害人的所有物应当及时返还给被害人"等。

联合国一致认为,近代刑事法一方面重视犯罪者的权利,另一方面却忽视了被害人的权利,这是一个重大错误。进入20世纪80年代后,联合国犯罪预防会议为实现"为被害人的正义"(Justice for victims)制定了基本原则,并于1985年11月29日在联合国大会上通过了《联合国被害人人权宣言》。

---

① Council Framework Decision of 15 March 2001 on the standing of victims in criminal proceedings.

《联合国被害人人权宣言》包括，被害人的定义、司法程序和公正对待、被害赔付、被害人补偿、被害人援助等五章，其中第 12 条和第 13 条是对国家补偿的规定。

第 12 条规定，被害人不能从犯罪人或被害原因制造者处得到充分的补偿时，国家应当给予如下经济补偿：

重大犯罪的结果为身体受重大伤害，或者身体和精神健康受到损伤的被害人；因该被害而死亡的人或身体及精神残疾的人的家属，特别是被抚养人。

第 13 条规定，国家应当设立、充实和扩大用于补偿被害人的全国性基金。根据国家的不同，有些国家还没有充分的补偿制度，因此在国家不能对被害人进行补偿的情况下，应该设立由犯罪人国家补偿的基金。

从这两条规定可以看出，补偿对象的被害人是因重大犯罪造成身心伤害的人及其抚养的家属。精神被害也是补偿的对象，但财产犯的被害却被排除在外。还有人指出，应该建立用于补偿的基金，当从被害人的祖国得不到补偿时，能够从犯罪人所在国家得到补偿的基金。

《联合国被害人人权宣言》特别值得关注的是从广义上理解被害 803
人的定义。提起被害人对策，往往局限于加害人被逮捕并被审判的案件，但联合国的观念是，加害人不必被特定，因此，也不必被逮捕、被追诉、被判有罪。当然，也可以是与加害人有亲属关系，而且还包括在救助被害人或为防止被害而介入时受伤害的人。在这一点上，日本的《犯罪被害人基本法》的定义大致是恰当的，但《犯罪被害人等给付金支付法》的适用范围就太窄了。

广义理解被害人定义的观点，当然也会影响对被害人补偿对象范围的讨论。也就是说，加害人没有被确定的案件、未解决案件、不起诉案件的被害人也应该成为补偿的对象，即使是家族之间、亲属之间的案件，根据情况有些也可以成为补偿对象。领取补偿的人应该包括被害人本人、直系亲属、被抚养的家属,以及为了帮助被害人而被卷入案件的人。

联合国大会在《联合国被害人人权宣言》被通过的 1985 年 11 月的前几个月,欧洲理事会部长级会议(european council of the ministers committee)通过了《建议(85)11》[recommendation(85)11]。这个《建议(85)11》由七大类 16 个项目组成:A(警察层面,A1—A4),B(关于追诉,B5—B7),C(对被害人的听证,C8),D(法庭程序,D9—D13),E(执行阶段,E14),F(隐私保护,F15),G(被害人的特别保护)。

由布里宁(Brienen M. E. I.)和哈根(Hoegen E. H.)对欧洲 22 个国家进行的调查总结而成的《欧洲 22 个国家刑事司法制度中的犯罪被害人》,[1]是理解该制度法律性质的有意义资料。

欧洲理事会部长级会议的《建议(85)11》B5 规定,关于刑事追诉与被害人补偿的关系,决定对加害人是否追诉,应当充分考虑加害人对被害人的真挚努力和赔偿情况,因此布里宁和哈根对欧盟各国的
804 制度进行了如下分析:[2]

1. 进行损害赔偿时可以不追究刑事责任的国家有,英格兰、威尔士、挪威;

2. 如果不进行损害赔偿就不能不起诉的国家有,比利时、法国、卢森堡、荷兰、葡萄牙;

3. 以没有损害赔偿为理由追究刑事责任的国家有,卢森堡、瑞典、瑞士。

六、被害人补偿制度的法律性质

在 20 世纪 60 年代引进被害人补偿制度的欧美国家,在引进该

---

[1] Brienen M. E. I. , & Hoegen E. H. (2000). Victims of Crime in 22 European Criminal Justice Systems, The Implementation of Recommendation (85) 11 of the Council of Europe on the Position of the Victims in the Framework of Criminal Law and Procedure, Wetenschappelijk Onderzoek – en Documentatiecentrum.

[2] Brienen M. E. I. , & Hoegen E. H. (2000). op. cit. p. 1062.

制度时,其法律性质曾引发争议,而在十几年后引进到日本时也有人表示强烈反对,认为“为什么要用国家预算去补偿犯罪被害人”。

关于补偿制度,有如下论点:(1)补偿本来是应由犯罪人支付的赔偿金;(2)站在国家应当独立承担责任的观点上考虑对被害人的补偿;(3)从社会互助精神进行福利性支付;(4)对生活艰难的被害人进行保护的公共生活扶助制度;(5)补偿是慰问金;(6)使用税钱给被害人补偿的理由是什么;(7)本来国家就有预防犯罪的义务吗? 对于这些疑问,欧美国家也有很多应对的理由,而日本国会讨论时没有对国家的责任和义务进行充分的理解,其结果是基于社会合作精神建立了慰问金性质的制度。

关于被害人补偿制度的性质,一般认为有以下三种观点:英国、美国、加拿大等国认为是“人道主义的恩惠”;法国等国认为是“社会的共同体”;德国等国认为是“国家有一定的责任”。①

特别是德国明确了补偿的法律根据:“对遭受重大被害的人们应 805
当伸出救济之手,这不单纯是社会的任务,而且是法律正义的要求。如果国家不能保护市民免受暴力犯罪的侵害,那么国家就必须自觉地承担起对被害人进行补偿的责任和义务。”②

---

①　警察厅长官官房工资厚生课犯罪被害人对策室编:《逐条解说:犯罪被害人等补助支付法》(修订版) 1998 年第 4 - 7 页。该文把各外国制度分为三个类型:人道主义的恩惠(英国、北爱尔兰、美国、加拿大、澳大利亚、瑞典);社会协同合作(法国);国家承担责任(1976 年当时的西德)。

②　德国在 1976 年建立了被害人补偿制度,但 1988 年 8 月诸泽英道访问德国时看到的法兰克福新闻 Frankfurter Allgemeine Zeitung 写了一篇解说文章指出,与被害人的痛苦相比,对加害人的刑罚较轻。该报道采访了因抢劫导致重伤半身不遂的女性被害人,她抱怨说:“犯人只受到 20 年刑罚之苦,但被害人却必须用整个一生与麻痹作斗争。难道这就是正义吗?”当时德国报纸做出的解释与日本媒体相比,只能说是令人感到惊讶。另外,Frankfurter Allgemeine Zeitung 的总部设在德国的法兰克福,第二次世界大战时期被纳粹禁止发行,但后来重新恢复,成为发行量达 38 万的大众报纸。这篇报道作为外电在日本进行介绍时,一般标记为“德国报纸”“法兰克福报纸”等。

保罗·罗克认为对于被害人的补偿制度主要有四种观点。① 第一种观点,与其他政策宽松结合(loose - coupled)而形成的以被害人为中心的政策,类似于“双拼式住宅”(semi - detached),即附加所谓“但书(caveat)”的制度。这种观点是从“但书”引导出来的,即在新劳工管理制度(the first new labor administration)之后兴起的民众经过“掌握被害人的组织”(the victim steering group)和“正义与被害人部队”(justice and victims unit,JVU)的严格考验,建立可被接受的变形的制度。

第二种观点,在进行犯罪伤害补偿的地区可以看到的典型被害人(the typification of victims),但在道德的沙漠中维持他们本来应该重视的东西,因此它的平等再次反映制定政策的不确定性特征。

第三种观点,犯罪被害人补偿制度的资金来源要求该制度具有财源要求型的事业性特征,对包括被害人向治安法院(the Magistrates' Courts)提供证词支援(the victim support witness service)和扩大两个被害人宪章(Victim' s Charter)的标准项目在内的其他主导权影
806 响。

第四种观点,1995 年以前在法律上并没有明确确定犯罪伤害补偿的法律地位,但有关纲领(tow)显示,被害人处于疑似权利(near - rights)的地位的资格被取消,犯罪被害补偿的重要性受到很大影响。

关于被害人补偿制度的法律性质,目前受广泛支持的理论是社会契约说(social contract argument)和社会福利理论(social welfare theory)。②

根据社会契约说,国家有义务使用税金来照顾市民生活的安全和幸福,政府有义务让被害市民回到原来的生活之中。

---

① Rock, Paul (2004). *Constructing Victims' Rights; The Home Office, New Labour, and Victims*. (Clarendon Studies in Criminology) Oxford University Press, New York. pp. 263 - 264.

② William G. Doerner & Steven P. Lab, (2005). (4th edt. p.)101.

社会福利理论认为,政府有义务保障残疾人、经济困难的人和不幸的人最低限度的生活。从这个理论来看,无辜的被害人(innocent crime victims)当然也属于这个范畴。

社会契约说主张,国家没有保护好国民是补偿的理由;社会福利理论认为,国民实际上没有获得恩惠是补偿的理由,而国家没有过错也要补偿。

被害人补偿通常分为以下三类:①

第一类:补偿的对象包括死亡案件中死亡被害人的家人(遗属)和残疾的被害人本人,而目击案件的孩子(应激障碍等的被害)不是补偿的对象,财产被害也不是补偿的对象。

第二类:服从善良的撒马利亚人条款(good samaritan provision)的所谓规则。好撒马利亚人出自圣经故事,一个被害人遭到强盗袭击被放置在路边,素不相识的路人照看被害人并将其带到客栈,在被害人道谢之前,路人礼貌地离开了那里。社会原本就有超越市民的义务,有互帮互助的义务,这是互相帮助义务观念的来源。 807

第三类:对因帮助执法官员而受伤的人。② 有些国家认为,协助执法官员是国民的义务,因此也是补偿的对象。如美国的一部分州规定,被请求帮助警察执行职务而不予以协助的,构成轻罪(misdemeanor)。1985 年 11 月联合国大会通过的《联合国被害人人权宣言》第 2 条规定,"'被害人'一词,也包括帮助受折磨的被害人、为防止被害人而介入时遭受被害的人",这表明,国家对于协助防止被害而受到损失的人,应当给予补偿。

另外,国民对协助执法官员时负伤的人给予补偿,但警察、狱警、消防员等因职务上负伤的,因其本来职务就带有危险,一般不能成为

---

① William G. D. & Steven P. L. (2005). op. cit. p. 102.

② 因协助执法官员而负伤的伤病补偿问题,日本在 1952 年制定了《官员对警察职务给予协助的人员的灾害援助支付的法律》(最终修改 2007 年),该法使用的不是"补偿",而是"灾害给付"一词。

补偿的对象。①

七、损害赔偿填补型或被害恢复型

讨论应当采用什么类型的被害人补偿制度,有几个要点。由于该制度是为了弥补现有社会服务制度的缺陷而采用的,因此不能单纯地比较各国的制度。因为有些国家的社会保障制度完善而有些国家不完善,其保障制度的性质和作用都不一样。

关于应通过被害人补偿制度的内容,大致有两种观点。一种是为了弥补失去的利益,另一种是国家补偿被害恢复所需的金额。前者可以说是在英国等国出现的损害赔偿填补型,后者是德国等国出现的被害恢复型。这两种思路各有各的理论背景。本来,国家的作
808 用,与其说是弥补犯罪人的赔偿责任,不如说是为了保障人民健康的文化生活(日本《宪法》第 25 条),这是被害恢复型的本来含义。

损害赔偿填补型的补偿制度必然要经历补偿金暴涨的历史。英国在 1994 年引进了被称为“费率方案”(tariff scheme)的被害等级表。这种方式的补偿金额与收入和年龄无关,而是根据被害程度决定恢复所需的金额。在受到重伤害的情况下,要支付损失利益的补偿和医疗费等的费用。从政策层面来看,通过抑制费率方案的单价可以限制国家的预算。

与此相反,德国的补偿制度是以 1950 年《联邦援助法》为基础制定的。这部《联邦援助法》是对第二次世界大战的军人给予国家补偿的制度。国家对战争中遭受被害的军人给予补偿是理所当然的事情,但这一理论也适用于犯罪被害人。德国的被害人补偿制度并不是英国等国基于社会连带互助精神进行的补偿,更不是日本政府所采取的“抚慰金”或“恩惠”的理念。

本来,被害人有权要求加害人给予各种损害赔偿或恢复援助等,

---

① William G. D. & Steven P. L. (2005). op. cit. p. 103.

但实际上多数加害人没有经济能力,而且很多被害人在案发后不愿再卷入案件之中,很少有人通过法律手段谋求恢复被害。从这一状况中得出的想法是:应该用国家的力量来解决得不到救助的被害人的窘境。

探讨被害人补偿制度的法律性质,有以下几个要点:

1. 制度的目的和性质是什么?

关于补偿制度的性质,有几个不同的想法:国家因没有保护国民的生命、身体而应当对被害人承担补偿责任;国家应当从社会共同连带精神出发给予补偿;因被害人的生活陷入困难而从福利的角度给予补贴等。其中特别的论点是,对于被害人来说,获得国家补偿金是一种权利,还是国家给予的恩惠。

2. 哪些被害人可以得到补偿? 809

补偿资格限制(eligibility restrictions)与该制度的法律性质密切相关。特别是对有责任的被害人进行补偿是难以理解的,但是,把与被害人有某种关系的亲属等人一律排除在外,也存在问题。

当初,实施暴力犯罪的加害人如果是亲属、性伙伴、同居人等,例如配偶之间的暴力、虐待儿童等,以赔偿金可能被加害人拿走等理由,将这类被害人排除在外。但是,像美国明尼苏达州,如果加害人被起诉或者离婚正在走法律程序等,补偿的对象可以放宽。[①]

日本《犯罪被害人给付金支付法》第 6 条规定,根据国家公安委员会规则的规定,可以不支付犯罪被害人给付金的全部或部分,可以不支付的情况是:加害人和被害人之间有亲属关系(包括事实婚姻关系);犯罪被害人诱发犯罪行为的;对于该犯罪被害,犯罪被害人也有责任的。此外,从社会普通观念上看给付是不合适的。[②] 日本立法中的"此外",一般由具体承办人员根据适用标准进行判断,公安委员会

---

① William G. D. & Steven P. L. (2005). op. cit. p. 103.

② 警察厅长官官房工资厚生课犯罪被害人对策室编:《逐条解说:犯罪被害人给付金支付法》1985 年第 83 – 150 页及该书(1998)修订版,第 86 – 164 页。

的判断也非常重要，但在国外，补偿金被认为是被害人的权利，因此确定补偿资格的标准就十分重要了。

苏格兰的《犯罪伤害补偿计划指南》（*a guide to the criminal injuries compensation scheme*）规定，不能获得补偿的被害人包括，打架斗殴（fighting，第 30 条），寻衅滋事（provocative words or behavior，第 31 条），滥用酒精、药物、有机溶剂（alcohol，drug or solvent abuse，第 31 条），黑手党及恐怖分子（gangs and terrorists，第 33 条），不道德的行为（immoral conduct，第 34 条），非法行为（unlawful conduct，第 35 条），使用危险玩具的儿童行为（conduct of children playing dangerous games，第 36 条），前科（previous convictions，第 37—39 条）等。①

810 3. 得到补偿的条件是什么？

对于获得补偿金的条件，很多国家规定，被害人有义务向警方报案和协助调查。美国很多州规定，在案件发生后 72 小时之内有义务报案。②

4. 是否限制接受补偿的被害人的国籍，是否对海外的被害给予补偿？

采用被害人补偿制度的国家在世界上不到 1/3。因此，在世界范围内被害人补偿涉及的问题是采用属人主义，即对本国国民进行补偿的制度，还是采用属地主义，即对于国内发生的案件的被害人，不限定本国国民，对外国人也给予补偿。

《欧洲被害人补偿公约》第 3 条规定了地区原则（the principle of territoriality），原则上由犯罪实施地的国家进行补偿。③ 另外，如果案

① Duff，Peter（1991）. *Criminal Injuries Compensation*；Scottish Criminal Law and Practice Series，Butterworths，pp. 80 – 90 and 127 – 143.

② William G. D. & Steven P. L.（2005）. op. cit. p. 106.

③ Desmond. Greer（1996）. *Compensating Crime Victims*；*A European Survey.* Beiträge und Materien aus dem Max – Planck – Institut für ausländisches und internationales Strafrecht Freiburg，Band S 59，Freiburg im Breisgau，p. 701.

件横跨多个国家，应由被害人拥有永久居住权的国家进行补偿。①

《欧洲被害人补偿公约》虽然不要求对在外国遭受被害的本国国民进行补偿，但国家在防止操作被害人的国籍方面没有任何规定。欧盟成员国制定的规则是，对国内案件的被害人，不论国籍一律给予补偿，至少，如果是欧盟成员国，无论在哪个国家遭受被害都可以接受补偿，因此对在国外被害的情况没有必要制定标准。

日本的犯罪被害给付金的支付对象是，在日本国内或者在日本国外的日本船舶或航空器内实施的侵害他人生命或身体的犯罪行为（《犯罪被害人等给付金支付法》第 2 条），②这里的支付对象，不包括实施犯罪时没有日本国籍并且在日本国内没有住所的人（《犯罪被害 811
人给付金支付法》第 3 条）。这里规定的是“没有国籍，而且没有住所”，因此即使没有国籍，但在日本有住所的外国人也可以成为支付的对象。③

联合国的宗旨是国民补偿的互惠主义（the reciprocal principle），世界各地的所有国家、所有民族都采用补偿制度，如果国民遭受被害，即使在海外的被害也能像国内同胞那样获得补偿。世界被害人学会正在制定的“国际被害人人权条约”草案向着互惠主义的道路发展。

5. 对什么案件造成的什么损失进行补偿?

一般来说，多数国家对因暴力犯罪造成的死伤给予补偿，但有的

---

① Council of Europe (1984). *Explanatory Report on the European Convention on the Compensation of Victims of Violent Crimes*, Strasbourg.

② 给付金是因紧急避难（《刑法》第 37 条第 1 款）、心神丧失（《刑法》第 39 条第 1 款），及未满 14 周岁者的行为（《刑法》第 41 条）等理由不受处罚的情况下，也支付给付金，但因正当行为（《刑法》第 35 条）、正当防卫（《刑法》第 36 条第 1 款）及过失犯罪导致的，则不会支付给付金。

③ 警察厅长官官房工资厚生课犯罪被害人对策室编：《逐条解说：犯罪被害人给付金支付法》1985 年，第 66 页。该书指出，外国人在日本国内作为犯罪被害人而死亡的，其遗属拥有日本国籍，以及拥有外国国籍的遗属在日本国内有地址的，支付遗属给付金，但其遗属有外国国籍，且在外国有住所的，则不予支付给付金。

国家也对因过失犯罪或财产犯①造成的损失给予补偿。

苏格兰法律第 4 部分列举了暴力犯罪的具体例子包括：谋杀（murder）、有罪杀人（culpable homicide）、谋杀未遂（attempted murder）、伤害（assault）、抢劫（robbery）、唆使动物攻击（attacks by animals）、胁迫（threats）、鲁莽行为（reckless conduct）、强奸（rape）、强奸以外的性犯罪（other sexual offences）、对儿童的性虐待（sexual abuse of children）、放火（fire－raising）、使用火器的犯罪（firearms）、爆炸物犯罪（explosives offences）、绑架（abduction）、诱拐（kidnapping）、非法拘禁（false－imprisonment）、非法侵入轨道（trespass on a railway）、交通犯罪（traffic offences）等。②

812 补偿对象的损失，除死亡案件遗属的生活费用和重伤害案件的治疗费用外，一般还包括精神伤害的治疗费用（特别是康复咨询费用）、搬家费用、犯罪现场清洗费用、不能使用的物品换购费用、交通费用、葬礼费用、家属的家务劳动费用等。

物品的损失一般不属于补偿对象，但在例外情况下，眼镜、助听器、医疗器具等可以作为补偿对象。如果被害人的损失由保险或其他支付手段来填补，国家补偿的部分就会减少或被拒绝。有些国家不允许加害人的亲戚或非法组织成员领取补偿。

有些国家不断大幅度放宽款补偿对象的范围，例如有些国家把家庭暴力也纳入补偿对象。法国和芬兰规定，物品遭受犯罪侵害的被害人也包括在补偿对象中（但根据自由裁量确定）。加拿大的魁北克省和法国则规定，在最终裁定赔偿金之前，受到特别重大伤害的（包括性犯罪和被害人死亡的情况），有时可以通过补偿制度进行紧

---

① 1999 年 7 月施行的《瑞典犯罪被害人补偿法》（Criminal Injuries Compensation Act. SFS1979，413）规定，依照《酒精中毒者、药物滥用者及有机溶剂滥用者保护法》第 22 条因被服刑者和被羁押的未决犯的财产损失，也是补偿的对象。

② Duff，Peter（1991）. Criminal Injuries Compensation；*Scottish Criminal Law and Practice Series*，Butterworths，p. 3344.

急支付。

欧洲论坛(european forum for victim services)为了向被害人提供服务,要求成员国对补偿提供保障,因暴力犯罪造成的伤害、精神痛苦、实际收入损失、维持生活费用的损失,无论是否得到加害人的确认,被害人在犯罪发生后都可以要求及时得到公共资金的补偿。对于被害人死亡的案件,赔偿金应当包括失去的赡养费、丧葬费、与被害人关系最密切的人的生活费。

6. 补偿金与加害人的赔偿是什么关系?

补偿金是在加害人不能充分赔偿时而进行的填补,还是国家对被害人的恢复和回归社会担负的责任?对于这个问题,很多国家都认为是“补偿”,如果加害人支付了赔偿,一般会减少补偿的金额。

7. 如何设定补偿的最低标准和最高标准(限额)? 813

从欧美的被害人补偿制度来看,多数国家对该制度的定位是,在国家现有规定的各种灾害补偿制度和生活保护制度仍不足以满足时,给予支付的所谓“最后可依靠财源”(a source of last resort)。[1] 因此,不能忽视其他补偿制度所覆盖的部分,不能对补偿金单纯地进行国际比较。

补偿制度无论定位为损害赔偿的填补型还是被害恢复型,通过支付试图实现的被害人生活水平,不仅要确定生活保护制度的最低限度,而且需要使被害人的生活恢复到以前的水平。从这个意义上说,补偿金裁定的标准应该以每个被害人在案发前的生活水平为标准,如果按照规定的固定标准一律支付是违背该制度设立的初衷的。

但也有人提出,完全没有必要对经济富裕的被害人给予补偿。联合国毒品犯罪办公室(UNODC)[2]的资料显示,2013 年当年的限度额,美国约 35,000 美元(1 美元兑换 120 日元计算,约 420 万日元),

---

① William G. D. & Steven P. L. (2005). op. cit. p. 104.

② UNODC, Second Draft of Handbook on Justice for Victims, Nov. 2013, p. 137.

英国(苏格兰、威尔士)约500,000美元(约6000万日元),因国家不同差距是相当大的。

8. 国家对犯罪人有索赔权吗?

与上述6. 有关的问题是,如果认为补偿是弥补加害人的赔偿,那么国家对加害人就有求偿权,但很少有国家规定向犯罪者索赔的方法。在理论上国家有索赔权,但在现实中基本没有索取的例子。

9. 支付的方法是一次性支付还是按月支付,或者是二者并用?

如果补偿金的性质定位是为了维持案发后的被害人生活,那么就不能是一次性支付,而应当按月支付或者是一次性支付和按月支付并用。在这个问题上,德国的制度是个典范。不过,在定位为弥补
814 损害赔偿金的情况下,一次性支付的可能性较大。

10. 是否及时支付补偿金?

因为被害人在被害之后会有很大支出,所以有必要及时支付补偿金,在支付金额没有确定的情况下可以临时预先支付。加拿大魁北克省的制度是,在最终裁定补偿额之前,可以紧急支付。比较一下现在的各国制度,发达国家通过"临时支付制度"等,尽可能早地支付给被害人。在案发之后,被害人和遗属就需要用钱,那种只有在调查结束后才能支付的制度是有问题的。

11. 如何寻求补偿金的财源(funding)?

补偿金财源是用国家的一般财源解决?还是获得特别的收入?或者是建立补偿基金?建立补偿基金,涉及由谁出资的问题。是由国家全部负担,还是以罚款等为基础建立基金?

12. 是否需要建立不服申诉制度?

对于补偿金被采纳和金额多少提出异议时,是否有救济方法?在审判中能否提出争议?对于这些问题的答案,因获得补偿被视为权利还是社会福利的不同,结论也不同,但即使没有明确规定补偿是权利的国家也允许申诉。日本的都道府县公安委员会设置了审查会处理这类问题,当事人提出异议时,由国家公安委员会审查后进行

判断。

13. 关于被害人的领取资格，国家是否有说明义务？

如果认为被害人有获得补偿的权利，那么国家对此就有说明义务，因此对没有得到说明的被害人设定时效是不合理的。

14. 是否规定让犯罪人履行损害赔偿的方法？ 815

国家在制定被害人补偿制度的同时，有必要制定强制犯罪人履行赔偿的制度。赔偿应当优先于罚金刑，但因犯罪人被收监等原因很难进行赔偿，这是一大问题。但是，在日本这类不能掌握国民资产的国家，很难判断犯罪人是否愿意交纳赔偿金。没有一个国家建立对犯罪人的征收制度。

八、接受补偿的条件、程序和期限

从国家接受补偿的被害人，必须与犯罪行为或违法捐款行为(contributory misconduct)无关，而且是对犯罪及时向警察报警的。[①]他们需要对刑事司法制度提供协助，为了得到补偿还需要提出被害报案申请。

绝大多数国家都不以加害人被判有罪为必要条件。在通常情况下，由犯罪发生地认定被害人补偿的资格，但像芬兰和法国等国，即使被害人拥有外国国籍也可以具有补偿资格。[②]

很多国家规定，获得国家补偿是被害人的基本权利，国家应该广泛公开关于接受补偿的可能性、申请程序、申请的必要条件等信息。但是，需要指出的是，各国的补偿计划都在努力公开有关利用方法的信息，但是调查资料显示，在这个领域还需要进一步努力。[③]

---

① Fattah, Ezzat A. (2010). op. cit. p. 79.

② 《犯罪被害人给付金支付法》第 3 条规定，“作为犯罪被害原因的犯罪行为实施时，行为人没有日本国籍，且在日本国内没有住所的人除外”。

③ United Nations Office for Drug Control and Crime Prevention. (1999). op. cit. p. 45.

由于大多数国家补偿制度都规定有申请期限，因此所有与被害
人接触的工作人员都应当向他们说明获得补偿的可能性。有效的通
816 知方法和宣传活动包括，除警察、律师、社交工作者、其他所有专家告
知之外，还有广播、电视、宣传册子等各种宣传、宣传栏、海报等通知、
宣传方式。

虽然犯罪被害人受到的创伤和悲伤不会因为金钱而消失，但是为了帮助处于恢复途中的人们，经济支援是不可缺少的。有些被害人需要用这些资金维持生活的安定和尊严。如果要得到补偿，被害人或遗属首先要提交补偿申请书。一般来说，由警察、被害人的支援者、检察官、医疗专家、精神卫生专家等告知被害人补偿制度的情况并提交申请书。对很多被害人来说，错过申请期限是二次被害中最痛苦的事情之一。

关于申请程序，经常听到有人说世界上的“承办人都是极其官僚的”(bureaucratic procedures)。例如，荷兰的马尔奎等(Maguire, M. & J. Shapland J.)指出，“荷兰的补偿申请程序是极其官僚的，强烈要求律师参与。很多案件从提出申请到裁定需要花 2 年以上时间”。① 此外，扬 · 冯 · 戴克(van Dijk)也表达了对补偿申请程序的不满，他说这是因为被害人支援中心没有发挥应有的作用。②

国家制度中一般都设定申请期限，过了期限就不能再受理了。该制度的对象是那些因被害而受到巨大精神打击的被害人，仅从这一点看就应当灵活一些。据说对儿童的性虐待应该例外对待。在荷兰等国家，延长了申请期限，即使过了申请期限也受理申请。

---

① Maguire, M. and J. Shapland J. (1997). Provision for Victims in an International Context. In: Davis, R. C., Lurigio, A. J. & Skogan, W. G. (2nd ed). *Victims of Crime*. Sage, Newbury Park, CA, pp. 211 – 228.

② van Dijk, J. J. M. (1989). Recent Developments in the Criminal Policies Concerning Victims in the Netherlands. In *Changing Victim Policy*: The United Nations Victim Declaration and Recent Developments in Europe. Helsinki, Finland: Helsinki Institute for Crime Prevention and Control.

按照程序申请的被害人或其家属,必须填写申请表格的所有项 817
目。申请书被受理后,承办部门对请求进行审查,确认犯罪类型、被害人的伤害或损害程度、从其他救济手段领得的补偿等相关条件。

根据不同国家的补偿制度,处理被害人提交的补偿申请书所需的时间也有很大差异。有些国家甚至需要几年的时间,而在奥地利等国,国家赔偿请求额的2/3在刑事程序结束之前就决定了。

许多程序由补偿申请承办部门的主要工作人员完成。要想获得补偿资格,提交申请书的人必须符合特定的资格条件。这种补偿程序的承办部门,在作出最终决定之前,要确认被害人的资格以及对被害人损失进行补偿的必要性。必要的资格是各种各样的,不过,多数国家要求符合下列条件:①

1. 被害人必须在规定的时间内,向警方报告被害情况。

2. 被害人必须配合警察及检察官对案件的侦查及追诉。但犯人的逮捕或者有罪判决,一般来说不是获得补偿的前提条件。

3. 被害人必须在规定的时间内向主管部门提交申请书,并提供主管部门要求的其他信息。

4. 被害人不能实施自伤或造成死亡主要原因的犯罪行为或重大违法行为。

在任何补偿程序中,都应该优先及时处理申请。如果程序负责部门整理好提交必要的文件、审查的方针和程序,就可以大幅缩短处理时间。为了不让被害人填写申请书中所需信息感到吃力,在申请书中需填写的问题事先上应该使用简单易懂的语言。负责部门通常
要求向警方提交报告书、医疗记录、保险适用范围证明书等,并需要 818
决定和受理所需证明书的方法。如果事先制作证明书的样本,或者自动采集被害人数据,就可以加快信息的收集。

---

① United Nations Office for Drug Control and Crime Prevention. (1999). op. cit. p. 46.

大部分制度对被害人能领取的最高金额加以限制。另外，对于丧葬费和精神健康咨询等特殊费用，一般设定较低限度。但一些国家对遭受暴力犯罪的被害人，尽量给予全额补偿。

还有的国家制定了特殊被害的补偿制度。① 例如，法国、意大利和美国，恐怖主义的被害人、滥用权力的被害人（abuse of power）属于特殊的被害人，对于这些被害人制定了特殊的国家补偿制度。中国的《国家赔偿法》（*Law of State Compensation*）规定，国家对官僚滥用权力的被害人有补偿责任。

对集体被害人和滥用权力的被害人给予补偿，有增加的倾向。德意志民主共和国（东德）也部分采用了德意志联邦共和国（西德）对纳粹德国的被害人进行的“补偿（Wiedergutmachung）计划”。中欧、东欧各国（如匈牙利）也正在引进类似的补偿制度。除此之外的国家（如阿根廷、智利、萨尔瓦多、南非等），虽然补偿制度还不够完善，但从努力追求真相、保障正义的角度，也采用了国家补偿制度。

美国对于在第二次世界大战中被强制收容的日裔美国人，加拿大对于被剥夺了土地的原住民，卢旺达对于被大规模屠杀的被害人，巴西对于失踪者或遭受刑讯逼供的被害人近亲属，都支付了补偿金。此外，在“二战”几十年后的今天，日本对亚洲各国关于第二次世界大战的道歉和补偿问题，仍受到强烈谴责。虽然日本有特别基金对印度尼西亚、韩国、菲律宾的慰安妇进行了赔偿，但对日本根深蒂固的
819 批判来自其没有按照《旧金山和平条约》给予充分的补偿。②

---

① 关于各个国家正在实施补偿计划的个别政策信息，参见 The 1998 International Crime Victim Compensation Program Directory。该程序集的登录地址是 U. S. Department of Justices Office for Victims of Crime Resource Center，800 – 627 – 66872 或 e – mail：askncjrs@ ncjrs. org。

② United Nations Office for Drug Control and Crime Prevention（1999）. *Guide for Policy Makers.* CICP Publications，p. 34；［日］诸泽英道译：《联合国被害人人权宣言相关文献——为被害人的正义》，成文堂 2003 年版，第 268 页。

九、被害人补偿制度的资金来源

被害人补偿机构虽然从各种财源(funding)筹集资金,但其主要的来源是犯罪人支付的费用(fees)和征收金(mandatory additional surcharges),以及国会批准的一般会计支出。

支付给被害人的补偿金本来是应该由加害人承担的,这种观念的代表国家是美国。

美国在联邦层面上对联邦刑法的犯罪人征收罚金(fines)和罚款(penalties)。这些钱存入犯罪被害人基金(crime victims fund),作为州对被害人进行补偿时的补助金支出。另外,美国 50 个州中有 40 多个州的大部分资金是从犯罪人那里获得的。从被害人补偿制度的资金筹措上可以看出最近趋势是,各州将罚金和罚款审核额的全额,调剂为补偿计划所需的资金。

补偿计划所需的资金筹措问题的解决方法是,为了弥补对被害人的补偿支出,可以向被判有罪的犯罪人征收被害赔付金。这经常被称为基金回收策略(fund recovery measures),其基本思路是,犯罪人对被害人的损失有责任支付赔偿,犯罪人对于犯罪的结果就应该支付赔偿。一些州在向犯罪人征收赔偿金方面特别努力,检察官和法官互相配合,法官下达被害赔付命令(restitution order)进行征收,同时检察官对赔偿金的支付情况进行监控。

被害人补偿财源的划时代自美国有《山姆之子条款》(*Son of* 820
Sam Provisions)开始。[①] 20 世纪 70 年代在美国发生了连环杀人案,出版社向犯人大卫·柏克威兹绰号山姆的儿子(Son of Sam)提议出版他的笔记,而这部法案就是为了阻止这次出版而制定的。[②]

这个想法产生了新的法律。州政府决定没收以犯罪为题材获得

---

① William G. Doerner & Steven P. Lab,(2005).(4th edt.)p. 105.

② 详细内容请参见第二十八章“从加害人那里获得损害赔偿的权利”。

的著作权费,并建立用于补偿被害人的基金。此后,很多州都效仿这一决定。以犯罪行为为题材写的书、制作的电影、接受采访等行为所获得的报酬,全部予以没收,作为被害人补偿的财源。

此后,很多州相继引入了《山姆之子法》,但没能像很多人期待的那样"一帆风顺"。① 也就是说,联邦最高法院在 1991 年认定纽约州的《山姆之子法》违反了联邦宪法修正条款(the First Amendment Protections Against Censorship)禁止审查规定,是违反宪法的。② 虽然根据这个判例不能制定新的同类制度,但是已经积累的被害人补偿基金还是有效的。③

纽约州的《山姆之子法》被修改后,不再违反宪法,即没收的范围限定于:从被认定有罪的中介中得到的收入,以及出售、交换、兑换犯罪的收益等产生的收入,被告人实施犯罪时得到的收入等。④

世界各国采用的最多的资金模式是,从国家一般会计中支出。该模式的优点是,无须依赖犯罪人对手续费、征收金、罚金等的支付能力。法国让每个人的保险单上都有一份份额(contribution),对于国家的补偿计划来说,每年都可以筹集巨额资金。

821 波兰设立了作为公共特别补偿资金的犯罪被害人援助基金(foundation for assisting victims of crime)。

这种不使用国家一般会计而设立被害人补偿的特别基金,是有效的方法,联合国也极力推荐。现如今,在世界范围内,筹建基金的

---

① McGiliis, D., and Smith P. (1983). *Compensating Victims of Crime: An Analysis of American Programs*. Department of Justice. Washington, D. C.: U. S. p. 126.

② Simon & Schuster v. Members of New York State Crime Victims Board et al., 1991.

③ Alexander, R. Jr. (1992). Victims Rights and the Son of Sam Law: Implication for Free Speech and Research on Offenders. *Criminal Justice Policy Review* 6, pp. 275 – 290.

④ McKinney's Consolidated Law of New York Annotated. 1997. Executive Law § 632 – a.

步伐也在加快。

十、联合国及美国联邦司法部的分析

1964 年新西兰首次实施的被害人补偿制度,当时被评价为“人道主义改革”,约 20 年后的 1985 年联合国大会通过的《联合国被害人人权宣言》也肯定了这一点。

该宣言通过 1995 年的联合国犯罪预防会议对各国的情况进行了调查。根据该调查,1995 年 12 月 15 日,接受调查的 41 个国家全部采用了被害人补偿制度。

从内容上看,大部分国家的补偿对象除被害人死亡和伤害外,还扩大到心理健康(mental health)的损害。

对受伤害的本人进行补偿,在不能从犯罪嫌疑人那里获得赔偿或赔付时只支付补偿金的国家有,澳大利亚(维多利亚州和塔斯马尼亚岛除外)、比利时、加拿大、丹麦、法国、德国、韩国、瑞典、卢森堡、荷兰、菲律宾等 14 个国家,其中,澳大利亚的北部地方附加“10 日以上不能工作”的条件,法国、卢森堡附加的条件是“30 天以上不能工作”。

有些国家的回答是只有在刑事审判结束后才能进行补偿,如澳大利亚的西澳大利亚州、比利时、法国等 6 个国家(地区),其他国家均表示补偿与刑事审判无关。

关于国家支付的补偿金占被害人可以向犯罪人要求赔偿金的比
例的问题,回答为百分之百的国家有澳大利亚的昆士兰州、瑞典、丹 822
麦、法国、芬兰等 8 个国家(地区)。

国家可以向犯罪人追索因支付赔偿金所产生的各种费用的,有澳大利亚、加拿大、丹麦、法国、德国、荷兰等 14 个国家(34.1%)。

关于遗属和被卷入犯罪的家族等补偿问题,只有在不能从犯罪人得到赔偿时才能支付补偿金,如澳大利亚(昆士兰、维多利亚、北部地方、塔斯马尼亚除外)、比利时、加拿大、丹麦、法国、德国、日本、韩国、卢森堡、荷兰、瑞典等16个国家(39.0%)。

支付赔偿金不受刑事判决影响的国家有,澳大利亚(昆士兰、西澳大利亚、塔斯马尼亚除外)、比利时、加拿大、瑞典等9个国家(22.0%)。

另外,美国联邦司法部的犯罪被害人办公室(OVC)1996年对奥地利、比利时、加拿大、冰岛、丹麦、芬兰、法国、德国、英国、荷兰、挪威、瑞典、美国等主要国家的被害人补偿制度进行了调查,并进行了国际比较。① 调查的项目包括:可以得到补偿的条件是什么,是否必须向警察报案,申请期限有多长;哪些可以获得补偿,家属、外国人是否也可以请求补偿;补偿或给付的限额是多少;补偿包括哪些科目;财源如何解决等。

通过比较我们可以看到世界上平均的被害人补偿制度规则。

1. 关于获得补偿的条件,多数国家都以向警方报案为条件,但也有些国家不以此为条件。

2. 关于申请的期限,多数国家规定为1年、2年、3年等,但芬兰等国规定为10年,荷兰、挪威等国没有规定期限。

823 3. 关于领取补偿的资格者,多数国家规定为被害人及其家属,外国人也有资格。

4. 关于补偿的限额,在接受调查的13个国家中有5个国家"无限额"。

5. 补偿对象的费用,包括恢复被害所需的各种费用。除将来可能获得的收入包括因遭受被害而失去的所谓实际工资外,因死亡和痛苦而发生的精神补偿费、治疗、心理治疗、康复、丧葬、交通、犯罪现场的清洗、搬家、更换被损伤的衣服、日用品、家政服务等,这些被害人可以向加害人请求的相当于损害赔偿费用的各种费用也成为一些

---

① U. S. Department of Justice, Office of Justice Programs, Office for Victims of Crime. (1996). *International Crime Victim Compensation Program Directory.*

国家的补偿对象。

6. 补偿的财源，很多国家都是从国家预算中支付的，但有些国家用罚金来充当，也有些国家建立了被害人补偿基金。

十一、内容虚幻的法务省被害人补偿法纲要草案

在日本制定犯罪被害人给付金支付制度的 5 年前，法务省就提出了《关于对犯罪的被害进行补偿的法律纲要草案》。[①]

该纲要草案第 1 条制定的目的规定，因他人的犯罪行为而导致死亡或受重大伤害的人，国家通过提供死者家属补偿、治疗养护偿或者其他补偿，使被害人或其家属（以下称被害人等）迅速而公正地获得救济。

关于补偿的对象，第 2 条（补偿的条件）规定，日本国民或者外国人在日本国内或在日本国外的日本船舶或航空器内，因他人的犯罪行为而死亡或受重伤的，对于外国人和日本国民同等对待。但是，第 4 条列举了可以不予补偿的情况：

1. 被害人等诱发了犯罪行为或者同意犯罪行为的，被害人对于该被害有其他责任的。 824

2. 被害人与犯罪人之间存在同居亲属关系（包括事实婚姻关系）或抚养、被抚养的亲属关系的。

3. 被害人未及时向侦查机关申报被害事实的，经侦查机关以证人身份传唤，无正当理由不出席的，或者有其他对侦查、审判犯罪行为不予配合的。

4. 考虑被害人等与犯罪人的关系、被害人等在被害前后的态度以及其他情况，认为给予补偿违反正义的。

关于补偿的种类，第 5 条规定了五种情况：遗属补偿、丧葬补偿、疗养补偿、残疾补偿、后续补偿。其中，丧葬补偿是在被害人死亡的

---

① 1975 年 11 月 4 日《每日新闻》介绍了法律纲要案。

情况下对主持丧葬的人进行的补偿。疗养补偿包括必要的疗养或该疗养所需的费用。后续补偿是指被害人接受疗养补偿支付经过3年后,受伤或疾病没有治好的情况下对其的补偿。

遗属补偿(第7条)、丧葬补偿(第8条)、残疾必须(第10条)分别由政令规定的附表进行计算。疗养补偿的范围相当广泛包括诊疗,药物或治疗材料的支付,医学处置、手术等治疗,住院费用,护理,运送等。另外,在后续补偿的限度额(第11条)是相当于疗养补偿给付所定金额1200倍的金额。除此之外,还规定了停业补贴,一天的金额是给付基础额60%的金额以内(第12条)。另外,在按照其他法令的规定获得支付的情况下,该部分金额不再由补偿金支付(第13条)。如果加害人支付损害赔偿,在已支付金额的限度内不再给予补偿。另外,国家给予补偿后,国家对承担赔偿责任的人具有求偿权(第14条)。

这些补偿属于权利人的权利,第17条规定,“根据该法规定获得补偿的权利,基于被害人等的请求,由犯罪地的地方法院对应的检察长裁定”。另外,该请求应当从支付原因的事实发生之日起2年内提出。对裁定不服的,由法务大臣领导下的5名委员组成的犯罪被害
825 补偿申诉审查会进行审查。法务省的这个草案与警察厅当时采用的犯罪被害人给付制度相比,有很多优点。

1980年国会审议被害人补偿制度的当时,有三个草案,即法务省草案、警察厅草案、公明党草案,但因1976年2月田中角荣前总理涉嫌洛克希德案件①被发现后,法务省制定的被害人补偿制度就销声匿

① 洛克希德案是美国飞机制造巨头洛克希德公司围绕客机订单的贪污案件。在此次案件中,日本、美国、荷兰、约旦、墨西哥等多国的政界财界人士被卷入其中。在日本的案件中,全日空的新型机选定时,前总理大臣田中角荣于1976年7月27日因涉嫌受托受贿、违反外汇法、违反外国贸易管理法等罪名被逮捕,当时的运输大臣桥本登美三郎、政务次官佐藤孝之、全日空总经理若狭得治之外,洛克希德的代理店丸红的干部玉誉士夫、国际兴业社社长小佐野贤治等多人被拘留,该案被称为战后最大的丑闻。

迹了。在这一间隙,警察厅草案走向台前。当时警察厅官房长官山田英雄指出,"法务省草案规定补偿给付的决定支付由地方检察厅检察长裁定,即在侦查机关侦查以前进行裁定是很奇怪的。多亏有公安委员会制度,警察可以让中立的、民主的机构进行裁定"。[①] 但是,多数西方国家都设立了独立的机构,但美国是由检察官办公室负责,有些国家由内务部等部门负责,很少有由警察组织或警察相关机构负责的。

市濑朝市和市濑美雪夫妇组织的被害人运动,对日本犯罪被害人给付金支付制度的建立发挥了很大作用,[②]但在法律上不承认溯及力,这对于参加运动的被害人和遗属来说,是巨大的打击。[③]

十二、现行犯罪被害人给付金制度存在的问题

日本的《犯罪被害人给付金支付法》(1980 年 5 月 1 日法律 36 号)实行已超过 35 年,但在当初的 15 年间没有进行修改。后来对该法进行了多次修改,主要是 2001 年修正时更名为《关于犯罪被害人等给付金支付的法律》,2008 年再次改称为《关于通过支付犯罪被害 826
人给付金等支援犯罪被害人的法律》。因为修改后法律不仅包括支付给付金的内容,而且还包含支援犯罪被害人等的条款。

现在,给付金分为遗属给付、残疾给付、重伤重病给付三种,而该法最初实施的 20 年间,只有遗属给付和残疾给付。[④] 实行犯罪被害人给付制度后最初 15 年的支付情况是,遗属给付 3279 人,共计 758,800万日元,每人平均 231 万日元。[⑤] 以重度残疾人为对象的残

① 警察政策学会:《山田英雄前警察厅长回忆录》2014 年,第 98 页。

② 详细内容请参见第二十一章"为被害人的正义和被害人运动"。

③ 警察政策学会:《山田英雄前警察厅长回忆录》2014 年,第 98－99 页。文中介绍了给参加运动的人每人 100 万日元,并颁发以国家公安委员长名义的感谢状。

④ 根据 2001 年 4 月 13 日《关于部分修正犯罪被害人给付金支付法的法律》(法律 30 号),出现了重伤病支付制度。实行日期是 7 月 1 日。

⑤ [日]诸泽英道:《新版被害人学入门》,成文堂 1998 年版,第 514－515 页。

疾给付金，共51人，支付了26,200万日元，每人平均513万日元。当初的残疾给付相当于工伤保险4级以上，每年平均只有3—4人，由此可见这个制度是非常有限的、粗糙的。

法律从1981年施行到2013年的33年间给付金的支付状况，如图29.b所示。

图29.b 过去33年间犯罪被害给付金的支付状况

资料来源：警察厅长官房的资料和2014年版《犯罪白皮书》

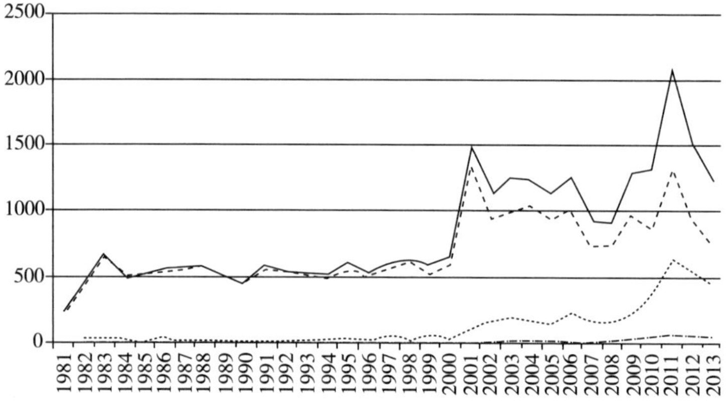

------对死者家属支付 ············对残疾人支付 —-—-—对重伤病者支付 ——— 总额

* 表示犯罪被害人给付金制度创立的1981年到2013年这33年间的变化情况。

* 支付额的单位（纵轴）以百万日元为单位。图中的500表示5亿日元。

827 另外，重伤重病给付制度开始施行后的13年间（2001—2013年）的支付状况，如表29.c所示。

表29.c 犯罪被害人等给付金的支付状况

资料来源：基于2014年版《犯罪白皮书》资料5-1的数据制作

13年间的支付情况		遗属给付	残疾给付	重伤病给付
支付人员	总支付人员	4635人	1246人	1979人
	年平均人员	356人	96人	152人

续表

13 年间的支付情况		遗属给付	残疾给付	重伤病给付
支付额	总支付额	120.75 亿日元	37.7 亿日元	3.83 亿日元
	一人平均额	258 万日元	297 万日元	19 万日元

* 人员及支付金额，是表示 2001—2013 年 13 年间的状况。

犯罪被害人给付金制度自 1981 年实行以来，经过几次修订，多少有所改善，但与目前的国际标准相比，还存在一些需要修改的问题。但无论如何，这种制度还不能明确称为“国家补偿制度”。不仅如此，由于其中加入了早期支援团体相关的条文，使该制度的法律性质变得更加模糊。

支援被害人恢复生活，如上所述，需要建立促进加害人对被害人进行赔偿，国家也负责赔偿的制度，需要对支援被害人的官方和民间各种组织进行财政上的支援。欧美国家的动向，不再是国家填补加害人赔偿金的不足，而是建立包括实物支付在内的，为使被害人恢复生活而进行的物质上、心理上的支援。

从这个宗旨来看，不应只限定于对极其可怜的被害人和遗属进行支持（包括补偿），而应当扩大到对那些并不严重但需要国家支援才能重新自立的性暴力、虐待、家庭暴力、骚扰等各种暴力犯罪的被害人进行补偿。

如果日本要提高到欧美被害人补偿制度的水平，需要将目前每年 20 亿日元预算提高到 100 亿日元左右。为了在紧缩财政中实现这一点，应当建立如美国等国的犯罪被害人基金。这个基金可以吸收各种各样的因犯罪而产生的款项（罚金、罚款、交通罚款、没收款 828
项、追缴款项、保释金等）。

2004 年制定了《犯罪被害人基本法》，第二年制定了《犯罪被害人等基本计划》，支援被害人的环境发生了很大变化。在第三次基本计划中,还提出了完善被害人补偿制度的研究课题。这是加深对日本被害人补偿制度的根本性讨论,也是改变犯罪被害人补偿制度面貌的大好机会。

第四编

对被害人的支援和安全、安心的社会

Support for Victims and Human Security

第三十章

有利于被害人的社会

Supporting Society for Victims

一、被害人政策的终极目标

为被害人的正义这一思想的背景是，建立一个全社会支持被害人，能够让被害人迅速回归社会的社会。无论哪个地区、民族、文化、历史，都存在对被害人的偏见："因为你做了什么，才会被人家这样""如果你什么都没做，别人就不可能这样对你"等。联合国犯罪预防会议从 1980 年开始设定的目标就是消除这些偏见，建立有利于被害人的社会。

被害人政策不是国家与人们花钱就能实行的。改变人们对被害人的认识(特别是偏见)是第一个也是最后一个目标。这就是强调应当依靠志愿者服务(volunteer – based)援助和支持被害人，应该依托社区(community – based)开展活动的理由。

为了实现被害人的权利，就必须预防被害、恢复被害、救济和治疗被害人，防止他们再次遭受被害。最近，在刑事政策领域也出现了"被害人政策"的观点。但是，大部分被害人都希望严惩加害人，因此严惩加害人是被害人救济政策的前提。

对被害人发挥作用，不仅是国家和加害人的责任，而且是整个社会的责任。关于预防被害，国家为了确保人们的安全所做的事情是有限的，人们要通过平时的努力防止被害。而且应当对遭受被害的人们提供帮助，以挽回他们的损失。有必要治愈因被害而受到的精神创伤，帮助他们完全恢复到原来的生活状态。

832 被害恢复的义务首先在于加害人，国家也有一定的责任。也就是说，国家为了维持国内的稳定和秩序，剥夺了国民的报复权，并禁止人们为预防危险而持有武器等。国家有义务保护国民的安全。从这个意义上说，日本政府建立了一个严格限制持有武器的社会，与其他国家相比，日本政府在被害人对策方面负有更大的责任。

另外，为了切实保障被害人的权利，有必要修改诉讼制度，使被害人充分利用司法制度，恢复自己的权利。必须建立由国家和一些民间机构向被害人提供各种援助的制度，并由国家制定充实的预算。如果开展各种支援被害人的项目需要民间的协助时，国家应该充分利用这种人力和社会资源，建立有利于被害人的国家。

二、视而不见的现代社会

2007 年 4 月 21 日，《每日新闻》刊登了一篇报道："强奸！在特快列车内施暴，但乘客却保持沉默——36 岁的犯罪嫌疑人再次被逮捕"，引起巨大反响。这是关于 2006 年 8 月的报道，在 JR 北陆线富山开往大阪的特快列车"桑德鸟"的车厢内大阪市某公司女职员（当时 21 岁）遭受施暴时的情景，以及滋贺县湖南市一名维修工（当时 36 岁）因此被再次逮捕。[①] 据悉，当时在车内有 40 多名乘客，一些乘客虽然察觉到了异常情况，但被犯罪嫌疑人吓倒了，所有乘客都未能及时制止。该犯罪嫌疑人在 2005 年 12 月又以同样手法对女性施暴，2006 年 1 月被滋贺县警察逮捕，该案正在审理中。

这件事说明，很多人视而不见在日本已经形成一种社会风气。但是，很多人对这一消息发表了意见，在博客上也有很多人提出疑问

---

① 据 2007 年 4 月 21 日《每日新闻》报道，2006 年 8 月 3 日 21 时 20 分左右从福井车站出发后，在第 6 节车厢前部第 2、3 排靠近女子座位旁边，加害人对该女子威胁说"你要跑就杀了你"，"一辈子都跟踪你"等，并将该女子强奸了。

和发表愤怒的文章。《每日新闻》的"开放的新闻"委员会在 5 月的每月报告中，对该案件进行了大幅报道。很多人认为，这是难以想象 833 的，但实际上乘客在场的时候却没有采取任何行动。这并不是因为一个人没有鼓起勇气，而问题在于当时在场的人们为什么没有互相协助去应对。

1989 年 9 月，一名从四国地区来东京独自生活的大学一年级女性在东京都世田谷区的公寓被杀，案发当时有很多路过的行人听到"救命啊！""住手！"的尖叫声，但没有任何人救助，也没有人向警察报案。有 5 名同伴男子一起经过此地，他们误以为这是男女之间的纠纷，只对当事人喊了一声"适可而止吧"。①

1990 年 1 月，在东京都丰岛区高岛平住宅区发生的一起杀人案件，情况也大体相同。② 送报纸的主妇（当时 45 岁）被强盗袭击而被杀，最初被袭击的时间是早上 5 时 40 分，有人听到有"救命啊！"的惨叫声，据警方调查，有 14 人听到惨叫声。然而，没有一个人拨打"110"报警。

警察问他们为什么没有打"110"报警，他们只回答"我以为是喝醉了打架""我以为只是个恶作剧"，没有人把这件事与凶杀案联系起来。当人被杀时发出的惨叫，应该与恶作剧或演技有完全不同的震撼力，但没有人这么想，这究竟是为什么呢？

另外，新闻上也经常报道，有人在追踪逃犯时受伤或被杀。

1985 年 5 月在横滨市内发生的案件就是其中之一。③ 犯罪团伙 3 人假装照顾醉酒的人，乘机抢夺他人现金等财物，他们包围了一名公司职员，按住他的身体，从西服口袋里掏出 7 万日元，目睹这一过程的 4 名大学生在追捕凶手们时，一名犯人用匕首向大学生乱刺，导致 1 人当场死亡，1 人重伤。

---

① 1989 年 9 月 20 日《朝日新闻》东京总部的"新闻三面镜"。

② 1990 年 2 月 2 日《朝日新闻》报道。

③ 1985 年 6 月 8 日《朝日新闻》东京总部。

834 1985年12月30日上午1时许，东京都大田区蒲田一家便利店遭抢劫，一名大学一年级学生在追踪涉案犯人时，被犯罪人用菜刀砍死；1991年1月7日，犯人在福冈县行桥市抢劫银行后逃跑的过程中，将一名前来追捕的22岁青年刺杀。[1]

这类在追捕犯人过程中追捕人被杀害的案件时有发生。在这种情况下，一定要抓到凶手并给予严惩，同时如果国家对被害人和家属不给予十二分的补偿，恐怕不久日本就会成为“见死不救”的社会。

关于被害人周围的环境，比较一下欧美和日本的情况，在这一点上有显著的不同。一个是周围、社区的人遇到被害人遭受侵害马上就会采取行动（美国、英国、加拿大等），另一个却不是这样（日本等），二者的差距是从哪里来的呢？

被害人在案件发生后会面临很多困难，尤其是周围人的严重不理解和偏见。多数被害人及其家属因案件的影响在社会上经常处于孤立无援的状态。这是由于社会方面和被害人方面都不知道如何对待对方而发生的不幸。对于突然失去家人的人，周围的人应该如何对待他们？[2] 特别是案件越凶残，对被害人和周围的人来说都是一个棘手的问题。有很多邻居在事后谈到当时的心情时说，因担心被害人和遗属而站在了玄关处，但最终还是没能下决心按下门铃。

1998年10月5日，和歌山咖喱投毒案件的林健治和林真须美夫妇，[3]因保险金诈骗及杀人未遂而被捕。因此，以大阪的律师为中心
835 组成了大律师团，这一报道使被害人及其遗属深感失望。在当时的

---

① 1986年12月25日《读卖新闻》东京总部版和1991年1月8日《朝日新闻》西部总部版。

② 2009年7月22日《每日新闻》大阪本社版的《记者之眼》中，和歌山分局记者加藤明子用“不离不弃”一词来形容采访犯罪被害人、被害人遗属的痛苦，并向社会传达。

③ 被告人林真须美于2002年6月5日被和歌山地方法院判处死刑。此后，被告人提出上诉，但在2005年6月被大阪高等法院驳回上诉，2009年4月21日最高法院驳回上诉，最终确定死刑判决。

日本,几乎没有支援被害人的律师。于是,兵库县的垣添诚雄律师①和诸泽英道商量,向和歌山县律师会的大谷美都夫律师做工作,成立了支援被害人的辩护团,同时还成立了咖喱案件被害人会。② 林氏夫妇除了咖喱投毒案件以外,还制造了4起杀人未遂案件(1起无罪)、3起诈骗案,被害人众多。虽然从全国各地寄来了一些善款,③但对善款的利用方法,包括被骗保险金的保险公司在内,形成了三足鼎立的局面。

关于被害人本身存在的问题,主要是被害人之间交流困难。咖喱投毒案被害人会的成员都是食物中毒发病的人,而死亡被害人的遗属没有加入其中。会员在这里不分彼此,他们也想和遗属打招呼,由于以前就很熟悉的某位会员虽然站在了遗属家的玄关处但没能打招呼,所以被害人和遗属很难在一起活动。④ 就连重度残疾的被害人与遗属之间,也难以推心置腹地进行交流。

不能互相理解的问题也存在于受到同样伤害的人们之间。有时,即使被害人聚集在"被害人之会"等地方,也很难团结一致,而且形成了复杂的人际关系。在20世纪90年代以后组建的被害人团体中,有些围绕团体运营问题出现分裂或部分会员脱离的情况。

---

① 垣添律师在起诉暴力团的案件中因担任一名女子的辩护人而出名,此后他作为支援被害人的律师活跃在司法实务界。他是"明日之会"2002年欧洲调查团的副团长,也是2002年成立的"被害人支援中心"创始成员。

② 咖喱案件被害人会的24名成员,在被害人支援辩护团的协助下,在案发1年后的1999年7月向被告人林真须美提起了总数7566万日元的损害赔偿诉讼。

③ 案发1年后的报道中,募集捐款1156件,共计5519万日元;和歌山市成立了捐款管理委员会,向4名死者家属支付慰问金800万日元,负担1998年7月至1999年4月被害人的部分医疗费用320万日元,被害人的尿检查等部分费用约550万日元,到目前为止已经支付了3次的检查诊疗费用约253万日元。但是,被害人和相关人士也提出了一些要求,如希望把这笔费用作为孩子们将来的体检费用,作为对林氏夫妇提起赔偿损失诉讼的诉讼费用等。

④ 咖喱案件中4名死亡被害人的遗属,之后在咖喱案件被害人会的部分会员的推动下,在1999年6月6日有机会进行对话。另外,包括咖喱案件的遗属在内的3人,于2000年成立了和歌山犯罪被害人自助团体"和睦会"。

836 被害人团体无论组织大小，都很难团结一致地解决问题。在日本，一旦发生重大案件，就会建立“××案件被害人会”“××事故被害人会”等组织。特别是在以加害人或制造案件的公司为对象，集体提起诉讼的所谓集团代表诉讼(classaction)中，会迅速形成被害人会。在这种情况下，成立了法律上支持的辩护团，在辩护团的协助下进行组织运营，是可以比较顺利地进行诉讼的。

但是，如果团体的建立不是以诉讼为目的，而是以相互支持为目的，那么甚至在谁当会长、谁当秘书长等问题上都不能顺利决定。本来自己也有很多问题需要解决的被害人担任会长、干事、秘书长等职务，其负担是很大的。

各地的被害人支援中心，并没有考虑让被害人参加支援活动，多数是召集被害人形成“自助性团体”，但支援中心对于被害人向社会提出的呼吁活动会给予支持和鼓励，有时还会为被害人代言，直接面向社会开展呼吁活动。

三、被社会孤立的日本被害人及其家属

被害人被社会孤立的背景是，社会的人们对被害人有偏见。① 对被害人的偏见，虽然有一部分人会故意流露出来，但很多人坚信世上并没有那么坏的人，而偏见正是从这些人口中流露出来的。因为那个人(加害人)不可能做那么坏的事情，所以才会联想被害人可能做了什么不当的事情。世人的偏见就这样开始了，被害人与周围人不幸的相遇也开始了。

日本的刑事电视剧大部分取材于偶发案件，没有电视剧把犯人
837 描写成本性就恶的人。日本电视剧中的被害人被描写成虽然被杀了但也迫不得已或者遭人怨恨的形象。世界上的小说和电影中，描写了很多让人无法想象的坏人，但不知为什么在日本却把犯人描写得

① 关于对被害人的偏见，详细内容参见第八章“对被害人的偏见”。

富有人情味。更有甚者,对犯人和蔼可亲的刑警被称为“人情派”。不知道大部分刑事电视剧的制作者对被害人抱有的偏见从何而来。

让被害人痛苦的问题是,加害人不仅不向被害人道歉、赎罪,反而想方设法逃避责任和罪责。进入司法程序阶段,加害人往往向被害人“转嫁责任”或“逃避责任”。沉默和否认有罪等是司法上承认的加害人权利,但加害人在司法程序中转嫁责任等言行对于被害人及其家属是一种精神上的折磨。当然,被追究刑事责任的被告人并不一定是真凶(加害人),被告人否认有罪、主张无罪也不奇怪。但是,被害人并不知道谁是真正的犯人、谁是冤案的被告人、谁是不诚实的加害人、谁是最大限度主张权利的加害人。

日本的刑事司法对刑事追诉采取自由裁量主义,无罪率非常低,还不到1%。[①] 有时会听到国际社会的批评:赋予检察机关如此大的权力! 这种制度已经持续了多年,广大国民一直认为,一旦被起诉,当然有罪。对被害人和遗属来说,他们更期待认定有罪。因此,如果在刑事法庭上遇到被告人主张自己无罪的场面,就会自然而然地将严厉的目光投向被告人。

另外,有些加害人在审判中为了减轻刑罚而将过错推给被害人。任何人都想逃脱刑罚处罚,但不能单纯地指责被害人有过错。即使法律上赋予加害人防御权。

但是,从相反的立场考虑,这对于被害人及其家属来说,就会受 838
到二次痛苦(对最初受到的一次被害到现在进行的二次被害)。特别是在被害人死亡的情况下,简直就是“死人不会说话”,这对于参加旁听的遗属来说更是难以忍受的。

“死人不会说话”的一个例子是,1996 年 8 月在大分县国道上发生的一起交通犯罪。[②] 一名 80 岁骑摩托车的男子因头盖骨骨折和左

① 2013 年的刑事判决中,生效判决的有 364,946 名被告人,其中,无罪的有 122 人(0.033%)。2014 年版《犯罪白皮书》,第 44 页。

② 1997 年 8 月 30 日《朝日新闻》晚报。

腿折断，陷入昏迷状态。肇事的24岁高中教师证言称，其在驾驶轿车的过程中，对方摩托车越过中线后和轿车相撞，警方根据该证词进行了处理，保险公司也跟着进行了处理。但是，被害人的意识奇迹般地恢复了，大分地方检察厅对案件重新进行了调查，结果发现不是正面冲突，而是涉事轿车撞上了停在信号灯下的摩托车。如果骑摩托车的男子没有恢复意识，被害人将被认定为加害人，而遗属将受到双重痛苦。

加害人只在刑事司法程序中行使自我防卫权，这是不难理解的，但在社会上的基本人际关系中，无视这种信赖关系的言行也随处可见。日本有很多加害人连做人的最低标准的事也不做，如道歉、慰问、吊唁。因为他们认为，道歉就意味着认罪，就会受到刑罚处罚。但是，既然伤害了他人，即使是因对方的言行引起的，也应当道歉，这是最起码的做人之道。

欧美国家的裁判制度有着悠久的历史，包括律师在内的法律界人士很多，而日本人与此不同，其习惯于不依靠法律解决问题。也许正因如此，在非正式场合表示诚实的加害人一到审判庭等正式场合，就会变得不诚实了。在日本社会，像这样“不表示诚意的加害人”不断增加，这是不争的事实。

现行的刑事司法制度并非没有问题。被拘押的犯罪嫌疑人、被告人，如果想去探病或谢罪，是不可能的。从这一点看，有必要重新审视侦查至上主义的现状。有人提出，是不是可以考虑由辩护律师
839 （有时是检察官）在案件发展趋势尚不明确的阶段代替犯罪嫌疑人、被告人去探视被害人？的确这也不是没有问题，但被害人期待的是“首先，道歉比什么都重要”，而且在此后的程序中，刑事司法机关也应当考虑给加害人创造能够探视伤病或道歉的环境。

本来的“诚意”就不是强制性的，但既然“让他服刑就好”“只要交纳罚金就行”等感觉占主导地位，那么制裁的部分内容中就应包含这种“诚意”。

传统的刑罚观念认为，刑罚应当优先于赔偿、谢罪等个人的解决方式，但这种观念需要改变。刑罚的目的是维持社会秩序，从这一理念考虑，就应当禁止私人报复，确立国家刑罚权。令人期待的 21 世纪刑罚观是，“即使不对犯罪人适用刑罚，执法也必须得到被害人的理解”。

四、神户儿童被杀案和英国詹姆斯被杀案

与欧美国家相比，日本的被害人远远是被社会孤立的群体。特别是案件被报道后，日本很多人不知道应该如何对待。很少有日本人会跑到被害人及其家属那里，表示“我们就在你身边”的同情信息。

1997 年发生的神户儿童连环被杀案件①和 1993 年发生在英国的詹姆斯·巴尔杰（James Bulger）被杀案件，在这方面两者形成了鲜明的对比。

1997 年 5 月发生的神户儿童连环被杀案中，一名 14 岁少年 A 连续袭击小学生，造成 2 名儿童死亡，数名儿童受伤。这是日本犯罪史上罕见的令人震惊的案件，继昭和三大案件之后，被称为平成三大案件之一。②

其中的 5 月 24 日 J 某被杀案件是，少年 A（当时 14 岁）将小学六 840
年级的 J 某杀害后，切断了身体的一部分带回家中，写了一封挑战书，③在凌晨时分将挑战书和被截断的部分肢体一起放在中学的正门，给社会造成极大的冲击。

从这封所谓挑战书的文字中，可以感到凶手对警察和学校的强

---

① 犯人在挑战书中自称是“酒鬼蔷薇圣斗”，因此也被称为“酒鬼蔷薇圣斗案”。

② 1936 年（昭和 11 年）的阿部定案件、1945—1946 年（昭和 20—21 年）的小平义雄案件、1971 年（昭和 46 年）的大久保清案件，被称为昭和三大案件。平成时代的三大案件将在平成时代结束后确定，预计这起神户儿童连环被杀案件将被列入其中。

③ 少年 A 发出的犯罪声明写道，“啊！游戏开始了。各位愚蠢的警察，让我停了一下。我杀人愉快得不得了。想看，就想看人的死。和肮脏的蔬菜一样受死的制裁。长年累月的大咒怨得到流血的判罚。学校杀人的酒鬼蔷薇”。

烈愤怒。很多专家描绘的犯人画像是,20 岁至 30 多岁,中途退学,有受警察帮教的前科,对学校和警察怀有怨恨。[①]

案件发生 1 周后,少年 A 在一篇发表犯罪声明的文章中写道:“前几天我偶然看电视,看到报道案件的人们都把我错写成了鬼玫瑰”,并把文章发送给媒体。案件发生 1 个月后,少年 A[②] 被逮捕,这是一起由少年引起的案件,报道进一步升级。在侦查过程中,从 A 的家中发现了 3 月 16 日写的“中学生的犯罪笔记”,笔记中写道:“今天,为了确认人死得有多么容易,我进行了一次神圣的实验。”这是少年 A 实施杀人案件的真实自白。此后还发现,他于 1995 年 1 月写了一篇“熟人的担心”的作文。文中记述了祖母在阪神大地震中去世对他的打击。

神户儿童连环被杀案件连续报道了近 3 个月,死者家属对媒体
841 采访报道苦不堪言。案发 3 周后的 6 月 16 日早晨,其中一位被害儿童的父亲终于回到了工作岗位。但是,当时的样子实在太糟糕了。这位父亲在案发的第 2 年出版了《淳》一书来记载当时的景象。[③]

“这是那天早晨发生的事。我从停车场开车前往出口,有一名像是摄影师的人一直守候在那里等着我,他突然冲到我的车前。透过挡风玻璃想要拍摄我的面部照片。我吓了一跳踩了急刹车,我对到这里来找我的媒体人感到非常愤怒。”

这种情景在当时的日本社会并不罕见。很多案件的被害人和遗

---

① 关于犯人画像,笔者推测,对英文“school”都出现拼写错误,估计学历只是中学或中途退学,写出笔画多的“蔷薇”一词大概是使用简易电脑吧,但大部分专家推测,犯人可能是大学毕业生或研究生。

② 少年 A 在 1997 年 6 月 28 日被逮捕。其被送到神户家庭法院,在少年鉴定所被诊断为发育障碍。之后,神户家庭法院将 A 送往关东医疗少年院。A 在东北中等少年院经过职业训练,再次回到关东医疗少年院,2004 年 3 月经过大约 6 年的处遇后被假释。

③ 土师守:《淳》,新潮社 1998 年版,第 103 页以下。

属深受媒体采访之苦。① 究其原因,固然有媒体人士不守规矩的问题,但主要是记者对被害人的心神状况没有认识。再加上近年来在日本对犯罪人的采访越来越困难,特别是部分律师对犯罪嫌疑人、被告人的人权十分关切也有很大影响。在电视的世界里,以犯罪嫌疑人的人格权为盾牌,他们的律师以损害名誉为由起诉电视台,整个业界对于犯罪人的报道开始萎缩。

然而,关注被害人人权的律师却很少,很少有被害人起诉媒体,所以媒体只能在软弱的被害人周围进行采访。有时,被害人的朋友和邻居也会受到记者关于被害人的采访和报道。现在,很少有人能和所有的邻居友好相处,得到大家"是个好人!"的评价。在多数情况下,附近会有一两个形象不太好的人。记者一遇到这样的人,他们就会说"被害人好像平时就和附近邻居有过纠纷",记者在报道中再添枝加叶,就对被害人形成某种印象。 842

媒体为了得到被害人的照片,有时会从被害人老同学那里借来毕业相册复制照片。这些行为明显是侵犯人权的行为,甚至是犯罪行为,但他们完全漠视被害人的肖像权和隐私权。也有人认为,媒体人士就是这样生活的,他们也是不得已的,但如果考虑到遗属的心情,就不应当做出这种缺少人情味的行为。不过,在案发 20 年后的今天,这种没有常识的媒体人正在减少。

另外,出现在媒体上的有识之士的评论,基本是为了了解加害少年的心理,几乎没有人对被害人遗属发表评论。对于这个问题,被少年 A 杀害的 J 某父亲在 5 月 24 日的笔记中写道:"那些主张和意见提出的问题不是少年本身,而是少年周边的学校和社会。这里流露出对少年的同情。A 少年是扭曲的教育、病态的社会的被害人。乍

---

① 例如,1999 年 9 月 8 日发生的池袋售杀伤案件。当时两名分别为 66 岁和 29 岁的女性被杀害,6 人受了重伤。许多媒体人士来到被杀害的 29 岁女性的家里,司法解剖结束后的当晚遗体也被送回家,媒体人士使用闪光灯,拿着麦克风,把死者家属团团围住,家属提出了强烈抗议,但也无济于事。

一看,这似乎是有见地的意见,但是对于我们被害人来说是承受不了”。①

日本很多有识之士在谈论犯罪人的时候,似乎认为这既不是犯罪人本身的问题,也不是他们家庭的问题,而是社会有问题、政治有问题。这种观点得出的结果是:谁都不坏。该观点将责任都推给了社会和政治,这种观念似乎大家都能接受,但却是不负责任的观点。不应忘记,绝大多数人也是在恶劣环境中成长起来的,但他们却与犯罪无缘。

与神户儿童连环被杀案件相比较的是 1993 年发生在英国的詹姆斯·巴尔杰被杀案件。相比之下,在这起案件中,社会上的人们聚集在遇难者家属的周围,形成了巨大的支撑。

詹姆斯是被乔恩(Jon Venables)和罗伯特(Robert Thompson)这
843 两名当时只有 10 岁的少年杀害的,他们杀害詹姆斯(当时 2 岁)后将
尸体扔进运河里。两人分别聘请了李律师(负责乔恩)和劳埃德律师(负责罗伯特),最终被判终身监禁,被关进了监狱。

但此后,由于两名少年被长期收容在监狱涉及人权问题,美国的劳福林(Tom Loflin)律师向位于法国斯特拉斯堡(Strasbourg)的欧洲人权法院(the European Court of Human Rights)提起诉讼,该案再次成为人们关注的焦点。对于该起诉,欧洲人权法院判决认为,目前的羁押状态是违法的。该判决没有约束力,但英国内务部尊重这一决定,于 2001 年 6 月 22 日对两名少年进行了假释(关押约 7 年)。支援遗属的人们聚集在一起,死者父亲的同伴卡车司机从全国各地纷纷赶来,排成长龙,举行抗议示威。甚至有人围在监狱周围,对记者高喊:“如果放了他们,我就亲手制裁!”从报道中可以看出,很多市民对遗属痛苦的心情表示同情,并展开了反对运动。

内务省给两名少年起了新的名字,并为他们回归社会筹备了数

---

① [日]土师守:《淳》,新潮社 1998 年版,第 124 页。

亿日元的资金。英国广播公司(BBC)在“他们过去是囚犯”(Prisoners of their PAST)节目中,报道了此次释放引发很多国民愤怒的场景。[①] 另外,其中的一名少年乔恩(30 岁)在 12 年后因再次犯罪被重新收监,因此又引起人们关于政府对他的假释是错误的指责。

像这个案件中的社会人士站在被害人一边的场面,在欧美的犯罪报道中是经常能看到的。人们很担心被害人的安危而跑到被害人那里,以此传递案件严重性的信息。但在日本,完全看不到这样的场景。

五、俄亥俄州卡斯特罗案件和新潟三条小学 4 年级女生被监禁案件

对于年轻女性被长期监禁的案件,社会人士和新闻媒体的关注 844
点是有差异的。日本最近才开始注意被害女性的报道,但在欧美经常可以看到很多社会人士靠近被害人及其家人的场面。可以形成鲜明对比的是,在美国克利夫兰发生的卡斯特罗案件(2002 年 8 月至 2013 年 5 月)和在新潟县三条市发生的绑架小学 4 年级女生并监禁 9 年多的案件(1990 年 11 月至 2000 年 1 月)。

美国俄亥俄州发生的非法监禁案件是,阿里尔·卡斯特罗(Ariel Castro)[②]从 2002 年 8 月 21 日至 2013 年 5 月 6 日,先后非法监禁了米切尔(Michelle Knight)、阿曼达(Amanda Berry)、吉纳(Gina Dejesus)三名女性。

卡斯特罗于 2013 年 5 月 6 日被捕,5 月 8 日以对被诱拐的 3 人

---

① 日本广播协会根据英国的 BBC 的节目在 2001 年 10 月 28 日用日本广播协会卫星播放了世界报道——《不让他们自由》。

② 卡斯特罗 1960 年 7 月 10 日出生于波多黎各的圣日安(San Juan),是彼得·卡斯特罗和莉莲·罗德里格的儿子。出生后不久父母离婚,卡斯特罗与母亲及三个兄弟姐妹移民到美国。最初在宾夕法尼亚生活,后来搬到了这次案件的发生地克利夫兰(Cleveland)。被捕时 52 岁。

强奸的罪名被起诉。① 5月9日,克利夫兰市法院(Cleveland Municipal Court)首次开庭审理,交纳保释金为800万美元(1美元约为120日元,换算约为9.6亿日元)。2013年7月26日,法院对起诉的977项罪名,认定937项罪名有罪,其中包括绑架、强奸和加重杀人,并宣判不得假释的终身监禁和1000年自由监禁。②

2013年5月,3名女性被救出时,超过200名相关人员和支援人员来到被害人家中,热情迎接被害人回家。人们向前来采访的记者提出了强烈谴责犯罪嫌疑人的意见,当时的场面向全世界进行了报道。

随着侦查的深入进行,被害人出席记者招待会,讲述了被卡斯特
845 罗加害的经历。被害人在志愿者的陪同下出席法庭,长时间站在法庭上作为证人提供了证言。考虑到被害人的隐私,法庭上设置了屏风,从旁听席上看不见作证的被害人,这种裁判与日本形成了鲜明的对比。

在日本,被害人如果是年轻的女性,偷窥趣味的报道非常多。更何况是性侵害案件,二流三流媒体的报道更是不堪入目。相比之下,美国的被害人可以在法庭上公然控诉恶劣的犯罪罪行。

与卡斯特罗案件相比,日本的案件在很多方面应当对比一下。

新潟小学4年级女童诱拐监禁案件发生在1990年11月13日傍晚。新潟县三条市的一名小学4年级女生,在放学途中被一名男子(当时28岁)诱拐,女童被监禁在柏崎市的该男子家的二楼长达9年

---

① 卡斯特罗被逮捕起诉的消息传遍全世界,世界主要媒体都报道了这两起案件。2013年5月10日,美国公共电视网PBS广播、日本广播协会、BS电视频道等也进行了详细报道。

② 2013年8月2日,日本广播协会的日本BS电视频道节目"世界的波浪"概括地报道了从案发到判决的来龙去脉。另外,俄亥俄州哥伦布市的消息透漏(2014年5月9日Japan Times),被判终身监禁的卡斯特罗在服刑的单人牢房中上吊自杀身亡。监狱方面称,卡斯特罗发情要求性刺激进行自慰引起窒息而死(auto - erotic asphyxiation)。卡斯特罗被认为是性异常者。

2 个月之久。该男子与母亲相依为命，此前因强制猥亵被判有罪。在此期间，母亲多次向警方咨询，但警方没有理睬。2000 年 1 月 28 日，应母亲的要求，医生、保健所职员等 7 人来到犯罪嫌疑人家里，救出了该女童。2 月 11 日，警方逮捕了该男子，3 月 3 日，该男子以逮捕监禁致伤罪和盗窃罪被起诉。

2002 年 1 月，新潟地方法院第一审以逮捕监禁致伤和盗窃（相当于扒窃 2464 日元）宣告惩役 14 年（量刑建议为 15 年）。① 对此被告 846
人提出上诉，12 月 10 日日本东京高等法院认定，扒窃 2464 日元的事实属于监禁罪的一部分，将该部分认定为盗窃罪进行数罪并罚，并建议判处 15 年惩役是不符合罪刑法定原则的，决定撤销一审判决，判处有期惩役 11 年。② 对于这个判决，被告人和检察机关均提出上诉，最高法院于 2003 年 7 月 10 日认定“合并罪不是单独处理个别的罪行，而是从整体上统一进行判断”，再次宣判有期惩役 14 年。③

在此次审判中，检察机关为了避免让被害女性在法庭上提供有关性侵害的证词，而暂缓适用强奸罪（2004 年修改以前是 2 年以上 15 年以下惩役），因此在法律解释上花费了不少周折。这起案件与卡斯特罗案件形成了鲜明的对比，美国的案件是根据被害人记忆中

---

① 逮捕监禁罪（《刑法》第 220 条）的法定刑为 3 个月以上 7 年以下，逮捕监禁致伤罪（《刑法》第 221 条）与伤害罪相比，法定刑较重。根据 2004 年 12 月 8 日刑法部分修改（2005 年 1 月 1 日施行），伤害罪（《刑法》第 204 条）可以加重处罚 15 年以下有期徒刑或 50 万日元以下罚金，但当时的规定是 10 年以下有期徒刑或 30 万日元以下罚金。当时检察官的量刑建议是 9 年零 2 个月监禁，因此舆论认为这是违背正义的，于是检察机关认为，有证据证明被告人扒窃，与盗窃罪构成并合罪，应当适用《刑法》第 47 条“最重之罪规定的最高刑期加上该刑期的二分之一，为最高刑期”的条文规定，量刑建议为 15 年有期惩役。

② 有法律实务人员尖锐地指出，增加了 2464 日元的盗窃，提出 15 年惩役的量刑建议（盗窃相当于 5 年），这是违反罪刑法定主义的，上诉审的东京高等法院接受了这一逻辑。

③ 最高法院从整体上解释了这一系列行为，即使认定监禁致伤罪和盗窃罪，也并不是说扒窃相当于 5 年惩役。

的性暴力一件一件地认定，最后以977项罪名起诉被告人。

新潟监禁案件，在救出被害女性后的处理方面，与卡斯特罗案件有所不同。保健所、警方、检察机关等为了不让被害女性暴露在世人面前，给予了最大的照顾。而且大型媒体也签订了采访协议，限制媒体对被害人住宅周边进行采访。当然，中小媒体和独立记者、摄影师们进行了大规模偷窥趣味性采访，但是与通常的案件相比，由媒体造成被害的程度相对较低。

虽然日本社会对被害人的理解有所进步，但仍有很多国民还是以偷窥隐私的眼光看待案件，很少有国民像对待自己的事情一样担心被害人。

847 六、对被害人的冷眼

被害人及其家属所面临的是社会的"冷眼相待"和"麻木不仁的言行"。日本至今仍有很多人对被害人抱有偏见，如"如果做正确事，就不会遇到伤害""因为做了什么不当的事情，才受到伤害"。

的确，有些案件是利用现存的人际关系或新建的人际关系实施犯罪，即所谓的"关系犯罪"，案件背后的人际关系有时成为犯罪的原因，被害人在这类关系犯罪中发挥一定的作用。人们认为，这种以熟人关系为背景的犯罪①中，多数情况下被害人也存在问题。例如，被熟悉的加害人袭击，是因为被害人惹怒了加害人；被熟悉的加害人实施性暴力，可能是因为被害人对他有不当的言行。

一提到加害人和被害人是熟人关系，就认为被害人也有责任的观点，就是典型的"偏见"，不仅每天处理案件的司法实务人员会有这

---

① 熟人之间发生的犯罪有杀人、伤害、强奸、诈骗等，但从警方的统计来看，强奸和诈骗的"熟人认识"并不多。在强奸和诈骗案件中，与其说是以熟人为目标，不如说是为了取得对方的信任而建立某种人际关系，然后利用这种关系来实施犯罪。另外，在熟人间发生的案件中，被害人有时因犹豫不决而不报警，这也被认为是黑数过多的缘故。

种偏见,而且研究犯罪和被害的研究人员也会有这种偏见。杀人、强奸、伤害等这类从根本上否定他人人权的犯罪行为,即使案发的原因与被害人有关,这类犯罪也是绝对不能原谅的。因此,如果站在加害人的立场上分析和理解案件,就会感觉似乎案件的原因在被害人一方。

日本社会有一种非常强烈的固有观念,就是为加害人着想,而不考虑被害人的境况。例如,孩子做了坏事时,与其探讨孩子的行为有什么不好,还不如问问孩子为什么做这种事情,以便了解孩子的想法。父母的这种想法即使是有某种理由,也不符合不能做这种事的 848
伦理观。父母的这种态度向孩子传达的信息是,“如果有理由,就可以做”。

人们对被害人和遗属的偏见有可能进一步引发“嫉妒”。如果被害人及其家属拿到了赔偿金、理赔金、保险金、犯罪被害补助金等,就会说:“只要拿到钱,就可以了。”被害人本人或配偶收钱的情况尚且如此,在孩子去世的情况下,父母收钱相当于把孩子替换成钱,有些人认为这是下流的、贫穷的。应当说,日本人无论在经济上还是精神上都属于落后的国家。

即使不涉及金钱的情况下,人们对被害人及其家人说出的话,有时也会让人怀疑人性。人们对被害人及其家人经常说的话有,“你一直闷闷不乐到什么时候为止?”“忘记才是供奉!”“时间会解决问题的!”等令人费解的想法。更糟糕的是,说这些话的人并不理解这些话是如何伤害被害人和遗属的。即使其中也有出于鼓励的目的(出于好意)说的话。

有时人们会以行动伤害被害人和遗属。例如,年轻的夫妇对失去孩子的父母说:“我们结婚了。”这对于失去孩子的父母来说,“如果我的孩子还活着,现在也该……”回想起当时的事情,他们会感到非常痛苦和悲伤。如果人们站在被害人的立场思考问题,就不会做出这种冷酷无情的事情。

关于人们的偏见,一个好的例子是,他们对死刑制度的看法不同。最近出现了较大的变化,对死刑制度的舆论之一,就是让杀人案的遗属介绍他们的声音,他们中间的大部分人主张,“恨罪,不恨人”,“希望加害人重新做人”,“反对死刑制度”等。

应当如何理解这些被害人及其遗属的话,是有疑问的。为了听
849 取被害人的真意,对被害人使用问卷调查的方法,几乎找不到值得信赖的数据。只有熟练的专家花费时间进行细致的采访,才能了解被害人遗属的本意。慎重而亲切地倾听他们的倾诉,他们才会说,“其实,我真想杀了加害人。但是,在大家面前,怎么能说出口呢?如果说出自己的这样心情,就是自己否定了自己的人性”。

在这个世界上,虽然有一部分人认为“恨罪不恨人”,如果不这样就会失去做人的资格。但具体地说有一个不可理解的思考方法:人的生命的逻辑,不是对夺去他人生命的行为(杀人等)进行责难,而是对夺去他人生命的人处以死刑进行责难。有人以这种思维为基础,认为很多被害人及其家人和普通人一样,不能显露感情。日本的这种压制感情的解决方法,会加深被害人的心理创伤。因此,让死者遗属们谈论废除死刑制度之类的话题,一定要慎重。

被害人及其遗属的感情,更多的是“希望你不要打扰我”(遗属为41.6%)。[①] 这里的“希望你不要打扰我”有两层含义:一是在案发后的恐慌状态中与他人接触是非常痛苦的;二是不知道如何与被害人及其遗属接触的人前来打扰反而是伤害,你最好不要打扰。

奥姆真理教实施了1994年6月的松本沙林案件和1995年3月的东京地铁沙林案件。在审理制造这些案件的实行犯时,许多死者遗属希望对实行犯判处极刑(死刑),但死者遗属对于原治疗省最高领导的被告人林郁夫,心情却很复杂。

林郁夫从侦查开始就积极协助侦查,交代事实真相,在审判过程

---

① [日]宫泽浩一等编:《犯罪被害人研究》,成文堂1996年版,第178页。

中多次痛哭流泪。他在法庭上说:“我深深地感受到各位死者遗属的难以想象的痛苦、悲伤、愤怒。”了解加害人的态度后,遗属的心情似乎有些平静了。一直旁听审判的遗属们在心里开始有了变化,出现 850
了不能说对他“处以极刑”的结果。[1]

当然也存在对被害人封口的情况,不让被害人说出他们想要说的话,但有些专家对这种情况睁一只眼闭一只眼,他们的解释是,“人们的平均性的法律情感乃至被害人感情是非常理性的,对加害人是宽容的”。在这些人的头脑中,“不能杀害他人”的价值标准和“不能憎恨杀人的人”的价值标准是完全相同的。这种观念是非常荒诞的。

七、对待被害人及其遗属的基本方法

人们一旦经历了破坏性的体验,就会受到心理创伤,对今后人生会产生很大影响。[2] 应当如何对待处于这种状态的人呢?长期以来,日本人一直被教导:“痛苦、悲伤、愤怒只有一个人忍耐、一个人克服,将来一个人才能独当一面。”因此,有些人会责怪那些坦诚表达自己感情的被害人。被害人和遗属自己也努力不表露自己的感情。但是,这种处理方式虽能塑造人的坚强意志,但也会带来强烈的不安、恐惧、惊慌、无力感,因此经常失眠、麻烦不断、容易愤怒、注意力无法集中,久而久之就会出现各种问题:不能控制自己的感情而做出攻击性行动、记忆逐渐丧失、人格遭受破坏、精神开始崩溃,而且此后的人生会迅速向坏的方向发展。[3]

对于这类被害人和遗属,应当传达的信息是:“精神上产生各种各样问题的是被害人和遗属,为了从此振作起来,应当让他们敞开心

---

① 1998年1月24日《朝日新闻》。

② 详细内容请参见第十章“被害的影响和应激障碍”。

③ 基于自己作为交通案件遗属的体验写的文章有,[日]大久保惠美子:《与丧失体验的被害人(受灾者)接触的人们》,载《保健妇杂志》(医学书院)1995年第51卷第5号,第377－382页。

扉，向别人倾诉”，接受倾诉者必须理解他们下述状况。

851 被害人和遗属在判断是否可以和眼前这个人交谈，应当和他说些什么时，往往需要相当长的时间。因此不要害怕对方沉默无语，也不要想从对方那里问出什么问题，应该慢慢地等待，直到对方相信自己并开口说话为止。如果他们冷静不语，或者保持长时间沉默，可以和他说“提起这事一定很痛苦啊”“有这种体验的人还有很多，大家谈论起来都非常不容易”“不要着急啊。需要时间，慢慢来”等，说一些能够缓解紧张情绪的话。

如果他开始说话了，尽量不要打断他，直到他说到一定程度再简单插话评论一下，还要慢慢地听他说下去。为了让他们说话，必须选择合适的场所，如果周围的人很多，周围的人也应该注意不要妨碍这里的交流。硬要说些心情舒畅的话，反而会起到不好的效果，会被误解为你并不想听这些痛苦的故事。即使他们有感情用事的表现或者违背常识的发言，但不管怎样，重要的是要倾听他们倾诉。当让你听到这痛苦的一切之后，被害人和遗属会冷静下来想一想“让我再重新考虑一下吧”。

死者遗属有时会因自己还活着而感到内疚，总是责怪自己没能当上替身。出现这种内疚情绪时，他们会想“被遗留者幸福，就对不起死去的人”，硬要选择不幸的人生。此时，和这些遗属对话时，应该尽量让他们放松心情。

在不知不觉中伤害了被害人和遗属，这种情况也很多。例如，“如果你连××都不(或者，要是××的话)”等，这种对话就会助长他们的罪恶感，只会让被害人和遗属更加痛苦。另外，“和××比，这不是很好吗”“也有像××那样的人啊”等，和其他被害人进行比较，其实是在责备被害人和遗属，心灵的伤害与被害的数量和质量是不成正比的，劝他们变得坚强也不一定是好的方法。更有甚者，说出“你不应该认为是××”等，将自己的道德价值观和宗教观强加于人，甚至可能成为被害人和遗属的天敌。

伤害被害人和遗属的对话,有以下情况:

· 坚强些,向前看活下去。 852
· 不是你一个人在难过。
· 无论多么哀叹,所爱的人也不会回来的。
· 如果老是哭泣,那个人就不能成佛了。
· 我很理解你的痛苦和悲伤。
· 时间可以解决一切。
· 痛苦的事情尽快忘记吧。
· 已经发生的事情,就不要再想了。
· 不是还有孩子(丈夫)吗?
· 只要能保住性命就好了。

这里重要的不是语言的好与坏,而是说话人的心情。即使是被认为不好的话,只要有一颗为被害人着想的心,就会被接受。

八、援助被害人源自互助精神

对被害人的关怀,除加害人和国家的援助与支援外,民间自发的活动(所谓的志愿活动)也是重要的因素。为了使被害人对策更加有效,应当建立加害人、国家、民间这三方的合作关系。

日本自古以来就有邻里相助的好风俗,但在现代社会,情况发生了很大的变化。熟人、朋友不但不能成为被害人的支持力量,而且被害人经常遇到周围人的冷淡目光,很多人在无法忍受的情况下搬家或转校。

关于这一点,1994 年全国犯罪被害人现状调查首次公开了日本现状。调查结果显示,23.7% 的犯罪被害人遗属搬家,其中 73.8% 的人认为不搬家就是被害;11.6% 的重伤害被害人搬家,其中 45.7% 的人也认为不搬家就是被害。另外,经历调转工作、调换工作的遗属为 15.2%,其中 73.7% 感到被害,重伤害被害人为 10.5%,其中 73.3%

认为受到被害。

853 此后实施的法务省无期犯罪案件的死者遗属调查，从日常生活方面对死者遗属有何影响进行了调查。① 调查显示，382 名遗属中“对生活有影响”的占 30.6%（117 人）。具体而言，搬家的占 8.4%，家庭不和睦的占 3.7%，与邻居关系不融洽的占 2.1%，家务负担增加的占 2.4%，家庭衰败的占 2.1%。

在此之前，同志社大学的大谷研究会进行了杀人案的遗属调查。调查进行了 2 次，第 1 次调查因大部分遗属已迁居，所以邮寄的调查问卷大部分因“居所不明”而被退回或没有答复。② 第 2 次调查邮寄问卷给 144 户，得到 92 户的回答，回收率为 63.9%。根据这些数据，一般很难推测有多少遗属迁居或调转工作，但常识上可以认为有两成至三成的遗属已经迁居。可以认为，杀人犯的家属基本已经搬家，杀人案的被害人遗属大部分也都搬家了，二者的实际情况几乎一样。③

到了 20 世纪下半叶，人们才开始关注被害人，特别是以英国圈国家为中心，掀起了一场被害人运动。这也类似于某种焦虑，如“在预防犯罪和惩罚犯罪人的场合，正义到哪里去了？”因此，围绕着犯罪和被害的保守主义思想当然会抬头。费塔（Ezaat Fattah）指出：“当被害人运动在美国和加拿大奠定了坚实的基础时，它就变成了持续性的运动。”④

在有关被害人的问题中，呼声最高的是“对性犯罪、家庭暴力、醉
854 酒驾车犯罪，应该加重刑罚”。在世界范围内，这些犯罪是 20 世纪 80

---

① 1996 年版《犯罪白皮书》，第 350 页。

② ［日］大谷实：《我国犯罪被害人的实际情况》，载《法学家》1974 年第 575 号，第37－41 页。

③ 据高桥聪美等在2009 年12 月至2010 年3 月实施的“犯罪加害人现状调查”，迁居的加害人家属占 15%。

④ Fatta, F. (1989). Victims and Victimology; the facts and the rhetoric. In: *International Review of Victimology*, 1, pp. 57－63.

年代最受关注的主题。但是,美国最大的被害人支援机构——美国被害人援助机构(National Organization for Victim Assistance,NOVA)认为,“打击这些犯罪”(offender - bashing)并不是真正支援被害人,而应当在对被害人的具体援助活动和确立被害人的权利方面开展运动。

九、对被害人的同情和理解

为了建立有利于被害人的社会,至关重要的是努力获得社会各界人士的理解。因此,在被害人支援计划中,应当制订并实行面向普通公众的教育计划。

在可能的条件下,应该与媒体合作,努力提高普通人对被害人问题的关注度。为了保护被害人免受因不适当的宣传和对外公开而遭受的被害,应该努力设定和普及实务上可接受的报道伦理准则(a code of ethics)。[①]

从过去的经验中可以明显看出,能够最正确预测将来被害的材料是过去的被害实态。从警方和被害人服务机构处理的数据看,其中多次被害人(repeat victims)的比率相当高。因此,为了防止被害再次发生,应该在被害人支援战略中编入预防犯罪计划。

为了提高普通市民对犯罪被害人问题和服务意识,需要采用各种各样的被害人援助项目。多数教育项目是关于被害人的需求和适当照顾等待遇问题,教育的对象包括刑事司法制度的职员、学校的学生和地方自治团体组织的负责人、普通市民,此外还通过电视、广告、发放小册子等进行宣传。而且需要把时间和资源用在制订和执行可行性计划上。

美国议会将每年的某一星期(通常是 4 月下旬)指定为“全美犯罪被害人权利周”(National Crime Victims' Rights Week)。在这一周 855

---

① 关于报道伦理准则,详细内容请参见第二十三章“被害人的名誉和隐私权”。

内,全国特别突出的被害人服务提供者将获得国家嘉奖。这一周地方政府可以向犯罪被害人提供礼物。美国联邦司法部成为“资源指南”(Resource Guide)计划的主办者,该计划的目的是在全国犯罪被害人权利周活动中,提高大众对被害人援助计划的认识。为了促进大众对被害人问题的认识,到目前为止,该指南中设计的项目已达数百个。其中的创意包括:蜡烛灯通宵、跑步、拉力、纪念墙、植树、举办论坛、发行出版物、开设公共服务的广播、发放海报、举办展览,以及在法院、学校和当地商店等地发布各种信息等。

除此之外,每年 2 月 22 日还举行“欧洲被害人日”(European Victim's Day)纪念活动。

为了提高人们对被害人问题和服务的意识,可以采用以下方法:

· 小册子(brochures)
· 新闻通讯
· 网站
· 海报
· 其他促进程序

让媒体参与其中的战略也很重要。很多人都是从电视、广播、报纸上获得新闻信息的。在考虑媒体战略的时候,应该注意以下问题:

· 关于内容,想说些什么?
· 关于观众,想传达给谁?
· 关于格式,为了让消息更好听,什么样的提供方法更好?
· 关于代言人,形象代言人是谁?

第三十一章

构建被害人支援体系

Estabishment of Victim Support Systems

一、支援被害人的基本理念

被害人共同面对的各种问题需要一个一个地解决,直到被害人重新找回原来的生活为止,被害人支援活动(victim support activity)要不间断地开展下去。开展这种活动才能成为被害人的理解者,仅仅谈论被害人面临的问题是不够的。因此,需要和被害人一起解决问题,成为被害人找回原来生活的好伙伴。

当然,被害人因受到伤害而变得不轻易信任他人,对于这样孤立无援的被害人来说,有能够亲近的人是非常难得的。但是,不断涌来的难题似乎要将被害人压垮,这又进一步恶化了被害人的心理创伤(stress disorder)。对于处于这种状况的被害人来说,单纯的理解者有时甚至令人感到郁闷。

被害人支援的核心在于,与通常的烦恼商谈不同,如果不解决问题,被害人的身心健康就无法恢复。有时专业的心理咨询师或临床心理师也会犯错误,因为他们经常面对的是朋友关系、夫妻关系等方面的问题,但与被害人面对面的时候情况就不同了。如果被害人能听得进去,心情会变得轻松,但一旦谈及今后的想法和感觉,会让被害人非常沮丧。

当然,对被害人的支援不是一次性的,支援者需要分阶段进行。

因此，支援者一边描绘被害人逐渐自立的过程，一边对被害人给予支持。这个过程类似于养育孩子的过程。支援被害人就像以几倍的速
857 度压缩育儿过程一样。养育孩子最重要的是让孩子本人自立成人，对被害人的支援最重要的是引导他们在没有支援者的情况下自己可以解决所有问题。

2004 年 12 月 8 日制定的《犯罪被害人基本法》(法律 161 号)序言写道："建立能够安全、安心生活的社会是全体国民的愿望，同时也是国家重要的责任"，"近年来，形形色色的犯罪行为还没有绝迹，许多被卷入这些犯罪之中的犯罪被害人，到目前为止，他们的权利还没有得到充分的尊重，还没有获得充分的援助，在社会中处于孤立无援的境地"，基于对这一现状的认识，"对于犯罪被害的第一责任人，当然是加害人。但是，我们也有责任抑制犯罪，建立能够安全、安心生活的社会，我们也必须倾听犯罪被害人等的声音"，并宣言称政府对保护被害人的权利和利益必须承担起责任。

《犯罪被害人基本法》第 3 条第 3 款规定的基本理念是，"犯罪被害人等的对策应当采取的措施是，犯罪被害人等从他们受到侵害时开始到恢复平静的生活以前，可以受到不间断的必要的支援"。此外，该法第 7 条的协助合作规定，"国家、地方公共团体、日本司法支援中心[指《综合法律支援法》(2003 法律 74 号)第 13 条规定的日本司法支援中心]及其他相关机关、援助犯罪被害人等的民间团体及其他有关人员，为了顺利地实施犯罪被害人的对策，应当互相联系，互相配合。"

二、"快捷、公正、节约、便利"的原则

《联合国被害人人权宣言》指出，各国应当建立使被害人从被害中得到恢复的系统，该宣言第 5 条倡导，应当建立迅速、公正、节约、利用容易(expeditious, fair, inexpensive and accessible)的制度。

858 在被害后不久的被害人，和受了重伤等待救护车的患者一样。

被害人受的伤,如果是外伤,周围的人就会注意到。但是,心灵上的创伤往往是别人无法理解的,周围的人往往并不知道被害人需要紧急帮助。为了更好地应对被害人所遭受的急性应激障碍(Acute Stress Disorder,ASD),以及因应对不当而产生的创伤后应激障碍(Post - Traumatic Stress Disorder,PTSD),就要求支援者必须迅速进行帮助。

而且,支援者通常不知道怎样的被害是需要紧急处理的、怎样的被害并不紧急。支援者只根据被害人述说的严重程度做出反应是很危险的。这往往会出现求救呼声高的被害人优先接受支援,呼声小的被害人被推迟救助的情况。除有出血、呼吸困难等与生命有关的被害人外,对于其他被害人应当采取“公正的原则”。社会地位高的人可以得到优厚的支援,而地位低的人只能得到一般支援,或者只要交钱就能得到良好的支援,这是违背《联合国被害人人权宣言》的基本理念的。支援应该对所有国民同等相待。

与公正相关的问题是,被害人支援的无偿原则。行政机关的支援基本是靠税金维持的,但民间组织只能依靠捐赠和政府补贴。不能出现负担得起费用的人得到支援,而负担不起费用的人得不到支援这种情况。这并不意味着否定以支援被害人为业务的民间组织的存在。特别是在资本主义社会,可能有“被害人支援公司”这类组织,或者以防万一为名的“被害保险”。但是,被害人问题是“人权”问题和“人道主义”问题,联合国的目标是在全世界范围内普及被害人支援组织,而且对所有人都是无偿的。

被害人支援系统应当方便作为用户的被害人使用。该地区有什么样的支援项目、去哪里才能接受支援项目等,这些信息应当一目了
然,便于被害人阅读。所谓的便于使用,就是不能出现“踢皮球”现 859
象,如关于什么事必须去哪里。期待建立“一站式”服务的支援组织(one stop center),如果可能,还可以扩大支援范围(outreach support service)。

从20世纪70年代开始，如雨后春笋般在欧美各地建立的强奸救援中心(rape crisis center)，是“一站式”支援服务的典型。在很多强奸案被害人首先要去的医院里，特意准备了与普通门诊不同的特别门诊窗口和治疗室。这里不仅有妇科、产科，还有外科、内科、精神科等。他们通常与地区的被害人支援中心联系，由该工作人员开始支援活动，在被害人同意的情况下，由承办警察着手侦查、收集证据，心理咨询师和律师也可以介入其中。

这个系统是为了方便被害人而建立的，并非仅限于强奸的被害人。被害人去街道办事处办理各种手续时，经常会出现“到那边儿去，到这边儿来”等找来找去的情况。而且，他们还必须在每一个窗口一遍遍地说明案件的经过。在这种情况下，有必要在街道办事处为被害人设立综合窗口，在那里建立一个一次性可以办完所有手续的系统，但这种综合窗口不是询问窗口。内阁府应当督促各市区町村设置综合窗口，但实际上，这样的综合窗口还远远不够。①

三、支援被害人的三种类型

世界上支持和援助被害人的组织有几万个，据说，没有人能准确地掌握这个数字。世界上为数众多的被害人支援系统可以分为三种
860 类型：支援(support)型②、援助(assistance)型、③拥护(advocacy)型。其中，最消极的是支援型，最积极的是拥护型。

除按照对这种支援的积极性程度进行区分外，还可以根据援助系统制作方法的差异进行区分，有些组织还冠以某程序(pro-

---

① 2010年版《犯罪被害人白皮书》，第188页以下刊登的地方公共团体的犯罪被害人政策承办窗口一览表。

② 在组织名称中加上“support”的有，英国的VS(被害人援助系统Victim support Scheme)、丹麦被害人援助机构Victim support Denmark等。

③ 世界有代表性的国家如美国NOVA，使用了“assistance”一词。

grams)、①服务(services)、②热线(hotline)③等名称。

a. 支援型④

对被害人的支援,就是正确理解被害人的状态和所处的社会状况,对被害人要求的“救助(help)声”伸出援助之手。该词的形象含义是,把因受冲击而快要倒下的被害人从下面扶起来,让其振作起来。支援的内容通常以咨询、提供信息、说明、建议等为主,必要时还提供陪同、交通工具等。

这类组织以做好最基本的事情,做好最低限度的事情进行运营,获得政府资助较多。行政机关的基本原则是“人人平等”,所以不希望因过快处理某个案件,而导致受到较好支援的被害人和受到形式上支援的被害人之分。因此,支援型组织会制定最小限度的适用标准,按照该最低标准给予资助。

b. 援助型⑤

这种类型不仅包含了支援,还有积极地对被害人做一些有益的
事情并提出建议。欧美国家的民间组织基本都采用这种类型。这类 861
组织的理念是“能做什么就做什么”。

对被害人的援助的内容与支援基本相同,但在援助者方面,援助可以对被害人提出有利的建议或做一些工作,在这个意义上,这种类型比支援更积极。

---

① 在组织名称中加上“program”的有,Anti - Violence Programs、Sexual Assault-and Crime Victims Assistance program 等。

② 在组织名称中加上“services”的,除澳大利亚的被害人援助服务组织 Victim Support Service 之外,还有美国的 Violent Crime Victim services、United Family Services、Loved Ones Victim services,以及加拿大的 The Foothills Regional Victim services 等。

③ 在组织名称中加上“hotline”的有,Abuse Victim hotline 等。

④ “support”是“支撑”的意思,通常在日语中被翻译成“支援”。表示像柱子支撑着屋顶一样的状态,如“These pillars support the roof”,就使用“support”。另外,在抚养家人、生活补贴等方面也使用“support”。

⑤ “assist”一词有援助、帮助、辅助等意思。另外,包括“advocacy”也有理解为“assistance”的。

案件发生后接二连三出现的问题，对于被害人来说，大多是人生第一次经历的，他们非常感谢了解他们的援助者。但是，并不是所有被害人都是这样的，有些被害人不向援助者提出任何请求，甚至与前来做工作的援助者不断疏远。与支援活动相比，从正确掌握被害人心理的角度出发，援助活动需要更强的专业性和技能。

c. 声援型[1]

声援不是解决被害人的烦恼“程度”的问题，而是在他们对很多事情不能只靠自己去解决的时候，与被害人一起解决被害人的问题，这就是声援。

被害人面临的问题，很多也是国家制度和社会机制上的问题，如果不改变这些问题，就无法从根本上解决被害人的问题。像那种只是听听被害人的烦恼，表示一下有同感，说一声“太为难了！”这种敷衍了事的应对，对被害人来说是最糟糕的。即使被害人暂时放松了心情，但问题并没有得到根本解决，被害人的身心状态将再次回到原来的状态。被害人需要的不是能理解自己的人，而是能一起解决问题的人。

862 被害人烦恼的原因，有国家制度的问题，有报道方式的问题，也有人们观念（特别是偏见）的问题。对于受这些问题困扰的被害人来说，有替被害人诉说自己心情的人是值得庆幸的，也是值得信赖的。向刑事司法机关（警察、检察、法院、监狱等）、行政机关（国家、都道府县、市区町村及其附属组织）和社会倾诉被害人的心情并解决问题，才是被害人最需要的支援。

四、各种不同类型的被害人援助组织

被害人援助组织分为民间组织、行政机关设立的组织、刑事司法

---

① “advocacy”一词，除声援之外，还有代理、代言、辩护、支持等意思。在对被害人的声援中，包括听取被害人表达意见和倾诉心情，代替被害人做想做却做不到的事情。例如，对警察的处理方式感到不满的被害人，援助者会和被害人一起去警察局抗议，或者作为代理人向警察局提出抗议。

机关设立的组织。

a. 民间的被害人援助组织

从欧美的情况看,有很多以民间志愿者为基础的被害人援助中心。民间组织的优点在于,不局限于支援或援助被害。当然,有很多是专门针对家庭暴力(DV)、虐待、性犯罪等的组织,但非特定的组织的援助对象通常不限于犯罪被害,还包括其他各种被害。因此,组织的名称也不一定称为犯罪被害人援助中心,有的就称作被害人援助中心。

对于被害人的咨询或支援请求,民间的被害人援助组织根据加害人是否受刑事追究等情况而采取不同的应对方式,因此也不能说是真正的被害人援助中心。是否属于犯罪造成的被害,要在侦查、公诉阶段即检察机关阶段才能决定。处于第一线(最早接触被害人)的被害人援助中心不能以是否被追诉为前提。被害人对于警方敷衍了事的侦查感到不满的,也可以依靠这些组织援助。民间被害人援助团体的基本原则是援助的对象"不限于犯罪被害"。

无论是市区町村的窗口,还是警方的窗口,在最初对应的阶段,很多情况都不知道能否依照刑事司法程序逮捕、起诉并处罚加害人。如果"因为不是犯罪的被害,所以我们无法应对"而拒绝被害人的支 863
援请求,被害人就没有可以依靠的地方了。正确应对这种情况是民间被害人援助中心的重要工作。

b. 行政机关设立的被害人支援组织

处理被害人援助问题的行政机关(不包括刑事司法的警察等行政机关)包括,配偶暴力咨询支援中心、①儿童咨询所、②都道府县和

---

① 都道府县根据《关于防止配偶暴力和保护被害人的法律》(2001 年法律 113 号)第三章规定而设置。

② 根据《儿童福祉法》(1947 年 12 月 12 日法律 164 号)第 12 条规定,都道府县有义务设立儿童咨询处。关于被虐待的孩子,根据《关于防止虐待儿童等的法律》(2000 年法律 82 号)第 6 条规定,发现者有义务向福利事务所或儿童咨询所通报。

市区町村设置的被害人咨询窗口和被害人支援科室等。直接支援被害人的机关通常不是中央政府,而是地方政府。在日本,由都道府县、市区町村会处置被害人问题。

家庭内暴力的被害、女性的暴力被害、对儿童的性虐待被害、虐待儿童、虐待老人、性骚扰(日本有时也称为跟踪纠缠行为)、贩卖人口等,对于这些特定的被害,国家和地方政府期待通过制定和完善法律和条例来建立被害人支援中心和程序。这里的被害人支援是民间的被害人援助活动与刑事司法机关进行的被害人援助联系起来进行的。

但是,日本的地方公共团体对被害人的支援相当缓慢。自日本于2004年12月8日制定《犯罪被害人基本法》(2005年4月1日实施)以来,日本的被害人援助工作已经全面启动,但都道府县和市区町村的被害人基本条例的修改工作却相当缓慢。① 在国家制定被害人基本法已经过了10年的情况下,这些修改完善工作还没有完成一半。

内阁府于2014年9月对地方公共团体的被害人支援措施进行
864 了调查。该调查显示,1558个地方公共团体中,只有不到40%的机关对暴力和骚扰的被害人采取了应对措施。② 对于为什么没有应对的问题可以多选,有66%的地方公共团体回答,很难雇佣专门处理这种被害的工作人员。此外,43%的回答是,这种情况属于警察管辖;29%的回答是,无法提供这类支援服务。

---

① 关于地方公共团体内,特别是制定被害人支援条例迟延的市区町村,犯罪被害人团体网络"心连心"(http://www.heart-band.com/)进行了调查,根据调查结果,2014年1月成立了制定被害人条例研究会,并公布了《市町村犯罪被害人等基本条例草案》。第4版于2016年6月发行。查询地址为jourei2014@yahoo.co.jp。

② 根据2015年3月下旬共同通信社报道和2015年3月28日Japan Times的报道。

c. 刑事司法机关设立的被害人支援组织

日本的刑事司法机关包括，警察、检察、法院、刑事设施（监狱等）、保护观察所、日本司法支援中心（通称“法律阶梯”）[1]等。因为这些支援部门附属于刑事司法机关，所以受理的被害种类原则上以法律规定为犯罪的被害为限。多数组织的名称是犯罪被害人支援室、犯罪被害人咨询窗口等。

在这个阶段，一般以对加害人进行刑事制裁为前提，对被害人来说，他们的诉求受刑事程序的制约，这也是被害人不满的原因。这种不满会被传导到民间或其他行政性质的被害人支援组织。特别是对于民间的被害人援助中心来说，这个阶段是关键的时期。一方面，刑事司法机关的负责人和设置在那里的犯罪被害人咨询窗口等需要进行协调；另一方面，寻找可能的解决方法则是民间被害人援助中心的重要作用。

五、被害人支援的标准程序

保护和支援被害人，[2]不仅是国家和地方政府的责任，国民也有责任。日本《犯罪被害人基本法》规定，国民应当充分考虑不侵害犯罪被害人等的名誉或者稳定的生活，同时应努力协助国家和地方政 865
府实施有关犯罪被害人的政策（第 6 条）。实际上参与支持的有警察、检察官、法官、医生、护士、保健师、心理咨询师等的专业人士，联合国《关于为被害人的正义指南》的第三章“一线专家对被害人的作用和责任”（the role and responsibility of front - line professionals and

---

[1] “法律阶梯”是根据《综合法律支援法》（2004 年 6 月 2 日法律 74 号）设置的。“法律阶梯”不是刑事司法机关，该法第 6 条是有关援助被害人的规定，即“在实施综合法律支援和完善体制的过程中，应当进一步创造条件使被害人（是指因犯罪而受侵害的人；该人死亡或有重大心身障碍时，是指其配偶、直系亲属或兄弟姐妹。下同）确实参与刑事程序；建立为恢复被害人的损害、减轻被害人痛苦的制度和其他能够充分利用的援助被害人的制度”。

[2] 《犯罪被害人基本法》中规定的责任与义务不相关联。

others to victims)①中列举了具有保护、支援被害人的责任人员包括警察、检察官、法官、监狱职员、学校及大学等教育机构、健康护理专家(医生、护士、急救人员、门诊人员等)、媒体专家、精神保健提供者、神职人员、精神领袖、居住等房东、雇主、大使馆及领事馆等的工作人员等。

其中,特别值得关注的是,在保护被害人隐私、确保安全、保障知情权方面,法官应当发挥指导作用。②

支持、援助、拥护被害人的制度和组织,在英国、美国、加拿大、德国、澳大利亚等被害人对策先进的国家中已经存在近半个世纪。

英国的被害人支援计划[Victim Support Scheme, VS(1974)]、全英被害人支援协会[National Association of Victim Support Schemes (1979)]、③苏格兰被害人支援协会(Scottish Association of Victim Support Schemes),美国的NOVA(1975)、全美被害人中心[National Victim Center, NVC(1985)]德国的白色光环[Weißer Ring(1976)],澳大利亚的西澳大利州被害人支持服务中心[Victim Support Service, VSS(1979)]、法国的全法被害人支持协调协会[Institut National
866 Daide Aux Victimes Et De Mediation, INAVEM(1986)]等,都有较长的历史,并取得了很多成绩。

各国的被害人支持服务各种各样,有国立公立的,有民间志愿的,有半官半民的,有国立公立转制后委托给民间的。

---

① United Nations Office for Drug Control and Crime Prevention(1999). *Handbook on Justicefor Victims*, pp. 56 – 86; [日]诸泽英道译:《联合国被害人人权宣言相关文献——为被害人的正义》,成文堂2003年版,第114 – 163页。

② United Nations Office for Drug Control and Crime Prevention(1999). op. cit. pp. 69 – 72;[日]诸泽英道译:《联合国被害人人权宣言相关文献——为被害人的正义》,成文堂2003年版,第133 – 138页。

③ 1974年在英国西南部城市布里斯托尔,民间志愿者们在警方协助下开始实施被害人支援计划。此后,这一计划开展到其他地区,1979年建立了组织机构全英被害人支援协会。

重要的不是由谁建立被害人支援组织，而是为什么建立。当然，支援组织因设立机关的不同，有的将支援服务对象设定得较宽，有的则设定得较窄。一般来说，行政机关设立的支援组织，其重要的标准是支援的被害人是不是司法制度保护的对象。从这一点看，民间组织最好不要按照行政机关的标准。

但在这一点上很遗憾，日本各都道府县设置的被害人支援中心，其名称都冠以“犯罪”，称为“犯罪被害人支援中心”，警察和行政机关（特别是都道府县）的被害人支援组织的支援对象，大多对被害人的标准有所限定。民间被害人支援组织不应当设定与行政标准相同的支援对象。

专门支援被害人的组织的情况有所不同，按照目的而建立的机构（如市区町村的事务所、医院等）在进行被害人的组织设计时，最低标准应当是设置被害人支援的专门负责人和窗口。这些职员如果理解了被害人是处于特殊状态的人，当然会把他们与一般来访者区别对待，但是有很多支援组织却让不理解这一点的人担任窗口负责人。

遭强奸的被害人去医院的时候，到一般门诊就诊，按顺序排队等待，在接受医生就诊时，附近的诊察室还有其他患者，她很难向医生说明案件发生时的情况。在很多欧美国家，大医院和急救门诊一样，都设有被害人专用的门诊窗口，但是日本设置得却很晚。欧美有很多的强奸救援中心。这类中心是配备专家与强奸罪被害人接触的
“一站式”中心。[①] 这类中心不仅有医生，还有常驻的护士、心理咨询 867
师等，如果有必要，被害人支援者、警察、律师等也会赶来，专家们也会协助进行适当的处置。

遭受被害之后的另一个大问题是，被害人要在自己居住的街道办事处办理各种手续。如果家人死亡，需要提交死亡申请等各种申

① 日本设计的性犯罪被害人的援助体系是，首先由警察负责，而不是医院。像欧美那样的“一站式”援助中心构想，在日本是很难实现的。内阁府的调查也显示，日本没有完整的“一站式”援助中心。

报、安葬许可证等手续。为了确保被害人居住场所的安全,应当安排他们利用避难所、优先入住公营住宅等。另外,年金、残疾人手册、健康保险、医疗费扣除手续等大部分都是在办事处窗口办理的。

但在现实中,被害人或遗属到政府办事处时,被害人要在各个窗口跑来跑去,每到一处都要对案件情况进行同样的解释。为了防止这种情况的发生,应该在政府办事处设立被害人专用综合窗口,所有手续能在一处全部办理。没有设置这种被害综合窗口的部门,可以由办事处综合窗口的人员带领被害人一起到各个咨询窗口办理手续,至少应当由被害人咨询窗口进行联络,以使被害人可以顺利地按顺序办理各种手续。

被害人援助的世界标准项目有以下内容:

1. 提供信息(information);

2. 支援组织之间的介绍(referral);

3. 危机响应(crisis reponse);

4. 危机干预(crisis intervention);

5. 防止被胁迫(intimidation protection);

6. 声援(personal advocacy);

7. 咨询(counseling);

8. 康复(rehabilitation);

9. 对雇主做劝说工作(employer intervention);

10. 对房东做劝说工作(landlord intervention);

868 11. 法庭护送服务(escort to court);

12. 证人费用的援助(witness fee assistance);

13. 帮助寻找证人(witness reception);

14. 出庭或旁听时的指导(court orientation);

15. 出庭的通知(court appearance notification);

16. 帮助或代理制作有关被害人遭受打击的陈述书(victim impact statement);

17. 接送(transportation);

18. 申请被害人赔偿(victim compensation)的代理事务。

被害人援助的基础是,让被害人重新站起来并找回原来的生活。日本也应该建立实行这些服务项目的被害人支援中心,制定从被害发生到恢复的时间表。

六、日本的被害人保护和援助体系

日本的被害人援助是以现行刑事司法制度为前提的,由国家和地方公共团体分担责任,刑事司法制度是国家的制度,处理加害人(犯罪嫌疑人、被告人)部分事务(检察、审判、加害人的处遇)也是国家的制度。也就是说,全国各地的检察厅、法院、监狱等刑事设施都是国家机关。与此相关,刑事司法制度中对被害人的支援设在国家制度的内部。

但是,设置在刑事司法制度中的警察组织包括国家层面的组织和地方公共团体层面的组织的双重结构。实际上,各都道府县的警察负责地区的安全和侦查。① 另外,在日本,生活支援(家务、育儿、
护理等)、经济支援(补助金、抚慰金)、法律咨询、被害咨询等对被害 869
人自立给予的支援,由都道府县、市区町村共同分担。

关于被害人自立的支援,如果都道府县、市区町村(地方行政机关)没有建立支援组织,被害人可请求该地区的民间支援组织等给予协助,民间支援组织可根据实际情况支付补助金。

---

① 《警察法》(1954 年法律 162 号)规定,设置国家公安委员会,由内阁总理大臣管辖(第 4 条以下),该委员会下设警察厅(第 15 条以下),同时还规定在都道府县设置都道府县警察(第 36 条以下),并设置道府县公安委员会(第 38 条以下)。另外,都道府县警察本部长由国家公安委员会征得都道府县公安委员会的同意后任免(第 50 条)。另外,警视正以上的警官是一般职国家公务员(第 56 条)。

表 31.a 国家、地方、民间对被害人支援的责任分担

支援的种类	国家	都道府县	市区町村	民间团体
1. 生活重建的支援：家政、育儿、护理、搬家、接送、修理物品、重返工作岗位等	向地方支付补助金	○	○	○
2. 身心恢复的支援：医疗、咨询、门诊就医等	向地方支付补助金	○	○	○
3. 经济上的支援：向被害人支付抚慰金、奖学金、贷款、一次性补贴等	向地方支付补助金	○	○	—
4. 对被害人的补偿：对被害人提供公共补偿金（给付金）	○	○	○	—
5. 损害赔偿请求的支援：支援损害赔偿请求诉讼、赔偿金的追索等	○	○	○	○
6. 刑事追诉的支援：在侦查、起诉、审判、刑罚执行、出狱等方面对被害人的支援	○ 检察、法院、监狱等刑事设施	○ 警察	○ 陪护等	○ 陪护等

* 表中的“地方”，是指都道府县、市区町村。
* 市区町村中包括特别区。
* ○表示国家和地方应当承担支援的份额，—表示国家和地方可以不承担支援的份额。

表 31.a 显示的是国家、都道府县、市区町村分担支援被害人的责任的情况，其中包括被害人所需的生活恢复支援、心理和身体恢复的支援、经济上的支援、对被害人的补偿、被害人向加害人请求赔偿的支援、对加害人进行刑事追诉的被害人支援等问题。

国际性的支援原则是，以被害人的生活地区为基础，建立使被害人得以恢复的支援体系（community - based victim support system）。

被害人接受支援(或支援者到被害人所在之处进行支援)需要1天至2天的时间,这是不可取的。据此,日本应当在每个市区町村都设有一个被害人支援中心。870

案件发生后,被害人及其家属(包括遗属)首先要去的地方就是市区町村办事处的窗口。办理死亡申报、火葬许可证、年金、健康保险、残疾人手册等手续、纳税等,大部分分散在各自的窗口,即使是同一个市区町村的办事处,也要在2楼、3楼跑来跑去。本来应该有综合窗口的,[①]如果去综合窗口,所有程序可以一并处理,但如果没有这种条件,也应当由第一个窗口的负责人引导他们到其他窗口,必要时为他们提供直接的帮助。

七、各类被害援助机构的介绍系统

医疗和行政机关的现场存在“拖拖拉拉”的问题,被害人问题也是如此。实现被害人权利的第一步,需要为被害人创造可以向警察等司法机关诉讼的良好环境,提起的诉讼案件在各机关之间能够顺利地传递下去。

为了迅速且有效地对被害人提供支援,相关机构的迅速合作是不可缺少的。很多国家采用被害人介绍系统(referral system)。虽然该介绍系统在各个机构之间运行,但其在警察和被害人支援服务机构之间的运行尤其重要。这种方式因国而异,一般是在警方和被害人支援服务机构之间,就介绍事项达成协议,根据协议,警方将其认为有必要支援服务的案件,定期与对方联系。美国和澳大利亚的标准介绍服务工作包括,案件分类、场所、概要、被害人申请的细节、被害人的性别和年龄、警方采取的对应措施等项目格式,填入这个表格,并定期发送给支援服务机构。

---

① 根据2014年版《犯罪被害人白皮书》,内阁府的调查表明,全国市区町村中约8成有综合服务窗口。但是,该数据包括以前已设置的窗口也为被害人提供服务的情况,因此市区町村新设置专门针对被害人的窗口很少。

871 接受介绍的机关根据其内容迅速确定承办人，并由该承办人与被害人接触，说明被害人有什么权利，可以享受什么服务。确定了被害人的权利并传达给被害人后，剩下的问题就是由谁做、何时去做。警察、被害人支援服务机构都起到重要的作用。

据悉，要想顺利地在被害相关机关之间进行介绍，比起行政机关或司法机关，民间机关更为有效。警察、医院、律师事务所、地方自治团体、儿童咨询所、消费生活中心等机构相互之间进行的介绍，应当以支援服务机构为中心形成网络化①，设定定期联络会的场所，在任何时候对任何案件都能迅速应对。要实现这一目标，平时的努力是非常重要的。

八、建立被害人支援组织的事前准备

为了实现建立被害人支援系统的目的，在最初的阶段，中央政府及地方政府（日本的都道府县和市区町村）应当建立为应对被害人创伤后遗症而提供援助服务的被害人支援项目系统。

该系统需要组织化，有明确的目标，并配备适当的工作人员。中央政府将对地方政府实施的被害人支援计划，从物质和心理两个方面进行支援。

a. 对地区需求和资源的评估

在启动被害人援助计划时，需要对地区需求和地区可利用的社
872 会资源进行评估。这种评估会根据需要进行必要的更新。这个评价的目标如下：②

· 测定被害率。

---

① 在日本各都道府县组建的犯罪被害人支援联络协议会，不是设在被害人支援中心，多数设在各都道府县的警察总部。至少设在知事有关部门。

② United Nations Office for Drug Control and Crime Prevention (1999). op. cit. p. 12；［日］诸泽英道译：《联合国被害人人权宣言相关文献——为被害人的正义》，成文堂 2003 年版，第 33 页。

· 判定被害类型。

· 综合把握地区被害人的需求。

· 评估能够满足被害人需求的现有资源。

· 掌握被害人参与刑事司法制度时存在的问题和阻碍因素。

· 判断需要什么样的援助。

· 确认需要变更或引进的政策、程序、法律。

为了综合把握地区被害人的需求，有必要分析现行的被害人服务机构之间的差距和优先顺序，以确认在实施对策过程中服务方面存在哪些不足。另外，还要考虑年龄、人种、民族、宗教、婚姻状况、居住环境、经济状况、教育、文化相关信息等特定因素。

b. 咨询小组

为了审查这些评价，需要组成非正式或正式的咨询小组。① 这些小组应当充分发挥各种职业和领域代表者具有的知识作用。警察、检察机关、保健及精神卫生专家、学界、地区政府代表人、地区社会代表及志愿者也可以加入该小组。如果有这样广泛的基础，就可以促进组织之间的合作和跨学科研究，从而更详细地掌握一个地区的需求和资源的总体情况，信息收集和数据处理也将变得轻松。

这些咨询小组应该有地区所有年龄段的男女，甚至各种人种、宗教、文化、地理空间、收入阶层等的代表参加，以代表整个地区。

评价的对象范围，最好在该咨询小组的协助下决定。第一年度 873
的评估对象应当包括实施服务的社区或者整个社区。但是，对于只针对特定类型的被害人支援组织，评估可以限定为特定人群的需求。如果评价的对象范围扩大，判断需求时或确认所有被害人所需的可

---

① United Nations Office for Drug Control and Crime Prevention (1999). op. cit. p. 13; [日]诸泽英道译:《联合国被害人人权宣言相关文献——为被害人的正义》，成文堂 2003 年版，第 34 页。

用资源时,利用价值就会相应增大。

在评估援助需求时,首先应当通过获得关于被害发生率和频率的准确数据来了解需求。这种评估所需的数据的信息来源如下:

- 警察的统计
- 市民个人、地区团体、地区主导的社区调查
- 承担社会服务的团体的调查
- 刑事司法机关的调查
- 参与刑事司法程序的人员的信息
- 有关地区对刑法的研究
- 有关被害人的调查和听取被害人的意见
- 媒体报告
- 证人报告
- 医疗报告
- 与社区提供的服务相关的数据

这里需要充分注意的是,应当根据法律规定保护数据的秘密。

c. 被害调查

在建立被害人援助系统时,必须掌握该地区的被害程度。为此,仅靠警方统计数据是不够的。从52个国家收集的数据看,被害人报案率在全部案件的30%—40%,性暴力等犯罪的报案率在10%以下。经济发展不发达国家的报案率更低。①

874 为了判断被害的发生率和发生频率,被害调查是最好的方法,但是用这个方法达到正确的调查和数据更新就需要费用。而且,对于一些不报案的对配偶施暴、虐待子女、虐待老人、滥用权力等特定犯罪,很难用这种方法完全掌握,因为这种犯罪存在很多不为人知的被

① United Nations Office for Drug Control and Crime Prevention(1999). op. cit. p. 13;[日]诸泽英道译:《联合国被害人人权宣言相关文献——为被害人的正义》,成文堂2003年版,第35页。

害黑数(dark number)。即便如此,为了使被害人援助对策的规模和内容趋向合理,对这些特定群体进行被害调查是极其重要的。需要注意的是,在这类被害人调查中,有轻视恐怖主义被害、大屠杀、劫机等突发案件影响的倾向。

获得了被认为是最佳被害状况的推定数据后,下一步要做的事情是正确判定犯罪造成的经济损失、医疗费、精神负担以及其他负担等。发达国家建立了各种有助于判定被害水平(至少个人)的数据系统。但是,根据迄今为止的调查,能够通过这种数据系统掌握的,仅仅是被害人所受的犯罪成本的一部分。因此,如果不考虑被害人的负担成本,与被害人能够得到的援助相比较,推定的不足部分金额在任何情况下都可能低于被害人所需金额。

例如,根据美国联邦司法部司法统计局的调查,1992 年美国的犯罪被害额,仅直接金额就有 176 亿美元。① 其中包括因盗窃或损坏财产造成的损害额、现金损害额、医疗费以及与犯罪有关的伤害或活动支出的金额。关于遭受滥用权力侵害的被害人,特别是在因战争被荒废的地区,负担是非常大的,经常可以看到为了挽回一个国家的基础设施遭受的巨大损失,社区也要承担一定的份额。

向被害人个人提供的援助中,通常包括政府和非政府机构提供 875
的正式的被害人服务、被害人补偿(compensation)和赔付(restitution)。在杀人或某种特定犯罪的情况下,有时也会给附带的被害人(co - victim)提供援助,如被害人自己的家人。除这些援助者外,还有家属、邻居、朋友和其他非正式的援助提供者。有时,雇主也会提供援助。如果利用官方及民间的保险制度,可以补充定期的医疗费用负担和精神科的医疗费用负担,在诉讼程序中也可以利用律师的作用,那么只要可以满足被害人的需求,即使不是主要目的,这个制

① United Nations Office for Drug Control and Crime Prevention(1999). op. cit. p. 14;[日]诸泽英道译:《联合国被害人人权宣言相关文献——为被害人的正义》,成文堂 2003 年版,第 36 页。

度也应该利用。

如果个人被害的发生率和发生频率的相关数据和与其成本相关的数据在总体上较少，那么通常对企业和集团的犯罪的数据就更少。几乎没有任何一个国家有这种系统收集数据的方法。

九、被害人的需求

被害人的需求多样，很难进行分类。① 被害后，被害人在物质上和精神上都受到了巨大打击，并且已经预定的各种事情都无法实行了，如窗户玻璃坏了、手提包被血染红了、不能给宠物喂食了、忘记换驾驶证等，无法做的事情千差万别。

被害人的这些需求，在日本是没人理解的，因为很多被害人一直保持沉默。1994 年全国犯罪被害人现状调查表明，日本被害人的需求远低于其他国家。对于遗属和重伤害被害人的需求的调查结果如表 31. b 所示。

876 **表 31. b　犯罪被害人遗属和重伤害被害人的需求**

资料来源：宫泽浩一等：《犯罪被害人的研究》，成文堂 1996 年版，第 400 页以下及 419 页以下

	遗属	重伤害被害人
帮助自己向警察报警	①53.1%	①73.9%
葬礼的准备和协助	②46.5	—
包括救护车在内的医院安排	③44.5	②58.7
暂时的护理和救护	④42.0	③58.3
暂时不要打扰	⑤41.2	⑩23.9

① Maguire, M. (1985). Victims' Needs and Victim Services: Indication from Research Victimology. *An International Journal*, vol. 10, pp. 539 – 559. Wemmers, Joe – Anne, M. (1996). *Victim in the Criminal Justice System*. WODC – Ministry of Justice, Kugler Publications, Amsterdam, pp. 18 – 20.

续表

	遗属	重伤害被害人
精神上的支援和安慰	⑥39.2	⑦25.7
保护人身安全	⑦38.0	④50.9
提供咨询	⑧37.1	⑨24.8
与家人和工作单位取得联系	⑨35.5	⑤43.6
眼前的资金援助	⑩32.7	⑥26.6
帮助与警察联系	⑪28.6	⑧25.2

＊各项目的%，是除去未回答的回答者所占的比例。

报警、救护车、医院的安排等，在近代国家是必须满足的，属于真正需求的问题，但在日本，这些都得不到满足。本来应排在前列的，如当天的饮食（遗属16.3%，重伤害10.6%）、确保睡觉的场所（遗属21.6%，重伤害11.5%）、应对媒体（遗属21.2%，重伤害11.9%）、照顾宠物（遗属5.3%，重伤害4.1%）等需求很少。

另外，很多遗属因受到严重的精神伤害（62.6%），往往为准备葬礼而烦恼（46.5%），多数遗属需要寻求精神支援和安慰（39.2%）。日本的遗属在案件发生后，被葬礼的事情所困扰，此后又因加害人及其代理人的无诚意而备受折磨，在审判等过程中，因加害人一方推卸责任而深感愤怒。

要把葬礼办到社会平常水平，据说如果没有互助会的照顾，通常需要200万日元（殡仪馆100万日元，寺院40万日元，其他酒席招待等60万日元）。这个数字基本相当于每位申请者获得的犯罪被害补助金的平均金额。如果遗属对加害人提出损害赔偿请求，一般以葬
礼费用名义赔偿的数额为100万—200万日元，案件的死者家属最初 877
遇到的棘手问题就是葬礼。遭遇家人死亡这一极其重大打击，在案件发生后一周内，很难有精力考虑葬礼的事情。

很多被害人和遗属表示不满，他们说："警察和检察机关不相信

我说的话。”被害人是智力障碍或者精神障碍的情况下尤其明显。另外,在性犯罪、杀人、诈骗、交通犯罪(事故)等被害人中,很多人对警察的处理方式表示不满。

法务省进行的死刑、无期徒刑犯罪人调查,分析了杀人动机,认为动机最多的是报复、怨恨(15.1%)和愤怒、激情(13.2%)。[①] 在金钱的动机方面,赎金(5.3%)、保险金(13.2%)、利欲(15.8%)等占全体的1/3以上。

被害人及其家属不满的典型例子,还有智力和精神障碍方面的问题。由于警方和检察机关不太相信残疾少女提供的证言,因此其家人对此非常不满。如果加害人起诉,少女在法庭上必须提供证词,因此处于非常艰难的立场,并且即使进行这种努力,对于法官能不能采信她的证言,他们自己也没有自信。在这种情况下,警方会认为对这类危险程度的犯罪还不如通过和解获得赔偿金的方法解决,并劝告家人,而这样会加深家人的不信任感。因为很多被害人及其家属都“希望战斗到最后,证明自己的清白”。警方和检察机关等刑事司法相关人士的工作经验及背后感觉,与被害人及其家属的感觉往往是有差异的。

从欧美的被害人支援活动的实际情况看,在这种情况下志愿者发挥了很大作用。很多被害人能切身感受到警察和检察机关与他们近距离接触,但发现他们并不是被害人的朋友。不久,被害人及其家属就与接触他们的警察、检察官拉开一定距离,转而期待民间的被害人支援中心。

878 即使案件经过了一定时间,日本的死者遗属对加害人的感情也不会好转。1994年全国犯罪被害人现状调查显示,对于“不想和对方发生关系”和“能理解对方的心情的感觉”这两个项目,案件经过3年也没有变化;“想要报复对方”“对方也很难”“想宽恕对方”“对方

① 1996年版《犯罪白皮书》,第272-300页。

有恐惧感”等感情，勉强有些好转。对其原因进行追踪调查，就会发现存在三个问题：加害人对和解不积极、从警方和检察机关那里得不到关于对方的后续信息、对加害人的刑罚过轻。所以，赔偿、提供信息、严惩加害人，这三点是考虑被害人情感的关键词。

神户连续杀人案件的一名遗属在他的著作《淳》中写道：“很多犯罪问题专家在电视和报纸上解释说，加害人受到扭曲的教育，他们也是病态社会的被害人等。乍一听似乎感到很有见地，但对于我们这些被害人来说是承受不了的。”[①]犯罪的原因在于犯人本身，这是毋庸置疑的。但是，日本的犯罪学者受美国犯罪社会学的影响较大，倾向于从社会角度寻求犯罪的原因。甚至有些专家把犯罪原因归结到政治上，认为“是因为政治不好”。但是，这种观点对于被害人和遗属来说是难以忍受的。

十、被害人援助组织的建立

如果想建立被害人援助组织，就应当利用事前调查的评价成果，判断该地区欠缺的服务，从而决定服务的优先顺序。此外，还应当定期重新评估提供的服务内容，进行评估更新。被害人援助的实施顺序与地区特征或服务程序的种类无关，如下所示是极为多样的。[②]

· 设定服务目标。 879

· 制订年度计划。

· 为了提高对策的效果，得到行政机关的认可和支持。

· 确定必要的预算和财源。

· 制定服务提供方针，特别注意带薪员工和无薪志愿者员工安全的差异。

---

① ［日］土师守：《淳》，新潮社 1998 年版，第 124 页。

② United Nations Office for Drug Control and Crime Prevention (1999). op. cit. p. 14；［日］诸泽英道译：《联合国被害人人权宣言相关文献——为被害人的正义》，成文堂 2003 年版，第 37 页。

· 制作带薪员工和无薪志愿者员工的职务说明书。

· 工作人员的雇佣、招募、选拔、身份确认。

· 工作人员的培训。

· 为了使被害人更容易接受服务而进行改善工作。

· 确认地区内的急救设施,并与介绍机构取得联系。

· 向社会公布可服务内容、联络方法等,与介绍机关交换信息。

· 中介机构要对员工进行危机评估和介绍方法的培训,并制定有关实施对策员工的安全和被害人的机密性的基本方针。

· 开发宣传方针。

最理想的被害人服务是最终能够帮助到各种类型的被害人。但是,基于资源、项目人员的专业知识、现有的设施、地区需求的分析等条件的限制,应该从力所能及的服务开始,在经过一段时间的完善后实现完整的服务。在决定服务的优先顺序时,应当综合考虑案件的严峻性和对被害人的影响。

对于在特定地区需要特别照顾的被害人,应当采取完善的对策,要确保每天工作时间内都能提供援助服务。如果有条件,所有的服务都应该每天24小时提供。提供这种服务的方法包括电话、现场处理、家庭访问、上门服务等。如果整个计划能在规模较大的居民中心就更好了,这样可以覆盖整个城市。无论服务提供者是否方便,都要为所有需要服务的人提供服务。

880 在向没有马上联系服务提供者的被害人、没有及时使用服务的被害人、不能优先接受服务程序的被害人提供服务时,需要事先准备几套与被害人联系的方法。警察干部只要接受适当的训练,就可以查看报告书,选择需要介绍的案件。援助组织应当告知被害人还存在很多援助者,如警察、医疗专家、教师、宗教领袖、社会福利机构等,如果他们有更多的援助要求,可以介绍给其他组织。无论采用何种方法，都应当尽快与被害人取得联系，告诉他们可以利用服务的情况。

援助组织必须遵守以下几点要求：

- 明确规定信息收集的目标。
- 向被害人只提问必要的问题。
- 收集、记录或保存必要的信息。
- 专家有必要事先了解必要的信息。
- 向被害人传达信息的利用方法。
- 依法(没有法律的，依照国际标准)保护信息机密。
- 使用信息必须符合收集的目的。

十一、专家培养和公众教育

为了制订被害人支援计划，需要设立涉及多领域的特别委员会，开发多部门联手的援助被害人的方法，至少要制订面向警官和检察官等多部门的训练计划。

如果可能的话，可以组织地区的被害人直接参与互动，努力使被害人知道还有很多专家的存在，对被害人问题相关专业的学生进行预备教育，或者对某领域专家进行培训等。参加这些活动的人员包
括法官、矫正机构职员、媒体人员、大学等学校的教师、医疗设施和医 881
院的职员、精神卫生医疗提供者、验尸官、殡葬业者、神职人员、人权委员会成员、调查官等。

在被害人支援计划中，还要制订和实行面向大众的公共教育计划。如果有条件，还应该与媒体合作，努力提高大众对被害人问题的关心程度。为了保护被害人免受不恰当煽动性报道的影响而造成更大的伤害，应该制定并普及切实可行的伦理准则。

从过去的经验中可以清楚看出，能够对许多犯罪形态准确地预测未来被害的素材，就是过去的被害情况。从以前警方和被害人服务机构处理被害的次数来看，其中多次被害人比率相当高。因此，为

了防止被害再次发生，在被害人支援计划中应当列入犯罪预防计划。

如果可能的话，由公共机构、民间机构和非正式组织（包括个人层面和组织层面）共同设置被害预防委员会（victimization prevention-committee），制定预防被害的综合对策，由媒体对预防被害信息进行宣传，通过有关课程努力提高普通市民的认识水平。此外，从被害人那里收集的数据和有关环境数据对于更加周密地制订犯罪预防计划是非常有用的。

为了将被害人支援计划的服务维持在一个较高水平，应当将与被害人接触的时间、与同事或有专家一起活动的时间制定标准化文件。在国际舞台上，来自不同国家的人士和组织在相同的伦理框架下，建立统一的标准，步调一致地共同开展行动，就显得尤为重要。

十二、被害人援助志愿者的培训

除危机干预和危机响应之外，为了帮助被害人恢复健康而受到关注的是由训练有素的工作人员提供的咨询和康复训练。被害人及
882 其家属遭受的精神伤害远远超出了一般人的想象。特别是被害人死亡案件中的遗属，他们的精神伤害非常严重。例如，1994 年的全国犯罪被害人现状调查中，回答“一生无法恢复”的遗属占 62.6%。

帮助被害人“东山再起”，不仅需要国家的制度，还需要周围人的理解。很多被害人因被害被社会孤立起来，这种倾向在日本尤为严重。也有被害人断绝与邻居的接触，经常因搬家而失去音信。

对被害人的咨询（包括康复）和支援并非只有精神医学或临床心理学专家才能担任（当然，有些只能由专家承担）。如果想让被害人重新站起来，除了专家，普通人也可以参与商谈和支援。因为涉及很多领域的人，让人感觉到被害人并没有被国家和社会孤立。这就是《联合国被害人人权宣言》的宗旨。

当然，为了形成由志愿者为主体的咨询、支援态势，应当为此进行培训讲座。1995 年 7 月，日本成立了第一个被害人援助机构——

水户被害人援助中心(后来更名为“茨城被害人援助中心”),该机构一直致力于培养志愿者。培训的课程不仅包括学习和理解被害人的社会状况和心理状态、被害人的权利、外国援助被害人的状况,而且包括分担角色的心理治疗训练、实际接受电话咨询实习等。

十三、被害人支援服务的类型

《联合国被害人人权宣言》列举了支援被害人的组织至少要保障提供以下 9 项服务:[1]

1. 危机干预;
2. 康复; 883
3. 拥护;
4. 犯罪侦查期间的支援;
5. 刑事追诉及审判中的支援;
6. 案件处理决定后的支援;
7. 对专家和承办人关于被害人问题的训练;
8. 预防暴力及其预防服务;
9. 被害人问题的公众教育。

所有的被害人援助专家都应该在就职以前接受至少 40 个小时的培训,而且在执行任务的过程中还应当继续接受有关被害人援助的培训。支援组织应当确定服务标准并重新进行评估,在计划指导方针中,按最初设定的服务类型确定优先服务的顺序。但是,计划在项目开始后的 5 年内,应当按阶段实行所有的服务。

为了开发多种多样的被害人援助方法,计划程序必须执行以下内容:

---

① United Nations Office for Drug Control and Crime Prevention(1999). op. cit. p. 17 – 34; [日]诸泽英道译:《联合国被害人人权宣言相关文献——为被害人的正义》,成文堂 2003 年版,第 41 – 47 页。

· 为了提高对策的效果,建立多维度网络。

· 确认通过合作能够获得的服务、可能存在的不足、应对的负责人等。

· 为了避免系统重复介绍,事先确定各个合作伙伴的责任。

恢复损失的原则是恢复原状。但在现实中,很多被害都无法恢复原状。如果强行恢复,就可能对财产和自由带来损失。大部分被害,如生命、身体、尊严、发育成长、生活环境等,都不能复原。当然,如果是财产可以归还物品,如果是自由可以释放当事人,但严格地说,这也不会恢复原状。

而且,被害不仅仅是身体受到伤害和物品被偷。譬如,盗窃的被害,除被盗的东西以外,还有因他人穿鞋入室弄脏了房间,用手弄脏了抽屉里的衣服(不愉快),屋内情况被人看到了,有一种被人钻空子
884 的感觉,因庭院被弄得一塌糊涂而生气等,相当一部分包含着精神上的东西。

另外,难以恢复原状的其他被害,他们需要的救济是多方面的。例如,强奸的被害人,加害人被按犯罪处罚,并进行损害赔偿,如接受咨询、获得治疗费用、得到精神损失赔偿费、对工作和家庭生活中受到的影响给予赔付、在疗养院应接受的康复训练,等等。另外,被害人有时最需要的是加害人的道歉。

十四、世界各国的被害人援助体系

20 世纪 50 年代后期以后,以欧美国家为中心兴起了被害人运动,运动成果之一是在 70 年代各国纷纷建立了被害人支援中心。目前,世界上具有代表性的被害人支援组织有:美国的 NOVA、英国的

VS、德国的白色花环、法国的 INAVEM。[1]

2015 年,全世界至少有 50 个国家建立了被害人支援系统,包括孟加拉国、波斯尼亚和黑塞哥维那、多米尼加、爱沙尼亚、约旦、马其顿(现为北马其顿)、马耳他、蒙古国、黑山、塞尔维亚、斯洛文尼亚、乌克兰。

欧洲自 1989 年以来,举办了欧洲被害人服务论坛(European Forum for Victim Services),包括匈牙利、捷克等中欧国家在内,已有 15 个国家共同制定了被害人支援体制。该论坛于 1995 年在里斯本通过了《关于被害人权利的声明》(Statement of Victim's Rights),1997 年在布达佩斯通过了《关于犯罪被害人社会权利的声明》(Statement of Social Rights of Victims of Crime)。 885

体现欧洲共同步调的象征性例子就是使用被害人支援组织的标志。例如,英国、荷兰和爱尔兰的标志非常相似,是有意识地模仿相同图案设计的。

a. 英国(苏格兰、威尔士)的被害人援助

英国和美国、德国等国一样,是世界上支援被害人活动最活跃的国家之一。VS 的资料显示,英国每年有 100 万以上被害人得到援助。[2] 1974 年,英国开展了以志愿者为基础的被害人援助活动。在英国西南部的布里斯托尔,民间志愿者在警方的协助下制定了 VS。该计划作为草根活动在全国范围内展开,支援被害人的组织也在不断增加。这种地方层面的支援活动,后来在志愿者集团和国家机构及社会福利部门的合作基础上建立了组织,1979 年将这些组织整合

---

① 据《欧洲被害人援助中心》(Victim Support Europe,总部设在比利时的布鲁塞尔)主席戴维·麦肯纳(David McKenna)介绍,世界的被害人援助活动比较活跃的国家有,美国、英国(苏格兰)新西兰、荷兰、瑞典、丹麦;活动不够活跃的国家主要是财政上的原因,如西班牙、希腊、意大利。

② Spalek, Basia(2006), *Crime Victims; Theory, Policy and Practice*, p. 93. 据介绍,英国 2002—2003 年接受支援的被害人是 175 万人。

起来,在伦敦成立了全英国被害人援助协会。①

英国引入"全方位计划模式"是在 1981 年。目前,各种机构在全英被害人援助协会的网络下互相联系进行活动。该协会的任务是,对参加活动的人员进行培训,制定活动指导方针,必要时组织各机构开展活动等。

1990 年 2 月,英国制定了《被害人宪章》,特别指出了以被害人在刑事司法程序中的地位为中心的基本活动方式。《被害人宪章》使
886 英国的被害人政策向前推进一大步。内务省在 1996 年 6 月为了明确被害人服务的具体方针,修改了宪章,制定了《新被害人宪章》。②在《新被害人宪章》中,特别强调了警察等司法机关向被害人提供信息和被害人在审判中的被害陈述这两项重要工作。

此外,苏格兰被害人支援协会和爱尔兰被害人支援协会(Irish Associationof Victim Support)与各团体保持着密切的联系。

b. 美国的被害人援助

美国根据 1984 年联邦制定的《犯罪被害人法》,在经济上支持各州的被害人援助活动。援助的资金主要源于对违反联邦法的犯罪人缴纳的罚金(fine)和罚款(penalty),此外,还包括被没收的保释金(bail money)和处理与犯罪有关的犯人物品所获得的部分或全部利益。联邦政府为了筹集资金,设立了犯罪被害人基金(Crime Victims Fund)。

犯罪被害人基金的约 90% 分配给犯罪被害人补偿金及被害人援助活动资助计划。被害人援助活动资助计划的补助金,每年支付给

---

① Shapland, J. (1989). Producing change for victims in the criminal justice system—the U. K. experience. In: *Changing Victim Policy*, pp. 170 – 192;另参见[日]大谷实:《英国犯罪被害人的救济》,载《警察学论集》1991 年第 44 卷第 12 号。

② [日]安田贵彦:《论英国新被害人宪章的制定》,载《警察学论集》第 49 卷第 11 号,第 34 页以下。

2800多个被害人服务机构,①由这些机构支援约200万名被害人。联邦议会在1988年修改了《犯罪被害人法》,为了对基金进行管理和监督,将犯罪被害人基金指定为联邦司法部司法系统办公室内的机构。

1994年10月1日—1996年9月30日的会计年度报告显示,②
1996年联邦拨给各州的补助金中,54%(127,344,338美元≈153亿 887
日元)支付给被害人援助计划,36%支付给被害人补偿制度,3%支付给法院。另外,被害人援助项目筹集资金的组织,包括避难所797处、强奸救援中心419个、检察机关418个、执法机构138处、精神病卫生院136个、医院62个、社会福利机构31个,此外,还有法院、检验、儿童保护中心等。

在由联邦的被害人支援活动资助系统支持的被害人及遗属的案件中,家庭暴力1,006,938件、对儿童的性虐待164,380件、性暴力140,476件、伤害及暴力99,480件、对儿童的身体虐待98,618件、杀人遗属50,376件、抢劫47,423件、使用酒精或药物的交通犯罪35,007件、虐待老人15,593件等。

美国以NOVA为首,建立了很多与被害人援助有关的组织。③NOVA是由约翰·杜西奇(John PJ. Dussich)、④玛琳·杨(Marlene Young)⑤等人于1975年组建的,总部设在华盛顿D. C.,由玛琳·杨

---

① 向各地的被害人援助计划提供的补助金,从1984年创设以来到1996年的12年间达20亿美元(约260亿日元)以上。

② U. S. Department of Justice(1997). Report to Congress. October 1997.

③ 可以说在美国有数不胜数的被害人支援计划,任何机关都没有一个准确的数字。笔者就1996—1998年的情况咨询了当时NOVA秘书局的约翰·斯坦,得到的答复是全美至少有7000多个被害人支援项目。现在已经超过了1万个。

④ 约翰·杜西奇因对被害人学发展做出的贡献,1985年获得世界被害人学会的感谢状(Certificates of Appreciation)。

⑤ 玛琳·杨在1985年获得世界被害人学会授予的汉斯·冯·亨蒂希奖(Hans von Hentig Award)。

任执行部负责人，约翰·斯坦（John Stein）[1]任秘书长（executive director）。NOVA 使用会费进行运营，通过咨询、职业教育、支援活动等努力使被害人回归社会，以预防被害项目和重返社会项目为中心，开发警察等执法人员的教育项目，并进行被害现状调查，还在全国开展启蒙活动。

NOVA 的活动根据以下四个目的实施：①成为确立被害人的权
888 利，为被害人服务的全国拥护者（a national advocate）；②直接为被害人提供服务；③资助被害人援助者的教育；④为会员提供帮助（be of service）。

NOVA 以启蒙和会员教育为主要目的，策划了各种活动。例如，1993 年 4 月 25 日至 5 月 1 日，与被害人相关的全美 26 个团体举行了全美犯罪被害人权利周活动；NOVA 从 1975 年创立以来，每年都在全美各地举办北美被害人援助年会（Annual North American Victim Assistance Conference）活动。[2] 每次年会都声势浩大，来自各地的志愿者超过 1000 人，他们都是自费参会，报告自己的实践经验或者进修学习。

全美犯罪被害人中心（National Center for Victims of Crime，NVC）创建于 1985 年，一直活跃在美国被害人权利保护和服务的最前沿。NVC 的项目包括公共政策的开发和实施、被害人权利的确立及刑事司法中的问题调查、公众教育和公众意识的提高、警察等机关中被害人服务科室的训练及技术援助、被害人的支援和犯罪被害人的标准项目的开发等。NVC 是由个人会员和组织会员组成的非营

---

① 约翰·斯坦在 2007 年因对支援被害人的贡献获得世界被害人学会的感谢状（Certificates of Appreciation）。

② NOVA 年度大会在各州巡回举行，例如第 19 届（1993 年）纽约州罗切斯特、第 20 届（1994 年）加利福尼亚州旧金山、第 21 届（1995 年）夏威夷州毛伊岛、第 22 届（1996 年）俄克拉何马州塔尔萨、第 23 届（1997 年）得克萨斯州休斯敦、第 24 届（1998 年）佛罗里达州奥兰多等。

利组织。会员可以得到出版物和最新的公众政策介绍，还可以收到为会员准备的会议邀请。该中心在阿灵顿（弗吉尼亚州）、沃斯堡（得克萨斯州）、纽约等地设有办事处。

在美国的被害人支援活动的历史中不可忘记的是，20 世纪 70 年代各地陆续出现的所谓强奸救援中心。这些中心作为诊断、治疗强奸罪被害人的医疗机关，在仅靠医学支援还不够的情况下，获得咨询师和法律专家等的协助，试图实现综合性的强奸救援，是以医院为中 889
心的“一站式”支援中心。

强奸救援中心的主要活动是，救助性暴力的被害人、近亲奸淫的幸存者（incest survivors），对性暴力的被害人通过其重要家属及其他的个人或团体进行咨询和康复获得，同时也进行妇女科学追踪护理（follow－up gynecological care）。根据该中心的经验，几乎每 3 名强奸案的被害人中就有 1 人（占 31%）一生中经历过 PTSD，而强奸案中只有 16% 的被害人报警。

该中心对被害人提出了遇到强奸时的标准劝告，内容如下：

· 移动到安全的地方。

· 为了治疗和迅速收集身体上的证据，首先要接受医学上的检查。

· 不要淋浴或用梳子梳洗打扮。

· 为了医学上的检查和法庭上审问的需要，应当保存被攻击时穿的衣服。

· 联系最近的医院。

· 问医生有没有怀孕、艾滋病、性感染症等的可能性。

c. 澳大利亚的被害人援助

澳大利亚是由新南威尔士、维多利亚、昆士兰、南澳大利亚、西澳大利亚、塔斯马尼亚（首府是霍巴特）的 6 个州和北领地（首府是达尔文）及澳大利亚首都领地（首府是堪培拉）组成的联邦国家。

澳大利亚在被害人政策方面与英国、美国等都属于发达国家。被称为最早的被害人政策的“犯罪被害人补偿制度”,是继新西兰、英
890 国(包括威尔士和苏格兰)之后引进的。1967 年新南威尔士州、1968 年昆士兰州、1969 年南澳大利亚州、1970 年西澳大利亚州、1972 年维多利亚州、1976 年塔斯马尼亚州等,相继迅速地开展了援助活动。

对被害人对策特别积极的是南澳大利亚州和西澳大利亚州。其背景是,在南澳大利亚州有优秀的领导人和一直参与解决土著人和外来移民问题的宗教团体,开始关注犯罪人处遇问题。而西澳大利亚州是澳大利亚中财政最充裕的州。另外,澳大利亚的会计年度是从 7 月 1 日到次年 6 月 30 日为一年。

在澳大利亚,介绍(referral)系统发挥了很好的作用。为了充分实现对被害人的支援和援助,相关机关需要迅速开展合作。因此,提供被害人服务的机构[南澳大利亚州为“犯罪被害人服务”组织(Victim of Crime Service INC. ,VOCS),西澳大利亚州为“被害人支援服务”(Victim Support Service,VSS),维多利亚州为“维多利亚犯罪被害人援助联盟”(Victoria's Victims of Crime Assistance League,VOCAL)]和其他机构之间的信息交换和合作非常重要。如果发生了案件,处理该案件的司法机构认为该案件的被害人需要获得援助服务的,将把案件介绍给被害人服务机构。该介绍工作有时是根据法律和规则的规定,在相关机关之间交换协议文件(agreement),有时是按惯例进行。具体要根据其中的哪个方法,由该州的行政机关确定。

在南澳大利亚州的阿德莱德,所有的警察署设置的被害人联络警察(Police Victim Contact Officers),根据 VOCS 协议,从每天的案件中判断需要救助的严重犯罪,并将其介绍给 VOCS;除警方的介绍以外,卫生部的危机护理部门、几个医院中设立的性暴力服务项目、社区公署等也进行介绍。介绍给 VOCS 的案件中只有 10%—15% 是

被害人本人前来咨询的。①

在西澳大利亚州,每天都在 VSS 上使用传真介绍警察对案件作出的重要判断。这也是根据警察和 VSS 签订的协议进行的,介绍给 891 VSS 的案件多数是以警察和被害人本人的混合形式进行的。关于介绍件数,在使用该系统的第一年即 1992—1993 年为 1584 件,1993—1994 年为 2984 件(增长 84%),呈持续增长趋势。对 1993—1994 年的 2984 件中的 577 件建立了文档,并对其中的 130 件制作了"被害影响的陈述"文件进行支援。②

维多利亚州也进行了介绍,但不是根据警察和 VOCAL 之间正式协议进行的,因此并没有成为惯例。因为 VOCAL 是民间团体,存在保护隐私的问题。VOCAL 在警察局放了大量宣传册,为了能随时接待咨询而敞开大门等待。③

向被害人服务机构提交什么内容信息,没有规则规定,也是不确定的。例如,在西澳大利亚州的珀斯使用各种项目的表格,填写内容包括:案件编号;案件(或罪名)和被害地点;案件概要;被害人陈述的细节;被害人的性别;被害人的年龄;对应处理等。

服务机构接到案件后,会从志愿者中选定负责人。该志愿者会迅速联系被害人,告诉他们可以得到什么样的服务。有些州的服务机构还备有详细整理好的"被害人权利""被害人宪章"等的小册子邮寄给被害人。来到服务机构的人看到小册子,就可以知道他所期待获得怎样的服务。

对被害人提供援助服务最好由民间(或半官半民)机构承担,但澳大利亚并非所有的州都有这种服务。

在南澳大利亚州,VOCS 对被害人提供援助服务。该组织效仿

① M. Wilkie, et. (1995), The Experience and Needs of Victims of Crime in Western Australia: Report of The Evaluation of The Crime Victims Support Unit. p. 13.

② Ministry of Justice, Annual Report 1993 - 1994. p. 86.

③ VOCAL Inc., VOCAL History.

892 美国的全美被害人援助机构实行会员制。这个系统是用每年几百日元的会费来支撑在突发情况下的服务的。有的会费更便宜,有些会员以加入保险的感觉预防可能发生的被害,因此会员在不断增加。

在 VOCS 工作的志愿者,截至 1994 年年末有 130 人,经过 2 周的训练后,主要承担“危机干预”和“陪护出席法庭”的服务。但他们不是辩护人,被害人在法庭上作证时,他们也不能提出意见。在旁听的情况下,根据手册提示,他们只是陪同被害人,尽量毫无表情地坐着,不能说话。

西澳大利亚州在 1990 年 5 月成立了“犯罪被害人支援分部”(Crime Victims' Support Unit),后来在 1991 年 4 月,在弗里曼特尔警察局的运营下开始尝试开展支援被害人活动。最初的六个月,只有警察和司法部的行政官负责运营,此后 1991 年 9 月中旬,从社区服务派遣了一名咨询师,同年 12 月司法部派出了受理服务部门,正式开始了活动。1992 年 2 月聘用了 5 名志愿者,采用每天 1 人的值班制度。同年,该团体转移到珀斯,改称为 VSS 组织。到 1995 年 9 月,有 3 名文秘和 6 名心理咨询师等共 9 人参加活动,登记的志愿者有 45 人。

被害人支援服务的主要活动,包括咨询、出席法庭的陪伴服务、对被害人申请补偿提供咨询等。1993 年处理案件为 480 件,1994 年 11 月底为 670 件。但是,1996 年民营化以后,每年都以招标(tender)的形式提供服务。

在维多利亚州,1980 年成立了 VOCAL 的自助团体。维多利亚州的服务早期以组织形式开展活动较少,到 1994 年 9 月,有 2 个被害人支持计划。

关于其他州的动向,新南威尔士州采用电话咨询的方式,昆士兰州在 20 世纪 80 年代才开始提供支持服务。而北领地还没有提供服务的组织。

893 被害人服务机构致力于满足被害人的各种需求,基本上什么需要都能满足。南澳大利亚州和西澳大利亚州的服务标准包括：干预危机；咨询；帮助填写“被害影响的报表”；陪伴出席法庭；出庭时的指导和建议等。

1984 年世界被害人学会提出的统一意见要求“法庭上应当设置被害人专用通道和休息室”，南澳大利亚州阿德莱德的法庭上设有专用休息室。在西澳大利亚州，位于珀斯市中心的 3 个法院和奥班尼（Albany）、班伯里（Bunbury）、卡古利（Kalgoorlie）、杰洛顿（Geralton）各市法院都在准备之中。

d. 德国的被害人援助

德国在 1976 年建立了犯罪被害人补偿制度，1977 年公益法人“白色花环”[①]开始活动。此后，奥地利、瑞士、匈牙利、卢森堡、捷克等国也效仿德国设立了“白色花环”，支援被害人。

德国还在西德时期的 1976 年 5 月制定了《对暴力犯罪的被害人进行补偿的法律》（Gesetz über die Entschaädigung für Opfer von Gewalttaten），次年 6 月，公益法人“白色花环”开始从事犯罪被害人的救济和犯罪预防活动。

“白色花环”在美因茨设有联邦办事处，在各地还有约 400 个活动据点（Ausenstelle）。“白色花环”的活动得到各行各业各阶层市民约 7 万人的支持。

“白色花环”的财源除了会员的年会费以外，还有一般捐款、刑事司法程序的罚金（Busgeld）等。[②] 在德国，大部分轻微犯罪的罚金都 894
用于社会福利和白色花环，对社会活动发挥了很大作用。

德国与日本相比财源丰富，被害人在保养所（kurort）疗养时的疗

---

① http://www.weisser－ring.de.

② 在设立 20 年后的 1996 年的收入情况是，会费为 320 万马克（约 2.2 亿日元）、捐赠 960 万马克（约 6.7 亿日元）、从罚金中获得的分配 320 万马克（约 2.2 亿日元）、遗产赠与 570 万马克（约 4 亿日元）、利息 130 万马克（约 9000 万日元）等，共 2400 万马克（约 16.8 亿日元）。均根据当时汇率。

养补助和护理费用也纳入其中，在外国遭受的犯罪被害也是援助的对象，此外还在很大的范围内积极支援警察的犯罪预防活动，支援活动相当广泛。从支出来看，直接支付给被害人的援助占全部经费的近90%，此外，还有疗养设施补助、被害人救助经费、护理经费等。

"白色花环"还致力于为被害人提供咨询服务。全国约有2100名咨询员，全天24小时接待被害人和遗属的电话咨询。

e. 其他国家的被害人援助

法国有INAVEM，1997年年末有95个独立组织和150个支部开展活动。①

荷兰在1985年提出了被害人对策倡议，实现该倡议的核心机构是"全国城乡被害人组织"，②此外，还有强奸救援中心（rape crisis centres）、女性避难所（women's refuges）、儿童保护服务所（child protection services）、公共福利服务中心（public welfare services）等组织。

荷兰的被害人援助中心（Victim Support Netherlands）在全国有75个办公室和11个地方法院附属的被害人办公室（Victims Bureau）。③ 该中心共有约1500名志愿者和约300名带薪员工从事工作。办公室（Bureau）负责在刑事程序上进行支援，其他各种支援活动由各地的办公室进行。

895 荷兰的被害人援助中心在2011年处理的案件约有13万件，财产犯的被害也是补偿的对象，因此该中心的支援对象中也包括财产犯被害人。登录VS的人中有约80%是来自警察的信息，约20%是自己得到信息后联系的。

---

① Piffaut, G., (1989). Concrete achievements toward the implementation of the fundamental principles of justice for victims. In: Changing Victim Policy, pp. 113 – 136.

② van Dijk, J. (1989). Recent developments in the criminal policy on victims in The Netherlands. In: Changing Victim policy, pp. 68 – 80.

③ Slachtofferhulp (1997). National Victim Support Organization, Victim Support in the Netherlands.

荷兰的被害人支援对象还包括交通事故，利用者每年都在增加。1992年利用者为65,600人，1994年为104,900人，1996年达到114,500人。请求支援的被害种类中，财产犯的被害最多，占45%，其次是暴力犯罪和交通犯罪的被害，各占20%，性犯罪的被害占5%。荷兰约有200万人口，每年发生5万起犯罪案件。其中轻微犯罪（misdemeanous）和普通犯罪（offence）各占一半，在普通犯罪中有69%被起诉，15%受到检察机关处分，14%被分流在程序之外（包括警告）。

2011年1月1日修正后的法律实行了所谓的陈述意见（Victim Impact Statement = VIS）制度。该制度原则上每审判1人，实际上要由多名遗属进行陈述。VS每年处理对VIS不服的案件多达15,000件。

比利时有两个支援组织，分别是讲法语的援助组织和讲佛兰德语的援助组织。[①]

北欧其他国家有规模较小的注册机构，芬兰称为“Pahoinpitelynuhrien tukiry”，瑞典称为“Hj Ip brottsoffer”。但前者并不活跃，后者最近从政府那里得到了财政援助，扩大了活动范围。这些国家最近对被害人问题的看法发生了变化，对被害人支援的认识与社会福利、医疗政策一样，普遍认为是最重要的法律制度。之所以产生这种认识，是因为女权主义者和对性暴力和家庭暴力的被害人给予支持的团体的努力。

西班牙的瓦伦西亚在1985年春天成立了西班牙第一个被害人 896
支援事务所。该机构的工作人员都是义务服务的市民，在刑法、民法、行政法等各程序中提供法律服务。目前，巴塞罗那、毕尔巴鄂、圣塞巴斯蒂安等城市也正在建立类似的机构。[②]

---

① Reeves, H. (1989). The Window Conference Papers, *World Society of Victimology Newsletter*, 7, pp. 87 – 88.

② Vidosa, F. (1989). Improving the position of the victim of crime in Spain. In: Changing Victim Policy, pp. 209 – 216.

1990年年初,葡萄牙成立了全国被害人机构。波兰、南斯拉夫也有为被害人服务的团体。①

日本最早的被害人支援组织有:犯罪被害人救济基金(1981)、东京强奸救援中心(1983)、全国交通事故遇难者家属会(1991)、②反酒驾市民委员会(1991)、东京医科牙科疑难疾病研究所犯罪被害人咨询室(1993)、茨城被害人支援中心(1995)、③灾害心理支援网络(Japanese Organization for Crisis Response,JOCR)(1995)、少年犯罪被害当事人委员会(1997)、④全国被害人支援网(1998)、⑤冈山律师会仲裁中心(1998)、静冈犯罪被害人支援中心(1998)、全国犯罪被害人会(明日之会)(National Association of Crime Victims and Surviving Families,NAVS)(2000)、⑥"心声"(犯罪被害人团体网,heart - band)(2000)等。

---

① Bienkowska,E.(1989). Declaration of Basic Principles of Justice for Victims of Crime and Abuse of Power - the Polish Experience. In:Changing Victim Policy,pp. 46 - 65;Separovic,Z. P. & Josipovic(1989). The position of The Victim within The frame work of The criminal justice system of Yugoslavia. In:Changing Victim Policy,pp. 157 - 167.

② 千叶县印播郡白井町的井出涉夫妇于1991年4月组织成立了全国性组织,2013年停止活动。

③ 1994年12月3日14名专家组成了"日本被害人支援思考会",以该会为基础,1995年7月21日成立了水户被害人援助中心。该中心模仿NOVA建立了机构:①信息提供、②与相关机构进行联系、③危机干预和危机应答、④咨询、⑤援助小组。

④ 1997年12月21日,以大阪府的武留理子夫妇为核心成立的组织有被少年加害人杀害的4个家庭,并举办了"另一个儿童节"。

⑤ 1998年5月成立的被害人支援网络,后来在名称上加上了"全国"。

⑥ 2000年1月23日在东京饭田桥召开了"犯罪被害人的诉求——权利的确认和恢复被害"研讨会,以此为契机成立了该组织。

第三十二章

危机干预、支持和咨询

Crisis Intervention, Advocacy and Counseling

一、支援者是被害人的拥护者

如前所述,支援被害人的 4 大原则,[①]是“快捷、公正、节约、便利”。这一原则要求被害后的支援必须迅速而便利,支援越快,被害恢复就越顺利。很多人都懂得,受重伤后被救护车送去急救,必须争分夺秒。但出乎意料的是,很多人认为心灵上的创伤(trauma)并不需要分秒必争。被害的恢复,在初期阶段能否受到适当处置,对此后生活的影响会有很大差异。为了避免发展成 PTSD,初期的支援是非常重要的。

被害人的支援项目,包括精神支援、直接支援、信息提供 3 个方面,均衡地进行这 3 种支援非常重要。

所谓精神支援,不仅是指给被害人精神上的鼓励,还包括与被害人产生共鸣,将他们的心情传达出去。精神支援方面的重点是,说服侦查人员、媒体、被害人周围的人能够理解被害人。被害刚刚发生

---

① Paragraph 5 of A. Victims of Crime. In:the Declaration of Basic Principles of Justice for victims of Crime and Abuse of Power, adopted by the General Assembly in its Resolution 40/34 of 29 November 1985. United Nations Office for Drug Control and Crime Prevention(1999). *Handbook on Justice for Victims*, p. 116; [日]诸泽英道译:《联合国被害人人权宣言相关文献——为被害人的正义》,成文堂 2003 年版,第 2 页。

后，被害人面临的最大问题是刑事司法机关对被害人的偏见、媒体的偏见、周围人的偏见。消除这些偏见是支援者的重要任务。无论如
898 何，应当全力避免被害人与警察、媒体、周围的人斗争的事态出现。

关于直接支援，最重要的是“支援者能做什么”。为此，首先必须理解被害人所需要的支援。因为支援者不是坐等客户的“先生”，如果每次都问“下次要做什么?”，那就失去了资格。这就要求支援者经常洞察被害人的需求，进行超前思考。

即使被害人提出了在制度上难以实现的要求，也不要说“这是制度做不到的”，而要有“虽然很难，但我们试试吧”的态度。支援者在被害人做什么事情的时候，要陪伴或代替被害人去做。例如，去医院的时候有必要为他准备交通工具，对于失去了安全生活场所的被害人，需要帮助他找住宿设施。有时还要帮他们寻找保护人员、代替他们办理手续等。

关于信息提供，最基本的要求是寻找并提供被害人需要的信息。尤其重要的是，为了防止再次被害，还有必要与侦查机关和保安机构取得联系，以防止受到同一犯人实施的再被害。有些被害人有可能因案件而患上酒精、香烟、药物等依赖症，为了避免陷入这种状态，需要事先掌握必要的信息。社会福利服务、保健卫生服务或精神卫生服务机构的信息是重要的信息来源，平时要掌握正确的信息。如果在支援开始以后再去寻找，作为支援者就失去了资格。

被害人援助计划中最重要的是危机干预和危机响应。这是为了解决和援助刚刚遭受被害后出现的各种问题的对应措施。对于被害人喊的救命声，无论家人、亲属、邻居、朋友、同事，还是社会一般人和官方社会机构都必须迅速反应。

个人层面的反应是人们的意识问题，需要启发人们以促进对被
899 害人的正确理解。但是，这个问题也是“一人有困难大家帮”这一自古以来的淳朴互助理念。

警察等公共机关和民间志愿团体也需要有组织地开展活动。组

织活动不仅需要团队合作，而且还需要保持持续性。但既然是组织活动，可能组织成员的意识不统一，技能也有差异，因此需要平时的进修和培训。日本对这类工作人员的训练、教育相当落后，今后必须强化。

危机干预或者危机响应，原则上应按照被害人“求救”的呼声进行，而在被害人不希望的情况下，强行介入是有害的。被害带来的问题因人而异，涉及范围很广。不仅是与周围人或组织的关系等社会问题，还涉及精神、心理等很多问题。从这个意义上说，与警察等公共机关相比，民间志愿服务活动可以更好地发挥作用。因为民间组织不是按照事先准备好的介入的，而是根据被害人的需要尽可能满足他们的需求。

被害人通常遇到的问题有：向侦查机关举报、恢复平常心态、与家人和朋友等的交流、日程的变更、确保饮食和住宿场所、陪同去医院就医、对应侦查机关和媒体、清理现场、与单位和学校进行联系、准备葬礼等。要了解这些需求，需要民间志愿团体和地区行政机关在警方的协助下进行。

很多人认为只要给予“精神支援”和“心灵关怀”就可以了，但这是严重的误解。只进行精神支援不仅没有意义，而且还会激起被害人的逆反心理。①

但是，被害人支援计划并不需要提供所有这些服务。如果社区 900
已经提供了一些服务，就可能出现提供双重服务的情况。当没有提供必要服务的情况下，才可以按计划直接提供服务或者通过其他机构提供服务。

---

① 1995年1月发生的阪神淡路大地震中，多次听到一个报道，精神医学和临床心理学专家突然来访，问道“怎么样了？”等，这对于被害人们来说是最糟糕的。“如果是专家来，带来一瓶水也是好的。”

二、安全和安心

任何危机干预者首先要考虑的是被害人的人身安全。在确定被害人的身体处于危险状态，即处于需要紧急医疗救助的状态之中时，其他问题都应该忽视。被害人的安全和安心优先于其他支援。但是，被害人是否处于安全状态，以及被害人是否能够感觉到这一点，并不是马上能查明的。处于身体休克状态的被害人可能并没有意识到自己的伤害和现在的危险状态。

从以下情况来看，案件刚刚发生后的被害人很可能没感觉到安全：

1. 加害人（犯罪嫌疑人）回答警方调查的内容，是从被害人看到的或听到的；

2. 被害人在被害现场被提问；

3. 被害人没有时间穿上可以替代破衣服或被抢走的衣服；

4. 被害人感到饿、寒冷、不舒服；

5. 加害人还未被逮捕，他们一旦回来就会受到威胁；

6. 被害人认识加害人；

7. 被害人的家人、朋友、证人等受到加害人威胁。

如果存在上述情况中的任何一个，即使有警察在身边，被害人也无法感到安心。有必要在案件发生后的一段时间内，给被害人提供安全保护，并给他们安排在夜间可以安心的住宿设施。支援者应当
901 在警察等的协助下，最大限度地使被害人感到安全和安心。

优先处理被害人和遗属，会让其他人感到安心。[①] 例如，一对情侣在路上遭遇抢劫，一方可能会比自己更担心另一方。同样，父母比自己更担心孩子。

---

① United Nations Office for Drug Control and Crime Prevention（1999）. op. cit. p. 21；［日］诸泽英道译：《联合国被害人人权宣言相关文献——为被害人的正义》，成文堂2003年版，第48页。

对于杀人案件中幸存下来的被害人遗属,比起安全问题,更倾向于关注保护隐私和生活问题。有些生存下来的遗属,不想让陌生人或者他不想见的人看到自己的痛苦和悲伤,否则,这种痛苦和悲伤会更加强烈。

需要告诉被害人和遗属,无论他们是谁,援助者对他们的反应、语言、痛苦等都会保密。如果这个秘密受法律或刑事司法机关的限制,应当对限制的理由进行明确说明。

有时死者遗属也会陷入绝望和无助的状态之中。所爱之人意外死亡这种打击并不能马上适应,有时遗属不能理解被命令的事情和被指示的事情。

当被害人和遗属有机会重新找回对案件的自制力时,他们会找回安心感。虽然他们不能把犯罪和所爱之人的死亡当作“什么也没发生过的事情”,但他们可以应对案发后出现的事情。

为了使被害人或遗属感到自己处于安全的状态和受保护的状态,可以采取以下几种方法:①

1. 坐着谈话。

2. 说话时,先问对方觉得哪里最安全,然后转移到那个地方。

3. 如果被害人觉得这里安全,就会附和说“没错”。

4. 向被害人或者遗属说明自己的身份和所属机构后,说明保密的要求(standards of confidentiality)。

5. 如果可以的话,让媒体远离被害人,帮助被害人回答媒体的问 902
题。

在被害人担心心爱的人的情况下,应当努力收集更多的关于其安全的信息。在被害人处于混乱或惊慌失措的状态下,接受警官等人的提问时,作为听者应当多次重复提问,以使他能理解问题的

---

① United Nations Office for Drug Control and Crime Prevention(1999). op. cit. p. 22;[日]诸泽英道译:《联合国被害人人权宣言相关文献——为被害人的正义》,成文堂2003年版,第49页。

含义。

危机干预者重要的任务是满足被害人的生活需求，但没有必要成为被害人依赖的救助者(rescuer)。对于被害人来说，应该尽可能地给予自己选择的机会，以及自己参与和自己决定的机会。案发几个月后，一旦完成协助被害人决策的任务，救助者就突破了危机干预的主要目标，即帮助被害人找回控制自己生活的能力。危机干预者在日常生活中必要的活动，只是以照顾的形式暂时介入，如照顾孩子、帮助提供交通工具、打电话、协助安排葬礼等，临时代理被害人不能做的事情。

在日常活动方面支援案件的生存者是很重要的，但更重要的是让他们做将来的计划这一重大工作。危机干预者开始时可以简单地对他们说，“你的事情怎么说才好呢?”或者“我们坐在什么地方聊吧”等，可以在一定程度上使他们恢复控制情绪的能力。如果生存者恢复了身体的自由，就会有助于恢复他们之前感到无法控制的心情。

介入者必须认识到，被害人在从事特定工作时可能面临的危险。如果被害人有鲜明的回忆或强烈的悲伤，他们有可能在开车、走路、骑自行车或做饭的过程中失去注意力。

903 三、危机干预与危机响应

危机干预项目应当包括作为精神支持的危机干预咨询、作为直接援助的医疗照护、提供避难所、供应食物、照顾其抚养的家人、修理物品等。另外，还包括有关滥用药物紧急处置的介绍，对直接需求和被害人权利问题提供信息和介绍等。

必要的情况下，作为精神支援还应当提供的内容有：告知死亡和尸体确认的情况、联系与其直系亲属及其他人等；作为直接援助，还应提供服装、紧急避难场所及保护避难所、提供现金和交通工具、清理犯罪现场、紧急维修等。

绝大部分危机干预方法都要遵循这些原则，但为了实现危机干预的目标,危机干预者采用的方法大致分为两种。介入者在任何情况下的意图都是向被害人提供一个安全且受保护的环境,在这里可以谈论发生的事情和被害人的反应;介入者在任何情况下,首先在被害人所处的情况下给予他们安心感。给他们安心感的对话,采用以下对话方式比较可取:

· 这个案件发生在你身上了。(I am sorry this happened to you.)

· 案件不是你的错。(It isn't your fault that It happened.)

· 有我在,已经没事了。(You're safe with me now.)

· 请告诉我发生了什么事。(I am interested inhearing your story of what happened.)

但是,介入者应当如何帮助谈论案件的被害人,方法是多种多样的。

最初的方法主要是重大案件压力的倾听模型(debriefing model)。利用这种方法,介入者可以通过要求被害人回忆案件的事实部分来寻找帮助的方向。通过这个方法,某种程度上能够使被害人客观、综合地看待案件。

有时介入者提示被害人对案件的理解,可以有助于被害人回忆 904
事实。但是,最重要的是让被害人按照自己的方式说话。被害人陈述事实之后,可以要求他说出在犯罪过程中想起的事情,以及知道发生了什么事情时考虑的事情。介入者提问的目的是看被害人对案件的反应如何。也就是说,通过询问了解他们的感情和反应如何。

在被害人有充分的机会思考发生的案件之后,说明他们当时的反应和感情,不会让他们自己感到惊讶。在被害人有解释自己情绪的机会之后,接下来,将让他们解释自己经历了怎样的压力症状。为尽快进入这一过程,介入者可以帮助解释急性应激反应(Acute Stress

Reaction)和创伤后应激反应(Post – traumatic Stress Reaction),告诉被害人有关案件的事情和之后可能发生的事态。

危机干预的最终步骤是帮助被害人找出解决自己问题的方法。

第二个方法主要是按时间顺序说明犯罪行为,确认案件发生时出现的感性认识。即介入者为了能尽早与被害人开展对话,应当敦促被害人回忆一下案件发生时和感觉到案件发生时的情况,如案件发生时你在哪? 和谁在一起? 看到了什么? 听到了什么? 闻到什么气味和味道? 有什么触感等。

下一步是让被害人回想一下当时的反应。这种提问方法是让被害人把精力集中到案件中,重视的是身体反应和精神反应。这样一来,被害人即使不说明事实发生本身,也能对感知到的事情进行说明。

在这样一连串的询问之后,对被害人说:“能告诉我,案发的当天
905 和案发的第二天发生了什么吗?”“在案发当天和第二天,你做了些什么? 能告诉我,您听到案件的消息时,是什么心情?”“你的家人对这种犯罪有什么反应?”等,通过这些询问可以加深被害人对犯罪后发生事情的理解。

询问一系列问题要到达的效果是,被害人开始考虑将来的事情、自己的问题、今后可能会发生的反应等。介入者也可以问:“考虑两周后的事情,你认为会出现什么问题?”根据这些询问和被害人的回答,介入者可以决定解决被害人问题的方法。

无论是用什么手法,或者改进的手法,都有助于被害人系统地理解该犯罪的影响和犯罪之后的影响。无论介入者采用哪种手法,都应该让被害人明白,被害人的反应和意识到的事情,在创伤性状况下是正常现象。

作为危机干预的手法,应当开发出各种各样的改良手法,以应对特殊的犯罪情况。例如,危机缓解(crisis defusing)、长期受到创伤时的干预、通过回忆的危机干预(retrospective crisis intervention)、反复

的危机干预(repetitive crisis intervention)、针对特定人群进行危机干预的方法等。

四、危机缓和

在没有时间应对所有问题或没有时间听取所有意见的情况下,危机干预者有时需要与被害人个人或被害人集团共同行动。最初需要做的是给被害人提供精神安慰(emotional relief)的机会,并告知他们将尽快使用追加的援助。

危机缓和通常是在犯罪刚发生后进行的。其目的是短期的,持续的时间是被害人确保自己所需时间后的30—45分钟。因为缓解危机的时间是有限的,危机介入人员无法采用全部危机干预措施。 906
最初的主要课题是安全和安心问题、初期的创伤反应、当前生存的关怀。危机干预者需要提醒被害人,“如果有足够时间听你讲话,我会再来的”。

关于创伤长期化情况下的危机干预,当持续性案件如战争、长期滥用权力、激烈等犯罪行为的继续等这些危险状态长期存在时,危机干预者应当预备一些重点放在被害人反应的提问和减轻未来创伤的提问上。这些提问是与标准询问不同的特殊提问。这种情况下的典型询问的例子,有以下几点:

· 还记得在这个案件发生之前,您过着怎样的生活吗?
· 能说明一下吗?
· 发现自己成为这次犯罪的被害人,是因为什么?
· 能说明一下这个案件发生之后,对自己的生活产生最大影响是什么?
· 那时您在哪里?
· 您和谁在一起了?
· 您还记得,您对这个案件作出了什么反应?
· 如果事情明天就结束,今后您想度过怎样的人生?

受到战争或暴力犯罪的被害人往往会变得很绝望，因此，支援者需要让被害人抱有希望和梦想，让他们对今后的人生充满期待。

五、回忆性危机干预

第一，回忆性危机干预的概念是由各种因素发展而来的。很多
暴力性犯罪的幸存者，都将面临由该犯罪行为引发的创伤，而且这种
创伤会不断进行下去。其中包括参与侦查、审判等刑事司法活动，媒
907 体对犯罪的采访，案发 1 年后、2 年后的纪念日（anniversary），该案的
主要人物死亡，又发生了类似案件等。这些较为特殊的事件往往会
让被害人唤起最初的创伤记忆，因此，部分被害人又重新寻找危机反
应的痕迹。

第二，关于危机的影响和必然反应的知识，最近才被公开。有很多被害人至今仍保留着过去的犯罪的伤痕，为了处理这些旧伤，他们仍需要援助。

第三，有些被害人不会马上寻求援助，也没有给予危机干预的机会，过了 6 个月或 1 年才意识到“如果当时接受了援助，也许对自己会有帮助”。

回忆性危机干预应当从犯罪被害发生开始到几个月或几年后被利用。听取他们的回忆可能需要几个小时时间，也可能更长。大多数情况下，由于案件已经过去了相当长的年月，一般来说不存在安全和安心的问题。与几个被害人谈话时可以讨论创伤经历的情况说明（ventilation）、集中在正当化（validation）及综合性（integration）上、危机反应、长期的压力反应、社区倾向型的应对措施、创伤的遗传等问题。幸存者也许会回答悲痛而紧急问题，慢慢地讲出自己想说的话。在大多数情况下，他们会从推测开始谈论问题，或者有意无意地融入生活中一部分。

六、反复性危机干预

采用反复性危机干预法的情况包括，感觉到自己被犯罪结果就

像一张包围网一样包围的场合、感觉某个犯罪案件乃至连续杀人案和连续纵火案等数起犯罪案件的影响的场合,这种方法在犯人还没有被逮捕或犯人还没有被确定的场合特别有效果。 908

采用反复性危机干预程序,可以帮助个人和社区成员应对持续的恐惧感和不安感。在死亡的被害人的身份不能确认需要等待的情况下,或者等待被诱拐后的后续信息的情况下,也是有效的方法。

在预计需要进行多次说明的情况下,可以事先预告一下说明的步骤。这个说明最好制订一个日程表,事先确定一周一次或两周一次。因为这个说明的目的是使被害人按照预定的方向进行说明,或者为第二次以后见面准备话题,所以第一次说明的时间有可能比第二次以后的说明稍长一些。

在初次会议上,应当讨论有关危机反应和长期压力反应的所有要素,并特别强调安全和安心问题。第二次以后的会议的主要话题是,根据参加者的意见,每次谈论 1—2 件重要的危机反应问题。如果被害人希望继续讨论,对参与者关注点较高的重要案件进行说明。对于短期的对策,进行重新评估。

应对有特性的特定人群时,最好全面修改上述小组式的危机干预法。应对儿童时,可以找一位帮助他们说话的助手,或者采用短剧、木偶剧、绘画、戏剧等方法。

危机干预者应对老年人时,可以采用特别的视听手段。需要注意的是,多数老年人在倾诉现在的精神创伤时会重复以前的记忆。

属于特定文化社会的人们在说明情况时,有时不依赖语言,而使用歌曲、音乐、舞蹈或身体动作。相互交谈有时是一种更合适的交流方法。

如果被害人是外国人,或者是具有特殊文化的人,有时需要通过 909
翻译才能容易理解,或者不使用语言而采取独创性的表现方法。对于患有进行性或重度身体残疾的被害人,需要采用其他对话手段。在对创伤的认识和说明、对创伤性反应的表明和应对策略方面,需要考虑到文化背景的差异。

七、情况说明和正当化

对于大多数被害人来说,被害经历是破坏人生的意外案件,被害人会因丧失自制力而受到打击。被害人担心的是自己当时的反应(恐惧、极度愤怒、恐慌状态等)是否异常。会因报案是否会遭到报复而感到不安。①

危机干预的目的是帮助被害人整理自己的想法,并让他们再次确认自己的感情是合理的,反应是理所当然的、正当的。被害人因该案件受到了社会的谴责,但他们仍然是有价值的社会一员,应当受到保障。

在这个说明案件情况和正当化的阶段,重要的任务是给被害人提供向支援者和支援团体说明案件发生时的感情和经验的"谈话"机会。一般来说,在人前说话是很有用的,但也有人在公开场合说话时会非常紧张,这一点需要慎重进行。另外,要想帮助被害人恢复平常心,最好是保持一段时间的沉默进行自我反省,但这并不普遍。还有人认为,舞蹈、讲故事、比喻(metaphors)、②音乐、心理剧等表现方法效果会更好。

910 让被害人或遗属"说话"的过程,看似简单,实则不容易。被害人可能会反复说同样的话。这种反复的过程,是将记忆的片断变成一个完整的故事,是根据自己的认识重新构成案件的工作,并将这个过程渗透到生活中去。案件的最初记忆,有时会朝着特定的感性认识和案件中发生的特定行动(例如,攻击者的匕首,为了逃跑而扭打)

---

① 担心被害人报案就可能遭到报复的案件,主要是加害人有权势的犯罪和暴力团体等有组织的犯罪。

② 比喻分为直喻(simile)和隐喻(metaphor)。"She is like a rose。"(她像玫瑰一样美丽)是直喻,往往用"像"(like 或 as)比喻事物。隐喻是不直接使用"美丽"的一种比喻,如"She is a rose."(她是一朵玫瑰)。

缩小。

随着时间的流逝，记忆中有时会出现案件的其他部分。这些记忆部分有时会在梦中或直观的意识中，或者在说话过程中重现。在时间的流逝中，被害人会学到新的东西，并利用信息重构记忆，因此，被害故事的内容也会发生变化。

通过重构记忆，可能会改变谈话内容，因此这在刑事司法上是存在问题的。如果谈话内容缺乏一贯性或出现矛盾，就会对侦查和追诉产生影响。但是，从危机干预的角度来看，这是一个说明情况的过程，是用更完整的话语叙述出来的过程，这完全是正常的。

这种情况的说明，也是为了说明经验及反应而寻找表达的语言或其他手段的过程。从这一角度看，情况说明往往带有文化特性。用语言来表达感情和事实时迸发出的力量非常大。把自己所爱的人死去的事告诉别人，或者说出这个人的名字，都包含很深的感情。正确表述案件和经验的语言有时具有极其重要的意义。也就是说，描述酒后驾驶罪行的词语，不是表述为事故（accidents），而是撞击（crashes）。对被害人和遗属来说，这不是偶然的案件，而是被撞了。

所谓正当化，就是危机干预者解释对恐怖性案件的反应都是正常的过程。也就是说，需要向被害人和遗属说明，他们出现的愤怒、恐惧、挫折感、罪恶感、羞耻心、悲伤等反应，并不意味着被害人的不
正常、不道德、不好。这个解释说明过程是正当化的本质和目的。 911

被害人和遗属的这些反应只不过是对特殊的攻击性犯罪反映出的人类苦恼的一种表现形式。虽然大部分人的反应都是正常的，但在某些情况下有些人已经在精神上出现了问题，并表现出有害的反应。其中有人对自己或他人作出的是对个人具有灾难性的危险反应。如果这种危机还没有结束，这种反应可能是暗示自杀或威胁特定人物的征兆，因此必须提高警惕。在出现这种语言或征兆的情况下，被害人服务负责人应当立即求助专家或介绍专家等采取有效措施。

八、预测和准备

危机干预的另一个目的是，帮助被害人预测灾难发生后会出现什么问题，并为将来可能发生的事态做好准备。如果最初的被害是因以前的事情引起的，那么就要帮助被害人消除引起问题的对立关系。

这种预测和准备的目的是，告诉被害人在受到伤害时所表现出的普遍反应，通过告知他们在刑事司法过程中会发生什么事情，从而帮助被害人在某种程度上找回自制力。为了使被害人能够理解现实，也有必要帮助他们应对今后可能出现的各种日常疑问。

多数被害人最强烈的需求是关于自己的犯罪信息和自己人生中今后会发生什么的信息。被害人的人生是典型的混乱人生，他们不知如何是好。恢复被害人自制力的方法是，知道自己发生了什么，并且知道今后何时、何地还会发生什么，会以什么形式发生。

对被害人来说，最重要的信息包括如下内容：

912 1. 被害人必须搬家吗？

2. 被害人能否确保足够的经济资源来满足被害所需的直接需求？

3. 被害人所面临的法律问题有哪些？

4. 在刑事司法制度和民事司法制度方面，准备了哪些对策？

5. 被害人当前面临的医疗问题是什么？

6. 杀人案的遗属的需要是什么？除确认尸体、准备埋葬之外还有什么？

7. 被害人想让媒体知道什么信息？是否让他们知道案件详情？

此外，优先度较高的信息是对被害人的忠告，即对被害人提出忠告：恢复情绪反应可能是明天，也可能在 6 个月以后。因此，对于下一个危机反应会何时到来，强烈的反应表现出何种感情这些问题，应当让被害人明确认识到，没有被害人可预知的时间表。

可以指出一些情感问题，包括危机时出现的身体反应和精神反应、长期的身体影响和精神影响以及其他重要反应。

被害人应该预见某种可能性：每天发生的事情可能成为案发时自己表现出的相同危机反应的触发因素。对于被害人来说，不仅需要预知可能性的充分信息，而且还需要支援和准备能够应对实际可能出现的、将来的感情反应的方法。

九、支持

如果想支持被害人的项目，至少应该进行下列服务：

1. 在申请被害人补偿或民间保险方面提供援助；

2. 干预是为了继续保障被害人的信用、住房和就业； 913

3. 一般支持服务是为被害人参与刑事司法或去法院时通过保护指令、搬家、庇护等提供保护。

作为支持的方法（advocacy techniques），应该将支持与被害后的咨询相结合来使用，这种想法基于以下3个因素：

第一，经历过某次犯罪之后又遭受二次被害，有时会迫使被害人及其支持者进行还击（fight back）。

第二，对一些人来说，探究人生的意义与尝试改善环境、避免将来悲剧的再次发生是分不开的。

第三，被害人自身的积极态度有时会成为矫正忧郁症的手段和建设性的感情表现方法。

专家们推荐，充分理解这三个因素是创伤后的治疗、维护和被害人自身的积极态度。

大部分被害人服务提供者也支援个人的诉讼活动。支持者接受个别委托人（clients）或小组委托人的委托开展工作。支持任务的对象通常是与对方及其代理人之间有直接、特定的和实际的纠纷，通常是因惯例、规则、法律认为属于不公平、不正当或有害的行为而引起的。

支持的目的是，对被害人的法律利益进行代言，必要的情况下，通过对特定案件的特定诉讼行为，改变态度、惯例、规则或者法律（如一个错误的判决）方面，帮助被害人。一般来说，主要讨论的问题是行为、态度、价值观或政策，但支持改变法律的合法案件的例子是告诉。告诉是主张被害人正当性的重要手段。

914 **十、支持系统**

以预防将来可能发生的事情而要求改变被害人状况为主要职务的支持者，是系统支持者。但是，为受过去非法行为折磨的特定人能够追求或实现改革，这是其中一部分内容。系统支持者通常与某一团体共同执行职务，包括具有积极态度的被害人团体。

系统支持者为社会弱势群体和法律环境落后领域的被害人开展活动。很多系统支持者在发生纠纷之后或同类纠纷再次发生之前，要求改善制度。在率先推行被害人政策的欧美国家，被害人支持者们为了提高被害人在刑事司法制度中的权利，一直要求修改法律。1985 年《联合国被害人人权宣言》之所以能够通过，主要是因为被害人支持者的活动，他们认为这个宣言将成为提高世界多数被害人地位的催化剂。

在日本，为了被害人而进行刑事司法制度改革的，并不是被害人支持者，而是被害人的活动。世界专家对此表示惊讶和赞扬。① 如本书第二十四章“为被害人的正义和被害人运动”所述，在日本，实现刑事司法制度改革是以全国犯罪被害人会（明日之会）为中心开展的被

① 全国犯罪被害人会总干事冈村勋（当时）在 2009 年举行的第 13 届国际被害人学研讨会的主题演讲中指出，“像这样，被害人鞭打自己的身体，与社会抗争，日本第一次称为最有希望为被害人的制度必须进行改革的国家”，这句话让现场的数百名世界各国学者深感震惊。参见 Okamura Isao（2011）. The Movement for Crime Victims'Rights and a Restoration Systemin Japan：Its History and Achievements. In：Morosawa，H.，Dussich，J. J. P. & Kirchhoff，G. F.（eds.）. *Victimology and Human Security：Neiv Horizons*. Wolf Legal Publishers，The Netherlands，pp. 21－34.

害人运动。[1]

系统支持者为了符合相关人员的合法利益而改变态度、价值观、
传统或法律。系统支持者认为，为了实现这一目标，可以采用培训、 915
教育、修改法律、告诉等多种方法。例如，在美国，这些支持者为了改变法官的态度，特别动员州的司法研修院和联邦司法部，在被害人的权利和司法组织的职务方面开展和实施专项培训。[2]

系统支持在整体环境得以改善之后，通常被诉讼支持（case advocacy）所吸收。诉讼支持者的任务是，在某部法律通过之后，确保对特定被害人有关法律能够贯彻执行。系统改变后，个别案件未必能适用新的基准。为了面向所有的案件，防止出现奇怪的事例，需要很多支持者、支援者、拥护者紧紧盯住身边的案件。

十一、心理咨询

作为被害人支援计划的心理咨询服务，包括精神支援、直接援助、信息提供三种服务。很多人认为，心理咨询就是通过面谈，倾听被害人的倾诉，必要时提出建议。但是被害人援助中的心理咨询，应当是为解决被害人面临的问题而给予必要支援。

精神支援是对精神创伤的长期咨询和精神卫生的干预。直接援助包括修理破损物品或安排替代丢失的物品等。信息提供包括提供刑事司法以外的有关法律救济的信息和介绍，其中包括调查专员制度、人权团体、损害恢复请求（recourse）等。

并不是每位被害人服务提供者都提供精神治疗，但是为处于危
机中的被害人提供服务的人，应当向被害人提供额外的咨询，或者介 916

---

① Morosawa, H. (2012). The Road to Victim Rights Establishment in Japan. In: Morosawa H., Dussich, J. J. P. & Kirchhoff, G. F. (eds.). op. cit. pp. 148 – 150.

② United Nations Office for Drug Control and Crime Prevention (1999). op. cit. p. 34; [日]诸泽英道译:《联合国被害人人权宣言相关文献——为被害人的正义》，成文堂 2003 年版，第 72 页。

绍支持手段，或者自己提供支持。最近的研究表明，大部分被害人和家属在应对危机时自己能够适当处置，而只得到一点点的援助，但应当根据他们的不同需求，追加心理咨询援助。

被害人第一次接触刑事司法程序时，被害人服务提供者需要在这个过程中持续进行危机干预和咨询服务。因为起诉以后应做的事情和审判前存在的问题是被害人的烦恼和不安的因素，而且审判本身的压力反应是一个诱因（trigger），被害人在公审结束后，因裁判员的评议（verdiet）、判决、判决的执行会再次引发创伤。

而且，如果加害人没有被逮捕，被害人就会认为刑事司法制度没有起到应有的作用，因此有必要在一段时间内继续对被害人进行支援。很多被害人认为，加害人被逮捕、被起诉、受到惩罚是理所当然的，如果这个过程不能顺利进行下去，对被害人和遗属来说都是巨大的压力。从这个意义上说，未解决的案件、犯罪嫌疑人死亡的案件、被告人被判无罪的案件、确定有罪但日后被认定为冤案的案件等，都需要对被害人和遗属进行特殊的支援。

在犯罪发生几个月或几年之后，可能会在被害人的人生中出现新的危机反应。死者遗属一到每年或每月的那一天，[①]或者纪念日就会感到忧郁。在案件被大肆报道的情况下，报纸、电视等媒体在纪念日会反复报道案件，这对遗属来说是非常痛苦的。

对于这些遗属，心理咨询师每年至少有一次（有时每月至少一次）与他们交谈，这种精神上的支援确实是必要的。被害人中的一些人会遇到新的惨案，或者发生其他重大案件（结婚、离婚、孩子出生、
917 爱人死亡等），这也会让他们回想起以前的犯罪。在此之前，过着和平生活的人，也会因为这种事情被拉回到原来的状态。

部分被害人在开始处理被害、重建新生活之前，可能需要很长时

① 日本有“月忌辰”的观念，把每月被杀害的同一天作为月忌辰，遗属在这一天进行扫墓等活动。追思逝者、祈祷冥福的行为，可以使死者家属的精神状态回到案发后的状态。

间。这不是“好”与“坏”的判断问题。每个人都有自己的道路，每个人都有自己的时间，每个人都有自己的对抗手段，每个人的恢复都反映着现实。

好的被害人心理咨询会有好的被害人支援者陪伴，这已经成为被害人服务提供者们的共识。心理咨询师的功能就是给被害人提供精神上的安心感，但对于被害人来说，如果没有实际感受到安心，就不会信任心理咨询师。心理咨询师善意地对被害人说“已经没事了”，但如果女性被害人此后继续住在被强奸、被侵害的同一个公寓而没有搬家，或者门和窗没有上锁，这对于被害人来说是完全没有安全可言的。即使换了钥匙，她也不知道是否能保证安全。感觉到自己所居住的环境完全改变了，被害人就会感到悲哀，即使使用门锁也未必能阻挡入侵者。

为了消除被害人的持续性压力，有时被害人支援者什么都不能做，但支援者为解决问题而努力的姿态对消除被害人的烦恼具有意义。① 用上述例子来说，支援者可以和被害人一起探讨从那个公寓搬家的事情。在与房东协商解除租房合同或寻找其他公寓时，能够获得被害人的信赖。被害人期待的是伴随这种行为的心理咨询，而不相信说着“心理咨询也就这样了”等不想再进一步咨询的心理咨询
师。从这个意义上说，被害人援助的心理咨询与普通的心理咨询是 918
不同的。

当然，有些被害人可以自己去寻找政府建的公租房，办理领取补偿金的手续，在刑事司法各阶段陈述意见，因盗窃的影响不能及时支付账单时与债权人协商，因作为证人出庭提供证词需要花费时间而与雇主协商，自己一人去法庭等。但是，对于大部分被害人，在这一过程中与现有制度“战斗”是艰巨的工作，在这种情况下如果与制度

---

① United Nations Office for Drug Control and Crime Prevention (1999). op. cit. p. 28；［日］诸泽英道译：《联合国被害人人权宣言相关文献——为被害人的正义》，成文堂 2003 年版，第 61 页。

斗争就只有烦恼。支持服务的作用是鼓励被害人,使他们成为自己的支持者,此外,在被害人累得说不出话的时候,再给他鼓励一下。

十二、被害后的心理咨询

被害后的心理咨询是在最初的危机反应消失之后,被害人感到需要追加精神支援的时候进行的咨询。这种咨询由精神保健专家承担,但有时受过训练的业余咨询师也可以进行,这种情况在欧美国家相当普遍。而日本要求这种咨询必须有资格者才能担任,这一点与欧美国家有很大的不同。

被害后的心理咨询,应该限定在创伤后进行。这意味着,心理咨询应该只对已经发生的犯罪及其受犯罪余波所显现出来的影响进行。如果把心理咨询只局限在犯罪上,接受帮助的被害人就能面对自己所经历的危机反应,可以期待他们开始重建人生的效果。通过集中针对犯罪进行心理咨询,可以减少发生妨碍治疗进行的长期拒绝和压迫的机会。

这并不是说可以忽视之前存在的危机,而是说仅限于心理创伤
919 的援助一旦开始,就会消除引起该被害案件的危机,提高心理咨询支援的能力。例如,为了帮助强奸的被害人应对现状,应该给予精神上的支援。但是,在犯罪后危机情况有所缓解的时点,心理咨询师询问被害人之前是否曾有被强奸的经历,也是正常的。因为,了解一下过去的心理阴影,可以将以前的经历与这次性暴力联系起来一起加以解决。在一段时间内发生的很多精神创伤都没有得到解决,被害人无论如何也不能发挥正常功能,在滥用权力的情况下尤其明显。

对于限定创伤的心理治疗,首先要告诉被害人,“你的生活功能是正常的”,并对被害人进行安抚,然后说“有人认为创伤本身是痛苦的,但这是正常的”,尽量让被害人安心。这种鼓励不仅有减弱心理创伤的效果,而且还能给被害人增添重新构建与他人关系的勇气。

而且,被害后的心理咨询应该在与被害人建立伙伴关系的过程

中进行。被害人努力重建新的人生的时候，心理咨询支援者也应该努力地成为被害人的沉默伙伴(silent partner)。心理咨询师主要是听众和回答者，而不必成为给予忠告的人。① 心理咨询师可以回答被害人的问题，提示可选择方向即可，但不是意思决定者。如果心理咨询师在重要决定上起到决定意见的作用，就会超越咨询师的作用范围，成为问题解决者和拯救者(rescuer)。因此，被害人可能会失去独立心理，产生心理依赖。

例如，被害人在被害之后，需要寻找新的住所。寻找住所和搬家
是一件很辛苦、很累的工作。为了不给被害人带来新的痛苦，心理咨
询师会帮他们找房子、收拾东西、开车带着被害人一起去。更有用的
策略是，当被害人自己采取实际行动时，心理咨询师为被害人提供指 920
导即可。当然，被害人受伤了，而且必须马上搬家的情况是例外。这
种合作关系意味着，在被害人进行选择时，心理咨询师应当避免以自
己为中心进行干预。

而且，应当把实现危机案件的正常化(normalization)和该案件涉及的被害人生活史结合起来。正常化是指，向被害人传达被害人的心理反应是正常的、可以预料的，以便让他们安心。在传达这些信息的过程中，把经历过同样危机的幸存者介绍给被害人即可。也可以将其他犯罪中的幸存者和他们的反应，像讲故事一样讲给被害人听。用寓言或故事告诉被害人这是人们共有的痛苦和心理反应。有时，救助被害人的情况会在类似的历史案件中反映出来，这对于参与其中的被害人也会有所帮助。

心理咨询师给被害人提供的最有力的支援之一，是将犯罪被害经历结合自己的生活史，从中提炼有用的东西和想法，从而让被害人理解这些经历的意义。关于上述问题，可以对被害人进行有意义的

---

① United Nations Office for Drug Control and Crime Prevention (1999). op. cit. p. 29；[日]诸泽英道译：《联合国被害人人权宣言相关文献——为被害人的正义》，成文堂2003年版，第63页。

询问,如"案件对于理解自己的人生,有什么影响?""案件有哪些值得您思考的东西?""发生这件事,现在对自己过去的事情,是如何想的?"等。

有时似乎在与神建立新的关系,有时就是为了保护或防止将来的被害人而寻求修改法律,具有宿命论文化意识的人们,有时也会从"凭天由命"的文化意识中找到意义。但是,如果人们还没有克服对他人的无社会意义的、非常识的、不合理的冷酷,被害人在他们被害之后几乎不可能完全恢复过来。

921 十三、被害后心理咨询的方法

被害人对精神创伤带来的影响需要学习。学习有关说明创伤后反应的文献和声音资料很有效,或者学习有关危机反应和长期应激反应时的处理方法的资料,也有帮助。被害人的家人和朋友组成的支援小组有组织地开展消除烦恼的活动、体操等,也是值得重视的积极对策。最好避免大剂量使用药物、过度睡眠、过激行为等容易产生反面效果的行为。

在犯罪后的被害人心理咨询的选择项目中需要加入实践性的学习,但是提供实践性信息的时机很重要。在犯罪后的危机心理咨询中,可能会被视或遗忘这些信息。犯罪后进行心理咨询几天后或在心理咨询的途中,听到的大部分信息都有助于被害恢复。

下面介绍的信息有些是由危机干预者提供的,但是心理咨询师也要注意持续接受这方面的培训。

第一个问题是,应该明确犯罪的法律意义。这个问题因国家、制度的不同而有差异,但是日本的制度大大辜负了被害人和遗属的期望。一般国民认为,只要是犯罪,就会被关押(逮捕、拘留)。但实际上,从检察厅已经结案的案件来看,只有约 1/3 的案件犯罪嫌疑人被

拘押,大多数案件的犯罪嫌疑人还在继续原来的生活。①

在日本,每年约有200万犯罪案件被警方掌握,但随着程序的进展,检察机关提交审判(进入刑事起诉)的案件还不到10万件。也就是说,只有百分之几的人会依法受到正式的审判。不过,日本的刑法犯罪有八成是盗窃罪或交通犯罪,②存在起诉率低的问题,即便如此,有很多案件也没有依照刑事司法程序进行追诉。③ 922

在日本,无论是侦查还是刑事追诉,都不直接涉及被害人。因此,这个过程处于黑匣子之中,这也是被害人和遗属不安和不满的原因。日本没有采用由法律规定起诉标准的所谓起诉法定主义,而是优先考虑个别事例的具体情况,但这违背了所有案件一律平等的平均正义原则。

日本采用由检察机关判断的起诉便宜主义,多年来,谦抑主义思想支配着日本刑事司法尽可能避免刑事追究。因此,被警方掌握的犯罪案件中,经过审判被判实刑,且被关进刑事设施的加害人(犯罪嫌疑人、被告人、服刑者)只是冰山一角。④ 被害人和遗属一般认为加害人会受到法律适当制裁,但这种情况完全背离了他们的期待。

日本的刑事追诉制度不是涉及被害人、加害人等相关人员的制度,但有些国家采用判决小组(sentencing circles)、家庭会议(family

---

① 2012年的拘留率分别为:杀人37.7%、伤害51.3%、强奸69.9%、抢劫68.2%等。2013年版《犯罪白皮书》,第39页。

② 2012年警察发现的案件2,015,347件中,盗窃占51.6%、驾驶汽车过失致死伤等占31.4%,合计为83%。参见2013年版《犯罪白皮书》,第5页。

③ 2012年警方发现的杀人罪案件有1030件。其中,报案的963件,报案人数为899人。另外,2012年在第一审被判杀人罪的有355人,减少到一半以下。这些数据并没有追踪每一个案件是如何处理的,只是显示了当年各机关处理了多少件,处理了多少人,但可以清楚地看出整体趋势。2013年版《犯罪白皮书》,第4页、第43页。

④ 2012年警方发现的案件有2,015,347件,其中报案的有1,070,838件,报案率为53.1%。这一年确定的有罪判决408,486人,占报案案件的38.1%。另外,被判有罪并被判刑后收监的有24,780人,占发现案件的1.2%,报案案件的2.3%。参见2013年版《犯罪白皮书》,第4页、第36页。

conferencing)、调解(peacemaking)等恢复性司法(restorative justice)的方法,即对于某种犯罪,不通过刑事审判,而是选择通过民事审判的方法解决。无论是哪一种制度都考虑到被害人或遗属的意愿,因此对被害人和遗属来说,这些制度都比日本这种由检察机关垄断起诉权更优越。

923 第二个问题是,对身体受到伤害的被害人,应当进行有关医疗应对方法方面的教育。应当向这类被害人提供正确的信息,如“能从医疗援助获得怎样的救济”“什么是知情同意”(informed consent)①“长期的经济援助从何而来”“对身体受到伤害的被害人,为了资助医疗费、工资和其他费用,是否有被害人补偿的资格”等。

特别是在骇人听闻的案件中,被害人对媒体有何期待这一信息非常重要。对于杀人案件的死者家属来说,有关死亡、悲伤、损害的信息具有重要的意义。遗属在生存的过程中,他们悲伤的强度、对损害的意识、对死亡的恐惧等,都是极其重要的问题。

第三个问题是,应当理解遗属所面临的确认尸体、验尸(司法验尸、行政验尸等)、火葬、葬礼、土葬、纪念服务等问题。为了让被害人和遗属理解这些问题,心理咨询师可以采用以下方法:

- 讲故事。
- 给他们看有关危机、长期压力、应对方法、生离死别等的报道。(或者读给他们)
- 让他们写日记或写一些与被害经历相关的事情。
- 让他们参加与死亡有关的仪式和祈祷。
- 让他们创作表现悲伤的歌曲、诗、舞蹈等。

第四个问题是,有必要让被害人养成健康习惯。大部分支援者都知道,健康的生活方式有助于很好地应对人生的危机。良好的、健

① 知情同意,是指在进行治疗时对治疗的目的、方法、危险性等进行说明后,征求患者同意的制度。

康的生活习惯就是定期锻炼身体、保证适当的营养和充足的睡眠。

做健美操可以在大脑中生成安慰剂和阿片类物质，进而让人心情舒畅，促使人们自我锻炼，这类被害人就可以控制生活中的琐碎事情。即使被害人不愿意定期做体操，也要鼓励他们运动。只要稍微 924
活动活动身体，在忧郁的时候也能恢复身体机能。也可以不使用电梯爬楼梯、和狗一起散步等。无论是谁，只要多运动就能减少忧郁。

适当的营养就是摄取含有充足食物纤维和必需维生素的食物。在面对压力时，维生素 B 和维生素 C 尤为重要。摄取大量水和果汁，也会减轻压力。各种研究表明，受到巨大压力障碍的被害人往往会摄取大量的咖啡因、酒精、尼古丁、砂糖等甜食。但这容易产生依赖症，使身心的恢复变得困难。因此，被害人和遗属应该努力避免习惯性地摄取这些食物。心理咨询师应当明确认识到被害人和遗属身上可能存在这些问题。如果阻止他们食用这些食物，被害人可能会很厌倦，但重要的是要让他们认识到这将会带来长期的不良影响。

定期的睡眠和休息也有助于缓解压力，但是过度睡眠可能导致抑郁和拒绝行为。长时间在床上翻来覆去打滚，通常意味着睡眠不足。

十四、危机事件的再次出现

心理支援咨询的基本目标是，让被害人通过对自己情感反应的认识、接受、理解，来掌握应对方法。因为被害人和遗属有时无法判断这种反应，所以需要由心理咨询师用语言帮助他们判断这种情感。

心理支援咨询的方法之一，是帮助被害人根据记忆和实际行动对案件进行再回忆和再追踪（revisit）。[①] 心理咨询师应该在接受全面训练后，才能进行再回忆（revisitation），但有一种倾向认为，因为被 925

---

① United Nations Office for Drug Control and Crime Prevention（1999）. op. cit. p. 32；［日］诸泽英道译：《联合国被害人人权宣言相关文献——为被害人的正义》，成文堂 2003 年版，第 69 页。

害人有需求，或者他们自己选择后，才会进行这种再回忆。关于再回忆的过程，心理咨询师有几个必须知道的原理：

·研究结果显示，有些犯罪被害人可能在事后出现有趣的回忆和忧郁的感情反应，即使非自发性的、强制性的、心理上重新经历这种犯罪，也不能回想起犯罪的所有方面。

·如果最初有回避相关犯罪的回忆和经历的想法，随着案件的强烈影响在身心上慢慢渗透，会助长抵抗意识。

·回避回忆如果持续时间较长，一般不会收到好的结果。

·如果再次去犯罪现场，回想起案件就会有被害的感觉，则心理创伤反应将不断扩大。

·最能发挥效果的方法是，被害人或遗属能够按照自己的意愿进行再追踪，并且能够承受这一过程出现的状况。

·如果心理创伤较为严重，逐渐地或分阶段地实施再追踪犯罪，会得到比较理想的结果。

·即使是最良好的状态，在再追踪犯罪的过程中，也可能出现些许的忧郁和不愉快。

为了帮助被害人重访自己的经历，成功进行被害后的心理咨询，需要采用以下方法：

·请他们讲述犯罪内容。

·重演犯罪行为。

·看类似犯罪的电影或录像带。

·从别人那里听有关案件或类似案件的经历。听听别人为了康复是怎么做的。

·从各种角度探讨案件发生以前及案件发生过程中被害人的活动场面，为了制定将来的预防对策而明确应该改善的地方。

心理咨询师应该具有倾听的能力，让被害人感到安心，而不要妨碍他们回忆的进程。心理咨询师应该接受危机干预手法的训练，以 926
便在被害人再次体验危机反应的情感时，能够及时应对。心理咨询师不应该要求被害人附加其他信息，而应该在被害人觉得可以说话的时候，按照他们所希望的顺序让他们说话。在被害人谈到危机话题的途中无法继续下去时，心理咨询师为了让被害人安下心来可以说“以后再讲这些也可以”等。

许多被害人指出，在遭遇巨大悲剧后仍然活着，与精神世界有关。心理咨询师需要有一种心理准备，那就是帮助那些在精神世界探索的被害人。在这种情况下，可以和宗教讲解和精神追求等联系在一起，如参加宗教仪式和祈祷活动等。心理咨询师可以和理解被害人精神构造的宗教人士和精神领袖一起开展工作，这会取得一定的效果。心理咨询师还要了解，在某种被害的情况下，也有人认为自己是被神抛弃了。如果他们拒绝宗教，会导致远离神职人员和所爱之人的结果。

十五、刑事司法程序与支援

随着侦查、起诉、审判等刑事司法程序的进行，对被害人的支援也出现了新的课题。

首先，在侦查阶段，被害人支援组织应该支援的工作包括，陪同被害人确认被告人、陪同参加刑事案件的询问调查、陪同参加证据调查、陪同确认尸体和去犯罪现场、陪同确认证据等。对被害人的精神支持也很重要。支援者最好掌握丰富的法律知识，即使不掌握大量的法律知识，只要坐在被害人的旁边也有一定的意义。

直接援助涉及及时返还财产、被害人补偿、被害赔付、保护命令、被害人可使用的避难所和安全场所等方面的援助。及时开展这些援助活动，往往需要刑事司法机关和行政部门的负责人对被害人情感的理解。但是，如果这些机关的负责人不理解被害人，站在执行者的 927

立场上拒绝，将会导致执行程序推迟。在这种情况下，支援者应当与被害人一起或者代替被害人及时办理这些手续。

如果还处于侦查阶段，被害人支援组织可以努力增加提供以下支援，如有关死亡通知的支援、清理犯罪现场、避免被害人与加害人直接遭遇、决定确认加害人的方法、所有法医学检查时的医学援助、被害人收到威胁信息时的援助等。

其次，在追诉和审判阶段的被害人支援计划中，至少应该提供以下的支援：

精神上的支援包括询问、调查、审理结束前对个人的支援等。直接的援助包括协调被害人参加询问、调查、审判时的事务（其目的是尽量减少出庭的次数、提供交通工具和费用的负担、停车场的安排），有关被害赔付的援助，有关被害人参与刑事司法程序的援助，因被告人及辩护律师要求作为证人参加询问和调查时安排该被害人隔离在一定距离的安全场所。

提供信息的支援包括提供有关被害人的权利、刑事司法人员的责任及未尽职责时的制裁等信息；提供有关追诉和审判进展情况的信息；提供有关刑事司法程序各阶段中被害人所期待的信息等。

再次，在追诉和审理过程中，被害人支援计划应追加提供以下支援：精神支援包括创伤心理咨询的介绍（有复数被害人的情况下，可以集体介绍）。直接支援包括被害人因出庭作证需要请假时，对旷工的赔付、对被害人提供必要的服装、询问在法院内是否设置有照看孩子的场所或者将孩子安顿在法院外的托儿所。原则上，对所有的案件都要确认是否需要被害赔付。信息提供包括告诉被害人有请求公开判决的权利。

928 最后，案件处理结果出来以后应当开展的支援活动有：在上诉审阶段进行心理支援咨询，参加被害赔付命令的执行，撤销缓刑、假释、减刑、赦免等程序的援助，提供有关被害人在处分决定后的权利的信息，提供有关处分决定后的犯人身份及释放的信息等。

十六、学校、单位、地区的支援

心理咨询师需要根据各种类型的社会综合法(social integration)帮助被害人和遗属克服对社会的疏远感和孤立感。

修复与家人的关系,是重建回归社会的一个因素。但是,在与被害人讨论这个问题时,心理咨询师应当考虑到有些家属并不同情被害人这一情况。一些家属会认为,被害是因为他本人有错,因此受到家人的指责,甚至有人说这是耻辱。但在多数情况下,如果家庭成员或其中的某些人能够对被害人提供帮助,与家庭成员的关系会成为恢复他们与社会联系的基本条件。

构筑与社会联系的另一个因素是工作单位和学校的支援体制。工作单位的支持和家庭的支持一样重要。公司的同事和同学等,很多人与被害人接触的时间比家人长。但是,如果之前在工作单位的人际关系紧张,这有可能会造成较大的心理创伤,而且单位要求他正常工作时,可能会影响心理创伤的康复。

心理咨询师试图让被害人与社会融合的另一个选择是,给被害人提供机会,让他们加入支持自己的同事队伍中。这些同事队伍是处于相同环境的人们,被害人可以向同伴们讲述犯罪对自己心情的影响以及有效应对方法。这些同事队伍的人们最关心的是如何理解被害人的悲伤和精神创伤,以支援他们为建立新生活而努力。

第三十三章

道歉和改善被害人的情绪

Apology and Improvement of Victims' Sentiments

一、加害人的道歉

加害人向被害人及其遗属(以下简称被害人)道歉,是案发后被害人面临的最大难题。被害人很难在案发后立即和加害人见面。根据1994年全国犯罪被害人现状的调查,对加害人感到恐怖的被害人,再加上"有这种感觉"和"也这么想的",死亡案件的遗属为48.6%,重伤害的被害人为45.6%。另外,不想与加害人有牵连的被害人中,死亡案件的遗属占91.4%,重伤害的被害人占85.1%。

被害人不想见到加害人,不想与加害人发生关系的最大理由是"害怕",其次是心情复杂。在日本,对被害刚发生之后的支援,自支援活动开始到20年后的今天还不充分,很多被害人在没有支援的状态下,与加害人或其代理人见面会感到痛苦。特别是在案发后出现ASD症状的情况下,与加害人或代理人见面,会进一步恶化ASD症状。很多被害人说,在没有支援者或陪同者的情况下,不能与加害人见面。

另外,很多被害人对加害人不来谢罪感到愤怒。一方面要求加害人道歉和赔偿,另一方面又不想和加害人见面,这就是被害人复杂的心理状态,他们在案发后会陷入这样的困境。

但是,让加害人理解被害人的复杂心理后再道歉是不是会更好些？实际情况并非如此。加害人和其家属不带任何东西，跑到被害人那里进行道歉是理所当然的，但这并不意味着被害人必须见面，被害人可能会把加害人赶出去。但如果日后加害人有机会诚恳地道歉，那么比案发后马上道歉多少会有意义的。

1997 年 5 月发生的神户连环杀害儿童案件①中，一名 14 岁少年 930
A 连续袭击小学生，造成 2 名儿童死亡，数名儿童受伤。其中在 5 月 24 日发生的案件中，加害少年 A 杀害了小学六年级的学生，并切断了一部分身体，第二天凌晨将一封挑战书附在切断的部分身体上，放在中学的正门前。案件发生 1 个月后，少年 A 被逮捕，这是一起少年实施的案件，媒体不断进行大幅报道，持续了近 3 个月。

该案件让人们想起，加害少年 A 及其父母是如何面对被害儿童（当时 12 岁）的父母（遗属）的重要事例。被害儿童的父亲对那段时间的心情做了如下描述：②

“案件告一段落后，我们认为 A 少年的父母可能会有道歉的举动。我想，再等一等吧。当然，即使接受他父母的道歉，是否宽恕 A 少年犯的罪是另一问题。即使道歉，也不能治愈我们的愤怒和悲伤。但是，生了个这样孩子的加害人的父母，尽早向我们诚挚的表示道歉，这是理所当然的吧！正常情况下，我的孩子也没干什么不好的事，考虑被害人家属的心情，带点东西跑来看看，不是可以一起共享悲痛吗？从看一看中自然萌生的道歉心情，这不是一切重新开始的起点吗？但是，A 少年的父母没有任何联系。”

在这个案件中，A 少年的父母不但没有向被害人家属道歉，而且

① 犯人在挑战书中自称叫“酒鬼蔷薇圣斗”，因此也被称为“酒鬼蔷薇圣斗案件”。

② ［日］土师守：《淳》，新潮社 1998 年版，第 132 页以下。

也没有接受媒体的采访，只是一味地保持沉默。①

道歉和赎罪也是社会如何面对被害人、如何对待案件的问题。
931 很多人都站在被害人的身边，被害人的感觉会更好些。这一点对于最先接触被害人的警察、检察官、支援者、心理咨询师、媒体人士来说也是如此。

二、很多加害人不道歉的现实

回顾 20 世纪 70 年代以后日本的犯罪历史，就会发现不道歉的加害人非常多。

1998 年 7 月 25 日，和歌山市园部的自治会主办的夏日祭典上发生了和歌山咖喱投毒案件，食用咖喱饭的居民中有 4 人死亡，63 人受重伤或轻伤。案件经过长期审判，2009 年 4 月 21 日根据最高法院驳回上诉的判决，被告人林真须美②被判死刑。但在此期间，被告人并没有向被害人及其遗属道歉。

1999 年 9 月 8 日池袋道拦路抢劫案件的男子（当时 26 岁），以及 2001 年 6 月 8 日大阪教育大学附属池田小学杀人案件的男子（当时 37 岁），都没有向遗属谢罪。

表 33. a 是对杀人等死亡案件中加害人是否向遗属谢罪进行的调查。

---

① 之后的 1999 年，文艺春秋出版社出版了 A 少年父母的日记《少年 A，这个孩子是如何生下的》。但有人推测，这本书是别人代写的。该书内容上有很多不正确的记述，加深了遗属的心灵创伤。

② 被告人林真须美，因咖喱杀人案、3 起杀人未遂案、3 起诈骗案共 7 起案件被起诉。

表 33.a　杀人等死亡案件的加害人的道歉

资料来源:宫泽浩一等编:《犯罪被害人的研究》,成文堂 1996 年版,第 425 页

	实际人数	百分比	有效百分比
加害人道歉了	59	22.6%	24.8%
加害人表示道歉,但被拒绝了	9	3.4%	3.8%
要求加害人道歉,但被拒绝了	9	3.4%	3.8%
没说道歉的话	127	48.7%	53.4%
其他	34	13.0%	14.3%
没有回答	23	8.8%	—

* 有效百分比(valid percent)是指不包括没有回答的比例。

在死亡案件中,加害人道歉的人数只有 1/4。加害人不道歉的原因,包括加害人没有道歉的机会。日本《刑事诉讼法》规定,逮捕犯罪 932
嫌疑人后,拘押最长可达 23 天。[①] 在此期间,警方、检察机关应及时进行侦查、起诉或者释放犯罪嫌疑人(《刑事诉讼法》第 208 条)。在这 23 天的宝贵时间里,犯罪嫌疑人很难抽出时间向被害人道歉。因此,加害人提出道歉或赔偿的时机必然是检方起诉前或起诉后。

为了让加害人向被害人道歉,需要警方、检察机关的协助,而且作为加害人的辩护人,以及加害人的家人、亲戚、朋友、单位同事等相关人员也应发挥相应的作用。

该项调查还对在重伤害案件中加害人的道歉情况进行了调查。调查结果如表 33.b 所示。

---

① 《刑事诉讼法》第 203—208 条之 2 规定,拘留、留置为 72 小时,使用逮捕证的逮捕为 10 天,可以延长 1 次(延长 10 天)。起诉前的羁押期间共计 23 天。但是,内乱、外患、国交、骚乱的犯罪可以再延长 5 天。

表 33. b 重伤害案件加害人的道歉

资料来源:宫泽浩一等编:《犯罪被害人研究》,成文堂 1996 年版,第 406 页

	实际人数	百分比	有效百分比
加害人道歉了	93	41.0%	43.3%
加害人提出了道歉,但被拒绝了	14	6.2%	6.5%
要求加害人道歉,但被拒绝了	5	2.2%	2.3%
没有道歉的话	90	39.6%	41.9%
其他	13	5.7%	6.0%
未回答	12	5.3%	—

* 有效百分比(valid percent)是指除去未回答的比例。

与死亡案件不同,在重伤害案件中,因为被害人保住了性命,所以加害人有机会进行道歉,而且加害人本人及家人表示一下感情也是好的。但即便如此,仍有四成的案件完全没有进行道歉。加害人没有道歉,让被害人及其遗属怎么接受案件结束这一事实?关于这一点,应当在此后的处理中建立起区别对待的系统。

933 三、加害人的赎罪和原谅

赎罪(redemption),①是“抵消罪行”的意思,一般来说,通过认罪、道歉、赔偿、服法等一系列行为体现赎罪。

赎罪和法律上的责任是不同的概念。犯罪包括对国家的犯罪、对社会的犯罪和对个人的犯罪,但即使是对个人的犯罪,也包括侵害公共利益的内容。② 因此,行为人的法律责任,既包括对社会的责任,

① 表示“赎罪”一词的“atonement”源于用耶稣的受难和死亡来赎人类之罪的“赎罪”(the atonement)。神学中有时也使用表示赎罪、救赎、罪灭的“redemption”。

② 另外,对国家和社会实施的犯罪行为中,也会有很多具体的被害人。例如,骚乱罪是多数人聚集在场所使用暴力或威胁手段危害地区的社会秩序平定的犯罪(《刑法》第 106 条),被认为是面向社会的犯罪,但在多数情况下会导致被卷入骚乱状态的多人死伤。但是,法律上并不认为这些人是被害人。

也包括对被害人的责任。

补偿是给予被害人的补偿，而不是对社会的补偿。在这个意义上说，作为责任的一个环节进行的谢罪和作为赎罪的前提进行的道歉，当然意义不同。

在日本的刑事审判中经常会看到这样的场景：被告人向审判长深深地鞠躬道歉说："对不起。"遇到这种场面，被害人和家属会表示不快地说，"这是向谁道歉啊？这是向社会道歉"。对于这种情况，判决中写道："被告人有充分反省之意"等，因此减轻刑罚，但既有向被害人的道歉，又有向社会的道歉才是"充分的反省"，加害人对被害人及其遗属没有道歉就被减刑是令人难以理解的。

在日本，电车中的色狼被发现曝光后会被公司开除。对于这种情况，审判中以"被告人已经受到社会的制裁"或"承担了社会责任" 934
等理由减轻刑罚处罚。从刑罚的社会责任的角度看是可以理解的，但是如何对被害人谢罪和赎罪更为重要，是否谢罪应该反映在刑罚上。

赎罪和宽恕的前提应当是承认罪行并道歉。但是，很多案件的加害人（被告人）为了减轻刑罚，否认部分事实，甚至说谎或保持沉默。在被害人和加害人的关系中，道歉是最重要的因素。因此在加害人不认罪并喊冤的情况下，情况就复杂了。

1995 年放映的美国电影《死囚漫步》（*Dead Man Walking*）①是一部让人们思考道歉的好素材。

在美国某城镇的贫困地区，非洲裔美国人修女海伦，从死刑犯马修·庞斯莱那里多次收到"想见你"的联络，但她无视了。但是有一次，她想起了这件事就去监狱探访。马修因杀害十多岁的男女和强奸罪而被判死刑，目前正在被羁押，但他却一直在申冤，主张这事是

① 影片《死囚漫步》改编自修女海伦·普雷金的纪实小说，扮演修女的苏珊·萨兰登凭借该片获得了奥斯卡最佳女主角奖。另外，标题的"Dead Man Walking"（死囚漫步）是死刑犯前往刑场时，看守对死刑犯说的话。

他的共犯朋友干的,而他本人没有犯罪。海伦作为马修的精神咨询医生在那里看到了死刑犯。在即将被处刑的日子里,马修用尽了所有可能的手段,如要求重审、向上级提出申诉、向州长请愿等,试图逃避死刑,而海伦对此也提供了很多帮助。

另外,海伦开始担心被害人遗属的状况,于是拜访了遗属。因为海伦是修女,所以遗属们欢迎她的到来,但得知她正在支援死刑犯时,遗属们非常不高兴,对海伦说:“你回去吧。”对死刑犯和被害人遗属都表示友好,恰恰是违反道义的行为,人性受到了怀疑。① 但是,在
935 海伦烦恼的时候,她思考一件事。

在基督教的观念中,只有承认罪行,表示忏悔,才能在神的感召下进入天国。海伦在想,如果是马修干的(就不是冤案,他就是真凶),就只好一边忏悔一边等待处刑,并以此一生奉献《圣经》。在处刑的当天,马修把自己保管的签有自己名字和日期的《圣经》还给了海伦,上面写着“杀人是自己干的,强奸也是我自己干的”。在将要执行死刑时,马修的最后一句话是向遗属表示道歉。

这部电影虽然是站在死刑废除论的立场上制作的,但是如果没有死刑,马修将继续说谎,主张冤案。具有讽刺意义的是,这部作品让人们重新思考死刑制度的必要性。

道歉总是和“认罪”联系在一起的。如果被告人(加害人)想要在刑事审判中被减轻一点刑罚,就会以否认或部分否认罪行的形式参加审判。这是刑事辩护的一大课题。刑事辩护的目的并不是依靠说谎就能被判无罪。规劝真凶不要否认有罪,只有承认有罪才能获得减刑,这也是辩护人的重要作用。

加害人被逮捕、被起诉、接受审判、被判有罪、服刑,在刑事司法

---

① [日]小西圣子:《犯罪被害人遗属》,东京书籍 1998 年版,第 277 页以下。关于这一点书中写道,“加害人的家人也有心理创伤,也需要护理吧,他们也是有欲望的人。然而,我的回答是,不能也不应像对被害人的心理咨询那样一视同仁地对加害人进行心理咨询。如果同时处置加害人家属,就会伤害到被害人、被害人遗属”。

程序的推进中，如果被害人不能了解必要的情况，不能参与刑事程序，那么就不可能产生允许加害人赎罪的心情。刑罚通常被理解为承担社会责任的方式，但同时也是对被害人承担责任的方式。

赎罪中的重要因素，也包括对被害人的赔偿。但在现实中，加害人不仅不道歉，而且也不赔偿。[①] 赔偿是赎罪的重要因素，不赔偿就意味着没有赎罪。对于没有赎罪的加害人，被害人当然不会原谅他们。

在杀人等重大案件中，被害人和遗属需要相当长的时间才能出 936
现"原谅"的心境。当少年、流浪汉、失业者等制造案件时，有些被害人和遗属会对加害人的成长经历和境遇等表示同情，甚至会说原谅的话。[②]

1980 年 8 月 19 日，在东京新宿站西口的公交车站，一名 38 岁的男建筑工人自暴自弃，向停在那里的公交车上洒汽油，用报纸点燃纵火，造成 6 人死亡，14 人不同程度受伤。在这次案件中，一位全身 80% 被烧伤的奇迹般被救活的报告文学作家，因在治疗过程中使用大量的非加热血浆制剂而感染了 C 型肝炎，之后患上了肝癌。后来，他知道了加害人的不幸经历和因受社会排挤而行凶的事实，开始考虑"原谅"加害人，他在自己的著作中记录了对加害人产生原谅的感情。但是，在案件发生 30 多年后的同一天同一时间乘坐公共汽车时，长期处于休眠状态的被害人情绪迸发出来，他意识到自己并没有原谅加害人。[③]

---

① 参见第二十八章"从加害人那里获得损害赔偿的权利"。

② 有报道称，被害人对犯人也说过表示理解，如 1980 年 8 月 19 日，38 岁建设工作人员实施的新宿巴士纵火案；2000 年 5 月 3 日，17 岁的少年实施的劫持西铁高速巴士案；2008 年 6 月 8 日，25 岁派遣职员实施的秋叶原拦路抢劫案等。

③ 根据 2014 年 2 月 28 日 NHK 电视台特别节目"想让大家听到——内心的呐喊：巴士纵火案件，被害人的 34 年"（22：00 – 22：49）。

四、艰难的被害恢复

被害人可以要求加害人被害恢复，这是理所当然的，没有必要重新说明理论根据。但这只是一个道理，现实中被害人要求被害恢复是非常困难的。

本来，生命和身体遭受侵害的人为了被害恢复，到底能向对方要求什么呢？死去的人不能复活，身体伤害也不能完全恢复原状（实际
937 上治愈即可）。在现代法治国家里，不允许被害人伤害对方的身体，也不允许遗属进行报仇。

现在的制度是否能够通过损害赔偿的形式用金钱解决被害恢复问题，对此也存在疑问。① 即使对加害人进行刑事处罚，也只具有社会意义。

被害人的最终目标是实现作为人的权利，而具体的目标是被害恢复，从痛苦中恢复过来，回到原来的生活（survival，生存）。正如许多调查研究显示的那样，被害人要求严惩加害人的心情和为此而采取的行动，也是因被害人恢复的失败所付出的代价行为。

在刑事法律上，通过对加害人处以刑罚，安抚被害人的情绪，并根据刑罚的教育效果，迫使加害人不再实施犯罪。在民事法律上，允许为了被害恢复进行损害赔偿请求，通过金钱等谋求被害恢复。

但是，对这种 20 世纪型的司法制度，存在几个疑问。也就是说，由于行刑的近代化和人道化，刑罚越来越轻了，损害赔偿请求一筹莫

---

① 日本《民法》第 709 条规定，“因故意或过失侵害他人的权利或法律上被保护的利益的，对因此产生的损失承担赔偿责任”，但即使被害人遭受损失，如果加害方没有故意或过失（无过失）的，不予赔偿。另外，根据《关于失火责任的法律》（1899 年法律 40 号）规定，只要引起火灾的人没有重大过失，就可以不负赔偿责任。另外，《民法》第 711 条规定，侵害他人生命的，对被害人的父母、配偶及子女，即使其财产权没有受到侵害，也应当进行损害赔偿。第 723 条规定，在损害名誉的情况下，可以代替损害赔偿或者在损害赔偿的同时，命令加害人给予恢复名誉。通常多数情况是命令加害人发表更正文书和谢罪广告。

展。更麻烦的是,近代法出现一种倾向,为了甄别刑事责任与民事责任,只有在刑事法上不能追究责任时才由民事法律追究责任,或者相反,民事法上的责任无法实现时,才严格追究刑事法上的责任。

这种问题意识源自最近欧美国家在严格区分刑事和民事的界限时进行的深刻反省。例如,美国的《被害人证人保护法》(1982 年)、《综合犯罪控制法》(1984 年)、《罚金执行法》(1984 年)等法律,试图把刑事责任和民事责任融合在一起。1985 年《联合国被害人人权宣 938
言》规定,“应当通过正式或非正式的程序,在司法上和行政上建立和强化使被害人能够迅速、公正、节约、便捷地恢复被害的权利”,以此为基础,由加害人对被害人进行损害赔偿、由国家给予被害补偿、由政府及民间团体对被害人提供援助。①

应该得到救济的被害人,通常都是无法在加害人那里请求被害恢复的弱势群体。当然,很多被害人对加害人怀有一种敌视的情绪,甚至连看都不想看他一眼。因此,即使被害人想要被害恢复但不与加害者接触,也没办法实现。另外,即使损害赔偿请求获得审判等法律程序的认可,但也有很多加害者不支付或者愿意支付而没有支付能力。

一般认为,比较容易恢复的被害是财产损失,只要把被偷的东西还回去就可以了,但事实上被害基本没有得到恢复。据警察厅的统计,最近的盗窃被害的恢复率为 20%—25%,其中 3/4 以上是偷完就扔掉了。

财产犯的恢复率为何如此之低?当然,盗窃案件中的犯人逮捕率也很低,即使逮捕了犯人,如果犯人把赃物消耗掉了,就找不回来了。另外,《刑事诉讼法》第 124 条规定:“扣押的赃物没有必要留置的,只有在有明确理由退还给被害人的情况下,退还给被害人。”因

① The United Nations Declaration of Basic Principles of Justice for Victims of Crime and Abuse of Power, 1985, resolution 40/34, A-5.

此，原则上不退还。有些经验丰富的盗窃犯可能很清楚这一点，在逮捕之前就将钱财等挥霍一空。

加害者很难对被害人进行赔偿的另一个原因，是刑罚的执行。为了实现正义就要对犯罪人执行刑罚，其结果会导致损害恢复更加困难，这种结果恰恰是有违正义的。因为加害者在服刑期间，经济上
939 会陷入困境，几乎没有可能向被害人进行赔偿和赔付。另外，加害人缴纳的罚金和罚款会进入国库，而且加害人在服刑期间的劳动收益也会进入国库，而不属于被害人。[1] 罪犯利用固定劳动以外的时间获得的劳作奖金是微乎其微的。[2] 为了解决这个矛盾，有些国家采用的制度是，将加害人的收入支付给被害人，并以此为条件减轻刑罚的执行。对于日本来说，这也是一个很大的课题。

五、关心对方

被害人及其家属对加害人和社会的情感，即被害人的情感，是考虑被害人政策的重要课题。

被害人的情感，除特殊情况外，当然一般都不理想。在遭受被害之后，对加害人怀有“愤怒”“恐惧”“怨恨”的情感，对于一般人来说是理所当然的，但如果被害人情感不好或无法缓和，就是被害人一方的问题。但是，缓解被害人情绪是加害人和国家的责任。而且，在日本的被害人中，许多被害人有很强的自责感。在从被害人方面来寻求被害人情绪无法好转的原因之前，有必要先思考一下加害人、社会和国家应该如何参与缓解被害人情绪的问题。

1994 年全国犯罪被害人现状调查中，调查的内容包括，被害人对加害人的情绪在案件刚发生和调查时有何变化。重伤害的被害人对加害人的情绪变化如表 33. c 所示。

---

① 关于 1996 年的监狱劳务作业情况，平均每天有 38，081 人就业，每年花费约 20 亿日元的工作费用，获得收入约 126 亿日元。

② 1997 年 3 月末，233 人从事作业，每人月平均收入 4801 日元。

表 33.c　重伤害被害人在案件刚发生后和经过 3 年后的心情变化 940

资料来源:1994 年全国犯罪被害人现状调查

重伤害被害人的心情	情绪的变化		
	案发后	调查时	变化
希望对方改邪归正	—	89.6%	—
不想和对方有牵连	85.2%	85.0%	恶化
对方的刑罚太轻	—	60.4%	—
憎恨对方	81.5%	57.4%	好转
对对方有恐惧感	64.9%	45.5%	好转
想报复对方	44.4%	—	—

另外,从表 33.d 中还可以看出,死者家属在案件发生 3 年后,他们的心情发生了怎样的变化。

表 33.d　遗属在案件刚发生后和经过 3 年后的心情变化

资料来源:1994 年全国犯罪被害人现状调查

遗属的心情	心情的变化		
	案发后	调查时	变化
对方的刑罚太轻	—	93.3%	—
憎恨对方	92.1%	92.1%	无
不想和对方交往	84.7%	91.4%	恶化
想报复对方	76.4%	65.4%	好转
希望对方改邪归正	—	57.3%	—
对对方有恐惧感	59.9%	48.6%	好转

由表 33.d 可知,遗属对加害人的感情非常不好,认为对方是坏人,随着时间的流逝也没有减少,反而不想与对方有牵连的人越来越多。认为对方是坏人这一点,在重伤害被害人中有明显的减少倾向(好转),而遗属中一直维持在 92.1% 的高比率,没有好转的迹象。

从这些结果来看，无论重伤害的被害人还是死者遗属，超过8成
941（财产犯71.8%）的人不想与对方交往。

另外，该调查研究中的实务人员调查显示，对被害人不想与加害人等扯上关系这一点，警官和法官明显没有正确的认识。也就是说，理解上述情绪的情况是：对于重伤害案件，警官占26.5%，法官占35.8%；对于死亡案件，警官占12.7%，法官占18.9%；对于财产犯，警官占25.0%，法官占33.3%。不到1/3的警官和法官了解被害人和遗属回避加害人的情绪。

另外，从整体上看，很多司法实务人员能够乐观地理解被害人的悲伤情绪。这是日本的被害人政策落后的表现。在理解辩护人的情绪方面，有必要对司法实务人员进行培训。

六、案件后的痛苦和二次被害

被害人对加害人心怀仇恨，主要反映在对遗属的"从案发到现在，您的痛苦和情绪如何"的提问中。其中，排行在前的积极情绪和消极情绪，如下所示。

【关于案件后的痛苦，遗属的积极情绪】

· 关注对犯罪被害人的救援活动，89.7%

· 看到有困难的人，就想帮助，87.6%

· 认识到人与人之间和睦相处的重要性，78.3%

【关于案件后的痛苦，遗属的消极情绪】

· 谁也不知道自己内心的痛苦，93.0%

· 心里突然裂开一个无底洞，89.4%

· 竭尽全力防止自己和家人被毁掉，78.8%

另外，遗属中有36.6%（重伤害的被害人为35.2%，财产犯的被害人为10.6%）"感觉附近的人或行人用奇怪的目光看自己"；有35.3%（重伤害的被害人12.0%，财产犯的被害人9.3%）感到"家庭已分崩离析"；有23.6%（重伤害被害人10.6%，财产犯被害人4.3%）

正在“搬家”。

法务省死刑和无期徒刑犯罪人调查中，被害人的遗属对加害人表示宽恕的，杀人案件为4.7%（被调查128人中的6人），抢劫致死案件为1.2%（被调查259人中的3人）。[①] 942

另外，1994年全国犯罪被害人现状调查显示，对媒体有强烈不愉快感的，遗属为58.5%、重伤害被害人为36.9%、财产犯被害人为16.2%，其中大部分人都觉得这是“二次被害”。在感到不快的、认为这是“二次被害”的人中，死者家属认为“报道的内容与事实不符”（51.1%）、“姓名被媒体报道”（48.9%）、“案件被世人知晓”（45.9%），“强行进行采访”（39.8%）、“不想让别人知道的事情却被别人知道了”（30.8%）；重伤害被害人认为“自己的姓名被报道”（64.5%，而财产犯被害人是50.0%），“案件被公之于众”（42.1%，而财产犯被害人为53.6%）等。

此外，对侦查机关的不满也不少。对警方的多次调查感到不快的，遗属为31.1%、重伤害被害人为25.7%、财产犯被害人为10.5%。究其原因，认为警方“不厌其烦地询问”的，遗属为45.5%、重伤害被害人为41.7%、财产犯被害人为26.3%。其次，认为“传唤的次数太多”的，遗属为42.4%，重伤害被害人为43.8%，财产犯被害人为47.4%。遗属中有36.4%的人表示“对这些事不想表达自己的心情”，34.8%的人表示“自己好像被当作犯人对待”。

警方在侦查时，应当尽量减少被害人和遗属的不快感，但有时在侦查的目的和被害人的情绪之间无法兼顾。在这种情况下，警察和检察官的想法多少有些不同。对于死亡案件，23.9%的警官和47.4%的检察官认为侦查带来的不愉快是被害的一部分。而对于侵害身体的犯罪，警察为23.0%，检察官为44.7%。

---

① 1996年版《犯罪白皮书》，第293页。

943 ## 七、精神状态和情感

为了分析被害人情感的内容，调查中对被害人在案发后的精神状态和情感进行了询问，其结果如表 33. e 所示。

表 33. e　案件后的精神状态、情感等

资料来源：1994 年全国犯罪被害人现状调查

被害人和遗属的心情	遗属	重伤害
后悔了	①79.6%	无
消沉了	②63.1%	④32.1%
精神不正常	③61.2%	③35.3%
感到不安	④60.0%	①62.4%
觉得自己倒霉	⑤44.2%	②60.6%
不想出门	⑥40.8%	⑦24.0%
不想见人	⑦39.2%	⑧14.0%
希望有人陪伴	⑧32.3%	⑥24.4%
贬低自己	⑨21.9%	⑨6.8%
想去别的地方	⑩20.8%	⑨6.8%
感到耻辱	⑪16.2%	⑤24.9%

从表 33. e 可以看出，遗属和重伤害被害人的情感存在差异。也就是说，从主要的情况看，遗属中“悔恨”“消沉”的情况较多，而重伤害被害人中“不安”“觉得倒霉”的情况较多。在制作答题卡的阶段，考虑到重伤害被害人不太会有“悔恨”的情绪，所以省略了这个问题，但是如果设置了这个问题的话，可以认为将有五至六成的被害人会选择。

对于遗属来说，原本是家族的一员，因案件突然消失了，他们的悔恨和空虚的情绪显然会极其强烈。而重伤害被害人的“怎么会变成这样呢”“今后怎样办呢”等不安情绪很强。

八、被害人对加害人的情感 944

关于被害人对加害人的情感,以 1994 年全国犯罪被害人现状调查为基础进行分析,可以得出以下结论。①

这项调查研究探讨了影响被害人情感的因素,包括对方很坏、不想和对方有联系、对对方有恐惧感、想报复对方、也理解对方的感觉、想宽恕对方、对方的刑罚太轻了、想站在对方立场考虑问题等“对加害人的心情”。这项调查的方法是,在被害之后和调查时,分别询问上述有关对加害人情绪的问题,将两个时间点的内容进行比较,以此判断情绪的好转和恶化的情况。② 被调查的案件是“约 3 年前”的案件,因此要分析这 3 年间发生了什么变化。

关于被害人对加害人的情绪,分为五个阶段的回答:是这么想的、好像是这么想的、好像不是这样想的、不是这样想的、不能判断/想不起来。并使用正规化的值(1:6 2.8,2:55.2,3:50.5,4:44.8,5:37.2)进行处理查看变化情况。其结果如下:

【被害人情绪没有变化】	被害后		调查时(大约 3 年后)
不想和对方交往	58.3	→	58.8
也能理解对方的心情	45.4	→	45.3
【被害人情绪好转了】	被害后		调查时(约 3 年以后)
想报复对方	51.8	→	47.2
憎恨对方	56.5	→	52.6
想原谅对方	46.3	→	49.7
对对方有恐惧感	54.6	→	50.7 945

---

① 关于 Multi. Cor. 、Partial. Cor. 、Cat. 、Score 相关比分析的可靠度,参见[日]诸泽英道:《新版被害人学入门》,成文堂 1998 年版,第 405 页以下。

② 案件刚发生后对加害人的态度如“对方的刑罚太轻了”或“希望对方能振作起来”进行判断,是没有意义的,因此这一问项被删除,分析的内容是其他六种心情。

解释变量选择了8个项目,是不是犯罪嫌疑人、与加害人的关系、对方是否表示道歉、是否有过私了或赔付、是否认为今后会再次遭受被害、是否知道对方被审判了、是否知道对方回到家了、是否知道审判的结果,根据数量化Ⅱ类因素进行分析,对对方的情绪产生显著影响的主要原因如下:

a.影响"想报复对方"感情的因素

与是否认为今后会再次遭受被害无关,对报复的方向有影响。

如果把对方视为犯罪嫌疑人,就向要报复的方向影响;如果不把对方视为犯罪嫌疑人,就不向报复的方向影响。

b.影响"对对方有恐惧感"的因素

如果与对方的关系很熟悉,就向对对方有恐惧感的方向影响。

与遭受陌生人的侵害比较,受到熟人的侵害更容易产生恐惧感,而且与对方的关系越熟悉,恐惧感就越强。

c.影响"不想和对方交往"感情的因素

说明变量中,对不想与对方有关系这一项感情没有大的影响因素,但其中的如果把对方视为犯罪嫌疑人,就向不想不与对方有关系(也就是说,想与对方关系)的方向产生影响。

此外,是否知道对方被审判这一项,影响的方向是没有想不与对方发生联系(想与对方有关系)。

d.影响"憎恨对方"感情的因素

946 对于把对方视为犯罪嫌疑人、认为自己以后不会再受侵害的人、没有拿到和解金和赔付金的人、不知道审判结果的人,影响的方向是不仇恨对方,但这些情况都只有10%左右。

把对方视为犯罪嫌疑人或者没有拿到和解金或赔付金的情况,虽然会觉得对方很可恨,但并不仇视对方。从把对方视为犯罪嫌疑人的被害人"想要报复""想与对方联系"的情况看,憎恨是不同层次的内向的感情。

e. 影响“也能理解对方的心情”这种感情的因素

影响的方向是，如果对方道歉，就会有理解对方的情感；如果对方没有道歉，就没有理解对方的情感。

关于“是否认为今后会再次遭受被害”这一项，影响的方向是，认为会再次遭受被害的，向理解对方的心情方向有影响；不认为会遭受被害或不知道的，向不理解对方心情的方向产生影响。

f. 影响“想原谅对方”感情的因素

关于与对方认识这一项，影响的方向是，如果对方是素不相识的人，朝着不愿意原谅方向影响；如果是家人、亲戚等很熟悉的人，则向想要原谅的方向影响。

关于是否认为今后会再次遭受被害这一项，影响的方向是，无论认为会不会遭受被害，都向想要原谅的方向影响。但是，认为不会遭受被害的人，比认为会受到被害的人，原谅的情绪更强一些。

关于是否知道审判结果这一项，知道审判结果的，向不原谅的方向影响；不知道审判结果的，向原谅的方向影响。

需要注意的是，关于侦查和审判应该告知被害人这一点，出现了不能令人满意的结果。这个调查显示，如果被害人知道了审判的结果，就不能原谅加害人。但是，从不知道审判结果的人反而不会憎恨这一点看，应当认为这个数据有一定的可靠性。 947

这个数据和其他国家的研究相比，很值得深思。国外的很多数据显示，如果被害人知道了刑事司法中如何处置加害人、最终受到什么处罚，被害人的情绪就会好转，但日本的刑事司法没有按照被害人的期待向前推进，被害人越是知道刑事司法的过程和结果就越是生气。

九、被害人矛盾重重的心境

为了找出被害人对加害人的情绪变化产生的原因，通过数量化Ⅱ类对分类数据进行了分析。这里的有效答卷为 133 件。

外在的标准是把对对方情绪好转的情况编成一组，把“情绪没变化”和“情绪恶化”编成一组。从整体数据看，情绪恶化的情况很少，而好转的情况也只有一小部分。用于分析的项目与数量化Ⅱ类中的说明变量使用的内容相同，如加害人是否也是犯罪嫌疑人、是否认识加害人等。

分析结果显示，整体上的相关性较小，很难通过外在标准进行判断，但其中的想要原谅对方（相关度0.14261）、理解对方的心情（相关度0.13238）、想报复（相关度0.10522）等项目多少存在相关度。①

导致原谅的心情恶化（我不能原谅）的原因包括，被害人自己没把对方当作犯罪嫌疑人（当作真正的被害人）、加害人是陌生人、对方不道歉、没支付赔偿金、今后可能会再次遭受被害、不知道对方是否被交付审判、被告知对方被保释或者被释放、被告知审判的结果（判
948 决）。

为了分析被害人对加害人的情绪变化的主要成分，根据量化Ⅲ类进行反应分析，就会发现被害人的感情中混杂着各种相反的感情。例如，如果测定案件刚刚发生后对加害人的情绪，“憎恨”“恐怖”“宽恕”的情绪是共存的。由此看来，通过调查问卷发现被害人的深层心理是有一定局限的。社会调查中通常所说的“倾向于给出了社会认可的回答”在被害人中尤为明显。在调查问卷上没有显现出来的部分，是被害人的心灵受到了很大伤害的部分。他们为了获得心理平衡，有时会无意识地忘却令人讨厌的事情。

怎样才能准确捕捉到被害人的情绪，使这种情绪好转起来？被害人的深层心理是极其复杂的，用调查问卷的方法进行分析，几乎得不到有效的结果。从上述量化Ⅲ类的分析可以看出，被害人的内心是复杂的，经常会摇摆不定，有时会受到所处状况的强烈影响。有一

---

① 从有原谅对方的心情的角度看，恶化组有80件，好转组有53件，标准化分类数量分别为-0.30737、+0.46396。

个很好的例子是,向遗属询问对加害人死刑等处罚的场面。

有一位死者遗属被邀请参加“思考死刑问题研讨会”,并被邀请发言,他的发言题目是“我恨罪不恨人”。这位遗属以前对犯人恨之入骨,曾扬言“想杀了他”。笔者当时在现场时,觉得死者家属的情绪得到了安抚,但后来再次见到这位死者遗属时,发现他在研讨会上的发言并非本意。

无论是研讨会上的发言,还是“想杀了他”的发言,都不是谎言。遗属在当时那种情况下会有不同的情感。但需要注意的是,事实上曾说过“原谅他”的死者遗属们的心理创伤比案件刚刚发生后更为严重。遗属的复杂心情在于,能够原谅的是死去的本人,而不是被遗留下来的人。这样看来,被害人的内心总是充满矛盾,总是具有两面性。

十、远不能改善被害人情感的少年审判 949

18 年前发生的神户连环杀害儿童案件的犯罪少年 A,在 2015 年 6 月出版了《绝歌》一书,这本书让很多国民开始思考什么是赎罪,什么是改过自新。当时,少年 A 在《少年法》的庇护下,经过审讯、调查、审判、处遇阶段,与社会完全隔绝。这一情况引起人们对《绝歌》一书的高度关注。案件发生时,如果少年 A 受到与成人案件相同的待遇,就不会引起人们这么大的兴趣。在某种意义上,这场出版风波涉及出版犯罪相关书籍获得巨额收益是好是坏的问题,也涉及言论自由的问题,而且这个受法律完全保护的人匿名获取巨额收益的行为也是道义和社会问题。

被害人、遗属接受加害人的道歉,继续面对新的人生,其前提是对加害人判处相应的刑罚。如果加害人既不认罪也不道歉,那么被害人的情绪就不会改善。即使加害人认罪并有反省之意,当对加害人判处的刑罚大大违背被害人、遗属的期望时,被害人的情绪也很难得到改善。

在日本这类典型案例是少年制造的凶杀案。少年实施的杀人、抢劫致死、强奸致死、伤害致死等,死者家属通常会期待判处他们死刑或无期徒刑。但现实与遗属的期待相去甚远。1999 年 4 月 14 日发生在山口县光市的杀害母子案件,是为数不多的例外之一。

这个案件的情况是,少年 A(当时 18 岁零 30 天)在光天化日之下,伪装成管道维修工进入 M 先生的家中,试图奸淫在家的家庭主妇(当时 23 岁),因被害人反抗,将其杀害后进行奸淫,而且在同一地点还杀害了大声哭泣的仅出生 11 个月的长女,然后拿走了一个装有被害人现金等财物的钱包。检察机关的量刑建议要求判处被告人死刑,但山口地方法院于 2000 年 3 月 22 日宣判其无期徒刑。遗属的丈
950 夫在记者招待会上说:“如果不是判处极刑,我就亲手干掉他!”这一直率的情感表露感动了很多国民。

上诉审(二审)的广岛高等法院在 2002 年 3 月 14 日驳回上诉,维持无期徒刑判决。检方提出上诉(三审),2006 年 6 月 20 日最高法院第三小法庭认定:“二审以犯罪没有计划性而且实施犯罪时还是少年而回避适用死刑,该判决是极为不合理的,不撤销该判决,明显违反正义。”于是将该案发回广岛高等法院。2008 年 4 月 22 日,广岛高等法院作出死刑判决后,被告再次上诉,2012 年 2 月 20 日最高法院第一小法庭驳回上诉,确定了死刑判决。该案经历了地方法院、高等法院、最高法院、高等法院、最高法院长达 9 年的刑事审判,每次审判都引起世人的极大关注,揭示了日本少年法存在的问题。

《少年法》虽然在 2000 年 12 月 6 日进行了大幅度修正(2001 年 4 月 1 日实行),但主要是针对十八九岁少年实施的严重暴力案件的刑事程序问题,几乎没有进行根本性的修正。

少年实施的重大凶杀案件,由于加害少年受到法律的保护,地方法院的刑事审判和家庭法院的审判对于被害人及其遗属是很严酷的。很多国家规定少年年龄在 18 岁以下(还有的国家规定为 17 岁以下、15 岁以下、13 岁以下),而日本法律把未满 20 岁的人规定为少年(《少年法》第 2 条),这在世界各国也是少见的。

第三十四章

遭受被害的不安感

Fear of Victimization

一、对被害的不安感

担心遭受被害的心情称为被害不安(fear of victimization)。关于被害不安,其和犯罪学中的犯罪不安(fear of crime)一样,有很多研究成果。① 不安的程度从担心到有可能,范围十分广泛,这种不安往往与个人的性格和精神状态有关。对人际关系感到烦恼、在生活中有过很多不愉快的经历、以前受过伤害的人,即使是一点小事也会感到不安。

对被害的不安,多数是模模糊糊地对居住的地区和社会的一种感受,但也有感觉可能受到特定人的伤害。对此,德尔纳等人认为,不安是因为受到现实的伤害而产生的不安和主观担心将来会受到伤

---

① Norris, Fran H., Kaniasty, Krzysztof & Thompson, Martie P. (1997). The Psychological Crime. In: Davis, R. C., Lurigio, A. J. & Skogan, W. G. (ed.) (1997). *Victims of Crime* (2nd Edition). Sage Publications Inc., California, USA, pp. 146 – 166. Butler, Michelle & Cunningham, Paul (2010). *Fear of Crime in the Republic of Ireland.* In: Shoham, Shlomo. Giora. Knepper. Paul & Kett, Martin (ed.) (2010). *International Handbook of Victimology*, CRC Press, New York, pp. 429 – 457. Moriarty, Laura J. (2003). *Controversies in Victimology*. Anderson Publishing co., Cincinnati, Ohio. p. 96.

害的感觉。①

具体的被害不安包括,感觉可能遭受曾给自己伤害的对方造成再次被害的情况;受到被害的人担心自己报案可能引起怨恨而再次遭受被害的感觉。前者的例子有,利用被害人没向警察等报案的机
952 会,再次攻击被害人。总之,被害不安都是担心曾经伤害自己的人可能再次伤害自己的感觉。

作为反复型犯罪(repetitious crime)的跟踪尾随、骚扰、欺凌、家庭暴力(包括同居者之间暴力)、虐待儿童和老年人等弱势人士等,一般都是反复地实施骚扰和暴力等,由于反复地实施导致不安进一步增加。被害人变得不相信周围的人和社会,从孤立无援的感觉中模糊地认为"自己可能会再次受到伤害",因此不安感会进一步增加。

在反复型犯罪的情况下,对被害人没有具体保护和支援是主要的不安原因。在这种情况下,特别是被害人支援中心和都道府县、市区町村的被害人支援负责人,创造让被害人能够安心生活的环境是非常重要的。一方面,要限制导致不安的加害人的行动;另一方面,为了保护被害人,要让他们能够更容易地利用避难场所,消除不安的因素。

关于过去的被害经历对被害不安有何影响这一问题,相关的研究成果很少,②但也有研究认为二者之间似乎存在某种直接关系。特别是针对个人和家庭的犯罪,这类犯罪的被害人的报案率比通常犯罪的报案率高出3.5倍,由此看出这类被害人感到非常不安。③

和自己遭受同样被害的故事和新闻,并不能给被害人"被害并不

---

① Doerner. William, G. & Lab Steven P. (2005). *Victimology*. (4th Edition). Lexis Nexis & Anderson Publishing, NJ. pp. 279 – 282.

② Agnew, R. S. (1985). Neutralizing the impact of crime. *Criminal Justice and Behavior* 12(2), pp. 22 – 239. Winkel, F. W. (1998). Fear of Crime and Criminal Victimization: Testing a Theory of Psychological Incapacitation of the Stressor based on downward comparison process, *British Journal of Crimonology* 38(3), pp. 473 – 484.

③ Butler, Michelle & Cunningham, Paul (2010). op. cit. p. 447.

只是自己”等安心的感觉,反而会使被害人绝望地感到自己居住的社会不能保护自己这样的被害人。

犯罪和被害每天都在报纸、电视、广播、杂志等媒体上不停地进行报道,煽动性的报道助长了听众和读者等人的不安心理。根据各种调查,很多人感觉全国的犯罪比被调查者居住的地方增加很多。953
在生活中没有具体感到被害不安的人回答说,因为全国范围内犯罪正在增加,所以感到不安。有分析称,这种现象是受到了包括互联网在内的各种媒体的影响。

对被害有某种程度的不安,与预防被害的行为联系在一起,也有预防犯罪的效果。但是,调查显示,有的被害人再次遭受被害,而有的没有被害经历的人没有遭受被害。[①] 因此,不能断言被害经历与预防被害有直接关联性。

二、作为原因的被害不安和作为结果的被害不安

关于被害不安,以前大部分都是对“作为结果的被害不安”的研究,而关于“作为原因的被害不安”的研究基本没有进行。这项研究是,探讨人们对被害不安心理的反应。

有过某种被害经历的人或处于某种环境下的人,有时对被害怀有强烈的不安(作为结果的被害不安),而且,对被害感到不安的人的行动模式与普通人不同,思维方式也有些不同(作为原因的被害不安)。

以往,对被害不安主要是研究造成被害不安的原因(把被害不安作为目的变量/从属变量进行分析)。例如,被害体验、目击或者听说犯罪和他人的被害、对犯罪增减的认识、对警察的信赖等,研究这些情况对被害不安有何影响。

与此相对,还需要研究的是,强烈的被害不安对该人的价值观、

---

① 关于被害人再次被害,参见第六章“被害的弱点与反复被害”。

思考方法和行动模式有何影响。被害不安对一个人的身心有影响，对一个人的思想和言行也有影响。在这种研究中，把被害不安作为说明变量（独立变量），从而寻找目的变量（从属变量）。

但是，围绕被害不安问题，很难判别相关的各种因素是原因还是
954 单纯的结果。这就好像是“先有鸡，还是先有蛋”的问题一样。应当认为，下列的变量是被害不安的原因，同时也是被害不安的结果。

【被认为既是被害不安的原因也是结果的变量】

1. 居住的地区；

2. 对警察等执法机构的信任程度；

3. 地区居民在各种情况下的行为预测；

4. 对所居住地区的犯罪量的认识；

5. 对所居住地区将来犯罪的增减的预测；

6. 对被害程度的预测；

7. 日常的行为习惯；

8. 加入预防犯罪团体或被害人援助团体等。

在这些变量中，就居住地区而言，并不知道居住在商业区的人们是因为住在商业区而感到不安，还是因为感到不安而住在人多的商业区。阐明的是原因还是结果，通过使用调查问卷的方法，是无法正确把握的。

类似的问题还很多。例如，无法确定感觉警察不能公平对待居民的人，是因为觉得不公平才感到不安，还是因为觉得不安才感到不公平；也无法确定认为在居住地区的犯罪正在增加的人，是因为他认为犯罪增加而感到不安，还是因为感到不安而认为犯罪在增加。

人们一般考虑的所谓对被害不安的解释变量，如看到多少身边可疑的人（社会秩序混乱）、认为居住地区最近发生了变化（地区变化）、有什么被害经历（被害体验）等，这些认为发生了变化和体验到了变化是否属于不安的原因（对被害不安的说明变量），对此有很大的疑问。

关于被害体验的报道,对于是否把某件事认为是被害,有很大影
响。例如,一般人感觉不到被害的情况,而权利意识高的人和有被害 955
不安的人会感到被害。强烈感到被害不安的人和感觉一般的人,前者对被害体验的认知和记忆更好。如果按照这个道理思考下去,“越是担心被害不安的人,越能记住被害经历,并如实报告”,这种假设也许可能成立。根据调查,回答“有被害体验”的人,大多数是被害不安感很强的人,那么认为被害体验是被害不安感的原因(说明变量)的假设就有偏差了。

三、具体的被害不安和一般的被害不安

关于什么人在什么状况下会产生被害不安,对此有很多研究数据。被害不安是压力的原因,也是压力障碍的一部分,临床心理学和精神医学等方面的研究成果值得期待。

不过,从各国积极对被害不安开展的研究看,对男女、年龄的分析中,各国的研究结果并不相同。被害不安确实与这个人的精神状态有关,但一般来说,比起感到不安的人的个性,社会因素的影响更强。

生活安全研究会(代表人是细井洋子)在 1994 年和 1995 年,对社区生活安全进行了两项调查研究,其中,对普通犯罪的被害不安(一般的被害不安)和“夜间在居住地区一个人行走”等具体事例感到不安(具体的被害不安)进行了分析。根据该项分析,关于一般的被害不安,如表 34. a 所示,约半数人对犯罪被害茫然地感到不安。

表 34. a 一般的犯罪被害不安的程度 956

资料来源:生活安全研究会的报告

	1994 年调查	1995 年调查
非常不安	5.3%	8.0%
多少有些不安	49.9%	40.1%

续表

	1994年调查	1995年调查
几乎没有不安	40.2%	43.8%
完全没有不安	3.6%	7.1%

人们通常会因为遇到或险些遇到被害的经历而产生被害不安，但在现代这种高度信息化社会中，媒体等经常会制造被害不安。例如，对被害不安问题进行调查时，把一个地区分成3个部分，即"你居住的地区""你所在的县内""全日本"，如果向他们询问被害不安的感觉，他们的回答是居住地区比县内、县内比全日本，感觉犯罪在增加，不安的感觉也在增加。尽管没有实际感觉到我们身边的犯罪在增加，但多数人却感觉整个社会中的犯罪在增加，这一般就是受媒体的影响。

日本社会安全研究财团从2002年以后定期进行了"关于对犯罪的不安感等的调查研究"。[①] 问卷设定的问题是，"你平时是否有过担心自己会受到犯罪侵害的不安感?"，回答选项是"经常有""偶尔有""几乎没有""完全没有"4个阶段的回答。其中，"经常有"和"偶尔有"加在一起表示"不安"，"几乎没有"和"完全没有"加在一起表示"没有不安"，采集的结果如图34.a所示。

① 社会安全研究财团:《关于对犯罪的不安感等的调查研究》2011年版，第29页。

图 34.a　对犯罪的不安调查 957

资料来源:社会安全研究财团的调查

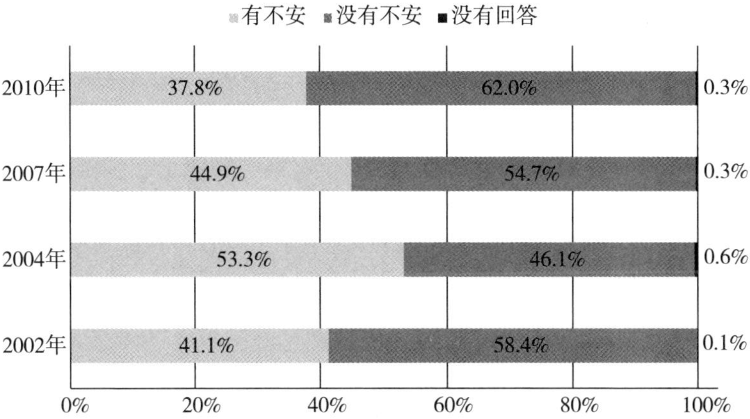

最近的倾向是,感到不安的人的比例有所减少,没有感到不安的人超过了半数。这一数据不是与其他国家比较得出的,说明了日本在安全对策方面取得了一定成果。

该调查分析了回答者的居住地区和被害不安的关系。[1] 调查结果显示,感到不安的居民较多的顺序是:政令指定城市* 为 43.9%,除东京之外的大城市为 41.5%,人口不足 10 万人的市为 37.6%,人口超过 10 万人的市为 36.3%,町村为 34.1%,东京 23 区为 31.9%。东京都中心地区感到不安的人最少,而在政令指定城市、东京以外的

---

① 社会安全研究财团:《关于对犯罪的不安感等的调查研究》2011 年版,第 30 页。2010 年调查的回答者人数为 1978 人。

* "政令指定城市"是指以地方自治法为基础的大都市,是日本中央政府对经济地位重要的大城市的一种管理方式,共有 20 座城市被列为政令指定城市,由北到南分别为:札幌市(北海道)、仙台市(宫城县)、埼玉市(埼玉县)、千叶市(千叶县)、川崎市(神奈川县)、横滨市(神奈川县)、相模原市(神奈川县)、新潟市(新潟县)、静冈市(静冈县)、滨松市(静冈县)、名古屋市(爱知县)、京都市(京都府)、大阪市(大阪府)、堺市(大阪府)、神户市(兵库县)、冈山市(冈山县)、广岛市(广岛县)、北九州市(福冈县)、福冈市(福冈县)、熊本市(熊本县)。——译者注

大城市感到不安的人很多。在世界很多国家中,大城市的犯罪很多,而地方城市的治安最好。但日本的情况是,由于政治、经济、文化等都集中在东京都中心,作为首都警方的警视厅全力以赴打造安全与安心的都市,因而在都市中心的人很少有犯罪被害人的不安感。

四、对被害不安人员的分析

958 因被害的不安感,人们会受到怎样影响?以前对这个问题几乎没有研究,生活安全研究会对社区的生活安全进行调查研究,其中就分析了被害不安的人的特征。①

该项调查中,对 1994 年的 1110 起案件进行了分析,以对被害不安有较大影响的内容,设定了如下变量:

【将被害不安作为说明变量时的目的变量的项目】

1. 关于犯罪和被害等问题,是否和家人谈论或商量过?
2. 遭受被害的时候,会报案吗?理由是什么?
3. 如何预测将来的损失?
4. 您的日常行为如何?
5. 如果受到被害,您怎么办?
6. 为了不受被害,您在做什么?
7. 关于国家的被害人政策,您是怎么看的?
8. 您是否注意不给别人添麻烦?

有一种假设是,越感到被害不安的人预防犯罪意识越高。因为预防犯罪行动的前提是对犯罪被害的认识。但是,这里不仅要考虑单纯对遭受被害的认识,而且还要考虑对被害如何预测,如果遇到被害应当采取什么行动,自己是否能够不给别人带来被害等。

感到被害不安的人,如何根据其不安的程度采取相应的被害预

---

① [日]诸泽英道:《犯罪被害不安对人们的思考及行动的影响》,载细井洋子等编:《居民主体的犯罪控制》,多贺出版 1997 年版,第 209 - 217 页。

防手段，这是被害人学的重要课题。被害人学的研究目的之一是如何减少被害。怎样做才能使被害不安与不安原因的预防被害结合起来采取行为？社区生活安全调查研究会的分析结果如表34.b所示。

表34.b　被害不安与被害预防手段 959

资料来源：社区生活安全调查研究

预防被害的对策	居住地区的犯罪被害不安				平均	人员
	完全没有	几乎没有	有些不安	非常不安		
确认客人之后再开门	26.7%	39.3%	48.5%	59.1%	44.5%	539人
在僻静路上注意背后	20.0	34.8	41.3	43.9	38.0	460
不去热闹的地方	11.1	12.3	17.2	22.7	15.3	185
避免走黑路	28.9	38.4	50.0	59.1	45.0	545
晚上不在家时打开灯	20.0	31.1	38.0	39.4	34.6	419
不靠近醉鬼	40.0	55.6	56.2	62.1	55.7	674
家里尽量不放钱	40.0	49.7	53.3	59.1	51.7	625
注意甜言蜜语的人	55.6	63.4	71.3	78.8	67.9	822
外出时不带太多的钱	42.2	51.3	55.9	57.6	53.6	649
保管好自行车钥匙	72.2	65.6	71.6	81.8	69.4	840

越是担心被害的人，就越要注意不要让自己遭受被害，例如，锁好自行车（感到非常不安的人有81.8%这样做。下同）、注意甜言蜜语的人（78.8%）、不接近醉鬼（62.1%）、客人来访时先确认后开门（59.1%）、尽量不在夜晚走黑暗路（59.1%）、家里不放大量现金（59.1%）等。

此外，如果将被害不安度非常高的人和完全没有感到不安的人进行比较，可以看出二者的差异很大：有客人到家里来访时，不确认对方就不开门（增加率为2.21倍）；在僻静的路行走时，总是要注意背后动静（2.19倍）；尽量不去某地区的热闹区（2.05倍）；深夜尽量不走黑路(2.04 倍);晚上不在家时,打开家里的灯(1.97 倍);不会靠近酒鬼(1.55 倍);家和店不放大量现金(1.48 倍);对甜言蜜语和诱惑十分警惕(1.42 倍);不带大量现金外出(1.36 倍);自行车停放在户外时,总是上锁(1.32 倍)。

960 从这项调查研究可以看出,感到被害不安的人一般注意的是:自行车放在外面时,总是上锁;对甜言蜜语和诱惑非常警觉;不接近酒鬼;家里和店里不放大量现金。

五、对夜间独自外出者产生强烈不安的分析

被害的不安是对“社会”或“最近”等产生的一种茫然的感觉,为了把握人们的不安感,通过设定某种状况,在处于这种状况时是否有不安,如果感觉有不安怎么处置等,来具体、更准确地把握被害不安。

例如,让被调查者预测一下,当自行车没上锁就放在家门前的路上时,自行车被盗的可能性有多大;给被调查者设定一个人走夜路需采取什么预防措施等具体场景等。

每个人都会注意自己不受别人的伤害。但人们并不知道应当注意哪些人,应当注意什么情况。

在一项对自行车和摩托车被盗后没有报案的 60 人的调查分析中,回答没报案的理由为“觉得报警也没用”的人,多数是被害不安感觉度较低的人,被害不安感觉度越低,被偷的人就越多。

有人认为被害不安感觉度越高的人,越容易依赖警察,但这项调查研究给出的一个假设是“抓住了扒窃犯”,该人是认识但没有交往的人;另一个假设是“在餐馆吃饭时,突然被一个醉汉抓住衣领,尽管店员制止了,但新西服被弄破了”,该人是认识但没有交往的人。被害不安感觉度越高的人,回答“注意! 警察来了!”的人就越多。

在调查中提示的 14 个预防被害对策中,与表 34. c 所示的 8 个存
961 在正比关系,特别明显的比例关系是“晚上尽量不走黑路”(相关人员 548 人)和“走僻静道路时,总是注意背后”(相关人员 462 人)基

本相同。例如,晚上一个人走路就感到不安的人,当然会避免夜晚走黑路,在僻静道路上行走时也会注意背后的动静,这一点可以同时证实问卷答者是诚实的。

表 34. c　夜晚独自行走的不安和预防被害的手段

资料来源:社区生活安全调查研究

预防被害的对策	在居住地域的犯罪被害不安				平均	人员
	完全没有	基本没有	有些不安	非常不安		
在僻静道路上注意背后	17.4%	30.9%	49.4%	55.9%	38.0%	462 人
避免走漆黑夜路	20.6	33.5	61.9	65.7	45.1	548
确认客人后开门	24.5	39.8	51.8	71.4	44.5	541
外出时不带大量现金	41.3	51.0	58.2	68.6	537	652
长时间不在家时和邻居打招呼	38.7	47.0	50.2	60.0	48.0	583
当心甜言蜜语的人	56.1	64.7	73.6	78.6	68.0	826
家里不放大量现金	43.2	50.0	54.9	60.0	51.7	628
自行车上锁	65.8	69.3	70.7	71.4	69.5	845

一般的犯罪被害不安感越强的人,越容易选择的预防被害对策有:“在僻静道路行走时,总是注意背后”(增加率为 3.20 倍)、“避免夜晚走黑路”(增加率为 3.19 倍)、“客人来访时,确认后开门”(增加率为 2.91 倍)、“外出时不带大量现金”(增加率为 1.66 倍)、“长时间离开家时,拜托管理人、邻居、派出所等照看”(增加率为 1.55 倍)等。具体的犯罪被害不安也是如此,不安感越强的人越要注意预防被害。

另外,关于“在僻静道路行走时,总是注意背后”“晚上避免走黑路”“客人到访时,确认后开门”这些问题,感到非常不安的人,是完全没有不安的人的 3 倍。 962

夜间独自行走的被害不安度越高的人,越注意的其他预防对策有:“自行车停在外面时,总是锁上”(增加率为1.09倍)、“对甜言蜜语和诱惑,十分警惕”(增加率为1.40倍)。对自行车和摩托车被偷后报案的122人进行分析的结果显示,报案的理由中回答“因为想挽回损失”的人,多数是在夜间独自行走被害不安度较高的人。

对车辆被砸伤、毁坏的106名被害人的分析中,回答没有报警的理由为“觉得报警也没用”的人,多见于夜间独自行走的被害不安度较低的人。

夜间独自行走的被害不安度高的人,日常“往往是一个人在家”(相关人员为232人)。

夜晚独自行走的被害不安度高的人,也有依赖警察的倾向。假定抓住了扒窃犯,该人是不太熟的人或者是在居住地区没见过的人,如果是夜间独自行走的被害不安度高的人,多数人回答“注意! 警察来了!”。

另外,如果是居住在同一区域的陌生人,回答说“花5万日元,买了那件商品”的人,多数是被害不安度较低的人。

关于夜间独自行走的不安,是日本实施的“国际犯罪被害人现状调查”(International Crime Victimization Survey,ICVS)一系列调查中的一部分。① 日本是在2000年以后参加这项国际调查的。第3次调查是2008年1—3月使用两阶段随机抽样进行的,从全国选出16岁以上男女共6000人作为调查对象,还同时使用了调查员访谈方式和被调查者填写问卷的方式。

调查结果显示,关于夜间独自行走的不安,61.5%的人认为“还算安全”,8.5%的人认为“很安全”,二者相加,大约有七成的日本人
963 认为,在日本夜晚一人行走是很安全的。而“稍微有些危险”的占26.3%,“非常危险”的占3.7%。

① 2008年版《犯罪白皮书》,第189页。

另外,关于一个人在家里夜间感到不安的回答情况,“很安全”的占 18.7%,“还算安全”的占 67.5%,合计有 86.2% 的人认为自己一个人夜间在家时并不会感到不安。而回答“很危险”的为 1.1%,回答“有点危险”的为 12.7%。

六、对白天不锁门外出者产生强烈不安的分析

白天两三个小时不锁门就出门时,感到非常不安的人的特征有哪些?生活安全研究会在“社区生活安全调查研究”中,对此进行了分析。表 34.d 中列举了对不上锁外出越感到不安就越采取预防被害对策的 9 种情况。

从与预防被害对策的关系看,越是对白天不锁门外出感到不安的人,回答“有客人来访时,先确认后开门”(与普通人相比增加率为 964
3.86 倍)的人就越多。除此之外,对白天出门不锁门有较强不安感的人,多数采取预防对策包括:“家里和店里不放大量现金”(增加率为 2.21 倍)、“夜晚不走黑路”(增加率为 1.86 倍)、“玄关和窗户上辅助锁(一扇门两道锁)”(增加率为 1.70 倍)、“远离醉汉醉”(增加率为 1.58 倍)等。

表 34.d　白天不锁门外出与被害预防的手段

资料来源:社区生活安全调查研究

被害预防措施	在居住地域的犯罪被害不安				平均	人员
	完全没有	几乎没有	有些不安	非常不安		
先确认访客后开门	14.3%	26.6%	43.8%	55.2%	44.6%	541 人
家里没有大量现金	25.7	43.4	51.8	56.9	51.6	627
避免夜晚漆黑道路	28.6	32.9	44.0	53.1	45.2	549
一门两道锁	20.0	22.5	30.8	34.0	30.5	370
远离醉汉	40.0	49.7	52.9	63.2	55.7	676

续表

被害预防措施	在居住地域的犯罪被害不安				平均	人员
	完全没有	几乎没有	有些不安	非常不安		
当心甜言蜜语的人	48.6	57.8	66.2	76.2	68.0	826
长时间不在时拜托邻居等	34.3	40.5	48.2	51.7	47.9	582
锁好自行车	51.4	59.5	69.8	74.6	69.5	844
外出不带大量现金	40.0	45.1	53.6	58.5	53.7	652

另外,对于白天不锁门外出,越是感到不安,回答“是”或“否”较多的项目如下:

对自行车和摩托车被盗后报警的122人的分析中,回答报警的理由为“想挽回损失”的人,多数是对白天外出不锁门的被害不安度较低的人,而且不安度越低,越想要挽回损失。

关于白天不锁门外出的被害不安度越高的人,多数日常“一个人在家”(相关人员232人)。而被害不安度越低的人,日常行为“经常是在外面喝酒”(相关人员143人)。

假设扒窃犯人被抓了,该人是没有交往但认识的人,对于白天不锁门外出的被害不安度越高的人,多数回答是“问问他的情况,说几句话就让他回去”。

第三十五章

被害预防和地区安全

Protection of Victimization and Community Security

一、被害预防和犯罪预防

被害预防和犯罪预防是事物的表里关系。当然,致力于每一个人都过上没有被害的生活,和致力于努力减少犯罪及减少犯罪人再犯,二者的对策方法有本质的不同,但从消灭这个世界犯罪的意义上,二者的目标是共同的。

几个世纪以来,人类一直遭受犯罪的折磨,为预防犯罪而绞尽脑汁。但是,到目前为止,还没有找到有效的犯罪预防对策。通过犯罪人的处遇来防止犯罪并非易事。为了防止犯罪人再次实施犯罪,正面进攻的方法,在现实中并非那么简单。在世界许多国家,出狱人员的再犯率很高,有很多犯罪人经常往返于社会与监狱之间。①

最近,随着犯罪手法的巧妙化,以规避法律的形式进行犯罪的事例越来越多。如果将某种新手法行为作为限制对象,警察掌握的犯罪件数会暂时减少,但不久他们就会想出其他的方法,手法变得更加巧妙。特别是诈骗、非法营销等行为,监管方与犯人之间就像猫和老

---

① 2014 年版《犯罪白皮书》第 142 页记载,除去违反道路交通法的犯罪以外,再犯为 122,638 人,占被举报的 262,486 人的 46.7%。

鼠的关系。[1]

在这种情况下,人们更加关注如何采取预防被害的措施和对策。
966 人们变得聪明了,就不会遭受被害,因此,犯罪行为也难以实施。但是,为了实现这个目标,需要提供有实施犯罪危险性的人和危险情况的信息。在应注意预防被害的同时,也需要建立有组织的预防被害系统。在推进预防被害对策方面,应当注意以下四个重点:

1. 研究犯罪手法,提醒人们注意;

2. 对于反复实施的犯罪人,将该人的部分信息在社区公开,提醒人们注意;

3. 在社区、工作单位、学校等公共活动空间设置防盗系统;

4. 为了防止犯罪人报复或再次袭击被害人,向被害人提供有关犯罪嫌疑人的信息。

其中,第 1 点是关于犯罪手法的研究,日本警察有对犯罪手法进行侦查的传统,[2]但在提醒和启蒙普通国民注意预防方面还存在不足。萨瑟兰撰写的《职业盗窃犯的研究》[3]是犯罪学的名著,作者对

---

① 法律修改和犯罪手段的花样翻新之间的“捉迷藏”,经常发生在行政管理法中。例如,《枪炮刀剑类持有等取缔法》是 1958 年制定的,至今进行了 25 次修正;依照《登门访问销售法》对无限连锁销售的传销进行规制,虽然暂时减少了,但不久又开始提供服务型连锁销售。通过修改法律反复多次进行规制,但不久新的类型就又出现了。这就是没完没了的状态。

② 国家公安委员会于 1956 年 2 月 9 日制定了第一号规则《犯罪手法资料处理规则》,警察厅根据该规则于当天制定了第一号训令《犯罪手法资料处理细则》。制作犯罪手法资料的目的在于,通过收集和管理有关犯罪手法的资料,供犯罪侦查使用。警察厅刑事局侦查一课的《犯罪手法制度的解说》指出,所谓犯罪手法,是指记录犯罪的时间、地点及犯罪行为时出现的手段方法等的定型或类型,以收集到的资料为基础制作成犯罪手法原纸。用于手法侦查的犯罪有抢劫、盗窃、诈骗等。另外,手法的分类有客人盗窃、香火钱盗窃、晾晒物品盗窃、调包师、切割盗窃、掏扒、横扫玄关、横扫走廊、车内盗窃、流窜盗窃、庭院盗窃、盗窃庄家、假帮忙盗窃、顺手牵羊、扒窃、盗窃自动售货机、盗窃包裹等,其中也有现在普通人使用的日常语。

③ Sutherland, Edwin, H. (1937). *The Professional Thief by a Professional Thief.* 详见第二十章“经济被害和消费者被害”。

常习盗窃和诈骗的犯人进行了访谈，进而分析了他们是怎样安全实施犯罪的。这个研究反过来为人们应该在哪些方面注意预防被害，提供了有效的信息。

日本从2000年开始参加了始于1989年的ICVS，并提出了应当如何预防被害的问题。根据2008年进行的调查，防止非法侵入住宅 967
的对策主要包括：锁好门（17.0%）、养看门狗（15.1%）、和邻居联手相互照料（13.6%）、特殊的门和窗户上锁（9.8%）、安放防止入侵警报器[①]（5.6%）等。此外，没有安装任何防盗设备的人占45.6%，比例非常之高（2000年调查为55.7%，2004年调查为48.2%）。

为了防止在社区发生被害，重要的措施是针对生活圈有限的儿童、老人、残疾人等开展活动。学校、居住社区、宿舍、市民活动场馆等各种设施有必要设置防盗系统。

二、监控摄像和安全城镇建设

关于预防社区被害（防范），日本有着悠久的历史，特别是以地区预防犯罪协会等为中心，社区居民与警察建立了良好关系，确保良好的治安秩序。但是，近年来，随着城市化和社区居民交往的弱化，社区预防犯罪活动开始出现一些盲点。

在美国，从20世纪70年代后半期到80年代，各地开始了“近邻警戒项目”（neighborhood watch program），取得了很好的效果。这个项目以警察或保安官办公室为中心，致力于普及工作，10—30户人家组成一个小社区，确定小社区的负责人，建立电话联系网，如果发现可疑人物立即向警察报警，并通过联络网提醒人们注意预防，此外还发放预防手册，由警方指导居民发现可疑人物和行动的分辨方法，但

---

① 2008年版《犯罪白皮书》，第192页。

原则上居民不介入可疑案件。①

社区的另一个主要活动是对所有物品刻印识别号码(property
968 marking, operation identification)、诊断家庭内的预防犯罪情况(home security surveys),此外,还有美化环境活动、拨打警察热线、改修路灯、居民巡逻等活动。美国对这个活动给予很高的评价,但是对活动评价并没有进行科学的分析,还存在许多需要完善的地方。②

预防被害,重要的是引起每个人的注意,同时整个社会、整个社区都应当参与预防。最近,在日本也能看到这种城镇建设对策。这是由于警察厅在地区开发等地点,从预防的视角积极提出建议。

新潟县警察,在建造新住宅区的阶段就确定将要实施的预防事项,并向县行政机关和建筑企业提出建议。警方提出的"建设无犯罪的安全城镇"方案,包括提高"区域性"的预防犯罪方案和提高"监视性"的预防犯罪方案。为了提高"区域性"的预防,方案指出,增加一些尽头道路、园区内主要部位安装旋转灯和报警器、减少主干路到园区的入口、社区周边种植墙或篱笆、宅地道路提升并设置台阶、在入口设门等。

为了提高"监视性"的预防,方案指出,在园区内减少无用空地、尽量减少街道两旁影响视线的凹凸部分、园区内增加一些公用电话、多安装路灯、设置阳台、提高大型住宅电梯中的视线、安装木板套窗、尽量安装家庭报警系统、窗户上安装格子的围墙、围墙多开一些孔。

这些方案主要是为了开阔视线,增加令犯罪人感到不安的空间。

---

① 2012年2月26日在美国佛罗里达州圣胡德市发生的乔治·齐默尔曼(George Zimmerman)杀害特雷文·马丁(Trayvon Martin)案,在全世界范围内被大肆报道,被告人齐默尔曼自称是警卫团人员,随时携带手枪。审判中的争议焦点是被告人受到对方的反击时在多大程度上感到了人身危险,最后被认定为正当防卫。详细内容请参见第十一章"暴力被害"。

② [日]小林寿一:《美国地区犯罪防止活动》,载《季刊社会安全》1993年第8号,第26-33页;[日]伊藤康一郎:《社区防范活动——英美犯罪对策的新动向》,载《犯罪社会学研究》1993年第18号,第155-160页。

这一区域性方案和监视性方案的制定，根据的是城市犯罪预防研究会在“为了建造具有抑制犯罪功能的街道”中提出的建议，即建设一个外部进入者“有不确定感的街道”“感觉会被谁看的街道”。封闭 969
街道减少入口，打通街道减少死角，这一想法是合理的，但二者往往难以兼顾，在现实中这是很难解决的问题。区域性预防的基础是“监视性”预防，区域性预防是辅助性的。

1988 年 8 月至 1989 年 6 月发生了 4 名幼女接连被杀害的宫崎勤连续杀害幼女案件，其中最后一起案件的现场在周围长满茂密大树、有很多死角的东云公园，案件发生后，砍伐了遮挡视线的树木，修剪了多余的树枝。① 城市绿化与预防犯罪之间存在矛盾，这是令人头疼的问题。这个问题类似于为了预防幼儿被诱拐而教孩子们不能和陌生人说话一样，在孩子教育上也存在问题。

当然，根据地区的性质和犯罪的罪种不同，采取预防犯罪的对策也各不相同。譬如，入室盗窃在陈旧地域容易实施，在公共机关等地区就难以实施（但路面上的盗窃另当别论）；性犯罪在老商店街、有公园的街道容易实施，而在商住两用地区较难实施。② 为了建立预防被害的城镇，就要考虑地区的特点。

在区域预防犯罪方面，最近发挥威力的是防范摄像（surveillance camera，monitoring camera，security camera）。开始时不是防范摄像，而是监控摄像。日本在 1990 年才开始安装监控用摄像机，2015 年全国安装的防范摄像头有 500 万—600 万台之多。③ 2001 年警视厅制订了在东京的歌舞伎町安装监控摄像头的犯罪对策计划，被媒体大

---

① ［日］村井恒夫编：《寻找安全的社会》，载《城市防范研究》，第 130 页。

② ［日］清永贤二等：《基于犯罪者的视点的市区评价的研究》，载《科警研纪要防范少年篇》1992 年第 33 卷第 1 号，第 52 页。

③ 因为设置监控摄像头不需要申报和登记，所以无论是哪个政府机关还是地方公共团体都不掌握设置的数量，也不知道确切的数量。

肆报道后，有人认为有侵害私生活的危险，出现很多反对的声音。①

970 英国1993年发生的诱拐杀害儿童案件，在电视和报纸上反复报道了犯罪嫌疑人的影像和画面，得到了舆论的广泛支持，此后监控摄像头迅速普及。到2010年，防犯摄像头达100万—200万台。英国的人脸识别技术十分发达，通过影像扫描和数字处理，对照一下前科人员的数据，就可以确定并抓获犯人。

美国从2003年佛罗里达州发生的剧烈摇晃婴儿案件（violently shaking baby case）以后，人们对监控录像的危险程度的关心程度提高了。布雷特、詹妮弗夫妇（Brett and Jennifer Schwartz）给5个月大的女儿找了一位秘鲁籍保姆克拉迪亚·莫罗（Claudia Muro）。有一次，夫妇俩对这位保姆的照看方式产生了怀疑，于是安装了监视器，并根据录像内容向警方报案。莫罗因8项加重虐待儿童罪（aggravated child abuse）被逮捕，但2006年3月检察机关以视频证据没有证明力为由决定不起诉。② 在有严格证据法（evidence rule）的美国就是如此。在这个时期，美国相继公开了一系列录像，如在路易斯安那州，保姆牵着患有脑瘫的3岁半幼童的鼻子走来走去的影像；在芝加哥，保姆对出生8个月的男孩反复抽打耳光的影像；在得克萨斯州，对儿童使用猥亵语言并进行敲打的影像等，这类案件已成为一大社会问题。③

但是，在街上安装的摄像头大部分是二维影像，不能立体看到被

---

① 歌舞伎町的监视摄像头是2002年2月27日启动的。从新宿马驹剧场往四个方向600m的区域，在大楼墙面和街道等地设置了18台固定式摄像机、31台吊镜式摄像机、1台变焦式高灵敏度摄像机，共计50台。据当时的报道，安装费用约2亿日元，每年维持费用约1亿2000万日元。另外，被拍摄的影像会被送到新宿警察署和警视厅本部，全部被录像的内容保存1年。警察在新宿警察署进行24小时监控。

② 多名专家证实，该监控摄像头每秒拍摄多张静止图像，平稳的动作可能出现乱摇晃的现象。

③ 根据 www. swift – web. org 的信息。

摄体,①因此,这里存在误认的可能性。② 以前,日本的警察鉴定科等 971
专业职员的技术侦查方法主要是通过指纹、脚印、血型、电脑等解析犯罪,而现在监控摄像头普及后,在有关部门配置了相关设备,任何人都能调取影像。但警方也认识到分析影像还存在困难,在科学分析技术方面还有待提高。③

因目击证言等证据可能存在错误,因此警方在侦查时很慎重,但通过监控录像的影像就可以获得决定性证据,迫使当事人如实交代。不过,值得注意的是,影像资料只是侦查的线索和开端。

三、公开犯罪人信息与社会安全

公开或开示犯罪人的信息,是世界各国面对的新问题、新动向。在侦查阶段,公开有关信息有助于逮捕犯罪嫌疑人和解决案件(通缉等),同时对排除非法证据(保障正当程序、侦查的合法性等)也具有意义,在刑罚确定之后,可以防止加害人一方对被害人等有关人员进行报复,还可以防止该犯罪人再犯(在人们的监视之下)。

最近,值得注意的是,日本也像美国和英国那样,从预防被害和预防再犯的视角公开或开示犯罪人的信息。一直以来,刑事法领域被视为“圣域”,很多专家对公开或开示犯罪人的信息表示反对,认为如果公开犯罪人的信息,将成为他们回归社会的重大障碍。但是,随
着犯罪的增加和尊重被害人人权思潮的影响,要求公开犯罪人信息 972

---

① 例如,2014 年 3 月 8 日在山口县的老虎机店发生了误逮捕案件。在这个案例中,有一个客人在老虎机店丢失了钱包,之后进入的 41 岁家庭主妇好像伸手去老虎机上方即客人钱包遗忘的地方,根据这个影像家庭主妇被逮捕了。但是,之后在店内的其他地方发现了犯人扔掉钱包的影像,确认是错误逮捕。如果是三维的影像,应该不会发生这样的事情。

② 2014 年 10 月 14 日 NHK 电视台现代特写节目“监控录像的陷阱”,以误认逮捕的问题,揭示了街上乱设监控摄像机的得失。另外,根据 NHK 的调查,仅大阪府警管辖范围内,从 2013 年 7 月到 2014 年 4 月,10 个月内就发生了 9 起错误逮捕案件。

③ 2014 年 7 月 28 日《日本经济新闻》介绍了大阪大学开发的步态确认技术,该技术可以从低画质的影像中准确追踪可疑分子。

的呼声越来越高。从国家有责任保护每位国民不受犯罪侵害的角度考虑,社会要求公开那些再犯可能性高的犯罪人的信息。

公开或开示犯罪人信息,对一般人来说意味着预防被害;对于曾遭受过被害的人来说,是防止再次被害的必要手段。被害人为了免受“报复”等的伤害,他们非常关注犯罪人的后续信息。受到丈夫虐待的妻子把丈夫告上法庭,被判有罪,但日后因不知道丈夫会暂时休假回家,而被丈夫殴打致死。全美被害人援助机构报道了很多这类例子,为了不让被害人再次受到同样的伤害,应当向被害人等传达犯罪人的相关信息。①

而且,阻碍被害人被害恢复的重要因素之一是可能再次遭受被害的“不安”,是否知道犯罪人的信息,有时对被害人来说生死攸关。②

被害人需要的信息不仅仅是犯罪人这一作为被害人对方的信息。被害人对类似的被害抱有茫然的“不安感”,这会严重妨碍他们从 PTSD 中恢复。为了使被害人重新站起来,过上安心的生活,应当向被害人提供有关性犯罪等再犯可能性高的、有犯罪前科的人的信息。

为了预防被害,不仅被害经历者需要了解犯罪人信息,社会上的普通人也需要了解,至少所谓社会弱者(特别是儿童、残疾人、老人等)是非常迫切需要的。虽然现在只有部分国家开始公开犯罪人信息,但可以预测今后会不断增加。

973 北欧国家对于犯罪人信息的公开表现出积极的态度。北欧国家在信息公开的大原则下,还建立了“保护个人信息”的原则,原则上“任何人都可以在政府阅览”犯罪人的信息,但如果出现某些影响侦查等情况时可以加以限制。与日本一般所说的“犯罪人信息原则上

---

① 1991 年 10 月 3 日在东京半藏门会馆举行的犯罪被害赔偿制度出台 10 周年纪念研讨会上,玛琳·杨在主题演讲中指出。

② US National Victim Center(1996). *The* 1996 *Victims Rights Soucebook*, p. 63.

不公开”相反，北欧各国的观点是，国家或地方政府拥有的信息原则上是公开的，只有存在问题才不予公开。

瑞典的“匿名报道犯罪”的原则发生了变化是由于 1986 年 2 月 28 日深夜发生的帕尔梅首相（当时 59 岁）被暗杀案件。

以瑞典首相帕尔梅被暗杀案件为契机，实名报道有所增加，但毕竟瑞典的《信息自由法》（信息公开法），起源于 1766 年，根据法律规定，侦查阶段的信息是秘密，一旦向法院请求逮捕犯罪嫌疑人，那么任何人都可以根据这一请求知道犯罪嫌疑人的姓名，最终犯罪信息就看大众媒体上是否登载了。

确实，很多国家对公开犯罪者信息持否定态度，理由是认为会侵害到犯罪者的人权，妨碍犯罪者回归社会。但是，匿名报道容易产生传闻不实、报道内容模糊不清的问题，也可能会损害完全无关的第三人的名誉，风险是很大的。因此，要求实名报道的舆论也非常强烈。除英国以外，美国、加拿大、澳大利亚正在实施犯罪人信息社区周知项目。

在日本，抑制对加害人报道的原因之一，是受当时共同社记者浅野健一的影响。浅野健一记者在其著作《犯罪报道的犯罪》①中批评了日本的实名报道，他认为在北欧，原则上对犯罪人进行匿名报道，世界的动向也是如此。但他这里介绍的北欧国家的现状，只是 20 世纪 60—70 年代一段时期的动向，而不是其他欧美国家的一般动向。不仅如此，在原则上匿名报道的瑞典，此后对匿名报道的批评日趋强烈，又回到了实名报道的状态。

瑞典在 1766 年制定了《信息自由法》（信息公开法），侦查阶段 974
的犯罪嫌疑人信息即使是秘密，只要向法院提请逮捕，任何人都可以根据提请逮捕资料知道犯罪嫌疑人的名字。也就是说，犯罪者信息的问题是在大众媒体上刊载不刊载的问题。但是，大众媒体严格控

---

① ［日］浅野健一：《犯罪报道的犯罪》，学阳书房 1984 年版，第 201 页以下。

制实名报道,当时的报道伦理是"只要社会对实名报道没有明确的关注,如果报道会侵害人权,就必须控制实名报道。特别是对犯罪嫌疑人、被告人、被判有罪的人更是如此"。

1916年,报界俱乐部(新闻协会)、报界同盟、新闻工作者同盟三方成立了世界上第一个"新闻评议会"。"二战"结束后,上访人员数量持续增加到无法应付的程度,1969年该评议会解散后,任命"新闻调查官"处理上访问题。由于报道伦理准则并不禁止实名报道,所以是实名还是匿名要根据各媒体的良知来判断。但是在20世纪60年代和70年代,因为新闻媒体害怕麻烦,匿名报道的情况逐渐增加。

在这种情况下,1986年2月28日深夜发生了帕尔梅总理(当时59)被暗杀的案件,案件发生12天后,根纳松被逮捕。由于该案件是匿名报道,读者根据嫌疑人的特征随意寻找嫌疑人,匿名报道的问题成为焦点。也就是说,如果实名报道,就不会被冤枉。到了20世纪90年代,随着国民知情权的扩大,匿名报道受到强烈谴责,再次回到了实名报道。

四、侦查信息的公开

侦查阶段的信息基本上应当公开。侦查机关经常以公开侦查信息会给侦查带来困难为由,对信息公开表现出极为消极的态度,但为了防止再次发生犯人逃跑的事件,而且为了排除非法证据,应当要求
975 公开侦查阶段信息。这也是侦查秘密进行主义[①]带来的问题。

确实,在某些情况下,如果公开目击者证言和与犯罪嫌疑人有关人员提供的信息等,有时会影响侦查,因此根据侦查机关的判断可能会推迟公开的时间。但是,鉴定和验尸结果等具有客观性、科学性的东西应当尽快公开。鉴定结果显示"凶器是匕首",但逮捕犯罪嫌疑

---

① 旧《刑事诉讼法》(1922年)第253条规定:"侦查时应当保守秘密,注意不得损害嫌疑人和其他人的名誉",但现行《刑事诉讼法》(1948年)中没有这种规定。

人后,搜查的结果却发现了金锯,因此就不能发布凶器是金锯等的信息。日本的现状是,被起诉后才公开鉴定结果,因此侦查的合法性得不到保障。

侦查人员接受媒体采访,不仅是为了保障国民的知情权,而且是为了检查侦查是否合法。在民主主义国家,在犯罪现场接受采访是常有的事情,有时,侦查负责人在现场通过电视等向国民说明案件情况的也很常见。但日本的警察局设有的记者俱乐部,一般在警方指定的时间召开联合记者招待会。

在日本,警察署等记者俱乐部的派驻记者大多是没经验的记者,由于知识和经验的不足,记者的应对能力非常弱。新闻工作者应该知道报道需要什么样的信息、警察的最主要职责是国民的安全与安心、他们在犯罪侦查中应该如何行动。因此,对于初期侦查的失败、没有考虑被害人的人权、公开侦查的方式等问题,有时不能进行适当的采访。

五、公开侦查和通缉犯罪嫌疑人

对明显实施犯罪的行为人进行“通缉”,是尽快抓获犯人、防止继 976
续实施犯罪而采取的必要的积极行动。但这也可能因错误的信息导致严重侵害相关人员的人权的情况,因此应当格外慎重。

与欧美国家相比,有人批评日本的通缉往往半途而废。1982 年 8 月 19 日,犯罪嫌疑人福田和子在爱媛县松山市用腰带勒死了作为女公关的同事(当时 31 岁),抢走了一些家当(价值 4000 万日元)后逃走,在距离时效期限届满还有 21 天的 1997 年 7 月 29 日,在福井市内被逮捕。这是日本首次发布悬赏(警察协会和美容整形医院共计 500 万日元)的案例。

在该案的时效期限届满约 1 个月前,媒体就开始骚动,大肆播放犯罪嫌疑人的照片和录音。犯罪嫌疑人使用了 20 多个假姓名,多次进行整形手术,因此照片与犯罪嫌疑人信息的相关度较弱。因此,很多人怀疑“是不是不存在被通缉的人”而没有举报。犯罪嫌疑人被逮捕的契机是举报人的谈话,从这份谈话得知,比起照片和画像,声音更能让人联想起犯罪嫌疑人的形象,因此通缉的方式受到了质疑。

少年案件的公开侦查方式也是一大问题,其典型案件是 2000 年 6 月 21 日的冈山高三男生用金属棒殴打致死案件。① 该案的案情是,冈山县立邑久高中三年级男生(当时 16 岁)用金属球棒殴打棒球部的 4 名低年级同学,使他们受重伤、轻伤,然后回到家中殴打母亲头部,将其杀害后骑自行车逃跑。警方向邻近各县发布了通缉令,但由于没有公开姓名和照片,因此遭到了批评。② 该少年为了去参加北海道高中修学旅行而骑自行车逃跑,在案发 16 天后的 7 月 6 日在秋田县本庄市被逮捕。

对这个案件提出的质疑是,公开少年案件的搜查方式问题。警察厅在 1998 年发布的一份通报中指出,公开侦查的对象是暴力犯罪和社会反响强烈的重大案件等,原则上仅限于成年犯罪嫌疑人。

977 政府的青少年培养促进本部于 2003 年 12 月公开的《青少年培养政策大纲》规定,“对于触法少年(是指未满 14 岁的触及刑法法令的少年)的案件,为了明确确定警察机关可以进行必要侦查的权限,研究制定有关法律化法”,“考虑保护少年的人权和侦查必要性,应当研究少年案件公开通缉的方法”。③

因此,警察厅于 2003 年 12 月 11 日决定将公开通缉的对象扩大到 19 岁以下的少年,并向全国各警察本部发出通知。该通知还规定,对于情节恶劣且再犯可能性高的犯罪,可以公开画像和身体特征。对此,警察厅少年科解释道:“公开照片和姓名是极其例外的,但

---

① 关于少年的动机,冈山家庭法院断定:“因为犯罪人的母亲十分担心,自己看到母亲后也很痛苦,于是在案发当天上午上课的时候下决心杀害她。”

② 对于匿名进行公开侦查一事,警方解释说,分散在各地的警察接到通缉令后,认为没有必要得到一般市民的协助。

③ 青少年培养促进本部:《青少年培养政策大纲》2003 年版,第 21 页。

并不是完全不公开。”①

六、为了安全而限制加害人的隐私

加害人的人权与被害人及地区人们的权益不能并存的问题之一，就是加害人信息的公开问题。加害人即使改过自新，对被害人来说也是恐怖的存在。很多被害人不想再次见到加害人。特别是再犯性很高的加害人、改过自新不充分的加害人，社会上需要对他们采取必要的防止再犯措施，但是在没有采取措施的社会，人们需要获得加害人的信息来保护自己。

刑事法原则“疑罪从无”，意味着“疑罪不罚”，也称为无罪推定。这一原则对报道的影响很大，常常导致媒体对犯罪嫌疑人报道的过度自肃。媒体扩大解释无罪推定的含义，对犯罪人和违法行为者进行匿名报道，②有时冠以“某某”的形式进行报道。③

在这种情况下，媒体采用的措施是，比起被害人和普通国民的知 978
情权，更优先保护犯罪嫌疑人、被告人的隐私和名誉。一般来说，被害人的知情权原则上应当优先于犯罪嫌疑人的隐私，但该隐私与普通人知情权之间，一般应当优先保护犯罪嫌疑人的隐私。其中，对于犯罪嫌疑人逃跑时的报道方式，往往由媒体自己判断。

2006 年 8 月 28 日发生的德山专科学校学生被杀案件，因为加害人是同一所学校的学生，是未成年人，警察采取匿名通缉的方式。对此，有人批评说，因为犯罪嫌疑人在逃，危险性很大，所以应该实名通

---

① 据 2003 年 12 月 11 日《读卖新闻》第 1 版和第 19 版的报道。

② 东京地方检察院刑事部所属的检察官（被惩戒免职）在 2009 年 3 月，无故启动了撤销刑事告诉程序而被曝光，但新闻晚报（8 月 14 日）对这个检察官进行了匿名报道，对此很多读者认为对涉及官员的案件应该实名报道。

③ 2009 年 8 月 11 日在福冈市的县道上，被警车追踪的轿车与一辆迎面而来的轻型轿车正面相撞，造成 3 人伤亡。警察决定在这名无驾照驾驶轿车的男子伤情恢复后以驾驶汽车过失致死罪予以逮捕，《每日新闻》西部总部版在报道该案件时将嫌疑人称为“先生”，读者对此提出了质疑。

缉。媒体对该案件的报道也各不相同。《周刊新潮》等部分周刊刊登了附照片的实名报道,而且在互联网上还公开了姓名,但大多数媒体为匿名报道。[①]

2008 年 9 月 18 日发生的福冈小学一名男生被杀案件[②]的媒体报道,也引发了不少争议。从死者母亲的朋友处听说,被害少年失踪时死者母亲应该是最重要的证人,但媒体始终认为是可疑人员实施的,并进行了报道。也就是说,以《西日本新闻》这一地方报为首的 4 大报纸等,实名报道了被害人,并写道“几天前出现一个可疑男子”,“可能是用手机挂件勒死的”等,针对可疑人员杀害儿童的报道接连不断。22 日该儿童的母亲被逮捕后,报道的立场全部改变,不仅报道突然变少,而且几乎没有关于犯罪嫌疑人的报道。

为了让被害人能够安心地生活,加害人的信息也很重要。特别是加害人出狱后回到原来的生活,对被害人来说意味着再次进入恐
979 怖的生活。即使一生也无法获得加害人的个人信息和每天动向,但至少在他们出狱后的一段时间内,让被害人知道加害人的必要信息是国家的重要责任。在欧美各国,为了保护被害人,在不侵害加害人人权的范围内,建立了加害人信息告知被害人的系统。

澳大利亚各州的被害人和犯罪人调解办公室(victime - offender mediation Unit,VMU)规定,向登记在册的被害人告知加害人之后的情况。[③]

西澳大利亚州提供被害人保护条件(protective conditions)和赔

---

① 在被害人遗体被发现后,《读卖新闻》、日本电视台、朝日电视台都对加害人的脸部照片附上真实姓名。匿名播放该案的富士电视台、东京电视台在报道时也对照片打上马赛克。匿名报道的 NHK、富士电视台、东京电视台称嫌疑人为“男生”,TBS 电视台称其为“同班少年”。

② 发生在福冈市西区小户公园的内浜小学 1 年级少年(当时 6 岁)被母亲杀害的案件。

③ 参见第二十四章“被害人的知情权”。

偿调解(reparative mediations)①两种类型的调解程序。保护观察中的犯罪人(offenders on parole)和接受地区服务命令的犯罪人(offenders on community - based orders),在没有VMU许可的情况下禁止与被害人接触。被害人可以利用被害人通知登记(victim notification register)制度得到加害人的信息。

七、前科查询制度

日本的所有刑事司法机关都没有建立能够共享的犯罪人信息登记制度,而且也没有建立为了地区和社会的安全、安心而有效使用犯罪人信息的系统。对于暴力的性犯罪等再犯率很高,而且被害严重的犯罪,应当建立预防再犯的社会系统,同时在保护该犯罪人人权的最低限度内,应当建立社会上也能有效利用的犯罪信息查询制度。

在管理国民居民身份的行政机关,这个问题也涉及在居民户籍中如何登记犯罪记录的问题。在日本,管理国民户籍和住民证的机关是市区町村,因此如何进行登记和管理也是需要研究的问题。

全国的市区町村,对被判处罚金以上刑罚(交通犯罪除外)的人, 980
由管理原籍地的市区町村根据地方检察厅的通知,制作“犯罪人名册”。这项事务是根据法务省刑事局的训令进行的,但也有人指出,这些工作应当有法律规定。② 由于有前科的人,其部分市民权利会受到限制,因此需要正确管理前科信息。被判处刑罚的人将从选举人名单中除名。此外,在授勋的候选人、律师资格审查等方面,也需要查询前科信息。

---

① VMU的另一个重要任务是协调赔偿,推进加害人给被害人的赔偿。为了修复加害人和被害人的关系,赔偿是必要的条件,对于被害人来说,可以获得确切的赔偿,所以使用率很高。

② 2012年11月27日版《朝日新闻》发表题为《〈犯罪经历查询法〉的完善,从国家逼近市区町村》的报道,该报道指出,所有的市区町村都建立了全国联合户籍居民基本台账事务协会,但在没有法律依据的情况下制作犯罪人名单,向外部提供犯罪经历查询,引起很大争议,法务部因此要求制定法律。

依照《国家公务员法》[①]或《地方公务员法》[②]规定，被判禁锢以上刑罚的公职人员，在该刑罚执行完毕以前或不再执行以前的期间，不能担任公职人员，也不能参加考试或被录用。人事院在适用上述规定录用国家公务员时，不是向市区町村查询犯罪记录，而是让其本人自行申报。对于地方公务员，则因都道府县规定不同而有所不同，除东京都、大阪府等一部分都府县以外，都不进行查询照会。[③]

有很多职业不能录用有犯罪经历的人。特别是涉及有关儿童、老年人、残疾人等社会弱势群体的单位（如保育院、托儿所、幼儿园、小学校、儿童馆、医院、残疾人设施、游乐场等）的职员，不能录用这些对弱势群体有过犯罪经历的人。美国、英国等国制定了有关犯罪信息登记制度的法律，这些国家的法律规定，如果雇佣对儿童实施过性暴力犯罪前科的人员，一旦发生案件，将追究雇佣方的法律责任。

981 **八、《克莱尔法案》和英国的社会安全措施**

克莱尔·伍德（Clare Wood，当时 36 岁）在 2009 年被前男友杀害，以她名字命名的法律《克莱尔法案》（Clares Law），在英国的英格兰和威尔士经过长达 1 年的试行，于 2015 年 3 月开始正式实施。[④]该法规定，女性可以向警察当局查询恋人是否有过暴力犯罪的记录。

伍德是 1 个孩子的母亲，通过美国的社交网络 Facebook 与乔治·阿普尔顿（George Appleton）认识了，但伍德并不知道阿普尔顿曾有用刀刺了过去的恋人后将其诱拐等对女性实施暴力犯罪的经

---

① 《国家公务员法》（1947 年法律 120 号）第 38 条第 1 款第 2 项（欠格条款）。

② 《地方公务员法》（1950 年法律 261 号）第 16 条第 1 款第 2 项（欠格条款）。

③ 日本《朝日新闻》2012 年 12 月对 47 个都道府县进行了采访，回答称使用了犯罪人名单的是，东京都、大阪府、爱知县、新潟县、山口县、德岛县、高知县、鹿儿岛县、冲绳县、大阪市、札幌市、东京都千代田区。其中还包括根据本人理解使用的自治团体。

④ 据 2014 年 11 月 26 日法新社（AFP）报道。英国首相特蕾莎·梅对英国大众报纸《太阳报》（*The Sun*）说："暴力有时会夺去人的生命。《克莱尔法案》实施后，为了避免暴力，需要向人们提供必要的信息。"

历。阿普尔顿把伍德捆绑起来,在伍德身上放火后自杀。

英国内务部称,在《克莱尔法案》试行期间,约有 400 名女性申请查询恋人或前恋人的信息,警察当局提供了约 100 件信息。另外,当时的内政大臣特蕾莎·梅(Theresa May)说,2014 年被使用暴力的恋人或前恋人杀害的英国女性达 88 人。

英国因对儿童实施的性犯罪屡禁不绝,制定了有关性犯罪者的法律,在全国范围内将性犯罪人所在地点输入数据库,警方依照该法规定,如果认为性犯罪人出狱后仍具有对儿童实施性犯罪的可能性时,可以将警方掌握的信息通知社区学校和教会下属的青年团体等。

关于向民间公开性犯罪人的信息,很多人从保护前服刑人员隐私和重新做人的立场出发,表示反对,在立法论上也有过争议。但是,1997 年 7 月,英国高等法院认为,威尔士警察署将性犯罪人的信
息提供给社区是正当的,据此内务省制定了实施方针。根据这个实 982
施方针,对于服刑过 30 周以上的犯罪人到其死亡为止,对于服刑过 6 周以上 30 周以下的犯罪人在 10 年内,对于服刑过 6 周以下的犯罪人在 7 年内,分别登记在其所在的警察署的电脑中。

英国对犯罪人信息的处理方法引起了全世界的关注,原因是 1993 年发生的詹姆斯被杀案件①的两名加害少年于 2001 年突然被假释。2001 年 6 月 22 日,两名犯罪少年(释放时 18 岁)突然获得假释,全英国一片哗然。遗属和舆论对这次假释非常愤怒,抗议活动达到了高潮。政府给这两名少年重新起了名字,并为他们重返社会投入了巨额预算。由于突然获得假释,无法与接收的社区进行协调,出

① 詹姆斯被杀案件:两名少年约翰和罗伯特(当时均 10 岁)在 1993 年将詹姆斯·伯杰(当时 2 岁)杀害并将其扔进了运河。该案由罗伯茨刑警负责处理。两名少年起初否认,但后来又坦白承认,并被判终身监禁。在英国,少年案件由内务省决定处理。负责这件事的是内政部长霍华德。当时两名少年的律师分别是李律师(当时为约翰辩护)和劳埃德律师(当时为罗伯特辩护)。之后,美国的罗福瑞律师向欧洲人权法院提起诉讼,认为刑期已经结束,现在继续羁押两名少年是违法的。

现了对加害少年的家人进行骚扰的情况，该案出现了最糟糕的情况。

九、美国的《梅根法案》

20 世纪 90 年代，由于社会舆论憎恶犯罪、重视公共安全的情绪不断高涨，美国开始实行犯罪人信息登记制度。在该制度推进的过程中，各种被害人支援团体的活动发挥了重要作用。现在人们认识到，不仅被释放的性犯罪人的信息重要，而且所有犯罪者的信息，对于刑事司法机关和每个人来说，都很重要。

美国 1994 年制定了所谓的《雅各布 · 魏特林法案》（对儿童实施的犯罪以及性暴力犯罪的登记法），有关机关有义务把犯罪人信息进
983 行登记。[①] 这项法律要求各州有义务制定性犯罪人的登记程序，为了保护公众不受特定犯罪人的侵害，允许公开相关必要信息。

但是，1996 年联邦《梅根法案》（*Megan's Laws*）修改了《雅各布 · 魏特林法案》。也就是说，1996 年 5 月 17 日，克林顿总统在 1994 年的《暴力犯罪控制与法律执行法案》（*Violent Crime Control and Law Enforcement Act*）的修正案上签字后，美国选择了一条更加积极公开犯罪人信息的道路。这个修正案是为了保护公众而要求必须公开“已登记的有关犯罪的信息”，新泽西州因有性犯罪前科的犯人杀害了 7 岁的少女梅根 · 坎卡（Megan Kanka）而制定了所谓的“梅根法”。以这个案件为契机，美国市民对公开危险的性犯罪人信息的呼声高涨，动摇了政府。

受到联邦奖励的州可以从联邦基金（Edward Byrne Memorial State and Local Law Enforcement Assistance）获得 10% 的资金补助。1998 年 1 月，肯塔基州、内布拉斯加州、新墨西哥州 3 个州对该法案持保留态度，但到 1999 年 9 月为止采纳了该法案，2000 年以后所有

---

① Jacob Wetterling Crimes Against Children and Sexually Violent Offender Registration Act. 42 U. S. C. $ 14071.

州都采用了《梅根法案》。

有潜在再犯可能的性犯罪人被释放时，作为保护社会的战略，各州采取的方法大致分为以下 3 种：

1. 将性犯罪人的情况告知社区的人们（Broad community notification）。①

2. 将性犯罪人的情况告知特定个人或组织（Notification to individuals and organization at risk）。②

该方法包括，告知刑事司法法官、告知性犯罪人所返回社区的人 984
或社区的特定人。

3. 公民能够查询犯罪人登录信息（Access to registration information）。③

从各州采取的市民可以查询犯罪人登记信息的方法看，实际上有些州犯罪人居住地区附近居民和社区组织可以查询；有些州根据明示规定的限制原则进行登录查询。犯罪人登记信息，传统上只有执法机关和其他有限的刑事司法法官才能登录查询，但有些州制定了可以获得登记信息的特别指南和详细程序。在加利福尼亚州和纽约州，开设了可以通过电话访问的连线“900”。

关于如何公开被释放的性犯罪人的信息，各州有所不同。在佛罗里达州，如果法院判定存在对社会的危险，就会刊登在报纸上。在宾夕法尼亚州，由州的性暴力犯罪人评价委员会（the State Board to

---

① 向社区通知有犯罪者的州有：华盛顿州、俄勒冈州、内华达州、加利福尼亚州、亚利桑那州、蒙大拿州、怀俄明州、得克萨斯州、路易斯安那州、明尼苏达州、亚拉巴马州、田纳西州、佛罗里达州、俄亥俄州、特拉华州、新泽西州、罗得岛州、马萨诸塞州等。

② 通知社区的特定人士或组织的州有：俄克拉何马州、阿肯色州、艾奥瓦州、威斯康星州、伊利诺伊州、印第安纳州、佐治亚州、西弗吉尼亚州、宾夕法尼亚州、纽约州、马里兰州等。

③ 允许市民链接的州有：爱达荷州、犹他州、科罗拉多州、堪萨斯州、北达科他州、南达科他州、密苏里州、密西西比州、南卡罗来纳州、北卡罗来纳州、佛蒙特州、密歇根州、阿拉斯加州等。

Assess Sexually Violent Predators)判断性暴力犯罪人是否有再犯可能性,为了确定该犯罪人是否是性暴力掠夺者,宾夕法尼亚州和佛罗里达州一样,在作出判决之前进行审问。通过审问被认为是“性暴力掠夺者”的,将被指定为“性暴力掠夺者”,该犯罪人的姓名、地址、实施的犯罪,在72小时之内通知附近的居民,并在7日内通知社区和学校的负责人。

在俄勒冈州,在性犯罪者被判处有罪时,可以由监督被分类为“掠夺性的性犯罪人”的组织公开该性犯罪人的信息。公开信息的地点包括儿童和其他潜在被害人经常活动的场所,例如,附近居住地、
985 教堂、公园、学校、酒吧、公司等地。亚利桑那州规定,对配偶实施的性暴力、对未满15岁少年实施的性虐待、对儿童实施的性描写等两次以上被判有罪的性犯罪人员被释放时,应当通知社区、学校、近邻、社区团体以及预定雇佣该性犯罪人的雇主。

艾奥瓦州、密西西比州、北达科他州、田纳西州、华盛顿州等几个州允许在保护公众不受特殊犯罪人侵害的情况下公开信息,但并不是命令公开。

从一开始,全美各地就出现了认为《梅根法案》违反宪法的主张。从其经过来看,到1997年12月为止,在阿拉斯加州、堪萨斯州、路易斯安那州、新泽西州、纽约州等至少16个州进行了审判。其根据是违反了宪法规定的优先权利、适当程序的保障(due process)、禁止比行为时法律处以更重的刑罚这一禁止溯及既往原则(expost facto laws)。

到1998年3月为止,联邦巡回高等法院(U. S. Circuit Court of Appeals)将新泽西州、纽约州、华盛顿州3个州的《梅根法案》确定为符合宪法,没有对《梅根法案》本身作出违宪判决。而在一些州,在适用范围(scope of application)等程序条件方面败诉。

美国联邦最高法院2003年3月5日的判决结束了在全美各地出现的违宪争议。该判决认定州政府在网上公布刑满释放的性犯罪人

的照片和地址等个人信息的《梅根法案》符合宪法。为了防止因再犯造成的被害，很多州制定了相关法律，但也有一些人表示反对，认为这侵害了服刑人员的人权，妨碍他们的社会生活，因此在社会上引起了广泛的关注。

裁判围绕阿拉斯加州的事例展开了争论。该州在州网站上公布了被释放的性犯罪人的照片、地址、工作地点、私家车车型等信息。

美国联邦最高法院以6比3的多数认定：“公告可能会对服刑人员产生不利的影响，但法律并不是侮辱服刑人员，而是为了确保公众的安全。”三名法官表达了少数意见：“服刑人员在信息被公示后失去 986
了工作和家庭。这种服刑后的惩罚是错误的。”

十、犯罪人信息公开的课题

日本媒体谨慎报道加害人的原因是对罗斯疑案①的报道。由于这是发生在美国加利福尼亚州的案件，日本的侦查并不充分，最高法院对M某的妻子K某被杀案件宣判被告人无罪。报纸、电视、周刊纷纷跟进报道，电视节目一个月内播出140多场。M某对媒体提出了300多起诉讼。②

日本的媒体对犯罪嫌疑人和重要参考人的报道花费了大量精力，而对被害人和普通人却很少考虑。这一点与欧美国家的电视报道和报纸报道形成了鲜明的对比。欧美国家的一般报道中，犯罪嫌

---

① 罗斯疑案是指一系列案件均涉嫌M某实施的疑案，包括1979年5月4日S某被杀案件（1984年根据齿形证实木乃伊的尸体是S某）、1981年8月13日妻子K某被殴打案件（有前女演员Y某的证词，此后最高法院确定M某有罪）、1981年11月18日妻子K某被袭案。1982年11月K某去世后，人们才开始怀疑可能是M某所为，《周刊文春》从1984年1月26日到3月8日连续7期刊登了专辑“疑惑的子弹”。此后，各媒体竞相报道M某是犯人。1984年3月29日，从木乃伊尸体的齿形得出被害人是S某，案件被定性为杀人案，引起巨大轰动。另外，M某于2008年2月在塞班岛被捕，被押送到美国加利福尼亚州，但在拘留所自杀，所有的一切都在黑暗中落幕。

② M某向媒体提起了300多起损害赔偿诉讼，到1994年1月为止收到97件判决，胜诉的比率为71%。

疑人会用带有照片的实名进行报道，而且为了安全起见，会给被卷入案件的路人、警察、急救队队员打上马赛克。特别是对目击者（可能成为法庭证人）和执法人员的安全给予最大照顾。

而日本的报道中，例如非法停车、酒后驾驶、乱写乱画、非法倾倒垃圾、非法停靠船只、走私兴奋剂、汇款诈骗等采访中，会给犯罪人打
987 上马赛克，改变声音进行匿名报道。此外，对逼迫儿童自杀的教师和实施猥亵行为的教师一般也是匿名报道。从根本上讲，在被起诉确定有罪之前，依照“推定无罪”的原则，报道“原则上应当匿名”。对于违法停车等明显的违法行为，属于《刑法》第 230 条之 2（损害名誉）规定的“公共利害相关事项”，实际采访报道的录像和文章，如果可以证明是真实的，就没有必要打马赛克。但日本媒体对违法行为者的特殊关注，达到了神经兮兮的程度。公务员、警察、教师等实施强制猥亵、偷拍、渎职、受贿等犯罪时，即使受到惩戒，也往往隐瞒不公开报道。①

在美国，犯罪人信息的公开正在进行，不仅在全美公开性犯罪人的信息，而且各州在网上公开重大犯罪的犯罪人信息。截至 2002 年年末，已有 25 个州公开犯罪人信息，在全部州公开犯罪人信息只是时间问题。② 而且，在美国，只要在网上输入“犯罪记录”（criminal history record）进行搜索，不仅是 FBI 和各州政府的网站，很多民间信息公司的网站也会收费提供犯罪记录查询。这种检索软件的数量很多，使用最多的是“www. backgroundferret. com”。

根据 2002 年年末的调查（Mukamal and Stevens 2002），25 个州

---

① 据 2008 年 5 月 31 日新闻报道，东京都在以往的惩戒处分中，没有公开对性骚扰和偷拍行为等人的停职、减薪、警告处分，但是从 2008 年 6 月开始，原则上予以公开。但是，实名公开依然仅限于免职和参加工会运动的情况。2006 年，除去工会活动以外，被处分人员 31 人中的 26 人是性骚扰和偷拍，但都没有被公开。

② Joan Petersilia（2003）. *When Prisoners Come Home*; *Parole and Prisoner Reentry*, Oxford University Press, p. 109.

的普通民众也可以通过网络了解监狱服刑人员的信息。其中，伊利诺伊州的市民通过州矫正局（Illinois Department of Corrections，DOC）的网络接入，可以看到正在服刑及保护观察的犯罪人的号码、罪名、犯罪地、现在的照片、出生年月日、身高、体重、人种、发色、眼睛颜色、疤痕、文身、犯罪时的职业、收容类型、释放地、刑满释放日期、居住地区（假释者的情况）、判决等其他个人信息①。

关于公开犯罪人信息是否有助于预防被害的问题，有的人主张 988
有作用，有的人认为没有帮助，所以无法判断。但是，在美国社会有一种倾向，社会上各个部门都限制雇佣有犯罪记录的人，在没有进行充分的调查的情况下录用有犯罪记录的人，雇主有可能被追究责任。这种情况也确实成为阻碍刑满释放人员回归社会的因素。②

十一、被害预防的措施

预防被害可以说是被害人学的最终目标。犯罪和被害常常被比喻成一种疾病，与其想着治病，不如不让自己生病。同样，比起被害恢复，不如不让自己遭受被害。

为了预防被害，重要的是分析研究人们为什么会遭受被害，事先排除与被害化（victimization）紧密联系的因素。

例如，以“抢劫”为例，日本人中右撇子的人很多，人也靠右侧行走，因此对于抢劫等行为则处于非常危险的状态。也就是说，很多女性都将手提包挂在左臂上，走在道路的右侧，抢劫的犯人很容易得手。如果走在右侧的女性将手提包挂在右手上，就能更有效地防止被害，被害率将降低到 16.7% 甚至更低。

日本电视台曾发生过两次发送带有定时装置的炸弹邮件的案件。如果两次遭受同样手法的被害，作为广播公司的预防被害对策

---

① Joan Petersilia(2003). op. cit p. 109.

② Joan Petersilia(2003). op. cit. p. 118. 该文指出，有 43% 的雇主回答称，绝对不会录用因暴力犯罪而被判有罪的人。

自然要受到质疑。特别是在1997年发生的第二次案件中，人们对发现可疑邮件后采取的措施提出了质疑。有几个人携带写有收件人、
989 总务科等的可疑邮件在电视台各个处室走来走去。可疑物品由特定的负责人来处理，而且铁的纪律是不能随身携带，来了必须要到邮件处理房间确认。但是，日本电视台却忽视了这些问题。

据调查，在性犯罪的被害中，强奸的实施者往往是熟人或朋友，而强制猥亵或色情狂往往是陌生人。因此应当对这些人倍加注意。

醉酒和杀人的关系（无论是加害人还是被害人）非常密切，因此需要注意因醉酒的杀人案件。

对于非法营销，值得注意的是，区分非法经营企业的方法，但是最近通过熟人、朋友进行非法营销的被害正在增加。特别是在丝毫没有减少的非法传销中，熟人、朋友这种人际关系成为被害的元凶。一般的规则是，和熟人、朋友绝不要谈钱。在同学会等场合经常会看到这样的场景，拿很多东西来卖给老同学，这个习惯应该立即改正。没有人会认为，单纯买了一张票证就等于骗人购买了不良债权。

大部分盗窃的被害，只要被害人稍微注意一点儿，就能预防被害。例如，虽然现在入室盗窃在减少，但还有很多人受到侵害。根据1996年版《警察白皮书》统计，被害原因最多的是“不锁门”这类忘记锁门的情况，包括门锁打开（5.2%）、没有锁门设备（1.1%）、不锁门（35.1%），共计41.4%。①

按盗窃的手法分类，入室盗窃占14.9%，盗窃交通工具占42.3%，扒窃、盗窃车上物品、小偷、抢夺等非入室盗窃占42.8%。② 现在的盗窃多数（56.5%）都涉及汽车，原因是很多人都忘记上锁。

忘记上锁和不拔钥匙是诱发被害的原因，这个问题最近才开始
990 引起人们的关注。例如，1992年7月千叶县的两名窃贼从现场逃走

---

① 1996年版《警察白皮书》，第362页。另外，因不锁门而被害的比例，1996年是41.4%，1987年是48.2%。

② 1996年版《犯罪白皮书》，第9页。

时,遇到路上停放的一排汽车,于是连续砸开门锁进行盗窃,事后逃跑近20小时,在追逐的过程中与警车激烈相撞后逃跑,结果未被逮捕,但事后查明,犯人逃逸使用了13辆被盗汽车,其中大部分都忘记了锁门。此外,1992年在神奈川县发生的抢劫案件和在千叶县发生的中学生逃逸案件中,也使用了被盗车辆。

汽车被盗案件每年约有35,000起,在过去的10年里几乎没有什么变化。例如,1995年的交通工具被盗案件为64,508件,其中汽车被盗35,730件,摩托车被盗241,509件,自行车被盗387,269件。①根据1991年警方的调查,钥匙放在车上停车是被盗原因,约占七成。另外,用于犯罪的被盗车辆在1992年达22,634辆,约占被盗车辆总数的2/3。

警察厅十分重视这种情况,于1992年对全国范围内的停车情况进行了调查。根据该调查,被调查的15,000台车辆中有9.8%是停车时钥匙挂在车上。从不同地区来看,繁华街道和农村,特别是带钥匙停车的情况较多,是住宅区的2倍左右,约为12%。忘带上门锁的情况大约每4台中就有1台,农村地区每3台中就有1台。

---

① 1996年版《警察白皮书》,第362页。

后　记

在成文堂阿部成一社长的盛情邀请下,被害人学体系性专著在此得以面世。阿部社长对于出版这本很难销售的书给予了很大的理解和支持,感激之情难以表达。在书已完稿之际,再次表示感谢。

我的被害人学开始于1975年向《青柳文雄教授退休纪念论文集》投稿的《被害人的权利与被害人学:新被害人学的尝试》一文。在该文章中,提出了被害人问题就是人权问题,但当时没有人支持这个观点。40年后的今天,几乎没有人怀疑被害人的人权。真是变化有时之感。

最近,被害人学以惊人的速度发展。关于被害人的书籍在世界上有很多,本书执笔时参考的西文资料超过了100种。但是在这种情况下,日本几乎没有一位研究人员撰写过体系性专著。究其原因,是因为被害人学的领域太广,撰写体系性专著至少需要社会学、法学、心理学、精神医学、法医学、统计学等多学科知识。事实上,以被害人学主要课题为内容的书籍,大部分不是专著而是合著。

回想起来,我的人生经历了研究、教育、管理三种职位,这不是双肩挑而是三肩挑的人生。本书是从约30年的大学管理工作中解放出来、回到长年期盼的研究职位以后实现的。本书参考的资料很多都是多年来孜孜不倦地收集起来的,并以此为基础,在不到两年的时间完成了书稿。感叹“今夕是何年”,暖暖的设想今天变成了现实。

我的《被害人学》一书可以追溯到1990年,当时在成文堂编辑土子三男推荐下出版了《被害人学入门》(1992年第1版)。当时还没有一本能解释整个被害人学的教科书,怀着义无反顾的心情执笔的场景,历历在目。如果没有土子三男的鼓励,也许就不会厚着脸皮写 992
下去。撰写这本著作,也蕴含着对培养我这样被害人学学者(victimologist)的土子三男先生的一点儿感谢之情。

被害人学的飞跃发展可以追溯到1975年7月在北意大利贝莱乔(Bellagio)召开的国际被害人学研究会(International Advanced Study Institute on Victimology)。该研究会邀请了当时具有代表性的被害人学学者和下一代年轻研究人员共40多名。在这之后,聚集在这里的研究人员被称为"贝莱乔之家"(Bellagio Family)。这个贝莱乔研究会,为我提供了与本杰明·门德尔松(以色列)相遇的机会。我几乎每天都能与门德尔松交谈,能够聆听他对被害人学的观点和思想。这个经历决定了我作为40年被害人学学者的道路。

顺便说一下,请允许我提及一下我的妻子诸泽笃子,如果没有她的支持,本书就不能达到国际水准的"被害人学"。

我与妻子是志同道合的被害人学学者,我们的研究之路可以追溯到1975年的贝莱乔研究会,至今已有40多年。我在33岁的时候能与被害人学的大家——门德尔松、伊斯雷尔·德拉普金(以色列)、伊扎特·费塔(加拿大),以及犯罪学家马尔温·沃尔夫冈(美国)等人亲密交往,背后是妻子的存在。

我的妻子在大学期间学习的是德国哲学,获得歌德学院(Goethe - 993
Institut)的歌德学院证书(Goethe - Zertifikat),以博士研究生身份学习语言学。平时喜欢阅读外国的专业书籍、报纸、杂志等,从中发现我感兴趣的主题后向我提供信息。书中记载的很多世界各地的信息都是妻子发现的。妻子不仅理性,而且正义感很强。被害人学的基本理念是正义,在这一点她也是我的最好的理解者。

我的优势是在世界各地都有代表那个国家的被害人学学者朋友,但是在和世界各地的学者建立人际关系时,妻子的存在是不可缺少的。在欧美学者的世界里,家庭交往是基本。德国联邦刑事局

(BKA)研究部部长库贝(以下均为当时的头衔)、欧洲理事会的阿古拉依·齐兹拉(法国/希腊)、斯德哥尔摩大学教授库内特·苏贝利(瑞典)、NOVA创始人玛琳·杨(美国)和约翰·杜西奇(美国)、德国明斯特大学教授汉斯·约阿希姆·施耐德(德国)、西蒙弗雷泽大学教授伊扎特·费塔(加拿大)、耶鲁大学教授海纳·丘奈(德国)、马普研究所库利(德国)、慕尼黑大学教授格尔德·基希霍夫(德国)、蒙特利尔大学教授欧文·沃勒(加拿大)、印度大学校长乔卡林甘姆(印度)、剑桥大学教授罗伊·金(英国)等友人,后来也和他们的家人继续保持交往。

现在,我担任世界被害人学会理事,在世界各地结交了很多代表该地区的被害人学学者朋友。与他们通过网络进行交流,对于我掌握被害人学各种最新动态有很大帮助。本书是根据最新的信息和知识撰写的,但本书也注定要被时代淘汰。我将以世界最尖端的被害人学为目标继续奋进。

2016年3月

诸泽英道

资料1

参考文献

Bibliography

本书执笔时参考的文献如下：

【欧文文献】以作者字母为序

Aromaa, Kauko & Viljanen, Terhi (ed.) (2006). *International Key Issues in Crime Prevention and Criminal Justice*. Heuni, Helsinki.

Ashworth, Andrew & Redmayne, Mike (2010). *The Criminal Process*(4th Edition). Oxford University Press, Oxford, New York.

Bergen, Raquel Kennedy (1996). *Wife Rape: Understanding the Response of Survivors and Service Providers*. Sage Publication Inc., California.

Best, Joel (1999). *Random Violence: How We Talk about New Crimes and New Victims*. University of California Press, Berkeley.

Boles, Anita B. & Patterson, John C. (1997). *Improving Community Response to Crime Victims: An Eight - Step Model for Developing Protocol*. Sage Publications, London.

Brienen, M. E. I. & Hoegen, E. H. (2000). *Victims of Crime in 22 European Criminal Justice Systems; The Implementation of Recommendation*(85)11 *of the Council of Europe on the Position of the Victims in the - Framework of Criminal Law and Procedure*. Wetenschappelijk Onderzoek - en Documentatiecentrum.

Buzawa, E. S. & Buzawa, C. G. (2003). *Domestic Violence* (3rd Edition). Sage Publishing Inc., Thousand Oaks, USA.

Council of Europe (2006). *Victims Support and Assistance.* Council of Europe Publishing, Strasburg, France.

Crawford, Adam & Goodey, Jo (ed.) (2000). *Integrating a Victim Perspective within Criminal Justice.* Ashgate, Burlington, USA.

Davis, R. C., Lurigio, A. J. & Skogan, W. G. (ed.) (1997). *Victims of Crime* (2nd Edition). Sage Publications Inc., California, USA.

Davis, R. C., Lurigio, A. J. & Herman, S. (ed.) (2007). *Victims of Crime* (3rd Edition). Sage Publications Inc., California, USA.

996 Davies Pamela, Francis Peter & Greer Chris (ed.) (2007). V*ictims, Crime and society.* Sage Publications Inc., California, USA.

Desmond, Greer (1996). *Compensating Crime Victims; A European Survey.* Beiträge und Materien aus dem Max – Planck – Institut für ausländisches und internationales Strafrecht Freiburg, Band S 59, Freiburg im Breisgau.

Doerner, William, G. & Lab, Steven P. (2005). *Victimology.* (4th Edition). Lexis Nexis & Anderson Publishing, NJ.

Doerner, William G. & Lab, Steven P. (2008). *Victimology.* (5th Edition). Lexis Nexis, NJ.

Drapkin, Israel & Viano, Emilio (ed.) (1974). *Victimology.* Lexington Books.

Duff, Peter (1991). *Criminal Injuries Compensation.* Scottish Criminal Law and Practice Series, Butterworths, Great Britain.

Dürkheim, Emile (2006). *On Suicide.* Penguin Books.

Dussich, John P. J., Morosawa, Hidemichi & Tomita Nobuho (ed.) (2003). *How, Can Justice for Victims in Japan be Improved?* Tokiwa International Victimology Institute, Mito, Japan.

Dussich, John P. J. & Mundy, Kieran G. (ed.) (2009). *Raising the Global Standards for Victims: The Proposed Convention on Justice for Victims of Crime and Abuse of Power*. Tokiwa International Victimology Institute, Mito, Japan.

Elias, Robert (1986). *The Politics of Victimization: Victims, Victimology and Human Rights*. Oxford University Press, New York.

European Committee on Crime Problems (1978). *Compensation of Victims of Crime. Council of Europe.*

Freckelton, Ian (2008). *Compensation for Victims of Crime. In: Kaptein, H. and Malsh, M. Crime, Victims and Justice*. Ashgate. Great Britain.

Gil, David G. (ed.) (1979). *Child Abuse and Violence*. Ams Press Inc., New York.

Greer, Desmond (ed.) (1996). *Compensation for Criminal Injuries*. Desmond Greer, London.

Greer, Desmond (ed.) (1996). *Compensating Crime Victims: A European Survey*. Max – Planck – Institute für Internationales Strafrecht, Freiburg.

Groenhuijsen, Marc & Letschert (ed.) (2008). *Compilation of International Victims Rights Instruments*. Intervict, Tilburg University, Wolf Legal Publishers, The Netherlands.

Hagan, F. E. (1982). *Research Methods in Criminal Justice and* 997 *Criminology*. Collier Macmillan Publishers, London.

Hall, Matthew (2009). *Victims of Crime: Policy and Practice in Criminal Justice*. Routledge.

Hall, Matthew (2010). *Victims and Policy Making: A Comparative Perspective*. Willian Publishing.

Hickey, E. W. (2006). *Serial Murderers and Their Victims* (4th Edition). Thomson Wadsworth, USA.

Hoyle, Carolyn & Young, Richard (ed.) (2002). *New Visions of Crime Victims*. Hart Publishing, Oregon.

Jasper, Margaret C. (1997). *Victim's Rights Law*. Legal Almanac Series, Oceana Publication, Inc. New York.

Jones, Stephen (2009). *Criminology* (4th Edition). Oxford University Press.

Kaiser, Günther (1985). *Krimonologie; Eine Einführung in die Grundlagen*. (7. Auflage), C. F. Müller Juristischer Verlag GmbH, Heidelberg.

Kaiser, G., Kury, H. & Albrecht, H. J. (ed.) (1991). *Victims and Criminal Justice. In: Kriminologische Forshungberichte*, vol. 50, 51 and 52. Max – Planck – Institutfür ausländisches und internationales Strafrecht.

Karmen, Andrew (2004). *Crime Victims: An Introduction to Victimology* (5th Edition). Belmont, CA: Wadsworth.

Kaptein, Hendrik & Malsh, Marijke (ed.) (2004). *Crime, Victims and Justice*. Ashgate, England.

Keane, Adrin (2010). *The Modern Law of Evidence* (8th Edition). Oxford University Press.

Kerner, Hans – Jürgen (1987). *Opferrechte/Opferpflichten*. Weisser Ring e. V., Mainz.

Kiefl, Walter & Lamnek, Siegfried (1986). *Soziologie des Opfers: Theorie, Methodenund Emprie der Viktimologie*. Wilhelm Fink Verlag, München.

Kirchengast, Pyrone (2006). *The Victim in Criminal Law and Justice*. Palgrave Macmillan, New York.

Kirchhoff, Gerd Ferdinand & Sesser, Klaus (ed.) (1979). *Das Verbrechensopfer*. Studienverlag Brockmeyer.

Kuhn, Thomas S. (1996). *The Structure of Scientific* Revolutions (3rd Edition), The University of Chicago Press, Chicago. 998

Ledray, L. E. (1986). *Recovering from Rape*. An Owe Book, Henry Holt and Company, New York.

Letschert, Rianne & van Dijk, Jan(ed.)(2011). *The New Faces of Victimhood: Globalization, Transnational Crimes and Victim Rights*. Springer, Dordrecht, Netherlands.

Lurigio, Arthur J., Skogan, Wesley G. & Davis, Robert C. (ed.) (1990). *Victims of Crime; Problems, Policies and Programs*. Sage Publishings, London.

Makkar, S. P., Singh & Friday, Paul(1993). *Global Perspectives in Victimology*. ABS Publications, India.

Manzanera, Luis Rodriguez (1996). *Victimologia: Estudio de la Victima*. Editoril Porrüa, Mexico.

Matoesian, Gregory M. (1993). *Reproducing Rape*. Polity Press, Cambridge, UK.

Mawby, R. I. & Walklate, S. (1994). *Critical Victimology: International Perspectives*. SAGE Publications, Inc., London.

McDonald, William F. (ed.)(1976). *Criminal Justice and the Victim*. SAGE Publications, London.

Mendelsohn, B. (1940). *Rape in Criminology*, (translated and cited) In: S. Schafer(1968) The Victim and His Criminal. New York: Random House Miers, David(1990). *Compensation for Criminal Injuries*. Butterworths, London.

Miers, David (1997). *State Compensation for Criminal Injuries*. Blackstone Press Limited, London.

Miller, Laurence(2008). *Counseling Crime Victims: Practical Strategies for Mental Health Professionals*. Springer Publishing Company,

New York.

Moriarty, Laura J. (2003). *Controversies in Victimology*. Anderson Publishing co. Cincinnati, Ohio, USA. Morosawa, H. , Dussich, John J. P. & Kirchkoff, G. F. (2012). V*ictimologfy and Human Security*: *New Horizons*. Wolf Legal Publishers, Nigmegen, The Netherlands.

Morosco, B. A. (2008). *The Prosecution and Defense of Sex Crimes*. Lexis Nexis, USA.

Petersilia, Joan (2003). *When Prisoners Come Home*: *Parole and Prisoner Reentry*. Oxford University Press.

Radzinowicz, Leon & King, Joan (1979). *The Growth of Crime*: *The International Experience*. Penguin Book, USA.

999 Rapp, J. A. & Carrington, F. (1991). *Victims Rights*: *Law and Litigation*. Matthew Bender, CA, USA.

Robents, Albert R. (1990). *Helping Crime Victims*: *Research, Policy and Practice*. Sage, USA.

Rock Paul (1990). *Helping Victims of Crime*. The Home Office and Rise of Victim Support in England and Wales, Clarendon Press, Oxford.

Rock, Paul (ed.) (1994). *Victimology*. The International Library of Criminology, Criminal Justice & Penology, Dartmouth Publishing Company, Vermont, USA.

Rock, Paul (ed.) (1999). *Victimology*. The International Library of Criminology, Criminal Justice & Penology, Dartmouth Publishing Company, Vermont USA.

Rock, Paul (2004). *Constructing Victims Rights*; *The Home Office, New Labour and Victims*. Clarendon Studies in Criminology, Oxford University Press, New York.

Savona, Ernesto U. & Stefanizzi, Sonia (ed.) (2007). *Measuring Human Trafficking*. ISP AC, Springer.

Schafer, Stephan (1977). *Victimology: the victim and his criminal.* (1968, under title: The victim and his criminal), Reston Publishing Company.

Scheithauer Herbert, Hayer Tobias & Petermann Frnz (2003). *Bullying unter Schülern: Ercheinungsformen, Risikobedingungen und Interventionskonzepte.* Klinische Kinderpsychologie Band 8, Hogrefe, Göttingen.

Schneider, Hans Joachim (1979). *Das Opfer und sein Täter – Partner im Verbrechen.* Kindler Taschenbücher.

Schneider, Hans Joachim (1987). *Kriminologie.* Walter de Gruyter.

Schwind, Hans – Dieter (2003). *Kriminologie: Eine praxisorientierte Einführung mit Beispielen.* Kriminalistik Verlag, Heidelberg.

Separovic, Zvonimir Paul (ed.) (1985). *Victimology: Studies of Victims.* Zagreb.

Separovic, Zvonimir Paul (ed.) (1988). *Victimology.* Zagreb.

Sgarzi, J. & McDevitt, J. (ed.) (2003). *Victimology; A Study of Crime Victims and Their Roles.* Prentice Hall, New Jersey.

Shoham, Shlomo Giora, Knepper, Paul & Kett, Martin (ed.) (2010). *International Handbook of Victimology*, CRC Press, New York.

Spalek, Basia (2006). *Crime Victims: Theory, Policy and Practice.* Pal- 1000
grave Macmillan.

Sparks, Richard F., Genn, Hazel G. & Dodd, David J. (1977). *Surveying Victims.* Wiley & Sons Ltd.

Sutherland, Edwin H. (1924). *Criminology.* Lippincott Series in Sociology, J. B. Lippincott Company, Philadelphia.

Temkin, Jennifer (ed.) (1995). *Victimology.* The International Library of Criminology, Criminal Justice & Penology, Dartmouth Publishing Company, Vermont, USA.

Turvey Brent E. & Petherick Wayne(2009). *Forensic Victimology: Examining Violent Crime in Investigative and Legal Contexts*. Elsevier, Inc. ,USA.

Underwood,T. L. & Edmunds,C. (ed.)(2003). *Victim Assistance Exploring Individual Practice,Organizational Policy and Social Responses*. Springer Series on Family Violence,Springer Publishing Company, Inc. ,New York,USA.

United Nations(2006). *Ending Violence against Women*. Study of the Secretary – General,United Nations Publication.

United Nations Office for Drug Control and Crime Prevention (1999). *Handbook on Justice for Victims*. CICP Publications.

United Nations Office for Drug Control and Crime Prevention (1999). *Guide for Policy Makers*. CICP Publications.

U. S. Department of Justice(ed.)(1976). *Criminal Victimization Surveys in eight American Cities*.

Van der A & Suzan(2010). *Stalking in the Netherlands*. Makle, Apeldoorn/Antwerpen.

Viano,Emilio(ed.)(1976). *Victims and Society*. Visage Press.

Viano,Emilio (ed.)(1990). *The Victimology Handbook:Research Findings,Treatment and Public Policy*. Garland Publishing, Inc. , New York.

Virgo,Graham(2006). *The Principles of the Law of Restitution*. Oxford University Press,New York.

von Hentig,Hans(1948). *The Criminal & His Victim*. Yale University Press. (New Preface by Marvin Wolfgang in 1979)

Walklate,Sandra(1989). *Victimology:The Victim and the Criminal Justice Process*. Unwin Hyman,London.

Wallace,Harvey(1998). *Victimology*. Allyn and Bacon. Boston.

Waller, Irvin (2008). *Less Law More Order: The Truth about Reducing Crime*. Manor House Publishing, Inc., Canada. 1001

Warshaw Robin (1988). *I Never Called It Rape*. Harper Perennial.

Wazir, Rekha & van Oudenhoven, Nico (ed.) (1998). *Child Sexual Abuse: What Can Governments Do?* Kluwer Law International.

Wemmers, Jo. Anne, M. (1996). *Victim in the Criminal Justice System*. WODC – Ministry of Justice, Kugler Publications, Amsterdam.

Wertham, F. (1949). *The Show of Violence*. Doubleday, New York.

West, Donald (ed.) (1994). *Sex Crimes*. Dartmouth, Brookfield, USA.

Williams, Tom (ed.) (1987). *Post – Traumatic Stress Disorders: a Handbook for Clinicians*. Disabled American Veterans, Cincinnati.

Winkel, F. W., Friday, P. C., Kirchhoff, G. F. & Letschert, R. M. (ed.) (2009). *Victimization in a Multidisciplinary Key*. Wolf Legal Publishings, The Netherlands.

Yule, William (ed.) (1999). *Post – Traumatic Stress Disorders Concepts and Therapy*. John Wiley & Sons, New York.

Zayfert, Claudia & Becker, Carolyn Black (2007). *Cognitive – Behavioral Therapy for PTSD: A Case Formulation Approach*. The Guilford Press, New York.

Ziegenhagen, Eduard A. (1977). *Victims, Crime and Social Control*. Praeger Publishers.

Zipf, Heinz (1980). *Kriminalpolitik: Eine Lehrbuch*. C. F. Müller Juristischer Verlag, Heidelberg.

【学术杂志·学会志】（以出版时间为序）

Victimology: An International Journal. Visage Press, Inc. since 1976.

International Review of Victimology. A B Academic Publishers, Great Britain, since 1990.

《被害人学研究》,日本被害人学会1990年版。

【论文集·刊行物·调查研究报告书·统计】(以出版时间为序)

Presidents Task Force on Victims of Crime. Final Report, December 1982. US.

International Faces of Victimology, edited by Sarah Ben David & Gerd Ferdinand Kirchhoff, the 6th International symposium on Victimology in Jerusalem 1988.

1002 *Victims and Criminal Justice*. Victimological Research: Stocktaking and Prospects, Max Planck Institue for Foreign and International Penal Law, Vol. 50, 51, 52/1, 52/2, 1991, Freiburg, Germany.

Understanding Crime: Experiences of Crime and Crime Control. 1993, United Nation Interregional Crime and Justice Research Institute, Acts of the International Conference Rome, 18 – 20 November 1992.

International Victimology: Selected Papers from the 8th International Symposium. Proceedings of a Symposium held 21 – 26 August 1994, Adelaide, Edited by Sumner, C., Israel, M., O' Connell & Sarre, R., Australian Insitute of Criminology, Canberra.

Crime of Violence: Homicide and Assault. West Group, since 1998 Supplemeny.

New Directions from the Field: Victims Rights and Services for the 21st Century. 1998, U. S. Department of Justice.

Fattah, Ezzat & Peters, Tony (ed.) (1998). *Support for Crime Victims in a Comparative Perspective: A Collection of Essays dedicated to the Memory of Prof. Frederic McClintock*. Leuven University Press, Belgium.

van Dijk, Jan J. M., van Kaam, Ron G. H. & Wemmers, JoAnne (ed.) (1999). *Caringfor Crime Victims'*: Selected Proceedings of the Ninth International Symposium on Victimology, Amsterdam, Criminal Justice Press, Monsey.

Festschrift for Hans Joachim Schneider. Victimology at the Transition from the 20th to the 21st Century, edited by Friday - Kirchhoff, Mönchengladbach.

International Perspectives in Victimology. Tokiwa International Victimology Institute, Mito, Japan, since 2004.

Victims of Crime and Abuse of Power. Festschrift in honour of Iren Melup. Bangkok, 11th UN Congress on Crime Prevention and Criminal Justice, April 2005.

Compedium of United Nations Standards and Norm in Crime Prevention and Criminal Justice. 2006, United Nations Office on Drugs and Crime, New York.

Mayhew Pat & van Dijk Jan (ed.) (2007). *Criminal Victimization in Eleven Industrialised Countries*, Onderzoek en beleid 162, Wetenschappelijk Onderzoek en Documentatiecentrum, Den Haag.

van Dijk Jan, van Kesteren John & Smit Paul (ed.) (2007). *Criminal Victimization in International Perspective.* Onderzoek en beleid 257, Wetenschappelijk Onderzoek en Documentatiecentrum, Den Haag.

van Dijk Jan, Mayhew Pat, van Kesteren John, Aebi Marcelo & 1003
Linde Antonia (ed.) (2010). *Final Report on the Study on Crime Victimization.* INTERVICT/Prisma Print, Tilburg.

Schaäfer Peitkamp, Elmar (ed.) (2014). *Festschrift for Prof Dr. Gerd Ferdinans Kirchhoff.* Schriften des Fachhochschule Niederrhein Band 59, Germany.

《海外研究开发报告》, *Data No. HTRS580* (*A - L*), 调查数据,

2004－2008。

【日语文献】（以出版时间为序）

宫泽浩一:《纪伊国屋新书·被害人学》,纪伊国屋书店1967年版。

宫泽浩一:《被害人学基础理论》,世界书院1969年版。

宫泽浩一编:《犯罪与被害人——日本的被害人学》,成文堂1970年版。

宫泽浩一编:《犯罪与被害人——日本的被害人学》第二卷,成文堂1972年版。

宫泽浩一编:《犯罪与被害人——日本的被害人学》第三卷,成文堂1972年版。

诸泽英道:《被害人学入门》,成文堂1992年版。

诸泽英道编:《现代的精神:犯罪被害人及其权利和对策》,至文堂1995年版。

迪比·马斯:《精神创伤——治疗心理后遗症》,大野裕监译,村山寿美子译,讲谈社1996年版。

宫泽浩一等编:《犯罪被害人研究》,成文堂1996年版。

小西圣子:《犯罪被害人的心灵创伤》,白水社1996年版。

诸泽英道:《新版被害人学入门》,成文堂1998年版。

小西圣子:《犯罪被害人遗属——创伤与支持》,东京书籍1998年版。

诸泽英道编著:《为了从创伤中恢复》,讲谈社1999年版。

诸泽英道:《岩波出版——被害人支援组织的成立》,岩波书店1999年版。

宫泽浩一、国松孝次:《讲座:被害人支援》全5卷,东京法令出版社2000年版。

新惠里:《犯罪被害人支援——美国最前线的支援》,径书房2000年版。

藤森和美编:《被害人的精神创伤及其支援》,诚信书房 2001 年版。

诸泽英道译:《联合国被害人人权宣言相关文献——为被害人的正义》,成文堂 2003 年版。

诸泽英道、富田信穗、约翰·德乌西奇编:《为被害人的正义在日本应当如何实现》,常磐大学国际被害人学研究所 2004 年版。

兰迪·班克罗夫特、杰·希尔伯曼:《被虐待的孩子们》,几岛幸子译,金刚出版社 2004 年版。

冈村勋:《为了犯罪被害人的新刑事司法》,明石书店 2007 年版。 1004

吉川真美子:《家庭暴力与性》,世界书房 2007 年版。

小西圣子:《犯罪被害人心理健康》,诚信书房 2008 年版。

犯罪被害人支援律师论坛编:《案例研究·被害人参与制度》,东京法令出版社 2013 年版。

【有助于理解被害人的日语资料】(以出版时间为序)

犯罪被害人补偿制度促进会:《不能再哭着入睡了!》,白话社 1977 年版。

佐藤秀郎:《冲动杀人》,中央公论 1979 年版。

佐藤光房:《被遗忘的父母们》1—3 部,罗盘社 1992—1995 年版。

土师守:《淳》,新潮社 1998 年版。

本村洋、本村弥生:《来自天国的情书》,新潮社 2000 年版。

中村圣志、中村唯子:《蛰居男的倾诉》,新潮社 2000 年版。

井上郁美:《永远的记忆》,河出书房新社 2000 年版。

本田信一郎:《单色危机》,和平出版社 2002 年版。

少年犯罪被害人当事人会:《请听他们讲话》,桑马克出版社 2002 年版。

本乡由美子:《彩虹和向日葵的女儿》,讲谈社 2003 年版。

山下京子:《彩花带给我的幸福》,poprah 公司 2003 年版。

土师守、本田信一郎:《淳——后续的事情》,新潮社 2005 年版。

高桥静惠、河原理子:《改变犯罪被害人的报道》,岩波书店 2005 年版。

东大作:《能听到犯罪被害人的声音吗?》,讲谈社 2006 年版。

神奈川:《不要强忍眼泪》,被害人支援自助团体神奈川 2007 年版。

小林美佳:《遭遇性犯罪被害》,朝日新闻出版社 2008 年版。

高桥静惠:《在这里发生的事》,岩波书店 2008 年版。

小西敦子译:《我们是性犯罪的被害人》,青志社 2009 年版。

藤生好则:《女儿在巴黎遇害》,草土文化 2011 年版。

池埜聪编著:《偶尔的共鸣——哥伦拜恩高中、附属池田小学的遗属的生命之绊》,明石书店 2013 年版。

本村晋介:《沙林——各种各样的证据》,书籍杂志社 2015 年版。

凯瑟琳·简·费舍尔、井上里译:《擦干眼泪》,讲谈社 2015 年版。

全国犯罪被害人会:《明日之会 15 周年纪念——云外苍天》,飞镖株式会社 2015 年版。

资料 2

《关于为遭受犯罪和滥用权力侵害的被害人伸张正义的基本原则宣言》*

Declaration of Basic Principles of Justice for Victims of Crime and Abuse of Power, adopted by the General Assembly in its Resolution 40/34 of 29 November 1985

A. 犯罪的被害人(Victims of Crime)

第1条 该宣言中的"被害人"是指,无论个人还是集体,违反成员国中被执行的包括禁止滥用权力的法律在内的刑事法的作为或不作为,导致身体或精神上的伤害、感情痛苦、经济上的损失,或者严重侵犯基本人权等而遭受被害的人。

第2条 本宣言中,无论加害人是否被发觉、被逮捕、被起诉、被判有罪,也无论加害人和被害人之间有无亲属关系,均视为加害人。

上述的"被害人"一词包括,被害人的近亲属或被抚养者,以及因帮助正在遭受痛苦的被害人并为防止被害而介入时受到伤害的人。

第3条 本宣言记载的条款适用于所有人,不因种族、肤色、性别、语言、宗教、国籍、年龄、政治或其他信仰、文化信念或惯例、财产、出生或身份、民族或社会素质及残疾而受到歧视。

---

* 该宣言还翻译为《为罪行和滥用权力行为受害者取得公理的基本原则宣言》,参见程味秋、[加拿大]杨诚、杨宇冠编:《联合国人权公约和刑事司法文献汇编》,中国法制出版社2000年版,第207-210页。——译者注

司法程序与公正对待

第4条 应当对被害人的尊严怀有同情和尊敬之心。

被害人有权根据国内法律规定，对所受到的损害诉诸司法制度，并得到迅速恢复。

第5条 在必要的情况下，应当制定和强化被害人可以通过免
1006 费且迅速、公正的正式或非正式程序进行被害恢复的裁判制度和行政制度。

应当告知被害人，他们有权通过该制度请求被害恢复。

第6条 为了促进司法和行政应对被害人的需求，需要采用以下方法：

(a)告知被害人他们在诉讼程序中的作用及诉讼范围、时间和诉讼进展情况以及处分决定。

在涉及重大犯罪或者被害人要求该信息的情况下，有必要特别告知。

(b)诉讼程序影响被害人的个人利益的，如果并非该被告人带来不利，且根据该国内刑事司法制度，在该诉讼程序阶段他们可以表达意见和关注的，应当予以考虑。

(c)在整个法律程序过程中，给予被害人适当的援助。

(d)最大限度减少给被害人带来的不便，必要时保护被害人的隐私，确保被害人的安全，避免他们受到威胁和报复，也要保护被害人家属和证人的安全。

(e)应当避免对诉讼的处分决定、确定给予被害人的数额的命令或判决的执行出现不必要的延迟。

第7条 在适合促使被害人进行和解(conciliation)和恢复(redress)的情况下，应当采用调解(mediation)、仲裁(arbitration)、惯例方法(customary justice)或者当地长期适用的实务(indigenous practices)等非正式的纠纷解决方法。

被害赔付(Restitution)

第8条 犯罪人和对其行为应承担责任的人员,应当根据需要向被害人及其家属或者被扶养人赔偿相应的损失。

在上述情况下,被害赔付包括返还财产、对所发生的危害或损失进行赔付、支付被害结果发生的费用、提供服务、恢复权利。

第9条 政府应当在原有的刑事制裁的基础上增加可选择宣告被害赔付这一刑事判决的内容,并修改法律和规则,改变司法实务规范。

第10条 环境严重破坏情况下的损害赔付命令,应当尽可能包 1007
括环境的恢复原状、基础设施的重建、地区公共设施的重建、该被害社区所需迁移等费用。

第11条 公共机关或准公共事业单位的公务员及其代理人违反国内刑法规定的,被害人可以要求对该危害负有责任的公务员及其代理人所属的国家给予赔付。

造成危害的作为或者不作为发生时执政的政府已不存在的,继承其名称的国家或者政府,应当向被害人赔付。

被害补偿(Compensation)

第12条 犯罪人或者其他责任人员,对被害人不能给予充分赔偿的,国家应当对被害人给予下列经济补偿:

(1)作为重大犯罪的结果,身体受到严重伤害或者身体和精神健康遭受损伤的被害人;

(2)因上述被害而死亡的人、身体或精神遭受伤害者的家属以及被抚养人。

第13条 国家应当设立、加强、扩充补偿被害人的全国性基金。

必要时,在国家不能对被害人进行补偿的情况下,也应当设立其他基金,以达到同样补偿目的。

被害人援助(Assistance)

第 14 条 被害人可以从政府、自愿服务者组织、社区基层组织以及地区固有组织等得到物质、医疗、精神、社会方面的必要援助。

1008 **第 15 条** 应当告知被害人可以享受保健服务、社会福利服务和其他相关机构的援助,并应当使其能够立即利用上述制度。

第 16 条 警察、司法、保健、社会服务等组织的负责人,应当适应被害人的需求,根据适当而迅速的救援准则接受必要的训练。

第 17 条 为被害人提供服务或援助时,应当根据伤害的性质以及本宣言第 3 条规定的理由,对需要特别照顾的人给予特殊考虑。

B. 滥用权力的被害人(Victims of Abuse of Power)

第 18 条 “滥用权力的被害人”是指,无论个人还是集体,无论是否违反国内刑法,但因违反国际社会认可的人权准则的作为或不作为,导致身体上或精神上的伤害、感情上的痛苦、重大经济损失或基本人权受到侵害的人。

第 19 条 国家应当禁止滥用权力,并探讨将救济被害人的标准纳入国内法中。特别是,这些救济中应当包括被害赔付和(或)被害人补偿,以及必要的物质、医疗、精神、社会援助和支援。

第 20 条 国家应当对第 18 条规定的有关被害人的多边国际条约进行谈判。

第 21 条 为了应对变化的环境,国家应当定期修改现行法律,整顿司法实务,根据需要禁止严重滥用政治权力乃至经济实力的行为,制定、实施防止上述行为的政策和法律,同时对遭受上述行为侵害的被害人给予适当的权利和救济。

资料3

联合国预防犯罪和刑事司法大会

United Nations Congress on the Prevention of Crime and Criminal Justice

联合国(United Nation)创立时，同时在经济社会理事会(Economic and Social Council)之下设立了预防犯罪和罪犯待遇大会(UN Congress on the Prevention of Crime and Treatment of Offenders)，一直致力于打击犯罪，在创立50周年的2005年更改了名称。

学者支持的联合国预防犯罪和刑事司法大会下设的联合国国际学术和专业咨询理事会(International Scientific and Professional Advisory Council of the United Nations Crime Prevention and Criminal Justice Programme, ISPAC)，邀请世界各地的学者、专家、实务工作者等，在筹备联合国犯罪预防委员会的联合国预防犯罪和刑事司法委员会(Commission of the Prevention of Crime and Criminal Justice)上进行了多次学术讨论。

国际社会的犯罪和被害的对策讨论流程是，ISPAC→联合国预防犯罪和刑事司法委员会→联合国预防犯罪委员会→联合国大会，达成共识后，制定决议(Resolution)、标准(Standards)、最低标准(Standard Minimum Rules)、基本原则宣言(Declaration of Basic Principles)、建议(Recommendation)、条约(Convention)等。

随着国际化、信息化的快速发展，犯罪已成超越国境的跨国(transnational)犯罪。当然，无论是预防犯罪还是预防被害，都需要国际合作。贩卖人口(human trafficking,trafficking in human)、有组织犯罪(organized crime)、洗钱(money laundering)、滥用毒品(drug abuse)、滥用权力(abuse of power)等犯罪,仅靠一个国家的对策,几乎没有效果。层出不穷的新型犯罪手法不断翻新,使政府经常陷入被动。

联合国预防犯罪委员会在过去的半个世纪所讨论的主题包括:(1)犯罪预防相关问题;(2)犯罪人处遇相关问题;(3)被害人相关问题;(4)各种具体犯罪;(5)侦查与刑事司法制度关系问题等。

第1届联合国犯罪预防会议(1955年)瑞士日内瓦

主题:囚犯待遇最低标准准则(Standard Minimum Rules for the
1010 Treatment of prisoners)

第2届联合国犯罪预防会议(1960年)英国伦敦

第3届联合国犯罪预防会议(1965年)瑞典斯德哥尔摩

第4届联合国犯罪预防会议(1970年)日本京都

第5届联合国犯罪预防会议(1975年)瑞士日内瓦

主题:关于酒精依赖症和滥用毒品犯罪的建议(Recommendation on Criminality associated with Alcoholism and Drug Abuse)

第6届联合国犯罪预防会议(1980年)委内瑞拉加拉加斯

第7届联合国犯罪预防会议(1985年)意大利米兰

通过《为遭受犯罪和滥用权力侵害的被害人伸张正义的基本原则宣言》(The Declaration of Basic Principles of Justice for Victims of Crime and Abused of Power)、《联合国少年司法最低标准准则》(The UN Standard Minimum Rules for The Administration of Juvenile Justice)、《移交外国囚犯示范协定》(The Model Agreement on The Transfer of Foreign Prisoners)

第8届联合国犯罪预防会议(1990年)古巴哈瓦那

制定《预防少年犯罪指南》(The UN Guidelines for The Prevention of Juvenile Delinquency)、《罪犯待遇基本原则标准》(Standards on the

Basic Principles for the Treatment of Prisoners)、《检察官作用的指导方针》(The UN Guidelines on The Role of Prosecutors)、《律师作用基本原则》(The Basic Principles on The Role of Lawyers)和《执法人员使用武力和火器的基本原则》(The Basic Principles on the Use of Force and Firearms by Law Enforcement Officials)

第 9 届联合国犯罪预防会议(1995 年)埃及开罗

第 10 届联合国犯罪预防会议(2000 年)奥地利维也纳

通过《维也纳犯罪与司法宣言》(Vienna Declaration on Crime and Justice)

第 11 届联合国犯罪预防会议(2005 年)泰国班克

第 12 届联合国犯罪预防会议(2010 年)巴西萨尔瓦多

第 13 届联合国犯罪预防会议(2015 年) 卡塔尔多哈

资料 4

世界被害人学会

World Society of Victimology

理事(Executive Committee)任期:2015 年 7 月—2018 年 7 月

理事长(President)

马克·格伦胡杰森(Marc Groenhuijsen)荷兰

副理事长(Vice – President)

库马拉维·乔卡琳甘(Chockalingam,K)印度

罗伯特·皮科克(Robert Peacock)南非

总干事(Secretary – General)

迈克尔·奥康奈尔(Michael O'Connell)澳大利亚

会计(Treasurer)

詹姆斯·查德莱(James Chadley)南非/美国

理事(Executive Committee)

伊沃·阿尔琴(Ivo Aertsen)比利时

马里昂·希尔弗(Marianne Hilf)奥地利

贾尼丝·约瑟夫(janice Joseph)美国

诸泽英道(Hidemichi Morosawa)日本

安妮·皮雅兹(Annette Pearson de Gonzalez)哥伦比亚

高桥良子(Yoshiko Takahashi)日本/美国

埃尔·魏特坎普(Elmar Weitekamp)德国

历届理事长(Presidents)

1979—1985 年 汉斯·约阿希姆·施耐德(Hans Joachim Schneider)德国

1985—1988 年 保罗·塞帕洛维奇(Zvonimir Paul Šeparovi)克罗地亚

1988—1991 年 宫泽浩一(Koichi Miyazawa)日本

1991—1994 年 克里斯·萨姆纳(Chris Sumner)澳大利亚

1994—1997 年 欧文·沃勒(Irvin Waller)加拿大

1997—2000 年 扬·冯·戴克(Jan van Dijk)荷兰

2000—2003 年 格尔德·基希霍夫(Gerd Ferdinand Kirchhoff)德国/日本

2003—2006 年玛琳·杨(Marlene A. Young)美国 1012

2006—2009 年约翰·杜西奇(John PJ. Dussich)美国/日本

2009—2018 年马可·格罗霍金森(Marc Groenhuijsen)荷兰

汉斯·冯·亨蒂奖(Hans von Hentig Award):

伊斯雷尔·德拉普金(Israel Drapkin)1982 年以色列

马琳·杨(Marlene Young)1985 年美国

马尔温·沃尔夫冈(Marvin Wolfgang)1988 年美国

本杰明·门德尔松(Beniamin Mendelsohn)1991 年以色列

艾琳·梅洛普(Irene Melup)1994 年美国

路易斯·曼萨诺(Lius Rodriguez Manzanera)1997 年墨西哥

保罗·塞帕洛维奇(Zvonimir Paul Šeparovi) 2000 年克罗地亚

扬·冯·戴克(Jan van Dijk)2003 年荷兰

汉斯·约阿希姆·施耐德(Hans Joachim Schneider)2006 年德国

伊扎特·费塔(Ezzat A. Fattah)2009 年加拿大

埃米利奥·维亚诺(Emilio Viano)2012 年美国

海伦·里维斯(Dame Helen Reeves) 2015 年英国

感谢信(Certificates of Appreciation):

本杰明・门德尔松(Beniamin Mendelsohn)1982 年以色列

约翰・杜西奇(John PJ. Dussich)1985 年美国

克里斯・萨姆纳(Chris Sumner)1987 年澳大利亚

艾琳・梅洛普(Irene Melup)1988 年美国

希伯・瓦格斯(Heber Vargas)1991 年巴西

希尔达・马尔基奥罗(Hilda Marchiori)1991 年阿根廷

艾利安・纽曼(Eilias Neuman)1994 年阿根廷

克里希南・里耶(Krishna Lyer)1994 年印度

雷・威思罗(Ray Withrod)1994 年澳大利亚

诸泽英道(Hidemichi Morosawa) 1997 年日本

韦斯利・斯克格(Wesley G. Skogan)2000 年美国

马可・格罗霍金森(Marc Groenhuijsen)2003 年荷兰

约翰・斯坦(John Stein)2007 年美国

萨拉・本・戴维(Sarah Ben David)2009 年以色列

1013 安德鲁・卡门(Andrew Karmen) 2012 年

乔安妮・温默(joe anne Wemmers) 2015 年加拿大

国际被害人学研讨会的记录

International Symposium on Victimology

※表示举办年份、举办国、大会主席。

第 1 届耶路撒冷大会(Jerusalem, Israel)1973 年,以色列耶路撒冷,大会主席:本杰明・门德尔松

第 2 届波士顿大会(Boston, U. S. A)1976 年,美国马萨诸塞州波士顿,大会主席:斯蒂芬・谢弗(东北大学)

第 3 届明斯特大会(Münster, Germany)1979 年,德国明斯特,大会主席:汉斯・约阿希姆・施耐德

第 4 届东京 = 京都大会(Tokyo/Kyoto, Japan)1982 年,日本东

京＝京都，大会主席：宫泽浩一

第5届萨格勒布大会（Zagareb，Yugoslavia）1985年，南斯拉夫萨格勒布，大会主席：保罗·塞帕罗维奇

第6届特拉维夫大会（Tel Aviv，Israel）1988年，以色列特拉维夫，大会主席：萨拉·本·大卫

第7届里约热内卢大会（Rio de Janero，Brazil）1991年，巴西里约热内卢，大会主席：艾萨塔·柯佐夫斯基

第8届阿德莱德大会（Adelaide，Australia）1994年，澳大利亚南澳大利亚州阿德莱德，大会主席：克里斯·萨姆纳

第9届阿姆斯特丹大会（Amsterdam，the Netherland）1997年，荷兰阿姆斯特丹，大会主席：扬·冯·戴克

第10届蒙特利尔大会（Montreal，Canada）2000年，加拿大蒙特 1014
利尔，大会主席：欧文·沃勒

第11届约翰内斯堡大会（Johannesburg，South Africa）2003年，南非共和国约翰内斯堡，大会主席：罗伯特·皮克克

第12届奥兰多大会（Hollando，U. S. A）2006年，美国佛罗里达州奥兰多，大会主席：玛琳·杨

第13届水户大会（Mito，Japan）2009年，日本水户，大会主席：诸泽英道

第14届阿姆斯特丹大会（Amsterdam，the Netherland）2012年，荷兰阿姆斯特丹，大会主席：马可·格罗霍金森

第15届珀斯大会（Perth，Australia）2015年，澳大利亚珀斯，大会主席：

资料 5

各国被害人学会和被害人学研究所

National Society of Victimology

在初期阶段各国创立国内被害人学会的情况如下:

1. 澳大利亚被害人学会(Australasian Society of Victimology)

20 世纪 80 年代末创立,首任会长:克里斯 · 萨姆纳(Chris Sumner)

2. 巴西被害人学会(Sociedade Brasiliera De Vitimologia)

创立于 1984 年 7 月 28 日,首任会长: 希伯 · 瓦格斯(Heber Vargas)

3. 希腊被害人学会(Greek Society of Victimology)

1986 年创立,首任会长:伊曼努尔 · 安德里亚纳(Emanuel Andrianakis)

4. 克罗地亚被害人学会(Hrvatsko Zrtvoslovno Drustvo, Croatian Society of Victimology)

1989 年创立,首任会长:保罗 · 塞帕洛维奇(Zvonimir Paul Separovic)

成立初期是南斯拉夫被害人学会,1991 年内战后改为克罗地亚被害人学会。此后,1996 年成立了波斯尼亚和黑塞哥维那被害人学会,1997 年成立了塞尔维亚被害人学会。

5. 日本被害人学会(Japanese Association of Victimology)

1990 年 11 月 17 日创设,首任会长:宫泽浩一

6. 波兰被害人学会(Polish Society of Victimology)

创立于1991年,首任会长:伊娃·维年科夫斯卡(Ewa Bienkowska)

7. 意大利被害人学会(Societa Italiana di Vittimologia)

创办于1991年,首任主席:奥古斯特·巴罗尼(Augusto Balloni,博洛尼亚大学)

8. 印度被害人学会(Indian Society of Victimology)

1992年8月14日创设,首任会长:库马拉维·乔卡琳甘(K. Chockalingam)

9. 韩国被害人学会

1993年创立,首任会长:闵健植

10. 波斯尼亚赫尔斯科维纳被害人学会(Victimology Society of Bosnia and Herzegovina)

1996年2月11日创立,首任会长:M. 克雷索(M. Kreso) 1016

11. 法国被害人学会(Societe Francaise de Victimologie · French Society of Victimology)

1997年6月19日创设

12. 塞尔维亚被害人学会(Victimology Society of Serbia)

1997年创立,首任会长:尼科利奇·利斯塔诺维奇(Vesna Nikolic – Ristanovic)

13. 美国被害人学会(American Society of Victimology)

2003年创立,首任会长:马里奥·加布里(Mario Thomas Gaboury,纽黑文大学)

14. 西班牙被害人学会(Fundacion de Victimolgia)

创办于2004年,首任会长:加西亚·梅卡德尔(Emillio J. Garcia Mercader)

15. 危地马拉被害人学会(Asociacion Guatemalteca de Victimologia)

2006年创会,首任会长:丽贝卡·冈萨雷斯(Rebeca Aida Gonzalez Leche)

另外,目前在下列国家也有国内的被害人学会:

阿根廷、加拿大、智利、哥伦比亚、萨尔瓦多、芬兰、德国、爱尔兰、墨西哥、尼泊尔、新西兰、葡萄牙、南非共和国、瑞典。

1017 **世界的被害人学研究所**

Institute of Victimology

世界上的被害人学研究所如下:

1. CIRVIS(意大利)

2. TOKIWA INTERNATIONAL VICTIMOLOGY INTITUTE = TIVI(日本常磐大学 Tokiwa University, Japan)

3. INTERVICT(荷兰蒂尔堡大学 Tilburg University, Netherlands)

4. IVP(秘鲁)

5. FdV(西班牙)

此外,澳大利亚犯罪学研究所(The Australian Institute of Criminology)设有被害人学部门(Victimological Section)。

资料 6

日本《犯罪被害人基本法》

Fundamental Law for Crime Victims in Japan

犯罪被害人基本法[①]

（2004 年 12 月 8 日法律第 161 号）

目　　录

序　　言

建立能够安全、安心生活的社会是全体国民的愿望，同时也是国家重要的责任，在我国，为了抑制犯罪，还要进行坚持不懈的努力。

但是，近年来，形形色色的犯罪行为还没有绝迹，许多被卷入这些犯罪之中的犯罪被害人，到目前为止，他们的权利还没有得到充分

---

① 中文翻译参见张凌、于秀峰编译：《日本刑事诉讼法律总览》，人民法院出版社 2017 年版，第 664 - 670 页。

的尊重，还没有获得充分的援助，在社会中处于孤立无援的境地。而且，他们不仅受到犯罪等直接带来的损失，很多犯罪被害人在此后还可能遭受二次被害的痛苦。

当然，对于犯罪被害的第一责任人，当然是加害人。但是，我们也有责任抑制犯罪，建立能够安全、安心生活的社会，我们也必须倾听犯罪被害人等的声音。在任何一位国民成为犯罪被害人的可能性越来越大的今天，必须站在犯罪被害人的视角上采取对策，为建设他们的权益能够得到保护的社会迈出新的一步。

在此，为了明确犯罪被害人对策的基本理念，指明政策的方向，在国家、地方公共团体、其他相关机关和民间团体等的通力合作下，综合、有计划地推进犯罪被害人等的对策，制定本法。

第一章　总　　则

（目的）

第1条　本法的目的是，制定有关犯罪被害人等对策的基本理念，明确国家、地方公共团体及国民的责任，同时通过规定犯罪被害人等的基本政策的事项等，综合性、有计划地推进犯罪被害人等的对策，以保护犯罪被害人等的权利和利益。

1019 **（定义）**

第2条　①本法中的“犯罪等”，是指犯罪以及与此相当的对身心产生有害影响的行为。

②本法中的“犯罪被害人等”，是指因犯罪等而遭受伤害的人及其他们的家属或者遗属。

③本法中的“犯罪被害人等的对策”，是指支援犯罪被害人等以恢复或减少遭受的损害，使被害人重新过上平静的生活，以及犯罪被害人等可以适当参与有关他们被害的刑事程序的措施。

（基本理念）

第3条　①所有犯罪被害人等的个人尊严都应受到尊重，他们享有符合其尊严的待遇得到保障的权利。

②犯罪被害人等的对策,应当根据被害的状况及原因、犯罪被害人等的处境以及其他情况,采取切实可行的措施。

③犯罪被害人等的对策应当采取的措施是,犯罪被害人等从他们受到侵害时开始到恢复平静的生活以前,可以受到不间断的必要的支援。

(国家责任)

第4条 国家遵循前条的基本理念(下一条中称基本理念),有责任综合制定和实施犯罪被害人等的政策。

(地方公共团体的责任和义务)

第5条 地方公共团体遵循基本理念,在犯罪被害人等支援等方面,与国家进行适当的分工合作,有责任制定和实施适合该地方公共团体地区状况的对策。

(国民的责任)

第6条 国民应当充分考虑不能侵害犯罪被害人等的名誉或者
稳定的社会,同时应当努力协助国家和地方公共团体落实有关犯罪 1020
被害人等的政策。

(协同合作)

第7条 国家、地方公共团体、日本司法支援中心[指《综合法律支援法》(2003年法律74号)第13条规定的日本司法支援中心]及其他相关机关、援助犯罪被害人等的民间团体及其他有关人员,为了顺利地实施犯罪被害人的对策,应当互相联系,互相配合。

(犯罪被害人等基本计划)

第8条 ①政府为了综合地、有计划地推进犯罪被害人等的政策,应当制定有关犯罪被害人等的基本计划(以下简称犯罪被害人等基本计划)。

②犯罪被害人等基本计划,应当规定下列事项:

综合的、长期实施的犯罪被害人等的对策基本框架;

除前项规定之外,为综合地、有计划地推进犯罪被害人等的对策的必要事项。

③内阁总理大臣,应当要求阁僚会议对犯罪被害人等基本计划方案作出议决。

④内阁总理大臣,作出前项规定的阁僚会议议决时,应当公布犯罪被害人等基本计划。

⑤前两款的规定,准用于犯罪被害人等基本计划的变更。

(法制方面的措施等)

第9条　政府为了实现本法的目的,应当在法制或财政等方面采取必要的措施。

(年份报告)

第10条　政府每年应当就政府采取的犯罪被害人等对策措施,向国会提交报告。

1021 第二章　基本对策

(咨询及提供信息等)

第11条　国家和地方公共团体,为了能使犯罪被害人等顺利地过上日常生活或社会生活,应当采取各种必要的措施,就犯罪被害人等面临的各种问题接受咨询、提供必要的信息和意见、介绍精通犯罪被害人等援助的人员,等等。

(关于损害赔偿请求的援助等)

第12条　国家和地方公共团体,为了切实而圆满地解决犯罪被害人等因犯罪等而被害的损失赔偿的请求,应当采取必要的措施,就犯罪被害人等提出损害赔偿请求的援助、建立和扩展涉及该被害的与刑事程序有机结合的该损失赔偿请求制度。

(扩充给付金支付制度等)

第13条　国家和地方公共团体,为了减轻犯罪被害人等因被害产生的经济负担,应当在扩充犯罪被害人等给付金支付制度方面,采取必要的对策。

（提供保健医疗服务及福利服务）

第14条　国家和地方公共团体，为了使犯罪被害人等从心理、外伤以及其他因犯罪等对身心所受的影响中得到恢复，应当采取适应他们身心状况的必要措施，为他们提供适当保健医疗服务及福利服务。

（确保安全）

第15条　国家和地方公共团体，为了防止犯罪被害人等遭受更大的犯罪侵害，确保他们的安全，应当采取具体而必要的措施，如对他们进行临时保护、进入保护设施内进行保护、预防犯罪的指导、犯罪被害人等作为证人参与与该被害有关的刑事程序时的特别措施、确保犯罪被害人等个人信息的正确处理等。

（居住的安定） 1022

第16条　国家和地方公共团体，为了让因犯罪等原因无法在以前的住所居住的犯罪被害人等有安定的住居，应当采取特殊的措施，为他们提供公营住宅*[指《公共住宅法》（1951年法律第193号]第2条第2项规定的公营住宅）。

（稳定就业）

第17条　国家和地方公共团体，为了犯罪被害人等有稳定的工作岗位，应当实施必要的措施，使雇主能够深刻理解犯罪被害人等所处的状况。

（为了扩大参与刑事程序的机会而完善制度等）

第18条　国家和地方公共团体，为了使犯罪被害人等能够切实地参与与该被害有关的刑事程序，应当采取必要的措施完善有关制度，提供有关刑事程序进展的信息，扩大他们参与刑事程序的机会。

---

* “公营住宅”，是国家和各级地方政府出资建设的为低收入贫困家庭提供的住宅。——译者注

（保护、侦查、审判等过程中的考虑等）

第 19 条　国家和地方公共团体，在犯罪被害人等的保护、与该被害有关的刑事案件的侦查或审判等的过程中，应当充分注意他们的名誉或生活的安定以及犯罪被害人等人权，减轻犯罪被害人等的负担，为了深刻理解犯罪被害人的身心状况和所处的环境等，应当配置对训练和心理介入有专业知识或技能的人员，配备必要的设施等。

（增进国民的理解）

第 20 条　国家和地方公共团体，应当采取措施，通过教育活动、广告宣传活动等，使国民能够深刻理解犯罪被害人等所处的状况、犯罪被害人的名誉或生活稳定的重要性。

（推进调查研究等）

第 21 条　国家和地方公共团体，为了能够对犯罪被害人等进行基于专业知识的适当支援，应当采取必要的对策，推进有关恢复心理
1023 性外伤和其他犯罪被害人等因犯罪等身心所受到的影响、恢复犯罪被害人身心健康的方法的调查，收集、整理和运用国内外的信息，培养犯罪被害人等支援人才，提高他们的素质等。

（对民间团体的援助）

第 22 条　国家和地方公共团体，考虑到在对犯罪被害人等进行各种支援中民间团体对犯罪被害人等的援助发挥的重要作用，为了促进他们的活动，应当在财政、税制、提供信息等方面采取必要的措施。

（意见反映及确保透明度）

第 23 条　国家和地方公共团体，为了有助于犯罪被害人等对策的合理制定和执行，在对策中应当反映犯罪被害人等的意见，采取必要的对策，建立和完善确保该对策制定过程透明度制度等。

第三章　犯罪被害人等政策推进会议

（设置及负责事务）

第 24 条　①内阁府作为特殊的机关，设置犯罪被害人等政策推

进会议(以下简称会议)。

②会议,负责下列事务:

制订犯罪被害人等基本计划的方案;

除前项所列的事务以外,审议有关犯罪被害人等对策的重要事项,推进犯罪被害人等对策的实施,检查、评价和监督该对策的执行情况。

(组织)

第25条　会议,由会长及委员十名以内组成。

(会长)

第26条　①会长,由内阁官房长官[*]担任。

②会长,总管会议的事务。

③会长因故不能履行职务时,由事先其指定的委员代理职务。

(委员) 1024

第27条　①委员,由下列人员担任:

内阁官房长官以外的国务大臣中,由内阁总理大臣指定的阁僚;

对于犯罪被害人等支援等有真知灼见的人士中,由内阁总理大臣任命的人。

②前项第2项的委员,为非专职。

(委员的任期)

第28条　①前条第1款第2项的委员的任期,为两年。但是,替补缺员的委员的任期,为前任的剩余期间。

②前条第1款第2项的委员,可以连任。

(提出资料的要求等)

第29条　①会议,认为为了履行其掌管的事务,在必要时,可以要求有关政府机关负责人在提出资料、陈述和说明意见等方面提供必要的协助。

---

* 内阁官房长官,相当于内阁秘书长。——译者注

②会议，认为为了执行其所掌管的事务而有特别必要时，可以向前项规定的人以外的人，要求提供必要的协助。

（决定的委任）

第30条　除本章规定以外，关于会议的组织及运营相关的必要事项，由政令规定。

附则（省略）

人名索引

ア行

事 项 索 引

ア

ケ

サ

セ

译 后 记

本书是日本著名犯罪学家诸泽英道的代表作，是犯罪学、被害人学、社会学等学科研究者的必读教材。诸泽英道教授毕生从事犯罪学、被害人学、刑事法学研究，曾任日本常磐大学校长、理事长、日本被害人学会理事、世界被害人学会理事，长期活跃在国际被害人学的学术舞台，他在吸收和借鉴欧美各国被害人学理论的基础上，在日本建立了独立于传统犯罪学的被害人学。近年来，被害人学在日本得到了极大的发展，不仅刑法学、刑事诉讼法学、刑事政策学等刑事法学者高度重视被害人这一社会问题，日本政府和立法机关也相继出台了一系列有关被害人的法律和政策，被害人这个曾被社会遗忘的群体得到了前所未有的关注，被害人学也逐渐成为一门引人注目的新兴学科。

诸泽英道教授的《被害人学》一书出版后，不仅在日本国内产生重大影响，也引起了国际刑事法学界的高度关注。2019 年 5 月中国犯罪学学会会长会议拟定翻译一批国外犯罪学名著，曾将《被害人学》列入其中。译者认真研读了这部巨著，认为这是一部值得我国学界参考的学术著作，也是对我国制定被害人社会政策具有借鉴意义的著作，于是决定承担翻译的工作。这部巨著与已经翻译的被害人学的专著相比有很多特点，概括起来有以下几个。

第一，本书是跨学科的广义被害人学，内容几乎包括了被害人学的所有问题。此前学术界流行的被害人学主要是指犯罪被害人学，研究的范围主要限定于犯罪被害人，即从犯罪人和被害人的关系研究犯罪学。而本书则是另辟蹊径，试图建立独立于犯罪学的被害人学，对犯罪被害人、事故被害人、灾害被害人、自杀被害人等进行了详尽的研究。本书涉及的学科包括法律学、社会学、社会心理学、临床心理学、精神医学、生理学、人类学、统计学、社会调查方法等。

第二，《被害人学》是一部严谨的百科全书式的学术著作，也是大学刑事法专业的必读教材。本书全面系统地阐述了当今国际学术界有关被害人学的基本理论问题，其中包括被害人学的产生、基本概念、研究领域、研究方法、被害原因、反复被害、被害人角色及被害人有责性、社会对被害人的偏见、二次被害、被害的应激障碍等。书中十分详尽地介绍了被害人产生和发展的历史，十分精细地阐述了各国代表性学者的学术观点，为广大研究人员和学校师生提供了不可多得的学术文献。

第三，《被害人学》是一本普通市民可以用来自我保护的防卫手册。同时书中探讨的"暴力被害""家庭暴力被害""性被害""虐待被害""骚扰被害""尾随纠缠被害""欺凌被害""儿童被害""交通被害""消费者被害"，都是我们普通市民日常生活经常可能遇到的。在某种意义上说，每个人都是潜在的被害人。对于普通市民来说，了解各种被害的实际情况和预防方法，是自我保护的最佳对策。几乎所有的被害人都能从本书的内容找到自己的影子，几乎所有的潜在被害人都可以在本书中找到一些预防对策。

第四，《被害人学》是一部通俗易懂的通俗读物。本书一方面为了使被害人学研究人员能够找到每一个学术术语的来龙去脉而使用了大量的外文标注，但另一方面为了使普通市民能够理解被害人学而引用了各国发生的大量真实案例、刑事电视剧、小说、典故等，极大地增加了学术著作的可读性。书中对于日本国内发生的重大被害案件都进行了详细的分析和评论，从中找出被害的原因和预防对策。

第五，《被害人学》倡导社会抛弃对被害人的偏见。本书作者通过对包括日本在内的世界各国被害人状况的调查，深切感到对被害人的偏见和歧视容易导致被害的产生，例如对被害人的流言蜚语、对被害人有偏见的影视作品、大众媒体的报道偏见等等，成为预防被害的重大阻力，因此每一位没有成为被害人的善良市民不应对被害人心存偏见，而应成为推动被害人保护运动的动力源。

第六，《被害人学》强调建立健全被害人援助和保护体系的社会学意义。作者认为《被害人学》不是脱离社会现实的纯理论的学说，而是与每一位市民的生活息息相关的综合学科，被害人学的最终目标就是建立一个安全、安心的社会。为了达成这个目标就必须制定一系列有关被害人的法律和政策，建立有利于被害人诉讼的刑事司法程序，构建一个被害人保护和援助的体系，组建一支庞大的为被害人提供服务的志愿者组织。

本书的大部分翻译工作是在新冠疫情期间完成的，可以说这本书是惊心动魄的抗疫历程的副产品，但本书的出版工作受到疫情很大影响，今天《被害人学》中译本能和广大读者见面，确实有一种如释重负的感觉。在翻译的过程中，得到北京市警察学院孟永恒博士的帮助，在此表示感谢！法律出版社的薛晗分社长、赵明霞老师对本书的出版给予大力的支持，魏艳丽老师对本书的编辑工作付出了巨大努力，在此一并表示感谢！

张　凌　于秀峰

2023 年 10 月 9 日星期一